공인중개사법및중개실무

홍길성 교수 경영학박사(감정평가사) / 성대경영행정대학원 교수 / 감정평가학회장 역임
정신교 교수 법학박사 / 목포해양대 교수 / 한국부동산학회 분과위원장
김상현 교수 법학박사 / 건대 / 한북대 교수 / 한국부동산학회 학술위원 / 한국지식재단 연구위원
유원상 교수 부동산학박사 / 한양대학교 교수 / 한국부동산학회 분과위원장
양영준 교수 부동산학박사 / 제주대부동산학 교수 / 한국부동산학회 지역학회장
김동현 교수 부동산학박사 / 이학박사 / 청암대 교수 / 자산정보연구소장 / 한국부동산학회 학술위원
조광행 교수 경제학박사 / 열린사이버대 교수 / 한국부동산학회 부학회장
김성은 교수 법학박사 / 고려대 / 창신대부동산학과 교수 / 고려대학연구원 연구위원
방경식 교수 행정학박사(부동산) / 주택산업연구원연구실장 · 한국부동산학회 수석부학회장 역임
윤황지 교수 법학박사 / 건국대 / 강남대부동산학과 전교수 / 한국부동산학회 자문위원
박기원 연구위원 부동산학전공 / 건대행정대학원 / 한국부동산학회이사 역임, 연구위원
장재원 교수 국민대법무대학원 중개실무연구 / 단국대 강사 / 한국지식재단 연구교수

부동산공법

송명규 교수 환경토지정책박사 / 단국대부동산학과 교수 / 한국부동산학회 부학회장
윤준선 교수 공학박사 / 강남대부동산건축공학부 교수 / 한국부동산학회 부학회장
정태용 교수 서울대법학전공. 아주대 로스쿨 교수 / 법제처 행정심판관리국장 역임
김행종 교수 행정학박사 / 세명대 교수 / LH토지연수석연구원 역임 / 한국부동산학회 지역학회장
김진수 교수 행정학박사 / 건국대행정대학원 교수 / 한국부동산학회 부학회장 / 한국지식재단 자문위원
이옥동 교수 경영학박사(부동산) / 성결대도시계획부동산학부 교수 / 한국부동산학회 부학회장
홍성지 교수 행정학박사 / 백석대부동산학 교수 / 한국지식재단 연구위원
김동환 교수 부동산학박사 / 서울사이버대부동산학과 교수 / 한국부동산학회 학술위원
백연기 교수 한국부동산학회 공법연구위원 겸 연구교수 / 인하대강사
이윤상 연구위원 도시계획학박사 / LH연구원 연구위원 / 한국부동산학회 학술위원
이춘호 교수 공학박사 / 강남대부동산건축공학부 교수 / 한국부동산학회 학술위원
이기우 교수 법학박사 / 호남대학교대학원장 역임 / 한국부동산법학회장 역임
김용민 교수 법학박사 / 강남대부동산학 전교수 / 한국부동산학회 지역학회장 역임
진정수 연구위원 행정학박사(부동산학) / 국토연구원 전연구위원
조정환 교수 법학박사 / 건국대 / 대진대법무대학원장 · 한국부동산학회 부학회장 역임
김재덕 교수 법학박사 / 건국대부동산학과 교수 · LA캠퍼스총장 역임/한국지식재단 자문위원

부동산공시법

조재영 교수 법학박사 / 한양대학교 교수 / 한국부동산학회 부학회장
최승영 교수 법학박사 / 목포대지적부동산학과 교수 / 한국부동산학회 학술위원
천 영 교수 법학박사 / 감정평가사 / 건국대부동산대학원 교수 / 한국부동산학회 부학회장
이승섭 교수 서울대법학전공, 충남대로스쿨 교수 / 대전 · 인천지방법원판사역임/한국지식재단 전문위원
주명식 교수 민사집행실무연구회장 / 사법연수원 교수 / 대법원법정국장 역임
정삼석 교수 도시계획학박사 / 창신대부동산대학원 교수 / 한국지식재단 연구위원
이진경 교수 공학박사 / 감사원평가연구원 · SH연구원팀장 / 상지대교수 / 한국부동산학회 학술위원
이기우 교수 법학박사 / 호남대 교수 · 대학원장 · 한국부동산법학회장 · 한국부동산학회 자문위원 역임
송현승 교수 부동산학박사 / 평택대학교 교수 / 한국부동산학회 학술이사
윤창구 교수 경영학박사 / 인천대경영대학원부동산학과 교수 / 한국감정원연수원장 역임
임이택 교수 경영학박사 / 목포대지적부동산학과 교수 · 대학원장 · 교수협회장 · 한국부동산회장 역임
오현진 교수 법학박사(부동산학) / 청주대지적학과 교수 · 사회과학대학장 · 한국부동산학회 부학회장 역임
박준석 변호사 건국대 / 수원지방법원/군판사역임
조형래 변호사 한국부동산학회 학술위원
손기선 연구원 부동산공시전문 / 한국지식재단 연구원 / 한국부동산학회 연구원
임석회 연구위원 지리학박사 / 대한감정평가협회 연구위원

부동산세법

이찬호 교수 경영학박사(회계학) / 부동산학박사 / 부산대학교 교수 / 한국부동산학회 지역학회장
김용구 교수 부동산학박사 / 건국대학교 부동산대학원강사 / 단국대학교 겸임교수
장 건 교수 법학박사 / 김포대부동산경영학과 교수 / 한국부동산학회 학술위원 / 한국지식재단 연구위원
황재성 교수 기획재정부 재산세과장 역임 / 세무대학교 교수
안상인 교수 경영학박사(회계학) / 창신대부동산학과 전교수 / 한국지식재단 연구위원
이옥동 교수 경영학박사(부동산) / 성결대도시계획부동산학 교수 / 한국부동산학회 부학회장
최정일 교수 경영학박사(재무, 금융) / 성결대학교 교수 / 한국부동산학회 분과위원장
양해식 교수 세무대학세법전공 / 국세청 전재직 / 중부대학겸임교수
송진영 교수 세무사시험출제위원 / 한국지식재단 연구교수
김재운 교수 부동산전공 / 남서울대부동산학과 전교수 / 한국부동산학회 윤리위원
김정완 연구원 법학박사(수) / 한국부동산학회 연구원 / 한국지식재단 연구원
오맹렬 연구원 법무전문 / 한국지식재단 연구원 / 한국부동산학회 연구원
김병준 교수 경영학박사(금융) / 강남대실버산업학과 교수 / 한국부동산학회 학술위원
나병삼 교수 행정학박사(부동산학) / 명지전대부동산경영 전교수
박상학 연구위원 경제박사(금융/부동산) / LH토지주택연구원 연구위원 / 한국부동산학회 분과위원장

그 밖에 시험출제위원 활동중인 교수그룹 등은 참여생략

알고 보니 경록이다

우리나라 부동산전문교육의 본산 경록 1957

한방에 합격은 경록이다

제1회 시험부터 수많은 합격자를 배출한 전문성 – 경록

별☆이☆일☆곱☆개

경록 부동산학·부동산교육 최초 독자개척 고객과 함께, 68주년 기념

1957

알고 보니 경록이다

우리나라 부동산전문교육의 본산 경록 1957

머리말

매년 99% 문제가 경록 교재에서!!

경록 교재는 공인중개사사 시험 통계작성 이후 27년간 매년 99% 문제가 출제되는 독보적 정답률을 기록한 유일한 교재입니다. 경록은 우리나라 부동산 교육의 본산이며 경록교재는 우리나라 부동산교육의 정통한 역사를 이끌어가는 오리지널 교재입니다.

이 교재는 우리나라 부동산교육의 본산인 경록의 68년간 축적된 전문성을 기반으로 130여 명의 역대 최대 '시험출제위원 부동산학 대학교수그룹'이 제작, 해마다 완성도를 높여가며 시험을 리드하는 교재입니다.

특히 경록의 온라인과정 전문기획인강은 언택트시대를 리드하는 뉴 트렌드가 되었습니다. 업계 최초로 1998년부터 〈경록 + MBN TV 족집게강좌〉 8년, 현재까지 28년차 검증된 99%족집게강좌입니다.
일반 학원의 6개월에 1회 수강과정을 경록에서는 1개월마다 2회 반복완성이 가능합니다.

경록의 전문성이 곧 합격의 지름길로 이끌어 드립니다. 성공은 경록과 함께 시작됩니다.

여러분의 건투를 빕니다.

교재 구성과 활용

무엇을 공부해야 하는가
"학습포인트"
핵심이 무엇인지 문제의식을 가지고 공부한다.

학습포인트
- 이 장(章)의 내용은 제2장 부동산의 개념 및 제3장 부동산의 특성과 연결시켜 이해하게 되면 부동산학 이론의 전반적인 내용을 체계적으로 학습할 수 있다. 부동산학은 부동산의 자연적 특성에서 비롯되어 종합식 접근방법에 의한 종합응용사회과학으로 체계화된 것이다.
- 부동산학연구의 전반을 차지하는 것은 부동산활동이다.

주요키워드 만화해설

내용이 너무 어려워요
"삽화해설"
초학자도 쉽게 접근할 수 있도록 삽화로 풀이하였다.

 부증성(不增性)

① · 不 : 아닐 [부]
 · 增 : 증가할[증]
 · 性 : 성질 [성]

② 부증성이란 글자 그대로 '증가하지 않는 성질'을 말한다.
③ 토지의 자연적 특징 중 가장 많이 출제되는 특성임!

이 단원 알아둘 키워드

콕 짚어주세요.
"키워드"
각 장별로 중요한 주제들을 선별하였다.

CHAPTER 학습 & 출제되는 키워드

- ☑ 부동산학의 정의
- ☑ 부동산환경의 분야
- ☑ 부동산현상의 개념
- ☑ 종합식 접근방법
- ☑ 부동산활동의 개념
- ☑ 능률성의 원칙

이 단원 주요 출제질문 예

이렇게 문제로 출제되는 구나
"출제질문 예"
최근 시험에서 출제된 문항들을 정리하였다.

CHAPTER 학습 & 출제되는 질문

- ☑ 부동산학에 관한 설명으로 틀린 것은?
- ☑ 부동산활동에 관한 설명으로 옳은 것을 모두 고른 것은?

단락문제 02
제24회 기출개작

한국표준산업분류에 따른 부동산업에 해당하지 않는 것은?
① 주거용 건물 개발 및 공급업 ② 부동산 투자 및 금융업
③ 부동산 중개 및 대리업 ④ 비주거용 부동산 관리업
⑤ 기타 부동산 임대업

해설 부동산업
한국표준산업분류에 따른 부동산업에는 "부동산 투자 및 금융업"이 포함되지 않는다. 답 ②

> **잊기 전에 문제로 확인한다**
> "단락문제"
> 각 단락의 내용이 실전에서 어떻게 문제로 변환되는지 알 수 있도록 하였다.

Key Point 법정대리와 임의대리

구 분		법정대리	임의대리
발생원인		법률의 규정	법률행위(대리권수여 의사표시)
대리권의 범위		법률의 규정	대리권수여 범위 내(보충 제118조)
복임권	선임권	언제나 선임가능	① 본인의 승낙이 있는 때 ② 부득이한 경우에 한해서 가능
	책 임	무과실책임	선임감독책임 및 불통지에 한하여
대리권 소멸		본인의 사망, 대리인의 사망, 성년후견개시, 파산	본인의 사망, 대리인의 사망, 성년후견개시, 파산, 원인된 법률관계의 종료, 수권행위의 철회

> **이것이 이해의 핵심**
> "key point"
> 각 단락의 핵심내용을 압축적으로 표현하여 복습이 가능하도록 했다.

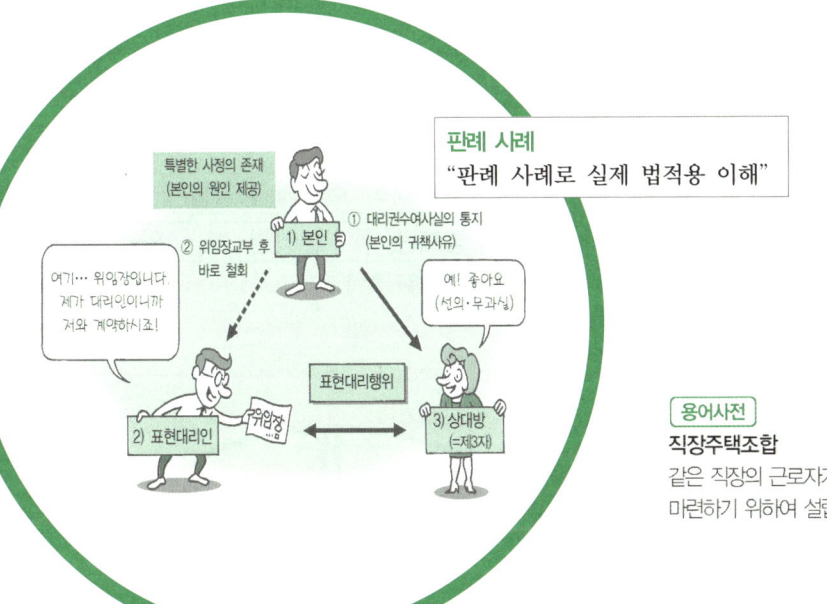

판례 사례
"판례 사례로 실제 법적용 이해"

> **숨은 의미가 있어요**
> "wide(참고사항)"
> 참고사항과 이해를 위한 부가적 사항을 따로 정리하였다.

용어사전
직장주택조합
같은 직장의 근로자가 주택을 마련하기 위하여 설립한 조합

> **용어사전을 쉽게 정리**
> "용어사전"
> 독학자를 위해 관련용어를 쉽게 쉽게 풀이 하였다.

단락핵심 부동산문제
(1) 지가고(地價高)란 합리적 지가수준을 넘는 지가상태를 말한다.
(2) 양적 주택문제는 주택수가 가구 총수에 합리적인 공가율에 의한 필요공가수를 합친 필요주택수에 미달하는 현상이다.

> **이것만은 반드시 기억하자**
> "단락핵심"
> 기출 지문을 중심으로 각 단락별 핵심내용을 정리했다. 학습한 내용을 확인하고 복습 및 정리를 위해 활용할 수 있도록 하였다.

CHAPTER 07 부동산경매 및 공매
단원 오답 잡기

> **단원을 정리하자**
> "단원 오답 잡기"

지속가능한 직업
공인중개사

▌공인중개사란

🔍 공인중개사?
공인중개사법령에 의한 공인중개사자격을 취득한 자를 말한다(「공인중개사법」 제2조 제2항).

🔍 중개업?
중개업은 다른 사람의 의뢰에 의하여 일정한 보수를 받고 중개대상물에 대한 거래당사자 간의 매매, 교환, 임대차 그 밖의 권리의 득실변경에 관한 행위의 알선을 업으로 하는 것이다(「공인중개사법」 제2조 제1호, 제3호 참조).

🔍 중개대상물?

| 토지 | 건축물 그 밖의 토지의 정착물 | 입목 |
| 광업재단 | 공장재단 | 분양권 | 입주권 |

(대판 2000.6.19. 2000도837 등 참조)

▌개업 공인중개사 업역
(「공인중개사법」 제14조 참조)

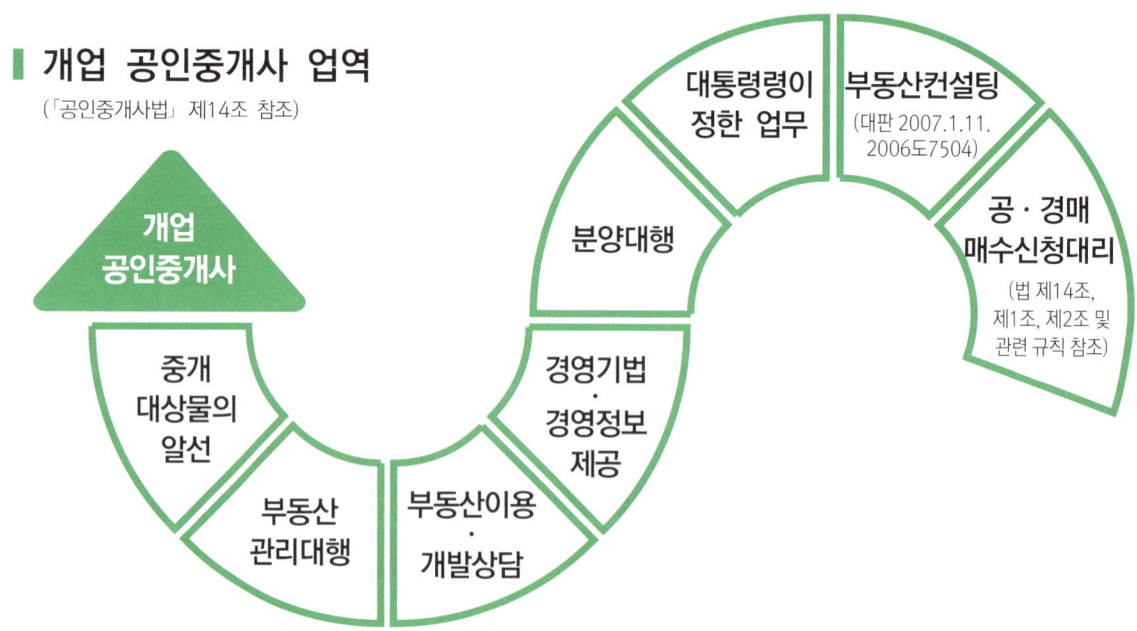

개업(창업)

중개업의 개업은 공인중개사시험에 합격한 후 소정의 교육을 받고, 개설코자 하는 사무소 소재지 시·군·구청에 "사무소" 개설 등록을 하면 된다.

개인중개사무소, 합동중개사무소, 법인중개사무소를 개설하여 영위할 수 있다.

세상에는 수많은 직업이 있으나 돈이 되고, 시장규모가 크고, 경제성이 높고, 일반 진입이 용이한 직업은 거의 없다.

100세가 되어도 건강하면 경제활동이 가능하고, 시장규모가 크고, 높은 경제성이 있고, 일반 진입이 가능한 직업은 공인중개사뿐이다.

법정취업

- **개인중개사무소, 합동중개사무소, 법인공인중개사무소의 소속공인중개사로 취업**
  11만 4천여 개(법인 포함) 중개업체의 소속공인중개사, 법인의 사원 또는 임원으로 취업 (2021현재)

- **특수 중개법인 취업**(「공인중개사법」 제9조 참조)
  - **지역농업협동조합** : 농지의 매매·교환·임대차 업무
  - **산림조합** : 임야, 입목의 매매·교환 업무
  - **산업단지관리기관** : "산단" 내 공장용지·건축물의 매매·임대차 업무
  - **자산관리공사** : 금융회사 부실자산 등 비업무용 부동산의 매매 업무

일반취업(가산점 등)

공인중개사 수요는 경제성장과 함께 폭발적으로 증가한다.

국내외 부동산투자회사, 부동산투자신탁회사, LH토지주택공사, SH공사 등 각 지자체공사, 금융기관, 보험기관 등에서 유자격자를 내부적으로 보직 고려나 승급 시 가산점을 부여한다.

일반기업, 공무원 등에서 보직 참고, 승급 등의 업무소양을 가늠하는 전문자격 및 직능향상 기능을 한다.

탁월한 선택

경록의 선택은 탁월한 선택입니다. 우리나라 부동산교육의 본산으로서 65년 전통과 축적된 전문성, 그리고 국내 최대 전문가 그룹이 서포트합니다.

부동산학을 독자연구 정립하고, 최초로 한국부동산학회를 설립하였으며 대학원에 최초로 독립학과를 설립 교육하고, 공인중개사 제도를 주창, 시험시행 전부터 교육해 시험을 리드한 역사적 전통과 축적을 이룬 기관은 경록뿐입니다(설립자 김영진 박사 1957~현재).

공인중개사 시험

▌시험일정 : 매년 1회 1, 2차 동시 시행

시험 시행기관 등	인터넷 시험접수	시험일자	응시자격
• 법률근거 : 공인중개사법 • 주무부 : 국토교통부 • 시행기관 : 한국산업인력공단	• 매년 8월 둘째 주 5일간 • 특별추가 접수기간 : 별도 공지 일정은 변경될 수 있음	매년 10월 마지막 토요일	학력, 연령, 내·외국인 제한 없이 누구나 가능 (법에 의한 응시자격 결격사유에 해당하는 자는 제외)

※ 큐넷(http://www.q-net.or.kr) 참조, 이상의 일정 등은 변경될 수 있습니다.

▌시험과목 및 시험방법

구 분	시험과목	시험방법	문항 수	시험시간	휴대
1차 시험 1교시 (2과목)	■ 부동산학개론 (부동산감정평가론 포함) ■ 민법 및 민사특별법 중 부동산중개에 관련되는 규정	객관식 5지선다형	과목당 40문항 (1번~80번)	100분 (9:30~11:10)	계산기
2차 시험 1교시 (2과목)	■ 공인중개사의 업무 및 부동산거래신고 등에 관한 법령·중개실무 ■ 부동산공법 중 부동산중개에 관련되는 규정		과목당 40문항 (1번~80번)	100분 (13:00~14:40)	
2차 시험 2교시 (1과목)	■ 부동산공시에 관한 법령(「부동산등기법」, 「공간정보의 구축 및 관리등에 관한 법률」) 및 부동산 관련 세법		40문항 (1번~40번)	50분 (15:30~16:20)	

※ 답안작성 시 법령이 필요한 경우는 시험시행일 현재 시행되고 있는 법령을 기준으로 작성

주의사항
1. 수험자는 반드시 입실시간까지 입실하여야 함(시험시작 이후 입실 불가)
2. 개인별 좌석배치도는 입실시간 20분 전에 해당 교실 칠판에 별도 부착함
3. 위 시험시간은 일반응시자 기준이며, 장애인 등 장애유형에 따라 편의제공 및 시험시간 연장가능
  (장애 유형별 편의제공 및 시험시간 연장 등 세부내용은 큐넷 공인중개사 홈페이지 공지사항 참조)

▌합격기준

구분	합격결정기준
1차 시험	매 과목 100점을 만점으로 하여 매 과목 40점 이상, 전 과목 평균 60점 이상 득점한 자
2차 시험	

▌시험과목 및 출제비율

구 분	시험과목	출제범위	출제비율
1차 시험 (2과목)	부동산학개론 (부동산감정평가론 포함)	부동산학개론	85% 내외
		부동산감정평가론	15% 내외
	민법 및 민사특별법 중 부동산중개에 관련되는 규정	민법(총칙 중 법률행위, 질권을 제외한 물권법, 계약법 중 총칙·매매·교환·임대차)	85% 내외
		민사특별법(주택임대차보호법, 집합건물의 소유 및 관리에 관한 법률, 가등기담보 등에 관한 법률, 부동산 실권리자명의 등기에 관한 법률, 상가건물 임대차보호법)	15% 내외
2차 시험 (3과목)	공인중개사의 업무 및 부동산거래신고 등에 관한 법령·중개실무	공인중개사법, 부동산거래신고 등에 관한 법률	70% 내외
		중개실무	30% 내외
	부동산공법 중 부동산중개에 관련되는 규정	국토의 계획 및 이용에 관한 법률	30% 내외
		도시개발법, 도시 및 주거환경정비법	30% 내외
		주택법, 건축법, 농지법	40% 내외
	부동산공시에 관한 법령 (「부동산등기법」, 「공간정보의 구축 및 관리등에 관한 법률」) 및 부동산 관련 세법	부동산등기법	30% 내외
		공간정보의 구축 및 관리 등에 관한 법률 (제2장 제4절 및 제3장)	30% 내외
		부동산 관련 세법(상속세, 증여세, 법인세, 부가가치세 제외)	40% 내외

차 례

Chapter 1 국토의 계획 및 이용에 관한 법률 4

제1절 총 설 5
1. 목적 및 국토이용·관리의 기본원칙 5
2. 도시·군계획의 체계 7
3. 도시·군계획시설 14
4. 도시·군계획사업 17
5. 권한의 위임과 사무의 위탁 19

제2절 광역도시계획 20
1. 광역계획권의 지정 20
2. 광역도시계획 22
3. 광역도시계획의 수립 23
4. 광역도시계획의 조정 27

제3절 도시·군기본계획 29
1. 도시·군기본계획 29
2. 도시·군기본계획의 수립대상지역 31
3. 도시·군기본계획의 수립 32
4. 도시·군기본계획의 효력 35
5. 도시·군기본계획의 효력 35

제4절 도시·군관리계획의 수립에 관한 일반적 사항 37
1. 도시·군관리계획 37
2. 도시·군관리계획의 입안절차 43
3. 도시·군관리계획의 결정절차 50
4. 도시·군관리계획결정의 효과 57
5. 지형도면의 고시 59

제5절 공간재구조화계획 63
1. 공간재구조화계획의 정의 63
2. 공간재구조화계획의 내용 63
3. 공간재구조화계획의 입안 63
4. 공간재구조화계획 입안의 제안 64
5. 공간재구조화계획 수립을 위한 기초조사, 의견청취 등 65
6. 공간재구조화계획의 결정 66
7. 공간재구조화계획 결정의 효력 등 67

제6절 용도지역·용도지구·용도구역의 지정에 관한 도시·군관리계획 68
1. 용도지역·용도지구·용도구역 68
2. 용도지역의 지정 69
3. 용도지구의 지정 76
4. 용도구역의 지정 80
5. 다른 법률에 따른 구역 등의 지정 87

제7절 기반시설의 설치에 관한 도시·군관리계획 91
1. 기반시설의 설치 91
2. 도시·군계획시설의 관리 93
3. 광역시설의 설치·관리 등 97
4. 도시·군계획시설부지의 매수청구 98
5. 도시·군계획시설결정의 실효 등 101

제8절 지구단위계획에 관한 도시·군관리계획 105
1. 지구단위계획 105
2. 지구단위계획구역 109
3. 지구단위계획의 수립 115
4. 지구단위계획구역에서의 건축 116

제 9 절 개발행위허가 122
1. 개발행위 122
2. 개발행위허가의 기준 126
3. 개발행위허가의 절차·조건 등 132
4. 개발행위허가의 제한 141
5. 개발행위의 완료 144
6. 개발밀도관리구역 147
7. 기반시설부담구역 150
8. 성장관리계획 159

제 10 절 용도지역·용도지구 및 용도구역에서의 토지이용규제 163
1. 용도지역·용도지구 및 용도구역에서의 건축제한 163
2. 용도지역별 건축제한 171
3. 용도지구별 건축제한 192
4. 용도지역에서의 건폐율제한 197
5. 용도지역에서의 용적률제한 203
6. 시가화조정구역에서의 행위제한 207
7. 도시혁신구역에서의 행위제한 211
8. 복합용도구역에서의 행위제한 212

제11절 도시·군계획시설사업의 시행 213
1. 단계별 집행계획의 수립 213
2. 도시·군계획시설사업의 시행자 216
3. 실시계획 217
4. 사업의 원활한 시행을 위한 조치 224
5. 공사완료에 따른 조치 228

제12절 보 칙 231
1. 시범도시 231
2. 도시계획위원회 234
3. 전문기관에의 자문 또는 조사·연구의 의뢰 240
4. 토지에의 출입 등 240
5. 비 용 243
6. 취락지구 및 방재지구에 대한 지원 244
7. 국토이용정보체계의 활용 245
8. 권리의무의 승계 245
9. 감 독 245

제13절 벌 칙 249
1. 형 벌 249
2. 과태료 250
  - 단원 오답 잡기 251

Chapter 2 도시개발법 255

제 1 절 총 설 256
1. 목 적 256
2. 도시개발사업과 도시개발구역 257
3. 도시개발사업의 시행자 260
4. 도시개발조합 268
5. 권한의 위임 274

차 례

제2절 도시개발구역의 지정 275
1. 도시개발구역의 지정권자 등 275
2. 도시개발구역의 지정요건 281
3. 개발계획 284
4. 도시개발구역의 지정절차 291
5. 도시개발구역지정의 효과 297
6. 도시개발구역지정의 해제 300
7. 보안관리 및 부동산투기 방지대책 301

제3절 수용 또는 사용방식에 의한 사업시행 303
1. 시행자의 지정 및 변경 303
2. 실시계획 304
3. 순환개발방식의 개발사업 309
4. 임대주택의 건설·공급 310
5. 공사의 감리 312
6. 토지 등의 수용 또는 사용 314
7. 원형지의 공급과 개발 317
8. 토지상환채권의 발행 319
9. 선수금 320
10. 공사의 완료 322
11. 조성토지 등의 공급 324
12. 공공시설의 귀속 및 관리 328
13. 비용부담 329
14. 개발이익의 재투자 331

제4절 환지방식에 의한 사업시행 332
1. 공용환지 332
2. 시행자의 지정 및 변경 332
3. 실시계획 333
4. 환지계획 333
5. 환지 예정지의 지정 343
6. 장애물 등의 이전 및 제거 347
7. 공사의 완료 348
8. 환지처분 349
9. 청산금 352
10. 감가보상금 354
11. 입체환지에 따른 주택공급 354
12. 임대료 등의 증감청구와 권리의 포기 등 355
13. 공공시설의 귀속 및 비용부담 357

제5절 보 칙 358
1. 도로·상하수도 등의 설치 358
2. 도시개발구역 밖에 설치하는 기반시설의 설치비용 359
3. 도시개발특별회계 361
4. 도시개발채권 362
5. 수익금 등의 사용제한 등 364
6. 타인토지의 출입 등 365
7. 도시개발사업분쟁조정위원회 367
8. 조세·부담금 등의 감면 368
9. 결합개발 등에 관한 적용기준완화의 특례 368
10. 관계 서류의 열람·보관 등 371

11 권리의무의 승계 372
12 보고·검사 등 372
13 법률 등의 위반자에 대한 행정처분 373

제6절 벌칙 374
1 형벌 374
2 과태료 376
■ 단원 오답 잡기 377

Chapter 3 도시 및 주거환경정비법 379

제1절 총칙 380
1 제정목적 380
2 용어의 정의 381
3 도시·주거환경정비 기본방침 386

제2절 도시·주거환경정비기본계획 387
1 도시·주거환경정비기본계획의 수립 387
2 기본계획의 수립절차 388
3 기본계획의 확정·고시 등 389

제3절 정비계획 및 정비구역 391
1 정비구역의 지정 391
2 정비계획 394
3 임대주택 및 주택규모별 건설비율 396
4 기본계획 및 정비계획 수립 시 용적률 완화 397
5 재건축사업을 위한 재건축진단 398
6 재건축진단 결과의 적정성 검토 401
7 정비구역의 지정을 위한 정비계획의 입안 요청 402
8 정비계획의 입안제안 403
9 정비계획의 입안절차 405
10 정비계획의 결정 및 정비구역의 지정·고시 406
11 정비구역 지정·고시의 효력 407
12 행위제한 등 410
13 정비구역등의 해제 412
14 정비구역등 해제의 효력 415

제4절 정비사업의 시행 416
1 정비사업의 시행방법 416
2 정비사업의 원칙적 시행자 417
3 정비사업의 예외적 시행자 419
4 재개발사업·재건축사업의 지정개발자 421
5 재개발사업·재건축사업의 사업대행자 423
6 계약의 방법 및 시공자 선정 등 424
7 조합설립추진위원회 및 조합의 설립 등 428
8 주민대표회의 447
9 토지등소유자 전체회의 449

제5절 사업시행계획 등 450
1 사업시행계획인가 450
2 재건축사업 등의 용적률 완화 및 국민주택규모 주택 건설비율 456
3 사업시행계획인가의 특례 459
4 순환정비방식의 정비사업 등 460
5 지정개발자의 정비사업비의 예치 461
6 임시거주시설·임시상가의 설치 등 462
7 토지 등의 수용 또는 사용 464
8 재건축사업에서의 매도청구 465
9 용적률에 관한 특례 466

- 10 재건축사업의 범위에 관한 특례　468
- 11 건축규제의 완화 등에 관한 특례　469
- 12 다른 법령의 적용 및 배제　470
- 13 지상권 등 계약의 해지　471
- 14 소유자의 확인이 곤란한 건축물 등에 대한 처분　472

제6절 관리처분계획 등　473
- 1 분양신청　473
- 2 관리처분계획의 인가 등　476
- 3 사업시행계획인가 및 관리처분계획인가의 시기 조정　478
- 4 관리처분계획의 수립　480
- 5 주택 등 건축물을 분양받을 권리의 산정 기준일　483
- 6 관리처분계획의 공람 및 인가절차 등　483
- 7 관리처분계획에 따른 처분 등　484
- 8 지분형 주택 등의 공급　486
- 9 건축물 등의 사용·수익의 중지 및 철거 등　487
- 10 시공보증　488

제7절 공사완료에 따른 조치 등　489
- 1 정비사업의 준공인가　489
- 2 이전고시 등　491
- 3 청산금 등　493

제8절 비용의 부담 등　496
- 1 비용부담　496
- 2 보조 및 융자 등　498
- 3 정비기반시설 및 토지 등의 귀속　500
- 4 국유·공유재산의 처분 등　502
- 5 공공재개발사업 및 공공재건축사업　504

제9절 정비사업전문관리업 등　511
- 1 정비사업전문관리업　511
- 2 정비사업전문관리업자의 결격사유 등　513
- 3 협회의 설립 등　515

제10절 감독 및 보칙　516
- 1 자료의 제출 등　516
- 2 회계감사　517
- 3 시공자 선정 취소 명령 또는 과징금　518
- 4 건설사업자의 입찰참가 제한　519
- 5 도시분쟁조정위원회　519
- 6 정비사업의 공공지원　521
- 7 청문　522
- 8 도시·주거환경정비기금의 설치 등　523
- 9 보칙　524

제11절 벌칙　527
- 1 형벌　527
- 2 과태료　530
  - ■ 단원 오답 잡기　531

Chapter 4 건축법　533

제 1 절 총 설　534
1. 목 적　534
2. 대지·건축물 및 건축설비　535
3. 건축·대수선 및 리모델링　547
4. 건축물의 면적·높이·층수 등　551
5. 「건축법」의 적용범위　558
6. 건축기준적용의 특례　561
7. 다른 법률의 배제　567
8. 건축위원회　569
9. 건축조례　574
10. 권한의 위임　574

제 2 절 건축물의 건축·대수선 및 용도변경　575
1. 건축 및 대수선에 대한 허가·신고　575
2. 건축허가의 거부와 건축허가 또는 착공의 제한　580
3. 건축에 관한 입지 및 규모의 사전결정　582
4. 건축허가 또는 신고의 절차와 기준　584
5. 공용건축물에 대한 건축협의　589
6. 가설건축물의 건축허가 및 축조신고　590
7. 공작물축조신고　594
8. 건축물의 용도변경　595
9. 건축행정　597

제 3 절 건축공사　600
1. 건축관계자와의 계약　600
2. 설 계　601
3. 건축시공　602
4. 공사감리　604
5. 건축관계자등에 대한 업무제한　608
6. 관계전문기술자와의 협력　610
7. 착공신고 등　612
8. 사용승인　615
9. 허용오차　617
10. 현장조사·검사 및 확인업무의 대행　617
11. 기술적 기준　618

제 4 절 건축물의 유지·관리　619
1. 건축지도원　619
2. 건축물대장　619

제 5 절 건축물의 대지와 도로　623
1. 대 지　623
2. 공개공지 및 공개공간　626
3. 도 로　628
4. 건축선　632

제 6 절 건축물의 구조 및 재료　635
1. 구조안전　635
2. 피난 및 소화　637
3. 건축물의 피난시설 및 용도제한 등　642
4. 내화구조 및 방화벽　649
5. 고층건축물의 피난 및 안전관리　649
6. 방화지구의 건축물　649
7. 건축물의 마감재료　650
8. 실내건축　651
9. 건축자재의 제조 및 유통관리　652

차 례

　10 복합자재의 품질관리　652
　11 지하층　654
　12 건축물의 범죄예방　654
　13 방화문의 구분　655

제 7 절 지역 및 지구의 건축물　656
　1 둘 이상의 지역·지구·구역에 걸치는 경우의 건축제한　656
　2 건폐율·용적률 및 대지분할의 제한　659
　3 대지 안의 공지　661
　4 건축물의 높이제한　663
　5 일조 등의 확보를 위한 높이제한　664

제 8 절 건축설비　668
　1 건축설비의 설치기준　668
　2 지능형건축물의 인증　671
　3 건축물의 구조 및 재료 기준의 관리　671

제 9 절 특별건축구역　672
　1 특별건축구역의 지정 및 해제　672
　2 관계법령의 적용특례　676
　3 특별건축구역 건축물의 유지·관리　680
　4 특별가로구역의 지정·관리　681
　5 건축협정　683
　6 결합건축　689

제10절 보 칙　692
　1 일반적 감독　692
　2 위반건축물에 대한 조치　692
　3 이행강제금　694

　4 보고·검사·시험　698
　5 「행정대집행법」에 대한 특례　699
　6 지역건축안전센터　699
　7 건축분쟁전문위원회　700
　8 벌칙적용에 있어서의 공무원의제　704

제11절 벌 칙　705
　1 형 벌　705
　2 과태료　707
　　■ 단원 함정 잡기　709

Chapter 5　주택법　712

제 1 절 총 설　713
　1 목 적　713
　2 용어의 정의　713
　3 다른 법률과의 관계　725

제 2 절 주택의 건설　726
　1 주택건설사업자　726
　2 주택조합　732
　3 사업계획의 승인　749
　4 기반시설의 기부채납　756
　5 사업계획의 통합심의 등　757
　6 다른 법률에 따른 인가·허가 등의 의제　759

- 7 주택건설사업 등에 의한 임대주택의 건설 등   761
- 8 대지의 소유권 확보 등   762
- 9 매도청구 등   763
- 10 소유자를 확인하기 곤란한 대지 등에 대한 처분   765
- 11 사업주체의 보호   765
- 12 토지 등의 확보   766
- 13 간선시설의 설치 및 비용의 상환   768
- 14 국·공유지 등의 우선매각 및 임대   770
- 15 환지방식에 의한 도시개발사업으로 조성된 대지의 활용   771
- 16 주택의 설계 및 시공   772
- 17 주택건설공사의 시공 제한 등   773
- 18 주택의 감리   774
- 19 공사의 완료   783
- 20 공업화주택의 인정 등   786

제3절 주택의 건설기준   788

- 1 주택건설기준의 적용   788
- 2 용어의 정의   788
- 3 주택단지 안의 시설   790
- 4 도시형 생활주택의 건설기준   790
- 5 에너지절약형 친환경주택   791
- 6 건강친화형 주택   792
- 7 장수명 주택의 건설기준 및 인증제도 등   792
- 8 공동주택성능등급의 표시   794
- 9 바닥충격음 성능등급 인정 등   794
- 10 바닥충격음 성능검사   795
- 11 소음방지대책의 수립   796

제4절 주택의 공급   798

- 1 주택의 공급   798
- 2 견본주택의 건축기준   800
- 3 입주자저축   801
- 4 주택의 분양가격 제한   804
- 5 분양가심사위원회   812
- 6 저당권설정 등의 제한   814
- 7 사용검사 후 매도청구   816
- 8 투기과열지구   817
- 9 조정대상지역   820
- 10 주택의 전매행위 제한   823
- 11 공급질서 교란 금지   829

제5절 리모델링   832

- 1 리모델링의 허가 등   832
- 2 증축형 리모델링의 안전진단   835
- 3 전문기관의 안전성 검토 등   837
- 4 리모델링 기본계획   838
- 5 세대수 증가형 리모델링의 시기조정   840
- 6 리모델링 지원센터의 설치·운영   841
- 7 공동주택 리모델링에 따른 특례   841

차례

제6절 보칙 843
1. 토지임대부 분양주택 843
2. 토지임대부 분양주택의 재건축 846
3. 주택상환사채 847
4. 국민주택사업특별회계 850
5. 협회 851
6. 주택정책 관련 자료 등의 종합관리 852
7. 체납된 분양대금 등의 강제징수 853
8. 분양권 전매 등에 대한 신고포상금 853
9. 청문 등 854

제7절 벌칙 856
1. 형벌 856
2. 과태료 859
- 단원 오답 잡기 861

Chapter 6 농지법 863

제1절 총설 864
1. 목적 864
2. 농지에 관한 기본이념 865
3. 농지·농업인·농업경영 865

제2절 농지의 소유 869
1. 농지의 소유제한 869
2. 농지취득자격증명 873
3. 농지의 위탁경영 878
4. 소유제한을 위반한 농지의 처분 879

제3절 농지의 이용 884
1. 농지이용증진사업의 시행 884
2. 대리경작자의 지정 886
3. 토양의 개량·보전 888
4. 농지소유의 세분화 방지 889
5. 농지의 임대차 또는 사용대차 890

제4절 농지의 보전 894
1. 농업진흥지역 894
2. 농지의 전용제한 904
3. 농지의 지목변경제한 916
4. 농지관리위원회의 설치·운영 917
5. 농지보전부담금 918
6. 농지위원회 923
7. 농지 관리 기본방침 924
8. 농지대장 926
- 단원 오답 잡기 929

부록 제35회 공인중개사시험
경록교재 99% 정답!! 기출문제해설

한방에 합격은
경록이다

제1회 시험부터 수많은 합격자를 배출한 전문성 - 경록

부동산공법

출제비율

- 농지법 5%
- 주택법 17.5%
- 건축법 17.5%
- 도시 및 주거환경정비법 15%
- 도시개발법 15%
- 국토의 계획 및 이용에 관한 법률 30%

CHAPTER별 출제비중

구 분	26회	27회	28회	29회	30회	31회	32회	33회	34회	35회	계	비율(%)
제1장 국토의 계획 및 이용에 관한 법률	12	12	12	12	12	12	12	12	12	12	120	30.0
제2장 도시개발법	6	6	6	6	6	6	6	6	6	6	60	15.0
제3장 도시 및 주거환경 정비법	6	6	6	6	6	6	6	6	6	6	60	15.0
제4장 건축법	7	7	7	7	7	7	7	7	7	7	70	17.5
제5장 주택법	7	7	7	7	7	7	7	7	7	7	70	17.5
제6장 농지법	2	2	2	2	2	2	2	2	2	2	20	5.0
소 계	40	40	40	40	40	40	40	40	40	40	400	100.0

CHAPTER 01

국토의 계획 및 이용에 관한 법률

학습포인트

- 「국토의 계획 및 이용에 관한 법률」은 토지의 이용에 관한 기본법이다. 이 법을 제대로 이해한다면 부동산공법의 절반 이상을 정복했다고 자부해도 될 만큼 핵심이 되는 법률이다.
- 「국토의 계획 및 이용에 관한 법률」에서는 매년 12문제 출제되고 있는데, 모든 분야에서 고르게 출제되고 있다.

CHAPTER 학습 & 출제되는 키워드

- ☑ 도시·군기본계획
- ☑ 도시·군관리계획
- ☑ 도시·군계획사업
- ☑ 광역도시계획
- ☑ 도시·군관리계획의 입안권자
- ☑ 도시·군관리계획 입안의 제안
- ☑ 도시·군관리계획의 결정권자
- ☑ 용도지역
- ☑ 용도지구
- ☑ 용도구역
- ☑ 시가화조정구역
- ☑ 도시·군계획시설부지의 매수 청구
- ☑ 개발행위허가의 제한
- ☑ 개발밀도관리구역
- ☑ 기반시설부담구역
- ☑ 용도지역별 건축제한
- ☑ 용도지역에서의 건폐율제한
- ☑ 용도지역에서의 용적률제한

CHAPTER 학습 & 출제되는 질문

- ☑ 국토의 계획 및 이용에 관한 법령상의 용어에 관한 설명으로 틀린 것은?
- ☑ 지구단위계획구역으로 지정하는 등의 도시·군관리계획을 입안하는 경우 환경성 검토를 하여야 하는 경우는?
- ☑ 공유수면(바다로 한정함)매립지의 용도지역 지정에 관한 설명으로 틀린 것은?
- ☑ 도시·군계획시설부지의 매수청구에 관한 설명 중 옳은 것은?
- ☑ 지구단위계획의 내용에 반드시 포함되어야 하는 사항이 아닌 것은?
- ☑ 개발행위허가에 관한 설명으로 틀린 것은?
- ☑ 기반시설부담구역의 지정대상이 될 수 없는 지역은?
- ☑ 용도지역에서의 용적률 최대한도의 범위가 다르게 규정되어 있는 것은?
- ☑ 도시·군계획시설사업의 시행에 관한 설명으로 틀린 것은?

제1장 국토의 계획 및 이용에 관한 법률

제1절 총설

01 목적 및 국토이용·관리의 기본원칙

1 목적

「국토의 계획 및 이용에 관한 법률」은 2002년 「도시계획법」과 「국토이용관리법」을 통합해서 제정되었다. 그 전에는 도시지역에 대해서는 「도시계획법」(1962년 제정)이 적용되고, 비도시지역에 대해서는 「국토이용관리법」(1972년 제정)이 적용되었다. 「국토의 계획 및 이용에 관한 법률」에 의해 도시지역과 비도시지역으로 이원화되어 있던 토지이용체계가 일원화되었다.
「국토의 계획 및 이용에 관한 법률」은 국토의 이용·개발과 보전을 위한 계획의 수립 및 집행 등에 필요한 사항을 정해 공공복리를 증진시키고 국민의 삶의 질을 향상시키는 것을 목적으로 한다(법 제1조).

2 국토이용 및 관리의 기본원칙

국토는 자연환경의 보전과 자원의 효율적 활용을 통해 환경적으로 건전하고 지속 가능한 발전을 이루기 위해 다음의 목적을 이룰 수 있도록 이용되고 관리되어야 한다(법 제3조).

1) 국민생활과 경제활동에 필요한 토지와 각종 시설물의 효율적 이용과 원활한 공급
2) 자연환경 및 경관의 보전과 훼손된 자연환경 및 경관의 개선 및 복원
3) 교통·수자원·에너지 등 국민생활에 필요한 각종 기초서비스의 제공
4) 주거 등 생활환경 개선을 통한 국민의 삶의 질 향상
5) 지역의 정체성과 문화유산의 보전
6) 지역간 협력과 균형발전을 통한 공동번영의 추구
7) 지역경제의 발전과 지역 및 지역 내 적절한 기능배분을 통한 사회적 비용의 최소화
8) 기후변화에 대한 대응 및 풍수해 저감(低減)을 통한 국민의 생명과 재산의 보호 *(저감 → 줄이는 것)*
9) 저출산·인구의 고령화에 따른 대응과 새로운 기술변화를 적용한 최적의 생활환경 제공

3 도시의 지속가능성 및 생활인프라 수준 평가

> 현재와 장래의 세대를 모두 고려해서 국토의 보전과 개발을 조화시키는 것을 말한다.

국토교통부장관은 도시의 지속가능하고 균형 있는 발전과 주민의 편리하고 쾌적한 삶을 위해 도시의 지속가능성 및 생활인프라(교육시설, 문화·체육시설, 교통시설 등의 시설로서 국토교통부장관이 정하는 것을 말한다) 수준을 평가할 수 있다(법 제3조의2 제1항).

국토교통부장관은 도시의 지속가능성 및 생활인프라 수준의 평가기준을 정할 때에는 다음의 구분에 따른 사항을 종합적으로 고려하여야 한다(영 제4조의4 제1항).

1) 지속가능성 평가기준
토지이용의 효율성, 환경친화성, 생활공간의 안전성·쾌적성·편의성 등에 관한 사항

2) 생활인프라 평가기준
보급률 등을 고려한 생활인프라 설치의 적정성, 이용의 용이성·접근성·편리성 등에 관한 사항

국토교통부장관은 도시의 지속가능성 및 생활인프라 수준 평가를 실시하려는 경우 특별시장·광역시장·특별자치시장·특별자치도지사·시장 또는 군수에게 해당 지방자치단체의 자체평가를 실시하여 그 결과를 제출하도록 하여야 하며, 제출받은 자체평가 결과를 바탕으로 최종평가를 실시한다.

국가와 지방자치단체는 평가결과를 도시·군계획의 수립 및 집행에 반영해야 한다. 국토교통부장관은 도시의 지속가능성 및 생활인프라 수준 평가결과의 일부 또는 전부를 공개할 수 있으며, 「도시재생 활성화 및 지원에 관한 특별법」에 따른 도시재생 활성화를 위한 비용의 보조 또는 융자, 「국가균형발전특별법」에 따른 포괄보조금의 지원 등에 평가결과를 활용하도록 할 수 있다(법 제3조의2 제3항, 영 제4조의4 제2·3항).

국토교통부장관은 도시의 지속가능성 및 생활인프라 수준 평가를 전문기관에 의뢰할 수 있다(영 제4조의4 제4항).

그 밖에 평가기준 및 절차 등에 관하여 필요한 세부사항은 국토교통부장관이 정하여 고시한다(영 제4조의4 제5항).

단락문제 Q1

다음 중 국토관리의 목적이 아닌 것은?

① 주거환경개선을 통한 삶의 질 향상
② 환경적으로 건전하고 지속가능한 발전
③ 지역의 정체성 보전
④ 국토개발의 제한
⑤ 국민생활에 필요한 각종 기초서비스의 제공

해설 국토관리의 목적

①, ②, ③, ⑤는 「국토의 계획 및 이용에 관한 법률」 제3조에 규정된 "국토이용의 기본이념"에 명시되어 있는 사항이다. 국토의 개발은 제한할 것이 아니라 국토의 이용 및 보전과 균형을 이루는 가운데에서 추진되도록 해야 한다.

정답 ④

02 도시·군계획의 체계 [17회 출제]

1 국토계획의 체계

(1) 국토계획

국토계획은 국토를 이용·개발 및 보전할 때 미래의 경제적·사회적 변동에 대응해서 국토가 지향해야 할 발전방향을 설정하고 이를 달성하기 위한 계획을 말한다. 국토계획은 국토종합계획, 도종합계획, 시·군종합계획, 지역계획 및 부문별 계획으로 구분된다(「국토기본법」 제6조 제1·2항).

1) 국토종합계획
국토 전역을 대상으로 국토의 장기적인 발전방향을 제시하는 종합계획

2) 도종합계획
도 또는 **특별자치도**(→ 제주도)의 관할구역을 대상으로 그 지역의 장기적인 발전방향을 제시하는 종합계획

3) 시·군종합계획 (→ 세종시)
특별시·광역시·**특별자치시**·특별자치도·시 또는 군(광역시의 군은 제외)의 관할구역을 대상으로 그 지역의 기본적인 공간구조와 장기발전방향을 제시하고, 토지이용·교통·환경·안전·산업·정보통신·보건·후생·문화 등에 관해 「국토의 계획 및 이용에 관한 법률」에 따라 수립하는 도시·군계획

4) 지역계획
특정 지역을 대상으로 특별한 정책목적을 달성하기 위해 수립하는 계획

5) 부문별 계획
국토 전역을 대상으로 특정 부문에 대한 장기적인 발전방향을 제시하는 계획

(2) 국토계획 상호간의 관계

국토종합계획은 도종합계획과 시·군종합계획(도시·군계획)의 기본이 되며, 부문별 계획과 지역계획은 국토종합계획과 조화를 이루어야 한다. 국토종합계획은 다른 법령에 따라 수립되는 국토에 관한 계획에 우선하며 그 기본이 된다. 다만, 군사에 대한 계획에 대하여는 그러지 아니하다(「국토기본법」 제7조 제1항, 제8조).

도종합계획은 그 도의 관할구역에서 수립되는 시·군종합계획(도시·군계획)의 기본이 된다(「국토기본법」 제7조 제2항).

지역계획의 지위는 그 계획을 규정하고 있는 법률에 의해 정해진다. 지역계획의 대표적인 예로는 「수도권정비계획법」에 따른 수도권정비계획이 있다. 수도권정비계획에 의해 **수도권**은 과밀억제권역·성장관리권역 및 자연보전권역으로 구분되며, 권역별로 행위제한이 가해진다 (「수도권정비계획법」 제6조).　→ 서울특별시·인천광역시 및 경기도

1) 과밀억제권역
인구와 산업이 지나치게 집중되었거나 집중될 우려가 있어 이전하거나 정비할 필요가 있는 **지역** → 서울특별시 및 인천광역시와 그 주변지역

2) 성장관리권역
과밀억제권역으로부터 이전하는 인구와 산업을 계획적으로 유치하고 산업의 입지와 도시의 개발을 적정하게 관리할 필요가 있는 **지역** → 경기도 서·남·북부지역

3) 자연보전권역
경기도 동부의 한강수계 지역 ←
한강수계(漢江水系)의 수질과 녹지 등 자연환경을 보전할 필요가 있는 **지역**

수도권에서는 수도권정비계획이 다른 법령에 따른 토지이용계획·개발계획 등에 우선하며, 그 계획의 기본이 된다. 관계 행정기관의 장은 수도권정비계획에 부합되지 않는 토지이용계획·개발계획 등을 수립·시행하면 안 되며, 권역별 행위제한에 저촉되는 행위를 허용하면 안 된다(「수도권정비계획법」 제3조, 제7조, 제8조, 제9조).

부문별 계획의 지위 또한 그 계획을 규정하고 있는 법률에 의해 정해진다.

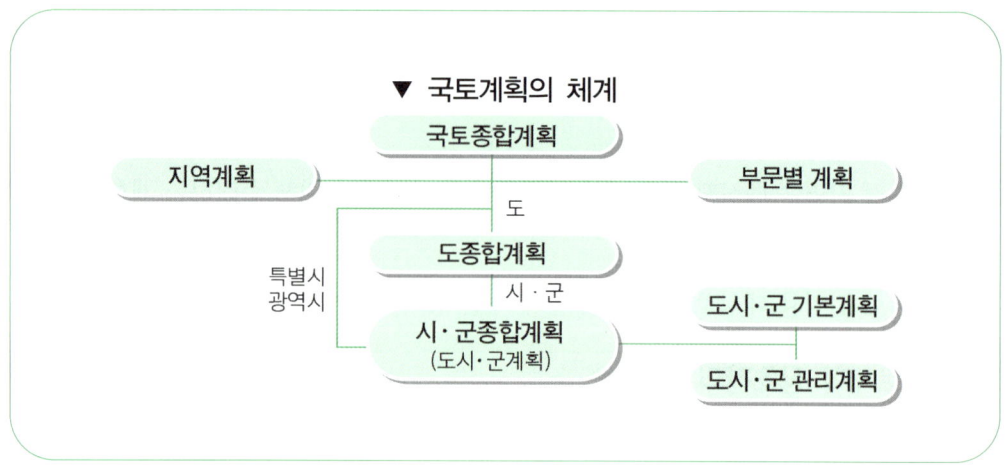

제1장 국토의 계획 및 이용에 관한 법률

2 도시·군계획

(1) 의 의

도시·군계획은 특별시·광역시·특별자치시·특별자치도·시 또는 군(광역시의 군은 제외)의 관할구역에 대해 수립하는 공간구조와 발전방향에 대한 계획을 말하며, 도시·군기본계획과 도시·군관리계획으로 구분된다. 도시·군계획은 그 지역에서 수립되는 다른 법률에 따른 토지의 이용·개발 및 보전에 관한 계획의 기본이 된다(법 제2조, 제4조 제1항).

「국토의 계획 및 이용에 관한 법률」상의 '군'에는 광역시에 속하는 군이 포함되지 않으며, '군수'에는 광역시에 속하는 군수는 포함되지 않는다(법 제2조).

도시·군계획

도시·군계획은 특별시·광역시·특별자치시·특별자치도·시 또는 군(광역시 관할구역에 있는 군은 제외)의 관할구역에 대하여 수립하는 공간구조와 발전방향에 대한 계획으로 도시·군기본계획과 도시·군관리계획으로 구분한다.

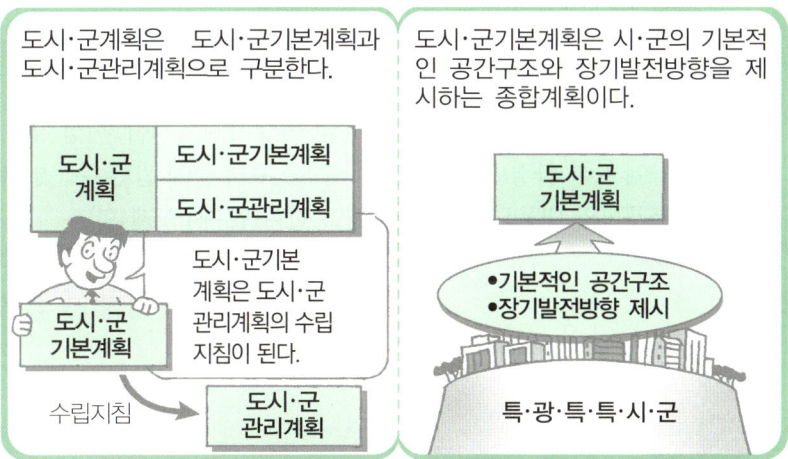

(2) 도시·군계획 등의 명칭

'도시·군계획', '도시·군기본계획', '도시·군관리계획', '도시·군계획시설', '도시·군계획시설사업', '도시·군계획사업' 및 '도시·군계획상임기획단'의 명칭은 행정구역의 명칭이 특별시·광역시·특별자치시·특별자치도 또는 시인 경우에는 각각 '도시계획', '도시기본계획', '도시관리계획', '도시계획시설', '도시계획시설사업', '도시계획사업' 및 '도시계획상임기획단'으로 하고, 행정구역의 명칭이 군인 경우에는 각각 '군계획', '군기본계획', '군관리계획', '군계획시설', '군계획시설사업', '군계획사업' 및 '군계획상임기획단'으로 한다(법 제5조 제1·2항).
그리고 군에 설치하는 도시계획위원회의 명칭은 '군계획위원회'로 한다(법 제5조 제3항).

3 도시·군기본계획 ★

도시·군기본계획은 특별시·광역시·특별자치시·특별자치도·시 또는 군의 관할 구역 및 생활권에 대하여 기본적인 공간구조와 장기발전방향을 제시하는 종합계획으로서 도시·군관리계획 수립의 지침이 되는 계획을 말한다(법 제2조). 도시·군기본계획은 국토종합계획의 지침을 수용·발전시켜 도시의 장기적인 발전방향과 미래상을 제시하는 계획으로서 그 내용이 사회·경제적 측면까지 포괄하는 장기종합계획이다.
특별시장·광역시장·특별자치시장·특별자치도지사·시장 또는 군수가 관할구역에 대해 다른 법률에 따른 환경·교통·수도·하수도·주택 등에 관한 부문별 계획을 수립하는 때에는 도시·군기본계획의 내용과 부합되게 해야 한다(법 제4조 제4항).

단락문제 Q2   제17회 기출

국토의 계획 및 이용에 관한 법령상 도시·군계획 등에 관한 설명 중 옳은 것은?
① 광역도시계획은 특별시 또는 광역시의 장기발전방향을 제시하는 계획이다.
② 도시·군기본계획은 광역도시계획수립의 지침이 되는 계획이다.
③ 도시·군기본계획은 모든 시·군에서 수립해야 한다.
④ 도시·군관리계획은 특별시·광역시·특별자치시·특별자치도·시 또는 군의 개발·정비 및 보전을 목적으로 수립하는 계획이다.
⑤ 지구단위계획은 도시·군계획 수립대상지역 전부에 대해 토지이용의 합리화 등을 목적으로 수립하는 도시·군관리계획이다.

> **해설** 도시·군계획 등
> ① 광역도시계획은 광역계획권의 장기발전방향을 제시하는 계획을 말한다.
> ② 도시·군기본계획은 도시·군관리계획수립의 지침이 되는 계획을 말한다.
> ③ 도시·군기본계획은 특별시·광역시·특별자치시·특별자치도·시 또는 군의 관할 구역 및 생활권에 대하여 수립하되, 시와 군의 경우에는 시와 군의 위치, 인구의 규모, 인구감소율 등을 감안해서 도시·군기본계획을 수립하지 않을 수 있는 예외가 인정된다.
> ⑤ 지구단위계획은 도시·군계획수립 대상지역의 일부에 대해 수립한다.
> **정답** ④

→ 기반시설부담구역의 지정은 도시·군관리계획으로 결정하여야 하는 사항이 아니다.

4 도시·군관리계획★★★ 11·12·15·26회 출제

도시·군관리계획은 특별시·광역시·특별자치시·특별자치도·시 또는 군의 개발·정비 및 보전을 위해 수립하는 토지이용·교통·환경·경관·안전·산업·정보통신·보건·복지·안보·문화 등에 관한 다음의 계획을 말한다(법 제2조).

1) 용도지역·용도지구의 지정 또는 변경에 관한 계획
2) 개발제한구역·도시자연공원구역·시가화조정구역·수산자원보호구역의 지정 또는 변경에 관한 계획
3) 기반시설의 설치·정비 또는 개량에 관한 계획
4) 도시개발사업이나 정비사업에 관한 계획
5) 지구단위계획구역의 지정 또는 변경에 관한 계획과 지구단위계획
6) 도시혁신구역의 지정 또는 변경에 관한 계획과 도시혁신계획
7) 복합용도구역의 지정 또는 변경에 관한 계획과 복합용도계획
8) 도시·군계획시설입체복합구역의 지정 또는 변경에 관한 계획

도시·군관리계획은 그 상위계획인 광역도시계획 또는 도시·군기본계획(생활권계획을 포함)에 부합되어야 한다(법 제25조 제1항).

도시·군관리계획은 단일화된 하나의 계획이 아니라 위의 여러 계획들이 하나의 체계 하에 유기적으로 연계되어 있는 복합체이다. 도시·군관리계획은 광역도시계획 및 도시·군기본계획과는 달리 관계 행정기관은 물론 국민에 대해 직접 구속력을 가진다.

부동산공법

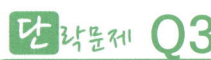

단락문제 Q3 제23회 기출

국토의 계획 및 이용에 관한 법령상 도시·군관리계획으로 결정하여야 하는 사항이 <u>아닌</u> 것은?

① 개발밀도관리구역의 지정   ② 시가화조정구역의 지정   ③ 지구단위계획구역의 지정
④ 용도지역의 지정   ⑤ 용도지구의 변경

해설 도시·군관리계획
개발밀도관리구역의 지정은 도시·군관리계획사항이 아니다.

정답 ①

5 도시·군계획과 밀접한 관련이 있는 계획 20회 출제

(1) 광역도시계획

광역도시계획은 광역계획권의 장기발전방향을 제시하는 계획을 말한다(법 제2조). 광역도시계획은 둘 이상의 도시의 공간구조와 기능을 상호 연계시켜 환경을 보전하며 광역시설을 체계적으로 정비하기 위해 수립하는데, 주로 개별 도시의 차원에서는 해결하기 곤란한 광역교통·환경 등의 광역도시문제를 해결하기 위한 계획이다.

(2) 단계별 집행계획

도시·군계획시설결정이 있으면 그 도시·군계획시설의 부지에 대해서는 건축·토지형질변경 등의 토지이용행위가 제한되므로 그 시설을 설치하기 위한 도시·군계획시설사업의 시행이 장기간 지연되는 경우 그 토지의 소유자는 많은 불이익을 받게 된다. 그래서 도시·군계획시설결정이 있으면 단계별 집행계획을 수립해서 도시·군계획시설사업이 예측가능한 적절한 시기에 시행되도록 하고 있다.

(3) 실시계획

용도지역·용도지구 또는 용도구역의 지정에 관한 도시·군관리계획의 경우에는 도시·군관리계획결정 그 자체만으로 목적이 달성되지만, 기반시설의 설치에 관한 도시·군관리계획의 경우에는 도시·군계획시설결정을 한 후 이에 따라 도시·군계획시설사업을 시행해야 한다. 도시·군계획시설사업의 시행에 필요한 세부계획이 실시계획이다.

실시계획은 실제로 사업을 시행하는 데에 필요한 사항을 정하는 것이므로 「건축법」·「산지관리법」 등 그 사업과 관련되는 다른 법령의 규정에 적합하게 작성되어야 한다.

6 국가계획

「국토의 계획 및 이용에 관한 법률」에서는 중앙행정기관이 법률에 따라 수립하거나 국가의 정책적인 목적달성을 위해 수립하는 계획 중 다음의 사항이 포함된 계획을 '국가계획'이라 한다(법 제2조, 제19조).

1) 도시·군기본계획에 포함되어야 할 사항(대통령령에 위임된 사항은 제외)
2) 도시·군관리계획으로 결정해야 할 사항

광역도시계획 및 도시·군계획은 국가계획에 부합되어야 하며, 광역도시계획 또는 도시·군계획의 내용이 국가계획의 내용과 다를 때에는 국가계획의 내용이 우선한다. 이 경우 국가계획을 수립하려는 중앙행정기관의 장은 미리 지방자치단체의 장의 의견을 듣고 충분히 협의해야 한다(법 제4조 제2항).

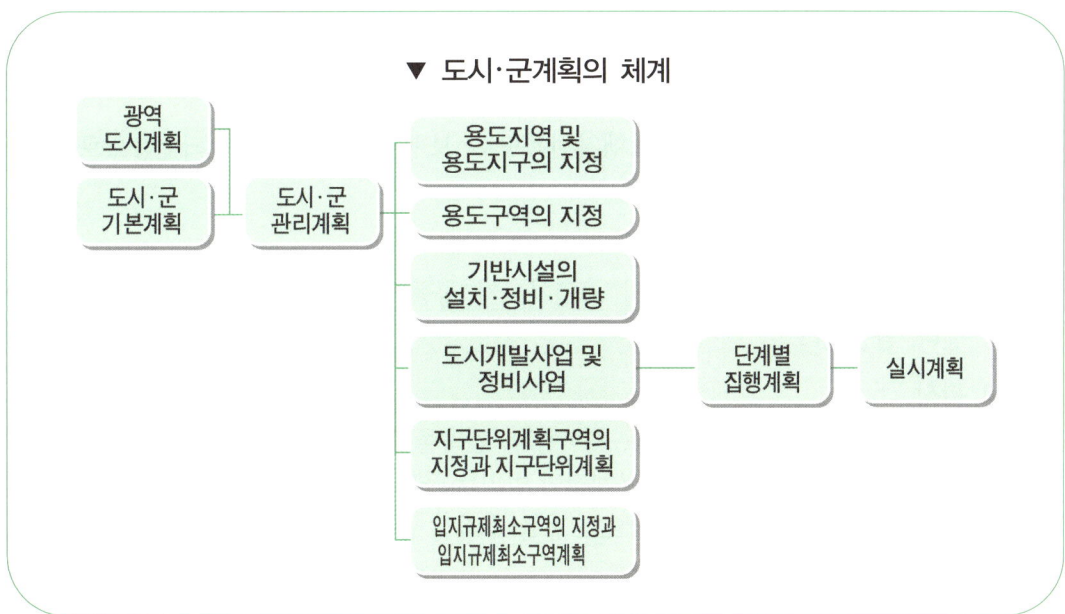

▼ 도시·군계획의 체계

03 도시·군계획시설

1 기반시설(基盤施設) 및 도시·군계획시설

(1) 기반시설의 정의 21·33회 출제

도로·하천·공원·상하수도·학교·시장 등 도시의 형성이나 시민의 생활에 있어서 필수적인 시설은 입지와 규모에 따라 그 시설이 위치한 지역은 물론 도시 전체의 기능과 발전방향에 많은 영향을 미치므로 미리 입지와 규모에 대한 기준을 정해 두고 계획적으로 배치할 필요가 있다. 이와 같은 시설을 '기반시설'이라고 한다.

(2) 기반시설의 종류 25·26·27·28·32회 출제

기반시설은 [표]의 46개 시설과 이 시설의 기능발휘와 이용을 위해 필요한 부대시설 및 편익시설을 말한다(법 제2조, 영 제2조 제1항).

기반시설 중 도로·자동차정류장 및 광장은 다음과 같이 세분할 수 있다(영 제2조 제2항).

1) **도로**

일반도로, 자동차전용도로, 보행자전용도로, 보행자우선도로, 자전거전용도로, 고가도로, 지하도로

2) **자동차정류장**

여객자동차터미널, 물류터미널, 공영차고지, 공동차고지, 화물자동차 휴게소, 복합환승센터, 환승센터

3) **광장**

교통광장, 일반광장, 경관광장, 지하광장, 건축물부설광장

기반시설의 추가적인 세분과 구체적인 범위는 **국토교통부령**으로 정한다(영 제2조 제3항). 다만, 공동구의 내용은 예외적으로 법률에 직접 규정되어 있다.

「도시·군계획시설의 결정·구조 및 설치기준에 관한 규칙」

제1장 국토의 계획 및 이용에 관한 법률

▼ 기반시설의 종류

구 분	기반시설
1) 교통시설	① 도로 ② 철도 ③ 항만 ④ 공항 ⑤ 주차장 ⑥ 자동차정류장 ⑦ 궤도 ⑧ 차량검사 및 면허시설
2) 공간시설	① 광장 ② 공원 ③ 녹지 ④ 유원지 ⑤ 공공공지(公共空地)
3) 유통·공급시설	① 유통업무설비 ② 수도공급설비 ③ 전기공급설비 ④ 가스공급설비 ⑤ 열공급설비 ⑥ 방송·통신시설 ⑦ 공동구(共同溝) ⑧ 시장 ⑨ 유류저장 및 송유설비
4) 공공·문화체육시설	① 학교 ② 공공청사 ③ 문화시설 ④ 공공필요성이 인정되는 체육시설 ⑤ 연구시설 ⑥ 사회복지시설 ⑦ 공공직업훈련시설 ⑧ 청소년수련시설
5) 방재(防災)시설	① 하천 ② 유수지(遊水池) ③ 저수지 ④ 방화설비 ⑤ 방풍설비 ⑥ 방수설비 ⑦ 사방설비 ⑧ 방조(防潮)설비
6) 보건위생시설	① 장사시설 ② 도축장 ③ 종합의료시설
7) 환경기초시설	① 하수도 ② 폐기물처리 및 재활용시설 ③ 빗물저장 및 이용시설 ④ 수질오염방지시설 ⑤ 폐차장

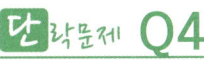 **Q4** 제27회 기출

국토의 계획 및 이용에 관한 법령상 기반시설인 자동차정류장을 세분할 경우 이에 해당하지 않는 것은?

① 물류터미널 ② 공영차고지 ③ 복합환승센터
④ 화물자동차 휴게소 ⑤ 교통광장

해설 기반시설
교통광장은 광장을 세분한 것이다. 자동차정류장은 여객자동차터미널, 물류터미널, 공영차고지, 공동차고지, 화물자동차 휴게소, 복합환승센터, 환승센터로 세분할 수 있다.   **정답** ⑤

(3) 도시·군계획시설

도시·군계획시설은 기반시설 중에서 도시·군관리계획으로 결정된 시설을 말한다(법 제2조). 기반시설은 원칙적으로 도시·군관리계획에 따라 설치하는데, 일부 기반시설은 도시·군관리계획에 의하지 않고 설치할 수 있다.

2 광역시설

광역시설은 기반시설 중에서 광역적인 정비체계가 필요한 다음의 시설을 말한다(법 제2조, 영 제3조).

1) 둘 이상의 특별시·광역시·특별자치시·특별자치도·시 또는 군의 관할구역에 걸치는 기반시설

도로, 철도, 광장, 녹지, 수도공급설비, 전기공급설비, 가스공급설비, 열공급설비, 방송·통신시설, 공동구, 유류저장 및 송유설비, 하천, 하수도 → 하수종말처리시설은 제외

2) 둘 이상의 특별시·광역시·특별자치시·특별자치도·시 또는 군이 공동으로 이용하는 기반시설

항만, 공항, 자동차정류장, 공원, 유원지, 유통업무설비, 문화시설, 공공필요성이 인정되는 체육시설, 사회복지시설, 공공직업훈련시설, 청소년수련시설, 유수지, 장사시설, 도축장, 하수도, 폐기물처리 및 재활용시설, 수질오염방지시설, 폐차장
→ 하수종말처리시설에 한함

3 공공시설 35회 출제

'공공시설'의 범위는 이 용어를 사용하는 목적에 따라 다른데, 「국토의 계획 및 이용에 관한 법률」에서는 다음의 공공용시설을 '공공시설'이라고 한다(법 제2조, 영 제4조).

1) 도로, 공원, 철도, 수도, 항만, 공항, 광장, 녹지, 공공공지, 공동구, 하천, 유수지, 방화설비, 방풍설비, 방수설비, 사방설비, 방조설비, 하수도, 구거
2) 행정청이 설치하는 주차장, 저수지
3) 공공필요성이 인정되는 체육시설 중 운동장
4) 장사시설 중 화장장·공동묘지·봉안시설(자연장지 또는 장례식장에 화장장·공동묘지·봉안시설 중 한 가지 이상의 시설을 같이 설치하는 경우를 포함한다)
5) 「스마트도시의 조성 및 산업진흥 등에 관한 법률」 제2조 제3호 다목에 따른 시설

제1장 국토의 계획 및 이용에 관한 법률

04 도시·군계획사업★★

1 도시·군계획사업의 의의 29회 출제

기반시설이나 도시·군계획사업에 관한 도시·군관리계획이 결정되면 이를 구체화하기 위한 사업의 시행이 뒤따르게 된다. 이와 같이 도시·군관리계획을 시행하기 위한 사업을 도시·군계획사업이라 한다(법 제2조).

도시·군계획사업에는 도시·군계획시설사업, 「도시개발법」에 의한 도시개발사업, 「도시 및 주거환경정비법」에 의한 정비사업이 있다(법 제2조).

그리고 「국토의 계획 및 이용에 관한 법률」 또는 다른 법률에 따라 도시·군계획사업을 시행하는 자를 도시·군계획사업 시행자라 한다(법 제2조).

 도시·군계획사업 등

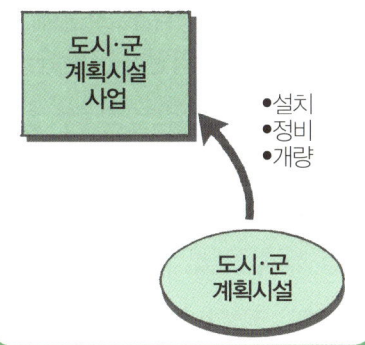

도시·군계획시설사업이란 도시·군계획시설을 설치·정비·개량하는 사업을 말한다.

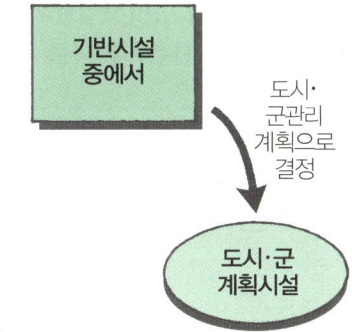

도시·군계획시설이란 기반시설 중에서 도시·군관리계획으로 결정된 시설을 말한다.

기반시설이란 주민이 생활하는 데 기반이 되는 시설을 말한다.

기반시설에는 ① 교통시설, ② 공간시설, ③ 유통·공급시설, ④ 공공·문화체육시설, ⑤ 방재시설, ⑥ 보건위생시설, ⑦ 환경기초시설이 있다.

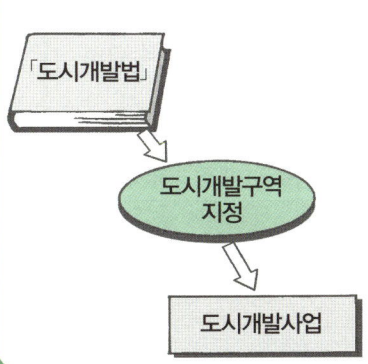

도시개발사업은 「도시개발법」에 의한 사업을 말한다.

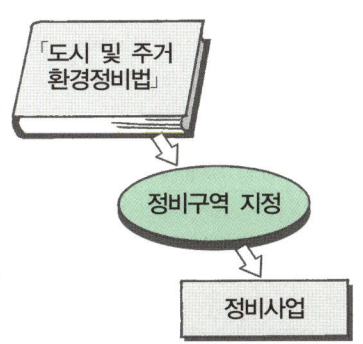

정비사업은 「도시 및 주거환경정비법」에 의한 사업을 말한다.

정비사업은 ㉠ 주거환경개선사업, ㉡ 재개발사업, ㉢ 재건축사업으로 구분된다.

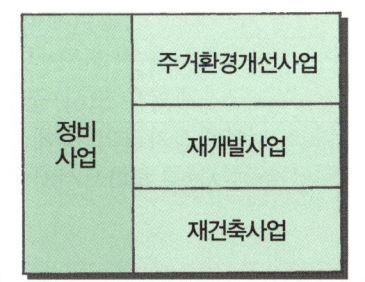

부동산공법

2 도시·군계획시설사업

도시·군계획시설사업은 도시·군계획시설을 설치·정비 또는 개량하는 사업을 말한다(법 제2조). 도시·군계획시설사업은 「국토의 계획 및 이용에 관한 법률」에 따라 시행하는 것이 일반적이다. 그러나 개별 법률이 있는 도시·군계획시설의 경우에는 그 법률에 따라 도시·군계획시설사업을 시행하기도 한다.

3 도시개발사업

도시개발사업을 시행하기 위해서는 먼저 그 도시개발사업을 시행할 지역, 즉 '도시개발구역'을 지정해야 한다. 도시개발구역이 지정되면 사업의 내용에 따라 시행자가 지정되는데, 시행자는 실시계획을 작성해서 인가를 받아야 한다.

도시개발사업은 수용 또는 사용방식에 의하거나 환지방식에 의한다. 환지방식에 의하는 경우에는 환지계획작성·환지예정지지정·환지처분·청산 등의 절차를 밟게 된다.

4 정비사업

정비사업에는 주거환경개선사업·재개발사업 및 재건축사업이 있다(「도시 및 주거환경정비법」 제2조). 정비사업을 시행하기 위해서는 먼저 그 정비사업을 시행할 지역, 즉 '정비구역'을 지정해야 한다. 정비구역이 지정되면 시행자는 사업시행계획서를 작성해서 사업시행계획인가를 받아야 한다.

단락문제 Q5   제15회 기출

다음은 「국토의 계획 및 이용에 관한 법률」의 내용에 관한 설명이다. 옳은 것은?
① 도시·군계획은 특별시·광역시·특별자치시·특별자치도·시 또는 광역시 관할구역의 군에 대해 수립하는 도시·군기본계획과 도시·군관리계획을 말한다.
② 지구단위계획은 도시·군계획 수립대상지역 전부에 대해 체계적 관리를 위해 수립하는 도시·군관리계획을 말한다.
③ 공공시설은 도로·공원·철도·수도 등 공공용시설을 말한다.
④ 국가계획은 도시·군관리계획으로 결정해야 할 사항이 포함되지 않은 계획으로서 중앙행정기관의 장에 의해 수립되는 토지계획을 말한다.
⑤ 도시·군계획시설사업은 기반시설을 설치·정비 또는 개량하는 사업을 말한다.

제1장 국토의 계획 및 이용에 관한 법률

> **해설** 용어의 정의
> ① 광역시에 있는 군을 제외한 군의 관할구역에 대해 수립하는 공간구조와 발전방향에 대한 계획으로서 도시·군기본계획과 도시·군관리계획으로 구분한다.
> ② 지구단위계획은 도시·군계획수립대상지역의 일부에 대해 수립한다.
> ④ 국가계획은 도시·군기본계획의 내용 또는 도시·군관리계획으로 결정해야 할 사항이 포함된 계획을 말한다.
> ⑤ 도시·군계획시설사업은 도시·군계획시설(기반시설이 아님)을 설치·정비 또는 개량하는 사업을 말한다.
>
> **정답** ③

05 권한의 위임과 사무의 위탁

1 권한의 위임

(1) 권한의 위임 또는 재위임

「국토의 계획 및 이용에 관한 법률」에 따른 국토교통부장관(수산자원보호구역의 경우에는 해양수산부장관)의 권한은 그 일부를 대통령령으로 정하는 바에 따라 특별시장·광역시장·특별자치시장·도지사 또는 특별자치도지사(이하 '시·도지사'라 함)에게 위임할 수 있다. 현재 1km² 미만인 수산자원보호구역의 지정 또는 변경에 관한 해양수산부장관의 권한이 시·도지사에게 위임되어 있다(법 제139조 제1항, 영 제133조 제1항). 시·도지사는 위임받은 권한을 국토교통부장관(수산자원보호구역의 경우에는 해양수산부장관)의 승인을 받아 시장·군수(광역시에 있는 군의 군수를 포함함) 또는 자치구청장에게 재위임할 수 있다(법 제139조 제1항). 「국토의 계획 및 이용에 관한 법률」에 따른 시·도지사의 권한은 특별시·광역시·특별자치시·도 또는 특별자치도(이하 '시·도'라 함)의 조례로 정하는 바에 따라 시장·군수 또는 자치구청장에게 위임할 수 있다. 이 경우 시·도지사는 권한 위임사실을 국토교통부장관에게 보고해야 한다(법 제139조 제2항).

(2) 위임에 따른 도시계획위원회의 관할

권한이 위임 또는 재위임된 사항 중 중앙도시계획위원회 또는 지방도시계획위원회의 심의를 거쳐야 하는 사항에 대해서는 권한을 위임 또는 재위임받은 기관이 속하는 지방자치단체에 설치된 지방도시계획위원회의 심의를 거쳐야 한다(법 제139조 제3항).
시·도의 건축위원회와 지방도시계획위원회의 공동심의를 거쳐야 하는 사항에 대해서는 권한을 위임 또는 재위임받은 기관이 속하는 지방자치단체에 설치된 시·군·구 건축위원회와 도시계획위원회의 공동심의를 거쳐야 한다(법 제139조 제3항).

지방의회의 의견을 들어야 하는 사항에 대해서는 권한을 위임 또는 재위임받은 기관이 속하는 지방자치단체의 지방의회의 의견을 들어야 한다(법 제139조 제3항).

2 사무의 위탁

「국토의 계획 및 이용에 관한 법률」에 따른 국토교통부장관(수산자원보호구역의 경우에는 해양수산부장관), 시·도지사, 시장 또는 군수의 사무는 그 일부를 대통령령 또는 지방자치단체의 조례로 정하는 바에 따라 다른 행정청이나 행정청이 아닌 자에게 위탁할 수 있다(법 제139조 제4항). 행정청이 아니면서 위탁받은 사무를 수행하는 자나 그에 소속된 직원은 「형법」 그 밖의 법률에 따른 벌칙을 적용할 때에는 공무원으로 본다(법 제139조 제6항).

제2절 광역도시계획

19·28·32회 출제

01 광역계획권의 지정

33회 출제

1 광역계획권의 지정목적

국토교통부장관 또는 도지사는 둘 이상의 특별시·광역시·특별자치시·특별자치도·시 또는 군의 공간구조 및 기능을 상호 연계시키고 환경을 보전하며 광역시설을 체계적으로 정비하기 위해 필요한 경우에는 인접한 둘 이상의 특별시·광역시·특별자치시·특별자치도·시 또는 군의 관할구역의 전부 또는 일부를 광역계획권으로 지정할 수 있다(법 제10조 제1항).

2 광역계획권 지정대상지역

광역계획권은 인접한 둘 이상의 특별시·광역시·특별자치시·특별자치도·시 또는 군의 관할구역 단위로 지정하되, 인접한 둘 이상의 특별시·광역시·특별자치시·특별자치도·시 또는 군의 관할구역의 일부를 광역계획권에 포함시키고자 하는 때에는 구·군(광역시의 군을 말함)·읍 또는 면의 관할구역 단위로 해야 한다(영 제7조 제1·2항).

제1장 국토의 계획 및 이용에 관한 법률

3 광역계획권 지정권자★　26·29회 출제

광역계획권은 다음의 구분에 따라 국토교통부장관 또는 도지사가 지정한다(법 제10조 제1항).

　1) 광역계획권이 둘 이상의 시·도의 관할구역에 걸쳐 있는 경우 : 국토교통부장관
　2) 광역계획권이 도의 관할구역에 속해 있는 경우 : 도지사

중앙행정기관의 장, 시·도지사, 시장 또는 군수는 광역계획권 지정권자에게 광역계획권의 지정 또는 변경을 요청할 수 있다(법 제10조 제2항).

4 광역계획권의 지정절차　16회 출제

국토교통부장관이 광역계획권을 지정 또는 변경하려면 관계 시·도지사, 시장 또는 군수의 의견을 들은 후 중앙도시계획위원회의 심의를 거쳐야 한다(법 제10조 제3항).
도지사가 광역계획권을 지정 또는 변경하려면 관계 중앙행정기관의 장, 관계 시·도지사, 시장 또는 군수의 의견을 들은 후 지방도시계획위원회의 심의를 거쳐야 한다(법 제10조 제4항).
광역계획권 지정권자가 광역계획권을 지정 또는 변경한 때에는 지체없이 관계 시·도지사, 시장 또는 군수에게 그 사실을 통보해야 한다(법 제10조 제5항).

 광역계획권

'광역도시계획이 적용되는 대상지역'을 말한다.

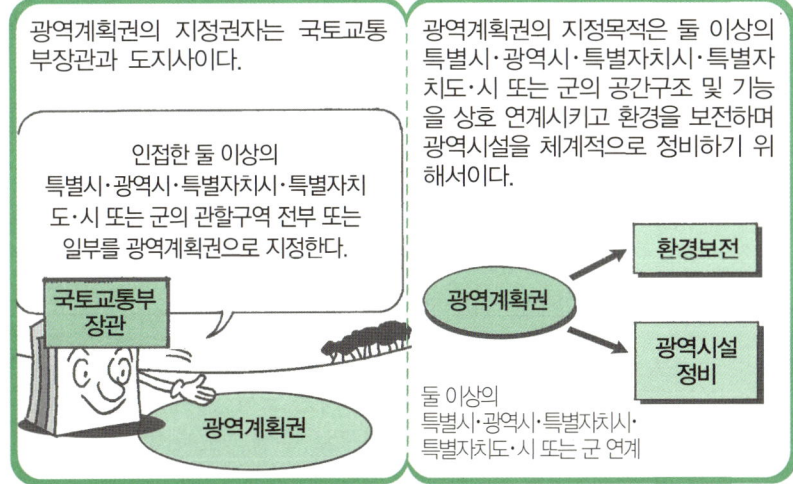

02 광역도시계획

1 의 의

광역도시계획은 광역계획권의 장기발전방향을 제시하는 계획이다(법 제2조). 광역도시계획은 개별도시 차원에서는 해결하기 어려운 광역적인 도시문제를 도시계획적으로 해결하기 위한 계획이다.

2 광역도시계획의 내용

(1) 광역도시계획에 포함되어야 하는 사항

광역도시계획에는 다음의 사항 중 그 광역계획권의 지정목적을 이루는 데 필요한 사항에 대한 정책방향이 포함되어야 한다(법 제12조 제1항, 영 제9조).

1) 광역계획권의 공간구조와 기능분담에 관한 사항
2) 광역계획권의 녹지관리체계와 환경보전에 관한 사항
3) 광역시설의 배치·규모·설치에 관한 사항
4) 경관계획에 관한 사항
5) 그 밖에 광역계획권에 속하는 특별시·광역시·특별자치시·특별자치도·시 또는 군 상호 간의 기능연계에 관한 다음의 사항
   ① 광역계획권의 교통 및 물류유통체계에 관한 사항
   ② 광역계획권의 문화·여가공간 및 방재에 관한 사항

(2) 광역도시계획의 수립기준

광역도시계획의 수립기준은 국토교통부장관이 정하는데, 국토교통부장관이 광역도시계획의 수립기준을 정할 때에는 다음 사항을 종합적으로 고려해야 한다(법 제12조 제2항, 영 제10조).

1) 광역계획권의 미래상과 이를 실현할 수 있는 체계화된 전략을 제시하고 국토종합계획 등과 서로 연계되도록 할 것
2) 특별시·광역시·특별자치시·특별자치도·시 또는 군 간의 기능분담, 도시의 무질서한 확산방지, 환경보전, 광역시설의 합리적 배치 그 밖에 광역계획권에서 현안사항이 되고 있는 특정부문 위주로 수립할 수 있도록 할 것
3) 여건변화에 탄력적으로 대응할 수 있도록 포괄적이고 개략적으로 수립하도록 하되, 특정부문 위주로 수립하는 경우에는 도시·군기본계획이나 도시·군관리계획에 명확한 지침을 제시할 수 있도록 구체적으로 수립하도록 할 것

4) 녹지축·생태계·산림·경관 등 양호한 자연환경과 우량농지, 보전목적의 용도지역, 국가유산 및 역사문화환경 등을 충분히 고려해서 수립하도록 할 것

5) 부문별 계획은 서로 연계되도록 할 것

6) 「재난 및 안전관리 기본법」에 따른 시·도 안전관리계획 및 시·군·구 안전관리계획과 「자연재해대책법」에 따른 시·군 자재해저감종합계획을 충분히 고려해서 수립하도록 할 것

03 광역도시계획의 수립

1 광역도시계획의 수립권자 및 승인권자

(1) 광역도시계획 수립권자

광역도시계획은 국토교통부장관, 시·도지사, 시장 또는 군수가 다음의 구분에 따라 수립한다(법 제11조 제1항).

1) 광역계획권이 같은 도의 관할구역에 속해 있는 경우
   관할 시장 또는 군수가 공동으로 수립

2) 광역계획권이 둘 이상의 시·도의 관할구역에 걸쳐 있는 경우
   관할 시·도지사가 공동으로 수립

3) 광역계획권을 지정한 날부터 3년이 지날 때까지 관할 시장 또는 군수가 광역도시계획의 승인을 신청하지 않는 경우
   관할 도지사가 수립

4) 국가계획과 관련된 광역도시계획의 수립이 필요한 경우와 광역계획권을 지정한 날부터 3년이 지날 때까지 관할 시·도지사가 광역도시계획의 승인을 신청하지 않는 경우
   국토교통부장관이 수립

그리고 국토교통부장관은 다음의 경우에는 관할 시·도지사와 공동으로 광역도시계획을 수립할 수 있다(법 제11조 제2항).

1) 시·도지사의 요청이 있는 경우

2) 그 밖에 필요하다고 인정되는 경우

또한 도지사는 다음의 경우에는 관할 시장 또는 군수와 공동으로 광역도시계획을 수립할 수 있으며, 시장 또는 군수가 협의를 거쳐 요청하는 경우에는 단독으로 광역도시계획을 수립할 수 있다(법 제11조 제3항).

1) 시장 또는 군수의 요청이 있는 경우
2) 그 밖에 필요하다고 인정되는 경우

(2) 광역도시계획협의회

광역도시계획 수립권자는 공동으로 광역도시계획을 수립하는 때에는 광역도시계획의 수립에 관한 협의 및 조정이나 자문 등을 위해 광역도시계획협의회를 구성해서 운영할 수 있다(법 제17조의2 제1항).

광역도시계획협의회에서 광역도시계획의 수립에 관해 협의·조정을 한 경우에는 그 조정 내용을 광역도시계획에 반영해야 하며, 해당 시·도지사나 시장 또는 군수는 이에 따라야 한다(법 제17조의2 제2항).

 광역도시계획과 수립권자

1) **광역도시계획**
   광역계획권의 장기발전방향을 제시하는 계획
   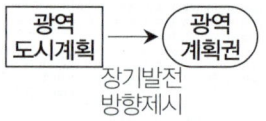

2) **광역도시계획의 수립권자**
   ① 원칙: 관할 시장 또는 군수 공동수립
   ② 예외: 시·도지사, 국토교통부장관(공동수립 가능)

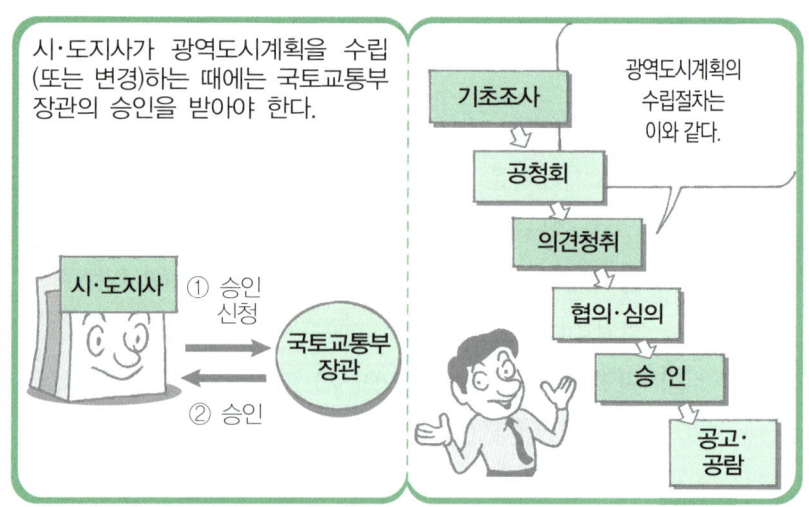

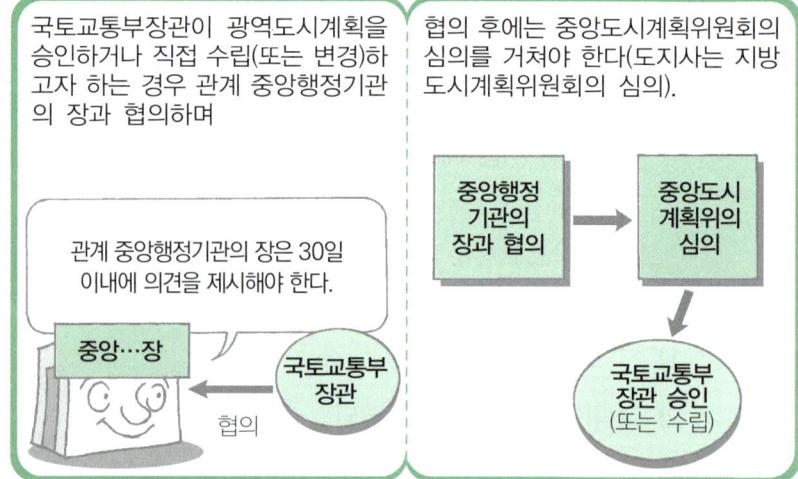

(3) 광역도시계획 승인권자 27회 출제

시·도지사가 광역도시계획을 수립 또는 변경하려면 국토교통부장관의 승인을 받아야 한다. 다만, 시장 또는 군수의 요청이 있거나 그 밖에 필요하다고 인정해서 도지사가 관할 시장 또는 군수와 공동으로 광역도시계획을 수립하거나, 시장 또는 군수가 협의를 거쳐 한 요청에 따라 도지사가 단독으로 광역도시계획을 수립하는 경우에는 승인을 받지 않아도 된다(법 제16조 제1항). 시장 또는 군수는 광역도시계획을 수립 또는 변경하려면 도지사의 승인을 받아야 한다(법 제16조 제5항).

2 광역도시계획의 수립절차 11회 출제

(1) 기초조사

광역도시계획 수립권자는 광역도시계획을 수립 또는 변경하려면 미리 다음 사항 중 그 광역도시계획의 수립 또는 변경에 관해 필요한 사항을 조사하거나 측량(이하 "기초조사"라 한다)해야 한다. 이 경우 조사할 사항에 관해 다른 법령의 규정에 따라 조사·측량한 자료가 있는 때에는 이를 활용할 수 있다(법 제13조 제1항, 영 제11조 제1·2·3항).

1) 인구·경제·사회·문화·토지이용·환경·교통·주택
2) 기후·지형·자원·생태 등 자연적 여건
3) 기반시설 및 주거수준의 현황과 전망
4) 풍수해·지진 그 밖의 재해의 발생현황 및 추이
5) 광역도시계획과 관련된 다른 계획 및 사업의 내용
6) 그 밖에 광역도시계획의 수립에 필요한 사항

광역도시계획 수립권자는 관계 행정기관의 장에게 기초조사에 필요한 자료를 제출하도록 요청할 수 있다. 이 경우 요청을 받은 관계 행정기관의 장은 특별한 사유가 없으면 그 요청에 따라야 한다(법 제13조 제2항). 광역도시계획 수립권자는 효율적인 기초조사를 위해 필요한 경우에는 기초조사를 전문기관에 의뢰할 수 있다(법 제13조 제3항).

국토교통부장관, 시·도지사, 시장 또는 군수가 기초조사를 실시한 경우에는 해당 정보를 체계적으로 관리하고 효율적으로 활용하기 위하여 기초조사정보체계를 구축·운영하여야 한다(법 제13조 제4항). 국토교통부장관, 시·도지사, 시장 또는 군수가 기초조사정보체계를 구축한 경우에는 등록된 정보의 현황을 5년마다 확인하고 변동사항을 반영하여야 한다(법 제13조 제5항).

(2) 광역도시계획안의 작성

광역도시계획은 국토교통부장관이 정한 수립기준에 따라 작성한다(법 제12조 제2항).

(3) 공청회 개최

광역도시계획 수립권자는 광역도시계획을 수립 또는 변경하려면 미리 공청회를 열어 주민과 관계전문가 등으로부터 의견을 들어야 하며, 공청회에서 제시된 의견이 타당하다고 인정하면 광역도시계획에 반영해야 한다(법 제14조 제1항). 공청회를 개최하려면 공청회의 개최목적·개최예정일시 및 장소, 수립 또는 변경하려는 광역도시계획의 개요, 그 밖에 필요한 사항을 일간신문, 관보, 공보, 인터넷 홈페이지 또는 방송 등의 방법으로 공청회 개최예정일 14일 전까지 1회 이상 공고해야 한다(영 제12조 제1항). 공청회는 광역계획권 단위로 개최하되, 필요한 경우에는 광역계획권을 여러 개의 지역으로 구분하여 개최할 수 있다(영 제12조 제2항). 공청회는 국토교통부장관, 시·도지사, 시장 또는 군수가 지명하는 사람이 주재한다(영 제12조 제3항). 그 밖에 공청회의 개최에 관해 필요한 사항은 그 공청회를 개최하는 주체에 따라 국토교통부장관이 정하거나 시·도, 시 또는 군의 도시·군계획조례로 정할 수 있다(영 제12조 제4항).

(4) 지방의회와 시장·군수의 의견청취

시·도지사나 시장 또는 군수는 광역도시계획을 수립 또는 이를 변경하려면 미리 관계 지방의회와 시장 또는 군수의 의견을 들어야 한다(법 제15조 제1항).

국토교통부장관이 광역도시계획을 수립 또는 변경하려면 관계 시·도지사에게 광역도시계획안을 송부해야 하며, 관계 시·도지사는 그 광역도시계획안에 대해 그 시·도의 의회와 관계 시장 또는 군수의 의견을 들은 후 그 결과를 국토교통부장관에게 제출해야 한다(법 제15조 제2항).

시·도, 시 또는 군의 의회와 관계 시장 또는 군수는 특별한 사유가 없으면 30일 이내에 시·도지사, 시장 또는 군수에게 의견을 제시해야 한다(법 제15조 제3항).

(5) 승인신청

광역도시계획 수립권자가 광역도시계획을 승인받으려는 때에는 광역도시계획안에 기초조사 결과, 공청회개최 결과, 지방의회와 관계 시장 또는 군수의 의견청취 결과 등을 첨부해서 승인권자에게 제출해야 한다. 국토교통부장관은 광역도시계획안이 수립기준 등에 부적합한 때에는 시·도지사에게 광역도시계획안의 보완을 요청할 수 있다(영 제13조 제1·2항).

(6) 관계 행정기관의 장과의 협의

광역도시계획을 승인하거나 도시계획을 수립 또는 변경하려는 경우(공동으로 수립하거나 변경하는 때를 포함함) 국토교통부장관은 관계 중앙행정기관의 장과, 도지사는 관계 행정기관의 장(국토교통부장관을 포함함)과 협의해야 한다. 협의를 요청받은 관계 행정기관의 장은 특별한 사유가 없으면 요청을 받은 날부터 30일 이내에 국토교통부장관이나 도지사에게 의견을 제시해야 한다(법 제16조 제2·3·4·6항).

(7) 도시계획위원회의 심의

국토교통부장관이나 도지사는 관계 행정기관의 장과 협의한 후에는 각각 중앙도시계획위원회 또는 지방도시계획위원회의 심의를 거쳐야 한다(법 제16조 제2·6항).

(8) 공고·공람

광역도시계획을 승인하거나 직접 광역도시계획을 수립 또는 변경한 경우 국토교통부장관은 관계 중앙행정기관의 장과 시·도지사에게, 도지사는 관계 행정기관의 장(국토교통부장관을 포함함)과 시장 또는 군수에게 관계서류를 송부해야 한다. 관계서류를 송부받은 시·도지사나 시장 또는 군수는 이를 그 지방자치단체의 공보와 인터넷 홈페이지에 게재하는 방법으로 하며, 30일 이상 일반이 열람할 수 있게 해야 한다(법 제16조 제4·6항, 영 제13조 제3항).

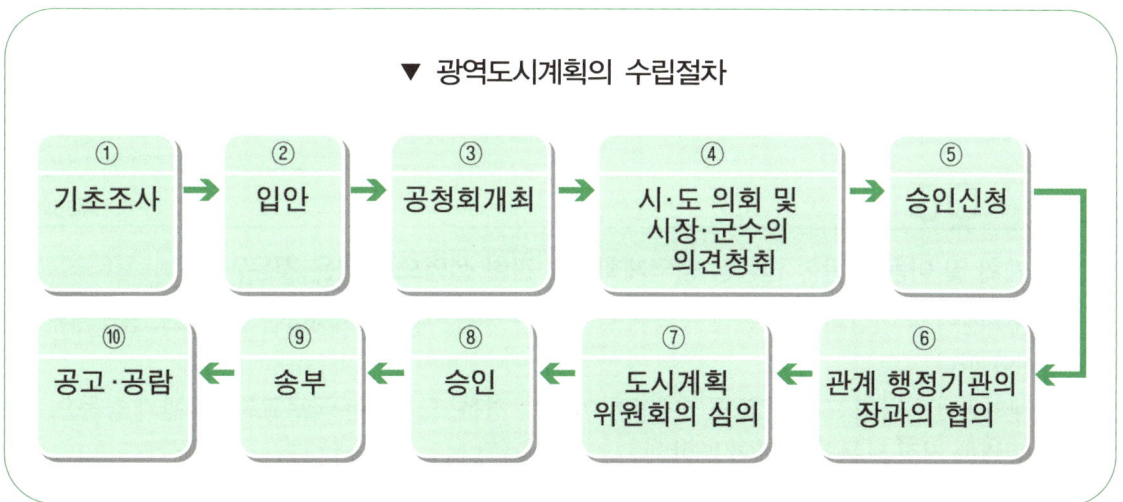

▼ 광역도시계획의 수립절차

04 광역도시계획의 조정

1 조정신청

관할 시·도지사가 공동으로 광역도시계획을 수립하거나 관한 시장 또는 군수가 공동으로 광역도시계획을 수립하는 경우 그 내용에 관해 서로 협의가 이루어지지 않는 때에는 관할 시·도지사는 국토교통부장관에게, 관할 시장 또는 군수는 도지사에게 공동 또는 단독으로 조정을 신청할 수 있다(법 제17조 제1·5·6항).

부동산공법

2 협의의 권고

어느 일방이 단독으로 조정신청을 한 경우 국토교통부장관이나 도지사는 기한을 정해 당사자 간에 다시 협의를 하도록 권고할 수 있으며, 기한까지 협의가 이루어지지 않는 경우에는 국토교통부장관이나 도지사가 직접 조정할 수 있다(법 제17조 제2·6항).

3 조 정

국토교통부장관이나 도지사가 조정신청을 받거나 직접 조정하려는 때에는 각각 중앙도시계획위원회 또는 지방도시계획위원회의 심의를 거쳐 광역도시계획의 내용을 조정해야 한다. 이 경우 이해관계를 가진 지방자치단체의 장은 도시계획위원회의 회의에 출석해서 의견을 진술할 수 있다(법 제17조 제3·6항). 광역도시계획을 수립하는 자는 조정결과를 광역도시계획에 반영해야 한다(법 제17조 제4·6항).

단락문제 Q6 제33회 기출

국토의 계획 및 이용에 관한 법령상 광역계획권에 관한 설명으로 옳은 것은?

① 광역계획권이 둘 이상의 도의 관할 구역에 걸쳐 있는 경우, 해당 도지사들은 공동으로 광역계획권을 지정하여야 한다.
② 광역계획권이 하나의 도의 관할 구역에 속하여 있는 경우, 도지사는 국토교통부장관과 공동으로 광역계획권을 지정 또는 변경하여야 한다.
③ 도지사가 광역계획권을 지정하려면 관계 중앙행정기관의 장의 의견을 들은 후 중앙도시계획위원회의 심의를 거쳐야 한다.
④ 국토교통부장관이 광역계획권을 변경하려면 관계 시·도지사, 시장 또는 군수의 의견을 들은 후 지방도시계획위원회의 심의를 거쳐야 한다.
⑤ 중앙행정기관의 장, 시·도지사, 시장 또는 군수는 국토교통부장관이나 도지사에게 광역계획권의 지정 또는 변경을 요청할 수 있다.

해설 광역계획권
① 광역계획권이 둘 이상의 시·도의 관할구역에 걸쳐 있는 경우, 국토교통부장관이 광역계획권을 지정하여야 한다.
② 광역계획권이 도의 관할 구역에 속하여 있는 경우, 도지사가 광역계획권을 지정하여야 한다.
③ 도지사가 광역계획권을 지정하려면 관계 중앙행정기관의 장, 관계 시·도지사, 시장 또는 군수의 의견을 들은 후 지방도시계획위원회의 심의를 거쳐야 한다.
④ 국토교통부장관이 광역계획권을 지정 또는 변경하려면 관계 시·도지사, 시장 또는 군수의 의견을 들은 후 중앙도시계획위원회의 심의를 거쳐야 한다.

답 ⑤

제3절 도시·군기본계획 13·15·19회 출제

01 도시·군기본계획 32회 출제

1 도시·군기본계획의 정의

도시·군기본계획은 특별시·광역시·특별자치시·특별자치도·시 또는 군의 관할 구역 및 생활권에 대하여 기본적인 공간구조와 장기발전방향을 제시하는 종합계획으로서 도시·군관리계획수립의 지침이 되는 계획이다(법 제2조).

도시·군기본계획은 국토종합계획의 지침을 수용·발전시켜 도시의 장기적인 발전방향과 미래상을 제시하는 장기계획이다. 도시·군기본계획에서 제시된 도시의 발전방향을 도시공간에 구체적으로 정착화시키는 중기계획이 도시·군관리계획이다.

2 도시·군기본계획의 내용

도시·군기본계획에는 다음 사항에 대한 정책방향이 포함되어야 한다(법 제19조 제1항, 영 제15조).

1) 지역적 특성 및 계획의 방향·목표에 관한 사항
2) 공간구조 및 인구의 배분에 관한 사항
3) 생활권의 설정과 생활권역별 개발·정비 및 보전 등에 관한 사항
4) 토지의 이용 및 개발에 관한 사항
5) 토지의 용도별 수요 및 공급에 관한 사항
6) 환경의 보전 및 관리에 관한 사항
7) 기반시설에 관한 사항
8) 공원 및 녹지에 관한 사항
9) 경관에 관한 사항
10) 기후변화 대응 및 에너지절약에 관한 사항
11) 방재·방범 등 안전에 관한 사항
12) 위에 규정된 사항의 단계별 추진에 관한 사항
13) **다음의 사항으로서 도시·군기본계획의 방향 및 목표 달성과 관련된 사항**
    ① 도심 및 주거환경의 정비·보전에 관한 사항
    ② 다른 법률에 따라 도시·군기본계획에 반영되어야 하는 사항
    ③ 도시·군기본계획의 시행을 위하여 필요한 재원조달에 관한 사항
    ④ 그 밖에 도시·군기본계획 승인권자가 필요하다고 인정하는 사항

도시·군기본계획의 수립기준은 국토교통부장관이 정하는데, 국토교통부장관이 도시·군기본계획의 수립기준을 정할 때에는 다음 사항을 종합적으로 고려해야 한다(법 제19조 제3항, 영 제16조).

1) 특별시·광역시·특별자치시·특별자치도·시 또는 군의 기본적인 공간구조와 장기발전방향을 제시하는 토지이용·교통·환경 등에 관한 종합계획이 되도록 할 것
2) 여건변화에 탄력적으로 대응할 수 있도록 포괄적이고 개략적으로 수립하도록 할 것
3) 도시·군기본계획을 정비할 때에는 종전의 도시·군기본계획의 내용 중 수정이 필요한 부분만을 발췌해서 보완함으로써 계획의 연속성이 유지되도록 할 것
4) 도시와 농어촌 및 산촌지역의 인구밀도, 토지이용의 특성 및 주변환경 등을 종합적으로 고려해서 지역별로 계획의 상세정도를 다르게 하되, 기반시설의 배치계획, 토지용도 등은 도시와 농어촌 및 산촌지역이 서로 연계되도록 할 것
5) 부문별 계획은 도시·군기본계획의 방향에 부합하고 도시·군기본계획의 목표를 달성할 수 있는 방안을 제시함으로써 도시·군기본계획의 통일성과 일관성을 유지하도록 할 것
6) 도시지역 등에 위치한 개발가능토지는 단계별로 시차를 두어 개발되도록 할 것
7) 녹지축·생태계·산림·경관 등 양호한 자연환경과 우량농지, 보전목적의 용도지역, 국가유산 및 역사문화환경 등을 충분히 고려해서 수립하도록 할 것
8) 경관에 관한 사항에 대해서는 필요한 경우에는 도시·군기본계획도서의 별책으로 작성할 수 있도록 할 것
9) 「재난 및 안전관리 기본법」에 따른 시·도 안전관리계획 및 시·군·구 안전관리계획과 「자연재해대책법」에 따른 시·군 자연재해저감종합계획을 충분히 고려해서 수립하도록 할 것

02 도시·군기본계획의 수립대상지역 24회 출제

1 도시·군기본계획의 수립대상지역 및 예외 ★★

도시·군기본계획은 특별시·광역시·특별자치시·특별자치도·시 및 군의 관할구역에 대해 수립한다. 그러나 시와 군의 경우에는 그 위치, 인구의 규모, 인구감소율 등을 감안해서 도시·군기본계획을 수립하지 않을 수 있다. 이와 같이 예외적으로 도시·군기본계획을 수립하지 않을 수 있는 시·군은 다음과 같다(법 제18조 제1항, 영 제14조).

1) 수도권에 속하지 않고 광역시와 경계를 같이하지 않은 시 또는 군으로서 인구 10만명 이하인 시 또는 군
2) 관할구역 전부에 대해 광역도시계획이 수립되어 있는 시 또는 군으로서 그 광역도시계획에 도시·군기본계획으로 정해야 할 사항이 모두 포함되어 있는 시 또는 군

2 관할구역이 아닌 지역에 대한 도시기본계획의 수립 20회 출제

지역여건상 필요하다고 인정되는 때에는 인접한 특별시·광역시·특별자치시·특별자치도·시 또는 군의 관할구역의 전부 또는 일부를 포함해서 도시기본계획을 수립할 수 있다. 특별시장·광역시장·특별자치시장·특별자치도지사·시장 또는 군수가 인접한 특별시·광역시·특별자치시·특별자치도·시 또는 군의 관할구역을 포함해서 도시·군기본계획을 수립하려는 때에는 미리 그 특별시장·광역시장·특별자치시장·특별자치도지사·시장 또는 군수와 협의해야 한다(법 제18조 제2·3항).

03 도시·군기본계획의 수립

1 도시·군기본계획의 수립권자 및 승인권자

(1) 도시·군기본계획 수립권자 ★

도시·군기본계획은 관할 특별시장·광역시장·특별자치시장·특별자치도지사·시장 또는 군수가 수립한다(법 제18조 제1항).

다만, 지역여건상 필요한 때에는 인접한 특별시·광역시·특별자치시·특별자치도·시 또는 군의 관할구역을 포함해서 도시·군기본계획을 수립할 수 있다. 이 경우 특별시장·광역시장·특별자치시장·특별자치도지사·시장 또는 군수는 미리 그 특별시장·광역시장·특별자치시장·특별자치도지사·시장 또는 군수와 협의해야 한다(법 제18조 제2·3항).

(2) 도시·군기본계획 승인권자 추가15회 출제

시장 또는 군수가 도시·군기본계획을 수립 또는 변경하는 때에는 도지사의 승인을 받아야 한다(법 제22조의2 제1항).

2 도시·군기본계획의 수립절차

(1) 기초조사

1) 도시·군기본계획을 수립하는 경우의 기초조사에 관해서는 광역도시계획의 기초조사에 관한 규정을 준용한다(법 제20조 제1항). 즉, 도시·군기본계획을 수립하는 때에는 미리 인구·경제·사회·문화·교통·환경·토지이용 등에 관한 사항 중 그 도시·군기본계획의 수립에 관해 필요한 사항을 조사·측량해야 한다.

2) 시·도지사, 시장 또는 군수는 기초조사의 내용에 국토교통부장관이 정하는 바에 따라 실시하는 토지의 토양, 입지, 활용가능성 등 토지의 적성에 대한 평가(토지적성평가)와 재해취약성에 관한 분석(재해취약성 분석)을 포함하여야 한다(법 제20조 제2항).

3) 토지적성평가 및 재해취약성 분석 면제사유 27회 출제

다음의 경우에는 토지적성평가 또는 재해취약성 분석을 하지 아니할 수 있다(법 제20조 제3항, 영 제16조의3).

① **토지적성평가**

다음의 어느 하나에 해당하는 경우
㉠ 도시·군기본계획 입안일부터 5년 이내에 토지적성평가를 실시한 경우
㉡ 다른 법률에 따른 지역·지구 등의 지정이나 개발계획 수립 등으로 인하여 도시·군기본계획의 변경이 필요한 경우

② 재해취약성 분석
다음의 어느 하나에 해당하는 경우
㉠ 도시·군기본계획 입안일부터 5년 이내에 재해취약성 분석을 실시한 경우
㉡ 다른 법률에 따른 지역·지구 등의 지정이나 개발계획 수립 등으로 인하여 도시·군기본계획의 변경이 필요한 경우

(2) 도시·군기본계획안의 작성
도시·군기본계획은 국토교통부장관이 정한 수립기준에 따라 작성한다(법 제19조 제3항).

(3) 공청회 개최
도시·군기본계획을 수립하는 경우의 공청회개최에 관해서는 광역도시계획의 공청회에 관한 규정을 준용한다(법 제20조 제1항). 즉, 도시·군기본계획을 수립하는 때에는 미리 공청회를 열어 주민·관계전문가 등으로부터 의견을 청취해야 하며, 공청회에서 제시된 의견이 타당하다고 인정하는 때에는 이를 도시·군기본계획의 수립에 반영해야 한다.

(4) 지방의회의 의견청취
특별시장·광역시장·특별자치시장·특별자치도지사·시장 또는 군수는 도시·군기본계획을 수립 또는 변경하는 때에는 미리 해당 지방의회의 의견을 들어야 한다. 해당 지방의회는 특별한 사유가 없으면 30일 이내에 특별시장·광역시장·특별자치시장·특별자치도지사·시장 또는 군수에게 의견을 제시해야 한다(법 제21조 제1·2항).

(5) 도시·군기본계획의 확정
특별시장·광역시장·특별자치시장 또는 특별자치도지사는 도시·군기본계획을 수립하거나 변경하려는 때에는 관계 행정기관의 장(국토교통부장관을 포함함)과 협의한 후 지방도시계획위원회의 심의를 거쳐야 한다(법 제22조 제1항).

협의를 요청받은 관계 행정기관의 장은 특별한 사유가 없으면 요청을 받은 날부터 30일 이내에 특별시장·광역시장·특별자치시장 또는 특별자치도지사에게 의견을 제시해야 한다(법 제22조 제2항).

(6) 도시·군기본계획의 승인 28회 출제
시장 또는 군수는 도시·군기본계획을 승인받고자 하는 때에는 도시·군기본계획안에 다음의 서류를 첨부해서 도지사에게 제출해야 한다(영 제17조 제1항).

1) 기초조사 결과
2) 공청회개최 결과
3) 지방의회의 의견청취 결과
4) 지방도시계획위원회의 자문을 거친 경우에는 그 결과
5) 관계 행정기관의 장과 협의하거나 도시계획위원회의 심의를 받는 데에 필요한 서류

도지사는 도시·군기본계획안이 수립기준에 부적합한 경우에는 이를 입안한 시장 또는 군수에게 도시·군기본계획안의 보완을 요청할 수 있다(영 제17조 제2항). 도지사는 도시·군기본계획을 승인하려는 때에는 관계 행정기관의 장(국토교통부장관을 포함함)과 협의한 후 지방도시계획위원회의 심의를 거쳐야 한다(법 제22조의2 제2항). 협의를 요청받은 관계 행정기관의 장은 특별한 사유가 없으면 요청을 받은 날부터 30일 이내에 도지사에게 의견을 제시해야 한다(법 제22조 제2항, 제22조의2 제3항).

(7) 공고 및 공람

특별시장·광역시장·특별자치시장 또는 특별자치도지사는 도시·군기본계획을 수립하거나 변경한 때에는 관계 행정기관의 장(국토교통부장관을 포함함)에게 관계서류를 송부해야 하며, 해당 특별시·광역시·특별자치시·특별자치도의 공보와 인터넷 홈페이지에 게재하는 방법으로 하며, 30일 이상 일반이 열람할 수 있게 해야 한다(법 제22조 제3항, 영 제16조의4).

도지사가 도시·군기본계획을 승인한 때에는 관계 행정기관의 장(국토교통부장관을 포함함)과 시장 또는 군수에게 관계서류를 송부해야 하며, 관계서류를 송부받은 시장 또는 군수는 해당 시·군의 공보와 인터넷 홈페이지에 게재하는 방법으로 하며, 30일 이상 일반이 열람할 수 있게 해야 한다(법 제22조의2 제4항, 영 제17조 제3항).

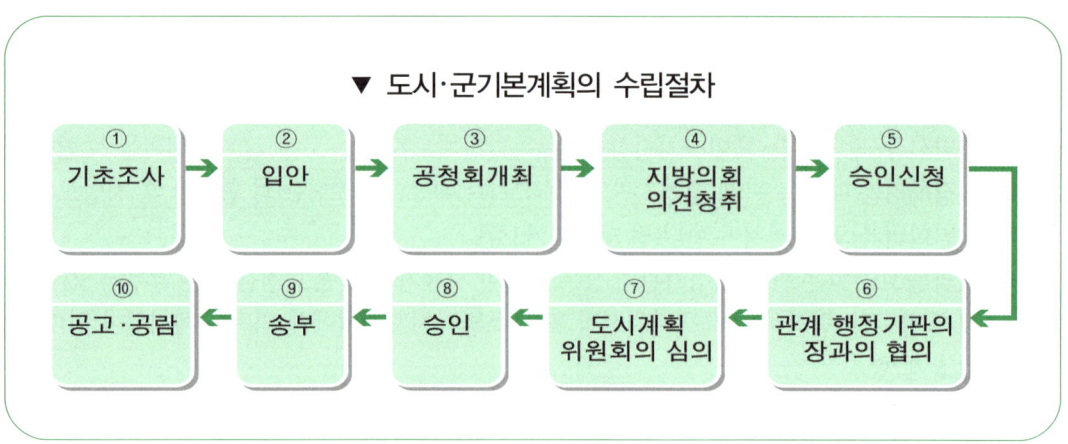

▼ 도시·군기본계획의 수립절차

04 도시·군기본계획의 효력

1 일반 국민에 대해 구속력이 없는 계획

도시·군기본계획은 장래의 도시개발의 일반적인 방향을 제시하는 것으로서 도시·군계획입안의 지침이 되는 것에 불과하므로 일반국민에 대한 직접적인 구속력이 없다(대판 2002.10.11. 2000두8226).

2 국가계획, 광역도시계획 및 도시·군계획과의 관계★★ 추가15·22회 출제

광역도시계획 및 도시·군계획은 국가계획에 부합되어야 하며, 광역도시계획 또는 도시·군계획의 내용이 국가계획의 내용과 다를 때에는 국가계획의 내용이 우선한다. 이 경우 국가계획을 수립하려는 중앙행정기관의 장은 미리 지방자치단체의 장의 의견을 듣고 충분히 협의하여야 한다(법 제4조 제2항).

광역도시계획이 수립되어 있는 지역에 대해 수립하는 도시·군기본계획은 그 광역도시계획에 부합되어야 하며, 도시·군기본계획의 내용이 광역도시계획의 내용과 다른 때에는 광역도시계획의 내용이 우선한다(법 제4조 제3항).

도시·군관리계획은 당연히 그 상위계획인 도시·군기본계획에 부합되어야 한다(법 제2조, 제25조 제1항). 그러나 도시·군기본계획은 직접적인 구속력이 없으므로 도시·군관리계획이 도시·군기본계획과 상충되는 경우 그 도시·군관리계획이 무효가 되는 것은 아니다(대판 1998.11.27. 96누13927).

3 도시·군기본계획의 정비★ 27회 출제

특별시장·광역시장·특별자치시장·특별자치도지사·시장 또는 군수는 5년마다 관할구역의 도시·군기본계획에 대해 타당성을 전반적으로 재검토하여 정비해야 한다(법 제23조 제1항).

특별시장·광역시장·특별자치시장·특별자치도지사·시장 또는 군수는 도시·군기본계획의 내용에 우선하는 광역도시계획의 내용과 도시·군기본계획에 우선하는 국가계획의 내용을 도시·군기본계획에 반영해야 한다(법 제23조 제2항).

05 생활권계획 수립의 특례

1 생활권계획의 수립권자
특별시장·광역시장·특별자치시장·특별자치도지사·시장 또는 군수는 생활권역별 개발·정비 및 보전 등에 관하여 필요한 경우 대통령령으로 정하는 바에 따라 생활권계획을 따로 수립할 수 있다(법 제19조의2 제1항).

2 생활권계획 수립의 준용
생활권계획을 수립할 때에는 도시·군기본계획을 준용한다(법 제19조의2 제2항).

3 도시·군기본계획 수립 또는 변경의 의제
생활권계획이 수립 또는 승인된 때에는 해당 계획이 수립된 생활권에 대해서는 도시·군기본계획이 수립 또는 변경된 것으로 본다. 이 경우 도시·군기본계획의 내용 중에서 생활권의 설정 및 인구의 배분에 관한 사항 등은 대통령령으로 정하는 범위에서 수립·변경하는 경우로 한정한다(법 제19조의2 제3항).

단락문제 Q7
제32회 기출

국토의 계획 및 이용에 관한 법령상 도시·군기본계획에 관한 설명으로 틀린 것은?

① 「수도권정비계획법」에 의한 수도권에 속하고 광역시와 경계를 같이하지 아니한 시로서 인구 20만명 이하인 시는 도시·군기본계획을 수립하지 아니할 수 있다.
② 도시·군기본계획에는 기후변화 대응 및 에너지절약에 관한 사항에 대한 정책방향이 포함되어야 한다.
③ 광역도시계획이 수립되어 있는 지역에 대하여 수립하는 도시·군기본계획은 그 광역도시계획에 부합되어야 한다.
④ 시장 또는 군수는 5년마다 관할 구역의 도시·군기본계획에 대하여 타당성을 전반적으로 재검토하여 정비하여야 한다.
⑤ 특별시장·광역시장·특별자치시장 또는 특별자치도지사는 도시·군기본계획을 변경하려면 관계 행정기관의 장(국토교통부장관을 포함)과 협의한 후 지방도시계획위원회의 심의를 거쳐야 한다.

해설 도시·군기본계획
「수도권정비계획법」에 의한 수도권에 속하지 않고 광역시와 경계를 같이하지 않은 시 또는 군으로서 인구 10만명 이하인 시 또는 군은 도시·군기본계획을 수립하지 아니할 수 있다. **정답** ①

제4절 도시·군관리계획의 수립에 관한 일반적 사항 11·17·18·19·32회

01 도시·군관리계획

1 도시·군관리계획의 수립

도시·군관리계획은 특별시·광역시·특별자치시·특별자치도·시 또는 군의 개발·정비 및 보전을 위해 수립하는 토지이용·교통·환경·경관·안전·산업·정보통신·보건·복지·안보·문화 등에 관한 계획이다(법 제2조).

도시·군관리계획은 광역도시계획 및 도시·군기본계획(생활권계획을 포함한다)에 부합되어야 한다(법 제25조 제1항).

도시·군관리계획은 도시·군기본계획에서 제시된 도시의 발전방향을 도시공간에 구체적으로 정착화시키는 중기계획이다. 도시·군관리계획은 도시·군기본계획과는 달리 사회·경제적 측면에 관한 사항이 포함되어 있지 않은 물적 계획(物的 計劃)이다.

2 도시·군관리계획의 수립대상지역 ★

특별시장·광역시장·특별자치시장·특별자치도지사·시장 및 군수는 관할구역에 대해 도시·군관리계획을 수립해야 한다. 즉 도시·군관리계획은 그 특별시·광역시·특별자치시·특별자치도·시 및 군의 관할구역을 대상으로 한다. 그러나 다음의 경우에는 인접한 특별시·광역시·특별자치시·특별자치도·시 또는 군의 관할구역의 전부 또는 일부를 포함해서 도시·군관리계획을 입안할 수 있다(법 제24조 제1·2항).

1) 지역여건상 필요하다고 인정해서 미리 인접한 특별시장·광역시장·특별자치시장·특별자치도지사·시장 또는 군수와 협의한 경우
2) 인접한 특별시·광역시·특별자치시·특별자치도·시 또는 군의 관할구역을 포함해서 도시·군기본계획을 수립한 경우

3 도시·군관리계획의 입안권자 ★★

(1) 관할 특별시장·광역시장·특별자치시장·특별자치도지사·시장 또는 군수

도시·군관리계획은 원칙적으로 관할 특별시장·광역시장·특별자치시장·특별자치도지사·시장 또는 군수가 입안한다(법 제24조 제1항).

부동산공법

(2) 관계 특별시장·광역시장·특별자치시장·특별자치도지사·시장 또는 군수

인접한 특별시·광역시·특별자치시·특별자치도·시 또는 군의 관할구역에 대한 도시·군관리계획은 관계 특별시장·광역시장·특별자치시장·특별자치도지사·시장 또는 군수가 협의해서 공동으로 입안하거나 관계 특별시장·광역시장·특별자치시장·특별자치도지사·시장 또는 군수 중에서 입안할 자를 정한다. 협의가 성립되지 않는 경우 도시·군관리계획을 입안하려는 구역이 같은 도의 관할구역에 속하는 때에는 관할 도지사가, 둘 이상의 특별시·광역시 또는 도의 관할구역에 걸치는 때에는 국토교통부장관(수산자원보호구역의 경우에는 해양수산부장관)이 입안할 자를 지정하고 이를 고시해야 한다(법 제24조 제3·4항).

 도시·군관리계획

도시·군관리계획은 처분이므로 행정심판과 행정소송의 대상이 된다.

① 광역도시계획과 도시·군기본계획은 행정심판과 행정소송의 대상이 되지 않는다.
② 광역도시계획과 도시·군기본계획에는 공청회 절차가 있으나, 도시·군관리계획에는 공청회 절차가 없다.

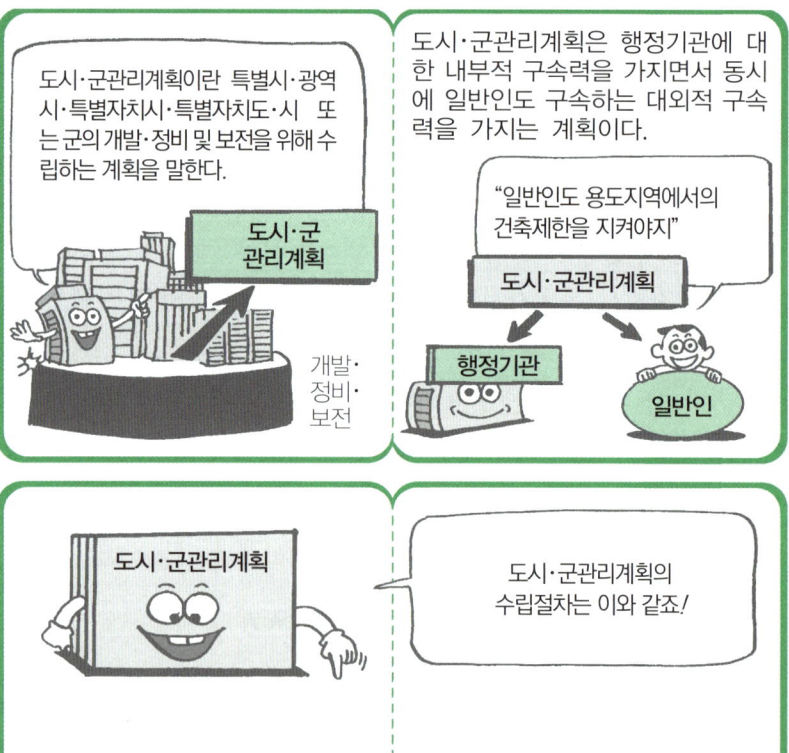

제1장 국토의 계획 및 이용에 관한 법률

(3) 국토교통부장관(수산자원보호구역의 경우에는 해양수산부장관)

다음의 경우에는 국토교통부장관(수산자원보호구역의 경우에는 해양수산부장관)이 직접 또는 관계 중앙행정기관의 장의 요청에 따라 도시·군관리계획을 입안할 수 있다. 이 경우 국토교통부장관(수산자원보호구역의 경우에는 해양수산부장관)은 관할 시·도지사와 시장 또는 군수의 의견을 들어야 한다(법 제24조 제5항).

1) 국가계획과 관련된 경우
2) 둘 이상의 특별시·광역시 또는 도에 걸쳐 지정되는 용도지역·용도지구 또는 용도구역과 둘 이상의 특별시·광역시 또는 도에 걸쳐 이루어지는 사업의 계획 중 도시·군관리계획으로 결정해야 할 사항이 있는 경우
3) 특별시장·광역시장·특별자치시장·특별자치도지사·시장 또는 군수가 국토교통부장관(수산자원보호구역의 경우에는 해양수산부장관)이 요구한 기한까지 도시·군관리계획을 정비하지 않는 경우

(4) 도지사

다음의 경우에는 도지사가 직접 또는 시장이나 군수의 요청에 따라 도시·군관리계획을 입안할 수 있다. 이 경우 도지사는 관계 시장 또는 군수의 의견을 들어야 한다(법 제24조 제6항).

1) 둘 이상의 시·군에 걸쳐 지정되는 용도지역·용도지구 또는 용도구역과 둘 이상의 시·군에 걸쳐 이루어지는 사업의 계획 중 도시·군관리계획으로 결정해야 할 사항이 포함되어 있는 경우
2) 도지사가 직접 수립하는 사업의 계획으로서 도시·군관리계획으로 결정해야 할 사항이 포함되어 있는 경우

4 도시·군관리계획 입안의 제안★★ 13·14·21·29·30회 출제

(1) 제안자 및 제안사항 34·35회 출제

주민(이해관계자를 포함함)은 다음 사항에 대해 도시·군관리계획 입안권자(국토교통부장관, 해양수산부장관, 시·도지사, 시장 또는 군수를 말함)에게 도시·군관리계획의 입안을 제안할 수 있다. 이 경우 제안서에는 도시·군관리계획도서와 계획설명서를 첨부하여야 한다(법 제26조 제1항, 영 제19조의2 제1항).

1) 기반시설의 설치·정비 또는 개량에 관한 사항
2) 지구단위계획구역의 지정 및 변경과 지구단위계획의 수립 및 변경에 관한 사항
3) 다음의 어느 하나에 해당하는 용도지구의 지정 및 변경에 관한 사항
   ① 개발진흥지구 중 공업기능 또는 유통물류기능 등을 집중적으로 개발·정비하기 위한 개발진흥지구로서 산업·유통개발진흥지구
   ② 용도지구 중 해당 용도지구에 따른 건축물이나 그 밖의 시설의 용도·종류 및 규모 등의 제한을 지구단위계획으로 대체하기 위한 용도지구

4) 도시·군계획시설입체복합구역의 지정 및 변경과 도시·군계획시설입체복합구역의 건축제한·건폐율·용적률·높이 등에 관한 사항

(2) 제안을 위한 토지소유자의 동의비율 29·30회 출제

도시·군관리계획의 입안을 제안하려는 자는 다음의 구분에 따라 토지소유자의 동의를 받아야 한다. 이 경우 동의 대상 토지 면적에서 국·공유지는 제외한다(영 제19조의2 제2항).

1) 기반시설의 설치·정비 또는 개량에 관한 사항, 도시·군계획시설입체복합구역의 지정 및 변경과 도시·군계획시설입체복합구역의 건축제한·건폐율·용적률·높이 등에 관한 사항에 대한 제안의 경우
   대상 토지 면적의 4/5 이상

2) 지구단위계획구역의 지정 및 변경과 지구단위계획의 수립 및 변경에 관한 사항, 산업·유통개발진흥지구의 지정 및 변경에 관한 사항, 용도지구 중 지구단위계획으로 대체하기 위한 용도지구의 지정 및 변경에 관한 사항에 대한 제안의 경우
   대상 토지 면적의 2/3 이상

단락문제 Q8 제29회 기출

국토의 계획 및 이용에 관한 법령상 주민이 도시·군관리계획의 입안을 제안하려는 경우 요구되는 제안 사항별 토지소유자의 동의 요건으로 틀린 것은? (단, 동의 대상 토지 면적에서 국·공유지는 제외함)

① 기반시설의 설치에 관한 사항 : 대상 토지 면적의 5분의 4 이상
② 기반시설의 정비에 관한 사항 : 대상 토지 면적의 3분의 2 이상
③ 지구단위계획구역의 지정과 지구단위계획의 수립에 관한 사항 : 대상 토지 면적의 3분의 2 이상
④ 산업·유통개발진흥지구의 지정에 관한 사항 : 대상 토지 면적의 3분의 2 이상
⑤ 용도지구 중 해당 용도지구에 따른 건축물이나 그 밖의 시설의 용도·종류 및 규모 등의 제한을 지구단위계획으로 대체하기 위한 용도지구의 지정에 관한 사항 : 대상 토지 면적의 3분의 2 이상

해설 도시·군관리계획 입안의 제안
기반시설의 설치·정비 또는 개량에 관한 사항에 대한 제안의 경우 : 대상 토지 면적의 4/5 이상 토지소유자의 동의를 받아야 한다.

정답 ②

(3) 산업·유통개발진흥지구 지정을 제안할 수 있는 대상지역의 요건

산업·유통개발진흥지구의 지정을 제안할 수 있는 대상지역은 다음의 요건을 모두 갖춘 지역으로 한다(영 제19조의2 제3항).

1) 지정 대상 지역의 면적은 1만㎡ 이상 3만㎡ 미만일 것

2) 지정 대상 지역이 자연녹지지역·계획관리지역 또는 생산관리지역일 것. 다만, 계획관리지역에 있는 기존 공장의 증축이 필요한 경우로서 해당 공장이 도로·철도·하천·건축물·바다 등으로 둘러싸여 있어 증축을 위해서는 불가피하게 보전관리지역 또는 농림지역을 포함해야 하는 경우에는 전체 면적의 20% 이하의 범위에서 보전관리지역 또는 농림지역을 포함하되, 다음의 어느 하나에 해당하는 경우에는 20% 이상으로 할 수 있다.
   ① 보전관리지역 또는 농림지역의 해당 토지가 개발행위허가를 받는 등 이미 개발된 토지인 경우
   ② 보전관리지역 또는 농림지역의 해당 토지를 개발하여도 주변지역의 환경오염·환경훼손 우려가 없는 경우로서 해당 도시·군계획위원회의 심의를 거친 경우

3) 지정 대상 지역의 전체 면적에서 계획관리지역의 면적이 차지하는 비율이 50/100 이상일 것. 이 경우 자연녹지지역 또는 생산관리지역 중 도시·군기본계획에 반영된 지역은 계획관리지역으로 보아 산정한다.

4) 지정 대상 지역의 토지특성이 과도한 개발행위의 방지를 위하여 국토교통부장관이 정하여 고시하는 기준에 적합할 것

(4) 지구단위계획으로 대체하기 위한 용도지구에 관한 도시·군관리계획의 입안을 제안하려는 경우의 요건

지구단위계획으로 대체하기 위한 용도지구의 지정 및 변경에 관한 도시·군관리계획의 입안을 제안하려는 경우에는 다음의 요건을 모두 갖추어야 한다(영 제19조의2 제4항).

1) 둘 이상의 용도지구가 중첩하여 지정되어 해당 행위제한의 내용을 정비하거나 통합적으로 관리할 필요가 있는 지역을 대상지역으로 제안할 것

2) 해당 용도지구에 따른 건축물이나 그 밖의 시설의 용도·종류 및 규모 등의 제한을 대체하는 지구단위계획구역의 지정 및 변경과 지구단위계획의 수립 및 변경에 관한 사항을 동시에 제안할 것

(5) 제안절차

도시·군관리계획 입안권자는 제안일부터 45일 이내에 제안내용을 도시·군관리계획의 입안에 반영할 것인지 여부를 제안자에게 통보해야 한다. 다만, 부득이한 사유가 있는 경우에는 한 차례만 30일을 연장할 수 있다(법 제26조 제2항, 영 제20조 제1항).

도시·군관리계획 입안권자는 제안을 도시·군관리계획의 입안에 반영할 것인지 여부를 결정함에 있어서 필요한 경우에는 해당 도시계획위원회의 자문을 거칠 수 있다(영 제20조 제2항). 일반적으로 도시·군관리계획의 변경을 구하는 행정쟁송은 인정되지 않는다. 그러나 입안의 제안이 거부되는 경우 이에 대해서는 행정심판이나 행정소송을 제기할 수 있다(대판 2004.4.28. 2003두1806).

(6) 도시·군관리계획도서와 계획설명서

제안서에는 도시·군관리계획도서와 계획설명서를 첨부해야 한다(법 제26조 제1항).

도시·군관리계획 입안권자는 제안을 도시·군관리계획의 입안에 반영하는 경우에는 제안서에 첨부된 도시·군관리계획도서와 계획설명서를 도시·군관리계획의 입안에 활용할 수 있다(영 제20조 제3항).

(7) 입안비용

도시·군관리계획 입안권자는 제안자와 협의해서 제안된 도시·군관리계획의 입안 및 결정에 필요한 비용의 전부 또는 일부를 제안자에게 부담시킬 수 있다(법 제26조 제3항).

단락문제 Q9

주민은 도시·군관리계획 입안권자에게 도시·군관리계획의 입안을 제안할 수 있다. 이에 대한 설명으로 틀린 것은?

① 지구단위계획구역의 지정 및 변경과 지구단위계획의 수립에 관한 사항을 제안할 수 있다.
② 제안자는 그 도시·군관리계획의 입안 및 결정에 필요한 비용의 전부를 부담해야 한다.
③ 도시기반시설의 설치·정비 및 개량에 관한 사항을 제안할 수 있다.
④ 도시·군관리계획입안의 제안을 받은 특별시장·광역시장·특별자치시장·특별자치도지사·시장 또는 군수는 제안일부터 원칙적으로 45일 이내에 도시·군관리계획입안에의 반영 여부를 제안자에게 통보해야 한다.
⑤ 제안서에는 도시·군관리계획도서와 계획설명서를 첨부해야 한다.

해설 **도시·군관리계획의 입안제안**
도시·군관리계획의 입안 및 결정에 필요한 비용은 원칙적으로 도시·군관리계획 입안권자가 부담하지만, 주민이 도시·군관리계획입안을 제안한 경우에는 도시·군관리계획 입안권자는 제안자와 협의해서 제안된 도시·군관리계획의 입안 및 결정에 필요한 비용의 전부 또는 일부를 제안자에게 부담시킬 수 있다.

정답 ②

5 도시·군관리계획의 결정권자★★ 24·28·29회 출제

(1) 원칙적인 결정권자

도시·군관리계획은 시·도지사가 직접 또는 시장이나 군수의 신청에 따라 결정한다. 다만, 대도시(특별시·광역시 및 특별자치시를 제외한 인구 50만 이상의 시를 말함)의 경우에는 대도시 시장이 직접 결정하고, 다음의 도시·군관리계획은 시장 또는 군수가 직접 결정한다(법 제29조 제1항).

1) 시장 또는 군수가 입안한 지구단위계획구역의 지정·변경과 지구단위계획의 수립·변경에 관한 도시·군관리계획
2) 지구단위계획으로 대체하는 용도지구 폐지에 관한 도시·군관리계획[해당 시장(대도시 시장은 제외한다) 또는 군수가 도지사와 미리 협의한 경우에 한정한다]

(2) 예외적인 결정권자

다음의 도시·군관리계획은 예외적으로 국토교통부장관이 결정한다(법 제29조 제2항).

1) 국토교통부장관이 입안한 도시·군관리계획
2) 개발제한구역의 지정 및 변경에 관한 도시·군관리계획
3) 국가계획과 연계하여 필요한 시가화조정구역의 지정 및 변경에 관한 도시·군관리계획 그리고 수산자원보호구역의 지정 및 변경에 관한 도시·군관리계획은 해양수산부장관이 결정한다(법 제29조 제2항).

02 도시·군관리계획의 입안절차 12·22회 출제

1 도시·군관리계획 입안을 위한 기초조사

광역도시계획의 기초조사에 관한 규정은 도시·군관리계획을 입안하는 경우에 준용한다(법 제27조 제1항). 즉, 도시·군관리계획을 수립하는 때에는 미리 인구·경제·사회·문화·교통·환경·토지이용 등에 관한 사항 중 그 도시·군관리계획의 수립에 관해 필요한 사항을 조사하거나 측량해야 한다.
그러나 도시·군관리계획결정절차의 일부를 생략할 수 있는 경미한 변경인 경우에는 기초조사를 실시하지 않아도 된다(영 제21조 제1항).

도시·군관리계획 입안권자는 기초조사의 내용에 다음 사항을 포함해야 한다(법 제27조 제2·3항).

1) 도시·군관리계획이 환경에 미치는 영향 등에 대한 <u>환경성검토</u>
2) <u>토지적성평가와 재해취약성 분석</u>
   그러나 도시·군관리계획으로 입안하려는 지역이 도심지에 위치하거나, 개발이 끝나 나대지가 없는 등 [표]의 요건에 해당하는 경우에는 기초조사, 환경성 검토, 토지적성평가 또는 재해취약성 분석을 실시하지 않을 수 있다(법 제27조 제4항, 영 제21조 제2항).

▼ 기초조사 면제사유   26·27회 출제

구 분	내 용
1) 기초조사를 실시하지 아니할 수 있는 요건	가. 해당 지구단위계획구역이 도심지(상업지역과 상업지역에 연접한 지역을 말한다)에 위치하는 경우 나. 해당 지구단위계획구역 안의 나대지면적이 구역면적의 2%에 미달하는 경우 다. 해당 지구단위계획구역 또는 도시·군계획시설부지가 다른 법률에 따라 지역·지구 등으로 지정되거나 개발계획이 수립된 경우 라. 해당 지구단위계획구역의 지정목적이 해당 구역을 정비 또는 관리하고자 하는 경우로서 지구단위계획의 내용에 너비 12m 이상 도로의 설치계획이 없는 경우 마. 기존의 용도지구를 폐지하고 지구단위계획을 수립 또는 변경하여 그 용도지구에 따른 건축물이나 그 밖의 시설의 용도·종류 및 규모 등의 제한을 그대로 대체하려는 경우 바. 해당 도시·군계획시설의 결정을 해제하려는 경우 사. 그 밖에 국토교통부령으로 정하는 요건에 해당하는 경우
2) 환경성 검토를 실시하지 아니할 수 있는 요건	가. 기초조사를 실시하지 아니할 수 있는 요건의 어느 하나에 해당하는 경우 나. 「환경영향평가법」에 따른 전략환경영향평가 대상인 도시관리계획을 입안하는 경우
3) 토지적성평가를 실시하지 아니할 수 있는 요건	가. 기초조사를 실시하지 아니할 수 있는 요건의 어느 하나에 해당하는 경우 나. 도시·군관리계획 입안일부터 5년 이내에 토지적성평가를 실시한 경우 다. 주거지역·상업지역 또는 공업지역에 도시·군관리계획을 입안하는 경우 라. 법 또는 다른 법령에 따라 조성된 지역에 도시·군관리계획을 입안하는 경우 마. 「개발제한구역의 지정 및 관리에 관한 특별조치법 시행령」에 따른 지역과 연접한 대지에 해당하여 개발제한구역에서 조정 또는 해제된 지역에 대하여 도시·군관리계획을 입안하는 경우 바. 「도시개발법」에 따른 도시개발사업의 경우 사. 지구단위계획구역 또는 도시·군계획시설부지에서 도시·군관리계획을 입안하는 경우 아. 다음의 어느 하나에 해당하는 용도지역·용도지구·용도구역의 지정 또는 변경의 경우 　① 주거지역·상업지역·공업지역 또는 계획관리지역의 그 밖의 용도지역으로의 변경(계획관리지역을 자연녹지지역으로 변경하는 경우는 제외한다) 　② 주거지역·상업지역·공업지역 또는 계획관리지역 외의 용도지역 상호간의 변경(자연녹지지역으로 변경하는 경우는 제외한다) 　③ 용도지구·용도구역의 지정 또는 변경(개발진흥지구의 지정 또는 확대지정은 제외한다)

구분	내 용
	자. 다음의 어느 하나에 해당하는 기반시설을 설치하는 경우 ① 용도지역별 개발행위규모에 해당하는 기반시설 ② 도로·철도·궤도·수도·가스 등 선형(線型)으로 된 교통시설 및 공급시설 ③ 공간시설(체육공원·묘지공원 및 유원지는 제외한다) ④ 방재시설 및 환경기초시설(폐차장은 제외한다) ⑤ 개발제한구역 안에 설치하는 기반시설
4) 재해취약성 분석을 실시하지 아니할 수 있는 요건	가. 기초조사를 실시하지 않을 수 있는 요건의 어느 하나에 해당하는 경우 나. 도시·군관리계획 입안일부터 5년 이내에 재해취약성 분석을 실시한 경우 다. 3)의 '아'에 해당하는 경우(방재지구의 지정·변경은 제외한다) 라. 다음의 어느 하나에 해당하는 기반시설을 설치하는 경우 ① 용도지역별 개발행위규모에 해당하는 기반시설 ② 공간시설 중 녹지·공공공지

2 도시·군관리계획의 입안

(1) 입안의 기준

도시·군관리계획은 계획의 상세 정도, 도시·군관리계획으로 결정해야 하는 기반시설의 종류 등에 대해 <u>도시와 농·산·어촌 지역의 인구밀도, 토지이용의 특성 및 주변 환경 등을 종합적으로 고려해서 차등을 두어 입안해야 한다</u>(법 제25조 제3항). 도시·군관리계획의 수립기준은 국토교통부장관(수산자원보호구역의 경우에는 해양수산부장관)이 정하는데, 국토교통부장관(수산자원보호구역의 경우 해양수산부장관)은 도시·군관리계획의 수립기준을 정할 때에는 다음 사항을 종합적으로 고려해야 한다(법 제25조 제4항, 영 제19조).

1) 광역도시계획 및 도시·군기본계획(생활권계획을 포함한다) 등에서 제시한 내용을 수용하고 개별 사업계획과의 관계 및 도시의 성장추세를 고려하여 수립하도록 할 것

2) 도시·군기본계획을 수립하지 않는 시·군의 경우 당해 시·군의 장기발전구상 및 도시·군기본계획에 포함될 사항 중 도시·군관리계획의 원활한 수립을 위해 필요한 사항이 포함되도록 할 것

3) 도시·군관리계획의 효율적인 운영 등을 위해 필요한 경우에는 특정지역 또는 특정부문에 한정해서 정비할 수 있도록 할 것

4) 공간구조는 생활권단위로 적정하게 구분하고 생활권별로 생활·편익시설이 고루 갖추어지도록 할 것

5) 도시와 농어촌 및 산촌지역의 인구밀도, 토지이용의 특성 및 주변환경 등을 종합적으로 고려해서 지역별로 계획의 상세정도를 다르게 하되, 기반시설의 배치계획, 토지용도 등은 도시와 농어촌 및 산촌지역이 서로 연계되도록 할 것

6) 토지이용계획을 수립할 때에는 주간 및 야간활동인구 등의 인구규모, 도시의 성장추이를 고려해서 그에 적합한 개발밀도가 되도록 할 것
7) 녹지축·생태계·산림·경관 등 양호한 자연환경과 우량농지, 국가유산 및 역사환경 등을 고려해서 토지이용계획을 수립하도록 할 것
8) 수도권의 인구집중유발시설이 수도권 바깥으로 이전하는 경우 종전의 대지에 대해서는 그 시설의 지방이전이 촉진될 수 있도록 토지이용계획을 수립하도록 할 것
9) 도시·군계획시설은 집행능력을 고려해서 적정한 수준으로 결정하고, 기존 도시·군계획시설은 시설의 설치현황과 관리·운영상태를 점검해서 규모 등이 불합리하게 결정되었거나 실현가능성이 없는 시설 또는 존치 필요성이 없는 시설은 재검토하여 해제하거나 조정함으로써 토지이용의 활성화를 도모할 것
10) 도시의 개발 또는 기반시설의 설치 등이 환경에 미치는 영향을 미리 검토하는 등 계획과 환경의 유기적 연관성을 높여 건전하고 지속가능한 도시발전을 도모하도록 할 것
11) 「재난 및 안전관리 기본법」에 따른 시·도 안전관리계획 및 시·군·구 안전관리계획과 「자연재해대책법」에 따른 시·군 자연재해저감종합계획을 고려해서 재해로 인한 피해가 최소화되도록 할 것

(2) 입안시기

도시·군관리계획은 그 상위계획인 광역도시계획 또는 도시·군기본계획이 수립된 후에 입안하는 것이 일반적이지만, 도시·군관리계획을 조속히 입안할 필요가 있는 때에는 예외적으로 광역도시계획 또는 도시·군기본계획을 수립할 때에 도시·군관리계획을 함께 입안할 수 있다(법 제35조 제1항).

(3) 도시·군관리계획도서

도시·군관리계획을 입안하는 때에는 도시·군관리계획도서(계획도 및 계획조서)와 이를 보조하는 계획설명서(기초조사결과, 재원조달방안, 경관계획 등을 포함함)를 작성해야 한다(법 제25조 제2항).
계획도는 축척 1/1,000 또는 1/5,000(이 축척의 지형도가 간행되어 있지 않은 경우에는 축척 1/25,000)의 지형도(수치지형도를 포함함)에 도시·군관리계획사항을 명시한 도면으로 작성해야 한다. 다만, 지형도가 간행되어 있지 않은 경우에는 해도·해저지형도 등의 도면으로 지형도에 갈음할 수 있다(영 제18조 제1항). 계획도가 2매 이상인 때에는 계획설명서에 도시·군관리계획총괄도(축척 1/50,000 이상의 지형도에 주요 도시군·관리계획사항을 명시한 도면)를 포함시킬 수 있다(영 제18조 제2항). 도시·군관리계획도서 및 계획설명서의 작성기준·작성방법 등은 국토교통부장관(수산자원보호구역의 경우에는 해양수산부장관)이 정한다(법 제25조 제4항).

(4) 관계 행정기관의 장과의 사전협의

도시·군관리계획 입안권자는 필요하다고 인정되는 경우에는 도시·군관리계획 결정권자가 관계 행정기관의 장과 협의해야 하는 사항에 관해 도시·군관리계획을 입안할 때에 미리 관계 행정기관의 장과 협의할 수 있다. 이 경우 시장 또는 군수는 도지사에게 도시·군관리계획(지구단위계획구역의 지정·변경과 지구단위계획의 수립·변경에 관한 도시군·관리계획은 제외)의 결정을 신청할 때에 관계 행정기관의 장과 협의한 결과를 첨부해야 한다(법 제35조 제2항).
이와 같이 도시·군관리계획 입안권자가 미리 협의한 사항에 대해서는 도시·군관리계획 결정권자는 관계 행정기관의 장과의 협의를 생략할 수 있다(법 제35조 제3항).

3 도시·군관리계획안에 대한 주민의견청취

(1) 주민의견청취

국토교통부장관(수산자원보호구역의 경우 해양수산부장관을 말한다), 시·도지사, 시장 또는 군수는 도시·군관리계획을 입안할 때에는 주민의 의견을 들어야 하며, 그 의견이 타당하다고 인정되는 때에는 이를 도시·군관리계획안에 반영해야 한다(법 제28조 제1항).
그러나 다음의 경우에는 주민의견청취절차를 생략할 수 있다(법 제28조 제1항, 영 제22조 제1항).

1) 국방상 또는 국가안전보장상 기밀을 요하는 사항(관계 중앙행정기관의 장의 요청이 있는 것에 한함)인 경우
2) 도시·군관리계획결정절차의 일부를 생략할 수 있는 경미한 변경을 입안하는 경우
  주민의견청취에 관해 필요한 사항은 그 지방자치단체의 조례로 정한다(법 제28조 제5항).

(2) 공고·열람

조례로 주민의 의견 청취에 필요한 사항을 정할 때 적용되는 기준은 다음과 같다(영 제22조 제2항).

1) 도시·군관리계획안의 주요 내용을 다음의 매체에 각각 공고할 것

  ① 해당 지방자치단체의 공보나 둘 이상의 일반일간신문(전국 또는 해당 지방자치단체를 주된 보급지역으로 등록한 일반일간신문을 말한다)
  ② 해당 지방자치단체의 인터넷 홈페이지 등의 매체
  ③ 국토교통부장관이 구축·운영하는 국토이용정보체계

2) 도시·군관리계획안을 14일 이상의 기간 동안 일반인이 열람할 수 있도록 할 것

국토교통부장관(수산자원보호구역의 경우에는 해양수산부장관) 또는 도지사는 도시·군관리계획을 입안하려면 주민의견청취의 기한을 밝혀 도시·군관리계획안을 관계 특별시장·광역시장·특별자치시장·특별자치도지사·시장 또는 군수에게 송부해야 한다. 도시·군관리계획안을 받은 특별시장·광역시장·특별자치시장·특별자치도지사·시장 또는 군수는 명시된 기한까지 그 도시·군관리계획안에 대한 주민의 의견을 들어 그 결과를 국토교통부장관(수산자원보호구역의 경우에는 해양수산부장관) 또는 도지사에게 제출해야 한다(법 제28조 제2·3항).

(3) 의견의 제출과 반영 여부의 통보

공고된 도시·군관리계획안의 내용에 대해 의견이 있는 자는 열람기일 안에 특별시장·광역시장·특별자치시장·특별자치도지사·시장 또는 군수에게 의견서를 제출할 수 있다(영 제22조 제3항). 도시·군관리계획 입안권자는 주민의견을 도시·군관리계획입안에 반영할 것인지 여부를 검토해서 <u>열람기일이 종료된 날부터 60일 이내에 그 결과를 그 의견을 제출한 자에게 통보해야 한다</u>(영 제22조 제4항).

(4) 재공고·열람

국토교통부장관, 시·도지사, 시장 또는 군수는 다음의 어느 하나에 해당하는 경우로서 그 내용이 해당 지방자치단체의 조례로 정하는 중요한 사항인 경우에는 그 내용을 다시 공고·열람하게 하여 주민의 의견을 들어야 한다(법제28조 제4항).

1) 청취한 주민 의견을 도시·군관리계획안에 반영하고자 하는 경우
2) 관계 행정기관의 장과의 협의 및 중앙도시계획위원회 심의, 시·도도시계획위원회 심의 또는 시·도에 두는 건축위원회와 도시계획위원회의 공동 심의에서 제시된 의견을 반영하여 도시·군관리계획을 결정하고자 하는 경우

4 도시·군관리계획안에 대한 지방의회의 의견청취

(1) 의견청취대상

도시·군관리계획 입안권자는 도시·군관리계획을 입안하려는 때에는 다음 사항에 대해 그 지방의회의 의견을 들어야 한다. 다만, 도시·군관리계획결정절차의 일부를 생략할 수 있는 경미한 변경인 사항과 지구단위계획으로 결정 또는 변경결정하는 사항은 제외한다(법 제28조 제6항, 영 제22조 제7항, 규칙 제2조의2).

1) <u>용도지역·용도지구 또는 용도구역의 지정 또는 변경지정.</u> 다만, 용도지구에 따른 건축물이나 그 밖의 시설의 용도·종류 및 규모 등의 제한을 그대로 지구단위계획으로 대체하기 위한 경우로서 해당 용도지구를 폐지하기 위하여 도시·군관리계획을 결정하는 경우에는 제외한다.

2) 광역도시계획에 포함된 광역시설의 설치·정비 또는 개량에 관한 도시·군관리계획의 결정 또는 변경결정
3) 다음 기반시설의 설치·정비 또는 개량에 관한 도시·군관리계획의 결정 또는 변경결정. 다만, 지방의회의 권고대로 도시·군계획시설결정(도시·군계획시설에 대한 도시·군관리계획결정을 말한다)을 해제하기 위한 도시·군관리계획을 결정하는 경우는 제외한다.
   ① 도로 중 주간선도로(시·군 내 주요지역을 연결하거나 시·군 상호간이나 주요지방 상호간을 연결해서 대량통과교통을 처리하는 도로로서 시·군의 골격을 형성하는 도로), 철도 중 도시철도, 자동차정류장 중 여객자동차터미널(시외버스운송사업용에 한함)
   ② 공원(소공원 및 어린이공원은 제외)
   ③ 유통업무설비
   ④ 학교 중 대학, 공공청사 중 지방자치단체의 청사
   ⑤ 하수도(하수종말처리시설에 한함), 폐기물처리 및 재활용시설, 수질오염방지시설
   ⑥ 공공필요성이 인정되는 체육시설 중 운동장
   ⑦ 장사시설 중 화장장·공동묘지·봉안시설(자연장지 또는 장례식장에 화장장·공동묘지·봉안시설 중 한 가지 이상의 시설을 같이 설치하는 경우를 포함한다)

(2) 의견청취절차

특별시장·광역시장·특별자치시장·특별자치도지사·시장 또는 군수가 지방의회의 의견을 듣고자 하는 경우에는 의견제시 기한을 명시해서 도시·군관리계획안을 송부해야 한다. 이 경우 해당 지방의회는 명시된 기한까지 특별시장·광역시장·특별자치시장·특별자치도지사·시장 또는 군수에게 의견을 제시해야 한다(법 제28조 제8항).

국토교통부장관(수산자원보호구역의 경우에는 해양수산부장관) 또는 도지사가 관계 특별시장·광역시장·특별자치시장·특별자치도지사·시장 또는 군수에게 도시·군관리계획안을 송부한 경우에는 특별시장·광역시장·특별자치시장·특별자치도지사·시장 또는 군수는 기한 안에 지방의회의 의견을 청취해서 그 결과를 국토교통부장관(수산자원보호구역의 경우에는 해양수산부장관) 또는 도지사에게 제출해야 한다(법 제28조 제2·3·4·7항).

03 도시·군관리계획의 결정절차　　24회 출제

1 도시·군관리계획의 결정신청

시장 또는 군수(개발제한구역, 시가화조정구역 또는 수산자원보호구역의 지정 및 변경에 관한 도시·군관리계획결정을 신청하는 경우에는 시·도지사를 포함함)가 도시·군계획관리결정을 신청하려면 도시·군관리계획도서 및 계획설명서에 다음의 서류를 첨부하여 도지사(개발제한구역 또는 시가화조정구역의 지정 및 변경에 관한 도시·군관리계획결정을 신청하는 경우에는 국토교통부장관, 수산자원보호구역의 경우에는 해양수산부장관을 말함)에게 제출해야 한다(영 제23조).

1) 주민의견청취 결과
2) 지방의회의 의견청취 결과
3) 지방도시계획위원회의 자문을 거친 경우에는 그 결과
4) 관계 행정기관의 장과의 협의에 필요한 서류(미리 관계 행정기관의 장과 협의한 경우에는 그 결과)
5) 중앙도시계획위원회나 시·도 도시계획위원회의 심의에 필요한 서류

시장 또는 군수가 국토교통부장관(수산자원보호구역의 경우에는 해양수산부장관)에게 도시·군관리계획의 결정을 신청하는 경우에는 도지사를 거쳐야 한다(영 제23조).

2 도시·군관리계획에 관한 관계 행정기관의 장과의 협의

시·도지사나 시장 또는 군수는 도시·군관리계획을 결정하려면 관계 행정기관의 장과 미리 협의해야 하며, 국토교통부장관(수산자원보호구역의 경우에는 해양수산부장관)이 도시·군관리계획을 결정하려면 관계 중앙행정기관의 장과 미리 협의해야 한다. 이 경우 협의요청을 받은 행정기관의 장은 특별한 사유가 없으면 그 요청을 받은 날부터 30일 이내에 의견을 제시해야 한다(법 제30조 제1·7항).

그러나 국방상 또는 국가안전보장상 기밀을 요한다고 인정되는 때(관계 중앙행정기관의 장이 요청한 때에 한함)에는 그 도시·군관리계획의 전부 또는 일부에 대해 관계 행정기관의 장과의 협의를 생략할 수 있다(법 제30조 제4항).

3 국토교통부장관(수산자원보호구역의 경우에는 해양수산부장관)과의 협의

시·도지사나 시장 또는 군수는 다음의 경우에는 도시·군관리계획을 결정하기 전에 미리 국토교통부장관(수산자원보호구역의 경우에는 해양수산부장관)과 협의해야 한다. 다만, 도시·군관리계획결정절차의 일부를 생략할 수 있는 경미한 변경인 경우와 국토교통부장관(수산자원보호구역의 경우에는 해양수산부장관)과 미리 협의한 사항인 경우에는 협의할 필요가 없다(법 제30조 제2·7항, 영 제25조 제1항, 규칙 제2조의3).

1) 국토교통부장관(수산자원보호구역의 경우에는 해양수산부장관)이 입안해서 결정한 도시·군관리계획을 변경하는 경우
2) 광역도시계획과 관련해서 시·도지사가 입안한 도시·군관리계획인 경우
3) 개발제한구역이 해제되는 지역에 대해 해제 이후 최초로 결정되는 도시·군관리계획인 경우
4) 둘 이상의 시·도에 걸치는 기반시설의 설치·정비 또는 개량에 관한 도시·군관리계획 중 면적이 1km² 이상인 공원의 면적을 5% 이상 축소하는 도시·군관리계획인 경우

그러나 국방상 또는 국가안전보장상 기밀을 요한다고 인정되는 때(관계 중앙행정기관의 장이 요청한 때에 한함)에는 그 도시·군관리계획의 전부 또는 일부에 대해 국토교통부장관(수산자원보호구역의 경우에는 해양수산부장관)과의 협의를 생략할 수 있다(법 제30조 제4항).

4 도시계획위원회의 심의

(1) 도시계획위원회의 심의

국토교통부장관(수산자원보호구역의 경우에는 해양수산부장관)이 도시·군관리계획을 결정하려면 중앙도시계획위원회의 심의를 거쳐야 하며, 시·도지사나 시장 또는 군수가 도시·군관리계획을 결정하려면 그 지방자치단체의 지방도시계획위원회의 심의를 거쳐야 한다. 다만, 국방상 또는 국가안전보장상 기밀을 요한다고 인정되는 때(관계 중앙행정기관의 장이 요청한 때에 한함)에는 그 도시·군관리계획의 전부 또는 일부에 대해 도시계획위원회의 심의를 생략할 수 있다(법 제30조 제3·4·7항).

(2) 건축위원회와 도시계획위원회의 공동심의

시·도지사나 시장 또는 군수가 지구단위계획(지구단위계획과 지구단위계획구역을 동시에 결정할 때에는 지구단위계획구역의 지정 또는 변경에 관한 사항을 포함할 수 있음)이나 지구단위계획으로 대체하는 용도지구 폐지에 관한 사항을 결정하려면 그 지방자치단체의 건축위원회와 도시계획위원회가 공동으로 하는 심의를 거쳐야 한다(법 제30조 제3·7항).

5 결정·고시

국토교통부장관(수산자원보호구역의 경우에는 해양수산부장관)은 관보와 국토교통부의 인터넷 홈페이지에, 시·도지사나 시장 또는 군수는 그 지방자치단체의 공보와 인터넷 홈페이지에 다음 사항을 고시해야 한다(법 제30조 제6·7항, 영 제25조 제6항).

1) 다음 중 어느 하나에 해당하는 계획이라는 취지
① 용도지역·용도지구의 지정 또는 변경에 관한 계획
② 개발제한구역·도시자연공원구역·시가화조정구역 또는 수산자원보호구역의 지정 또는 변경에 관한 계획
③ 기반시설의 설치·정비 또는 개량에 관한 계획
④ 도시개발사업이나 정비사업에 관한 계획
⑤ 지구단위계획구역의 지정 또는 변경에 관한 계획과 지구단위계획
⑥ 도시혁신구역의 지정 또는 변경에 관한 계획과 도시혁신계획
⑦ 복합용도구역의 지정 또는 변경에 관한 계획과 복합용도계획
⑧ 도시·군계획시설입체복합구역의 지정 또는 변경에 관한 계획

2) 위 치

3) 면적 또는 규모

4) 그 밖에 국토교통부령이 정하는 사항

도시·군관리계획을 결정한 때에는 이를 고시하는 것으로 충분하고, 그 내용을 일일이 이해관계인에게 서면으로 통지할 필요는 없다(대판 1991.1.11. 90누1717).

도시·군관리계획결정의 고시에는 통상 축척 1/5,000 내지 1/25,000의 도면이 사용된다.

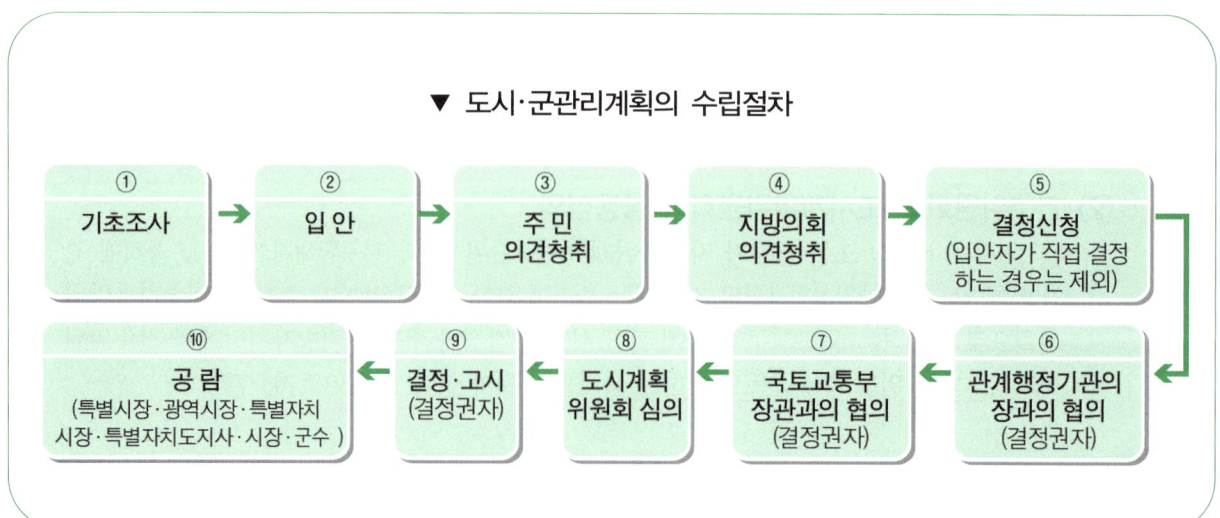

▼ 도시·군관리계획의 수립절차

6 공람

도시·군관리계획결정을 하면 국토교통부장관(수산자원보호구역의 경우에는 해양수산부장관)이나 도지사는 관계 특별시장·광역시장·특별자치시장·특별자치도지사·시장 또는 군수에게 관계서류를 송부해서 일반이 열람할 수 있도록 해야 한다(법 제30조 제6항).

특별시장·광역시장·특별자치시장·특별자치도지사·시장 또는 군수는 자신이 결정한 도시·군관리계획에 관한 관계서류를 일반이 열람할 수 있도록 해야 한다(법 제30조 제6·7항).

특별시장·광역시장·특별자치시장 또는 특별자치도지사가 다른 특별시·광역시·특별자치시·특별자치도·시 또는 군의 관할구역이 포함된 도시·군관리계획결정을 고시한 때에는 그 지방자치단체의 장에게 관계서류를 송부해야 한다(영 제25조 제7항).

7 도시·군관리계획의 변경결정

(1) 변경결정절차

결정된 도시·군관리계획을 변경하는 때에도 원칙적으로 도시·군관리계획을 결정하는 때와 동일한 절차를 거쳐야 한다(법 제30조 제5항).

(2) 도시·군관리계획의 경미한 변경인 경우의 특례

그러나 다음의 경미한 도시·군관리계획(지구단위계획, 도시혁신계획 및 복합용도계획은 제외한다)의 변경인 경우에는 관계 행정기관의 장과의 협의, 국토교통부장관(수산자원보호구역의 경우에는 해양수산부장관)과의 협의, 그리고 도시계획위원회의 심의를 생략할 수 있다(법 제30조 제5항, 영 제25조 제3항, 규칙 제3조 제1·2·3항).

1) 단위 도시·군계획시설부지 면적 또는 입체복합구역 면적의 5% 미만의 변경인 경우. 다만, 다음의 어느 하나에 해당하는 시설은 해당 요건을 충족하는 경우만 해당한다.

① **도로**
시작지점 또는 끝지점이 변경(해당 도로와 접한 도시·군계획시설의 변경으로 시작지점 또는 끝지점이 변경되는 경우는 제외한다)되지 않는 경우로서 중심선이 종전에 결정된 도로의 범위를 벗어나지 않는 경우

② **공원 및 녹지**
다음의 어느 하나에 해당하는 경우
㉠ 면적이 증가되는 경우
㉡ 최초 도시·군계획시설 결정 후 변경되는 면적의 합계가 1만㎡ 미만이고, 최초 도시·군계획시설 결정 당시 부지 면적의 5% 미만의 범위에서 면적이 감소되는 경우. 다만, **완충녹지**(도시지역 외의 지역에서 「도시공원 및 녹지 등에 관한 법률」을 준용해서 설치하는 경우를 포함함)인 경우는 제외한다.

(여백주: 대기오염·소음·진동·악취 등의 공해와 각종 사고나 재해 방지를 위해 설치하는 녹지)

2) 지형사정으로 인한 도시·군계획시설의 근소한 위치변경 또는 비탈면 등으로 인한 시설부지의 불가피한 변경인 경우
3) 이미 결정된 도시·군계획시설의 세부시설을 변경하는 경우로서 세부시설 면적, 건축물 연면적 또는 건축물 높이의 변경(50% 미만으로서 시·도 또는 대도시의 도시·군계획조례로 정하는 범위 이내의 변경은 제외하며, 건축물 높이의 변경은 층수변경이 수반되는 경우를 포함한다)이 포함되지 않는 경우
4) 도시지역의 축소에 따른 용도지역·용도지구·용도구역 또는 지구단위계획구역의 변경인 경우
5) 도시지역외의 지역에서 「농지법」에 의한 농업진흥지역 또는 「산지관리법」에 의한 보전산지를 농림지역으로 결정하는 경우
6) 「자연공원법」에 따른 공원구역, 「수도법」에 의한 상수원보호구역, 「문화유산의 보존 및 활용에 관한 법률」에 따라 지정된 지정문화유산과 그 보호구역 또는 「자연유산의 보존 및 활용에 관한 법률」에 따라 지정된 천연기념물과 그 보호구역을 자연환경보전지역으로 결정하는 경우
7) 체육시설 및 그 부지의 전부 또는 일부를 다른 체육시설 및 그 부지로 변경(둘 이상의 체육시설을 같은 부지에 함께 결정하기 위하여 변경하는 경우를 포함한다)하는 경우
8) 문화시설(세분된 문화시설을 말하되, 전시시설 및 국제회의시설은 제외한다) 및 그 부지의 전부 또는 일부를 다른 문화시설 및 그 부지로 변경(둘 이상의 문화시설을 같은 부지에 함께 결정하기 위하여 변경하는 경우를 포함한다)하는 경우
9) 장사시설 및 그 부지의 전부 또는 일부를 다른 장사시설 및 그 부지로 변경(둘 이상의 장사시설을 같은 부지에 함께 결정하기 위하여 변경하는 경우를 포함한다)하는 경우
10) 도시·군계획시설결정의 변경에 따른 용도지역·용도지구 및 용도구역의 변경
11) 「도시계획시설의 결정·구조 및 설치기준에 관한 규칙」에 적합한 범위 안에서 도로모퉁이변을 조정하기 위한 도시·군계획시설의 변경
12) 도시·군관리계획결정의 내용 중 면적산정의 착오 등을 정정하기 위한 변경
13) 「공간정보의 구축 및 관리 등에 관한 법률」 및 「건축법」에 따라 허용되는 오차를 반영하기 위한 변경
14) 도시·군계획시설결정 또는 용도지역·용도지구·용도구역의 변경에 따른 지구단위계획구역의 변경
15) 지구단위계획구역 변경에 따른 개발진흥지구의 변경
16) 건축물의 건축 또는 공작물의 설치에 따른 변속차로, 차량출입구 또는 보행자출입구의 설치를 위한 도시·군계획시설의 변경
17) 도시·군계획시설의 명칭의 변경

(3) 지구단위계획의 경미한 변경인 경우의 특례

그리고 다음의 경미한 지구단위계획의 변경인 경우에는 관계 행정기관의 장과의 협의, 국토교통부장관(수산자원보호구역의 경우에는 해양수산부장관)과의 협의, 그리고 중앙도시계획위원회·지방도시계획위원회 또는 공동위원회의 심의를 생략할 수 있다(법 제30조 제5항, 영 제25조 제4항, 규칙 제3조 제3·4항).

1) 지구단위계획으로 결정한 용도지역·용도지구 또는 도시·군계획시설에 대한 변경결정으로서 결정절차의 일부를 생략할 수 있는 도시·군관리계획결정의 경미한 변경에 해당하는 경우

2) 가구(街區 : 공공사업의 시행, 대형건축물의 건축, 두 필지 이상의 토지소유자의 공동개발 등을 위해 지정한 구역을 포함함) 면적의 10% 이내의 변경인 경우
   ▶ 도로로 둘러싸인 일단의 지역

3) 획지(劃地)면적의 30% 이내의 변경인 경우
   ▶ 구획된 한 단위의 토지

4) 건축물 높이의 20% 이내의 변경인 경우(층수변경이 수반되는 경우를 포함함)

5) 다음에 해당하는 획지의 규모와 조성계획의 변경인 경우
   ① 지구단위계획에 두 필지 이상의 토지에 하나의 건축물을 건축하도록 되어 있는 경우
   ② 지구단위계획에 합벽(合壁)건축을 하도록 되어 있는 경우
   ③ 지구단위계획에 주차장·보행자통로 등을 공동으로 사용하도록 되어 있어서 두 필지 이상의 토지에 건축물을 동시에 건축할 필요가 있는 경우

6) 건축선 또는 차량출입구의 변경으로서 다음의 어느 하나에 해당하는 경우
   ① 건축선의 1m 이내의 변경인 경우
   ② 「도시교통정비 촉진법」에 따른 교통영향평가서의 심의를 거쳐 결정된 경우

7) 건축물의 배치·형태 또는 색채의 변경인 경우

8) 지구단위계획에서 경미한 사항으로 결정된 사항의 변경인 경우. 다만, 용도지역·용도지구·도시·군계획시설·가구면적·획지면적·건축물높이 또는 건축선의 변경에 해당하는 사항을 제외한다.

9) 국토의 계획 및 이용에 관한 법률 부칙 제17조 제2항의 규정에 의하여 제2종지구단위계획으로 보는 개발계획에서 정한 건폐율 또는 용적률을 감소시키거나 10% 이내에서 증가시키는 경우(증가시키는 경우에는 건폐율·용적률의 한도를 초과하는 경우를 제외한다)

10) 지구단위계획구역 면적의 10%(용도지역 변경을 포함하는 경우에는 5%를 말한다) 이내의 변경 및 동 변경지역 안에서의 지구단위계획의 변경

11) 교통처리계획 중 주차장출입구·차량출입구 또는 보행자출입구의 위치를 변경하는 경우이거나 보행자출입구의 추가설치인 경우

부동산공법

12) 다음 사항의 변경인 경우
    ① 지하 또는 공중공간에 설치할 시설물의 높이·깊이·배치 또는 규모
    ② 대문·담 또는 울타리의 형태 또는 색채
    ③ 간판의 크기·형태·색채 또는 재질
    ④ 장애인·노약자 등을 위한 편의시설계획
    ⑤ 에너지 및 자원의 절약과 재활용에 관한 계획
    ⑥ 생물서식공간의 보호·조성·연결 및 물과 공기의 순환 등에 관한 계획
    ⑦ 국가유산 및 역사문화환경 보호에 관한 계획

13) 그 밖에 도시·군계획조례로 정하는 사항의 변경인 경우

14) 「건축법」 등 다른 법령의 규정에 따른 건폐율 또는 용적률 완화 내용을 반영하기 위하여 지구단위계획을 변경하는 경우(공동위원회의 심의는 거쳐야 한다)

단락문제 Q10
제17회 기출

국토의 계획 및 이용에 관한 법령상 도시·군관리계획에 대한 설명 중 옳은 것은?

① 도시·군관리계획의 입안권은 시장·군수 또는 구청장의 고유권한이다.
② 광역도시계획이 수립되어 있는 시 또는 군에서는 도시·군관리계획을 수립하지 않을 수 있다.
③ 도심지의 상업지역에 지구단위계획을 입안하는 경우에는 기초조사, 환경성 검토, 토지적성평가 또는 재해취약성분석을 실시하지 않을 수 있다.
④ 도시·군관리계획의 수립기준은 특별시장·광역시장·특별자치시장·도지사 또는 특별자치도지사가 정한다.
⑤ 주민은 기반시설의 설치에 관한 도시·군관리계획의 입안제안권을 갖지 않는다.

해설 도시·군관리계획

① 도시·군관리계획은 원칙적으로 그 지역을 관할하는 특별시장·광역시장·특별자치시장·특별자치도지사·시장 또는 군수가 입안한다.
② 관할구역 전부에 대하여 광역도시계획이 수립되어 있는 시 또는 군으로서 당해 광역도시계획에 도시·군기본계획의 내용이 모두 포함되어 있는 시 또는 군에 대해서는 도시·군기본계획을 수립하지 않을 수 있다.
④ 도시·군관리계획의 수립기준은 국토교통부장관이 정한다.
⑤ 주민은 기반시설의 설치·정비 또는 개량에 관한 사항과 지구단위계획구역의 지정 및 지구단위계획의 수립에 관한 사항, 산업·유통개발진흥지구의 지정 및 변경에 관한 사항, 지구단위계획으로 대체하기 위한 용도지구의 지정 및 변경에 관한 사항, 도시·군계획시설입체복합구역의 지정 및 변경과 도시·군계획시설입체복합구역의 건축제한·건폐율·용적률·높이 등에 관한 사항에 대한 도시·군관리계획의 입안제안권을 가진다.

정답 ③

04 도시·군관리계획결정의 효과 ★★　　35회 출제

1 도시·군관리계획결정의 효력발생시기 ★　26회 출제

도시·군관리계획결정의 효력은 지형도면을 고시한 날부터 발생한다(법 제31조 제1항).
도시·군관리계획결정의 효력발생 및 실효 등에 관해서는 「토지이용규제 기본법」 제8조 제3항부터 제5항까지의 규정에 따른다. 이에 의하면 지적과 지형의 불일치 등으로 지적도의 활용이 곤란한 경우에는 도시·군관리계획결정고시일부터 2년이 되는 날까지 지형도면을 고시해야 하며, 지형도면의 고시가 없는 경우에는 그 2년이 되는 날의 다음 날부터 그 지정의 효력을 잃는다.
이 경우 도시·군관리계획 결정권자는 지체없이 그 사실을 관보 또는 공보에 고시하고, 이를 관계 특별자치시장·특별자치도지사·시장·군수 또는 자치구청장에게 통보해야 하며, 관계 특별자치시장·특별자치도지사·시장·군수 또는 자치구청장은 국토이용정보체계에 등재해서 일반 국민이 볼 수 있도록 해야 한다(법 제31조 제3항, 「토지이용규제 기본법」 제8조 제3·4·5항, 동법 시행령 제7조 제4항).

2 진행중인 사업 또는 공사

(1) 사업 또는 공사의 계속시행

도시·군관리계획결정 당시 이미 사업이나 공사에 착수한 자(「국토의 계획 및 이용에 관한 법률」 또는 다른 법률에 따라 허가·인가·승인 등을 받아야 하는 경우에는 그 허가·인가·승인 등을 받아 사업이나 공사에 착수한 자)는 그 도시·군관리계획결정과 관계 없이 그 사업이나 공사를 계속할 수 있다(법 제31조 제2항).

(2) 시가화조정구역 또는 수산자원보호구역을 지정하는 경우의 예외

시가화조정구역 또는 수산자원보호구역의 지정에 관한 도시·군관리계획결정이 있는 경우에는 그 고시가 있은 날부터 3개월 이내에 그 사업이나 공사의 내용을 관할 특별시장·광역시장·특별자치시장·특별자치도지사·시장 또는 군수에게 신고하고 그 사업이나 공사를 계속할 수 있다(법 제31조 제2항, 영 제26조 제1항).
신고한 행위가 건축물의 건축을 목적으로 하는 토지의 형질변경인 경우에는 토지의 형질변경에 관한 공사를 완료한 후 3개월 이내에 건축허가를 신청해야 그 건축물을 건축할 수 있다(영 제26조 제2항).
건축물의 건축을 목적으로 하는 토지의 형질변경에 관한 공사를 완료한 후 1년 이내에 시가화조정구역 또는 수산자원보호구역의 지정에 관한 도시·군관리계획결정의 고시가 있는 경우에는 고시일부터 6개월 이내에 건축허가를 신청해야 그 건축물을 건축할 수 있다(영 제26조 제3항).

3 도시·군관리계획의 정비★

(1) 타당성 검토

특별시장·광역시장·특별자치시장·특별자치도지사·시장 또는 군수는 5년마다 도시·군관리계획에 대해 그 타당성을 전반적으로 재검토해서 정비해야 한다(법 제34조 제1항). 이 경우 다음 사항을 검토해서 그 결과를 도시·군관리계획입안에 반영해야 한다(영 제29조 제1항).

1) 도시·군계획시설 설치에 관한 도시·군관리계획 : 다음의 사항
① 도시·군계획시설결정의 고시일부터 3년 이내에 해당 도시·군계획시설의 설치에 관한 도시·군계획시설사업의 전부 또는 일부가 시행되지 아니한 경우 해당 도시·군계획시설결정의 타당성
② 도시·군계획시설결정에 따라 설치된 시설 중 여건 변화 등으로 존치 필요성이 없는 도시·군계획시설에 대한 해제 여부

2) 용도지구 지정에 관한 도시·군관리계획 : 다음의 사항
① 지정목적을 달성하거나 여건 변화 등으로 존치 필요성이 없는 용도지구에 대한 변경 또는 해제 여부
② 해당 용도지구와 중첩하여 지구단위계획구역이 지정되어 지구단위계획이 수립되거나 다른 법률에 따른 지역·지구 등이 지정된 경우 해당 용도지구의 변경 및 해제 여부 등을 포함한 용도지구 존치의 타당성
③ 둘 이상의 용도지구가 중첩하여 지정되어 있는 경우 용도지구의 지정 목적, 여건 변화 등을 고려할 때 해당 용도지구를 지구단위계획으로 대체할 필요성이 있는지 여부

(2) 도시·군기본계획을 수립하지 않는 경우

도시·군기본계획을 수립하지 않는 시 또는 군의 시장 또는 군수는 도시·군관리계획을 정비하는 때에는 계획설명서에 그 시 또는 군의 장기발전구상을 포함시켜야 하며, 공청회를 개최해서 이에 관한 주민의 의견을 들어야 한다. 이 경우 공청회에 관해서는 광역도시계획을 수립하는 경우의 공청회에 관한 규정을 준용한다(영 제29조 제3·4항).

단락문제 Q11 제26회 기출

국토의 계획 및 이용에 관한 법령상 도시·군관리계획에 관한 설명으로 틀린 것은?
① 도시·군관리계획 결정의 효력은 지형도면을 고시한 날의 다음 날부터 발생한다.
② 용도지구의 지정은 도시·군관리계획으로 결정한다.
③ 주민은 기반시설의 설치·정비 또는 개량에 관한 사항에 대하여 입안권자에게 도시·군관리계획의 입안을 제안할 수 있다.
④ 도시·군관리계획은 광역도시계획과 도시·군기본계획에 부합되어야 한다.
⑤ 도시·군관리계획을 조속히 입안하여야 할 필요가 있다고 인정되면 도시·군기본계획을 수립할 때에 도시·군관리계획을 함께 입안할 수 있다.

해설 도시·군관리계획
도시·군관리계획 결정의 효력은 지형도면을 고시한 날부터 발생한다.   **정답** ①

05 지형도면의 고시   17회 출제

1 지형도면고시의 의의

도시·군관리계획이 결정·고시되면 그 내용에 따라 각종의 토지이용행위가 규제되므로 개별 토지에 대한 도시·군관리계획사항이 명확하지 않으면 도시·군관리계획의 실효성을 확보할 수 없으며, 토지소유자도 자신의 토지에 대한 도시·군관리계획사항을 명확히 알 수 있어야만 토지이용행위를 제대로 할 수 있다.

그래서 도시·군관리계획결정고시가 있으면 지형도에 그 내용을 자세히 밝혀 고시하도록 하고 있다(법 제32조 제1·4항). 이와 같이 지형도에 도시·군관리계획사항을 자세히 밝힌 도면을 '지형도면'이라고 하는데, 도시·군관리계획결정의 효력이 미치는 구체적인 범위는 지형도면의 고시에 의해 확정된다(대판 2000.3.23. 99두11851).

부동산공법

2 지형도면의 작성권자 및 승인권자

(1) 작성권자
특별시장·광역시장·특별자치시장·특별자치도지사·시장 또는 군수는 도시·군관리계획 결정의 고시가 있는 때에는 지형도면을 작성해야 한다. 다만, 국토교통부장관(수산자원보호구역의 경우에는 해양수산부장관) 또는 도지사가 도시·군관리계획을 입안한 때에는 관계 특별시장·광역시장·특별자치시장·특별자치도지사·시장 또는 군수의 의견을 들어 국토교통부장관(수산자원보호구역의 경우에는 해양수산부장관) 또는 도지사가 직접 지형도면을 작성할 수 있다(법 제32조 제1·3항).

(2) 승인권자★
시장(대도시 시장은 제외) 또는 군수가 지형도면을 작성한 경우(지구단위계획구역의 지정·변경과 지구단위계획의 수립·변경에 관한 도시·군관리계획인 경우는 제외)에는 그 지형도면에 관해 도지사의 승인을 받아야 한다(법 제32조 제2항).
이 경우 지형도면의 승인신청을 받은 도지사는 그 지형도면과 결정·고시된 도시·군관리계획을 대조해서 착오가 없다고 인정되는 때에는 30일 안에 그 지형도면을 승인해야 한다(법 제32조 제2항, 영 제27조).

단락문제 Q12

다음은 지형도면의 고시에 관한 설명이다. 옳은 것은?
① 지적과 지형의 불일치 등으로 지적도의 활용이 곤란한 경우에는 도시·군관리계획결정일부터 2년이 되는 날까지 지형도면을 고시해야 한다.
② 지형도면은 시·도지사가 작성한다.
③ 지형도면은 국토교통부장관이 승인한다.
④ 지형도면의 승인은 도시계획위원회의 심의를 거쳐야 한다.
⑤ 지형도면은 고시해야 한다.

해설 지형도면의 고시
① '결정일'이 아닌 '고시일'이 정확한 표현이다.
② 지형도면은 원칙적으로 특별시장·광역시장·특별자치시장·특별자치도지사·시장 또는 군수가 작성한다.
③ 대도시시장이 아닌 시장이나 군수가 작성한 지형도면은 도지사의 승인을 받아야 한다.
④ 지형도면의 작성 및 승인에 관해서는 도시계획위원회의 심의를 거칠 필요가 없다.

정답 ⑤

제1장 국토의 계획 및 이용에 관한 법률

3 지형도면의 작성기준

지형도면은 축척 1/500 이상 1/1,500 이하(녹지지역의 임야, 관리지역, 농림지역 및 자연환경보전지역은 축척 1/3,000 이상 1/6,000 이하로 할 수 있음)로 작성해야 하며, 국토이용정보체계상에 구축되어 있는 지적이 표시된 지형도의 데이터베이스를 사용해야 한다(「토지이용규제 기본법」 제8조 제7항, 「토지이용규제 기본법 시행령」 제7조 제1·2항).

도면이 2매 이상인 경우에는 축척 1/5,000 이상 1/50,000 이하의 총괄도를 따로 첨부할 수 있다(「토지이용규제 기본법 시행령」 제7조 제5항).

지형도면과 지형도면의 원칙적인 작성자

1) 지형도면
도시·군관리계획사항을 지형도면에 자세히 밝힌 도면이 지형도면이다.

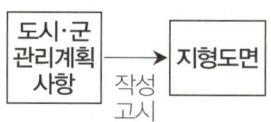

2) 지형도면의 원칙적인 작성자
① 도시·군관리계획의 입안자인 '특별시장·광역시장·특별자치시장·특별자치도지사·시장 또는 군수'이다.
② 시장·군수가 지형도면을 작성한 경우에는 도지사의 승인을 받아야 한다.

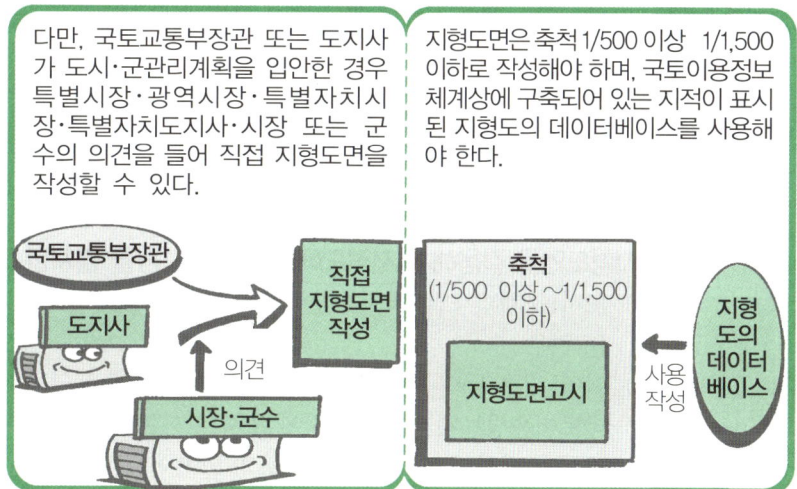

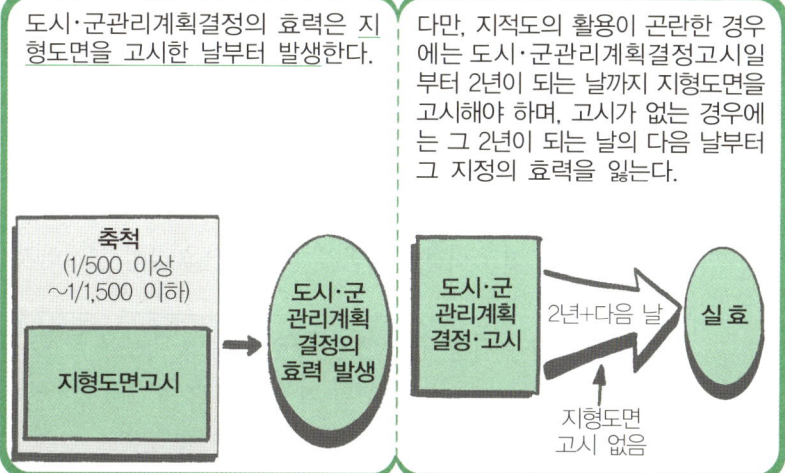

부동산공법

4 지형도면고시절차

국토교통부장관(수산자원보호구역의 경우에는 해양수산부장관), 시·도지사, 시장 또는 군수는 직접 지형도면을 작성하거나 지형도면을 승인한 경우에는 이를 고시해야 한다(법 제32조 제4항). 지형도면의 작성기준 및 방법과 고시방법 및 절차 등에 관해서는 「토지이용규제 기본법」 제8조 제2항 및 제6항부터 제9항까지의 규정에 따른다(법 제32조 제5항).

지형도면은 관보 또는 공보에 고시하는데, 이 경우 같은 내용을 인터넷 홈페이지에 동시에 게재해야 한다(「토지이용규제 기본법」 제8조 제2항, 동법 시행령 제7조 제6항).

다음의 경우에는 예외적으로 지형도면을 작성·고시하지 않거나 지형도면에 갈음해서 지적도(국토이용정보체계상에 구축되어 있는 연속지적도를 말함) 등에 지역·지구 등을 명시한 도면을 작성해서 고시할 수 있다(「토지이용규제 기본법」 제8조 제2항, 동법 시행령 제7조 제3항).

1) 지형도면을 작성·고시하지 않는 경우
① 지역·지구 등의 경계가 행정구역 경계와 일치하는 경우
② 별도의 지정절차 없이 법령 또는 자치법규에 따라 지역·지구 등의 범위가 직접 지정되는 경우
③ 관계법령에 따라 지역·지구 등의 지정이 의제되는 경우. 다만, 해당 법령에서 지역·지구 등의 지정 시 지형도면 또는 지적도 등에 지역·지구 등을 명시한 도면을 고시하도록 규정하고 있으나, 의제하는 법령에서는 이러한 도면의 고시까지 의제하고 있지 않은 경우는 제외한다.

2) 지형도면을 갈음해서 지적도에 지역·지구 등을 명시한 도면을 작성해서 고시하는 경우
① 도시·군계획사업, 택지개발사업 등 개발사업이 완료된 지역에서 지역·지구 등을 지정하는 경우
② 지역·지구 등의 경계가 지적선을 기준으로 결정되는 경우
③ 국토이용정보체계상에 지적이 표시된 지형도의 데이터베이스가 구축되어 있지 않거나 지형과 지적의 불일치로 지형도의 활용이 곤란한 경우

3) 해도나 해저지형도를 이용할 수 있는 경우
해수면을 포함하는 지역·지구 등을 지정하는 경우(해수면 부분만 해당한다)

지형도면을 고시하려면 관계 시장·군수 또는 구청장에게 관련 서류와 고시예정일, 지역·지구 등의 명칭·위치 및 면적, 지역·지구 등의 지정고시 예정일 및 효력발생 예정일, 지형도면 등 및 이와 관련된 전산자료를 미리 통보해야 한다. 다만, 지형도면을 작성·고시하지 않는 경우에는 지역·지구 등을 지정할 때에 지역·지구 등의 명칭·위치 및 면적, 지역·지구 등의 지정고시 예정일 및 효력발생 예정일, 지형도면을 작성·고시하지 않는 사유, 관련 전산자료를 미리 통보해야 한다.

통보를 받은 시장·군수 또는 구청장은 그 내용을 국토이용정보체계에 등재해서 지역·지구 등의 지정 효력이 발생한 날부터 일반 국민이 볼 수 있도록 해야 한다(「토지이용규제 기본법」 제8조 제8·9항, 동법 시행령 제7조 제8·9항).

제5절 공간재구조화계획

01 공간재구조화계획의 정의

공간재구조화계획이란 토지의 이용 및 건축물이나 그 밖의 시설의 용도·건폐율·용적률·높이 등을 완화하는 용도구역의 효율적이고 계획적 관리를 위하여 수립하는 계획을 말한다(법 제2조).

02 공간재구조화계획의 내용

공간재구조화계획에는 다음의 사항을 포함하여야 한다(법 제35조의4, 영 제29조의3)

(1) 도시혁신구역 및 도시혁신계획, 복합용도구역 및 복합용도계획, 도시·군계획시설입체복합구역의 용도구역 지정 위치 및 용도구역에 대한 계획 등에 관한 사항
(2) 공간재구조화계획의 범위 설정에 관한 사항
(3) 공간재구조화계획 기본구상 및 토지이용계획
(4) 도시혁신구역 및 복합용도구역 내의 도시·군기본계획 변경 및 도시·군관리계획 결정·변경에 관한 사항
(5) 도시혁신구역 및 복합용도구역 외의 지역에 대한 주거·교통·기반시설 등에 미치는 영향 및 이에 대한 관리방안(도시·군관리계획 결정·변경에 관한 사항을 포함한다)
(6) 환경관리계획 또는 경관계획
(7) 그 밖에 국토교통부장관이 정하는 사항

03 공간재구조화계획의 입안

1 공간재구조화계획의 입안권자 및 수립대상

특별시장·광역시장·특별자치시장·특별자치도지사·시장 또는 군수는 다음의 용도구역을 지정하고 해당 용도구역에 대한 계획을 수립하기 위하여 공간재구조화계획을 입안하여야 한다(법 제35조의2 제1항).

(1) 도시혁신구역 및 도시혁신계획
(2) 복합용도구역 및 복합용도계획
(3) 도시·군계획시설입체복합구역(위 제1호 또는 제2호와 함께 구역을 지정하거나 계획을 입안하는 경우로 한정한다)

부동산공법

2 도시·군관리계획 입안의 준용

공간재구조화계획의 입안과 관련하여 법 제24조(도시·군관리계획 입안)를 준용한다. 이 경우 "도시·군관리계획"은 "공간재구조화계획"으로 본다(법 제35조의2 제2항).

3 국토교통부장관의 입안

국토교통부장관은 도시의 경쟁력 향상, 특화발전 및 지역 균형발전 등을 위하여 필요한 때에는 관할 특별시장·광역시장·특별자치시장·특별자치도지사·시장 또는 군수의 요청에 따라 공간재구조화계획을 입안할 수 있다(법 제35조의2 제3항).

4 공간재구조화계획도서 및 계획설명서의 작성

공간재구조화계획을 입안하려는 국토교통부장관(수산자원보호구역의 경우 해양수산부장관을 말한다), 시·도지사, 시장 또는 군수(이하 "공간재구조화계획 입안권자"라 한다)는 공간재구조화계획도서(계획도와 계획조서를 말한다) 및 이를 보조하는 계획설명서(기초조사결과·재원조달방안 및 경관계획을 포함한다)를 작성하여야 한다(법 제35조의2 제4항).

5 공간재구조화계획의 작성기준 등

공간재구조화계획의 입안범위와 기준, 공간재구조화계획도서 및 계획설명서의 작성기준·작성방법 등은 국토교통부장관이 정한다(법 제35조의2 제5항).

04 공간재구조화계획 입안의 제안

1 제안자 및 제안 용도구역

주민(이해관계자를 포함한다)은 다음의 용도구역 지정을 위하여 공간재구조화계획 입안권자에게 공간재구조화계획의 입안을 제안할 수 있다. 이 경우 제안서에는 공간재구조화계획도서와 계획설명서를 첨부하여야 한다(법 제35조의3 제1항).

(1) 도시혁신구역
(2) 복합용도구역
(3) 도시·군계획시설입체복합구역(도시혁신구역 또는 복합용도구역과 함께 구역을 지정하는 경우로 한정한다)

2 제안을 위한 토지소유자의 동의

공간재구조화계획의 입안을 제안하려는 자는 다음의 구분에 따라 토지소유자의 동의를 받아야 한다. 이 경우 동의 대상 토지 면적에서 국유지 및 공유지는 제외한다(영 제29조의2 제1항).

(1) 도시혁신구역 또는 복합용도구역의 지정을 제안하는 경우 : 대상 토지면적의 2/3 이상

(2) 입체복합구역의 지정을 제안하는 경우(도시혁신구역 또는 복합용도구역과 함께 입체복합구역을 지정하거나 도시혁신계획 또는 복합용도계획과 함께 입체복합구역 지정에 관한 공간재구조화계획을 입안하는 경우로 한정한다) : 대상 토지면적의 4/5 이상

3 제안절차

공간재구조화계획 입안권자는 제안일부터 45일 이내에 공간재구조화계획 입안에의 반영 여부를 제안자에게 통보해야 한다. 다만, 부득이한 사정이 있는 경우에는 1회에 한정하여 30일을 연장할 수 있다. 공간재구조화계획 입안권자는 제안을 공간재구조화계획 입안에 반영할지 여부를 결정함에 있어서 필요한 경우에는 중앙도시계획위원회 또는 지방도시계획위원회의 자문을 거칠 수 있다(영 제29조의2 제2·3항).

4 제안내용의 개요 공고

공간재구조화계획의 입안을 제안받은 공간재구조화계획 입안권자는 「국유재산법」·「공유재산 및 물품 관리법」에 따른 국유재산·공유재산이 공간재구조화계획으로 지정된 용도구역 내에 포함된 경우 등 대통령령으로 정하는 경우에는 제안자 외의 제3자에 의한 제안이 가능하도록 제안 내용의 개요를 공고하여야 한다. 다만, 제안받은 공간재구조화계획을 입안하지 아니하기로 결정한 때에는 그러하지 아니하다(법 제35조의3 제2항).

5 공간재구조화계획의 입안에 반영

공간재구조화계획 입안권자는 최초 제안자의 제안서 및 제3자 제안서에 대하여 토지이용계획의 적절성 등 대통령령으로 정하는 바에 따라 검토·평가한 후 제출한 제안서 내용의 전부 또는 일부를 공간재구조화계획의 입안에 반영할 수 있다(법 제35조의3 제3항).

6 제안서 내용의 채택 여부 결과통지

공간재구조화계획 입안권자가 제안서 내용의 채택 여부 등을 결정한 경우에는 그 결과를 제안자와 제3자에게 알려야 한다(법 제35조의3 제4항).

7 비용의 부담

공간재구조화계획 입안권자는 제안자 또는 제3자와 협의하여 제안된 공간재구조화계획의 입안 및 결정에 필요한 비용의 전부 또는 일부를 제안자 또는 제3자에게 부담시킬 수 있다(법 제35조의3 제5항).

05 공간재구조화계획 수립을 위한 기초조사, 의견청취 등

1 공간재구조화계획 수립을 위한 기초조사, 의견청취 등의 준용

공간재구조화계획의 입안을 위한 기초조사, 주민과 지방의회 의견 청취 등에 관하여는 도시·군관리계획의 입안을 위한 기초조사 등을 준용한다. 이 경우 "도시·군관리계획"은 "공간재구조화계획"으로, "국토교통부장관, 시·도지사, 시장 또는 군수"는 "공간재구조화계획 입안권자"로 본다(법 제35조의5 제1항).

2 기초조사, 환경성 검토, 토지적성평가 또는 재해취약성 분석의 생략

기초조사, 환경성 검토, 토지적성평가 또는 재해취약성 분석은 공간재구조화계획 입안일부터 5년 이내 기초조사를 실시한 경우 등 대통령령으로 정하는 바에 따라 생략할 수 있다(법 제35조의5 제2항).

06 공간재구조화계획의 결정

1 공간재구조화계획의 결정권자

공간재구조화계획은 시·도지사가 직접 또는 시장·군수의 신청에 따라 결정한다. 다만, 국토교통부장관이 입안한 공간재구조화계획은 국토교통부장관이 결정한다(법 제35조의6 제1항).

2 공간재구조화계획의 결정절차

국토교통부장관 또는 시·도지사가 공간재구조화계획을 결정하려면 미리 관계행정기관의 장(국토교통부장관을 포함한다)과 협의하고 다음에 따라 중앙도시계획위원회 또는 지방도시계획위원회의 심의를 거쳐야 한다. 이 경우 협의요청을 받은 기관의 장은 특별한 사유가 없으면 그 요청을 받은 날부터 30일(도시혁신구역 지정을 위한 공간재구조화계획 결정의 경우에는 근무일 기준으로 10일) 이내에 의견을 제시하여야 한다(법 제35조의6 제2항).

(1) 다음의 어느 하나에 해당하는 사항은 중앙도시계획위원회의 심의를 거친다.
  ① 국토교통부장관이 결정하는 공간재구조화계획
  ② 시·도지사가 결정하는 공간재구조화계획 중 용도구역 지정 및 입지 타당성 등에 관한 사항

(2) 위의 사항을 제외한 공간재구조화계획에 대하여는 지방도시계획위원회의 심의를 거친다.

3 공간재구조화계획의 결정·고시

국토교통부장관 또는 시·도지사는 공간재구조화계획을 결정하면 대통령령으로 정하는 바에 따라 그 결정을 고시하고, 국토교통부장관이나 도지사는 관계 서류를 관계 특별시장·광역시장·특별자치시장·특별자치도지사·시장 또는 군수에게 송부하여 일반이 열람할 수 있도록 하여야 하며, 특별시장·광역시장·특별자치시장·특별자치도지사는 관계 서류를 일반이 열람할 수 있도록 하여야 한다(법 제35조의6 제3항).

07 공간재구조화계획의 결정의 효력 등

1 공간재구조화계획 결정의 효력발생시기

공간재구조화계획 결정의 효력은 지형도면을 고시한 날부터 발생한다. 다만, 지형도면이 필요 없는 경우에는 공간재구조화계획 결정·고시한 날부터 효력이 발생한다(법 제35조의7 제1항).

2 결정·고시의 의제

결정·고시를 한 경우에 해당 구역 지정 및 계획 수립에 필요한 내용에 대해서는 고시한 내용에 따라 도시·군기본계획의 수립·변경(인구의 배분 등은 대통령령으로 정하는 범위에서 변경하는 경우로 한정한다)과 도시·군관리계획의 결정(변경결정을 포함한다) 고시를 한 것으로 본다(법 제35조의7 제2항).

3 지형도면 고시의 의제

지형도면 고시 등에 관하여는 도시·군관리계획에 관한 지형도면의 고시를 준용한다. 이 경우 "도시·군관리계획"은 "공간재구조화계획"으로 본다(법 제35조의7 제3항).

4 진행중인 사업 또는 공사

결정·고시를 할 당시에 이미 사업이나 공사에 착수한 자(이 법 또는 다른 법률에 따라 허가·인가·승인 등을 받아야 하는 경우에는 그 허가·인가·승인 등을 받아 사업이나 공사에 착수한 자를 말한다)는 그 공간재구조화계획 결정과 관계없이 그 사업이나 공사를 계속할 수 있다(법 제35조의7 제4항).

5 도시·군계획으로 관리

결정·고시된 공간재구조화계획의 내용은 도시·군계획으로 관리하여야 한다(법 제35조의7 제5항).

제6절 용도지역·용도지구·용도구역의 지정에 관한 도시·군관리계획

33회 출제

01 용도지역·용도지구·용도구역

1 용도지역제

(1) 토지의 용도에 따른 건축제한

용도지역제는 도시와 그 주변지역의 자연환경 및 토지이용현황을 감안해서 각 토지에 그 특성에 따른 용도를 부여하고 그 토지에 건축할 건축물의 용도·높이·밀도 등을 규제함으로써 도시기능을 증진시키고 양호한 도시환경을 조성하려는 제도이다.

용도지역제에서는 용도지역의 지정목적에 따라 건축물의 용도·건폐율·용적률·높이 등을 각기 달리 규제하게 된다. 이는 입지조건이 비슷하고 함께 설치할 경우 서로의 효용이 증가되는 건축물은 가능한 한 같은 지역에 입지시키고, 입지조건이 상반되거나 함께 설치할 경우 서로의 효용이 감소되는 건축물은 가능한 한 다른 지역에 입지시키기 위한 것이다.

→ 대지면적에 대한 건축면적의 비율
→ 대지면적에 대한 연면적의 비율

용도지역제는 많은 법률에 규정되어 있는데, 그 중 「국토의 계획 및 이용에 관한 법률」에 의한 용도지역·용도지구 및 용도구역이 가장 대표적인 예에 해당된다.

(2) 소극적 규제방식

용도지역제는 처음에는 「민법」상의 상린관계가 확대·발전된 것으로 인식되었으나, 지금은 개인의 토지이용행위를 계획적으로 규제·조정함으로써 공권력이 도시형성에 적극적으로 관여하기 위한 수단으로 파악되고 있다.

그러나 용도지역제는 지정목적에 부적합한 토지이용을 규제하는 소극적 방법에 불과하며, 규제대상도 주로 건축행위에 한정되어 있어서 적극적으로 지정목적에 적합한 토지이용을 유도하는 기능이 부족하고 건축물이 아닌 시설에 대한 규제기능이 미흡하다는 한계가 있다.

2 용도지역 **추가15회 출제**

용도지역은 토지의 이용 및 건축물의 용도·건폐율·용적률·높이 등을 제한함으로써 토지를 경제적·효율적으로 이용하고 공공복리의 증진을 도모하기 위해 서로 중복되지 않게 도시·군관리계획으로 결정하는 지역을 말한다(법 제2조).

용도지역과 용도지구는 규제방식이 건축제한이라는 공통점이 있지만, 용도지역은 용도지구와는 달리 서로 중복되지 않는다.

제1장 국토의 계획 및 이용에 관한 법률

3 용도지구 30회 출제

용도지구는 토지의 이용 및 건축물의 용도·건폐율·용적률·높이 등에 대한 용도지역의 제한을 강화 또는 완화해서 적용함으로써 용도지역의 기능을 증진시키고 경관·안전 등을 도모하기 위해 도시·군관리계획으로 결정하는 지역을 말한다(법 제2조).
용도지역은 넓은 지역을 하나의 용도로 지정해서 동일한 규제를 하는 것이므로 소규모 지역에 대해서는 그 특수성을 제대로 고려하지 못한다. 이러한 용도지역의 단점을 보완하기 위해 보다 순화된 환경을 필요로 하는 소규모 지역을 용도지구로 지정해서 그 특성에 적합하게 건축물의 용도·건폐율·용적률·높이 등을 규제하게 된다.
용도지구는 용도지역과는 달리 하나의 지역이 그 지역의 특성에 따라 여러 개의 용도지구로 중복지정될 수 있다.

4 용도구역

용도구역은 토지의 이용 및 건축물의 용도·건폐율·용적률·높이 등에 대한 용도지역 및 용도지구의 제한을 강화 또는 완화해서 따로 정함으로써 시가지의 무질서한 확산방지, 계획적이고 단계적인 토지이용의 도모, 혁신적이고 복합적인 토지활용의 촉진, 토지이용의 종합적 조정·관리 등을 위해 도시·군관리계획으로 결정하는 지역을 말한다(법 제2조).
용도지역 및 용도지구는 건축행위를 규제대상으로 하는 데 반해, 용도구역은 건축행위는 물론 토석채취·입목벌채·토지형질변경·토지분할 등의 토지이용행위를 규제대상으로 한다.

02 용도지역의 지정 12·18·28회 출제

1 용도지역의 구분 및 세분 28회 출제

국토는 토지의 이용실태 및 특성, 장래의 토지이용방향, 지역 간 균형발전 등을 고려해서 도시지역·관리지역·농림지역 및 자연환경보전지역으로 구분한다. 용도지역의 지정 또는 변경은 국토교통부장관, 시·도지사 또는 대도시 시장이 도시·군관리계획으로 결정하는데, 도시지역은 주거지역·상업지역·공업지역 및 녹지지역으로, 관리지역은 보전관리지역·생산관리지역 및 계획관리지역으로 구분해서 지정한다(법 제6조, 제36조 제1항).

1) **도시지역**
   인구와 산업이 밀집되어 있거나 밀집이 예상되어 그 지역에 대해 체계적인 개발·정비·관리·보전 등이 필요한 지역
   ① **주거지역** 거주의 안정과 건전한 생활환경의 보호를 위해 필요한 지역
   ② **상업지역** 상업 그 밖의 업무의 편익증진을 위해 필요한 지역
   ③ **공업지역** 공업의 편익증진을 위해 필요한 지역
   ④ **녹지지역** 자연환경·농지 및 산림의 보호, 보건위생, 보안과 도시의 무질서한 확산을 방지하기 위해 녹지의 보전이 필요한 지역

 용도지역

① 용도지역은 국토교통부장관, 시·도지사, 대도시시장이 도시·군관리계획으로 결정한다.
② 용도지역의 중복지정은 불가하며, 지정하지 않는 것은 가능하다.

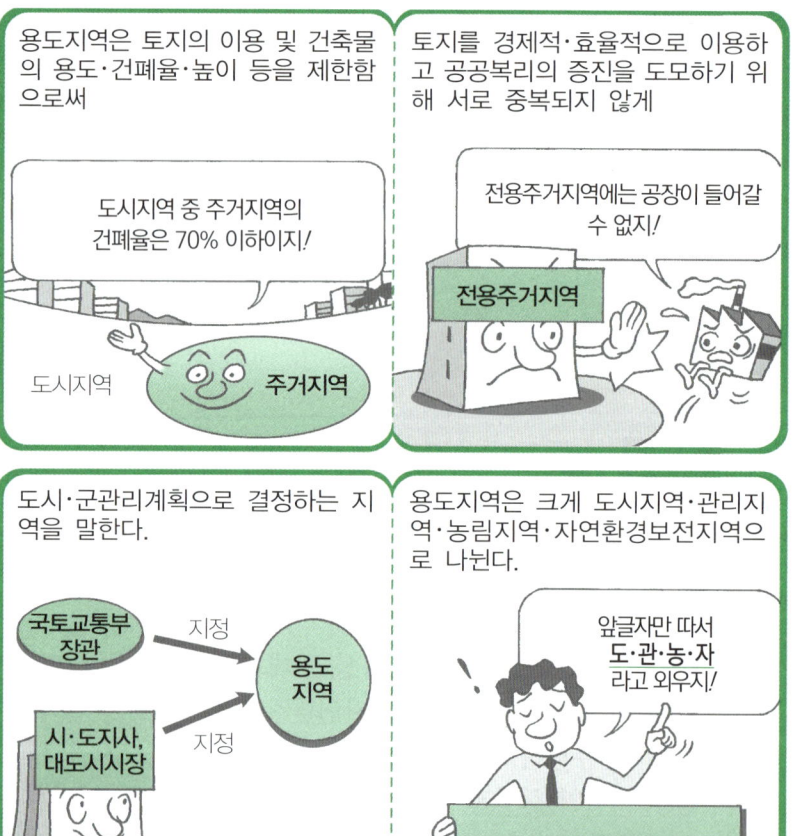

2) 관리지역

도시지역의 인구와 산업을 수용하기 위해 도시지역에 준해 체계적으로 관리하거나 농·임업의 진흥, 자연환경 또는 산림의 보전을 위해 농림지역 또는 자연환경보전지역에 준해 관리가 필요한 지역

① **보전관리지역** 자연환경 보호, 산림보호, 수질오염 방지, 녹지공간 확보, 생태계 보전 등을 위해 보전이 필요하나, 주변의 용도지역과의 관계 등을 고려할 때 자연환경보전지역으로 지정해서 관리하기가 곤란한 지역

② **생산관리지역** 농업·임업·어업 생산 등을 위해 관리가 필요하나, 주변의 용도지역과의 관계 등을 고려할 때 농림지역으로 지정해서 관리하기가 곤란한 지역

③ **계획관리지역** 도시지역으로의 편입이 예상되는 지역 또는 자연환경을 고려해서 제한적인 이용·개발하려는 지역으로서 계획적·체계적인 관리가 필요한 지역

3) 농림지역

도시지역에 속하지 않은 농업진흥지역·보전산지 등으로서 농·임업의 진흥과 산림의 보전을 위해 필요한 지역 → 임업용 산지와 공익용 산지

4) 자연환경보전지역

자연환경·수자원·해안·생태계·상수원 및 「국가유산기본법」에 따른 국가유산의 보전과 수산자원의 보호·육성 등을 위해 필요한 지역

국토교통부장관, 시·도지사 또는 대도시 시장은 도시·군관리계획결정으로 주거지역을 전용주거지역·일반주거지역 및 준주거지역으로, 상업지역은 중심상업지역·일반상업지역·근린상업지역 및 유통상업지역으로, 공업지역은 전용공업지역·일반공업지역 및 준공업지역으로, 녹지지역은 보전녹지지역·생산녹지지역 및 자연녹지지역으로 세분해서 지정할 수 있다. 또한 전용주거지역은 제1종 전용주거지역 및 제2종 전용주거지역으로, 일반주거지역은 제1종 일반주거지역·제2종 일반주거지역 및 제3종 일반주거지역으로 다시 세분할 수 있다(법 제36조 제2항, 영 제30조).

Key Point — 용도지역의 구분 ★ 14·24회 출제

구 분	지정목적
1. 도시지역	
(1) 주거지역	
1) 전용주거지역	양호한 주거환경을 보호하기 위해 필요한 지역
① 제1종 전용주거지역	단독주택 중심의 양호한 주거환경을 보호하기 위하여 필요한 지역
② 제2종 전용주거지역	공동주택 중심의 양호한 주거환경을 보호하기 위하여 필요한 지역
2) 일반주거지역	편리한 주거환경을 조성하기 위해 필요한 지역
① 제1종 일반주거지역	저층주택을 중심으로 편리한 주거환경을 조성하기 위하여 필요한 지역
② 제2종 일반주거지역	중층주택을 중심으로 편리한 주거환경을 조성하기 위하여 필요한 지역
③ 제3종 일반주거지역	중고층주택을 중심으로 편리한 주거환경을 조성하기 위하여 필요한 지역
3) 준주거지역	주거기능을 위주로 이를 지원하는 **일부 상업기능 및 업무기능을 보완**하기 위해 필요한 지역
(2) 상업지역	
1) 중심상업지역	도심·부도심의 상업기능 및 업무기능의 확충을 위하여 필요한 지역
2) 일반상업지역	일반적인 상업기능 및 업무기능을 담당하게 하기 위하여 필요한 지역
3) 근린상업지역	근린지역에서의 일용품 및 서비스의 공급을 위하여 필요한 지역
4) 유통상업지역	도시내 및 지역간 유통기능의 증진을 위하여 필요한 지역
(3) 공업지역	
1) 전용공업지역	주로 중화학공업·공해성 공업 등을 수용하기 위하여 필요한 지역
2) 일반공업지역	환경을 저해하지 아니하는 공업의 배치를 위하여 필요한 지역
3) 준공업지역	경공업 그 밖의 공업을 수용하되, 주거기능·상업기능 및 업무기능의 보완이 필요한 지역
(4) 녹지지역	
1) 보전녹지지역	도시의 자연환경·경관·산림 및 녹지공간을 보전할 필요가 있는 지역
2) 생산녹지지역	주로 농업적 생산을 위하여 개발을 유보할 필요가 있는 지역
3) 자연녹지지역	도시의 녹지공간의 확보, 도시확산의 방지, 장래 도시용지의 공급 등을 위하여 보전할 필요가 있는 지역으로서 불가피한 경우에 한하여 제한적인 개발이 허용되는 지역
2. 관리지역	
1) 보전관리지역	자연환경 보호, 산림보호, 수질오염 방지, 녹지공간 확보 및 생태계 보전 등을 위하여 보전이 필요하나, 주변 용도지역과의 관계 등을 고려할 때 자연환경보전지역으로 지정하여 관리하기가 곤란한 지역
2) 생산관리지역	농업·임업·어업 생산 등을 위하여 관리가 필요하나, 주변 용도지역과의 관계 등을 고려할 때 농림지역으로 지정하여 관리하기가 곤란한 지역
3) 계획관리지역	도시지역으로의 편입이 예상되는 지역이나 자연환경을 고려하여 제한적인 이용·개발을 하려는 지역으로서 계획적·체계적인 관리가 필요한 지역
3. 농림지역	도시지역에 속하지 않는 농지법의 농업진흥지역 또는 산지관리법의 보전산지 등으로서 농림업을 진흥시키고 산림을 보전하기 위하여 필요한 지역
4. 자연환경보전지역	자연환경·수자원·해안·생태계·상수원 및 국가유산의 보전과 수산자원의 보호·육성 등을 위하여 필요한 지역

제1장 국토의 계획 및 이용에 관한 법률

단락문제 Q13 제16회 기출

국토의 계획 및 이용에 관한 법령에서 정하고 있는 용도지역에 관한 설명 중 옳은 것은?
① 용도지역의 지정 또는 변경은 도시·군기본계획으로 결정·고시한다.
② 용도지역은 크게 도시지역, 준도시지역, 농림지역 및 자연환경보전지역으로 구분된다.
③ 자연환경보전지역은 자연환경·수자원·해안·생태계·상수원 및 국가유산의 보전과 수산자원의 보호·육성 등을 위해 필요한 지역이다.
④ 도시지역은 주거지역, 상업지역, 공업지역, 녹지지역 및 보전지역으로 구분된다.
⑤ 주거지역 중 준주거지역은 주택의 층수에 따라 제1종, 제2종 및 제3종으로 세분된다.

해설 용도지역
① 도시·군기본계획이 아닌 도시·군관리계획이어야 한다.
② 준도시지역이 아닌 관리지역이어야 한다.
④ 도시지역에는 보전지역이 없다.
⑤ 준주거지역이 아닌 일반주거지역이어야 한다.

정답 ③

2 용도지역관리의무 16회 출제

국가 또는 지방자치단체는 용도지역의 효율적인 이용 및 관리를 위해 다음과 같이 용도지역에 관한 개발·정비 및 보전에 필요한 조치를 강구해야 한다(법 제7조).

1) 도시지역
관계법률이 정하는 바에 따라 그 지역이 체계적이고 효율적으로 개발·정비·보전될 수 있도록 미리 계획을 수립하고 이를 시행해야 한다.

2) 관리지역
관계법률이 정하는 바에 따라 필요한 보전조치를 취하고 개발이 필요한 지역에 대해서는 <u>계획적인 이용과 개발을 도모해야 한다.</u>

3) 농림지역
관계법률이 정하는 바에 따라 농·임업의 진흥과 산림의 보전·육성에 <u>필요한 조사와 대책을 마련해야 한다.</u>

4) 자연환경보전지역
관계법률이 정하는 바에 따라 환경오염방지, 자연환경·수질·수자원·해안·생태계 및 「국가유산기본법」에 따른 국가유산<u>의 보전</u>과 수산자원의 보호·육성을 위해 필요한 조사와 대책을 마련해야 한다.

부동산공법

→ 바다·강·호수 등 공공용으로 쓰이는 수면

3 공유수면매립지에 대한 용도지역★ 20·35회 출제

(1) 매립목적이 이웃한 용도지역의 내용과 동일한 경우

공유수면(바다에 한함)의 매립목적이 그 매립구역과 이웃하고 있는 용도지역(도시지역, 관리지역, 농림지역, 자연환경보전지역. 다만, 용도지역이 도시지역에 해당하는 경우에는 세분하여 지정된 용도지역을 말한다)의 내용과 동일한 때에는 도시·군관리계획의 입안 및 결정절차 없이 그 매립준공구역은 준공인가일부터 이와 이웃하고 있는 용도지역으로 지정된 것으로 본다. 이 경우 관계 특별시장·광역시장·특별자치시장·특별자치도지사·시장 또는 군수는 그 사실을 지체없이 해당 시·도의 공보와 인터넷 홈페이지에 게재하는 방법으로 고시하여야 한다(법 제41조 제1항, 영 제33조 제1·2항).

(2) 도시·군관리계획결정으로 지정해야 하는 경우

다음의 경우에는 매립구역이 속할 용도지역을 도시·군관리계획결정으로 지정해야 한다(법 제41조 제2항).

1) 공유수면의 매립목적이 그 매립구역과 이웃하고 있는 용도지역(도시지역, 관리지역, 농림지역, 자연환경보전지역)의 내용과 다른 경우

2) 공유수면의 매립구역이 둘 이상의 용도지역(도시지역, 관리지역, 농림지역, 자연환경보전지역)에 걸쳐 있거나 이웃하고 있는 경우

(3) 준공검사의 통보

관계 행정기관의 장이 공유수면매립의 준공검사를 하면 지체없이 이를 관계 특별시장·광역시장·특별자치시장·특별자치도지사·시장 또는 군수에게 통보해야 한다(법 제41조 제3항).

4 용도지역 지정의 의제★★★ 14·20·26회 출제

(1) 도시지역 지정의 의제

다음의 구역 등으로 지정·고시된 지역은 도시지역으로 결정·고시된 것으로 본다(법 제42조 제1항).

1) 「항만법」에 따른 항만구역으로서 <u>도시지역에 연접된 공유수면</u>
2) 「어촌·어항법」에 따른 어항구역으로서 <u>도시지역에 연접된 공유수면</u>
3) 「산업입지 및 개발에 관한 법률」에 따른 국가산업단지·일반산업단지 및 도시첨단산업단지
    → 「산업입지 및 개발에 관한 법률」에 의한 산업단지에는 국가산업단지, 일반산업단지, 도시첨단산업단지 및 농공단지가 있다.
4) 「택지개발촉진법」에 따른 택지개발지구
5) 「전원개발촉진법」에 따른 전원개발사업구역 및 예정구역(수력발전소 또는 송·변전설비만을 설치하기 위한 전원개발사업구역 및 예정구역은 제외)

제1장 국토의 계획 및 이용에 관한 법률

(2) 농림지역 또는 자연환경보전지역 지정의 의제 추가15회 출제

관리지역에서 농업진흥지역으로 지정·고시된 지역은 농림지역으로 결정·고시된 것으로 보며, 관리지역의 산림 중 보전산지로 지정·고시된 지역은 그 고시에서 구분하는 바에 따라 농림지역 또는 자연환경보전지역으로 결정·고시된 것으로 본다(법 제42조 제2항).

(3) 구역 등의 지정사실통보

도시지역·농림지역 또는 자연환경보전지역의 지정이 의제되는 구역 등을 지정한 행정기관의 장은 지형도면이나 지형도에 지정사실을 표시해서 그 지역을 관할하는 특별시장·광역시장·특별자치시장·특별자치도지사·시장 또는 군수에게 통보해야 한다(법 제42조 제3항).

(4) 구역해제 등에 따른 용도지역의 환원

도시지역·농림지역 또는 자연환경보전지역의 지정이 의제되는 구역 등이 해제되는 경우(개발사업의 완료로 해제되는 경우는 제외)「국토의 계획 및 이용에 관한 법률」또는 다른 법률에서 그 구역 등이 어떤 용도지역에 해당되는지 따로 정하고 있지 않은 때에는 이를 지정하기 이전의 용도지역으로 환원된 것으로 본다(법 제42조 제4항).

이 경우 그 구역 등의 지정권자는 용도지역이 환원된 사실을 고시하고, 그 지역을 관할하는 특별시장·광역시장·특별자치시장·특별자치도지사·시장 또는 군수에게 통보해야 한다. 용도지역이 환원된 사실의 고시는 환원일자, 환원사유, 용도지역이 환원된 도시·군관리계획의 내용을 해당 시·도의 공보와 인터넷 홈페이지에 게재하는 방법으로 한다(법 제42조 제4항, 영 제34조).

용도지역이 환원되는 당시 이미 사업 또는 공사에 착수한 자(「국토의 계획 및 이용에 관한 법률」또는 다른 법률에 따라 허가·인가·승인 등을 받아야 하는 경우에는 그 허가·인가·승인 등을 받아 사업 또는 공사에 착수한 자)는 그 용도지역의 환원과 관계없이 그 사업 또는 공사를 계속할 수 있다(법 제42조 제5항).

 용도지구

① 도시·군관리계획 결정권자가 도시·군관리계획으로 결정한다.
② 중복지정이 가능하다.

단락문제 Q14
제26회 기출

국토의 계획 및 이용에 관한 법령상 용도지역에 관한 설명으로 틀린 것은?

① 도시지역의 축소에 따른 용도지역의 변경을 도시·군관리계획으로 입안하는 경우에는 주민 및 지방의회의 의견청취 절차를 생략할 수 있다.
② 「택지개발촉진법」에 따른 택지개발지구로 지정·고시되었다가 택지개발사업의 완료로 지구 지정이 해제되면 그 지역은 지구 지정 이전의 용도지역으로 환원된 것으로 본다.
③ 관리지역에서 「농지법」에 따른 농업진흥지역으로 지정·고시된 지역은 「국토의 계획 및 이용에 관한 법률」에 따른 농림지역으로 결정·고시된 것으로 본다.
④ 용도지역을 다시 세부 용도지역으로 나누어 지정하려면 도시·군관리계획으로 결정하여야 한다.
⑤ 도시지역이 세부 용도지역으로 지정되지 아니한 경우에는 용도지역의 용적률 규정을 적용할 때에 보전녹지지역에 관한 규정을 적용한다.

해설 용도지역
개발사업의 완료로 해제되는 경우는 환원되지 않는다.

정답 ②

03 용도지구의 지정
12회 출제

1 용도지구의 지정 또는 변경

국토교통부장관, 시·도지사 또는 대도시 시장은 경관지구, 고도지구(高度地區), 방화지구, 방재지구, 보호지구, 취락지구, 개발진흥지구, 특정용도제한지구, 복합용도지구의 지정 또는 변경을 도시·군관리계획으로 결정한다(법 제37조 제1항).
시·도지사 또는 대도시 시장은 연안침식이 진행 중이거나 우려되는 지역 등 다음의 요건을 충족하는 지역에 대해서는 방재지구의 지정 또는 변경을 도시·군관리계획으로 결정해야 한다. 이 경우 도시·군관리계획의 내용에는 해당 방재지구의 재해저감대책을 포함해야 한다(법 제37조 제4항, 영 제31조 제5항).

1) 연안침식으로 인하여 심각한 피해가 발생하거나 발생할 우려가 있어 이를 특별히 관리할 필요가 있는 지역으로서 「연안관리법」에 따른 연안침식관리구역으로 지정된 지역
2) 풍수해, 산사태 등의 동일한 재해가 최근 10년 이내 2회 이상 발생하여 인명 피해를 입은 지역으로서 향후 동일한 재해 발생 시 상당한 피해가 우려되는 지역

2 용도지구의 세분 ★★

(1) 「국토의 계획 및 이용에 관한 법률 시행령」에 따른 용도지구의 세분

국토교통부장관, 시·도지사 또는 대도시 시장은 필요하다고 인정되는 때에는 도시·군관리계획결정으로 경관지구·방재지구·보호지구·취락지구 및 개발진흥지구를 [표]와 같이 세분해서 지정할 수 있다(법 제37조 제2항, 영 제31조 제1·2항).

제1장 국토의 계획 및 이용에 관한 법률

Key Point 용도지구의 구분 11·12·14·16·22·25·30·35회 출제

구 분		지정목적
1) 경관지구		경관의 보전·관리 및 형성을 위해 필요한 지구
	① 자연경관지구	산지·구릉지 등 자연경관을 보호하거나 유지하기 위해 필요한 지구
	② 시가지경관지구	지역 내 주거지, 중심지 등 시가지의 경관을 보호 또는 유지하거나 형성하기 위하여 필요한 지구
	③ 특화경관지구	지역 내 주요 수계의 수변 또는 문화적 보존가치가 큰 건축물 주변의 경관 등 특별한 경관을 보호 또는 유지하거나 형성하기 위하여 필요한 지구
2) 고도지구		쾌적한 환경 조성 및 토지의 효율적 이용을 위하여 건축물 높이의 최고한도를 규제할 필요가 있는 지구
3) 방화지구		화재의 위험을 예방하기 위해 필요한 지구
4) 방재지구		풍수해, 산사태, 지반의 붕괴 그 밖에 재해를 예방하기 위해 필요한 지구
	① 시가지방재지구	건축물과 인구가 밀집되어 있는 지역으로 시설 개선 등을 통하여 재해 예방이 필요한 지구
	② 자연방재지구	**토지의 이용도가 낮은 해안변, 하천변, 급경사지 주변 등의 지역으로서 건축제한 등을 통하여 재해 예방이 필요한 지구**
5) 보호지구		국가유산, 중요 시설물(항만, 공항, 공용시설, 교정시설, 국방·군사시설을 말한다) 및 문화적·생태적으로 보존가치가 큰 지역의 보호와 보존을 위하여 필요한 지구
	① 역사문화환경보호지구	국가유산·전통사찰 등 역사·문화적으로 보존가치가 큰 시설 및 지역의 보호와 보존을 위하여 필요한 지구
	② 중요시설물보호지구	중요시설물의 보호와 기능의 유지 및 증진 등을 위하여 필요한 지구
	③ 생태계보호지구	야생동식물서식처 등 생태적으로 보존가치가 큰 지역의 보호와 보존을 위하여 필요한 지구
6) 취락지구		녹지지역·관리지역·농림지역·자연환경보전지역·개발제한구역 또는 도시자연공원구역의 취락을 정비하기 위한 지구
	① 자연취락지구	녹지지역·관리지역·농림지역 또는 자연환경보전지역의 취락을 정비하기 위해 필요한 지구
	② 집단취락지구	개발제한구역의 취락을 정비하기 위해 필요한 지구
7) 개발진흥지구		주거기능·상업기능·공업기능·유통물류기능·관광기능·휴양기능 등을 집중적으로 개발·정비할 필요가 있는 지구
	① 주거개발진흥지구	주거기능을 중심으로 개발·정비할 필요가 있는 지구
	② 산업·유통개발진흥지구	공업기능 및 유통·물류기능을 중심으로 개발·정비할 필요가 있는 지구
	③ 관광·휴양개발진흥지구	관광·휴양기능을 중심으로 개발·정비할 필요가 있는 지구
	④ 복합개발진흥지구	주거기능, 공업기능, 유통·물류기능 및 관광·휴양기능 중 둘 이상의 기능을 중심으로 개발·정비할 필요가 있는 지구
	⑤ 특정개발진흥지구	주거기능, 공업기능, 유통·물류기능 및 관광·휴양기능 외의 기능을 중심으로 특정한 목적을 위해 개발·정비할 필요가 있는 지구
8) 특정용도제한지구		주거 및 교육 환경보호나 청소년 보호 등의 목적으로 오염물질 배출시설, 청소년 유해시설 등 특정시설의 입지를 제한할 필요가 있는 지구
9) 복합용도지구		지역의 토지이용 상황, 개발 수요 및 주변 여건 등을 고려하여 효율적이고 복합적인 토지이용을 도모하기 위하여 특정시설의 입지를 완화할 필요가 있는 지구

(2) 도시·군계획조례에 따른 용도지구의 세분

시·도지사나 대도시 시장은 지역여건상 필요한 때에는 도시·군계획조례로 정하는 바에 따라 경관지구를 추가적으로 세분(특화경관지구의 세분을 포함)하거나 중요시설물보호지구 및 특정용도제한지구를 세분해서 지정할 수 있다(법 제37조 제2항, 영 제31조 제3항).

3 도시·군계획조례로 정하는 용도지구 28회 출제

(1) 도시·군계획조례에 따른 용도지구의 지정

시·도지사나 대도시 시장은 지역여건상 필요한 때에는 도시·군계획조례로 용도지구의 명칭 및 지정목적, 건축 그 밖의 행위의 금지 및 제한에 관한 사항 등을 정해서 「국토의 계획 및 이용에 관한 법률」 및 그 시행령에 규정된 용도지구 외의 용도지구의 지정 또는 변경을 도시·군관리계획으로 결정할 수 있다(법 제37조 제3항).

(2) 도시·군계획조례에 따른 용도지구의 지정기준

조례로 새로운 용도지구를 지정 또는 변경할 때에는 다음의 기준에 따라야 한다(영 제31조 제4항).

1) 용도지구의 신설은 「국토의 계획 및 이용에 관한 법률」에서 정하고 있는 용도지역·용도지구·용도구역·지구단위계획구역 또는 다른 법률에 따른 지역·지구만으로는 효율적인 토지이용을 달성할 수 없는 부득이한 사유가 있는 경우에 한할 것

2) 용도지구에서의 행위제한은 그 용도지구의 지정목적달성에 필요한 최소한도에 그치도록 할 것

3) 그 용도지역 또는 용도구역의 행위제한을 완화하는 용도지구를 신설하지 않을 것

4 복합용도지구의 지정 34회 출제

시·도지사 또는 대도시 시장은 일반주거지역·일반공업지역·계획관리지역에 복합용도지구를 지정할 수 있으며, 그 지정기준 및 방법 등에 필요한 사항은 대통령령으로 정한다(법 제37조 제5항, 영 제31조 제6항).

5 복합용도지구 지정의 기준

시·도지사 또는 대도시 시장은 복합용도지구를 지정하는 경우에는 다음의 기준을 따라야 한다 (영 제31조 제7항).

1) 용도지역의 변경 시 기반시설이 부족해지는 등의 문제가 우려되어 해당 용도지역의 건축제한만을 완화하는 것이 적합한 경우에 지정할 것

2) 간선도로의 교차지(交叉地), 대중교통의 결절지(結節地) 등 토지이용 및 교통 여건의 변화가 큰 지역 또는 용도지역 간의 경계지역, 가로변 등 토지를 효율적으로 활용할 필요가 있는 지역에 지정할 것

3) 용도지역의 지정목적이 크게 저해되지 아니하도록 해당 용도지역 전체 면적의 1/3 이하의 범위에서 지정할 것

4) 그 밖에 해당 지역의 체계적·계획적인 개발 및 관리를 위하여 지정 대상지가 국토교통부 장관이 정하여 고시하는 기준에 적합할 것

단락문제 Q15 제30회 기출

국토의 계획 및 이용에 관한 법령상 용도지구와 그 세분(細分)이 바르게 연결된 것만을 모두 고른 것은? (단, 조례는 고려하지 않음)

> ㉠ 보호지구 : 역사문화환경보호지구, 중요시설물보호지구, 생태계보호지구
> ㉡ 방재지구 : 자연방재지구, 시가지방재지구, 특정개발방재지구
> ㉢ 경관지구 : 자연경관지구, 주거경관지구, 시가지경관지구
> ㉣ 취락지구 : 자연취락지구, 농어촌취락지구, 집단취락지구

① ㉠   ② ㉢   ③ ㉠, ㉢   ④ ㉡, ㉣   ⑤ ㉢, ㉣

해설 용도지구의 세분
㉡ 방재지구 : 자연방재지구, 시가지방재지구
㉢ 경관지구 : 자연경관지구, 특화경관지구, 시가지경관지구
㉣ 취락지구 : 자연취락지구, 집단취락지구

정답 ①

04 용도구역의 지정

14·19회 출제

1 용도구역의 구분

용도구역에는 도시의 무질서한 확산을 방지하기 위한 개발제한구역, 도시의 자연환경 및 경관을 보호하고, 도시민에게 건전한 여가·휴식공간을 제공하기 위한 도시자연공원구역, 일정 기간 시가화를 유보하기 위한 시가화조정구역, 수산자원의 보호·육성을 위한 수산자원보호구역, 창의적이고 혁신적인 공간활용이 가능한 도시혁신구역, 융·복합적인 공간이용을 촉진하는 복합용도구역, 도시·군계획시설의 입체복합적 활용을 위한 도시·군계획시설입체복합구역이 있다.

2 개발제한구역

(1) 지 정

국토교통부장관은 다음의 경우 개발제한구역의 지정 또는 변경을 도시·군관리계획으로 결정할 수 있다(법 제38조 제1항, 「개발제한구역의 지정 및 관리에 관한 특별조치법」 제3조 제1항).

1) 도시의 무질서한 확산을 방지하고 도시주변의 자연환경을 보전해서 도시민의 건전한 생활환경을 확보하기 위해 도시의 개발을 제한할 필요가 있다고 인정되는 경우
2) 국방부장관의 요청이 있어서 보안상 도시의 개발을 제한할 필요가 있다고 인정되는 경우

(2) 지정의 절차

개발제한구역의 지정 또는 변경에 관해 필요한 사항은 따로 법률로 정한다(법 제38조 제2항). 이 법률이 「개발제한구역의 지정 및 관리에 관한 특별조치법」이다.

용도구역

"용도지역 및 용도지구의 제한을 강화 또는 완화해서 도시·군관리계획으로 따로 정하는 지역"을 말한다.

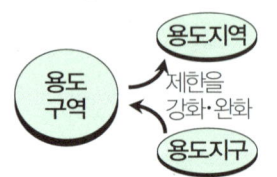

용도구역에는 개발제한구역, 시가화조정구역, 수산자원보호구역, 도시자연공원구역, 도시혁신구역, 복합용도구역, 입체복합구역이 있다.

용도구역의 지정목적은 이와 같죠!

■ **용도구역의 지정목적**
① 시가지의 무질서한 확산방지
② 계획적이고 단계적인 토지이용의 도모
③ 혁신적이고 복합적인 토지활용의 촉진
④ 토지이용의 종합적 조정·관리

3 도시자연공원구역

시·도지사나 대도시 시장은 도시의 자연환경 및 경관을 보호하고, 도시민에게 건전한 여가·휴식공간을 제공하기 위해 도시지역에서 식생이 양호한 산지의 개발을 제한할 필요가 있다고 인정하면 도시자연공원구역의 지정 또는 변경을 도시·군관리계획으로 결정할 수 있다(법 제38조의2 제1항).

도시자연공원구역의 지정 또는 변경에 관해 필요한 사항은 따로 법률로 정한다(법 제38조의2 제2항). 이 법률이 「도시공원 및 녹지 등에 관한 법률」이다.

4 시가화조정구역★ 18·20회 출제

(1) 시가화조정구역의 지정

시·도지사는 직접 또는 관계 행정기관의 장의 요청을 받아 도시지역과 그 주변지역의 무질서한 시가화를 방지하고 계획적·단계적인 개발을 도모하기 위해 일정기간 시가화를 유보할 필요가 있다고 인정되면 시가화조정구역의 지정 또는 변경을 도시·군관리계획으로 결정할 수 있다. 다만, 국가계획과 연계해서 시가화조정구역의 지정 또는 변경이 필요한 경우에는 국토교통부장관이 직접 시가화조정구역의 지정 또는 변경을 도시·군관리계획으로 결정할 수 있다(법 제39조 제1항).

(2) 시가화유보기간

시가화유보기간은 5년 이상 20년 이내로 한다(법 제39조 제1항, 영 제32조 제1항).
국토교통부장관 또는 시·도지사는 시가화조정구역을 지정 또는 변경하려는 때에는 그 도시지역과 그 주변지역의 인구의 동태, 토지의 이용상황, 산업발전상황 등을 고려해서 도시·군관리계획으로 시가화유보기간을 정해야 한다(영 제32조 제2항).

시가화조정구역

① 시가화를 유보할 필요가 있다고 인정되는 경우에 지정한다.
② 시·도지사 또는 국토교통부장관이 도시·군관리계획으로 시가화조정구역의 지정을 결정한다.

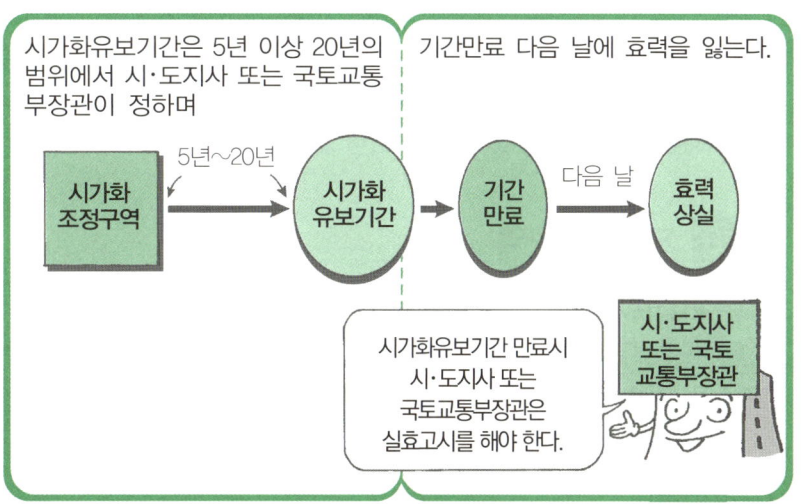

부동산공법

(3) 시가화조정구역지정의 실효

시가화조정구역의 지정에 관한 도시·군관리계획의 결정은 <u>시가화유보기간이 만료된 날의 다음 날부터 그 효력을 잃는다</u>(법 제39조 제2항).

시가화조정구역의 지정에 관한 도시·군관리계획의 결정이 실효되면 국토교통부장관 또는 시·도지사는 그 사실을 고시해야 한다. 실효고시는 실효일자 및 실효사유와 실효된 도시·군관리계획의 내용을 국토교통부장관이 하는 경우에는 관보와 국토교통부의 인터넷 홈페이지에, 시·도지사가 하는 경우에는 해당 시·도의 공보와 인터넷 홈페이지에 게재하는 방법으로 한다(법 제39조 제2항, 영 제32조 제3항).

단락문제 Q16

국토의 계획 및 이용에 관한 법령상 용도구역의 지정에 관한 설명으로 틀린 것은?
① 국토교통부장관은 개발제한구역의 지정을 도시·군관리계획으로 결정할 수 있다.
② 국토교통부장관은 도시자연공원구역의 지정을 도시·군관리계획으로 결정할 수 있다.
③ 도시자연공원구역의 지정에 관해 필요한 사항은 따로 법률로 정한다.
④ 시·도지사는 직접 또는 관계 행정기관의 장의 요청을 받아 시가화조정구역의 지정을 도시·군관리계획으로 결정할 수 있다.
⑤ 해양수산부장관은 직접 또는 관계 행정기관의 장의 요청을 받아 수산자원보호구역의 지정을 도시·군관리계획으로 결정할 수 있다.

해설 용도구역의 지정
도시자연공원구역은 시·도지사 또는 대도시 시장이 지정한다. **정답** ②

---

5 수산자원보호구역

해양수산부장관은 직접 또는 관계 행정기관의 장의 요청을 받아 수산자원의 보호·육성을 위해 필요한 <u>공유수면이나 그에 인접된 토지</u>에 대해 수산자원보호구역의 지정 또는 변경을 도시·군관리계획으로 결정할 수 있다(법 제40조).

6 도시혁신구역

(1) 도시혁신계획의 정의

도시혁신계획이란 창의적이고 혁신적인 도시공간의 개발을 목적으로 도시혁신구역에서의 토지의 이용 및 건축물의 용도·건폐율·용적률·높이 등의 제한에 관한 사항을 따로 정하기 위하여 공간재구조화계획으로 결정하는 도시·군관리계획을 말한다(법 제2조).

(2) 도시혁신구역의 지정

공간재구조화계획 결정권자는 다음의 어느 하나에 해당하는 지역을 도시혁신구역으로 지정할 수 있다(법 제40조의3 제1항, 영 제32조의3).

1) 도시·군기본계획에 따른 도심·부도심 또는 생활권의 중심지역
2) 주요 기반시설과 연계하여 지역의 거점 역할을 수행할 수 있는 지역
3) 유휴토지 또는 대규모 시설의 이전부지
4) 그 밖에 도시공간의 창의적이고 혁신적인 개발이 필요하다고 인정되는 지역으로서 해당 시·도의 도시·군계획조례로 정하는 지역

(3) 도시혁신계획에 포함사항

도시혁신계획에는 도시혁신구역의 지정 목적을 이루기 위하여 다음에 관한 사항이 포함되어야 한다(법 제40조의3 제2항).

1) 용도지역·용도지구, 도시·군계획시설 및 지구단위계획의 결정에 관한 사항
2) 주요 기반시설의 확보에 관한 사항
3) 건축물의 건폐율·용적률·높이에 관한 사항
4) 건축물의 용도·종류 및 규모 등에 관한 사항
5) 다른 법률 규정 적용의 완화 또는 배제에 관한 사항
6) 도시혁신구역 내 개발사업 및 개발사업의 시행자 등에 관한 사항
7) 그 밖에 도시혁신구역의 체계적 개발과 관리에 필요한 사항

(4) 공간재구조화계획으로 결정

도시혁신구역의 지정 및 변경과 도시혁신계획은 다음의 사항을 종합적으로 고려하여 공간재구조화계획으로 결정한다(법 제40조의3 제3항).

1) 도시혁신구역의 지정 목적
2) 해당 지역의 용도지역·기반시설 등 토지이용 현황
3) 도시·군기본계획 등 상위계획과의 부합성
4) 주변 지역의 기반시설, 경관, 환경 등에 미치는 영향 및 도시환경 개선·정비 효과
5) 도시의 개발 수요 및 지역에 미치는 사회적·경제적 파급효과

(5) 도시혁신구역의 지정과 도시혁신계획 결정의 금지

다른 법률에서 공간재구조화계획의 결정을 의제하고 있는 경우에도 이 법에 따르지 아니하고 도시혁신구역의 지정과 도시혁신계획을 결정할 수 없다(법 제40조의3 제4항).

(6) 협의 요청시 의견 회신기한

공간재구조화계획 결정권자가 공간재구조화계획을 결정하기 위하여 관계 행정기관의 장과 협의하는 경우 협의 요청을 받은 기관의 장은 그 요청을 받은 날부터 10일(근무일 기준) 이내에 의견을 회신하여야 한다(법 제40조의3 제5항).

(7) 지구단위계획구역 규정의 준용

도시혁신구역 및 도시혁신계획에 관한 도시·군관리계획 결정의 실효, 도시혁신구역에서의 건축 등에 관하여 다른 특별한 규정이 없는 한 지구단위계획구역 규정을 준용한다. 이 경우 "지구단위계획구역"은 "도시혁신구역"으로, "지구단위계획"은 "도시혁신계획"으로 본다(법 제40조의3 제6항).

7 복합용도구역

(1) 복합용도계획의 정의

복합용도계획이란 주거·상업·산업·교육·문화·의료 등 다양한 도시기능이 융·복합된 공간의 조성을 목적으로 복합용도구역에서의 건축물의 용도별 구성비율 및 건폐율·용적률·높이 등의 제한에 관한 사항을 따로 정하기 위하여 공간재구조화계획으로 결정하는 도시·군관리계획을 말한다(법 제2조).

(2) 복합용도구역의 지정

공간재구조화계획 결정권자는 다음의 어느 하나에 해당하는 지역을 복합용도구역으로 지정할 수 있다(법 제40조의4 제1항, 영 제32조의4).

1) 산업구조 또는 경제활동의 변화로 복합적 토지이용이 필요한 지역
2) 노후 건축물 등이 밀집하여 단계적 정비가 필요한 지역
3) 복합용도구역으로 지정하려는 지역이 둘 이상의 용도지역에 걸치는 경우로서 토지를 효율적으로 이용하기 위해 건축물의 용도, 종류 및 규모 등을 통합적으로 관리할 필요가 있는 지역
4) 그 밖에 복합된 공간이용을 촉진하고 다양한 도시공간을 조성하기 위해 계획적 관리가 필요하다고 인정되는 지역으로서 해당 시·도의 도시·군계획조례로 정하는 지역

(3) 복합용도계획에 포함사항

복합용도계획에는 복합용도구역의 지정 목적을 이루기 위하여 다음에 관한 사항이 포함되어야 한다(법 제40조의4 제2항).

1) 용도지역·용도지구, 도시·군계획시설 및 지구단위계획의 결정에 관한 사항
2) 주요 기반시설의 확보에 관한 사항
3) 건축물의 용도별 복합적인 배치비율 및 규모 등에 관한 사항
4) 건축물의 건폐율·용적률·높이에 관한 사항
5) 특별건축구역계획에 관한 사항
6) 그 밖에 복합용도구역의 체계적 개발과 관리에 필요한 사항

(4) 공간재구조화계획으로 결정

복합용도구역의 지정 및 변경과 복합용도계획은 다음의 사항을 종합적으로 고려하여 공간재구조화계획으로 결정한다(법 제40조의4 제3항).

1) 복합용도구역의 지정 목적
2) 해당 지역의 용도지역·기반시설 등 토지이용 현황
3) 도시·군기본계획 등 상위계획과의 부합성
4) 주변 지역의 기반시설, 경관, 환경 등에 미치는 영향 및 도시환경 개선·정비 효과

(5) 지구단위계획구역 규정의 준용

복합용도구역 및 복합용도계획에 관한 도시·군관리계획 결정의 실효, 복합용도구역에서의 건축 등에 관하여 다른 특별한 규정이 없는 한 지구단위계획구역 규정을 준용한다. 이 경우 "지구단위계획구역"은 "복합용도구역"으로, "지구단위계획"은 "복합용도계획"으로 본다(법 제40조의4 제4항).

8 도시·군계획시설입체복합구역

(1) 도시·군계획시설입체복합구역의 지정

도시·군관리계획의 결정권자는 도시·군계획시설의 입체복합적 활용을 위하여 다음의 어느 하나에 해당하는 경우에 도시·군계획시설이 결정된 토지의 전부 또는 일부를 도시·군계획시설입체복합구역으로 지정할 수 있다(법 제40조의5 제1항. 영 제32조의5 제1항).

1) 도시·군계획시설 준공 후 10년이 경과한 경우로서 해당 시설의 개량 또는 정비가 필요한 경우
2) 주변지역 정비 또는 지역경제 활성화를 위하여 기반시설의 복합적 이용이 필요한 경우
3) 첨단기술을 적용한 새로운 형태의 기반시설 구축 등이 필요한 경우
4) 그 밖에 효율적이고 복합적인 도시·군계획시설의 조성을 위해 필요한 경우로서 해당 시·도 또는 대도시의 도시·군계획조례로 정하는 경우

(2) 도시·군계획시설과 비도시·군계획시설에 대한 건축제한, 건폐율, 용적률, 높이

이 법 또는 다른 법률의 규정에도 불구하고 입체복합구역에서의 도시·군계획시설과 도시·군계획시설이 아닌 시설에 대한 건축물이나 그 밖의 시설의 용도·종류 및 규모 등의 건축제한, 건폐율, 용적률, 높이 등은 대통령령으로 정하는 범위에서 따로 정할 수 있다. 다만, 다른 법률에 따라 정해진 건축제한, 건폐율, 용적률, 높이 등을 완화하는 경우에는 미리 관계 기관의 장과 협의하여야 한다(법 제40조의5 제2항).

(3) 입체복합구역에서 건폐율과 용적률의 최대한도

입체복합구역에서 건폐율과 용적률은 법 제77조(용도지역의 건폐율) 및 법 제78조(용도지역에서의 용적률)에 따라 대통령령으로 정하고 있는 해당 용도지역별 최대한도의 200% 이하로 한다(법 제40조의5 제3항).

9 공공시설등의 설치의무

(1) 도시혁신구역, 복합용도구역, 입체복합구역에 대한 공공시설등의 설치비용 등

다음의 어느 하나에 해당하는 구역 안에서 개발사업이나 개발행위를 하려는 자(도시·군관리계획을 입안하거나 공간재구조화계획을 입안하는 경우 입안 제안자를 포함한다)가 건축물이나 그 밖의 시설의 용도, 건폐율, 용적률 등의 건축제한 완화 또는 행위제한 완화로 인한 토지가치 상승분(「감정평가 및 감정평가사에 관한 법률」에 따른 감정평가법인등이 해당 구역에 따른 계획등의 변경 전·후에 대하여 각각 감정평가한 토지가액의 차이를 말한다)의 범위에서 해당 구역에 따른 계획으로 정하는 바에 따라 해당 구역 안에 공공시설등의 부지를 제공하거나 공공시설등을 설치하여 제공하도록 하여야 한다(법 제40조의6 제1항).

1) 도시혁신구역
2) 복합용도구역
3) 입체복합구역

(2) 공공시설등의 설치비용 규정의 준용

공공시설등의 부지제공과 설치, 비용납부 등에 관하여는 공공시설등의 설치비용 등의 규정을 준용한다. 이 경우 "지구단위계획구역"은 각각 "도시혁신구역", "복합용도구역", "입체복합구역"으로, "지구단위계획"은 각각 "도시혁신계획", "복합용도계획", "도시·군관리계획"으로 본다(법 제40조의6 제2항).

05 다른 법률에 따른 구역 등의 지정

1 다른 법률에 따른 구역 등의 지정제한

중앙행정기관의 장 또는 지방자치단체의 장은 다른 법률에 따라 토지이용에 관한 지역·지구·구역·구획 등을 지정하려는 경우에는 그 지정목적이 「국토의 계획 및 이용에 관한 법률」에 따른 용도지역·용도지구 및 용도구역의 지정목적에 부합되도록 해야 한다(법 제8조 제1항).

2 다른 법률에 따른 구역 등의 지정에 대한 협의 또는 승인

(1) 국토교통부장관과의 협의 또는 장관의 승인

중앙행정기관의 장이나 지방자치단체의 장은 다른 법률에 따라 1㎢(도시개발구역인 경우에는 5㎢) 이상의 구역 등을 지정하거나 변경하려면 중앙행정기관의 장은 국토교통부장관과 협의해야 하며, 지방자치단체의 장은 국토교통부장관의 승인을 받아야 한다(법 제8조 제2항, 영 제5조 제1항).

지방자치단체의 장이 승인을 받아야 하는 구역등 중 5㎢ 미만의 구역등을 지정하거나 변경하려는 경우 시·도지사는 국토교통부장관의 승인을 받지 아니하되, 시장·군수 또는 자치구청장은 시·도지사의 승인을 받아야 한다(법 제8조 제3항, 영 제5조 제3항).

다음의 경우에는 국토교통부장관과의 협의를 거치지 않거나 국토교통부장관 또는 시·도지사의 승인을 받지 아니하는 예외가 인정된다(법 제8조 제4항, 영 제5조 제5항).

1) 다른 법률에 따라 지정하거나 변경하려는 구역 등이 도시·군기본계획에 반영된 경우

2) 보전관리지역·생산관리지역·농림지역 또는 자연환경보전지역에서 다음의 지역을 지정하려는 경우
   ① 농업진흥지역
   ② 「한강수계 상수원수질개선 및 주민지원 등에 관한 법률」 등에 따른 수변구역
   ③ 상수원보호구역
   ④ 「자연환경보전법」에 따른 생태·경관보전지역
   ⑤ 「야생생물 보호 및 관리에 관한 법률」에 따른 야생생물 특별보호구역
   ⑥ 「해양생태계의 보전 및 관리에 관한 법률」에 따른 해양보호구역

3) 군사상 기밀을 지켜야 할 필요가 있는 구역 등을 지정하려는 경우

4) 협의하거나 승인받은 구역 등의 면적의 10%의 범위에서 면적을 증감시키는 경우

5) 협의하거나 승인받은 구역 등의 면적산정의 착오를 정정하기 위한 경우

(2) 도시계획위원회의 심의

국토교통부장관 또는 시·도지사는 구역 등의 지정에 관해 협의하거나 승인을 하려면 중앙도시계획위원회 또는 시·도 도시계획위원회의 심의를 거쳐야 한다. 다만, 다음의 경우는 제외한다(법 제8조 제5항).

1) 생산관리지역 또는 보전관리지역에서 다음의 구역 등을 지정하는 경우
① 「산지관리법」에 따른 보전산지
② 「야생생물 보호 및 관리에 관한 법률」에 따른 야생생물 보호구역
③ 「습지보전법」에 따른 습지보호구역
④ 「토양환경보전법」에 따른 토양보전대책지역

2) 농림지역 또는 자연환경보전지역에서 다음의 구역 등을 지정하는 경우
① 「산지관리법」에 따른 보전산지
② 「야생생물 보호 및 관리에 관한 법률」에 따른 야생생물 보호구역
③ 「습지보전법」에 따른 습지보호구역
④ 「토양환경보전법」에 따른 토양보전대책지역
⑤ 「자연공원법」에 따른 자연공원
⑥ 「자연환경보전법」에 따른 생태·자연도 1등급 권역
⑦ 「독도 등 도서지역의 생태계보전에 관한 특별법」에 따른 특정도서
⑧ 「자연유산의 보존 및 활용에 관한 법률」에 따른 명승(名勝) 및 천연기념물과 그 보호구역
⑨ 「해양생태계의 보전 및 관리에 관한 법률」에 따른 해양생태도 1등급 권역

(3) 도시·군관리계획 입안권자의 의견청취

중앙행정기관의 장이나 지방자치단체의 장은 다른 법률에 따라 지정된 토지이용에 관한 구역 등을 변경하거나 해제하려면 도시·군관리계획 입안권자의 의견을 들어야 한다. 이 경우 의견 요청을 받은 도시·군관리계획 입안권자는 「국토의 계획 및 이용에 관한 법률」에 따른 용도지역·용도지구·용도구역의 변경이 필요하면 도시·군관리계획에 반영해야 한다(법 제8조 제6항).

이 경우 시·도지사가 다음의 행위를 할 때에 도시·군관리계획의 변경이 필요해서 시·도 도시계획위원회의 심의를 거친 경우에는 다음의 심의를 거친 것으로 본다(법 제8조 제7항).

1) 농업진흥지역의 해제
시·도 농업·농촌 및 식품산업정책심의회의 심의

2) 보전산지의 지정해제
지방산지관리위원회의 심의

3 다른 법률에 따른 용도지역 등의 변경제한

(1) 중앙도시계획위원회 또는 지방도시계획위원회의 심의를 받아야 하는 경우

중앙행정기관의 장이나 지방자치단체의 장은 다른 법률에서 용도지역·용도지구 또는 용도구역의 지정 또는 변경에 관한 도시·군관리계획결정을 의제하는 내용이 포함되어 있는 계획을 허가·인가·승인 또는 결정하려면 다음의 구분에 따라 미리 중앙도시계획위원회 또는 지방도시계획위원회의 심의를 받아야 한다(법 제9조, 영 제6조 제1항).

1) 중앙도시계획위원회의 심의를 받아야 하는 경우
① 중앙행정기관의 장이 30만㎡ 이상의 용도지역·용도지구 또는 용도구역의 지정 또는 변경에 관한 도시·군관리계획결정을 의제하는 계획을 허가·인가·승인 또는 결정하려는 경우
② 지방자치단체의 장이 5㎢ 이상의 용도지역·용도지구 또는 용도구역의 지정 또는 변경에 관한 도시·군관리계획결정을 의제하는 계획을 허가·인가·승인 또는 결정하려는 경우

2) 지방도시계획위원회의 심의를 받아야 하는 경우
지방자치단체의 장이 30만㎡ 이상 5㎢ 미만의 용도지역·용도지구 또는 용도구역의 지정 또는 변경에 관한 도시·군관리계획결정을 의제하는 계획을 허가·인가·승인 또는 결정하려는 경우

(2) 도시계획위원회의 심의를 받지 않아도 되는 경우

다음의 경우에는 도시계획위원회의 심의를 받지 않아도 된다(법 제9조, 영 제6조 제1항).

1) 구역 등의 지정 또는 변경에 관해 국토교통부장관과 협의하거나 국토교통부장관 또는 시·도지사의 승인을 받은 경우
2) 다른 법률에 따라 중앙도시계획위원회나 지방도시계획위원회의 심의를 받은 경우
3) 다른 법률에 따라 지정하거나 변경하려는 구역 등이 도시·군기본계획에 반영된 경우
4) 도시·군관리계획결정을 의제하는 계획에서 그 계획면적의 5% 미만을 변경하는 경우

부동산공법

단락문제 Q17
제32회 기출

국토의 계획 및 이용에 관한 법령상 시가화조정구역에 관한 설명으로 옳은 것은?

① 시가화조정구역은 도시지역과 그 주변지역의 무질서한 시가화를 방지하고 계획적·단계적인 개발을 도모하기 위하여 시·도지사가 도시·군기본계획으로 결정하여 지정하는 용도구역이다.
② 시가화유보기간은 5년 이상 20년 이내의 기간이다.
③ 시가화유보기간이 끝나면 국토교통부장관 또는 시·도지사는 이를 고시하여야 하고, 시가화조정구역 지정 결정은 그 고시일 다음 날부터 그 효력을 잃는다.
④ 공익상 그 구역 안에서의 사업시행이 불가피한 것으로서 주민의 요청에 의하여 시·도지사가 시가화조정구역의 지정목적달성에 지장이 없다고 인정한 도시·군계획사업은 시가화조정구역에서 시행할 수 있다.
⑤ 시가화조정구역에서 입목의 벌채, 조림, 육림 행위는 허가 없이 할 수 있다.

해설 **시가화조정구역**

① 시가화조정구역은 도시지역과 그 주변지역의 무질서한 시가화를 방지하고 계획적·단계적인 개발을 도모하기 위하여 국토교통부장관 또는 시·도지사가 도시·군관리계획으로 결정하여 지정하는 용도구역이다.
③ 시가화유보기간이 끝나면 국토교통부장관 또는 시·도지사는 이를 고시하여야 하고, 시가화조정구역 지정 결정은 시가화유보기간이 만료된 날의 다음 날부터 그 효력을 잃는다.
④ 공익상 그 구역 안에서의 사업시행이 불가피한 것으로서 관계 중앙행정기관의 장의 요청에 따라 국토교통부장관이 시가화조정구역의 지정목적달성에 지장이 없다고 인정한 도시·군계획사업만 시가화조정구역에서 시행할 수 있다.
⑤ 시가화조정구역에서 도시·군계획사업에 의하는 경우를 제외하고는 입목의 벌채, 조림, 육림 행위는 허가를 받아 이를 할 수 있다.

정답 ②

제7절 기반시설의 설치에 관한 도시·군관리계획 11·17회 출제

01 기반시설의 설치 32회 출제

1 도시·군계획시설결정에 따른 설치 25회 출제

지상·수상·공중·수중 또는 지하에 기반시설을 설치하려면 그 시설의 종류·명칭·위치·규모 등을 미리 도시·군관리계획으로 결정해야 한다. 효율적인 토지이용을 위하여 둘 이상의 도시·군계획시설을 같은 토지에 함께 결정하거나 도시·군계획시설이 위치하는 공간의 일부를 구획하여 도시·군계획시설을 결정할 수 있다(법 제43조 제1·2항).

그러나 용도지역, 기반시설의 특성 등을 감안해서 [표]의 기반시설은 도시·군관리계획결정 없이 기반시설을 설치할 수 있도록 하고 있다(법 제43조 제1항, 영 제35조 제1항, 규칙 제6조 제1·2항).

▼ 도시·군계획시설결정 없이 설치할 수 있는 기반시설

구 분	도시지역이나 지구단위계획구역에 설치하는 경우	그 밖의 지역에 설치하는 경우
1) 교통시설	① 공항 중 도심공항터미널 ② 주차장 ③ 여객자동차터미널 중 전세버스운송사업용 여객자동차터미널 ④ 차량검사 및 면허시설	① 공항 중 도심공항터미널 ② 주차장 ③ 자동차정류장 ④ 궤 도 ⑤ 차량검사 및 면허시설
2) 공간시설	① 광장 중 건축물부설광장 ② 공공공지	① 광 장 ② 공공공지
3) 유통·공급시설	① 전기공급설비(신·재생에너지설비 중 태양에너지설비 및 연료전지설비를 포함하며, 발전시설·변전시설 및 지상에 설치하는 전압 154,000볼트 이상의 송전선로는 제외) ② 가스공급설비 중 액화석유가스충전시설, 도시가스공급시설 또는 수소연료공급시설 ③ 열공급설비 ④ 방송·통신시설 ⑤ 시 장 ⑥ 유류저장 및 송유설비 중 제조소 등의 설치허가를 받은 자가 설치하는 유류저장시설 ⑦ 수도공급설비 중 마을상수도	① 전기공급설비 ② 가스공급설비 중 액화석유가스충전시설, 도시가스공급시설 또는 수소연료공급시설 ③ 열공급설비 ④ 방송·통신시설 ⑤ 시 장 ⑥ 유류저장 및 송유설비 ⑦ 수도공급설비 중 마을상수도

부동산공법

구 분	도시지역이나 지구단위계획구역에 설치하는 경우	그 밖의 지역에 설치하는 경우
4) 공공·문화 체육시설	① 학교 중 유치원·특수학교·대안학교·방송대학·통신대학 및 방송통신대학 ② 공공청사 ③ 문화시설 ④ 공공필요성이 인정되는 체육시설 ⑤ 연구시설 ⑥ 사회복지시설 ⑦ 공공직업 훈련시설 ⑧ 청소년수련시설	① 학교 중 유치원·특수학교·대안학교·방송대학·통신대학 및 방송통신대학 ② 공공청사 ③ 문화시설 ④ 공공필요성이 인정되는 체육시설 ⑤ 연구시설 ⑥ 사회복지시설 ⑦ 공공직업 훈련시설 ⑧ 청소년수련시설
5) 방재시설	① 저수지 ② 방화설비 ③ 방풍설비 ④ 방수설비 ⑤ 사방설비 ⑥ 방조설비	① 저수지 ② 방화설비 ③ 방풍설비 ④ 방수설비 ⑤ 사방설비 ⑥ 방조설비
6) 보건위생시설	① 장사시설 ② 대지면적이 500m² 미만인 도축장 ③ 산업단지 내에 설치하는 도축장 ④ 종합의료시설	① 장사시설 ② 대지면적이 500m² 미만인 도축장 ③ 산업단지 내에 설치하는 도축장 ④ 종합의료시설
7) 환경기초시설	① 폐기물처리 및 재활용시설 중 재활용시설 ② 수질오염방지시설 중 한국광해관리공단이 광해방지사업의 일환으로 폐광의 폐수를 처리하기 위해 설치하는 시설(건축허가를 받아야 하는 시설은 제외) ③ 빗물저장 및 이용시설 ④ 폐차장	① 폐기물처리 및 재활용시설 중 재활용시설 ② 수질오염방지시설 중 한국광해관리공단이 광해방지사업의 일환으로 폐광의 폐수를 처리하기 위해 설치하는 시설(건축허가를 받아야 하는 시설은 제외) ③ 빗물저장 및 이용시설 ④ 폐차장
8) 기 타	「도시공원 및 녹지 등에 관한 법률」에 따른 점용허가대상이 되는 공원의 기반시설	「도시공원 및 녹지 등에 관한 법률」에 따른 점용허가대상이 되는 공원의 기반시설

단락문제 Q18

다음 중 도시·군관리계획결정으로 설치해야 하는 기반시설은?

① 연구시설　　　　② 공공청사　　　　③ 종합의료시설
④ 공공공지　　　　⑤ 초등학교

해설 도시·군관리계획결정으로 설치해야 하는 기반시설
유치원·특수학교 및 대안학교를 제외한 학교는 반드시 도시·군관리계획결정에 따라 설치해야 한다. **정답** ⑤

2 도시·군계획시설의 결정·구조 및 설치기준

▶「도시·군계획시설의 결정·구조 및 설치기준에 관한 규칙」

도시·군계획시설의 결정·구조 및 설치의 기준 등에 관해 필요한 사항은 국토교통부령으로 정하되, 그 세부사항은 국토교통부령으로 정하는 범위에서 시·도의 조례로 정할 수 있다. 다만, 이 법 또는 다른 법률에 특별한 규정이 있는 경우에는 그에 따른다(법 제43조 제3항).

3 도시·군계획시설을 공중·수중·수상 또는 지하에 설치하는 경우

도시·군계획시설을 공중·수중·수상 또는 지하에 설치하는 경우 그 높이 또는 깊이의 기준과 그 설치로 인해 토지나 건물에 대한 소유권의 행사에 제한을 받는 자에 대한 보상 등에 관해서는 따로 법률로 정한다(법 제46조). 현재 「전기사업법」과 「도시철도법」에서 공간사용 및 지하사용에 관해 규정하고 있다.

4 도시·군계획시설결정과 용도지역·용도지구

도시·군계획시설에 대해서는 용도지역 및 용도지구에서의 건축제한 등에 관한 규정을 적용하지 않는다(영 제83조 제1항).

02 도시·군계획시설의 관리

1 도시·군계획시설의 관리권자

도시·군관리계획에 따라 설치한 도시·군계획시설의 관리에 관해 「국토의 계획 및 이용에 관한 법률」 또는 다른 법률에 특별한 규정이 있는 경우를 제외하고는 국가가 관리하는 도시·군계획시설은 「국유재산법」에 따른 중앙관서의 장이 관리한다. 그리고 지방자치단체가 관리하는 도시·군계획시설은 조례로 도시·군계획시설의 관리에 관한 사항을 정한다(법 제43조 제4항, 영 제35조 제2항).

2 공동구의 설치 및 관리에 관한 특례★ 29·34회 출제

(1) 공동구(共同溝) 25·26회 출제

'공동구'는 전기·가스·수도 등의 공급설비, 통신시설, 하수도시설 등 지하매설물을 공동수용(共同收容)함으로써 미관의 개선, 도로구조의 보전 및 교통의 원활한 소통을 위해 지하에 설치하는 시설물을 말한다(법 제2조). 공동구가 설치된 경우에는 공동구에 수용해야 할 시설이 모두 수용되도록 해야 한다. 전선로·통신선로·수도관·열수송관·중수도관(中水道管) 및 쓰레기수송관은 공동구에 수용해야 하며, 가스관·하수도관 그 밖의 시설은 공동구협의회의 심의를 거쳐 수용할 수 있다(법 제44조 제3항, 영 제35조의3). 공동구에 수용되어야 하는 시설물의 설치기준 등은 다른 법률에 특별한 규정이 있는 경우를 제외하고는 국토교통부장관이 정한다(법 제44조 제7항).

(2) 공동구의 설치 29회 출제

<u>도시개발구역·택지개발지구·경제자유구역·정비구역·공공주택지구 또는 도청이전 신도시가 200만㎡를 초과하는 경우에는 그 지역에서 개발사업을 시행하는 자(사업시행자)는 공동구를 설치해야 한다.</u> 이들 지역에 대한 개발사업의 계획을 수립할 경우에는 공동구 설치에 관한 계획을 포함해야 하며, 이 경우 공동구점용예정자와 설치 노선 및 규모 등에 관해 미리 협의한 후 공동구협의회의 심의를 거쳐야 한다(법 제44조 제1·4항, 영 제35조의2 제1·2항).

도로관리청은 지하매설물의 빈번한 설치 및 유지관리 등의 행위로 인해 도로구조의 보전과 안전하고 원활한 도로교통의 확보에 지장을 초래하는 경우에는 공동구 설치의 타당성을 검토해야 한다. 이 경우 재정여건 및 설치 우선순위 등을 감안해서 단계적으로 공동구가 설치될 수 있도록 해야 한다(법 제44조 제2항).

 공동구(共同溝)

① 공동구의 관리는 특별시장·광역시장·특별자치시장·특별자치도지사·시장 또는 군수가 한다.
② 공동구관리자는 안전점검 및 정밀안전진단을 1년에 1회 이상 실시해야 한다.

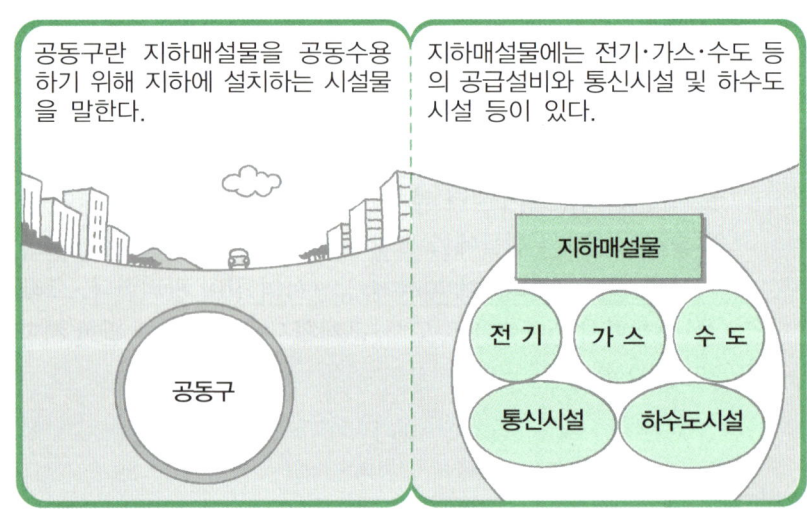

(3) 공동구에의 수용

개발사업의 시행자는 공동구 설치공사를 완료한 때에는 지체없이 점용공사기간·수용대상 시설의 종류 등을 공동구점용예정자에게 개별적으로 통지해야 한다. 공동구점용예정자는 이 기간 안에 그 시설을 공동구에 수용해야 한다. 다만, 그 기간 내에 점용공사를 완료하지 못하는 특별한 사정이 있어서 미리 개발사업의 시행자와 협의한 경우에는 예외로 한다(영 제37조 제1·2항).

(4) 공동구 설치비용

공동구의 설치(개량하는 경우를 포함함)에 필요한 비용은 「국토의 계획 및 이용에 관한 법률」 또는 다른 법률에 특별한 규정이 있는 경우를 제외하고는 공동구 점용예정자와 개발사업의 시행자가 부담한다. 이 경우 공동구 점용예정자는 해당 시설을 개별적으로 매설할 때 필요한 비용의 범위에서 부담한다(법 제44조 제5항). 개발사업의 시행자는 공동구의 설치가 포함되는 개발사업의 실시계획인가 등이 있은 후 지체없이 공동구 점용예정자에게 부담금의 납부를 통지해야 한다. 공동구 점용예정자는 공동구 설치공사가 착수되기 전에 부담액의 1/3 이상을 납부해야 하며, 그 나머지 금액은 점용공사기간 만료일(만료일 전에 공사가 완료된 경우에는 공사완료일) 전까지 납부해야 한다(영 제38조 제3·4항). 공동구 점용예정자와 개발사업의 시행자가 공동구 설치비용을 부담하는 경우 국가, 특별시장·광역시장·특별자치시장·특별자치도지사·시장 또는 군수는 공동구의 원활한 설치를 위해 그 비용의 일부를 보조 또는 융자할 수 있다(법 제44조 제6항).

(5) 공동구의 관리·운영

공동구는 특별시장·광역시장·특별자치시장·특별자치도지사·시장 또는 군수가 관리한다. 다만, 공동구의 효율적인 관리·운영을 위해 필요하다고 인정하는 경우에는 다음 기관에 그 관리·운영을 위탁할 수 있다(법 제44조의2 제1항, 영 제39조 제1항).

1) 지방공사 또는 지방공단
2) 국토안전관리원
3) 공동구의 관리·운영에 전문성을 갖춘 기관으로서 도시·군계획조례로 정하는 기관

공동구관리자는 5년마다 해당 공동구의 안전 및 유지관리계획을 수립·시행해야 한다. 공동구관리자가 이 계획을 수립하거나 변경하려면 미리 관계 행정기관의 장과 협의한 후 공동구협의회의 심의를 거쳐야 한다(법 제44조의2 제2항, 영 제39조 제3항).

공동구관리자는 「시설물의 안전 및 유지관리에 관한 특별법」에 따른 안전점검 및 정밀안전진단을 1년에 1회 이상 실시해야 하며, 안전점검결과 이상이 있다고 인정되는 때에는 지체없이 정밀안전진단·보수·보강 등 필요한 조치를 해야 한다(법 제44조의2 제3항, 영 제39조 제5항). 공동구관리자는 공동구의 설치·관리에 관한 주요 사항의 심의 또는 자문을 하게 하기 위해 공동구협의회를 둘 수 있다(법 제44조의2 제4항).

국토교통부장관은 공동구의 관리에 필요한 사항을 정할 수 있다(법 제44조의2 제5항).

(6) 공동구의 관리비용과 점·사용료 34회 출제

공동구의 관리에 소요되는 비용은 그 공동구를 점용하는 자가 함께 부담하되, 부담비율은 점용면적을 고려해서 공동구관리자가 정한다. 공동구관리자는 공동구의 관리비용을 연 2회 분할납부하게 해야 한다(법 제44조의3 제1항, 영 제39조의3).

공동구 설치비용을 부담하지 않은 자(부담비용을 완납하지 않은 자를 포함함)가 공동구를 점용하거나 사용하려면 그 공동구를 관리하는 공동구관리자의 허가를 받아야 한다. 공동구를 점용하거나 사용하는 자는 그 공동구를 관리하는 지방자치단체의 조례로 정하는 바에 따라 점용료 또는 사용료를 납부해야 한다(법 제44조의3 제2·3항).

단락문제 Q19

국토의 계획 및 이용에 관한 법령상 도시·군계획시설에 대한 설명 중 틀린 것은?

① 도시지역에서 설치하려는 기반시설로서 「도시공원 및 녹지 등에 관한 법률」에 따라 점용허가대상이 되는 공원의 기반시설은 도시·군관리계획으로 결정하지 않고 설치할 수 있다.
② 공동구가 설치된 경우에는 당해 공동구에 수용되어야 할 시설이 빠짐없이 공동구에 수용되도록 해야 한다.
③ 관계 특별시장·광역시장·특별자치시장·특별자치도지사·시장 또는 군수는 협약을 체결하거나 협의회 등을 구성해서 광역시설을 설치·관리할 수 있다.
④ 도시·군계획시설결정이 고시된 도시·군계획시설에 대해 그 고시일부터 20년이 경과될 때까지 사업이 시행되지 않는 경우 그 고시일부터 20년이 되는 날에 그 효력을 잃는다.
⑤ 도시·군계획시설은 교통시설, 공간시설 등 기반시설 중 도시·군관리계획으로 결정된 시설을 말한다.

해설 도시·군계획시설
도시·군계획시설결정이 실효되는 날은 '고시일부터 20년이 되는 날의 다음 날'이다.

정답 ④

03 광역시설의 설치·관리 등

1 광역시설의 설치 및 관리 28회 출제

광역시설의 설치 및 관리는 일반적인 도시·군계획시설의 예에 따른다. 다만, 관계 특별시장·광역시장·특별자치시장·특별자치도지사·시장 또는 군수는 협약을 체결하거나 협의회 등을 구성해서 광역시설을 설치·관리할 수 있다. 협약의 체결이나 협의회 등의 구성이 이루어지지 않는 경우 그 시 또는 군이 동일한 도에 속하는 때에는 관할 도지사가 광역시설을 설치·관리할 수 있다(법 제45조 제1·2항).

국가계획으로 설치하는 광역시설은 그 광역시설의 설치·관리를 사업목적으로 하거나 사업종목으로 해서 설립된 법인이 이를 설치·관리할 수 있다(법 제45조 제3항).

2 혐오시설의 설치에 따른 주민지원사업

지방자치단체는 환경오염이 심하게 발생하거나 해당 지역의 개발이 현저하게 위축될 우려가 있는 광역시설을 다른 지방자치단체의 관할구역에 설치하려는 때에는 다음의 사업을 그 지방자치단체와 함께 시행하거나 이에 필요한 자금을 그 지방자치단체에 지원해야 한다. 다만, 다른 법률에 특별한 규정이 있는 경우에는 그에 따른다(법 제45조 제4항, 영 제40조).

1) **환경오염방지사업**
   녹지·하수도 또는 폐기물처리 및 재활용시설의 설치사업, 대기오염·수질오염·악취·소음 및 진동방지사업 등

2) **주민편익증진사업**
   도로·공원·수도공급설비·문화시설·사회복지시설·노인정·하수도·종합의료시설 등의 설치사업 등

04 도시·군계획시설부지의 매수청구★★★ 15·18·22·35회 출제

1 매수청구요건 추가15회 출제

도시·군계획시설결정의 고시일부터 10년 이내에 그 도시·군계획시설의 설치에 관한 도시·군계획시설사업이 시행되지 않는 경우(실시계획의 인가 또는 그에 상당하는 절차가 행해진 경우는 제외) 그 도시·군계획시설의 부지로 되어 있는 토지 중 지목이 대(垈)인 토지(그 토지에 있는 건축물 및 정착물을 포함함)의 소유자는 그 토지의 매수를 청구할 수 있다(법 제47조 제1항).

이는 지목이 대(垈)인 토지의 경우 다른 지목의 토지와는 달리 도시·군계획시설결정으로 인해 본래의 용도대로 사용할 수 없거나 이용가능성이 배제되기 때문에 인정되는 것이다.

2 매수의무자

매수청구는 특별시장·광역시장·특별자치시장·특별자치도지사·시장 또는 군수에게 해야 한다. 그러나 다음의 경우에는 그에 해당하는 자에게 그 토지의 매수를 청구할 수 있다(법 제47조 제1항).

1) 「국토의 계획 및 이용에 관한 법률」에 따라 그 도시·군계획시설사업의 시행자가 정해진 경우에는 그 시행자

2) 「국토의 계획 및 이용에 관한 법률」 또는 다른 법률에 따라 도시·군계획시설을 설치하거나 관리해야 할 의무가 있는 자가 있는 경우에는 그 의무가 있는 자. 이 경우 도시·군계획시설을 설치해야 할 의무가 있는 자와 관리해야 할 의무가 있는 자가 서로 다른 때에는 설치해야 할 의무가 있는 자에게 매수청구를 해야 한다.

도시·군계획시설부지의 매수청구

도시·군계획시설결정의 고시일부터 10년 이내에 사업이 시행되지 않은 경우(실시계획인가를 받은 경우는 제외) 지목이 대인 토지소유자(그 토지에 있는 건축물 및 정착물 포함)는 특별시장·광역시장·특별자치시장·특별자치도지사·시장 또는 군수에게 당해 토지의 매수를 청구할 수 있다.

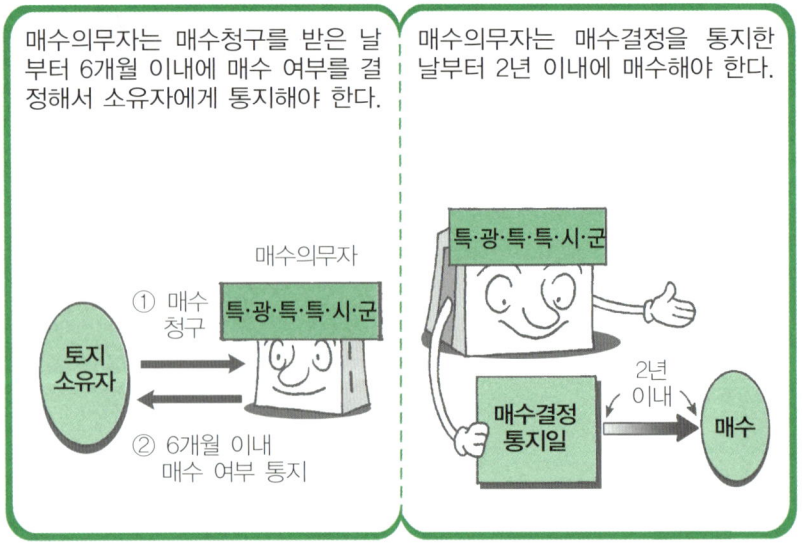

제1장 국토의 계획 및 이용에 관한 법률

3 매수청구절차 27회 출제

토지소유자는 토지의 매수를 청구하는 때에는 매수청구서에 대상토지 및 건물에 대한 등기사항증명서를 첨부해서 매수의무자에게 제출해야 한다(영 제41조 제1항).

매수의무자는 매수청구를 받은 날부터 6개월 이내에 매수 여부를 결정해서 토지소유자와 특별시장·광역시장·특별자치시장·특별자치도지사·시장 또는 군수(매수의무자가 특별시장·광역시장·특별자치시장·특별자치도지사·시장 또는 군수인 경우는 제외)에게 알려야 하며, 매수하기로 결정한 토지는 매수결정을 알린 날부터 2년 이내에 매수해야 한다(법 제47조 제6항).

4 채권지급 12·25회 출제

(1) 채권으로 지급할 수 있는 경우

매수의무자는 매수청구를 받은 토지를 매수하는 때에는 현금으로 그 대금을 지급한다. 다만, 매수의무자가 지방자치단체인 경우에는 다음에 해당하는 때에 도시·군계획시설채권을 발행해서 지급할 수 있다(법 제47조 제2항, 영 제41조 제2·3·4항, 「공익사업을 위한 토지 등의 취득 및 보상에 관한 법률 시행령」 제26조 제1·2·3항).

1) 토지소유자가 원하는 경우

2) 부재부동산 소유자(不在不動産 所有者)의 토지 또는 비업무용 토지로서 매수대금이 3,000만원을 초과하는 경우 그 초과하는 금액을 지급하는 경우
   ① 부재부동산소유자의 토지는 매수청구일 1년 전부터 그 지역에 계속해서 주민등록을 하지 않은 자가 소유하는 토지를 말한다.
   ② 비업무용 토지는 「법인세법」에서 그 법인의 업무와 직접 관련이 없다고 인정하는 토지를 말한다.

(2) 도시·군계획시설채권의 발행

도시·군계획시설채권의 상환기간은 10년 이내로 하며, 그 이율은 채권발행 당시 전국을 영업구역으로 하는 금융기관이 적용하는 1년 만기 정기예금금리의 평균 이상이어야 하며, 구체적인 상환기간과 이율은 조례로 정한다(법 제47조 제3항).

도시·군계획시설채권의 발행절차 그 밖에 필요한 사항은 「지방재정법」이 정하는 바에 따른다(법 제47조 제5항).

5 매수가격·매수절차 등

매수청구된 토지의 매수가격·매수절차 등에 관해서는 「공익사업을 위한 토지 등의 취득 및 보상에 관한 법률」을 준용한다(법 제47조 제4항).

부동산공법

6 매수거부 또는 매수지연시의 조치 21·26회 출제

특별시장·광역시장·특별자치시장·특별자치도지사·시장 또는 군수가 토지를 매수하지 않기로 결정하거나 매수결정을 통지한 날부터 2년이 경과될 때까지 토지를 매수하지 않는 경우 토지소유자는 개발행위허가를 받아 그 토지에 다음의 시설을 설치할 수 있다. 이 범위에서 도시·군계획조례로 따로 허용범위를 정하는 경우에는 그에 따른다(법 제47조 제7항, 영 제41조 제5항).

1) <u>3층 이하의 단독주택</u>(다중주택·다가구주택 및 공관은 제외)
2) <u>3층 이하의 제1종 근린생활시설</u>
3) <u>3층 이하의 제2종 근린생활시설</u>(단란주점·안마시술소·노래연습장 및 다중생활시설은 제외)
4) <u>공작물</u>

이 경우「국토의 계획 및 이용에 관한 법률」제54조(지구단위계획구역에서의 건축), 제58조(개발행위허가의 기준) 및 제64조(도시·군계획시설부지에서의 개발행위)는 적용하지 않는다(법 제47조 제7항).

단락문제 Q20   제27회 기출

甲 소유의 토지는 A광역시 B구에 소재한 지목이 대(垈)인 토지로서 한국토지주택공사를 사업시행자로 하는 도시·군계획시설 부지이다. 甲의 토지에 대해 국토의 계획 및 이용에 관한 법령상 도시·군계획시설 부지의 매수청구권이 인정되는 경우, 이에 관한 설명으로 옳은 것은?
(단, 도시·군계획시설의 설치의무자는 사업시행자이며, 조례는 고려하지 않음)

① 甲의 토지의 매수의무자는 B구청장이다.
② 甲이 매수청구를 할 수 있는 대상은 토지이며, 그 토지에 있는 건축물은 포함되지 않는다.
③ 甲이 원하는 경우 매수의무자는 도시·군계획시설채권을 발행하여 그 대금을 지급할 수 있다.
④ 매수의무자는 매수청구를 받은 날부터 6개월 이내에 매수여부를 결정하여 甲과 A광역시장에게 알려야 한다.
⑤ 매수청구에 대해 매수의무자가 매수하지 아니하기로 결정한 경우 甲은 자신의 토지에 2층의 다세대주택을 건축할 수 있다.

해설 도시·군계획시설 부지의 매수청구
① 甲의 토지의 매수의무자는 한국토지주택공사이다.
② 甲이 매수청구를 할 수 있는 대상은 토지이며, 그 토지에 있는 건축물 및 정착물도 포함된다.
③ 매수의무자가 지방자치단체인 경우에 도시·군계획시설채권을 발행해서 지급할 수 있다.
⑤ 매수청구에 대해 매수의무자가 매수하지 아니하기로 결정한 경우 다세대주택은 공동주택으로서 건축할 수 없다.

정답 ④

05 도시·군계획시설결정의 실효 등

1 도시·군계획시설결정의 실효

(1) 실효시기★ 16·30회 출제

도시·군계획시설결정이 고시된 도시·군계획시설에 대하여 그 고시일부터 20년이 지날 때까지 그 시설의 설치에 관한 도시·군계획시설사업이 시행되지 아니하는 경우 그 도시·군계획시설결정은 그 고시일부터 20년이 되는 날의 다음 날에 그 효력을 잃는다(법 제48조 제1항).

(2) 실효고시

시·도지사 또는 대도시 시장은 도시·군계획시설결정이 실효되면 지체없이 그 사실을 공보와 인터넷 홈페이지에 고시해야 한다. 실효고시는 실효일자 및 실효사유와 실효된 도시·군관리계획의 내용을 공보와 인터넷 홈페이지에 게재하는 방법으로 한다(법 제48조 제2항, 영 제42조 제1항).

2 도시·군계획시설결정의 해제권고

(1) 지방의회에 보고

특별시장·광역시장·특별자치시장·특별자치도지사·시장 또는 군수는 다음의 도시·군계획시설(국토교통부장관이 결정·고시한 도시·군계획시설 중 관계 중앙행정기관의 장이 직접 설치하기로 한 시설은 제외)에 대해서는 그 현황과 단계별 집행계획을 해당 지방의회의 정례회 또는 임시회의 기간 중에 보고해야 한다. 이 경우 지방자치단체의 장이 필요하다고 인정하는 경우에는 그 지방자치단체에 소속된 지방도시계획위원회의 자문을 거치거나 관계 행정기관의 장과 미리 협의를 거칠 수 있다(법 제48조 제3항, 영 제42조 제2항).

1) 도시·군계획시설결정이 고시된 도시·군계획시설 중 설치할 필요성이 없어진 도시·군계획시설

2) 도시·군계획시설결정의 고시일부터 10년이 지날 때까지 해당 시설의 설치에 관한 도시·군계획시설사업이 시행되지 않은 도시·군계획시설

지방자치단체의 장은 지방의회에 보고한 장기미집행 도시·군계획시설 등 중에서 도시·군계획시설결정이 해제되지 않은 장기미집행 도시·군계획시설 등에 대해 최초로 지방의회에 보고한 때부터 2년마다 지방의회에 보고해야 한다(영 제42조 제3항).

(2) 지방의회의 해제권고

지방의회는 해당 특별시장·광역시장·특별자치시장·특별자치도지사·시장 또는 군수에게 도시·군계획시설결정의 해제를 권고할 수 있다. 이 경우 보고가 지방의회에 접수된 날부터 90일 이내에 해제를 권고하는 서면(도시·군계획시설의 명칭·위치·규모 및 해제사유 등이 포함되어야 함)을 지방자치단체의 장에게 보내야 한다(법 제48조 제4항, 영 제42조 제4항). 특별시장·광역시장·특별자치시장·특별자치도지사·시장 또는 군수는 상위계획과의 연관성, 단계별 집행계획, 교통, 환경 및 주민 의사 등을 고려해서 해제할 수 없다고 인정하는 특별한 사유가 없으면 해제권고를 받은 날부터 1년 이내에 그 도시·군계획시설결정의 해제를 위한 도시·군관리계획을 결정하거나 도지사에게 그 결정을 신청해야 하며, <u>신청을 받은 도지사는 특별한 사유가 없으면 1년 이내에 그 도시·군계획시설결정의 해제를 위한 도시·군관리계획을 결정해야 한다</u>(법 제48조 제5항, 영 제42조 제5·6·7항).

지방자치단체의 장은 도시·군계획시설결정을 해제할 수 없는 특별한 사유가 있는 경우에는 해제권고를 받은 날부터 6개월 이내에 지방의회에 그 사유를 소명해야 한다(영 제42조 제5항).

3 도시·군계획시설결정의 해제신청

(1) 해제신청요건

도시·군계획시설결정의 고시일부터 10년 이내에 그 도시·군계획시설의 설치에 관한 도시·군계획시설사업이 시행되지 아니한 경우로서 단계별 집행계획상 해당 도시·군계획시설의 실효 시까지 집행계획이 없는 경우에는 그 도시·군계획시설 부지로 되어 있는 토지의 소유자는 대통령령으로 정하는 바에 따라 해당 도시·군계획시설에 대한 도시·군관리계획 입안권자에게 그 토지의 도시·군계획시설결정 해제를 위한 도시·군관리계획 입안을 신청할 수 있다(법 제48조의2 제1항).

(2) 해제신청의 입안 여부 통지기간

도시·군관리계획 입안권자는 해제신청을 받은 날부터 3개월 이내에 입안 여부를 결정하여 토지소유자에게 알려야 하며, 해당 도시·군계획시설결정의 실효 시까지 설치하기로 집행계획을 수립하는 등 다음의 어느 하나에 해당하는 특별한 사유가 없으면 그 도시·군계획시설결정의 해제를 위한 도시·군관리계획을 입안하여야 한다(법 제48조의2 제2항, 영 제42조의2 제2항).

1) 해당 도시·군계획시설결정의 실효 시까지 해당 도시·군계획시설을 설치하기로 집행계획을 수립하거나 변경하는 경우
2) 해당 도시·군계획시설에 대하여 실시계획이 인가된 경우
3) 해당 도시·군계획시설에 대하여 「공익사업을 위한 토지 등의 취득 및 보상에 관한 법률」에 따른 보상계획이 공고된 경우(토지소유자 및 관계인에게 각각 통지하였으나 공고를 생략한 경우를 포함한다)

4) 신청토지 전부가 포함된 일단의 토지에 대하여 「공익사업을 위한 토지 등의 취득 및 보상에 관한 법률」의 공익사업을 시행하기 위한 지역·지구 등의 지정 또는 사업계획 승인 등의 절차가 진행 중이거나 완료된 경우

5) 해당 도시·군계획시설결정의 해제를 위한 도시·군관리계획 변경절차가 진행 중인 경우

(3) 도시·군관리계획 결정권자에게 해제신청

해제신청을 한 토지소유자는 해당 도시·군계획시설결정의 해제를 위한 도시·군관리계획이 입안되지 아니하는 등 다음의 어느 하나에 해당하는 경우에는 해당 도시·군계획시설에 대한 도시·군관리계획 결정권자에게 그 도시·군계획시설결정의 해제를 신청할 수 있다(법 제48조의2 제3항, 영 제42조의2 제3항).

1) 입안권자가 해제입안 사유에 해당하지 아니하는 사유로 해제입안을 하지 아니하기로 정하여 신청인에게 통지한 경우

2) 입안권자가 해제입안을 하기로 정하여 신청인에게 통지하고 해제입안을 하였으나 해당 도시·군계획시설에 대한 도시·군관리계획 결정권자가 도시·군관리계획 결정절차를 거쳐 신청토지의 전부 또는 일부를 해제하지 아니하기로 결정한 경우(해당 도시·군계획시설결정의 해제를 위한 도시·군관리계획 변경절차가 진행 중인 사유로 해제입안을 하지 아니하는 것으로 통지되었으나 도시·군관리계획 변경절차를 진행한 결과 신청토지의 전부 또는 일부를 해제하지 아니하기로 결정한 경우를 포함한다)

(4) 결정권자의 해제결정 여부 통지기간

도시·군관리계획 결정권자는 도시·군계획시설결정의 해제신청을 받은 날부터 2개월 이내에 결정 여부를 정하여 토지소유자에게 알려야 하며, 특별한 사유가 없으면 그 도시·군계획시설결정을 해제하여야 한다(법 제48조의2 제4항).

(5) 해제심사신청 사유

도시·군계획시설결정의 해제신청을 한 토지소유자는 해당 도시·군계획시설결정이 해제되지 아니하는 등 다음의 어느 하나에 해당하는 경우에는 국토교통부장관에게 그 도시·군계획시설결정의 해제심사를 신청할 수 있다(법 제48조의2 제5항, 영 제42조의2 제4항).

1) 결정권자가 해당 도시·군계획시설결정의 해제를 하지 아니하기로 정하여 신청인에게 통지한 경우

2) 결정권자가 해당 도시·군계획시설결정의 해제를 하기로 정하여 신청인에게 통지하였으나 도시·군관리계획 결정절차를 거쳐 신청토지의 전부 또는 일부를 해제하지 아니하기로 결정한 경우

부동산공법

(6) 국토교통부장관의 해제 권고

해제심사 신청을 받은 국토교통부장관은 중앙도시계획위원회의 심의를 거쳐 해당 도시·군계획시설에 대한 도시·군관리계획 결정권자에게 도시·군계획시설결정의 해제를 권고할 수 있다. 해제를 권고받은 도시·군관리계획 결정권자는 특별한 사유가 없으면 그 도시·군계획시설결정을 해제하여야 한다(법 제48조의2 제6·7항).

단락문제 Q21

다음은 국토의 계획 및 이용에 관한 법령상 도시·군계획시설결정의 실효에 대한 설명이다. 틀린 것은?

① 시장·군수 등은 도시·군계획시설결정이 고시된 날부터 10년이 지날 때까지 도시·군계획시설사업이 시행되지 아니한 장기미집행 도시·군계획시설에 대하여 매년 지방의회에 보고하여야 한다.
② 도시·군관리계획 결정권자는 도시·군계획시설결정의 해제신청을 받은 날부터 3개월 이내에 결정 여부를 정하여 토지소유자에게 알려야 한다.
③ 도시·군관리계획 입안권자는 해제 신청을 받은 날부터 3개월 이내에 입안 여부를 결정하여 토지소유자에게 알려야 한다.
④ 시장·군수 등은 특별한 사유가 없으면 해제권고를 받은 날부터 1년 이내에 해제를 위한 도시·군관리계획을 결정하여야 한다.
⑤ 시장·군수 등은 해제할 수 없는 특별한 사유가 있는 경우 해제권고를 받은 날부터 6개월 이내에 이를 지방의회에 소명하여야 한다.

해설 도시·군계획시설결정의 해제신청

도시·군계획시설결정의 해제신청을 받은 날부터 2개월 이내에 결정 여부를 정하여 토지소유자에게 알려야 하며, 특별한 사유가 없으면 그 도시·군계획시설결정을 해제하여야 한다

정답 ②

제1장 국토의 계획 및 이용에 관한 법률

제8절 지구단위계획에 관한 도시·군관리계획 15·17·18·20·32회 출제

01 지구단위계획 추가15·30회 출제

1 지구단위계획의 정의

지구단위계획은 도시·군계획 수립 대상지역의 일부에 대해 토지이용을 합리화하고 그 기능을 증진시키며 미관을 개선하고 양호한 환경을 확보하며, 그 지역을 체계적·계획적으로 관리하기 위해 수립하는 도시·군관리계획을 말한다(법 제2조).

2 지구단위계획의 내용 21회 출제

(1) 지구단위계획의 세부 내용

지구단위계획의 내용은 다음과 같다(법 제52조 제1항, 영 제45조 제2·3·4항).

1) 다음의 용도지역 또는 용도지구의 세분 또는 변경
   ① 주거지역·상업지역·공업지역 또는 녹지지역의 세분이나 세분된 용도지역 간의 변경. 다만, 지구단위계획구역이 다음에 해당하는 경우에는 주거지역·상업지역·공업지역 또는 녹지지역 간의 변경을 포함한다.

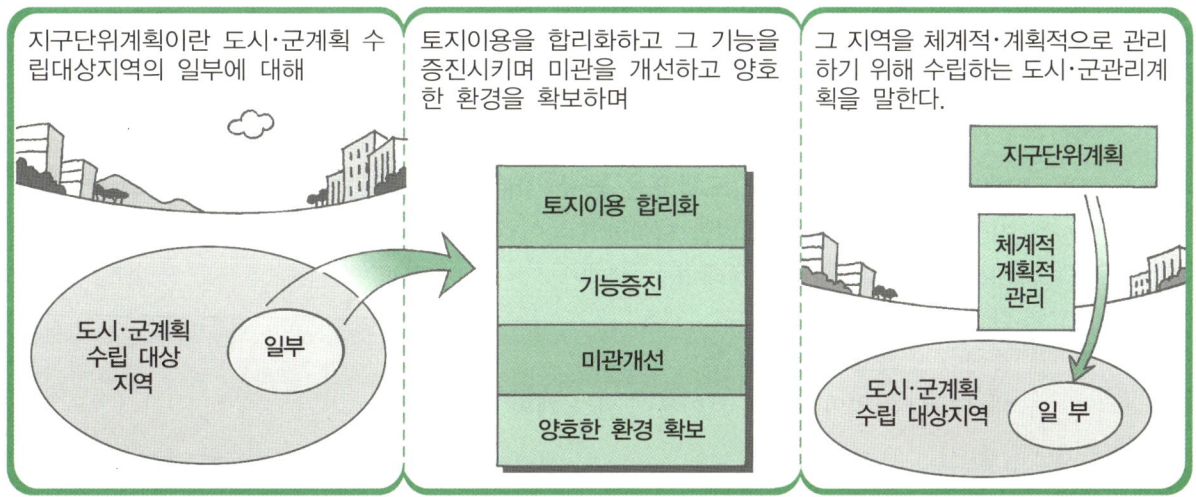

⊙ 도시지역 내 주거·상업·업무 등의 기능을 결합하는 등 복합적인 토지이용을 증진시킬 필요가 있는 지역
⊙ 도시지역 내 유휴토지를 효율적으로 개발하거나 교정시설·군사시설 등을 이전 또는 재배치해서 토지이용을 합리화하고 그 기능을 증진시키기 위해 집중적으로 정비가 필요한 지역
② 세분이 허용되는 용도지구의 세분 또는 세분된 용도지구 간의 변경

2) 기존의 용도지구를 폐지하고 그 용도지구에서의 건축물이나 그 밖의 시설의 용도·종류 및 규모 등의 제한을 대체하는 사항

3) 다음의 기반시설로서 그 지구단위계획구역의 지정목적 달성을 위해 필요한 시설의 배치와 규모
  ① 도시개발구역·정비구역·택지개발지구·대지조성사업지구·산업단지·준산업단지·관광단지 또는 관광특구인 경우에는 해당 법률에 따른 개발사업으로 설치하는 기반시설
  ② 기반시설. 다만, 다음의 시설 중 시·도 또는 대도시의 도시·군계획조례로 정하는 기반시설은 제외한다.
    ㉠ 철 도   ㉡ 항 만
    ㉢ 공 항   ㉣ 궤 도
    ㉤ 공원(「도시공원 및 녹지 등에 관한 법률」에 따른 묘지공원으로 한정한다)
    ㉥ 유원지   ㉦ 방송·통신시설
    ㉧ 유류저장 및 송유설비   ㉨ 학교(「고등교육법」에 따른 학교로 한정한다)
    ㉩ 저수지   ㉪ 도축장

4) 도로로 둘러싸인 일단의 지역 또는 계획적인 개발·정비를 위하여 구획된 일단의 토지의 규모와 조성계획

5) 건축물의 용도제한, 건폐율 또는 용적률, 건축물의 높이의 최고한도 또는 최저한도

6) 건축물의 배치·형태·색채 또는 건축선에 관한 계획

7) 환경관리계획 또는 경관계획

8) 보행안전 등을 고려한 교통처리계획

9) 그 밖에 토지이용의 합리화, 도시 또는 농·산·어촌의 기능증진 등에 필요한 다음의 사항
  ① 지하 또는 공중공간에 설치할 시설물의 높이·깊이·배치 또는 규모
  ② 대문·담 또는 울타리의 형태 또는 색채
  ③ 간판의 크기·형태·색채 또는 재질
  ④ 장애인·노약자 등을 위한 편의시설계획
  ⑤ 에너지 및 자원의 절약과 재활용에 관한 계획

⑥ 생물서식공간의 보호·조성·연결 및 물과 공기의 순환 등에 관한 계획
⑦ 문화유산 및 역사문화환경 보호에 관한 계획

(2) 지구단위계획에 반드시 포함되어야 하는 내용

다음 사항은 반드시 지구단위계획에 포함되어야 한다. 다만, 기존의 용도지구를 폐지하고 그 용도지구에서의 건축물이나 그 밖의 시설의 용도·종류 및 규모 등의 제한을 대체하는 것을 내용으로 하는 지구단위계획의 경우에는 그렇지 않다(법 제52조 제1항).

1) 그 지구단위계획구역의 지정목적 달성을 위해 필요한 <u>기반시설의 배치와 규모</u>
2) <u>건축물의 용도제한, 건축물의 건폐율 또는 용적률, 건축물의 높이의 최고한도 또는 최저한도</u>

3 지구단위계획의 수립 25회 출제

(1) 고려사항

지구단위계획은 다음 사항을 고려해서 수립한다(법 제49조 제1항, 영 제42조의3 제1항).

1) 도시의 정비·관리·보전·개발 등 지구단위계획구역의 지정 목적
2) 주거·산업·유통·관광휴양·복합 등 지구단위계획구역의 중심기능
3) 해당 용도지역의 특성
4) 지역 공동체의 활성화
5) 안전하고 지속가능한 생활권의 조성
6) 해당 지역 및 인근 지역의 토지이용을 고려한 토지이용계획과 건축계획의 조화

(2) 지구단위계획 수립기준

<u>지구단위계획의 수립기준 등은 국토교통부장관이 정하는데</u>, 국토교통부장관이 지구단위계획의 수립기준을 정할 때에는 다음 사항을 고려해야 한다(법 제49조 제2항, 영 제42조의3 제2항).

1) 개발제한구역에 지구단위계획을 수립할 때에는 개발제한구역의 지정 목적이나 주변환경이 훼손되지 않도록 하고, 「개발제한구역의 지정 및 관리에 관한 특별조치법」을 우선해서 적용할 것
2) 보전관리지역에 지구단위계획을 수립할 때에는 녹지 또는 공원으로 계획하는 등 환경훼손을 최소화할 것
3) 「문화유산의 보존 및 활용에 관한 법률」에 따른 역사문화환경 보존지역 및 「자연유산의 보존 및 활용에 관한 법률」에 따른 역사문화환경 보존지역에서에서 지구단위계획을 수립하는 경우에는 국가유산 및 역사문화환경과 조화되도록 할 것

4) 지구단위계획구역에서 원활한 교통소통을 위해 필요한 경우에는 지구단위계획으로 건축물부설주차장을 해당 건축물의 대지가 속해 있는 가구에서 해당 건축물의 대지 바깥에 단독 또는 공동으로 설치하게 할 수 있도록 할 것. 이 경우 대지 바깥에 공동으로 설치하는 건축물부설주차장의 위치 및 규모 등은 지구단위계획으로 정한다.

5) 대지 바깥에 설치하는 건축물부설주차장의 출입구는 간선도로변에 두지 않도록 할 것. 다만, 특별시장·광역시장·특별자치시장·특별자치도지사·시장 또는 군수가 해당 지구단위계획구역의 교통소통에 관한 계획 등을 고려해서 교통소통에 지장이 없다고 인정하는 경우에는 그러하지 않다.

6) 지구단위계획구역에서 공공사업의 시행, 대형건축물의 건축 또는 두 필지 이상의 토지소유자의 공동개발 등을 위해 필요한 경우에는 특정 부분을 별도의 구역으로 지정해서 계획의 상세 정도 등을 따로 정할 수 있도록 할 것

7) 지구단위계획구역의 지정 목적, 향후 예상되는 여건변화, 지구단위계획구역의 관리 방안 등을 고려해서 지구단위계획결정절차의 예외가 인정되는 경미한 사항을 정하는 것이 필요한지를 검토해서 지구단위계획에 반영하도록 할 것

8) 지구단위계획의 내용 중 기존의 용도지역 또는 용도지구를 용적률이 높은 용도지역 또는 용도지구로 변경하는 사항이 포함되어 있는 경우 변경되는 구역의 용적률은 기존의 용도지역 또는 용도지구의 용적률을 적용하되, 공공시설부지의 제공현황 등을 고려해서 용적률을 완화할 수 있도록 계획할 것

9) 건폐율·용적률 등의 완화 범위를 포함해서 지구단위계획을 수립하도록 할 것

10) 도시지역 내 주거·상업·업무 등의 기능을 결합하는 복합적 토지이용의 증진이 필요한 지역은 지정 목적을 복합용도개발형으로 구분하되, 3개 이상의 중심기능을 포함해야 하고 중심기능 중 어느 하나에 집중되지 않도록 계획할 것

11) 사업이 끝난 후 10년이 지난 정비구역 또는 택지개발지구에 수립하는 지구단위계획의 내용 중 다음 사항은 해당 지역에 시행된 사업이 끝난 때의 내용을 유지함을 원칙으로 할 것
   ① 용도지역이나 용도지구를 세분하거나 변경하는 사항
   ② 건축물의 건폐율 또는 용적률, 건축물높이의 최고한도 또는 최저한도

12) 도시지역 외의 지역에 지정하는 지구단위계획구역은 해당 구역의 중심기능에 따라 주거형, 산업·유통형, 관광·휴양형 또는 복합형 등으로 지정 목적을 구분할 것

13) 도시지역 외의 지구단위계획구역에서 건축할 수 있는 건축물의 용도·종류 및 규모 등은 해당 구역의 중심기능과 유사한 도시지역의 용도지역별 건축제한 등을 고려해서 지구단위계획으로 정할 것

제1장 국토의 계획 및 이용에 관한 법률

02 지구단위계획구역 14회 출제

1 지구단위계획구역

지구단위계획을 수립하는 지역을 '지구단위계획구역'이라고 한다. 지구단위계획구역은 국토교통부장관, 시·도지사, 시장 또는 군수가 도시·군관리계획결정으로 지정한다(법 제50조).

2 지구단위계획구역의 지정 14·27·32·34회 출제

(1) 지구단위계획구역으로 지정할 수 있는 지역

국토교통부장관, 시·도지사, 시장 또는 군수는 다음 지역의 전부 또는 일부에 대해 도시·군관리계획결정으로 지구단위계획구역을 지정할 수 있다(법 제50조, 제51조 제1항, 영 제43조 제1·2·3·4항).

1) 「국토의 계획 및 이용에 관한 법률」에 따른 용도지구
2) 「도시개발법」에 따른 도시개발구역
3) 「도시 및 주거환경정비법」에 따른 정비구역
4) 「택지개발촉진법」에 따른 택지개발지구
5) 「주택법」에 따른 대지조성사업지구
6) 「산업입지 및 개발에 관한 법률」에 따른 산업단지 및 준산업단지

> 도시 또는 도시 주변의 특정 지역에 입지하는 개별 공장들의 밀집도가 다른 지역에 비하여 높아 포괄적 계획에 따라 계획적 관리가 필요해서 지정한 일단의 토지 및 시설물

7) 「관광진흥법」에 따른 관광단지 및 관광특구
8) 다음의 구역 중 계획적인 개발 또는 관리가 필요한 지역
    ① 개발제한구역·도시자연공원구역·시가화조정구역 또는 공원에서 해제되는 구역
    ② 녹지지역에서 주거지역·상업지역 또는 공업지역으로 변경되는 구역
    ③ 새로 도시지역으로 편입되는 구역
9) 도시지역 내 주거·상업·업무 등의 기능을 결합하는 등 복합적인 토지이용을 증진시킬 필요가 있는 지역으로서 일반주거지역, 준주거지역, 준공업지역 및 상업지역에서 낙후된 도심 기능을 회복하거나 도시균형발전을 위한 중심지 육성이 필요한 경우로서 다음의 어느 하나에 해당하는 지역
    ① 주요 역세권, 고속버스 및 시외버스 터미널, 간선도로의 교차지 등 양호한 기반시설을 갖추고 있어 대중교통 이용이 용이한 지역
    ② 역세권의 체계적·계획적 개발이 필요한 지역
    ③ 3개 이상의 노선이 교차하는 대중교통 결절지(結節地)로부터 1km 이내에 위치한 지역
    ④ 「역세권의 개발 및 이용에 관한 법률」에 따른 역세권개발구역, 「도시재정비 촉진을 위한 특별법」에 따른 고밀복합형 재정비촉진지구로 지정된 지역

10) 도시지역 내 유휴토지를 효율적으로 개발하거나 교정시설·군사시설·철도·항만·공항·공장·병원·학교·공공청사·공공기관·시장·터미널 그 밖에 이와 유사한 시설로서 도시·군계획조례로 정하는 시설을 이전 또는 재배치해서 토지이용을 합리화하고 그 기능을 증진시키기 위해 집중적으로 정비가 필요한 지역으로서 다음에 해당하는 5천㎡ 이상으로서 도시·군계획조례로 정하는 면적 이상의 유휴토지 또는 대규모 시설의 이전부지
    ① 대규모 시설의 이전에 따라 도시기능의 재배치 및 정비가 필요한 지역
    ② 토지의 활용 잠재력이 높고 지역거점 육성이 필요한 지역
    ③ 지역경제 활성화와 고용창출의 효과가 클 것으로 예상되는 지역
11) 도시지역의 체계적·계획적인 관리 또는 개발이 필요한 지역
12) 양호한 환경의 확보 또는 기능 및 미관의 증진 등을 위해 필요한 다음의 지역
    ① 시범도시
    ② 개발행위허가제한지역
    ③ 지하 및 공중공간을 효율적으로 개발하려는 지역
    ④ 용도지역의 지정 또는 변경에 관한 도시·군관리계획을 입안하기 위해 열람공고된 지역
    ⑤ 재건축사업에 의해 공동주택을 건축하는 지역
    ⑥ 지구단위계획구역으로 지정하려는 토지와 접해서 공공시설을 설치하려는 자연녹지지역
    ⑦ 그 밖에 양호한 환경의 확보 또는 기능 및 미관의 증진 등을 위해 필요한 지역으로서 도시·군계획조례로 정하는 지역

(2) 지구단위계획구역으로 지정해야 하는 지역

국토교통부장관, 시·도지사, 시장 또는 군수는 다음의 지역을 반드시 지구단위계획구역으로 지정해야 한다. 다만, 관계법률에 따라 그 지역에 토지이용 및 건축에 관한 계획이 수립되어 있는 때에는 지구단위계획구역으로 지정하지 않아도 된다(법 제51조 제2항, 영 제43조 제5항).

1) 다음의 지역에서 시행되는 사업이 완료된 후 10년이 지난 지역
   ① 「도시 및 주거환경정비법」에 따라 지정된 정비구역
   ② 「택지개발촉진법」에 따라 지정된 택지개발지구
2) 체계적·계획적인 개발 또는 관리가 필요한 다음의 지역으로서 면적이 30만㎡ 이상인 지역
   ① 시가화조정구역 또는 공원에서 해제되는 지역. 다만, 녹지지역으로 지정 또는 존치되거나 「국토의 계획 및 이용에 관한 법률」 또는 다른 법령에 따라 도시·군계획사업 등 개발계획이 수립되지 않은 경우를 제외한다.
   ② 녹지지역에서 주거지역·상업지역 또는 공업지역으로 변경되는 지역
   ③ 그 밖에 특별시·광역시·특별자치시·특별자치도·시 또는 군의 도시·군계획조례로 정하는 지역

(3) 도시지역이 아닌 지역을 지구단위계획구역으로 지정하기 위한 요건 24회 출제

도시지역이 아닌 지역은 다음의 어느 하나에 해당하면 지구단위계획구역으로 지정할 수 있다(법 제51조 제3항, 영 제44조 제1·2항).

1) 지정하려는 구역 면적의 50/100 이상이 계획관리지역으로서 다음의 요건에 해당하는 지역

① 계획관리지역 외에 지구단위계획구역에 포함하는 지역은 생산관리지역 또는 보전관리지역일 것

② 지구단위계획구역에 보전관리지역을 포함하는 경우 해당 보전관리지역의 면적은 다음의 구분에 따른 요건을 충족할 것. 이 경우 개발행위허가를 받는 등 이미 개발된 토지, 「산지관리법」에 따른 토석채취허가를 받고 토석의 채취가 완료된 토지로서 준보전산지에 해당하는 토지 및 해당 토지를 개발하여도 주변지역의 환경오염·환경훼손 우려가 없는 경우로서 해당 도시계획위원회 또는 공동위원회의 심의를 거쳐 지구단위계획구역에 포함되는 토지의 면적은 다음에 따른 보전관리지역의 면적 산정에서 제외한다.

㉠ **전체 지구단위계획구역 면적이 10만㎡ 이하인 경우**
전체 지구단위계획구역 면적의 20% 이내

㉡ **전체 지구단위계획구역 면적이 10만㎡ 초과 20만㎡ 이하인 경우**
2만㎡

㉢ 전체 지구단위계획구역 면적이 20만㎡를 초과하는 경우
전체 지구단위계획구역 면적의 10% 이내

③ 지구단위계획구역으로 지정하고자 하는 토지의 면적이 다음의 어느 하나에 규정된 면적요건에 해당할 것

㉠ 지정대상지역에 아파트 또는 연립주택의 건설계획이 포함되는 경우에는 30만㎡ 이상일 것. 이 경우 다음에 해당되는 때에는 일단의 토지를 통합해서 하나의 지구단위계획구역으로 지정할 수 있다.

ⓐ 아파트 또는 연립주택의 건설계획이 포함되는 각각의 토지의 면적이 10만㎡ 이상이고, 그 총면적이 30만㎡ 이상일 것

ⓑ 각 토지는 국토교통부장관이 정하는 범위 안에 위치하고, 국토교통부장관이 정하는 규모 이상의 도로로 서로 연결되어 있거나 연결도로의 설치가 가능할 것

㉡ 지정대상지역에 아파트 또는 연립주택의 건설계획이 포함되는 경우로서 다음의 어느 하나에 해당되는 경우에는 10만㎡ 이상일 것

ⓐ 지구단위계획구역이 자연보전권역인 경우

ⓑ 지구단위계획구역에 초등학교 용지를 확보해서 관할 교육청의 동의를 받거나, 그 구역 안이나 그 구역으로부터 통학이 가능한 거리에 초등학교가 위치하고 학생수용이 가능한 경우로서 관할 교육청의 동의를 받은 경우

ⓒ 지정대상지역에 아파트 또는 연립주택의 건설계획이 포함되지 않은 경우에는 면적이 3만㎡ 이상일 것
④ 당해 지역에 도로·수도공급설비·하수도 등 <u>기반시설을 공급할 수 있을 것</u>
⑤ 자연환경·경관·미관 등을 해치지 않고 국가유산의 훼손우려가 없을 것

2) 개발진흥지구로서 다음의 요건에 해당하는 지역
① 위 1)의 ③, ④, ⑤의 요건에 해당할 것
② 당해 개발진흥지구가 다음 지역에 위치할 것
　ⓐ **주거개발진흥지구, 복합개발진흥지구**(주거기능이 포함된 경우에 한함) **및 특정개발진흥지구**
　　계획관리지역
　ⓑ **산업·유통개발진흥지구 및 복합개발진흥지구**(주거기능이 포함되지 않은 경우에 한함)
　　계획관리지역·생산관리지역 또는 농림지역
　ⓒ **관광·휴양개발진흥지구**
　　도시지역이 아닌 지역

3) 용도지구를 폐지하고 그 용도지구에서의 행위 제한 등을 지구단위계획으로 대체하려는 지역

국토교통부장관은 지구단위계획구역이 합리적으로 지정될 수 있도록 하기 위해 필요한 경우에는 위의 지정요건을 세부적으로 정할 수 있다(영 제44조 제3항).

3 공공시설등의 설치비용 등

(1) 공공시설등의 부지 제공 또는 공공시설등 설치

도시지역 내 주거·상업·업무 등의 기능을 결합하는 등 복합적인 토지 이용을 증진시킬 필요가 있는 지역 또는 도시지역 내 유휴토지를 효율적으로 개발하거나 교정시설, 군사시설, 그 밖에 대통령령으로 정하는 시설을 이전 또는 재배치하여 토지 이용을 합리화하고, 그 기능을 증진시키기 위하여 집중적으로 정비가 필요한 지역의 전부 또는 일부를 지구단위계획구역으로 지정함에 따라 지구단위계획으로 도시지역 간의 용도지역이 변경되어 용적률이 높아지거나 건축제한이 완화되는 경우 또는 지구단위계획으로 도시·군계획시설 결정이 변경되어 행위제한이 완화되는 경우에는 해당 지구단위계획구역에서 건축물을 건축하려는 자(도시·군관리계획이 입안되는 경우 입안 제안자를 포함한다)가 용도지역의 변경 또는 도시·군계획시설 결정의 변경 등으로 인한 토지가치 상승분(「감정평가 및 감정평가사에 관한 법률」에 따른 감정평가법인등이 용도지역의 변경 또는 도시·군계획시설 결정의 변경 전·후에 대하여 각각 감정평가한 토지가액의 차이를 말한다)의 범위 내에서 지구단위계획으로 정하는 바에 따라 해당 지구단위계획구역 안에 다음의 시설의 부지를 제공하거나 공공시설등을 설치하여 제공하도록 하여야 한다(법 제52조의2 제1항).

1) 공공시설

2) 기반시설

3) 「공공주택 특별법」에 따른 공공임대주택 또는 「건축법 시행령」에 따른 기숙사 등 공공필요성이 인정되어 해당 시·도 또는 대도시의 조례로 정하는 시설

(2) 공공시설등의 설치 비용 납부 갈음

해당 지구단위계획구역 안의 공공시설등이 충분한 것으로 인정될 때에는 해당 지구단위계획구역 밖의 관할 특별시·광역시·특별자치시·특별자치도·시 또는 군에 지구단위계획으로 정하는 바에 따라 다음의 사업에 필요한 비용을 납부하는 것으로 갈음할 수 있다(법 제52조의2 제2항).

1) 도시·군계획시설결정의 고시일부터 10년 이내에 도시·군계획시설사업이 시행되지 아니한 도시·군계획시설의 설치

2) 공공임대주택 또는 기숙사 등 공공필요성이 인정되어 해당 시·도 또는 대도시의 조례로 정하는 시설의 설치

3) 공공시설 또는 위 제1호에 해당하지 아니하는 기반시설의 설치

(3) 공공시설등의 설치 비용 납부액의 귀속

지구단위계획구역이 특별시 또는 광역시 관할인 경우에는 공공시설등의 설치 비용 납부액 중 20/100 이상 30/100 이하의 범위에서 해당 지구단위계획으로 정하는 비율을 해당 지구단위계획구역의 관할 구(자치구를 말한다) 또는 군(광역시의 관할 구역에 있는 군을 말한다)에 귀속된다(법 제52조의2 제3항, 영 제46조의2 제4항).

(4) 공공시설등의 설치 비용의 우선 사용

특별시·광역시·특별자치시·특별자치도·시 또는 군은 납부받은 공공시설등의 설치 비용의 10/100 이상을 도시·군계획시설결정의 고시일부터 10년 이내에 도시·군계획시설사업이 시행되지 아니한 도시·군계획시설의 설치 사업에 우선 사용하여야 하고, 해당 지구단위계획구역의 관할 구 또는 군은 귀속되는 공공시설등의 설치 비용의 전부를 도시·군계획시설결정의 고시일부터 10년 이내에 도시·군계획시설사업이 시행되지 아니한 도시·군계획시설의 설치 사업에 우선 사용하여야 한다. 이 경우 공공시설등의 설치 비용의 사용기준 등 필요한 사항은 해당 시·도 또는 대도시의 조례로 정한다(법 제52조의2 제5항).

4 지구단위계획구역의 지정 및 지구단위계획에 관한 도시·군관리계획결정의 실효
13·14·34회 출제

(1) 지구단위계획구역지정의 실효시기
지구단위계획구역의 지정에 관한 도시·군관리계획결정의 고시일부터 3년 이내에 그 지구단위계획구역에 관한 지구단위계획이 결정·고시되지 않으면 그 3년이 되는 날의 다음 날에 그 지구단위계획구역의 지정에 관한 도시·군관리계획결정은 효력을 잃는다. 다만, 다른 법률에서 지구단위계획의 결정(결정된 것으로 보는 경우를 포함함)에 관해 따로 정한 경우에는 그 법률에 따라 지구단위계획을 결정할 때까지 지구단위계획구역의 지정은 그 효력을 유지한다(법 제53조 제1항).

(2) 지구단위계획의 실효시기
지구단위계획(주민이 입안을 제안한 것에 한정한다)에 관한 도시·군관리계획결정의 고시일부터 5년 이내에 이 법 또는 다른 법률에 따라 허가·인가·승인 등을 받아 사업이나 공사에 착수하지 아니하면 그 5년이 된 날의 다음 날에 그 지구단위계획에 관한 도시·군관리계획결정은 효력을 잃는다. 이 경우 지구단위계획과 관련한 도시·군관리계획결정에 관한 사항은 해당 지구단위계획구역 지정 당시의 도시·군관리계획으로 환원된 것으로 본다(법 제53조 제2항).

(3) 실효고시
국토교통부장관, 시·도지사, 시장 또는 군수는 지구단위계획구역 지정 및 지구단위계획 결정이 효력을 잃은 때에는 지체없이 그 사실을 고시해야 한다. 실효고시는 실효일자 및 실효사유와 실효된 지구단위계획구역의 내용을 국토교통부장관이 하는 경우에는 관보와 국토교통부의 인터넷 홈페이지에, 시·도지사 또는 시장·군수가 하는 경우에는 해당 시·도 또는 시·군의 공보와 인터넷 홈페이지에 게재하는 방법으로 한다(법 제53조 제3항, 영 제50조).

단락문제 Q22
제32회 기출

국토의 계획 및 이용에 관한 법령상 지구단위계획구역과 지구단위계획에 관한 설명으로 틀린 것은? (단, 조례는 고려하지 않음)

① 지구단위계획이 수립되어 있는 지구단위계획구역에서 공사기간 중 이용하는 공사용 가설건축물을 건축하려면 그 지구단위계획에 맞게 하여야 한다.
② 지구단위계획은 해당 용도지역의 특성을 고려하여 수립한다.
③ 시장 또는 군수가 입안한 지구단위계획구역의 지정·변경에 관한 도시·군관리계획은 시장 또는 군수가 직접 결정한다.
④ 지구단위계획구역 및 지구단위계획은 도시·군관리계획으로 결정한다.
⑤ 「관광진흥법」에 따라 지정된 관광단지의 전부 또는 일부에 대하여 지구단위계획구역을 지정할 수 있다.

제1장 국토의 계획 및 이용에 관한 법률

> **해설** 지구단위계획구역 및 지구단위계획
> 지구단위계획이 수립되어 있는 경우 지구단위계획구역에서 건축물(존치기간이 3년의 범위에서 도시·군계획조례로 정한 존치기간 이내인 가설건축물, 재해복구기간 중 이용하는 재해복구용 가설건축물 또는 공사기간 중 이용하는 공사용 가설건축물은 제외한다)을 건축 또는 용도변경하거나 공작물을 설치하려면 그 지구단위계획에 맞게 하여야 한다.   **정답** ①

03 지구단위계획의 수립

1 지구단위계획의 내용에 대한 의견제출

다음의 자는 지구단위계획안에 포함시키고자 하는 사항을 특별시장·광역시장·특별자치시장·특별자치도지사·시장 또는 군수에게 제출할 수 있으며, 특별시장·광역시장·특별자치시장·특별자치도지사·시장 또는 군수는 제출된 사항이 타당하다고 인정되는 때에는 이를 지구단위계획안에 반영해야 한다(영 제49조).

1) 지구단위계획구역이 주민의 제안에 의해 지정된 경우에는 그 제안자
2) 지구단위계획구역이 도시개발구역, 정비구역, 택지개발지구, 대지조성사업지구, 산업단지, 준산업단지, 관광단지 또는 관광특구에 대해 지정된 경우에는 그 지정근거가 되는 개별 법률에 따른 개발사업의 시행자

2 도시·군계획시설의 처리·공급 및 수용능력과의 조화 **16회 출제**

지구단위계획은 다음의 도시·군계획시설의 처리·공급 및 수용능력이 지구단위계획구역에 있는 건축물의 연면적, 수용인구 등 개발밀도와 적절한 조화를 이룰 수 있도록 해야 한다(법 제52조 제2항, 영 제45조 제5항).

1) 도로, 주차장
2) 공원, 녹지, 공공공지
3) 수도공급설비, 전기공급설비, 가스공급설비, 열공급설비
4) 학교(초등학교 및 중학교에 한함)
5) 하수도, 폐기물처리 및 재활용시설

04 지구단위계획구역에서의 건축

1 지구단위계획구역에서의 건축제한

지구단위계획구역에서 건축물(일정 기간 내 철거가 예상되는 경우 등 다음의 어느 하나에 해당하는 가설건축물은 제외한다)을 건축 또는 용도변경하거나 공작물을 설치하려면 그 지구단위계획에 맞게 하여야 한다. 다만, 지구단위계획이 수립되어 있지 아니한 경우에는 그러하지 아니하다(법 제54조, 영 제50조의2).

1) 존치기간(연장된 존치기간을 포함한 총 존치기간을 말한다)이 3년의 범위에서 해당 특별시·광역시·특별자치시·특별자치도·시 또는 군의 도시·군계획조례로 정한 존치기간 이내인 가설건축물. 다만, 다음의 어느 하나에 해당하는 가설건축물의 경우에는 각각 다음의 기준에 따라 존치기간을 연장할 수 있다.
   ① 국가 또는 지방자치단체가 공익 목적으로 건축하는 가설건축물 또는 「건축법 시행령」에 따른 전시를 위한 견본주택이나 그 밖에 이와 비슷한 가설건축물 : 횟수별 3년의 범위에서 해당 특별시·광역시·특별자치시·특별자치도·시 또는 군의 도시·군계획조례로 정하는 횟수만큼
   ② 「건축법」에 따라 특별자치시장·특별자치도지사 또는 시장·군수·구청장의 허가를 받아 도시·군계획시설 및 도시·군계획시설예정지에서 건축하는 가설건축물 : 도시·군계획사업이 시행될 때까지

2) 재해복구기간 중 이용하는 재해복구용 가설건축물

3) 공사기간 중 이용하는 공사용 가설건축물

2 지구단위계획구역에서의 건축기준의 완화적용 16회 출제

지구단위계획구역에서는 대통령령으로 정하는 범위에서 지구단위계획이 정하는 바에 따라 다음의 건축기준을 완화·적용할 수 있다(법 제52조 제3항, 영 제46조, 제47조).

1) 「국토의 계획 및 이용에 관한 법률」 제76조(용도지역 및 용도지구에서의 건축제한)·제77조(건폐율제한)·제78조(용적률제한)

2) 「건축법」 제42조(대지의 조경)·제43조(공개공지 등의 확보)·제44조(대지와 도로의 관계)·제60조(건축물의 높이제한)·제61조(일조 등의 확보를 위한 건축물의 높이제한). 실제로는 「건축법」 제60조(건축물의 높이제한)만 완화·적용된다.

3) 「주차장법」 제19조(부설주차장의 설치)·제19조의2(부설주차장의 설치계획서). 실제로는 「주차장법」 제19조(부설주차장의 설치)만 완화·적용된다.

제1장 국토의 계획 및 이용에 관한 법률

3 도시지역인 지구단위계획구역에서의 건축기준의 완화

(1) 공공시설등의 부지 제공에 따른 건폐율제한·용적률제한 및 높이제한의 완화

도시지역에 지정된 지구단위계획구역에서 건축물을 건축하려는 자가 그 대지의 일부를 공공시설등의 부지로 제공하거나 이러한 공공시설등을 설치해서 제공하는 경우(지구단위계획구역에 다른 공공시설 및 기반시설이 충분히 설치되어 있는 경우에는 지구단위계획구역 밖의 배수구역에 공공하수도처리시설을 설치해서 제공하는 경우를 포함함)에는 그 건축물에 대해 지구단위계획으로 건폐율·용적률 및 높이제한을 완화해서 적용할 수 있다. 이 경우 제공받은 공공시설등은 국유재산 또는 공유재산으로 관리한다(영 제46조 제1항). 건폐율·용적률 및 높이제한이 완화되는 비율은 다음과 같다. 이 경우 용도가 폐지되는 공공시설을 무상으로 양수받은 경우에는 양수받은 부지면적을 공공시설등의 부지로 제공하는 면적에서 공제한다(영 제46조 제1항).

1) 공공시설등의 부지를 제공하는 경우 27회 출제

① 완화할 수 있는 건폐율

> 그 용도지역에 적용되는 건폐율×{1 + (공공시설등의 부지로 제공하는 면적÷원래의 대지면적)} 이내

② 완화할 수 있는 용적률 24회 출제

이 경우 지구단위계획구역 안의 일부 토지를 공공시설등의 부지로 제공하는 자가 해당 지구단위계획구역 안의 다른 대지에서 건축물을 건축하는 경우에는 그 건축물에 대해 이 비율까지 용적률만 완화하여 적용할 수 있다.

> 해당 용도지역에 적용되는 용적률 +
> {1.5×(공공시설등의 부지로 제공하는 면적×공공시설등의 부지로 제공하는 부지의 용적률) ÷ 공공시설등의 부지를 제공한 후의 대지면적} 이내

③ 완화할 수 있는 높이

> 가로구역별 높이제한×{1 + (공공시설등의 부지로 제공하는 면적 ÷ 원래의 대지면적)} 이내

2) 공공시설등을 설치해서 제공하는 경우(그 부지의 제공은 제외)

공공시설등을 설치하는 데에 드는 비용에 상응하는 가액의 부지를 제공한 것으로 보아 공공시설등의 부지를 제공하는 경우의 비율까지 건폐율·용적률 및 높이제한을 완화해서 적용할 수 있다. 이 경우 공공시설등의 설치비용 및 이에 상응하는 부지 가액의 산정 방법 등은 도시·군계획조례로 정한다.

3) 공공시설등을 설치해서 그 부지와 함께 제공하는 경우

공공시설등의 부지를 제공하는 경우에 완화할 수 있는 건폐율·용적률 및 높이와 공공시설등을 설치해서 제공하는 경우의 건폐율·용적률 및 높이를 합산한 비율까지 완화해서 적용할 수 있다.

(2) 공공시설부지에 대한 보상금의 반환에 따른 용적률제한 및 높이제한의 완화

특별시장·광역시장·특별자치시장·특별자치도지사·시장 또는 군수는 <u>지구단위계획구역에 있는 토지를 공공시설부지로 제공하고 보상을 받은 자나 그 포괄승계인이 그 보상금을 반환하는 경우</u>에는 도시·군계획조례로 정하는 바에 따라 공공시설등의 부지를 제공하는 경우의 완화기준에 따라 그 건축물에 대한 건폐율·용적률 및 높이제한을 완화해서 적용할 수 있다(영 제46조 제2항).

이 경우 반환금은 보상금액에 전국을 영업구역으로 하는 금융기관의 1년 만기 정기예금금리의 평균에 의한 이자를 더한 금액으로 하며, 납부된 반환금은 기반시설의 확보에 사용해야 한다(영 제46조 제2항, 규칙 제8조의3).

(3) 공개공지 또는 공개공간의 설치에 따른 용적률제한 및 높이제한의 완화

지구단위계획구역에서 건축물을 건축하려는 자가 공개공지 또는 공개공간을 의무면적을 초과해서 설치하는 경우에는 그 건축물에 대해 지구단위계획으로 다음의 비율까지 용적률 및 높이제한을 완화해서 적용할 수 있다(영 제46조 제3항).

1) 완화할 수 있는 용적률

> 공개공지 또는 공개공간의 설치로 「건축법」에 따라 완화된 용적률 + (그 용도지역에 적용되는 용적률 × 의무면적을 초과하는 공개공지 또는 공개공간의 면적의 절반 ÷ 대지면적) 이내

2) 완화할 수 있는 높이

> 공개공지 또는 공개공간의 설치로 「건축법」에 따라 완화된 높이 + (가로구역별 높이제한 × 의무면적을 초과하는 공개공지 또는 공개공간의 면적의 절반 ÷ 대지면적) 이내

(4) 개발진흥지구의 지정, 공동건축 등을 위한 용적률제한의 완화

다음의 경우에는 지구단위계획으로 그 용도지역에 적용되는 <u>용적률의 120%</u> 이내에서 용적률을 완화해서 적용할 수 있다(영 제46조 제7항).

1) 도시지역에 개발진흥지구를 지정하고 그 지구를 지구단위계획구역으로 지정한 경우

2) 다음의 경우로서 특별시장·광역시장·특별자치시장·특별자치도지사·시장 또는 군수의 권고에 따라 공동개발을 하는 경우

① 지구단위계획에 두 필지 이상의 토지에 하나의 건축물을 건축하도록 되어 있는 경우
② 지구단위계획에 합벽건축을 하도록 되어 있는 경우
③ 지구단위계획에 주차장·보행자통로 등을 공동으로 사용하도록 되어 있어서 두 필지 이상의 토지에 건축물을 동시에 건축할 필요가 있는 경우

(5) 용적률제한을 완화하지 못하는 경우

다음의 경우에는 공공시설의 부지 제공, 공개공지 등의 설치, 개발진흥지구의 지정, 그리고 공동건축에 따른 용적률완화규정을 적용하지 않는다(영 제46조 제9항).

1) 개발제한구역·시가화조정구역·녹지지역 또는 공원에서 해제되는 구역과 새로 도시지역으로 편입되는 구역 중 계획적인 개발 또는 관리가 필요한 지역인 경우
2) 기존의 용도지역 또는 용도지구가 용적률이 높은 용도지역 또는 용도지구로 변경되는 경우로서 기존의 용도지역 또는 용도지구의 용적률을 적용하지 않는 경우

(6) 건폐율제한의 완화

지구단위계획구역에서는 도시·군계획조례의 규정에 불구하고 지구단위계획으로 「국토의 계획 및 이용에 관한 법률 시행령」 제84조에 규정된 건폐율의 최대한도의 범위에서 건폐율을 완화해서 적용할 수 있다(영 제46조 제4항).

(7) 높이제한의 완화

도시지역에 개발진흥지구를 지정하고 그 지구를 지구단위계획구역으로 지정한 경우에는 지구단위계획으로 가로구역별 높이제한을 120% 이내에서 완화해서 적용할 수 있다(영 제46조 제8항).

(8) 용도지역에서의 건축제한의 완화

지구단위계획구역에서는 지구단위계획으로 그 용도지역에서 건축할 수 있는 건축물(도시·군계획조례로 정하는 바에 따라 건축할 수 있는 건축물의 경우에는 도시·군계획조례에서 허용되는 건축물에 한함)의 용도·종류 및 규모 등의 범위에서 용도지역에서의 건축제한을 완화해서 적용할 수 있다(영 제46조 제5항).

(9) 주차장설치기준의 완화　26·28회 출제

지구단위계획구역의 지정목적이 다음에 해당하는 경우에는 지구단위계획으로 주차장설치기준을 100%까지 완화할 수 있다(영 제46조 제6항, 규칙 제8조의4).

1) 한옥마을을 보존하는 경우
2) 차 없는 거리를 조성하는 경우(지구단위계획으로 보행자전용도로를 지정하거나 차량의 출입을 금지한 경우를 포함함)
3) 원활한 교통소통 또는 보행환경조성을 위해 도로에서 대지로의 차량통행이 제한되는 차량진입금지구간을 지정한 경우

(10) 건폐율 및 용적률 완화의 상한
지구단위계획구역에서 완화되는 건폐율 및 용적률은 해당 용도지역 또는 용도지구에 적용되는 건폐율의 150% 및 용적률의 200%를 각각 초과할 수 없다(영 제46조 제10항).

(11) 지구단위계획구역 내 준주거지역에서 용적률의 완화
지구단위계획구역 내 준주거지역(지구단위계획에 따라 준주거지역으로 변경하는 경우를 포함한다)에서 건축물을 건축하려는 자가 그 대지의 일부를 공공시설등의 부지로 제공하거나 공공시설등을 설치하여 제공하는 경우에는 지구단위계획으로 용적률의 140% 이내의 범위에서 용적률을 완화하여 적용할 수 있다. 이 경우 공공시설등의 부지를 제공하거나 공공시설등을 설치하여 제공하는 비용은 용적률 완화에 따른 토지가치 상승분(「감정평가 및 감정평가사에 관한 법률」에 따른 감정평가법인등이 용적률 완화 전후에 각각 감정평가한 토지가액의 차이를 말한다)의 범위로 하며, 그 비용 중 시·도 또는 대도시의 도시·군계획조례로 정하는 비율 이상은 「공공주택 특별법」에 따른 공공임대주택을 제공하는 데에 사용해야 한다(영 제46조 제11항).

(12) 지구단위계획구역 내 준주거지역에서 공공주택 복합사업 등 시행시 완화
지구단위계획구역 내 준주거지역에서 「공공주택 특별법」에 따른 도심 공공주택 복합사업(주거상업고밀지구에서 시행하는 사업으로 한정한다) 또는 「빈집 및 소규모주택 정비에 관한 특례법」에 따른 소규모재개발사업을 시행하는 경우에는 지구단위계획으로 용적률의 140% 이내의 범위에서 용적률을 완화하여 적용할 수 있다(영 제46조 제12항).

(13) 지구단위계획구역 내 준주거지역에서 건축물 높이의 완화
지구단위계획구역 내 준주거지역에서는 지구단위계획으로 「건축법」에 따른 채광(採光) 등의 확보를 위한 건축물의 높이 제한을 200% 이내의 범위에서 완화하여 적용할 수 있다(영 제46조 제13항).

(14) 지구단위계획구역 내 산업단지에서 용적률의 완화
도시·군관리계획의 결정권자는 지구단위계획구역 내 「국가첨단전략산업 경쟁력 강화 및 보호에 관한 특별조치법」에 따른 국가첨단전략기술을 보유하고 있는 자가 입주하는(이미 입주한 경우를 포함한다) 「산업입지 및 개발에 관한 법률」에 따른 산업단지에 대하여 용적률 완화에 관한 산업통상자원부장관의 요청이 있는 경우 산업입지정책심의회의 심의를 거쳐 지구단위계획으로 용도지역별 최대한도의 140% 이내의 범위에서 용적률을 완화하여 적용할 수 있다(영 제46조 제14항).

4 도시지역이 아닌 지구단위계획구역에서의 건축기준의 완화 29회 출제

도시지역이 아닌 지역에 지정된 지구단위계획구역의 경우에는 지구단위계획으로 그 용도지역 또는 개발진흥지구에 적용되는 건폐율의 150%와 용적률의 200% 이내에서 건폐율 및 용적률을 완화해서 적용할 수 있다. 다만, 계획관리지역에 따른 산업·유통개발진흥지구(건폐율 60% 이하)의 전부 또는 일부에 대해 지구단위계획구역이 지정된 경우에는 건폐율의 120% 이내의 범위에서 건폐율을 완화하여 적용할 수 있다(영 제47조 제1항).

또한 지구단위계획으로 용도지역 및 용도지구 안에서의 건축제한을 완화해서 적용할 수 있다. 다만, 개발진흥지구(계획관리지역에 지정된 개발진흥지구는 제외)에 지정된 지구단위계획구역에 대해서는 아파트 및 연립주택의 건축은 허용되지 않는다(영 제47조 제2항).

 **Q23** 제27회 기출

국토의 계획 및 이용에 관한 법령상 일반상업지역 내의 지구단위계획구역에서 건폐율이 60% 이고 대지면적이 400㎡ 인 부지에 건축물을 건축하려는 자가 그 부지 중 100㎡ 를 공공시설의 부지로 제공하는 경우, 지구단위계획으로 완화하여 적용할 수 있는 건폐율의 최대한도(%)는 얼마인가?(단, 조례는 고려하지 않으며, 건축주가 용도폐지되는 공공시설을 무상양수 받은 경우가 아님)

① 60 ② 65 ③ 70 ④ 75 ⑤ 80

해설 지구단위계획구역에서의 건축기준의 완화
완화할 수 있는 건폐율 산정방법은 "해당 용도지역에 적용되는 건폐율×{1 + (공공시설 등의 부지로 제공하는 면적 ÷ 원래의 대지면적)} 이내"이다. 따라서 60%×{1 + (100㎡ ÷ 400㎡)}는 75%이다. **정답** ④

부동산공법

제9절 개발행위허가 `17·33·34·35회 출제`

01 개발행위

1 개발행위의 허가 `25·30회 출제`

다음의 어느 하나에 해당하는 개발행위를 하려는 자는 <u>특별시장·광역시장·특별자치시장·특별자치도지사·시장 또는 군수의 허가</u>(이하 "개발행위허가"라 한다)를 받아야 한다. 그러나 <u>도시·군계획사업</u>(다른 법률에 따라 도시·군계획사업을 의제한 사업을 포함한다)에 의하는 경우에는 허가를 받지 않아도 된다(법 제56조 제1항, 영 제51조 제1·2항).

1) **건축물의 건축**
   「건축법」상의 건축물의 건축

2) **공작물의 설치**
   인공을 가해 제작한 시설물(「건축법」상의 건축물은 제외) 설치

3) **토지의 형질변경** `24회 출제`

   땅깎기 ← 절토(切土)·성토(盛土)·정지(整地)·포장(鋪裝) 등의 방법으로 토지의 형상을 변경하는 행위와 공유수면의 매립. 다만, 경작을 위한 토지의 형질변경은 제외되는데, 조성이 끝난 농지에서의 농작물재배, 농지의 지력증진 및 생산성 향상을 위한 객토(새 흙 넣기)·환토(흙 바꾸기)·정지(땅고르기) 또는 양수·배수시설의 설치·정비를 위한 토지의 형질변경으로서 다음의 어느 하나에 해당하지 않는 형질변경을 말한다.

   (흙쌓기 → 성토, 땅고르기 → 정지, 바닥에 돌, 콘크리트, 아스팔트 등을 깔아 단단히 다지는 일 → 포장)

개발행위허가

① 도시·군계획사업에 의한 개발행위는 허가를 받지 않아도 된다.
② 도시·군계획사업에 의하지 않는 개발행위는 허가를 받아야 한다.

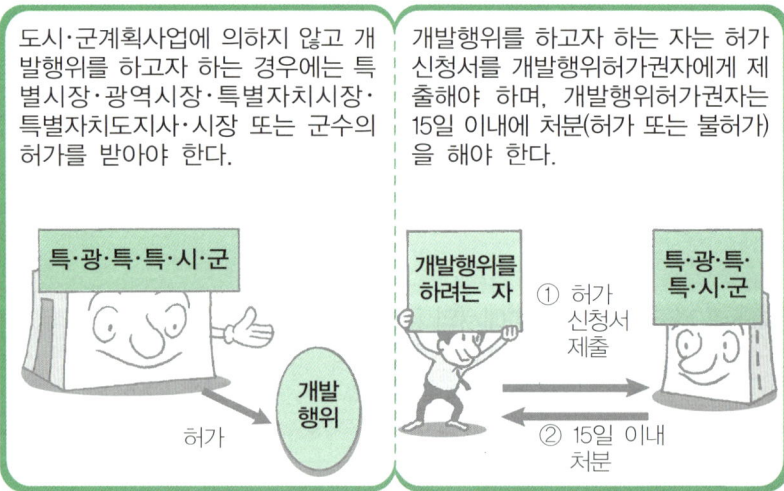

도시·군계획사업에 의하지 않고 개발행위를 하고자 하는 경우에는 특별시장·광역시장·특별자치시장·특별자치도지사·시장 또는 군수의 허가를 받아야 한다.

개발행위를 하고자 하는 자는 허가신청서를 개발행위허가권자에게 제출해야 하며, 개발행위허가권자는 15일 이내에 처분(허가 또는 불허가)을 해야 한다.

① 인접토지의 관개·배수 및 농작업에 영향을 미치는 경우
② 재활용 골재, 사업장 폐토양(廢土壤), 무기성 오니(無機性 汚泥 → 오염된 침전물)등 수질오염 또는 토질오염의 우려가 있는 토사 등을 사용해서 성토하는 경우. 다만, 「농지법 시행령」에 따른 성토는 제외한다.
③ 지목의 변경을 수반하는 경우(전·답 사이의 변경은 제외)
④ 옹벽 설치(허가를 받지 않아도 되는 옹벽 설치는 제외한다) 또는 2m 이상의 절토·성토가 수반되는 경우. 다만, 절토·성토에 대해서는 2m 이내의 범위에서 특별시·광역시·특별자치시·특별자치도·시 또는 군의 도시·군계획조례로 따로 정할 수 있다.

4) 토석의 채취
흙·모래·자갈·바위 등의 토석을 채취하는 행위. 다만, 토지의 형질변경을 목적으로 하는 것은 제외한다.

5) 토지분할(건축물이 있는 대지의 분할은 제외) : 다음의 토지분할
① 녹지지역·관리지역·농림지역 및 자연환경보전지역에서 관계법령에 따른 허가·인가 등을 받지 않고 행하는 토지의 분할
② 「건축법」상의 분할제한면적 미만으로의 토지의 분할
③ 관계법령에 따른 허가·인가 등을 받지 않고 행하는 너비 5m 이하로의 토지의 분할

6) 물건을 쌓아 놓는 행위
① 녹지지역·관리지역 또는 자연환경보전지역에서 「건축법」에 따라 사용승인을 받은 건축물의 울타리 안(적법한 절차에 의해 조성된 대지에 한함)에 위치하지 않은 토지에 물건을 1개월 이상 쌓아 놓는 행위
② 토지형질변경과 토석채취의 경우 도시지역 및 계획관리지역의 산림에서의 임도(林道 ← 임산물의 운반 및 산림의 경영관리를 위해 산림에 설치한 도로)의 설치와 사방사업에 관해서는 각각 「산림자원의 조성 및 관리에 관한 법률」 및 「사방사업법」에 따르고, 보전관리지역·생산관리지역·농림지역 및 자연환경보전지역의 산림에서의 토지형질변경(농·임·어업을 목적으로 하는 것에 한함)과 토석채취에 관해서는 「산지관리법」에 따른다(법 제56조 제3항).

부동산공법

2 예외적으로 개발행위허가를 받지 않아도 되는 경우 13·14회 출제

다음의 개발행위는 허가를 받지 않아도 된다(법 제56조 제4항, 영 제53조).

1) 재해복구 또는 재난수습을 위한 응급조치. 이 경우 <u>조치 후 1개월 이내</u>에 특별시장·광역시장·특별자치시장·특별자치도지사·시장 또는 군수에게 신고해야 한다.

2) 건축신고로 설치할 수 있는 건축물의 개축·증축 또는 재축과 이에 필요한 범위에서의 토지형질변경(도시·군계획시설사업이 시행되지 않고 있는 <u>도시·군계획시설부지</u>에 한함)

3) <u>건축허가·건축신고·가설건축물건축허가 또는 가설건축물축조신고의 대상이 아닌 건축물의 건축</u>(이 범위에서 도시·군계획조례로 따로 정하는 경우에는 그에 따름)

4) 다음 공작물의 설치(이 범위에서 도시·군계획조례로 따로 정하는 경우에는 그에 따름)
   ① 도시지역 또는 지구단위계획구역에서의 <u>무게 50톤 이하, 부피 50m³ 이하, 수평투영면적 50㎡ 이하인 공작물의 설치</u>. 다만, 「건축법」이 준용되는 공작물은 제외한다.
   ② 도시지역·자연환경보전지역 또는 지구단위계획구역이 아닌 지역에서의 무게 150톤 이하, 부피 150m³ 이하, 수평투영면적 150㎡ 이하인 공작물의 설치. 다만, 「건축법」이 준용되는 공작물은 제외한다.
   ③ 녹지지역·관리지역 또는 농림지역에서의 농림어업용 비닐하우스(「양식산업발전법」에 따른 양식업을 하기 위하여 <u>비닐하우스 안에 설치하는 양식장은 제외한다</u>)의 설치

5) 다음의 토지형질변경(이 범위에서 도시·군계획조례로 따로 정하는 경우에는 그에 따르며, 형질변경면적은 형질변경이 이루어지는 그 필지의 총면적을 말함)
   ① <u>높이 50cm 이내 또는 깊이 50cm 이내</u>의 절토·성토·정지 등. 다만, 포장을 제외하며, 주거지역·상업지역 또는 공업지역이 아닌 지역에서는 지목변경을 수반하지 않는 경우에 한한다.
   ② 도시지역·자연환경보전지역 또는 지구단위계획구역 외의 지역에서의 면적 660㎡ 이하인 토지에 대한 지목변경을 수반하지 않는 절토·성토·정지·포장 등
   ③ <u>조성이 완료된 기존 대지</u>에 건축물이나 그 밖의 공작물을 설치하기 위한 토지의 형질변경(절토 및 성토는 제외) 13회 출제
   ④ 국가 또는 지방자치단체가 공익상의 필요에 의해 직접 시행하는 사업을 위한 토지의 형질변경

6) 다음의 토석채취(이 범위에서 도시·군계획조례로 따로 정하는 경우에는 그에 따름)
   ① 도시지역 또는 지구단위계획구역에서의 <u>채취면적 25㎡ 이하, 부피 50m³ 이하</u>인 토석채취
   ② 도시지역·자연환경보전지역 또는 지구단위계획구역이 아닌 지역에서의 채취면적 250㎡ 이하, 부피 500m³ 이하인 토석채취

7) 다음의 토지분할(이 범위에서 도시·군계획조례로 따로 정하는 경우에는 그에 따름)
    ① 사도개설허가를 받은 토지의 분할
    ② 토지의 일부를 국유지 또는 공유지로 하거나 공공시설로 사용하기 위한 토지의 분할
    ③ 행정재산 중 용도폐지되는 부분의 분할 또는 일반재산을 매각·교환 또는 양여하기 위한 분할
    ④ 삭제 일반재산을 매각·교환 또는 양여하기 위한 분할
    ⑤ 토지의 일부가 도시·군계획시설로 지형도면고시가 된 토지의 분할
    ⑥ 너비 5m 이하로 이미 분할된 토지의 「건축법」상 분할제한면적 이상으로의 분할

8) 다음의 물건을 쌓아 놓는 행위(이 범위에서 도시·군계획조례로 따로 정하는 경우에는 그에 따름)
    ① 녹지지역 또는 지구단위계획구역에서의 물건을 쌓아 놓는 면적 25㎡ 이하, 전체 무게 50톤 이하, 전체 부피 50㎥ 이하인 행위
    ② 관리지역(지구단위계획구역으로 지정된 지역은 제외)에서의 물건을 쌓아 놓는 면적 250㎡ 이하, 전체 무게 500톤 이하, 전체 부피 500㎥ 이하인 행위

3 변경허가 13·19·23회 출제

개발행위허가를 받은 사항을 변경하는 경우에도 허가를 받아야 한다. 다만, 다음의 경미한 사항을 변경하는 경우(다른 호에 저촉되지 않는 경우로 한정한다)에는 개발행위허가를 받지 않아도 된다(법 제56조 제2항, 영 제52조 제1항).

1) 사업기간을 단축하는 경우

2) 다음의 어느 하나에 해당하는 경우
    ① 부지면적 또는 건축물 연면적을 5% 범위에서 축소[공작물의 무게, 부피, 수평투영면적(하늘에서 내려다보이는 수평 면적을 말한다) 또는 토석채취량을 5% 범위에서 축소하는 경우를 포함한다]하는 경우
    ② 관계법령의 개정 또는 도시·군관리계획의 변경에 따라 허가받은 사항을 불가피하게 변경하는 경우
    ③ 「공간정보의 구축 및 관리 등에 관한 법률」 및 「건축법」에 따라 허용되는 오차를 반영하기 위한 변경인 경우
    ④ 「건축법 시행령」 제12조 제3항 각 호의 어느 하나에 해당하는 변경(공작물의 위치를 1m 범위에서 변경하는 경우를 포함한다)인 경우

개발행위허가를 받은 자는 허가를 받지 않고 변경할 수 있는 경미한 사항을 변경한 때에는 지체없이 그 사실을 특별시장·광역시장·특별자치시장·특별자치도지사·시장 또는 군수에게 통지해야 한다(영 제52조 제2항).

부동산공법

단락문제 Q24　　　　　　　　　　　　　　　　　　　　　제26회 기출

국토의 계획 및 이용에 관한 법령상 개발행위허가에 관한 설명으로 틀린 것은?(단, 조례는 고려하지 않음)

① 토지 분할에 대해 개발행위허가를 받은 자가 그 개발행위를 마치면 관할 행정청의 준공검사를 받아야 한다.
② 건축물의 건축에 대해 개발행위허가를 받은 후 건축물 연면적을 5퍼센트 범위 안에서 확대하려면 변경허가를 받아야 한다.
③ 개발행위허가를 하는 경우 미리 허가신청자의 의견을 들어 경관 등에 관한 조치를 할 것을 조건으로 허가할 수 있다.
④ 도시·군관리계획의 시행을 위한 「도시개발법」에 따른 도시개발사업에 의해 건축물을 건축하는 경우에는 개발행위허가를 받지 않아도 된다.
⑤ 토지의 일부를 공공용지로 하기 위해 토지를 분할하는 경우에는 개발행위허가를 받지 않아도 된다.

해설 개발행위허가
다음의 행위에 관한 개발행위허가를 받은 자는 그 개발행위를 마치면 특별시장·광역시장·특별자치시장·특별자치도지사·시장 또는 군수의 준공검사를 받아야 한다.
1) 건축물의 건축 또는 공작물의 설치
2) 토지형질변경
3) 토석채취

정답 ①

02　개발행위허가의 기준　　　15·16·19회 출제

1　일반적 기준　13회 출제

(1) 개발행위허가는 다음의 기준에 적합한 경우에만 할 수 있다(법 제58조 제1항, 영 제55조 제3항, 규칙 제10조).

1) 개발행위의 규모가 용도지역별 특성을 고려해서 정한 면적기준에 적합할 것. 다만, 다음의 경우에는 개발행위규모의 제한을 받지 않는다.
① 개발행위가 농어촌정비사업으로 이루어지는 경우
② 지구단위계획으로 정한 가구 및 획지의 범위에서 이루어지는 토지의 형질변경으로서 그 형질변경과 관련된 기반시설이 이미 설치되었거나 형질변경과 기반시설의 설치가 동시에 이루어지는 경우

제1장 국토의 계획 및 이용에 관한 법률

③ 그 개발행위가 국방·군사시설사업으로 이루어지는 경우
④ 초지조성·농지조성·영림 또는 토석채취를 위한 경우
⑤ 다음의 토지형질변경인 경우. 이 경우 특별시장·광역시장·특별자치시장·특별자치도지사·시장 또는 군수는 개발행위허가를 하려면 시·도 도시계획위원회나 대도시의 도시계획위원회의 심의를 거쳐야 하며, 시장(대도시 시장은 제외) 또는 군수(특별시장 또는 광역시장의 권한이 조례로 군수 또는 자치구청장에게 위임된 경우에는 그 군수 또는 자치구청장을 포함함)는 시·도 도시계획위원회에 심의를 요청하기 전에 그 지방자치단체의 지방도시계획위원회에 자문할 수 있다.
  ㉠ 하나의 필지(준공검사를 신청할 때 둘 이상의 필지를 하나의 필지로 합칠 것을 조건으로 허가하는 경우를 포함하되, 개발행위허가를 받은 후에 매각을 목적으로 하나의 필지를 둘 이상의 필지로 분할하는 경우는 제외)에 건축물을 건축하거나 공작물을 설치하기 위한 토지의 형질변경
  ㉡ 하나 이상의 필지에 하나의 용도에 사용되는 건축물을 건축하거나 공작물을 설치하기 위한 토지의 형질변경
⑥ 건축물의 건축, 공작물의 설치 또는 지목의 변경을 수반하지 않고 시행하는 토지복원사업인 경우
⑦ 폐염전을 육상수조식해수양식업 및 육상축제식해수양식업을 위한 양식시설로 변경하는 경우
⑧ 1993.12.31. 이전에 관리지역에 설치된 기존 공장(특정대기유해물질 또는 특정수질유해물질을 배출하는 공장은 제외)의 증설로서 다음의 요건을 갖춘 경우
  ㉠ 시설자동화 또는 공정개선을 위한 증설일 것
  ㉡ 1993.12.31. 당시 공장부지면적의 50% 이내의 증설로서 증가되는 총면적이 3만㎡ 이하일 것
  ㉢ 증가하는 오염물질배출량이 1995.6.30. 이전의 오염물질배출량의 50%를 넘지 않을 것 이내일 것
  ㉣ 증설로 인해 인근지역의 농업생산에 지장을 줄 우려가 없을 것

2) 도시·군관리계획 및 성장관리계획의 내용에 배치되지 않을 것

3) 도시·군계획사업의 시행에 지장이 없을 것

4) 주변지역의 토지이용실태 또는 토지이용계획, 건축물의 높이, 토지의 경사도, 수목의 상태, 물의 배수, 하천·호소·습지의 배수 등 주변환경 또는 경관과 조화를 이룰 것

5) 그 개발행위에 따른 기반시설의 설치 또는 그에 필요한 용지의 확보계획이 적절할 것

(2) 개발행위허가의 기준은 지역의 특성, 지역의 개발상황, 기반시설의 현황 등을 고려해서 다음의 구분에 따라 정한다(법 제58조 제3항, 영 제56조 제2·3항).

1) 시가화용도

토지의 이용 및 건축물의 용도·건폐율·용적률·높이 등에 대한 용도지역의 제한에 따라 개발행위허가의 기준을 적용하는 주거지역·상업지역 및 공업지역

2) 유보용도

도시계획위원회의 심의를 통해 개발행위허가의 기준을 강화 또는 완화해서 적용할 수 있는 계획관리지역·생산관리지역 및 자연녹지지역

3) 보전용도

도시계획위원회의 심의를 통해 개발행위허가의 기준을 강화해서 적용할 수 있는 보전관리지역·농림지역·자연환경보전지역·생산녹지지역 및 보전녹지지역

위의 기준에 적합한 경우에도 개발행위허가를 할 것인지 여부는 허가권자의 재량에 달려있다. 허가신청된 토지의 합리적인 이용이나 도시·군계획사업에 지장이 될 우려가 있는지 여부 등의 판단에 관해서는 일단 행정청에게 재량권이 부여되어 있다(대판 2001.1.16. 99두8886).

2 면적기준★★

(1) 일반적인 면적기준

개발행위허가의 면적기준은 다음과 같다(영 제55조 제1항).

용도지역	기준면적
도시지역	① 주거지역·상업지역·생산녹지지역·자연녹지지역 : 1만㎡ 미만 ② 공업지역 : 3만㎡ 미만 ③ 보전녹지지역 : 5,000㎡ 미만
관리지역, 농림지역	3만㎡ 미만(이 범위에서 도시·군계획조례로 따로 정할 수 있음)
자연환경보전지역	5,000㎡ 미만

(2) 토지가 둘 이상의 용도지역에 걸치는 경우

개발행위허가의 대상인 토지가 둘 이상의 용도지역에 걸치는 때에는 각각의 용도지역에 위치하는 토지부분에 대해 각각의 용도지역의 개발행위의 규모에 관한 규정을 적용하되, 허가대상 토지의 총면적이 그 토지가 걸쳐 있는 용도지역 중 개발행위의 규모가 가장 큰 용도지역의 개발행위의 규모를 초과하면 안 된다(영 제55조 제2항).

제1장 국토의 계획 및 이용에 관한 법률

단락문제 Q25
제34회 기출

국토의 계획 및 이용에 관한 법령상 개발행위허가에 관한 설명으로 틀린 것은?

① 농림지역에 물건을 1개월 이상 쌓아놓는 행위는 개발행위허가의 대상이 아니다.
② 「사방사업법」에 따른 사방사업을 위한 개발행위에 대하여 허가를 하는 경우 중앙도시계획위원회와 지방도시계획위원회의 심의를 거치지 아니한다.
③ 일정 기간 동안 개발행위허가를 제한할 수 있는 대상지역에 지구단위계획구역은 포함되지 않는다.
④ 기반시설부담구역으로 지정된 지역에 대해서는 중앙도시계획위원회나 지방도시계획위원회의 심의를 거치지 아니하고 개발행위허가의 제한을 연장할 수 있다.
⑤ 개발행위허가와 제한을 연장하는 경우 그 연장 기간은 2년을 넘을 수 없다.

해설 개발행위허가
지구단위계획구역으로 지정된 지역으로서 도시·군관리계획상 특히 필요하다고 인정되는 지역에 대해 1회에 한해 3년 이내의 기간 동안 개발행위허가를 제한할 수 있다. 또한 중앙도시계획위원회나 지방도시계획위원회의 심의를 거치지 아니하고 한 차례만 2년 이내의 기간동안 개발행위허가의 제한을 연장할 수 있다.

정답 ③

3 분야별 기준

개발행위허가의 분야별 기준은 [표]와 같다. 국토교통부장관은 이 기준에 대한 세부적인 검토기준을 정할 수 있다(영 제56조 제1·4항, [별표 1의2], 규칙 제10조의2).

▼ 개발행위허가의 분야별 허가기준

구 분		허가기준
분야별 검토사항	공통분야	1) 조수류·수목 등의 집단서식지가 아니고, 우량농지 등에 해당하지 않아 보전의 필요가 없을 것 2) 역사적·문화적·향토적 가치, 국방상 목적 등에 따른 원형보전의 필요가 없을 것 3) 토지형질변경이나 토석채취의 경우에는 표고(標高)·경사도·임상(林相), 인근 도로의 높이, 배수 등을 참작해서 도시·군계획조례로 정하는 기준에 적합할 것. 다만, 다음의 어느 하나에 해당하는 경우에는 위해 방지, 환경오염 방지, 경관 조성, 조경 등에 관한 조치가 포함된 개발행위내용에 대해 해당 도시계획위원회의 심의를 거쳐 이를 완화해서 적용할 수 있다. ① 골프장, 스키장, 기존 사찰, 풍력을 이용한 발전시설 등 개발행위의 특성상 도시·군계획조례가 정하는 기준을 그대로 적용하는 것이 불합리하다고 인정되는 경우 ② 지형 여건 또는 사업수행상 도시·군계획조례가 정하는 기준을 그대로 적용하는 것이 불합리하다고 인정되는 경우

구 분		허가기준
분야별 검토사항	도시·군 관리계획	1) 용도지역별 개발행위의 규모 및 건축제한기준에 적합할 것 2) 개발행위허가제한지역에 해당하지 않을 것
	도시·군 계획사업	1) 도시·군계획사업부지에 해당하지 않을 것(도시·군계획시설부지에서 예외적으로 허용되는 행위는 제외) 2) 개발시기, 가설시설의 설치 등이 도시·군계획사업에 지장을 초래하지 않을 것
	주변지역과의 관계	1) 개발행위로 건축 또는 설치하는 건축물 또는 공작물이 주변의 자연경관 및 미관을 훼손하지 않고, 그 높이·형태 및 색채가 주변건축물과 조화를 이루어야 하며, 도시·군계획으로 경관계획이 수립되어 있는 경우에는 그에 적합할 것 2) 개발행위로 인해 그 지역 및 그 주변지역에 대기오염·수질오염·토질오염·소음·진동·분진 등에 따른 환경오염·생태계파괴·위해발생 등이 발생할 우려가 없을 것. 다만, 환경오염·생태계파괴·위해발생 등의 방지가 가능해서 환경오염의 방지, 위해의 방지, 조경, 녹지의 조성, 완충지대의 설치 등을 허가의 조건으로 붙이는 경우는 예외로 한다. 3) 개발행위로 인해 녹지축이 절단되지 않고, 개발행위로 배수가 변경되어 하천·호소·습지로의 유수를 막지 않을 것
	기반시설	1) 주변의 교통소통에 지장을 초래하지 않을 것 2) 대지와 도로의 관계는 「건축법」에 적합할 것 3) 도시·군계획조례로 정하는 건축물의 용도·규모(대지의 규모를 포함함)·층수 또는 주택호수 등에 따른 도로의 너비 또는 교통소통에 관한 기준에 적합할 것
	그 밖의 사항	1) 공유수면매립의 경우 매립목적이 도시·군계획에 적합할 것 2) 토지의 분할과 물건을 쌓아 놓는 행위에 입목의 벌채가 수반되지 않을 것
개발행위별 검토사항	건축물의 건축 또는 공작물의 설치	1) 「건축법」의 적용을 받는 건축물의 건축 또는 공작물의 설치에 해당하는 경우 그 건축 또는 설치의 기준에 관해서는 「건축법」과 「국토의 계획 및 이용에 관한 법률」 및 동법 시행령이 정하는 바에 의하고, 그 건축 또는 설치의 절차에 관해서는 「건축법」에 의할 것. 이 경우 건축물의 건축 또는 공작물의 설치를 목적으로 하는 토지형질변경·토지분할 또는 토석채취에 관한 개발행위허가는 「건축법」에 따른 건축 또는 설치의 절차와 동시에 할 수 있다. 2) 도로·수도 및 하수도가 설치되지 않은 지역에 대해서는 건축물의 건축(건축을 목적으로 하는 토지형질변경을 포함함)을 허가하지 않을 것. 다만, 무질서한 개발을 초래하지 않는 범위에서 도시·군계획조례로 정하는 경우에는 그렇지 않다. 3) 특정 건축물 또는 공작물에 대한 이격거리, 높이, 배치 등에 대한 구체적인 사항은 도시·군계획조례로 정할 수 있다. 다만, 특정 건축물 또는 공작물에 대한 이격거리, 높이, 배치 등에 대하여 다른 법령에서 달리 정하는 경우에는 그 법령에서 정하는 바에 따른다.
	토지의 형질변경	1) 토지의 지반이 연약한 때에는 그 두께·넓이·지하수위 등의 조사와 지반의 지지력·내려앉음·솟아오름에 관한 시험을 실시해서 흙바꾸기·다지기·배수 등의 방법으로 이를 개량할 것 2) 토지형질변경에 수반되는 성토 및 절토에 의한 비탈면 또는 절개면에 대해서는 옹벽 또는 석축의 설치 등 도시·군계획조례로 정하는 안전조치를 할 것

구 분		허가기준
개발행위별 검토사항	토석채취	지하자원의 개발을 위한 토석채취허가는 시가화대상이 아닌 지역으로서 인근에 피해가 없는 경우에 한하도록 하되, 구체적인 사항은 도시·군계획조례로 정하는 기준에 적합할 것. 다만, 국민경제상 중요한 광물자원의 개발을 위한 경우로서 인근의 토지이용에 대한 피해가 최소한에 그치도록 하는 때는 예외로 한다.
	토지분할	1) 녹지지역·관리지역·농림지역 및 자연환경보전지역에서 관계법령에 따른 허가·인가 등을 받지 않고 토지를 분할하는 경우에는 다음의 요건을 갖출 것 ① 「건축법」상 분할제한면적 이상으로서 도시·군계획조례로 정하는 면적 이상으로 분할할 것 ② 「소득세법 시행령」 제168조의3 제1항에 따른 지정지역의 대상지역 중 토지투기가 성행하거나 성행할 우려가 있다고 판단되는 지역으로서 국토교통부장관이 지정·고시하는 지역에서의 토지분할이 아닐 것. 다만, 다음의 어느 하나에 해당되는 토지는 예외로 한다. ㉠ 다른 토지와의 합병을 위해 분할하는 토지 ㉡ 2006. 3. 8. 전에 토지소유권이 공유로 된 토지를 공유지분에 따라 분할하는 토지 ㉢ 상속자 간에 상속에 따른 토지를 분할하는 경우 ㉣ 토지이용상 불합리한 지상경계를 시정하기 위해 분할하는 경우 ㉤ 기존 묘지를 분할하는 경우 ㉥ 국·공유의 일반재산을 매각·교환 또는 양여하기 위해 토지를 분할하는 경우 ㉦ 농업·축산업·임업 또는 수산업을 영위하기 위한 경우로서 토지분할이 제한되는 지역의 주민 간에 토지를 상호 교환·매각 또는 매수하기 위해 분할하는 경우 ③ 토지분할의 목적이 건축물의 건축 또는 공작물의 설치이거나 토지형질변경인 경우 그 개발행위가 관계법령에 따라 제한되지 않을 것 ④ 「국토의 계획 및 이용에 관한 법률」 또는 다른 법령에 따른 인가·허가 등을 받지 않거나 기반시설이 갖추어지지 않아 토지의 개발이 불가능한 토지의 분할에 관한 사항은 도시·군계획조례로 정한 기준에 적합할 것 2) 「건축법」상 분할제한면적 미만으로 분할하는 경우에는 다음에 해당할 것 ① 녹지지역·관리지역·농림지역 및 자연환경보전지역에서의 기존묘지의 분할인 경우 ② 사설도로를 개설하기 위한 분할(사도개설허가를 받아 분할하는 경우는 제외)인 경우 ③ 사설도로로 사용되고 있는 토지 중 도로로서의 용도가 폐지되는 부분을 인접토지와 합병하기 위한 분할인 경우 ④ 토지이용상 불합리한 토지경계선을 시정해서 그 토지의 효용을 증진시키기 위해 분할 후 인접토지와 합필하려는 경우로서 다음에 해당하는 경우. 이 경우 허가신청인은 분할 후 합필되는 토지의 소유권 또는 공유지분을 보유하고 있거나 그 토지를 매수하기 위한 매매계약을 체결해야 한다.

구 분		허가기준
개발행위별 검토사항	물건을 쌓아 놓는 행위	㉠ 분할 후 남는 토지의 면적 및 분할된 토지와 인접토지가 합필된 후의 면적이 「건축법」상 분할제한면적에 미달되지 않을 것 ㉡ 분할 전후의 토지면적에 증감이 없을 것 ㉢ 분할하려는 기존 토지의 면적이 「건축법」상 분할제한면적에 미달되고, 분할된 토지와 인접토지를 합필한 후의 면적이 「건축법」상 분할제한면적에 미달되지 않을 것 3) 너비 5m 이하로 분할하는 경우로서 토지의 합리적인 이용에 지장이 없을 것 그 행위로 인해 위해발생·주변환경오염·경관훼손 등의 우려가 없고, 그 물건을 쉽게 옮길 수 있는 경우로서 도시·군계획조례로 정하는 기준에 맞을 것
용도지역별 검토사항	시가화용도	1) 토지의 이용 및 건축물의 용도·건폐율·용적률·높이 등에 대한 용도지역의 제한에 따라 개발행위허가의 기준을 적용하는 주거지역·상업지역 및 공업지역일 것 2) 개발을 유도하는 지역으로서 기반시설의 적정성, 개발이 환경에 미치는 영향, 경관보호·조성 및 미관훼손의 최소화를 고려할 것
	유보용도	1) 도시계획위원회의 심의를 통해 개발행위허가의 기준을 강화 또는 완화해서 적용할 수 있는 계획관리지역·생산관리지역 및 자연녹지지역일 것 2) 지역 특성에 따라 개발 수요에 탄력적으로 적용할 지역으로서 입지타당성, 기반시설의 적정성, 개발이 환경에 미치는 영향, 경관보호·조성 및 미관훼손의 최소화를 고려할 것
	보전용도	1) 도시계획위원회의 심의를 통해 개발행위허가의 기준을 강화해서 적용할 수 있는 보전관리지역·농림지역·자연환경보전지역·생산녹지지역 및 보전녹지지역일 것 2) 개발보다 보전이 필요한 지역으로서 입지타당성, 기반시설의 적정성, 개발이 환경에 미치는 영향, 경관보호·조성 및 미관훼손의 최소화를 고려할 것

03 개발행위허가의 절차·조건 등

1 허가신청 및 허가여부의 통지

개발행위를 하려는 자는 그 개발행위에 따른 기반시설의 설치 또는 그에 필요한 용지의 확보(개발밀도관리구역인 경우는 제외), 위해방지, 환경오염방지, 경관, 조경 등에 관한 계획서를 첨부한 신청서를 특별시장·광역시장·특별자치시장·특별자치도지사·시장 또는 군수에게 제출해야 한다. 다만, 「건축법」을 적용받는 건축물을 건축하거나 공작물을 설치하는 경우에는 동법이 정하는 절차에 따라 신청서류를 제출해야 한다(법 제57조 제1항).

특별시장·광역시장·특별자치시장·특별자치도지사·시장 또는 군수는 개발행위허가의 신청에 대해 특별한 사유가 없으면 15일(도시계획위원회의 심의를 거쳐야 하거나 관계 행정기관의 장과 협의를 해야 하는 경우에는 심의 또는 협의기간은 제외) 이내에 허가 또는 불허가의 처분을 해야 한다. 이 경우 지체없이 신청인에게 허가내용이나 불허가처분사유를 서면 또는 국토이용정보체계를 통하여 알려야 한다(법 제57조 제2·3항, 영 제54조 제1항).

2 도시계획사업 시행자의 의견청취 14회 출제

특별시장·광역시장·특별자치시장·특별자치도지사·시장 또는 군수는 개발행위허가를 하는 때에는 그 개발행위가 도시·군계획사업의 시행에 지장을 주는지의 여부에 관해 그 지역에서 시행되는 도시·군계획사업의 시행자의 의견을 들어야 한다. 다만, 대통령령으로 정하는 경미한 사항을 변경하는 경우에는 그러하지 아니하다(법 제58조 제2항).

3 도시계획위원회의 심의 20회 출제

(1) 도시계획위원회의 심의를 받아야 하는 개발행위

관계 행정기관의 장은 다음의 개발행위에 대해「국토의 계획 및 이용에 관한 법률」에 따라 허가 또는 변경허가를 하거나 다른 법률에 따라 인가·허가·승인 또는 협의를 하려면 그 규모에 따라 중앙도시계획위원회 또는 지방도시계획위원회의 심의를 거쳐야 한다. 다만, 도시·군계획사업(다른 법률에서 도시·군계획사업으로 의제하는 사업은 제외)에 의하는 경우는 제외한다(법 제59조 제1항, 영 제57조 제1·2·3·4항).

1) 건축물의 건축이나 공작물의 설치를 목적으로 하는 허가기준면적 이상인 토지형질변경. 다만, 면적제한을 받지 않고 시·도 도시계획위원회나 대도시의 도시계획위원회의 심의를 거쳐 개발행위허가를 하는 토지형질변경인 경우는 제외한다.

2) 녹지지역·관리지역·농림지역 또는 자연환경보전지역에서 건축물의 건축 또는 공작물의 설치를 목적으로 하는 토지형질변경으로서 허가기준면적 미만인 경우. 다만, 다음에 해당하는 경우(방재지구 및 도시·군계획조례로 정하는 지역에서 건축물의 건축 또는 공작물의 설치를 목적으로 하는 토지형질변경에 해당하지 않는 경우에 한함)는 제외한다.
   ① 해당 토지가 자연취락지구·개발진흥지구·기반시설부담구역, 준산업단지 또는 공장입지유도지구에 위치한 경우
   ② 해당 토지가 특별시장·광역시장·특별자치시장·특별자치도지사·시장 또는 군수가 도로 등 기반시설이 이미 설치되어 있거나 설치에 관한 도시·군관리계획이 수립된 지역으로 인정해서 지방도시계획위원회의 심의를 거쳐 해당 지방자치단체의 공보에 고시한 지역에 위치한 경우
   ③ 해당 토지에 도시·군계획조례로 정하는 용도지역별 건축물의 용도·규모(대지의 규모를 포함함)·층수 또는 주택호수 등의 범위에서 다음의 건축물을 건축하려는 경우. 이 경우 ③, ④, ⑤ 외의 용도로의 변경을 제한하는 조건을 붙여야 한다.
      ㉠ 단독주택, 공동주택(「주택법」에 따른 사업계획승인을 받아야 하는 주택은 제외한다)
      ㉡ 제1종 근린생활시설
      ㉢ 제2종 근린생활시설(단란주점·안마시술소·노래연습장 및 다중생활시설은 제외)
      ㉣ 학교 중 유치원(1,500㎡ 이내의 토지의 형질변경으로 한정하며, 보전녹지지역 및 보전관리지역에 설치하는 경우는 제외한다)

ⓜ 아동 관련 시설(1,500㎡ 이내의 토지의 형질변경으로 한정하며, 보전녹지지역 및 보전관리지역에 설치하는 경우는 제외한다)

ⓗ 노인복지시설(노인여가복지시설로서 부지면적이 1,500㎡ 미만인 시설로 한정하며, 보전녹지지역 및 보전관리지역에 설치하는 경우는 제외한다)

ⓢ 창고(농업·임업·어업을 목적으로 하는 경우로서 660㎡ 이내의 토지의 형질변경으로 한정하며, 자연환경보전지역에 설치하는 경우는 제외한다)

ⓞ 동물 및 식물 관련 시설(도축장·도계장이 포함되지 않은 경우로서 660㎡ 이내의 토지의 형질변경으로 한정하며, 자연환경보전지역에 설치하는 경우는 제외한다)

ⓩ 기존 부지면적의 100분의 10(여러 차례에 걸쳐 증축하는 경우에는 누적하여 산정한다) 이하의 범위에서 증축하려는 건축물

ⓒ 건축물의 건축 또는 공작물의 설치를 목적으로 설치하는 진입도로(도로 연장이 50m를 초과하는 경우는 제외한다)

④ 다음의 요건을 모두 갖춘 건축물을 건축하려는 경우. 이 경우 도로 및 상수도·하수도 등 기반시설의 설치를 우선적으로 지원할 수 있으며, ③, ④, ⑤ 외의 용도로의 변경을 제한하는 조건을 붙여야 한다.

㉠ 건축물의 집단화를 유도하기 위해 도시·군계획조례로 정하는 용도지역에 건축할 것

㉡ 도시·군계획조례로 정하는 용도의 건축물을 건축할 것

㉢ 위 ㉡의 용도로 개발행위가 완료되었거나 개발행위허가 등에 따라 개발행위가 진행 중이거나 예정된 토지로부터 도시·군계획조례로 정하는 거리(50m 이내로 하되, 도로의 너비는 제외) 이내에 건축할 것

㉣ 위 ㉠의 용도지역에서 ㉡, ㉢의 요건을 모두 갖춘 건축물을 건축하기 위한 기존 개발행위의 전체 면적(개발행위허가 등에 의해 개발행위가 진행 중이거나 예정된 토지면적을 포함함)이 도시·군계획조례로 정하는 규모(용도지역별 개발행위허가 규모 이상으로 정하되, 난개발이 되지 않도록 충분히 넓게 정해야 함) 이상일 것

㉤ 기반시설 또는 경관, 그 밖에 필요한 사항에 관해 도시·군계획조례로 정하는 기준을 갖출 것

⑤ 계획관리지역(관리지역이 세분되지 않은 경우에는 관리지역)에서 다음의 공장 중 부지가 1만㎡ 미만인 공장의 부지를 종전 부지면적의 50% 범위에서 확장하는 경우(확장하려는 부지가 종전 부지와 너비 8m 미만의 도로를 사이에 두고 접한 경우를 포함함). 이 경우 ③, ④, ⑤ 외의 용도로의 변경을 제한하는 조건을 붙여야 한다.

㉠ 2002.12.31. 이전에 준공된 공장

㉡ 종전의 「국토이용관리법」·「도시계획법」 또는 「건축법」에 따른 건축제한·건폐율제한 또는 용적률제한을 적용받는 공장(2003.1.1. 당시 종전의 「국토이용관리법」·「도시계획법」 등 관계법령에 따라 건축허가·용도변경신고·사업승인 등을 신청중이었던 공장)

ⓒ 2002.12.31. 이전에 종전의 「공업배치 및 공장설립에 관한 법률」에 따라 공장설립승인을 받거나 신청한 경우로서 2005.1.20.까지 착공신고를 한 공장
ⓔ 건축물의 건축 또는 공작물의 설치를 목적으로 조성이 완료된 대지의 면적을 해당 대지 면적의 10/100 이하의 범위에서 확장하려는 경우(여러 차례에 걸쳐 확장하는 경우에는 누적하여 산정한다)

3) 부피 3만㎥ 이상의 토석채취

▼ 도시계획위원회의 심의사항

도시계획위원회	심의대상
중앙도시계획위원회	① 면적 1㎢ 이상인 토지의 형질변경 ② 부피 100만㎥ 이상인 토석채취
시·도 도시계획위원회 또는 대도시의 도시계획위원회	① 면적 30만㎡ 이상 1㎢ 미만인 토지의 형질변경 ② 부피 50만㎥ 이상 100만㎥ 미만인 토석채취
시·군·구 도시계획위원회	① 허가기준면적 이상 30만㎡ 미만인 토지의 형질변경 ② 부피 3만㎥ 이상 50만㎥ 미만인 토석채취

중앙행정기관의 장이 지방도시계획위원회의 심의사항에 해당하는 개발행위에 대해 개발행위허가를 하거나 다른 법률에 따라 허가·인가·승인 또는 협의를 하려는 경우에는 중앙도시계획위원회의 심의를 거쳐야 하며, 시·도지사가 시(대도시는 제외)·군·구 도시계획위원회의 심의사항을 허가하거나 다른 법률에 따라 허가·인가·승인 또는 협의를 하려는 경우에는 시·도 도시계획위원회의 심의를 거쳐야 한다(영 제57조 제5항).

(2) 도시계획위원회의 심의를 받지 않아도 되는 개발행위

그러나 다음의 개발행위는 중앙도시계획위원회 및 지방도시계획위원회의 심의를 거치지 않는다(법 제59조 제2항, 영 제57조 제7항).

1) 「국토의 계획 및 이용에 관한 법률」 제8조 및 제9조에 따라 토지이용에 관한 구역 등의 지정과 관련해서 도시계획위원회의 심의를 받거나 다른 법률에 따라 도시계획위원회의 심의를 받는 구역에서의 개발행위
2) <u>지구단위계획 또는 성장관리방안을 수립한 지역에서의 개발행위</u>
3) 주거지역·상업지역 또는 공업지역에서 시행하는 개발행위 중 조례로 정하는 규모·위치 등에 해당하지 않는 개발행위
4) 환경영향평가를 받은 개발행위
5) 「도시교통정비 촉진법」에 따라 교통영향평가에 대한 검토를 받은 개발행위
6) 농어촌정비사업을 위한 개발행위
7) 산림사업 및 사방사업을 위한 개발행위

(3) 도시계획위원회의 심의를 받도록 요청할 수 있는 경우

국토교통부장관이나 지방자치단체의 장은 다음의 개발행위가 도시·군계획에 포함되지 않은 경우에는 관계 행정기관의 장에게 중앙도시계획위원회 또는 지방도시계획위원회의 심의를 받도록 요청할 수 있다(법 제59조 제3항).

1) 환경영향평가를 받은 개발행위

2) 교통영향평가에 대한 검토를 받은 개발행위

이 경우 국토교통부장관이나 지방자치단체의 장은 심의가 필요한 사유를 명시해야 한다. 도시계획위원회의 심의를 요청받은 관계 행정기관의 장은 특별한 사유가 없으면 이에 따라야 한다. 심의요청을 받은 관계 행정기관의 장이 중앙행정기관의 장인 때에는 중앙도시계획위원회의 심의를, 지방자치단체의 장인 때에는 지방도시계획위원회의 심의를 받아야 한다(법 제59조 제3항, 영 제58조 제1·2항).

4 조건부 허가

특별시장·광역시장·특별자치시장·특별자치도지사·시장 또는 군수는 개발행위허가를 하는 경우에는 개발행위에 따른 기반시설의 설치 또는 그에 필요한 용지의 확보·위해방지·환경오염방지·경관·조경 등에 관한 조치를 할 것을 조건으로 개발행위허가를 할 수 있다. 이 경우 미리 허가신청인의 의견을 들어야 한다(법 제57조 제4항, 영 제54조 제2항).

개발행위허가시 이행보증금의 예치

이행보증금의 예치금액은 총공사비의 20% 이내가 되도록 해야 한다.

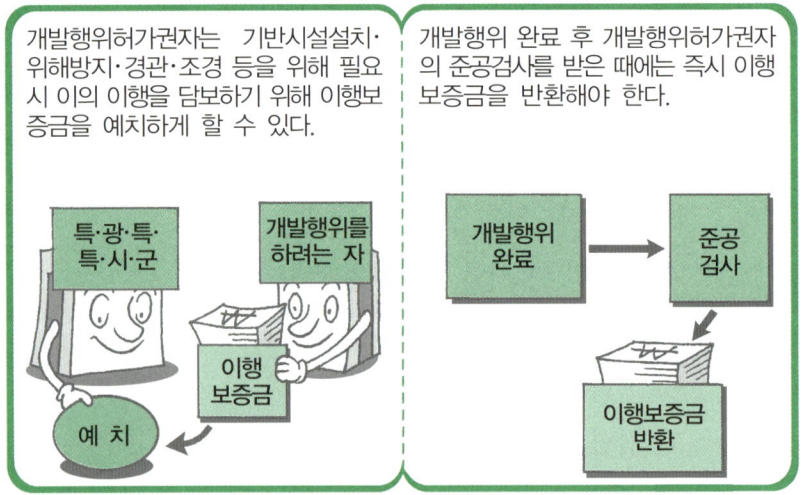

5 이행보증금의 예치 22회 출제

(1) 이행보증금을 예치하게 할 수 있는 경우

특별시장·광역시장·특별자치시장·특별자치도지사·시장 또는 군수는 기반시설의 설치 또는 그에 필요한 용지의 확보, 위해방지, 환경오염방지, 경관, 조경 등을 위해 필요한 경우로서 다음에 해당하는 경우에는 이의 이행을 담보하기 위해 개발행위허가를 받는 자로 하여금 이행보증금을 예치하게 할 수 있다(법 제60조 제1항, 영 제59조 제1항).

1) 건축물의 건축 또는 공작물의 설치, 토지형질변경, 토석채취로 인해 도로·수도공급설비·하수도 등 기반시설의 설치가 필요한 경우
2) 토지의 굴착으로 인해 인근의 토지가 붕괴될 우려가 있거나 인근의 건축물 또는 공작물이 손괴될 우려가 있는 경우
3) 토석의 발파로 인한 낙석·먼지 등에 의해 인근지역에 피해가 발생할 우려가 있는 경우
4) 토석을 운반하는 차량의 통행으로 인해 통행로 주변의 환경이 오염될 우려가 있는 경우
5) 토지의 형질변경이나 토석의 채취가 완료된 후 비탈면에 조경을 할 필요가 있는 경우

(2) 이행보증금을 예치하지 않아도 되는 시행자

다음의 자가 시행하는 개발행위의 경우에는 이행보증금을 예치하지 않아도 된다(법 제60조 제1항, 영 제59조 제5항).

1) 국가, 지방자치단체
2) 「공공기관의 운영에 관한 법률」에 따른 공공기관 중 공기업과 위탁집행형 준정부기관
   → 「공공기관의 운영에 관한 법률」에 의한 공공기관은 공기업(시장형 공기업, 준시장형 공기업), 준정부기관(기금관리형 준정부기관, 위탁집행형 준정부기관) 및 기타공공기관으로 구분된다.
3) 조례로 정하는 공공단체

(3) 예치금액의 산정과 납입방법

이행보증금의 예치금액은 기반시설의 설치나 그에 필요한 용지의 확보, 위해의 방지, 환경오염의 방지, 경관 및 조경에 필요한 비용의 범위에서 산정하되, 총공사비의 20% 이내(산지에서의 개발행위의 경우 복구비를 합하여 총공사비의 20% 이내)가 되도록 해야 한다. 이행보증금의 산정에 관한 구체적인 사항 및 예치방법은 도시·군계획조례로 정한다. 이 경우 산지에서의 개발행위에 대한 이행보증금의 예치금액은 「산지관리법」에 따른 복구비를 포함해서 정하되, 복구비가 이행보증금과 중복계상되지 않도록 해야 한다(영 제59조 제2항). 이행보증금은 현금으로 납입하되, 지급보증서·유가증권·보증보험증권 등으로 갈음할 수 있다(영 제59조 제3항).

(4) 이행보증금의 반환

이행보증금은 준공검사를 받은 때에는 즉시 반환해야 한다(영 제59조 제4항).
특별시장·광역시장·특별자치시장·특별자치도지사·시장 또는 군수는 개발행위허가를 받은 자가 원상회복명령을 이행하지 않는 때에는 이행보증금을 사용해서 「행정대집행법」에 따른 행정대집행에 의해 원상회복을 할 수 있다. 이 경우 잔액이 있는 때에는 즉시 이를 이행보증금의 예치자에게 반환해야 한다(영 제59조 제6항).

(5) 이행보증금의 서면통지

특별시장·광역시장·특별자치시장·특별자치도지사·시장 또는 군수는 원상회복을 명하는 경우에는 국토교통부령으로 정하는 바에 따라 구체적인 조치내용·기간 등을 정하여 서면으로 통지해야 한다(영 제59조 제7항).

6 원상회복

특별시장·광역시장·특별자치시장·특별자치도지사·시장 또는 군수는 개발행위허가를 받지 않고 개발행위를 하거나 허가내용과 다르게 개발행위를 하는 자에 대해서는 그 토지의 원상회복을 명할 수 있다(법 제60조 제3항).
특별시장·광역시장·특별자치시장·특별자치도지사·시장 또는 군수는 원상회복명령을 받은 자가 원상회복을 하지 않는 때에는 「행정대집행법」에 따른 행정대집행에 의해 원상회복을 할 수 있다. 이 경우 행정대집행에 필요한 비용은 개발행위허가를 받은 자가 예치한 이행보증금을 사용할 수 있다(법 제60조 제4항).

7 다른 법률에 따른 인·허가의 의제

(1) 인·허가 의제

특별시장·광역시장·특별자치시장·특별자치도지사·시장 또는 군수가 개발행위를 허가 또는 변경허가할 때에 그 개발행위에 대한 다음의 인가·허가·승인·면허·협의·해제·신고·심사 등에 관해 미리 관계 행정기관의 장과 협의한 사항에 대해서는 그 인·허가 등을 받은 것으로 본다(법 제61조 제1항).

1) 「공유수면 관리 및 매립에 관한 법률」에 따른 공유수면의 점용·사용허가, 점용·사용 실시계획의 승인 또는 신고, 공유수면 매립면허, 공유수면매립 실시계획의 승인
2) 「광업법」에 따른 채굴계획의 인가
3) 「농어촌정비법」에 따른 농업생산기반시설의 사용허가
4) 「농지법」에 따른 농지전용의 허가·신고 또는 협의, 농지의 타용도일시사용의 허가 또는 협의

제1장 국토의 계획 및 이용에 관한 법률

5) 「도로법」에 따른 도로관리청이 아닌 자에 대한 도로공사시행의 허가, 도로와 다른 시설의 연결허가 및 도로점용의 허가
6) 「장사 등에 관한 법률」에 따른 무연분묘의 개장허가
7) 「사도법」에 따른 사도개설의 허가
8) 「사방사업법」에 따른 사방지(砂防地)에서의 토지형질변경 등의 허가, 사방지지정의 해제 → 사방사업을 시행했거나 시행하기 위한 지역
9) 「산업집적활성화 및 공장설립에 관한 법률」에 따른 공장설립 등의 승인
10) 「산지관리법」에 따른 산지전용의 허가 또는 신고, 산지일시사용허가 또는 신고, 토석채취허가, 토사채취신고
11) 「산림자원의 조성 및 관리에 관한 법률」에 따른 입목벌채 등의 허가 또는 신고
12) 「소하천정비법」에 따른 소하천공사시행의 허가, 소하천의 점용허가
13) 「수도법」에 따른 전용상수도 또는 전용공업용수도의 설치인가
14) 「연안관리법」에 따른 연안정비사업 실시계획의 승인
15) 「체육시설의 설치·이용에 관한 법률」에 따른 체육시설업에 관한 사업계획의 승인
16) 「초지법」에 따른 초지전용의 허가·신고 또는 협의
17) 「공간정보의 구축 및 관리 등에 관한 법률」에 따른 지도 등의 간행심사
18) 「하수도법」에 따른 공공하수도공사의 시행허가, 공공하수도의 점용허가
19) 「하천법」에 따른 하천공사시행의 허가, 하천점용의 허가
20) 「도시공원 및 녹지 등에 관한 법률」에 따른 도시공원의 점용허가 및 녹지의 점용허가인·허가 등을 의제받고자 하는 자는 개발행위허가신청을 하는 때에 그 법률이 정하는 관련 서류를 함께 제출해야 한다(법 제61조 제2항). 특별시장·광역시장·특별자치시장·특별자치도지사·시장 또는 군수는 개발행위허가의 그 내용에 의제대상이 되는 사항이 있는 때에는 허가를 하기 전에 미리 관계 행정기관의 장과 협의해야 한다. 협의요청을 받은 관계 행정기관의 장은 요청을 받은 날부터 20일 이내에 의견을 제출해야 하며, 그 기간 내에 의견을 제출하지 않으면 협의가 이루어진 것으로 본다(법 제61조 제3·4항). 국토교통부장관은 의제되는 인·허가 등의 처리기준을 관계 중앙행정기관으로부터 제출받아 이를 통합해서 고시해야 한다(법 제61조 제5항).

(2) 개발행위복합민원 일괄협의회

특별시장·광역시장·특별자치시장·특별자치도지사·시장 또는 군수는 인·허가의제와 관련한 협의를 하기 위해 <u>개발행위허가 신청일부터 10일 이내에 개발행위복합민원 일괄협의회를 개최해야 한다.</u> 특별시장·광역시장·특별자치시장·특별자치도지사·시장 또는 군수는 협의회를 개최하기 3일 전까지 협의회 개최 사실을 관계 행정기관의 장에게 알려야 한다(법 제61조의2 제1항, 영 제59조의2 제1·2항).

협의 요청을 받은 관계 행정기관의 장은 소속 공무원을 개발행위복합민원 일괄협의회에 참석하게 해야 하며, 개발행위복합민원 일괄협의회에서 인·허가의제에 대한 의견을 제출해야 한다. 다만, 법령 검토 및 사실 확인 등을 위한 추가 검토가 필요해서 해당 인·허가에 대한 의견을 개발행위복합민원 일괄협의회에 제출하기 곤란한 경우에는 협의요청을 받은 날부터 20일 이내에 의견을 제출할 수 있다(법 제61조의2 제2항, 영 제59조의2 제3항).

그 밖에 개발행위복합민원 일괄협의회의 운영 등에 필요한 사항은 해당 지방자치단체의 도시·군계획조례로 정한다(영 제59조의2 제4항).

단락문제 Q26 제17회 기출

국토의 계획 및 이용에 관한 법령상 개발행위허가에 대한 설명 중 바른 것은?

① 도시·군계획사업에 의해 건축물을 건축하고자 하는 때에는 개발행위허가를 받아야 한다.
② 개발행위허가권자는 개발행위에 따른 기반시설의 설치 등을 할 것을 조건으로 개발행위를 허가할 수 없다.
③ 관리지역 안에서는 도시·군계획조례에서 정하는 바에 따라 개발행위허가의 규모가 정해지며, 그 상한은 5만㎡이다.
④ 행정청이 아닌 자가 재해복구 또는 재난수습을 위한 응급조치를 한 경우, 그 행위를 한 자는 1월 이내에 허가권자에게 이를 신고해야 한다.
⑤ 허가권자가 개발행위허가를 하고자 하는 때에는 개발행위가 시행되는 지역 안에서 이미 시행되고 있는 도시·군계획사업시행자의 동의를 받아야 한다.

해설 개발행위허가
① 도시·군계획사업에 의하지 않고 개발행위를 하려는 경우에 허가대상이 된다.
② 개발행위허가를 하는 경우에는 개발행위에 따른 기반시설의 설치 등을 조건으로 할 수 있다.
③ 관리지역에서의 개발행위허가를 할 수 있는 상한은 3만㎡ 이다.
⑤ 개발행위허가를 할 때에는 도시·군계획사업의 시행자의 의견을 들어야 한다.

정답 ④

04 개발행위허가의 제한

18회 출제

1 개발행위허가의 제한 내용 21회 출제

(1) 개발행위허가의 제한지역 및 제한기간 ★★

국토교통부장관, 시·도지사, 시장 또는 군수는 다음의 지역으로서 도시·군관리계획상 특히 필요하다고 인정되는 지역에 대해 <u>1회에 한해 3년 이내의 기간 동안</u> 개발행위허가를 제한할 수 있다. 다만, 아래 3)항부터 5)항 즉 도시·군기본계획 또는 도시·군관리계획을 수립하고 있는 지역, 지구단위계획구역으로 지정된 지역과 기반시설부담구역으로 지정된 지역에 대해서는 중앙도시계획위원회나 지방도시계획위원회의 심의를 거치지 아니하고 한 차례만 <u>2년 이내의 기간 동안</u> 개발행위허가의 제한을 연장할 수 있다(법 제63조 제1항).

1) 녹지지역 또는 계획관리지역으로서 수목이 집단적으로 자라고 있거나 조수류 등이 집단적으로 서식하고 있는 지역 또는 우량농지 등으로 보전할 필요가 있는 지역

2) 개발행위로 인해 주변의 환경·경관·미관·국가유산 등이 크게 오염되거나 손상될 우려가 있는 지역

3) 도시·군기본계획 또는 도시·군관리계획을 수립하고 있는 지역으로서 그 도시·군기본계획 또는 도시·군관리계획이 결정될 경우 용도지역·용도지구 또는 용도구역의 변경이 예상되고 그에 따라 개발행위허가의 기준이 크게 달라질 것으로 예상되는 지역

4) 지구단위계획구역으로 지정된 지역

5) 기반시설부담구역으로 지정된 지역

(2) 허가제한의 절차

개발행위허가를 제한하려는 경우 <u>국토교통부장관은 중앙도시계획위원회의 심의를, 시·도지사나 시장 또는 군수는 지방도시계획위원회의 심의를 거쳐야 한다.</u> 이 경우 국토교통부장관이나 시·도지사는 도시계획위원회의 심의를 거치기 전에 관할 시장 또는 군수의 의견을 들어야 한다(법 제63조 제1항, 영 제60조 제1·2항). 개발행위허가를 제한하는 경우 국토교통부장관은 관보에, 시·도지사나 시장 또는 군수는 공보에 제한지역·제한사유·제한대상행위 및 제한기간을 미리 고시해야 한다. 고시한 내용을 해당 기관의 인터넷 홈페이지에도 게재하여야 한다(법 제63조 제2항, 영 제60조 제3·4항).

부동산공법

(3) 개발행위허가 제한지역의 해제

개발행위허가 제한지역을 고시한 국토교통부장관, 시·도지사, 시장 또는 군수는 해당 지역에서 개발행위를 제한할 사유가 없어진 경우에는 그 제한기간이 끝나기 전이라도 지체 없이 개발행위허가의 제한을 해제해야 한다. 이 경우 국토교통부장관, 시·도지사, 시장 또는 군수는 관보 또는 공보에 해제지역 및 해제시기를 고시해야 한다(법 제63조 제3항, 영 제60조 제3항).

(4) 토지이용규제 기본법의 적용

국토교통부장관, 시·도지사, 시장 또는 군수가 개발행위허가를 제한하거나 개발행위허가 제한을 연장 또는 해제하는 경우 그 지역의 지형도면 고시, 지정의 효력, 주민 의견 청취 등에 관하여는 「토지이용규제 기본법」 제8조에 따른다(법 제63조 제4항).

단락문제 Q27

국토의 계획 및 이용에 관한 법령상 개발행위허가의 제한에 관한 설명으로 틀린 것은?

① 보전할 필요가 있는 녹지지역에서는 최장 3년 동안 개발행위허가를 제한할 수 있다.
② 지구단위계획을 수립하고 있는 지구단위계획구역에서는 최장 6년 동안 개발행위허가를 제한할 수 있다.
③ 보전할 필요가 있는 계획관리지역에서는 최장 3년 동안 개발행위허가를 제한할 수 있다.
④ 기반시설부담계획이 수립되고 있는 기반시설부담구역에서는 최장 5년 동안 개발행위허가를 제한할 수 있다.
⑤ 개발행위로 미관 등이 크게 손상될 우려가 있는 지역에서는 최장 3년 동안 개발행위허가를 제한할 수 있다.

해설 개발행위허가의 제한
②, ④ 최장 5년 동안(최초제한 : 3년 이내, 연장 : 1회 2년 이내) 개발행위를 제한할 수 있다. **정답** ②

---

2 도시·군계획시설부지에 대한 개발행위허가의 제한 ★

(1) 도시·군계획시설이 아닌 건축물 및 공작물의 설치제한

특별시장·광역시장·특별자치시장·특별자치도지사·시장 또는 군수는 <u>도시·군계획시설의 설치장소로 결정된 지상·수상·공중·수중 또는 지하에 대해서는 그 도시·군계획시설이 아닌 건축물의 건축이나 공작물의 설치를 허가하면 안 된다.</u> 다만, 다음의 경우에는 그 도시·군계획시설이 아닌 건축물의 건축이나 공작물의 설치를 허가할 수 있다(법 제64조 제1항, 영 제61조).

1) 지상·수상·공중·수중 또는 지하에 일정한 공간적 범위를 정해 도시·군계획시설이 결정되어 있고 그 도시·군계획시설의 설치·이용 및 장래의 확장 가능성에 지장이 없는 범위에서 도시·군계획시설이 아닌 건축물 또는 공작물을 그 도시·군계획시설인 건축물 또는 공작물의 부지에 설치하는 행위

2) 2000.7.1. 전에 도시·군계획시설과 도시·군계획시설이 아닌 건축물을 같은 건축물에 설치한 경우로서 실시계획인가를 받아 다음의 어느 하나에 해당하는 경우
   ① 건폐율이 증가하지 않는 범위에서 그 건축물을 증축 또는 대수선해서 도시·군계획시설이 아닌 시설을 설치하는 경우
   ② 도시·군계획시설의 설치·이용 및 장래의 확장 가능성에 지장이 없는 범위에서 도시·군계획시설을 도시·군계획시설이 아닌 시설로 변경하는 경우

3) 「도로법」 등 도시·군계획시설의 설치 및 관리에 관해 규정하고 있는 다른 법률에 따라 점용허가를 받아 건축물 또는 공작물을 설치하는 경우

4) 도시·군계획시설의 설치·이용 및 장래의 확장 가능성에 지장이 없는 범위에서 신·재생에너지 설비 중 태양에너지 설비 또는 연료전지 설비를 설치하는 경우

5) 도시·군계획시설의 설치·이용이나 장래의 확장 가능성에 지장이 없는 범위에서 재해복구 또는 재난수습을 위한 응급조치로서 가설건축물 또는 공작물을 설치하는 경우

(2) 미집행 도시·군계획시설 부지에 대한 특례

특별시장·광역시장·특별자치시장·특별자치도지사·시장 또는 군수는 도시·군계획시설 결정의 고시일부터 2년이 지날 때까지 그 시설의 설치에 관한 사업이 시행되지 않은 경우 단계별 집행계획이 수립되지 않은 도시·군계획시설 부지와 제1단계 집행계획(단계별 집행계획을 변경한 경우에는 최초의 단계별 집행계획)에 포함되지 않은 도시·군계획시설 부지에 대해서는 예외적으로 다음의 개발행위를 허가할 수 있다(법 제64조 제2항).

1) 가설건축물의 건축과 이에 필요한 범위에서의 토지형질변경

2) 도시·군계획시설의 설치에 지장이 없는 공작물의 설치와 이에 필요한 범위에서의 토지형질변경

3) 건축물의 개축 또는 재축(건축신고대상인 건축물의 개축·증축 또는 재축은 제외)과 이에 필요한 범위에서의 토지형질변경

특별시장·광역시장·특별자치시장·특별자치도지사·시장 또는 군수는 가설건축물의 건축이나 공작물의 설치를 허가한 도시·군계획시설 부지에 도시·군계획시설사업이 시행되는 때에는 그 시행예정일 3개월 전까지 가설건축물 또는 공작물의 소유자의 부담으로 그 가설건축물 또는 공작물의 철거 등 원상회복에 필요한 조치를 명해야 한다. 다만, 원상회복의 필요가 없다고 인정되는 경우는 예외로 한다(법 제64조 제3항).

특별시장·광역시장·특별자치시장·특별자치도지사·시장 또는 군수는 <u>원상회복의 명령을 받은 자가 원상회복을 하지 않는 때에는「행정대집행법」에 따른 행정대집행으로 원상회복을 할 수 있다</u>(법 제64조 제4항).

05 개발행위의 완료

1 준공검사 26회 출제

(1) 준공검사

다음의 행위에 관한 개발행위허가를 받은 자는 그 개발행위를 마치면 특별시장·광역시장·특별자치시장·특별자치도지사·시장 또는 군수의 준공검사를 받아야 한다(법 제62조 제1항).

1) <u>건축물의 건축 또는 공작물의 설치</u>(「건축법」에 따른 사용승인을 받은 경우는 제외)
2) <u>토지형질변경</u>
3) <u>토석채취</u>

특별시장·광역시장·특별자치시장·특별자치도지사·시장 또는 군수는 허가내용대로 사업이 완료된 때에는 개발행위준공검사필증을 신청인에게 발급하여야 한다. 이 경우 개발행위준공검사필증은 국토이용정보체계를 통하여 발급할 수 있다(규칙 제11조 제4항).

(2) 인·허가의 의제에 따른 준공검사의 의제

준공검사를 받은 때에는 특별시장·광역시장·특별자치시장·특별자치도지사·시장 또는 군수가 <u>개발행위허가에 의해 의제되는 인·허가 등에 따른 준공검사·준공인가 등에 관해 관계 행정기관의 장과 협의한 사항에 대해서는 그 준공검사·준공인가 등을 받은 것으로 본다</u>(법 제62조 제2항). 다른 법령에 따른 준공검사·준공인가 등을 의제받고자 하는 자는 준공검사를 신청하는 때에 해당 법률이 정하는 관련 서류를 함께 제출해야 한다(법 제62조 제3항). 특별시장·광역시장·특별자치시장·특별자치도지사·시장 또는 군수는 준공검사내용에 의제대상인 인·허가 등에 따른 준공검사·준공인가 등에 해당하는 사항이 있는 때에는 미리 관계 행정기관의 장과 협의해야 한다(법 제62조 제4항). 국토교통부장관은 의제되는 준공검사·준공인가 등의 처리기준을 관계 중앙행정기관으로부터 제출받아 이를 통합해서 고시해야 한다(법 제62조 제5항).

제1장 국토의 계획 및 이용에 관한 법률

단락문제 Q28 제33회 기출

국토의 계획 및 이용에 관한 법령상 개발행위허가에 관한 설명으로 옳은 것은?(단, 조례는 고려하지 않음)

① 「사방사업법」에 따른 사방사업을 위한 개발행위를 허가하려면 지방도시계획위원회의 심의를 거쳐야 한다.
② 토지의 일부가 도시·군계획시설로 지형도면고시가 된 당해 토지의 분할은 개발행위허가를 받아야 한다.
③ 국토교통부장관은 개발행위로 인하여 주변의 환경이 크게 오염될 우려가 있는 지역에서 개발행위허가를 제한하고자 하는 경우 중앙도시계획위원회의 심의를 거쳐야 한다.
④ 시·도지사는 기반시설부담구역으로 지정된 지역에 대해서는 10년간 개발행위허가를 제한할 수 있다.
⑤ 토지분할을 위한 개발행위허가를 받은 자는 그 개발행위를 마치면 시·도지사의 준공검사를 받아야 한다.

해설 개발행위허가
① 「사방사업법」에 따른 사방사업을 위한 개발행위를 허가하는 경우 지방도시계획위원회의 심의를 거치지 않는다.
② 토지의 일부가 도시·군계획시설로 지형도면고시가 된 당해 토지의 분할은 개발행위허가를 받지 않아도 된다.
④ 시·도지사는 기반시설부담구역으로 지정된 지역에 대해서는 5년간 개발행위허가를 제한할 수 있다.
⑤ 토지분할을 위한 개발행위허가를 받은 자는 그 개발행위를 마치면 준공검사를 받지 않는다. **정답** ③

2 공공시설의 귀속 32회 출제

(1) 공공시설의 귀속범위

개발행위허가(다른 법률에 따라 개발행위허가가 의제되는 협의를 거친 인가·허가·승인 등을 포함함)를 받은 자가 행정청인 경우 개발행위허가를 받은 자가 새로 공공시설을 설치하거나 기존의 공공시설에 대체되는 공공시설을 설치한 경우에는 「국유재산법」 및 「공유재산 및 물품 관리법」에 불구하고 새로 설치된 공공시설은 그 시설을 관리할 관리청에 무상으로 귀속되고, 종래의 공공시설은 개발행위허가를 받은 자에게 무상으로 귀속된다(법 제65조 제1항). 이 경우 무상귀속되는 종래의 공공시설은 새로 설치한 공공시설에 의해 그 기능이 '대체'되는 것에 한한다.

개발행위허가를 받은 자가 행정청이 아닌 경우 개발행위허가를 받은 자가 새로 설치한 공공시설은 그 시설을 관리할 관리청에 무상으로 귀속되고, 개발행위로 인해 용도가 폐지되는 공공시설은 「국유재산법」 및 「공유재산 및 물품 관리법」에 불구하고 새로 설치한 공공시설의 설치비용에 상당하는 범위에서 개발행위허가를 받은 자에게 무상으로 양도할 수 있다(법 제65조 제2항).

(2) 관리청의 의견청취

특별시장·광역시장·특별자치시장·특별자치도지사·시장 또는 군수는 공공시설의 귀속에 관한 사항이 포함된 개발행위허가를 하려면 미리 해당 공공시설의 관리청의 의견을 들어야 한다. 다만, 관리청이 지정되지 않은 경우에는 관리청이 지정된 후 준공되기 전에 관리청의 의견을 들어야 하며, 관리청이 불분명한 경우에는 도로 등에 대하여는 국토교통부장관을, 하천에 대하여는 환경부장관을, 그 외의 재산에 대해서는 기획재정부장관을 관리청으로 본다(법 제65조 제3항).

특별시장·광역시장·특별자치시장·특별자치도지사·시장 또는 군수가 관리청의 의견을 듣고 개발행위허가를 한 경우 개발행위허가를 받은 자는 그 허가에 포함된 공공시설의 점용 및 사용에 관해 관계법률에 따른 승인·허가 등을 받은 것으로 보아 개발행위를 할 수 있다. 이 경우 그 공공시설의 점용 또는 사용에 따른 점용료 또는 사용료는 면제된 것으로 본다(법 제65조 제4항).

(3) 공공시설의 귀속시기

개발행위허가를 받은 자가 행정청인 경우 개발행위허가를 받은 자는 개발행위가 끝나 준공검사를 마친 때에는 해당 시설의 관리청에 공공시설의 종류와 토지의 세목을 통지해야 한다. 이 경우 공공시설은 통지를 한 날에 그 시설을 관리할 관리청과 개발행위허가를 받은 자에게 각각 귀속된 것으로 본다(법 제65조 제5항).

개발행위허가를 받은 자가 행정청이 아닌 경우 개발행위허가를 받은 자는 관리청에 귀속되거나 그에게 양도될 공공시설에 관해 개발행위가 끝나기 전에 그 시설의 관리청에 공공시설의 종류와 토지의 세목을 통지해야 하고, 준공검사를 한 특별시장·광역시장·특별자치시장·특별자치도지사·시장 또는 군수는 그 내용을 그 시설의 관리청에 통보해야 한다. 이 경우 공공시설은 준공검사를 받음으로써 그 시설을 관리할 관리청과 개발행위허가를 받은 자에게 각각 귀속되거나 양도된 것으로 본다(법 제65조 제6항).

(4) 부동산등기의 특례

공공시설의 귀속에 의한 소유권변동은 '법률의 규정에 의한 물권변동'에 해당되므로 등기를 하지 않더라도 물권변동의 효력이 발생한다. 그러나 그 토지를 처분하기 위해서는 등기를 해야 한다.

공공시설의 귀속에 따른 토지를 등기할 때에는 「부동산등기법」에 따른 '등기원인을 증명하는 서면'은 준공검사를 받았음을 증명하는 서면으로 갈음한다(법 제65조 제7항).

(5) 수익금의 사용제한

개발행위허가를 받은 자가 행정청인 경우 개발행위허가를 받은 자는 그에게 귀속된 공공시설의 처분으로 인한 수익금을 도시·군계획사업 외의 목적에 사용하면 안 된다(법 제65조 제8항).

제1장 국토의 계획 및 이용에 관한 법률

(6) 다른 법률과의 관계

공공시설의 귀속에 관해 다른 법률에 특별한 규정이 있는 경우에는 「국토의 계획 및 이용에 관한 법률」의 규정에 불구하고 그 법률에 따른다(법 제65조 제9항).

단락문제 Q29 제32회 기출

국토의 계획 및 이용에 관한 법령상 개발행위에 따른 공공시설 등의 귀속에 관한 설명으로 틀린 것은?

① 개발행위허가를 받은 행정청이 기존의 공공시설에 대체되는 공공시설을 설치한 경우에는 새로 설치된 공공시설은 그 시설을 관리할 관리청에 무상으로 귀속된다.
② 개발행위허가를 받은 행정청은 개발행위가 끝나 준공검사를 마친 때에는 해당 시설의 관리청에 공공시설의 종류와 토지의 세목을 통지하여야 한다.
③ 개발행위허가를 받은 자가 행정청이 아닌 경우 개발행위허가를 받은 자가 새로 설치한 공공시설은 그 시설을 관리할 관리청에 무상으로 귀속된다.
④ 개발행위허가를 받은 행정청이 기존의 공공시설에 대체되는 공공시설을 설치한 경우에는 종래의 공공시설은 그 행정청에게 무상으로 귀속된다.
⑤ 개발행위허가를 받은 자가 행정청이 아닌 경우 개발행위로 용도가 폐지되는 공공시설은 개발행위허가를 받은 자에게 무상으로 귀속된다.

해설 개발행위에 따른 공공시설 등의 귀속
개발행위허가를 받은 자가 행정청이 아닌 경우 개발행위로 용도가 폐지되는 공공시설은 새로 설치한 공공시설의 설치비용에 상당하는 범위에서 개발행위허가를 받은 자에게 무상으로 양도할 수 있다. **정답** ⑤

06 개발밀도관리구역 15·35회 출제

1 개발밀도관리구역의 정의 17회 출제

'개발밀도관리구역'은 개발로 인해 기반시설이 부족할 것이 예상되지만 기반시설의 설치가 곤란한 지역을 대상으로 건폐율 또는 용적률을 강화해서 적용하기 위해 지정하는 구역을 말한다(법 제2조).

부동산공법

2 개발밀도관리구역의 지정 ★

(1) 개발밀도관리구역의 지정대상지역 14회 출제

특별시장·광역시장·특별자치시장·특별자치도지사·시장 또는 군수는 주거지역·상업지역 또는 공업지역에서의 개발행위로 인해 기반시설의 처리·공급 또는 수용능력이 부족할 것으로 예상되는 지역 중 기반시설의 설치가 곤란한 지역을 개발밀도관리구역으로 지정할 수 있다(법 제66조 제1항).

<u>개발밀도관리구역의 지정기준은 국토교통부장관이 정한다.</u> 국토교통부장관이 개발밀도관리구역의 지정기준을 정할 때에는 다음 사항을 종합적으로 고려해야 한다(법 제66조 제5항, 영 제63조, 「도시·군계획시설의 결정·구조 및 설치기준에 관한 규칙」 제11조 제1항).

1) 개발밀도관리구역은 도로·수도공급설비·하수도·학교 등 기반시설의 용량이 부족할 것으로 예상되는 지역 중 기반시설의 설치가 곤란한 지역으로서 다음에 해당하는 지역에 대해 지정할 것
   ① 도로서비스수준이 매우 낮아 차량통행이 현저하게 지체되는 지역
   ② **도로율이 다음의 용도지역별 도로율에 20% 이상 미달하는 지역**
      ㉠ **주거지역**
         15% 이상 30% 미만(간선도로의 도로율은 8% 이상 15% 미만)
      ㉡ **상업지역**
         25% 이상 35% 미만(간선도로의 도로율은 10% 이상 15% 미만)
      ㉢ **공업지역**
         8% 이상 20% 미만(간선도로의 도로율은 4% 이상 10% 미만)
   ③ 향후 2년 이내에 <u>수도에 대한 수요량</u>이 수도시설의 시설용량을 초과할 것으로 예상되는 지역
   ④ 향후 2년 이내에 <u>하수발생량</u>이 하수시설의 시설용량을 초과할 것으로 예상되는 지역
   ⑤ 향후 2년 이내에 <u>학생수</u>가 학교수용능력을 20% 이상 초과할 것으로 예상되는 지역

2) 개발밀도관리구역의 경계는 도로·하천 그 밖의 특색 있는 지형지물을 이용하거나 용도지역의 경계선을 따라 설정하는 등 경계선이 분명하게 구분되도록 할 것

(2) 개발밀도관리구역의 지정절차

특별시장·광역시장·특별자치시장·특별자치도지사·시장 또는 군수는 개발밀도관리구역을 지정 또는 변경하는 경우에는 개발밀도관리구역의 명칭, 개발밀도관리구역의 범위, 건폐율 또는 용적률의 강화범위 등에 대해 <u>지방도시계획위원회의 심의를 거쳐야 한다.</u> 개발밀도관리구역을 지정 또는 변경한 경우에는 이를 공보에 고시해야 한다(법 제66조 제3·4항, 영 제62조 제2항).

3 개발밀도관리구역의 관리

특별시장·광역시장·특별자치시장·특별자치도지사·시장 또는 군수는 개발밀도관리구역에서는 대통령령으로 정하는 범위에서 건폐율 또는 용적률을 강화해서 적용한다. 현재 「국토의 계획 및 이용에 관한 법률 시행령」에서는 용적률의 강화에 대해서만 규정하고 있는데, 그 용도지역에 적용되는 <u>용적률의 최대한도의 0.5배의 범위에서 용적률을 강화</u>해서 적용한다(법 제66조 제2항, 영 제62조 제1항).

개발밀도관리구역의 관리방법은 국토교통부장관이 정하는데, 국토교통부장관이 관리방법을 정하는 때에는 다음 사항을 종합적으로 고려해야 한다(법 제66조 제5항, 영 제63조).

1) 용적률의 강화범위는 그 용도지역에 적용되는 용적률의 최대한도의 50%의 범위에서 기반시설의 부족정도를 감안해서 결정할 것

2) 개발밀도관리구역의 기반시설의 변화를 주기적으로 검토해서 용적률을 강화 또는 완화하거나 개발밀도관리구역을 해제하는 등 필요한 조치를 취할 것

 **Q30**　　　　　　　　　　　　　　　　　　　　　　제34회 기출

국토의 계획 및 이용에 관한 법령상 개발밀도관리구역에 관한 설명으로 틀린 것은?

① 도시·군계획시설사업의 시행자인 시장 또는 군수는 개발밀도관리구역에 관한 기초조사를 하기 위하여 필요하면 타인의 토지에 출입할 수 있다.
② 개발밀도관리구역의 지정기준, 개발밀도관리구역의 관리 등에 관하여 필요한 사항은 대통령령으로 정하는 바에 따라 국토교통부장관이 정한다.
③ 개발밀도관리구역에서는 해당 용도지역에 적용되는 용적률의 최대한도의 50퍼센트 범위에서 용적률을 강화하여 적용한다.
④ 시장 또는 군수는 개발밀도관리구역을 지정하거나 변경하려면 해당 지방자치단체에 설치된 지방도시계획위원회의 심의를 거쳐야 한다.
⑤ 기반시설을 설치하거나 그에 필요한 용지를 확보하게 하기 위하여 개발밀도관리구역에 기반시설부담구역을 지정할 수 있다.

해설 개발밀도관리구역
기반시설을 설치하거나 그에 필요한 용지를 확보하게 하기 위하여 개발밀도관리구역이 아닌 지역에 기반시설부담구역을 지정할 수 있다.　　　　　　　　　　　　　　　　　　　　　　**정답** ⑤

부동산공법

07 기반시설부담구역 추가15·16·20·35회 출제

1 기반시설부담구역의 정의 27회 출제

'기반시설부담구역'은 개발밀도관리구역이 아닌 지역으로서 개발로 인해 다음의 기반시설(그 시설의 이용을 위해 필요한 부대시설 및 편의시설을 포함함)의 설치가 필요한 지역을 대상으로 <u>기반시설을 설치하거나 그에 필요한 용지를 확보</u>하게 하기 위해 지정·고시하는 구역을 말한다(법 제2조, 영 제4조의2).

1) 도로(인근의 간선도로로부터 기반시설부담구역까지의 진입도로를 포함함)
2) 공원, 녹지
3) 수도(인근의 수도로부터 기반시설부담구역까지 연결하는 수도를 포함함)
4) 학교(대학은 제외)
5) 하수도(인근의 하수도로부터 기반시설부담구역까지 연결하는 하수도를 포함함), 폐기물처리 및 재활용시설
6) 그 밖에 특별시장·광역시장·특별자치시장·특별자치도지사·시장 또는 군수가 <u>기반시설부담계획</u>에서 정하는 시설

2 기반시설부담구역의 지정 22·30회 출제

(1) 기반시설부담구역의 지정대상지역

특별시장·광역시장·특별자치시장·특별자치도지사·시장 또는 군수는 다음의 지역을 기반시설부담구역으로 지정해야 한다. 다만, 개발행위가 집중되어 특별시장·광역시장·특별자치시장·특별자치도지사·시장 또는 군수가 그 지역의 계획적 관리를 위해 필요하다고 인정하는 경우에는 다음에 해당하지 않는 지역도 기반시설부담구역으로 지정할 수 있다(법 제67조 제1항, 영 제64조 제1항).

1) 「국토의 계획 및 이용에 관한 법률」 또는 다른 법령의 제정·개정으로 인해 행위제한이 완화되거나 해제되는 지역
2) 「국토의 계획 및 이용에 관한 법률」 또는 다른 법령에 따라 지정된 용도지역 등이 변경되거나 해제되어 행위제한이 완화되는 지역

3) 개발행위허가 현황 및 인구증가율 등을 고려해서 특별시장·광역시장·특별자치시장·특별자치도지사·시장 또는 군수가 기반시설의 설치가 필요하다고 인정하는 다음의 지역
   ① 해당 지역의 전년도 개발행위허가 건수가 전전년도 개발행위허가 건수보다 20% 이상 증가한 지역
   ② 해당 지역의 전년도 인구증가율이 그 지역이 속하는 특별시·광역시·특별자치시·특별자치도·시 또는 군의 전년도 인구증가율보다 20% 이상 높은 지역

(2) 기반시설부담구역의 지정기준

국토교통부장관은 기반시설부담구역의 지정기준을 정할 때에는 다음 사항을 종합적으로 고려해야 한다(영 제66조).

1) 기반시설부담구역은 기반시설이 적절하게 배치될 수 있는 규모로서 최소 10만㎡ 이상의 규모가 되도록 지정할 것
2) 소규모 개발행위가 연접해서 시행될 것으로 예상되는 지역의 경우에는 하나의 단위구역으로 묶어서 기반시설부담구역을 지정할 것
3) 기반시설부담구역의 경계는 도로·하천, 그 밖의 특색 있는 지형지물을 이용하는 등 경계선이 분명하게 구분되도록 할 것

(3) 기반시설부담구역의 지정절차

특별시장·광역시장·특별자치시장·특별자치도지사·시장 또는 군수는 기반시설부담구역을 지정 또는 변경하려는 때에는 주민의 의견을 들어야 하며, 그 지방자치단체에 설치된 지방도시계획위원회의 심의를 거쳐야 한다(법 제67조 제2항). 특별시장·광역시장·특별자치시장·특별자치도지사·시장 또는 군수는 기반시설부담구역을 지정하거나 변경한 때에는 기반시설부담구역의 명칭·위치·면적 및 지정일자와 관계 도서의 열람방법을 공보와 인터넷 홈페이지에 고시해야 한다(법 제67조 제2항, 영 제64조 제2항).

3 기반시설설치계획의 수립 29회 출제

(1) 기반시설설치계획의 수립권자

특별시장·광역시장·특별자치시장·특별자치도지사·시장 또는 군수는 기반시설부담구역이 지정되면 기반시설설치계획을 수립해야 하며, 이를 도시·군관리계획에 반영해야 한다(법 제67조 제4항). 지구단위계획을 수립한 경우에는 기반시설설치계획을 수립한 것으로 본다(영 제65조 제3항).

(2) 기반시설설치계획의 내용

기반시설설치계획에는 다음의 내용이 포함되어야 한다(영 제65조 제1항).

1) 설치가 필요한 기반시설의 종류·위치 및 규모
2) 기반시설의 설치 우선순위 및 단계별 설치계획
3) 그 밖에 기반시설의 설치에 필요한 사항

(3) 기반시설설치계획을 수립할 때의 고려사항

특별시장·광역시장·특별자치시장·특별자치도지사·시장 또는 군수는 기반시설설치계획을 수립할 때에는 다음 사항을 종합적으로 고려해야 한다(영 제65조 제2항).

1) 기반시설의 배치는 해당 기반시설부담구역의 토지이용계획 또는 앞으로 예상되는 개발수요를 고려하여 적절하게 정할 것
2) 기반시설의 설치시기는 재원조달계획, 시설별 우선순위, 사용자의 편의와 예상되는 개발행위의 완료시기 등을 고려하여 합리적으로 정할 것

(4) 기반시설설치계획 미수립에 따른 기반시설부담구역의 지정해제

기반시설부담구역의 지정고시일부터 1년이 되는 날까지 기반시설설치계획을 수립하지 않으면 그 1년이 되는 날의 다음 날에 기반시설부담구역의 지정은 해제된 것으로 본다(영 제65조 제4항).

4 기반시설설치비용의 부담 28회 출제

(1) 기반시설설치비용

기반시설설치비용은 단독주택·숙박시설 등의 시설을 신·증축하는 행위로 인해 유발되는 기반시설을 설치하거나 그에 필요한 용지를 확보하기 위해 부과·징수하는 금액을 말한다(법 제2조). 여기의 기반시설을 유발하는 시설은 건축물을 말하는데, 다음의 건축물은 기반시설을 유발하는 건축물에 해당되지 않는다(법 제2조, 영 제4조의3, [별표 1]).

1) 국가 또는 지방자치단체가 건축하는 건축물
2) 국가 또는 지방자치단체에 기부채납하는 건축물
3) 공장
4) 공익사업으로 인한 이주대책대상자(그 상속인을 포함함) 또는 사업시행자가 이주대책을 위해 건축하는 건축물
5) 농수산물도매시장 개설자로부터 시장관리자로 지정받은 공공출자법인, 한국농수산식품유통공사 또는 지방공사가 농수산물도매시장에 건축하는 건축물

제1장 국토의 계획 및 이용에 관한 법률

6) 시설물 설치자금을 지원받아 건축하는 농수산물종합유통센터
7) 농촌, 읍·면(군에 속하는 경우는 제외) 또는 동의 지역 중 녹지지역·관리지역·농림지역 및 자연환경보전지역에 설치하는 다음의 건축물
   ① 가축분뇨처리시설, 동물 및 식물 관련시설, 농수산물공판장, 농수산물집하장, 계란집하시설
   ② 변전소·양수장·정수장·대피소 또는 공중화장실 중 농업생산기반 정비사업으로 건축하는 건축물
   ③ 정부 또는 지방자치단체의 자금을 지원받아 설치하는 농산물가공품 생산을 위한 공장, 농수산물산지유통센터, 농업기계의 이용에 따른 부대시설, 친환경농산물의 생산·유통시설 (미생물·퇴비·모판흙·조사료 제조시설, 집하·선별·건조·저장·가공시설, 농기자재 보관시설)
   ④ 도정업을 위해 건축하는 건축물
8) 리모델링을 하는 건축물
9) 건축물의 부속용도의 시설 중 주차장, 주차전용건축물 중 주차장으로 사용되는 건축분
10) 경제자유구역에서 외국인투자기업이 해당 투자사업을 위해 건축하는 건축물
11) 「혁신도시 조성 및 발전에 관한 특별법」에 따라 이전하는 공공기관이 혁신도시 외로 개별 이전해서 건축하는 건축물
12) 「국민기초생활 보장법」에 따른 보장시설, 비영리법인이 설치·운영하는 사회복지시설
13) 마을정비구역에 농어촌생활환경정비사업으로 건축하는 건축물
14) 농어촌주거환경개선지구에 농어촌주거환경개선사업으로 건축하는 건축물
15) 농업협동조합, 산림조합 또는 수산업협동조합이 건축하는 건축물
16) 농업진흥구역에 설치하는 편의시설 및 이용시설
17) 개발대상섬에 섬의 개발사업으로 건축하는 건축물
18) 공공건설임대주택, 「도시 및 주거환경정비법」과 「도시재정비 촉진을 위한 특별법」에 따라 공급하는 임대주택
19) 사립유치원, 어린이집, 폐기물처리시설, 종교집회장, 자금을 지원받아 설치하는 복합물류터미널
20) 특별재난지역에 복구하는 건축물
21) 전원설비, 도시·군계획시설로 설치하는 배전사업소(배전설비와 연결된 기계 및 기구가 설치된 것에 한함)

22) 초·중등 사립학교의 시설, 대학의 교사(校舍), 「평생교육법」에 따른 학력인정시설
23) 주한 외국정부기관, 주한 국제기구 또는 외국 원조단체 소유의 건축물
24) 다가구주택으로 사용되는 부분, 다세대주택으로 사용되고 세대당 주거전용면적이 60㎡ 이하인 부분
25) 택지개발예정지구, 산업단지, 도시개발구역, 공공주택지구, 주거환경개선사업·재개발사업 또는 재건축사업을 위한 정비구역, 물류단지, 경제자유구역, 관광지 및 관광단지, 기업도시개발구역, 행정중심복합도시 예정지역, 혁신도시개발예정지구, 제주첨단과학기술단지에서 지구단위계획을 수립해서 개발하는 토지에 건축하는 건축물

(2) 기반시설설치비용의 부과대상행위

기반시설설치비용의 부과대상인 행위는 <u>200㎡(기존 건축물의 연면적을 포함함)를 초과하는 건축물의 신·증축행위</u>이다. 다만, 기존 건축물을 철거하고 신축하는 경우에는 기존 건축물의 건축연면적을 초과하는 건축행위만 부과대상으로 한다(법 제68조 제1항).

(3) 기반시설설치비용의 납부의무자

다음의 자는 기반시설설치비용을 납부해야 한다(법 제69조 제1·5항, 영 제70조의2).

1) 건축행위를 하는 자
2) 건축행위를 위탁 또는 도급한 경우에는 그 위탁이나 도급을 한 자
3) 타인 소유의 토지를 임차해서 건축행위를 하는 경우에는 그 행위자
4) 건축행위를 완료하기 전에 위에 해당하는 자의 지위를 승계하는 경우에는 그 지위를 승계한 자

(4) 기반시설설치비용의 산정기준 23·25회 출제

기반시설설치비용은 기반시설을 설치하는 데 필요한 기반시설 표준시설비용과 용지비용을 합산한 금액에 부과대상 건축연면적과 기반시설설치를 위해 사용되는 총비용 중 국가와 지방자치단체의 부담분을 제외하고 민간 개발사업자가 부담하는 부담률을 곱한 금액으로 한다. 다만, 특별시장·광역시장·특별자치시장·특별자치도지사·시장 또는 군수가 해당 지역의 기반시설 소요량 등을 고려해서 <u>기반시설부담계획</u>을 수립한 경우에는 그 부담계획에 따른다(법 제68조 제2항).

> 기반시설설치비용 = (기반시설 표준시설비용 + 용지비용)×부과대상 건축연면적×부담률

<u>기반시설 표준시설비용</u>은 기반시설 조성을 위해 사용되는 단위당 시설비로서 그 연도의 생산자물가상승률 등을 고려해서 정한다. 국토교통부장관은 매년 1월 1일을 기준으로 한 기반시설 표준시설비용을 매년 6월 10일까지 고시한다(법 제68조 제3항, 영 제68조).

제1장 국토의 계획 및 이용에 관한 법률

용지비용은 부과대상이 되는 건축행위가 이루어지는 토지를 대상으로 다음의 기준을 곱해서 산정한 가액으로 한다(법 제68조 제4항, 영 제69조 제1·2항, [별표 1의3]).

1) 지역별 기반시설의 설치정도를 고려해서 0.4의 범위에서 지방자치단체의 조례로 정하는 용지환산계수. 여기의 용지환산계수는 '기반시설 필요 면적률'(기반시설부담구역의 전체 토지면적 중 기반시설이 필요한 토지면적의 비율)을 건축 연면적당 기반시설 필요 면적으로 환산하는 데 사용되는 계수를 말한다.

2) 기반시설부담구역 내 개별공시지가의 평균과 건축물별 기반시설유발계수

WIDE 건축물별 기반시설유발계수(영 제69조 제2항 관련)

1. 단독주택 — 0.7
2. 공동주택 — 0.7
3. 제1종 근린생활시설 — 1.3
4. 제2종 근린생활시설 — 1.6
5. 문화 및 집회시설 — 1.4
6. 종교시설 — 1.4
7. 판매시설 — 1.3
8. 운수시설 — 1.4
9. 의료시설 — 0.9
10. 교육연구시설 — 0.7
11. 노유자시설 — 0.7
12. 수련시설 — 0.7
13. 운동시설 — 0.7
14. 업무시설 — 0.7
15. 숙박시설 — 1.0
16. 위락시설 — 2.1
17. 공장
    가. 목재 및 나무제품 제조공장(가구제조공장은 제외한다) - 2.1
    나. 펄프, 종이 및 종이제품 제조공장 — 2.5
    다. 비금속 광물제품 제조공장 — 1.3
    라. 코크스, 석유정제품 및 핵연료 제조공장 — 2.1
    마. 가죽, 가방 및 신발제조공장 — 1.0
    바. 전자부품, 영상, 음향 및 통신장비 제조공장 — 0.7
    사. 음·식료품 제조공장 — 0.5
    아. 화합물 및 화학제품 제조공장 — 0.5
    자. 섬유제품 제조공장(봉제의복 제조공장은 제외한다) — 0.4
    차. 봉제의복 및 모피제품 제조공장 — 0.7
    카. 가구 및 그 밖의 제품 제조공장 — 0.3
    타. 그 밖의 전기기계 및 전기 변환장치 제조공장 — 0.3
    파. 조립금속제품 제조공장(기계 및 가구공장을 제외한다) 0.3
    하. 출판, 인쇄 및 기록매체 복제공장 — 0.4
    거. 의료, 정밀, 광학기기 및 시계 제조공장 — 0.4
    너. 제1차 금속 제조공장 — 0.3
    더. 컴퓨터 및 사무용기기 제조공장 — 0.4
    러. 재생용 가공원료 생산공장 — 0.3
    머. 고무 및 플라스틱 제품 제조공장 — 0.4
    버. 그 밖의 운송장비 제조공장 — 0.4
    서. 그 밖의 기계 및 장비 제조공장 — 0.4
    어. 자동차 및 트레일러 제조공장 — 0.3
    저. 담배제조공장 — 0.3
18. 창고시설 — 0.5
19. 위험물저장 및 처리시설 — 0.7
20. 자동차관련시설 — 0.7
21. 동물 및 식물관련시설 — 0.7
22. 자원순환 관련 시설 — 1.4
23. 교정시설 — 0.7
24. 국방·군사시설 — 0.7
25. 방송통신시설 — 0.8
26. 발전시설 — 0.7
27. 묘지 관련 시설 — 0.7
28. 관광휴게시설 — 1.9
29. 장례시설 — 0.7
30. 야영장시설 — 0.7

3) 민간 개발사업자가 부담하는 부담률은 20%로 하며, 특별시장·광역시장·특별자치시장·특별자치도지사·시장 또는 군수가 건물의 규모, 지역 특성 등을 감안해서 25%의 범위에서 부담률을 가감할 수 있다(법 제68조 제5항).

납부의무자가 부담해야 할 부담분은 다음의 방법으로 산정한다(영 제67조 제2항).
① 총부담비용을 건축물의 연면적에 따라 배분하되, 건축물의 용도에 따라 가중치를 부여해서 결정하는 방법
② 달리 특별시장·광역시장·특별자치시장·특별자치도지사·시장 또는 군수와 납부의무자가 서로 협의해서 산정방법을 정하는 경우에는 그 방법

(5) 기반시설설치비용의 공제 또는 감면

1) 납부의무자가 직접 기반시설을 설치하거나 그에 필요한 용지를 확보한 경우에는 기반시설설치비용에서 직접 기반시설을 설치하거나 용지를 확보하는 데에 든 비용을 공제한다(법 제68조 제6항, 영 제70조 제1항).

2) 납부의무자가 광역교통시설부담금, 「도로법」·「수도법」 및 「하수도법」에 따른 원인자부담금, 「수도권정비계획법」에 따른 과밀부담금, 학교용지부담금, 폐기물비용부담금 또는 「지방자치법」에 따른 공공시설분담금을 납부한 경우에는 그 전액 또는 일부만큼 기반시설설치비용을 감면한다(법 제68조 제6항, 영 제70조 제5항, [별표 1의4]).

(6) 기반시설설치비용의 부과·징수   24·25회 출제

1) 특별시장·광역시장·특별자치시장·특별자치도지사·시장 또는 군수는 납부의무자가 국가 또는 지방자치단체로부터 건축허가(다른 법률에 따른 사업승인 등 건축허가가 의제되는 경우에는 그 사업승인)을 받은 날(부과기준시점)부터 2개월 이내에 기반시설설치비용을 부과해야 하고, 납부의무자는 사용승인(다른 법률에 따른 준공검사 등 사용승인이 의제되는 경우에는 그 준공검사) 신청시까지 이를 납부해야 한다(법 제69조 제2항).

2) 특별시장·광역시장·특별자치시장·특별자치도지사·시장 또는 군수는 기반시설설치비용을 부과하려면 부과기준시점부터 30일 이내에 부과기준과 부과될 기반시설설치비용을 미리 알려야 한다. 이 예정통지를 받은 납부의무자는 이의가 있으면 15일 이내에 심사(고지 전 심사)를 청구할 수 있으며, 특별시장·광역시장·특별자치시장·특별자치도지사·시장 또는 군수는 15일 이내에 청구내용을 심사해서 그 결과를 청구인에게 알려야 한다(영 제70조의3 제1·2·3·4·5항).

3) 특별시장·광역시장·특별자치시장·특별자치도지사·시장 또는 군수는 기반시설설치비용을 부과하려면 납부의무자에게 납부고지서를 발급해야 한다(영 제70조의5 제1항).

4) 기반시설설치비용은 현금, 신용카드 또는 직불카드로 납부하도록 하되, 부과대상 토지 및 이와 비슷한 토지로 하는 납부(물납:物納)를 인정할 수 있다(영 제70조의7 제1항).

5) 특별시장·광역시장·특별자치시장·특별자치도지사·시장 또는 군수는 납부의무자가 기반시설설치비용을 납부하기가 곤란하다고 인정되면 그 개발사업의 목적에 따른 이용상황 등을 고려해서 1년의 범위에서 납부기일을 연기하거나 2년의 범위에서 분할납부를 인정할 수 있다(영 제70조의8 제1항).

6) 특별시장·광역시장·특별자치시장·특별자치도지사·시장 또는 군수는 납부의무자가 납부기한까지 기반시설설치비용을 완납하지 않으면 납부기한이 지난 후 10일 이내에 독촉장을 보내야 하며, 납부의무자가 독촉한 기한까지 기반시설설치비용을 납부하지 않으면 「지방행정제재·부과금의 징수 등에 관한 법률」에 따라 징수할 수 있다(법 제69조 제3항, 영 제70조의9).

7) 기반시설설치비용을 납부한 후 기반시설을 추가설치하거나, 건축면적이 감소되는 등의 사유가 발생한 경우에는 그에 상당하는 기반시설설치비용을 환급해야 한다(법 제69조 제4항, 영 제70조의10 제1항).

(7) 기반시설설치비용의 관리 및 운용

1) 특별시장·광역시장·특별자치시장·특별자치도지사·시장 또는 군수는 기반시설설치비용의 관리 및 운용을 위해 기반시설부담구역별로 특별회계를 설치해야 한다. 특별회계의 설치에 관해 필요한 사항은 지방자치단체의 조례로 정한다(법 제70조 제1항).

2) 기반시설설치비용은 그 기반시설부담구역에서 기반시설의 설치 또는 그에 필요한 용지의 확보 등을 위해 사용해야 한다. 다만, 그 기반시설부담구역에 필요한 기반시설을 모두 설치하거나 그에 필요한 용지를 모두 확보한 후에도 잔액이 생기는 경우에는 그 기반시설부담구역의 기반시설과 연계된 기반시설의 설치 또는 그에 필요한 용지의 확보 등에 사용할 수 있다(법 제70조 제2항, 영 제70조의11 제1항).

5 기반시설부담계획

(1) 기반시설부담계획의 내용

기반시설부담계획에는 다음의 내용이 포함되어야 한다(영 제67조 제1항).

1) 기반시설의 설치 또는 그에 필요한 용지의 확보에 소요되는 총부담비용
2) 총부담비용 중 납부의무자가 각각 부담해야 할 부담분
3) 납부의무자 부담분의 부담시기
4) 재원의 조달 및 관리·운영방법

(2) 기반시설부담계획을 수립할 때의 고려사항

특별시장·광역시장·특별자치시장·특별자치도지사·시장 또는 군수는 기반시설부담계획을 수립할 때에는 다음 사항을 종합적으로 고려해야 한다(영 제67조 제3항).

1) 총부담비용은 각 시설별로 소요되는 용지보상비·공사비 등 합리적 근거를 기준으로 산출하고, 기반시설의 설치 또는 용지 확보에 필요한 비용을 초과해서 과다하게 산정되지 않도록 할 것

2) 각 납부의무자의 부담분은 건축물의 연면적·용도 등을 종합적으로 고려해서 합리적이고 형평에 맞게 정하도록 할 것

3) 기반시설부담계획의 수립시기와 기반시설의 설치 또는 용지의 확보에 필요한 비용의 납부시기가 일치하지 않는 경우에는 물가상승률 등을 고려해서 부담분을 조정할 수 있도록 할 것

(3) 기반시설부담계획의 수립절차 30회 출제

1) 특별시장·광역시장·특별자치시장·특별자치도지사·시장 또는 군수는 기반시설부담계획을 수립하거나 변경할 때에는 주민의 의견을 듣고 지방도시계획위원회의 심의를 거쳐야 한다. 이 경우 주민의 의견청취에 관해서는 도시·군관리계획입안에 관한 의견청취에 관한 규정을 준용한다(영 제67조 제4항).

2) 특별시장·광역시장·특별자치시장·특별자치도지사·시장 또는 군수는 기반시설부담계획을 수립하거나 변경한 때에는 그 내용을 고시해야 한다. 이 경우 기반시설부담계획의 수립 또는 변경의 고시에 관해서는 기반시설부담구역지정의 고시에 관한 규정을 준용한다(영 제67조 제5항).

3) 기반시설부담계획 중 다음의 경미한 사항을 변경하는 경우에는 의견청취 및 고시를 하지 않아도 된다(영 제67조 제6항).
   ① 납부의무자의 전부 또는 일부의 부담분을 증가시키지 않고 부담시기를 앞당기지 않는 경우
   ② 기반시설의 설치 및 그에 필요한 용지의 확보와 관련해서 특별시장·광역시장·특별자치시장·특별자치도지사·시장 또는 군수의 지원을 경감하지 않는 경우

단락문제 Q31
제27회 기출 개작

토의 계획 및 이용에 관한 법령상 기반시설부담구역에 관한 설명으로 틀린 것은?

① 법령의 개정으로 인하여 행위제한이 완화되는 지역에 대해서는 기반시설부담구역으로 지정하여야 한다.
② 녹지와 폐기물처리 및 재활용시설은 기반시설부담구역에 설치가 필요한 기반시설에 해당한다.
③ 동일한 지역에 대해 기반시설부담구역과 개발밀도관리구역을 중복하여 지정할 수 있다.
④ 기반시설부담구역 내에서 「주택법」에 따른 리모델링을 하는 건축물은 기반시설설치비용의 부과대상이 아니다.
⑤ 기존 건축물을 철거하고 신축하는 건축행위가 기반시설 설치비용의 부과대상이 되는 경우에는 기존 건축물의 건축연면적을 초과하는 건축행위만 부과대상으로 한다.

해설 기반시설부담구역

기반시설부담구역과 개발밀도관리구역을 중복하여 지정할 수 없다. 기반시설부담구역은 개발밀도관리구역이 아닌 지역으로서 개발로 인해 기반시설의 설치가 필요한 지역을 대상으로 지정할 수 있다.

정답 ③

08 성장관리계획
33회 출제

1 성장관리계획의 정의

성장관리계획이란 성장관리계획구역에서의 난개발을 방지하고 계획적인 개발을 유도하기 위하여 수립하는 계획을 말한다(법 제2조).

2 성장관리계획구역

(1) 성장관리계획구역의 지정기준 32회 출제

특별시장·광역시장·특별자치시장·특별자치도지사·시장 또는 군수는 녹지지역, 관리지역, 농림지역 및 자연환경보전지역 중 다음의 어느 하나에 해당하는 지역의 전부 또는 일부에 대하여 성장관리계획구역을 지정할 수 있다(법 제75조의2 제1항, 영 제70조의12).

1) 개발수요가 많아 무질서한 개발이 진행되고 있거나 진행될 것으로 예상되는 지역

2) 주변의 토지이용이나 교통여건 변화 등으로 향후 시가화가 예상되는 지역

3) 주변지역과 연계하여 체계적인 관리가 필요한 지역

4) 「토지이용규제 기본법」에 따른 지역·지구등의 변경으로 토지이용에 대한 행위제한이 완화되는 지역

5) 인구 감소 또는 경제성장 정체 등으로 압축적이고 효율적인 도시성장관리가 필요한 지역

6) 공장 등과 입지 분리 등을 통해 쾌적한 주거환경 조성이 필요한 지역

7) 그 밖에 난개발의 방지와 체계적인 관리가 필요한 지역으로서 특별시·광역시·특별자치시·특별자치도·시 또는 군의 도시·군계획조례로 정하는 지역

(2) 성장관리계획구역의 지정절차

특별시장·광역시장·특별자치시장·특별자치도지사·시장 또는 군수는 성장관리계획구역을 지정하거나 이를 변경하려면 성장관리계획구역안의 주요 내용을 해당 지방자치단체의 공보나 전국 또는 해당 지방자치단체를 주된 보급지역으로 하는 둘 이상의 일간신문에 게재하고, 해당 지방자치단체의 인터넷 홈페이지 등에 공고하고 성장관리계획구역안을 14일 이상 일반이 열람할 수 있도록 해야 한다. 미리 주민과 해당 지방의회의 의견을 들어야 하며, 관계 행정기관과의 협의 및 지방도시계획위원회의 심의를 거쳐야 한다. 다만, 성장관리계획구역의 면적을 10% 이내에서 변경하는 경우에는 그러하지 아니하다(법 제75조의2 제2항, 영 제70조의13 제1·2·5항).

(3) 의회의 의견 제시

특별시·광역시·특별자치시·특별자치도·시 또는 군의 의회는 특별한 사유가 없으면 60일 이내에 특별시장·광역시장·특별자치시장·특별자치도지사·시장 또는 군수에게 의견을 제시하여야 하며, 그 기한까지 의견을 제시하지 아니하면 의견이 없는 것으로 본다(법 제75조의2 제3항).

(4) 관계 행정기관장의 의견 제시

협의 요청을 받은 관계 행정기관의 장은 특별한 사유가 없으면 요청을 받은 날부터 30일 이내에 특별시장·광역시장·특별자치시장·특별자치도지사·시장 또는 군수에게 의견을 제시하여야 한다(법 제75조의2 제4항).

(5) 고시 및 열람

특별시장·광역시장·특별자치시장·특별자치도지사·시장 또는 군수가 성장관리계획구역을 지정하거나 이를 변경한 경우에는 관계 행정기관의 장에게 관계 서류를 송부하여야 하며, 대통령령으로 정하는 바에 따라 이를 고시하고 일반인이 열람할 수 있도록 하여야 한다. 이 경우 지형도면의 고시 등에 관하여는 「토지이용규제 기본법」 제8조에 따른다(법 제75조의2 제5항).

3 성장관리계획의 수립

(1) 성장관리계획의 포함 사항

특별시장·역시장·특별자치시장·특별자치도지사·시장 또는 군수는 성장관리계획구역을 지정할 때에는 다음의 사항 중 그 성장관리계획구역의 지정목적을 이루는 데 필요한 사항을 포함하여 성장관리계획을 수립하여야 한다(법 제75조의3 제1항, 영 제70조의14 제1항).

1) 도로, 공원 등 기반시설의 배치와 규모에 관한 사항

2) 건축물의 용도제한, 건축물의 건폐율 또는 용적률

3) 건축물의 배치, 형태, 색채 및 높이

4) 환경관리 및 경관계획

5) 성장관리계획구역 내 토지개발·이용, 기반시설, 생활환경 등의 현황 및 문제점

6) 그 밖에 난개발의 방지와 체계적인 관리에 필요한 사항으로서 특별시·광역시·특별자치시·특별자치도·시 또는 군의 도시·군계획조례로 정하는 사항

(2) 성장관리계획구역에서의 건폐율 완화 35회 출제

성장관리계획구역에서는 다음의 구분에 따른 범위에서 성장관리계획으로 정하는 바에 따라 특별시·광역시·특별자치시·특별자치도·시 또는 군의 조례로 정하는 비율까지 건폐율을 완화하여 적용할 수 있다(법 제75조의3 제2항, 영 제70조의14 제2항).

1) 계획관리지역 : 50% 이하

2) 생산관리지역·농림지역·자연녹지지역 및 생산녹지지역 : 30% 이하

(3) 성장관리계획구역에서의 용적률 완화

성장관리계획구역 내 계획관리지역에서는 125% 이하의 범위에서 성장관리계획으로 정하는 바에 따라 특별시·광역시·특별자치시·특별자치도·시 또는 군의 조례로 정하는 비율까지 용적률을 완화하여 적용할 수 있다(법 제75조의3 제3항).

(4) 성장관리계획의 정비

특별시장·광역시장·특별자치시장·특별자치도지사·시장 또는 군수는 5년마다 관할 구역 내 수립된 성장관리계획에 대하여 대통령령으로 정하는 바에 따라 그 타당성을 전반적으로 재검토하여 정비하여야 한다(법 제75조의3 제5항).

부동산공법

4 성장관리계획구역에서의 개발행위 등

성장관리계획구역에서 개발행위 또는 건축물의 용도변경을 하려면 그 성장관리계획에 맞게 하여야 한다(법 제75조의4).

단락문제 Q32
제33회 기출

국토의 계획 및 이용에 관한 법령상 성장관리계획에 관한 설명으로 옳은 것은?(단, 조례, 기타 강화·완화조건은 고려하지 않음)

① 시장 또는 군수는 공업지역 중 향후 시가화가 예상되는 지역의 전부 또는 일부에 대하여 성장관리계획구역을 지정할 수 있다.
② 성장관리계획구역 내 생산녹지지역에서는 30퍼센트 이하의 범위에서 성장관리계획으로 정하는 바에 따라 건폐율을 완화하여 적용할 수 있다.
③ 성장관리계획구역 내 보전관리지역에서는 125퍼센트 이하의 범위에서 성장관리계획으로 정하는 바에 따라 용적률을 완화하여 적용할 수 있다.
④ 시장 또는 군수는 성장관리계획구역을 지정할 때에는 도시·군관리계획의 결정으로 하여야 한다.
⑤ 시장 또는 군수는 성장관리계획구역을 지정하려면 성장관리계획구역안을 7일간 일반이 열람할 수 있도록 해야 한다.

해설 성장관리계획
① 시장 또는 군수는 녹지지역, 관리지역, 농림지역 및 자연환경보전지역 중 향후 시가화가 예상되는 지역 등의 전부 또는 일부에 대하여 성장관리계획구역을 지정할 수 있다.
③ 성장관리계획구역 내 계획관리지역에서는 125퍼센트 이하의 범위에서 성장관리계획으로 정하는 바에 따라 용적률을 완화하여 적용할 수 있다.
④ 성장관리계획구역을 지정할 때에는 도시·군관리계획의 결정으로 지정하지 않는다.
⑤ 특별시장·광역시장·특별자치시장·특별자치도지사·시장 또는 군수는 성장관리계획구역을 지정하려면 성장관리계획구역안을 14일 이상 일반이 열람할 수 있도록 해야 한다.

정답 ②

제1장 국토의 계획 및 이용에 관한 법률

제10절 용도지역·용도지구 및 용도구역에서의 토지이용규제 [19회 출제]

01 용도지역·용도지구 및 용도구역에서의 건축제한

1 용도지역·용도지구 및 용도구역에서의 행위제한

(1) 개 관

용도지역에서의 건축물 그 밖의 시설의 용도·종류·규모 등의 제한에 관해서는 「국토의 계획 및 이용에 관한 법률 시행령」에 규정되어 있다(법 제76조 제1항).

용도지구에서의 건축물 그 밖의 시설의 용도·종류·규모 등의 제한에 관해서는 「국토의 계획 및 이용에 관한 법률」 또는 다른 법률에 특별한 규정이 있는 경우를 제외하고는 「국토의 계획 및 이용에 관한 법률 시행령」이 정하는 기준에 따라 특별시·광역시·특별자치시·특별자치도·시 또는 군의 조례로 정할 수 있다(법 제76조 제2항).

용도지역 및 용도지구에서의 건축물 그 밖의 시설의 용도·종류 및 규모 등의 제한은 그 용도지역 및 용도지구의 지정목적에 적합해야 한다. 건축물 그 밖의 시설의 용도·종류 및 규모 등을 변경하는 경우 변경 후의 건축물 그 밖의 시설의 용도·종류 및 규모 등은 용도지역 및 용도지구에서의 건축제한에 적합해야 한다(법 제76조 제3·4항).

개발제한구역, 도시자연공원구역, 시가화조정구역 및 수산자원보호구역 안에서의 건축제한에 관하여는 다음의 법령 또는 규정에서 정하는 바에 따른다(영 제83조 제3항).

1) **개발제한구역 안에서의 건축제한**
   「개발제한구역의 지정 및 관리에 관한 특별조치법」

2) **도시자연공원구역 안에서의 건축제한**
   「도시공원 및 녹지 등에 관한 법률」

3) **시가화조정구역 안에서의 건축제한**
   「국토의 계획 및 이용에 관한 법률 시행령」 제87조부터 제89조까지의 규정

4) **수산자원보호구역 안에서의 건축제한**
   「수산자원관리법」

(2) 용도지역 및 용도지구에서의 건축제한의 예외★★★ 16회 출제

취락지구·농공단지 등의 경우에는 다음과 같이 건축제한의 예외가 인정된다(법 제76조 제5항).

1) 취락지구에서는 취락지구의 지정목적 범위에서 「국토의 계획 및 이용에 관한 법률 시행령」으로 따로 정한다.
2) 개발진흥지구에서는 개발진흥지구의 지정목적 범위에서 「국토의 계획 및 이용에 관한 법률 시행령」으로 따로 정한다.
3) 복합용도지구에서는 복합용도지구의 지정목적 범위에서 「국토의 계획 및 이용에 관한 법률 시행령」으로 따로 정한다.
4) 농공단지인 경우에는 「산업입지 및 개발에 관한 법률」이 정하는 바에 따른다.
5) 농림지역 중 농업진흥지역인 경우에는 「농지법」이, 보전산지인 경우에는 「산지관리법」이, 초지인 경우에는 「초지법」이 정하는 바에 따른다.
6) 자연환경보전지역 중 수산자원보호구역인 경우에는 「수산자원관리법」이, 자연공원구역인 경우에는 「자연공원법」이, 상수원보호구역인 경우에는 「수도법」이, 지정문화유산과 그 보호구역인 경우에는 「문화유산의 보존 및 활용에 관한 법률」이, 천연기념물과 그 보호구역인 경우에는 「자연유산의 보존 및 활용에 관한 법률」이, 해양보호구역인 경우에는 「해양생태계의 보전 및 관리에 관한 법률」이 정하는 바에 따른다.

단락문제 Q33

국토의 계획 및 이용에 관한 법령상 용도지역 및 용도지구에서의 건축물의 건축제한 등이 개별 법률에 따라야 하는 경우가 있다. 각 경우와 그 근거법률의 연결이 옳게 된 것은?

> ㉠ 농공단지 – 「산업집적 활성화 및 공장설립에 관한 법률」
> ㉡ 농림지역 중 농업진흥지역 – 「농지법」
> ㉢ 농림지역 중 보전산지 – 「초지법」
> ㉣ 자연환경보전지역 중 상수원보호구역 – 「수도법」
> ㉤ 자연환경보전지역 중 지정문화유산 – 「관광진흥법」
> ㉥ 자연환경보전지역 중 천연기념물과 그 보호구역 – 「자연유산의 보존 및 활용에 관한 법률」

① ㉠, ㉢, ㉤   ② ㉠, ㉣, ㉤   ③ ㉡, ㉢, ㉤   ④ ㉡, ㉣, ㉥   ⑤ ㉢, ㉣, ㉥

해설 건축물의 건축제한에 따른 근거법률
㉠ 농공단지에서의 건축제한에 대해서는 「산업입지 및 개발에 관한 법률」이 정하는 바에 따른다.
㉢ 농림지역 중 보전산지에서의 건축제한에 대해서는 「산지관리법」이, 농림지역 중 초지에서의 건축제한에 대해서는 「초지법」이 정하는 바에 따른다.
㉤ 자연환경보전지역 중 지정문화유산에서의 건축제한에 대해서는 「문화유산의 보존 및 활용에 관한 법률」이 정하는 바에 따른다.

정답 ④

(3) 부속건축물에 대한 건축제한
용도지역에서의 건축제한을 적용할 때에 부속건축물에 대해서는 주된 건축물에 대한 건축제한을 적용한다(영 제71조 제2항).

(4) 새로운 종류의 건축물에 대한 건축제한
「건축법 시행령」 [별표 1] (용도별 건축물의 종류)에서 정하는 건축물 중 다음의 요건을 모두 충족하는 건축물의 종류 및 규모 등의 제한에 관해서는 도시·군계획조례로 따로 정할 수 있다(영 제71조 제3항).

1) 2012.1.20. 이후에 「건축법 시행령」 [별표 1]에서 새로이 규정하는 건축물일 것

2) 용도지역별 건축제한을 규정하고 있는 「국토의 계획 및 이용에 관한 법률 시행령」 [별표 2]부터 [별표 22]까지에서 정하지 않은 건축물일 것

(5) 도시·군계획시설에 대한 예외
도시·군계획시설에 대해서는 용도지역 및 용도지구에서의 건축제한에 관한 규정을 적용하지 않는다(영 제83조 제1항).

(6) 보전관리지역 또는 생산관리지역에서의 건축제한의 특례
보전관리지역 또는 생산관리지역에 대해 농림축산식품부장관·환경부장관·해양수산부장관 또는 산림청장이 농지보전·자연환경보전·해양환경보전 또는 산림보전에 필요한 경우에는 「농지법」, 「자연환경보전법」, 「야생생물 보호 및 관리에 관한 법률」, 「해양생태계의 보전 및 관리에 관한 법률」 또는 「산림자원의 조성 및 관리에 관한 법률」에 따라 건축물 그 밖의 시설의 용도·종류·규모 등을 제한할 수 있다. 이 경우 「국토의 계획 및 이용에 관한 법률」에 따른 제한의 취지와 형평을 이루도록 해야 한다(법 제76조 제6항).

(7) 방재지구의 건축물에 대한 건축제한의 특례
방재지구의 건축물 중 1층 전부를 필로티 구조로 하는 경우에는 용도지역에서의 용도제한을 적용할 때에 필로티 부분은 층수에서 제외한다(영 제83조 제6항).

(8) 건축물이 아닌 시설의 설치
용도지역·용도지구 또는 용도구역에서의 건축물이 아닌 시설의 용도·종류·규모 등의 제한에 관해서는 용도지역 또는 용도지구에서의 건축물의 건축제한에 관한 사항(취락지구에서의 건축제한, 건폐율제한, 그리고 용적률제한은 제외)을 적용한다.
다만, 다음 시설의 용도·종류 및 규모 등의 제한에 관하여는 적용하지 아니한다(영 제83조 제4항).

1) 「관광진흥법」에 따른 유원시설업을 위한 유기시설(遊技施設)·유기기구(遊技機具)로서 다음의 요건을 모두 갖춘 시설
   ① 철로를 활용하는 궤도주행형 유기시설·유기기구일 것
   ② 위의 철로는 「철도사업법」에 따라 지정·고시된 사항의 변경으로 사업용철도노선에서 제외된 기존 선로일 것
2) 위의 유기시설·유기기구를 설치하는 유원시설업을 위하여 「관광진흥법」에 따라 갖추어야 하는 시설

(9) 공사용 부대시설의 설치

용도지역·용도지구 또는 용도구역에서 허용되는 건축물 또는 시설을 설치하기 위해 공사현장에 설치하는 자재야적장, 레미콘·아스콘생산시설 등 공사용 부대시설은 용도지역·용도지구 또는 용도구역에서의 건축물의 건축제한과 개발행위허가기준에 불구하고 그 공사에 필요한 최소한의 면적의 범위에서 기간을 정해 사용한 후에 그 시설 등을 설치한 자의 부담으로 원상복구할 것을 조건으로 설치를 허가할 수 있다(영 제83조 제5항).

(10) 용도지역이 지정 또는 세분되지 않은 지역의 건축제한

도시지역·관리지역·농림지역 또는 자연환경보전지역으로 용도가 지정되지 않은 지역에 대해 다음 사항에 관한 규정을 적용할 때에는 자연환경보전지역에 관한 규정을 적용한다. 또한 도시지역이 세부 용도지역으로 지정되지 않은 경우에는 보전녹지지역에 관한 규정을 적용하고, 관리지역이 세부 용도지역으로 지정되지 않은 경우에는 보전관리지역에 관한 규정을 적용한다(법 제79조 제1·2항, 영 제86조).

1) 「국토의 계획 및 이용에 관한 법률」 제76조에 따른 용도지역 및 용도지구에서의 건축물의 건축제한
2) 「국토의 계획 및 이용에 관한 법률」 제77조에 따른 용도지역의 건폐율 제한
3) 「국토의 계획 및 이용에 관한 법률」 제78조에 따른 용도지역의 용적률 제한

(11) 도시지역에 대해 적용이 배제되는 법률

도시지역에 대해서는 다음 법률의 규정을 적용하지 않는다(법 제83조).

1) 「도로법」 제40조(접도구역)
2) 「농지법」 제8조(농지취득자격증명의 발급). 다만, 녹지지역의 농지로서 도시·군계획시설사업에 필요하지 않은 농지는 제외한다.

제1장 국토의 계획 및 이용에 관한 법률

2 둘 이상의 용도지역·용도지구·용도구역에 걸치는 대지에 대한 적용기준 ★★★
추가15·20·21·22회 출제

(1) 둘 이상의 용도지역 등에 걸치는 대지

하나의 대지가 둘 이상의 용도지역·용도지구 또는 용도구역에 걸치는 경우로서 각 용도지역 등에 걸치는 부분 중 가장 작은 부분의 규모가 330㎡ 이하(도로변에 띠 모양으로 지정된 상업지역에 걸쳐 있는 토지의 경우에는 660㎡ 이하)인 경우에는 전체 대지의 건폐율 및 용적률은 각 부분이 전체 대지면적에서 차지하는 비율을 고려해서 다음의 구분에 따라 각 용도지역 등의 건폐율 및 용적률을 가중평균한 값을 적용하고, 그 밖의 건축제한 등에 관한 사항은 그 대지 중 가장 넓은 면적이 속하는 용도지역 등에 관한 규정을 적용한다. 다만, 건축물이 고도지구에 걸쳐 있는 경우에는 그 건축물 및 대지의 전부에 대해 고도지구의 건축물 및 대지에 관한 규정을 적용한다(법 제84조 제1항, 영 제94조).

1) 가중평균한 건폐율 = ($f_1 x_1 + f_2 x_2 + \cdots + f_n x_n$) / 전체 대지 면적. 이 경우 f_1부터 f_n까지는 각 용도지역 등에 속하는 토지 부분의 면적을 말하고, x_1부터 x_n까지는 해당 토지 부분이 속하는 각 용도지역 등의 건폐율을 말하며, n은 용도지역 등에 걸치는 각 토지 부분의 총 개수를 말한다.

2) 가중평균한 용적률 = ($f_1 x_1 + f_2 x_2 + \cdots + f_n x_n$) / 전체 대지 면적. 이 경우 f_1부터 f_n까지는 각 용도지역 등에 속하는 토지 부분의 면적을 말하고, x_1부터 x_n까지는 해당 토지 부분이 속하는 각 용도지역 등의 용적률을 말하며, n은 용도지역 등에 걸치는 각 토지 부분의 총 개수를 말한다.

(2) 건축물이 방화지구에 걸치는 경우

하나의 건축물이 방화지구와 그 밖의 용도지역·용도지구 또는 용도구역에 걸쳐 있는 경우에는 그 전부에 대해 방화지구의 건축물에 관한 규정을 적용한다. 다만, 그 건축물이 있는 방화지구와 그 밖의 용도지역·용도지구 또는 용도구역의 경계가 방화벽으로 구획되는 경우 그 밖의 용도지역·용도지구 또는 용도구역에 있는 부분에 대해서는 방화지구의 건축물에 관한 규정을 적용하지 않는다(법 제84조 제2항).

(3) 녹지지역에 걸치는 경우

하나의 대지가 녹지지역과 그 밖의 용도지역·용도지구 또는 용도구역에 걸쳐 있는 경우(규모가 가장 작은 부분이 녹지지역으로서 해당 녹지지역이 330㎡ 이하인 경우는 제외한다)에는 각각의 용도지역·용도지구 또는 용도구역의 건축물 및 토지에 관한 규정을 적용한다. 다만, 녹지지역의 건축물이 고도지구에 걸쳐 있는 경우에는 그 건축물 및 대지의 전부에 대해 고도지구의 건축물 및 대지에 관한 규정을 적용하고, 녹지지역의 건축물이 방화지구에 걸쳐 있는 경우에는 그 전부에 대해 방화지구의 건축물에 관한 규정을 적용한다(법 제84조 제3항).

부동산공법

단락문제 Q34

A시에서 甲이 소유하고 있는 1,000㎡의 대지는 제1종 일반주거지역에 800㎡, 제2종 일반주거지역에 200㎡씩 걸쳐 있다. A시 조례에 의하면 제1종 일반주거지역의 용적률은 100%이고, 제2종 일반주거지역의 용적률은 200%이다. 甲이 소유대지에 건축할 수 있는 건축물의 최대 연면적은 얼마인가?(단, 용적률제한 외의 다른 건축제한은 고려하지 않음)

① 800㎡ ② 1,000㎡ ③ 1,200㎡
④ 1,500㎡ ⑤ 2,000㎡

해설 둘 이상의 용도지역·용도지구·용도구역에 걸치는 대지에 대한 용적률 적용기준
하나의 대지가 둘 이상의 용도지역에 걸치는 경우 그 대지 중 용도지역에 있는 부분이 330㎡ 이하인 경우에는 그 대지 전체에 대해서는 각 용도지역별 용적률을 가중평균한 값이 적용된다. 설문의 경우 甲 소유대지에 대한 용적률은 (800㎡ × 100% + 200㎡ × 200%) / 1,000㎡ = 120%가 된다. 따라서 甲 소유대지에 건축할 수 있는 건축물의 연면적은 1,200㎡이다.

정답 ③

3 기존 건축물에 대한 특례

(1) 기존 건축물에 대한 특례

법령의 제정·개정 등으로 기존 건축물이 「국토의 계획 및 이용에 관한 법률」에 맞지 않게 된 경우에는 증축·개축·재축 또는 용도변경이 일부 허용된다(법 제82조).

(2) 증축·개축 및 재축에 대한 특례

다음의 사유로 인해 기존 건축물이 「국토의 계획 및 이용에 관한 법률」 제71조부터 제80조까지, 제82조부터 제84조까지, 제84조의2, 제85조부터 제89조까지 및 「수산자원관리법 시행령」 제40조 제1항에 따른 건축제한·건폐율 또는 용적률에 부적합하게 된 경우에도 재축 또는 대수선(건폐율 및 용적률이 증가되지 않는 경우에 한함)을 할 수 있다(영 제93조 제1항).

1) 법령 또는 도시·군계획조례의 제정·개정
2) 도시·군관리계획의 결정·변경
3) 행정구역의 변경
4) 도시·군계획시설의 설치, 도시·군계획사업의 시행 또는 「도로법」에 따른 도로의 설치

(3) 용도변경에 대한 특례

1) 기존 건축물이 위 (2)의 1)~4)의 사유로 「국토의 계획 및 이용에 관한 법률」 제71조부터 제80조까지, 제82조부터 제84조까지, 제84조의2, 제86조부터 제89조까지 및 「수산자원관리법 시행령」 제40조 제1항에 따른 건축제한 또는 건폐율 규정에 부적합하게 된 경우에도 기존 부지 내에서 증축 또는 개축(「건축법」 제2조 제1항 제8호에 따른 증축 또는 개축을 말함)하

려는 부분이 제71조부터 제80조까지, 제82조, 제83조, 제85조부터 제89조까지 및 「수산자원관리법 시행령」 제40조 제1항에 따른 건축제한 및 용적률 규정에 적합한 경우로서 기존의 건축물이 건폐율 기준에 부적합하게 된 경우에는 건폐율이 증가하지 아니하는 범위에서의 증축 또는 개축할 수 있고, 기존의 건축물이 건폐율 기준에 적합한 경우에는 건폐율 기준을 초과하지 아니하는 범위에서의 증축 또는 개축할 수 있다(영 제93조 제2항).

2) 또한 기존의 건축물이 위 (2)의 1)~4)의 사유로 「국토의 계획 및 이용에 관한 법률」 제71조부터 제80조까지, 제82조부터 제84조까지, 제84조의2, 제85조부터 제89조까지 및 「수산자원관리법 시행령」 제40조 제1항에 따른 건축제한·건폐율 또는 용적률 규정에 부적합하게 된 경우에도 부지를 확장하여 추가편입부지에 증축하려는 부분이 제71조부터 제80조까지, 제82조부터 제84조까지, 제84조의2, 제85조부터 제89조까지 및 「수산자원관리법 시행령」 제40조 제1항에 따른 건축제한·건폐율 및 용적률 규정에 적합한 경우에는 증축을 할 수 있다. 이 경우 추가편입부지에서 증축하려는 건축물에 대한 건폐율과 용적률 기준은 추가편입부지에 대해서만 적용한다(영 제93조 제3항).

3) 기존의 공장이나 제조업소가 위 (2)의 1)~4)의 사유로 「국토의 계획 및 이용에 관한 법률」 제71조부터 제80조까지, 제82조부터 제84조까지, 제84조의2, 제85조부터 제89조까지 및 「수산자원관리법 시행령」 제40조 제1항에 따른 건축제한·건폐율 또는 용적률 규정에 부적합하게 된 경우에도 기존 업종보다 오염배출 수준이 같거나 낮은 경우에는 특별시·광역시·특별자치시·특별자치도·시 또는 군의 도시·군계획조례로 정하는 바에 따라 건축물이 아닌 시설을 증설할 수 있다(영 제93조 제4항).

4) 기존의 건축물이 위 (2)의 1)~4)의 사유로 「국토의 계획 및 이용에 관한 법률」 제71조부터 제80조까지, 제82조부터 제84조까지, 제84조의2, 제85조부터 제89조까지 및 「수산자원관리법 시행령」 제40조 제1항에 따른 건축제한·건폐율 또는 용적률 규정에 부적합하게 된 경우에도 해당 건축물의 기존 용도가 국토교통부령(수산자원보호구역의 경우에는 해양수산부령을 말함)으로 정하는 바에 따라 확인되는 경우(기존 용도에 따른 영업을 폐업한 후 기존 용도 외의 용도로 사용되지 아니한 것으로 확인되는 경우를 포함함)에는 업종을 변경하지 아니하는 경우에 한하여 기존 용도로 계속 사용할 수 있다.

이 경우 기존의 건축물이 공장이나 제조업소인 경우로서 대기오염물질발생량 또는 폐수배출량이 「대기환경 보전법 시행령」 및 「물환경보전법 시행령」에 따른 사업장 종류별 대기오염물질발생량 또는 배출규모의 범위에서 증가하는 경우는 기존 용도로 사용하는 것으로 본다.

기존의 건축물이 공장이나 제조업소인 경우에는 도시·군계획조례로 정하는 바에 따라 대기오염물질발생량 또는 폐수배출량이 증가하지 아니하는 경우에 한하여 기존 용도범위에서의 업종변경을 할 수 있다(영 제93조 제5·6항). 여기서 "국토교통부령으로 정하는 바에 따라 확인되는 경우"란 건축물대장에 따라 기존용도가 확인되거나 관계법률에 의한 영업허가·신고·등록 등의 서류를 통하여 관할 행정청에서 기존용도를 확인하는 경우를 말한다(규칙 제13조의2).

5) 기존의 건축물이 위 **(2)**의 **1)~4)**의 사유로 「국토의 계획 및 이용에 관한 법률」 제71조부터 제80조까지, 제82조부터 제84조까지, 제84조의2, 제85조부터 제89조까지 및 「수산자원관리법 시행령」 제40조 제1항에 따른 건축제한·건폐율 또는 용적률 규정에 적합하지 아니하게 된 경우에도 해당 건축물이 있는 용도지역·용도지구·용도구역에서 허용되는 용도(건폐율·용적률·높이·면적의 제한을 제외한 용도를 말함)로 변경할 수 있다(영 제93조 제7항).

(4) 기존 공장에 대한 특례

녹지지역 또는 관리지역에 있는 기존 공장(해당 용도지역으로 지정될 당시 이미 준공된 것에 한정함)이 다음의 어느 하나에 해당하는 경우로서 해당 공장의 소유자가 2025년 12월 31일까지 증축 또는 개축 허가를 신청한 경우에는 해당 호에서 정한 비율까지 건폐율을 완화하여 적용할 수 있다(영 제93조의3).

1) **기존 부지 내에서 증축 또는 개축하는 경우**

    40%의 범위에서 최초 건축허가 시 그 건축물에 허용된 건폐율

2) **부지를 확장하여 건축물을 증축하려는 경우로서 다음의 어느 하나에 해당하는 경우**

    40%. 이 경우 ①의 경우에는 추가편입부지에 대해서만 건폐율 기준을 적용하고, ②의 경우에는 기존 부지와 추가편입부지를 하나로 하여 건폐율 기준을 적용한다.

    ① 추가편입부지에 건축물을 증축하려는 경우로서 다음의 요건을 모두 갖춘 경우
      ㉠ 추가편입부지의 면적이 3천㎡ 이하로서 기존 부지면적의 50% 이내일 것
      ㉡ 이 법 시행령 제71조부터 제80조까지, 제82조, 제83조, 제85조부터 제89조까지 및 「수산자원관리법 시행령」 제40조 제1항에 따른 건축제한 및 용적률 규정에 적합할 것
      ㉢ 관할 특별시장·광역시장·특별자치시장·특별자치도지사·시장 또는 군수가 해당 지방도시계획위원회의 심의를 거쳐 기반시설의 설치 및 그에 필요한 용지의 확보가 충분하고 주변지역의 환경오염 우려가 없다고 인정할 것

    ② 기존 부지와 추가편입부지를 하나로 하여 건축물을 증축하려는 경우로서 다음의 요건을 모두 갖춘 경우
      ㉠ ①의 ㉠~㉢의 요건을 모두 갖출 것
      ㉡ 관할 특별시장·광역시장·특별자치시장·특별자치도지사·시장 또는 군수가 해당 지방도시계획위원회의 심의를 거쳐 다음의 어느 하나에 해당하는 인증 등을 받기 위하여 기존 부지와 추가편입부지를 하나로 하여 건축물을 증축하는 것이 불가피하다고 인정할 것
        ⓐ 「식품위생법」에 따른 식품안전관리인증
        ⓑ 「농수산물 품질관리법」에 따른 위해요소중점관리기준 이행 사실 증명
        ⓒ 「축산물 위생관리법」에 따른 안전관리인증
      ㉢ 기존 부지와 추가편입부지를 합병할 것. 다만, 「건축법 시행령」에 해당하는 경우에는 합병하지 아니할 수 있다.

제1장 국토의 계획 및 이용에 관한 법률

02 용도지역별 건축제한   15회 출제

Professor Comment

① 용도지역별 건축제한은 주로 건축물의 용도와 규모에 관한 것인데, 그 내용이 매우 복잡하고 다양해서 이를 일일이 외울 수는 없으므로 건축제한의 내용을 그 용도지역의 지정목적에 비추어 보아 전체적으로 파악할 수밖에 없다. 다음 사항을 기본으로 해서 기출문제나 예제에서 나오는 사항을 익히는 것이 효율적이라 할 것이다.

② 용도지역별 건축제한은 '「국토의 계획 및 이용에 관한 법률 시행령」에 따라 바로 건축을 허용하는 방식'과 '조례에 따라 건축을 허용하는 방식'으로 구분된다. 조례로 정하는 바에 따라 건축이 허용되는 건축물의 구체적인 내용은 「국토의 계획 및 이용에 관한 법률 시행령」에 규정된 범위에서 그 지방자치단체의 조례로 정해지고, 이 결과 각 지방자치단체마다 용도지역별 건축제한의 내용이 다르게 된다.

Key Point | 용도지역별 건축제한의 핵심

1) 준주거지역, 상업지역, 준공업지역 및 계획관리지역의 경우에는 건축할 수 '없는' 건축물을 규정하고, 나머지 용도지역에서는 건축할 수 '있는' 건축물을 규정하고 있다.
2) 다음의 용도지역 및 용도지구에서는 건축물의 층수가 제한된다.
    ① 제1종 일반주거지역, 녹지지역, 관리지역, 자연취락지구 : 4층 이하
    ② 제2종 일반주거지역 : 도시·군계획조례로 정하는 층수 이하
3) 계획관리지역에서 휴게음식점·제과점·일반음식점 및 숙박시설을 건축할 수 있는 지역은 국토교통부령이 정하는 기준에 해당하는 지역이어야 한다.
4) 자연환경보전지역에서 조례에 따라 건축이 허용되는 건축물을 건축할 수 있는 지역은 수질오염 및 경관훼손의 우려가 없다고 인정해서 조례로 정하는 지역에 한한다.
5) 유통상업지역 및 전용공업지역에는 단독주택을 건축하지 못한다.
6) 유통상업지역·전용공업지역 및 보전녹지지역에는 다가구주택을 건축하지 못한다.
7) 제1종 전용주거지역·제1종 일반주거지역·유통상업지역·전용공업지역·일반공업지역·녹지지역·관리지역·농림지역과 자연환경보전지역에는 아파트를 건축하지 못한다.
8) 유통상업지역·전용공업지역·일반공업지역·보전녹지지역·보전관리지역·농림지역과 자연환경보전지역에는 연립주택과 다세대주택을 건축하지 못한다.
9) 제1종 근린생활시설은 일반적으로 모든 용도지역에 건축할 수 있는데, 제1종 근린생활시설 중 다음의 건축물은 일부 용도지역에는 설치할 수 없다.
    ① 휴게음식점 및 제과점 : 보전관리지역, 생산관리지역, 농림지역과 자연환경보전지역에는 건축하지 못한다.
    ② 이용원·미용원·일반목욕장·세탁소, 의원·치과의원·한의원·침술원·접골원·조산소, 탁구장·체육도장, 지역아동센터 : 자연환경보전지역에는 건축하지 못한다.
10) 전용주거지역·보전녹지지역·보전관리지역·농림지역 및 자연환경보전지역에는 판매시설을 건축하지 못한다.
11) 초등학교는 전용공업지역에 건축하지 못하며, 중·고등학교는 전용공업지역, 농림지역과 자연환경보전지역에 건축하지 못한다.
12) 숙박시설은 준주거지역, 상업지역, 준공업지역, 자연녹지지역 및 계획관리지역에만 설치할 수 있는데 준주거지역, 자연녹지지역 및 계획관리지역의 경우에는 극히 예외적인 경우에 한해 설치할 수 있다.
13) 위락시설은 상업지역에만 건축할 수 있다.
14) 전용주거지역·유통상업지역·보전녹지지역·보전관리지역·농림지역 및 자연환경보전지역에는 공장을 건축하지 못한다.

부동산공법

1　제1종 전용주거지역에서의 건축제한

제1종 전용주거지역에서 건축할 수 있는 건축물은 다음과 같다(영 제71조 제1항, [별표 2]).

건축할 수 있는 건축물	도시·군계획조례로 건축을 허용할 수 있는 건축물
1) 단독주택(다가구주택은 제외) 2) 제1종 근린생활시설 중 그 용도에 쓰이는 바닥면적의 합계가 1,000㎡ 미만인 것. 다만, 다음의 시설은 제외한다. ① 변전소·양수장·정수장·대피소·공중화장실 그 밖에 이와 비슷한 것 ② 지역아동센터(단독주택과 공동주택에 해당하는 것은 제외) ③ 도시가스배관시설	1) 단독주택 중 다가구주택 2) 공동주택 중 연립주택 및 다세대주택 3) 제1종 근린생활시설 중 다음의 시설로서 그 용도에 쓰이는 바닥면적의 합계가 1,000㎡ 미만인 것 ① 공중화장실·대피소, 그 밖에 이와 비슷한 것 ② 지역아동센터 ③ 변전소, 도시가스배관시설, 통신용 시설, 정수장, 양수장 등 주민의 생활에 필요한 에너지공급·통신서비스제공이나 급수·배수와 관련된 시설 4) 제2종 근린생활시설 중 종교집회장 5) 문화 및 집회시설 중 박물관·미술관·체험관(한옥으로 건축하는 것에 한함) 및 기념관으로서 그 용도에 쓰이는 바닥면적의 합계가 1,000㎡ 미만인 것 6) 종교시설로서 그 용도에 쓰이는 바닥면적의 합계가 1,000㎡ 미만인 것 7) 교육연구시설 중 유치원·초등학교·중학교 및 고등학교 8) 노유자(老幼者)시설 9) 자동차관련시설 중 주차장

▶ 제2종 전용주거지역에 일반음식점은 건축할 수 없다.

2　제2종 전용주거지역에서의 건축제한　29회 출제

제2종 전용주거지역에서 건축할 수 있는 건축물은 [표]와 같다(영 제71조 제1항, [별표 3]).

건축할 수 있는 건축물	도시·군계획조례로 건축을 허용할 수 있는 건축물
1) 단독주택 2) 공동주택 3) 제1종 근린생활시설로서 그 용도에 쓰이는 바닥면적의 합계가 1,000㎡ 미만인 것	1) 제2종 근린생활시설 중 종교집회장 2) 문화 및 집회시설 중 박물관·미술관·체험관(한옥으로 건축하는 것에 한함) 및 기념관으로서 그 용도에 쓰이는 바닥면적의 합계가 1,000㎡ 미만인 것 3) 종교시설로서 그 용도에 쓰이는 바닥면적의 합계가 1,000㎡ 미만인 것 4) 교육연구시설 중 유치원·초등학교·중학교 및 고등학교 5) 노유자시설 6) 자동차관련시설 중 주차장

3　제1종 일반주거지역에서의 건축제한

제1종 일반주거지역에서 건축할 수 있는 건축물은 다음과 같다. 이 경우 건축물의 층수는 4층 이하(단지형 연립주택과 단지형 다세대주택인 경우에는 5층 이하를 말하며, 단지형 연립주택의 1층 전부를 필로티 구조로 해서 주차장으로 사용하는 경우에는 필로티 부분을 층수에서 제외하고, 단지형 다세대주택의 1층 바닥면적의 1/2 이상을 필로티 구조로 해서 주차장으로 사용하고 나머지 부분을 주택 외의 용도로 쓰는 경우에는 해당 층을 층수에서 제외한다)여야 한다. 다만, 이 범위에서 도시·군계획조례로 따로 층수를 정하는 경우에는 그 층수 이하여야 한다(영 제71조 제1항, [별표 4]).

제1장 국토의 계획 및 이용에 관한 법률

건축할 수 있는 건축물	도시·군계획조례로 건축을 허용할 수 있는 건축물
1) 단독주택 2) 공동주택(아파트는 제외) 3) 제1종 근린생활시설 4) 교육연구시설 중 유치원·초등학교·중학교 및 고등학교 5) 노유자시설	1) 제2종 근린생활시설(단란주점 및 안마시술소는 제외) 2) 문화 및 집회시설(공연장 및 관람장은 제외) 3) 종교시설 4) 판매시설 중 다음의 것 　① 소매시장 및 상점(일반게임제공업의 시설은 제외)으로서 그 용도에 쓰이는 바닥면적의 합계가 2,000㎡ 미만인 것(너비 15m 이상으로서 도시·군계획조례로 정하는 너비 이상의 도로에 접한 대지에 건축하는 것에 한함) 　② 기존의 도매시장 또는 소매시장을 재건축하는 경우로서 인근의 주거환경에 미치는 영향, 시장의 기능회복 등을 감안해서 도시·군계획조례로 정하는 경우에는 그 용도에 쓰이는 바닥면적의 합계의 4배 이하 또는 대지면적의 2배 이하인 것 5) 의료시설(격리병원은 제외) 6) 교육연구시설(유치원·초등학교·중학교 및 고등학교는 제외) 7) 수련시설(유스호스텔의 경우 특별시 및 광역시에서는 너비 15m 이상의 도로에 20m 이상 접한 대지에 건축하는 것에 한하며, 그 밖의 지역에서는 너비 12m 이상의 도로에 접한 대지에 건축하는 것에 한함) 8) 운동시설(옥외철탑이 설치된 골프연습장은 제외) 9) 업무시설 중 오피스텔로서 그 용도에 쓰이는 바닥면적의 합계가 3,000㎡ 미만인 것 10) 공장 중 인쇄업, 기록매체복제업, 봉제업(의류편조업을 포함함), 컴퓨터 및 주변기기제조업, 컴퓨터관련 전자제품조립업, 두부제조업, 세탁업의 공장과 지식산업센터로서 다음에 해당하지 않는 것 　① 특정대기유해물질이 기준 이상으로 배출되는 것 　② 대기오염물질배출시설로서 「대기환경보전법 시행령」에 따른 제1종사업장 내지 제4종 사업장 　③ 특정수질유해물질이 기준 이상으로 배출되는 것(폐수무방류 배출시설 설치허가를 받아 운영하는 경우는 제외) 　④ 폐수배출시설로서 「물환경보전법 시행령」에 따른 제1종사업장 내지 제4종사업장 　⑤ 「폐기물관리법」에 따른 지정폐기물을 배출하는 것 　⑥ 「소음·진동관리법」에 따른 배출허용기준의 2배 이상인 것 11) 창고시설 12) 위험물 저장 및 처리시설 중 다음의 것 　① 주유소, 석유판매소 및 액화가스 취급소·판매소 　② 도료류판매소 　③ 「대기환경보전법」에 따른 저공해자동차의 연료공급시설 　④ 시내버스차고지에 설치하는 액화석유가스 충전소 및 고압가스 충전·저장소 13) 자동차관련시설 중 주차장 및 세차장 14) 동물 및 식물관련시설 중 화초·분재 등의 온실 15) 교정시설 및 국방·군사시설 16) 방송통신시설 17) 발전시설 18) 야영장시설

부동산공법

4 제2종 일반주거지역에서의 건축제한

제2종 일반주거지역에서 건축할 수 있는 건축물은 [표]와 같다. 다만, 경관관리 등을 위해 도시·군계획조례로 건축물의 층수를 제한하는 경우에는 그 층수 이하의 건축물로 한정한다(영 제71조 제1항, [별표 5]).

건축할 수 있는 건축물	도시·군계획조례로 건축을 허용할 수 있는 건축물
1) 단독주택 2) 공동주택 3) 제1종 근린생활시설 4) 종교시설 5) 교육연구시설 중 유치원·초등학교·중학교 및 고등학교 6) 노유자시설	1) 제2종 근린생활시설(단란주점 및 안마시술소는 제외) 2) 문화 및 집회시설(관람장은 제외) 3) 판매시설 중 다음의 것 　① 소매시장 및 상점(일반게임제공업의 시설은 제외)으로서 그 용도에 쓰이는 바닥면적의 합계가 2,000㎡ 미만인 것(너비 15m 이상으로서 도시·군계획조례로 정하는 너비 이상의 도로에 접한 대지에 건축하는 것에 한함) 　② 기존의 도매시장 또는 소매시장을 재건축하는 경우로서 인근의 주거환경에 미치는 영향, 시장의 기능회복 등을 감안해서 도시·군계획조례로 정하는 경우에는 그 용도에 쓰이는 바닥면적의 합계의 4배 이하 또는 대지면적의 2배 이하인 것 4) 의료시설(격리병원은 제외) 5) 교육연구시설(유치원·초등학교·중학교 및 고등학교는 제외) 6) 수련시설(유스호스텔의 경우 특별시 및 광역시에서는 너비 15m 이상의 도로에 20m 이상 접한 대지에 건축하는 것에 한하며, 그 밖의 지역에서는 너비 12m 이상의 도로에 접한 대지에 건축하는 것에 한함) 7) 운동시설 8) 업무시설 중 다음의 것으로서 그 용도에 쓰이는 바닥면적의 합계가 3,000㎡ 미만인 것 　① 공공업무시설 　② 오피스텔·금융업소 및 사무소 9) 공장 중 인쇄업, 기록매체복제업, 봉제업(의류편조업을 포함함), 컴퓨터 및 주변기기제조업, 컴퓨터관련 전자제품조립업, 두부제조업, 세탁업의 공장과 지식산업센터로서 다음에 해당하지 않는 것 　① 특정대기유해물질이 기준 이상으로 배출되는 것 　② 대기오염물질배출시설로서 「대기환경보전법 시행령」에 따른 제1종사업장 내지 제4종사업장 　③ 특정수질유해물질이 기준 이상으로 배출되는 것(폐수무방류 배출시설 설치허가를 받아 운영하는 경우는 제외) 　④ 폐수배출시설로서 「물환경보전법 시행령」에 따른 제1종사업장 내지 제4종사업장 　⑤ 「폐기물관리법」에 따른 지정폐기물을 배출하는 것 　⑥ 「소음·진동관리법」에 따른 배출허용기준의 2배 이상인 것 10) 창고시설 11) 위험물저장 및 처리시설 중 다음의 것 　① 주유소, 석유판매소 및 액화가스 취급소·판매소 　② 도료류판매소 　③ 「대기환경보전법」에 따른 저공해자동차의 연료공급시설 　④ 시내버스차고지에 설치하는 액화석유가스 충전소 및 고압가스 충전·저장소 12) 자동차관련시설 중 다음의 것 　① 주차장 및 세차장 　② 「여객자동차운수사업법」·「화물자동차운수사업법」 및 「건설기계관리법」에 따른 차고 및 주기장(駐機場) 13) 동물 및 식물관련시설 중 작물재배사, 종묘배양시설, 화초·분재 등의 온실 및 이들 시설과 비슷한 것 14) 교정시설 및 국방·군사시설

제1장 국토의 계획 및 이용에 관한 법률

건축할 수 있는 건축물	도시·군계획조례로 건축을 허용할 수 있는 건축물
	15) 방송통신시설 16) 발전시설 17) 야영장시설

5 제3종 일반주거지역에서의 건축제한 30회 출제

제3종 일반주거지역에서 건축할 수 있는 건축물은 [표]와 같다(영 제71조 제1항, [별표 6]).

건축할 수 있는 건축물	도시·군계획조례로 건축을 허용할 수 있는 건축물

1) 단독주택
2) 공동주택
3) 제1종 근린생활시설
4) 종교시설
5) 교육연구시설 중 유치원·초등학교·중학교 및 고등학교
6) 노유자시설
	1) 제2종 근린생활시설(단란주점 및 안마시술소는 제외)
	2) 문화 및 집회시설(관람장은 제외)
	3) 판매시설 중 다음의 것
	  ① 소매시장 및 상점(일반게임제공업의 시설은 제외)으로서 그 용도에 쓰이는 바닥면적의 합계가 2,000㎡ 미만인 것(너비 15m 이상으로서 도시·군계획조례로 정하는 너비 이상의 도로에 접한 대지에 건축하는 것에 한함)
	  ② 기존의 도매시장 또는 소매시장을 재건축하는 경우로서 인근의 주거환경에 미치는 영향, 시장의 기능회복 등을 감안해서 도시·군계획조례로 정하는 경우에는 그 용도에 쓰이는 바닥면적의 합계의 4배 이하 또는 대지면적의 2배 이하인 것
	4) 의료시설(격리병원은 제외)
	5) 교육연구시설(유치원·초등학교·중학교 및 고등학교는 제외)
	6) 수련시설(유스호스텔의 경우 특별시 및 광역시 지역에서는 너비 15m 이상의 도로에 20m 이상 접한 대지에 건축하는 것에 한하며, 그 밖의 지역에서는 너비 12m 이상의 도로에 접한 대지에 건축하는 것에 한함)
	7) 운동시설
	8) 업무시설로서 그 용도에 쓰이는 바닥면적의 합계가 3,000㎡ 이하인 것
	9) 인쇄업, 기록매체복제업, 봉제업(의류편조업을 포함함), 컴퓨터 및 주변기기제조업, 컴퓨터관련 전자제품조립업, 두부제조업, 세탁업의 공장과 지식산업센터로서 다음에 해당하지 않는 것
	  ① 특정대기유해물질이 기준 이상으로 배출되는 것
	  ② 대기오염물질배출시설로서 「대기환경보전법 시행령」에 따른 제1종사업장 내지 제4종사업장
	  ③ 특정수질유해물질이 기준 이상으로 배출되는 것(폐수무방류 배출시설 설치허가를 받아 운영하는 경우는 제외)
	  ④ 폐수배출시설로서 「물환경보전법 시행령」에 따른 제1종사업장 내지 제4종사업장
	  ⑤ 「폐기물관리법」에 따른 지정폐기물을 배출하는 것
	  ⑥ 「소음·진동관리법」에 따른 배출허용기준의 2배 이상인 것
	10) 창고시설
	11) 위험물 저장 및 처리시설 중 다음의 것
	  ① 주유소, 석유판매소 및 액화가스 취급소·판매소
	  ② 도료류판매소
	  ③ 「대기환경보전법」에 따른 저공해자동차의 연료공급시설
	  ④ 시내버스차고지에 설치하는 액화석유가스 충전소 및 고압가스 충전·저장소
	12) 자동차관련시설 중 다음의 것

건축할 수 있는 건축물	도시·군계획조례로 건축을 허용할 수 있는 건축물
	① 주차장 및 세차장 ② 「여객자동차운수사업법」·「화물자동차운수사업법」 및 「건설기계관리법」에 따른 차고 및 주기장 13) 동물 및 식물관련시설 중 작물재배사, 종묘배양시설, 화초·분재 등의 온실 및 이들 시설과 비슷한 것 14) 교정시설 및 국방·군사시설 15) 방송통신시설 16) 발전시설 17) 야영장시설

6 준주거지역에서의 건축제한 22·24회 출제

준주거지역에서 건축할 수 없는 건축물은 [표]와 같다(영 제71조 제1항, [별표 7]).

건축할 수 없는 건축물	지역 여건 등을 고려하여 도시·군계획조례로 정하는 바에 따라 건축할 수 없는 건축물
1) 제2종 근린생활시설 중 단란주점 2) 일반게임제공업의 시설 3) 의료시설 중 격리병원 4) 숙박시설(생활숙박시설로서 공원·녹지 또는 지형지물에 따라 주택 밀집지역과 차단되거나 주택 밀집지역으로부터 일정거리(건축물의 각 부분을 기준으로 한다) 밖에 건축하는 것은 제외) 5) 위락시설 6) 공장 중 다음에 해당하는 것 　① 특정대기유해물질이 기준 이상으로 배출되는 것 　② 대기오염물질배출시설로서 「대기환경보전법 시행령」에 따른 제1종사업장 내지 제4종사업장 　③ 특정수질유해물질이 기준 이상으로 배출되는 것(폐수무방류 배출시설 설치허가를 받아 운영하는 경우는 제외) 　④ 폐수배출시설로서 「물환경보전법 시행령」에 따른 제1종사업장 내지 제4종사업장 　⑤ 「폐기물관리법」에 따른 지정폐기물을 배출하는 것 　⑥ 「소음·진동관리법」에 따른 배출허용기준의 2배 이상인 것 7) 위험물 저장 및 처리시설 중 시내버스차고지 외의 지역에 설치하는 액화석유가스 충전소 및 고압가스 충전소·저장소(수소연료공급시설은 제외) 8) 자동차관련시설 중 폐차장 9) 동물 및 식물관련시설 중 축사·도축장·도계장 10) 자원순환관련시설 11) 묘지관련시설	1) 제2종 근린생활시설 중 안마시술소 2) 문화 및 집회시설(공연장 및 전시장은 제외) 3) 판매시설 4) 운수시설 5) 숙박시설 중 생활숙박시설로서 공원·녹지 또는 지형지물에 의해 주택 밀집지역과 차단되거나 주택 밀집지역으로부터 도시·군계획조례로 정하는 거리(건축물의 각 부분을 기준으로 한다) 밖에 있는 대지에 건축하는 것 6) 공장으로서 다음에 해당하지 않는 것 　① 특정대기유해물질이 기준 이상으로 배출되는 것 　② 대기오염물질배출시설로서 「대기환경보전법 시행령」에 따른 제1종사업장 내지 제4종사업장 　③ 특정수질유해물질이 기준 이상으로 배출되는 것(폐수무방류 배출시설 설치허가를 받아 운영하는 경우는 제외) 　④ 폐수배출시설로서 「물환경보전법 시행령」에 따른 제1종사업장 내지 제4종사업장 　⑤ 「폐기물관리법」에 따른 지정폐기물을 배출하는 것 　⑥ 「소음·진동관리법」에 따른 배출허용기준의 2배 이상인 것 7) 창고시설 8) 위험물 저장 및 처리시설(시내버스차고지 외의 지역에 설치하는 액화석유가스 충전소 및 고압가스 충전·저장소(수소연료공급시설은 제외)는 제외] 9) 자동차관련시설(폐차장은 제외) 10) 동물 및 식물관련시설(축사·도축장·도계장은 제외) 11) 교정시설 및 군사시설

제1장 국토의 계획 및 이용에 관한 법률

건축할 수 없는 건축물	지역 여건 등을 고려하여 도시·군계획조례로 정하는 바에 따라 건축할 수 없는 건축물
	12) 발전시설 13) 관광휴게시설 14) 장례시설

7 중심상업지역에서의 건축제한

중심상업지역에서 건축할 수 없는 건축물은 [표]와 같다(영 제71조 제1항, [별표 8]).

건축할 수 없는 건축물	지역 여건 등을 고려하여 도시·군계획조례로 정하는 바에 따라 건축할 수 없는 건축물
1) 단독주택(다른 용도와 복합된 것은 제외) 2) 공동주택. 다만, 다음의 어느 하나에 해당하는 공동주택은 제외한다. ① 공동주택과 주거용 외의 용도가 복합된 건축물(다수의 건축물이 일체적으로 연결된 하나의 건축물을 포함한다)로서 공동주택 부분의 면적이 연면적의 합계의 90%(도시·군계획조례로 90% 미만의 범위에서 별도로 비율을 정한 경우에는 그 비율) 미만인 것 ② 주택법의 아파트형 주택 3) 숙박시설 중 일반숙박시설 및 생활숙박시설. 다만, 다음의 일반숙박시설 또는 생활숙박시설은 제외한다. ① 공원·녹지 또는 지형지물에 따라 주거지역과 차단되거나 주거지역으로부터 도시·군계획조례로 정하는 거리(건축물의 각 부분을 기준으로 한다) 밖에 건축하는 일반숙박시설 ② 공원·녹지 또는 지형지물에 따라 준주거지역 내 주택 밀집지역, 전용주거지역 또는 일반주거지역과 차단되거나 준주거지역 내 주택 밀집지역, 전용주거지역 또는 일반주거지역으로부터 도시·군계획조례로 정하는 거리(건축물의 각 부분을 기준으로 한다) 밖에 건축하는 생활숙박시설 4) 위락시설(공원·녹지 또는 지형지물에 따라 주거지역과 차단되거나 주거지역으로부터 도시·군계획조례가 정하는 거리(건축물의 각 부분을 기준으로 한다) 밖에 건축하는 것은 제외) 5) 공장(표 오른쪽 6)에 해당하는 것은 제외] 6) 위험물 저장 및 처리시설 중 시내버스차고지 외의 지역에 설치하는 액화석유가스 충전소 및 고압가스 충전소·저장소(수소연료공급시설은 제외) 7) 자동차관련시설 중 폐차장 8) 동물 및 식물관련시설	1) 단독주택 중 다른 용도와 복합된 것 2) 공동주택[(표 왼쪽 2)의 ①에 해당하는 것은 제외] 3) 의료시설 중 격리병원 4) 교육연구시설 중 학교 5) 수련시설 6) 공장 중 출판업·인쇄업·금은세공업 및 기록매체복제업의 공장으로서 다음에 해당하지 않는 것 ① 특정대기유해물질이 기준 이상으로 배출되는 것 ② 대기오염물질배출시설로서 「대기환경보전법 시행령」에 따른 1종사업장 내지 4종사업장 ③ 특정수질유해물질이 기준 이상으로 배출되는 것(폐수무방류 배출시설 설치허가를 받아 운영하는 경우는 제외) ④ 폐수배출시설로서 「물환경보전법 시행령」에 따른 제1종사업장 내지 제4종사업장 ⑤ 「폐기물관리법」에 따른 지정폐기물을 배출하는 것 ⑥ 「소음·진동관리법」에 따른 배출허용기준의 2배 이상인 것 7) 창고시설 8) 위험물저장 및 처리시설(시내버스차고지 외의 지역에 설치하는 액화석유가스 충전소 및 고압가스 충전·저장소는 제외) 9) 자동차 관련 시설 중 세차장, 검사장, 매매장, 정비공장, 운전학원 및 정비학원, 차고 및 주기장 10) 교정시설 및 군사시설(국방·군사시설은 제외) 11) 관광휴게시설 12) 장례시설 13) 야영장시설

건축할 수 없는 건축물	지역 여건 등을 고려하여 도시·군계획조례로 정하는 바에 따라 건축할 수 없는 건축물
9) 자원순환관련시설 10) 묘지관련시설	

8 일반상업지역에서의 건축제한

일반상업지역에서 건축할 수 없는 건축물은 [표]와 같다(영 제71조 제1항, [별표 9]).

건축할 수 없는 건축물	지역 여건 등을 고려하여 도시·군계획조례로 정하는 바에 따라 건축할 수 없는 건축물
1) 숙박시설 중 일반숙박시설 및 생활숙박시설. 다만, 다음의 일반숙박시설 또는 생활숙박시설은 제외한다. ① 공원·녹지 또는 지형지물에 따라 주거지역과 차단되거나 주거지역으로부터 도시·군계획조례로 정하는 거리(건축물의 각 부분을 기준으로 한다) 밖에 건축하는 일반숙박시설 ② 공원·녹지 또는 지형지물에 따라 준주거지역 내 주택 밀집지역, 전용주거지역 또는 일반주거지역과 차단되거나 준주거지역 내 주택 밀집지역, 전용주거지역 또는 일반주거지역으로부터 도시·군계획조례로 정하는 거리(건축물의 각 부분을 기준으로 한다) 밖에 건축하는 생활숙박시설 2) 위락시설(공원·녹지 또는 지형지물에 따라 주거지역과 차단되거나 주거지역으로부터 도시·군계획조례가 정하는 거리(건축물의 각 부분을 기준으로 한다) 밖에 건축하는 것은 제외) 3) 공장 중 다음에 해당하는 것 ① 특정대기유해물질이 기준 이상으로 배출되는 것 ② 대기오염물질배출시설로서 「대기환경보전법 시행령」에 따른 제1종사업장 내지 제4종사업장 ③ 특정수질유해물질이 기준 이상으로 배출되는 것(폐수무방류 배출시설 설치허가를 받아 운영하는 경우는 제외) ④ 폐수배출시설로서 「물환경보전법 시행령」에 따른 제1종사업장 내지 제4종사업장 ⑤ 「폐기물관리법」에 따른 지정폐기물을 배출하는 것 ⑥ 「소음·진동관리법」에 따른 배출허용기준의 2배 이상인 것 4) 위험물 저장 및 처리시설 중 시내버스차고지 외의 지역에 설치하는 액화석유가스 충전소 및 고압가스 충전소·저장소(수소연료공급시설은 제외) 5) 자동차관련시설 중 폐차장	1) 단독주택 2) 공동주택[공동주택과 주거용 외의 용도가 복합된 건축물(다수의 건축물이 일체적으로 연결된 하나의 건축물을 포함한다)로서 공동주택 부분의 면적이 연면적의 합계의 90% 미만인 것은 제외. 이 경우 도시·군계획조례로 90% 미만의 범위에서 별도로 비율을 정한 경우에는 그 비율을 적용함] 3) 수련시설 4) 공장 중 다음에 해당하지 않는 것 ① 특정대기유해물질이 기준 이상으로 배출되는 것 ② 대기오염물질배출시설로서 「대기환경보전법 시행령」에 따른 제1종사업장 내지 제4종사업장 ③ 특정수질유해물질이 기준 이상으로 배출되는 것(폐수무방류 배출시설 설치허가를 받아 운영하는 경우는 제외) ④ 폐수배출시설로서 「물환경보전법 시행령」에 따른 제1종사업장 내지 제4종사업장 ⑤ 「폐기물관리법」에 따른 지정폐기물을 배출하는 것 ⑥ 「소음·진동관리법」에 따른 배출허용기준의 2배 이상인 것 5) 위험물 저장 및 처리시설(시내버스차고지 외의 지역에 설치하는 액화석유가스 충전소 및 고압가스 충전소·저장소는 제외) 6) 자동차관련시설 중 검사장, 매매장, 정비공장, 운전학원 및 정비학원, 차고 및 주기장 7) 동물 및 식물관련시설 중 작물재배사, 종묘배양시설, 화초 및 분재 등의 온실 및 이들 시설과 비슷한 것(동·식물원 제외) 8) 교정시설 및 군사시설(국방·군사시설은 제외) 9) 야영장시설

제1장 국토의 계획 및 이용에 관한 법률

건축할 수 없는 건축물	지역 여건 등을 고려하여 도시·군계획조례로 정하는 바에 따라 건축할 수 없는 건축물
6) 동물 및 식물관련시설 중 축사·가축시설·도축장·도계장 7) 자원순환관련시설 8) 묘지관련시설	

9 근린상업지역에서의 건축제한

근린상업지역에서 건축할 수 없는 건축물은 [표]와 같다(영 제71조 제1항, [별표 10]).

건축할 수 없는 건축물	지역 여건 등을 고려하여 도시·군계획조례로 정하는 바에 따라 건축할 수 없는 건축물
1) 의료시설 중 격리병원 2) 숙박시설 중 일반숙박시설 및 생활숙박시설. 다만, 다음의 일반숙박시설 또는 생활숙박시설은 제외한다. ① 공원·녹지 또는 지형지물에 따라 주거지역과 차단되거나 주거지역으로부터 도시·군계획조례로 정하는 거리(건축물의 각 부분을 기준으로 한다) 밖에 건축하는 일반숙박시설 ② 공원·녹지 또는 지형지물에 따라 준주거지역 내 주택 밀집지역, 전용주거지역 또는 일반주거지역과 차단되거나 준주거지역 내 주택 밀집지역, 전용주거지역 또는 일반주거지역으로부터 도시·군계획조례로 정하는 거리(건축물의 각 부분을 기준으로 한다) 밖에 건축하는 생활숙박시설 3) 위락시설(공원·녹지 또는 지형지물에 따라 주거지역과 차단되거나 주거지역으로부터 도시·군계획조례가 정하는 거리(건축물의 각 부분을 기준으로 한다) 밖에 건축하는 것은 제외) 4) 공장 중 다음에 해당하는 것 ① 특정대기유해물질이 기준 이상으로 배출되는 것 ② 대기오염물질배출시설로서 「대기환경보전법 시행령」에 따른 제1종사업장 내지 제4종사업장 ③ 특정수질유해물질이 기준 이상으로 배출되는 것(폐수무방류 배출시설 설치허가를 받아 운영하는 경우는 제외) ④ 폐수배출시설로서 「물환경보전법 시행령」에 따른 제1종사업장 내지 제4종사업장 ⑤ 「폐기물관리법」에 따른 지정폐기물을 배출하는 것 ⑥ 「소음·진동관리법」에 따른 배출허용기준의 2배 이상인 것 5) 위험물 저장 및 처리시설 중 시내버스차고지 외의 지역에 설치하는 액화석유가스 충전소 및 고압가스 충전소·저장소(수소연료공급시설은 제외)	1) 공동주택(공동주택과 주거용 외의 용도가 복합된 건축물(다수의 건축물이 일체적으로 연결된 하나의 건축물을 포함)로서 공동주택 부분의 면적이 연면적의 합계의 90% 미만인 것은 제외. 이 경우 도시·군계획조례로 90% 미만의 범위에서 별도로 비율을 정한 경우에는 그 비율을 적용함) 2) 문화 및 집회시설(공연장 및 전시장은 제외) 3) 판매시설로서 그 용도에 쓰이는 바닥면적의 합계가 3,000㎡ 이상인 것 4) 운수시설로서 그 용도에 쓰이는 바닥면적의 합계가 3,000㎡ 이상인 것 5) 위락시설[(표 왼쪽 3)에 해당하는 것은 제외] 6) 공장 중 다음에 해당하지 않는 것 ① 특정대기유해물질이 기준 이상으로 배출되는 것 ② 대기오염물질배출시설로서 「대기환경보전법 시행령」에 따른 제1종사업장 내지 제4종사업장 ③ 특정수질유해물질이 기준 이상으로 배출되는 것(폐수무방류 배출시설 설치허가를 받아 운영하는 경우는 제외) ④ 폐수배출시설로서 「물환경보전법 시행령」에 따른 제1종사업장 내지 제4종사업장 ⑤ 「폐기물관리법」에 따른 지정폐기물을 배출하는 것 ⑥ 「소음·진동관리법」에 따른 배출허용기준의 2배 이상인 것 7) 창고시설 8) 위험물 저장 및 처리시설(시내버스차고지 외의 지역에 설치하는 액화석유가스 충전소 및 고압가스 충전·저장소는 제외) 9) 자동차관련시설 중 차고 및 주기장 10) 동물 및 식물관련시설(축사·가축시설·도축장·도계장은 제외) 11) 교정시설 및 군사시설 12) 발전시설

건축할 수 없는 건축물	지역 여건 등을 고려하여 도시·군계획조례로 정하는 바에 따라 건축할 수 없는 건축물
6) 자동차관련시설 중 폐차장, 검사장, 매매장, 정비공장, 운전학원 및 정비학원 7) 동물 및 식물관련시설 중 축사·가축시설·도축장·도계장 8) 자원순환관련시설 9) 묘지관련시설	13) 관광휴게시설

10 유통상업지역에서의 건축제한

유통상업지역에서 건축할 수 없는 건축물은 [표]와 같다(영 제71조 제1항, [별표 11]).

건축할 수 없는 건축물	지역 여건 등을 고려하여 도시·군계획조례로 정하는 바에 따라 건축할 수 없는 건축물
1) 단독주택 2) 공동주택 3) 의료시설 4) 숙박시설 중 일반숙박시설 및 생활숙박시설 다만, 다음의 일반숙박시설 또는 생활숙박시설은 제외한다. 　① 공원·녹지 또는 지형지물에 따라 주거지역과 차단되거나 주거지역으로부터 도시·군계획조례로 정하는 거리(건축물의 각 부분을 기준으로 한다) 밖에 건축하는 일반숙박시설 　② 공원·녹지 또는 지형지물에 따라 준주거지역 내 주택 밀집지역, 전용주거지역 또는 일반주거지역과 차단되거나 준주거지역 내 주택 밀집지역, 전용주거지역 또는 일반주거지역으로부터 도시·군계획조례로 정하는 거리(건축물의 각 부분을 기준으로 한다) 밖에 건축하는 생활숙박시설 5) 위락시설(공원·녹지 또는 지형지물에 따라 주거지역과 차단되거나 주거지역으로부터 도시·군계획조례가 정하는 거리 밖에 있는 대지에 건축하는 것은 제외) 6) 공 장 7) 위험물 저장 및 처리시설 중 시내버스차고지 외의 지역에 설치하는 액화석유가스 충전소 및 고압가스 충전소·저장소(수소연료공급시설은 제외) 8) 동물 및 식물관련시설 9) 자원순환관련시설 10) 묘지관련시설	1) 제2종 근린생활시설 2) 문화 및 집회시설(공연장 및 전시장은 제외) 3) 종교시설 4) 교육연구시설 5) 노유자시설 6) 수련시설 7) 운동시설 8) 숙박시설[(표 왼쪽 4)에 해당하는 것은 제외] 9) 위락시설[(표 왼쪽 5)에 해당하는 것은 제외] 10) 위험물 저장 및 처리시설(시내버스차고지 외의 지역에 설치하는 액화석유가스 충전소 및 고압가스 충전·저장소는 제외) 11) 자동차관련시설(주차장 및 세차장은 제외) 12) 교정시설 및 군사시설 13) 방송 통신시설 14) 발전시설 15) 관광휴게시설 16) 장례시설 17) 야영장시설

11 전용공업지역에서의 건축제한

전용공업지역에서 건축할 수 있는 건축물은 [표]와 같다(영 제71조 제1항, [별표 12]).

건축할 수 있는 건축물	도시·군계획조례로 건축을 허용할 수 있는 건축물

1) 제1종 근린생활시설
2) 제2종 근린생활시설 중 다음에 해당하지 않는 것
  ① 일반음식점·기원
  ② 휴게음식점·제과점
  ③ 단란주점
  ④ 안마시술소·노래연습장
3) 공 장
4) 창고시설
5) 위험물저장 및 처리시설
6) 자동차관련시설
7) 자원순환관련시설
8) 발전시설
	1) 공동주택 중 기숙사
	2) 제2종 근린생활시설 중 다음의 것
	  ① 일반음식점·기원
	  ② 휴게음식점·제과점
	  ③ 안마시술소·노래연습장
	3) 문화 및 집회시설 중 산업전시장 및 박람회장
	4) 판매시설(해당 전용공업지역에 소재하는 공장에서 생산되는 제품을 판매하는 경우에 한함)
	5) 운수시설
	6) 의료시설
	7) 교육연구시설 중 다음의 것
	  ① 직업훈련소 중 직업능력개발훈련시설과 직업능력개발훈련법인이 직업능력개발훈련을 실시하기 위해 설치하는 시설
	  ② 학원(기술계학원에 한함)
	  ③ 연구소(공업에 관련된 것, 기술대학에 부설되는 것과 공장대지에 부설되는 것에 한함)
	8) 노유자시설
	9) 교정시설 및 국방·군사시설
	10) 방송통신시설

12 일반공업지역에서의 건축제한

일반공업지역에서 건축할 수 있는 건축물은 [표]와 같다(영 제71조 제1항, [별표 13]).

건축할 수 있는 건축물	도시·군계획조례로 건축을 허용할 수 있는 건축물
1) 제1종 근린생활시설 2) 제2종 근린생활시설(단란주점 및 안마시술소는 제외) 3) 판매시설(그 일반공업지역에 소재하는 공장에서 생산되는 제품을 판매하는 시설에 한함) 4) 운수시설 5) 공 장 6) 창고시설 7) 위험물 저장 및 처리시설 8) 자동차관련시설 9) 자원순환관련시설 10) 발전시설	1) 단독주택 2) 공동주택 중 기숙사 3) 제2종 근린생활시설 중 안마시술소 4) 문화 및 집회시설 중 전시장 5) 종교시설 6) 의료시설 7) 교육연구시설 8) 노유자시설 9) 수련시설 10) 업무시설(일반업무시설로서 지식산업센터에 입주하는 지원시설에 한정한다) 11) 동물 및 식물관련시설 12) 교정시설 및 국방·군사시설 13) 방송통신시설 14) 장례시설 15) 야영장시설

13 준공업지역에서의 건축제한

준공업지역에서 건축할 수 없는 건축물은 다음과 같다(영 제71조 제1항, [별표 14]).

건축할 수 없는 건축물	지역 여건 등을 고려하여 도시·군계획조례로 정하는 바에 따라 건축할 수 없는 건축물
1) 위락시설 2) 묘지관련시설	1) 단독주택 2) 공동주택(기숙사는 제외) 3) 제2종 근린생활시설 중 단란주점 및 안마시술소 4) 문화 및 집회시설(공연장 및 전시장은 제외) 5) 종교시설 6) 판매시설(해당 준공업지역에 소재하는 공장에서 생산되는 제품을 판매하는 시설은 제외) 7) 운동시설 8) 숙박시설 9) 공장으로서 해당 용도에 쓰이는 바닥면적의 합계가 5,000㎡ 이상인 것 10) 동물 및 식물관련시설 11) 교정시설 및 군사시설 12) 관광휴게시설

14 보전녹지지역에서의 건축제한

보전녹지지역에서 건축할 수 있는 건축물은 [표]와 같다. 이 경우 건축물의 층수는 4층 이하(4층 이하의 범위에서 도시·군계획조례로 따로 층수를 정하는 경우에는 그 층수 이하)여야 한다(영 제71조 제1항, [별표 15]).

건축할 수 있는 건축물	도시·군계획조례로 건축을 허용할 수 있는 건축물
1) 교육연구시설 중 초등학교 2) 창고시설 중 창고(농·임·축·수산업용에 한함) 3) 교정시설 및 국방·군사시설	1) 단독주택(다가구주택은 제외) 2) 제1종 근린생활시설로서 그 용도에 쓰이는 바닥면적의 합계가 500㎡ 미만인 것 3) 제2종 근린생활시설 중 종교집회장 4) 문화 및 집회시설 중 전시장 5) 종교시설 6) 의료시설 7) 교육연구시설 중 유치원·중학교 및 고등학교 8) 노유자시설 9) 위험물 저장 및 처리시설 중 액화석유가스 충전소 및 고압가스 충전·저장소 10) 동물 및 식물관련시설(도축장 및 도계장은 제외) 11) 하수 등 처리시설(공공하수처리시설만 해당) 12) 묘지관련시설 13) 장례시설 14) 야영장시설

제1장 국토의 계획 및 이용에 관한 법률

15 생산녹지지역에서의 건축제한

생산녹지지역에서 건축할 수 있는 건축물은 [표]와 같다. 이 경우 건축물의 층수는 4층 이하(4층 이하의 범위에서 도시·군계획조례로 따로 층수를 정하는 경우에는 그 층수 이하)여야 한다(영 제71조 제1항, [별표 16]).

건축할 수 있는 건축물	도시·군계획조례로 건축을 허용할 수 있는 건축물

1) 단독주택
2) 제1종 근린생활시설
3) 교육연구시설 중 유치원·초등학교(졸업 시 초등학교 졸업학력과 동등한 학력이 인정되는 학교를 포함함)
4) 노유자시설
5) 수련시설
6) 운동시설 중 운동장
7) 창고시설 중 창고(농·임·축·수산업용에 한함)
8) 위험물저장 및 처리시설 중 액화석유가스충전소 및 고압가스 충전·저장소
9) 동물 및 식물관련시설(도축장 및 도계장은 제외)
10) 교정시설 및 국방·군사시설
11) 방송통신시설
12) 발전시설
13) 야영장시설
	1) 공동주택(아파트는 제외)
	2) 제2종 근린생활시설로서 그 용도에 쓰이는 바닥면적의 합계가 1,000㎡ 미만인 것(단란주점은 제외)
	3) 문화 및 집회시설 중 집회장 및 전시장
	4) 판매시설(농·임·축·수산업용 판매시설에 한함)
	5) 의료시설
	6) 교육연구시설 중 다음의 것
	  ① 중학교 및 고등학교(졸업 시 중학교·고등학교 졸업학력과 동등한 학력이 인정되는 학교를 포함함)
	  ② 교육원(농·임·축·수산업과 관련된 교육시설에 한함)
	  ③ 직업훈련소
	  ④ 연구소(농·임·축·수산업과 관련된 연구소에 한함)
	7) 운동시설(운동장은 제외)
	8) 도정공장, 식품공장, 제1차 산업 생산품 가공공장, 그리고 첨단업종의 공장으로서 다음에 해당하지 않는 것
	  ① 특정대기유해물질이 기준 이상으로 배출되는 것
	  ② 대기오염물질배출시설로서 「대기환경보전법 시행령」에 따른 제1종사업장 내지 제3종사업장
	  ③ 특정수질유해물질이 기준 이상으로 배출되는 것(폐수무방류 배출시설 설치허가를 받아 운영하는 경우는 제외)
	  ④ 폐수배출시설로서 「물환경보전법 시행령」에 따른 제1종사업장 내지 제4종사업장
	  ⑤ 「폐기물관리법」에 따른 지정폐기물을 배출하는 것
	9) 창고시설 중 창고(농·임·축·수산업용은 제외)
	10) 위험물 저장 및 처리시설(액화석유가스 충전소 및 고압가스 충전·저장소는 제외)
	11) 자동차관련시설 중 다음의 것
	  ① 운전학원·정비학원
	  ② 「여객자동차운수사업법」·「화물자동차운수사업법」 및 「건설기계관리법」에 따른 차고 및 주기장
	12) 동물 및 식물관련시설 중 도축장·도계장
	13) 자원순환관련시설
	14) 묘지관련시설
	15) 장례시설

부동산공법

16 자연녹지지역에서의 건축제한

자연녹지지역에서 건축할 수 있는 건축물은 [표]와 같다. 이 경우 건축물의 층수는 4층 이하(4층 이하의 범위에서 도시·군계획조례로 따로 층수를 정하는 경우에는 그 층수 이하)여야 한다(영 제71조 제1항, [별표 17]).

건축할 수 있는 건축물	도시·군계획조례로 건축을 허용할 수 있는 건축물
1) 단독주택 2) 제1종 근린생활시설 3) 제2종 근린생활시설 중 다음에 해당하지 않는 것 　① 일반음식점 　② 휴게음식점·제과점 　③ 단란주점 　④ 안마시술소 4) 의료시설(종합병원·병원·치과병원 및 한방병원은 제외) 5) 교육연구시설(직업훈련소 및 학원은 제외) 6) 노유자시설 7) 수련시설 8) 운동시설 9) 창고시설 중 창고(농·임·축·수산업용에 한함) 10) 동물 및 식물관련시설 11) 자원순환관련시설 12) 교정시설 및 국방·군사시설 13) 방송통신시설 14) 발전시설 15) 묘지관련시설 16) 관광휴게시설 17) 장례시설 18) 야영장시설	1) 공동주택(아파트는 제외) 2) 제2종 근린생활시설 중 다음의 것 　① 일반음식점 　② 휴게음식점·제과점 　③ 안마시술소 3) 문화 및 집회시설 4) 종교시설 5) 판매시설 중 다음의 것 　① 농수산물공판장 　② 농수산물직판장으로서 그 용도에 쓰이는 바닥면적의 합계가 1만m^2 미만인 것(농·어업인 및 생산자단체, 후계농어업경영인, 전업농어업인 또는 지방자치단체가 설치·운영하는 것에 한함) 　③ 산업통상자원부장관이 관계 중앙행정기관의 장과 협의해서 고시하는 대형할인점 및 중소기업공동판매시설 6) 운수시설 7) 의료시설 중 종합병원·병원·치과병원 및 한방병원 8) 교육연구시설 중 직업훈련소 및 학원 9) 숙박시설 중 관광지 및 관광단지에 건축하는 것 10) 공장 중 다음의 것 　① 골재선별·파쇄 업종의 공장, 첨단업종의 공장, 지식산업센터, 도정공장, 식품공장, 읍·면지역에 건축하는 제재업의 공장으로서 다음에 해당하지 않는 것 　　㉠ 특정대기유해물질이 기준 이상으로 배출되는 것 　　㉡ 대기오염물질배출시설로서 「대기환경보전법 시행령」에 따른 제1종사업장 내지 제3종사업장 　　㉢ 특정수질유해물질이 기준 이상으로 배출되는 것(폐수무방류배출시설의 설치허가를 받아 운영하는 경우는 제외) 　　㉣ 폐수배출시설로서 「물환경보전법 시행령」에 따른 제1종사업장 내지 제4종사업장 　　㉤ 「폐기물관리법」에 따른 지정폐기물을 배출하는 것 　② 공익사업 및 도시개발사업으로 인해 그 특별시·광역시·시·군지역으로 이전하는 레미콘 또는 아스콘공장 11) 창고시설 중 창고(농·임·축·수산업용은 제외)와 집배송시설 12) 위험물 저장 및 처리시설 13) 자동차관련시설

제1장 국토의 계획 및 이용에 관한 법률

17 보전관리지역에서의 건축제한

보전관리지역에서 건축할 수 있는 건축물은 [표]와 같다. 이 경우 건축물의 층수는 4층 이하(4층 이하의 범위에서 도시·군계획조례로 따로 층수를 정하는 경우에는 그 층수 이하)여야 한다(영 제71조 제1항, [별표 18]).

건축할 수 있는 건축물	도시·군계획조례로 건축을 허용할 수 있는 건축물
1) 단독주택 2) 교육연구시설 중 초등학교(졸업 시 초등학교 졸업학력과 동등한 학력이 인정되는 학교를 포함함) 3) 교정시설 및 국방·군사시설	1) 제1종 근린생활시설(휴게음식점 및 제과점은 제외) 2) 제2종 근린생활시설 중 다음에 해당하지 않는 것 　① 일반음식점 　② 휴게음식점·제과점 　③ 제조업소·수리점 등 물품의 제조·가공·수리 등을 위한 시설 　④ 단란주점 3) 종교시설 중 종교집회장 4) 의료시설 5) 교육연구시설 중 유치원·중학교 및 고등학교(졸업 시 중학교·고등학교 졸업학력과 동등한 학력이 인정되는 학교를 포함함) 6) 노유자시설 7) 창고시설 중 창고(농·임·축·수산업용에 한함) 8) 위험물 저장 및 처리시설 9) 동물 및 식물관련시설 중 다음의 것 　① 축사 　② 작물재배사, 종묘배양시설, 화초·분재 등의 온실 및 이들 시설과 비슷한 것 10) 하수 등 처리시설(공공하수처리시설만 해당) 11) 방송통신시설 12) 발전시설 13) 묘지관련시설 14) 장례시설 15) 야영장시설

18 생산관리지역에서의 건축제한

생산관리지역에서 건축할 수 있는 건축물은 [표]와 같다. 이 경우 건축물의 층수는 4층 이하(4층 이하의 범위에서 도시·군계획조례로 따로 층수를 정하는 경우에는 그 층수 이하)여야 한다(영 제71조 제1항, [별표 19]).

건축할 수 있는 건축물	도시·군계획조례로 건축을 허용할 수 있는 건축물
1) 단독주택 2) 제1종 근린생활시설 중 다음의 것 　① 일용품을 판매하는 소매점 　② 공중화장실, 대피소, 그 밖에 이와 비슷한 것	1) 공동주택(아파트는 제외) 2) 제1종 근린생활시설 중 다음에 해당하지 않는 것 　① 일용품을 판매하는 소매점 　② 휴게음식점, 제과점 등 음료·차(茶)·음식·빵·떡·과자 등을 조리하거나 제조하여 판매하는 시설로서 같은 건축물에 해당 용도로 쓰는 바닥면적의 합계가 300제곱미터 미만인 것

건축할 수 있는 건축물	도시·군계획조례로 건축을 허용할 수 있는 건축물

③ 변전소, 도시가스배관시설, 통신용 시설(해당 용도로 쓰이는 바닥면적의 합계가 1,000㎡ 미만인 것에 한정), 정수장, 양수장 등 주민의 생활에 필요한 에너지공급·통신서비스제공이나 급수·배수와 관련된 시설
3) 교육연구시설 중 초등학교 (졸업 시 초등학교 졸업학력과 동등한 학력이 인정되는 학교를 포함함)
4) 운동시설 중 운동장
5) 창고시설 중 창고(농·임·축·수산업용에 한함)
6) 동물 및 식물관련시설 중 작물재배사, 종묘배양시설, 화초·분재 등의 온실 및 이들 시설과 비슷한 것
7) 교정시설 및 국방·군사시설
8) 발전시설
	③ 공중화장실, 대피소, 그 밖에 이와 비슷한 것
	④ 변전소, 도시가스배관시설, 통신용 시설(해당 용도로 쓰이는 바닥면적의 합계가 1,000㎡ 미만인 것에 한정), 정수장, 양수장 등 주민의 생활에 필요한 에너지공급·통신서비스제공이나 급수·배수와 관련된 시설
	3) 제2종 근린생활시설 중 다음에 해당하지 않는 것
	  ① 일반음식점
	  ② 휴게음식점·제과점
	  ③ 제조업소·수리점(농기계수리시설은 제외한다)
	  ④ 단란주점
	4) 판매시설(농·임·축·수산업용에 한함)
	5) 의료시설
	6) 교육연구시설 중 다음의 것
	  ① 유치원·중학교 및 고등학교(졸업 시 중학교·고등학교 졸업학력과 동등한 학력이 인정되는 학교를 포함함)
	  ② 교육원(농·임·축·수산업과 관련된 교육시설에 한함)
	7) 노유자시설
	8) 수련시설
	9) 공장(제2종 근린생활시설 중 제조업소를 포함한다) 중 다음의 어느 하나에 해당하는 것. 다만, 특정대기유해물질이 기준 이상으로 배출되는 것, 대기오염물질배출시설로서 「대기환경보전법 시행령」에 따른 제1종사업장 내지 제3종사업장, 특정수질유해물질이 기준 이상으로 배출되는 것(폐수무방류 배출시설 설치허가를 받아 운영하는 경우는 제외), 폐수배출시설로서 「물환경보전법 시행령」에 따른 제1종사업장 내지 제4종사업장의 어느 하나에 해당하지 않는 것
	  ① 도정공장
	  ② 식품공장
	  ③ 읍·면지역에 건축하는 제재업의 공장
	  ④ 천연식물보호제 제조시설(폐수를 전량 재이용 또는 전량 위탁처리하는 경우로 한정한다)
	  ⑤ 유기농어업자재 제조시설(폐수를 전량 재이용 또는 전량 위탁처리하는 경우로 한정한다)
	10) 위험물 저장 및 처리시설
	11) 자동차관련시설 중 다음의 것
	  ① 운전학원·정비학원
	  ② 「여객자동차운수사업법」·「화물자동차운수사업법」 및 「건설기계관리법」에 따른 차고 및 주기장
	12) 동물 및 식물관련시설 중 축사·가축시설·도축장·도계장
	13) 자원순환관련시설
	14) 방송통신시설
	15) 묘지관련시설
	16) 장례시설
	17) 야영장시설

19 계획관리지역에서의 건축제한

계획관리지역에서 건축할 수 없는 건축물은 [표]와 같다(영 제71조 제1항, [별표 20]).

계획관리지역 중 다음의 지역(「하수도법」에 따른 공공하수처리시설이 설치·운영되거나 10호 이상의 자연마을이 형성된 지역은 제외)에는 휴게음식점·제과점·일반음식점 및 숙박시설을 설치할 수 없다(영 제71조 제1항, [별표 20], 규칙 제12조, [별표 2]).

1) 저수를 광역상수원으로 이용하는 댐의 계획홍수위선(계획홍수위선이 없는 경우에는 상시만수위선)으로부터 1km 이내인 집수구역(集水區域) → 빗물이 상수원·하천·저수지 등으로 흘러드는 지역으로서 주변의 능선을 잇는 선으로 둘러싸인 구역

2) 저수를 광역상수원으로 이용하는 댐의 계획홍수위선으로부터 수계상 상류방향으로 유하거리(流下距離)가 20km 이내인 하천의 양안 중 당해 하천의 경계로부터 1km 이내인 집수구역 → 하천, 호소 또는 이에 준하는 수역의 중심선을 따라 물이 흘러가는 방향으로 잰 거리

3) 저수를 광역상수원으로 이용하는 댐의 계획홍수위선으로부터 수계상 상류방향으로 유하거리가 20km 이내인 하천으로 유입되는 지천(제1지류인 하천을 말하며, 계획홍수위선으로부터 20km 이내에서 유입되는 경우에 한함)의 유입지점으로부터 수계상 상류방향으로 유하거리가 10km 이내인 지천의 양안 중 당해 지천의 경계로부터 500m 이내인 집수구역 → 본천으로 직접 유입되는 지천

4) 상수원보호구역으로부터 500m 이내인 집수구역

5) 상수원보호구역으로 유입되는 하천의 유입지점으로부터 수계상 상류방향으로 유하거리가 10km 이내인 하천의 양안 중 당해 하천의 경계로부터 500m 이내인 집수구역

6) 유효저수량이 30만m³ 이상인 농업용저수지의 계획홍수위선의 경계로부터 200m 이내인 집수구역

7) 국가하천·지방하천(도시·군계획조례로 정하는 지방하천은 제외)의 양안 중 당해 하천의 경계로부터 100m 이내인 집수구역(「하천법」상의 연안구역은 제외)

8) 도로의 경계로부터 50m 이내인 지역(숙박시설을 설치하는 경우에 한하되, 제주도 본도 외의 섬 중 육지와 연결되지 않은 섬은 제외)

건축할 수 없는 건축물	지역 여건 등을 고려하여 도시·군계획조례로 정하는 바에 따라 건축할 수 없는 건축물
1) 4층을 초과하는 모든 건축물 2) 공동주택 중 아파트 3) 제1종 근린생활시설 중 휴게음식점 및 제과점으로서 국토교통부령이 정하는 기준에 해당하는 지역에 설치하는 것 4) 제2종 근린생활시설 중 다음의 어느 하나에 해당하는 것 　① 일반음식점·휴게음식점·제과점으로서 국토교통부령으로 정하는 기준에 해당하는 지역에 설치하는 것 　② 제조업소, 수리점 등 물품의 제조·가공·수리 등을 위한 시설로서 성장관리계획 및 지구단위계획이 수립되지 않은 지역에 설치하는 것 　③ 단란주점 5) 판매시설(성장관리계획 및 지구단위계획이 수립된 지역에 설치하는 판매시설로서 그 용도에 쓰이는 바닥면적의 합계가 3,000㎡ 미만인 것은 제외) 6) 업무시설 7) 숙박시설로서 국토교통부령으로 정하는 기준에 해당하는 지역에 설치하는 것 8) 위락시설 9) 공장으로서 성장관리계획 및 지구단위계획이 수립되지 않은 지역에 설치하는 것 10) 공장 중 성장관리계획이 수립된 지역에 설치하는 것으로서 다음에 해당하는 것(「공익사업을 위한 토지 등의 취득 및 보상에 관한 법률」에 따른 공익사업 및 「도시개발법」에 따른 도시개발사업으로 해당 특별시·광역시·특별자치시·특별자치도·시 또는 군의 관할구역으로 이전하는 레미콘 또는 아스콘 공장과 배출시설의 설치 허가 또는 신고대상이 아닌 공장은 제외한다) 　① 다음에 해당하는 것. 다만, 인쇄·출판시설이나 사진처리시설로서 특정수질유해물질을 전량 위탁처리하는 경우는 제외한다. 　　㉠ 특정대기유해물질이 기준 이상으로 배출되는 것 　　㉡ 대기오염물질배출시설로서 「대기환경보전법 시행령」에 따른 제1종사업장 내지 제3종사업장 　　㉢ 특정수질유해물질이 기준 이상으로 배출되는 것. 다만, 폐수무방류배출시설의 설치허가를 받아 운영하는 경우를 제외한다. 　　㉣ 폐수배출시설로서 「물환경보전법 시행령」에 따른 제1종사업장부터 제4종사업장 　② 화학제품시설(석유정제시설을 포함함). 다만, 다음에 해당하는 시설로서 폐수를 「하수도법」에 따른 공공하수처리시설 또는 「물환경보전법」에 따른 공공폐수처리시설로 전량 유입하여 처리하거나 전량 재이용 또는 전량 위탁처리하는 경우는 제외한다. 　　㉠ 물, 용제류 등 액체성 물질을 사용하지 않고 제품의 성분이 용해·용출되는 공정이 없는 고체성 화학제품 제조시설 　　㉡ 「화장품법」에 따른 유기농화장품 제조시설 　　㉢ 「농약관리법」에 따른 천연식물보호제 제조시설	1) 4층 이하의 범위 안에서 도시·군계획조례로 따로 정한 층수를 초과하는 모든 건축물 2) 공동주택(아파트는 제외) 3) 제2종 근린생활시설 중 다음에 해당하는 것 　① 휴게음식점, 제과점 등 음료·차(茶)·음식·빵·떡·과자 등을 조리하거나 제조하여 판매하는 시설(제조업소·수리점 또는 공장에 해당하는 것은 제외한다)로서 같은 건축물에 해당 용도로 쓰는 바닥면적의 합계가 300제곱미터 이상인 것 　② 일반음식점 　③ 제조업소, 수리점 등 물품의 제조·가공·수리 등을 위한 시설로서 같은 건축물에 해당 용도로 쓰는 바닥면적의 합계가 500제곱미터 미만이고, 다음 요건 중 어느 하나에 해당하는 것 　　㉠ 「대기환경보전법」, 「물환경보전법」 또는 「소음·진동관리법」에 따른 배출시설의 설치 허가 또는 신고의 대상이 아닌 것 　　㉡ 「대기환경보전법」, 「물환경보전법」 또는 「소음·진동관리법」에 따른 배출시설의 설치 허가 또는 신고의 대상 시설이나 귀금속·장신구 및 관련 제품 제조시설로서 발생되는 폐수를 전량 위탁처리하는 것 　④ 안마시술소 4) 제2종 근린생활시설 중 일반음식점·휴게음식점·제과점으로서 도시·군계획조례로 정하는 지역에 설치하는 것 5) 문화 및 집회시설 6) 종교시설 7) 운수시설 8) 의료시설 중 종합병원·병원·치과병원 및 한방병원 9) 교육연구시설 중 직업훈련소·학원 및 연구소 10) 운동시설(운동장은 제외) 11) 숙박시설로서 도시·군계획조례로 정하는 지역에 설치하는 것 12) 「수도권정비계획법」상의 자연보전권역

건축할 수 없는 건축물	지역 여건 등을 고려하여 도시·군계획조례로 정하는 바에 따라 건축할 수 없는 건축물
ㄹ) 「친환경농어업 육성 및 유기식품 등의 관리·지원에 관한 법률」에 따른 유기농어업자재 제조시설 ㅁ) 동·식물 등 생물을 기원으로 하는 산물(천연물)에서 추출된 재료를 사용하는 다음의 시설[대기오염물질배출시설 중 반응시설, 정제시설(분리·증류·추출·여과 시설을 포함한다), 용융·용해시설 및 농축시설을 설치하지 않는 경우로서 폐수의 1일 최대 배출량이 20㎥ 이하인 제조시설로 한정한다] ⓐ 비누 및 세제 제조시설 ⓑ 공중위생용 해충 구제제 제조시설(밀폐된 단순 혼합공정만 있는 제조시설로서 특별시장·광역시장·특별자치시장·특별자치도지사·시장 또는 군수가 해당 지방도시계획위원회의 심의를 거쳐 인근의 주거환경 등에 미치는 영향이 적다고 인정하는 시설로 한정한다) ③ 제1차 금속·가공금속제품 및 기계장비 제조시설 중 「폐기물관리법 시행령」 [별표 1] 제4호에 따른 폐유기용제류를 발생시키는 것 ④ 가죽 및 모피를 물 또는 화학약품을 사용해서 저장하거나 가공하는 것 ⑤ 섬유제조시설 중 감량·정련·표백 및 염색시설. 다만, 다음의 기준을 모두 충족하는 염색시설은 제외한다. ㉠ 천연물에서 추출되는 염료만을 사용할 것 ㉡ 「대기환경보전법」에 따른 대기오염물질 배출시설 중 표백시설, 정련시설이 없는 경우로서 금속성 매염제를 사용하지 않을 것 ㉢ 「물환경보전법」에 따른 폐수의 1일 최대 배출량이 20㎥ 이하일 것 ㉣ 폐수를 「하수도법」에 따른 공공하수처리시설 또는 「물환경보전법」에 따른 공공폐수처리시설로 전량 유입하여 처리하거나 전량 재이용 또는 전량 위탁처리할 것 ⑥ 자연보전권역 외의 지역 및 특별대책지역 외의 지역의 사업장 중 「폐기물관리법」에 따른 폐기물처리업 허가를 받은 사업장. 다만, 「폐기물관리법」에 따른 폐기물 중간·최종·종합재활용업으로서 특정수질유해물질이 「물환경보전법 시행령」에 따른 기준 미만으로 배출되는 경우는 제외한다. ⑦ 자연보전권역 및 특별대책지역에 설치되는 부지면적(둘 이상의 공장을 함께 건축하거나 기존 공장부지에 접하여 건축하는 경우와 둘 이상의 부지가 너비 8m 미만의 도로에 서로 접하는 경우에는 그 면적의 합계를 말한다) 1만㎡ 미만의 것. 다만, 특별시장·광역시장·특별자치시장·특별자치도지사·시장 또는 군수가 1만5천㎡ 이상의 면적을 정하여 공장의 건축이 가능한 지역으로 고시한 지역 안에 입지하는 경우나 자연보전권역 또는 특별대책지역에 준공되어 운영 중인 공장 또는 제조업소는 제외한다.	외의 지역 및 「환경정책기본법」상의 특별대책지역 외의 지역에 설치되는 공장 [(표 왼쪽 9) 및 10)의 공장 제외] 13) 「수도권정비계획법」상의 자연보전권역과 「환경정책기본법」상의 특별대책지역에 설치되는 공장으로서 성장관리계획이 수립되지 않은 지역에 설치하는 공장 및 공장 중 부지면적(둘 이상의 공장을 함께 건축하거나 기존 공장부지에 접해 건축하는 경우와 둘 이상의 부지가 너비 8m 미만의 도로에 서로 접하는 경우에는 그 면적의 합계를 말한다)이 1만㎡ 미만에 해당하지 아니하는 공장 14) 공익사업 및 도시개발사업으로 해당 특별시·광역시·특별자치시·특별자치도·시 또는 군의 관할구역으로 이전하는 레미콘 또는 아스콘 공장 15) 창고시설(농업·임업·축산업·수산업용으로 쓰이는 창고는 제외) 16) 위험물 저장 및 처리시설 17) 자동차관련시설 18) 관광휴게시설

20 농림지역에서의 건축제한

농림지역에서 건축할 수 있는 건축물은 [표]와 같다. 다만, 농업진흥지역·보전산지 또는 초지인 경우에는 건축물이나 그 밖의 시설의 용도·종류 및 규모 등의 제한에 관해서는 각각 「농지법」·「산지관리법」 또는 「초지법」에서 정하는 바에 따른다(영 제71조 제1항, [별표 21]).

건축할 수 있는 건축물	도시·군계획조례로 건축을 허용할 수 있는 건축물
1) 단독주택(현저한 자연훼손을 가져오지 않는 범위에서 건축하는 농어가주택에 한함) 2) 제1종 근린생활시설 중 다음의 것 ① 공중화장실, 대피소, 그 밖에 이와 비슷한 시설 ② 변전소, 도시가스배관시설, 통신용 시설(해당 용도로 쓰이는 바닥면적의 합계가 1,000㎡ 미만인 것, 정수장, 양수장 등 주민의 생활에 필요한 에너지공급·통신서비스제공이나 급수·배수와 관련된 시설 3) 교육연구시설 중 초등학교 4) 창고시설 중 창고(농·임·축·수산업용에 한함) 5) 동물 및 식물관련시설 중 작물재배사, 종묘배양시설, 화초·분재 등의 온실 및 이들 시설과 비슷한 것 6) 발전시설	1) 제1종 근린생활시설 중 다음에 해당하지 않는 것 ① 휴게음식점·제과점 ② 공중화장실, 대피소, 그 밖에 이와 비슷한 시설 ③ 변전소, 도시가스배관시설, 통신용 시설(해당 용도로 쓰이는 바닥면적의 합계가 1,000㎡ 미만인 것, 정수장, 양수장 등 주민의 생활에 필요한 에너지공급·통신서비스제공이나 급수·배수와 관련된 시설 2) 제2종 근린생활시설 중 다음에 해당하지 않는 것 ① 일반음식점 ② 휴게음식점·제과점 ③ 제조업소·수리점등 물품의 제조·가공·수리 등을 위한 시설(농기계수리시설은 제외한다) ④ 단란주점 ⑤ 안마시술소 3) 문화 및 집회시설 중 동·식물원 4) 종교시설 5) 의료시설 6) 수련시설 7) 위험물 저장 및 처리시설 중 액화석유가스 충전소 및 고압가스 충전·저장소 8) 동물 및 식물관련시설(작물재배사, 종묘배양시설, 화초·분재 등의 온실 및 이들 시설과 비슷한 것은 제외) 9) 자원순환관련시설 10) 교정시설 및 국방·군사시설 11) 방송통신시설 12) 묘지관련시설 13) 장례시설 14) 야영장시설

21 자연환경보전지역에서의 건축제한 19회 출제

자연환경보전지역에서 건축할 수 있는 건축물은 [표]와 같다. 이 중 도시·군계획조례로 건축을 허용할 수 있는 건축물은 수질오염 및 경관훼손의 우려가 없다고 도시·군계획조례로 정하는 지역에서 건축하는 것에 한한다(영 제71조 제1항, [별표 22]).

건축할 수 있는 건축물	도시·군계획조례로 건축을 허용할 수 있는 건축물
1) 단독주택(현저한 자연훼손을 가져오지 않는 범위에서 건축하는 농어가주택에 한함) 2) 교육연구시설 중 초등학교	1) 제1종 근린생활시설 중 다음의 것 ① 일용품을 판매하는 소매점 ② 지역자치센터·파출소·지구대·소방서·우체국·방송국·보건소·공공도서관·건강보험공단 사무소 등 주민의 편의를 위하여 공공업무를 수행하는 시설로서 같은 건축물에 해당 용도로 쓰는 바닥면적의 합계가 1,000㎡ 미만인 것 ③ 마을회관·마을공동작업소·마을공동구판장, 공중화장실, 대피소 등 주민의 공동으로 이용하는 시설 ④ 변전소, 도시가스배관시설, 통신용 시설(해당 용도로 쓰는 바닥면적의 합계가 1,000㎡ 미만인 것, 정수장, 양수장 등 주민의 생활에 필요한 에너지공급·통신서비스제공이나 급수·배수와 관련된 시설 2) 제2종 근린생활시설 중 종교집회장(지목이 종교용지인 토지에 건축하는 것에 한함) 3) 종교시설(지목이 종교용지인 토지에 건축하는 것에 한함) 4) 고압가스 충전소·판매소·저장소 중 수소연료공급시설 5) 동물 및 식물관련시설 중 다음의 것 ① 작물재배사, 종묘배양시설, 화초 및 분재 등의 온실 및 이들 시설과 비슷한 것 ② 양어시설(양식장을 포함함) 6) 하수 등 처리시설(공공하수처리시설만 해당) 7) 국방·군사시설(관할 시장·군수 또는 구청장이 입지의 불가피성을 인정한 범위에서 건축하는 시설에 한함) 8) 발전시설 9) 묘지관련시설

단락문제 Q35 제27회 기출

국토의 계획 및 이용에 관한 법령상 용도지역의 세분 중 '편리한 주거환경을 조성하기 위하여 필요한 지역'에 건축할 수 있는 건축물이 아닌 것은?(단, 건축물은 4층 이하이고, 조례는 고려하지 않음)

① 동물미용실   ② 기숙사   ③ 고등학교   ④ 양수장   ⑤ 단독주택

해설 용도지역별 건축제한
편리한 주거환경을 조성하기 위하여 필요한 지역은 일반주거지역으로 제2종 근린생활시설인 동물미용실은 건축할 수 없는 건축물이다.

정답 ①

03 용도지구별 건축제한

1 경관지구에서의 건축제한

(1) 경관지구에서의 건축제한

경관지구에서는 그 지구의 경관의 보전·관리·형성에 장애가 된다고 인정해서 도시·군계획조례로 정하는 건축물은 건축할 수 없다. 다만, 특별시장·광역시장·특별자치시장·특별자치도지사·시장 또는 군수가 지구의 지정목적에 위배되지 않는 범위에서 도시·군계획조례로 정하는 기준에 적합하다고 인정해서 도시계획위원회의 심의를 거친 경우에는 건축을 할 수 있다(영 제72조 제1항).

경관지구에서의 건축물의 건폐율, 용적률, 높이, 최대너비, 색채, 대지 안의 조경 등에 관해서는 그 지구의 경관의 보전·관리·형성에 필요한 범위에서 도시·군계획조례로 정한다(영 제72조 제2항).

(2) 리모델링 건축물에 대한 예외

「건축법 시행령」 제6조 제1항 제6호에 의하면 사용승인을 받은 후 15년 이상 경과되어 리모델링이 필요한 건축물에 대해서는 조경의무, 공개공지 및 공개공간의 확보, 건축선, 건폐율, 용적률, 대지 안의 공지(空地), 높이제한, 일조 등을 위한 높이제한에 관한 기준을 완화적용할 수 있는데, 경관지구에 있는 리모델링이 필요한 건축물에 대해서도 「건축법 시행령」에 따라 건축물의 높이·규모 등의 제한을 완화해서 적용할 수 있다(영 제83조 제2항).

2 고도지구에서의 건축제한 ★

고도지구에서는 도시·군관리계획으로 정하는 높이를 초과하는 건축물은 건축할 수 없다(영 제74조). 고도지구에 있는 리모델링이 필요한 건축물에 대해서는 「건축법 시행령」에 따라 건축물의 높이·규모 등의 제한을 완화해서 적용할 수 있다(영 제83조 제2항).

3 방재지구에서의 건축제한

방재지구에서는 풍수해, 산사태, 지반붕괴, 지진 그 밖에 재해예방에 장애가 된다고 인정해서 도시·군계획조례로 정하는 건축물은 건축할 수 없다. 다만, 특별시장·광역시장·특별자치시장·특별자치도지사·시장 또는 군수가 지구의 지정목적에 위배되지 않는 범위에서 도시·군계획조례로 정하는 기준에 적합하다고 인정해서 도시계획위원회의 심의를 거친 경우에는 건축을 할 수 있다(영 제75조).

4 보호지구에서의 건축제한

보호지구 안에서는 다음의 구분에 따른 건축물에 한하여 건축할 수 있다. 다만, 특별시장·광역시장·특별자치시장·특별자치도지사·시장 또는 군수가 지구의 지정목적에 위배되지 아니하는 범위안에서 도시·군계획조례가 정하는 기준에 적합하다고 인정하여 관계 행정기관의 장과의 협의 및 당해 지방자치단체에 설치된 도시계획위원회의 심의를 거친 경우에는 건축을 할 수 있다(영 제76조).

1) 역사문화환경보호지구
「국가유산기본법」의 적용을 받는 국가유산을 직접 관리·보호하기 위한 건축물과 문화적으로 보존가치가 큰 지역의 보호 및 보존을 저해하지 아니하는 건축물로서 도시·군계획조례가 정하는 것

2) 중요시설물보호지구
중요시설물의 보호와 기능수행에 장애가 되지 아니하는 건축물로서 도시·군계획조례가 정하는 것. 이 경우 공항시설에 관한 보호지구를 세분하여 지정하려는 경우에는 공항시설을 보호하고 항공기의 이·착륙에 장애가 되지 아니하는 범위에서 건축물의 용도 및 형태 등에 관한 건축제한을 포함하여 정할 수 있다.

3) 생태계보호지구
생태적으로 보존가치가 큰 지역의 보호 및 보존을 저해하지 아니하는 건축물로서 도시·군계획조례가 정하는 것

5 취락지구에서의 건축제한 ★ 25회 출제

(1) 자연취락지구에서의 건축제한 → 자연취락지구에 관광 휴게시설은 건축할 수 없다.

자연취락지구에서 건축할 수 있는 건축물은 [표]와 같다. 이 경우 건축물의 층수는 <u>4층 이하</u>(4층 이하의 범위에서 도시·군계획조례로 따로 층수를 정하는 경우에는 그 층수 이하)여야 한다(영 제78조 제1항, [별표 23]).

건축할 수 있는 건축물	도시·군계획조례로 건축을 허용할 수 있는 건축물
1) 단독주택 2) 제1종 근린생활시설 3) 제2종 근린생활시설 중 다음에 해당하지 않는 것 　① 일반음식점 　② 휴게음식점·제과점 　③ 단란주점 　④ 안마시술소 4) 운동시설 5) 창고시설 중 창고(농·임·축·수산업용에 한함) 6) 동물 및 식물관련시설 7) 교정시설 및 국방·군사시설 8) 방송통신시설 9) 발전시설	1) 공동주택(아파트는 제외) 2) 제2종 근린생활시설 중 다음의 것 　① 일반음식점 　② 휴게음식점·제과점 　③ 안마시술소 3) 문화 및 집회시설 4) 종교시설 5) 판매시설 중 다음의 것 　① 농수산물공판장 　② 농수산물직판장으로서 그 용도에 쓰이는 바닥면적의 합계가 1만㎡ 미만인 것(농업인·어업인, 후계농어업경영인, 전업농어업인 또는 지방자치단체가 설치·운영하는 것에 한함) 6) 의료시설 중 종합병원·병원·치과병원·한방병원 및 요양병원 7) 교육연구시설 8) 노유자시설 9) 수련시설 10) 숙박시설(관광지 및 관광단지에 건축하는 것에 한함) 11) 도정공장, 식품공장, 읍·면지역에 건축하는 제재업의 공장, 그리고 읍·면지역에 건축하는 첨단업종의 공장으로서 다음에 해당하지 않는 것 　① 특정대기유해물질이 기준 이상으로 배출되는 것 　② 대기오염물질배출시설로서 「대기환경보전법 시행령」에 따른 제1종사업장 내지 제3종사업장 　③ 특정수질유해물질이 기준 이상으로 배출되는 것(폐수무방류 배출시설 설치허가를 받아 운영하는 경우는 제외) 　④ 폐수배출시설로서 「물환경보전법 시행령」에 따른 제1종사업장 내지 제4종사업장 12) 위험물 저장 및 처리시설 13) 자동차관련시설 중 주차장 및 세차장 14) 자원순환관련시설 15) 야영장시설

(2) 집단취락지구에서의 건축제한

집단취락지구에서의 건축제한에 대해서는 <u>개발제한구역의 지정 및 관리에 관한 특별조치법령</u>이 정하는 바에 따른다(영 제78조 제2항).

6 개발진흥지구에서의 건축제한 ★

(1) 지구단위계획 또는 개발계획을 수립하는 개발진흥지구의 건축제한
지구단위계획 또는 관계법률에 따른 개발계획을 수립하는 개발진흥지구에서는 지구단위계획 또는 관계법률에 따른 개발계획에 위반하여 건축물을 건축할 수 없으며, 지구단위계획 또는 개발계획이 수립되기 전에는 개발진흥지구의 계획적 개발에 위배되지 아니하는 범위에서 도시·군계획조례로 정하는 건축물을 건축할 수 있다(영 제79조 제1항).

(2) 지구단위계획 또는 개발계획을 수립하지 않는 개발진흥지구의 건축제한
지구단위계획 또는 관계법률에 따른 개발계획을 수립하지 아니하는 개발진흥지구에서는 해당 용도지역에서 허용되는 건축물을 건축할 수 있다(영 제79조 제2항).

(3) 산업·유통개발진흥지구에서의 건축제한
산업·유통개발진흥지구에서는 해당 용도지역에서 허용되는 건축물 외에 해당 지구계획(해당 지구의 토지이용, 기반시설 설치 및 환경오염 방지 등에 관한 계획을 말한다)에 따라 다음의 구분에 따른 요건을 갖춘 건축물 중 도시·군계획조례로 정하는 건축물을 건축할 수 있다(영 제79조 제3항).

1) 계획관리지역
계획관리지역에서 건축이 허용되지 아니하는 공장 중 다음의 요건을 모두 갖춘 것
① 「대기환경보전법」, 「물환경보전법」 또는 「소음·진동관리법」에 따른 배출시설의 설치 허가·신고대상이 아닐 것
② 「악취방지법」에 따른 배출시설이 없을 것
③ 「산업집적활성화 및 공장설립에 관한 법률」에 따른 공장설립 가능 여부의 확인 또는 공장설립등의 승인에 필요한 서류를 갖추어 관계 행정기관의 장과 미리 협의하였을 것

2) 자연녹지지역·생산관리지역·보전관리지역 또는 농림지역
해당 용도지역에서 건축이 허용되지 아니하는 공장 중 다음의 요건을 모두 갖춘 것
① 산업·유통개발진흥지구 지정 전에 계획관리지역에 설치된 기존 공장이 인접한 용도지역의 토지로 확장하여 설치하는 공장일 것
② 해당 용도지역에 확장하여 설치되는 공장부지의 규모가 3천㎡ 이하일 것. 다만, 해당 용도지역 내에 기반시설이 설치되어 있거나 기반시설의 설치에 필요한 용지의 확보가 충분하고 주변지역의 환경오염·환경훼손 우려가 없는 경우로서 도시계획위원회의 심의를 거친 경우에는 5천㎡까지로 할 수 있다.

7 특정용도제한지구에서의 건축제한

특정용도제한지구에서는 주거기능 및 교육환경을 훼손하거나 청소년 정서에 유해하다고 인정해서 도시·군계획조례로 정하는 건축물은 건축할 수 없다(영 제80조).

8 복합용도지구에서의 건축제한

복합용도지구에서는 해당 용도지역에서 허용되는 건축물 외에 다음에 따른 건축물 중 도시·군계획조례가 정하는 건축물을 건축할 수 있다(영 제81조).

1) **일반주거지역** 29회 출제

   준주거지역에서 허용되는 건축물. 다만, 다음의 건축물은 제외한다.
   ① 제2종 근린생활시설 중 안마시술소
   ② 관람장
   ③ 공장
   ④ 위험물 저장 및 처리시설
   ⑤ 동물 및 식물관련시설
   ⑥ 장례시설

2) **일반공업지역**

   준공업지역에서 허용되는 건축물. 다만 다음의 건축물은 제외한다.
   ① 아파트
   ② 제2종 근린생활시설 중 단란주점 및 안마시술소
   ③ 노유자시설

3) **계획관리지역**

   다음의 어느 하나에 해당하는 건축물
   ① 제2종 근린생활시설 중 일반음식점·휴게음식점·제과점(계획관리지역에서 시행령에 따라 건축할 수 없는 일반음식점·휴게음식점·제과점은 제외한다)
   ② 판매시설
   ③ 숙박시설(계획관리지역에서 시행령에 따라 건축할 수 없는 숙박시설은 제외한다)
   ④ 유원시설업의 시설, 그 밖에 이와 비슷한 시설

9 그 밖의 용도지구에서의 건축제한

그 밖의 용도지구에서의 건축제한에 관해서는 그 지구지정의 목적달성에 필요한 범위에서 특별시·광역시·특별자치시·특별자치도·시 또는 군의 도시·군계획조례로 정한다(영 제82조).

단락문제 Q36 제29회 기출

국토의 계획 및 이용에 관한 법령상 용도지구 안에서의 건축제한 등에 관한 설명으로 틀린 것은? (단, 건축물은 도시·군계획시설이 아니며, 조례는 고려하지 않음)

① 지구단위계획 또는 관계법률에 따른 개발계획을 수립하지 아니하는 개발진흥지구에서는 개발진흥지구의 지정목적 범위에서 해당 용도지역에서 허용되는 건축물을 건축할 수 있다.
② 고도지구 안에서는 도시·군관리계획으로 정하는 높이를 초과하는 건축물을 건축할 수 없다.
③ 일반주거지역에 지정된 복합용도지구 안에서는 장례시설을 건축할 수 있다.
④ 방재지구 안에서는 용도지역 안에서의 층수 제한에 있어 1층 전부를 필로티 구조로 하는 경우 필로티 부분을 층수에서 제외한다.
⑤ 자연취락지구 안에서는 4층 이하의 방송통신시설을 건축할 수 있다.

해설 용도지구에서의 건축제한
일반주거지역에 지정된 복합용도지구 안에서는 장례시설, 안마시술소, 공장 등을 건축할 수 없다.   **정답** ③

04 용도지역에서의 건폐율제한   12·15·19·25회 출제

1 용도지역별 건폐율의 최대한도

용도지역별 건폐율의 최대한도는 관할구역의 면적 및 인구규모, 용도지역의 특성 등을 감안해서 다음의 범위에서 「국토의 계획 및 이용에 관한 법률 시행령」으로 정하는 기준에 따라 특별시·광역시·특별자치시·특별자치도·시 또는 군의 도시·군계획조례로 정한다(법 제77조 제1항).

1) 도시지역
　① **주거지역** : 70% 이하　　② **상업지역** : 90% 이하
　③ **공업지역** : 70% 이하　　④ **녹지지역** : 20% 이하

2) 관리지역
　① **보전관리지역** : 20% 이하　　② **생산관리지역** : 20% 이하
　③ **계획관리지역** : 40% 이하

3) **농림지역** : 20% 이하

4) **자연환경보전지역**: 20% 이하

「국토의 계획 및 이용에 관한 법률 시행령」에 규정된 건폐율의 최대한도는 [표]와 같다. 도시·군계획조례로 용도지역별 건폐율을 정함에 있어서 필요한 경우에는 그 지방자치단체의 관할 구역을 세분해서 건폐율을 달리 정할 수 있다(법 제77조 제2항, 영 제84조 제1·2항).

▼ 건폐율 및 용적률의 상한   16·18·21·24·27·28·30·32·33회 출제

용도지역			건폐율	용적률	
1) 도시지역	① 주거지역	제1종 전용주거지역	50% 이하	50% 이상	100% 이하
		제2종 전용주거지역	50% 이하	50% 이상	150% 이하
		제1종 일반주거지역	60% 이하	100% 이상	200% 이하
		제2종 일반주거지역	60% 이하	100% 이상	250% 이하
		제3종 일반주거지역	50% 이하	100% 이상	300% 이하
		준주거지역	70% 이하	200% 이상	500% 이하
	② 상업지역	중심상업지역	90% 이하	200% 이상	1,500% 이하
		일반상업지역	80% 이하	200% 이상	1,300% 이하
		근린상업지역	70% 이하	200% 이상	900% 이하
		유통상업지역	80% 이하	200% 이상	1,100% 이하
	③ 공업지역	전용공업지역	70% 이하	150% 이상	300% 이하
		일반공업지역	70% 이하	150% 이상	350% 이하
		준공업지역	70% 이하	150% 이상	400% 이하
	④ 녹지지역	보전녹지지역	20% 이하	50% 이상	80% 이하
		생산녹지지역	20% 이하	50% 이상	100% 이하
		자연녹지지역	20% 이하	50% 이상	100% 이하
2) 관리지역	① 보전관리지역		20% 이하	50% 이상	80% 이하
	② 생산관리지역		20% 이하	50% 이상	80% 이하
	③ 계획관리지역		40% 이하	50% 이상	100% 이하
3) 농림지역			20% 이하	50% 이상	80% 이하
4) 자연환경보전지역			20% 이하	50% 이상	80% 이하

2 건폐율제한의 특례 29회 출제

(1) 취락지구 등에 대한 건폐율제한의 특례

취락지구·개발진흥지구 등에서의 건폐율은 다음 비율의 범위에서 특별시·광역시·특별자치시·특별자치도·시 또는 군의 도시·군계획조례로 정하는 비율 이하로 한다(법 제77조 제3항, 영 제84조 제3·4항).

1) **취락지구** : 60% 이하, 다만 집단취락지구에 대해서는 개발제한구역의 지정 및 관리에 관한 특별조치법령이 정하는 바에 따른다.
2) **도시지역 외의 지역에 지정된 개발진흥지구** : 40% 이하. 다만, 계획관리지역에 따른 산업·유통개발진흥지구가 지정된 경우에는 60% 이하로 한다.
3) **자연녹지지역에 지정된 개발진흥지구** : 30% 이하
4) **수산자원보호구역** : 40% 이하
5) **자연공원** : 60% 이하
6) **농공단지** : 70% 이하
7) **공업지역에 있는 국가산업단지·일반산업단지·도시첨단산업단지 및 준산업단지** : 80% 이하

(2) 토지이용의 과밀화를 방지하기 위한 건폐율제한의 강화 ★

특별시장·광역시장·특별자치시장·특별자치도지사·시장 또는 군수가 도시지역에서 토지이용의 과밀화를 방지하기 위해 건폐율을 낮춰야 할 필요가 있다고 인정해서 도시계획위원회의 심의를 거쳐 정한 구역에서는 건축물의 건폐율은 그 구역에 적용할 건폐율의 최대한도의 40% 이상의 범위에서 도시·군계획조례로 정하는 비율 이하로 한다(법 제77조 제4항, 영 제84조 제5항).

(3) 주변여건을 고려해서 토지이용도를 높이기 위한 건폐율제한의 완화 ★★

다음의 경우에는 주변여건을 고려해서 토지이용도를 높이기 위해 건폐율제한을 완화한다(법 제77조 제4항, 영 제84조 제6항).

1) **방화지구의 건축물**

준주거지역·일반상업지역·근린상업지역·전용공업지역·일반공업지역·준공업지역의 방화지구에 있는 주요 구조부와 외벽이 내화구조인 건축물 중 도시·군계획조례로 정하는 건축물은 80% 이상 90% 이하의 범위에서 특별시·광역시·특별자치시·특별자치도·시 또는 군의 도시·군계획조례로 정하는 비율을 초과할 수 없다.

2) **방재지구의 건축물**

녹지지역·관리지역·농림지역 또는 자연환경보전지역의 방재지구에 있는 건축물로서 그 방재지구의 재해저감대책에 부합하게 재해예방시설을 설치한 건축물의 건폐율은 해당 용도지역 건폐율의 150% 이하의 범위에서 도시·군계획조례로 정하는 비율을 초과하면 안 된다.

3) 자연녹지지역의 창고시설 등

자연녹지지역의 창고시설 또는 연구소(자연녹지지역으로 지정될 당시 이미 준공된 것으로서 기존 부지에서 증축하는 경우에 한함)의 경우에는 건폐율은 40%의 범위에서 최초 건축허가를 할 때에 그 건축물에 허용된 건폐율을 초과하면 안 된다.

4) 계획관리지역의 기존 공장 등

계획관리지역의 기존 공장·창고시설 또는 연구소(2003. 1. 1. 전에 준공되고 기존 부지에 증축하는 경우로서 지방도시계획위원회의 심의를 거쳐 도로·상수도·하수도 등의 기반시설이 충분히 확보되거나, 특별시·광역시·특별자치시·특별자치도·시 또는 군의 도시·군계획조례로 정하는 기반시설 확보 요건을 충족하는 경우에 한함)의 경우에는 건폐율은 50%의 범위에서 도시·군계획조례로 정하는 비율을 초과하면 안 된다.

5) 전통사찰 등

녹지지역·보전관리지역·생산관리지역·농림지역 또는 자연환경보전지역에 있는 다음의 건축물의 경우에는 30%의 범위에서 특별시·광역시·특별자치시·특별자치도·시 또는 군의 도시·군계획조례로 정하는 비율을 초과하면 안 된다.
① 「전통사찰의 보존 및 지원에 관한 법률」상의 전통사찰
② 「문화유산의 보존 및 활용에 관한 법률」에 따른 지정문화유산, 「근현대문화유산의 보존 및 활용에 관한 법률」에 따른 국가등록문화유산 또는 「자연유산의 보존 및 활용에 관한 법률」에 따른 천연기념물등
③ 「건축법 시행령」상의 한옥

6) 공업용지조성사업 구역 내의 공장

종전의 「도시계획법」(개정되기 전의 것을 말한다)에 따른 일단의 공업용지조성사업 구역(산업단지 또는 준산업단지와 연접한 것에 한정한다) 내의 공장으로서 관할 특별시장·광역시장·특별자치시장·특별자치도지사·시장 또는 군수가 해당 지방도시계획위원회의 심의를 거쳐 기반시설의 설치 및 그에 필요한 용지의 확보가 충분하고 주변지역의 환경오염 우려가 없다고 인정하는 공장은 80% 이하의 범위에서 도시·군계획조례로 정하는 비율을 초과하여서는 안 된다.

7) 자연녹지지역의 학교

자연녹지지역의 학교로서 다음의 요건을 모두 충족하는 학교는 30%의 범위에서 도시·군계획조례로 정하는 비율을 초과하면 안 된다.
① 기존 부지에서 증축하는 경우일 것
② 학교 설치 이후 개발행위 등으로 해당 학교의 기존 부지가 건축물, 그 밖의 시설로 둘러싸여 부지 확장을 통한 증축이 곤란한 경우로서 해당 도시계획위원회의 심의를 거쳐 기존 부지에서의 증축이 불가피하다고 인정될 것
③ 「고등교육법」에 따른 학교의 경우 교육기본시설, 지원시설 또는 연구시설의 증축일 것

제1장 국토의 계획 및 이용에 관한 법률

(4) 농·임·어업용 건축물 또는 주민생활의 편익증진을 위한 건폐율제한의 완화

보전관리지역·생산관리지역·농림지역 또는 자연환경보전지역에 설치되는 「농지법」에 따라 건축할 수 있는 건축물의 건폐율은 60% 이하의 범위에서 특별시·광역시·특별자치시·특별자치도·시 또는 군의 도시·군계획조례로 정하는 비율 이하로 한다(법 제77조 제4항, 영 제84조 제7항).

생산녹지지역 또는 자연녹지지역(자연녹지지역은 도시·군계획조례로 정하는 지역으로 한정한다)에 건축할 수 있는 다음 건축물의 경우에 그 건폐율은 해당 생산녹지지역 또는 자연녹지지역이 위치한 지역의 농어업 인구 현황, 농수산물 가공·처리시설의 수급실태 등을 종합적으로 고려하여 60% 이하(자연녹지지역의 경우에는 40% 이하)의 범위에서 특별시·광역시·특별자치시·특별자치도·시 또는 군의 도시·군계획조례로 정하는 비율 이하로 한다(법 제77조 제4항, 영 제84조 제8항).

1) 농수산물의 가공·처리시설(해당 특별시·광역시·특별자치시·특별자치도·시·군 또는 해당 도시·군계획조례가 정하는 연접한 시·군·구에서 생산된 농수산물의 가공·처리시설만 해당) 및 농수산업 관련 시험·연구시설
2) 농산물 건조·보관시설
3) 산지유통시설(해당 특별시·광역시·특별자치시·특별자치도·시·군 또는 해당 도시·군계획조례가 정하는 연접한 시·군·구에서 생산된 농산물을 위한 산지유통시설만 해당)

(5) 자연녹지지역에 설치되는 유원지 및 공원의 건폐율

자연녹지지역에 설치되는 도시·군계획시설 중 유원지의 건폐율은 30%의 범위에서, 공원의 건폐율은 20%의 범위에서 도시·군계획조례로 정하는 비율 이하로 한다(영 제84조 제9항).

(6) 생산녹지지역 등에서 기존 공장의 건폐율

생산녹지지역, 자연녹지지역 또는 생산관리지역에 있는 기존 공장(해당 용도지역으로 지정될 당시 이미 준공된 공장으로 한정한다)의 소유자가 해당 용도지역으로 변경지정된 날부터 10년이 되는 날까지 증축(준공 당시의 부지에서 증축하는 경우로 한정한다) 허가를 신청한 경우에는 건폐율을 40% 이내의 범위에서 최초 건축허가 시 해당 공장에 허용된 건폐율까지 완화하여 적용할 수 있다(영 제84조의2 제2항).

생산녹지지역, 자연녹지지역, 생산관리지역 또는 계획관리지역에 있는 기존 공장(해당 용도지역으로 지정될 당시 이미 준공된 것으로 한정한다)이 부지를 확장하여 건축물을 증축하는 경우(해당 용도지역으로 변경지정된 날부터 10년이 되는 날까지 증축허가를 신청한 경우로 한정한다)로서 다음의 어느 하나에 해당하는 경우에는 그 건폐율은 40%의 범위에서 해당 특별시·광역시·특별자치시·특별자치도·시 또는 군의 도시·군계획조례로 정하는 비율을 초과해서는 아니 된다. 이 경우 아래 1)의 경우에는 부지를 확장하여 추가로 편입되는 부지(해당 용도지역으로 지정된 이후에 확장하여 추가로 편입된 부지를 포함하며, 이하 "추가편입부지"라 한다)에 대해서만 건폐율 기준을 적용하고, 아래 2)의 경우에는 준공 당시의 부지(해당 용도지

지정될 당시의 부지를 말하며, 이하에서 "준공당시부지"라 한다)와 추가편입부지를 하나로 하여 건폐율 기준을 적용한다(영 제84조의2 제4항).

1) 추가편입부지에 건축물을 증축하는 경우로서 다음의 요건을 모두 갖춘 경우
   ① 추가편입부지의 면적이 3천㎡ 이하로서 준공당시부지 면적의 50% 이내일 것
   ② 관할 특별시장·광역시장·특별자치시장·특별자치도지사·시장 또는 군수가 해당 지방도시계획위원회의 심의를 거쳐 기반시설의 설치 및 그에 필요한 용지의 확보가 충분하고 주변지역의 환경오염 우려가 없다고 인정할 것

2) 준공당시부지와 추가편입부지를 하나로 하여 건축물을 증축하려는 경우로서 다음의 요건을 모두 갖춘 경우
   ① 위의 1)의 요건을 모두 갖출 것
   ② 관할 특별시장·광역시장·특별자치시장·특별자치도지사·시장 또는 군수가 해당 지방도시계획위원회의 심의를 거쳐 다음의 어느 하나에 해당하는 인증 등을 받기 위하여 준공당시부지와 추가편입부지를 하나로 하여 건축물을 증축하는 것이 불가피하다고 인정할 것
      ㉠ 「식품위생법」에 따른 식품안전관리인증
      ㉡ 「농수산물 품질관리법」에 따른 위해요소중점관리기준 이행 사실 증명
      ㉢ 「농산물 위생관리법」에 따른 안전관리인증
   ③ 준공당시부지와 추가편입부지를 합병할 것. 다만, 「건축법 시행령」에 각 필지의 지번부여지역이 서로 다른 경우에는 합병하지 아니할 수 있다.

단락문제 Q37 제27회 기출

국토의 계획 및 이용에 관한 법령상 도시지역 중 건폐율의 최대한도가 낮은 지역부터 높은 지역 순으로 옳게 나열한 것은?(단, 조례 등 기타 강화·완화조건은 고려하지 않음)

① 전용공업지역 — 중심상업지역 — 제1종 전용주거지역
② 보전녹지지역 — 유통상업지역 — 준공업지역
③ 자연녹지지역 — 일반상업지역 — 준주거지역
④ 일반상업지역 — 준공업지역 — 제2종 일반주거지역
⑤ 생산녹지지역 — 근린상업지역 — 유통상업지역

해설 용도지역별 건폐율의 최대한도
생산녹지지역(20% 이하) — 근린상업지역(70% 이하) — 유통상업지역(80% 이하)

정답 ⑤

제1장 국토의 계획 및 이용에 관한 법률

05 용도지역에서의 용적률제한   15·16·19회 출제

1 용도지역별 용적률의 최대한도

용도지역별 용적률의 최대한도는 관할구역의 면적 및 인구규모, 용도지역의 특성 등을 감안해서 다음의 범위에서 「국토의 계획 및 이용에 관한 법률 시행령」이 정하는 기준에 따라 특별시·광역시·특별자치시·특별자치도·시 또는 군의 도시·군계획조례로 정한다(법 제78조 제1항).

1) 도시지역
   ① **주거지역** : 500% 이하
   ② **상업지역** : 1,500% 이하
   ③ **공업지역** : 400% 이하
   ④ **녹지지역** : 100% 이하

2) 관리지역
   ① **보전관리지역** : 80% 이하
   ② **생산관리지역** : 80% 이하
   ③ **계획관리지역** : 100% 이하

3) **농림지역** : 80% 이하

4) **자연환경보전지역** : 80% 이하

「국토의 계획 및 이용에 관한 법률 시행령」에 규정된 용적률의 최대한도는 상기 [표]와 같다. 도시·군계획조례로 용도지역별 용적률을 정하는 경우에는 그 지방자치단체의 관할구역을 세분해서 용적률을 달리 정할 수 있다(법 제78조 제2항, 영 제85조 제1·2항).

2 용적률제한의 특례

(1) **임대주택과 기숙사 등에 대한 용적률제한의 완화**

임대주택·기숙사·직장어린이집·어린이집·노인복지관·사회복지시설의 어느 하나에 해당하는 경우에는 해당 지역의 용적률을 다음의 구분에 따라 완화할 수 있다(영 제85조 제3·4항).

1) **주거지역에서는 공공임대주택 또는 임대의무기간이 8년 이상인 민간임대주택을 건설하는 경우** : 주거지역에 따른 용도지역별 최대한도의 120% 이하의 범위에서 도시·군계획조례로 정하는 비율

2) **다음의 어느 하나에 해당하는 자가 「고등교육법」에 따른 학교의 학생이 이용하도록 해당 학교 부지 외에 기숙사를 건설하는 경우** : 용도지역별 최대한도의 범위에서 도시·군계획조례로 정하는 비율
   ① 국가 또는 지방자치단체
   ② 「사립학교법」에 따른 학교법인

③ 「한국사학진흥재단법」에 따른 한국사학진흥재단
④ 「한국장학재단 설립 등에 관한 법률」에 따른 한국장학재단
⑤ 위에 해당하는 자가 단독 또는 공동으로 출자하여 설립한 법인

3) 「고등교육법」에 따른 학교의 학생이 이용하도록 해당 학교 부지에 기숙사를 건설하는 경우 : 용도지역별 최대한도의 범위에서 도시·군계획조례로 정하는 비율

4) 「영유아보육법」에 따른 사업주가 직장어린이집을 설치하기 위하여 기존 건축물 외에 별도의 건축물을 건설하는 경우 : 용도지역별 최대한도의 범위에서 도시·군계획조례로 정하는 비율

5) 어린이집·노인복지관 또는 사회복지시설을 국가 또는 지방자치단체가 건설하는 경우 : 용도지역별 최대한도의 범위에서 도시·군계획조례로 정하는 비율

6) 의료시설 부지에 「감염병의 예방 및 관리에 관한 법률」에 따른 감염병관리시설을 설치하는 경우로서 다음의 요건을 모두 갖춘 경우 : 용도지역별 최대한도의 120% 이하의 범위에서 도시·군계획조례로 정하는 비율
   ① 질병관리청장이 효율적인 감염병 관리를 위하여 필요하다고 인정하는 시설(필요감염병관리시설)을 설치하는 경우일 것
   ② 필요감염병관리시설 외 시설의 면적은 도시·군계획조례로 정하는 용적률에 해당하는 면적 이내일 것

다만, 다음에 해당되는 경우에는 이를 적용하지 아니한다.

1) 개발제한구역·시가화조정구역·녹지지역 또는 공원에서 해제되는 구역과 새로 도시지역으로 편입되는 구역 중 계획적인 개발 또는 관리가 필요한 지역인 경우

2) 기존의 용도지역 또는 용도지구가 용적률이 더 높은 용도지역 또는 용도지구로 변경되는 경우로서 기존의 용도지역 또는 용도지구의 용적률을 적용하지 않는 경우

(2) 방재지구의 건축물에 대한 용적률제한의 완화
주거지역·상업지역 또는 공업지역의 방재지구에 있는 건축물로서 그 방재지구의 재해저감대책에 부합하게 재해예방시설을 설치하는 건축물의 경우 해당 용적률의 140% 이하의 범위에서 도시·군계획조례로 정하는 비율로 할 수 있다(법 제78조 제3항, 영 제85조 제5항).

(3) 개발진흥지구 등에 대한 용적률제한의 특례★
개발진흥지구·수산자원보호구역·자연공원 및 농공단지에서의 용적률은 다음의 범위에서 특별시·광역시·특별자치시·특별자치도·시 또는 군의 도시·군계획조례로 정하는 비율을 초과하면 안 된다(법 제78조 제3항, 영 제85조 제6항).

제1장 국토의 계획 및 이용에 관한 법률

1) **도시지역이 아닌 지역에 지정된 개발진흥지구** : 100% 이하
2) **수산자원보호구역** : 80% 이하
3) **자연공원** : 100% 이하
4) **도시지역이 아닌 지역에 지정된 농공단지** : 150% 이하

(4) 공지가 있거나 이를 설치하는 경우의 용적률제한의 특례★

건축물의 주위에 공원·광장·도로·하천 등의 공지가 있거나 이를 설치하는 경우에는 다음의 구분에 따라 특별시·광역시·특별자치시·특별자치도·시 또는 군의 도시·군계획조례로 용적률을 따로 정할 수 있다(법 제78조 제4항, 영 제85조 제7·8항).

1) 준주거지역·중심상업지역·일반상업지역·근린상업지역 또는 공업지역의 건축물로서 다음에 해당하는 건축물의 용적률은 경관·교통·방화 및 위생상 지장이 없다고 인정되는 경우에는 용적률의 최대한도의 1.2배 이하의 범위에서 도시·군계획조례로 정하는 비율로 할 수 있다.
   ① 공원·광장(교통광장은 제외)·하천 그 밖에 건축이 금지된 공지에 접한 도로를 전면도로로 하는 대지의 건축물이나 공원·광장·하천 그 밖에 건축이 금지된 공지에 20m 이상 접한 대지의 건축물
   ② 너비 25m 이상인 도로에 20m 이상 접한 대지의 건축면적이 1,000㎡ 이상인 건축물

2) 다음의 지역에서 건축물을 건축하려는 자가 그 대지의 일부를 공공시설부지로 제공하는 경우에는 그 건축물에 대한 용적률을 용적률의 최대한도의 2배 이하의 범위에서 대지면적의 제공비율에 따라 도시·군계획조례로 정하는 비율로 할 수 있다.
   ① 상업지역
   ② 재개발사업·재건축사업을 위한 정비구역

(5) 녹지지역 및 관리지역의 창고에 관한 특례

녹지지역 및 관리지역에서는 창고에 대해 특별시·광역시·특별자치시·특별자치도·시 또는 군의 조례로 정하는 높이로 규모 등을 제한할 수 있다(법 제78조 제5항, 영 제85조 제9항).

(6) 사회복지시설의 기부채납에 따른 특례

1) 건축물을 건축하려는 자가 그 대지의 일부에 사회복지시설 중 대통령령으로 정하는 시설(어린이집, 노인복지관, 기타 조례로 정하는 시설)을 설치해서 국가 또는 지방자치단체에 기부채납하는 경우에는 특별시·광역시·특별자치시·특별자치도·시 또는 군의 조례로 해당 용도지역에 적용되는 용적률을 완화할 수 있다. 이 경우 용적률 완화의 허용범위, 기부채납의 기준 및 절차 등에 필요한 사항은 대통령령으로 정한다(법 제78조 제6항).

2) 그 대지의 일부에 사회복지시설을 설치하여 기부하는 경우에는 기부하는 시설의 연면적의 2배 이하의 범위에서 도시·군계획조례로 정하는 바에 따라 추가 건축을 허용할 수 있다. 다만, 도시·군계획조례로 정하는 용적률의 120%, 용도지역별 용적률의 최대한도를 초과할 수 없다(영 제85조 제11항).

3) 국가나 지방자치단체는 기부 받은 사회복지시설을 시설 외의 시설로 용도변경하거나 그 주요 용도에 해당하는 부분을 분양 또는 임대할 수 없으며, 해당 시설의 면적이나 규모를 확장하여 설치장소를 변경(지방자치단체에 기부한 경우에는 그 관할구역 내에서의 설치장소 변경을 말한다)하는 경우를 제외하고는 국가나 지방자치단체 외의 자에게 그 시설의 소유권을 이전할 수 없다(영 제85조 제12항).

(7) 용적률 완화에 관한 특례규정의 중첩 적용

이 법 및 「건축법」 등 다른 법률에 따른 용적률의 완화에 관한 규정은 이 법 및 다른 법률에도 불구하고 다음의 구분에 따른 범위에서 중첩하여 적용할 수 있다. 다만, 용적률 완화 규정을 중첩 적용하여 완화되는 용적률이 해당 용도지역별 용적률 최대한도를 초과하는 경우에는 관할 시·도지사, 시장·군수 또는 구청장이 건축위원회와 도시계획위원회의 공동 심의를 거쳐 기반시설의 설치 및 그에 필요한 용지의 확보가 충분하다고 인정하는 경우에 한정한다.

1) **지구단위계획구역** : 지구단위계획으로 정하는 범위
2) **지구단위계획구역 외의 지역** : 해당 용도지역별 용적률 최대한도의 120% 이하

단락문제 Q38

국토의 계획 및 이용에 관한 법령상 용도지역에서의 용적률 최대한도의 범위가 <u>다르게</u> 규정되어 있는 것은?(특별시·광역시·특별자치시·특별자치도·시 또는 군의 도시·군계획조례는 별도로 고려하지 않음)

① 보전관리지역 ② 생산관리지역 ③ 계획관리지역
④ 농림지역   ⑤ 자연환경보전지역

해설 용도지역에서의 용적률 최대한도
보전관리지역, 생산관리지역, 농림지역, 자연환경보전지역의 용적률 최대한도는 50% 이상 80% 이하이고, 계획관리지역의 용적률 최대한도는 50% 이상 100% 이하이다.

정답 ③

제1장 국토의 계획 및 이용에 관한 법률

06 시가화조정구역에서의 행위제한 33회 출제

1 도시·군계획사업의 시행제한

시가화조정구역에서는 도시·군계획사업이라도 국방상 또는 공익상 시가화조정구역에서의 사업시행이 불가피한 것으로서 관계 중앙행정기관의 장의 요청에 따라 국토교통부장관이 시가화조정구역의 지정목적달성에 지장이 없다고 인정하는 도시·군계획사업만 시행할 수 있다(법 제81조 제1항, 영 제87조).

2 행위허가의 대상 ★★

시가화조정구역에서는 개발행위허가제 및 용도지역에서의 건축제한에 불구하고 도시·군계획사업에 의하는 경우를 제외하고는 [표]의 행위에 한해 특별시장·광역시장·특별자치시장·특별자치도지사·시장 또는 군수의 허가를 받아 이를 할 수 있다(법 제81조 제2항, 영 제88조, [별표 24]). 시가화조정구역에서의 행위허가가 있는 경우에는 다음의 허가 또는 신고가 있는 것으로 본다(법 제81조 제5항).

1) 「산지관리법」에 따른 산지전용의 허가 또는 신고, 산지일시사용의 허가 또는 신고
2) 「산림자원의 조성 및 관리에 관한 법률」에 따른 입목벌채 등의 허가 또는 신고

▼ 시가화조정구역에서 허가를 받아 할 수 있는 행위

구 분	시가화조정구역에서 허가를 받아 할 수 있는 행위
(1) 농업·임업 또는 어업용의 건축물 그 밖의 시설을 건축하는 행위	농업·임업 또는 어업을 영위하는 자가 행하는 다음의 건축물 그 밖의 시설의 건축 1) 축 사 2) 퇴비사 3) 잠 실 4) 창고(저장 및 보관시설을 포함함) 5) 생산시설(단순가공시설을 포함함) 6) 관리용 건축물(기존 관리용 건축물의 면적을 포함해서 33㎡ 이하인 것에 한함) 7) 양어장
(2) 마을공동시설, 공익시설·공공시설, 광공업 등 주민의 생활을 영위하는 데에 필요한 행위	1) 주택 및 그 부속건축물의 건축으로서 다음에 해당하는 행위 ① 주택의 증축(기존 주택의 면적을 포함해서 100㎡ 이하에 한함) ② 부속건축물의 건축(주택 또는 이에 준하는 건축물에 부속되는 것에 한하며, 기존 건축물의 면적을 포함해서 33㎡ 이하의 신축·증축·재축 또는 대수선에 한함) 2) 마을공동시설의 설치로서 다음에 해당하는 행위 ① 농로·제방 및 사방시설의 설치 ② 새마을회관의 설치 ③ 기존 정미소(개인소유의 것을 포함함)의 증축 및 이축(시가화조정구역의 인접지에서 시행하는 공공사업으로 인해 시가화조정구역으로 이전하는 경우를 포함함) ④ 정자 등 간이휴게소의 설치 ⑤ 농기계수리소 및 농기계용 유류판매소(개인소유의 것을 포함함)의 설치 ⑥ 선착장 및 물양장(物揚場)의 설치 3) 공익시설·공용시설 및 공공시설 등의 설치로서 다음에 해당하는 행위 ① 「공익사업을 위한 토지 등의 취득 및 보상에 관한 법률」에 따른 공익사업을 위한 시설의 설치

구 분	시가화조정구역에서 허가를 받아 할 수 있는 행위

(2) 마을공동시설, 공익시설·공공시설, 광공업 등 주민의 생활을 영위하는 데에 필요한 행위	② 국가유산의 복원과 국가유산관리용 건축물의 설치
	③ 보건소, 경찰파출소, 119안전센터, 우체국 및 읍·면·동사무소의 설치
	④ 공공도서관·전신전화국·직업훈련소·연구소·양수장·초소·대피소 및 공중화장실과 예비군운영에 필요한 시설의 설치
	⑤ 「농업협동조합법」에 따른 조합, 산림조합 및 수산업협동조합(어촌계를 포함함)의 공동구판장·하치장 및 창고의 설치
	⑥ 사회복지시설의 설치
	⑦ 환경오염방지시설의 설치
	⑧ 교정시설의 설치
	⑨ 야외음악당 및 야외극장의 설치
	4) 광공업 등을 위한 건축물 및 공작물의 설치로서 다음에 해당하는 행위
	  ① 시가화조정구역 지정 당시 이미 외국인투자기업이 경영하는 공장, 수출품의 생산 및 가공공장, 중소기업협동화실천계획의 승인을 받아 설립된 공장, 그 밖에 수출진흥과 경제발전에 현저히 기여할 수 있는 공장의 증축(증축면적은 기존시설 연면적의 100%에 해당하는 면적 이하로 하되, 증축을 위한 토지의 형질변경은 증축할 건축물의 바닥면적의 200%를 초과할 수 없음)과 부대시설의 설치
	  ② 시가화조정구역 지정 당시 이미 관계법령에 따라 설치된 공장의 부대시설의 설치(새로운 대지조성은 허용되지 않으며, 기존 공장부지에서의 건축에 한함)
	  ③ 시가화조정구역 지정 당시 이미 「광업법」에 따라 설정된 광업권의 대상이 되는 광물의 개발에 필요한 가설건축물 또는 공작물의 설치
	  ④ 토석의 채취에 필요한 가설건축물 또는 공작물의 설치
	5) 기존 건축물의 동일한 용도 및 동일한 규모 안에서의 개축·재축 및 대수선
	6) 시가화조정구역에서 허용되는 건축물의 건축 또는 공작물의 설치를 위한 공사용 가설건축물과 그 공사에 소요되는 블록·시멘트벽돌·쇄석·레미콘 및 아스콘 등을 생산하는 가설공작물의 설치
	7) 다음의 용도변경행위
	  ① 관계법령에 따라 적법하게 건축된 건축물의 용도를 시가화조정구역에서 신축이 허용되는 시설로 변경하는 행위
	  ② 공장의 업종변경(오염물질 등의 배출이나 공해의 정도가 변경 전의 수준을 초과하지 않는 경우에 한함)
	  ③ 공장·주택 등 시가화조정구역에서의 신축이 금지된 시설의 용도를 근린생활시설(슈퍼마켓, 일용품소매점, 취사용 가스판매점, 일반음식점, 다과점, 다방, 이용원, 미용원, 세탁소, 목욕탕, 사진관, 목공소, 의원, 약국, 접골시술소, 안마시술소, 침구시술소, 조산소, 동물병원, 기원, 당구장, 장의사, 탁구장 등 간이운동시설 및 간이수리점에 한함) 또는 종교시설로 변경하는 행위
	8) 종교시설의 증축(새로운 대지조성은 허용되지 않으며, 증축면적은 시가화조정구역 지정 당시의 종교시설 연면적의 200%를 초과할 수 없음)

(3) 입목의 벌채, 조림, 육림, 토석의 채취 그 밖의 경미한 행위	1) 입목의 벌채, 조림, 육림, 토석의 채취
	2) 다음의 토지의 형질변경
	  ① 시가화조정구역에서 허용되는 건축물의 건축 또는 공작물의 설치를 위한 토지의 형질변경
	  ② 「공익사업을 위한 토지 등의 취득 및 보상에 관한 법률」에 따른 공익사업을 수행하기 위한 토지의 형질변경
	  ③ 농·임·어업을 위한 개간과 축산을 위한 초지조성을 목적으로 하는 토지의 형질변경
	  ④ 시가화조정구역 지정 당시 이미 「광업법」에 따라 설정된 광업권의 대상이 되는 광물의 개발을 위한 토지의 형질변경
	3) 토지의 합병 및 분할

단락문제 Q39

다음은 시가화조정구역에서의 도시·군계획사업 또는 행위의 허용·규제에 대한 설명이다. 옳은 것은?

① 도시·군계획사업은 제한없이 시행할 수 있다.
② 도시·군계획사업은 일체 금지된다.
③ 개발행위허가를 받아야 하는 행위는 특별시장·광역시장·특별자치시장·특별자치도지사·시장 또는 군수의 허가만 받으면 행할 수 있다.
④ 개발행위허가를 받아야 하는 행위 중 일부 법정(法定)된 것에 한해 특별시장·광역시장·특별자치시장·특별자치도지사·시장 또는 군수의 허가를 받아 행할 수 있다.
⑤ 기득권이 인정되는 경우라도 공사 또는 사업에 착수한 자는 특별시장·광역시장·특별자치시장·특별자치도지사·시장 또는 군수의 허가를 받아야 그 공사 또는 사업의 계속적인 시행이 가능하다.

해설 시가화조정구역에서의 도시·군계획사업 또는 행위의 허용·규제
①, ② 도시·군계획사업은 대통령령으로 정하는 사업만 시행할 수 있다.
③ 법령에서 정한 것에 한하여 허가를 받아 행할 수 있다.
⑤ 신고하고 그 사업이나 공사를 계속할 수 있다.

정답 ④

3 행위허가의 기준

특별시장·광역시장·특별자치시장·특별자치도지사·시장 또는 군수는 시가화조정구역의 지정목적달성에 지장이 있는 경우와 그 토지 또는 주변토지의 합리적인 이용에 지장이 있는 경우는 행위허가를 하면 안 된다(영 제89조 제1항).
다음의 행위는 특별한 사유가 없으면 허가를 해야 한다(영 제89조 제3항, [별표 25]).

1) 개발행위의 허가 또는 변경허가를 받지 않아도 되는 경미한 행위

2) 다음의 행위

① **축사의 설치**
1가구(시가화조정구역에 주택을 소유하면서 거주하는 경우로서 농업 또는 어업에 종사하는 1세대를 말함)당 기존 축사의 면적을 포함해서 300m² 이하(나환자촌의 경우에는 500m² 이하). 다만, 과수원·초지 등의 관리사 인근에는 100m² 이하의 축사를 별도로 설치할 수 있다.

② **퇴비사의 설치**
1가구당 기존 퇴비사의 면적을 포함해서 100m² 이하

③ **잠실의 설치**
  뽕나무밭 조성면적 2,000m²당 또는 뽕나무 1,800주당 50m² 이하

④ **창고의 설치**
  시가화조정구역의 토지 또는 그 토지와 일체가 되는 토지에서 생산되는 생산물의 저장에 필요한 것으로서 기존 창고면적을 포함해서 그 토지면적의 0.5% 이하. 다만, 감귤을 저장하기 위한 경우에는 1% 이하로 한다.

⑤ **관리용 건축물의 설치**
  과수원·초지·유실수단지 또는 원예단지에 설치하되, 생산에 직접 공여되는 토지면적의 0.5% 이하로서 기존 관리용 건축물의 면적을 포함해서 33m² 이하

3) 건축신고로 건축허가를 갈음할 수 있는 행위
  시가화조정구역에서의 행위허가의 기준에 관해서는 개발행위허가기준을 준용한다. 다만, 시가화조정구역에 있는 산림에서의 입목의 벌채·조림·육림에 대한 허가기준에 대해서는 「산림자원의 조성 및 관리에 관한 법률」에 따른다(영 제89조 제2·6항).

4 행위허가의 절차·조건 등

(1) 도시·군계획사업시행자의 의견청취

특별시장·광역시장·특별자치시장·특별자치도지사·시장 또는 군수는 행위허가를 하는 때에는 그 행위가 도시·군계획사업의 시행에 지장을 주는지 여부에 관해 그 시행자의 의견을 들어야 한다(영 제89조 제5항).

(2) 산지전용허가권자 등과의 협의

특별시장·광역시장·특별자치시장·특별자치도지사·시장 또는 군수는 시가화조정구역에서의 행위허가를 하는 때에는 미리 다음의 자와 협의해야 한다(법 제81조 제3항).

1) 산지전용, 산지일시사용 또는 입목벌채 등의 허가권자

2) 허가대상행위와 관련 있는 공공시설의 관리자

3) 허가대상행위에 의해 설치되는 공공시설을 관리하게 될 자

(3) 조건부허가

특별시장·광역시장·특별자치시장·특별자치도지사·시장 또는 군수는 시가화조정구역의 지정목적상 필요한 때에는 조경 등 필요한 조치를 할 것을 조건으로 허가할 수 있다(영 제89조 제4항).

(4) 원상회복

시가화조정구역에서 허가를 받지 않고 건축물의 건축, 토지의 형질변경 등의 행위를 하는 자에 관해서는 개발행위허가위반에 따른 원상회복에 관한 규정을 준용한다(법 제81조 제4항).

07 도시혁신구역에서의 행위제한

1 도시혁신구역에서의 행위제한의 적용

용도지역 및 용도지구에 따른 제한에도 불구하고 도시혁신구역에서의 토지의 이용, 건축물이나 그 밖의 시설의 용도·건폐율·용적률·높이·종류 및 규모의 제한에 관한 사항에 관하여는 도시혁신계획으로 따로 정한다(법 제80조의4, 영 제86조의2).

2 도시혁신구역에서의 다른 법률의 적용 특례

도시혁신구역에 대하여는 다음의 법률 규정에도 불구하고 도시혁신계획으로 따로 정할 수 있다(법 제83조의3 제1항).

1) 「주택법」에 따른 주택의 배치, 부대시설·복리시설의 설치기준 및 대지조성기준
2) 「주차장법」에 따른 부설주차장의 설치
3) 「문화예술진흥법」에 따른 건축물에 대한 미술작품의 설치
4) 「건축법」에 따른 공개 공지 등의 확보
5) 「도시공원 및 녹지 등에 관한 법률」에 따른 도시공원 또는 녹지 확보 기준
6) 「학교용지 확보 등에 관한 특례법」에 따른 학교용지의 조성·개발기준

3 특별건축구역지정의 의제 35회 출제

도시혁신구역으로 지정된 지역은 「건축법」에 따른 특별건축구역으로 지정된 것으로 본다(법 제83조의3 제2항).

4 도시개발구역의 지정 및 도시개발계획수립 고시의 의제

도시혁신구역의 지정·변경 및 도시혁신계획 결정의 고시는 「도시개발법」에 따른 개발계획의 내용에 부합하는 경우 도시개발구역의 지정 및 도시개발계획 수립의 고시로 본다. 이 경우 도시혁신계획에서 정한 시행자는 「도시개발법」에 따른 사업시행자 지정요건 및 도시개발구역 지정 제안 요건 등을 갖춘 경우에 한정하여 도시개발사업의 시행자로 지정된 것으로 본다(법 제83조의3 제4항).

5 다른 법률 규정의 완화 적용

도시혁신구역계획에 대한 도시계획위원회 심의 시 「교육환경 보호에 관한 법률」에 따른 지역교육환경보호위원회 또는 「문화유산의 보존 및 활용에 관한 법률」에 따른 문화유산위원회(시·도지정문화유산에 관한 사항의 경우 시·도문화유산위원회를 말한다)와 공동으로 심의를 개최하고, 그 결과에 따라 다음의 법률 규정을 완화하여 적용할 수 있다. 이 경우 다음의 완화 여부는 각각 지역교육환경보호위원회와 문화유산위원회의 의결에 따른다(법 제83조의3 제5항).

1) 「교육환경 보호에 관한 법률」에 따른 교육환경보호구역에서의 행위제한

2) 「문화유산의 보존 및 활용에 관한 법률」 또는 「자연유산의 보존 및 활용에 관한 법률」에 따른 역사문화환경 보존지역에서의 행위제한

08 복합용도구역에서의 행위제한

1 복합용도구역에서의 행위제한의 적용

용도지역 및 용도지구에 따른 제한에도 불구하고 복합용도구역에서의 건축물이나 그 밖의 시설의 용도·종류 및 규모 등의 제한에 관한 사항은 도시지역에서 허용되는 범위에서 복합용도계획으로 따로 정한다(법 제80조의5 제1항, 영 제86조의3).

2 복합용도구역에서의 건폐율과 용적률의 적용

복합용도구역에서의 건폐율과 용적률은 용도지역별 건폐율과 용적률의 최대한도의 범위에서 복합용도계획으로 정한다(법 제80조의5 제2항).

3 특별건축구역지정의 의제

복합용도구역으로 지정된 지역은 「건축법」에 따른 특별건축구역으로 지정된 것으로 본다(법 제83조의4).

제11절 도시·군계획시설사업의 시행 13·18·34회 출제

01 단계별 집행계획의 수립 13회 출제

1 단계별 집행계획의 수립권자

특별시장·광역시장·특별자치시장·특별자치도지사·시장 또는 군수는 도시·군계획시설에 대해 도시·군계획시설결정의 고시일부터 3개월 이내에 재원조달계획·보상계획 등을 포함하는 단계별집행계획을 수립해야 한다. 다만, 「도시 및 주거환경 정비법」, 「도시재정비 촉진을 위한 특별법」, 「도시재생 활성화 및 지원에 관한 특별법」에 따라 도시·군관리계획의 결정이 의제되는 경우에는 해당 도시·군계획시설결정의 고시일부터 2년 이내에 단계별 집행계획을 수립할 수 있다(법 제85조 제1항, 영 제95조 제2항).

국토교통부장관 또는 도지사가 직접 입안한 도시·군관리계획인 경우에는 국토교통부장관 또는 도지사가 단계별 집행계획을 수립해서 해당 특별시장·광역시장·특별자치시장·특별자치도지사·시장 또는 군수에게 이를 송부할 수 있다(법 제85조 제2항).

단락문제 Q40

다음은 단계별 집행계획에 관한 설명이다. 틀린 것은?

① 단계별 집행계획은 도시·군계획시설결정의 고시일부터 3개월 이내에 수립해야 한다.
② 단계별 집행계획이 수립되지 않은 도시·군계획시설의 부지에는 건축물의 개축, 가설건축물의 건축 등이 허용된다.
③ 3년 이내에 시행할 도시·군계획시설은 제1단계 집행계획에 포함시켜야 한다.
④ 제1단계 집행계획에 포함되지 않은 도시·군계획시설의 부지에는 건축물의 개축, 가설건축물의 건축 등이 허용된다.
⑤ 단계별 집행계획에서 정한 기간 안에 사업이 시행되지 않는 경우에는 그 도시·군계획시설결정은 효력을 잃는다.

해설 단계별 집행계획
⑤ 단계별 집행계획의 이행 여부는 도시·군관리계획의 효력에 영향을 미치지 않는다.　　　**정답** ⑤

부동산공법

2 단계별 집행계획의 구분★

단계별 집행계획은 제1단계 집행계획과 제2단계 집행계획으로 구분해서 수립하되, <u>3년 이내에 시행하는 도시·군계획시설사업은 제1단계 집행계획에, 3년 후에 시행하는 도시·군계획시설사업은 제2단계 집행계획에 포함되도록 해야 한다</u>(법 제85조 제3항).

특별시장·광역시장·특별자치시장·특별자치도지사·시장 또는 군수는 매년 제2단계 집행계획을 검토해서 3년 이내에 도시·군계획시설사업을 시행할 도시·군계획시설을 선정해서 이를 제1단계 집행계획에 포함시킬 수 있다(영 제95조 제3항).

3 단계별 집행계획의 수립절차

특별시장·광역시장·특별자치시장·특별자치도지사·시장 또는 군수는 단계별 집행계획을 수립하려는 때에는 미리 관계 행정기관의 장과 협의해야 하며, 해당 지방의회의 의견을 들어야 한다(영 제95조 제1항).

 단계별 집행계획

1) **의 의**
   도시·군계획시설사업의 시행을 위한 시간계획

2) **수립권자**
   ① 원 칙
      특별시장·광역시장·특별자치시장·특별자치도지사·시장 또는 군수
   ② 예 외
      국토교통부장관·도지사

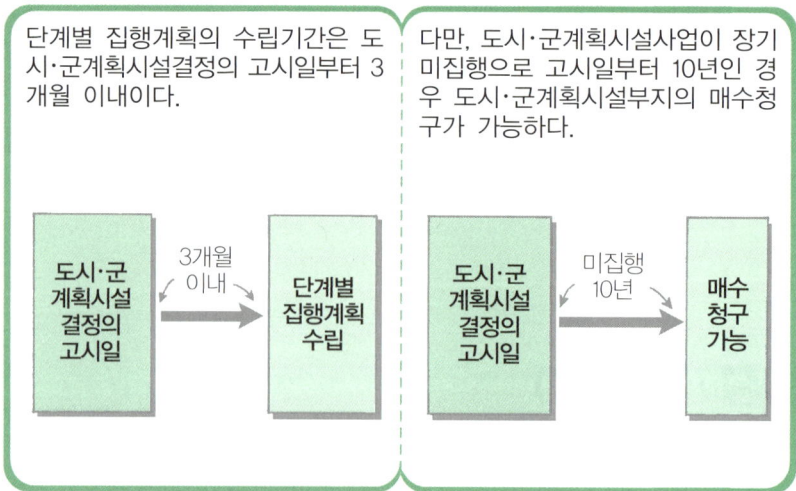

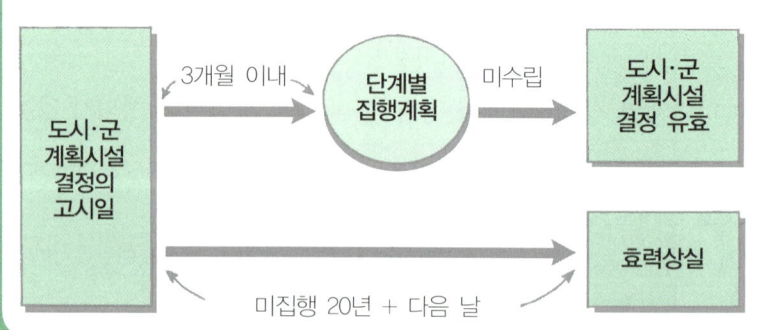

특별시장·광역시장·특별자치시장·특별자치도지사·시장 또는 군수는 직접 단계별 집행계획을 수립하거나 국토교통부장관 또는 도지사로부터 단계별 집행계획을 송부받은 때에는 이를 그 지방자치단체의 공보와 인터넷 홈페이지에 게재하는 방법으로 공고해야 한다. 다만, 필요한 경우에는 전국 또는 해당 지방자치단체를 주된 보급지역으로 하는 일간신문에 게재하는 방법이나 방송 등의 방법을 병행할 수 있다(법 제85조 제4항, 영 제95조 제4항).

단계별 집행계획을 변경하는 절차도 수립절차와 같다. 다만, 도시·군관리계획결정절차의 일부를 생략할 수 있는 경미한 도시·군관리계획의 변경으로 인해 단계별 집행계획을 변경하는 경우에는 이러한 절차를 거치지 않아도 된다(법 제85조 제5항, 영 제95조 제5항).

단락문제 Q41

다음은 도시·군계획시설사업의 시행을 위한 단계별 집행계획의 수립에 대한 설명이다. 틀린 것은?

① 단계별 집행계획이 수립되면 그 지방자치단체가 발행하는 공보에 지체없이 공고해야 한다.
② 도시·군계획시설결정의 효력이 발생한 날부터 2년 이내에 재원조달계획과 보상계획 등을 포함해서 수립해야 하나 지방재정이 불확실한 경우에는 그렇지 않다.
③ 매년 제2단계 집행계획을 검토해서 3년 이내에 도시·군계획시설사업을 시행할 도시·군계획시설을 선정해서 이를 제1단계 집행계획에 포함시킬 수 있다.
④ 3년 이내에 시행하는 도시·군계획시설사업은 제1단계 집행계획에, 3년 후에 시행하는 도시·군계획시설사업은 제2단계 집행계획으로 구분한다.
⑤ 관계 행정기관의 장과 협의는 계획을 수립하기 전에 미리 해야 한다.

해설 단계별 집행계획의 수립
단계별 집행계획은 도시·군계획시설결정의 고시일부터 3개월 이내에 수립해야 한다. 다만, 도시·군관리계획의 결정이 의제되는 경우에는 해당 도시·군계획시설결정의 고시일부터 2년 이내에 단계별 집행계획을 수립할 수 있다.

정답 ②

02 도시·군계획시설사업의 시행자

1 관할 특별시장·광역시장·특별자치시장·특별자치도지사·시장 또는 군수

「국토의 계획 및 이용에 관한 법률」 또는 다른 법률에 특별한 규정이 있는 경우를 제외하고는 관할 구역의 도시·군계획시설사업은 특별시장·광역시장·특별자치시장·특별자치도지사·시장 또는 군수가 시행한다(법 제86조 제1항).

도시계획시설사업이 둘 이상의 특별시·광역시·특별자치시·특별자치도·시 또는 군의 관할구역에 걸쳐 시행되는 때에는 관계 특별시장·광역시장·특별자치시장·특별자치도지사·시장 또는 군수가 서로 협의해서 시행자를 정한다. 협의가 성립되지 않는 경우 사업시행구역이 같은 도의 관할구역에 속하는 때에는 관할 도지사가, 둘 이상의 시·도의 관할구역에 걸치는 때에는 국토교통부장관이 시행자를 지정한다. 이와 같이 도시·군계획시설사업의 시행자를 정한 때에는 국토교통부장관은 관보에, 특별시장·광역시장·도지사·특별자치시장·도지사·특별자치도지사·시장 또는 군수는 그 지방자치단체의 공보에 다음 사항을 고시해야 한다(법 제86조 제2·3·6항, 규칙 제14조).

 1) 사업시행지의 위치
 2) 사업의 종류 및 명칭
 3) 사업시행면적 또는 규모
 4) 사업시행자의 성명 및 주소
 5) 실시계획인가 신청기일

2 국토교통부장관 또는 도지사

국토교통부장관은 국가계획과 관련되거나 그 밖에 특히 필요한 때에는 관계 특별시장·광역시장·특별자치시장·특별자치도지사·시장 또는 군수의 의견을 들어 직접 도시·군계획시설사업을 시행할 수 있다(법 제86조 제4항).

도지사는 광역도시계획과 관련되거나 특히 필요한 때에는 관계 시장 또는 군수의 의견을 들어 직접 도시·군계획시설사업을 시행할 수 있다(법 제86조 제4항).

3 시행자지정을 받은 자

(1) 시행자지정

그 밖의 자는 국토교통부장관, 시·도지사, 시장 또는 군수로부터 시행자로 지정을 받아 도시·군계획시설사업을 시행할 수 있다(법 제86조 제5항).

도시·군계획시설사업의 시행자를 지정한 때에는 관보 또는 공보에 이를 고시해야 한다(법 제86조 제6항, 규칙 제14조).

(2) 토지소유자의 동의 27회 출제

도시·군계획시설사업의 시행자로 지정받으려면 도시·군계획시설사업의 대상인 토지(국·공유지는 제외) 면적의 2/3 이상에 해당하는 토지를 소유하고 토지소유자 총수의 1/2 이상에 해당하는 자의 동의를 받아야 한다(법 제86조 제7항, 영 제96조 제2항).

다만, 다음에 해당하는 자는 토지소유자의 동의를 받지 않아도 된다(법 제86조 제7항, 영 제96조 제3·4항).

1) 국가, 지방자치단체
2) 한국농수산식품유통공사, 대한석탄공사, 한국토지주택공사, 한국관광공사, 한국농어촌공사, 한국도로공사, 한국석유공사, 한국수자원공사, 한국전력공사, 한국철도공사
3) 지방공사, 지방공단
4) 다른 법률에 따라 도시·군계획시설사업이 포함된 사업의 시행자로 지정된 자
5) 관리청에 무상으로 귀속되는 공공시설을 설치하려는 자
6) 국가 또는 지방자치단체에 기부하는 것을 조건으로 시설물을 설치하려는 자

(3) 관련 인·허가절차

도시·군계획시설사업이 다른 법령에 따라 면허·허가·인가 등을 받아야 하는 사업인 경우에는 시행자지정을 신청하는 자는 그 사업시행에 관한 면허·허가·인가 등의 사실을 증명하는 서류의 사본을 신청서에 첨부해야 한다. 다만, 다른 법령에서 도시·군계획시설사업의 시행자지정을 면허·허가·인가 등의 조건으로 하는 경우에는 관계 행정기관의 장의 의견서로 갈음할 수 있다(영 제96조 제5항).

4 시행자의 처분에 대한 행정심판 17·22회 출제

「국토의 계획 및 이용에 관한 법률」에 따른 도시·군계획시설사업 시행자의 처분에 대해서는 「행정심판법」에 따라 행정심판을 청구할 수 있다. 이 경우 행정청이 아닌 시행자의 처분에 대해서는 그 시행자를 지정한 자에게 행정심판을 청구해야 한다(법 제134조).

03 실시계획

1 실시계획

도시·군계획시설사업의 시행자는 그 도시·군계획시설사업에 관한 실시계획을 작성해야 한다(법 제88조 제1항).

→ 도시·군계획시설사업의 시행에 필요한 세부계획

실시계획에는 다음 사항이 포함되어야 한다(영 제97조 제1항).

1) 사업의 종류 및 명칭
2) 사업의 면적 또는 규모
3) 사업시행자의 성명 및 주소(법인인 경우에는 법인의 명칭 및 소재지와 대표자의 성명 및 주소)
4) 사업의 착수예정일 및 준공예정일

실시계획에는 사업시행에 필요한 다음의 사항 또는 서류를 명시하거나 첨부해야 한다(법 제88조 제5항, 영 제97조 제6항).

1) 사업시행지의 위치도 및 계획평면도
2) 사업시행기간
3) 설계도서(건축협의를 해야 하는 사업인 경우에는 개략설계도서)
4) 자금계획
5) 수용 또는 사용할 토지 또는 건물의 소재지·지번·지목 및 면적, 소유권과 소유권외의 권리의 명세 및 그 소유자·권리자의 성명·주소
6) 도시·군계획시설사업의 시행으로 새로이 설치하는 공공시설 또는 기존의 공공시설의 조서 및 도면(행정청이 시행자인 경우에 한함)
7) 도시·군계획시설사업의 시행으로 용도폐지되는 공공시설에 대한 둘 이상의 감정평가법인 등의 감정평가서(행정청이 아닌 자가 시행자인 경우에 한함). 다만, 실시계획 인가권자가 새로운 공공시설의 설치비용이 기존의 공공시설의 감정평가액보다 현저히 많은 것이 명백하여 이를 비교할 실익이 없다고 인정하거나 사업 시행기간 중에 제출하도록 조건을 붙이는 경우는 제외한다.

실시계획

① 도시·군계획시설사업의 시행자가 작성한다.
② 도시·군계획시설사업의 시행에 필요한 세부계획을 말한다.

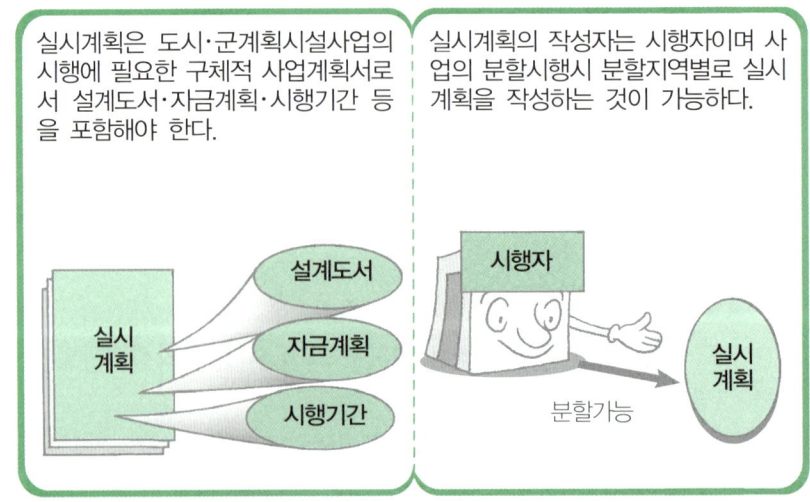

8) 도시·군계획시설사업으로 새로 설치하는 공공시설의 조서 및 도면과 그 설치비용계산서 (행정청이 아닌 자가 시행자인 경우에 한함). 이 경우 새로운 공공시설의 설치에 필요한 토지와 종래의 공공시설이 설치되어 있는 토지가 같은 토지인 경우에는 그 토지가격을 뺀 설치비용만 계산한다.

9) 관계 행정기관의 장과의 협의에 필요한 서류

10) 특별시장·광역시장·특별자치시장·특별자치도지사·시장 또는 군수의 의견청취 결과

2 실시계획의 인가

(1) 실시계획의 인가★

국토교통부장관, 시·도지사나 대도시 시장이 아닌 도시·군계획시설사업의 시행자는 실시계획을 작성한 때에는 국토교통부장관, 시·도지사나 대도시 시장의 인가를 받아야 한다. 다만, 준공검사를 받은 후에 해당 도시·군계획시설사업에 대해 국토교통부령으로 정하는 경미한 사항을 변경하기 위해 실시계획을 작성하는 경우에는 인가를 받지 않는다(법 제88조 제2항, 영 제97조 제2항).

도시·군계획시설사업의 시행자로 지정받은 자는 특별한 사유가 없으면 시행자지정시에 정한 기일까지 실시계획 인가권자에게 실시계획인가신청서를 제출해야 한다(영 제97조 제3항).

국토교통부장관, 시·도지사나 대도시 시장은 실시계획이 도시·군계획시설의 결정·구조 및 설치의 기준 등에 적합하다고 인정하는 때에는 실시계획을 인가해야 한다(법 제88조 제3항).

(2) 조건부인가

국토교통부장관, 시·도지사나 대도시 시장은 기반시설의 설치나 그에 필요한 용지의 확보·위해방지·환경오염방지·경관·조경 등의 조치를 할 것을 조건으로 실시계획을 인가할 수 있다(법 제88조 제3항).

(3) 실시계획의 변경 또는 폐지인가 21회 출제

인가받은 실시계획을 변경 또는 폐지하는 경우에도 인가를 받아야 한다. 다만, 다음의 경미한 사항을 변경하는 경우와 변경하기 위하여 실시계획을 작성하는 경우에는 인가를 받지 않아도 된다(법 제88조 제4항, 규칙 제16조).

1) 사업명칭을 변경하는 경우

2) 구역경계의 변경이 없는 범위에서 행하는 건축물의 연면적 10% 미만의 변경과 「학교시설사업 촉진법」에 따른 학교시설의 변경인 경우

3) 다음의 공작물을 설치하는 경우
   ① 도시지역 또는 지구단위계획구역에서 무게가 50톤 이하이거나 부피가 50m^3 이하 또는 수평투영면적이 50m^2 이하인 공작물

② 도시지역·자연환경보전지역 및 지구단위계획구역 외의 지역에서 무게가 150톤 이하이거나 부피가 150m³ 이하 또는 수평투영면적이 150m² 이하인 공작물

4) 기존 시설의 용도변경을 수반하지 않는 대수선·재축 및 개축인 경우
5) 도로의 포장 등 기존 도로의 면적·위치 및 규모의 변경을 수반하지 않는 도로의 개량인 경우

3 실시계획의 수립절차

(1) 특별시장·광역시장·특별자치시장·특별자치도지사·시장 또는 군수의 의견청취

시행자지정을 받은 자는 실시계획을 작성하려는 때에는 미리 특별시장·광역시장·특별자치시장·특별자치도지사·시장 또는 군수의 의견을 들어야 한다(영 제97조 제4항).

(2) 주민의견청취

국토교통부장관, 시·도지사나 대도시 시장은 직접 실시계획을 작성하거나 실시계획을 인가하려는 때에는 국토교통부장관은 관보나 전국을 보급지역으로 하는 일간신문에, 시·도지사나 대도시 시장은 그 지방자치단체의 공보나 그 시·도나 대도시의 관할구역을 주된 보급지역으로 하는 일간신문에 인가신청의 요지와 열람의 일시 및 장소를 공고하고, 관계서류의 사본을 14일 이상 일반이 열람할 수 있도록 해야 한다(법 제90조 제1·3항, 영 제99조 제1항).

그러나 다음의 경미한 사항의 변경인 경우에는 공고 및 공람을 생략할 수 있다(영 제99조 제2항).

1) 사업시행지의 변경이 수반되지 않는 범위에서의 사업내용변경
2) 사업의 착수예정일 및 준공예정일의 변경. 다만, 사업시행에 필요한 토지 등(공공시설은 제외한다)의 취득이 완료되기 전에 준공예정일을 연장하는 경우는 제외한다.
3) 사업시행자의 주소(사업시행자가 법인인 경우에는 법인의 소재지와 대표자의 성명 및 주소)의 변경

도시·군계획시설사업 시행지구의 토지·건축물 등의 소유자 및 이해관계인은 열람기간 이내에 국토교통부장관, 시·도지사 또는 대도시 시장이나 도시·군계획시설사업의 시행자에게 의견서를 제출할 수 있으며, 국토교통부장관, 시·도지사 또는 대도시 시장은 도시·군계획시설사업의 시행자는 제출된 의견이 타당하다고 인정되는 때에는 이를 실시계획에 반영해야 한다(법 제90조 제2항).

실시계획의 공고에 소요되는 비용은 도시·군계획시설사업의 시행자가 부담한다(영 제99조 제3항).

(3) 실시계획의 고시 및 통보

국토교통부장관, 시·도지사나 대도시 시장은 실시계획을 작성(변경작성을 포함한다), 인가(변경인가를 포함한다), 폐지하거나 실시계획이 효력을 잃은 경우에는 다음 사항을 관보 또는 공보에 고시하고 그 내용을 관계 행정기관의 장에게 통보해야 한다(법 제91조, 영 제100조 제1·2항).

1) 사업시행지의 위치
2) 사업의 종류 및 명칭
3) 면적 또는 규모
4) 시행자의 성명 및 주소(법인인 경우에는 법인의 명칭 및 주소와 대표자의 성명 및 주소)
5) 사업의 착수예정일 및 준공예정일
6) 수용 또는 사용할 토지 또는 건물의 소재지·지번·지목 및 면적, 소유권과 소유권 외의 권리의 명세 및 그 소유자·권리자의 성명·주소
7) 공공시설 등의 귀속 및 양도에 관한 사항

▼ 실시계획의 수립절차(시행자지정을 받은 자가 수립하는 경우)

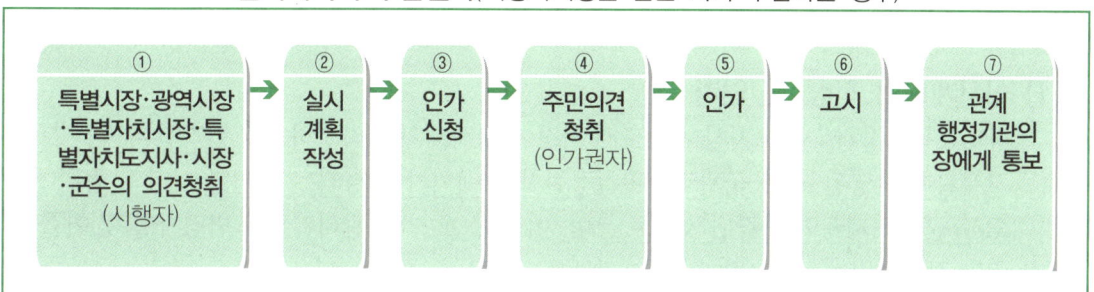

4 실시계획의 효력상실

(1) 실시계획의 효력상실 시기

도시·군계획시설결정의 고시일부터 10년 이후에 실시계획을 작성하거나 인가(다른 법률에 따라 의제된 경우는 제외한다) 받은 도시·군계획시설사업의 시행자(장기미집행 도시·군계획시설사업의 시행자)가 실시계획 고시일부터 5년 이내에 「공익사업을 위한 토지 등의 취득 및 보상에 관한 법률」에 따른 재결신청을 하지 아니한 경우에는 실시계획 고시일부터 5년이 지난 다음 날에 그 실시계획은 효력을 잃는다. 다만, 장기미집행 도시·군계획시설사업의 시행자가 재결신청을 하지 아니하고 실시계획 고시일부터 5년이 지나기 전에 해당 도시·군계획시설사업에 필요한 토지 면적의 2/3 이상을 소유하거나 사용할 수 있는 권원을 확보하고 실시계획 고시일부터 7년 이내에 재결신청을 하지 아니한 경우 실시계획 고시일부터 7년이 지난 다음 날에 그 실시계획은 효력을 잃는다(법 제88조 제7항).

(2) 실시계획의 효력유지

장기미집행 도시·군계획시설사업의 시행자가 재결신청 없이 도시·군계획시설사업에 필요한 모든 토지·건축물 또는 그 토지에 정착된 물건을 소유하거나 사용할 수 있는 권원을 확보한 경우 그 실시계획은 효력을 유지한다(법 제88조 제8항).

(3) 실시계획의 효력상실 고시

실시계획이 폐지되거나 효력을 잃은 경우 해당 도시·군계획시설결정은 다음에서 정한 날 효력을 잃는다. 이 경우 시·도지사 또는 대도시 시장은 대통령령으로 정하는 바에 따라 지체없이 그 사실을 고시하여야 한다(법 제88조 제9항).

1) 도시·군계획시설결정의 고시일부터 20년이 되기 전에 실시계획이 폐지되거나 효력을 잃고 다른 도시·군계획시설사업이 시행되지 아니하는 경우 ➡ 도시·군계획시설결정의 고시일부터 20년이 되는 날의 다음 날

2) 도시·군계획시설결정의 고시일부터 20년이 되는 날의 다음 날 이후 실시계획이 폐지되거나 효력을 잃은 경우 ➡ 실시계획이 폐지되거나 효력을 잃은 날

5 관련 인·허가 등의 의제

(1) 실시계획의 작성 및 인가

국토교통부장관, 시·도지사나 대도시 시장이 실시계획을 작성하거나 인가한 때에는 그 실시계획에 반영된 도시·군관리계획결정절차의 예외가 인정되는 경미한 사항의 범위에서 도시·군관리계획이 변경된 것으로 본다. 이 경우 도시·군관리계획의 변경사항 및 이를 반영한 지형도면을 고시해야 한다(법 제88조 제6항)

(2) 관련 인·허가 등의 의제

국토교통부장관, 시·도지사나 대도시 시장이 실시계획을 작성 또는 변경작성하거나 인가 또는 변경인가할 때에 그 실시계획에 대한 다음의 인·허가 등에 관해 관계 행정기관의 장과 협의한 사항에 대해서는 그 인·허가 등을 받은 것으로 보며, 실시계획을 고시한 경우에는 관계법률에 따른 다음의 인·허가 등의 고시·공고 등이 있는 것으로 본다(법 제92조 제1항).

1) 「건축법」에 따른 건축허가, 건축신고, 가설건축물건축허가 또는 가설건축물축조신고

2) 「공유수면 관리 및 매립에 관한 법률」에 따른 공유수면의 점용·사용허가, 점용·사용에 관한 실시계획의 승인 또는 신고, 공유수면매립의 면허·협의 또는 승인, 공유수면매립 실시계획의 승인

3) 「공유재산 및 물품 관리법」에 따른 공유재산의 사용·수익허가

4) 「광업법」에 따른 채굴계획의 인가

5) 「국유재산법」에 따른 국유재산의 사용·수익허가

6) 「농어촌정비법」에 따른 농업생산기반시설의 사용허가

7) 「농지법」에 따른 농지전용의 허가·신고 또는 협의, 농지의 타용도 일시사용의 허가 또는 협의

8) 「도로법」에 따른 도로관리청이 아닌 자에 대한 도로공사시행허가, 도로점용허가
9) 「사도법」에 따른 사도개설허가
10) 「사방사업법」에 따른 사방지에서의 토지형질변경 등의 허가, 사방지지정의 해제
11) 「산림자원의 조성 및 관리에 관한 법률」에 따른 입목벌채 등의 허가 또는 신고
12) 「산업집적활성화 및 공장설립에 관한 법률」에 따른 공장설립 등의 승인
13) 「산지관리법」에 따른 산지전용의 허가 또는 신고, 산지일시사용의 허가 또는 신고, 토석채취허가, 토사채취신고
14) 「소하천정비법」에 따른 소하천공사시행허가, 소하천점용허가
15) 「수도법」에 따른 일반수도사업 및 공업용 수도사업의 인가, 전용 상수도 및 전용 공업용 수도 설치의 설치인가
16) 「연안관리법」에 따른 연안정비사업실시계획의 승인
17) 「에너지이용합리화법」에 따른 에너지사용계획의 협의
18) 「유통산업발전법」에 따른 대규모 점포의 개설등록
19) 「장사 등에 관한 법률」에 따른 무연분묘의 개장허가
20) 「집단에너지사업법」에 따른 집단에너지의 공급타당성에 관한 협의
21) 「체육시설의 설치·이용에 관한 법률」에 따른 체육시설업에 관한 사업계획의 승인
22) 「초지법」에 따른 초지전용의 허가·신고 또는 협의
23) 「공간정보의 구축 및 관리 등에 관한 법률」에 따른 지도 등의 간행심사, 지역개발사업의 착수·변경 또는 완료의 신고
24) 「하수도법」에 따른 공공하수도공사의 시행허가 및 공공하수도의 점용허가
25) 「하천법」에 따른 하천공사시행허가, 하천점용허가
26) 「항만법」에 따른 항만개발사업 시행의 허가, 항만개발사업실시계획의 승인

관계법률에 따른 인·허가 등을 의제받고자 하는 자는 실시계획의 인가 또는 변경인가를 신청하는 때에 해당 법률이 정하는 관련 서류를 함께 제출해야 한다(법 제92조 제2항).
국토교통부장관, 시·도지사나 대도시 시장은 실시계획을 작성 또는 변경작성하거나 인가 또는 변경인가할 때에 그 내용에 인·허가 등의 의제에 해당하는 사항이 있으면 미리 관계 행정기관의 장과 협의해야 한다(법 제92조 제3항).
국토교통부장관은 의제되는 인·허가 등의 처리기준을 관계 중앙행정기관으로부터 제출받아 이를 통합해서 고시해야 한다(법 제92조 제4항).

단락문제 Q42

국토의 계획 및 이용에 관한 법령상 도시·군계획시설사업의 시행에 관한 설명으로 틀린 것은?

① 「국토의 계획 및 이용에 관한 법률」 또는 다른 법률에 특별한 규정이 있는 경우 외에는 특별시장·광역시장·특별자치시장·특별자치도지사·시장 또는 군수가 관할구역의 도시·군계획시설사업을 시행한다.
② 시행자는 사업시행을 위해 특히 필요하다고 인정되면 도시·군계획시설에 인접한 건축물을 일시 사용할 수 있다.
③ 국토교통부장관이 지정한 시행자는 도시·군계획시설사업 실시계획에 대해 국토교통부장관의 인가를 받아야 한다.
④ 사업의 준공예정일을 변경하는 실시계획 변경인가를 하는 경우에는 공고 및 열람을 하지 않을 수 있다.
⑤ 사업구역경계의 변경이 있더라도 건축물의 연면적 10% 미만을 변경하는 경우에는 실시계획 변경인가를 받을 필요가 없다.

해설 실시계획의 변경인가
건축물의 연면적 10% 미만을 변경하더라도 사업구역의 경계가 변경되는 경우에는 실시계획 변경인가를 받아야 한다.

정답 ⑤

04 사업의 원활한 시행을 위한 조치

1 도시·군계획시설사업의 분할시행

도시·군계획시설사업의 시행자는 도시·군계획시설사업의 효율적인 추진을 위해 필요하다고 인정되면 사업시행대상지역 또는 대상시설을 둘 이상으로 분할해서 도시·군계획시설사업을 시행할 수 있다. 도시·군계획시설사업을 분할시행하는 때에는 분할된 지역별로 실시계획을 수립할 수 있다(법 제87조, 영 제97조 제5항).

제1장 국토의 계획 및 이용에 관한 법률

2 이행보증금의 예치 28회 출제

(1) 이행보증금을 예치해야 하는 경우

특별시장·광역시장·특별자치시장·특별자치도지사·시장 또는 군수는 기반시설의 설치나 그에 필요한 용지의 확보·위해방지·환경오염방지·경관·조경 등을 위해 필요한 경우에는 그 이행을 담보하기 위해 도시·군계획시설사업의 시행자로 하여금 이행보증금을 예치하게 할 수 있다(법 제89조 제1항).

이행보증금을 예치해야 하는 경우는 다음과 같다(법 제89조 제1항, 영 제98조 제1항).

1) 도시·군계획시설사업으로 인해 도로·수도공급설비·하수도 등 기반시설의 설치가 필요한 경우
2) 토지의 굴착으로 인해 인근의 토지가 붕괴될 우려가 있거나 인근의 건축물 또는 공작물이 손괴될 우려가 있는 경우
3) 토석의 발파로 인한 낙석·먼지 등에 의해 인근지역에 피해가 발생할 우려가 있는 경우
4) 토석을 운반하는 차량의 통행으로 인해 통행로 주변의 환경이 오염될 우려가 있는 경우
5) 토지의 형질변경이나 토석의 채취가 완료된 후 비탈면에 조경을 할 필요가 있는 경우

(2) 이행보증금을 예치하지 않아도 되는 경우

그러나 다음의 자가 시행하는 도시·군계획시설사업의 경우에는 이행보증금을 예치하지 않아도 된다(법 제89조 제1항, 영 제98조 제2·3항).

1) 국가, 지방자치단체
2) 「공공기관의 운영에 관한 법률」에 따른 공공기관 중 공기업과 위탁집행형 준정부기관
3) 지방공사 및 지방공단

(3) 이행금액의 산정 및 예치방법 등

예치금액의 산정 및 예치방법 등에 관해서는 개발행위허가에 따른 이행보증금의 예치에 관한 규정을 준용한다(영 제98조 제4항).

(4) 원상회복 및 이행보증금의 사용

특별시장·광역시장·특별자치시장·특별자치도지사·시장 또는 군수는 실시계획의 인가 또는 변경인가를 받지 않고 도시·군계획시설사업을 하거나 그 인가내용과 다르게 도시·군계획시설사업을 하는 자에게 그 토지의 원상회복을 명할 수 있다. 특별시장·광역시장·특별자치시장·특별자치도지사·시장 또는 군수는 원상회복의 명령을 받은 자가 원상회복을 하지 않는 때에는「행정대집행법」에 따른 행정대집행에 따라 원상회복을 할 수 있다. 이 경우 행정대집행에 필요한 비용은 도시·군계획시설사업의 시행자가 예치한 이행보증금으로 충당할 수 있다(법 제89조 제3·4항).

3 국·공유지의 처분제한

도시·군관리계획결정의 고시가 있는 때에는 국·공유지로서 도시·군계획시설사업에 필요한 토지는 그 도시·군관리계획으로 정해진 목적 외의 목적으로 이를 매각하거나 양도할 수 없다. 이를 위반한 행위는 무효로 한다(법 제97조 제1·2항).

4 관계서류의 열람·등사 및 발급

도시·군계획시설사업의 시행자는 도시·군계획시설사업의 시행을 위해 필요하면 등기소나 그 밖의 관계 행정기관의 장에게 필요한 서류의 열람 또는 복사나 그 등본 또는 초본의 발급을 무료로 청구할 수 있다(법 제93조).

5 서류의 송달

도시·군계획시설사업의 시행자는 이해관계인에게 서류를 송달할 필요가 있으나 이해관계인의 주소 또는 거소의 불명, 그 밖의 사유로 인해 서류의 송달을 할 수 없는 때에는 그 서류의 송달에 갈음해서 이를 공시할 수 있다. 이 경우 행정청이 아닌 시행자는 국토교통부장관, 관할 시·도지사나 대도시시장의 승인을 받아야 한다(법 제94조, 영 제101조).
서류의 공시송달에 관해서는 「민사소송법」의 공시송달의 예에 따른다(법 제94조 제2항).

6 수용 및 사용★★

(1) 「공익사업을 위한 토지 등의 취득 및 보상에 관한 법률」에 의한 수용(收用)

수용은 특정한 공익사업을 위해 보상을 전제로 개인의 재산권을 강제적으로 취득하는 것을 말한다. 수용의 대상은 특정대상물이 아니면 공익사업을 시행할 수 없는 물건, 즉 비대체물(非代替物)이어야 하는데, 토지가 가장 대표적인 예에 해당된다.

수용에 관해서는 「공익사업을 위한 토지 등의 취득 및 보상에 관한 법률」이 일반법의 지위에 있다. 다른 법률에서는 「공익사업을 위한 토지 등의 취득 및 보상에 관한 법률」에 대한 몇 가지 특례를 규정하고, 그 밖의 사항에 대해서는 동법을 준용하는 것이 보통이다.

「공익사업을 위한 토지 등의 취득 및 보상에 관한 법률」에 의한 수용절차는 '㉠ 사업인정(事業認定), ㉡ 토지·물건조서(土地·物件調書)의 작성, ㉢ 협의(協議), ㉣ 재결(裁決)'의 4단계로 이루어진다.

사업인정은 수용권(收用權)을 부여하는 절차인데, 다른 법률에서 개발사업계획에 대한 허가·인가 등이 있으면 「공익사업을 위한 토지 등의 취득 및 보상에 관한 법률」에 따른 사업인정이 있는 것으로 의제하는 경우가 많다.

사업인정고시 후 1년 이내에 재결을 신청하지 않으면 사업인정은 효력을 잃는다. 재결이 있으면 시행자는 재결에서 정한 수용시기까지 보상을 하거나 보상금을 공탁하고 수용대상물을 취득할 수 있는데, 시행자가 재결에서 정한 수용시기까지 보상하거나 보상금을 공탁하지 않으면 재결은 효력을 잃는다.

(2) 도시·군계획시설사업을 위한 수용·사용

도시·군계획시설사업의 시행자는 도시·군계획시설사업에 필요한 다음의 물건 또는 권리를 수용 또는 사용할 수 있다(법 제95조 제1항).

1) 토지·건축물 또는 그 토지에 정착된 물건

2) 토지·건축물 또는 그 토지에 정착된 물건에 관한 소유권 외의 권리

수용 및 사용에 관해서는 「국토의 계획 및 이용에 관한 법률」에 특별한 규정이 있는 경우를 제외하고는 「공익사업을 위한 토지 등의 취득 및 보상에 관한 법률」을 준용한다(법 제96조 제1항).

「공익사업을 위한 토지 등의 취득 및 보상에 관한 법률」을 준용함에 있어서 실시계획의 고시가 있은 때에는 동법에 따른 사업인정 및 그 고시가 있은 것으로 본다(법 제96조 제2항).

그리고 도시·군계획시설사업의 경우 재결신청은 실시계획에 정해진 사업시행기간 안에 하면 된다(법 제96조 제2항).

수 용

① 공익사업에 필요한 토지의 수용은 「공익사업을 위한 토지 등의 취득 및 보상에 관한 법률」에 의해 행해진다.

② 공익사업의 시행자가 토지를 수용하기 위해서는 「공익사업을 위한 토지 등의 취득 및 보상에 관한 법률」에 따른 '사업인정'을 받아야 한다.

③ 도시·군계획시설사업에 관한 실시계획이 고시되면 「공익사업을 위한 토지 등의 취득 및 보상에 관한 법률」에 의한 '사업인정'이 있은 것으로 본다.

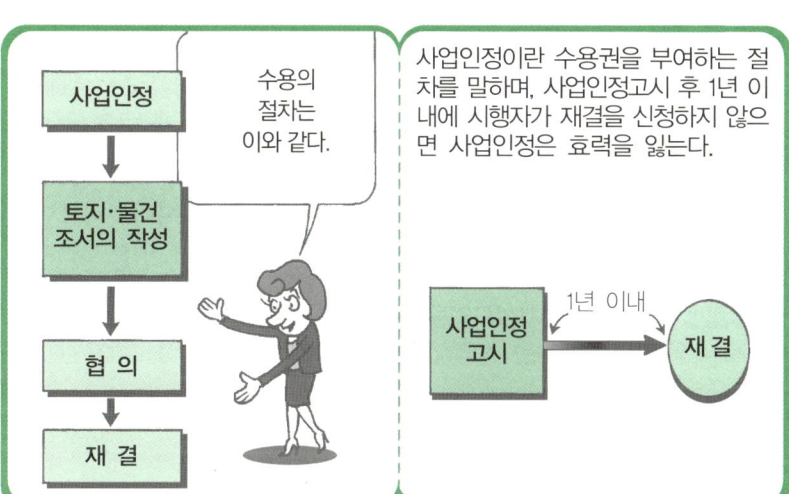

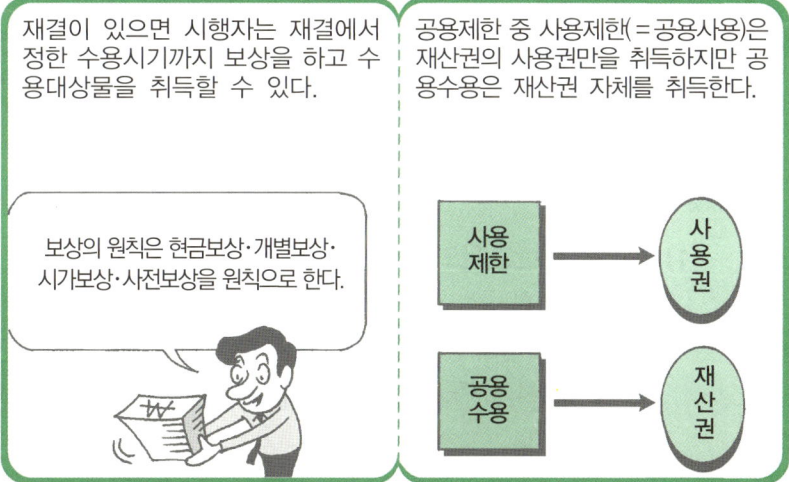

(3) 확장사용

도시·군계획시설사업의 시행자는 사업시행을 위해 특히 필요하다고 인정되면 도시·군계획시설에 인접한 토지·건축물 또는 그 토지에 정착된 물건이나 그 토지·건축물 또는 물건에 관한 소유권 외의 권리를 일시사용할 수 있다(법 제95조 제2항). 이를 '확장사용(擴張使用)'이라고도 하는데, 「공익사업을 위한 토지 등의 취득 및 보상에 관한 법률」에는 없는 제도이다.

단락문제 Q43

다음은 도시·군계획시설사업을 위한 토지수용에 관한 설명이다. 틀린 것은?

① 도시·군계획시설사업이라고 하더라도 토지수용이 가능하기 위해서는 「공익사업을 위한 토지 등의 취득 및 보상에 관한 법률」에서 규정하고 있는 공익사업에 해당되어야 한다.
② 도시·군관리계획의 특수성 때문에 모든 도시·군계획시설사업은 토지수용이 가능하다.
③ 실시계획고시를 「공익사업을 위한 토지 등의 취득 및 보상에 관한 법률」에 따른 사업인정으로 보아 별도로 사업인정절차를 밟지 않아도 된다.
④ 실시계획고시가 있으면 행정청이 아닌 자의 도시·군계획시설사업인 경우에도 「공익사업을 위한 토지 등의 취득 및 보상에 관한 법률」에 따른 사업인정을 받지 않고 토지수용이 가능하다.
⑤ 도시·군계획시설사업에 대해서는 사업인정고시일부터 1년 이내에 재결신청을 해야 하는 「공익사업을 위한 토지 등의 취득 및 보상에 관한 법률」에 대한 특례가 인정되고 있다.

해설 도시·군계획시설사업을 위한 토지수용
도시·군계획시설사업은 「공익사업을 위한 토지 등의 취득 및 보상에 관한 법률」상의 공익사업인지 여부에 관계 없이 토지수용이 가능하다.

정답 ①

05 공사완료에 따른 조치

1 준공검사

(1) 공사완료보고서의 제출

도시·군계획시설사업의 시행자(국토교통부장관, 시·도지사와 대도시시장은 제외)는 도시·군계획시설사업의 공사를 완료한 때에는 공사를 완료한 날부터 7일 이내에 공사완료보고서를 작성해서 시·도지사나 대도시시장의 준공검사를 받아야 한다(법 제98조 제1항, 규칙 제17조 제1항).

(2) 준공검사

시·도지사나 대도시시장은 공사완료보고서를 받으면 지체없이 준공검사를 해야 한다(법 제98조 제2항).

도시·군계획시설사업에 대해 다른 법령에 따른 준공검사·준공인가 등을 받은 경우 그 부분에 대해 준공검사를 하지 않을 수 있다. 이 경우 시·도지사나 대도시시장은 다른 법령에 따른 준공검사·준공인가 등을 한 기관의 장에 대해 그 내용을 통보해줄 것을 요청할 수 있다(영 제102조 제1항).

(3) 공사완료공고

시·도지사 또는 대도시시장은 준공검사를 한 결과 실시계획대로 완료되었다고 인정되는 때에는 도시·군계획시설사업의 시행자에게 준공검사필증을 발급하고 공사완료공고를 해야 한다(법 제98조 제3항).

국토교통부장관, 시·도지사나 대도시 시장인 도시·군계획시설사업의 시행자는 도시·군계획시설사업의 공사를 완료한 때에는 공사완료공고를 해야 한다. 공사완료공고는 국토교통부장관이 하는 경우에는 관보와 국토교통부의 인터넷 홈페이지에, 시·도지사나 대도시 시장이 하는 경우에는 그 시·도나 대도시의 공보와 인터넷 홈페이지에 게재하는 방법으로 한다(법 제98조 제4항, 영 제102조 제2항).

▼ 공사완료공고절차

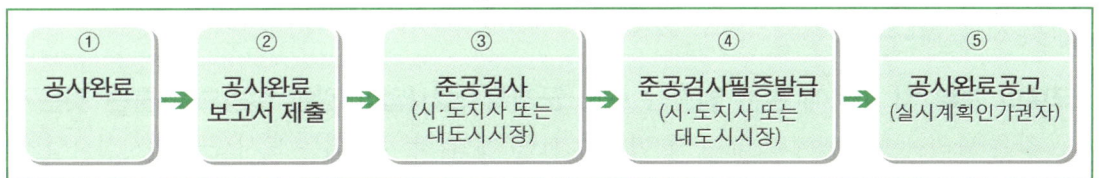

2 다른 법령에 따른 준공검사 등의 의제

1) 실시계획고시에 의해 의제되는 인·허가 등에 따른 준공검사·준공인가 등에 관해 준공검사를 하거나 공사완료공고를 하는 자가 미리 관계 행정기관의 장과 협의한 경우에는 그 준공검사·준공인가 등을 받은 것으로 본다(법 제98조 제5항).

2) 국토교통부장관은 의제되는 준공검사·준공인가 등의 처리기준을 관계 중앙행정기관으로부터 제출받아 이를 통합해서 고시해야 한다(법 제98조 제8항).

3) 국토교통부장관, 시·도지사나 대도시 시장이 아닌 도시·군계획시설사업의 시행자는 다른 법률에 따른 준공검사·준공인가 등을 의제 받고자 하는 때에는 준공검사를 신청할 때에 해당 법률이 정하는 관련 서류를 함께 제출해야 한다(법 제98조 제6항).

4) 토교통부장관, 시·도지사나 대도시 시장은 준공검사를 하거나 공사완료공고를 할 때에 그 내용에 의제되는 준공검사·준공인가 등이 있는 때에는 미리 관계 행정기관의 장과 협의해야 한다(법 제98조 제7항).

3 공공시설의 귀속

개발행위허가에 있어서의 공공시설의 귀속에 관한 규정은 도시·군계획시설사업에 의해 새로 공공시설을 설치하거나 기존의 공공시설에 대체되는 공공시설을 설치한 경우에 관해 준용한다(법 제99조).

4 조성대지 등의 처분

(1) 도시·군계획시설사업으로 인해 조성된 대지 및 건축물 중 국가 또는 지방자치단체의 소유인 재산을 처분하려면 「국유재산법」 및 「공유재산 및 물품 관리법」에 불구하고 다음의 순위에 따라 처분할 수 있다(법 제100조).

  1) 그 도시·군계획시설사업의 시행으로 수용된 토지 또는 건축물 소유자에의 양도
  2) 다른 도시·군계획시설사업에 필요한 토지와의 교환

(2) 국가 또는 지방자치단체는 조성된 대지 등을 처분하려는 때에는 이를 미리 관보 또는 공보와 인터넷 홈페이지에 게재하는 방법으로 한다(영 제103조).

단락문제 Q44

국토의 계획 및 이용에 관한 법령상 도시·군계획시설사업에 관한 설명으로 틀린 것은?

① 같은 도의 관할구역에 속하는 둘 이상의 시·군에 걸쳐 시행되는 도시·군계획시설사업의 시행자를 정함에 있어 관계 시장·군수 간 협의가 성립되지 않는 경우에는 관할 도지사가 시행자를 지정한다.
② 도지사는 광역도시계획과 관련되는 경우 관계 시장 또는 군수의 의견을 들어 직접 도시·군계획시설사업을 시행할 수 있다.
③ 시행자는 도시·군계획시설사업을 효율적으로 추진하기 위해 필요하다고 인정되면 사업시행 대상지역을 분할해서 도시·군계획시설사업을 시행할 수 있다.
④ 도시·군관리계획결정을 고시한 경우 도시·군계획시설사업에 필요한 국·공유지는 그 도시·군관리계획으로 정해진 목적 외의 목적으로 양도할 수 없다.
⑤ 한국토지주택공사가 도시·군계획시설사업의 시행자로 지정을 받으려면 사업대상인 사유토지의 소유자 총수의 1/2 이상의 동의를 받아야 한다.

해설 도시·군계획시설사업
민간이 도시·군계획시설사업의 시행자로 지정받으려면 도시·군계획시설사업의 대상인 토지(국·공유지는 제외)면적의 2/3 이상에 해당하는 토지를 소유하고 토지소유자 총수의 1/2 이상에 해당하는 자의 동의를 받아야 한다. 그러나 한국토지주택공사의 경우에는 예외적으로 토지소유자의 동의를 받지 않아도 된다. **정답** ⑤

제1장 국토의 계획 및 이용에 관한 법률

제12절 보칙

01 시범도시

16회 출제

1 시범도시의 지정목적 및 지정권자

국토교통부장관은 도시의 경제·사회·문화적인 특성을 살려 개성 있고 지속가능한 발전을 촉진하기 위해 경관·생태·정보통신·과학·문화·관광·교육·안전·교통·경제활력·도시재생 및 기후변화의 분야별로 시범도시를 지정할 수 있다(법 제127조 제1항, 영 제126조 제1항).

2 시범도시의 지정기준

시범도시는 다음의 기준에 적합해야 한다(영 제126조 제2항).

1) 시범도시의 지정이 도시의 경쟁력 향상, 특화발전 및 지역균형발전에 기여할 수 있을 것
2) 시범도시의 지정에 대한 주민의 호응도가 높을 것
3) 시범도시사업(시범도시의 지정목적 달성에 필요한 사업)에 주민이 참여할 수 있을 것
4) 시범도시사업의 재원조달계획이 적정하고 실현가능할 것

국토교통부장관은 분야별로 시범도시의 지정에 관한 세부기준을 정할 수 있다(영 제126조 제3항).

시범도시

'도시의 경제·사회·문화적인 특성을 살려 개성있고 지속가능한 발전을 촉진하기 위해 지정하는 도시'를 말한다.

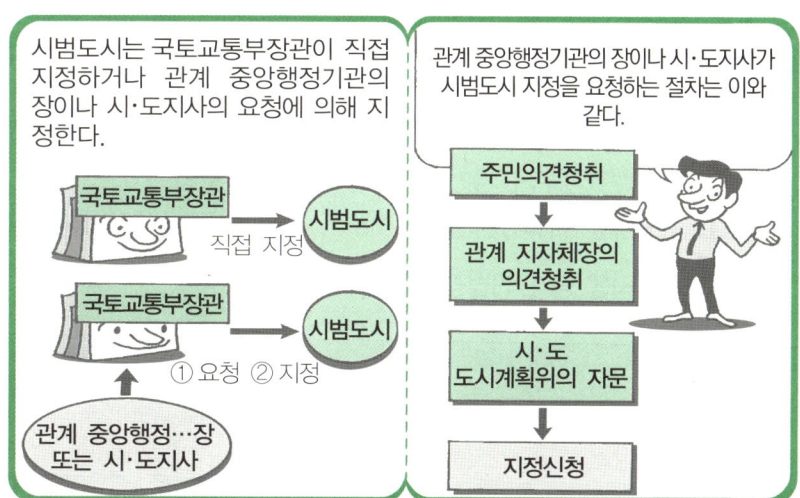

3 시범도시의 지정절차

시범도시는 국토교통부장관이 직접 지정하거나, 관계 중앙행정기관의 장이나 시·도지사의 요청에 따라 지정한다(법 제127조 제1항).

관계 중앙행정기관의 장이나 시·도지사는 국토교통부장관에게 시범도시의 지정을 요청하려면 설문조사·열람 등을 통해 주민의 의견을 들은 후 관계 지방자치단체의 장의 의견을 들어야 한다. 시·도지사가 시범도시의 지정을 요청하려는 때에는 미리 시·도 도시계획위원회의 자문을 거쳐야 한다(영 제126조 제4·5항).

국토교통부장관은 시범도시를 지정하려는 때에는 중앙도시계획위원회의 심의를 거쳐야 한다. 국토교통부장관은 시범도시를 지정한 때에는 지정목적·지정분야·지정대상도시 등을 관보와 국토교통부의 인터넷 홈페이지에 공고하고, 관계 행정기관의 장에게 통보해야 한다(영 제126조 제7·8항).

국토교통부장관은 관계 중앙행정기관의 장이나 시·도지사에게 시범도시의 지정에 필요한 자료를 제출하도록 요청할 수 있다(법 제127조 제3항).

▼ 시범도시의 지정절차

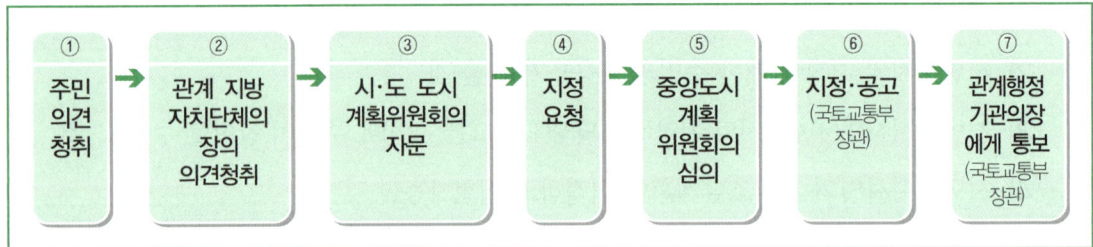

단락문제 Q45

다음 중 국토의 계획 및 이용에 관한 법령에 근거해서 이루어지는 것은?
① 투기과열지구의 지정   ② 시범도시의 지정   ③ 수변구역의 관리
④ 도시개발사업의 시행방식   ⑤ 도시·주거환경기본계획의 수립

해설 사업시행 등 근거법령
① 투기과열지구는 「주택법」에 따라 지정된다.
③ 수변구역은 「한강수계 상수원 수질개선 및 주민지원 등에 관한 법률」 등에 따라 지정된다.
④ 도시개발사업의 시행방식은 「도시개발법」에 규정되어 있다.
⑤ 도시·주거환경기본계획은 「도시 및 주거환경정비법」에 따라 수립된다.

정답 ②

4 시범도시의 공모

국토교통부장관은 직접 시범도시를 지정함에 있어서 필요한 때에는 그 대상이 되는 도시를 공모할 수 있다. 공모에 응모할 수 있는 자는 특별시장·광역시장·특별자치시장·특별자치도지사·시장·군수(광역시에 있는 군의 군수를 포함함) 또는 자치구청장으로 한다(영 제127조 제1·2항).

5 시범도시사업계획의 수립·시행

1) 시범도시가 시·군(광역시에 있는 군을 포함함) 또는 자치구의 관할구역에 한정되어 있는 경우에는 관할 시장·군수 또는 자치구청장이, 그 밖의 경우에는 특별시장·광역시장·특별자치시장 또는 특별자치도지사가 시범도시사업계획을 수립·시행해야 한다(영 제128조 제1항).

2) 특별시장·광역시장·특별자치시장·특별자치도지사·시장·군수 또는 자치구청장은 시범도시사업계획을 수립하려는 때에는 설문조사·열람 등을 통해 주민의 의견을 들어야 하며, 미리 국토교통부장관(지정요청에 따라 시범도시를 지정한 경우에는 지정요청을 한 중앙행정기관의 장이나 시·도지사)과 협의해야 한다(영 제128조 제3·4항).

3) 특별시장·광역시장·특별자치시장·특별자치도지사·시장·군수 또는 자치구청장은 시범도시사업계획을 수립한 때에는 그 주요내용을 그 지방자치단체의 공보와 인터넷 홈페이지에 고시한 후 사본 1부를 국토교통부장관에게 송부해야 한다(영 제128조 제5항).

4) 시범도시를 관할하는 특별시장·광역시장·특별자치시장·특별자치도지사·시장·군수 또는 자치구청장은 매년 말까지 시범도시사업계획의 추진실적을 국토교통부장관과 그 시범도시의 지정을 요청한 관계 중앙행정기관의 장 또는 시·도지사에게 제출해야 하며, 추진실적을 제출받은 기관의 장은 이를 분석한 결과 필요하다고 인정할 때에는 시범도시사업계획의 조정요청, 지원내용의 축소 또는 확대 등의 조치를 할 수 있다(영 제130조 제1·2항).

6 시범도시에 대한 지원

(1) 국토교통부장관, 관계 중앙행정기관의 장 또는 시·도지사는 시범도시에 대해 예산·인력 등 필요한 지원을 할 수 있다. 관계 중앙행정기관의 장이나 시·도지사는 시범도시에 예산·인력 등을 지원한 때에는 그 내역을 국토교통부장관에게 통보해야 한다(법 제127조 제2항, 영 제129조 제3항).

(2) 국토교통부장관은 관계 중앙행정기관의 장이나 시·도지사에게 시범도시의 지원에 필요한 자료를 제출하도록 요청할 수 있다(법 제127조 제3항).

(3) 시범도시에 대해 보조 또는 융자를 할 수 있는 범위는 다음과 같다(영 제129조 제1·2항).

1) 시범도시사업계획의 수립에 소요되는 비용의 80% 이하
2) 시범도시사업의 시행에 소요되는 비용(보상비는 제외)의 50% 이하

부동산공법

(4) 시장·군수 또는 자치구청장은 시범도시사업의 시행을 위해 필요한 경우에는 다음 사항을 도시·군계획조례로 정할 수 있다(영 제129조 제4항).

1) 시범도시사업의 예산집행에 관한 사항
2) 주민의 참여에 관한 사항

02 도시계획위원회

1 중앙도시계획위원회

(1) 중앙도시계획위원회의 설치

다음 업무를 수행하기 위해 국토교통부에 중앙도시계획위원회를 둔다(법 제106조).

1) 광역도시계획, 도시·군계획, 허가구역 등 국토교통부장관의 권한에 속하는 사항의 심의
2) 「국토의 계획 및 이용에 관한 법률」 또는 다른 법률에서 중앙도시계획위원회의 심의를 거치도록 한 사항의 심의
3) 도시·군계획에 관한 조사·연구

(2) 중앙도시계획위원회의 구성

1) 중앙도시계획위원회는 위원장 및 부위원장 각 1명을 포함한 25명 이상 30명 이내의 위원으로 구성한다. 위원장 및 부위원장은 위원 중에서 국토교통부장관이 임명하거나 위촉한다. 위원은 관계 중앙행정기관의 공무원과 토지이용·건축·주택·교통·공간정보·환경·법률·복지·방재·문화·농림 등 도시·군계획과 관련된 분야에 관한 학식과 경험이 풍부한 자 중에서 국토교통부장관이 임명하거나 위촉한다(법 제107조 제1·2·3항).

2) 공무원이 아닌 위원의 수는 10명 이상으로 하고, 그 임기는 2년으로 한다. 보궐위원의 임기는 전임자의 임기 중 남은 기간으로 한다(법 제107조 제4·5항).

3) 위원장은 중앙도시계획위원회의 업무를 총괄하며, 중앙도시계획위원회의 의장이 된다. 부위원장은 위원장을 보좌하며, 위원장이 부득이한 사유로 그 직무를 수행하지 못할 때에 그 직무를 대행한다. 위원장 및 부위원장이 모두 부득이한 사유로 그 직무를 수행하지 못할 때에는 위원장이 미리 지명한 위원이 그 직무를 대행한다(법 제108조 제1·2·3항).

4) 중앙도시계획위원회에 간사와 서기를 둔다. 간사 및 서기는 국토교통부 소속 공무원 중에서 국토교통부장관이 임명한다. 간사는 위원장의 명을 받아 중앙도시계획위원회의 서무를 담당하고, 서기는 간사를 보좌한다(법 제112조 제1·2·3항).

(3) 분과위원회

효율적인 심의를 위해 중앙도시계획위원회에 다음의 구분에 따라 분과위원회를 둘 수 있다. 중앙도시계획위원회의 위원장은 효율적인 심사를 위해 필요한 경우에는 각 분과위원회가 분장하는 업무의 일부를 조정할 수 있다(법 제110조 제1항, 영 제109조 제1·5항).

1) 제1분과위원회
   ① 다른 법률에 의한 구역 등의 지정 또는 변경에 관한 심의
   ② 용도지역 등에 관한 도시·군관리계획결정을 의제하는 내용이 포함된 계획에 관한 심의
   ③ 개발행위에 관한 관계 행정기관의 장의 허가 등에 대한 심의

2) 제2분과위원회
   중앙도시계획위원회에서 위임하는 사항의 심의
   각 분과위원회는 위원장 1명을 포함한 5명 이상 17명 이하의 위원으로 구성한다(영 제109조 제2항).
   분과위원회의 심의는 중앙도시계획위원회의 심의로 본다. 다만, 중앙도시계획위원회에서 위임하는 사항을 심의하는 경우에는 중앙도시계획위원회가 분과위원회의 심의를 중앙도시계획위원회의 심의로 보도록 하는 경우에 한한다(법 제110조 제2항).

(4) 전문위원

1) 도시·군계획 등에 관한 중요사항을 조사·연구하기 위해 중앙도시계획위원회에 전문위원을 둘 수 있다. 전문위원은 토지이용·건축·주택·교통·공간정보·환경·법률·복지·방재·문화·농림 등 도시·군계획과 관련된 분야에 관한 학식과 경험이 풍부한 자 중에서 국토교통부장관이 임명한다(법 제111조 제1·3항).

2) 전문위원은 위원장 및 중앙도시계획위원회나 분과위원회의 요구가 있는 때에는 회의에 출석해서 발언할 수 있다(법 제111조 제2항).

(5) 중앙도시계획위원회의 회의

중앙도시계획위원회의 회의는 국토교통부장관이나 위원장이 필요하다고 인정하는 경우에 국토교통부장관이나 위원장이 소집한다. 중앙도시계획위원회의 회의는 재적위원 과반수의 출석으로 개의하고, 출석위원 과반수의 찬성으로 의결한다(법 제109조 제1·2항).

중앙도시계획위원회는 필요하다고 인정하는 경우에는 관계 행정기관의 장에게 필요한 자료의 제출을 요구할 수 있으며, 도시·군계획에 관해 학식이 풍부한 자의 설명을 들을 수 있다. 관계 중앙행정기관의 장, 시·도지사나 시장 또는 군수는 해당 중앙행정기관 또는 지방자치단체의 도시·군계획 관련사항에 관해 중앙도시계획위원회에 출석해서 발언할 수 있다(영 제108조 제1·2항).

중앙도시계획위원회의 위원은 다음 경우에는 심의 또는 자문에서 제척된다(법 제113조의3 제1항, 영 제113조의2 제1항).

1) 자기나 배우자 또는 배우자였던 자가 당사자이거나 공동권리자 또는 공동의무자인 경우
2) 자기가 당사자와 친족관계이거나 자기 또는 자기가 속한 법인이 당사자의 법률·경영 등에 대한 자문·고문 등으로 있는 경우
3) 자기 또는 자기가 속한 법인이 당사자 등의 대리인으로 관여하거나 관여했던 경우
4) 그 밖에 해당 안건에 자기가 이해관계인으로 관여한 경우로서 다음에 해당하는 경우
   ① 자기가 심의하거나 자문에 응한 안건에 관해 용역을 받거나 그 밖의 방법으로 직접 관여한 경우
   ② 자기가 심의하거나 자문에 응한 안건의 직접적인 이해관계인이 되는 경우
   중앙도시계획위원회의 위원이 제척사유에 해당하는 경우에는 스스로 그 안건의 심의·자문에서 회피할 수 있다(법 제113조의3 제2항).

(6) 중앙도시계획위원회의 운영

1) 중앙도시계획위원회의 간사는 회의시마다 회의록을 작성해서 다음 회의에 보고하고 이를 보관해야 한다(영 제108조 제3항).
2) 중앙도시계획위원회의 심의 일시·장소·안건·내용·결과 등이 기록된 회의록은 심의종결 후 6개월이 지난 후 공개요청이 있으면 이를 공개해야 한다. 다만, 공개에 의해 부동산 투기 유발 등 공익을 현저히 해할 우려가 있다고 인정하는 경우나, 심의·의결의 공정성을 침해할 우려가 있다고 인정되는 이름·주민등록번호·직위·주소 등 개인식별정보는 공개하지 않을 수 있다. 이 경우 회의록의 공개는 열람 또는 사본을 제공하는 방법으로 한다(법 제113조의2, 영 제113조의3 제1·2·3항).
3) 중앙도시계획위원회의 위원이나 전문위원에게는 예산의 범위에서 수당 및 여비를 지급할 수 있다(법 제115조, 영 제115조).
4) 그 밖에 중앙도시계획위원회 및 그 분과위원회의 운영에 관해 필요한 사항은 국토교통부장관이 정한다(영 제114조).

(7) 벌칙 적용시의 공무원 의제

중앙도시계획위원회의 위원 및 전문위원 중 공무원이 아닌 위원이나 전문위원은 그 직무상 행위와 관련해서 「형법」 제129조부터 제132조(뇌물죄)까지의 규정을 적용할 때에는 공무원으로 본다(법 제113조의4).

2 지방도시계획위원회

(1) 지방도시계획위원회의 설치

1) 다음의 심의 또는 자문을 하게 하기 위해 시·도에 시·도 도시계획위원회를 둔다(법 제113조 제1항, 영 제110조 제1항).
   ① 시·도지사가 결정하는 도시·군관리계획의 심의 등 시·도지사의 권한에 속하는 사항의 심의
   ② 다른 법률에서 시·도 도시계획위원회의 심의를 거치도록 한 사항의 심의
   ③ 국토교통부장관의 권한에 속하는 사항 중 중앙도시계획위원회의 심의대상에 해당하는 사항이 시·도지사에게 위임된 경우 그 위임된 사항의 심의
   ④ 도시·군관리계획과 관련해서 시·도지사가 자문하는 사항에 대한 조언
   ⑤ 도시·군계획조례의 제정·개정과 관련해서 시·도지사가 자문하는 사항에 대한 조언
   ⑥ 다음의 개발행위에 허가기준면적을 적용하지 않는 경우의 개발행위허가에 대한 심의
      ㉠ 하나의 필지에 건축물을 건축하거나 공작물을 설치하기 위한 토지의 형질변경
      ㉡ 하나 이상의 필지에 하나의 용도에 사용되는 건축물을 건축하거나 공작물을 설치하기 위한 토지의 형질변경

2) 도시·군관리계획과 관련된 다음의 심의 또는 자문을 하게 하기 위해 시·군(광역시에 있는 군을 포함함) 또는 자치구에 시·군·구 도시계획위원회를 둔다(법 제113조 제2항, 영 제110조 제2항).
   ① 시장 또는 군수가 결정하는 도시·군관리계획의 심의
   ② 국토교통부장관이나 시·도지사의 권한에 속하는 사항 중 시·도 도시계획위원회의 심의대상에 해당하는 사항이 시장·군수(광역시에 있는 군의 군수를 포함함) 또는 자치구청장에게 위임되거나 재위임된 경우 그 위임되거나 재위임된 사항의 심의
   ③ 도시·군관리계획과 관련해서 시장·군수(광역시에 있는 군의 군수를 포함함) 또는 자치구청장이 자문하는 사항에 대한 조언
   ④ 도시·군계획조례의 제정·개정과 관련해서 시장·군수(광역시에 있는 군의 군수를 포함함) 또는 자치구청장에 대한 심의 또는 자문
   ⑤ 개발행위에 관한 관계 행정기관의 장의 허가 등에 대한 심의
   ⑥ 다음의 개발행위에 허가기준면적을 적용하지 않는 경우의 개발행위허가에 대한 심의(대도시의 도시계획위원회에 한함)
      ㉠ 하나의 필지에 건축물을 건축하거나 공작물을 설치하기 위한 토지의 형질변경
      ㉡ 하나 이상의 필지에 하나의 용도에 사용되는 건축물을 건축하거나 공작물을 설치하기 위한 토지의 형질변경
   ⑦ 개발행위허가와 관련해서 시장 또는 군수(특별시장 또는 광역시장의 개발행위허가 권한이 군수 또는 자치구청장에게 위임된 경우에는 그 군수 또는 자치구청장을 포함함)가 자문하는 사항에 대한 조언

⑧ 시범도시사업계획의 수립에 관해 시장·군수(광역시에 있는 군의 군수를 포함함) 또는 자치구청장이 자문하는 사항에 대한 조언

(2) 지방도시계획위원회의 구성

1) 시·도 도시계획위원회는 위원장 및 부위원장 각 1명을 포함한 25명 이상 30명 이하의 위원으로 구성한다(영 제111조 제1항).

2) 시·군·구 도시계획위원회는 위원장 및 부위원장 각 1명을 포함한 15명 이상 25명 이하(대도시 도시계획위원회의 경우에는 20명 이상 25명 이하로 하며, 둘 이상의 시·군 또는 자치구에 공동으로 설치하는 시·군·구 도시계획위원회의 경우에는 30명까지로 할 수 있음)의 위원으로 구성한다(영 제112조 제1항).

3) 지방도시계획위원회의 위원장은 위원 중에서 지방자치단체의 장이 임명 또는 위촉하며, 부위원장은 위원 중에서 호선한다. 다만, 둘 이상의 시·군 또는 자치구에 공동으로 설치하는 시·군·구 도시계획위원회의 위원장은 그 시장·군수 또는 자치구청장이 협의해서 정한다(영 제111조 제2항, 제112조 제2항).

4) 지방도시계획위원회의 위원은 다음의 자 중에서 지방자치단체의 장이 위촉 또는 임명한다(영 제111조 제3항, 제112조 제3·5항).
   ① 그 지방의회의 의원
   ② 그 지방자치단체 및 도시·군계획과 관련 있는 행정기관의 공무원
   ③ 토지이용·건축·주택·교통·환경·방재·문화·농림·정보통신 등 도시·군계획관련분야에 관해 학식과 경험이 있는 자. 이에 해당하는 위원의 수는 시·도 도시계획위원회와 대도시 도시계획위원회의 경우에는 전체 위원의 2/3 이상이어야 하고, 그 밖의 시·군·구 도시계획위원회의 경우에는 전체 위원의 1/2 이상이어야 한다.

5) 민간인 위원의 임기는 2년으로 하되, 연임할 수 있다. 다만, 보궐위원의 임기는 전임자의 잔임기간으로 한다(영 제111조 제4항, 제112조 제4항).

6) 지방도시계획위원회의 위원장은 위원회의 업무를 총괄하며, 위원회를 소집하고 그 의장이 된다(영 제111조 제5항, 제112조 제4항).

7) 지방도시계획위원회에 간사 1명과 서기 약간 명을 둘 수 있다(영 제111조 제7·8항, 제112조 제4항).

제1장 국토의 계획 및 이용에 관한 법률

(3) 분과위원회 17회 출제

다음 사항의 효율적인 심의를 위해 지방도시계획위원회에 분과위원회를 둘 수 있다(법 제113조 제3항, 영 제113조).

1) 용도지역 등에 관한 도시·군관리계획결정을 의제하는 내용이 포함된 계획
2) 지구단위계획구역 및 지구단위계획의 결정 또는 변경결정에 관한 사항
3) 개발행위에 관한 관계 행정기관의 장의 허가 등
4) 토지거래계약의 허가 또는 불허가에 대한 이의신청
5) 지방도시계획위원회에서 위임하는 사항

분과위원회에서 심의하는 사항 중 지방도시계획위원회가 지정하는 사항은 분과위원회의 심의를 그 지방도시계획위원회의 심의로 본다(법 제113조 제4항).

(4) 전문위원

1) 도시·군계획 등에 관한 중요사항을 조사·연구하기 위해 지방도시계획위원회에 전문위원을 둘 수 있다. 전문위원은 토지이용·건축·주택·교통·공간정보·환경·법률·복지·방재·문화·농림 등 도시·군계획과 관련된 분야에 관한 학식과 경험이 풍부한 자 중에서 당해 지방자치단체의 장이 임명한다(법 제113조 제5·6항).
2) 전문위원은 위원장 및 지방도시계획위원회나 분과위원회의 요구가 있는 때에는 회의에 출석해서 발언할 수 있다(법 제113조 제6항).

(5) 도시계획상임기획단

지방자치단체의 장이 입안한 광역도시계획, 도시·군기본계획 또는 도시·군관리계획을 검토하거나 지방자치단체의 장이 의뢰하는 광역도시계획, 도시·군기본계획 또는 도시·군관리계획에 관한 기획·지도 및 조사·연구를 위해 조례로 정하는 바에 따라 지방도시계획위원회에 전문위원 등으로 구성되는 도시계획상임기획단을 둘 수 있다(법 제116조).

(6) 지방도시계획위원회의 회의 및 운영

1) 지방도시계획위원회의 회의는 재적위원 과반수의 출석(출석위원의 과반수는 민간인 위원이어야 함)으로 개의하고, 출석위원 과반수의 찬성으로 의결한다(영 제111조 제6항, 제112조 제4항).
2) 위원의 제척과 회피에 관한 사항은 중앙도시계획위원회의 경우와 같으며, 회의록공개에 관한 사항은 공개시기가 '6개월 내에서 도시·군계획조례로 정하는 시기'라는 점을 제외하고는 중앙도시계획위원회의 경우와 같다(법 제113조의2, 제113조의3, 영 제113조의3 제1·2·3항).
3) 지방도시계획위원회의 위원에게는 조례로 정하는 바에 따라 수당 및 여비를 지급할 수 있다(법 제115조).

4) 그 밖에 지방도시계획위원회 및 분과위원회의 운영에 관해 필요한 사항은 그 지방자치단체의 도시·군계획조례로 정한다(법 제114조 제2항, 영 제114조).

(7) 벌칙 적용시의 공무원 의제

벌칙 적용시의 공무원 의제에 관한 사항은 중앙도시계획위원회의 경우와 같다(법 제113조의4).

03 전문기관에의 자문 또는 조사·연구의 의뢰

국토교통부장관은 필요한 때에는 광역도시계획 또는 도시·군기본계획의 승인, 그 밖에 도시·군계획에 관한 중요사항에 대해 도시·군계획에 관한 전문기관에 자문을 구하거나 조사·연구를 의뢰할 수 있다(법 제129조 제1항).

04 토지에의 출입 등 ★

추가15·33·34회 출제

1 공용제한

국토교통부장관, 시·도지사, 시장 또는 군수, 그리고 도시·군계획시설사업의 시행자는 다음의 경우에는 타인의 토지에 출입하거나 타인의 토지를 재료적치장 또는 임시통로로 일시사용할 수 있으며, 특히 필요한 때에는 나무·흙·돌 그 밖의 장애물을 변경하거나 제거할 수 있다(법 제130조 제1항).

1) 도시·군계획 및 광역도시계획에 관한 기초조사
2) 개발밀도관리구역·기반시설부담구역 및 기반시설설치계획에 관한 기초조사
3) 지가의 동향 및 토지거래의 상황에 관한 조사
4) 도시·군계획시설사업에 관한 조사·측량 또는 시행

2 타인의 토지에의 출입

타인의 토지에 출입하려는 자는 특별시장·광역시장·특별자치시장·특별자치도지사·시장 또는 군수의 허가를 받아야 하며, 출입하려는 날의 7일 전까지 그 토지의 소유자·점유자 또는 관리인에게 그 일시와 장소를 통지해야 한다. 다만, 행정청인 도시·군계획시설사업의 시행자는 허가를 받지 않고 타인의 토지에 출입할 수 있다(법 제130조 제2항).
일출 전이나 일몰 후에는 그 토지의 점유자의 승낙 없이 택지나 담장 또는 울타리로 둘러싸인 타인의 토지에 출입할 수 없다(법 제130조 제6항).

3 일시사용 또는 장애물의 변경·제거

타인의 토지를 재료적치장 또는 임시통로로 일시사용하거나 나무·흙·돌 그 밖의 장애물을 변경 또는 제거하려는 자는 토지의 소유자·점유자 또는 관리인의 동의를 받아야 한다(법 제130조 제3항).

토지 또는 장애물의 소유자·점유자 또는 관리인이 현장에 없거나 주소 또는 거소의 불명으로 그 동의를 받을 수 없는 때에는 행정청인 도시·군계획시설사업의 시행자는 관할 특별시장·광역시장·특별자치시장·특별자치도지사·시장 또는 군수에게 그 사실을 통지해야 하며, 행정청이 아닌 도시·군계획시설사업의 시행자는 미리 관할 특별시장·광역시장·특별자치시장·특별자치도지사·시장 또는 군수의 허가를 받아야 한다(법 제130조 제4항).
토지를 일시사용하거나 장애물을 변경 또는 제거하려는 자는 토지를 사용하려는 날이나 장애물을 변경 또는 제거하려는 날의 3일 전까지 그 토지 또는 장애물의 소유자·점유자 또는 관리인에게 통지해야 한다(법 제130조 제5항).

4 증표 등의 제시와 수인의무 **17회 출제**

타인의 토지에 출입하거나, 타인의 토지를 일시사용하거나, 장애물을 변경 또는 제거하려는 자는 그 권한을 표시하는 증표와 허가증을 지니고 이를 관계인에게 내보여야 한다(법 제130조 제8항).
토지의 점유자는 정당한 사유없이 토지에의 출입, 토지의 일시사용 또는 장애물의 변경·제거를 거부하거나 방해하지 못한다(법 제130조 제7항).

부동산공법

단락문제 Q46
제34회 기출

국토의 계획 및 이용에 관한 법령상 도시·군계획시설사업 시행을 위한 타인의 토지에의 출입 등에 관한 설명으로 옳은 것은?

① 타인의 토지에 출입하려는 행정청인 사업시행자는 출입하려는 날의 7일 전까지 그 토지의 소유자·점유자 또는 관리인에게 그 일시와 장소를 알려야 한다.
② 토지의 소유자·점유자 또는 관리인의 동의 없이 타인의 토지를 재료 적치장 또는 임시통로로 일시사용한 사업시행자는 사용한 날부터 14일 이내에 시장 또는 군수의 허가를 받아야 한다.
③ 토지 점유자가 승낙하지 않는 경우에도 사업시행자는 시장 또는 군수의 허가를 받아 일몰 후에 울타리로 둘러싸인 타인의 토지에 출입할 수 있다.
④ 토지에의 출입에 따라 손실을 입은 자가 보상에 관하여 국토교통부장관에게 조정을 신청하지 아니하는 경우에는 관할 토지수용위원회에 재결을 신청할 수 없다.
⑤ 사업시행자가 행정청인 경우라도 허가를 받지 아니하면 타인의 토지에 출입할 수 없다.

해설 타인의 토지에의 출입 등

② 타인의 토지를 재료적치장 또는 임시통로로 일시사용하거나 나무·흙·돌 그 밖의 장애물을 변경 또는 제거하려는 자는 토지의 소유자·점유자 또는 관리인의 동의를 받아야 한다. 토지를 일시사용하거나 장애물을 변경 또는 제거하려는 자는 토지를 사용하려는 날이나 장애물을 변경 또는 제거하려는 날의 3일 전까지 그 토지 또는 장애물의 소유자·점유자 또는 관리인에게 통지해야 한다.
③ 일출 전이나 일몰 후에는 그 토지의 점유자의 승낙 없이 택지나 담장 또는 울타리로 둘러싸인 타인의 토지에 출입할 수 없다.
④ 손실보상에 관해서는 그 손실을 보상할 자와 손실을 받은 자가 협의해야 한다. 협의가 성립되지 않거나 협의를 할 수 없는 때에는 관할 토지수용위원회에 재결을 신청할 수 있다.
⑤ 사업시행자가 행정청인 경우 허가를 받지 않고 타인의 토지에 출입할 수 있다.

정답 ①

5 손실보상

토지의 일시사용이나 장애물의 변경 또는 제거로 인해 손실을 받은 자가 있는 때에는 그 행위자가 속하는 행정청 또는 도시·군계획사업시행자가 그 손실을 보상해야 한다(법 제131조 제1항). 손실보상에 관해서는 그 손실을 보상할 자와 손실을 받은 자가 협의해야 한다. 손실을 보상할 자 또는 손실을 받은 자는 협의가 성립되지 않거나 협의를 할 수 없는 때에는 관할 토지수용위원회에 재결을 신청할 수 있다(법 제131조 제2·3항).

관할 토지수용위원회의 재결에 관해 「공익사업을 위한 토지 등의 취득 및 보상에 관한 법률」 제83조부터 제87조까지의 규정을 준용한다(법 제131조 제4항). 즉, 관할 토지수용위원회의 재결에 불복할 때에는 중앙토지수용위원회에 이의신청을 하거나 행정소송(당사자소송)을 제기할 수 있다. 손실보상을 해야 할 자가 제기한 행정소송이 각하·기각 또는 취하된 경우에는 재결서 또는 이의재결서를 송달받은 날부터 판결일까지의 기간에 대해 법정이율에 따라 산정한 금액이 보상금에 가산된다.

05 비용

1 비용부담의 원칙

광역도시계획 또는 도시·군계획의 수립과 도시·군계획시설사업에 관한 비용은 「국토의 계획 및 이용에 관한 법률」 또는 다른 법률에 특별한 규정이 있는 경우를 제외하고는 국가가 행하는 경우에는 국가예산에서, 지방자치단체가 행하는 경우에는 그 지방자치단체가, 행정청이 아닌 자가 행하는 경우에는 그 자가 부담함을 원칙으로 한다(법 제101조).

2 지방자치단체의 사업비부담

(1) 국토교통부장관이나 시·도지사가 시행자인 경우

국토교통부장관이나 시·도지사는 그가 시행한 도시·군계획시설사업으로 인해 현저히 이익을 받는 시·도나 시·군이 있는 때에는 그 도시·군계획시설사업에 소요된 비용(조사·측량비, 설계비 및 관리비는 제외)의 50% 이내를 그 이익을 받는 시·도나 시·군에 부담시킬 수 있다. 이 경우 국토교통부장관은 시·도나 시·군에 비용을 부담시키기 전에 행정안전부장관과 협의해야 한다(법 제102조 제1항, 영 제104조 제1항).

시·도지사는 그 시·도에 속하지 않는 특별시·광역시·특별자치시·특별자치도·시 또는 군에 비용을 부담시키고자 하는 때에는 그 지방자치단체의 장과 협의하되, 협의가 성립되지 않는 때에는 행정안전부장관이 결정하는 바에 따른다(법 제102조 제2항).

(2) 시장 또는 군수가 시행자인 경우

시장 또는 군수는 그가 시행한 도시·군계획시설사업으로 인해 현저히 이익을 받는 다른 지방자치단체가 있는 때에는 그 도시·군계획시설사업에 소요된 비용(조사·측량비, 설계비 및 관리비는 제외)의 50% 이내를 그 이익을 받는 다른 지방자치단체와 협의해서 그 지방자치단체에 이를 부담시킬 수 있다(법 제102조 제3항, 영 제104조 제1·3항).

협의가 성립되지 않는 경우 다른 지방자치단체가 동일한 도에 속하는 때에는 관할 도지사가 결정하는 바에 따르며, 다른 시·도에 속하는 때에는 행정안전부장관이 결정하는 바에 따른다(법 제102조 제4항).

3 보조 또는 융자

시·도지사나 시장 또는 군수가 수립하는 광역도시계획 또는 도시·군계획에 관한 기초조사나 지형도면의 작성에 소요되는 비용은 그 비용의 80% 이하를 국가예산으로 보조할 수 있다(법 제104조 제1항, 영 제106조 제1항).

행정청이 시행하는 도시·군계획시설사업에 대해서는 그 도시·군계획시설사업에 소요되는 비용(조사·측량비, 설계비 및 관리비를 제외한 공사비와 감정비를 포함한 보상비를 말함)의 50% 이하를 국가예산으로 보조 또는 융자할 수 있으며, 행정청이 아닌 자가 시행하는 도시·군계획시설사업에 대해서는 당해 도시·군계획시설사업에 소요되는 비용의 1/3 이하를 국가 또는 지방자치단체가 보조 또는 융자할 수 있다. 이 경우 국가 또는 지방자치단체는 다음의 지역에 대해 우선 지원할 수 있다(법 제104조 제2항, 영 제106조 제2항).

1) 도로, 상하수도 등 기반시설이 인근지역에 비해 부족한 지역
2) 광역도시계획에 반영된 광역시설이 설치되는 지역
3) 개발제한구역(집단취락에 한함)에서 해제된 지역
4) 도시·군계획시설결정의 고시일부터 10년이 지날 때까지 그 도시·군계획시설의 설치에 관한 도시·군계획시설사업이 시행되지 아니한 경우로서 해당 도시·군계획시설의 설치 필요성이 높은 지역

06 취락지구 및 방재지구에 대한 지원

1 취락지구에 대한 지원 30회 출제

국가 또는 지방자치단체는 취락지구의 주민의 생활편익과 복지증진 등을 위해 다음의 사업을 시행하거나 이를 지원할 수 있다(법 제105조, 영 제107조).

1) **집단취락지구**
   개발제한구역의 지정 및 관리에 관한 특별조치법령이 정하는 바에 따른다.
2) **자연취락지구**
   ① 자연취락지구에 있거나 자연취락지구에 연결되는 도로·수도공급설비·하수도 등의 정비
   ② 어린이놀이터·공원·녹지·주차장·학교·마을회관 등의 설치·정비
   ③ 쓰레기처리장·하수처리시설 등의 설치·개량
   ④ 하천정비 등 재해방지를 위한 시설의 설치·개량
   ⑤ 주택의 신축·개량

2 방재지구에 대한 지원

국가 또는 지방자치단체는 「국토의 계획 및 이용에 관한 법률」 또는 다른 법률에 따라 방재사업을 시행하거나 그 사업을 지원하는 경우 방재지구에 우선적으로 지원할 수 있다(법 제105조의2).

07 국토이용정보체계의 활용

국토교통부장관, 시·도지사나 시장 또는 군수가 「토지이용규제 기본법」 제12조에 따라 국토이용정보체계를 구축해서 도시·군계획에 관한 정보를 관리하는 경우에는 해당 정보를 도시·군계획을 수립하는 데에 활용해야 한다. 특별시장·광역시장·특별자치시장·특별자치도지사·시장 또는 군수는 개발행위허가 민원 간소화 및 업무의 효율적인 처리를 위하여 국토이용정보체계를 활용하여야 한다(법 제128조 제1·2항).

08 권리의무의 승계

1 도시·군계획에 관한 권리·의무

토지 또는 건축물에 관해 소유권 그 밖의 권리를 가진 자의 도시·군관리계획에 관한 권리·의무는 그 토지 또는 건축물에 관한 소유권 그 밖의 권리의 변동과 동시에 그 승계인에게 이전한다(법 제135조 제1항).

2 처분·절차 그 밖의 행위

「국토의 계획 및 이용에 관한 법률」 또는 동법에 따른 명령에 따른 처분·절차 그 밖의 행위는 그와 관련된 토지 또는 건축물에 대해 소유권 그 밖의 권리를 가진 자의 승계인에 대해 효력을 가진다(법 제135조 제2항).

09 감 독

1 법률 등의 위반자에 대한 처분

(1) 국토교통부장관, 시·도지사, 시장·군수(광역시에 있는 군의 군수를 포함함) 또는 자치구청장은 다음의 자에게 「국토의 계획 및 이용에 관한 법률」에 따른 허가·인가등의 취소, 공사의 중지, 공작물 등의 개축 또는 이전 그 밖에 필요한 처분을 하거나 조치를 명할 수 있다(법 제133조 제1항).

1) 시가화조정구역 또는 수산자원보호구역에서의 사업 또는 공사의 계속에 관한 신고를 하지 않고 사업 또는 공사를 한 자(법 제31조 제2항)
   1의2) 도시혁신구역에서 해당 도시혁신계획에 맞지 아니하게 건축물을 건축 또는 용도변경을 하거나 공작물을 설치한 자(법 제40조의3)
   1의3) 복합용도구역에서 해당 복합용도구역계획에 맞지 아니하게 건축물을 건축 또는 용도변경을 하거나 공작물을 설치한 자(법 제40조의4)
   1의4) 입체복합구역에서 해당 도시·군관리계획에 맞지 아니하게 건축물을 건축 또는 용도변경을 하거나 공작물을 설치한 자(법 제40조의5)
2) 도시·군계획시설을 도시·군관리계획결정 없이 설치한 자(법 제43조 제1항)
3) 공동구의 점용 또는 사용에 관한 허가를 받지 않고 공동구를 점용 또는 사용하거나 공동구의 점용료 또는 사용료를 내지 않은 자(법 제44조의3 제2·3항)
4) 지구단위계획구역에서 해당 지구단위계획에 맞지 않게 건축물을 건축 또는 용도변경을 하거나 공작물을 설치한 자(법 제54조)
5) 개발행위허가 또는 변경허가를 받지 않고 개발행위를 한 자(법 제56조)
6) 개발행위허가 또는 변경허가를 받고 허가받은 사업기간 동안 개발행위를 완료하지 않은 자(법 제56조)
7) 개발행위허가를 받고 그 개발행위허가의 조건을 이행하지 아니한 자(법 제57조 제4항)
8) 개발행위에 따른 이행보증금을 예치하지 않거나 토지의 원상회복명령에 따르지 않은 자(법 제60조 제1·3항)
9) 제75조의4에 따른 성장관리계획구역에서 그 성장관리계획에 맞지 아니하게 개발행위를 하거나 건축물의 용도를 변경한 자(법 제75조의4)
10) 개발행위를 끝낸 후 준공검사를 받지 않은 자(법 제62조)
11) 도시·군계획시설부지에 설치된 가설건축물의 원상회복명령에 따르지 않은 자(법 제64조 제3항)
12) 용도지역 또는 용도지구에서의 건축제한 등을 위반한 자(법 제76조)
13) 건폐율제한을 위반해서 건축한 자(법 제77조)
14) 용적률제한을 위반해서 건축한 자(법 제78조)
15) 용도지역 미지정 또는 미세분 지역에서의 행위제한 등을 위반한 자(법 제79조)
16) 시가화조정구역에서의 행위제한을 위반한 자(법 제81조)
17) 둘 이상의 용도지역 등에 걸치는 대지의 적용기준을 위반한 자(법 제84조)
18) 도시·군계획시설사업 시행자지정을 받지 않고 도시·군계획시설사업을 시행한 자(법 제86조 제5항)
19) 도시·군계획시설사업의 실시계획인가 또는 변경인가를 받지 않고 사업을 시행한 자(법 제88조)

20) 도시·군계획시설사업의 실시계획인가 또는 변경인가를 받고 실시계획에서 정한 기간 동안 사업을 완료하지 않은 자(법 제88조)
21) 도시·군계획시설사업 실시계획의 인가 또는 변경인가의 내용에 맞지 않게 도시·군계획시설을 설치하거나 용도를 변경한 자(법 제88조)
22) 도시·군계획시설사업에 따른 이행보증금을 예치하지 않거나 토지의 원상회복명령에 따르지 않은 자(법 제89조 제1·3항)
23) 도시·군계획시설사업의 공사를 끝낸 후 준공검사를 받지 않은 자(법 제98조)
24) 타인의 토지에의 출입이나 토지의 일시사용에 관한 규정을 위반한 자(법 제130조)
25) 부정한 방법으로 개발행위허가 또는 변경허가, 개발행위의 준공검사, 시가화조정구역에서의 행위허가, 도시·군계획시설사업의 시행자 지정, 도시·군계획시설사업 실시계획의 인가 또는 변경인가, 도시·군계획시설사업의 준공검사를 받은 자(법 제56조, 제62조, 제81조, 제86조, 제88조, 제98조)
26) 사정이 변경되어 개발행위 또는 도시·군계획시설사업을 계속적으로 시행하면 현저히 공익을 해칠 우려가 있다고 인정되는 경우 그 개발행위허가를 받은 자 또는 도시·군계획시설사업의 시행자

(2) 국토교통부장관, 시·도지사, 시장·군수(광역시에 있는 군의 군수를 포함함) 또는 자치구청장은 사정변경으로 인해 필요한 처분을 하거나 조치를 명한 때에는 이로 인해 발생한 손실을 보상해야 한다. 타인토지에의 출입 등에 따른 손실보상에 관한 규정은 시정명령에 따른 손실보상에 관해 준용한다(법 제133조 제2·3항). **20회 출제**

(3) 국토교통부장관, 시·도지사, 시장·군수(광역시에 있는 군의 군수를 포함함) 또는 자치구청장은 다음의 처분을 하려는 때에는 **청문**을 실시해야 한다(법 제136조).
   1) 개발행위허가의 취소 →단순히 의견을 진술하고 이를 청취하는 것 외에 관련 증거를 조사함
   2) 도시·군계획시설사업 시행자지정의 취소
   3) 실시계획인가의 취소

2 보고 및 검사

국토교통부장관(수산자원보호구역의 경우에는 해양수산부장관), 시·도지사, 시장 또는 군수는 다음의 어느 하나에 해당하는 경우에는 개발행위허가를 받은 자나 도시·군계획시설사업의 시행자에게 감독을 위하여 필요한 보고를 하게 하거나 자료를 제출하도록 명할 수 있으며, 소속공무원으로 하여금 개발행위에 관한 업무의 상황을 검사하게 할 수 있다(법 제137조 제1항).

1) 개발행위허가의 내용과 실시계획인가의 내용에 대한 이행 여부의 확인이 필요한 경우
2) 법 제133조 제1항 제5호, 제5호의2, 제6호, 제7호, 제7호의2, 제15호, 제15호의2, 제15호의3 및 제16호부터 제22호까지 중 어느 하나에 해당한다고 판단하는 경우
3) 그 밖에 해당 개발행위의 체계적 관리를 위하여 관련 자료 및 현장확인이 필요한 경우

3 도시·군계획의 수립 및 운영에 대한 감독 및 조정

국토교통부장관(수산자원보호구역의 경우에는 해양수산부장관)은 필요한 때에는 시·도지사·시장 또는 군수(광역시에 있는 군의 군수를 포함함)에게, 시·도지사는 시장 또는 군수(광역시에 있는 군의 군수를 포함함)에게 도시·군기본계획 및 도시·군관리계획의 수립 및 운영실태를 감독하기 위하여 필요한 보고를 하게 하거나 자료의 제출을 명할 수 있으며, 소속공무원으로 하여금 도시·군기본계획 및 도시·군관리계획에 관한 업무의 상황을 검사하게 할 수 있다(법 제138조 제1항).

국토교통부장관(수산자원보호구역의 경우에는 해양수산부장관)은 도시·군기본계획 및 도시·군관리계획이 국가계획 또는 광역도시계획에 부합하지 않거나, 도시·군관리계획이 도시·군기본계획에 부합하지 않는다고 판단하는 경우에는 특별시장·광역시장·특별자치시장·특별자치도지사·시장 또는 군수에게 기한을 정해 도시·군기본계획 및 도시·군관리계획의 조정을 요구할 수 있다. 이 경우 특별시장·광역시장·특별자치시장·특별자치도지사·시장 또는 군수는 도시·군기본계획 및 도시·군관리계획을 재검토해서 이를 정비해야 한다(법 제138조 제2항).

도지사는 시·군 도시·군관리계획이 광역도시계획이나 도시·군기본계획에 부합하지 않는다고 판단하는 경우에는 시장 또는 군수에게 기한을 정해 그 도시·군관리계획의 조정을 요구할 수 있다. 이 경우 시장 또는 군수는 그 도시·군관리계획을 재검토해서 이를 정비해야 한다(법 제138조 제3항).

제13절 벌칙

01 형벌

20회 출제

「국토의 계획 및 이용에 관한 법률」 위반에 따른 처벌은 아래의 [표]와 같다(법 제140조, 제140조의2, 제141조, 제142조).

법인의 대표자나 법인 또는 개인의 대리인·사용인, 그 밖의 종업원이 그 법인 또는 개인의 업무에 관해 형벌에 해당하는 위반행위를 하면 그 행위자를 벌할 뿐만 아니라 그 법인 또는 개인에게도 해당 조문의 벌금형을 과(科)한다. 다만, 법인 또는 개인이 그 위반행위를 방지하기 위해 해당 업무에 관해 상당한 주의와 감독을 게을리하지 않은 경우는 그렇지 않다(법 제143조).

▼ 「국토의 계획 및 이용에 관한 법률」의 위반에 따른 처벌

형량	위반행위
1) 3년 이하의 징역 또는 3,000만원 이하의 벌금	① 개발행위의 허가 또는 변경허가를 받지 않거나 속임수나 그 밖의 부정한 방법으로 허가 또는 변경허가를 받아 개발행위를 한 자(법 제56조 제1·2항) ② 시가화조정구역에서 행위허가를 받지 않고 허가대상행위를 한 자(법 제81조 제2항)
2) 3년 이하의 징역 또는 면탈·경감비용의 3배 이하의 벌금	기반시설설치비용을 면탈·경감할 목적으로 거짓 계약을 체결하거나 거짓 자료를 제출한 자
3) 2년 이하의 징역 또는 2,000만원 이하의 벌금	① 도시·군관리계획결정에 의해 설치해야 하는 기반시설을 도시·군관리계획 결정 없이 설치한 자(법 제43조 제1항) ② 공동구에 수용해야 하는 시설을 공동구에 수용하지 않은 자(법 제44조 제1항) ③ 지구단위계획에 맞지 않게 건축물을 건축하거나 용도를 변경한 자(법 제54조) ④ 용도지역 또는 용도지구에서의 용도·종류 및 규모 등의 제한을 위반해서 건축물이나 그 밖의 시설을 건축 또는 설치하거나 그 용도를 변경한 자(법 제76조)
4) 1년 이하의 징역 또는 1,000만원 이하의 벌금	법률 등 위반자에 대한 허가·인가 등의 취소, 공사의 중지, 공작물 등의 개축 또는 이전 등의 처분 또는 조치명령에 위반한 자(법 제133조 제1항)

02 과태료

19회 출제

「국토의 계획 및 이용에 관한 법률」에 따른 과태료부과대상은 [표]와 같다. 과태료는 국토교통부장관, 시·도지사나 시장 또는 군수가 [표]의 구분에 따라 부과·징수한다(법 제144조 제1·2·3항, 영 제134조 제1항).

위반행위의 동기·결과 및 횟수 등을 고려해서 과태료 금액의 1/2의 범위에서 가중하거나 경감할 수 있는데, 가중하는 경우 과태료금액은 그 상한을 초과할 수 없다(영 제134조 제2·3항).

▼ 과태료부과대상 및 부과권자

부과대상	과태료금액	부과권자
1) 공동구 점·사용허가를 받지 않고 공동구를 점용 또는 사용한 자(법 제44조 제4항)	1,000만원 이하	특별시장·광역시장·특별자치시장·특별자치도지사·시장 또는 군수
2) 정당한 사유없이 타인토지에의 출입 등을 방해 또는 거부한 자(법 제130조 제1항)	1,000만원 이하	국토교통부장관(수산자원보호구역인 경우에는 해양수산부장관), 시·도지사, 시장 또는 군수
3) 허가 또는 동의를 받지 않고 타인토지에의 출입 등을 한 자(영 제130조 제2·3·4항)	1,000만원 이하	특별시장·광역시장·특별자치시장·특별자치도지사·시장 또는 군수
4) 개발행위업무상황에 대한 검사를 거부·방해 또는 기피한 자(법 제137조 제1항)	1,000만원 이하	국토교통부장관(수산자원보호구역인 경우에는 해양수산부장관), 시·도지사, 시장 또는 군수
5) 재해복구 또는 재난수습을 위한 개발행위에 대한 신고를 하지 않은 자(법 제56조 제4항)	500만원 이하	특별시장·광역시장·특별자치시장·특별자치도지사·시장 또는 군수
6) 개발행위업무 또는 도시·군계획시설사업의 시행에 대한 감독상 필요한 보고 또는 자료제출을 하지 않거나 허위로 보고 또는 자료제출을 한 자(법 제137조 제1항)	500만원 이하	국토교통부장관(수산자원보호구역인 경우에는 해양수산부장관), 시·도지사, 시장 또는 군수

단원 오답 잡기

• 경록 교재에 모든 답이 있습니다.

01 도시·군계획은 특별시·광역시·특별자치시·특별자치도·시 또는 군의 관할구역에 대해 수립하는 공간구조와 발전방향에 대한 계획으로서 광역도시계획·도시·군기본계획 및 도시·군관리계획으로 구분된다.

01. X
도시·군계획은 도시·군기본계획과 도시·군관리계획으로 구분된다.

02 특별시장·광역시장·특별자치시장·특별자치도지사·시장 또는 군수는 3년마다 관할구역의 도시·군기본계획에 대해 타당성을 전반적으로 재검토해서 이를 정비해야 한다.

02. X
5년마다 타당성을 전반적으로 재검토해서 이를 정비해야 한다.

03 광역계획권은 시·도지사가 도시·군관리계획으로 결정해서 지정한다.

03. X
광역계획권은 국토교통부장관이나 도지사가 지정한다. 광역계획권은 도시·군관리계획으로 지정하지 않는다.

04 광역계획권을 지정한 날부터 3년이 지날 때까지 관할 시·도지사로부터 광역도시계획에 대해 승인신청이 없는 경우에는 국토교통부장관이 수립한다.

04. O

05 특별시장·광역시장·특별자치시장·특별자치도지사·시장 또는 군수는 관할구역에 대해 도시·군기본계획을 수립해야 한다. 다만, 수도권에 속하지 않고 광역시와 경계를 같이하지 않은 시 또는 군으로서 인구 10만명 이하인 시 또는 군은 도시·군기본계획을 수립하지 않을 수 있다.

05. O

06 도시·군기본계획의 내용이 광역도시계획의 내용과 다른 때에는 도시·군기본계획의 내용이 우선한다.

06. X
광역도시계획의 내용이 우선한다.

07 도시·군관리계획은 관할 특별시장·광역시장·특별자치시장·특별자치도지사·시장 또는 군수가 입안하는 것이 원칙이지만, 도지사가 직접 수립하는 사업에 관한 계획인 경우에는 도지사가 입안할 수 있다.

07. O

08 도시·군관리계획의 내용에는 개발밀도관리구역의 지정에 관한 계획이 포함되어야 한다.

08. X
도시·군관리계획의 내용이 아니다.

부동산공법

09 도시·군관리계획의 입안을 제안받은 자는 제안일부터 45일 이내에 반영 여부를 제안자에게 통보해야 하며, 제안자는 도시·군관리계획의 입안 및 결정에 필요한 비용의 전부를 부담해야 한다.

09. X
비용의 전부 또는 일부를 제안자에게 부담시킬 수 있다.

10 도시·군관리계획의 수립기준은 시·도지사가 정한다.

10. X
국토교통부장관이 정한다.

11 산업·유통개발진흥지구의 지정 및 변경에 관한 사항에 대하여 도시·군관리계획을 입안할 수 있는 자에게 도시·군관리계획의 입안을 제안할 수 없다.

11. X
도시·군관리계획의 입안을 제안할 수 있다.

12 도시·군관리계획결정은 고시일부터 5일 후에 그 효력이 발생한다.

12. X
도시·군관리계획결정은 지형도면고시일에 효력이 발생한다.

13 관리지역에서 「농지법」에 따른 농업진흥지역으로 지정·고시한 지역은 농림지역 또는 자연환경보전지역으로 결정·고시된 것으로 본다.

13. X
농림지역으로 결정·고시된 것으로 본다.

14 도시·군계획시설을 설치하기 위해 도시지역과 이웃하고 있는 바다인 공유수면을 매립한 경우 그 매립지는 도시·군관리계획의 입안 및 결정절차 없이 도시지역으로 지정된 것으로 본다.

14. O

15 공동주택 중심의 양호한 주거환경을 보호하기 위한 지역은 제2종 일반주거지역의 지정목적이다.

15. X
제2종 전용주거지역의 지정목적이다.

16 국토교통부장관이나 시·도지사는 수산자원의 보호·육성을 위해 필요한 공유수면이나 그에 인접된 토지에 대한 수산자원보호구역의 지정 또는 변경을 도시·군관리계획으로 결정할 수 있다.

16. X
수산자원보호구역은 해양수산부장관이 도시·군관리계획으로 결정한다.

17 지구단위계획은 도시·군계획 수립 대상지역의 일부에 대해 토지이용을 합리화하고 그 기능을 증진시키며 미관을 개선하고 양호한 환경을 확보하며, 그 지역을 체계적·계획적으로 관리하기 위해 수립하는 도시·군관리계획을 말한다.

17. O

18 지구단위계획구역의 지정에 관한 도시·군관리계획결정의 고시일부터 2년 이내에 지구단위계획이 결정·고시되지 않는 경우에는 그 2년이 되는 날의 다음 날에 지구단위계획구역의 지정에 관한 도시·군관리계획결정은 그 효력을 잃는다.

18. X
3년

제1장 국토의 계획 및 이용에 관한 법률

19 농림지역 또는 생산관리지역으로서 수목이 집단적으로 생육되고 있거나 조수류 등이 집단적으로 서식하고 있는 지역에 대해서는 시장 또는 군수는 지방도시계획위원회의 심의를 거쳐 1회에 한해 3년 이내의 기간동안 개발행위허가를 제한할 수 있다.

19. X
농림지역 또는 생산관리지역이 아니라 녹지지역 또는 계획관리지역이다.

20 장기미집행 도시·군계획시설부지에 대해 매수청구가 있는 경우 매수의무자는 매수청구가 있은 날부터 2개월 이내에 매수여부를 결정해서 토지소유자에게 통지해야 하며, 매수하기로 결정된 토지는 매수결정을 통지한 날부터 3년 이내에 매수해야 한다.

20. X
2개월 → 6개월, 3년 → 2년

21 개발밀도관리구역이라 함은 개발로 인해 기반시설의 부족할 것이 예상되나 기반시설의 설치가 곤란한 지역을 대상으로 용적률을 강화해서 적용하기 위해 지정하는 구역을 말한다.

21. O

22 농림지역 중 농업진흥지역인 경우에는 「농지법」, 보전산지인 경우에는 「산지관리법」, 초지인 경우에는 「초지법」이 정하는 바에 따라 건축제한을 받는다.

22. O

23 용도지역이 지정되지 않은 지역에 대해서는 건축제한·건폐율·용적률의 규정을 적용함에 있어서 보전녹지지역에 관한 규정을 적용한다.

23. X
자연환경보전지역에 관한 규정을 적용한다.

24 아파트는 유통상업지역, 제1종 전용주거지역, 제1종 일반주거지역, 모든 관리지역, 농림지역, 자연환경보전지역에서 건축이 금지되는 것이 원칙이다.

24. O

25 고도지구에서는 도시·군계획조례로 정하는 높이를 초과하는 건축물을 건축할 수 없다.

25. X
도시·군관리계획으로 정하는 높이를 초과하는 건축물을 건축할 수 없다.

26 계획관리지역의 기준 건폐율은 40% 이하이다.

26. O

27 용적률의 최대한도는 「국토의 계획 및 이용에 관한 법률」의 범위에서 동법 시행령이 정하는 기준에 따라 조례로 정한다. 또한 근린상업지역은 200% 이상 1,300% 이하이다.

27. X
근린상업지역의 용적률은 200% 이상 900% 이하이다.

28 도시혁신구역으로 지정된 지역은 「건축법」에 따른 특별가로구역으로 지정된 것으로 본다.

28. X
특별건축구역으로 지정된 것으로 본다.

부동산공법

29 도시·군계획시설사업의 시행자는 사업시행을 위해 특히 필요하다고 인정되는 때에는 도시·군계획시설에 인접한 토지·건축물 등을 수용할 수 있다.

29. X
수용할 수는 없고, 필요한 경우 인접 토지·건축물 등을 일시 사용할 수 있다.

30 국토교통부장관, 시·도지사, 그리고 시장 또는 군수는 실시계획인가의 취소에 해당하는 처분을 하려는 때에는 청문을 실시해야 한다.

30. O

31 행정청이 아닌 도시·군계획시설사업의 시행자의 처분에 대해서는 국토교통부장관에게 행정심판을 제기해야 한다.

31. X
시행자를 지정한 자에게 행정심판을 제기해야 한다.

32 타인 토지의 일시사용이나 장애물의 변경 또는 제거로 인해 손실이 발생한 경우 보상에 관해서는 그 손실을 보상할 자와 손실을 받은 자가 협의해야 한다. 협의가 성립되지 않거나 협의를 할 수 없는 때는 관할 시장·군수 또는 구청장에게 재결을 신청할 수 있다.

32. X
관할 토지수용위원회에 재결을 신청할 수 있다.

CHAPTER 02 도시개발법

학습포인트

- 「도시개발법」은 종전의 토지구획정리사업과 신도시개발사업에 관한 규정을 통합한 것이다.
- 「도시개발법」 중 환지방식에 관한 부분은 환지처분에 관해 일반법으로서의 지위를 가지므로 확실히 이해해 두어야 한다.

CHAPTER 학습 & 출제되는 키워드

- ☑ 도시개발사업의 시행방식
- ☑ 도시개발구역의 지정요건
- ☑ 도시개발구역지정의 해제
- ☑ 토지 등의 수용 또는 사용
- ☑ 토지상환채권의 발행
- ☑ 토지부담률
- ☑ 환지처분
- ☑ 임대료 등의 증감청구
- ☑ 시행자가 될 수 있는 자
- ☑ 개발계획
- ☑ 시행자의 변경
- ☑ 원형지의 공급과 개발
- ☑ 조성토지 등의 공급
- ☑ 환지계획인가
- ☑ 청산금
- ☑ 권리의 포기 등
- ☑ 도시개발조합
- ☑ 도시개발구역지정의 효과
- ☑ 실시계획의 인가
- ☑ 원형지 매각의 제한
- ☑ 환지계획
- ☑ 환지예정지의 지정
- ☑ 감가보상금
- ☑ 도시개발채권

CHAPTER 학습 & 출제되는 질문

- ☑ 도시개발사업의 시행자로 지정받을 수 없는 자는?
- ☑ 조합설립인가 신청을 위한 동의에 관한 설명으로 틀린 것은?
- ☑ 국토교통부장관이 도시개발구역을 지정할 수 있는 경우가 아닌 것은?
- ☑ 도시개발구역을 지정한 후에 개발계획에 포함시킬 수 있는 사항은?
- ☑ 환지 방식의 도시개발사업에 대한 개발계획의 수립·변경을 위한 동의자 수 산정방법으로 옳은 것은?
- ☑ 토지상환채권에 관한 설명으로 옳은 것은?
- ☑ 수용 또는 사용방식에 의한 도시개발사업으로 조성된 토지 등을 수의계약의 방법으로 공급할 수 없는 경우는?
- ☑ 도시개발사업에 필요한 비용에 관한 설명으로 틀린 것은?

제1절 총설

01 목적

1966년 「도시계획법」의 토지구획정리사업에 관한 부분을 분리해서 「토지구획정리사업법」을 제정했는데, 2000년 「도시계획법」을 전부개정하면서 「도시계획법」 중 도시·군계획사업에 관한 부분과 「토지구획정리사업법」을 통합해서 「도시개발법」을 제정하였다.

「도시개발법」은 도시개발에 관해 필요한 사항을 규정함으로써 계획적이고 체계적인 도시개발을 도모하고, 쾌적한 도시환경의 조성과 공공복리의 증진에 이바지함을 목적으로 한다(법 제1조).

 도시개발사업

도시개발구역에서 단지 또는 시가지를 조성하기 위해 시행하는 사업이다.

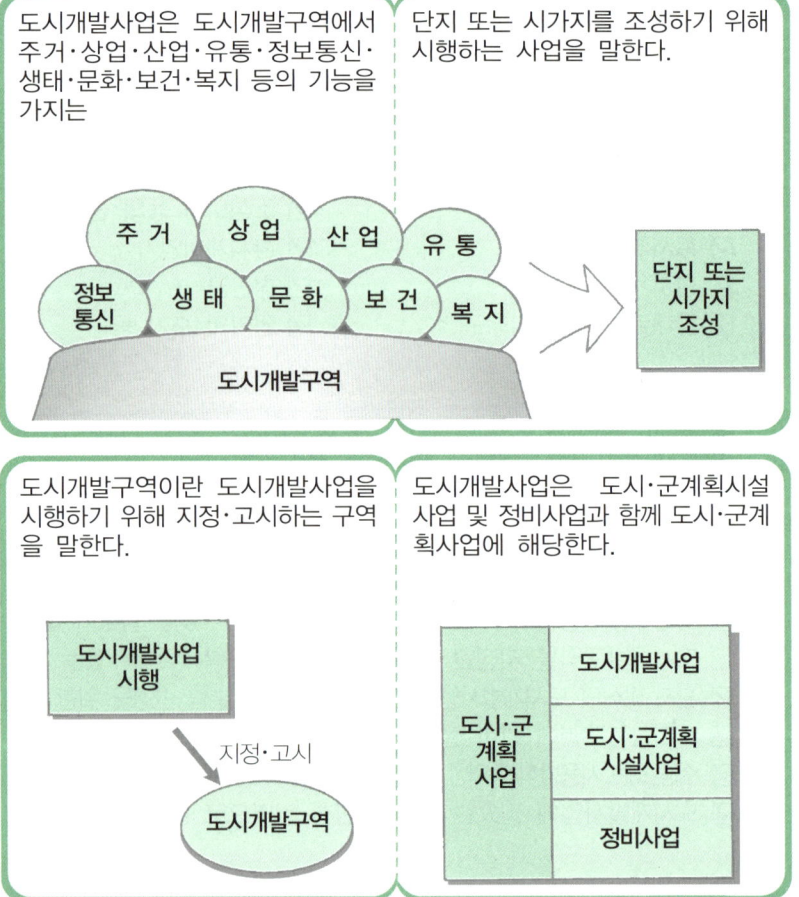

02 도시개발사업과 도시개발구역

1 도시개발사업

도시개발사업은 도시개발구역에서 주거·상업·산업·유통·정보통신·생태·문화·보건·복지 등의 기능이 있는 단지 또는 시가지를 조성하기 위해 시행하는 사업을 말한다(법 제2조 제1항).
도시개발사업은 도시·군계획사업에 해당되는데, 「국토의 계획 및 이용에 관한 법률」에서 사용하는 용어는 「도시개발법」에서 특별히 정하는 경우를 제외하고는 「도시개발법」에서도 그대로 사용한다(법 제2조 제2항).

2 도시개발구역

도시개발사업을 시행하기 위해 지정하는 구역이 도시개발구역이다(법 제2조 제1항).
도시개발구역은 「도시개발법」이 적용되는 지역적 범위가 된다. 예외적으로 도시개발구역의 이용에 제공되는 기반시설을 도시개발구역 밖에 설치하는 등 도시개발사업에 직접 관련되는 사업의 시행을 위해 필요한 경우에는 도시개발구역의 지정과 도시개발사업의 시행에 관한 규정(제3조 내지 제53조, 제64조 내지 제77조)을 준용한다(법 제78조).

3 도시개발사업의 시행방식★★ 14·16·18회 출제

→ 단순한 일시사용이 아니라 수용에 버금갈 만한 장기사용을 말함

도시개발사업은 시행자가 ① 도시개발구역의 토지 등을 수용 또는 사용하는 방식, ② 환지방식, ③ 수용·사용방식과 환지방식을 혼용하는 방식으로 시행할 수 있다. 사업시행방식은 [표]의 구분에 따라 정하되, 시행자는 사업의 용이성·규모 등을 고려해서 필요한 경우에는 국토교통부장관이 정하는 기준에 따라 사업시행방식을 정할 수 있다(법 제21조 제1항, 영 제43조 제1·2·3항).

부동산공법

▼ 도시개발사업의 시행방식 30회 출제

구 분	적 용 기 준
(1) 환지방식	1) 대지로서의 효용증진과 공공시설의 정비를 위해 토지의 교환·분할·합병, 그 밖의 구획변경, 지목 또는 형질의 변경이나 공공시설의 설치·변경이 필요한 경우 2) 도시개발사업을 시행하는 지역의 지가가 인근의 다른 지역에 비해 현저히 높아 수용 또는 사용방식으로 시행하는 것이 어려운 경우
(2) 수용 또는 사용방식	계획적이고 체계적인 도시개발 등의 집단적인 조성과 공급이 필요한 경우
(3) 혼용방식	도시개발구역으로 지정하고자 하는 지역이 부분적으로 환지방식요건이나 수용 또는 사용방식요건에 해당하는 경우 1) 분할 혼용방식: 수용 또는 사용방식이 적용되는 지역과 환지방식이 적용되는 지역을 사업시행지구별로 분할해서 시행하는 방식. 이 경우 각 사업시행지구에서 부담해야 하는 기반시설의 설치비용 등을 명확히 구분해서 실시계획에 반영해야 한다. 2) 미분할 혼용방식: 사업시행지구를 분할하지 않고 수용 또는 사용방식과 환지방식을 혼용해서 시행하는 방식. 이 경우 환지에 대해서는 환지방식이 적용되는 경우에 관한 규정을 적용하고, 그 밖의 사항에 대해서는 수용 또는 사용 방식에 관한 규정을 적용한다.

환지방식

① 도시개발사업 또는 재개발사업에 의해 이전에 소유하던 땅 대신 사업이 완료된 후에 새로이 소유하는 땅을 "환지"라고 한다.
- 換 : 바꿀 "환"
- 地 : 땅 "지"

② 환지란 '종전의 토지와 바꾼 땅' 이란 뜻이다.

③ 환지처분에 의한 사업방식을 말한다.

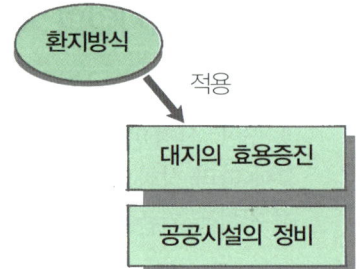

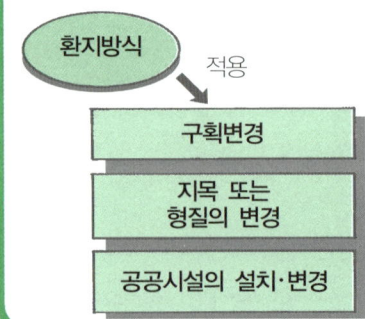

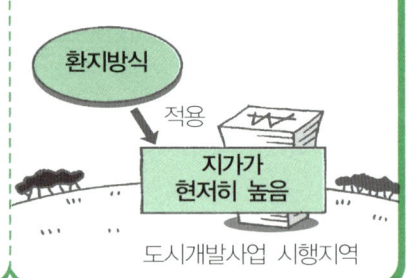

제2장 도시개발법

도시개발구역 지정권자는 지가상승 등 지역개발 여건의 변화로 도시개발사업 시행방식 지정 당시의 요건을 충족하지 못하게 된 경우에는 다음의 구분에 따라 도시개발사업의 시행방식을 변경할 수 있다(법 제21조 제2항, 영 제43조 제5항). **35회 출제**

1) 국가, 지방자치단체, 공공기관, 정부출연기관 또는 지방공사인 시행자가 사업시행방식을 수용 또는 사용방식에서 전부 환지방식으로 변경하거나, 혼용방식에서 전부환지 방식으로 변경하는 경우

2) 시행자(조합은 제외)가 사업시행방식을 수용 또는 사용 방식에서 혼용방식으로 변경하는 경우

단락문제 Q1 제14회 기출

다음은 도시개발사업의 시행방식에 관한 설명이다. 옳은 것은?

① 환지방식 : 택지 등의 집단적 조성 또는 공급이 필요한 경우에 채택함
② 수용 또는 사용방식 : 사업시행지역의 지가가 인근지역에 비해 현저히 높은 경우에 채택함
③ 혼용방식 : 환지방식·수용 또는 사용방식이 적용되는 구역으로 구분해서 시행할 수 있음
④ 수용 또는 사용방식 : 시행자가 지방자치단체인 경우 토지면적의 2/3, 소유자 총수의 2/3 이상에 해당하는 자의 동의를 받아야 함
⑤ 환지방식 : 조성토지 가격평가시 토지평가협의회의 자문을 거쳐야 함

해설 도시개발방식의 시행방식
① 수용 또는 사용방식이다.   ② 환지방식이다.
④ 지방자치단체의 경우에는 토지소유자 등의 동의 없이도 수용 또는 사용이 허용된다.
⑤ 조성토지의 가격평가는 감정평가법인등이 행하되, 최종결정은 토지평가협의회의 심의를 거친다.   **정답** ③

혼용방식

혼용방식이란 '환지방식과 수용·사용방식이 모두 적용'되는 도시개발사업 방식을 말한다.

도시개발구역으로 지정하고자 하는 지역이 부분적으로 환지방식요건이나 수용·사용방식요건에 해당하는 경우에는 혼용방식이 적용된다.

혼용방식에 의하는 경우 환지방식이 적용되는 구역과 수용·사용방식이 적용되는 구역을 분할하는 방식과 분할하지 않는 방식이 있다.

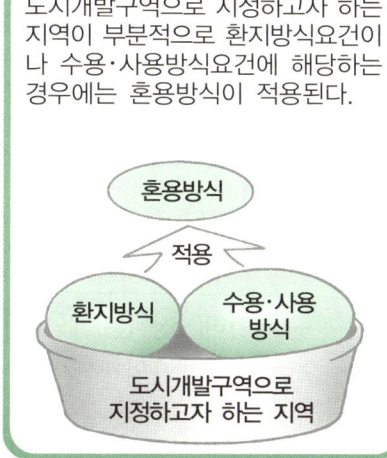

부동산공법

03 도시개발사업의 시행자   29·33·35회 출제

1 시행자가 될 수 있는 자 ★ 13회 출제

도시개발사업의 시행자는 다음의 자 중에서 도시개발구역 지정권자가 이를 지정한다(법 제11조 제1항, 영 제18조 제1·2·3·4·5·6항, 규칙 제13조).

1) 국가, 지방자치단체
2) 공공기관 중 한국토지주택공사, 한국수자원공사, 한국농어촌공사, 한국관광공사, 한국철도공사, 「혁신도시 조성 및 발전에 관한 특별법」에 따른 매입공공기관(종전부동산 및 그 주변을 개발하는 경우에 한함)
3) 정부출연기관 중 「국가철도공단법」에 따른 국가철도공단(역세권개발사업을 시행하는 경우에 한함), 제주국제자유도시개발센터(제주특별자치도에서 개발사업을 시행하는 경우에 한함)
4) 지방공사
5) 도시개발구역에 있는 토지의 소유자(수용 또는 사용방식의 경우에는 도시개발구역의 국·공유지를 제외한 토지면적의 2/3 이상을 소유한 자를 말함). 이 경우 「공유수면 관리 및 매립에 관한 법률」에 따라 면허를 받은 자는 그 공유수면을 소유한 자로 보고 그 공유수면을 토지로 본다.
6) 도시개발구역에 있는 토지의 소유자들이 도시개발사업을 위해 설립한 조합(도시개발사업의 전부를 환지방식으로 시행하는 경우에 한함). 이 경우 공유수면매립면허를 받은 자는 그 공유수면을 소유한 자로 보고 그 공유수면을 토지로 본다.
7) 수도권의 과밀억제권역에서 수도권 바깥으로 이전하는 다음의 법인
   ① 과밀억제권역에 3년 이상 계속해서 공장시설을 갖추고 사업을 하고 있거나 3년 이상 계속해서 본점 또는 주사무소를 두고 있는 법인으로서 그 공장시설의 전부나 본사를 수도권 바깥으로 이전하는 법인. 이 경우 공장시설 또는 본사의 이전에 따라 이전하는 종업원의 수(여러 법인이 모여 지방으로 이전하는 경우에는 그 종업원 총수)가 500명 이상이어야 한다.
   ② 과밀억제권역에서 대학(대학원대학은 제외)을 운영중인 학교법인으로서 대학시설의 전부를 수도권 바깥으로 이전하는 학교법인
8) 「주택법」에 따른 등록사업자 중 도시개발사업을 시행할 능력이 있다고 인정되는 자로서 다음의 요건을 모두 갖춘 자(주택단지와 그에 수반되는 기반시설을 조성하는 경우에 한함). 다만, 회생절차가 진행 중인 법인은 제외한다.
   → 빚이 과도하게 많은 기업에 대해 법원이 제3자로 하여금 기업활동을 전반적으로 대신 관리하도록 해서 회생시키는 절차(종전의 법정관리)
   ① 최근 3년간의 평균 영업실적(대지조성에 투입된 비용을 말하며, 보상비는 제외)이 그 도시개발사업에 소요되는 연평균 사업비(보상비는 제외) 이상일 것
   ② 시행자지정신청일을 기준으로 그 해의 손익계산서(그 해의 손익계산서가 공시되지 않은 경우에는 직전 연도의 손익계산서)상 당기순손실이 발생하지 않았을 것

9) **토목공사업 또는 토목건축공사업의 등록을 한 건설사업자로서 다음의 요건을 모두 갖춘 자.** 다만, 회생절차가 진행중인 법인은 제외한다.
   ① 시공능력평가액이 그 도시개발사업에 소요되는 연평균사업비(보상비는 제외) 이상인 법인
   ② 시행자지정신청일을 기준으로 그 해의 손익계산서(그 해의 손익계산서가 공시되지 않은 경우에는 직전 연도의 손익계산서)상 당기순손실이 발생하지 않았을 것

10) **신탁업자로서 다음의 요건을 모두 갖춘 자.** 다만, 회생절차가 진행중인 법인은 제외한다.
    ① 「주식회사 등의 외부감사에 관한 법률」에 따른 외부감사 대상일 것
    ② 시행자지정신청일을 기준으로 그 해의 손익계산서(그 해의 손익계산서가 공시되지 않은 경우에는 직전 연도의 손익계산서)상 당기순손실이 발생하지 않았을 것
    ③ 금융위원회로부터 경영건전성 확보를 위한 필요한 조치를 받지 않은 법인(경영건전성 확보를 위한 조치를 완료한 법인은 제외)

11) **「부동산개발업의 관리 및 육성에 관한 법률」에 의한 등록을 한 부동산개발업자로서 다음의 요건을 모두 충족하는 자.** 다만, 회생절차가 진행 중인 법인은 제외한다.
    ① 국토교통부장관에게 보고한 최근 3년간 연평균 사업실적이 해당 도시개발사업에 드는 연평균 사업비 이상일 것
    ② 시행자지정신청일을 기준으로 최근 3년간 시정조치 또는 영업정지를 받은 사실이 없을 것
    ③ 시행자지정신청일을 기준으로 그 해의 손익계산서(그 해의 손익계산서가 공시되지 않은 경우에는 직전 연도의 손익계산서)상 당기순손실이 발생하지 않았을 것

12) **부동산투자회사 중 자기관리부동산투자회사 또는 위탁관리부동산투자회사로서 다음의 요건을 모두 갖춘 자.** 다만, 회생절차가 진행 중인 법인은 제외한다.
    ① 시행자지정신청일 당시 공시된 투자보고서를 기준으로 재무제표상 부채가 자본금의 2배 미만이고, 최근 3년간 업무정지, 임직원의 해임 또는 징계요구, 해당 회사에 대한 경고 또는 주의조치를 받은 사실이 없을 것
    ② 다음의 어느 하나에 해당할 것
      ㉠ 최근 3년간 투자·운용한 자산의 연평균 투자·운용실적(위탁관리 부동산투자회사의 경우에는 해당 부동산투자회사로부터 자산의 투자·운용업무를 위탁받은 자산관리회사가 투자·운용을 위탁받은 실적 총합계액의 연평균 금액)이 해당 도시개발사업에 드는 연평균 사업비 이상일 것
      ㉡ 사업계획상 자본금이 해당 도시개발사업에 드는 총사업비의 15/100 이상일 것

부동산공법

13) 시행자가 될 수 있는 자(조합은 제외)가 도시개발사업을 시행할 목적으로 출자에 참여해서 설립한 법인으로서 다음의 요건에 해당하는 법인
   ① 시행자가 될 수 있는 자가 50/100 이상 출자한 법인
   ② 시행자가 될 수 있는 자가 30/100 이상 출자한 법인으로서 다음의 어느 하나에 해당하는 자의 출자비율 합계가 20/100 이상인 법인
      ㉠ 국가·지방자치단체·공공기관·정부출연기관 또는 지방공사
      ㉡ 「국가재정법」에 따라 설치된 기금을 관리하기 위해 법률에 따라 설립된 법인
      ㉢ 법률에 따라 설립된 공제회
      ㉣ 금융회사(「은행법」에 의한 은행, 한국산업은행, 중소기업은행, 한국수출입은행, 농업협동조합중앙회 및 농협은행, 수산업협동조합중앙회 및 수협은행, 「자본시장과 금융투자업에 관한 법률」에 따른 투자매매업자 및 투자중개업자, 종합금융회사, 상호저축은행중앙회 및 상호저축은행, 보험회사, 신탁업자, 여신전문금융회사, 그리고 새마을금고연합회에 한함)

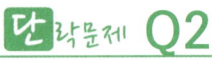 Q2 제18회 기출

다음 중 도시개발사업의 시행자로 지정받을 수 <u>없는</u> 자는?
① 「지방공기업법」에 따라 설립된 지방공사
② 「건설산업기본법」에 따른 토목공사업의 면허를 받는 등 개발계획에 적합하게 도시개발사업을 시행할 능력이 있다고 인정되는 자로서 대통령령으로 정하는 요건에 해당하는 자
③ 도시개발구역의 거주자들이 도시개발사업을 위해 설립한 조합
④ 「건설산업기본법」에 따른 토목건축공사업의 등록을 하는 등 개발계획에 적합하게 도시개발사업을 시행할 능력이 있다고 인정되는 자로서 대통령령이 정하는 요건에 해당하는 자
⑤ 「수도권정비계획법」에 따른 과밀억제권역에서 수도권 외의 지역으로 이전하는 법인 중 과밀억제권역의 사업기간 등 대통령령으로 정하는 요건에 해당하는 법인

해설 도시개발조합
도시개발사업을 위한 조합은 도시개발구역에 있는 토지의 소유자가 설립한다. 도시개발구역의 거주자도 도시개발구역에 있는 토지의 소유자이어야 조합원이 될 수 있다.   **정답** ③

2 전부환지방식으로 시행하는 도시개발사업의 시행자 ★★ 30회 출제

(1) 토지소유자, 조합, 지방자치단체 등

도시개발구역의 전부를 환지방식으로 시행하는 경우에는 토지소유자 또는 조합을 도시개발사업의 시행자로 지정한다(법 제11조 제1항).

그러나 다음의 사유가 있는 때에는 지방자치단체, 한국토지주택공사, 지방공사 또는 신탁업자를 전부환지방식으로 시행하는 도시개발사업의 시행자로 지정할 수 있다(법 제11조 제2항, 영 제20조 제1·2항).

1) 토지소유자 또는 조합이 개발계획의 수립·고시일부터 1년(도시개발구역 지정권자가 시행자 지정신청기간의 연장이 불가피하다고 인정해서 6개월의 범위에서 연장한 경우에는 그 연장된 기간) 이내에 시행자지정을 신청하지 않거나, 도시개발구역 지정권자가 신청된 내용이 위법 또는 부당하다고 인정한 경우

2) 지방자치단체의 장이 집행하는 공공시설에 관한 사업과 병행해서 시행할 필요가 있다고 인정한 경우

3) 도시개발구역의 국·공유지를 제외한 토지면적의 1/2 이상에 해당하는 토지의 소유자와 토지소유자 총수의 1/2 이상이 동의한 경우

(2) 시행자지정을 위한 동의

시행자지정을 위한 동의자 수의 산정방법은 다음과 같다(영 제25조 제1항).

1) 1필지의 토지 소유권을 여럿이 공유하거나 1필지의 토지 지상권을 여럿이 공유하는 경우

   다른 공유자의 동의를 받은 대표 공유자 또는 대표 지상권자 1인을 해당 토지소유자 또는 지상권자로 볼 것. 다만, 집합건물의 구분소유자는 각각을 토지소유자 1인으로 본다.

2) 1인이 둘 이상 필지의 토지를 단독으로 소유하거나 1인이 둘 이상 필지 토지의 단독 지상권자인 경우

   필지의 수에 관계없이 토지 소유자 또는 지상권자를 1인으로 볼 것

3) 둘 이상 필지의 토지를 소유한 공유자가 동일하거나 둘 이상 필지의 토지 지상권을 공유한 지상권자가 동일한 경우

   공유자 여럿을 대표하는 1인을 토지 소유자 또는 지상권자로 볼 것

4) 도시개발구역의 지정에 관한 주민의견청취를 위한 공람·공고일 후에 집합건물의 구분소유권을 분할하게 되어 토지소유자의 수가 증가한 경우

   공람·공고일 전의 토지소유자의 수를 기준으로 산정하고, 증가된 토지소유자의 수는 토지소유자 총수에 추가 산입하지 말 것

5) 도시개발구역의 지정이 제안되기 전에 동의를 철회한 사람이 있는 경우

그 사람은 동의자 수에서 제외할 것

6) 도시개발구역의 지정이 제안된 후부터 도시개발구역이 지정되기 전까지 토지소유자가 변경된 경우 기존 토지소유자의 동의서를 기준으로 할 것

토지소유자가 동의하거나 동의를 철회하는 때에는 동의서 또는 동의철회서를 제출해야 한다. 이 경우 공유하는 토지 또는 지상권의 대표소유자는 대표자지정 동의서와 대표소유자 및 공유자의 신분을 증명할 수 있는 서류를 첨부해서 함께 제출해야 한다(영 제25조 제2항).

그 밖에 동의자 수의 산정방법·절차 등에 관해 세부적인 사항은 국토교통부장관이 정한다(영 제25조 제3항).

3 공동시행에 관한 규약

도시개발구역 지정권자는 다음의 경우에 도시개발사업에 관한 규약을 정하게 할 수 있다(법 제11조 제3항).

1) 토지소유자 2명 이상이 공동으로 도시개발사업을 시행하고자 하는 경우

2) 토지소유자가 다음의 자와 공동으로 도시개발사업을 시행하고자 하는 경우
   ① 과밀억제권역에서 수도권 바깥으로 이전하는 법인
   ② 「주택법」에 따른 등록사업자
   ③ 건설사업자
   ④ 신탁업자
   ⑤ 부동산개발업자
   ⑥ 부동산투자회사

규약으로 정해야 하는 사항은 정관 기재사항과 비슷하다(영 제21조).

4 시행규정 14·19회 출제

다음의 경우에는 시행규정을 작성해야 한다. 시행자가 지방자치단체인 경우에는 시행규정을 조례로 정해야 한다(법 제11조 제4항, 영 제22조 제1·4항).

1) 지방자치단체, 한국토지주택공사, 지방공사 또는 신탁업자가 도시개발사업의 전부를 환지방식으로 시행하고자 하는 경우

2) 다음의 자가 도시개발사업의 일부를 환지방식으로 시행하고자 하는 경우
   ① 국가·지방자치단체·공공기관·정부출연기관 또는 지방공사
   ② 국가·지방자치단체·공공기관·정부출연기관 또는 지방공사가 도시개발사업의 시행을 목적으로 50%를 초과해 출자해서 설립한 법인

시행규정으로 정해야 하는 사항도 정관 기재사항과 비슷하다(영 제22조 제2항).
공공기관·정부출연기관 또는 지방공사인 시행자는 사업관리비의 책정에 관한 사항을 시행규정에 포함시킬 수 있다. 사업관리비는 사업비의 7/100 이하로 책정하는데, 사업관리비를 책정하는 경우에는 그 금액·지급시기 및 방법을 시행규정에 포함시켜야 한다(법 제11조 제4항, 영 제22조 제2·3항).

5 도시개발사업의 대행 28·34회 출제

다음에 해당하는 자는 도시개발사업을 효율적으로 시행하기 위하여 필요한 경우에는 대통령령으로 정하는 바에 따라 설계·분양 등 도시개발사업의 일부를 「주택법」에 따른 주택건설사업자 등으로 하여금 대행하게 할 수 있다(법 제11조 제11항).

1) 국가, 지방자치단체
2) 공공기관 중 한국토지주택공사, 한국수자원공사, 한국농어촌공사, 한국관광공사 및 한국철도공사
3) 정부출연기관 중 국가철도공단 및 제주국제자유도시개발센터
4) 지방공사

6 도시개발사업의 대행범위 30회 출제

주택건설사업자 등에게 대행하게 할 수 있는 도시개발사업의 범위는 다음과 같다(영 제25조의2 제1항).
(1) 실시설계
(2) 부지조성공사
(3) 기반시설공사
(4) 조성된 토지의 분양

7 민·관공동출자법인의 설립과 사업시행 등

(1) 민·관공동출자법인의 설립

국가·지방자치단체·공공기관·정부출연기관 또는 지방공사(이하 "공공시행자"라 한다)가 공공시행자 외의 출자자(이하 "민간참여자"라 한다)와 민·관공동출자법인을 설립하여 도시개발사업을 시행하고자 하는 경우에는 총사업비, 예상 수익률, 민간참여자와의 역할 분담 등이 포함된 사업계획을 마련하여야 한다. 이 경우 민간참여자의 이윤율을 적정 수준으로 제한하기 위하여 그 상한은 사업의 특성, 민간참여자의 기여 정도 등을 고려하여 민간참여자의 이윤율은 총사업비 중 공공시행자의 부담분을 제외한 비용의 10/100 이내로 한다(법 제11조의2 제1항. 영제25조의3 제1항).

(2) 민간참여자의 선정 방법

민·관공동출자법인을 설립하려는 경우 공공시행자는 공모의 방식으로 민간참여자를 선정하여야 한다. 다만, 민간참여자가 공공시행자에게 사업을 제안하는 등 다음의 요건을 모두 갖춘 경우 공공시행자는 공모가 아닌 다른 방식으로 민간참여자를 선정할 수 있다(법 제11조의2 제2항. 영제25조의3 제6항).

1) 제안자(2인 이상이 공동으로 제안하는 경우에는 그중 1인)가 대상 지역 토지면적의 3분의 2 이상을 소유할 것
2) 대상 지역이 「국토의 계획 및 이용에 관한 법률」에 따른 도시지역(개발제한구역은 제외한다)에 해당할 것
3) 대상 지역의 면적이 10만㎡ 미만일 것
4) 대상 지역이 제2조에 따른 도시개발구역의 지정 기준을 충족할 것
5) 대상 지역이 「군사기지 및 군사시설 보호법」 등 관계 법률에 따라 개발이 제한되는 지역이 아닐 것

(3) 공공시행자의 사업시행을 위한 협약 체결

공공시행자는 민간참여자와 민·관공동출자법인을 설립하기 전에 민간참여자와 사업시행을 위한 협약을 체결하여야 하며, 그 협약의 내용에는 다음의 사항이 모두 포함되어야 한다(법 제11조의2 제3항).

1) 출자자 간 역할 분담 및 책임과 의무에 관한 사항
2) 총사업비 및 자금조달계획에 관한 사항
3) 출자자 간 비용 분담 및 수익 배분에 관한 사항
4) 민간참여자의 이윤율에 관한 사항
5) 그 밖에 대통령령으로 정하는 사항

(4) 협약내용의 승인권자

공공시행자가 협약을 체결하려는 경우에는 그 협약의 내용에 대하여 지정권자의 승인을 받아야 하며, 협약 체결을 승인한 지정권자는 국토교통부장관에게 그 내용을 보고하여야 한다. 다만, 지정권자가 민·관공동출자법인의 출자자인 경우에는 국토교통부장관의 승인을 받아야 한다(법 제11조의2 제4항).

(5) 국토교통부장관의 시정 명령

국토교통부장관은 협약에 따른 보고 내용이 위법하거나 보완이 필요하다고 인정하는 경우에는 전문기관의 적정성 검토를 거쳐 지정권자에게 협약 내용의 시정을 명할 수 있다. 시정을 요구받은 지정권자는 지체없이 협약 체결의 승인을 취소하거나 협약 내용의 시정에 필요한 조치를 하여야 한다(법 제11조의2 제5·6항).

8 시행자의 처분에 대한 행정심판

시행자가 「도시개발법」에 따라 행한 처분에 불복하는 자는 「행정심판법」에 따라 행정심판을 제기할 수 있다. 다만, 행정청이 아닌 시행자가 한 처분에 관해서는 다른 법률에 특별한 규정이 있는 경우를 제외하고는 <u>도시개발구역 지정권자에게 행정심판을 제기해야 한다</u>(법 제77조).

9 시행자의 도시개발사업에 관한 업무의 위탁 및 신탁

(1) 업무의 위탁

시행자는 다음의 자와 협약을 체결해서 항만·철도 등 공공시설(「국토의 계획 및 이용에 관한 법률」상의 기반시설)의 건설과 공유수면의 매립에 관한 업무를 위탁해서 시행할 수 있다(법 제12조 제1항, 영 제26조 제1·2·3항).

1) 국가, 지방자치단체
2) 공공기관 중 한국토지주택공사, 한국수자원공사, 한국농어촌공사, 한국관광공사 및 한국철도공사
3) 정부출연기관 중 국가철도공단 및 제주국제자유도시개발센터
4) 지방공사

시행자는 다음의 자와 협약을 체결해서 도시개발사업을 위한 기초조사, 토지매수업무, 손실보상업무, 주민이주대책사업 등을 위탁할 수 있다. 이 경우 정부출자기관에 주민이주대책사업을 위탁하는 때에는 이주대책의 수립·실시, 이주정착금의 지급, 그 밖에 보상과 관련된 부대업무만 위탁할 수 있다(법 제12조 제2항, 영 제27조 제1·2항).

1) 관할 지방자치단체
2) 공공기관 중 한국토지주택공사, 한국수자원공사 및 한국농어촌공사
3) 정부출연기관 중 국가철도공단 및 제주국제자유도시개발센터
4) 「한국부동산원법」에 따른 한국부동산원
5) 지방공사

시행자는 일정한 위탁 수수료를 그 업무를 위탁받아 시행하는 자에게 지급해야 한다(법 제12조 제3항, 규칙 제18조, [별표 18]).

(2) 신탁개발

다음의 시행자는 도시개발구역 지정권자의 승인을 받아 시행자의 자격이 있는 신탁업자와 신탁계약을 체결해서 도시개발사업을 시행할 수 있다(법 제12조 제4항, 영 제28조 제3항).

부동산공법

1) 토지소유자
2) 조 합
3) 과밀억제권역에서 수도권 바깥으로 이전하는 법인
4) 「주택법」에 따른 등록사업자
5) 건설사업자
6) 신탁업자

시행자가 신탁계약을 체결한 경우에는 그 계약을 체결한 날부터 1개월 이내에 그 계약서 사본을 첨부해서 도시개발구역 지정권자에게 그 사실을 통보해야 한다(영 제28조 제2항).

단락문제 Q3
제22회 기출

도시개발법령상 도시개발구역 지정권자가 도시개발사업 시행자를 변경할 수 있는 경우가 아닌 것은?

① 시행자가 도시개발사업에 관한 실시계획의 인가를 받은 후 2년 이내에 사업을 착수하지 아니한 경우
② 행정처분으로 시행자의 지정이 취소된 경우
③ 도시개발구역의 전부를 환지 방식으로 시행하는 시행자가 도시개발구역 지정의 고시일로부터 6개월 이내에 실시계획 인가를 신청하지 아니한 경우
④ 시행자의 부도·파산으로 도시개발사업의 목적을 달성하기 어렵다고 인정되는 경우
⑤ 행정처분으로 실시계획의 인가가 취소된 경우

해설 도시개발사업 시행자의 변경
"6개월 이내"가 아닌 "1년 이내"이어야 한다.

정답 ③

04 도시개발조합 ★★★
14·18·20·22·33·34·35회 출제

1 조합설립인가

(1) 조합설립의 인가

조합을 설립하고자 하는 때에는 도시개발구역에 있는 토지의 소유자 7명 이상이 정관을 작성해서 도시개발구역 지정권자로부터 조합설립인가를 받아야 한다(법 제13조 제1항). 정관에는 [표]의 사항이 포함되어야 한다. 조합의 정관작성에 관한 세부적인 기준은 특별시·광역시·특별자치시·도 또는 특별자치도(이하 "시·도"라 함)의 조례로 정할 수 있다(영 제29조 제1항). 21회 출제

인가받은 사항을 변경하고자 하는 때에는 변경인가를 받아야 한다. 다만, 다음의 경미한 사항을 변경하고자 하는 때에는 신고하는 것으로 족하다(법 제13조 제2항, 영 제30조).

1) 주된 사무소 소재지의 변경
2) 공고방법의 변경

▼ 정관·규약 및 시행규정 기재사항 28회 출제

정 관	규약·시행규정
1) 도시개발사업의 명칭 2) 조합의 명칭 3) 사업목적 4) 도시개발구역의 면적 5) 사업의 범위 및 사업기간 6) 주된 사무소의 소재지 7) 임원의 자격·수·임기·직무 및 선임방법 8) 회의에 관한 사항 9) 총회의 구성, 기능, 의결권의 행사방법 그 밖에 회의 운영에 관한 사항 10) 대의원회 또는 이사회를 두는 경우에는 그 구성, 기능, 의결권의 행사방법 그 밖에 회의운영에 관한 사항 11) 비용부담에 관한 사항 12) 회계 및 계약에 관한 사항 13) 공공시설용지의 부담에 관한 사항 14) 공고의 방법 15) 토지평가협의회의 구성 및 운영에 관한 사항 16) 토지 등 가액 평가방법에 관한 사항 17) 환지계획 및 환지예정지의 지정에 관한 사항 18) 보류지 및 체비지의 관리·처분에 관한 사항 19) 청산에 관한 사항 20) 건축물을 설치하는 경우에는 그 건축물의 관리 및 처분에 관한 사항 21) 토지에 대한 소유권의 변동 등 시행자에게 통보해야 할 사항	1) 사업의 명칭 2) 사업의 목적 3) 도시개발구역의 위치 및 면적 4) 사업의 범위 및 시행기간 5) 주된 사무소의 소재지 6) 임원을 정할 경우에는 그 자격·수·임기·직무 및 선임방법 ※규약에 한함 7) 회의에 관한 사항 ※규약에 한함 8) 비용부담 9) 회계 및 계약 10) 공고의 방법 11) 토지평가협의회의 구성 및 운영(환지방식인 경우에 한함) 12) 토지 등의 가액의 평가방법 13) 환지계획 및 환지예정지의 지정(환지방식인 경우에 한함) 14) 토지 등의 관리 및 처분 15) 보류지 및 체비지의 관리·처분(환지방식인 경우에 한함) 16) 공공시설용지의 부담 17) 청산(환지방식인 경우에 한함) 18) 토지에 대한 소유권의 변동 등 시행자에게 통보해야 할 사항

(2) 조합설립에 대한 동의 25·27회 출제

조합설립인가를 신청하고자 하는 때에는 그 도시개발구역의 토지면적의 2/3 이상에 해당하는 토지소유자와 그 구역의 토지소유자 총수의 1/2 이상의 동의를 받아야 한다(법 제13조 제3항). 동의자 수의 산정방법 등은 다음과 같다(법 제13조 제4항, 영 제31조 제1·2·3항).

1) 토지소유자는 조합설립인가의 신청 전에 동의를 철회할 수 있다. 이 경우 그 토지소유자는 동의자 수에서 제외한다.

부동산공법

2) 조합설립인가에 동의한 자로부터 토지를 취득한 자는 조합의 설립에 동의한 것으로 본다. 다만, 토지를 취득한 자가 조합 설립인가 신청 전에 동의를 철회한 경우에는 그러하지 아니하다.

3) 그 밖에 동의자 수의 산정방법 등은 개발계획에 관한 동의자 수의 산정방법 등에 관한 규정을 준용한다.

2 조합의 성립 추가15·16회 출제

조합은 법인으로 한다(법 제15조 제1항).

조합은 주된 사무소의 소재지에 등기함으로써 성립한다. 조합설립인가가 있으면 조합의 대표자는 설립인가를 받은 날부터 30일 이내에 주된 사무소의 소재지에서 설립등기를 해야 한다(법 제15조 제2항, 영 제32조 제1항).

조합에 관해「도시개발법」에 규정한 것을 제외하고는「민법」중 사단법인에 관한 규정을 준용한다(법 제15조 제4항).

조합이 도시개발사업이 아닌 다른 사업을 한 때에는 500만원 이하의 과태료에 처한다(법 제85조 제2항).

Key Point 「도시개발법」상의 각종 동의요건 ★★★

구 분	동의요건
1) 토지소유자가 도시개발구역의 지정을 제안하고자 하는 경우	대상구역의 토지면적의 2/3 이상에 해당하는 토지소유자의 동의
2) 도시개발사업을 환지방식으로 시행하기 위해 개발계획을 수립 또는 변경하는 경우	환지방식이 적용되는 지역의 토지면적의 2/3 이상에 해당하는 토지소유자와 그 지역의 토지소유자 총수의 1/2 이상의 동의
3) 환지방식으로 시행하는 도시개발사업의 시행자로 지방자치단체, 한국토지주택공사, 지방공사 또는 신탁업자를 지정하는 경우	도시개발구역의 국·공유지를 제외한 토지면적의 1/2 이상에 해당하는 토지소유자 및 토지소유자 총수의 1/2 이상이 동의
4) 조합설립인가를 신청하는 경우	도시개발구역의 토지면적의 2/3 이상에 해당하는 토지소유자와 그 구역의 토지소유자 총수의 1/2 이상의 동의
5) 국가, 지방자치단체, 공공기관, 정부출연기관 또는 지방공사가 아닌 시행자가 토지 등을 수용 또는 사용하고자 하는 경우	사업대상 토지면적의 2/3 이상에 해당하는 토지를 소유하고 토지소유자 총수의 1/2 이상에 해당하는 자의 동의
6) 환지계획구역의 평균 토지부담률을 60%를 초과해서 정하는 경우	환지계획구역의 토지소유자 총수의 2/3 이상의 동의

3 조합원

조합의 조합원은 도시개발구역에 있는 토지의 소유자로 한다(법 제14조 제1항).
조합원의 권리 및 의무는 다음과 같다(영 제32조 제2·3항).

1) 보유토지의 면적에 관계 없는 평등한 의결권(이 경우 공유토지는 공유자의 동의를 받은 대표 공유자 1명만 의결권이 있으며, 집합건물의 구분소유자는 구분소유자별로 의결권을 갖되 도시개발구역의 지정에 관한 주민의견청취를 위한 공람·공고일 후에 구분소유권을 분할해서 구분소유권을 취득한 자는 의결권을 갖지 못함). 다만, 다른 조합원으로부터 해당 도시개발구역에 그가 가지고 있는 토지소유권 전부를 이전받은 조합원은 정관으로 정하는 바에 따라 본래의 의결권과는 별도로 그 토지소유권을 이전한 조합원의 의결권을 승계할 수 있다.

2) 정관에서 정한 조합의 운영 및 도시개발사업의 시행에 필요한 경비의 부담

3) 그 밖에 정관에서 정하는 권리 및 의무

조합은 환지계획을 작성하거나 그 밖에 사업을 시행하는 과정에서 조합원이 총회에서 의결하는 사항 등에 동의하지 않거나 소규모 토지소유자라는 이유로 차별해서는 안 된다(영 제32조 제4항).

4 조합의 임·직원   24회 출제

조합의 임원으로 조합장 1명과 이사 및 감사를 둔다. 조합의 임원은 의결권을 가진 조합원이어야 하고, 정관으로 정하는 바에 따라 총회에서 선임한다(영 제33조).
다음의 자는 조합의 임원이 될 수 없다. 조합의 임원이 결격사유에 해당하게 된 때에는 그 다음 날부터 임원의 자격을 상실한다(법 제14조 제3·4항).

1) 피성년후견인, 피한정후견인 또는 미성년자

2) 파산선고를 받은 자로서 복권되지 않은 자

3) 금고 이상의 형을 선고받고 그 집행이 끝나거나 집행을 받지 않기로 확정된 후 2년이 지나지 않은 자 또는 그 형의 집행유예기간 중에 있는 자

조합장은 조합을 대표하고 그 사무를 총괄하며, 총회·대의원회 또는 이사회의 의장이 된다. 이사는 정관이 정하는 바에 따라 조합장을 보좌하며, 조합의 사무를 분장한다. 감사는 조합의 사무 및 재산상태와 회계에 관한 사항을 감사한다. 조합장이나 이사의 자기를 위한 조합과의 계약이나 소송에 관해서는 감사가 조합을 대표한다(영 제34조 제1·2·3·4항).
조합의 임원은 그 조합의 다른 임원 또는 직원을 겸할 수 없으며, 같은 목적의 사업을 하는 다른 조합의 임원 또는 직원을 겸할 수 없다(법 제14조 제2항, 영 제34조 제5항).
조합의 임원 및 직원은 「형법」 제129조부터 제132조까지(뇌물죄)의 적용에 있어서 이를 공무원으로 본다(법 제84조).

5 총회

다음 사항은 총회의 의결을 거쳐야 한다(영 제35조).

1) 정관의 변경
2) 개발계획 및 실시계획의 수립 및 변경
3) 자금의 차입과 그 방법·이율 및 상환방법
4) 조합의 수지예산
5) 부과금의 금액 또는 징수방법
6) 환지계획의 작성
7) 환지예정지의 지정
8) 체비지 등의 처분방법
9) 조합임원의 선임
10) 조합의 합병 또는 해산에 관한 사항. 다만, 청산금의 징수·교부를 완료한 후 조합을 해산하는 경우는 제외
11) 그 밖에 정관에서 정하는 사항

6 대의원회 20·23·29회 출제

의결권을 가진 조합원의 수가 50명 이상인 조합은 총회의 권한을 대행하게 하기 위해 대의원회를 둘 수 있다. 다만, 대의원회는 다음의 사항에 관한 권한은 대행하지 못한다(영 제36조 제1·3항).

1) 정관의 변경
2) 개발계획의 수립 및 변경(개발계획의 경미한 변경과 실시계획의 수립·변경은 제외)
3) 환지계획의 작성(환지계획의 경미한 변경은 제외)
4) 조합임원의 선임
5) 조합의 합병 또는 해산에 관한 사항

대의원의 수는 의결권을 가진 조합원 총수의 10% 이상으로 하며, 대의원은 의결권을 가진 조합원 중에서 정관이 정하는 바에 따라 선출한다(영 제36조 제2항).

제2장 도시개발법

7 경비의 부과·징수 25회 출제

1) 조합은 그 사업에 필요한 비용을 조성하기 위해 정관으로 정하는 바에 따라 조합원에게 경비를 부과·징수할 수 있다. 부과금의 금액은 도시개발구역의 토지의 위치·지목·면적·이용상황·환경 그 밖의 사항을 종합적으로 고려해서 정해야 한다(법 제16조 제1·2항).

2) 조합은 그 조합원이 부과금의 납부를 게을리 하는 때에는 정관으로 정하는 바에 따라 연체료를 부담시킬 수 있다(법 제16조 제3항).

3) 조합은 부과금 또는 연체료를 체납하는 자가 있는 때에는 특별자치도지사·시장·군수 또는 자치구청장에게 그 징수를 위탁할 수 있으며, 특별자치도지사·시장·군수 또는 자치구청장은 지방세체납처분의 예에 따라 이를 징수할 수 있다. 이 경우 조합은 징수한 금액의 4%에 해당하는 금액을 그 특별자치도·시·군 또는 자치구에 지급해야 한다(법 제16조 제4·5항).

단락문제 Q4 제33회 기출

도시개발법령상 도시개발사업조합에 관한 설명으로 틀린 것은?
① 조합은 그 주된 사무소의 소재지에서 등기를 하면 성립한다.
② 주된 사무소의 소재지를 변경하려면 지정권자로부터 변경인가를 받아야 한다.
③ 조합 설립의 인가를 신청하려면 해당 도시개발구역의 토지면적의 3분의 2 이상에 해당하는 토지 소유자와 그 구역의 토지 소유자 총수의 2분의 1 이상의 동의를 받아야 한다.
④ 조합의 조합원은 도시개발구역의 토지 소유자로 한다.
⑤ 조합의 설립인가를 받은 조합의 대표자는 설립인가를 받은 날부터 30일 이내에 주된 사무소의 소재지에서 설립등기를 하여야 한다.

해설 도시개발사업조합
주된 사무소의 소재지를 변경하려면 지정권자에게 신고하여야 한다.. 주된 사무소의 소재지를 변경하려면 지정권자에게 신고하여야 한다..

정답 ②

05 권한의 위임

1 권한위임

(1) 국토교통부장관의 권한위임
「도시개발법」에 따른 국토교통부장관의 권한은 그 일부를 대통령령으로 정하는 바에 따라 특별시장·광역시장·도지사 또는 특별자치도지사(이하 "시·도지사"라 함)나 그 소속기관의 장에게 위임할 수 있으며, 시·도지사는 국토교통부장관의 승인을 받아 그 위임받은 권한의 일부를 시장·군수 또는 자치구청장에게 재위임할 수 있다(법 제79조 제1항).

(2) 시·도지사의 권한위임
시·도지사의 권한은 그 일부를 특별시·광역시·도 또는 특별자치도(이하 "시·도"라 함)의 조례로 정하는 바에 따라 시장·군수 또는 자치구청장에게 위임할 수 있다(법 제77조 제2항).

2 권한의 위임에 따른 도시계획위원회의 의결

권한이 위임되거나 재위임된 경우에 위임 또는 재위임된 사항 중 중앙도시계획위원회 또는 지방도시계획위원회의 의결을 거쳐야 하는 사항은 그 권한을 위임 또는 재위임받은 지방자치단체에 설치된 지방도시계획위원회의 의결을 거쳐야 한다(법 제79조 제3항).

제2장 도시개발법

제2절 도시개발구역의 지정 14회 출제

01 도시개발구역의 지정권자 등 11·추가15·20·32회 출제

1 시·도지사와 대도시시장 추가15·20회 출제

시·도지사나 대도시(특별시와 광역시를 제외한 인구 50만 이상의 시)시장은 계획적인 도시개발이 필요하다고 인정되는 때에는 도시개발구역을 지정할 수 있다(법 제3조 제1항).

도시개발사업이 필요하다고 인정되는 지역이 둘 이상의 시·도나 대도시의 행정구역에 걸치는 경우에는 관계 시·도지사나 대도시시장이 협의해서 도시개발구역을 지정할 자를 정한다(법 제3조 제2항).

2 국토교통부장관 15·20·26·30·33회 출제

다음의 경우에는 예외적으로 국토교통부장관이 도시개발구역을 지정할 수 있다(법 제3조 제3항, 영 제4조 제1·2항).

1) 국가가 도시개발사업을 실시할 필요가 있는 경우
2) 관계 중앙행정기관의 장이 요청하는 경우
3) 시행자가 될 수 있는 공공기관 또는 정부출연기관의 장이 30만㎡ 이상으로서 국가계획과 밀접한 관련이 있는 도시개발구역의 지정을 제안하는 경우

도시개발구역

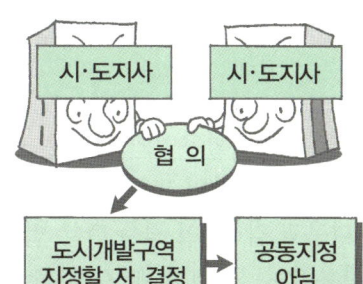

4) 관계 시·도지사나 대도시시장 간에 도시개발구역 지정권자에 관한 협의가 성립되지 않는 경우

5) 천재·지변 그 밖의 사유로 인해 도시개발사업을 긴급하게 할 필요가 있는 경우

단락문제 Q5
제18회 기출 개작

다음은 도시개발구역 지정권자에 관한 설명이다. 틀린 것은?

① 도시개발구역은 시·도지사나 대도시시장이 지정한다.
② 국가가 도시개발사업을 실시할 필요가 있는 경우에는 국토교통부장관이 도시개발구역을 지정할 수 있다.
③ 둘 이상의 시·도나 대도시에 걸치는 도시개발구역은 관계 시·도지사나 대도시시장이 협의해서 공동으로 지정한다.
④ 둘 이상의 시·도나 대도시에 걸치는 도시개발구역의 지정에 관한 관계 시·도지사나 대도시시장 간의 협의가 성립되지 않는 경우에는 국토교통부장관이 도시개발구역을 지정할 수 있다.
⑤ 천재·지변 그 밖의 사유로 인해 도시개발사업을 긴급하게 할 필요가 있는 경우에는 국토교통부장관이 지정할 수 있다.

해설 도시개발구역의 지정권자
둘 이상의 시·도에 걸치는 도시개발구역은 관계 시·도지사나 대도시시장이 협의해서 도시개발구역을 지정할 자를 정한다.

정답 ③

3 도시개발구역의 지정요청

(1) 지정요청
시장(대도시 시장은 제외)·군수 또는 자치구청장은 시·도지사에게 도시개발구역의 지정을 요청할 수 있다(법 제3조 제4항).
시장·군수 또는 자치구청장은 도시개발구역의 지정을 요청하는 때에는 시·군·구 도시계획위원회의 자문을 거쳐야 한다. 다만, 지구단위계획구역에서 이미 결정된 지구단위계획에 따라 도시개발사업을 시행하기 위해 도시개발구역의 지정을 요청하는 경우에는 시·군·구 도시계획위원회의 자문을 생략할 수 있다(영 제5조).

(2) 기초조사 등
시장·군수 또는 자치구청장은 도시개발구역의 지정을 요청하려면 도시개발구역으로 지정될 구역의 토지·건축물·공작물 그 밖의 필요한 사항을 조사하거나 측량할 수 있다. 조사·측량할 수 있는 사항은 다음과 같다. 이 경우 다른 법령에 근거해서 이미 조사·측량한 자료가 있으면 그 자료를 활용할 수 있다(법 제6조 제1항, 영 제10조 제1·2항, 규칙 제10조).

1) 도시 또는 도시개발구역으로 지정하려는 지역과 생활권이 같은 지역의 인구변동 상황 및 추이
2) 도시개발구역의 인구, 토지이용, 지장물 및 각종 개발사업 현황
3) 주변지역의 교통 현황
4) 풍수해, 산사태, 지반 붕괴, 그 밖의 재해의 발생빈도 및 현황
5) 도시·군기본계획, 광역도시계획 등 상위계획에 관한 사항
6) 문화유산 분포 현황
7) 공원 및 녹지 분포 현황
8) 환경성검토서 작성에 필요한 환경 영향(녹지지역 안이나 도시지역 외의 지역에 도시개발구역을 지정하는 경우에 한함)

조사·측량을 하려는 자는 관계 행정기관, 지방자치단체, 공공기관, 정부출연기관, 그 밖의 관계기관의 장에게 필요한 자료의 제출을 요청할 수 있다. 이 경우 자료제출을 요청받은 기관의 장은 특별한 사유가 없으면 요청에 따라야 한다(법 제6조 제2항).

(3) 주민의견청취

시장·군수 또는 자치구청장이 도시개발구역의 지정을 요청하고자 하는 때에는 공람을 통해 주민의견을 청취해야 하며, 제시된 의견이 타당하다고 인정되는 때에는 이를 반영해야 한다(법 제7조 제1항).

시장·군수 또는 자치구청장은 주민의견을 청취하고자 하는 경우에는 전국 또는 그 지방을 보급지역으로 하는 둘 이상의 일간신문과 시·군·구의 인터넷 홈페이지에 공고하고, 14일 이상 일반인에게 공람시켜야 한다. 다만, 도시개발구역의 면적이 10만m² 미만인 경우에는 일간신문 대신 공보와 인터넷 홈페이지에 공고할 수 있다. 공고된 내용에 관해 의견이 있는 자는 공람기간에 도시개발구역의 지정에 관한 공고를 한 자에게 의견서를 제출할 수 있다(영 제11조 제2·3항).

시장·군수 또는 자치구청장은 제출된 의견을 종합해서 시·도지사에게 제출해야 한다. 제출된 의견이 없으면 그 사실을 시·도지사에게 통보해야 한다. 다만, 대도시시장이 지정권자인 경우에는 예외로 한다(영 제11조 제4항).

시장·군수 또는 자치구청장은 공고한 내용에 제출된 의견을 반영할 것인지를 검토해서 그 결과를 공람기간이 끝난 날부터 30일 이내에 그 의견을 제출한 자에게 통보해야 한다(영 제11조 제5항).

(4) 공청회 개최

시장·군수 또는 자치구청장은 도시개발구역의 면적이 100만㎡ 이상인 경우에는 공람기간이 끝난 후에 공청회를 개최해서 관계 전문가 등으로부터 의견을 들어야 하며, 제시된 의견이 타당하다고 인정되는 때에는 이를 반영해야 한다(법 제7조 제1항, 영 제13조 제1항).

공청회를 개최하고자 하는 때에는 공청회개최에 관한 사항을 전국 또는 그 지역을 주된 보급지역으로 하는 일간신문과 인터넷 홈페이지에 공청회개최예정일 14일 전까지 1회 이상 공고해야 한다. 다만, 주민의견청취를 위한 공람공고를 할 때에 공청회사항을 미리 공고한 경우에는 예외로 한다(영 제13조 제2항).

공청회가 개최자가 책임질 수 없는 사유로 2회에 걸쳐 개최되지 못하거나 개최는 되었으나 정상적으로 진행되지 못한 경우에는 공청회를 생략할 수 있다. 이 경우 공청회를 생략하게 된 사유, 달리 의견을 제출할 수 있는 의견제출시기 및 방법 등에 관한 사항을 공청회공고와 같은 방법으로 공고해서 주민의 의견을 듣도록 해야 한다(영 제13조 제3항).

공청회는 개최자가 지명하는 자가 주재한다(영 제13조 제4항).

그 밖에 공청회개최에 필요한 사항은 그 공청회를 개최하는 주체에 따라 국토교통부장관이 정하거나 해당 지방자치단체의 조례로 정할 수 있다(영 제13조 제5항).

4 도시개발구역지정의 제안 23회 출제

(1) 제안자

도시개발사업의 시행자가 될 수 있는 자(국가·지방자치단체 및 조합은 제외)는 특별자치도지사·시장·군수 또는 자치구청장(도시개발구역으로 지정하려는 지역이 둘 이상의 특별자치도·시·군 또는 구의 행정구역에 걸치는 때에는 그 지역에 포함된 면적이 가장 큰 행정구역의 특별자치도지사·시장·군수 또는 자치구청장)에게 도시개발구역의 지정을 제안할 수 있다.

그러나 국토교통부장관이 도시개발구역을 지정할 수 있는 사유에 해당되는 경우에는 관계자는 국토교통부장관에게 직접 도시개발구역의 지정을 제안할 수 있다(법 제11조 제5항, 영 제23조 제2·4항).

(2) 제안요건

토지소유자가 수용 또는 사용의 방식으로 제안하는 때에는 도시개발구역의 국·공유지를 제외한 토지면적의 2/3 이상을 사용할 수 있는 권원(토지사용승낙서 및 토지매매계약서)을 가지고 1/2 이상을 소유해야 한다(법 제11조 제5항, 영 제23조 제4항).

다음의 자가 도시개발구역의 지정을 제안하고자 하는 경우에는 대상구역 토지면적의 2/3 이상에 해당하는 토지소유자(지상권자를 포함함)의 동의를 받아야 한다(법 제11조 제6항, 영 제23조 제5항).

1) 토지소유자
2) 수도권 바깥으로 이전하는 법인
3) 「주택법」에 따른 등록사업자
4) 건설사업자
5) 신탁업자
6) 부동산개발업자
7) 부동산투자회사
8) 도시개발사업을 목적으로 설립한 법인(국가·지방자치단체·공공기관·정부출연기관 또는 지방공사가 50%를 초과해서 출자한 경우는 제외)

도시개발구역지정을 제안하는 자가 결합개발방식을 적용하려는 경우에는 도시개발구역에 포함될 서로 떨어진 지역별로 토지소유자(지상권자를 포함함)의 동의를 받아야 한다(영 제5조의2 제3항).

(3) 제안절차

도시개발사업의 시행자가 되고자 하는 자가 도시개발구역의 지정을 제안하고자 하는 때에는 도시개발구역으로 지정될 구역의 토지·건축물·공작물 그 밖의 필요한 사항을 조사하거나 측량할 수 있다(법 제6조 제1항).

도시개발구역지정의 제안을 받은 국토교통부장관이나 특별자치도지사·시장·군수 또는 자치구청장은 제안을 수용할 것인지 여부를 1개월 이내에 제안자에게 통보해야 한다. 다만, 관계 기관과의 협의가 지연되는 등 불가피한 사유가 있는 경우에는 1개월 이내의 범위에서 통보기간을 연장할 수 있다(영 제23조 제3항).

도시개발구역의 지정을 제안하는 경우의 도시개발구역의 규모, 제안의 절차, 제출서류 등에 관해서는 도시개발구역의 지정에 관한 규정을 준용한다(법 제11조 제9항).

(4) 도시개발구역의 지정에 관한 비용의 부담

특별자치도지사·시장·군수 또는 자치구청장은 제안자와 협의해서 도시개발구역의 지정을 위해 필요한 비용의 전부 또는 일부를 제안자에게 부담시킬 수 있다(법 제11조 제7항).

단락문제 Q6 제33회 기출

도시개발법령상 국토교통부장관이 도시개발구역을 지정할 수 있는 경우에 해당하지 <u>않는</u> 것은?

① 국가가 도시개발사업을 실시할 필요가 있는 경우
② 관계 중앙행정기관의 장이 요청하는 경우
③ 한국토지주택공사 사장이 20만 제곱미터의 규모로 국가계획과 밀접한 관련이 있는 도시개발구역의 지정을 제안하는 경우
④ 천재지변, 그 밖의 사유로 인하여 도시개발사업을 긴급하게 할 필요가 있는 경우
⑤ 도시개발사업이 필요하다고 인정되는 지역이 둘 이상의 도의 행정구역에 걸치는 경우에 도시개발구역을 지정할 자에 관하여 관계 도지사 간에 협의가 성립되지 아니하는 경우

해설 **도시개발구역의 지정**
시행자가 될 수 있는 공공기관 또는 정부출연기관의 장이 30만㎡ 이상으로서 국가계획과 밀접한 관련이 있는 도시개발구역의 지정을 제안하는 경우 국토교통부장관이 도시개발구역을 지정할 수 있다.   **정답** ③

02 도시개발구역의 지정요건 ★★ 추가15·16·17·25회 출제

1 지정요건

(1) 지정대상지역 및 규모

도시개발구역으로 지정할 수 있는 대상지역 및 규모는 다음의 [표]와 같다(영 제2조 제1·4항, 규칙 제2조, 제3조, [별표 1]).

▼ 도시개발구역의 규모 29회 출제

구 분	지 정 면 적
1) 도시지역인 경우	① 주거지역, 상업지역, 자연녹지지역 : 1만㎡ 이상 ② 공업지역 : 3만㎡ 이상 ③ 생산녹지지역(생산녹지지역이 도시개발구역 지정면적의 30% 이하인 경우에 한함) : 1만㎡ 이상 ④ 도시지역에서 둘 이상의 용도지역에 걸치는 경우 : 다음의 면적이 1만㎡ 이상일 것. 이 경우 생산녹지지역은 전체면적의 30% 이내여야 한다. 　㉠ 주거지역·상업지역·생산녹지지역 및 자연녹지지역의 면적 　㉡ 공업지역에 속하는 면적의 1/3
2) 도시지역이 아닌 경우	30만㎡ 이상. 다만, 아파트 또는 연립주택의 건설계획이 포함되는 경우로서 다음 요건을 모두 갖춘 경우에는 10만㎡ 이상으로 한다. ① 도시개발구역에 초등학교용지를 확보(도시개발구역 내 또는 도시개발구역으로부터 통학이 가능한 거리에 학생을 수용할 수 있는 초등학교가 있는 경우를 포함함)해서 관할 교육청과 협의한 경우 ② 도시개발구역에서 다음의 도로와 연결되거나 4차로 이상의 도로를 설치하는 경우 　㉠ 일반국도, 특별시도·광역시도 또는 지방도 　㉡ 도시·군계획도로 중 주간선도로 또는 보조간선도로
3) 도시지역의 안팎에 걸치는 경우	① 총면적이 30만㎡ 이상일 것. 다만, 아파트 또는 연립주택의 건설계획이 포함되는 경우로서 다음 요건을 모두 갖춘 경우에는 20만㎡ 이상으로 한다. 　㉠ 도시개발구역에 초등학교용지를 확보해서 관할 교육청의 협의한 경우 　㉡ 도시개발구역에서 일반국도, 특별시도·광역시도 또는 지방도와 연결되거나, 도시·군계획도로 중 주간선도로 또는 보조간선도로와 연결되거나, 4차로 이상의 도로를 설치하는 경우 ② 다음의 면적이 1만㎡ 이상이고, 도시지역 밖의 면적이 5,000㎡ 이하인 경우로서 도시지역 밖의 면적을 공공시설용지로 사용하기 위해 개발하는 경우일 것 　㉠ 주거지역·상업지역·생산녹지지역 및 자연녹지지역의 면적 　㉡ 공업지역에 속하는 면적의 1/3

(2) 지정대상지역의 제한

다음의 지역에 도시개발구역을 지정하는 경우에는 광역도시계획 또는 도시·군기본계획에 의해 개발이 가능한 지역에서만 국토교통부장관이 정하는 기준에 따라 지정해야 한다. 다만, 광역도시계획 및 도시·군기본계획이 수립되지 않은 지역의 경우에는 자연녹지지역 및 계획관리지역에 한해 도시개발구역을 지정할 수 있다(영 제2조 제2항).

1) 자연녹지지역, 생산녹지지역
2) 도시지역이 아닌 지역

도시개발구역 지정권자는 결합개발방식을 적용할 도시개발구역을 지정하는 때에는 위의 제한을 적용하지 않을 수 있다(영 제5조의2 제4항).

(3) 예 외

다음의 지역으로서 도시개발구역 지정권자가 계획적인 도시개발이 필요하다고 인정하는 지역에 대해서는 지정규모 및 지정대상지역에 관한 제한을 적용하지 않는다(영 제2조 제3항).

1) 취락지구 또는 개발진흥지구
2) 지구단위계획구역
3) 국토교통부장관이 지역균형발전을 위해 관계 중앙행정기관의 장과 협의해서 도시개발구역으로 지정하고자 하는 지역(자연환경보전지역은 제외)

2 연접지역의 개발

같은 목적으로 여러 차례에 걸쳐 부분적으로 개발하거나 이미 개발한 지역과 붙어 있는 지역을 개발하는 경우 다음의 요건을 모두 갖춘 때에는 개발중인 구역과 새로 개발하고자 하는 구역을 하나의 도시개발구역으로 지정해야 한다(영 제2조 제5항, 규칙 제3조, [별표 1]).

1) 개발중인 구역과 새로 개발하고자 하는 구역의 면적을 합한 면적이 도시개발구역으로 지정할 수 있는 규모 이상일 것
2) 개발중인 구역과 새로 개발하고자 하는 구역의 시행자가 같은 자일 것

3 도시개발구역의 분할 및 결합

(1) 분할 및 결합

도시개발구역 지정권자는 도시개발사업의 효율적인 추진과 도시의 경관 보호 등을 위해 필요하다고 인정하는 경우에는 도시개발구역을 둘 이상의 사업시행지구로 분할하거나 서로 떨어진 둘 이상의 지역을 결합해서 하나의 도시개발구역으로 지정할 수 있다. 이 경우 분할한 후 각 사업시행지구의 면적이 각각 1만m² 이상이어야 한다(법 제3조의2 제1항, 영 제5조의2 제1항).

(2) 결합개발

서로 떨어진 둘 이상의 지역(동일 또는 연접한 시·도에 한함)을 결합해서 하나의 도시개발구역으로 지정(결합개발)할 수 있는 경우는 다음의 어느 하나에 해당하는 면적 1만㎡ 이상인 지역이 도시개발구역에 하나 이상 포함된 경우로 한다(영 제5조의2 제2항).

1) 도시경관·국가유산·군사시설·항공시설 등을 관리하거나 보호하기 위해 관계법령에 따라 토지이용이 제한되는 지역

2) 용도지역별 개발행위허가의 규모 이상의 기반시설·공장·공공청사·관사·군사시설 등이 철거되거나 이전되는 지역(해당 시설물의 주변지역을 포함함)

3) 다음의 지역·지구(도시개발사업으로 재해예방시설·주민안전시설 등을 설치해서 재해 등을 장기적으로 예방하거나 복구할 수 있는 경우에 한함)
   ① 방화지구, 방재지구
   ② 「자연재해대책법」상의 자연재해위험지구
   ③ 「재난 및 안전관리 기본법」상의 특별재난지역

4) 순환개발방식으로 도시개발사업을 시행하는 지역

5) 도시·군계획시설사업의 시행이 필요한 지역(결합개발이 필요한 지역으로서 총사업비가 사업비예산에 대한 **예비타당성 조사대상이 되는 경우**에 한함)
   → 총사업비 500억원 이상

6) 「개발제한구역의 지정 및 관리에 관한 특별조치법」에 따른 정비사업 구역에 포함된 지역(1만㎡ 미만인 경우도 포함함)

7) 그 밖에 지정권자가 도시개발사업의 효율적인 시행을 위해 결합개발이 필요하다고 인정한 지역

시행자가 결합개발방식을 적용해서 도시개발사업을 시행하는 경우에는 위의 지역을 우선적으로 개발해야 한다. 다만, 도시개발사업의 특성상 필요한 경우에는 지정권자가 다르게 정할 수 있다(영 제5조의2 제5항).

도시개발구역지정을 제안하는 자가 결합개발방식을 적용하려는 경우에는 도시개발구역에 포함될 서로 떨어진 지역별로 토지소유자(지상권자를 포함함)의 동의를 받아야 한다(영 제5조의2 제3항).

시행자가 토지를 수용하거나 사용해서 서로 떨어진 지역에 대해 결합개발방식으로 도시개발사업을 시행하려는 경우에는 수용 또는 사용 대상인 지역 각각에 대해 토지소유자의 동의를 받아야 한다(영 제5조의2 제4항).

부동산공법

03 개발계획 19회 출제

1 개발계획의 수립 26회 출제

(1) 개발계획의 수립 및 변경

도시개발구역 지정권자가 도시개발구역을 지정하고자 하는 때에는 그 도시개발구역에 대한 도시개발사업의 계획(개발계획)을 수립해야 한다. 다만, 다음의 경우에는 도시개발구역을 지정한 후에 개발계획을 수립할 수 있다(법 제4조 제1항, 영 제6조 제1항).

1) 개발계획을 공모하는 경우

2) 다음의 지역에 도시개발구역을 지정하는 경우
   ① 자연녹지지역 및 생산녹지지역
   ② 도시지역이 아닌 지역
   ③ 국토교통부장관이 국가균형발전을 위해 관계 중앙행정기관의 장과 협의해서 도시개발구역으로 지정하고자 하는 지역(자연환경보전지역은 제외)
   ④ 그 도시개발구역에 포함되는 주거지역·상업지역 및 공업지역의 면적의 합계가 전체 도시개발구역 지정면적의 30% 이하인 지역

도시개발구역 지정권자는 직접 또는 다음의 자의 요청을 받아 개발계획을 변경할 수 있다(법 제4조 제3항).

1) 관계 중앙행정기관의 장
2) 시장(대도시시장은 제외)·군수 또는 자치구청장
3) 도시개발사업의 시행자가 될 수 있는 자

개발계획의 작성기준 및 방법은 국토교통부장관이 정한다(법 제5조 제5항).

(2) 개발계획안의 공모

도시개발구역 지정권자는 창의적이고 효율적인 도시개발사업을 추진하기 위해 필요한 경우에는 개발계획안을 공모해서 선정된 안을 개발계획에 반영할 수 있다. 이 경우 선정된 개발계획안의 응모자가 시행자의 자격요건을 갖춘 자인 경우에는 해당 응모자를 우선해서 시행자로 지정할 수 있다(법 제4조 제2항).

도시개발구역 지정권자는 도시개발구역을 지정한 후에 개발계획안을 공모하는 경우에는 이를 전국 또는 해당 지역을 주된 보급지역으로 하는 일간신문 및 관보 또는 공보에 각각 공고해야 하고, 그 밖에 인터넷 홈페이지에 게재하는 방법 등으로 공고해야 한다. 이 경우 응모기간은 90일 이상으로 해야 한다(영 제6조 제2항).

도시개발구역 지정권자는 응모자가 둘 이상인 경우에는 공모심의위원회를 구성해서 제안된 개발계획안을 심사할 수 있다. 이 경우 공모심사위원회의 구성 및 운영 등에 필요한 사항은 도시개발구역 지정권자가 정한다(영 제6조 제3항).

단락문제 Q7 제14회 기출 개작

다음은 도시개발구역의 지정과 개발계획의 수립 및 변경에 관한 설명이다. 틀린 것은?

① 특별시장·광역시장·도지사·특별자치도지사나 대도시시장은 계획적인 도시개발이 필요한 때에는 도시개발구역을 지정할 수 있다.
② 시장(대도시시장은 제외)·군수 또는 구청장은 시·군·구 도시계획위원회의 자문을 거쳐 특별시장·광역시장 또는 도지사에게 도시개발구역의 지정을 요청할 수 있다.
③ 도시개발구역을 지정하는 자가 도시개발구역을 지정한 경우 그 도시개발구역에 대한 도시개발사업의 계획을 수립해야 한다.
④ 도시개발구역 지정권자는 관계 중앙행정기관의 장 또는 시장(대도시시장은 제외)·군수·구청장의 요청을 받아 개발계획을 변경할 수 있다.
⑤ 환지방식의 경우, 환지방식이 적용되는 지역의 토지면적의 2/3 이상에 해당하는 토지소유자 또는 그 지역의 토지소유자 총수의 1/2 이상의 동의를 받아야 한다.

해설 환지방식에 의한 도시개발사업
환지방식에 의한 도시개발사업을 시행하기 위한 개발계획을 수립하는 때에는 토지면적의 2/3 이상의 토지소유자와 토지소유자 총수의 1/2 이상의 동의를 모두 받아야 한다. **정답** ⑤

2 개발계획의 내용 12회 출제

(1) 개발계획에 포함되는 사항 추가15회 출제

개발계획에는 다음 사항이 포함되어야 한다(법 제5조 제1항, 영 제8조 제1·2항, 규칙 제9조).

1) 도시개발구역의 명칭·위치 및 면적
2) 도시개발구역의 지정목적 및 도시개발사업의 시행기간
3) 도시개발구역을 둘 이상의 사업시행지구로 분할하거나 서로 떨어진 둘 이상의 지역을 하나의 구역으로 결합해서 도시개발사업을 시행하는 경우에는 그 분할이나 결합에 관한 사항
4) 도시개발사업의 시행자에 관한 사항
5) 도시개발사업의 시행방식

6) **인구수용계획**

   분양주택(분양을 목적으로 공급하는 주택을 말한다) 및 임대주택(「민간임대주택에 관한 특별법」에 따른 민간임대주택 및 「공공주택 특별법」에 따른 공공임대주택을 말한다)으로 구분한 주택별 수용계획을 포함한다.

7) 토지이용계획
8) 원형지로 공급될 대상 토지 및 개발 방향
9) 교통처리계획
10) 환경보전계획. 도시지역이 아닌 지역이나 녹지지역에 도시개발구역을 지정하는 때에는 환경성검토 결과(전략환경영향평가를 실시하는 경우에는 전략환경영향평가결과)가 포함되어야 한다.
11) 보건의료 및 복지시설의 설치계획
12) 도로, 상·하수도 등 주요 기반시설의 설치계획
13) 재원조달계획
14) 도시개발구역 밖의 지역에 기반시설을 설치해야 하는 경우 그 시설의 설치에 필요한 비용의 부담계획
15) **수용 또는 사용의 대상이 되는 다음의 물건 또는 권리의 세부목록**
    ① 토지·건축물 또는 토지에 정착한 물건
    ② 토지·건축물 또는 토지에 정착한 물건에 관한 소유권 외의 권리
    ③ 광업권·어업권·양식업권 및 물의 사용에 관한 권리
16) 임대주택건설계획 등 세입자 등의 주거 및 생활 안정 대책
17) 순환개발 등 단계적 사업추진이 필요한 경우 사업추진 계획 등에 관한 사항
18) 학교시설계획
19) 국가유산보호계획
20) 초고속정보통신망계획
21) 공동구 등 지하매설물계획
22) 존치하는 기존 건축물·공작물 등에 관한 계획
23) 산업의 유치업종 및 배치계획
24) 도시개발구역 밖의 지역에서 도시개발구역의 이용에 제공되는 기반시설의 설치가 필요한 경우 도시개발구역 밖의 기반시설계획에 관한 사항
25) 집단에너지공급계획
26) 전시장·공연장 등의 문화시설계획

27) 어린이집계획
28) 저탄소 녹색도시 조성을 위한 계획
29) 용적률 및 수용인구 등에 관한 개발밀도계획
30) 도시·군관리계획의 수립 또는 변경에 관한 사항
31) 노인복지시설계획
32) 방재계획
33) 범죄예방계획

330만㎡ 이상인 도시개발구역에 관한 개발계획을 수립함에 있어서는 그 구역에서 주거·생산·교육·유통·위락 등의 기능이 서로 조화를 이루도록 노력해야 한다(법 제5조 제4항, 영 제9조 제3항).

(2) 도시개발구역지정 후에 개발계획에 포함시킬 수 있는 사항 21·34회 출제

다음 사항은 도시개발구역을 지정한 후에 개발계획에 포함시킬 수 있다(법 제5조 제1항).

1) 도시개발구역 밖의 지역에 설치하는 기반시설의 설치비용 부담계획
2) 수용 또는 사용의 대상이 되는 토지 등의 세부목록
3) 임대주택건설계획 등 세입자 등의 주거 및 생활 안정 대책
4) 순환개발 등 단계적 사업추진이 필요한 경우 사업추진 계획 등에 관한 사항

(3) 개발계획의 사후 수립

개발계획을 도시개발구역을 지정한 후에 수립하는 경우에는 도시개발구역을 지정할 때에 우선 다음 사항에 관한 계획을 수립해서 고시해야 한다. 이 경우 개략적인 인구수용계획과 개략적인 토지이용계획의 작성기준은 국토교통부장관이 정한다(법 제5조 제3항, 영 제9조 제1·2항).

1) 도시개발구역의 명칭·위치 및 면적
2) 도시개발구역의 지정목적 및 도시개발사업의 시행기간
3) 도시개발사업의 시행방식
4) 시행자에 관한 사항
5) 개략적인 인구수용계획
6) 개략적인 토지이용계획

3 개발계획의 작성

(1) 광역도시계획 및 도시·군기본계획에의 부합

광역도시계획이나 도시·군기본계획이 수립되어 있는 지역에 대해 개발계획을 수립하는 때에는 개발계획의 내용이 그 광역도시계획 또는 도시·군기본계획에 들어 맞도록 해야 한다(법 제5조 제2항).

(2) 환지방식에 대한 토지소유자의 동의 21·26·28회 출제

도시개발구역 지정권자는 환지방식으로 시행하는 도시개발사업에 대한 개발계획을 수립하고자 하는 때(시행자가 국가 또는 지방자치단체인 경우는 제외)에는 환지방식이 적용되는 지역의 토지면적의 2/3 이상에 해당하는 토지소유자와 그 지역의 토지소유자 총수의 1/2 이상의 동의를 받아야 한다(법 제4조 제4·5항).

환지방식으로 시행하기 위해 개발계획을 변경하는 경우(국가 또는 지방자치단체인 경우는 제외)에도 마찬가지로 토지소유자의 동의를 받아야 한다. 다만, 다음에 해당하지 않는 경미한 사항의 변경인 경우에는 토지소유자의 동의를 받지 않아도 된다(법 제4조 제4·5항, 영 제7조 제1항).

1) 환지방식을 적용하는 지역의 면적 변경이 다음에 해당하는 경우
   ① 편입되는 토지의 면적이 종전(토지소유자의 동의를 받아 개발계획을 수립 또는 변경한 때를 말함) 환지방식이 적용되는 면적의 5/100 이상인 경우(경미한 사항이 여러 차례 변경된 경우에는 누적해서 산정함)
   ② 제외되는 토지의 면적이 종전 환지방식이 적용되는 면적의 10/100 이상인 경우
   ③ 편입 또는 제외되는 면적이 각각 3만m² 이상인 경우
   ④ 토지의 편입이나 제외로 인해 환지방식이 적용되는 면적이 종전보다 10/100 이상 증감하는 경우

2) 너비가 12m 이상인 도로를 신설 또는 폐지하는 경우

3) 사업시행지구를 분할하거나 분할된 사업시행지구를 통합하는 경우

4) 도로를 제외한 기반시설의 면적이 종전보다 10/100(공원 또는 녹지의 경우에는 5/100) 이상으로 증감하거나 신설되는 기반시설의 총면적이 종전 기반시설 면적의 5/100 이상인 경우

5) 수용예정인구가 종전보다 10/100 이상 증감하는 경우(변경 이후 수용예정인구가 3,000명 미만인 경우는 제외)

6) 기반시설을 제외한 도시개발구역의 용적률이 종전보다 5/100 이상 증가하는 경우

7) 토지이용계획(종전 개발계획에서 분류한 최하위 토지용도를 말하며, 기반시설은 제외)의 변경으로서 다음에 해당하는 경우. 다만, 용도별 변경 면적이 1,000㎡ 이상인 경우로 한정한다.
   ① 용도별 면적이 종전보다 10/100 이상 증감하는 경우
   ② 신설되는 용도의 토지 총면적이 종전 도시개발구역 면적(기반시설 면적은 제외)의 5/100 이상인 경우

8) 기반시설의 설치에 필요한 비용이 종전보다 5/100 이상 증가하는 경우

9) 사업시행방식을 변경하는 경우

10) 용도지역·용도지구·용도구역에 대한 도시관리계획이 변경되는 경우. 다만, 위의 1)부터 4)까지와 7)에 해당하는 경우는 제외한다.

11) 그 밖에 도시개발구역 지정권자가 토지소유자의 권익보호 등을 위해 중대하다고 인정해서 조건을 붙여 도시개발구역을 지정하거나 시·도 조례로 정한 경우

이 경우 다음 사항을 반영하는 개발계획의 변경 중 그 변경으로 사업비가 종전 총사업비보다 10/100 미만으로 증가하는 경우에는 경미한 사항의 변경으로 본다(영 제7조 제2항).

1) 「환경영향평가법」에 따른 환경영향평가에 대한 협의 결과
2) 「도시교통정비 촉진법」에 따른 교통영향평가서 검토 결과
3) 「자연재해대책법」에 따른 재해영향평가등의 협의 결과 또는 「교육환경 보호에 관한 법률」에 따른 교육환경평가서 심의 결과

도시개발사업의 전부를 환지방식으로 시행하기 위해 개발계획을 수립 또는 변경하는 경우 도시개발사업의 시행자가 조합이고, 조합이 성립된 후 총회에서 도시개발구역의 토지면적의 2/3 이상에 해당하는 조합원과 그 지역의 조합원 총수의 1/2 이상의 찬성으로 수립 또는 변경을 의결한 개발계획을 지정권자에게 제출할 때에는 토지소유자의 동의를 받은 것으로 본다(법 제4조 제6항).

(3) 동의자 수의 산정방법 등 22·35회 출제

이 경우 동의자 수의 산정방법 등은 다음과 같다(법 제4조 제7항, 영 제6조 제4항).

1) **도시개발구역의 토지면적을 산정하는 경우**
   국·공유지를 포함해서 산정할 것

2) **1필지의 토지 소유권을 여럿이 공유하는 경우**
   다른 공유자의 동의를 받은 대표 공유자 1인을 해당 토지소유자로 볼 것. 다만, 집합건물의 구분소유자는 각각을 토지소유자 1인으로 본다.

3) **1인이 둘 이상 필지의 토지를 단독으로 소유한 경우**
   필지의 수에 관계없이 토지 소유자를 1인으로 볼 것

4) **둘 이상 필지의 토지를 소유한 공유자가 동일한 경우**
   공유자 여럿을 대표하는 1인을 토지 소유자로 볼 것

5) **주민의견청취를 위한 공람·공고일 후에 집합건물의 구분소유권을 분할하게 되어 토지소유자의 수가 증가된 경우**
   공람·공고일 전의 토지소유자의 수를 기준으로 산정하고, 증가된 토지소유자의 수는 토지소유자 총수에 추가 산입하지 말 것

6) **도시개발구역의 지정이 제안되기 전에 또는 개발계획의 변경을 요청받기 전에 동의를 철회하는 사람이 있는 경우**
   그 사람은 동의자 수에서 제외할 것

7) **도시개발구역의 지정이 제안된 후부터 개발계획이 수립되기 전까지의 사이에 토지소유자가 변경된 경우 또는 개발계획의 변경을 요청받은 후부터 개발계획이 변경되기 전까지의 사이에 토지소유자가 변경된 경우**
   기존 토지소유자의 동의서를 기준으로 할 것

국·공유지를 제외한 전체 사유 토지면적 및 토지소유자에 대해 동의요건 이상으로 동의를 받은 후 그 토지면적 및 토지소유자의 수가 법적 동의요건에 미달하게 된 경우에는 국·공유지 관리청의 동의를 받아야 한다(영 제6조 제5항).

토지소유자가 동의하거나 동의를 철회하는 때에는 동의서 또는 동의철회서(동의철회서는 내용증명으로 제출해야 함)를 제출해야 하며, 공유토지의 대표소유자는 대표자지정 동의서와 대표소유자 및 공유자의 신분을 증명할 수 있는 서류를 각각 첨부해서 함께 제출해야 한다(영 제6조 제6항, 규칙 제7조 제2항).

단락문제 Q8 제22회 기출

도시개발 법령상 환지방식의 도시개발사업에 대한 개발계획의 수립·변경을 위한 동의자 수 산정방법으로 옳은 것은?

① 「집합건물의 소유 및 관리에 관한 법률」에 따른 구분 소유자는 대표 구분소유자 1인만을 토지소유자로 본다.
② 개발계획 변경시 개발계획의 변경을 요청받기 전에 동의를 철회하는 사람이 있는 경우 그 사람은 동의자 수에서 제외한다.
③ 개발구역의 지정이 제안된 후부터 개발계획이 수립되기 전까지의 사이에 토지소유자가 변경된 경우 변경된 토지소유자의 동의서를 기준으로 한다.
④ 개발계획의 변경을 요청받은 후부터 개발계획이 변경되기 전까지의 사이에 토지소유자가 변경된 경우 변경된 토지소유자의 동의서를 기준으로 한다.
⑤ 도시개발구역의 토지면적을 산정하는 경우 국공유지는 제외한다.

해설 환지방식의 도시개발사업
① 집합건물의 구분소유자는 각각을 토지소유자 1인으로 본다.
③ 개발구역의 지정이 제안된 후부터 개발계획이 수립되기 전까지의 사이에 토지소유자가 변경된 경우에는 기존 토지소유자의 동의서를 기준으로 한다.
④ 개발계획의 변경을 요청받은 후부터 개발계획이 변경되기 전까지의 사이에 토지소유자가 변경된 경우에는 기존 토지소유자의 동의서를 기준으로 한다.
⑤ 도시개발구역의 토지면적을 산정하는 경우 국·공유지를 포함해서 산정한다.

정답 ②

04 도시개발구역의 지정절차

1 기초조사

도시개발사업의 시행자나 시행자가 되려는 자는 도시개발구역을 지정하려면 도시개발구역으로 지정될 구역의 토지·건축물·공작물, 주거 및 생활실태, 주택수요 그 밖의 필요한 사항을 조사·측량할 수 있다. 조사·측량의 대상이 되는 사항은 도시개발구역 지정요청의 경우와 같다(법 제6조 제1·2항, 영 제10조 제1·2항, 규칙 제10조).

2 주민의견청취

(1) 도시개발구역의 지정을 위한 주민의견청취

도시개발구역 지정권자가 도시개발구역을 지정하려는 때(대도시시장이 아닌 시장이나 군수 또는 자치구청장의 요청에 따라 지정하는 경우는 제외)에는 공람을 통해 주민의견을 청취해야 하며, 제시된 의견이 타당하다고 인정되는 때에는 이를 반영해야 한다(법 제7조 제1항).

(2) 도시개발구역의 변경을 위한 주민의견청취

도시개발구역을 변경하고자 하는 경우에도 주민의견을 청취해야 한다. 다만, 다음에 해당하지 않는 경미한 사항의 변경인 경우에는 주민의견청취절차를 생략할 수 있다(법 제7조 제1항, 영 제12조).

1) 편입되는 면적과 제외되는 면적의 합계가 종전(주민 등의 의견청취를 거쳐 도시개발구역을 지정 또는 변경한 때를 말함) 도시개발구역 면적의 5/100 이상이거나 1만㎡ 이상인 경우 (경미한 사항이 여러 차례 변경된 경우에는 누적해서 산정함)

2) 사업시행방식을 변경하는 경우

3) 그 밖에 도시개발구역 지정권자가 토지소유자의 권익보호 등을 위해 중대하다고 인정하거나 시·도 조례로 정한 경우

도시개발구역의 지정절차

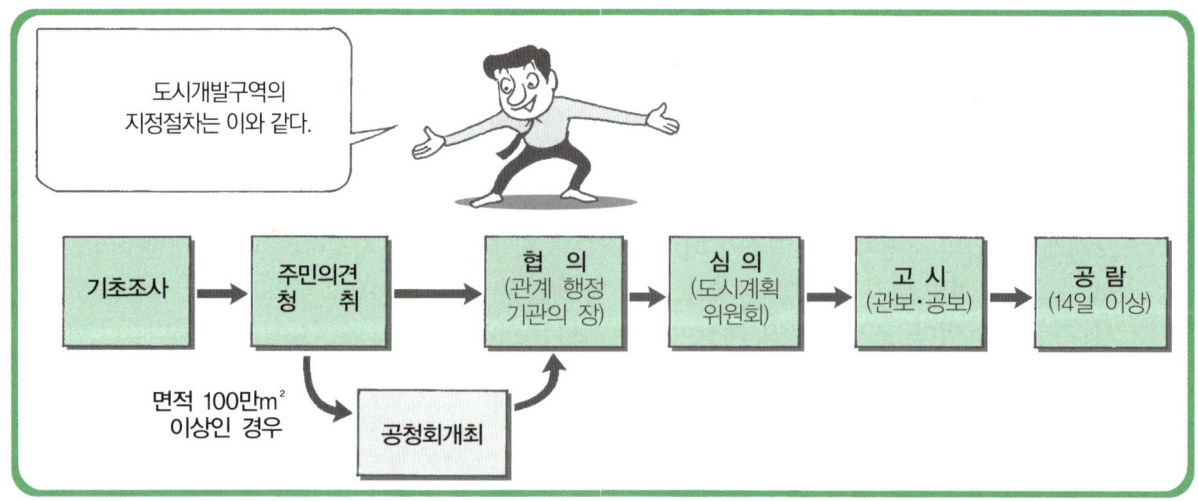

(3) 주민의견청취절차

도시개발구역 지정권자(대도시시장은 제외)가 주민의견을 청취하고자 하는 때에는 관계서류의 사본을 시장·군수 또는 자치구청장에게 송부해야 한다(영 제11조 제1항).

시장·군수 또는 자치구청장은 주민의견청취를 위한 관계서류의 사본을 송부받거나 직접 주민의견을 청취하고자 하는 경우에는 전국 또는 그 지방을 보급지역으로 하는 둘 이상의 일간신문과 시·군·구의 인터넷 홈페이지에 공고하고, 14일 이상 일반인에게 공람시켜야 한다. 다만, 도시개발구역의 면적이 10만㎡ 미만인 경우에는 일간신문 대신 공보와 인터넷 홈페이지에 공고할 수 있다. 공고된 내용에 관해 의견이 있는 자는 공람기간에 도시개발구역의 지정에 관한 공고를 한 자에게 의견서를 제출할 수 있다(영 제11조 제2·3항).

시장·군수 또는 자치구청장은 제출된 의견을 종합해서 국토교통부장관이나 시·도지사에게 제출해야 한다. 다만, 대도시시장이 지정권자인 경우에는 예외로 한다(영 제11조 제4항).

도시개발구역 지정권자나 도시개발구역의 지정을 요청하고자 하는 시장·군수 또는 자치구청장은 공고한 내용에 제출된 의견을 반영할 것인지를 검토해서 그 결과를 공람기간이 끝난 날부터 30일 이내에 그 의견을 제출한 자에게 통보해야 한다(영 제11조 제5항).

3 공청회 개최

(1) 대규모 도시개발구역의 지정에 따른 공청회 개최

도시개발구역의 면적이 100만㎡ 이상(도시개발계획의 변경 후의 면적이 100만㎡ 이상인 경우를 포함함)인 경우에는 도시개발구역 지정권자나 도시개발구역의 지정을 요청하고자 하는 시장·군수 또는 자치구청장은 공람기간이 끝난 후에 공청회를 개최해서 관계 전문가 등으로부터 의견을 들어야 하며, 제시된 의견이 타당하다고 인정되는 때에는 이를 반영해야 한다(법 제7조 제1항, 영 제13조 제1항).

면적 100만㎡ 이상의 도시개발구역을 변경하고자 하는 경우에도 공청회를 개최해야 한다. 다만, 주민의견청취절차를 생략할 수 있는 경미한 사항의 변경인 경우에는 공청회를 개최하지 않아도 된다(법 제7조 제1항, 영 제12조).

(2) 공청회 개최절차

공청회를 개최하고자 하는 때에는 공청회개최에 관한 사항을 전국 또는 그 지역을 주된 보급지역으로 하는 일간신문과 인터넷 홈페이지에 공청회개최예정일 14일 전까지 1회 이상 공고해야 한다. 다만, 주민의견청취를 위한 공람공고를 할 때에 공청회사항을 미리 공고한 경우에는 예외로 한다(영 제13조 제2항).

공청회가 개최자가 책임질 수 없는 사유로 2회에 걸쳐 개최되지 못하거나 개최는 되었으나 정상적으로 진행되지 못한 경우에는 공청회를 생략할 수 있다. 이 경우 공청회를 생략하게 된 사유, 달리 의견을 제출할 수 있는 의견제출시기 및 방법 등에 관한 사항을 공청회공고와 같은 방법으로 공고해서 주민의 의견을 듣도록 해야 한다(영 제13조 제3항).

공청회는 개최자가 지명하는 자가 주재한다(영 제13조 제4항).

그 밖에 공청회개최에 필요한 사항은 그 공청회를 개최하는 주체에 따라 국토교통부장관이 정하거나 해당 지방자치단체의 조례로 정할 수 있다(영 제13조 제5항).

4 관계 행정기관의 장과의 협의와 도시계획위원회의 심의

도시개발구역 지정권자는 도시개발구역을 지정하거나 도시개발구역을 지정한 후 개발계획을 수립하는 때에는 관계 행정기관의 장과 협의한 후 해당 도시계획위원회의 심의를 거쳐야 한다. 다만, 지구단위계획에 따라 도시개발사업을 시행하기 위해 도시개발구역을 지정하는 경우에는 소속 도시계획위원회의 심의를 거치지 않는다(법 제8조 제1·2항).

도시개발구역 또는 개발계획을 변경하고자 하는 경우에도 관계 행정기관의 장과 협의한 후 해당 도시계획위원회의 심의를 거쳐야 한다. 이 경우 지정하려는 도시개발구역이 다음에 해당하는 경우에는 국토교통부장관과 협의해야 한다(법 제8조 제1·3항, 영 제14조의2 제1항).

1) 면적이 50만㎡ 이상인 경우
2) 개발계획이 국가계획을 포함하고 있거나 그 국가계획과 관련되는 경우

다만, 경미한 사항을 변경하는 경우에는 관계 행정기관과 협의하지 않아도 되며, 도시계획위원회의 심의를 거치지 않아도 된다. 여기의 경미한 사항은 개발계획을 변경하는 경우로서 다음에 해당하는 경우를 제외한 경우를 말한다(법 제8조 제1항, 영 제14조 제1항).

1) 토지소유자의 동의를 받지 않아도 되는 개발계획의 경미한 변경에 해당되는 경우. 다만, 다음의 경우를 제외한다.
    ① 환지방식을 적용하는 지역의 면적을 변경하는 경우
    ② 토지소유자의 권익보호 등을 위해 조건을 붙여 도시개발구역을 지정하거나 시·도 조례로 정하는 경우
2) 도시개발구역 면적이 종전(도시계획위원회의 심의를 거쳐 도시개발구역을 지정·변경하거나 개발계획을 수립·변경한 때를 말함)보다 10/100 이상 증감하는 경우
3) 그 밖에 도시개발구역 지정권자가 도시기본계획에서 제시한 목표를 실현하기 위해 중대하다고 인정하거나 시·도 조례로 정한 경우

이 경우 다음의 어느 하나에 해당하는 결과를 반영하는 개발계획의 변경은 경미한 사항의 변경으로 본다(영 제14조 제2항).

1) 「환경영향평가법」에 따른 환경영향평가 및 소규모 환경영향평가에 대한 협의 결과
2) 「도시교통정비 촉진법」에 따른 교통영향평가서 검토 결과
3) 「자연재해대책법」에 따른 재해영향평가등의 협의 결과
4) 「교육환경 보호에 관한 법률」에 따른 교육환경평가서 심의 결과

5 도시개발구역지정 및 개발계획변경의 고시

(1) 고 시

도시개발구역 지정권자는 도시개발구역을 지정하는 경우에는 다음 사항을 관보 또는 공보에 고시해야 한다(법 제9조 제1항, 영 제15조 제1항, 규칙 제11조 제1항).

1) 도시개발구역의 명칭
2) 도시개발구역의 위치 및 면적
3) 도시개발구역의 지정목적
4) 시행자(시행자가 지정이 되지 않은 경우에는 제안자)와 그 주된 사무소의 소재지
5) 도시개발사업의 시행기간 및 시행방법
6) 토지이용계획 및 기반시설계획
7) 토지명세(토지의 소재지·지번·지목·면적 및 토지소유자에 관한 사항)
8) 토지의 세목(수용·사용방식인 경우에 한함). 다만, 시행자를 지정한 후에 고시할 수 있다.
9) 도시개발구역의 이용에 제공되는 기반시설을 도시개발구역 밖에 설치할 필요가 있는 경우 도시개발구역 밖의 기반시설계획에 관한 사항
10) 실시계획인가 신청기간
11) 관계 도서의 열람방법
12) 도시·군관리계획에 관한 사항. 이 경우 도시지역 및 지구단위계획구역으로 결정된 것으로 보는 사항을 포함한다.

도시개발구역을 지정한 후 개발계획을 수립하는 경우에는 다음 사항을 고시해야 한다. 다만, 나중에 개발계획을 수립하게 될 때에는 도시개발구역을 지정할 때의 고시사항을 모두 고시해야 한다(법 제9조 제1항, 영 제15조 제2항).

1) 도시개발구역의 명칭
2) 도시개발구역의 위치 및 면적
3) 도시개발구역의 지정목적
4) 시행자(시행자가 지정이 되지 않은 경우에는 제안자)와 그 주된 사무소의 소재지
5) 토지명세(토지의 소재지·지번·지목·면적 및 토지소유자에 관한 사항)
6) 관계 도서의 열람방법
7) 개략적인 인구수용계획
8) 개략적인 토지이용계획

도시개발구역 지정권자는 개발계획을 변경하는 경우에는 다음 사항을 관보 또는 공보에 고시해야 한다(법 제9조 제1항, 영 제15조 제3항).

1) 도시개발구역의 명칭
2) 도시개발구역의 위치 및 면적
3) 도시개발구역의 지정목적
4) 시행자(시행자가 지정이 되지 않은 경우에는 제안자)와 그 주된 사무소의 소재지
5) 도시개발사업의 시행기간 및 시행방법
6) 변경된 사항

시·도지사 또는 대도시 시장이 도시개발구역을 지정고시한 경우에는 국토교통부장관에게 그 내용을 통보해야 한다(법 제9조 제3항).

(2) 공 람

도시개발구역 지정권자 중 대도시시장은 직접 관계서류를 일반에게 공람시켜야 하며, 그 밖의 도시개발구역 지정권자는 그 도시개발구역을 관할하는 시장·군수 또는 자치구청장에게 관계서류의 사본을 송부해야 한다. 도시개발구역 지정권자인 특별자치도지사와 관계서류를 송부받은 시장·군수 또는 자치구청장은 이를 일반에게 14일 이상 공람시켜야 한다(법 제9조 제1항, 영 제15조 제4항).

▼ 도시개발구역의 지정절차

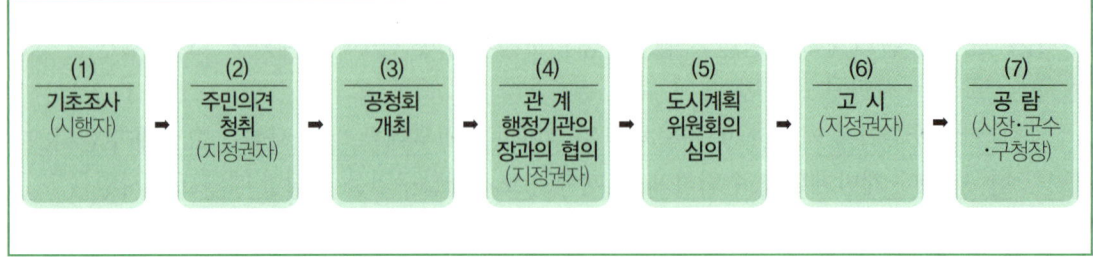

05 도시개발구역지정의 효과 ★★

1 도시지역 및 지구단위계획구역지정의 의제 17회 출제

도시개발구역이 지정·고시된 경우 그 도시개발구역은 도시지역과 지구단위계획구역으로 결정·고시된 것으로 본다. 다만, 도시지역이 아닌 지구단위계획구역이나 취락지구로 지정된 지역인 경우는 제외한다(법 제9조 제2항, 영 제15조 제5항).

2 도시개발구역 및 그 예정지 안에서의 행위제한

(1) 허가대상행위 32회 출제

도시개발구역지정에 관한 주민의견청취를 위한 공고가 있은 지역이나 도시개발구역에서 다음의 행위를 하고자 하는 자는 특별시장·광역시장·특별자치도지사·시장 또는 군수의 허가를 받아야 한다(법 제9조 제5항, 영 제16조 제1항).

1) 건축물(가설건축물을 포함함)의 건축·대수선 또는 용도변경
2) 공작물(인공을 가해 제작한 시설물)의 설치
3) 토지의 형질변경(절토·성토·정지·포장 등의 방법으로 토지의 형상을 변경하는 행위, 토지의 굴착, 공유수면의 매립)
4) 토석의 채취(흙·모래·자갈·바위 등의 토석을 채취하는 행위). 다만, 토지의 형질변경을 목적으로 하는 것은 3)에 따른다.
5) 토지분할
6) 물건을 쌓아놓는 행위(옮기기 쉽지 않은 물건을 1개월 이상 쌓아놓는 행위)

도시개발구역지정의 효과

① 도시지역 및 지구단위계획구역으로 결정·고시된 것으로 본다.
② 도시지역이 아닌 지구단위계획구역이나 취락지구로 지정된 지역은 제외된다.
③ 도시개발사업에 의하지 않는 개발행위는 특별시장·광역시장·특별자치도지사·시장 또는 군수의 허가를 받아야 한다.

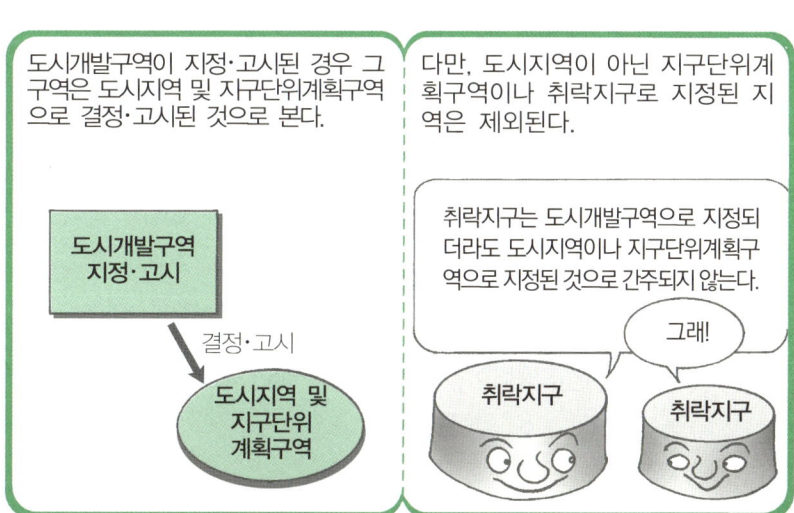

7) 죽목의 벌채 및 식재
   └→ 나무와 대나무

그러나 다음 행위는 허가를 받지 않고 할 수 있다(법 제9조 제6항, 영 제16조 제3항, 규칙 제12조).

1) 재해복구 또는 재난수습에 필요한 응급조치를 위해서 하는 행위
2) 다음의 행위로서 개발행위허가의 대상이 아닌 행위
   ① 농림수산물의 생산에 직접 이용되는 비닐하우스, 양잠장, 고추·잎담배·김 등 농림수산물의 건조장, 버섯재배사, 종묘배양장, 퇴비장, 탈곡장 그 밖에 이와 유사한 것으로서 국토교통부장관이 고시하는 간이공작물의 설치
   ② 경작을 위한 토지의 형질변경
   ③ 도시개발구역의 개발에 지장을 주지 않고 자연경관을 손상하지 않는 범위에서의 토석의 채취
   ④ 도시개발사업구역에 남겨두기로 결정된 대지에 물건을 쌓아놓는 행위
   ⑤ 관상용 죽목의 임시식재(경작지에서의 임시식재는 제외)

(2) 도시개발사업시행자의 의견청취
도시개발사업의 시행자가 이미 지정되어 있는 경우에는 특별시장·광역시장·특별자치도지사·시장 또는 군수는 행위허가를 하기 전에 미리 그 시행자의 의견을 들어야 한다(영 제16조 제2항).

(3) 진행중인 공사 또는 사업
도시개발구역의 지정·고시 당시 이미 관계법령에 따라 허가를 받았거나 허가를 받을 필요가 없는 행위에 관해 그 공사 또는 사업에 착수한 자는 도시개발구역의 지정·고시가 있은 날부터 30일 이내에 관할 특별시장·광역시장·특별자치도지사·시장 또는 군수에게 신고한 후 이를 계속 시행할 수 있다. 이 경우 신고서에는 공사 또는 사업의 진행사항과 시행계획을 첨부해야 한다(법 제9조 제7항, 영 제16조 제4항).

(4) 원상회복명령
특별시장·광역시장·특별자치도지사·시장 또는 군수는 행위허가를 위반한 자에게 원상회복을 명할 수 있다. 원상회복명령을 받은 자가 그 의무를 이행하지 않는 때에는 「행정대집행법」에 따라 대집행할 수 있다(법 제9조 제8항).

(5) 개발행위허가와의 관계
행위허가에 관해서는 「국토의 계획 및 이용에 관한 법률」의 개발행위허가에 관한 규정을 준용하며, 행위허가를 받은 경우에는 개발행위허가를 받은 것으로 본다(법 제9조 제9·10항).

단락문제 Q9
제15회추가 기출

도시개발구역에서 허가를 받아야 하는 행위가 아닌 것은?
① 재난수습을 위한 응급용 가설건축물의 설치
② 토지의 굴착을 수반하는 형질변경
③ 「건축법」상 신고대상인 공작물의 설치
④ 토지의 분할
⑤ 공예품 소재확보를 위한 죽목의 벌채

해설 도시개발구역에서 허가를 받아야 하는 행위
①은 예외적으로 허가를 받지 않아도 되는 경우이다(법 제9조 제6항).
②, ③, ④, ⑤는 각각 토지형질변경, 공작물의 설치, 토지분할, 죽목의 벌채에 해당되므로 허가대상이다.

정답 ①

3 국·공유지의 처분제한

도시개발구역에 있는 국·공유지로서 도시개발사업에 필요한 토지는 그 개발계획으로 정해진 목적 외의 목적으로 이를 처분할 수 없다(법 제68조 제1항).

4 수의계약에 의한 국·공유재산의 처분

도시개발구역에 있는 국·공유재산으로서 도시개발사업에 필요한 재산은 「국유재산법」 및 「공유재산 및 물품관리법」에 불구하고 시행자에게 <u>수의계약의 방법으로</u> 처분할 수 있다(법 제68조 제2항).

국·공유재산을 수의계약으로 처분하고자 하는 경우 그 재산의 용도폐지 또는 처분에 관해서는 도시개발구역 지정권자가 미리 관계 행정기관의 장과 협의해야 하며, 관계 행정기관의 장은 요청을 받은 날부터 30일 이내에 협의에 필요한 조치를 해야 한다(법 제68조 제2·3항).

5 수의계약에 의한 국·공유지 등의 임대

도시개발사업의 시행자가 수도권 밖으로 이전하는 법인인 경우 기획재정부장관, 국유재산의 관리청 또는 지방자치단체의 장은 도시개발구역에 있는 국·공유의 토지·공장 그 밖의 국·공유지를 「국유재산법」 및 「공유재산 및 물품관리법」에 불구하고 수의계약에 의해 임대할 수 있다(법 제69조 제1항).

임대기간은 「국유재산법」 및 「공유재산 및 물품관리법」에 불구하고 20년 이내로 할 수 있다. 이 임대기간은 갱신할 수 있되, 갱신기간은 갱신할 때마다 20년을 초과할 수 없다(법 제69조 제2·5항).

토지를 임대하는 때에는 「국유재산법」 및 「공유재산 및 물품관리법」에 불구하고 그 토지에 공장 그 밖의 영구시설물을 축조하게 할 수 있다. 이 경우 그 시설물의 종류 등을 고려해서 임대기간이 끝나는 때에 이를 국가 또는 지방자치단체에 기부하거나 원상으로 회복해서 반환하는 것을 조건으로 할 수 있다(법 제69조 제3항).

부동산공법

임대료는 「국유재산법」 및 「공유재산 및 물품관리법」에 불구하고 국유인 경우에는 그 가액의 5% 이상, 공유인 경우에는 그 가액의 1% 이상으로 한다(법 제69조 제4항, 영 제85조).

06 도시개발구역지정의 해제★★

1 구역지정해제가 의제되는 날★★ 〔14·추가15회 출제〕

도시개발구역지정은 아래의 [표]에 정해진 날에 해제된 것으로 본다(법 제10조 제1·2항, 영 제17조 제2항).

구 분		해제일
1) 도시개발구역을 지정하면서 개발계획을 수립하는 경우	도시개발구역이 지정·고시된 날부터 3년이 되는 날까지 실시계획인가를 신청하지 않은 경우	그 3년이 되는 날의 다음 날
2) 도시개발구역을 지정한 후 개발계획을 수립하는 경우	도시개발구역이 지정·고시된 날부터 2년(도시개발구역의 면적이 330만㎡ 이상인 경우에는 5년)이 되는 날까지 개발계획을 수립·고시하지 않은 경우	개발계획수립기간이 만료된 날의 다음 날
	개발계획을 수립·고시한 날부터 3년(도시개발구역의 면적이 330만㎡ 이상인 경우에는 5년)이 되는 날까지 실시계획인가를 신청하지 않은 경우	실시계획인가신청기간이 만료된 날의 다음 날
3) 공사가 완료된 경우	환지방식인 도시개발사업	환지처분공고일의 다음 날
	환지방식이 아닌 도시개발사업	공사완료공고일의 다음 날

단락문제 Q10 제14회 기출

다음은 도시개발구역지정의 해제에 관한 설명이다. 옳은 것은?

① 도시개발구역이 지정·고시된 날부터 3년이 되는 날까지 도시개발사업에 관한 실시계획의 인가를 신청하지 않는 경우에는 그 3년이 되는 날의 다음 날에 해제된 것으로 본다.
② 도시개발사업의 공사완료 공고일에 해제된 것으로 본다.
③ 환지방식에 의한 사업인 경우에는 그 환지처분의 공고일에 해제할 수 있다.
④ 도시개발사업의 준공검사일에 해제된 것으로 본다.
⑤ 도시개발구역지정의 해제는 법정해제사유라고 볼 수 없다.

해설 도시개발구역지정의 해제
②, ④ 공사완료공고일의 다음 날에 해제된 것으로 본다.
③ 환지처분공고일의 다음 날에 해제된 것으로 본다.
⑤ 해제의 사유는 법에 명시되어 있다.

정답 ①

2 구역지정해제의 고시

도시개발구역지정의 해제가 의제된 때에는 도시개발구역 지정권자는 이를 관보 또는 공보에 고시해야 한다(법 제10조 제4항). 도시개발구역 지정권자 중 대도시시장은 관계 행정기관의 장에게 통보하고 관계서류를 일반에게 14일 이상 공람시켜야 한다. 그 밖의 도시개발구역 지정권자는 관계 행정기관의 장과 도시개발구역을 관할하는 시장(대도시시장은 제외)·군수 또는 자치구청장에게 통보해야 하며, 시장·군수 또는 자치구청장은 관계서류를 일반에게 14일 이상 공람시켜야 한다(법 제10조 제4항, 영 제17조 제3항).

3 용도지역의 환원 24회 출제

도시개발구역지정의 해제가 의제된 때에는 그 도시개발구역에 대한 용도지역 및 지구단위계획구역은 그 도시개발구역 지정 전의 용도지역 및 지구단위계획구역으로 각각 환원되거나 폐지된 것으로 본다. 다만, 공사완료로 도시개발구역지정의 해제가 의제된 경우는 제외한다(법 제10조 제3항).

07 보안관리 및 부동산투기 방지대책

1 보안관리

(1) 지정권자 등의 관련 정보 누설 금지 조치

다음에 해당하는 자는 도시개발구역을 지정 또는 요청하려고 주민 등의 의견청취를 위한 공람 전까지는 도시개발구역의 지정을 위한 조사, 관계 서류 작성, 관계기관 협의, 중앙도시계획위원회 또는 시·도도시계획위원회나 대도시도시계획위원회의 심의 등의 과정에서 관련 정보가 누설되지 아니하도록 필요한 조치를 하여야 한다. 다만, 지정권자가 도시개발사업의 원활한 시행을 위하여 필요하다고 인정하는 경우로서 대통령령으로 정하는 경우에는 관련 정보를 미리 공개할 수 있다(법 제10조의2 제1항).

1) 지정권자
2) 도시개발구역의 지정을 요청하거나 요청하려는 관계 중앙행정기관의 장 또는 시장(대도시 시장은 제외한다)·군수·구청장
3) 도시개발사업의 시행자 또는 시행자가 되려는 자 및 도시개발구역의 지정을 제안하거나 제안하려는 자

4) 도시개발구역을 지정하거나 도시개발구역의 지정을 요청 또는 제안하기 위한 자료의 제출을 요구받은 자
5) 도시개발구역 지정 시 협의하는 관계 행정기관의 장 또는 자문·심의기관의 장

(2) 미공개정보의 불법 사용 등 금지

다음의 기관 또는 업체에 종사하였거나 종사하는 자(도시개발사업시행자인 토지 소유자를 포함한다)는 업무 처리 중 알게 된 도시개발구역 지정 또는 지정의 요청·제안과 관련한 정보로서 불특정 다수인이 알 수 있도록 공개되기 전의 정보(이하 "미공개정보"라 한다)를 도시개발구역의 지정 또는 지정 요청·제안 목적 외로 사용하거나 타인에게 제공 또는 누설해서는 아니 된다(법 제10조의2 제2항).

1) 지정권자가 속한 기관
2) 도시개발구역의 지정을 요청하거나 또는 요청하려는 관계 중앙행정기관 또는 시(대도시는 제외한다)·군·구
3) 도시개발사업의 시행자 또는 시행자가 되려는 자 및 도시개발구역의 지정을 제안하거나 제안하려는 자
4) 도시개발구역을 지정하거나 도시개발구역의 지정을 요청 또는 제안하기 위한 자료의 제출을 요구받은 기관
5) 도시개발구역 지정 시 협의하는 관계 기관 또는 자문·심의 기관
6) 도시개발사업의 시행자 또는 시행자가 되려는 자가 도시개발구역의 지정 또는 지정 요청·제안에 필요한 조사·측량을 하거나 관계 서류 작성 등을 위하여 용역 계약을 체결한 업체

2 부동산투기 방지대책

지정권자는 도시개발구역으로 지정하려는 지역 및 주변지역이 부동산투기가 성행하거나 성행할 우려가 있는 경우 다음의 부동산투기 방지대책을 수립·시행해야 한다(영 제17조의2).

(1) 도시개발구역의 지정 제안 등으로 부동산투기 또는 부동산가격의 급등이 우려되는 지역에 대한 「주택법」에 따른 투기과열지구 지정
(2) 도시개발구역 및 주변지역의 무분별한 개발을 방지하기 위한 개발행위허가 제한
(3) 도시개발구역 지정을 위한 조사·용역·협의 등의 과정에서 직접적·간접적으로 관계되는 자에 대한 자체 보안대책
(4) 그 밖에 다른 법령에 따른 부동산가격 안정 대책 등 도시개발구역 및 주변지역의 부동산투기 방지를 위하여 필요하다고 인정되는 대책

제2장 도시개발법

제3절 수용 또는 사용방식에 의한 사업시행 [17·32회 출제]

01 시행자의 지정 및 변경

1 시행자의 지정

도시개발사업의 시행자로 지정받고자 하는 자(도시개발구역 지정권자가 직접 도시개발사업을 시행하는 경우는 제외)는 시장(대도시시장은 제외)·군수 또는 자치구청장을 거쳐 도시개발구역 지정권자에게 시행자지정을 신청해야 한다. 다만, 도시개발구역 지정권자가 국토교통부장관·특별자치도지사 또는 대도시시장인 경우에는 이들에게 직접 신청할 수 있다(영 제19조 제1항). 도시개발구역 지정권자는 도시개발구역의 지정을 제안한 자를 우선해서 시행자로 지정할 수 있다(규칙 제14조 제4항).

2 시행자의 변경★ [22·28회 출제]

도시개발구역 지정권자는 다음의 경우에는 시행자를 변경할 수 있다(법 제11조 제8항, 영 제24조).
1) 도시개발사업에 관한 실시계획인가를 받은 후 2년 이내에 사업을 착수하지 않은 경우
2) 행정처분으로 시행자지정 또는 실시계획인가가 취소된 경우
3) 시행자의 부도·파산 그 밖에 이와 유사한 사유로 인해 도시개발사업의 목적을 달성하기 어려운 경우
4) 도시개발구역 전부를 환지방식으로 시행하기 위한 도시개발사업의 시행자로 지정된 토지소유자 또는 조합이 도시개발구역지정의 고시일부터 1년(도시개발구역 지정권자가 실시계획 인가신청기간의 연장이 불가피하다고 인정해서 6개월의 범위에서 이를 연장한 경우에는 그 연장된 기간) 안에 실시계획인가를 신청하지 않은 경우

단락문제 Q11

제12회 기출

다음은 도시개발사업의 시행에 관한 설명이다. 옳은 것은?

① 지정권자는 도시개발사업에 관한 실시계획의 인가를 받은 후 5년 이내에 사업을 착수하지 않는 경우에는 시행자를 변경할 수 있다.
② 도시개발구역의 전부를 환지방식으로 시행하는 경우 시행자로 지정된 자가 도시개발구역지정의 고시일부터 2년 이내에 도시개발사업에 관한 실시계획의 인가를 신청하지 않는 경우에는 시행자를 변경할 수 있다.
③ 토지소유자는 대상구역의 토지면적의 2/3 이상에 해당하는 토지소유자의 동의를 받아 구청장에게 도시개발구역의 지정을 제안할 수 있다.
④ 도시개발사업을 위해 설립한 조합은 지정권자의 승인을 받지 않아도 「자본시장과 금융투자업에 관한 법률」에 따른 신탁업자와 신탁계약을 체결해서 도시개발사업을 시행할 수 있다.
⑤ 도시개발사업을 위해 설립한 조합설립인가사항 중에서 주된 사무소의 소재지의 변경을 하고자 하는 때에는 지정권자로부터 변경인가를 받아야 한다.

해설 도시개발사업의 시행
① "5년 이내"가 아닌 "2년 이내"여야 한다.
② "2년 이내"가 아닌 "1년 이내"여야 한다.
④ 지정권자의 승인을 받아야 한다.
⑤ 신고사항이다.

정답 ③

02 실시계획

1 실시계획의 작성 25회 출제

시행자는 도시개발사업에 관한 실시계획을 작성해야 한다. 실시계획은 개발계획에 맞게 작성되어야 하며, 실시계획에는 지구단위계획이 포함되어야 한다(법 제17조 제1항, 영 제38조 제1항). 실시계획에는 사업시행에 필요한 설계도서, 자금계획, 시행기간 등에 관한 사항과 서류를 명시하거나 첨부해야 한다(법 제17조 제5항).
그 밖에 실시계획의 작성에 관해 필요한 사항은 국토교통부장관이 정한다(영 제38조 제3항).

2 실시계획의 인가 ★ 23회 출제

시행자(도시개발구역 지정권자인 시행자는 제외)는 실시계획에 관해 도시개발구역 지정권자의 인가를 받아야 한다(법 제17조 제2항).

시행자가 실시계획인가를 받고자 하는 경우에는 시장(대도시시장은 제외)·군수 또는 자치구청장을 거쳐 도시개발구역 지정권자에게 인가신청서를 제출해야 한다. 다만, 도시개발구역 지정권자가 국토교통부장관·특별자치도지사 또는 대도시시장인 경우에는 이들에게 직접 제출할 수 있다(영 제39조).

인가를 받은 실시계획을 변경하거나 폐지하는 경우에도 인가를 받아야 한다. 다만, 다음의 경미한 사항을 변경하는 경우에는 인가를 받지 않아도 된다(법 제17조 제4항, 규칙 제21조).

1) 사업시행지역의 변동이 없는 범위에서의 착오·누락 등에 따른 사업시행면적의 정정
2) 사업시행면적의 10%의 범위에서의 면적의 감소
3) 사업비의 10%의 범위에서의 사업비의 증감
4) 지적측량 결과를 반영하기 위한 다음의 부지면적 등의 변경
   ① 도시개발구역
   ② 개발계획 중 토지이용계획에 따라 구획된 토지
   ③ 도시·군계획시설
5) 관계 행정기관의 장과의 협의, 국토교통부장관과의 협의, 도시계획위원회의 심의 등을 거치지 않아도 되는 도시관리계획의 경미한 변경
6) 실시계획에 의해 의제된 관련 인·허가등의 변경(관계법령에서 경미한 변경으로 정한 경우에 한함)

개발계획과 실시계획

개발계획은 지정권자가 수립하고, 실시계획은 도시개발사업의 시행자가 작성한다.

지정권자 → 개발계획
시 행 자 → 실시계획

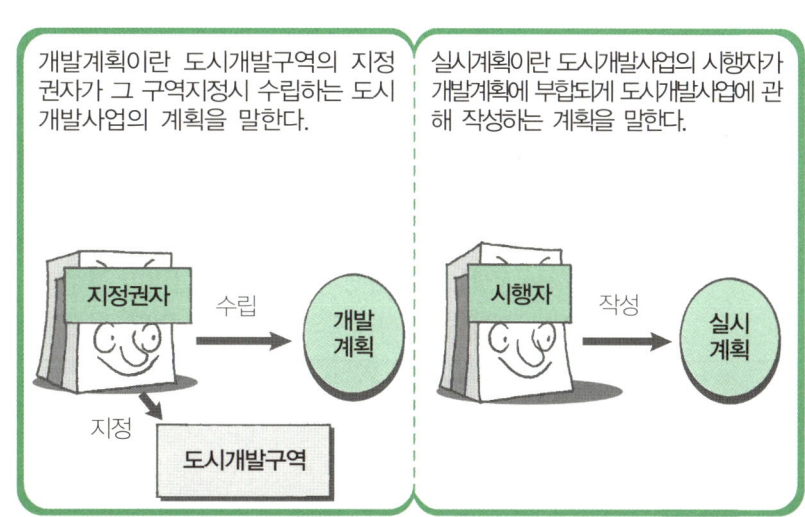

3 지방자치단체의 장의 의견청취

국토교통부장관은 직접 실시계획을 작성하거나 인가하는 경우에는 미리 특별시장·광역시장 또는 도지사나 대도시시장의 의견을 들어야 하며, 시·도지사나 대도시시장이 직접 실시계획을 작성하거나 인가하는 경우에는 미리 시장(대도시시장은 제외)·군수 또는 자치구청장의 의견을 들어야 한다(법 제17조 제3항).

4 실시계획의 고시

도시개발구역 지정권자는 실시계획을 작성하거나 인가한 때에는 이를 관보 또는 공보에 고시하고, 시행자에게 관계서류의 사본을 송부해야 한다. 이 경우 도시개발사업을 환지방식으로 시행하는 구역에 대해서는 관할등기소에 통보해야 한다(법 제18조 제1항, 영 제40조 제1항).
도시개발구역 지정권자 중 대도시시장은 직접 그 밖의 도시개발구역 지정권자는 그 도시개발구역을 관할하는 시장(대도시시장은 제외)·군수 또는 자치구청장에게 관계서류의 사본을 보내 관계서류를 일반에게 공람시켜야 한다. 이 경우 도시개발구역 지정권자인 특별자치도지사와 관계서류를 받은 시장(대도시시장은 제외)·군수 또는 자치구청장은 이를 일반에게 14일 이상 공람시켜야 한다(법 제18조 제1항).

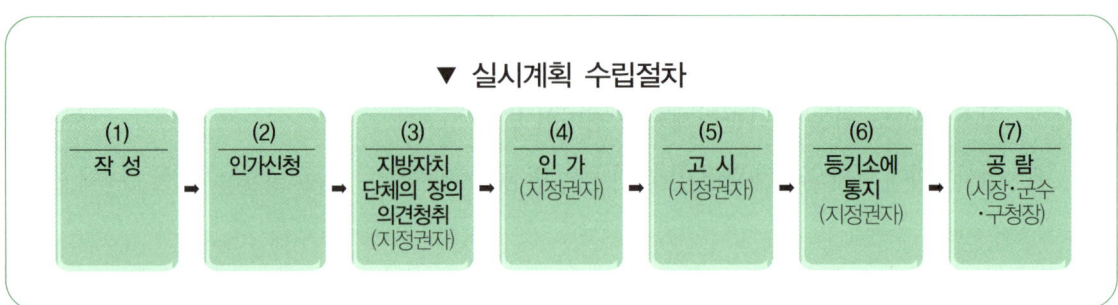

▼ 실시계획 수립절차

5 관련 인·허가 등의 의제

(1) 다른 법률에 따른 인·허가의 의제

실시계획을 작성하거나 인가할 때 도시개발구역 지정권자가 그 실시계획에 관한 다음의 인·허가 등에 관해 관계 행정기관의 장과 협의한 경우 그 사항에 대해서는 그 인·허가 등을 받은 것으로 보며, 실시계획의 고시가 있은 때에는 관계법률에 따른 인·허가 등의 고시 또는 공고가 있은 것으로 본다(법 제19조 제1항).

제2장 도시개발법

1) 「건축법」에 따른 건축허가, 건축신고, 허가 또는 신고사항의 변경, 가설건축물의 허가 또는 신고
2) 「공유수면 관리 및 매립에 관한 법률」에 따른 공유수면의 점용·사용허가, 공유수면매립의 면허·협의 또는 승인, 공유수면매립 실시계획의 승인
3) 「공유재산 및 물품 관리법」에 따른 공유재산의 사용·수익허가
4) 「관광진흥법」에 따른 관광지의 지정(도시개발사업의 일부로 관광지를 개발하는 경우에 한함), 관광지조성계획의 승인, 조성사업시행의 허가
5) 「광업법」에 따른 광업권설정 불허가처분, 광구감소처분 또는 광업권취소처분
6) 「국유재산법」에 따른 국유재산의 사용허가
7) 「농어촌정비법」에 따른 농업생산기반시설의 사용허가
8) 「농지법」에 따른 농지전용의 허가·신고 또는 협의, 농지의 타용도 일시사용의 허가 또는 협의, 전용농지의 용도변경승인
9) 「도로법」에 따른 도로공사시행의 허가, 도로점용의 허가
10) 「물류시설의 개발 및 운영에 관한 법률」에 따른 물류단지의 지정(도시개발사업의 일부로 물류단지를 개발하는 경우에 한함), 물류단지개발실시계획의 승인
11) 「사도법」에 따른 사도개설허가
12) 「사방사업법」에 따른 벌채 등의 허가, 사방지지정의 해제
13) 「산업입지 및 개발에 관한 법률」에 따른 산업단지의 지정(도시개발사업의 일부로 산업단지를 개발하는 경우에 한함), 산업단지개발실시계획의 승인
14) 「산림자원의 조성 및 관리에 관한 법률」에 따른 입목벌채 등의 허가 또는 신고
15) 「산업집적활성화 및 공장설립에 관한 법률」에 따른 공장설립 등의 승인
16) 「산지관리법」에 따른 산지전용의 허가 또는 신고, 산지일시사용의 허가 또는 신고, 토석채취허가
17) 「소하천정비법」에 따른 소하천공사시행의 허가, 소하천점용의 허가
18) 「수도법」에 따른 수도사업의 인가, 전용상수도설치의 인가
19) 「에너지이용합리화법」에 따른 에너지사용계획의 협의
20) 「유통산업발전법」에 따른 대규모 점포의 개설등록 대규모 점포개설등록
21) 「장사 등에 관한 법률」에 따른 연고자가 없는 분묘의 개장허가
22) 「주택법」에 따른 사업계획승인
23) 「집단에너지사업법」에 따른 집단에너지의 공급타당성에 관한 협의
24) 「체육시설의 설치·이용에 관한 법률」에 따른 체육시설업에 관한 사업계획의 승인

25) 「초지법」에 따른 초지전용허가
26) 「공간정보의 구축 및 관리 등에 관한 법률」에 따른 지도 등의 간행심사, 도시개발사업 등의 착수·변경 또는 완료의 신고
27) 「하수도법」에 따른 공공하수도 공사시행의 허가, 개인하수처리시설의 설치신고 29회 출제
28) 「하천법」에 따른 하천공사시행의 허가, 하천의 점용허가, 하천수의 사용허가
29) 「항만법」에 따른 항만개발사업 시행의 허가, 항만개발사업실시계획의 승인

인·허가 등을 의제받고자 하는 자는 실시계획인가를 신청하는 때에 해당 법률이 정하는 관계서류를 함께 제출해야 한다. 도시개발구역의 지정을 제안하는 자가 도시개발구역의 지정과 동시에 농지전용허가를 의제받고자 하는 경우에는 도시개발구역의 지정을 제안할 때에 「농지법」으로 정하는 관계서류를 함께 제출해야 한다. 도시개발구역 지정권자가 도시개발구역을 지정할 때 농지전용허가에 관해 관계 행정기관의 장과 협의한 경우에는 제안자가 시행자로 지정된 때에 그 허가를 받은 것으로 본다(법 제19조 제2·5·6항).

도시개발구역 지정권자는 실시계획을 작성하거나 이를 인가할 때에 그 내용에 의제대상 인·허가 등이 있으면 미리 관계 행정기관의 장과 협의해야 한다. 이 경우 관계 행정기관의 장은 협의요청을 받은 날부터 20일 이내에 의견을 제출해야 하며, 그 기간 내에 의견을 제출하지 않으면 협의한 것으로 본다(법 제19조 제3항, 영 제41조).

도시개발구역 지정권자는 협의과정에서 관계 행정기관 간에 이견이 있는 경우에 이를 조정하거나 협의를 신속하게 진행하기 위해 필요하다고 인정하는 때에는 관계 행정기관과 협의회를 구성해서 운영할 수 있다. 이 경우 관계 행정기관의 장은 소속 공무원을 이 협의회에 참석하게 해야 한다. 도시개발구역 지정권자는 협의회를 구성할 때에는 협의회 개최일의 7일 전까지 관계 행정기관의 장에게 그 사실을 통보해야 한다. 도시개발구역 지정권자가 협의회를 개최할 때에는 관계 행정기관 소속의 5급 이상 공무원과 시행자를 포함해야 한다(법 제19조 제4항, 영 제41조의2 제1·2항).

순환용 주택, 임대주택의 건설·공급 및 입체환지를 시행하는 경우로서 시행자가 실시계획인가를 받은 경우에는 「주택법」의 주택건설사업 등의 등록을 한 것으로 본다(법 제19조 제7항).

(2) 도시·군관리계획결정의 의제

실시계획고시의 내용 중 도시·군관리계획(지구단위계획을 포함함)으로 결정해야 하는 사항은 도시·군관리계획이 결정·고시된 것으로 본다. 이 경우 종전에 도시·군관리계획으로 결정된 사항 중 고시내용에 저촉되는 사항은 고시된 내용으로 변경된 것으로 본다(법 제18조 제2항).

03 순환개발방식의 개발사업

1 순환개발방식

시행자는 도시개발사업을 원활하게 시행하기 위해 도시개발구역의 내외에 새로 건설하는 주택 또는 이미 건설되어 있는 주택에 그 도시개발사업의 시행으로 철거되는 주택의 세입자 또는 소유자를 임시로 거주하게 하는 등의 방식으로 그 도시개발구역을 순차적으로 개발할 수 있다. 이 경우 '주택의 세입자 및 소유자'는 주민 등의 의견을 듣기 위한 공람일이나 공청회의 개최에 관한 사항을 공고한 날 이전부터 도시개발구역의 주택에 실제로 거주하는 자에 한한다(법 제21조의2 제1항).

2 순환용 주택의 공급

시행자는 순환개발방식으로 도시개발사업을 시행하는 경우에는 「주택법」의 주택공급에 관한 규정에도 불구하고 임시로 거주하는 주택(순환용 주택)을 임시거주시설로 사용하거나 임대할 수 있다(법 제21조의2 제2항).

순환용 주택에 거주하는 자가 도시개발사업이 완료된 후에도 순환용 주택에 계속 거주하기를 희망하는 때에는 이를 분양하거나 계속 임대할 수 있다. 이 경우 시행자는 순환용 주택을 「주택법」에 의한 사업계획승인을 받은 해당 순환용 주택의 공급 목적에 맞게 국토교통부장관이 정하는 바에 따라 분양하거나 임대해야 한다. 임대용 순환용 주택을 임차하려는 사람은 임대주택의 입주자자격 요건을 갖추어야 한다(법 제21조의2 제3항, 영 제43조의2 제1·2항).

순환용 주택에 계속 거주하는 자가 환지대상자이거나 이주대책 대상자인 경우에는 환지 대상에서 제외하거나 이주대책을 수립한 것으로 본다. 환지대상자가 순환용 주택에 계속 거주하기를 희망하는 경우에는 해당 토지소유자가 도시개발구역에 소유하고 있는 종전의 토지 중 주택에 부속되는 토지에 대해서는 금전으로 청산하고 환지대상에서 제외할 수 있다(법 제21조의2 제3항, 영 제43조의2 제3항).

04 임대주택의 건설·공급

1 임대주택건설계획의 수립

시행자는 도시개발사업에 따른 세입자등의 주거안정 등을 위해 주거 및 생활실태 조사와 주택수요 조사 결과를 고려해서 임대주택 건설용지를 조성·공급하거나 임대주택을 건설·공급해야 한다(법 제21조의3 제1항).

시행자는 임대주택 건설용지를 조성·공급하거나 임대주택을 건설·공급할 때에는 도시개발사업의 방식과 해당 지역의 임대주택 재고상황 등을 고려해서 임대주택 건설용지 조성계획 또는 임대주택 건설계획을 수립해야 한다. 임대주택건설계획의 수립에 관한 구체적인 기준은 국토교통부장관이 정해 고시한다(영 제43조의3 제1·4항).

그러나 다음의 경우에는 임대주택 건설용지 조성계획 또는 임대주택 건설계획을 수립하지 않을 수 있다(영 제43조의3 제2항).

1) 도시개발구역 면적이 10만m^2 미만이거나 수용예정인구가 3,000명 이하(도시개발구역 전부를 환지방식으로 시행하는 경우에는 도시개발구역 면적이 30만m^2 미만이거나 수용예정인구가 5,000명 이하)인 경우
2) 도시개발사업으로 건설·공급되는 주거전용면적 60m^2 이하 공동주택의 수용예정인구가 도시개발구역 전체 수용예정인구의 40/100(수도권과 광역시 지역은 50/100) 이상인 경우
3) 계획된 임대주택이 50세대 미만인 경우

시행자는 임대주택 건설계획을 수립하기 위해 필요한 경우에는 특별시장·광역시장·특별자치도지사·시장 또는 군수에게 해당 지역의 임대주택 재고상황에 대한 자료를 요청할 수 있다(영 제43조의3 제3항).

2 임대주택건설용지 등의 인수

<u>시행자 자격이 있는 국가·지방자치단체·공공기관·정부출연기관 또는 지방공사 중 주택의 건설·공급·임대를 할 수 있는 자는 시행자가 요청하는 경우 도시개발사업의 시행으로 공급되는 임대주택 건설용지나 임대주택을 인수해야 한다</u>(법 제21조의3 제2항).

임대주택 건설용지 또는 임대주택의 인수 방법, 시기 및 하자 보수 등에 필요한 사항은 시행자와 임대주택 건설용지 또는 임대주택을 인수할 자가 협의해서 결정한다(영 제43조의4 제1항). 임대주택 건설용지의 인수가격은 다음에 따라 산정한 금액으로 하고, 건설된 임대주택을 인수하는 경우의 건축비는 「공공주택 특별법」에 따라 정해진 분양전환가격의 산정기준 중 건축비로 한다. 이 경우 임대주택 건설용지의 가격과 건축비에 가산할 항목은 시행자와 인수자가 협의해서 정할 수 있다(영 제43조의4 제2항).

1) 영구임대주택, 국민임대주택, 행복주택 및 통합공공임대주택 건설용지 :

    감정가격의 80/100

2) 장기전세주택 및 임대의무기간이 10년인 공공임대주택 건설용지 :

    감정가격의 90/100

3) 그 밖의 임대의무기간이 5년인 공공임대주택 건설용지 : 감정가격

도시개발구역 지정권자는 임대주택 건설용지 등의 인수 등에 대한 협의가 이루어지지 아니한 경우에는 필요한 권고 등을 할 수 있다(영 제43조의4 제3항).

3 임대주택의 공급조건 등

시행자와 임대주택 건설용지를 공급받거나 인수한 자가 도시개발구역에서 임대주택을 건설·공급하는 경우에 임차인의 자격, 선정방법, 임대보증금, 임대료 등에 관해서는 「민간임대주택에 관한 특별법」, 「공공주택 특별법」에 불구하고 다음 1), 2), 3)의 범위에서 그 기준을 따로 정할 수 있다. 이 경우 행정청이 아닌 시행자는 미리 시장·군수 또는 자치구청장의 승인을 받아야 한다(법 제21조의3 제4항, 영 제43조의5 제1·2·3항).

임차인의 선정은 임대주택 공급 신청 당시 무주택자(해당 도시개발사업으로 철거되는 주택은 소유하지 않는 것으로 봄) 중에서 다음의 순위로 선정한다. 다만, 같은 순위에서 경쟁이 발생하는 경우에는 추첨으로 임차인을 선정한다.

1) **임차인 선정방법**
   ① **1순위**
      주민의견청취를 위한 공람 공고일 이전부터 보상계획 공고일 또는 환지계획 공고일까지 해당 도시개발구역에 거주하는 세입자
   ② **2순위**
      주민의견청취를 위한 공람 공고일 이전부터 보상계획 공고일 또는 환지계획 공고일까지 해당 도시개발구역에 거주하는 주택의 소유자. 다만, 환지방식이 적용되는 지역의 경우에는 주거용도의 토지 또는 주택으로 환지를 받지 않은 사람 중에서 해당 도시개발사업으로 주거지를 상실하는 사람으로 한정한다.
   ③ **3순위**
      해당 도시개발구역 밖의 기반시설 설치로 인해 주거지를 상실한 자

2) **임대보증금 및 임대료**
   임대주택 공급의 임대보증금 및 임대료는 임대주택 공급자가 시장·군수 또는 자치구청장과 협의해서 결정한다.

3) 공가(空家)세대의 입주자선정방법

임대주택을 공급한 후 잔여세대 또는 임대주택 입주자의 퇴거로 발생한 빈집 세대의 입주자 선정에 대해서는 「민간임대주택에 관한 특별법」 또는 「공공주택 특별법」에 따른다.

단락문제 Q12 제14회 기출

다음은 도시개발사업에 관한 설명이다. 옳은 것은?

① 지정권자가 실시계획을 작성하거나 인가하는 경우 국토교통부장관인 지정권자는 시장·군수 또는 구청장의 의견을 미리 들어야 한다.
② 실시계획의 작성 또는 인가를 고시한 때에는 도시·군관리계획이 결정·고시된 것으로 본다.
③ 도시개발사업은 도시개발구역에서 부족한 주택만을 공급하기 위한 사업을 말한다.
④ 330만㎡ 이상의 개발계획수립의 원칙은 기능의 상호조화가 아니라 특정기능배치가 우선이다.
⑤ 개발계획의 내용에는 지구단위계획, 토지이용계획, 교통처리계획, 환경보전계획 등이 포함된다.

해설 도시개발사업
① 국토교통부장관은 직접 실시계획을 작성하거나 인가하는 경우에는 미리 특별시장·광역시장 또는 도지사나 대도시시장의 의견을 들어야 하며, 시·도지사나 대도시시장이 직접 실시계획을 작성하거나 인가하는 경우에는 미리 시장(대도시시장은 제외)·군수 또는 자치구청장의 의견을 들어야 한다.
③ 도시개발사업은 주택건설만을 목적으로 하지 않는다.
④ 330만㎡ 이상의 개발계획을 수립하는 경우에는 기능의 상호조화가 우선이다.
⑤ 지구단위계획은 개발계획에는 포함되지 않으며, 실시계획에 포함된다.

정답 ②

---

05 공사의 감리

1 감리자의 지정

도시개발구역 지정권자는 실시계획을 인가한 때에는 건설엔지니어링사업자를 도시개발사업의 공사에 대한 감리를 할 자로 지정하고 지도·감독해야 한다. 다만, 시행자가 「건설기술진흥법」의 발주청인 경우에는 감리자를 지정하지 않아도 된다(법 제20조 제1항).
└▶ 국가, 지방자치단체, 공공기관 등이 이에 해당된다.

2 감리업무의 수행

(1) 감리원의 배치 등
감리자는 감리원을 배치하고 감리업무를 수행해야 한다. 시행자는 감리자에게 공사감리비를 지급해야 한다. 시행자와 감리자 간의 책임내용과 책임범위는 이 법으로 규정한 것 외에는 당사자 간의 계약으로 정한다(법 제20조 제2·5·7항).

(2) 위반사항 발견시의 조치
감리자는 위반사항을 발견한 때에는 지체없이 시공자 및 시행자에게 위반사항을 시정할 것을 통지하고 7일 이내에 도시개발구역 지정권자에게 그 내용을 보고해야 한다. 시공자 및 시행자는 시정통지를 받은 때에는 특별한 사유가 없으면 그 공사를 중지하고 위반사항을 시정한 후 감리자의 확인을 받아야 한다. 이 경우 감리자의 시정통지에 이의가 있는 때에는 즉시 공사를 중지하고 지정권자에게 서면으로 이의신청을 할 수 있다(법 제20조 제3·4항).

(3) 부실감리 등에 대한 조치
도시개발구역 지정권자는 감리자나 감리원이 고의나 중대한 과실로 감리를 부실하게 하거나 관계법령을 위반해서 감리를 함으로써 해당 시행자 또는 도시개발사업으로 조성된 토지·건축물 또는 건축물 등을 공급받은 자 등에게 피해를 입히는 등 도시개발사업의 공사가 부실하게 된 경우에는 그 감리자의 등록, 감리원의 면허, 그 밖에 자격인정 등을 한 행정기관의 장에게 등록말소·면허취소·자격정지·영업정지, 그 밖에 필요한 조치를 하도록 요청할 수 있다(법 제20조 제6항).

감리원은 「형법」 제129조부터 제132조(수뢰죄)까지의 규정에 따른 벌칙을 적용할 때 공무원으로 본다(법 제84조).

(4) 다른 법률의 준용
감리에 관해서는 「건설기술 진흥법」 제24조(건설기술자의 업무정지 등), 제28조(건설엔지니어링사업자 등의 의무), 제31조(건설엔지니어링사업자의 등록취소 등), 제32조(과징금), 제33조(등록취소처분 등을 받은 건설엔지니어링사업자의 업무 계속), 제37조(건설엔지니어링 대가), 제38조(건설엔지니어링사업자의 지도·감독 등), 제41조(총괄관리자의 선정 등)를 준용한다. 그리고 「건축법」 또는 「주택법」에 따른 감리대상에 해당하는 도시개발사업에 관한 공사의 감리에 대해서는 각각 해당 법령으로 정하는 바에 따른다(법 제20조 제9·10항).

06 토지 등의 수용 또는 사용

11·16회 출제

1 수용 또는 사용

시행자는 도시개발사업에 필요한 토지 등을 수용 또는 사용할 수 있다(법 제22조 제1항).

2 토지소유자의 동의

다음의 시행자가 토지 등을 수용 또는 사용하고자 할 때에는 사업대상 토지면적의 2/3 이상에 해당하는 토지를 소유하고, 토지소유자 총수의 1/2 이상에 해당하는 자의 동의를 받아야 한다. 이때의 토지소유자에는 지상권자가 포함된다(법 제22조 제1항).

수용·사용방식

① 수용 또는 사용할 토지의 세목을 고시한 때에는 「공익사업을 위한 토지 등의 취득 및 보상에 관한 법률」에 따른 사업인정 및 고시로 본다.

② 이 경우 재결신청은 개발계획에서 정한 도시개발사업의 시행기간 종료일까지 행해야 한다(재결기간은 고시일부터 1년 이내가 아님).

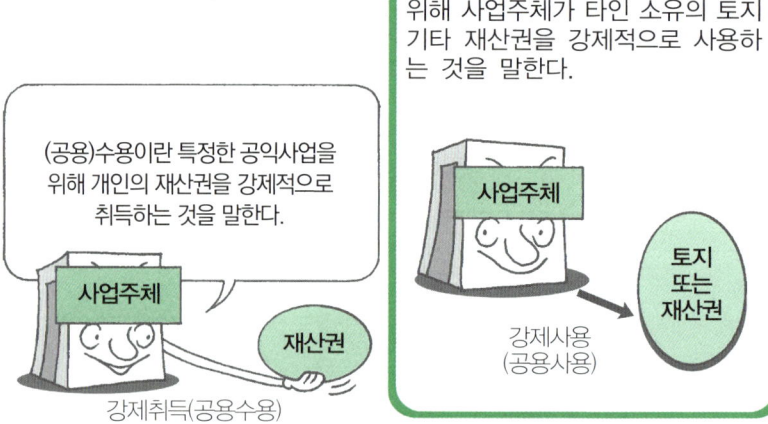

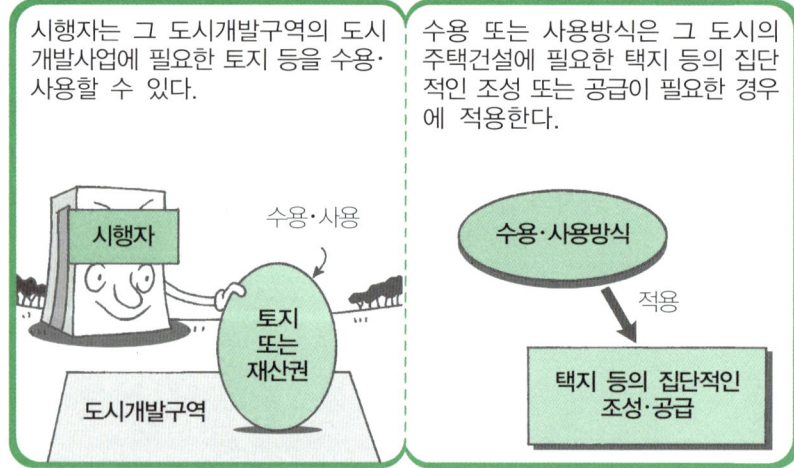

1) 토지소유자
2) 수도권 바깥으로 이전하는 법인
3) 「주택법」에 따른 등록사업자
4) 건설사업자
5) 신탁업자
6) 부동산개발업자
7) 부동산투자회사
8) 시행자자격이 있는 자들이 도시개발사업을 목적으로 설립한 법인(국가·지방자치단체·공공기관·정부출연기관 또는 지방공사가 50%를 초과해서 출자한 경우는 제외)

시행자가 토지를 수용하거나 사용해서 서로 떨어진 지역에 대해 결합개발방식으로 도시개발사업을 시행하려는 경우에는 수용 또는 사용 대상인 지역 각각에 대해 토지소유자의 동의를 받아야 한다(영 제5조의2 제4항).

동의자 수의 산정방법은 개발계획수립에 관한 동의자 수의 산정방법과 같다. 이 경우 토지소유자의 동의요건산정기준일은 도시개발구역지정 고시일을 기준으로 하며, 그 기준일 이후 시행자가 취득한 토지에 대해서는 동의요건에 필요한 토지소유자의 총수에 포함하고 이를 동의한 자의 수로 산정한다(법 제22조 제1항, 영 제44조).

3 「공익사업을 위한 토지 등의 취득 및 보상에 관한 법률」의 준용 27회 출제

토지 등의 수용 또는 사용에 관해서는 「도시개발법」이 법에 특별한 규정이 있는 경우를 제외하고는 「공익사업을 위한 토지 등의 취득 및 보상에 관한 법률」을 준용한다. 이 경우 수용 또는 사용의 대상이 되는 토지의 세부목록을 고시한 경우에는 「공익사업을 위한 토지 등의 취득 및 보상에 관한 법률」에 의한 사업인정 및 그 고시가 있는 것으로 보며, 재결신청은 개발계획에서 정한 도시개발사업의 시행기간종료일까지 해야 한다(법 제22조 제2·3항).

부동산공법

단락문제 Q13　　　　　　　　　　　　　　　　　　　　　　　　　　　제11회 기출

다음은 도시개발사업의 시행에 관한 설명이다. 틀린 것은?

① 도시개발사업의 시행방식에는 도시개발구역의 토지 등을 수용·사용하는 방식과 환지방식 외에도 이를 혼용하는 방식이 있다.
② 도시개발구역의 지정·고시에 따라 수용·사용할 토지 등의 세목을 고시한 때에는 「공익사업을 위한 토지 등의 취득 및 보상에 관한 법률」에 따른 사업인정 및 고시가 있는 것으로 간주한다.
③ 재결신청은 「공익사업을 위한 토지 등의 취득 및 보상에 관한 법률」의 관계 규정에 불구하고 도시개발사업의 시행기간종료일까지 행해야 한다.
④ 도시개발구역 지정권자가 아닌 시행자가 토지상환채권을 발행하고자 하는 경우에는 미리 국토교통부장관의 승인을 받아야 한다.
⑤ 시행자는 도시개발사업의 시행에 필요한 토지 등을 제공함에 따라 생활의 근거를 상실하게 되는 자에 대해서 이주대책을 수립·시행해야 한다.

해설 토지상환채권을 발행하고자 하는 경우
토지상환채권을 발행하는 때에는 도시개발구역 지정권자의 승인을 받아야 한다.　　　　　　**정답** ④

4　이주대책 등의 수립

시행자는 「공익사업을 위한 토지 등의 취득 및 보상에 관한 법률」이 정하는 바에 따라 도시개발사업의 시행에 필요한 토지 등의 제공으로 생활의 근거를 상실하게 되는 자에 관한 이주대책 등을 수립·시행해야 한다(법 제24조).

07 원형지의 공급과 개발 ★★

25·34회 출제

1 원형지 공급승인

시행자는 도시를 자연친화적으로 개발하거나 복합적·입체적으로 개발하기 위해 필요한 경우에는 미리 도시개발구역 지정권자의 승인을 받아 다음의 자에게 원형지(도시개발사업으로 조성되지 않은 상태의 토지)를 공급해서 개발하게 할 수 있다. 이 경우 공급될 수 있는 원형지의 면적은 도시개발구역 전체 토지 면적의 1/3 이내로 한정한다(법 제25조의2 제1항).

1) 국가 또는 지방자치단체
2) 「공공기관의 운영에 관한 법률」에 따른 공공기관
3) 지방공사
4) 국가, 지방자치단체 또는 공공기관이 복합개발 등을 위해 실시한 공모에서 선정된 자
5) 원형지를 학교·공장 등의 부지로 직접 사용하는 자

시행자는 원형지를 공급하기 위해 지정권자에게 승인신청을 할 때에는 원형지공급계획을 작성해서 함께 제출해야 한다. 작성된 원형지공급계획을 변경하는 경우에도 같다. 원형지공급계획에는 개발계획상의 원형지를 공급받아 개발하는 자(원형지개발자)에 관한 사항과 원형지의 공급내용 등이 포함되어야 한다(법 제25조의2 제2·3항).

원형지개발자의 선정은 수의계약의 방법으로 한다. 다만, 원형지를 학교·공장 등의 부지로 직접 사용하는 자는 경쟁입찰의 방식으로 선정하며, 경쟁입찰이 2회 이상 유찰된 경우에는 수의계약의 방법으로 선정할 수 있다(영 제55조의2 제6항).

승인신청을 받은 도시개발구역 지정권자는 개발계획을 수립한 후 원형지공급을 승인할 수 있다. 도시개발구역 지정권자는 원형지 공급을 승인을 할 때에는 용적률 등 개발밀도, 토지용도별 면적 및 배치, 교통처리계획 및 기반시설의 설치 등에 관한 이행조건을 붙일 수 있다(법 제25조의2 제5항, 영 제55조의2 제2항).

2 원형지 공급계약

시행자는 개발계획에 제시된 원형지의 개발방향과 도시개발구역 지정권자의 승인내용 및 원형지공급계획에 따라 원형지개발자와 공급계약을 체결한 후 원형지개발자로부터 세부계획을 제출받아 이를 실시계획의 내용에 반영해야 한다(법 제25조의2 제4항).

원형지의 공급가격은 개발계획이 반영된 원형지의 감정가격에 시행자가 원형지에 설치한 기반시설 등의 공사비를 더한 금액을 기준으로 시행자와 원형지개발자가 협의해서 결정한다(영 제55조의2 제7항).

부동산공법

시행자와 원형지개발자의 업무범위는 공급계약에서 정하되, 시행자는 원형지조성을 위한 인·허가 등의 신청 등 관계법령에 따른 업무를 담당한다(영 제55조의2 제8항).

시행자는 다음의 경우에는 원형지공급계약을 해제할 수 있다(법 제25조의2 제8항).

1) 원형지개발자가 세부계획에서 정한 착수기한 안에 공사에 착수하지 않는 경우
2) 원형지개발자가 공사착수 후 세부계획에서 정한 사업기간을 넘겨 사업시행을 지연하는 경우
3) 공급받은 토지의 전부나 일부를 시행자의 동의 없이 제3자에게 매각하는 경우
4) 그 밖에 공급받은 토지를 세부계획에서 정한 목적대로 사용하지 않는 등 공급계약의 내용을 위반한 경우

시행자는 위의 사유가 발생한 경우에 원형지개발자에게 2회 이상 시정을 요구해야 하고, 원형지개발자가 시정을 하지 않는 경우에는 원형지공급계약을 해제할 수 있다. 이 경우 원형지개발자는 시행자의 시정요구에 대해 의견을 제시할 수 있다(영 제55조의2 제5항).

3 원형지 매각의 제한 23·33회 출제

원형지개발자(국가 및 지방자치단체는 제외)는 다음의 기간 중 먼저 끝나는 기간 안에는 원형지를 매각할 수 없다. 다만, 원형지를 이주용 주택, 공공·문화시설, 기반시설용지, 임대주택용지 그 밖에 원형지개발자가 직접 조성하거나 운영하기 어려운 시설을 설치하기 위한 용지로 사용하는 경우로서 미리 도시개발구역 지정권자의 승인을 받은 경우는 예외로 한다(법 제25조의2 제6항, 영 제55조의2 제3·4항).

1) 원형지에 대한 공사완료공고일부터 5년
2) 원형지 공급계약일부터 10년

도시개발구역 지정권자는 다음의 경우에는 원형지공급승인을 취소하거나 시행자로 하여금 그 이행의 촉구, 원상회복 또는 손해배상의 청구, 원형지공급계약의 해제 등 필요한 조치를 취할 것을 요구할 수 있다(법 제25조의2 제7항).

1) 시행자가 원형지공급계획대로 토지를 이용하지 않는 경우
2) 원형지개발자가 세부계획의 내용대로 사업을 시행하지 않는 경우
3) 시행자 또는 원형지개발자가 이행조건을 이행하지 않는 경우

08 토지상환채권의 발행 ★★ 18·20·30·33·35회 출제

1 토지상환채권의 발행 및 승인

시행자는 토지소유자가 원하는 경우 토지 등의 매수대금의 일부를 지급하기 위해 사업시행으로 조성된 토지 또는 건축물로 상환하는 토지상환채권을 발행할 수 있다. 다만, <u>국가, 지방자치단체, 공공기관, 정부출연기관 또는 지방공사가 아닌 시행자가 토지상환채권을 발행하는 때에는 「은행법」에 따른 은행, 「보험업법」에 따른 보험회사 및 「건설산업기본법」에 따른 공제조합의 지급보증을 받아야 한다</u>(법 제23조 제1항, 영 제46조).

시행자는 토지상환채권을 발행하는 때에는 토지상환채권의 명칭과 발행계획의 내용을 공고해야 한다. 발행계획에는 토지상환채권의 발행총액, 이율, 발행가액 등이 포함되어야 한다(영 제47조, 제48조). 시행자(도시개발구역 지정권자인 시행자는 제외)가 토지상환채권을 발행하고자 하는 때에는 토지상환채권의 발행계획을 작성해서 미리 도시개발구역 지정권자의 승인을 받아야 한다(법 제23조 제2항).

2 토지상환채권의 발행규모 및 발행방식

토지상환채권의 발행규모는 그 토지상환채권으로 상환할 토지 및 건축물이 그 도시개발사업으로 조성되는 분양토지 또는 분양건축물의 <u>1/2을 초과하지 않도록</u> 해야 한다(영 제45조).
토지상환채권은 기명식 증권으로 하며, 그 이율은 발행 당시의 은행의 예금금리 및 부동산수급 상황을 고려해서 발행자가 정한다(영 제49조 제1·2항).

3 토지상환채권의 이전 및 질권설정

토지상환채권의 발행자는 주된 사무소에 토지상환채권원부를 비치해야 한다(영 제52조).

토지상환채권을 이전하는 경우 취득자는 그 성명과 주소를 토지상환채권원부에 기재해 줄 것을 요청해야 하며, 취득자의 성명과 주소가 <u>토지상환채권원부에 기재되지 않으면 취득자는 발행자 및 그 밖의 제3자에게 대항하지 못한다</u>. 토지상환채권을 질권의 목적으로 하는 경우에는 질권자의 성명과 주소가 토지상환채권원부에 기재되지 않으면 질권자는 발행자 및 그 밖의 제3자에게 대항하지 못한다(영 제53조 제1·2항).

단락문제 Q14
제20회 기출

도시개발법령상 토지상환채권에 관한 설명으로 옳은 것은?
① 토지상환채권은 타인에게 이전하지 못한다.
② 토지상환채권은 기명식 또는 무기명식 증권으로 한다.
③ 토지상환채권의 이율은 발행 당시의 은행의 예금금리 및 부동산수급상황을 고려해서 기획재정부장관이 정한다.
④ 도시개발구역의 토지소유자인 시행자가 토지상환채권을 발행하는 때에는 「은행법」에 따른 은행이나 「보험업법」에 따른 보험회사 및 「건설산업기본법」에 따른 공제조합의 지급보증을 받아야 한다.
⑤ 토지상환채권의 발행규모는 그 토지상환채권으로 상환할 토지 및 건축물이 해당 도시개발사업으로 조성되는 분양토지 또는 분양건축물 면적의 3분의 2를 넘지 않아야 한다.

해설 토지상환채권의 발행
① 토지상환채권은 타인에게 이전할 수 있다.
② 토지상환채권은 기명식 증권으로 한다.
③ 토지상환채권의 이율은 발행 당시의 은행의 예금금리 및 부동산수급상황을 고려해서 발행자가 정한다.
⑤ 토지상환채권의 발행규모는 그 토지상환채권으로 상환할 토지 및 건축물이 해당 도시개발사업으로 조성되는 분양토지 또는 분양건축물 면적의 1/2을 넘지 않아야 한다.

정답 ④

09 선수금 (先受金)

1 선수금을 받을 수 있는 요건 ★

시행자는 다음의 요건을 갖춘 때에는 도시개발구역 지정권자의 승인을 받아 도시개발사업으로 조성된 토지·건축물 또는 공작물 등과 원형지를 공급받거나 이용하고자 하는 자로부터 그 대금의 전부 또는 일부를 미리 받을 수 있다(법 제25조 제1·2항, 영 제55조 제1항).

1) 국가, 지방자치단체, 공공기관, 정부출연기관, 지방공사와 이들이 도시개발사업을 목적으로 설립한 법인인 시행자는 개발계획을 수립·고시한 후에 사업시행 <u>토지면적의 10% 이상의 토지에 대한 소유권</u>(사용동의를 포함함)을 확보할 것. 다만, 실시계획인가를 받기 전에 선수금을 받으려는 경우에는 「환경영향평가법」에 따른 환경영향평가 및 「도시교통정비 촉진법」에 따른 교통영향평가를 실시하여 「국토의 계획 및 이용에 관한 법률」에 따른 기반시설 투자계획이 구체화된 경우로 한정한다.

2) 토지소유자, 조합, 과밀억제권역에서 수도권 바깥으로 이전하는 법인, 「주택법」에 따른 등록사업자, 건설사업자, 그리고 신탁업자와 도시개발사업을 목적으로 설립된 법인(국가, 지방자치단체, 공공기관, 정부출연기관 또는 지방공사가 도시개발사업을 목적으로 설립한 법인은 제외)인 시행자는 다음의 요건을 모두 갖출 것

① <u>공급하고자 하는 토지에 대한 소유권을 확보하고 그 토지에 설정된 저당권을 말소할 것</u>. 다만, 부득이한 사유로 이 요건을 갖추지 못한 경우에는 시행자·토지소유자 및 저당권자가 다음 내용의 공동약정서를 공증해서 제출해야 한다.
  ㉠ 토지소유자는 제3자에게 해당 토지를 양도하거나 담보로 제공하지 않을 것
  ㉡ 선수금을 납부한 자가 준공검사 또는 준공 전 사용허가를 받아 그 토지를 사용하게 되는 경우, 토지소유자 및 저당권자는 지체없이 소유권을 이전하고, 저당권을 말소할 것
② <u>공급하고자 하는 토지에 대한 도시개발사업의 공사진척률이 10% 이상일 것</u>
③ 공급계약불이행시 선수금 환불을 담보하기 위한 보증서 등을 지정권자에게 제출할 것

2 공사완료공고 전의 토지공급과 토지의 담보제공에 관한 제한

<u>시행자는 공사완료공고 전에 미리 토지를 공급하거나 시설물을 이용하게 한 후에는 그 토지를 담보로 제공하면 안 된다</u>(영 제55조 제2항).

도시개발구역 지정권자는 시행자가 공급계약의 내용대로 사업을 이행하지 않거나 시행자의 파산 등으로 사업을 이행할 능력이 없는 경우에는 그 도시개발사업의 준공 전에 보증서 등을 선수금의 환불을 위해 사용할 수 있다(영 제55조 제3항).

단락문제 Q15 제17회 기출

도시개발법령상 수용 또는 사용방식에 의한 사업시행과 관련한 설명 중 틀린 것을 모두 열거한 것은?

㉠ 개발계획에 수용 또는 사용되는 토지의 세목이 포함되어 고시된 경우에는 「공익사업을 위한 토지 등의 취득 및 보상에 관한 법률」에 따른 사업인정 및 고시가 있은 것으로 본다.
㉡ 「지방공기업법」에 따라 설립된 지방공사인 시행자는 토지소유자의 동의 없이 도시개발사업에 필요한 토지 등을 수용 또는 사용할 수 없다.
㉢ 「지방공기업법」에 따라 설립된 지방공사인 시행자는 금융기관의 지급보증을 받은 경우에 한해 토지상환채권을 발행할 수 있다.
㉣ 토지소유자인 시행자의 경우 선수금을 받기 위한 공사진척률은 10/100 이상이다.

① ㉠, ㉡   ② ㉠, ㉢   ③ ㉠, ㉣   ④ ㉡, ㉢   ⑤ ㉡, ㉣

해설 수용 또는 사용방식에 의한 사업시행
㉡ 시행자가 토지소유자, 과밀억제권역에서 이전하는 법인, 건설사업자 또는 신탁회사 등인 경우에는 타인의 토지를 수용 또는 사용하고자 할 때에는 먼저 일정기준 이상의 토지소유자 동의를 받아야 한다.
㉢ 시행자가 지방공사인 경우에는 금융기관의 지급보증 없이도 토지상환채권을 발행할 수 있다.

정답 ④

10 공사의 완료

1 준공검사

(1) 공사완료보고서의 제출

시행자(도시개발구역 지정권자인 시행자는 제외)가 도시개발사업의 공사를 끝낸 때에는 공사완료보고서를 작성해서 도시개발구역 지정권자의 준공검사를 받아야 한다(법 제50조 제1항).

시행자는 도시개발사업을 효율적으로 시행하기 위해 필요한 경우에는 그 도시개발사업에 관한 공사가 전부 끝나기 전이라도 공사가 끝난 부분에 관해 준공검사(도시개발구역 지정권자가 시행자인 경우에는 공사완료공고)를 받을 수 있다(법 제50조 제4항).

(2) 준공검사의 실시 전

도시개발구역 지정권자는 공사완료보고서를 받은 때에는 지체없이 준공검사를 해야 한다. 이 경우 도시개발구역 지정권자는 효율적인 준공검사를 위해 필요한 때에는 관계 행정기관·공공기관·연구기관 그 밖의 전문기관 등에 의뢰해서 준공검사를 실시할 수 있다(법 제50조 제2항).

지정권자는 공사완료보고서의 내용에 포함된 공공시설을 인수하거나 관리하게 될 국가기관, 지방자치단체 또는 공공기관의 장 등에게 준공검사에 참여할 것을 요청할 수 있으며, 요청을 받은 자는 특별한 사유가 없으면 이에 따라야 한다(법 제50조 제3항).

도시개발구역 지정권자는 준공검사를 한 결과 도시개발사업이 실시계획대로 완료되었다고 인정되는 때에는 시행자에게 준공검사 증명서를 내어주고 관보 또는 공보에 공사완료공고를 해야 하며, 실시계획대로 끝나지 않았으면 지체없이 보완시공 등 필요한 조치를 하도록 명해야 한다(법 제51조 제1항, 영 제69조 제1항).

2 공사완료공고

도시개발구역 지정권자인 시행자가 도시개발사업의 공사를 완료한 때에는 관보 또는 공보에 공사완료공고를 해야 한다(법 제51조 제2항, 영 제69조 제1항).

3 관련 준공검사 등의 의제

준공검사(도시개발구역 지정권자가 시행자인 경우에는 공사완료공고)를 함에 있어서 도시개발구역 지정권자가 실시계획고시에 의해 의제되는 인·허가 등(공유수면매립에 관한 면허·협의 또는 승인과 실시계획인가는 제외)에 따른 준공검사·준공인가 등에 관해 관계 행정기관의 장과 협의한 사항에 대해서는 그 준공검사·준공인가 등을 받은 것으로 본다(법 제52조 제1항).

시행자(도시개발구역 지정권자인 시행자는 제외)는 준공검사·준공인가 등을 의제받고자 하는 때에는 준공검사를 신청하는 때에 해당 법률이 정하는 관계서류를 함께 제출해야 한다(법 제52조 제2항).

도시개발구역 지정권자는 준공검사(도시개발구역 지정권자가 시행자인 경우에는 공사완료공고)를 함에 있어서 그 내용에 의제되는 인·허가 등에 따른 준공검사·준공인가 등에 해당하는 사항이 있는 때에는 미리 관계 행정기관의 장과 협의해야 한다(법 제52조 제3항).

4 조성토지 등의 준공전 사용제한 27회 출제

준공검사 전(도시개발구역 지정권자가 시행자인 경우에는 공사완료공고 전)에는 조성토지 등(입체환지로 지정된 건축물을 포함하며, 체비지는 제외)을 사용할 수 없다. 다만, 도시개발구역 지정권자의 사용허가를 받은 경우에는 준공검사 전이라도 조성토지 등을 사용할 수 있다(법 제53조, 영 제70조 제1항).

시행자는 준공 전 사용허가를 받고자 하는 때에는 그 범위를 정해 신청서에 사업시행상의 지장 여부에 관한 검토서를 첨부해서 도시개발구역 지정권자에게 제출해야 한다. 도시개발구역 지정권자는 준공 전 사용으로 인해 앞으로 시행될 사업에 지장이 있는지 여부를 확인한 후 허가 여부를 결정해야 한다(영 제70조 제1·2항).

단락문제 Q16 제27회 기출

도시개발법령상 준공검사 등에 관한 설명으로 틀린 것은?

① 도시개발사업의 준공검사 전에는 체비지를 사용할 수 없다.
② 지정권자는 효율적인 준공검사를 위하여 필요하면 관계행정기관 등에 의뢰하여 준공검사를 할 수 있다.
③ 지정권자가 아닌 시행자는 도시개발사업에 관한 공사가 전부 끝나기 전이라도 공사가 끝난 부분에 관하여 준공검사를 받을 수 있다.
④ 지정권자가 아닌 시행자가 도시개발사업의 공사를 끝낸 때에는 공사완료 보고서를 작성하여 지정권자의 준공검사를 받아야 한다.
⑤ 지정권자가 시행자인 경우 그 시행자는 도시개발사업의 공사를 완료한 때에는 공사 완료 공고를 하여야 한다.

해설 준공검사 등
도시개발사업의 준공검사 전에도 체비지를 사용할 수 있다.   정답 ①

11 조성토지 등의 공급 **22회 출제**

1 조성토지 등의 공급계획 승인

(1) 조성토지 등의 공급계획 승인
시행자는 조성토지 등을 공급하려고 할 때에는 조성토지 등의 공급계획을 작성하여야 하며, 지정권자가 아닌 시행자는 작성한 조성토지등의 공급 계획에 대하여 지정권자의 승인을 받아야 한다. 조성토지등의 공급 계획을 변경하려는 경우에도 또한 같다(법 제26조 제1항).

(2) 조성토지등의 공급계획 의견청취
지정권자가 조성토지등의 공급 계획을 작성하거나 승인하는 경우 국토교통부장관이 지정권자이면 시·도지사 또는 대도시 시장의 의견을, 시·도지사가 지정권자이면 시장(대도시 시장은 제외한다)·군수 또는 구청장의 의견을 미리 들어야 한다(법 제26조 제2항).

(3) 공급계획의 내용에 포함
시행자(민·관공동출자법인이 시행자인 경우에는 그 출자자를 포함한다)가 직접 건축물을 건축하여 사용하거나 공급하려고 계획한 토지가 있는 경우에는 그 현황을 조성토지등의 공급 계획의 내용에 포함하여야 한다. 다만, 민간참여자가 직접 건축물을 건축하여 사용하거나 공급하려고 계획한 토지는 전체 조성토지 중 해당 민간참여자의 출자 지분 범위 내에서만 조성토지등의 공급 계획에 포함할 수 있다(법 제26조 제3항).

2 공급대상자의 자격 및 공급조건

시행자는 조성토지등의 공급 계획에 따라 조성토지등을 공급해야 한다. 이 경우 시행자는 「국토의 계획 및 이용에 관한 법률」에 따른 기반시설의 원활한 설치를 위하여 필요하면 공급대상자의 자격을 제한하거나 공급조건을 부여할 수 있다(영 제57조 제1항).

3 공급방법★ **18회 출제**

(1) 경쟁입찰에 의한 공급
조성토지 등의 공급은 원칙적으로 경쟁입찰의 방법에 의한다(영 제57조 제2항).

(2) 추첨에 의한 공급
다음의 토지는 추첨의 방법으로 분양할 수 있다. 다만, 공공사업 시행자가 국민주택규모 이하의 주택건설용지 중 임대주택건설용지를 공급하는 경우에는 추첨의 방법으로 분양하여야 한다(영 제57조 제3항, 규칙 제23조 제1항).

1) 「주택법」에 따른 국민주택규모 이하의 주택건설용지
2) 「주택법」에 따른 공공택지
3) 330㎡ 이하의 단독주택용지 및 공장용지

(3) 수의계약에 의한 공급

다음의 경우에는 조성토지 등을 수의계약의 방법으로 공급할 수 있다(영 제57조 제5항).

1) 학교용지·공공청사용지 등 일반에게 분양할 수 없는 공공용지를 국가·지방자치단체 그 밖에 법령에 따라 그 시설을 설치할 수 있는 자에게 공급하는 경우
2) 임대주택 건설용지를 다음에 해당하는 자가 단독 또는 공동으로 총지분의 100분의 50을 초과하여 출자한 「부동산투자회사법」에 따른 부동산투자회사에 공급하는 경우
   ① 국가나 지방자치단체
   ② 한국토지주택공사
   ③ 주택사업을 목적으로 설립된 지방공사
3) 실시계획에 따라 존치하는 시설물의 유지·관리에 필요한 최소한의 토지를 공급하는 경우
4) 「공익사업을 위한 토지 등의 취득 및 보상에 관한 법률」에 따른 협의를 하여 그가 소유하는 도시개발구역 안의 조성토지등의 전부를 시행자에게 양도한 자에게 국토교통부령으로 정하는 기준에 따라 토지를 공급하는 경우
5) 토지상환채권에 의해 토지를 상환하는 경우
6) 토지의 규모 및 형상, 입지조건 등에 비추어 이용가치가 현저히 낮은 토지로서 인접토지의 소유자 등에게 공급하는 것이 불가피하다고 시행자가 인정하는 경우
7) 국가·지방자치단체·공공기관·정부출연기관 또는 지방공사인 시행자가 도시개발구역에서 도시발전을 위해 복합적이고 입체적인 개발이 필요하여 국토교통부령으로 정하는 절차와 방법에 따라 선정된 자에게 토지를 공급하는 경우
8) 산업통상자원부장관이 「외국인투자 촉진법」에 따른 외국인투자위원회의 심의를 거쳐 외국인투자기업에게 수의계약을 통하여 조성토지등을 공급할 필요가 있다고 인정하는 경우. 다만, 2009.7.1부터 2011.6.30까지 공급되는 조성토지등만 해당한다.
9) 대행개발사업자가 개발을 대행하는 토지를 해당 대행개발사업자에게 공급하는 경우
10) 경쟁입찰 또는 추첨결과 2회 이상 유찰된 경우
11) 그 밖에 관계법령에 따라 수의계약으로 공급할 수 있는 경우

4 조성토지 등의 공급가격 24·26회 출제

(1) 조성토지 등의 가격

조성토지 등의 가격은 감정가격(감정평가법인등이 평가한 금액을 산술평균한 금액)으로 한다(영 제57조 제6항).
그러나 다음의 경우에는 토지의 가격을 감정평가법인등이 감정평가한 가격 이하로 할 수 있다. 다만, 국가, 지방자치단체, 공공기관, 정부출연기관 또는 지방공사인 시행자에게 임대주택 건설용지를 공급하는 경우에는 해당 토지의 가격을 감정평가한 가격 이하로 정하여야 한다. 공급가격의 기준 등에 관해 필요한 사항은 국토교통부장관이 정해 고시한다(법 제27조 제1항, 영 제58조 제1·3항, 규칙 제25조).

1) 다음의 시설을 설치하기 위한 조성토지 등

① 학교
② 폐기물처리시설
③ 공공청사
④ 행정기관 및 사회복지법인이 설치하는 사회복지시설. 다만, 「사회복지사업법」에 따른 사회복지시설의 경우에는 유료시설이 아닌 시설로서 관할 지방자치단체의 장의 추천을 받은 경우에 한한다.
⑤ 자연녹지지역에 설치할 수 있는 공장(그 도시개발사업으로 인해 이전되는 공장의 소유자가 설치하는 경우에 한함)
⑥ 임대주택
⑦ 국민주택규모 이하의 공동주택(국가·지방자치단체·공공기관·정부출연기관 또는 지방공사인 시행자가 국민주택규모 이하의 공동주택을 건설하려는 자에게 공급하는 경우에 한함)
⑧ 호텔업 시설(국가·지방자치단체·공공기관·정부출연기관 또는 지방공사인 시행자가 200실 이상의 객실을 갖춘 호텔의 부지로 토지를 공급하는 경우에 한함)
⑨ 행정청이 직접 설치하는 시장·자동차정류장 및 종합의료시설
⑩ 국가가 직접 설치하는 방송·통신시설(시행자가 국가·지방자치단체·공공기관·정부출연기관 또는 지방공사인 경우에 한함)

2) 이주단지의 조성을 위한 토지

국가, 지방자치단체, 공공기관, 정부출연기관 또는 지방공사인 시행자는 지역특성화 사업 유치 등 도시개발사업의 활성화를 위해 필요한 경우에는 위의 토지가 아닌 토지도 감정평가한 가격 이하로 공급할 수 있다(법 제27조 제2항).

(2) 경쟁입찰에 의하는 경우의 조성토지 등의 가격

경쟁입찰의 경우에는 최고가격으로 입찰한 자를 낙찰자로 한다(영 제57조 제7항).

경쟁입찰 대상 토지가 공동주택과 주거용 외의 용도가 복합된 건축물(다수의 건축물이 일체적으로 연결된 하나의 건축물을 포함함)을 건축하기 위한 토지인 때에는 경쟁입찰 대상 토지의 면적에 주거용 외의 용도에 해당하는 비율(실시계획에 포함된 지구단위계획상의 비율을 말하며, 건축물의 연면적 대비 비율로 산정함)을 곱해서 산정된 면적(상업면적)에 대해 최고가격으로 입찰한 자를 낙찰자로 하며, 상업면적에 대해서는 낙찰가격을, 상업면적 외에 대해서는 감정가격을 각각 적용해서 산정한 가격을 합한 가격을 해당 토지의 공급가격으로 한다(영 제57조 제7항).

단락문제 Q17
제18회 기출 개작

도시개발법령상 수용 또는 사용방식에 의한 도시개발사업으로 조성된 토지 등을 수의계약의 방법으로 공급할 수 없는 경우는?

① 330m² 이하의 단독주택용지를 공급하는 경우
② 고시된 실시계획에 따라 존치하는 시설물의 유지관리에 필요한 최소한의 토지를 공급하는 경우
③ 토지상환채권에 의해 토지를 상환하는 경우
④ 토지의 규모 및 형상, 입지조건 등에 비추어 토지이용가치가 현저히 낮은 토지로서 인접토지소유자 등에게 공급하는 것이 불가피하다고 시행자가 인정하는 경우
⑤ 학교용지·공공청사용지 등 일반에게 분양할 수 없는 공공시설용지를 국가·지방자치단체 그 밖에 법령에 따라 해당 시설을 설치할 수 있는 자에게 공급하는 경우

해설 조성토지등의 공급
330m² 이하의 단독주택용지는 추첨의 방법으로 분양할 수 있다.

정답 ①

12 공공시설의 귀속 및 관리

1 공공시설무상귀속의 범위

국가, 지방자치단체, 공공기관, 정부출연기관 또는 지방공사인 시행자가 새로 공공시설을 설치하거나 기존의 공공시설에 대체되는 공공시설을 설치한 경우에는 「국유재산법」 및 「공유재산 및 물품 관리법」 등에 불구하고 종전의 공공시설은 시행자에게 무상으로 귀속되고, 새로 설치된 공공시설은 그 공공시설을 관리할 행정청(관리청)에 무상으로 귀속된다(법 제66조 제1항).

그 밖의 시행자가 새로 설치한 공공시설은 관리청에 무상으로 귀속되며, 도시개발사업의 시행으로 인해 용도가 폐지되는 행정청의 공공시설은 「국유재산법」 및 「공유재산 및 물품 관리법」 등에 불구하고 새로 설치한 공공시설의 설치비용에 상당하는 범위에서 시행자에게 무상으로 귀속시킬 수 있다(법 제66조 제2항).

2 공공시설관리청의 의견청취

도시개발구역 지정권자는 공공시설의 귀속에 관한 사항이 포함된 실시계획을 작성하거나 인가하고자 하는 때에는 미리 그 공공시설의 관리청의 의견을 들어야 한다. 다만, 관리청이 지정되지 않은 경우에는 관리청이 지정된 후 준공검사(도시개발구역 지정권자가 시행자인 경우에는 공사완료공고)를 마치기 전에 관리청의 의견을 들어야 한다(법 제66조 제3항).

도시개발구역 지정권자가 관리청의 의견을 들어 실시계획을 작성하거나 인가한 경우 시행자는 실시계획에 포함된 공공시설의 점용 및 사용에 관해 관계법률에 따른 승인·허가 등을 받은 것으로 보아 도시개발사업을 할 수 있다. 이 경우 그 공공시설의 점용 또는 사용에 따른 점용료 및 사용료는 면제된 것으로 본다(법 제66조 제4항).

3 공공시설의 귀속시기

국가, 지방자치단체, 공공기관, 정부출연기관 또는 지방공사인 시행자는 도시개발사업이 완료되어 준공검사(도시개발구역 지정권자가 시행자인 경우에는 공사완료공고)를 마친 때에는 해당 공공시설의 관리청에 공공시설의 종류와 토지의 세부목록을 알려야 한다. 이 경우 공공시설은 그 통지한 날에 그 공공시설을 관리할 관리청과 시행자에게 각각 귀속된 것으로 본다(법 제66조 제5항).

그 밖의 시행자는 그에게 양도되거나 관리청에 귀속될 공공시설에 대해 도시개발사업의 준공검사를 마치기 전에 그 공공시설의 관리청에 공공시설의 종류와 토지의 세부목록을 알려야 하고, 준공검사를 한 도시개발구역 지정권자는 그 내용을 해당 공공시설의 관리청에 통보해야 한다. 이 경우 공공시설은 도시개발구역 지정권자가 준공검사증명서를 내어준 때에 그 공공시설을 관리할 관리청과 시행자에게 각각 귀속되거나 양도된 것으로 본다(법 제66조 제6항).

4 공공시설의 등기

공공시설을 등기할 때 「부동산등기법」상의 '등기원인을 증명하는 서면'은 준공검사증명서(시행자가 도시개발구역 지정권자인 경우에는 공사완료공고문)로 갈음한다(법 제66조 제7항).

5 공공시설의 관리

도시개발사업으로 도시개발구역에 설치된 공공시설은 준공 후 해당 공공시설의 관리청에 귀속될 때까지 「도시개발법」이나 다른 법률에 특별한 규정이 있는 경우 외에는 특별자치도지사·시장·군수 또는 자치구청장이 관리한다(법 제67조).

13 비용부담 19회 출제

1 시행자비용부담의 원칙

도시개발사업에 필요한 비용은 「도시개발법」이나 다른 법률에 특별한 규정이 있는 경우를 제외하고는 시행자가 부담한다(법 제54조).

2 지방자치단체의 비용부담 27회 출제

(1) 도시개발구역 지정권자가 시행자인 경우

시행자는 그가 시행한 도시개발사업으로 인해 이익을 얻는 시·도 또는 시·군 또는 자치구가 있으면 그 도시개발사업에 소요된 비용(조사비·측량비·설계비 및 관리비는 제외)의 1/2 이하를 그 이익을 얻은 시·도 또는 시·군 또는 자치구에 부담시킬 수 있다(법 제56조 제1항, 영 제72조 제1항).

이 경우 국토교통부장관이 시·도 또는 시·군 또는 자치구에 비용을 부담시키고자 하는 때에는 미리 행정안전부장관과 협의해야 하고, 시·도지사나 대도시시장이 관할 외의 시·군 또는 자치구에 비용을 부담시키고자 하는 때에는 그 시·군 또는 자치구를 관할하는 시·도지사와 협의해야 하며, 시·도지사 상호간의 협의가 성립되지 않거나 시·도지사와 대도시시장 상호간의 협의가 성립되지 않는 때에는 행정안전부장관의 결정에 따른다(법 제56조 제1항).

(2) 시장·군수 또는 자치구청장이 시행자인 경우

시장(대도시시장은 제외)·군수 또는 자치구청장은 그가 시행한 도시개발사업으로 이익을 얻은 다른 지방자치단체가 있는 때에는 그 도시개발사업에 든 비용(조사비·측량비·설계비 및 관리비는 제외)의 1/2 이하를 그 이익을 얻은 다른 지방자치단체와 협의해서 그 지방자치단체에 부담시킬 수 있다(법 제56조 제2항, 영 제72조 제4항).

협의가 성립되지 않는 때에는 관할 시·도지사의 결정에 따르되, 시·군 또는 자치구를 관할하는 시·도지사가 서로 다른 경우에는 관할 시·도지사가 협의해야 하며, 시·도지사 상호간의 협의가 성립되지 않는 때에는 행정안전부장관의 결정에 따른다(법 제56조 제2항).

(3) 비용의 부담

시행자가 도시개발사업으로 이익을 받는 지방자치단체에 부담금을 부담시키고자 하는 때에는 도시개발사업에 소요된 비용총액의 명세와 부담금의 금액을 명시해서 비용을 부담시키려는 지방자치단체에 송부해야 한다(영 제72조 제2·4항).

부담금의 산정·배분 등에 관해 필요한 사항은 국토교통부장관이 정한다(영 제72조 제3·4항).

3 공공시설관리자의 비용부담

시행자가 공동구를 설치하는 경우에는 다른 법률에 따라 그 공동구에 수용될 시설의 설치가 의무로 되어 있는 자에게 공동구의 설치에 소요되는 비용을 부담시킬 수 있다. 이 경우 공동구의 설치 방법·기준 및 절차와 비용의 부담 등에 관한 사항은 「국토의 계획 및 이용에 관한 법률」 제44조(공동구의 설치)를 준용한다(법 제57조 제2항).

4 보조 또는 융자

다음의 구분에 따라 도시개발사업의 시행에 소요되는 비용의 전부 또는 일부를 국고에서 보조하거나 융자할 수 있다. 다만, 시행자가 행정청이면 전부를 보조하거나 융자할 수 있다(법 제59조, 영 제77조).

1) 국가 또는 지방자치단체인 시행자

다음 비용 전부의 보조 또는 융자

① 항만·도로 및 철도의 공사비
② 공원·녹지의 조성비
③ 용수공급시설의 공사비
④ 하수도 및 폐기물처리시설의 공사비
⑤ 도시개발구역 안의 공동구의 공사비
⑥ 이주단지의 조성비

2) 그 밖의 시행자

위의 비용의 융자. 다만, 수도권 바깥으로 이전하는 법인인 시행자의 경우에는 용수공급시설, 도시개발구역과 연결하기 위한 도로의 설치비용의 전부와 하수도시설 설치비용의 1/2을 보조할 수 있다.

단락문제 Q18
제19회 기출

도시개발법령상 도시개발사업에 필요한 비용에 관한 설명으로 틀린 것은?
① 원칙적으로 시행자가 부담한다.
② 이익을 받는 다른 지방자치단체가 비용의 일부를 부담할 수도 있다.
③ 이익을 받는 다른 공공시설관리자가 비용의 일부를 부담할 수도 있다.
④ 전부환지방식으로 도시개발사업을 시행하는 경우에는 전기시설공급자와 지중선로설치요청자가 각각 1/2의 비율로 부담한다.
⑤ 시행자가 행정청인 경우에는 그 비용의 전부를 국고에서 보조하거나 융자할 수 있다.

해설 전부환지방식의 비용
전부환지방식의 도시개발사업인 경우에는 전기시설공급자가 2/3, 지중선로설치요청자가 1/3을 부담한다.

정답 ④

14 개발이익의 재투자

1 민·관공동출자법인의 개발이익의 용도

민·관공동출자법인이 도시개발사업의 시행자인 경우 시행자는 도시개발사업으로 인하여 발생하는 개발이익 중 민간참여자에게 배분하여야 하는 개발이익이 민간참여자의 이윤율을 초과할 경우 그 초과분을 다음의 어느 하나에 해당하는 용도로 사용하여야 한다(법 제53조의2 제1항, 영 제70조의2).

1) 해당 지방자치단체가 설치한 도시개발특별회계에의 납입
2) 해당 시·군·구 주민의 생활 편의 증진을 위한 주차장, 공공·문화체육시설 및 복합환승센터의 설치 또는 그 비용의 부담
3) 해당 도시개발구역 내의「국토의 계획 및 이용에 관한 법률」에 따른 기반시설의 설치를 위한 토지 및 임대주택 건설용지의 공급가격 인하
4) 해당 시·군·구 내에서 임대주택을 건설·공급하는 사업에 드는 비용의 부담

2 개발이익의 회계처리 및 보고

시행자는 개발이익의 재투자를 위하여 도시개발사업으로 인하여 발생한 개발이익을 구분하여 회계처리하는 등 필요한 조치를 하고, 매년 또는 지정권자가 요청하는 경우 지정권자에게 해당 도시개발사업의 회계에 관한 사항을 보고하여야 한다(법 제53조의2 제2항).

제4절 환지방식에 의한 사업시행 13·29·32회 출제

01 공용환지(公用換地) 27회 출제

토지의 이용가치를 전체적으로 증진시키기 위해 일정한 지역의 토지를 구획하거나 형질을 변경한 후 토지소유자에게 종전의 토지에 갈음하는 새로운 토지(환지)를 교부하면서, 종전의 토지에 대한 소유권·지상권 등의 권리관계를 강제적으로 환지로 이동시키는 개발방식을 '공용환지', 줄여서 '환지'라고 한다. 공용환지의 결과 종전 토지와 환지 간에 과부족이 발생하면 금전으로 청산하게 된다. 공용환지에 관한 대표적인 법률로는 「도시개발법」이 있다.

공용환지에서는 토지에 대한 권리를 토지에 대한 권리로 변환시키는 것이 원칙인데, 예외적으로 토지에 대한 권리를 토지 또는 건축물에 대한 권리로 변환시키거나, 건축물에 대한 권리를 토지 또는 건축물에 대한 권리로 변환시키기도 한다. 이를 공용환권(公用換權)이라고 한다. 공용환권은 공용환지가 발전한 것으로서 공용환지와 공용환권을 합쳐서 공용권리변환(公用權利變換)이라고 부르기도 한다. 공용환권에 관한 대표적인 법률로는 「도시 및 주거환경정비법」이 있다. 「도시개발법 시행규칙」에서는 환지의 방식은 다음과 같이 구분하고 있는데, 평면환지는 공용환지에, 입체환지는 공용환권에 해당된다(규칙 제27조 제2항).

1) **평면환지**
   환지 전의 토지에 대한 권리를 도시개발사업으로 조성되는 토지에 이전하는 방식

2) **입체환지**
   환지 전의 토지나 건축물(무허가 건축물은 제외)에 대한 권리를 도시개발사업으로 건설되는 구분건축물에 이전하는 방식

02 시행자의 지정 및 변경

도시개발구역의 전부를 환지방식으로 시행하는 경우에는 원칙적으로 토지소유자 또는 조합을 시행자로 지정해야 한다(법 제11조 제1항).
그 밖에 시행자지정 및 변경에 관한 사항은 수용 또는 사용방식에 의한 경우와 같다(영 제19조 제1항).

03 실시계획

도시개발구역 지정권자는 도시개발사업을 환지방식으로 시행하는 구역에 대해서는 실시계획 고시내용 중 다음 사항을 관할 등기소에 통보하고, 관할 등기소에 토지조서를 제출해야 한다(영 제40조 제2항).

1) 사업의 명칭 및 목적
2) 도시개발구역의 위치 및 면적
3) 시행자
4) 시행기간
5) 시행방식

그 밖에 실시계획에 관한 사항은 수용 또는 사용방식에 의한 경우와 동일하다.

04 환지계획

19회 출제

1 환지계획

(1) 환지계획의 의의

공용환지에 있어서 종전의 토지에 갈음하는 새로운 토지(환지)를 교부하기 위한 계획을 '환지계획'이라 한다. 시행자는 도시개발사업의 전부 또는 일부를 환지방식으로 시행하는 경우에는 환지계획을 작성해야 한다(법 제28조 제1항).

환지계획은 환지계획구역별로 작성한다. 환지계획구역은 환지방식으로 도시개발사업이 시행되는 도시개발구역의 범위를 말하며, 도시개발구역이 둘 이상의 사업시행지구로 분할되는 경우에는 그 분할된 각각의 사업시행지구를 말한다(규칙 제27조 제1항). 환지계획을 작성할 때에는 실시계획인가사항, 환지계획구역의 시가화 정도, 토지의 실제이용현황과 경제적 가치 등을 종합적으로 고려해야 한다(규칙 제27조 제1항).

(2) 환지계획의 내용 **16·23·24·30회 출제**

환지계획에는 다음의 사항이 포함되어야 한다(법 제28조 제1항, 규칙 제26조 제3항).

1) 환지설계
2) 필지별로 된 환지명세

3) 필지별과 권리별로 된 청산대상토지 명세
4) 체비지 또는 보류지의 명세
5) 입체환지를 계획하는 경우에는 입체환지용 건축물의 명세와 공급 방법·규모에 관한 사항
6) 수입·지출 계획서
7) 평균부담률 및 비례율과 그 계산서(평가식으로 환지설계를 하는 경우에 한함)
8) 건축계획(입체환지를 하는 경우에 한함)
9) 토지평가협의회의 심의 결과

→ 환지계획에 따라 환지가 이루어질 경우 토지소유자가 도시개발사업으로 조성되는 토지에서 받을 수 있는 토지의 면적

시행자는 청산대상토지 명세를 작성할 때에는 환지대상에서 제외되는 토지에 대해서도 **권리면적**을 정해야 한다(규칙 제26조 제2항).

평균부담률·비례율 및 **권리가액**은 다음의 산식에 따른다(규칙 제26조 제4·5항).

→ 환지계획상 환지 후 조성토지 등에 대해 종전의 토지 및 건축물 소유자가 얻을 수 있는 권리의 가액

1) 비례율 = $\dfrac{\text{조성토지 등의 평가액 합계} - \text{총사업비}}{\text{환지 전 토지 등의 평가액 합계}} \times 100$

2) 권리가액 = 비례율 × 환지 전 토지 등의 평가액

3) 평균부담률 = $\dfrac{\text{총사업비}}{\text{권리가액의 합계} + \text{체비지 평가액의 합계}} \times 100$

환지설계 시 평균부담률은 50%를 초과할 수 없다. 다만, 환지계획구역의 토지소유자 총수의 2/3 이상이 동의(시행자가 조합인 경우에는 총회에서 의결권 총수의 2/3 이상이 동의한 경우를 말함)하는 경우에는 이를 초과할 수 있다(규칙 제27조의2 제2항).

(3) 환지설계의 방식

환지설계는 다음 중 평가식을 원칙으로 하되, 환지지정으로 인해 토지의 이동이 경미하거나 기반시설의 단순한 정비 등의 경우에는 면적식을 적용할 수 있다. 이 경우 하나의 환지계획구역에서는 같은 방식을 적용해야 하며, 입체환지를 시행하는 경우에는 반드시 평가식을 적용해야 한다(규칙 제27조 제3항).

1) **평가식**
도시개발사업 시행 전후의 토지의 평가가액에 비례해서 환지를 결정하는 방법

2) **면적식**
도시개발사업 시행 전의 토지의 면적 및 위치를 기준으로 환지를 결정하는 방법

2 환지계획의 작성기준 추가15회 출제

(1) 기본원칙

환지계획은 종전의 토지 및 환지의 위치·지목·면적·토질·수리·이용상황·환경 그 밖의 사항을 종합적으로 고려해서 합리적으로 정해야 한다(법 제28조 제2항).

시행자는 환지방식이 적용되는 도시개발구역에 있는 조성토지 등의 가격을 평가할 때에는 감정평가법인등으로 하여금 평가하게 한 후 토지평가협의회의 심의를 거쳐야 한다. 토지평가협의회의 구성·운영 등에 관해 필요한 사항은 규약·정관 또는 시행규정으로 정한다(법 제28조 제3·4항, 영 제59조).

환지계획구역의 모든 토지는 환지를 지정하거나, 환지대상에서 제외되면 금전으로 청산한다. 이 경우 다음의 토지는 다른 토지의 환지로 정해야 한다(규칙 제27조 제5항).

1) 시행자에게 무상귀속되는 종전 공공시설의 부지
2) 시행자가 소유하는 토지(조합이 아닌 시행자가 환지를 지정받을 목적으로 소유한 토지는 제외)

토지(집합건물의 토지지분을 포함함) 또는 건축물(집합건물의 구분소유권에 해당하는 건축물 부분을 포함함)은 필지별·건축물별로 환지한다. 이 경우 하나의 대지에 속하는 동일인 소유의 토지와 건축물은 분리해서 입체환지를 지정할 수 없다(규칙 제27조 제6항).

환지계획을 변경하는 경우에는 당초의 방식 및 기준에 의해야 한다. 다만, 환지계획구역이 변동되는 등의 사유로 당초의 방식 또는 기준을 따를 수 없는 경우는 예외로 한다(규칙 제27조 제13항).

그 밖의 환지계획의 작성기준은 국토교통부장관이 정하는 바에 따라 규약·정관 또는 시행규칙으로 정한다(규칙 제27조 제14항).

단락문제 Q19　　제6회 기출

다음 중 환지계획을 정할 때에 반드시 고려해야 할 사항이 아닌 것은?

① 이용상황　　② 위치　　③ 형태　　④ 면적　　⑤ 지목

해설 환지계획을 정할 때에 반드시 고려해야 할 사항
종전 토지와 환지의 위치·지목·면적·토질·수질·이용상황·환경 등이다.

정답 ③

(2) 제자리환지

환지의 위치는 다음 사항을 고려해서 시행자가 정한다. 이 경우 토지나 건축물의 환지는 같은 환지계획구역에서 이루어져야 한다(규칙 제27조 제4항).

1) 평면환지
환지 전 토지의 용도, 보유기간, 위치, 권리가액, 청산금 규모 등을 고려해서 정한다.

2) 입체환지
토지소유자 등의 신청에 따라 정하되, 같은 내용의 신청이 둘 이상인 경우에는 환지 전의 토지 또는 건축물의 보유기간, 거주기간(주택을 공급하는 경우에 한함), 권리가액 등을 고려해서 정한다.

면적식으로 환지계획을 수립하는 경우에는 환지 전 토지의 위치에 환지를 지정한다. 다만, 토지소유자가 동의하거나 환지 전 토지가 보류지로 책정된 경우 또는 토지이용계획에 따라 필요한 경우에는 환지 전 토지와 다른 위치에 환지를 지정할 수 있다(규칙 제29조 제5항).

(3) 신청 또는 동의에 의한 환지의 부지정 25회 출제

토지소유자의 신청 또는 동의가 있는 때에는 그 토지의 전부 또는 일부에 대해 환지를 정하지 않을 수 있다. 다만, 그 토지에 관해 임차권·지상권 그 밖에 사용 또는 수익할 권리를 가진 자가 있는 때에는 그 동의를 받아야 한다(법 제30조 제1항).

그러나 시행자는 다음의 토지를 규약·정관 또는 시행규정으로 정하는 방법과 절차에 따라 환지를 정하지 않을 토지에서 제외할 수 있다(법 제30조 제2항).

1) 환지예정지를 지정하기 전에 사용하는 토지
2) 환지계획인가에 따라 환지를 지정받기로 결정된 토지
3) 종전과 같은 위치에 종전과 같은 용도로 환지를 계획하는 토지
4) 토지소유자가 환지 제외를 신청한 토지의 면적 또는 평가액(토지평가협의회에서 정한 종전 토지의 평가액을 말함)이 모두 합해 구역 전체의 토지(국유지·공유지는 제외) 면적 또는 평가액의 15/100 이상이 되는 경우로서 환지를 정하지 않을 경우 사업시행이 곤란하다고 판단되는 토지
5) 도시개발구역의 지정에 관한 의견청취를 위한 공람일 또는 공고일 이후에 토지의 양수계약을 체결한 토지. 다만, 양수일부터 3년이 지난 경우는 제외한다.

(4) 증환지(增換地)·감환지(減換地)·공동환지(共同換地) 및 분할환지(分割換地)

시행자는 토지면적의 규모를 조정할 특별한 필요가 있는 때에는 면적이 작은 토지에 대해 과소토지가 되지 않도록 면적을 늘려서 환지를 정하거나 그 토지를 환지대상에서 제외할 수 있고, 면적이 넓은 토지에 대해 그 면적을 줄여서 환지를 정할 수 있다(법 제31조 제1항).

과소토지의 기준이 되는 면적은 「건축법 시행령」 제80조의 분할제한면적의 범위에서 시행자가 규약·정관 또는 시행규정으로 정한다. 이 경우 과소토지 여부의 판단은 권리면적을 기준으로 한다. 그러나 다음의 경우에는 예외적으로 과소토지의 기준이 되는 면적을 국토교통부장관이 정하는 바에 따라 규약·정관 또는 시행규정에서 따로 정할 수 있다(법 제31조 제2항, 영 제62조 제1·2항).

1) 기존 건축물이 없는 경우
2) 환지로 지정할 토지의 필지 수가 도시개발사업으로 조성되는 토지의 필지 수보다 많은 경우
3) 환지계획에 따라 도시개발사업으로 조성되는 토지에 대한 지구단위계획에서 정하는 획지(劃地)의 최소 규모가 당초의 기준면적보다 큰 경우
4) 미분할 혼용방식으로 사업을 시행하는 경우
5) 그 밖에 시행자가 환지계획상 당초의 기준면적에 의해 환지하는 것이 곤란하다고 인정하는 토지

그 밖에 권리면적의 산정방법 등 과소토지기준의 산정 등에 필요한 세부적인 사항은 국토교통부장관이 정해서 고시한다(영 제62조 제3항).

시행자는 과소토지 등에 대해 둘 이상의 토지 또는 건축물 소유자의 신청을 받아 환지 후 하나의 토지나 구분건축물에 공유로 환지를 지정할 수 있다. 이 경우 환지를 지정받은 자는 다른 환지를 지정받을 수 없다. 시행자는 집합건물을 건축할 용도로 계획된 토지에 대해 둘 이상의 토지소유자의 신청을 받아 공유로 환지를 지정할 수 있다(규칙 제27조 제8·9항).

시행자는 동일인이 소유한 둘 이상의 환지 전 토지 또는 건축물에 대해 환지 후 하나의 토지 또는 구분건축물에 환지를 지정할 수 있다(규칙 제27조 제10항).

시행자는 하나의 환지 전 토지에 대해 둘 이상의 환지 후 토지 또는 구분건축물에 환지를 지정(분할환지)할 수 있다. 이 경우 분할환지로 지정되는 각각의 권리면적은 과소 토지 규모 이상이어야 한다. 다만, 집합건물의 대지사용권에 해당하는 토지지분은 분할환지할 수 없다(규칙 제27조 제11·12항).

(5) 입체환지(立體換地)

시행자는 도시개발사업의 원활한 시행을 위해 특히 필요한 때에는 토지 또는 건축물 소유자의 신청을 받아 건축물의 일부와 그 건축물이 있는 토지의 공유지분을 부여할 수 있다. 다만, 입체환지를 신청하는 자의 종전 소유 토지 및 건축물의 권리가액이 도시개발사업으로 조성되는 토지에 건축되는 구분건축물의 최소공급가격의 70/100 이하인 경우에는 시행자가 규약·정관 또는 시행규정으로 신청대상에서 제외할 수 있다. 이 경우 구분건축물의 최소 공급 가격은 환지계획작성을 위해 결정한 가격에 따른다(법 제32조 제1항, 영 제62조의2 제1항).

예외적으로 환지 전 토지에 주택을 소유하고 있던 토지소유자는 권리가액과 관계없이 입체환지를 신청할 수 있다(영 제62조의2 제2항).

입체환지의 경우 시행자는 환지계획작성 전에 실시계획의 내용, 환지계획의 기준, 환지 대상 필지 및 건축물의 명세, 환지신청기간 등을 토지소유자(건축물소유자를 포함함. 이와 같이 입체환지와 관련된 경우 토지소유자에는 건축물소유자가 포함된다)에게 통지하고 해당 지역에서 발행되는 일간신문에 공고해야 한다(법 제32조 제3항).

입체환지를 받으려는 토지소유자는 환지신청기간 이내에 시행자에게 환지신청을 해야 한다. 환지신청기간은 입체환지에 관한 사항을 통지한 날부터 30일 이상 60일 이하로 해야 한다. 다만, 시행자는 환지계획작성에 지장이 없다고 판단하는 경우에는 20일의 범위에서 그 신청기간을 연장할 수 있다(법 제32조 제4·5항).

입체환지를 신청하려는 토지 또는 건축물(무허가 건축물은 제외)의 소유자는 입체환지로 공급받으려는 건축물의 유형·규모 및 우선순위를 선택하고 입체환지를 신청해야 한다(영 제62조의2 제4항).

입체환지계획의 작성에 관해 필요한 사항은 국토교통부장관이 정할 수 있다(법 제32조 제5항).

(6) 환지지정 등의 제한

시행자는 기준일의 다음 날부터 다음에 해당하게 되는 토지 또는 건축물에 대해 금전으로 청산(토지) 또는 보상(건축물)하거나, 규약·정관 또는 시행규정으로 정하는 바에 따라 환지의 위치·종류·규모 등을 제한할 수 있다. 이 경우 시행자는 입체환지를 신청하는 토지나 건축물에 대해서는 기준일 당시의 해당 토지 또는 건축물의 수를 초과해서 입체환지를 신청할 수 없다(법 제32조의2 제1항, 규칙 제30조의2 제1항).

1) 1필지의 토지가 여러 개의 필지로 분할되는 경우
2) 단독주택 또는 다가구주택이 다세대주택으로 전환되는 경우
3) 하나의 대지범위 안에 속하는 동일인 소유의 토지와 주택 등 건축물을 토지와 주택 등 건축물로 각각 분리해서 소유하는 경우
4) 나대지(裸垈地)에 건축물을 새로 건축하거나 기존 건축물을 철거하고 다세대주택이나 그 밖의 집합건물을 건축해서 토지 또는 건축물의 소유자가 증가되는 경우

여기의 "기준일"은 다음의 날을 말한다(법 제32조의2 제1항).

1) 도시개발구역지정에 관한 의견청취를 위한 공람 또는 공청회의 개최에 관한 사항을 공고한 날
2) 투기억제를 위해 시행예정자(도시개발구역의 지정을 요청하거나 제안한 자)의 요청에 따라 도시개발구역 지정권자가 따로 정하는 날. 도시개발구역 지정권자는 기준일을 따로 정하는 경우에는 기준일과 그 지정사유 등을 관보 또는 공보에 고시해야 한다(법 제32조의2 제2항).

단락문제 Q20　　　　　　　　　　　　　　　　제8회 기출

시행자가 토지소유자의 동의를 받아 환지의 목적인 토지에 갈음해서 건축물의 일부와 그 건축물이 있는 토지의 공유지분을 지정·교부해 주는 환지처분은 다음 중 어느 것인가?

① 적응환지처분　　② 증환지처분　　③ 감환지처분
④ 입체환지처분　　⑤ 환지부지정처분

해설 환지계획의 작성기준
② 증환지처분 : 기준면적을 초과해서 환지를 지정하는 것을 말한다.
③ 감환지처분 : 기준면적에 미달하도록 환지를 지정하는 것을 말한다.
⑤ 환지부지정처분 : 토지소유자의 신청 또는 동의에 따라 환지를 지정하지 않거나 과소토지의 발생을 방지하기 위해 환지를 지정하지 않는 것을 말한다.

정답 ④

(7) 공공시설용지에 대한 환지기준의 부적용

「공익사업을 위한 토지 등의 취득 및 보상에 관한 법률」에 따른 공익사업의 대상이 되는 공공시설의 용지에 대해 환지계획을 정하는 때에는 그 위치·면적 등에 관해 환지기준을 적용하지 않을 수 있다(법 제33조 제1항).

시행자가 도시개발사업의 시행으로 국가 또는 지방자치단체가 소유하는 공공시설과 대체되는 공공시설을 설치하는 경우 종전의 공공시설의 전부 또는 일부의 용도가 폐지되거나 변경되어 사용하지 못하게 될 토지에 대해서는 환지를 정하지 않으며, 이를 다른 토지에 대한 환지의 대상으로 해야 한다(법 제33조 제2항).

(8) 이전 또는 제거된 건축물 등에 대한 보상

평면환지방식을 적용하는 경우 환지 전 토지 위의 건축물로서 환지처분 당시 이전 또는 제거된 건축물이나 입체환지의 대상이 되지 않는 환지 전 토지의 건축물은 장애물 등으로 보아 손실보상한다(규칙 제27조 제7항).

(9) 보류지(保留地)

시행자는 도시개발사업에 필요한 경비에 충당하거나 규약·정관·시행규정 또는 실시계획으로 정하는 목적을 위해 일정한 토지를 환지로 정하지 않고 보류지로 정할 수 있으며, 그 중 일부를 체비지(替費地)로 정해 도시개발사업에 필요한 경비에 충당할 수 있다(법 제34조 제1항). 보류지는 실시계획인가에 따라 정하되, 도시개발구역이 둘 이상의 환지계획구역으로 구분되는 경우에는 환지계획구역별로 사업비 및 보류지를 책정해야 한다. 다만, 결합개발 또는 혼용방식으로 도시개발사업을 시행하거나 기반시설의 규모, 지형여건, 사업특성 등을 고려해서 필요한 경우에는 규약·정관 또는 시행규정에서 정하는 바에 따라 체비지 매각수입이나 사업비를 조정해서 환지계획구역별로 배분할 수 있다(규칙 제28조 제1·2항).

특별자치도지사·시장·군수 또는 자치구청장은 공동주택의 건설을 촉진하기 위해 필요한 때에는 체비지 중 일부를 같은 지역에 집단으로 정하게 할 수 있다(법 제34조 제2항).

3 토지부담률 21·22·27회 출제

환지계획구역의 토지소유자가 도시개발사업을 위해 부담하는 토지의 비율을 "토지부담률"이라 하는데, 시행자는 면적식으로 환지계획을 수립한 경우에는 다음의 기준에 따라 토지부담률을 산정해야 한다(규칙 제29조 제1항).

1) 공공시설용지의 면적을 명확히 파악하고, 환지 전후의 지가변동률 및 인근 토지의 가격을 고려해서 체비지를 책정함으로써 토지부담률을 적정하게 할 것

2) 기존 시가지·주택밀집지역 등 토지의 이용도가 높은 지역과 저지대·임야 등 토지의 이용도가 낮은 지역에 대해서는 토지부담률을 차등해서 산정하되, 사업시행 전부터 도로·상하수도 등 기반시설이 갖추어져 있는 주택지에 대해서는 토지부담률을 최소화할 것

3) 지목상 전·답·임야이나 사실상 형질변경 등으로 대지가 된 토지와 도로 등 공공시설을 지방자치단체에 기부채납 또는 무상귀속시킨 토지는 그에 상당하는 비용을 고려해서 토지부담률을 산정할 것

환지계획구역의 평균 토지부담률은 50%를 초과할 수 없다. 다만, 그 환지계획구역의 특성을 고려해서 도시개발구역 지정권자가 인정하는 경우에는 60%까지로 할 수 있으며, 환지계획구역의 토지소유자 총수의 3분의 2 이상이 동의(시행자가 조합인 경우에는 총회에서 의결권 총수의 3분의 2 이상이 동의한 경우를 말한다)하는 경우에는 60%를 초과해서 정할 수 있다(규칙 제29조 제2항). 환지계획구역의 평균 토지부담률은 다음의 산식에 따라 산정한다(규칙 제29조 제3항). 17회 출제

$$\frac{(보류지면적 - 시행자에게\ 무상귀속되는\ 공공시설의\ 면적)}{(환지계획구역면적 - 시행자에게\ 무상귀속되는\ 공공시설의\ 면적)} \times 100$$

제2장 도시개발법

시행자는 사업시행 중 부득이한 경우를 제외하고는 토지소유자에게 부담을 주는 토지부담률을 변경하면 안 된다(규칙 제29조 제4항).

환지계획구역의 외부와 연결되는 환지계획구역의 도로로서 너비 25m 이상의 간선도로는 토지소유자가 도로의 부지를 부담하고, 관할 지방자치단체가 공사비를 보조해서 건설할 수 있다(규칙 제29조 제6항).

그 밖에 면적식 환지계획의 구체적인 기준은 규약·정관 또는 시행규정으로 정한다(규칙 제29조 제7항).

단락문제 Q21 제17회 기출

도시개발법령상 다음과 같은 조건에서 환지계획구역의 평균 토지부담률은?

- 환지계획구역 면적 : 10만m²
- 시행자에게 무상 귀속되는 공공시설면적 : 2만m²
- 보류지 면적 : 6만m²

① 20% ② 40% ③ 50% ④ 60% ⑤ 80%

해설 평균 토지부담률

$$\frac{(보류지면적 - 시행자에게\ 무상귀속되는\ 공공시설의\ 면적)}{(환지계획구역면적 - 시행자에게\ 무상귀속되는\ 공공시설의\ 면적)} \times 100 = \frac{6만m^2 - 2만m^2}{10만m^2 - 2만m^2} \times 100 = 50\%$$

정답 ③

4 환지계획인가 추가15회 출제

(1) 환지계획의 인가 ★★

행정청이 아닌 시행자가 환지계획을 작성한 때에는 특별자치도지사·시장·군수 또는 자치구청장의 인가를 받아야 한다. 인가받은 내용을 변경하고자 하는 경우에도 인가를 받아야 한다. 다만, 다음의 경미한 사항을 변경하는 경우에는 인가를 받지 않아도 된다(법 제29조 제1·2항, 영 제60조 제1항).

1) 종전 토지의 합필 또는 분필로 인해 환지명세가 변경되는 경우

2) 토지 또는 건축물 소유자(체비지인 경우에는 시행자 또는 체비지 매수자를 말함)의 동의에 따라 환지계획을 변경하는 경우. 다만, 다른 토지 또는 건축물 소유자에 대한 환지계획의 변경이 없는 경우에 한한다.

3) 지적측량 결과를 반영하기 위해 환지계획을 변경하는 경우

4) 환지로 지정된 토지나 건축물을 금전으로 청산하는 경우

부동산공법

단락문제 Q22   제13회 기출 개작

다음은 환지방식에 의한 도시개발사업에 관한 설명이다. 옳은 것은?

① 시행자는 환지방식으로 시행하는 경우 조성토지 등의 가격을 평가하고자 할 때 공인평가기관이 평가한 경우에는 토지평가심의회의 심의를 거치지 않을 수 있다.
② 시행자는 면적이 작은 토지에 대해서는 과소토지가 되지 않도록 면적을 증가해서 환지를 정할 수 있으나, 면적이 넓은 토지에 대해서는 그 면적을 감소해서 환지를 정할 수 없다.
③ 토지소유자의 신청이 있는 때에는 그 토지의 전부 또는 일부에 대해서 환지를 정하지 않을 수 있다. 다만, 그 토지에 관해 임차권자 등이 있는 때에는 그 동의를 받아야 한다.
④ 시장·군수는 환지계획을 작성한 때에는 도지사의 인가를 받아야 한다.
⑤ 시행자는 토지소유자의 신청이 없어도 환지의 목적인 토지에 갈음해서 시행자에게 처분할 권한이 있는 건축물의 일부와 그 건축물이 있는 토지의 공유지분을 부여할 수 있다.

해설 환지방식에 의한 도시개발사업
① 조성토지 등의 가격을 평가하는 때에는 공인평가기관이 평가한 후 토지평가심의회의 심의를 거쳐야 한다.
② 면적이 넓은 토지에 대해서는 그 면적을 감소해서 환지를 정할 수 있다.
④ 행정청인 시행자가 환지계획을 작성하는 때에는 인가절차가 필요없다.
⑤ 시행자는 도시개발사업의 원활한 시행을 위해 특히 필요한 때에는 토지 또는 건축물 소유자의 신청을 받아 건축물의 일부와 그 건축물이 있는 토지의 공유지분을 부여할 수 있다.   **정답** ③

(2) 공람공고

행정청이 아닌 시행자가 환지계획인가를 신청하거나 행정청인 시행자가 환지계획을 정하는 때에는 토지소유자와 그 토지에 대해 임차권·지상권 그 밖에 사용 또는 수익할 권리를 가진 자에게 환지계획의 기준 및 내용 등을 알려야 한다. 그리고 공람장소·방법 등에 관한 사항을 인터넷 홈페이지 등을 이용해서 일반인에게 알리고, 다음의 관계서류의 사본을 14일 이상 일반에게 공람시켜야 한다. 다만, 변경인가를 받지 않아도 되는 경미한 사항을 변경하는 경우에는 통지 및 공람을 하지 않아도 된다(법 제29조 제3항, 영 제61조 제1·2·3항).

1) 환지계획의 수립기준
2) 실시계획 인가도면, 환지계획 도면 및 환지계획 수립 전의 지적도

(3) 의견의 제출

토지소유자나 임차권·지상권 그 밖에 사용 또는 수익할 권리를 가진 자는 공람기간에 시행자에게 의견서를 제출할 수 있으며, 시행자는 그 의견이 타당하다고 인정하는 때에는 환지계획에 이를 반영해야 한다. 시행자는 공람기일이 종료된 날부터 60일 이내에 의견을 제출한 자에게 환지계획에의 반영 여부에 관한 검토결과를 통보해야 한다(법 제29조 제4·6항).

제2장 도시개발법

행정청이 아닌 시행자가 환지계획인가를 신청하는 때에는 공람기간 안에 제출된 의견서를 첨부해야 한다(법 제29조 제5항).

(4) 환지의 표지

시행자는 환지의 위치를 나타내고자 하는 때에는 표지를 설치할 수 있다. 누구든지 환지처분이 공고되는 날까지는 시행자의 승낙 없이 이 표지를 이전 또는 훼손하면 안 된다(법 제39조 제2·3항).

05 환지예정지의 지정★★★　　12회 출제

1 환지예정지

시행자는 도시개발사업의 시행을 위해 필요한 때에는 도시개발구역의 토지에 대해 환지예정지를 지정할 수 있다(법 제35조 제1항). 이는 환지처분이 있을 때까지 권리관계가 불안정하게 되어 있는 상태를 해소하기 위한 것이므로 환지처분까지의 기간이 장기간이 아닌 경우에는 환지예정지지정을 하지 않을 수 있다.

종전의 토지에 대해 임차권·지상권 그 밖에 사용 또는 수익할 권리를 가진 자가 있는 경우에는 환지예정지에 대해 그 권리의 목적인 토지 또는 그 부분을 아울러 지정해야 한다(법 제35조 제1항).

2 환지예정지의 지정절차

시행자가 환지예정지를 지정하고자 하는 경우에는 관계 토지소유자와 임차권·지상권 그 밖에 사용 또는 수익할 권리를 가진 자에게 환지예정지의 위치·면적과 환지예정지지정의 효력발생 시기를 알려야 한다(법 제35조 제3항).

국가, 지방자치단체, 공공기관, 정부출연기관 또는 지방공사가 아닌 시행자가 환지예정지를 지정하는 때에는 토지소유자와 그 토지에 대해 임차권·지상권 그 밖에 사용 또는 수익할 권리를 가진 자에게 이를 알리고 관계서류의 사본을 일반에게 공람시켜야 한다. 토지소유자나 임차권·지상권 그 밖에 사용 또는 수익할 권리를 가진 자는 공람기간 안에 시행자에게 의견서를 제출할 수 있으며, 시행자는 그 의견이 타당하다고 인정하는 때에는 환지예정지지정에 이를 반영해야 한다(법 제29조 제3·4항, 제35조 제2항).

시행자는 환지예정지의 위치를 나타내고자 하는 때에는 표지를 설치할 수 있다. 누구든지 환지처분이 공고되는 날까지는 시행자의 승낙 없이 이 표지를 이전 또는 훼손하면 안 된다(법 제39조 제2·3항).

부동산공법

3 환지예정지지정의 효과 추가 15·20회 출제

(1) 환지예정지의 사용·수익과 종전 토지의 사용·수익금지

환지예정지가 지정되면 종전의 토지에 관한 토지소유자와 임차권·지상권 그 밖에 사용 또는 수익할 권리를 가진 자는 <u>환지예정지지정의 효력발생일부터 환지처분공고가 있는 날까지 환지예정지 또는 그 부분에 대해서는 종전과 같은 내용의 권리를 행사할 수 있으며, 종전의 토지는 사용하거나 수익할 수 없다</u>(법 제36조 제1항).

시행자는 환지예정지를 지정한 때에 그 토지를 사용하거나 수익하는 데에 장애가 될 물건이 그 토지에 있거나 그 밖에 특별한 사유가 있는 경우에는 환지예정지의 사용이나 수익을 개시할 날을 따로 정할 수 있다(법 제36조 제2항).

 환지예정지의 지정

① 환지예정지 지정시 사용·수익권이 종전 토지에서 환지예정지로 이동한다.

② 따라서 종전 토지소유자나 용익권자 등은 종전 토지의 사용·수익이 금지되고, 종전 토지를 환지예정지로 지정받은 자의 사용·수익을 방해할 수 없다.

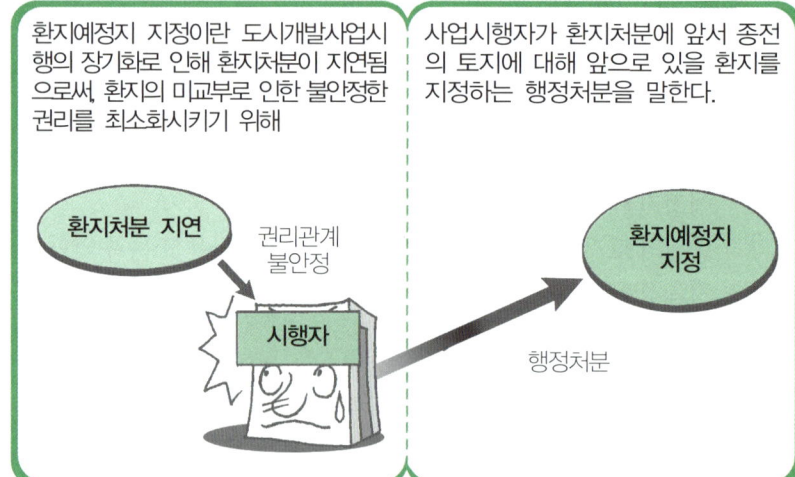

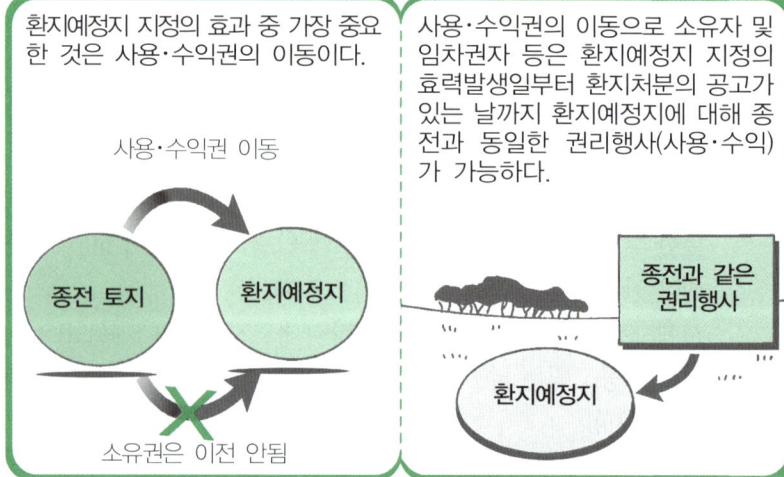

환지예정지지정의 효력이 발생하거나 사용·수익이 개시되는 종전의 소유자 또는 임차권·지상권 그 밖에 사용 또는 수익할 권리를 가진 자는 환지처분공고가 있는 날까지 그 토지를 사용하거나 수익할 수 없으며, 환지예정지지정을 받은 자의 사용이나 수익을 방해할 수 없다(법 제36조 제3항).

(2) 환지가 지정되지 않은 토지의 사용·수익정지 추가15·17회 출제
시행자는 환지를 정하지 않기로 결정된 토지의 소유자 또는 임차권·지상권 그 밖에 사용 또는 수익할 수 있는 권리를 가진 자에게 날짜를 정해 그 날부터 그 토지 또는 토지부분의 사용이나 수익을 정지시킬 수 있다. 이 경우 30일 이상의 기간을 두고 미리 알려야 한다(법 제37조 제1·2항).

(3) 사용·수익할 자가 없게 된 토지의 관리
환지예정지의 지정이나 사용 또는 수익의 정지처분으로 인해 사용 또는 수익할 수 있는 자가 없게 된 토지 또는 그 부분은 그 날부터 환지처분공고가 있는 날까지 시행자가 관리한다(법 제39조 제1항).

(4) 체비지의 처분 19회 출제
시행자는 체비지의 용도로 환지예정지가 지정된 때에는 도시개발사업에 소요되는 비용을 충당하기 위해 그 토지를 사용 또는 수익하게 하거나 처분할 수 있다(법 제36조 제4항).

(5) 임대료의 증감청구 등
임차권·지상권 그 밖에 사용 또는 수익할 수 있는 권리의 목적인 토지에 관해 환지 예정지가 지정된 경우 임대료·지료 그 밖의 사용료 등의 증감이나 권리의 포기 등에 관해서는 「도시개발법」 제48조(임대료 등의 증감청구)와 제49조(권리의 포기 등)를 준용한다(법 제36조 제5항).

단락문제 Q23
제17회 기출 개작

도시개발법령상 환지와 관련한 설명 중 틀린 것은?
① 환지계획은 환지뿐만 아니라 종전의 토지의 위치·지목·면적 등의 사항을 종합적으로 고려해서 정한다.
② 조합인 시행자가 환지계획을 작성한 때에는 특별자치도지사·시장·군수·구청장의 인가를 받아야 한다.
③ 시행자는 환지를 정하지 않기로 결정된 토지소유자에게 결정공고가 있는 날의 다음 날부터 그 토지를 사용 또는 수익하게 해야 한다.
④ 환지계획에서 정해진 환지는 그 환지처분이 공고된 날의 다음 날부터 종전의 토지로 본다.
⑤ 종전의 토지에 관한 임차권자는 환지예정지 지정의 효력발생일부터 환지처분이 공고되는 날까지 환지예정지에 대해 종전과 동일한 내용의 권리를 행사할 수 있다.

> **해설** 환지
> 시행자는 환지를 정하지 아니하기로 결정된 토지소유자 또는 임차권·지상권 그 밖에 사용 또는 수익할 수 있는 권리를 가진 자에게 날짜를 정해 그 날부터 그 토지 또는 토지부분의 사용 또는 수익을 정지시킬 수 있다. **정답** ③

4 환지예정지 지정 전의 토지사용

국가, 지방자치단체, 공공기관, 정부출연기관 또는 지방공사인 시행자는 다음 경우에는 환지예정지를 지정하기 전이라도 실시계획인가 사항의 범위에서 토지를 사용하게 할 수 있다(법 제36조의2 제1·2항, 영 제62조의4 제1·2항).

1) 순환개발을 위한 순환용 주택을 건설하려는 경우

2) 국방·군사시설을 설치하려는 경우

3) 도시개발구역의 지정에 관한 의견청취를 위한 공고일 이전부터 주택건설사업자가 주택건설을 목적으로 토지를 소유하고 있는 경우. 이 경우 다음의 요건을 모두 갖추어야 한다.
   ① 사용하려는 토지의 면적이 구역면적의 5/100 이상(최소 1만㎡ 이상)이고, 소유자가 동일할 것. 이 경우 국유지·공유지는 관리청과 상관없이 같은 소유자로 본다.
   ② 사용하려는 종전 토지가 실시계획인가로 정한 하나 이상의 획지(劃地) 또는 가구(街區)의 경계를 모두 포함할 것
   ③ 사용하려는 토지의 면적 또는 평가액이 구역 내 동일소유자가 소유하고 있는 전체 토지의 면적 또는 평가액의 60/100 이하이거나, [(사용하려는 토지의 도시개발 사업 완료 시 예상되는 감정가격) − (토지를 사용하려는 자가 도시개발구역에 소유하고 있는 전체 토지의 도시개발사업 실시 전 감정가격의 60/100)]에 상당하는 보증금을 예치할 것
   ④ 사용하려는 토지에 임차권자 등이 있는 경우 임차권자 등의 동의가 있을 것

4) 기반시설의 설치나 개발사업의 촉진에 필요한 다음의 경우. 이 경우에도 3)의 ①~④와 동일한 요건을 갖추어야 한다.
   ① 토지소유자가 건축물을 신축해서 해당 지역을 입체적으로 개발하려는 경우. 다만, 기존 건축물이나 시설이 이전 또는 철거된 토지에 한한다.
   ② 공원 등 기반시설을 설치하려는 목적으로 토지를 소유하거나 매입한 경우

환지예정지를 지정하기 전에 토지를 사용하는 자는 환지예정지를 지정하기 전까지 새로 조성되는 토지 또는 그 위에 건축되는 건축물을 공급 또는 분양하면 안 되며, 토지를 사용할 때에는 환지계획에 따라야 한다(법 제36조의2 제3·4항).

06 장애물 등의 이전 및 제거

1 장애물 등의 이전과 제거

시행자는 다음의 경우 필요한 때에는 도시개발구역에 있는 건축물 그 밖의 공작물 또는 물건 및 죽목·토석·울타리 등의 장애물을 이전하거나 제거할 수 있다(법 제38조 제1항, 영 제63조 제1항).

1) 환지예정지를 지정하는 경우
2) 종전의 토지에 관한 사용 또는 수익을 정지시키는 경우
3) 기반시설의 변경 또는 폐지에 관한 공사를 시행하는 경우

행정청이 아닌 시행자가 건축물·장애물 등을 이전 또는 제거하고자 할 때에는 미리 관할 특별자치도지사·시장·군수 또는 자치구청장의 허가를 받아야 한다. 이 경우 특별자치도지사·시장·군수 또는 자치구청장은 다음의 시기에는 점유자가 퇴거하지 않은 주거용 건축물을 철거할 수 없도록 그 시기를 제한하거나 임시거주시설을 마련하는 등 점유자의 보호에 필요한 조치를 할 것을 조건으로 할 수 있다(법 제38조 제1·2항, 영 제63조 제2항).

1) 동절기(12월 1일부터 다음 해 2월 말일까지)
2) 일출 전과 일몰 후
3) 해당 지역에 호우, 대설, 폭풍해일, 태풍, 강풍, 풍랑에 관한 기상특보가 발표된 때
4) 「재난 및 안전관리기본법」에 따른 재난이 발생한 때
5) 위의 1)에서 4)에 준하는 시기로서 특별자치도지사·시장·군수 또는 자치구청장이 점유자의 보호를 위해 필요하다고 인정하는 시기

2 이전 및 제거에 관한 통지

(1) 건축물 및 장애물을 이전 또는 제거하는 경우

시행자가 건축물·장애물 등을 이전하거나 제거하고자 하는 때에는 그 소유자나 점유자에게 미리 이를 알려야 한다. 다만, 소유자나 점유자를 알 수 없으면 해당 도시개발구역이 있는 해당 지방자치단체를 주된 보급지역으로 하는 일간신문과 관보 또는 공보에 각각 해야 하고, 그 밖에 인터넷 홈페이지에 게재하는 방법 등으로 해야 한다. 이 경우 시행자는 그 공고의 내용을 시행지구의 적당한 장소에 게시해야 한다(법 제38조 제3항, 영 제63조 제3항).

(2) 주거용 건축물을 이전 또는 철거하는 경우

주거용으로 사용하고 있는 건축물을 이전하거나 철거하고자 하는 때에는 이전하거나 철거하고자 하는 날부터 늦어도 2개월 전에 알려야 한다. 다만, 다음의 경우에는 예외로 한다(법 제38조 제4항, 영 제63조 제4항).

1) 건축물의 일부인 창고·차고 그 밖에 이와 유사한 것을 이전하는 경우
2) 건축물의 일부인 차양·옥외계단 그 밖에 이와 비슷한 것을 철거하는 경우
3) 개발행위허가를 위반한 건축물인 경우

3 손실보상

(1) 보상의무자
장애물 등의 이전 및 제거로 인해 손실을 받은 자(개발행위허가를 위반한 건축물인 경우는 제외)가 있는 때에는 시행자가 그 손실을 보상해야 한다(법 제65조 제1항).

(2) 손실보상에 관한 협의와 재결신청
손실보상에 관해서는 그 손실을 보상할 자와 손실을 입은 자가 협의해야 한다. 손실을 보상할 자 또는 손실을 입은 자는 협의가 성립되지 않거나 협의를 할 수 없는 때에는 관할 토지수용위원회에 재결을 신청할 수 있다(법 제65조 제2·3항).

(3) 보상금의 공탁
토지수용위원회의 손실보상금에 대한 재결이 있은 후 다음의 사유가 있는 때에는 시행자는 장애물을 이전하거나 제거할 때까지 토지소재지의 공탁소에 보상금을 공탁할 수 있다(법 제38조 제5항).

1) 보상금을 받을 자가 그 수령을 거부하거나 보상금을 받을 수 없을 때
2) 시행자의 과실 없이 보상금을 받을 자를 알 수 없을 때
3) 시행자가 관할 토지수용위원회가 재결한 보상금액에 불복할 때
4) 압류나 가압류에 의해 보상금의 지급이 금지되었을 때

시행자는 관할 토지수용위원회가 재결한 보상금액에 불복해서 공탁을 할 때에는 보상금을 받을 자에게 자기가 산정한 보상금을 지급하고 그 금액과 토지수용위원회가 재결한 보상금액과의 차액을 공탁해야 한다. 이 경우 보상금을 받을 자는 그 불복의 절차가 종결될 때까지 공탁된 보상금을 수령할 수 없다(법 제38조 제6항).

(4) 「공익사업을 위한 토지 등의 취득 및 보상에 관한 법률」의 준용
손실보상의 기준과 토지수용위원회의 재결에 대한 불복에 관해서는 「공익사업을 위한 토지 등의 취득 및 보상에 관한 법률」을 준용한다(법 제 제65조 제4·5항).

07 공사의 완료

공사의 완료에 관한 사항은 '수용 또는 사용방식의 경우'와 동일하다.

제2장 도시개발법

08 환지처분(換地處分) 11·18·19·33회 출제

1 의 의

환지처분은 시행자가 공사를 완료한 후 환지계획에 따라 토지에 갈음하는 환지의 위치 및 면적을 지정하고, 그 과부족분에 대해서는 금전으로 차액을 청산하는 처분이다.

2 절 차 13회 출제

(1) 공사관계서류의 공람

시행자는 환지방식으로 도시개발사업에 관한 공사를 끝낸 때에는 지체없이 관보 또는 공보에 사업의 명칭, 시행자, 시행기간과 개발계획에 따른 공종별 공사시행내역을 공고하고 공사 관계서류(공사설계서 및 관계 도면)를 14일 이상 일반에게 공람시켜야 한다(법 제40조 제1항, 영 제64조 제1·2·3항).

도시개발구역의 토지소유자나 이해관계인은 공람기간에 시행자에게 의견서를 제출할 수 있으며, 의견서를 받은 시행자는 공사결과와 실시계획내용에 맞는지를 확인해서 필요한 조치를 해야 한다(법 제40조 제2항).

시행자는 공람기간에 의견서의 제출이 없거나 제출된 의견서에 따라 필요한 조치를 한 때에는 도시개발구역 지정권자에 의한 준공검사를 신청하거나 도시개발사업의 공사를 끝내야 한다(법 제40조 제3항).

환지처분

① 換 : 바꿀 "환"
② 地 : 땅 "지"
'환지'란 '바뀐 땅' 또는 '땅을 바꾼다'는 뜻이다.

환지처분이란 도시개발사업의 시행자가 환지계획에 따라서 종전 토지에 갈음(대신)해서 새로운 토지(환지)를 교부하거나

종전의 토지에 관한 권리와 교부되는 환지에 관한 권리 간의 과부족을 금전으로 청산하는 행정처분을 말한다.

환지처분 공고일의 다음 날에 환지를 종전토지로 본다.

시행자 → 환지교부

시행자 → 과부족 금전청산

(2) 환지처분

시행자는 도시개발구역 지정권자에 의한 준공검사를 받은 때(도시개발구역 지정권자가 시행자인 경우에는 공사완료공고가 있은 때)에는 60일 안에 환지처분을 해야 한다(법 제40조 제4항, 영 제65조).

시행자는 환지처분을 하려는 때에는 환지계획에서 정한 사항을 토지소유자에게 알리고, 관보 또는 공보에 사업의 명칭, 시행자, 시행기간, 환지처분일, 사업비 정산내역, 체비지 매각대금과 보조금, 그 밖의 사업비의 재원별 내역을 공고해야 한다(법 제40조 제5항, 영 제66조).

3 환지처분의 효과 26·28회 출제

(1) 권리의 이동

환지계획에 정해진 환지는 환지처분이 공고된 날의 다음 날부터 종전의 토지(입체환지방식으로 사업을 시행하는 경우에는 환지대상 건축물을 포함함)로 보며, 환지계획에서 환지를 정하지 않은 종전의 토지에 있던 권리는 환지처분이 공고된 날이 끝나는 때에 소멸한다(법 제42조 제1항).

(2) 토지에 전속하는 처분

환지처분은 행정상 또는 재판상의 처분으로서 종전의 토지에 전속(專屬)하는 것에 관해서는 영향을 미치지 않는다(법 제42조 제2항).

(3) 지역권(地役權)의 존속

도시개발구역의 토지에 대한 지역권은 종전의 토지에 존속한다. 다만, 도시개발사업의 시행으로 인해 행사할 이익이 없어진 지역권은 환지처분이 공고된 날이 끝나는 때에 소멸한다(법 제42조 제3항).

(4) 건축물과 그 부지에 대한 공유지분의 취득 15회 출제

입체환지처분을 받은 자는 환지처분이 공고된 날의 다음 날에 환지계획으로 정하는 바에 따라 건축물의 일부와 그 건축물이 있는 토지의 공유지분을 취득한다. 이 경우 종전의 토지에 대한 저당권은 환지처분이 공고된 날의 다음 날부터 그 건축물의 일부와 그 건축물이 있는 토지의 공유지분에 존재하는 것으로 본다(법 제42조 제4항).

(5) 보류지 24회 출제

보류지는 환지계획에서 정한 자가 환지처분이 공고된 날의 다음 날에 해당 소유권을 취득한다. 다만, 보류지 중 체비지는 시행자가 환지처분이 공고된 날의 다음 날에 해당 소유권을 취득하되, 이미 처분된 체비지는 그 체비지를 매입한 자가 소유권이전등기를 마친 때에 소유권을 취득한다(법 제42조 제5항).

단락문제 Q24 제32회 기출

도시개발법령상 환지 방식에 의한 사업 시행에 관한 설명으로 틀린 것은?

① 도시개발사업을 입체 환지 방식으로 시행하는 경우에는 환지 계획에 건축 계획이 포함되어야 한다.
② 시행자는 토지면적의 규모를 조정할 특별한 필요가 있으면 면적이 넓은 토지는 그 면적을 줄여서 환지를 정하거나 환지 대상에서 제외할 수 있다.
③ 도시개발구역 지정권자가 정한 기준일의 다음 날부터 단독주택이 다세대주택으로 전환되는 경우 시행자는 해당 건축물에 대하여 금전으로 청산하거나 환지 지정을 제한할 수 있다.
④ 시행자는 환지 예정지를 지정한 경우에 해당 토지를 사용하거나 수익하는 데에 장애가 될 물건이 그 토지에 있으면 그 토지의 사용 또는 수익을 시작할 날을 따로 정할 수 있다.
⑤ 시행자는 환지를 정하지 아니하기로 결정된 토지 소유자나 임차권자등에게 날짜를 정하여 그날부터 해당 토지 또는 해당 부분의 사용 또는 수익을 정지시킬 수 있다.

해설 환지 방식에 의한 사업시행
시행자는 토지면적의 규모를 조정할 특별한 필요가 있는 때에는 면적이 작은 토지에 대해 과소토지가 되지 않도록 면적을 늘려서 환지를 정하거나 그 토지를 환지대상에서 제외할 수 있고, 면적이 넓은 토지에 대해 그 면적을 줄여서 환지를 정할 수 있다.

정답 ②

4 환지등기(換地登記)

시행자는 환지처분공고 후 14일 이내에 관할 등기소에 이를 알리고 토지와 건축물에 관한 등기를 촉탁하거나 신청해야 한다. 환지등기에 관해서는 대법원규칙으로 정하는 바에 따른다(법 제43조 제1·2항).

환지처분이 공고된 날부터 환지등기가 있는 때까지는 다른 등기를 할 수 없다. 다만, 등기신청인이 확정일자가 있는 서류로 환지처분공고일 전에 등기원인이 생긴 것임을 증명하면 다른 등기를 할 수 있다(법 제43조 제3항).

5 보류지의 처분

시행자는 보류지나 체비지를 규약·정관·시행규정 또는 실시계획이 정하는 목적 및 방법에 따라 합리적으로 처분하거나 관리해야 한다(법 제44조 제1항).

행정청인 시행자가 보류지를 관리하거나 처분(환지예정지지정 후 체비지를 관리하거나 처분하는 경우를 포함함)하는 경우에는 국가나 지방자치단체의 재산처분에 관한 법률을 적용하지 않는다. 다만, 신탁계약에 의해 체비지를 처분하고자 하는 경우에는 「공유재산 및 물품 관리법」 제29조(계약의 방법) 및 제43조(신탁보수 등)를 준용한다(법 제44조 제2항).

6 조성토지 등을 감정평가액 이하로 공급할 수 있는 경우

다음의 시설을 설치하기 위한 조성토지 등을 공급하거나 국가·지방자치단체·공공기관·정부출연기관 또는 지방공사인 시행자가 지역특성화사업 유치 등 도시개발사업의 활성화를 위해 조성토지 등을 공급하는 경우에는 사용 또는 수용방식의 경우와 같이 공급가격을 감정평가한 가격 이하로 정할 수 있다(법 제44조 제3·4항, 영 제66조의2).

1) 학교
2) 폐기물처리시설
3) 공공청사
4) 행정기관 및 사회복지법인이 설치하는 사회복지시설. 다만, 「사회복지사업법」에 따른 사회복지시설의 경우에는 유료시설이 아닌 시설로서 관할 지방자치단체의 장의 추천을 받은 경우에 한한다.
5) 임대주택
6) 행정청이 직접 설치하는 시장·자동차정류장 및 종합의료시설
7) 국가가 직접 설치하는 방송·통신시설(시행자가 국가·지방자치단체·공공기관·정부출연기관 또는 지방공사인 경우에 한함)

09 청산금(淸算金)★★ 34회 출제

1 청 산

환지를 정하거나 그 대상에서 제외한 경우 그 과부족분은 종전의 토지(입체환지방식으로 사업을 시행하는 경우에는 환지대상 건축물을 포함함) 및 환지의 위치·지목·면적·토질·수리·이용상황·환경 그 밖의 사항을 종합적으로 고려해서 금전으로 청산해야 한다(법 제41조 제1항).

2 청산금의 결정 및 확정 21회 출제

청산금은 환지처분을 하는 때에 결정해야 한다. 다만, 환지대상에서 제외한 토지 등에 대해서는 청산금을 교부하는 때에 청산금을 결정할 수 있다(법 제41조 제2항).
청산금은 환지처분이 공고된 날의 다음 날에 확정된다(법 제42조 제6항).

제2장 도시개발법

3 청산금의 징수·교부 23회 출제

시행자는 환지처분공고 후 청산금을 징수하거나 교부해야 한다. 다만, 환지를 정하지 않는 토지에 대해서는 환지처분 전이라도 청산금을 교부할 수 있다(법 제46조 제1항).

청산금은 규약·정관 또는 시행규정이 정하는 이자율에 따른 이자를 붙여 분할징수하거나 분할교부할 수 있다. 청산금의 분할징수 또는 분할교부에 관해서 필요한 사항은 규약·정관 또는 시행규정이 정하는 바에 따른다(법 제46조 제2항, 영 제68조 제1·2항).

행정청인 시행자는 청산금을 납부해야 할 자가 이를 납부하지 않는 때에는 국세체납처분 또는 지방세체납처분의 예에 따라 징수할 수 있다. 행정청이 아닌 시행자는 특별자치도지사·시장·군수 또는 자치구청장에게 청산금의 징수를 위탁할 수 있다. 이 경우 시행자는 징수금액의 4%에 해당하는 금액을 그 특별자치도·시·군 또는 자치구에 지급해야 한다(법 제16조 제5항, 제46조 제3항).

청산금을 받을 자가 주소불분명 등으로 청산금을 받을 수 없거나 받기를 거부하면 그 청산금을 공탁할 수 있다(법 제46조 제4항).

4 청산금의 소멸시효

청산금을 받을 권리 또는 징수할 권리는 5년간 행사하지 않으면 시효로 소멸한다(법 제47조).

단락문제 Q25 제34회 기출

도시개발법령상 환지 방식에 의한 사업 시행에서의 청산금에 관한 설명으로 틀린 것은?

① 시행자는 토지 소유자의 동의에 따라 환지를 정하지 아니하는 토지에 대하여는 환지처분 전이라도 청산금을 교부할 수 있다.
② 토지 소유자의 신청에 따라 환지 대상에서 제외한 토지에 대하여는 청산금을 교부하는 때에 청산금을 결정할 수 없다.
③ 청산금을 받을 권리나 징수할 권리를 5년간 행사하지 아니하면 시효로 소멸한다.
④ 청산금은 대통령령으로 정하는 바에 따라 이자를 붙여 분할징수하거나 분할교부할 수 있다.
⑤ 행정청이 아닌 시행자가 군수에게 청산금의 징수를 위탁한 경우 그 시행자는 군수가 징수한 금액의 100분의 4에 해당하는 금액을 해당 군에 지급하여야 한다.

해설 청산금
토지 소유자의 신청에 따라 환지 대상에서 제외한 토지에 대하여는 청산금을 교부하는 때에 청산금을 결정할 수 있다.

정답 ②

10 감가보상금 (減價補償金) ★

1 의 의

행정청인 시행자는 도시개발사업의 시행으로 사업시행 후의 토지가액의 총액이 사업시행 전의 토지(입체환지방식으로 사업을 시행하는 경우에는 환지대상 건축물을 포함함)가액의 총액보다 줄어든 때에는 그 차액에 해당하는 감가보상금을 종전의 토지소유자 또는 임차권·지상권 그 밖에 사용 또는 수익할 권리를 가진 자에게 지급해야 한다(법 제45조).

2 감가보상금의 산정방식

감가보상금은 다음과 같이 산정한다(영 제67조).

$$감가보상금 = \frac{사업시행 전의 토지가액의 총액 - 사업시행 후의 토지가액의 총액}{사업시행 전의 토지가액의 총액} \times 종전의 토지 또는 그 토지에 대해 수익할 수 있는 권리의 시행 전의 가액$$

11 입체환지에 따른 주택공급

시행자는 입체환지로 건설된 주택 등 건축물을 환지계획에 따라 환지신청자에게 공급해야 한다. 주택을 공급하는 경우에는 「주택법」에 따른 주택공급기준을 적용하지 않는다(법 제32조의3 제1항). 입체환지로 주택을 공급하는 경우 환지계획의 내용은 다음의 기준에 따른다(법 제32조의3 제2항).

1) 1세대 또는 1명이 하나 이상의 주택 또는 토지를 소유한 경우 1주택을 공급할 것
2) 같은 세대에 속하지 않는 2명 이상이 1주택 또는 1토지를 공유한 경우에는 1주택만 공급할 것

그러나 시행자는 다음의 토지소유자에 대해서는 소유한 주택의 수만큼 공급할 수 있다(법 제32조의3 제3항).

1) 과밀억제권역에 위치하지 않은 도시개발구역의 토지소유자
2) 근로자(공무원인 근로자를 포함함) 숙소나 기숙사의 용도로 주택을 소유하고 있는 토지소유자
3) 국가, 지방자치단체, 공공기관, 정부출연기관 또는 지방공사인 시행자

입체환지로 주택을 공급하는 경우 주택을 소유하지 않은 토지소유자에 대해서는 기준일(환지지정을 제한하는 경우의 기준일을 말함) 현재 다음에 해당하는 경우에만 주택을 공급할 수 있다(법 제32조의3 제4항).

1) 토지 면적이 국토교통부장관이 정하는 규모 이상인 경우
2) 종전 토지의 총 권리가액(주택 외의 건축물이 있는 경우 그 건축물의 총 권리가액을 포함함)이 입체환지로 공급하는 공동주택 중 가장 작은 규모의 공동주택 공급예정가격 이상인 경우

시행자는 입체환지의 대상이 되는 용지에 건설된 건축물 중 공급대상자에게 공급하고 남은 건축물의 공급에 대해서는 규약·정관 또는 시행규정으로 정하는 목적을 위해 체비지(건축물을 포함함)로 정하거나 토지소유자 외의 자에게 분양할 수 있다(법 제32조의3 제5항).

시행자는 입체환지에 따른 주택 등을 공급하고 남은 건축물은 일반에게 공급하되, 환지대상에서 제외되어 도시개발사업으로 새로 조성된 토지를 환지받지 못하고 금전으로 청산을 받은 자 또는 도시개발사업으로 철거되는 건축물의 세입자에게 우선적으로 공급할 수 있다. 이 경우 「건축물의 분양에 관한 법률」 및 「주택공급에 관한 규칙」(이들 법령의 적용대상이 아닌 건축물인 경우에는 규약·정관 또는 시행규정)에 따라 분양공고 등을 실시해서 공급해야 한다(법 제32조의3 제6항, 영 제62조의3 제1·2항, 규칙 제30조의3).

12 임대료 등의 증감청구와 권리의 포기 등 ★

1 임대료 등의 증감청구 35회 출제

도시개발사업으로 임차권·지상권 그 밖에 사용 또는 수익할 권리의 목적인 토지나 지역권에 관한 승역지(承役地)의 이용이 증진되거나 방해를 받아 종전의 임대료·지료 그 밖의 사용료 등이 불합리하게 된 경우 당사자는 계약조건에도 불구하고 장래에 관해 그 증감을 청구할 수 있다. 도시개발사업으로 건축물이 이전된 경우 그 임대료에 관해서도 증감을 청구할 수 있다(법 제48조 제1항).

이 경우 당사자는 그 권리를 포기하거나 계약을 해지해서 그 의무를 지지 않을 수 있다(법 제48조 제2항).

환지처분이 공고된 날부터 60일이 지난 때에는 임대료·지료 그 밖의 사용료 등의 증감을 청구할 수 없다(법 제48조 제3항).

2 권리의 포기 등

(1) 권리의 포기 또는 계약의 해지

도시개발사업으로 지역권·임차권 등을 설정한 목적을 달성할 수 없게 된 때에는 당사자는 그 권리를 포기하거나 계약을 해지할 수 있다. 도시개발사업으로 건축물이 이전되어 그 임대목적을 달성할 수 없게 된 경우에도 같다(법 제49조 제1항).

환지처분이 공고된 날부터 60일이 지난 때에는 권리를 포기하거나 계약을 해지할 수 없다(법 제49조 제4항).

(2) 시행자에 대한 손실보상청구

권리를 포기하거나 계약을 해지한 자는 그로 인한 손실을 보상해 줄 것을 시행자에게 청구할 수 있다. 손실보상에 관해서는 타인 토지의 출입 등에 관한 손실보상의 방법 및 절차 등에 관한 규정을 준용한다(법 제49조 제2·5항).

손실을 보상한 시행자는 그 토지 또는 건축물의 소유자나 그로 인해 이익을 받는 자에게 이를 구상할 수 있다. 손실보상금의 구상에 관해서는 조합원 부과금의 징수위탁에 관한 「도시개발법」 제16조 제4항 및 제5항을 준용한다(법 제49조 제3·6항).

단락문제 Q26
제15회추가 기출 개작

도시개발법령상 환지방식에 의한 도시개발사업에 관한 설명으로 옳은 것은?

① 도시개발사업의 시행자는 환지방식이 적용되는 도시개발구역에 있는 조성토지 등의 가격을 평가하고자 할 때에는 토지평가협의회의 심의를 거친 후 감정평가법인등으로 하여금 평가하게 해서 결정한다.
② 도시개발사업에 의한 환지계획시 고려사항에 환지의 위치는 해당되나 지목은 해당되지 않는다.
③ 도시개발사업의 시행자가 환지예정지를 지정한 경우 지정의 효력발생일부터 환지처분의 공고일까지 종전의 토지소유자 및 임차권자 등은 종전의 토지에 대한 일체의 권리를 상실한다.
④ 도시개발사업의 시행자는 환지를 정하지 않기로 결정된 토지소유자 또는 임차권자 등에게 날짜를 정해서 그 날부터 그 토지 또는 그 부분의 사용 또는 수익을 정지시킬 수 있다. 이 경우 15일 이상의 기간을 두고 미리 이를 당해 토지소유자 또는 임차권자 등에게 알려야 한다.
⑤ 도시개발사업에 있어서 임차권의 목적인 토지에 관해서 환지예정지가 지정되어 임대차의 목적을 달성할 수 없게 된 때 당사자는 권리의 포기 등을 할 수 있는 바, 권리포기로 인한 손실은 당해 사업시행자에게 그 보상을 청구할 수 있다.

해설 환지방식에 의한 도시개발사업
① 조성토지 등의 가격은 먼저 감정평가법인등으로 하여금 평가하게 한 후 토지평가협의회의 심의를 거쳐서 결정한다.
② 지목도 환지계획의 고려사항이다.
③ 토지소유자는 소유토지에 대한 사용·수익권을 상실하는 대신, 환지예정지로 지정된 토지의 사용·수익권을 얻게 된다. 그러나 소유권은 종전과 같이 그대로 유지된다.
④ "15일 이상"이 아닌 "30일 이상"이어야 한다.

정답 ⑤

13 공공시설의 귀속 및 비용부담

공공시설의 귀속과 비용부담에 관한 사항은 수용 또는 사용방식의 경우와 동일하다.

부동산공법

제5절 보칙

01 도로·상하수도 등의 설치

1 설치의무자와 설치범위

도시개발구역에 설치하는 도로·상하수도시설·전기시설·가스공급시설·지역난방시설 및 통신시설의 설치의무자와 설치범위는 다음의 [표]와 같다(법 제55조 제1·4항, 영 제71조).

▼ 도시개발구역에 설치하는 시설의 설치의무자 및 설치범위

구 분	설치의무자	설 치 범 위
1) 도로	지방자치단체	다음의 요건을 모두 갖춘 도로 ① 도시개발구역지정 이전부터 도시·군계획도로 또는 「도로법」에 따른 도로구역으로 결정된 도로일 것 ② 지방자치단체가 설치해야 하는 「도로법」상의 일반국도·지방도 및 국가지원지방도일 것
2) 상하수도시설	지방자치단체	도시개발구역의 상하수도관로와 연결되지 않고 통과하는 상하수도관로
3) 전기시설	전기공급자	도시개발구역 밖의 기간이 되는 전기시설로부터 도시개발구역의 토지이용계획 또는 환지계획상의 6m 이상인 도시·군계획도로에 접하는 개별필지의 경계선까지의 전기시설
4) 가스공급시설	가스공급자	도시개발구역 밖의 기간이 되는 가스공급시설로부터 개별필지의 경계선까지의 가스공급시설. 다만, 취사 또는 개별난방용(중앙집중식 난방용은 제외)으로 가스를 공급하기 위해 도시개발구역의 개별필지에 정압조정실을 설치하는 경우에는 그 정압조정실까지의 가스공급시설
5) 지역난방시설	난방공급자	도시개발구역 밖의 기간이 되는 열수송관의 분기점으로부터 도시개발구역의 개별필지의 각 기계실입구 차단밸브까지의 열수송관
6) 통신시설	통신서비스 제공자	도시개발구역 밖의 기간이 되는 시설로부터 도시개발구역의 개별필지의 경계선까지의 관로시설 및 도시개발구역 밖의 기간이 되는 시설로부터 도시개발구역의 개별필지의 최초 단자까지의 케이블시설

2 설치비용의 부담

도로·상하수도시설 등의 설치비용은 설치의무자가 부담한다. 다만, 도시개발구역의 전기시설을 시행자가 지중선로(地中線路)로 설치할 것을 요청하는 경우에는 전기공급자와 요청자가 각각 1/2의 비율(전부 환지방식으로 도시개발사업을 시행하는 경우에는 전기공급자가 2/3, 요청자가 1/3의 비율)로 설치비용을 부담한다(법 제55조 제2항).

3 지방자치단체의 설치대행

지방자치단체가 설치의무를 지지 않는 도로나 상하수도시설로서 시행자가 그 설치비용을 부담하고자 하는 경우에는 시행자의 요청에 따라 지방자치단체가 그 도로나 상하수도설치사업을 대행할 수 있다(법 제55조 제5항).

4 시설의 설치시기

도로·상하수도시설 등의 설치는 특별한 사유가 없으면 준공검사신청일(도시개발구역 지정권자가 시행자인 경우에는 도시개발사업의 공사를 끝내는 날)까지 끝내야 한다(법 제55조 제3항).

단락문제 Q27 — 제2회 기출

다음은 도시개발구역에서의 시설의 설치에 관한 설명이다. 틀린 것은?
① 도로 및 상하수도시설은 지방자치단체가 설치한다.
② 전기시설·가스공급시설 또는 지역난방시설은 그 지역에 전기·가스 또는 난방을 공급하는 자가 설치한다.
③ 통신시설은 그 지역에 통신서비스를 제공하는 자가 설치한다.
④ 시행자가 설치비용을 부담하는 경우에는 지방자치단체는 그의 설치의무 범위에 속하지 않는 도로 또는 상·하수도시설의 설치사업을 대행할 수 있다.
⑤ 시행자는 자기부담으로 시설을 설치한 후 설치의무자에게 비용의 상환을 요구할 수 있다.

해설 도시개발구역에서의 시설의 설치
「주택법」에 규정되어 있는 제도이다.

정답 ⑤

02 도시개발구역 밖에 설치하는 기반시설의 설치비용

1 비용부담계획에 포함된 기반시설의 설치비용

(1) 설치비용의 부담

도시개발구역의 이용에 제공하기 위해 기반시설을 도시개발구역 밖에 설치하는 경우 도시개발구역 지정권자는 비용부담계획이 포함된 개발계획에 따라 시행자로 하여금 이를 설치하게 하거나 그 설치비용을 부담하게 할 수 있다(법 제58조 제1항, 영 제74조).

(2) 조정신청 및 심사통지

도시개발구역 지정권자로부터 기반시설의 설치비용을 부담하도록 통지를 받은 자(납세의무자)가 비용의 부담에 대해 이견이 있는 경우에는 그 통지를 받은 날부터 20일 이내에 도시개발구역 지정권자에게 이를 증명할 수 있는 자료를 첨부해서 조정을 신청할 수 있다. 이 경우 지정권자는 그 신청을 받은 날부터 15일 이내에 이를 심사해서 그 결과를 신청인에게 통지해야 한다(법 제58조 제5항).

(3) 설치비용 지원

국가나 지방자치단체는 개발계획에 따라 시행자가 부담하는 비용을 제외한 나머지 설치비용을 지원할 수 있다. 이 경우 지원의 규모나 방법 등은 국토교통부장관이 관계 중앙행정기관의 장과 협의해서 정한다(법 제58조 제2항).

(4) 가산금 징수

지정권자는 납부의무자가 기반시설의 설치비용을 납부기한까지 내지 아니하면 가산금을 징수한다. 이 경우 가산금에 관하여는 그 납부기한이 지난날부터 체납된 국세의 100분의 3에 상당하는 가산금을 징수한다. 지정권자는 납부의무자가 기반시설의 설치비용과 가산금을 납부기한까지 내지 아니하면 국세 또는 지방세 체납처분의 예에 따라 징수한다(법 제58조 제6·7항).

(5) 추징 및 환급

지정권자는 납부의무자가 납부한 금액에서 과오납(過誤納)한 부분이 있으면 이를 조사하여 그 차액(差額)을 추징하거나 환급하여야 한다. 이 경우 과오납한 날의 다음 날부터 추징 또는 환급결정을 하는 날까지의 기간에 대하여 「국세기본법」에서 정한 이자율에 따라 계산한 금액을 추징금 또는 환급금에 더하여야 한다(법 제58조 제8항).

2 비용부담계획에 포함되지 않은 기반시설의 설치비용

도시개발구역 지정권자는 비용부담계획에 포함되지 않은 기반시설을 실시계획의 변경 등으로 인해 도시개발구역 밖에 추가로 설치해야 하는 경우에는 그 비용을 실시계획의 변경 등 기반시설의 추가설치를 필요하게 한 자에게 부담시킬 수 있다. 이 경우에도 설치비용부담통지를 받은 자는 도시개발구역 지정권자에게 조정을 신청할 수 있다(법 제58조 제5·3항).

시행자가 기반시설의 추가설치에 대한 원인을 제공한 경우 시행자에게 부담시킬 수 있는 기반시설의 추가비용은 최초 실시계획인가시의 총사업비의 10%를 초과할 수 없다. 다만, 시행자가 스스로 기반시설의 추가설치를 도시개발구역 지정권자에게 요청하거나 시행자의 요청에 따라 개발계획을 변경함에 따라 기반시설의 추가설치가 필요하게 된 경우에는 10%를 초과할 수 있다(영 제75조 제3항).

3 도시개발구역 밖의 기반시설로 인해 이익을 받는 자의 비용부담

도시개발구역 지정권자는 시행자의 부담으로 도시개발구역 밖의 지역에 설치하는 기반시설로 인해 이익을 받는 지방자치단체 또는 공공시설관리자가 있는 때에는 기반시설설치비용의 일부를 이익을 받는 지방자치단체 또는 공공시설관리자에게 부담시킬 수 있다. 이 경우 도시개발구역 지정권자는 해당 지방자치단체 또는 공공시설관리자 및 시행자와 협의해야 한다(법 제58조 제4항).

03 도시개발특별회계

1 설 치

시·도지사 또는 시장·군수(광역시에 있는 군의 군수는 제외)는 도시개발사업을 촉진하고 도시·군계획시설사업의 설치지원 등을 위해 그 지방자치단체에 도시개발특별회계를 설치할 수 있다(법 제60조 제1항).

국가나 지방자치단체 등이 환지방식으로 도시개발사업을 시행하는 때에는 회계의 구분을 위해 사업별로 도시개발특별회계를 설치해야 한다(법 제60조 제3항).

2 재 원

도시개발특별회계는 다음의 재원으로 조성된다(법 제60조 제2항, 영 제78조).

1) 일반회계에서 전입된 금액
2) 정부의 보조금
3) 개발이익 재투자를 위하여 납입된 금액
4) 도시개발채권의 발행으로 조성된 자금
5) 공공시설의 귀속, 체비지의 매각 등 도시개발사업에 의한 수익금과 그 집행잔액
6) 「도시개발법」에 따라 징수한 과태료
7) 「수도권정비계획법」에 따라 시·도에 귀속되는 과밀부담금(過密負擔金) 중 그 시·도의 조례로 정하는 비율의 금액
8) 「개발이익환수에 관한 법률」에 따라 지방자치단체에 귀속되는 개발부담금(開發負擔金) 중 그 지방자치단체의 조례로 정하는 비율의 금액
9) 개발행위허가에 따른 공공시설의 귀속에 의한 수익금

부동산공법

10) 재산세징수액 중 「도시 및 주거환경정비법」에 따른 도시·주거환경정비기금, 「도시재생 활성화 및 지원에 관한 특별법」에 따른 도시재생특별회계, 「도시재정비 촉진을 위한 특별법」에 따른 재정비촉진특별회계 및 「주차장법」에 따른 주차장특별회계로 전입되는 금액을 제외한 나머지 금액
11) 차입금
12) 해당 도시개발특별회계자금의 융자회수금·이자수입금 및 그 밖의 수익금

3 도시개발특별회계의 운용

특별회계는 다음의 용도로 사용한다(법 제61조 제1항, 영 제79조, 제80조).
1) 도시개발사업의 시행자에 대한 공사비의 보조 및 융자
2) 도시·군계획시설사업에 관한 보조 및 융자
3) 지방자치단체가 시행하는 도시·군계획시설사업에 드는 비용
4) 도시개발채권의 원리금상환
5) 도시개발구역의 지정, 계획수립 및 제도발전을 위한 조사·연구비
6) 차입금의 원리금상환
7) 도시개발특별회계의 조성·운용 및 관리를 위한 경비
8) 지방자치단체의 장이 시행하는 도시개발사업의 사업비

국토교통부장관은 필요한 경우에는 지방자치단체의 장에게 특별회계의 운용 상황을 보고하게 할 수 있다(법 제61조 제2항).
그 밖에 도시개발특별회계의 설치 및 운용·관리에 관해 필요한 사항은 그 지방자치단체의 조례로 정한다(법 제61조 제3항).

04 도시개발채권 ★★ 12·21·24·28·29·32회 출제

1 발행권자 및 공고

시·도지사는 도시개발사업 또는 도시·군계획시설사업에 필요한 자금을 조달하기 위해 시·도의 조례가 정하는 바에 따라 도시개발채권을 발행할 수 있다. 이 경우 발행총액·발행방법·발행조건·상환방법 등에 관해 미리 행정안전부장관의 승인을 받아야 한다(법 제62조 제1항, 영 제82조 제2항).
시·도지사는 도시개발채권을 발행하고자 하는 때에는 채권의 발행총액·발행기간 및 이율, 원금상환의 방법 및 시기와 이자지급의 방법 및 시기를 공고해야 한다(영 제82조 제3항).

2 발행방법·이율 및 상환기간

(1) 발행방법
도시개발채권은 「주식·사채 등의 전자등록에 관한 법률」에 따라 전자등록하여 발행하거나 무기명으로 발행할 수 있으며, 발행방법에 관해서 필요한 세부적인 사항은 조례로 정한다(영 제83조 제1항).

(2) 이 율
도시개발채권의 이율은 채권발행 당시의 국채·공채 등의 금리와 도시개발특별회계의 상황 등을 고려해서 조례로 정하되, 행정안전부장관의 승인을 받아야 한다(영 제83조 제2항).

(3) 상 환
도시개발채권의 상환기간은 5년 내지 10년의 범위에서 조례로 정한다(영 제83조 제3항). 도시개발채권은 원칙적으로 중도에 상환하지 않는다(규칙 제38조 제1항).

3 소멸시효

도시개발채권의 소멸시효는 상환일부터 기산해서 원금은 5년, 이자는 2년으로 한다(법 제62조 제3항).

단락문제 Q28 제12회 기출 개작

다음은 도시개발채권에 관한 설명이다. 틀린 것은?
① 지방자치단체의 장은 도시개발사업 또는 도시계획시설사업에 필요한 자금을 조달하기 위해 도시개발채권을 발행할 수 있다.
② 도시개발채권의 소멸시효는 상환일부터 기산해서 원금은 7년, 이자는 3년으로 한다.
③ 도시개발채권을 무기명으로 발행할 수 있다.
④ 도시개발채권의 발행은 행정안전부장관의 승인을 받아야 한다.
⑤ 도시개발채권의 상환은 발행일부터 5년 내지 10년 범위 안에서 정한다.

해설 도시개발채권의 소멸시효
"원금은 7년, 이자는 3년"이 아닌 "원금은 5년, 이자는 2년"이다.   **정답** ②

부동산공법

4 도시개발채권의 매입의무

(1) 매입의무자

다음의 자(다른 법률에 따라 도시개발사업 실시계획인가나 개발행위허가가 의제되는 협의를 거친 경우를 포함함)는 도시개발채권을 매입해야 한다. 시·도지사나 시장·군수 또는 자치구청장은 「도시개발법 시행령」 및 그 시·도의 조례로 정하는 바에 따라 이들로 하여금 도시개발채권을 매입하게 해야 한다(법 제63조 제1·2항, 영 제84조 제1·4항).

1) 수용 또는 사용방식으로 사업을 시행하는 경우 국가·지방자치단체·공공기관·정부출연기관 또는 지방공사인 시행자와 공사도급계약을 체결하는 자
2) 국가·지방자치단체·공공기관·정부출연기관 또는 지방공사가 아닌 시행자
3) 「국토의 계획 및 이용에 관한 법률」에 따른 개발행위허가로서 토지형질변경허가를 받은 자

국가기관, 지방자치단체, 공공기관, 지방공기업, 주한 외국정부기관 및 사립학교에 대해서는 도시개발채권의 매입의무가 면제된다(영 제84조 제2항, [별표 1]).

(2) 국민주택채권 또는 도시철도채권의 매입의무 면제

도시개발채권 매입의무자가 도시개발채권을 매입한 경우에는 도시개발채권의 매입상당액에 해당하는 금액만큼 국민주택채권 또는 도시철도채권의 매입의무를 각각 면제한다(영 제84조 제2항, [별표 1]).

05 수익금 등의 사용제한 등

1 공공시설용지의 처분에 의한 수익금

국가, 지방자치단체, 공공기관, 정부출연기관 또는 지방공사인 시행자에게 귀속된 공공시설을 용도폐지한 경우 그 토지를 처분해서 생긴 수익금은 개발계획으로 정해진 목적 외의 목적으로 사용할 수 없다(법 제70조 제1항).

2 체비지의 매각대금 등

시행자는 다음의 자금을 그 도시개발사업의 목적이 아닌 다른 목적으로 사용할 수 없다(법 제70조 제2항).

1) 체비지의 매각대금
2) 청산금의 징수금
3) 사업비에 대한 지방자치단체 또는 공공시설관리자의 부담금 및 국고보조금 등

3 집행잔액 등의 귀속

다음의 금액은 그 지방자치단체에 설치된 도시개발특별회계에 귀속된다(법 제70조 제3항).

1) 공공시설의 귀속, 체비지매각대금 등의 수익금을 도시개발사업의 목적으로 사용한 후의 집행잔액
2) 지방자치단체가 수용 또는 사용방식으로 도시개발사업을 시행해서 발생한 수익금

06 타인토지의 출입 등

1 공용제한

시행자는 다음의 경우에는 타인이 점유하는 토지에 출입하거나 타인의 토지를 재료를 쌓아두는 장소나 임시도로로 일시 사용할 수 있으며, 특히 필요하면 장애물 등을 변경하거나 제거할 수 있다(법 제64조 제1항).

1) 도시개발구역의 지정을 위해 필요한 때
2) 도시개발사업에 관한 조사·측량을 위해 필요한 때
3) 도시개발사업의 시행을 위해 필요한 때

토지의 점유자는 정당한 사유없이 토지에의 출입 등을 방해하거나 거절하지 못한다(법 제64조 제7항).

2 타인토지에의 출입

행정청이 아닌 시행자가 타인의 토지에 출입하고자 할 때에는 특별자치도지사·시장·군수 또는 자치구청장의 허가를 받아야 한다(법 제64조 제2항).
시행자는 출입하고자 하는 날의 3일 전에 그 토지의 소유자·점유자 또는 관리인에게 그 일시와 장소를 통지해야 하며, 일출 전 또는 일몰 후에는 그 토지의 점유자의 승낙없이 택지 또는 담장 및 울타리로 둘러싸인 타인의 토지에 출입할 수 없다(법 제64조 제2·6항).

3 일시사용 또는 장애물의 변경·제거

타인의 토지를 재료를 쌓아두는 장소나 임시도로로 일시사용하거나, 장애물 등을 변경·제거하고자 하는 자는 미리 그 토지의 소유자·점유자 또는 관리인의 동의를 받아야 한다(법 제64조 제3항).
토지 또는 장애물 등의 소유자·점유자 또는 관리인이 현장에 없거나, 주소 또는 거소를 알 수 없어 그 동의를 받을 수 없는 때에는 관할 특별자치도지사·시장·군수 또는 자치구청장에게 알려야 한다. 다만, 행정청이 아닌 도시개발사업의 시행자는 관할 특별자치도지사·시장·군수 또는 자치구청장의 허가를 받아야 한다(법 제64조 제4항).

토지를 일시사용하거나 장애물 등을 변경 또는 제거하고자 하는 자는 토지를 사용하고자 하는 날이나 장애물 등을 변경 또는 제거하고자 하는 날의 3일 전까지 그 토지 또는 장애물 등의 소유자·점유자나 관리인에게 토지의 일시 사용이나 장애물 등의 변경 또는 제거에 관한 사항을 통지해야 한다(법 제64조 제5항).

4 증표와 허가증의 제시

타인의 소유 또는 점유하는 토지에의 출입 등을 하고자 하는 자는 그 권한을 표시하는 증표와 허가증을 지니고 이를 관계인에게 내보여야 한다(법 제64조 제8항).

5 손실보상

토지 출입 등으로 인해 손실을 받은 자가 있는 때는 시행자가 그 손실을 보상해야 한다(법 제65조 제1항).

손실보상에 관해서는 그 손실을 보상할 자와 손실을 입은 자가 협의해야 한다. 손실을 보상할 자 또는 손실을 입은 자는 협의가 성립되지 않거나 협의를 할 수 없는 때에는 관할 토지수용위원회에 재결을 신청할 수 있다(법 제65조 제2·3항).

손실보상의 기준과 토지수용위원회의 재결에 대한 불복에 관해서는 「공익사업을 위한 토지 등의 취득 및 보상에 관한 법률」을 준용한다(법 제65조 제4·5항).

6 건축물의 존치 등

(1) 기존 건축물의 존치

시행자는 도시개발구역에 있는 기존 건축물이나 그 밖의 시설을 이전하거나 철거하지 아니하여도 도시개발사업에 지장이 없다고 인정하여 다음의 어느 하나에 해당하는 요건을 충족하는 경우에는 이를 존치하게 할 수 있다(법 제65조의2 제1항, 영 제84조의2 제1항).

1) 다음의 요건을 모두 충족하는 경우
① 건축물 및 영업장 등이 관계 법령에 따라 인·허가 등을 받았을 것
② 해당 도시개발구역의 토지이용계획상 받아들일 수 있을 것
③ 해당 건축물 등을 존치하는 것이 공익상 또는 경제적으로 현저히 유익할 것
④ 해당 건축물 등이 해당 도시개발사업 준공 이후까지 장기간 활용될 것으로 예상될 것

2) 지방자치단체 등 관계 행정기관의 장이 문화적·예술적 가치가 있다고 인정하여 존치를 요청하는 경우로서 「국토의 계획 및 이용에 관한 법률」에 따른 중앙도시계획위원회 또는 지방도시계획위원회의 심의를 거친 경우

(2) 공공시설의 설치 비용 부담

수용 또는 사용의 방식으로 시행하는 도시개발사업(혼용방식 중 수용 또는 사용의 방식이 적용되는 구역을 포함한다)의 시행자는 존치하게 된 시설물의 소유자에게 도로, 공원, 상하수도, 관리청에 무상으로 귀속되는 공공시설의 설치 등에 필요한 비용의 일부를 부담하게 할 수 있다(법 제65조의2 제2항, 영 제84조의2 제2항).

단락문제 Q29

다음은 타인토지에의 출입 등으로 인한 손실보상에 관한 설명이다. 틀린 것은?

① 손실보상에 관해서는 그 손실을 보상할 자와 손실을 입은 자가 협의해야 한다.
② 손실보상에 관한 협의가 성립되지 않으면 당사자 일방은 관할 토지수용위원회에 재결을 신청할 수 있다.
③ 당사자 일방은 관할 토지수용위원회의 재결에 불복하는 때에는 중앙토지수용위원회에 이의신청을 해야 한다.
④ 시행자가 행정소송을 제기하는 때에는 보상금을 공탁해야 한다.
⑤ 시행자가 제기한 행정소송이 각하·기각 또는 취하된 경우에는 법정이율에 따른 가산금을 지급해야 한다.

해설 관할 토지수용위원회의 재결에 불복할 경우
관할 토지수용위원회의 재결에 대해 불복할 때에는 중앙토지수용위원회에 이의신청을 하는 방법과 바로 행정소송을 제기하는 방법 중에서 선택할 수 있다.

정답 ③

07 도시개발사업분쟁조정위원회

도시개발사업으로 인한 분쟁을 조정하기 위해 도시개발구역이 지정된 특별자치도 또는 시·군·구에 도시개발사업분쟁조정위원회를 둘 수 있다(법 제21조의4 제1항).

다만, 해당 지방자치단체에 「도시 및 주거환경정비법」에 따른 도시분쟁조정위원회가 이미 설치되어 있는 경우에는 도시개발사업분쟁조정위원회의 기능을 대신하도록 할 수 있다. 이 경우 도시분쟁조정위원회의 위원 중 다음의 어느 하나에 해당하는 사람이 2명 이상 위원으로 참여해야 경우로 한다(법 제21조의4 제1항, 영 제43조의6).

1) 해당 시·군·구의 도시개발사업 관련 업무에 종사하는 5급 이상 공무원
2) 대학이나 연구기관에서 부교수 이상 또는 이에 상당하는 직에 재직하고 있는 자
3) 변호사·감정평가사 및 공인회계사
4) 도시계획기술사·건축사(입체환지를 하는 경우에 한함) 및 3년 이상 환지설계업무에 종사한 자(환지방식으로 시행하는 경우에 한함)

도시개발사업분쟁조정위원회의 구성, 운영, 분쟁조정의 절차 등에 관한 사항은 「도시 및 주거환경정비법」의 도시분쟁조정위원회에 관한 규정을 준용한다(법 제21조의4 제2항).

08 조세·부담금 등의 감면

국가나 지방자치단체는 도시개발사업을 원활히 시행하기 위하여 「지방세특례제한법」, 「농지법」, 「산지관리법」 등으로 정하는 바에 따라 지방세, 농지보전부담금, 대체산림자원조성비 등을 감면할 수 있다(법 제71조).

09 결합개발 등에 관한 적용기준완화의 특례

1 적용기준을 완화할 수 있는 경우

도시개발구역 지정권자는 다음의 경우에는 도시개발구역의 지정 대상 및 규모, 개발계획의 내용, 시행자지정요건 및 도시개발채권의 매입기준을 일부 완화해서 적용할 수 있다(법 제71조의2 제1항, 영 제85조의2 제1·2·3·4항).

1) 결합개발을 하는 경우로서 해당 지역의 면적이 도시개발구역 면적의 30/100 이상(도시개발구역 지정권자가 특례가 필요하다고 인정해서 도시계획위원회의 심의를 거친 사업에 대해서는 해당 지역의 면적 비율을 달리 정할 수 있음)인 사업. 다만, 다음의 지역인 경우는 제외한다.
   ① 용도구역별 개발행위허가 규모 이상의 기반시설·공장·공공청사·관사·군사시설 등이 철거되거나 이전되는 지역(해당 시설물의 주변지역을 포함함)
   ② 「개발제한구역의 지정 및 관리에 관한 특별조치법」에 따른 정비사업구역에 포함된 시행령상의 일정한 지역

2) 개발계획을 수립할 때에 저탄소 녹색도시계획을 같이 수립해서 시행하는 경우. 이 경우 시행자는 도시개발구역 지정권자에게 특례의 적용을 신청해야 하고, 도시개발구역 지정권자는 그 저탄소 녹색도시계획을 평가해야 한다. 저탄소 녹색도시계획의 수립 및 평가에 필요한 사항은 국토교통부장관이 정해서 고시한다.

3) 임대주택 건설용지나 임대주택의 공급기준을 초과해서 공급하거나 영세한 세입자, 토지소유자 등 사회적 약자를 위해 다음과 같은 사업계획을 수립하는 경우
   ① 임대주택 건설용지 또는 임대주택의 공급계획에서 50/100(임대주택을 300세대 이상 공급하는 경우에 한함)을 초과해서 임대주택 건설용지 또는 임대주택을 공급하는 경우
   ② 도시개발구역 면적의 5/100(1만㎡ 이상이어야 함) 이상을 도시개발사업으로 발생하는 이주민의 이주단지로 조성해서 공급하는 경우

4) 환지방식으로 시행되는 지역에서 영세한 토지소유자 등의 원활한 재정착을 위해 대통령령으로 정하는 바에 따라 환지계획을 수립해서 시행하는 경우

5) <u>공공주택 건설을 위한 용지 등을 감정가격 이하로 공급하는 경우</u>

6) 역세권 등 대중교통 이용이 용이한 지역(주거지역·상업지역 및 공업지역의 면적이 도시개발구역 전체면적의 70/100 이상인 경우에 한함)에 도시개발구역을 지정하는 경우로서 도심 내 소형주택의 공급 확대, 토지의 고도이용과 건축물의 복합개발을 촉진할 필요가 있는 경우

7) 그 밖에 주거 등 생활환경의 개선과 낙후지역의 도시기능 회복 등을 위해 민간기업의 투자유치가 필요한 사업으로서 대통령령으로 정하는 사업을 시행하는 경우

도시개발구역 지정권자는 결합개발 등에 관한 적용기준 완화의 특례를 적용하려는 경우 개발계획을 수립 또는 변경할 때에 특례 대상 및 범위 등 특례 적용에 대한 내용을 포함해서 개발계획을 수립하거나 변경해야 한다(영 제85조의4 제1항).

2 다른 법률에 의한 적용기준의 완화

도시개발구역 지정권자는 위의 사항이 포함된 사업을 효율적으로 시행하기 위해 필요한 경우에는 해당 법률의 규정에 불구하고 다음의 범위에서 완화된 기준을 정해 시행할 수 있다. 이 경우 도시개발구역 지정권자가 시·도지사나 대도시 시장인 경우에는 다음의 범위에서 해당 지방자치단체의 조례로 완화된 기준을 정해 시행할 수 있다(법 제71조의2 제2항, 영 제85조의3 제1항, 규칙 제44조, [별표 7]).

1) **건폐율**
「국토의 계획 및 이용에 관한 법률 시행령」 제84조에서 정한 상한

2) **용적률**
해당 지방자치단체의 조례에서 정한 용적률의 110/100

3) 건축심의
「건축법 시행령」제5조 제4항 제3호, 제5호 및 제6호에 해당하는 심의는 도시계획위원회와 공동으로 한다.

4) 대지의 조경
「건축법 시행령」제27조 제3항 전단에 불구하고 옥상조경면적의 전부를 조경면적으로 산정한 기준

5) 건축물의 높이
지구단위계획으로 일단의 가로구역에 대해 높이를 지정한 경우에는 「건축법」제60조 제1항에 따른 가로구역별 높이를 지정·공고한 것으로 본다.

6) 도시공원 또는 녹지의 확보
「도시공원 및 녹지 등에 관한 법률」제14조 제2항에 따른 개발계획 규모별로 개발계획에 포함해야 하는 도시공원 또는 녹지 면적

7) 부설주차장 설치기준
「주차장법 시행령」[별표 1]에서 정한 설치기준의 50/100에 해당하는 기준

8) 주택건설기준
주택과 주택 외의 시설을 복합해서 건축하는 경우에는 「주택건설기준 등에 관한 규정」제7조 제2항 및 제12조에 따른 복합건축물 적용의 특례를 준용해서 국토교통부령으로 정하는 기준

10 관계서류의 열람·보관 등

시행자는 도시개발사업의 시행을 위해 필요하면 등기소나 그 밖의 관계 행정기관의 장에게 무료로 필요한 서류를 열람·복사하거나 그 등본 또는 초본을 교부해 줄 것을 청구할 수 있다(법 제72조 제1항).

시행자는 토지소유자와 그 밖의 이해관계인이 알 수 있도록 관보·공보·일간신문 또는 인터넷에 게시하는 등의 방법으로 다음 사항을 공개해야 한다(법 제72조 제2항, 영 제85조의5).

1) 규약·정관 등을 정하는 경우 그 내용
2) 시행자가 공람·공고 및 통지해야 하는 사항
3) 도시개발구역 지정 및 개발계획, 실시계획 수립·인가 내용
4) 환지계획인가 내용
5) 도시개발사업에 관한 공사의 감리보고서
6) 체비지(건축물을 포함함) 매각 내역서(사업의 전부 또는 일부를 환지방식으로 시행하는 경우에 한함)
7) 회계감사보고서(사업의 전부 또는 일부를 환지방식으로 시행하는 경우에 한함)
8) 준공조서
9) 조합 총회, 대의원회, 이사회 및 규약·정관 등에서 정한 회의의 회의록(사업의 전부 또는 일부를 환지방식으로 시행하는 경우에 한함)
10) 그 밖에 도시개발구역 지정권자가 필요하다고 인정한 사항

시행자는 위의 서류나 도면 등을 도시개발사업이 시행되는 지역에 있는 주된 사무소에 갖추어 두어야 하고, 도시개발구역의 토지 등에 대해 권리자가 열람이나 복사를 요청하는 경우에는 개인의 신상정보를 제외하고 열람이나 복사를 할 수 있도록 해야 한다. 이 경우 복사에 필요한 비용은 실비의 범위에서 청구인의 부담으로 할 수 있다(법 제72조 제3항).

행정청이 아닌 시행자가 도시개발사업을 끝내거나 폐지한 경우에는 관계서류나 도면을 2개월 이내에 특별자치도지사·시장·군수 또는 자치구청장에게 넘겨야 한다(법 제72조 제4항, 규칙 제43조 제1항).

행정청인 시행자나 관계서류를 넘겨받은 특별자치도지사·시장·군수 또는 자치구청장은 도시개발사업의 관계서류를 다음 기간 동안 보관해야 한다(법 제72조 제5항, 규칙 제43조 제2항).

1) **실시계획 인가서, 규약·정관 또는 시행규정 관련 서류, 환지계획·환지처분 등 환지 관련 서류 및 도면, 공사설계도 등 관련 서류 및 도면, 청산금 관련 서류 : 10년**
2) **조합의 합병 및 해산 관련 서류, 그 밖에 일반문서 관련 서류 및 도면 : 5년**

11 권리의무의 승계

시행자나 도시개발구역의 토지 등에 대해 권리를 가진 자가 변경된 경우에 「도시개발법」 또는 이 법에 따른 명령이나 규약·정관 또는 시행규정에 따라 종전의 시행자나 도시개발구역의 토지 등에 대해 권리를 가진 자가 행하거나 이들에 대해 행한 처분·절차 그 밖의 행위는 새로 시행자나 도시개발구역의 토지 등에 대해 권리를 가진 자가 행하거나 이들에 대해 행한 것으로 본다(법 제73조).

12 보고·검사 등

1 보고 및 검사

도시개발구역 지정권자나 특별자치도지사·시장(대도시 시장은 제외)·군수 또는 자치구청장은 도시개발사업의 시행과 관련해서 필요하다고 인정하면 시행자(도시개발구역 지정권자가 시행자인 경우는 제외)에게 필요한 보고를 하게 하거나 자료를 제출하도록 명할 수 있으며, 소속 공무원에게 도시개발사업에 관한 업무와 회계에 관한 사항을 검사하게 할 수 있다. 이 경우 업무나 회계를 검사하는 공무원 또는 검사를 의뢰받은 전문기관의 직원은 그 권한을 표시하는 증표를 지니고 이를 관계인에게 내보여야 한다(법 제74조 제1·5항).

2 국토교통부장관의 관리·감독

국토교통부장관은 도시개발사업의 관리·감독을 위하여 필요하다고 인정하면 공공시행자가 출자한 민·관공동출자법인이 시행자인 도시개발사업의 민간참여자 선정, 시행 및 운영실태에 대하여 지정권자에게 필요한 보고를 하게 하거나 자료를 제출하도록 명할 수 있으며, 소속 공무원으로 하여금 해당 도시개발사업에 관한 업무를 검사하게 할 수 있다. 국토교통부장관은 필요한 경우 검사를 대통령령으로 정하는 전문기관에 의뢰할 수 있다(법 제74조 제2·3항).

3 시행자지정 또는 실시계획인가의 취소

국토교통부장관은 검사의 결과 다음의 어느 하나에 해당하는 경우 지정권자에게 이 법에 따른 시행자 지정 또는 실시계획 인가를 취소하거나 공사의 중지 명령 등 필요한 조치를 하도록 명할 수 있다(법 제74조 제4항).

1) 지정권자가 법 제11조 또는 법 제11조의2를 위반하여 시행자를 지정하거나 민간참여자를 선정한 경우
2) 시행자가 승인받은 협약 내용대로 도시개발사업을 시행하지 아니한 경우

13 법률 등의 위반자에 대한 행정처분

지정권자나 시장(대도시 시장은 제외)·군수 또는 구청장은 다음의 어느 하나에 해당하는 자에 대하여 「도시개발법」에 따른 시행자지정, 실시계획인가 등을 취소하거나 공사의 중지, 건축물 등이나 장애물 등의 개축 또는 이전, 그 밖에 필요한 처분을 하거나 조치를 명할 수 있다(법 제75조).

1) 개발계획의 수립, 시행자의 지정, 조합설립인가, 실시계획인가 또는 환지계획인가의 조건을 지키지 않거나, 개발계획이나 실시계획대로 도시개발사업을 시행하지 않은 자
2) 도시개발구역 또는 그 예정구역에서의 행위허가대상행위를 허가를 받지 않고 제한을 위반한 자
3) 거짓이나 그 밖의 부정한 방법으로 시행자지정, 조합설립인가, 실시계획인가, 토지 등의 수용재결 또는 사용재결, 토지상환채권발행의 승인 또는 환지계획인가를 받은 자
4) 규약·시행규정 또는 정관을 위반한 자
5) 조합설립인가사항변경신고, 환지예정지지정, 사용·수익의 정지, 주거용 건축물의 철거제한, 환지처분, 환지등기, 공공시설의 세부목록에 대한 통보, 수익금 등의 사용제한, 관계서류의 열람 및 보관에 관한 규정을 위반한 자
6) 세입자 등에게 임대주택건설용지를 조성·공급하지 않거나 임대주택을 건설·공급하지 않은 자
7) 승인을 받지 않고 토지상환채권을 발행한 자
8) 이주대책 등을 수립하지 않거나 수립된 대책을 시행하지 않은 자
9) 선수금에 관한 규정을 위반한 자
10) 원형지공급승인의 조건을 위반하거나 이와 관련해서 지정권자가 요구한 조치를 이행하지 않은 자
11) 조성토지 등의 공급계획을 승인받지 않거나 공급계획과 다르게 조성토지 등을 공급한 자
12) 허가를 받지 않고 장애물을 이전하거나 제거한 자
13) 환지예정지지정이나 사용·수익의 정지에 따른 주거용 건축물의 이전·제거에 관한 허가의 조건을 이행하지 않은 자
14) 준공검사를 받지 않은 자
15) 사용허가 없이 조성토지 등을 사용한 자

도시개발구역 지정권자나 특별자치도지사·시장(대도시 시장은 제외)·군수 또는 자치구청장은 「도시개발법」에 따른 허가·지정·인가 또는 승인을 취소하려면 청문을 해야 한다(법 제76조).

제6절 벌칙

01 형벌

1 5년 이하의 징역 또는 재산상 이익·회피한 손실액의 3배 이상 5배 이하의 벌금

미공개정보를 목적 외로 사용하거나 타인에게 제공 또는 누설한 자는 5년 이하의 징역 또는 그 위반행위로 얻은 재산상 이익 또는 회피한 손실액의 3배 이상 5배 이하에 상당하는 벌금에 처한다. 다만, 얻은 이익 또는 회피한 손실액이 없거나 산정하기 곤란한 경우 또는 그 위반행위로 얻은 재산상 이익의 5배에 해당하는 금액이 10억원 이하인 경우에는 벌금의 상한액을 10억원으로 한다. 이 경우 취득한 재물 또는 재산상의 이익은 몰수한다. 다만, 이를 몰수할 수 없을 때에는 그 가액을 추징한다(법 제79조의2 제1·4항).

미공개정보의 위반행위로 얻은 이익 또는 회피한 손실액이 5억원 이상인 경우에는 징역을 다음의 구분에 따라 가중한다(법 제79조의2 제2항).

1) 이익 또는 회피한 손실액이 50억원 이상인 경우에는 무기 또는 5년 이상의 징역
2) 이익 또는 회피한 손실액이 5억원 이상 50억원 미만인 경우에는 3년 이상의 유기징역

2 이 법 위반에 따른 형벌은 [표]와 같다(법 제80조 내지 제82조).

형량	위반행위
(1) 3년 이하의 징역 또는 3,000만원 이하의 벌금	1) 도시개발구역에서의 행위허가를 받지 아니하고 행위를 한 경우(법 제9조 제5항) 2) 부정한 방법으로 시행자지정을 받은 경우(법 제11조 제1항) 3) 부정한 방법으로 실시계획인가를 받은 경우(법 제17조 제2항) 4) 원형지공급계획을 승인받지 않고 원형지를 공급하거나, 부정한 방법으로 공급계획을 승인받은 자(법 제25조의2 제2항) 5) 매각제한기간을 위반해서 원형지를 매각한 자(법 제25조의2 제6항)
(2) 2년 이하의 징역 또는 2,000만원 이하의 벌금	1) 실시계획의 인가를 받지 않고 사업을 시행한 경우(법 제17조 제2항) 2) 공급계획을 승인받지 않고 조성토지 등을 공급한 경우(법 제26조 제1항) 3) 사용허가를 받지 않고 조성토지 등을 준공 전에 사용한 경우(법 제53조)
(3) 1년 이하의 징역 또는 1,000만원 이하의 벌금	1) 고의나 과실로 감리업무를 게을리 해서 위법한 도시개발사업의 공사를 시공함으로써 시행자 또는 조성토지 등을 분양받은 자에게 손해를 입힌 자(법 제20조 제2항) 2) 시정통지를 받고도 계속해서 도시개발사업의 공사를 시공한 시공자 및 시행자(법 제20조 제4항) 3) 법률 등 위반자에 대한 처분이나 조치명령에 위반한 경우(법 제75조)

3 양벌규정

법인의 대표자나 개인의 대리인, 사용인, 그 밖의 종업원이 그 법인 또는 개인의 업무에 관해 형벌에 해당하는 위반행위를 한 때에는 그 행위자를 벌할 뿐만 아니라, 그 법인 또는 개인에게도 각 해당 조문의 벌금형을 과한다. 다만, 법인 또는 개인이 그 위반행위를 방지하기 위해 해당 업무에 관해 상당한 주의와 감독을 게을리 하지 않은 때에는 벌금형을 과하지 않는다(법 제83조).

단락문제 Q30

다음 중 가장 중한 벌을 받는 경우는?
① 부정한 방법으로 시행자지정을 받은 자
② 실시계획의 인가를 받지 않고 사업을 시행한 자
③ 조합이 도시개발사업이 아닌 다른 업무를 한 때
④ 사용허가를 받지 않고 조성토지 등을 준공 전에 사용한 자
⑤ 도시개발구역지정시 조사·측량을 위한 행위를 거부 또는 방해한 자

해설 벌 칙
① 3년 이하의 징역 또는 3,000만원 이하의 벌금
②, ④ 2년 이하의 징역 또는 2,000만원 이하의 벌금
③ 500만원 이하의 과태료
⑤ 1,000만원 이하의 과태료

정답 ①

02 과태료

1 과태료 부과대상

이 법 위반에 따른 과태료는 [표]와 같다(법 제85조 제1·2항).

과태료금액	위반행위
(1) 1,000만원 이하	1) 도시개발구역지정시 조사·측량을 위한 행위를 거부 또는 방해한 경우(법 제6조) 2) 허가 또는 동의를 받지 않고 타인토지에의 출입 등을 한 경우(법 제64조 제2·3·4항) 3) 도시개발사업의 업무 및 회계에 대한 검사를 거부·방해 또는 기피한 경우(법 제74조 제1항)
(2) 500만원 이하	1) 조합이 도시개발사업이 아닌 다른 업무를 한 경우 2) 환지 또는 환지예정지에 관한 표지를 훼손한 경우(법 제39조 제3항) 3) 환지처분을 통지하지 않은 자(법 제40조 제5항) 4) 토지점유자의 승낙 없이 일출 전 또는 일몰 후에 택지나 담장 또는 울타리로 둘러싸인 토지에 출입한 자(법 제64조 제6항) 5) 도시개발사업에 관한 서류 또는 도면을 특별자치도지사·시장·군수 또는 구청장에게 인계하지 않은 자(법 제72조 제4항) 6) 도시개발사업에 관한 보고를 하지 않거나 허위의 보고를 한 자(법 제74조 제1항) 7) 도시개발사업에 관한 자료를 제출하지 않거나 허위의 자료를 제출한 자(법 제74조 제1항)

2 과태료의 부과·징수

과태료는 국토교통부장관, 시·도지사, 시장·군수 또는 자치구청장이 부과·징수한다. 다만, 다음의 자에 대한 과태료는 그 도시개발구역의 지정권자가 부과·징수한다(법 제85조 제3항, 영 제86조).

1) 도시개발구역지정시 조사·측량을 위한 행위를 거부 또는 방해한 자
2) 도시개발사업이 아닌 다른 업무를 한 조합
3) 환지 또는 환지예정지에 관한 표지를 훼손한 자
4) 환지처분을 통지하지 않은 자

과태료의 부과기준은 이 법 시행령 [별표 2]에 의한다(영 제87조).

도시개발법

단원 오답 잡기

• 경록 교재에 모든 답이 있습니다.

01 도시개발구역 지정의 제안을 받은 특별자치도지사·시장·군수 또는 자치구청장은 그 수용 여부를 90일 이내에 제안자에게 통보해야 하며, 제안자와 협의해서 지정에 필요한 비용의 전부 또는 일부를 제안자에게 부담시킬 수 있다.

01. X
1개월 이내

02 도시개발구역 지정 후 개발계획을 수립하는 경우에는 도시개발구역을 지정·고시한 날부터 3년이 되는 날까지 개발계획을 수립·고시하지 않는 경우에는 그 3년이 되는 날의 다음 날에 도시개발구역의 지정이 해제된 것으로 본다.

02. X
2년

03 도시개발사업의 조합을 설립할 때에는 토지소유자 5명 이상이 정관을 작성해서 당해 도시개발구역의 토지면적의 2/3 이상에 해당하는 토지소유자와 토지소유자 총수의 1/2 이상의 동의를 받아 시·도지사로부터 조합설립인가를 받아야 한다.

03. X
토지소유자 7명 이상, 구역의 지정권자에게 조합설립의 인가

04 도시개발구역이 지정·고시된 경우 당해 도시개발구역은 도시지역과 지구단위계획구역으로 결정·고시된 것으로 본다.

04. O

05 도시개발구역의 전부를 수용방식으로 시행하는 경우 토지소유자 또는 조합을 시행자로 지정한다.

05. X
환지방식으로 시행하는 경우

06 도시개발구역 지정권자는 도시개발사업에 관한 실시계획인가를 받은 후 3년 이내에 사업을 착수하지 않는 경우 시행자를 변경할 수 있다.

06. X
실시계획인가를 받은 후 2년 이내에 사업을 착수하지 않는 경우

07 도시개발사업의 실시계획에는 지구단위계획이 포함되어야 한다.

07. O

08 토지상환채권은 기명식 증권으로 하며, 그 이율은 발행당시 은행의 예금금리 및 부동산 수급상황을 고려해서 발행자가 정한다.

08. O

부동산공법

09 행정청이 아닌 시행자가 환지계획을 작성한 때에는 도시개발구역의 지정권자의 인가를 받아야 한다.

09. X
특별자치도지사·시장·군수 또는 자치구청장의 인가를 받아야 한다.

10 토지소유자의 신청 또는 동의가 있는 때에는 그 토지의 전부 또는 일부에 대해 환지를 정하지 않을 수 있다. 이 경우 임차권자의 동의를 받을 필요는 없다.

10. X
임차권자 등이 있는 때에는 그 동의를 받아야 한다.

11 시행자는 토지면적의 규모를 조정할 특별한 필요가 있는 경우 과소토지에 대한 증환지와 과대토지에 대한 감환지를 정할 수 있다.

11. O

12 환지계획에 따라 환지처분을 받은 자는 환지처분이 공고된 날에 환지계획에서 정하는 바에 따라 건축물의 일부와 그 건축물이 있는 토지의 공유지분을 취득한다.

12. X
환지처분이 공고된 날의 다음 날에

13 도시개발구역의 토지에 대한 지역권은 종전의 토지에 존속한다. 다만, 도시개발사업의 시행으로 인해 행사할 이익이 없어진 지역권은 환지처분이 공고된 날이 끝나는 때에 소멸한다.

13. O

14 보류지는 시행자가 환지처분이 공고된 날의 다음 날에 그 소유권을 취득한다.

14. X
체비지는 시행자가 환지처분이 공고된 날의 다음 날에 그 소유권을 취득한다.

15 청산금을 받을 권리 또는 징수할 권리는 3년간 이를 행사하지 않으면 시효로 인해 소멸한다.

15. X
5년간 이를 행사하지 않는 때이다.

16 환지처분이 공고된 날부터 30일이 지난 때에는 임대료·지료 그 밖의 사용료 등의 증감을 청구할 수 없다.

16. X
환지처분이 공고된 날부터 60일이 지난 때

17 도시개발채권의 소멸시효는 상환일부터 기산해서 원금은 5년, 이자는 1년으로 한다.

17. X
원금은 5년, 이자는 2년으로 한다.

CHAPTER 03 도시 및 주거환경정비법

학습포인트

- 「도시 및 주거환경정비법」에는 주거환경개선사업·재개발사업·재건축사업의 3개 사업이 함께 규정되어 있어서 정비사업 유형별로 차이점을 구분하여 정리하는 것이 중요하다.
- 그러므로 정비구역, 조합, 사업시행계획인가, 관리처분계획, 소유권이전 등 정비사업의 핵심을 이루는 사항을 사업유형별로 구분해서 제대로 이해해 두어야 한다.
- "시장·군수 또는 자치구의 구청장"을 "시장·군수·구청장"으로 약칭하는 것이 일반적인데, 「도시 및 주거환경정비법」에서는 특이하게도 "특별자치시장·특별자치도지사·시장·군수 또는 자치구의 구청장"을 "시장·군수등"으로 약칭하고, "특별시장·광역시장·특별자치시장·도지사·특별자치도지사"를 "시·도지사"로 약칭하고 있다.

CHAPTER 학습 & 출제되는 키워드

- ☑ 정비사업의 종류
- ☑ 정비구역지정의 효과
- ☑ 재건축진단
- ☑ 조합원
- ☑ 국민주택규모 주택의 건설
- ☑ 토지 등의 수용 또는
- ☑ 관리처분계획
- ☑ 지상권 등 계약의 해지

- ☑ 정비구역
- ☑ 원칙적인 사업시행자
- ☑ 정비사업조합
- ☑ 주민대표회의
- ☑ 시공자의 선정 및 시공
- ☑ 사용
- ☑ 소유권이전
- ☑ 시행자에 대한 회계감사

- ☑ 정비계획의 수립
- ☑ 예외적인 사업시행자
- ☑ 조합설립추진위원회
- ☑ 사업시행계획
- ☑ 보증
- ☑ 분양신청
- ☑ 청산금

CHAPTER 학습 & 출제되는 질문

- ☑ 도시 및 주거환경정비법령상의 용어 및 내용에 대한 설명 중 옳은 것은?
- ☑ 정비계획에 포함되어야 하는 필수적 사항이 아닌 것은?
- ☑ 정비구역 안에서의 행위제한에 관한 설명으로 틀린 것은?
- ☑ 정비계획에 따른 사업 시행계획서에 포함되어야 하는 사항이 아닌 것은?
- ☑ 정비사업을 조합이 시행하는 경우에 관한 설명으로 틀린 것은?

부동산공법

제1절 총 칙

01 제정목적

1976년 「도시계획법」의 재개발사업에 관한 사항을 분리해서 「도시재개발법」을 제정하고, 1989년 도시의 저소득층이 거주하는 노후·불량주택이 밀집된 지역을 주민의사에 따라 주택을 건설하거나 개량하도록 하기 위해 「도시저소득주민의 주거환경개선을 위한 임시조치법」을 제정했는데, 2003년 이 두 법률과 「주택건설촉진법」의 재건축에 관한 사항을 통합해서 「도시 및 주거환경정비법」을 제정하였으나 법률 규정이 6가지 유형의 정비사업으로 지나치게 복잡하고 일반 국민이 이해하기가 어려워 2018년 6가지 정비사업의 유형을 3가지 정비사업의 유형으로 통폐합하여 단순화하는 방법으로 전부 개정하였다. → 주거환경개선사업, 재개발사업, 재건축사업

 「도시 및 주거환경정비법」

정비사업의 종류에는 주거환경개선사업, 재개발사업, 재건축사업이 있다.

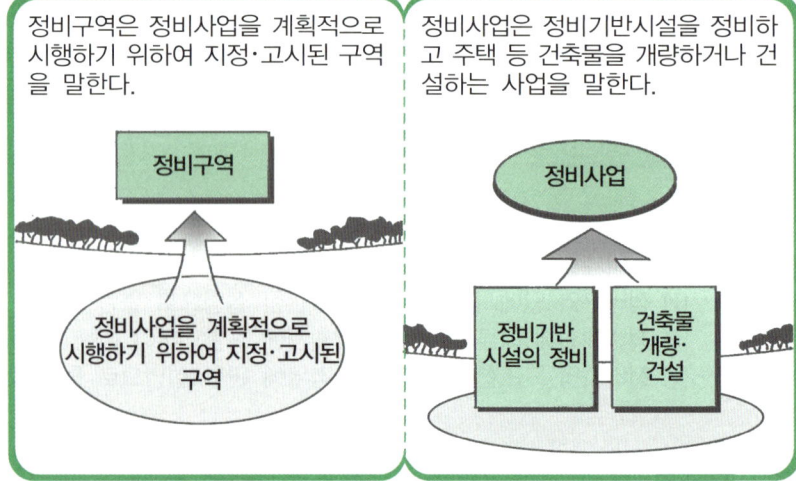

제3장 도시 및 주거환경정비법

「도시 및 주거환경정비법」(약칭 도시정비법)은 도시기능의 회복이 필요하거나 주거환경이 불량한 지역을 계획적으로 정비하고 노후·불량건축물을 효율적으로 개량하기 위하여 필요한 사항을 규정함으로써 도시환경을 개선하고 주거생활의 질을 높이는 데 이바지함을 목적으로 한다(법 제1조).

02 용어의 정의 (법 제2조) [15·17회 출제]

1 정비구역
정비구역이란 정비사업을 계획적으로 시행하기 위하여 지정·고시된 구역을 말한다.

2 정비사업★★★ [14·17·18·23·27회 출제]
정비사업이란 이 법에서 정한 절차에 따라 도시기능을 회복하기 위하여 정비구역에서 정비기반시설을 정비하거나 주택 등 건축물을 개량 또는 건설하는 다음의 사업을 말하며, 정비사업의 종류는 다음과 같다.

1) **주거환경개선사업**   도시저소득 주민이 집단거주하는 지역으로서 정비기반시설이 극히 열악하고 노후·불량건축물이 과도하게 밀집한 지역의 주거환경을 개선하거나 단독주택 및 다세대주택이 밀집한 지역에서 정비기반시설과 공동이용시설 확충을 통하여 주거환경을 보전·정비·개량하기 위한 사업 [32회 출제]

2) **재개발사업**   정비기반시설이 열악하고 노후·불량건축물이 밀집한 지역에서 주거환경을 개선하거나 상업지역·공업지역 등에서 도시기능의 회복 및 상권활성화 등을 위하여 도시환경을 개선하기 위한 사업. 이 경우 다음 요건을 모두 갖추어 시행하는 재개발사업을 "공공재개발사업"이라 한다.
   (가) 특별자치시장, 특별자치도지사, 시장, 군수, 자치구의 구청장(이하 "시장·군수등"이라 한다) 또는 토지주택공사등(조합과 공동으로 시행하는 경우를 포함한다)이 주거환경개선사업의 시행자, 공공재개발사업 시행자일 것
   (나) 건설·공급되는 주택의 전체 세대수 또는 전체 연면적 중 토지등소유자 대상 분양분(지분형주택은 제외한다)을 제외한 나머지 주택의 세대수 또는 연면적의 과밀억제권역에서 시행하는 경우는 100분의 30 이상 100분의 40 이하, 과밀억제권역 외의 지역에서 시행하는 경우는 100분의 20 이상 100분의 30 이하에서 특별시·광역시·특별자치시·도·특별자치도 또는 인구 50만 이상 대도시의 조례(이하 "시·도조례"라 한다)로 정하는 비율 이상을 지분형주택, 「공공주택 특별법」에 따른 공공임대주택 또는 「민간임대주택에 관한 특별법」에 따른 공공지원민간임대주택으로 건설·공급할 것(영 제1조의2 제1항).

3) 재건축사업

정비기반시설은 양호하나 노후·불량건축물에 해당하는 공동주택이 밀집한 지역에서 주거환경을 개선하기 위한 사업. 이 경우 다음 요건을 모두 갖추어 시행하는 재건축사업을 "공공재건축사업"이라 한다.

(가) 시장·군수등 또는 토지주택공사등(조합과 공동으로 시행하는 경우를 포함한다)이 공공재건축사업 시행자일 것

(나) 종전의 용적률, 토지면적, 기반시설 현황 등을 고려하여 대통령령으로 정하는 세대수 이상을 건설·공급할 것. 다만, 정비구역의 지정권자가 「국토의 계획 및 이용에 관한 법률」에 따른 도시·군기본계획, 토지이용 현황 등 대통령령으로 정하는 불가피한 사유로 해당하는 세대수를 충족할 수 없다고 인정하는 경우에는 그러하지 아니하다.

3 공공재개발사업의 공공임대주택 건설비율

(1) 공공임대주택의 건설비율

공공재개발사업에 따라 건설·공급해야 하는 공공임대주택(「공공주택 특별법」에 따른 공공임대주택을 말한다) 건설비율은 건설·공급되는 주택의 전체 세대수의 100분의 20 이하에서 국토교통부장관이 정하여 고시하는 비율 이상으로 한다(영 제1조2 제2항).

(2) 공공임대주택 건설비율의 완화

정비구역지정권자는 다음의 어느 하나에 해당하는 경우에는 지방도시계획위원회 또는 도시재정비위원회의 심의를 거쳐 공공임대주택 건설비율을 완화할 수 있다(영 제1조2 제3항).

1) 건설하는 주택의 전체 세대수가 200세대 미만인 경우

2) 정비구역의 입지, 정비사업의 규모, 토지등소유자의 수 등을 고려할 때 토지등소유자의 부담이 지나치게 높아 공공임대주택 건설비율을 확보하기 어렵다고 인정하는 경우

4 공공재건축사업의 세대수 기준

(1) 공공재건축사업의 세대수

공공재건축사업에 따라 건설·공급해야 하는 세대수는 용적률, 토지면적, 기반시설 현황 등을 고려하여 공공재건축사업을 추진하는 단지의 종전 세대수의 100분의 160에 해당하는 세대수 이상을 말한다(영 제1조의3 제1항).

(2) 공공재건축사업의 세대수 기준 완화

정비구역의 지정권자는 다음의 어느 하나에 해당하는 불가피한 사유로 해당하는 세대수를 충족할 수 없다고 인정하는 경우에는 지방도시계획위원회 또는 도시재정비위원회의 심의를 거쳐 세대수 기준을 완화할 수 있다(영 제1조의3 제2항).

1) 공공재건축사업에 따른 세대수를 건설·공급하는 경우 도시·군기본계획에 부합하지 않게 되는 경우

2) 해당 토지 및 인근 토지의 이용 현황을 고려할 때 공공재건축사업에 따른 세대수를 건설·공급하기 어려운 부득이한 사정이 있는 경우

5 노후·불량건축물 ★

노후·불량건축물이란 다음의 어느 하나에 해당하는 건축물을 말한다.

1) 건축물이 훼손되거나 일부가 멸실되어 붕괴, 그 밖의 안전사고의 우려가 있는 건축물

2) 내진성능이 확보되지 아니한 건축물 중 중대한 기능적 결함 또는 부실 설계·시공으로 구조적 결함 등이 있는 건축물로서 다음의 어느 하나에 해당하는 건축물
   ① 급수·배수·오수 설비 등의 설비 또는 지붕·외벽 등 마감의 노후화나 손상으로 그 기능을 유지하기 곤란할 것으로 우려되는 건축물
   ② 재건축진단기관이 실시한 재건축진단 결과 건축물의 내구성·내하력(耐荷力) 등이 국토교통부장관이 정하여 고시하는 기준에 미치지 못할 것으로 예상되어 구조 안전의 확보가 곤란할 것으로 우려되는 건축물

3) 주변 토지의 이용상황 등에 비추어 주거환경이 불량한 곳에 위치하고 건축물을 철거하고 새로운 건축물을 건설하는 경우 건설에 드는 비용과 비교하여 효용의 현저한 증가가 예상되는 건축물로서 다음의 어느 하나에 해당하는 바에 따라 시·도조례로 정하는 건축물
   ① 「건축법」에 따라 해당 지방자치단체의 조례로 정하는 면적에 미달되거나 「국토의 계획 및 이용에 관한 법률」에 따른 도시·군계획시설 등의 설치로 인하여 효용을 다할 수 없게 된 대지에 있는 건축물
   ② 공장의 매연·소음 등으로 인하여 위해를 초래할 우려가 있는 지역에 있는 건축물
   ③ 해당 건축물을 준공일 기준으로 40년까지 사용하기 위하여 보수·보강하는 데 드는 비용이 철거 후 새로운 건축물을 건설하는 데 드는 비용보다 클 것으로 예상되는 건축물

4) 도시미관을 저해하거나 노후화된 건축물로서 다음의 어느 하나에 해당하는 바에 따라 시·도조례로 정하는 건축물
   ① 준공된 후 20년 이상 30년 이하의 범위에서 시·도조례로 정하는 기간이 지난 건축물
   ② 「국토의 계획 및 이용에 관한 법률」에 따른 도시·군기본계획의 경관에 관한 사항에 어긋나는 건축물

6 정비기반시설 추가 15·24·28·34회 출제

정비기반시설이란 도로·상하수도·구거(溝渠:도랑)·공원·공용주차장·공동구(「국토의 계획 및 이용에 관한 법률」에 따른 공동구를 말한다), 그 밖에 주민의 생활에 필요한 열·가스 등의 공급시설로서 다음의 시설을 말한다.

> 전기·가스·수도 등의 공급설비, 통신시설, 하수도시설 등 지하매설물을 공동 수용함으로써 미관의 개선, 도로구조의 보전 및 교통의 원활한 소통을 위하여 지하에 설치하는 시설

1) 녹지
2) 하천
3) 공공공지
4) 광장
5) 소방용수시설
6) 비상대피시설
7) 가스공급시설
8) 지역난방시설
9) 주거환경개선사업을 위하여 지정·고시된 정비구역에 설치하는 공동이용시설로서 사업시행계획서에 해당 특별자치시장·특별자치도지사·시장·군수 또는 자치구의 구청장(이하 "시장·군수등"이라 한다)이 관리하는 것으로 포함된 것

7 공동이용시설 추가 15·29회 출제

공동이용시설이란 주민이 공동으로 사용하는 놀이터·마을회관·공동작업장, 그 밖에 다음의 시설을 말한다.

1) 공동으로 사용하는 구판장·세탁장·화장실 및 수도
2) 탁아소·어린이집·경로당 등 노유자시설
3) 그 밖에 위의 시설과 유사한 용도의 시설로서 시·도조례로 정하는 시설

> 老幼者: 노인 및 어린이

8 대 지

대지란 정비사업으로 조성된 토지를 말한다.

9 주택단지

주택단지란 주택 및 부대시설·복리시설을 건설하거나 대지로 조성되는 일단의 토지로서 다음의 어느 하나에 해당하는 일단의 토지를 말한다.

1) 「주택법」에 따른 사업계획승인을 받아 주택 및 부대시설·복리시설을 건설한 일단의 토지
2) 위의 1)에 따른 일단의 토지 중 「국토의 계획 및 이용에 관한 법률」에 따른 도시·군계획시설인 도로나 그 밖에 이와 유사한 시설로 분리되어 따로 관리되고 있는 각각의 토지
3) 위의 1)에 따른 일단의 토지 둘 이상이 공동으로 관리되고 있는 경우 그 전체 토지
4) 재건축사업의 범위에 관한 특례에 따라 분할된 토지 또는 분할되어 나가는 토지
5) 「건축법」에 따라 건축허가를 받아 아파트 또는 연립주택을 건설한 일단의 토지

10 토지등소유자★ 24·35회 출제

토지등소유자란 다음의 어느 하나에 해당하는 자를 말한다. 다만, 신탁업자가 사업시행자로 지정된 경우 토지등소유자가 정비사업을 목적으로 신탁업자에게 신탁한 토지 또는 건축물에 대하여는 위탁자를 토지등소유자로 본다.

1) 주거환경개선사업 및 재개발사업의 경우에는 정비구역에 위치한 토지 또는 건축물의 소유자 또는 그 지상권자
2) <u>재건축사업의 경우에는 정비구역에 위치한 건축물 및 그 부속토지의 소유자</u>

11 토지주택공사등

토지주택공사등이란 「한국토지주택공사법」에 따라 설립된 한국토지주택공사 또는 「지방공기업법」에 따라 주택사업을 수행하기 위하여 설립된 지방공사를 말한다.

12 정관등

정관등이란 다음의 것을 말한다.

1) 조합의 정관
2) 사업시행자인 토지등소유자가 자치적으로 정한 규약
3) 시장·군수등, 토지주택공사등 또는 신탁업자가 작성한 시행규정

단락문제 Q1   제17회 기출 개작

시 및 주거환경정비법령상의 용어 및 내용에 대한 설명 중 옳은 것은?

① 재개발사업은 정비기반시설이 열악하고 노후·불량건축물이 밀집한 지역에서 주거환경을 개선하거나 상업지역·공업지역 등에서 도시기능의 회복 및 상권활성화 등을 위하여 도시환경을 개선하기 위한 사업이다.
② 재건축사업은 건축물소유자·토지소유자·조합이 단독으로 시행하거나 건설사업자, 등록사업자 공동으로 이를 시행할 수 있다.
③ 준공일 기준으로 20년까지 사용하기 위한 보수·보강비용이 철거후 신축비용보다 큰 건축물은 노후·불량건축물로 지정할 수 있다.
④ 주민이 공동으로 사용하는 공동작업장, 공원, 공용주차장 등은 공동이용시설이다.
⑤ 재개발사업에 있어서 토지등소유자는 토지 또는 건축물의 소유자와 임차권자이다.

해설 용어의 정의
② 토지등소유자는 조합을 설립해야 재건축사업을 시행할 수 있다.
③ 준공 후 40년까지 사용하기 위한 보수·보강비용이어야 한다.
④ 공원과 공용주차장은 정비기반시설이다.
⑤ 주거환경개선사업 및 재개발사업의 경우 "토지등소유자"는 정비구역에 위치한 토지 또는 건축물의 소유자 또는 그 지상권자를 말한다.

정답 ①

03 도시·주거환경정비 기본방침

국토교통부장관은 도시 및 주거환경을 개선하기 위하여 10년마다 다음의 사항을 포함한 기본방침을 정하고, 5년마다 타당성을 검토하여 그 결과를 기본방침에 반영하여야 한다(법 제3조).

1) 도시 및 주거환경 정비를 위한 국가정책 방향
2) 도시·주거환경정비기본계획의 수립 방향
3) 노후·불량 주거지 조사 및 개선계획의 수립
4) 도시 및 주거환경 개선에 필요한 재정지원계획
5) 그 밖에 도시 및 주거환경 개선을 위하여 필요한 사항으로서 대통령령으로 정하는 사항

제3장 도시 및 주거환경정비법

제2절 도시·주거환경정비기본계획 19·22·26·27회 출제

01 도시·주거환경정비기본계획의 수립

1 기본계획의 수립권자

특별시장·광역시장·특별자치시장·특별자치도지사 또는 시장은 관할구역에 대하여 도시·주거환경정비기본계획(이하 "기본계획"이라 한다)을 <u>10년 단위</u>로 수립하여야 한다. 다만, 도지사가 대도시가 아닌 시로서 기본계획을 수립할 필요가 없다고 인정하는 시에 대하여는 기본계획을 수립하지 아니할 수 있다(법 제4조 제1항).

2 기본계획의 재검토 29회 출제

특별시장·광역시장·특별자치시장·특별자치도지사 또는 시장은 기본계획에 대하여 <u>5년마다 타당성을 검토</u>하여 그 결과를 기본계획에 반영하여야 한다(법 제4조 제2항).

→ 기본방침의 타당성 검토기간과 같음

3 기본계획의 내용

기본계획에는 다음의 사항이 포함되어야 한다(법 제5조 제1항, 영 제5조).

1) 정비사업의 기본방향
2) 정비사업의 계획기간
3) 인구·건축물·토지이용·정비기반시설·지형 및 환경 등의 현황
4) 주거지 관리계획
5) 토지이용계획·정비기반시설계획·공동이용시설설치계획 및 교통계획
6) 녹지·조경·에너지공급·폐기물처리 등에 관한 환경계획
7) 사회복지시설 및 주민문화시설 등의 설치계획
8) 도시의 광역적 재정비를 위한 기본방향
9) 정비구역으로 지정할 예정인 구역(이하 "정비예정구역"이라 한다)의 개략적 범위
10) 단계별 정비사업 추진계획(정비예정구역별 정비계획의 수립시기가 포함되어야 한다)
11) 건폐율·용적률 등에 관한 건축물의 밀도계획
12) 세입자에 대한 주거안정대책

13) 도시관리·주택·교통정책 등 도시·군계획과 연계된 도시·주거환경정비의 기본방향
14) 도시·주거환경정비의 목표
15) 도심기능의 활성화 및 도심공동화 방지 방안
16) 역사적 유물 및 전통건축물의 보존계획
17) 정비사업의 유형별 공공 및 민간부문의 역할
18) 정비사업의 시행을 위하여 필요한 재원조달에 관한 사항

4 기본계획 내용의 생략

기본계획의 수립권자는 기본계획에 다음의 사항을 포함하는 경우에는 위의 9) 및 10)의 사항을 생략할 수 있다(법 제5조 제2항).

1) 생활권의 설정, 생활권별 기반시설 설치계획 및 주택수급계획
2) 생활권별 주거지의 정비·보전·관리의 방향

5 기본계획의 작성기준

기본계획의 작성기준 및 작성방법은 국토교통부장관이 정하여 고시한다(법 제5조 제3항).

02 기본계획의 수립절차

1 주민의 공람 및 의견청취

기본계획의 수립권자는 기본계획을 수립하거나 변경하려는 경우에는 14일 이상 주민에게 공람하여 의견을 들어야 하며, 제시된 의견이 타당하다고 인정되면 이를 기본계획에 반영하여야 한다(법 제6조 제1항).

2 지방의회의 의견청취

기본계획의 수립권자는 공람과 함께 지방의회의 의견을 들어야 한다. 이 경우 지방의회는 기본계획의 수립권자가 기본계획을 통지한 날부터 60일 이내에 의견을 제시하여야 하며, 의견제시 없이 60일이 지난 경우 이의가 없는 것으로 본다(법 제6조 제2항).

제3장 도시 및 주거환경정비법

3 의견청취·심의 및 승인할 경우에 생략 가능한 경미한 사항 30회 출제

다음의 경미한 사항을 변경하는 경우에는 주민공람과 지방의회의 의견청취 절차를 거치지 아니할 수 있다(법 제6조 제3항, 영 제6조 제4항).

1) 정비기반시설(주거환경개선사업을 위하여 지정·고시된 정비구역에 설치하는 공동이용시설로서 사업시행계획서에 해당 시장·군수등이 관리하는 것을 제외한다)의 규모를 확대하거나 그 면적의 10% 미만의 범위에서 축소하는 경우
2) 정비사업의 계획기간을 단축하는 경우
3) 공동이용시설에 대한 설치계획을 변경하는 경우
4) 사회복지시설 및 주민문화시설 등에 대한 설치계획을 변경하는 경우
5) 구체적으로 면적이 명시된 정비예정구역의 면적을 20% 미만의 범위에서 변경하는 경우
6) 단계별 정비사업 추진계획을 변경하는 경우
7) **건폐율** 및 **용적률**을 각 20% 미만의 범위에서 변경하는 경우
   → 대지면적에 대한 건축면적의 비율
   → 대지면적에 대한 연면적의 비율
8) 정비사업의 시행을 위하여 필요한 재원조달에 관한 사항을 변경하는 경우
9) 「국토의 계획 및 이용에 관한 법률」에 따른 도시·군기본계획의 변경에 따라 기본계획을 변경하는 경우

03 기본계획의 확정·고시 등

1 관계 행정기관의 장과 협의 및 지방도시계획위원회의 심의

기본계획의 수립권자(대도시의 시장이 아닌 시장은 제외한다)는 기본계획을 수립하거나 변경하려면 관계 행정기관의 장과 협의한 후 「국토의 계획 및 이용에 관한 법률」에 따른 지방도시계획위원회의 심의를 거쳐야 한다. 다만, 경미한 사항을 변경하는 경우에는 관계 행정기관의 장과의 협의 및 지방도시계획위원회의 심의를 거치지 아니한다(법 제7조 제1항).

2 도지사의 승인

대도시의 시장이 아닌 시장은 기본계획을 수립하거나 변경하려면 도지사의 승인을 받아야 하며, 도지사가 이를 승인하려면 관계 행정기관의 장과 협의한 후 지방도시계획위원회의 심의를 거쳐야 한다. 다만, 경미한 사항을 변경의 경우에는 도지사의 승인을 받지 아니할 수 있다(법 제7조 제2항).

3 지방자치단체의 공보에 고시

기본계획의 수립권자는 기본계획을 수립하거나 변경한 때에는 지체없이 이를 해당 지방자치단체의 공보에 고시하고 일반인이 열람할 수 있도록 하여야 한다(법 제7조 제3항).

4 국토교통부장관에게 보고

기본계획의 수립권자는 기본계획을 고시한 때에는 국토교통부령으로 정하는 방법 및 절차에 따라 국토교통부장관에게 보고하여야 한다(법 제7조 제4항).

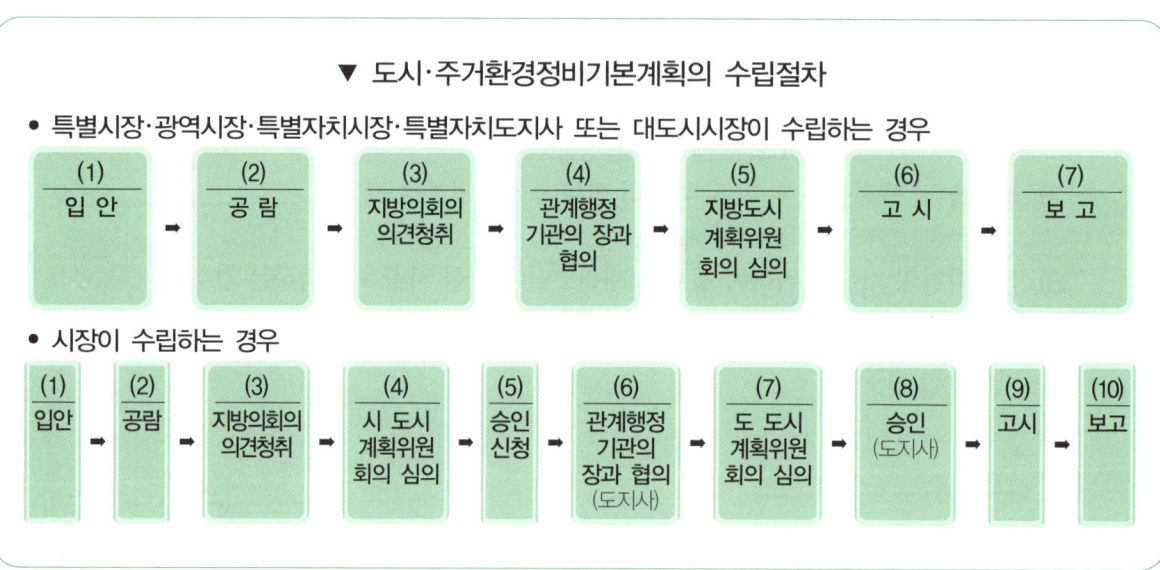

단락문제 Q2 제27회 기출

도시 및 주거환경정비법령상 도시·주거환경정비기본계획(이하 '기본계획')의 수립에 관한 설명으로 **틀린** 것은?

① 기본계획의 작성방법은 국토교통부장관이 정한다.
② 대도시의 시장이 아닌 시장은 기본계획의 내용 중 단계별 정비사업 추진계획을 변경하는 때에는 도지사의 승인을 얻지 않아도 된다.
③ 기본계획에 생활권별 기반시설 설치계획이 포함된 경우에는 기본계획에 포함되어야 할 사항 중 주거지 관리계획이 생략될 수 있다.
④ 대도시의 시장은 지방도시계획위원회의 심의를 거치기 전에 관계 행정기관의 장과 협의하여야 한다.
⑤ 도지사가 기본계획을 수립할 필요가 없다고 인정하는 대도시가 아닌 시는 기본계획을 수립하지 아니할 수 있다.

해설 도시·주거환경정비기본계획
기본계획에 다음 사항을 포함하는 경우에는 정비예정구역의 개략적 범위와 단계별 정비사업 추진계획을 생략할 수 있다.
1) 생활권의 설정, 생활권별 기반시설 설치계획 및 주택수급계획
2) 생활권별 주거지의 정비·보전·관리의 방향

정답 ③

제3절 정비계획 및 정비구역

01 정비구역의 지정 ★★   20회 출제

1 정비구역의 지정권자

특별시장·광역시장·특별자치시장·특별자치도지사·시장 또는 군수(광역시의 군수는 제외한다)는 기본계획에 적합한 범위에서 노후·불량건축물이 밀집하는 등 정비계획의 입안대상지역에 대하여 정비계획을 결정하여 정비구역을 지정(변경지정을 포함한다)할 수 있다(법 제8조 제1항, 영 제7조 제1항).

부동산공법

WIDE 정비계획의 입안대상지역 (영 제7조 제1항 관련) 28회 출제

① 주거환경개선사업을 위한 정비계획은 다음의 어느 하나에 해당하는 지역에 대하여 입안한다.
   ㉠ 1985년 6월 30일 이전에 건축된 「특정건축물정리에 관한 특별조치법」에 따른 무허가건축물 또는 위법시공건축물과 노후·불량건축물이 밀집되어 있어 주거지로서의 기능을 다하지 못하거나 도시미관을 현저히 훼손하고 있는 지역
   ㉡ 「개발제한구역의 지정 및 관리에 관한 특별조치법」에 따른 개발제한구역으로서 그 구역지정 이전에 건축된 노후·불량건축물의 수가 해당 정비구역의 건축물 수의 50% 이상인 지역
   ㉢ 재개발사업을 위한 정비구역의 토지면적의 50% 이상의 소유자와 토지 또는 건축물을 소유하고 있는 자의 50% 이상이 각각 재개발사업의 시행을 원하지 않는 지역
   ㉣ 철거민이 50세대 이상 규모로 정착한 지역이거나 인구가 과도하게 밀집되어 있고 기반시설의 정비가 불량하여 주거환경이 열악하고 그 개선이 시급한 지역
   ㉤ 정비기반시설이 현저히 부족하여 재해발생시 피난 및 구조 활동이 곤란한 지역
   ㉥ 건축대지로서 효용을 다할 수 없는 과소필지 등이 과다하게 분포된 지역으로서 건축행위제한 등으로 주거환경이 열악하여 그 개선이 시급한 지역
   ㉦ 「국토의 계획 및 이용에 관한 법률」에 따른 방재지구로서 주거환경개선사업이 필요한 지역
   ㉧ 단독주택 및 다세대주택 등이 밀집한 지역으로서 주거환경의 보전·정비·개량이 필요한 지역
   ㉨ 해제된 정비구역 및 정비예정구역
   ㉩ 기존 단독주택 재건축사업 또는 재개발사업을 위한 정비구역 및 정비예정구역의 토지등소유자의 50% 이상이 주거환경개선사업으로의 전환에 동의하는 지역
   ㉪ 「도시재정비 촉진을 위한 특별법」에 따른 존치지역 및 재정비촉진지구가 해제된 지역

② 재개발사업을 위한 정비계획은 노후·불량건축물의 수가 전체 건축물의 수의 2/3(시·도조례로 비율의 10%포인트 범위에서 증감할 수 있다) 이상인 지역으로서 다음의 어느 하나에 해당하는 지역에 대하여 입안한다. 이 경우 순환용 주택을 건설하기 위하여 필요한 지역을 포함할 수 있다.
   ㉠ 정비기반시설의 정비에 따라 토지가 대지로서의 효용을 다할 수 없게 되거나 과소토지로 되어 도시의 환경이 현저히 불량하게 될 우려가 있는 지역
   ㉡ 노후·불량건축물의 연면적의 합계가 전체 건축물의 연면적의 합계의 60%(재정비촉진지구에서 재개발사업을 위한 정비계획을 입안하는 경우에는 50%로 하며, 재정비촉진지구 외의 지역의 경우에는 50% 이상 70% 이하의 범위에서 시·도조례로 증감할 수 있다) 이상이거나 건축물이 과도하게 밀집되어 있어 그 구역안의 토지의 합리적인 이용과 가치의 증진을 도모하기 곤란한 지역
   ㉢ 인구·산업 등이 과도하게 집중되어 있어 도시기능의 회복을 위하여 토지의 합리적인 이용이 요청되는 지역
   ㉣ 해당 지역의 최저고도지구의 토지(정비기반시설용지를 제외한다)면적이 전체토지면적의 50%를 초과하고, 그 최저고도에 미달하는 건축물이 해당 지역 건축물의 바닥면적합계의 2/3 이상인 지역
   ㉤ 공장의 매연·소음 등으로 인접지역에 보건위생상 위해를 초래할 우려가 있는 공업지역 또는 「산업집적활성화 및 공장설립에 관한 법률」에 따른 도시형 공장이나 공해발생정도가 낮은 업종으로 전환하려는 공업지역
   ㉥ 역세권 등 양호한 기반시설을 갖추고 있어 대중교통 이용이 용이한 지역으로서 「주택법」에 따라 토지의 고도이용과 건축물의 복합개발을 통한 주택건설·공급이 필요한 지역
   ㉦ 「국토의 계획 및 이용에 관한 법률」에 따른 방재지구가 해당 지역 전체 토지면적의 1/2 이상인 지역
   ㉧ 「건축법」에 따른 지하층의 전부 또는 일부를 주거용도로 사용하는 건축물의 수가 해당 지역 전체 건축물의 수의 1/2 이상인 지역
   ㉨ 철거민이 50세대 이상 규모로 정착한 지역이거나 인구가 과도하게 밀집되어 있고 기반시설의 정비가 불량하여 주거환경이 열악하고 그 개선이 시급한 지역
   ㉩ 정비기반시설이 현저히 부족하여 재해발생시 피난 및 구조 활동이 곤란한 지역

③ 재건축사업을 위한 정비계획은 주거환경개선사업 및 재개발사업에 해당하지 않는 지역으로서 다음의 어느 하나에 해당하는 지역에 대하여 입안한다.
   ㉠ 건축물의 일부가 멸실되어 붕괴나 그 밖의 안전사고의 우려가 있는 지역
   ㉡ 재해 등이 발생할 경우 위해의 우려가 있어 신속히 정비사업을 추진할 필요가 있는 지역
   ㉢ 노후·불량건축물로서 기존 세대수가 200세대 이상이거나 그 부지면적이 1만㎡ 이상인 지역
   ㉣ 셋 이상의 「건축법 시행령」에 따른 아파트 또는 연립주택이 밀집되어 있는 지역으로서 재건축진단 실시 결과 전체 주택의 2/3 이상이 재건축이 필요하다는 판정을 받은 지역으로서 시·도조례로 정하는 면적 이상인 지역

④ 무허가건축물의 수, 노후·불량건축물의 수, 호수밀도, 토지의 형상 또는 주민의 소득수준 등 정비계획의 입안대상지역의 요건은 필요한 경우 위에 규정된 범위안에서 시·도조례로 이를 따로 정할 수 있다. 이 경우 재개발사업을 위한 정비계획의 입안대상지역 요건을 갖춘 지역에 위치한 노후·불량건축물의 수가 전체 건축물 수의 3/4 이상인 경우에는 시·도조례로 따로 정한 요건을 갖춘 것으로 본다.

⑤ 부지의 정형화, 효율적인 기반시설의 확보 등을 위하여 필요하다고 인정되는 경우에는 지방도시계획위원회의 심의를 거쳐 정비구역의 입안대상지역 면적의 120/100 이하의 범위에서 시·도조례로 정하는 바에 따라 위에 해당하지 않는 지역을 포함하여 정비계획을 입안할 수 있다.
⑥ 건축물의 상당수가 붕괴나 그 밖의 안전사고의 우려가 있거나 상습 침수, 홍수, 산사태, 해일, 토사 또는 제방 붕괴 등으로 재해가 생길 우려가 있는 지역에 대하여는 정비계획을 입안할 수 있다.

2 정비계획 입안시 조사·확인 사항

특별시장·광역시장·특별자치시장·특별자치도지사·시장·군수 또는 자치구의 구청장은 정비계획을 입안하는 경우에는 다음의 사항을 조사하여 정비계획의 입안대상지역의 요건에 적합한지 여부를 확인하여야 하며, 정비계획의 입안 내용을 변경하려는 경우에는 변경내용에 해당하는 사항을 조사·확인하여야 한다(영 제7조 제2항).

1) 주민 또는 산업의 현황
2) 토지 및 건축물의 이용과 소유현황
3) 도시·군계획시설 및 정비기반시설의 설치현황
4) 정비구역 및 주변지역의 교통상황
5) 토지 및 건축물의 가격과 임대차 현황
6) 정비사업의 시행계획 및 시행방법 등에 대한 주민의 의견
7) 그 밖에 시·도조례로 정하는 사항

3 기본계획 수립·변경 없이 정비구역의 지정

천재지변, 「재난 및 안전관리 기본법」 또는 「시설물의 안전 및 유지관리에 관한 특별법」에 따른 사용제한·사용금지, 그 밖의 불가피한 사유로 긴급하게 정비사업을 시행할 필요가 있다고 인정하는 경우에는 기본계획을 수립하거나 변경하지 아니하고 정비구역을 지정할 수 있다(법 제8조 제2항).

4 진입로 지역 등 포함하여 정비구역의 지정

정비구역의 지정권자는 정비구역의 진입로 설치를 위하여 필요한 경우에는 진입로 지역과 그 인접지역을 포함하여 정비구역을 지정할 수 있다(법 제8조 제3항).

5 정비구역 지정권자의 정비계획 입안

정비구역의 지정권자는 정비구역 지정을 위하여 직접 정비계획을 입안할 수 있다(법 제8조 제4항).

6 구청장등의 정비계획 입안

자치구의 구청장 또는 광역시의 군수(구청장등)는 정비계획을 입안하여 특별시장·광역시장에게 정비구역 지정을 신청하여야 한다. 이 경우 지방의회의 의견을 첨부하여야 한다(법 제8조 제5항).

부동산공법

02 정비계획 ★

1 정비계획의 내용 18회 출제

정비계획에는 다음의 사항이 포함되어야 한다(법 제9조 제1항).

1) 정비사업의 명칭
2) 정비구역 및 그 면적
3) 토지등소유자별 분담금 추산액 및 산출근거
4) 도시·군계획시설의 설치에 관한 계획
5) 공동이용시설 설치계획
6) 건축물의 주용도·건폐율·용적률·높이에 관한 계획
7) 환경보전 및 재난방지에 관한 계획
8) 정비구역 주변의 교육환경 보호에 관한 계획
9) 세입자 주거대책
10) 정비사업시행 예정시기
11) 정비사업을 통하여 「민간임대주택에 관한 특별법」에 따른 **공공지원 민간임대주택**을 공급하거나 주택임대관리업자에게 임대할 목적으로 주택을 위탁하려는 경우에는 다음의 사항. 다만, ②와 ③의 사항은 건설하는 주택 전체 세대수에서 공공지원 민간임대주택 또는 임대할 목적으로 주택임대관리업자에게 위탁하려는 임대관리 위탁주택이 차지하는 비율이 20/100 이상, 건설하는 주택 전체 세대수에서 공공지원 민간임대주택 및 임대관리 위탁주택으로서 임대기간이 8년 이상인 주택이 차지하는 비율의 합계가 20/100 이상에 해당하는 경우로 한정한다.

> 임대사업자가 8년 이상 임대할 목적으로 취득하여 임대하는 민간임대주택

   ① 공공지원 민간임대주택 또는 임대관리 위탁주택에 관한 획지별 토지이용계획
   ② 주거·상업·업무 등의 기능을 결합하는 등 복합적인 토지이용을 증진시키기 위하여 필요한 건축물의 용도에 관한 계획
   ③ 「국토의 계획 및 이용에 관한 법률」에 따른 주거지역을 세분 또는 변경하는 계획과 용적률에 관한 사항
   ④ 그 밖에 공공지원 민간임대주택 또는 임대관리 위탁주택의 원활한 공급 등을 위하여 대통령령으로 정하는 사항
12) 「국토의 계획 및 이용에 관한 법률」의 지구단위계획에 관한 계획(필요한 경우로 한정한다)
13) 정비사업의 시행방법
14) 수용공급방법으로 시행하는 주거환경개선사업의 경우 사업시행자로 예정된 자

15) 기존 건축물의 정비·개량에 관한 계획
16) 정비기반시설의 설치계획
17) 현금납부에 관한 사항
18) 정비구역을 분할, 통합 또는 결합하여 지정하려는 경우 그 계획
19) 건축물의 건축선에 관한 계획
20) 홍수 등 재해에 대한 취약요인에 관한 검토 결과
21) 정비구역 및 주변지역의 주택수급에 관한 사항
22) 안전 및 범죄예방에 관한 사항
23) 그 밖에 정비사업의 원활한 추진을 위하여 시·도조례로 정하는 사항

단락문제 Q3 제18회 기출

도시 및 주거환경정비법령상 정비계획에 포함되어야 하는 필수적 사항이 아닌 것은? (시·도 조례로 정하는 사항이 있는 경우를 제외함)

① 정비사업의 명칭
② 정비구역 및 그 면적
③ 공동이용시설 설치계획
④ 정비사업시행 예정시기
⑤ 조합원의 권리·의무

해설 정비계획에 포함 사항
조합원의 권리·의무는 해당 조합의 정관에 규정할 사항이다.

정답 ⑤

2 정비계획의 세부계획 입안

정비계획을 입안하는 특별자치시장, 특별자치도지사, 시장·군수 또는 구청장등(정비계획의 입안권자)이 생활권의 설정, 생활권별 기반시설 설치계획, 주택수급계획 및 생활권별 주거지의 정비·보전·관리의 방향을 포함하여 기본계획을 수립한 지역에서 정비계획을 입안하는 경우에는 그 정비구역을 포함한 해당 생활권에 대하여 세부계획을 입안할 수 있다(법 제9조 제3항).

3 정비계획의 작성기준

정비계획의 작성기준 및 작성방법은 국토교통부장관이 정하여 고시한다(법 제9조 제4항).

03 임대주택 및 주택규모별 건설비율   35회 출제

1 국토교통부장관의 고시

정비계획의 입안권자는 주택수급의 안정과 저소득 주민의 입주기회 확대를 위하여 정비사업으로 건설하는 주택에 대하여 다음의 구분에 따른 범위에서 국토교통부장관이 정하여 고시하는 임대주택 및 주택규모별 건설비율 등을 정비계획에 반영하여야 한다(법 제10조 제1항).

1) 「주택법」에 따른 국민주택규모의 주택이 전체 세대수의 90/100 이하에서 대통령령으로 정하는 범위
   → 주거의 용도로만 쓰이는 면적이 1호(戶) 또는 1세대당 85제곱미터 이하인 주택

2) 임대주택(「민간임대주택에 관한 특별법」에 따른 민간임대주택 및 「공공주택 특별법」에 따른 공공임대주택을 말한다)이 전체 세대수 또는 전체 연면적의 30/100 이하에서 대통령령으로 정하는 범위

2 주택의 규모 및 건설비율의 범위

주택의 규모 및 건설비율은 다음의 범위를 말한다(영 제9조 제1항).

1) **주거환경개선사업의 경우 다음의 범위**
   ① **「주택법」에 따른 국민주택규모의 주택** 건설하는 주택 전체 세대수의 90/100 이하
   ② **공공임대주택** 건설하는 주택 전체 세대수의 30/100 이하로 하며, 주거전용면적이 40m² 이하인 공공임대주택이 전체 공공임대주택 세대수의 50/100 이하

2) **재개발사업**(해당 정비구역이 상업지역인 경우는 제외)**의 경우 다음의 범위**
   ① **국민주택규모의 주택**
   건설하는 주택 전체 세대수의 80/100 이하
   ② **임대주택** → 민간임대주택과 공공임대주택을 말한다.
   건설하는 주택 전체 세대수 또는 전체 연면적(정비계획으로 정한 용적률을 초과하여 건축함으로써 증가된 세대수 또는 면적은 제외한다)의 20/100 이하(초과용적률의 비율에 따라 건설한 국민주택규모 주택으로 공급되는 임대주택은 제외하며, 해당 임대주택 중 주거전용면적이 40m² 이하인 임대주택이 전체 임대주택 세대수(초과용적률의 비율에 따라 건설한 국민주택규모 주택으로 공급되는 임대주택은 제외)의 40/100 이하이어야 한다. 다만, 특별시장·광역시장·특별자치시장·특별자치도지사·시장·군수 또는 자치구의 구청장이 정비계획을 입안할 때 관할구역에서 시행된 재개발사업에서 건설하는 주택 전체 세대수에서 세입자가 입주하는 임대주택 세대수가 차지하는 비율이 시·도지사가 정하여 고시하는 임대주택 비율보다 높은 경우에는 다음 계산식에 따라 산정한 임대주택 비율 이하의 범위에서 임대주택 비율을 높일 수 있다.

제3장 도시 및 주거환경정비법

> 해당 시·도지사가 고시한 임대주택 비율+(건설하는 주택 전체 세대수×10/100)

3) 재건축사업의 경우 국민주택규모의 주택이 건설하는 주택 전체 세대수의 60/100 이하

3 재건축사업의 주택규모 및 건설비율의 특례

「수도권정비계획법」에 따른 과밀억제권역에서 다음의 요건을 모두 갖춘 경우에는 국민주택규모의 주택건설비율을 적용하지 아니한다(영 제9조 제2항).

1) 재건축사업의 조합원에게 분양하는 주택은 기존 주택(재건축하기 전의 주택을 말한다)의 주거전용면적을 축소하거나 30%의 범위에서 그 규모를 확대할 것
2) 조합원 이외의 자에게 분양하는 주택은 모두 85m² 이하 규모로 건설할 것

4 사업시행자의 주택 건설

사업시행자는 국토교통부장관이 정하여 고시된 내용에 따라 주택을 건설하여야 한다(법 제10조 제2항).

04 기본계획 및 정비계획 수립 시 용적률 완화

1 주거지역의 용적률 완화

기본계획의 수립권자 또는 정비계획의 입안권자는 정비사업의 원활한 시행을 위하여 기본계획을 수립하거나 정비계획을 입안하려는 경우에는(기본계획 또는 정비계획을 변경하려는 경우에도 또한 같다)「국토의 계획 및 이용에 관한 법률」에 따른 주거지역에 대하여는「국토의 계획 및 이용에 관한 법률」에 따라 조례로 정한 용적률에도 불구하고「국토의 계획 및 이용에 관한 법률」및 관계법률에 따른 용적률의 상한까지 용적률을 정할 수 있다(법 제11조 제1항).

거주의 안녕과 건전한 생활환경의 보호를 위하여 필요한 지역

2 용도지역의 변경을 통한 용적률 완화

기본계획의 수립권자 또는 정비계획의 입안권자는 천재지변, 그 밖의 불가피한 사유로 건축물이 붕괴할 우려가 있어 긴급히 정비사업을 시행할 필요가 있다고 인정하는 경우에는 용도지역의 변경을 통해 용적률을 완화하여 기본계획을 수립하거나 정비계획을 입안할 수 있다. 이 경우 기본계획의 수립권자, 정비계획의 입안권자 및 정비구역의 지정권자는 용도지역의 변경을 이유로 기부채납을 요구하여서는 아니 된다(법 제11조 제2항).

부동산공법

3 기본계획의 변경 요청

구청장등 또는 대도시의 시장이 아닌 시장은 용적률 완화에 따라 정비계획을 입안하거나 변경 입안하려는 경우 기본계획의 변경 또는 변경승인을 특별시장·광역시장·도지사에게 요청할 수 있다(법 제11조 제3항).

05 재건축사업을 위한 재건축진단

28회 출제

1 재건축진단의 실시

시장·군수등은 정비예정구역별 정비계획의 수립시기가 도래한 때부터 사업시행계획인가 전까지 재건축진단을 실시하여야 한다(법 제12조 제1항).

2 재건축진단의 실시 요청사유

시장·군수등은 다음의 어느 하나에 해당하는 경우에는 재건축진단을 실시하여야 한다. 이 경우 시장·군수등은 재건축진단에 드는 비용을 해당 재건축진단의 실시를 요청하는 자에게 부담하게 할 수 있다(법 제12조 제2항).

1) 정비계획의 입안을 요청하려는 자가 입안을 요청하기 전에 해당 정비예정구역 또는 사업예정구역에 위치한 건축물 및 그 부속토지의 소유자 1/10 이상의 동의를 받아 재건축진단의 실시를 요청하는 경우
2) 정비계획의 입안을 제안하려는 자가 입안을 제안하기 전에 해당 정비예정구역에 위치한 건축물 및 그 부속토지의 소유자 1/10 이상의 동의를 받아 재건축진단의 실시를 요청하는 경우
3) 정비예정구역을 지정하지 아니한 지역에서 재건축사업을 하려는 자가 사업예정구역에 있는 건축물 및 그 부속토지의 소유자 1/10 이상의 동의를 받아 재건축진단의 실시를 요청하는 경우
4) 내진성능이 확보되지 아니한 건축물 중 중대한 기능적 결함 또는 부실 설계·시공으로 구조적 결함 등이 있는 노후·불량건축물의 소유자로서 재건축사업을 시행하려는 자가 해당 사업예정구역에 위치한 건축물 및 그 부속토지의 소유자 1/10 이상의 동의를 받아 재건축진단의 실시를 요청하는 경우
5) 정비계획을 입안하여 주민에게 공람한 곳 또는 정비구역으로 지정된 곳에서 재건축사업을 시행하려는 자가 해당 구역에 위치한 건축물 및 그 부속토지의 소유자 1/10 이상의 동의를 받아 재건축진단의 실시를 요청하는 경우
6) 시장·군수등의 승인을 받은 조합설립추진위원회 또는 사업시행자가 재건축진단의 실시를 요청하는 경우

3 재건축진단의 실시시기 조정

시장·군수등은 재건축진단의 요청이 있는 때에는 요청일부터 30일 이내에 국토교통부장관이 정하는 바에 따라 재건축진단의 실시여부를 결정하여 요청인에게 통보하여야 한다. 이 경우 시장·군수등은 재건축진단 실시 여부를 결정하기 전에 단계별 정비사업 추진계획 등의 사유로 재건축사업의 시기를 조정할 필요가 있다고 인정하는 경우에는 재건축진단의 실시시기를 조정할 수 있다(영 제10조 제1항).

4 재건축진단의 실시 요청 반려

시장·군수등은 현지조사 등을 통하여 재건축진단의 요청이 있는 공동주택이 노후·불량건축물에 해당하지 아니함이 명백하다고 인정하는 경우에는 재건축진단의 실시가 필요하지 아니하다고 결정할 수 있다(영 제10조 제2항).

5 재건축진단의 대상

재건축사업의 재건축진단은 주택단지(연접한 단지를 포함한다)의 건축물을 대상으로 한다. 다만, 다음의 어느 하나에 해당하는 주택단지의 건축물인 경우에는 재건축진단 대상에서 제외할 수 있다(법 제12조 제3항, 영 제10조 제3항).

1) 시장·군수등이 천재지변 등으로 주택이 붕괴되어 신속히 재건축을 추진할 필요가 있다고 인정하는 것
2) 주택의 구조안전상 사용금지가 필요하다고 시·군수등이 인정하는 것
3) 노후·불량건축물 수에 관한 기준을 충족한 경우 잔여 건축물
4) 시장·군수등이 진입도로 등 기반시설 설치를 위하여 불가피하게 정비구역에 포함된 것으로 인정하는 건축물
5) 「시설물의 안전 및 유지관리에 관한 특별법」의 시설물로서 안전등급이 D(미흡) 또는 E(불량)인 건축물

6 재건축진단의 의뢰

시장·군수등은 다음의 어느 하나에 해당하는 재건축진단기관에 의뢰하여 주거환경 적합성, 해당 건축물의 구조안전성, 건축마감, 설비노후도 등에 관한 재건축진단을 실시하여야 한다(법 제12조 제4항, 영 제10조 제4항).

> 시설물의 안전점검이나 성능평가를 대행하는 기관

1) 「시설물의 안전 및 유지관리에 관한 특별법」에 따른 **안전진단전문기관**
2) 「국토안전관리원법」에 따른 국토안전관리원
3) 「과학기술분야 정부출연연구기관 등의 설립·운영 및 육성에 관한 법률」에 따른 한국건설기술연구원

7 재건축진단 결과보고서의 작성

재건축진단을 의뢰받은 재건축진단기관은 국토교통부장관이 정하여 고시하는 기준(건축물의 내진성능 확보를 위한 비용을 포함한다)에 따라 재건축진단을 실시하여야 하며, 국토교통부령으로 정하는 방법 및 절차에 따라 재건축진단 결과보고서를 작성하여 시장·군수등 및 재건축진단의 실시를 요청한 자에게 제출하여야 한다(법 제12조 제5항).

8 사업시행계획인가 여부 결정

시장·군수등은 재건축진단의 결과와 도시계획 및 지역여건 등을 종합적으로 검토하여 사업시행계획인가 여부(시기 조정을 포함한다)를 결정하여야 한다(법 제12조 제6항).

06 재건축진단 결과의 적정성 검토

1 재건축진단 결과보고서의 제출

시장·군수등(특별자치시장 및 특별자치도지사는 제외한다)은 재건축진단 결과보고서를 제출 받은 경우에는 지체없이 특별시장·광역시장·도지사에게 결정내용과 해당 재건축진단 결과보고서를 제출하여야 한다(법 제13조 제1항).

2 시·도지사의 검토 의뢰

특별시장·광역시장·특별자치시장·도지사·특별자치도지사(이하 "시·도지사"라 한다)는 필요한 경우 「국토안전관리원법」에 따른 국토안전관리원 또는 「과학기술분야 정부출연연구기관 등의 설립·운영 및 육성에 관한 법률」에 따른 한국건설기술연구원에 재건축진단 결과의 적정성에 대한 검토를 의뢰할 수 있다(법 제13조 제2항).

3 국토교통부장관의 검토 요청

국토교통부장관은 시·도지사에게 재건축진단 결과보고서의 제출을 요청할 수 있으며, 필요한 경우 시·도지사에게 재건축진단 결과의 적정성에 대한 검토를 요청할 수 있다(법 제13조 제3항).

4 재건축진단 결과의 적정성 검토 비용

재건축진단 결과의 적정성에 따른 검토 비용은 적정성에 대한 검토를 의뢰 또는 요청한 국토교통부장관 또는 시·도지사가 부담한다(영 제11조 제2항).

5 재건축진단 결과의 적정성 검토서 제출기한

재건축진단 결과의 적정성에 따른 검토를 의뢰받은 기관은 적정성에 따른 검토를 의뢰받은 날부터 60일 이내에 그 결과를 시·도지사에게 제출하여야 한다. 다만, 부득이한 경우에는 30일의 범위에서 한 차례만 연장할 수 있다(영 제11조 제3항).

6 재건축진단에 대한 시정요구

특별시장·광역시장·도지사는 검토결과에 따라 필요한 경우 시장·군수등에게 재건축진단에 대한 시정요구 등 대통령령으로 정하는 조치를 요청할 수 있으며, 시장·군수등은 특별한 사유가 없으면 그 요청에 따라야 한다(법 제13조 제4항).

07 정비구역의 지정을 위한 정비계획의 입안 요청

1 정비구역의 지정을 위한 정비계획의 입안을 요청할 수 있는 경우

토지등소유자 또는 추진위원회는 다음의 어느 하나에 해당하는 경우에는 정비계획의 입안권자에게 정비구역의 지정을 위한 정비계획의 입안을 요청할 수 있다(법 제13조의2 제1항, 영 제11조의2 제1항).

1) 단계별 정비사업 추진계획상 정비예정구역별 정비계획의 입안시기가 지났음에도 불구하고 정비계획이 입안되지 아니한 경우
2) 기본계획에 정비예정구역의 개략적 범위 및 단계별 정비사업 추진계획을 생략한 경우
3) 기본계획을 수립하지 아니한 지역으로서 대통령령으로 정하는 경우
4) 다음의 어느 하나에 해당하는 불가피한 사유로 긴급하게 정비사업을 시행할 필요가 있다고 판단되는 경우
   ① 천재지변
   ② 「재난 및 안전관리 기본법」에 따른 특정관리대상지역으로 지정된 경우
   ③ 「시설물의 안전 및 유지관리에 관한 특별법」에 따른 안전조치를 해야 하는 경우
   토지등소유자는 정비계획의 입안권자에게 정비구역의 지정을 위한 정비계획의 입안을 요청하려는 경우에는 토지등소유자의 2분의 1 이하의 범위에서 시·도조례로 정하는 비율 이상의 동의를 받은 후 시·도조례로 정하는 요청서 서식에 정비계획의 입안을 요청하는 구역의 범위 및 해당 구역에 위치한 건축물 현황에 관한 서류를 첨부하여 정비계획의 입안권자에게 제출해야 한다(영 제11조의2 제2항).

2 정비계획의 입안 여부의 결정 기한

정비계획의 입안권자는 정비계획 입안의 요청이 있는 경우에는 요청일부터 4개월 이내에 정비계획의 입안 여부를 결정하여 토지등소유자 및 정비구역의 지정권자에게 알려야 한다. 다만, 정비계획의 입안권자는 정비계획의 입안 여부의 결정 기한을 2개월의 범위에서 한 차례만 연장할 수 있다(법 제13조의2 제2항).

3 정비계획의 기본방향 제시

정비구역의 지정권자는 다음의 어느 하나에 해당하는 경우에는 토지이용, 주택건설 및 기반시설의 설치 등에 관한 기본방향(이하 "정비계획의 기본방향"이라 한다)을 작성하여 정비계획의 입안권자에게 제시하여야 한다(법 제13조의2 제3항, 영 제11조의2 제3·4항).

1) 정비계획의 입안권자가 토지등소유자에게 정비계획을 입안하기로 통지한 경우
2) 단계별 정비사업 추진계획에 따라 정비계획의 입안권자가 요청하는 경우
3) 정비계획의 입안권자가 정비계획을 입안하기로 결정한 경우로서 대통령령으로 정하는 경우정비계획의 입안권자가 토지등소유자의 2분의 1 이하의 범위에서 시·도조례로 정하는 비율 이상의 동의를 받아 정비구역지정권자에게 요청하는 경우
4) 용적률 완화를 위하여 정비계획을 변경하는 경우로서 정비계획의 입안권자가 토지등소유자의 2분의 1 이하의 범위에서 시·도조례로 정하는 비율 이상의 동의를 받아 정비구역지정권자에게 요청하는 경우

08 정비계획의 입안 제안

1 정비계획의 입안을 제안할 수 있는 경우

토지등소유자는 다음의 어느 하나에 해당하는 경우에는 정비계획의 입안권자에게 정비계획의 입안을 제안할 수 있다(법 제14조 제1항).

1) 단계별 정비사업 추진계획상 정비예정구역별 정비계획의 입안시기가 지났음에도 불구하고 정비계획이 입안되지 아니하거나 정비예정구역별 정비계획의 수립시기를 정하고 있지 아니한 경우
2) 토지등소유자가 토지주택공사등을 사업시행자로 지정 요청하려는 경우
3) 대도시가 아닌 시 또는 군으로서 시·도조례로 정하는 경우
4) 정비사업을 통하여 공공지원 민간임대주택을 공급하거나 임대할 목적으로 주택을 주택임대관리업자에게 위탁하려는 경우로서 공공지원 민간임대주택을 포함하는 정비계획의 입안을 요청하려는 경우
5) 천재지변,「재난 및 안전관리 기본법」또는「시설물의 안전 및 유지관리에 관한 특별법」에 따른 사용제한·사용금지, 그 밖의 불가피한 사유로 긴급하게 정비사업을 시행할 필요가 있다고 인정하는 정비사업을 시행하려는 경우
6) 토지등소유자(조합이 설립된 경우에는 조합원을 말한다)가 2/3 이상의 동의로 정비계획의 변경을 요청하는 경우. 다만, 경미한 사항을 변경하는 경우에는 토지등소유자의 동의절차를 거치지 아니한다.
7) 토지등소유자가 공공재개발사업 또는 공공재건축사업을 추진하려는 경우

2 정비계획 입안의 제안서 제출

토지등소유자가 정비계획의 입안권자에게 정비계획의 입안을 제안하려는 경우 토지등소유자의 2/3 이하 및 토지면적 2/3 이하의 범위에서 시·도조례로 정하는 비율 이상의 동의를 받은 후 시·도조례로 정하는 제안서 서식에 정비계획도서, 계획설명서, 그 밖의 필요한 서류를 첨부하여 정비계획의 입안권자에게 제출하여야 한다(영 제12조 제1항).

3 정비계획 입안의 제안서 반영여부의 통보기한

정비계획의 입안권자는 정비계획 입안의 제안이 있는 경우에는 제안일부터 60일 이내에 정비계획에의 반영여부를 제안자에게 통보하여야 한다. 다만, 부득이한 사정이 있는 경우에는 한 차례만 30일을 연장할 수 있다(영 제12조 제2항).

4 정비계획 입안에 활용

정비계획의 입안권자는 정비계획 입안의 제안을 정비계획에 반영하는 경우에는 제안서에 첨부된 정비계획도서와 계획설명서를 정비계획의 입안에 활용할 수 있다(영 제12조 제3항).

09 정비계획의 입안절차

1 정비계획 입안을 위한 주민의견청취

정비계획의 입안권자는 정비계획을 입안하거나 변경하려면 주민에게 서면으로 통보한 후 주민설명회 및 30일 이상 주민에게 공람하여 의견을 들어야 하며, 제시된 의견이 타당하다고 인정되면 이를 정비계획에 반영하여야 한다(법 제15조 제1항).

2 지방의회의 의견청취

정비계획의 입안권자는 주민공람과 함께 지방의회의 의견을 들어야 한다. 이 경우 지방의회는 정비계획의 입안권자가 정비계획을 통지한 날부터 60일 이내에 의견을 제시하여야 하며, 의견제시 없이 60일이 지난 경우 이의가 없는 것으로 본다(법 제15조 제2항).

3 의견청취 절차 등의 생략사항

다음의 어느 하나에 해당하는 경미한 사항을 변경하는 경우에는 주민에 대한 서면통보, 주민설명회, 주민공람 및 지방의회의 의견청취 절차를 거치지 아니할 수 있다(법 제15조 제3항, 영 제13조 제4항).

1) 정비구역의 면적을 10% 미만의 범위에서 변경하는 경우(정비구역을 분할, 통합 또는 결합하는 경우를 제외한다)
2) 토지등소유자별 분담금 추산액 및 산출근거를 변경하는 경우
3) 정비기반시설의 위치를 변경하는 경우와 정비기반시설 규모를 10% 미만의 범위에서 변경하는 경우
4) 공동이용시설 설치계획을 변경하는 경우
5) 재난방지에 관한 계획을 변경하는 경우
6) 정비사업시행 예정시기를 3년의 범위에서 조정하는 경우
7) 「건축법 시행령」의 용도범위에서 건축물의 주용도(해당 건축물의 가장 넓은 바닥면적을 차지하는 용도를 말한다)를 변경하는 경우
8) 건축물의 건폐율 또는 용적률을 축소하거나 10% 미만의 범위에서 확대하는 경우
9) 건축물의 최고 높이를 변경하는 경우
10) 용적률을 완화하여 변경하는 경우
11) 「국토의 계획 및 이용에 관한 법률」에 따른 도시·군기본계획, 도시·군관리계획 또는 기본계획의 변경에 따라 정비계획을 변경하는 경우

12) 「도시교통정비 촉진법」에 따른 교통영향평가 등 관계법령에 의한 심의결과에 따른 변경인 경우
13) 그 밖에 위와 유사한 사항으로서 시·도조례로 정하는 사항을 변경하는 경우

4 정비기반시설 및 국유·공유재산의 관리청의 의견청취

정비계획의 입안권자는 정비기반시설 및 국유·공유재산의 귀속 및 처분에 관한 사항이 포함된 정비계획을 입안하려면 미리 해당 정비기반시설 및 국유·공유재산의 관리청의 의견을 들어야 한다(법 제15조 제4항).

10 정비계획의 결정 및 정비구역의 지정·고시

1 지방도시계획위원회의 심의 10회 출제

정비구역의 지정권자는 정비구역을 지정하거나 변경지정하려면 지방도시계획위원회의 심의를 거쳐야 한다. 다만, 경미한 사항을 변경하는 경우에는 지방도시계획위원회의 심의를 거치지 아니할 수 있다(법 제16조 제1항).

2 정비구역의 지정·고시

정비구역의 지정권자는 정비구역을 지정(변경지정을 포함한다)하거나 정비계획을 결정(변경결정을 포함한다)한 때에는 정비계획을 포함한 정비구역 지정의 내용을 해당 지방자치단체의 공보에 고시하여야 한다. 이 경우 지형도면 고시 등에 대하여는 「토지이용규제 기본법」에 따른다(법 제16조 제2항).

3 국토교통부장관에게 보고

정비구역의 지정권자는 정비계획을 포함한 정비구역을 지정·고시한 때에는 국토교통부령으로 정하는 방법 및 절차에 따라 국토교통부장관에게 그 지정의 내용을 보고하여야 하며, 관계 서류를 일반인이 열람할 수 있도록 하여야 한다(법 제16조 제3항).

11 정비구역 지정·고시의 효력

1 지구단위계획구역 및 지구단위계획의 결정·고시 의제

정비구역의 지정·고시가 있는 경우 해당 정비구역 및 정비계획 중 「국토의 계획 및 이용에 관한 법률」의 지구단위계획의 내용에 해당하는 사항은 지구단위계획구역 및 지구단위계획으로 결정·고시된 것으로 본다(법 제17조 제1항).

2 정비구역의 지정·고시 의제

「국토의 계획 및 이용에 관한 법률」에 따른 지구단위계획구역에 대하여 정비계획의 내용을 모두 포함한 지구단위계획을 결정·고시(변경 결정·고시하는 경우를 포함한다)하는 경우 해당 지구단위계획구역은 정비구역으로 지정·고시된 것으로 본다(법 제17조 제2항).

3 주거환경개선구역의 주거지역 의제

> 중층주택을 중심으로 편리한 주거환경을 조성하기 위하여 필요한 지역

주거환경개선구역은 해당 정비구역의 지정·고시가 있은 날부터 「국토의 계획 및 이용에 관한 법률」에 따라 제2종 일반주거지역(주거환경개선사업이 수용 공급 방법 또는 관리처분계획 공급 방법으로 시행되는 경우에는 제3종 일반주거지역. 다만, 공공지원 민간임대주택 또는 「공공주택 특별법」에 따른 공공건설임대주택을 200세대 이상 공급하려는 경우로서 해당 임대주택의 건설지역을 포함하여 정비계획에서 따로 정하는 구역은 준주거지역으로 한다)으로 결정·고시된 것으로 본다. 다만, 다음의 어느 하나에 해당하는 경우에는 그러하지 아니하다(법 제69조 제1항, 영 제58조 제1항).

정비구역의 지정

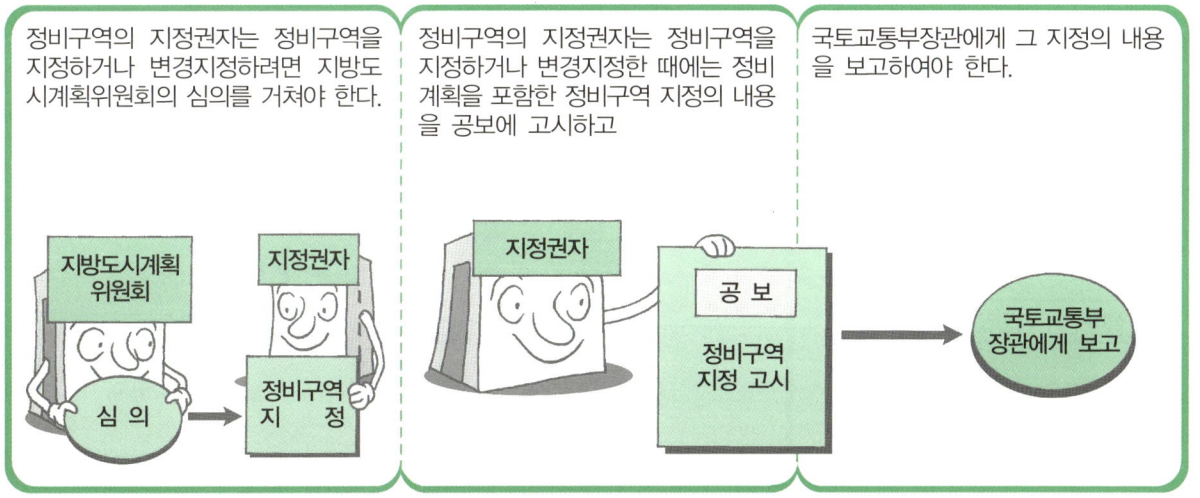

1) 해당 정비구역이 「개발제한구역의 지정 및 관리에 관한 특별조치법」에 따라 결정된 개발제한구역인 경우
2) 시장·군수등이 주거환경개선사업을 위하여 필요하다고 인정하여 해당 정비구역의 일부분을 종전 용도지역으로 그대로 유지하거나 동일면적의 범위에서 위치를 변경하는 내용으로 정비계획을 수립한 경우
3) 시장·군수등이 주거지역을 세분 또는 변경하는 계획과 용적률에 관한 사항을 포함하는 정비계획을 수립한 경우

4 용적률 완화를 위한 공공시설등의 부지 제공

용적률이 완화되는 경우로서 사업시행자가 정비구역에 있는 대지의 가액 일부에 해당하는 금액을 현금으로 납부한 경우에는 공공시설 또는 기반시설(공공시설등)의 부지를 제공하거나 공공시설등을 설치하여 제공한 것으로 본다(법 제17조 제4항).

5 용적률 완화를 위한 현금납부방법

(1) 토지등소유자의 동의

사업시행자는 현금납부를 하려는 경우에는 토지등소유자(조합을 설립한 경우에는 조합원을 말한다) 과반수의 동의를 받아야 한다. 이 경우 현금으로 납부하는 토지의 기부면적은 전체 기부면적의 1/2을 넘을 수 없다(영 제14조 제2항).

(2) 현금납부액의 산정 기준

현금납부액은 시장·군수등이 지정한 둘 이상의 감정평가법인등(「감정평가 및 감정평가사에 관한 법률」에 따른 감정평가법인등을 말한다)가 해당 기부토지에 대하여 평가한 금액을 산술평균하여 산정한다(영 제14조 제3항).

정비구역지정의 효과

정비구역의 지정·고시가 있는 경우 지구단위계획의 내용에 해당하는 사항은 "지구단위계획" 및 "지구단위계획구역"으로 결정·고시가 있은 것으로 본다.

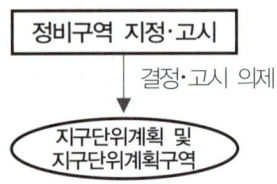

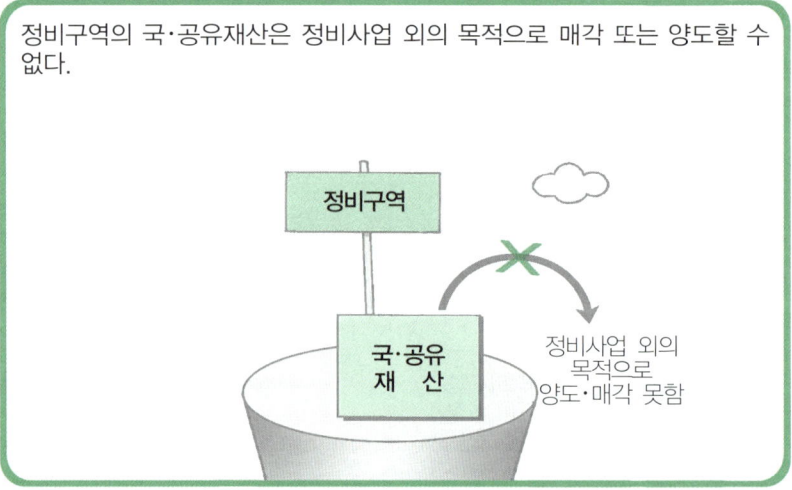

정비구역의 국·공유재산은 정비사업 외의 목적으로 매각 또는 양도할 수 없다.

(3) 현금납부액의 산정기준일

현금납부액 산정기준일은 사업시행계획인가(현금납부에 관한 정비계획이 반영된 최초의 사업시행계획인가를 말한다) 고시일로 한다. 다만, 산정기준일로부터 3년이 되는 날까지 관리처분계획인가를 신청하지 아니한 경우에는 산정기준일부터 3년이 되는 날의 다음 날을 기준으로 다시 산정하여야 한다(영 제14조 제4항).

(4) 현금납부액의 납부방법

사업시행자는 착공일부터 준공검사일까지 산정된 현금납부액을 특별시장, 광역시장, 특별자치시장, 특별자치도지사, 시장 또는 군수(광역시의 군수는 제외한다)에게 납부하여야 한다(영 제14조 제5항).

6 정비구역의 분할, 통합 및 결합

정비구역의 지정권자는 정비사업의 효율적인 추진 또는 도시의 경관보호를 위하여 필요하다고 인정하는 경우에는 다음의 방법에 따라 정비구역을 지정할 수 있다(법 제18조 제1항).

1) 하나의 정비구역을 둘 이상의 정비구역으로 분할
2) 서로 연접한 정비구역을 하나의 정비구역으로 통합
3) 서로 연접하지 아니한 둘 이상의 구역(법 제8조 제1항에 따라 대통령령으로 정하는 요건에 해당하는 구역으로 한정한다) 또는 정비구역을 하나의 정비구역으로 결합

단락문제 Q4

다음은 도시 및 주거환경정비법령상 정비구역의 지정에 대한 설명이다. 틀린 것은?

① 정비구역의 지정권자는 정비구역 지정을 위하여 직접 정비계획을 입안할 수 있다.
② 정비구역의 지정·고시가 있는 경우 해당 정비구역 및 정비계획 중 지구단위계획의 내용에 해당하는 사항은 지구단위계획구역 및 지구단위계획으로 결정·고시된 것으로 본다.
③ 지구단위계획구역에 대해 정비계획으로 정해야 하는 사항을 모두 포함하는 지구단위계획을 결정·고시하는 경우 그 지구단위계획구역은 정비구역으로 지정·고시된 것으로 본다.
④ 정비구역의 지정권자는 정비구역을 변경지정하려면 지방도시계획위원회의 심의를 거쳐야 한다.
⑤ 주거환경개선사업이 수용방식으로 시행되는 경우 그 정비구역은 제2종 일반주거지역으로 결정·고시된 것으로 본다.

해설 정비구역의 지정
주거환경개선사업이 수용방식으로 시행되는 경우에는 제3종 일반주거지역으로 결정·고시된 것으로 본다.

정답 ⑤

12 행위제한 등 20회 출제

1 정비구역에서 시장·군수등의 행위허가대상 22·25·30회 출제

정비구역에서 다음의 어느 하나에 해당하는 행위를 하려는 자는 시장·군수등의 허가를 받아야 한다. 허가받은 사항을 변경하려는 때에도 또한 같다(법 제19조 제1항, 영 제15조 제1항).

1) **건축물의 건축 등**
   「건축법」에 따른 건축물(가설건축물을 포함한다)의 건축, 용도변경
2) **공작물의 설치**
   인공을 가하여 제작한 시설물(「건축법」에 따른 건축물을 제외한다)의 설치
3) **토지의 형질변경**
   절토(땅깎기)·성토(흙쌓기)·정지(땅고르기)·포장 등의 방법으로 토지의 형상을 변경하는 행위, 토지의 굴착 또는 공유수면의 매립
4) **토석의 채취**
   흙·모래·자갈·바위 등의 토석을 채취하는 행위
5) **토지분할**
6) **물건을 쌓아놓는 행위**
   이동이 용이하지 아니한 물건을 1개월 이상 쌓아놓는 행위
7) **죽목의 벌채 및 식재**

2 허가를 받지 아니하고 할 수 있는 행위 21회 출제

다음의 어느 하나에 해당하는 행위는 허가를 받지 아니하고 할 수 있다(법 제19조 제2항, 영 제15조 제3항).

1) 재해복구 또는 재난수습에 필요한 응급조치를 위한 행위
2) 기존 건축물의 붕괴 등 안전사고의 우려가 있는 경우 해당 건축물에 대한 안전조치를 위한 행위
3) 다음의 어느 하나에 해당하는 행위로서 「국토의 계획 및 이용에 관한 법률」에 따른 개발행위허가의 대상이 아닌 것
   ① 농림수산물의 생산에 직접 이용되는 것으로서 국토교통부령으로 정하는 **간이공작물**의 설치 (비닐하우스, 양잠장, 농림수산물의 건조장, 버섯재배사, 종묘배양장, 퇴비장, 탈곡장 등)
   ② 경작을 위한 토지의 형질변경
   ③ 정비구역의 개발에 지장을 주지 아니하고 자연경관을 손상하지 아니하는 범위 안에서의 토석의 채취

④ 정비구역에 존치하기로 결정된 대지 안에서 물건을 쌓아놓는 행위
⑤ 관상용 죽목의 임시식재(경작지에서의 임시식재를 제외한다)

3 진행 중인 공사 또는 사업의 신고

허가를 받아야 하는 행위로서 정비구역의 지정 및 고시 당시 이미 관계법령에 따라 행위허가를 받았거나 허가를 받을 필요가 없는 행위에 관하여 그 공사 또는 사업에 착수한 자는 정비구역이 지정·고시된 날부터 30일 이내에 그 공사 또는 사업의 진행상황과 시행계획을 첨부하여 관할 시장·군수등에게 신고한 후 이를 계속 시행할 수 있다(법 제19조 제3항, 영 제15조 제4항).

4 원상회복 명령 및 대집행

시장·군수등은 허가 행위를 위반한 자에게 원상회복을 명할 수 있다. 이 경우 명령을 받은 자가 그 의무를 이행하지 아니하는 때에는 시장·군수등은 「행정대집행법」에 따라 대집행할 수 있다(법 제19조 제4항).

> 행정청 스스로 의무자가 하여야 할 행위를 하거나 또는 제3자로 하여금 이를 하게 하여 그 비용을 의무자로부터 징수하는 것

5 「국토의 계획 및 이용에 관한 법률」의 준용 및 의제

허가에 관하여 이 법에 규정된 사항을 제외하고는 「국토의 계획 및 이용에 관한 법률」의 개발행위허가 규정을 준용한다(법 제19조 제5항).

허가를 받은 경우에는 「국토의 계획 및 이용에 관한 법률」에 따라 개발행위허가를 받은 것으로 본다(법 제19조 제6항).

6 건축물의 건축 및 토지의 분할 제한 등

국토교통부장관, 시·도지사, 시장·군수 또는 구청장은 비경제적인 건축행위 및 투기 수요의 유입을 막기 위하여 기본계획을 공람 중인 정비예정구역 또는 정비계획을 수립 중인 지역에 대하여 3년 이내의 기간(1년의 범위에서 한 차례만 연장할 수 있다)을 정하여 대통령령으로 정하는 방법과 절차에 따라 다음의 행위를 제한할 수 있다(법 제19조 제7항).

1) 건축물의 건축
2) 토지의 분할
3) 「건축법」에 따른 건축물대장 중 일반건축물대장을 집합건축물대장으로 전환
4) 「건축법」에 따른 건축물대장 중 집합건축물대장의 전유부분 분할

7 정비구역등에서 지역주택조합의 조합원모집 금지

정비예정구역 또는 정비구역(이하 "정비구역등"이라 한다)에서는 지역주택조합의 조합원을 모집해서는 아니 된다(법 제19조 제8항).

단락문제 Q5
제20회 기출 개작

도시 및 주거환경정비법령상 정비구역 안에서의 행위제한에 관한 설명으로 틀린 것은?

① 이동이 용이하지 않은 물건을 1개월 이상 쌓아 놓는 행위는 시장·군수등의 허가를 받아야 한다.
② 허가권자가 행위허가를 하고자 하는 경우로서 시행자가 있는 경우에는 미리 그 시행자의 의견을 들어야 한다.
③ 허가받은 사항을 변경하고자 하는 때에는 시장·군수등에게 신고해야 한다.
④ 허가를 받아야 하는 행위로서 정비구역의 지정·고시 당시 이미 관계법령에 따라 행위허가를 받아 공사에 착수한 자는 정비구역이 지정·고시된 날부터 30일 이내에 시장·군수등에게 신고한 후 이를 계속 시행할 수 있다.
⑤ 정비구역 안에서 허가를 받은 행위는 「국토의 계획 및 이용에 관한 법률」에 따른 개발행위허가를 받은 것으로 본다.

해설 정비구역에서의 행위허가
허가받은 사항을 변경하고자 하는 때에도 허가를 받아야 한다. **정답** ③

---

13 정비구역등의 해제

1 정비구역등의 해제사유 24회 출제

정비구역의 지정권자는 다음의 어느 하나에 해당하는 경우에는 정비구역등을 해제하여야 한다. 구청장등은 다음의 어느 하나에 해당하는 경우에는 특별시장·광역시장에게 정비구역등의 해제를 요청하여야 한다(법 제20조 제1·2항).

1) 정비예정구역에 대하여 기본계획에서 정한 정비구역 지정 예정일부터 3년이 되는 날까지 특별자치시장, 특별자치도지사, 시장 또는 군수가 정비구역을 지정하지 아니하거나 구청장등이 정비구역의 지정을 신청하지 아니하는 경우

2) 재개발사업·재건축사업(조합이 시행하는 경우로 한정한다)이 다음의 어느 하나에 해당하는 경우
   ① <u>토지등소유자가 정비구역으로 지정·고시된 날부터 2년이 되는 날까지 조합설립추진위원회의 승인을 신청하지 아니하는 경우</u>(추진위원회를 구성하는 경우로 한정한다)
   ② 토지등소유자가 정비구역으로 지정·고시된 날부터 3년이 되는 날까지 조합설립인가를 신청하지 아니하는 경우(조합설립추진위원회를 구성하지 아니하는 경우로 한정한다)

③ 조합설립추진위원회가 조합설립추진위원회 승인일(추진위원회를 구성하는 경우에는 정비구역 지정·고시일로 본다)부터 2년이 되는 날까지 조합설립인가를 신청하지 아니하는 경우

④ <u>조합이 조합설립인가를 받은 날부터 3년이 되는 날까지 사업시행계획인가를 신청하지 아니하는 경우</u>

3) 토지등소유자가 시행하는 재개발사업으로서 토지등소유자가 정비구역으로 지정·고시된 날부터 5년이 되는 날까지 사업시행계획인가를 신청하지 아니하는 경우

2 주민공람 및 의견청취

특별자치시장, 특별자치도지사, 시장·군수 또는 구청장등이 다음의 어느 하나에 해당하는 경우에는 30일 이상 주민에게 공람하여 의견을 들어야 한다(법 제20조 제3항).

1) 정비구역등을 해제하는 경우

2) 정비구역등의 해제를 요청하는 경우

3 지방의회의 의견청취

특별자치시장, 특별자치도지사, 시장·군수 또는 구청장등은 주민공람을 하는 경우에는 지방의회의 의견을 들어야 한다. 이 경우 지방의회는 특별자치시장, 특별자치도지사, 시장·군수 또는 구청장등이 정비구역등의 해제에 관한 계획을 통지한 날부터 60일 이내에 의견을 제시하여야 하며, 의견제시 없이 60일이 지난 경우 이의가 없는 것으로 본다(법 제20조 제4항).

4 지방도시계획위원회의 심의

정비구역의 지정권자는 정비구역등의 해제를 요청받거나 정비구역등을 해제하려면 지방도시계획위원회의 심의를 거쳐야 한다. 다만, 「도시재정비 촉진을 위한 특별법」에 따른 재정비촉진지구에서는 도시재정비위원회의 심의를 거쳐 정비구역등을 해제하여야 한다(법 제20조 제5항).

5 정비구역등의 해제기간연장

정비구역의 지정권자는 다음의 어느 하나에 해당하는 경우에는 정비구역등의 해제기간을 2년의 범위에서 연장하여 정비구역등을 해제하지 아니할 수 있다(법 제20조 제6항).

1) 정비구역등의 토지등소유자(조합을 설립한 경우에는 조합원을 말한다)가 30/100 이상의 동의로 정비구역등의 해제기간이 도래하기 전까지 연장을 요청하는 경우

2) 정비사업의 추진상황으로 보아 주거환경의 계획적 정비 등을 위하여 정비구역등의 존치가 필요하다고 인정하는 경우

6 정비구역등의 해제 고시

정비구역의 지정권자는 정비구역등을 해제하는 경우(해제기간연장에 따라 해제하지 아니한 경우를 포함한다)에는 그 사실을 해당 지방자치단체의 공보에 고시하고 국토교통부장관에게 통보하여야 하며, 관계서류를 일반인이 열람할 수 있도록 하여야 한다(법 제20조 제7항).

7 정비구역등의 직권해제사유

정비구역의 지정권자는 다음의 어느 하나에 해당하는 경우 지방도시계획위원회의 심의를 거쳐 정비구역등을 해제할 수 있다. 이 경우 1) 및 2)에 따른 구체적인 기준 등에 필요한 사항은 시·도조례로 정한다(법 제21조 제1항).

1) 정비사업의 시행으로 토지등소유자에게 과도한 부담이 발생할 것으로 예상되는 경우
2) 정비구역등의 추진상황으로 보아 지정 목적을 달성할 수 없다고 인정되는 경우
3) 토지등소유자의 30/100 이상이 정비구역등(조합설립추진위원회가 구성되지 아니한 구역으로 한정한다)의 해제를 요청하는 경우
4) 토지등소유자가 스스로 주택을 보전·정비하거나 개량하는 방법으로 시행 중인 주거환경개선사업의 정비구역이 지정·고시된 날부터 10년 이상 지나고, 추진상황으로 보아 지정 목적을 달성할 수 없다고 인정되는 경우로서 토지등소유자의 과반수가 정비구역의 해제에 동의하는 경우
5) 추진위원회 구성 또는 조합설립에 동의한 토지등소유자의 1/2 이상 2/3 이하의 범위에서 시·도조례로 정하는 비율 이상의 동의로 정비구역의 해제를 요청하는 경우(사업시행계획인가를 신청하지 아니한 경우로 한정한다)
6) 추진위원회가 구성되거나 조합이 설립된 정비구역에서 토지등소유자 과반수의 동의로 정비구역의 해제를 요청하는 경우(사업시행계획인가를 신청하지 아니한 경우로 한정한다)

8 도시재생선도지역 지정 요청

정비구역등이 해제된 경우 정비구역의 지정권자는 해제된 정비구역등을 「도시재생 활성화 및 지원에 관한 특별법」에 따른 도시재생선도지역으로 지정하도록 국토교통부장관에게 요청할 수 있다(법 제21조의2).

14 정비구역등 해제의 효력

1 용도지역 등의 환원

정비구역등이 해제된 경우에는 정비계획으로 변경된 용도지역, 정비기반시설 등은 정비구역 지정 이전의 상태로 환원된 것으로 본다. 다만, 토지등소유자가 스스로 주택을 보전·정비하거나 개량하는 방법으로 시행 중인 주거환경개선사업의 경우 정비구역의 지정권자는 정비기반시설의 설치 등 해당 정비사업의 추진상황에 따라 환원되는 범위를 제한할 수 있다(법 제22조 제1항).

2 해제된 정비구역등의 주거환경개선구역 지정

정비구역등(재개발사업 및 재건축사업을 시행하려는 경우로 한정한다)이 해제된 경우 정비구역의 지정권자는 해제된 정비구역등을 토지등소유자가 스스로 주택을 보전·정비하거나 개량하는 방법으로 시행하는 주거환경개선구역(주거환경개선사업을 시행하는 정비구역을 말한다)으로 지정할 수 있다. 이 경우 주거환경개선구역으로 지정된 구역은 기본계획에 반영된 것으로 본다(법 제22조 제2항).

단락문제 Q6 제24회 기출

도시 및 주거환경정비법령상 구청장등이 특별시장·광역시장에게 정비구역 등의 해제를 요청하여야 하는 경우가 아닌 것은?

① 조합이 조합설립인가를 받은 날부터 3년이 되는 날까지 사업시행계획인가를 신청하지 아니하는 경우
② 조합설립추진위원회가 조합설립추진위원회 승인일부터 2년이 되는 날까지 조합설립인가를 신청하지 아니하는 경우
③ 조합에 의한 재개발사업에서 토지등소유자가 정비구역으로 지정·고시된 날부터 2년이 되는 날까지 조합설립추진위원회의 승인을 신청하지 아니하는 경우
④ 정비예정구역에 대하여 기본계획에서 정한 정비구역지정 예정일부터 3년이 되는 날까지 구청장등이 정비구역 지정을 신청하지 아니하는 경우
⑤ 재개발사업을 토지등소유자가 시행하는 경우로서 토지등소유자가 정비구역으로 지정·고시된 날부터 4년이 되는 날까지 사업시행계획인가를 신청하지 아니하는 경우

해설 정비구역 등의 해제
재개발사업을 토지등소유자가 시행하는 경우로서 토지등소유자가 정비구역으로 지정·고시된 날부터 5년이 되는 날까지 사업시행계획인가를 신청하지 아니하는 경우에 해제를 요청하여야 한다.   **정답** ⑤

제4절 정비사업의 시행　32회 출제

01 정비사업의 시행방법　20·29·35회 출제

1 주거환경개선사업의 시행방법

주거환경개선사업은 다음의 어느 하나에 해당하는 방법 또는 이를 혼용하는 방법으로 한다(법 제23조 제1항).

1) 사업시행자가 정비구역에서 정비기반시설 및 공동이용시설을 새로 설치하거나 확대하고 토지등소유자가 스스로 주택을 보전·정비하거나 개량하는 방법
2) 사업시행자가 정비구역의 전부 또는 일부를 수용하여 주택을 건설한 후 토지등소유자에게 우선 공급하거나 대지를 토지등소유자 또는 토지등소유자 외의 자에게 공급하는 방법
3) 사업시행자가 환지로 공급하는 방법
4) 사업시행자가 정비구역에서 인가받은 관리처분계획에 따라 주택 및 부대시설·복리시설을 건설하여 공급하는 방법

2 재개발사업의 시행방법

재개발사업은 정비구역에서 인가받은 관리처분계획에 따라 건축물을 건설하여 공급하거나 환지로 공급하는 방법으로 한다(법 제23조 제2항).

3 재건축사업의 시행방법

재건축사업은 정비구역에서 인가받은 관리처분계획에 따라 주택, 부대시설·복리시설 및 오피스텔(「건축법」에 따른 오피스텔을 말한다)을 건설하여 공급하는 방법으로 한다. 다만, 주택단지에 있지 아니하는 건축물의 경우에는 지형여건·주변의 환경으로 보아 사업 시행상 불가피한 경우로서 정비구역으로 보는 사업에 한정한다(법 제23조 제3항).

오피스텔을 건설하여 공급하는 경우에는 「국토의 계획 및 이용에 관한 법률」에 따른 준주거지역 및 상업지역에서만 건설할 수 있다. 이 경우 오피스텔의 연면적은 전체 건축물 연면적의 30/100 이하이어야 한다(법 제23조 제4항).

02 정비사업의 원칙적 시행자 ★★   11·12·추가15·19회 출제

1 주거환경개선사업의 시행자

(1) 토지등소유자가 스스로 주택을 보전·정비하거나 개량하는 방법의 시행자

사업시행자가 정비구역에서 정비기반시설 및 공동이용시설을 새로 설치하거나 확대하고 토지등소유자가 스스로 주택을 보전·정비하거나 개량하는 방법으로 시행하는 주거환경개선사업은 시장·군수등이 직접 시행하되, 토지주택공사등을 사업시행자로 지정하여 시행하게 하려는 경우에는 공람공고일 현재 토지등소유자의 과반수의 동의를 받아야 한다(법 제24조 제1항).

(2) 토지등소유자의 자력 시행방법 아닌 시행방법의 시행자

수용 공급 방법, 환지 공급 방법 및 관리처분계획 공급 방법으로 시행하는 주거환경개선사업은 시장·군수등이 직접 시행하거나 다음에서 정한 자에게 시행하게 할 수 있다(법 제24조 제2항).

1) 시장·군수등이 다음의 어느 하나에 해당하는 자를 사업시행자로 지정하는 경우
   ① 토지주택공사등 → 「한국토지주택공사법」에 따라 설립된 한국토지주택공사 또는 「지방공기업법」에 따라 주택사업을 수행하기 위하여 설립된 지방공사를 말한다.
   ② 주거환경개선사업을 시행하기 위하여 국가, 지방자치단체, 토지주택공사등 또는 「공공기관의 운영에 관한 법률」에 따른 공공기관이 총지분의 50/100을 초과하는 출자로 설립한 법인

2) 시장·군수등이 위에 해당하는 자와 다음의 어느 하나에 해당하는 자를 공동시행자로 지정하는 경우
   ① 「건설산업기본법」에 따른 건설사업자
   ② 「주택법」에 따라 건설사업자로 보는 등록사업자

(3) 토지등소유자 및 세입자의 동의 시행   16·28회 출제

수용 공급 방법, 환지 공급 방법 및 관리처분계획 공급 방법으로 시행하려는 경우에는 공람공고일 현재 해당 정비예정구역의 토지 또는 건축물의 소유자 또는 지상권자의 2/3 이상의 동의와 세입자(공람공고일 3개월 전부터 해당 정비예정구역에 3개월 이상 거주하고 있는 자를 말한다) 세대수의 과반수의 동의를 각각 받아야 한다(법 제24조 제3항).

(4) 세입자 동의의 예외

세입자의 세대수가 다음의 어느 하나에 해당하는 사유가 있는 경우에는 세입자의 동의절차를 거치지 아니할 수 있다(법 제24조 제3항 단서, 영 제18조).

1) 세입자의 세대수가 토지등소유자의 1/2 이하인 경우

2) 정비구역의 지정·고시일 현재 해당 지역이 속한 시·군·구에 공공임대주택 등 세입자가 입주가능한 임대주택이 충분하여 임대주택을 건설할 필요가 없다고 시·도지사가 인정하는 경우

3) 사업시행자가 수용 공급 방법 외의 방법으로 사업을 시행하는 경우

(5) 토지등소유자 및 세입자의 동의 없이 시행

시장·군수등은 천재지변, 그 밖의 불가피한 사유로 건축물이 붕괴할 우려가 있어 긴급히 정비사업을 시행할 필요가 있다고 인정하는 경우에는 토지등소유자 및 세입자의 동의 없이 자신이 직접 시행하거나 토지주택공사등을 사업시행자로 지정하여 시행하게 할 수 있다. 이 경우 시장·군수등은 지체없이 토지등소유자에게 긴급한 정비사업의 시행 사유·방법 및 시기 등을 통보하여야 한다(법 제24조 제4항).

2 재개발사업의 시행자

재개발사업은 다음의 어느 하나에 해당하는 방법으로 시행할 수 있다(법 제25조 제1항, 영 제19조).

1) 조합이 시행하거나 조합이 조합원의 과반수의 동의를 받아 시장·군수등, 토지주택공사등, 건설사업자, 등록사업자, 신탁업자 또는 한국부동산원과 공동으로 시행하는 방법

2) 토지등소유자가 20인 미만인 경우에는 토지등소유자가 시행하거나 토지등소유자가 토지등소유자의 과반수의 동의를 받아 시장·군수등, 토지주택공사등, 건설사업자, 등록사업자, 신탁업자 또는 한국부동산원과 공동으로 시행하는 방법

3 재건축사업의 시행자

재건축사업은 조합이 시행하거나 조합이 조합원의 과반수의 동의를 받아 시장·군수등, 토지주택공사등, 건설사업자 또는 등록사업자와 공동으로 시행할 수 있다(법 제25조 제2항).

단락문제 Q7
제19회 기출 개작

도시 및 주거환경정비법령상 다음 (   )에 들어갈 내용으로 옳은 것은?

> 시장·군수등은 주거환경개선사업을 수용 공급 방법, 환지 공급 방법 및 관리처분계획 공급 방법으로 시행하려는 경우에는 공람공고일 현재 해당 정비예정구역의 토지 또는 건축물의 소유자 또는 지상권자의 (ㄱ) 이상의 동의와 세입자 세대수의 (ㄴ)의 동의를 각각 받아야 한다. 다만, 세입자의 세대수가 토지등소유자의 (ㄷ) 이하인 경우 등 대통령령이 정하는 사유가 있는 경우에는 세입자의 동의절차를 거치지 아니할 수 있다.

	(ㄱ)	(ㄴ)	(ㄷ)		(ㄱ)	(ㄴ)	(ㄷ)
①	2분의 1	과반수	2분의 1	②	2분의 1	3분의 2	3분의 1
③	3분의 2	과반수	3분의 1	④	3분의 2	과반수	2분의 1
⑤	3분의 2	3분의 2	3분의 1				

해설 **주거환경개선사업의 시행자**

주거환경개선사업은 수용 공급 방법, 환지 공급 방법 및 관리처분계획 공급 방법으로 시행하려는 경우에는 공람공고일 현재 해당 정비예정구역의 토지 또는 건축물의 소유자 또는 지상권자의 2/3 이상의 동의와 세입자(공람공고일 3개월 전부터 해당 정비예정구역에 3개월 이상 거주하고 있는 자를 말한다) 세대수의 과반수의 동의를 각각 받아야 한다. 다만, 세입자의 세대수가 토지등소유자의 1/2 이하인 경우 등 대통령령이 정하는 사유가 있는 경우에는 세입자의 동의절차를 거치지 아니할 수 있다.

정답 ④

03 정비사업의 예외적 시행자 ★★
26회 출제

1 재개발사업·재건축사업의 공공시행자

시장·군수등은 재개발사업 및 재건축사업이 다음의 어느 하나에 해당하는 때에는 직접 정비사업을 시행하거나 토지주택공사등(토지주택공사등이 건설사업자 또는 등록사업자와 공동으로 시행하는 경우를 포함한다)을 사업시행자로 지정하여 정비사업을 시행하게 할 수 있다(법 제26조 제1항).

1) 천재지변, 「재난 및 안전관리 기본법」 또는 「시설물의 안전 및 유지관리에 관한 특별법」에 따른 사용제한·사용금지, 그 밖의 불가피한 사유로 긴급하게 정비사업을 시행할 필요가 있다고 인정하는 때

2) 고시된 정비계획에서 정한 정비사업시행 예정일부터 2년 이내에 사업시행계획인가를 신청하지 아니하거나 사업시행계획인가를 신청한 내용이 위법 또는 부당하다고 인정하는 때(재건축사업의 경우는 제외한다)

3) 추진위원회가 시장·군수등의 구성승인을 받은 날부터 3년 이내에 조합설립인가를 신청하지 아니하거나 조합이 조합설립인가를 받은 날부터 3년 이내에 사업시행계획인가를 신청하지 아니한 때
4) 지방자치단체의 장이 시행하는 「국토의 계획 및 이용에 관한 법률」에 따른 도시·군계획사업과 병행하여 정비사업을 시행할 필요가 있다고 인정하는 때
5) 순환정비방식으로 정비사업을 시행할 필요가 있다고 인정하는 때
6) 사업시행계획인가가 취소된 때
7) 해당 정비구역의 국·공유지 면적 또는 국·공유지와 토지주택공사등이 소유한 토지를 합한 면적이 전체 토지면적의 1/2 이상으로서 토지등소유자의 과반수가 시장·군수등 또는 토지주택공사등을 사업시행자로 지정하는 것에 동의하는 때
8) 해당 정비구역의 토지면적 1/2 이상의 토지소유자와 토지등소유자의 2/3 이상에 해당하는 자가 시장·군수등 또는 토지주택공사등을 사업시행자로 지정할 것을 요청하는 때. 이 경우 토지등소유자가 정비계획의 입안을 제안한 경우 입안제안에 동의한 토지등소유자는 토지주택공사등의 사업시행자 지정에 동의한 것으로 본다. 다만, 사업시행자의 지정 요청 전에 시장·군수등 및 주민대표회의에 사업시행자의 지정에 대한 반대의 의사표시를 한 토지등소유자의 경우에는 그러하지 아니하다.

2 시장·군수등의 고시

시장·군수등은 직접 정비사업을 시행하거나 토지주택공사등을 사업시행자로 지정하는 때에는 정비사업 시행구역 등 토지등소유자에게 알릴 필요가 있는 사항으로서 대통령령으로 정하는 사항을 해당 지방자치단체의 공보에 고시하여야 한다. 다만, 천재지변 등 불가피한 사유로 긴급하게 정비사업을 시행할 필요가 있다고 인정하는 경우에는 토지등소유자에게 지체없이 정비사업의 시행 사유·시기 및 방법 등을 통보하여야 한다(법 제26조 제2항).

3 추진위원회의 구성승인 또는 조합설립인가의 취소 간주

시장·군수등이 직접 정비사업을 시행하거나 토지주택공사등을 사업시행자로 지정·고시한 때에는 그 고시일 다음 날에 추진위원회의 구성승인 또는 조합설립인가가 취소된 것으로 본다. 이 경우 시장·군수등은 해당 지방자치단체의 공보에 해당 내용을 고시하여야 한다(법 제26조 제3항).

4 토지주택공사등과 협약등 체결

토지주택공사등과 재개발사업 또는 재건축사업의 준비·추진에 필요한 사항에 대하여 협약 또는 계약 등(이하 "협약등"이라 한다)을 체결하려는 자(토지등소유자로 구성된 자를 말한다)는 대통령령으로 정하는 절차를 거친 사실을 시장·군수등에게 확인받은 후 대통령령으로 정하는 비율 이상의 토지등소유자의 동의를 받아 제1항에 따른 사업시행자 지정 이전에 협약등을 체결할 수 있다(법 제26조 제4항).

제3장 도시 및 주거환경정비법

단락문제 Q8
제26회 개작

도시 및 주거환경정비법령상 군수가 직접 재개발사업을 시행할 수 있는 사유에 해당하지 않는 것은?

① 당해 정비구역 안의 토지면적 2분의 1 이상의 토지소유자와 토지등소유자의 3분의 2 이상에 해당하는 자가 군수의 직접시행을 요청하는 때
② 당해 정비구역 안의 국·공유지 면적이 전체 토지 면적의 3분의 1 이상으로서 토지등소유자의 과반수가 군수의 직접시행에 동의하는 때
③ 순환정비방식에 의하여 정비사업을 시행할 필요가 있다고 인정되는 때
④ 천재·지변으로 인하여 긴급히 정비사업을 시행할 필요가 있다고 인정되는 때
⑤ 고시된 정비계획에서 정한 정비사업시행 예정일부터 2년 이내에 사업시행계획인가를 신청하지 아니한 때

해설 예외적인 사업시행자
당해 정비구역 안의 국·공유지 면적이 전체 토지 면적의 2분의 1 이상으로서 토지등소유자의 과반수가 군수의 직접시행에 동의하는 때

정답 ②

04 재개발사업·재건축사업의 지정개발자

1 지정개발자의 사업시행사유

시장·군수등은 재개발사업 및 재건축사업이 다음의 어느 하나에 해당하는 때에는 지정개발자를 사업시행자로 지정하여 정비사업을 시행하게 할 수 있다(법 제27조 제1항).

1) 천재지변, 「재난 및 안전관리 기본법」 또는 「시설물의 안전 및 유지관리에 관한 특별법」에 따른 사용제한·사용금지, 그 밖의 불가피한 사유로 긴급하게 정비사업을 시행할 필요가 있다고 인정하는 때

2) 고시된 정비계획에서 정한 정비사업시행 예정일부터 2년 이내에 사업시행계획인가를 신청하지 아니하거나 사업시행계획인가를 신청한 내용이 위법 또는 부당하다고 인정하는 때(재건축사업의 경우는 제외한다)

3) 재개발사업 및 재건축사업의 조합설립을 위한 동의요건 이상에 해당하는 자가 신탁업자를 사업시행자로 지정하는 것에 동의하는 때

2 지정개발자의 요건

▶ 공공부문과 민간부문이 공동으로 출자하여 설립하는 법인

토지등소유자, 민관합동법인 또는 신탁업자로서 다음의 어느 하나에 해당하는 요건을 갖춘 자를 말한다(영 제21조 제1항).

1) 정비구역의 토지 중 정비구역 전체 면적 대비 50% 이상의 토지를 소유한 자로서 토지등소유자의 1/2 이상의 추천을 받은 자
2) 민관합동법인(민간투자사업의 부대사업으로 시행하는 경우만 해당한다)으로서 토지등소유자의 1/2 이상의 추천을 받은 자
3) 신탁업자로서 토지등소유자의 1/2 이상의 추천을 받거나 재개발사업 및 재건축사업의 조합설립을 위한 동의요건 이상에 해당하는 자가 신탁업자를 사업시행자로 지정하는 것에 동의하는 자 또는 지정개발자에게 해당 조합 또는 토지등소유자를 대신하여 정비사업을 시행하는 토지등소유자(조합을 설립한 경우에는 조합원을 말한다)의 과반수 동의를 받은 자

3 시장·군수등의 고시

시장·군수등은 지정개발자를 사업시행자로 지정하는 때에는 정비사업 시행구역 등 토지등소유자에게 알릴 필요가 있는 사항으로서 대통령령으로 정하는 사항을 해당 지방자치단체의 공보에 고시하여야 한다. 다만, 천재지변 등 불가피한 사유로 긴급하게 정비사업을 시행할 필요가 있다고 인정하는 경우에는 토지등소유자에게 지체없이 정비사업의 시행 사유·시기 및 방법 등을 통보하여야 한다(법 제27조 제2항).

4 신탁업자의 제공사항

신탁업자는 사업시행자 지정에 필요한 동의를 받기 전에 다음에 관한 사항을 토지등소유자에게 제공하여야 한다(법 제27조 제3항).

1) 토지등소유자별 분담금 추산액 및 산출근거
2) 그 밖에 추정분담금의 산출 등과 관련하여 시·도조례로 정하는 사항

5 신탁업자의 동의서 포함사항

신탁업자의 지정개발자에 따른 토지등소유자의 동의는 국토교통부령으로 정하는 동의서에 동의를 받는 방법으로 한다. 이 경우 동의서에는 다음의 사항이 모두 포함되어야 한다(법 제27조 제4항).

1) 건설되는 건축물의 설계의 개요
2) 건축물의 철거 및 새 건축물의 건설에 드는 공사비 등 정비사업에 드는 비용(정비사업비)
3) 정비사업비의 분담기준(신탁업자에게 지급하는 신탁보수 등의 부담에 관한 사항을 포함한다)
4) 사업 완료 후 소유권의 귀속

5) 정비사업의 시행방법 등에 필요한 시행규정
　　6) 신탁계약의 내용

6 추진위원회의 구성승인 또는 조합설립인가의 취소 간주

시장·군수등이 지정개발자를 사업시행자로 지정·고시한 때에는 그 고시일 다음 날에 추진위원회의 구성승인 또는 조합설립인가가 취소된 것으로 본다. 이 경우 시장·군수등은 해당 지방자치단체의 공보에 해당 내용을 고시하여야 한다(법 제27조 제5항).

7 표준 계약서 및 표준 시행규정의 사용 권장

국토교통부장관은 신탁업자와 토지등소유자 상호 간의 공정한 계약의 체결을 위하여 대통령령으로 정하는 바에 따라 표준 계약서 및 표준 시행규정을 마련하여 그 사용을 권장할 수 있다(법 제27조 제6항).

05 재개발사업·재건축사업의 사업대행자 ★

1 사업대행자의 지정

시장·군수등은 다음의 어느 하나에 해당하는 경우에는 해당 조합 또는 토지등소유자를 대신하여 직접 정비사업을 시행하거나 토지주택공사등 또는 지정개발자에게 해당 조합 또는 토지등소유자를 대신하여 정비사업을 시행하게 할 수 있다(법 제28조 제1항).

　　1) 장기간 정비사업이 지연되거나 권리관계에 관한 분쟁 등으로 해당 조합 또는 토지등소유자가 시행하는 정비사업을 계속 추진하기 어렵다고 인정하는 경우
　　2) 토지등소유자(조합을 설립한 경우에는 조합원을 말한다)의 과반수 동의로 요청하는 경우

2 사업대행자의 압류

정비사업을 대행하는 시장·군수등, 토지주택공사등 또는 지정개발자(이하 "사업대행자"라 한다)는 사업시행자에게 청구할 수 있는 보수 또는 비용의 상환에 대한 권리로써 사업시행자에게 귀속될 대지 또는 건축물을 압류할 수 있다(법 제28조 제2항).

부동산공법

3 사업대행의 효과

사업대행자는 정비사업을 대행하는 경우 사업대행개시결정 고시를 한 날의 다음 날부터 사업대행완료의 고시를 하는 날까지 자기의 이름 및 사업시행자의 계산으로 사업시행자의 업무를 집행하고 재산을 관리한다. 이 경우 법 또는 법에 따른 명령이나 정관등으로 정하는 바에 따라 사업시행자가 행하거나 사업시행자에 대하여 행하여진 처분·절차 그 밖의 행위는 사업대행자가 행하거나 사업대행자에 대하여 행하여진 것으로 본다. 시장·군수등이 아닌 사업대행자는 재산의 처분, 자금의 차입 그 밖에 사업시행자에게 재산상 부담을 주는 행위를 하려는 때에는 미리 시장·군수등의 승인을 받아야 한다(영 제22조 제3·4항).

4 사업대행의 완료

사업대행자는 사업대행의 원인이 된 사유가 없어지거나 등기를 완료한 때에는 사업대행을 완료하여야 한다. 이 경우 시장·군수등이 아닌 사업대행자는 미리 시장·군수등에게 사업대행을 완료할 뜻을 보고하여야 한다(영 제23조 제1항).

시장·군수등은 사업대행을 완료한 때에는 사업대행개시결정 사항과 사업대행완료일을 해당 지방자치단체의 공보등에 고시하고, 토지등소유자 및 사업시행자에게 각각 통지하여야 한다(영 제23조 제2항).

사업대행자는 사업대행완료의 고시가 있은 때에는 지체없이 사업시행자에게 업무를 인계하여야 하며, 사업시행자는 정당한 사유가 없으면 이를 인수하여야 한다(영 제23조 제3항).

인계·인수가 완료된 때에는 사업대행자가 정비사업을 대행할 때 취득하거나 부담한 권리와 의무는 사업시행자에게 승계된다(영 제23조 제4항).

사업대행자는 사업대행의 완료 후 사업시행자에게 보수 또는 비용의 상환을 청구할 때에 그 보수 또는 비용을 지출한 날 이후의 이자를 청구할 수 있다(영 제23조 제5항).

06 계약의 방법 및 시공자 선정 등

1 계약의 방법

추진위원장 또는 사업시행자(청산인을 포함한다)는 「도시 및 주거환경정비법」 또는 다른 법령에 특별한 규정이 있는 경우를 제외하고는 계약(공사, 용역, 물품구매 및 제조 등을 포함한다)을 체결하려면 일반경쟁에 부쳐야 한다. 다만, 계약규모, 재난의 발생 등 대통령으로 정하는 경우에는 입찰참가자를 지명(指名)하여 경쟁에 부치거나 수의계약(隨意契約)으로 할 수 있다(법 제29조 제1항).

경쟁이나 입찰 등의 방법에 의하지 않고, 임의로 상대방을 선택해서 체결하는 계약

2 전자조달시스템의 이용대상 계약

일반경쟁의 방법으로 계약을 체결하는 경우로서 다음의 어느 하나에 해당하는 규모를 초과하는 계약은 「전자조달의 이용 및 촉진에 관한 법률」의 국가종합전자조달시스템(이하 "전자조달시스템"이라 한다)을 이용하여야 한다(법 제29조 제2항, 영 제24조 제2항).

1) 「건설산업기본법」에 따른 건설공사로서 추정가격이 6억원을 초과하는 공사의 계약
2) 「건설산업기본법」에 따른 전문공사로서 추정가격이 2억원을 초과하는 공사의 계약
3) 공사관련 법령(「건설산업기본법」은 제외한다)에 따른 공사로서 추정가격이 2억원을 초과하는 공사의 계약
4) 추정가격 2억원을 초과하는 물품 제조·구매, 용역, 그 밖의 계약

3 계약의 방법 및 절차 등

계약을 체결하는 경우 계약의 방법 및 절차 등에 필요한 사항은 국토교통부장관이 정하여 고시한다(법 제29조 제3항).

4 시공자의 선정

(1) 조합의 시공자 선정 시기

조합은 조합설립인가를 받은 후 조합총회에서 경쟁입찰 또는 수의계약(2회 이상 경쟁입찰이 유찰된 경우로 한정한다)의 방법으로 건설사업자 또는 등록사업자를 시공자로 선정하여야 한다. 다만, 조합원이 100명 이하인 정비사업은 조합총회에서 정관으로 정하는 바에 따라 선정할 수 있다(법 제29조 제4항, 영 제24조 제3항).

(2) 토지등소유자의 시공자 선정 시기

토지등소유자가 재개발사업을 시행하는 경우에는 사업시행계획인가를 받은 후 규약에 따라 건설사업자 또는 등록사업자를 시공자로 선정하여야 한다(법 제29조 제5항).

(3) 시장·군수등의 시공자 선정 시기

시장·군수등이 직접 정비사업을 시행하거나 토지주택공사등 또는 지정개발자를 사업시행자로 지정한 경우 사업시행자는 사업시행자 지정·고시 후 경쟁입찰 또는 수의계약의 방법으로 건설사업자 또는 등록사업자를 시공자로 선정하여야 한다(법 제29조 제6항).

(4) 시공자의 추천

시장·군수등, 토지주택공사등 또는 지정개발자가 시공자를 선정하거나 관리처분계획에 따라 주택 및 부대시설·복리시설을 건설하여 공급하는 방법으로 시행하는 주거환경개선사업의 사업시행자가 시공자를 선정하는 경우 주민대표회의 또는 토지등소유자 전체회의는 다음에서 정하는 경쟁입찰 또는 수의계약(2회 이상 경쟁입찰이 유찰된 경우로 한정한다)의 방법으로 시공자를 추천할 수 있다(법 제29조 제7항, 영 제24조 제4항).

1) 일반경쟁입찰·제한경쟁입찰 또는 지명경쟁입찰 중 하나일 것
2) 해당 지역에서 발간되는 일간신문에 1회 이상 입찰을 위한 공고를 하고, 입찰 참가자를 대상으로 현장 설명회를 개최할 것
3) 해당 지역 주민을 대상으로 합동홍보설명회를 개최할 것
4) 토지등소유자를 대상으로 제출된 입찰서에 대한 투표를 실시하고 그 결과를 반영할 것

(5) 추천받은 자의 시공자 선정
주민대표회의 또는 토지등소유자 전체회의가 시공자를 추천한 경우 사업시행자는 추천받은 자를 시공자로 선정하여야 한다. 이 경우 시공자와의 계약에 관해서는 「지방자치단체를 당사자로 하는 계약에 관한 법률」 또는 「공공기관의 운영에 관한 법률」을 적용하지 아니한다(법 제29조 제8항).

(6) 공사계약 시 포함사항
사업시행자(사업대행자를 포함한다)는 선정된 시공자와 공사에 관한 계약을 체결할 때에는 기존 건축물의 철거공사(「석면안전관리법」에 따른 석면 조사·해체·제거를 포함한다)에 관한 사항을 포함시켜야 한다(법 제29조 제9항).

5 공사비 검증요청 등

(1) 정비사업 지원기구에 공사비 검증요청
재개발사업·재건축사업의 사업시행자(시장·군수등 또는 토지주택공사등이 단독 또는 공동으로 정비사업을 시행하는 경우는 제외한다)는 시공자와 계약체결 후 다음의 어느 하나에 해당하는 때에는 정비사업 지원기구에 공사비 검증을 요청하여야 한다(법 제29조의2 제1항).

1) 토지등소유자 또는 조합원 1/5 이상이 사업시행자에게 검증의뢰를 요청하는 경우
2) 공사비의 증액 비율(당초 계약금액 대비 누적 증액 규모의 비율로서 생산자물가상승률은 제외한다)이 다음의 어느 하나에 해당하는 경우
   ① 사업시행계획인가 이전에 시공자를 선정한 경우 : 10/100 이상
   ② 사업시행계획인가 이후에 시공자를 선정한 경우 : 5/100 이상
3) 공사비 검증이 완료된 이후 공사비의 증액 비율(검증 당시 계약금액 대비 누적 증액 규모의 비율로서 생산자물가상승률은 제외한다)이 3/100 이상인 경우

(2) 공사비 검증의 방법 및 절차
공사비 검증의 방법 및 절차, 검증수수료, 그 밖에 필요한 사항은 국토교통부장관이 정하여 고시한다(법 제29조의2 제2항).

6 임대사업자의 선정

사업시행자는 공공지원 민간임대주택을 원활히 공급하기 위하여 국토교통부장관이 정하는 경쟁입찰의 방법 또는 수의계약(2회 이상 경쟁입찰이 유찰된 경우와 공공재개발사업을 통해 건설·공급되는 공공지원민간임대주택을 국가가 출자·설립한 법인 등 대통령령으로 정한 자에게 매각하는 경우로 한정한다)의 방법으로 「민간임대주택에 관한 특별법」에 따른 임대사업자를 선정할 수 있다. 임대사업자의 선정절차 등에 필요한 사항은 국토교통부장관이 정하여 고시할 수 있다(법 제30조 제1·2항).

 **Q9** 제26회 기출 개작

도시 및 주거환경정비법령상 재개발사업의 시공자 선정에 관한 설명으로 틀린 것은?

① 토지등소유자가 사업을 시행하는 경우에는 경쟁입찰의 방법으로 시공자를 선정해야 한다.
② 군수가 직접 정비사업을 시행하는 경우 군수는 주민대표회의가 경쟁입찰의 방법에 따라 추천한 자를 시공자로 선정하여야 한다.
③ 주민대표회의가 시공자를 추천하기 위한 입찰방식에는 일반경쟁입찰·제한경쟁입찰 또는 지명경쟁입찰이 있다.
④ 조합원 100명 이하인 정비사업의 경우 조합총회에서 정관으로 정하는 바에 따라 시공자를 선정할 수 있다.
⑤ 사업시행자는 선정된 시공자와 공사에 관한 계약을 체결할 때에는 기존 건축물의 철거공사에 관한 사항을 포함하여야 한다.

해설 **시공자의 선정**
토지등소유자가 재개발사업을 시행하는 경우에는 사업시행계획인가를 받은 후 규약에 따라 건설사업자 또는 등록사업자를 시공자로 선정하여야 한다.

정답 ①

07 조합설립추진위원회 및 조합의 설립 등★★★ 18·26·35회 출제

1 조합설립추진위원회의 구성·승인

조합을 설립하려는 경우에는 다음의 사항에 대하여 토지등소유자 과반수의 동의를 받아 조합설립을 위한 추진위원회를 구성하여 국토교통부령으로 정하는 방법과 절차에 따라 시장·군수등의 승인을 받아야 한다. 이 경우 시장·군수등은 승인 이후 구역경계, 토지등소유자 수 등 국토교통부령으로 정하는 사항을 해당 지방자치단체 공보에 고시하여야 한다(법 제31조 제1항).

1) 추진위원회 위원장을 포함한 5명 이상의 추진위원회 위원
2) 추진위원회의 운영규정

2 추진위원회의 구성 대상 지역

추진위원회는 다음의 어느 하나에 해당하는 지역을 대상으로 구성한다(법 제31조 제2항).

1) 정비구역으로 지정·고시된 지역
2) 정비구역으로 지정·고시되지 아니한 지역으로서 다음의 어느 하나에 해당하는 지역
   ① 기본계획에 정비예정구역이 설정된 지역
   ② 입안요청 및 입안 제안에 따라 정비계획의 입안을 결정한 지역
   ③ 정비계획의 입안을 위해 주민에게 공람한 지역
   ④ 기본계획을 수립하지 아니한 지역 또는 기본계획을 생략한 지역으로서 대통령령으로 정하는 지역

3 추진위원회 동의자의 조합설립 동의 간주

추진위원회의 구성에 동의한 토지등소유자("추진위원회 동의자")는 조합의 설립에 동의한 것으로 본다. 다만, 조합설립인가를 신청하기 전에 시장·군수등 및 추진위원회에 조합설립에 대한 반대의 의사표시를 한 추진위원회 동의자의 경우에는 그러하지 아니하다(법 제31조 제3항).

4 시장·군수등에게 재 승인

추진위원회를 구성하여 승인받은 경우로서 승인 당시의 구역과 지정·고시된 정비구역의 면적 차이가 대통령령으로 정하는 기준 이상인 경우 추진위원회는 추진위원회위원과 운영규정사항에 대하여 토지등소유자 과반수의 동의를 받아 시장·군수등에게 다시 승인을 받아야 한다. 이 경우 추진위원회 구성에 동의한 자는 정비구역 지정·고시 이후 1개월 이내에 철회하지 아니하는 경우 동의한 것으로 본다(법 제31조 제4항).

5 추진위원회의 포괄승계

제4항에 따른 승인이 있는 경우 기존의 추진위원회의 업무와 관련된 권리·의무는 승인 받은 추진위원회가 포괄승계한 것으로 본다(법 제31조 제5항).

6 공공지원 방식의 추진위원회 구성

정비사업에 대하여 공공지원을 하려는 경우에는 추진위원회를 구성하지 아니할 수 있다. 이 경우 조합설립 방법 및 절차 등에 필요한 사항은 대통령령으로 정한다(법 제31조 제7항).

7 추진위원회의 기능 **23회 출제**

추진위원회는 다음의 업무를 수행할 수 있다(법 제32조 제1항, 영 제26조).

1) 정비사업전문관리업자의 선정 및 변경
2) 설계자의 선정 및 변경
3) 개략적인 정비사업 시행계획서의 작성
4) 조합설립인가를 받기 위한 준비업무
5) 추진위원회 운영규정의 작성
6) 토지등소유자의 동의서의 접수
7) 조합의 설립을 위한 창립총회의 개최
8) 조합 정관의 초안 작성
9) 그 밖에 추진위원회 운영규정으로 정하는 업무

8 정비사업전문관리업자의 선정방법

추진위원회가 정비사업전문관리업자를 선정하려는 경우에는 추진위원회 승인을 받은 후 경쟁입찰 또는 수의계약(2회 이상 경쟁입찰이 유찰된 경우로 한정한다)의 방법으로 선정하여야 한다(법 제32조 제2항).

9 추진위원회의 창립총회 방법 및 절차

추진위원회(추진위원회를 구성하지 아니하는 경우에는 토지등소유자를 말한다)**는 조합설립인가 시 동의를 받은 후 조합설립인가의 신청 전에 조합설립을 위한 창립총회를 개최하여야 한다**(영 제27조 제1항).

추진위원회(추진위원회를 구성하지 아니하는 경우에는 조합설립을 추진하는 토지등소유자의 대표자를 말한다)는 창립총회 14일 전까지 회의목적·안건·일시·장소·참석자격 및 구비사항 등을 인터넷 홈페이지를 통해 공개하고, 토지등소유자에게 등기우편으로 발송·통지하여야 한다(영 제27조 제2항).

창립총회는 추진위원장(추진위원회를 구성하지 아니하는 경우에는 토지등소유자의 대표자를 말한다)의 직권 또는 토지등소유자 1/5 이상의 요구로 추진위원장이 소집한다. 다만, 토지등소유자 1/5 이상의 소집요구에도 불구하고 추진위원장이 2주 이상 소집요구에 응하지 아니하는 경우 소집요구한 자의 대표가 소집할 수 있다(영 제27조 제3항).

창립총회에서는 다음의 업무를 처리한다(영 제27조 제4항).

1) 조합정관의 확정
2) 조합의 임원의 선임
3) 대의원의 선임
4) 그 밖에 필요한 사항으로서 사전에 통지한 사항

창립총회의 의사결정은 토지등소유자(재건축사업의 경우 조합설립에 동의한 토지등소유자로 한정한다)의 과반수 출석과 출석한 토지등소유자 과반수 찬성으로 결의한다. 다만, 조합임원 및 대의원의 선임은 확정된 정관에서 정하는 바에 따라 선출한다(영 제27조 제5항).

10 추진위원회 업무에 대한 토지등소유자의 동의

추진위원회가 수행하는 업무의 내용이 토지등소유자의 비용부담을 수반하거나 권리·의무에 변동을 발생시키는 경우로서 대통령령으로 정하는 사항에 대하여는 그 업무를 수행하기 전에 대통령령으로 정하는 비율 이상의 토지등소유자의 동의를 받아야 한다(법 제32조 제4항).

11 추진위원회의 조직

추진위원회는 추진위원회를 대표하는 추진위원장 1명과 감사를 두어야 한다(법 제33조 제1항).

토지등소유자는 추진위원회의 운영규정에 따라 추진위원회에 추진위원의 교체 및 해임을 요구할 수 있으며, 추진위원장이 사임, 해임, 임기만료, 그 밖에 불가피한 사유 등으로 직무를 수행할 수 없는 때부터 6개월 이상 선임되지 아니한 경우 시·도조례로 정하는 바에 따라 변호사·회계사·기술사 등 요건을 갖춘 자를 전문조합관리인으로 선정하여 추진위원장의 업무를 대행하게 할 수 있다(법 제33조 제3항).

12 추진위원회의 운영규정 고시

국토교통부장관은 추진위원회의 공정한 운영을 위하여 다음의 사항을 포함한 추진위원회의 운영규정을 정하여 고시하여야 한다(법 제34조 제1항, 영 제28조).

1) 추진위원의 선임방법 및 변경
2) 추진위원의 권리·의무
3) 추진위원회의 업무범위
4) 추진위원회의 운영방법

5) 토지등소유자의 운영경비 납부
6) 추진위원회 운영자금의 차입
7) 추진위원회 운영경비의 회계
8) 정비사업전문관리업자의 선정
9) 그 밖에 국토교통부장관이 정비사업의 원활한 추진을 위하여 필요하다고 인정하는 사항

13 추진위원회의 운영

추진위원회는 운영규정에 따라 운영하여야 하며, 토지등소유자는 운영에 필요한 경비를 운영규정에 따라 납부하여야 한다(법 제34조 제2항).

추진위원회는 수행한 업무를 총회에 보고하여야 하며, 그 업무와 관련된 권리·의무는 조합이 포괄승계한다(법 제34조 제3항).

추진위원회는 사용경비를 기재한 회계장부 및 관계서류를 조합설립인가일부터 30일 이내에 조합에 인계하여야 한다(법 제34조 제4항).

추진위원회는 다음의 사항을 토지등소유자가 쉽게 접할 수 있는 일정한 장소에 게시하거나 인터넷 등을 통하여 공개하고, 필요한 경우에는 토지등소유자에게 서면통지를 하는 등 토지등소유자가 그 내용을 충분히 알 수 있도록 하여야 한다. 다만, 아래 제8호 및 제9호의 사항은 조합설립인가 신청일 60일 전까지 추진위원회 구성에 동의한 토지등소유자에게 등기우편으로 통지하여야 한다(영 제29조 제1항).

1) 재건축진단의 결과
2) 정비사업전문관리업자의 선정에 관한 사항
3) 토지등소유자의 부담액 범위를 포함한 개략적인 사업시행계획서
4) 추진위원회 위원의 선정에 관한 사항
5) 토지등소유자의 비용부담을 수반하거나 권리·의무에 변동을 일으킬 수 있는 사항
6) 법 제32조제1항에 따른 추진위원회의 업무에 관한 사항
7) 창립총회 개최의 방법 및 절차
8) 조합설립에 대한 동의철회 및 방법
9) 조합설립 동의서에 포함되는 건축물의 설계의 개요, 정비사업비, 정비사업비의 분담기준, 조합정관, 사업 완료 후 소유권의 귀속에 관한 사항

14 조합설립인가 등 16·21·24회 출제

(1) 정비사업조합의 설립

시장·군수등, 토지주택공사등 또는 지정개발자가 아닌 자가 정비사업을 시행하려는 경우에는 토지등소유자로 구성된 조합을 설립하여야 한다. 다만, 토지등소유자가 재개발사업을 시행하려는 경우에는 그러하지 아니하다(법 제35조 제1항).

부동산공법

(2) 재개발사업의 설립동의 29회 출제

재개발사업의 추진위원회(공공지원의 경우 추진위원회를 구성하지 아니하는 경우에는 토지등소유자를 말한다)가 조합을 설립하려면 토지등소유자의 3/4 이상 및 토지면적의 1/2 이상의 토지소유자의 동의를 받아 다음의 사항을 첨부하여 정비구역 지정·고시 후 시장·군수등의 인가를 받아야 한다(법 제35조 제2항).

1) 정관
2) 정비사업비와 관련된 자료 등 국토교통부령으로 정하는 서류
3) 그 밖에 시·도조례로 정하는 서류

(3) 재건축사업의 설립동의 추가15회 출제

재건축사업의 추진위원회(공공지원의 경우 추진위원회를 구성하지 아니하는 경우에는 토지등소유자를 말한다)가 조합을 설립하려는 때에는 주택단지의 공동주택의 각 동(복리시설의 경우에는 주택단지의 복리시설 전체를 하나의 동으로 본다)별 구분소유자의 과반수 동의(공동주택의 각 동별 구분소유자가 5 이하인 경우는 제외한다)와 주택단지의 전체 구분소유자의 3/4 이상 및 토지면적의 3/4 이상의 토지소유자의 동의를 받아 정관 등 서류를 첨부하여 정비구역 지정·고시 후 시장·군수등의 인가를 받아야 한다(법 제35조 제3항).

(4) 재건축사업 주택단지가 아닌 지역의 동의

재건축사업의 주택단지가 아닌 지역이 정비구역에 포함된 때에는 주택단지가 아닌 지역의 토지 또는 건축물 소유자의 3/4 이상 및 토지면적의 2/3 이상의 토지소유자의 동의를 받아야 한다(법 제35조 제4항).

단락문제 Q10 제24회 기출 개작

도시 및 주거환경정비법령상 (   )에 들어갈 내용을 바르게 나열한 것은?

- 재건축사업의 추진위원회가 조합을 설립하고자 하는 경우에 주택단지가 아닌 지역이 정비구역에 포함된 때에는 주택단지가 아닌 지역의 토지 또는 건축물 소유자의 (ㄱ) 이상 및 토지면적의 (ㄴ) 이상의 토지소유자의 동의를 받아 시장·군수등의 조합설립인가를 받아야 한다.
- 재개발사업의 추진위원회가 조합을 설립하려면 토지등소유자의 (ㄷ) 이상 및 토지면적의 (ㄹ) 이상의 토지소유자의 동의를 받아 정비구역 지정·고시 후 시장·군수등의 인가를 받아야 한다.

① ㄱ : 3분의 2   ㄴ : 2분의 1   ㄷ : 4분의 3   ㄹ : 3분의 2
② ㄱ : 3분의 2   ㄴ : 2분의 1   ㄷ : 4분의 3   ㄹ : 2분의 1
③ ㄱ : 4분의 3   ㄴ : 3분의 2   ㄷ : 3분의 2   ㄹ : 2분의 1
④ ㄱ : 4분의 3   ㄴ : 3분의 2   ㄷ : 4분의 3   ㄹ : 2분의 1
⑤ ㄱ : 4분의 3   ㄴ : 2분의 1   ㄷ : 3분의 2   ㄹ : 4분의 3

제3장 도시 및 주거환경정비법

> **해설** 조합의 설립에 필요한 토지등소유자의 동의
> 재건축사업의 추진위원회가 조합을 설립하는 경우 주택단지가 아닌 지역이 정비구역에 포함된 때에는 주택단지가 아닌 지역의 토지 또는 건축물 소유자의 3/4 이상과 토지면적의 2/3 이상의 토지소유자의 동의를 받아야 한다.
> 재개발사업의 추진위원회(공공지원의 경우 추진위원회를 구성하지 아니하는 경우에는 토지등소유자를 말한다)가 조합을 설립하려면 토지등소유자의 3/4 이상 및 토지면적의 1/2 이상의 토지소유자의 동의를 받아 정비구역 지정·고시 후 시장·군수등의 인가를 받아야 한다.
>
> **정답** ④

(5) 변경인가 시 조합원의 의결 [29회 출제]

설립된 조합이 인가받은 사항을 변경하고자 하는 때에는 총회에서 조합원의 2/3 이상의 찬성으로 의결하고, 정관 등 서류를 첨부하여 시장·군수등의 인가를 받아야 한다. 다만, 다음의 경미한 사항을 변경하려는 때에는 총회의 의결 없이 시장·군수등에게 신고하고 변경할 수 있다. 이 경우 시장·군수등은 신고를 받은 날부터 20일 이내에 신고수리 여부를 신고인에게 통지하여야 한다(법 제35조 제5·6항, 영 제31조).

1) 착오·오기 또는 누락임이 명백한 사항
2) 조합의 명칭 및 주된 사무소의 소재지와 조합장의 성명 및 주소(조합장의 변경이 없는 경우로 한정한다)
3) 토지 또는 건축물의 매매 등으로 조합원의 권리가 이전된 경우의 조합원의 교체 또는 신규가입
4) 조합임원 또는 대의원의 변경(총회의 의결 또는 대의원회의 의결을 거친 경우로 한정한다)
5) 건설되는 건축물의 설계 개요의 변경
6) 정비사업비의 변경
7) 현금청산으로 인하여 정관에서 정하는 바에 따라 조합원이 변경되는 경우
8) 정비구역 또는 정비계획의 변경에 따라 변경되어야 하는 사항. 다만, 정비구역 면적이 10% 이상의 범위에서 변경되는 경우는 제외한다.
9) 그 밖에 시·도조례로 정하는 사항

(6) 시장·군수등의 신고수리 간주

시장·군수등이 신고를 받은 날부터 20일 이내에 신고수리 여부 또는 민원 처리 관련 법령에 따른 처리기간의 연장을 신고인에게 통지하지 아니하면 그 기간(민원 처리 관련 법령에 따라 처리기간이 연장 또는 재연장된 경우에는 해당 처리기간을 말한다)이 끝난 날의 다음 날에 신고를 수리한 것으로 본다(법 제35조 제7항).

(7) 「주택법」 적용의 특례

조합이 정비사업을 시행하는 경우 「주택법」 제54조(주택의 공급)를 적용할 때에는 조합을 「주택법」에 따른 사업주체로 보며, 조합설립인가일부터 「주택법」에 따른 주택건설사업 등의 등록을 한 것으로 본다(법 제35조 제8항).

15 토지등소유자의 동의방법 등

다음에 대한 동의(동의한 사항의 철회 또는 법 제26조 제1항 제8호 단서, 법 제31조 제2항 단서 및 법 제47조 제4항 단서에 따른 반대의 의사표시를 포함한다)는 서면동의서 또는 전자서명동의서를 제출하는 방법으로 한다. 이 경우 서면동의서는 토지등소유자가 성명을 적고 지장(指章)을 날인하는 방법으로 하며, 주민등록증, 여권 등 신원을 확인할 수 있는 신분증명서의 사본을 첨부하여야 한다. 그러나 토지등소유자가 해외에 장기체류하거나 법인인 경우 등 불가피한 사유가 있다고 시장·군수등이 인정하는 경우에는 토지등소유자의 인감도장을 찍은 서면동의서에 해당 인감증명서를 첨부하는 방법으로 할 수 있다(법 제36조 제1·2항).

1) 정비구역등 해제의 연장을 요청하는 경우
2) 정비구역의 해제에 동의하는 경우
3) 주거환경개선사업의 시행자를 토지주택공사등으로 지정하는 경우
4) 토지등소유자가 재개발사업을 시행하려는 경우
5) 재개발사업·재건축사업의 공공시행자 또는 지정개발자를 지정하는 경우
6) 조합설립을 위한 추진위원회를 구성하는 경우
7) 추진위원회의 업무가 토지등소유자의 비용부담을 수반하거나 권리·의무에 변동을 가져오는 경우
8) 조합을 설립하는 경우
9) 주민대표회의를 구성하는 경우
10) 사업시행계획인가를 신청하는 경우
11) 사업시행자가 사업시행계획서를 작성하려는 경우

16 토지등소유자의 동의자수 산정방법★ 17·25회 출제

(1) 토지등소유자의 동의자수 산정기준

토지등소유자(토지면적에 관한 동의자 수를 산정하는 경우에는 토지소유자를 말한다)의 동의는 다음의 기준에 따라 산정한다(영 제33조 제1항).

1) 주거환경개선사업, 재개발사업의 경우에는 다음의 기준에 의할 것
   ① 1필지의 토지 또는 하나의 건축물을 여럿이서 공유하는 경우에는 해당 토지 또는 건축물의 토지등소유자의 3/4 이상의 동의를 받아 이를 대표하는 1인을 토지등소유자로 산정할 것
   ② 토지에 지상권이 설정되어 있는 경우 토지의 소유자와 해당 토지의 지상권자를 대표하는 1인을 토지등소유자로 산정할 것

③ 1인이 다수 필지의 토지 또는 다수의 건축물을 소유하고 있는 경우에는 필지나 건축물의 수에 관계없이 토지등소유자를 1인으로 산정할 것. 다만, 재개발사업으로서 토지등소유자가 재개발사업을 시행하는 경우 토지등소유자가 정비구역 지정 후에 정비사업을 목적으로 취득한 토지 또는 건축물에 대하여는 정비구역 지정 당시의 토지 또는 건축물의 소유자를 토지등소유자의 수에 포함하여 산정하되, 이 경우 동의 여부는 이를 취득한 토지등소유자에 따른다.

④ 둘 이상의 토지 또는 건축물을 소유한 공유자가 동일한 경우에는 그 공유자 여럿을 대표하는 1인을 토지등소유자로 산정할 것

2) 재건축사업의 경우에는 다음의 기준에 따를 것

① 소유권 또는 구분소유권을 여럿이서 공유하는 경우에는 그 여럿을 대표하는 1인을 토지등소유자로 산정할 것

② 1인이 둘 이상의 소유권 또는 구분소유권을 소유하고 있는 경우에는 소유권 또는 구분소유권의 수에 관계없이 토지등소유자를 1명으로 산정할 것

③ 둘 이상의 소유권 또는 구분소유권을 소유한 공유자가 동일한 경우에는 그 공유자 여럿을 대표하는 1인을 토지등소유자로 할 것

3) 추진위원회의 구성 또는 조합의 설립에 동의한 자로부터 토지 또는 건축물을 취득한 자는 추진위원회의 구성 또는 조합의 설립에 동의한 것으로 볼 것

4) 토지건물등기사항증명서, 건물등기사항증명서, 토지대장 또는 건축물관리대장에 소유자로 등재될 당시 주민등록번호의 기재가 없고 기록된 주소가 현재 주소와 다른 경우로서 소재가 확인되지 아니한 자는 토지등소유자의 수 또는 공유자 수에서 제외할 것

5) 국·공유지에 대해서는 그 재산관리청을 각각을 토지등소유자로 산정할 것

(2) 토지등소유자가 시행하는 재개발사업에서의 토지등소유자의 동의자 수 산정에 관한 특례

정비구역 지정·고시(변경지정·고시는 제외한다) 이후 토지등소유자가 재개발사업을 시행하는 경우 토지등소유자의 동의자 수를 산정하는 기준일은 다음의 구분에 따른다. 토지등소유자의 동의자 수를 산정함에 있어 산정기준일 이후 1명의 토지등소유자로부터 토지 또는 건축물의 소유권이나 지상권을 양수하여 여러 명이 소유하게 된 때에는 그 여러 명을 대표하는 1명을 토지등소유자로 본다(법 제36조의2 제1·2항).

1) 정비계획의 변경을 제안하는 경우 : 정비구역 지정·고시가 있는 날

2) 사업시행계획인가를 신청하는 경우 : 사업시행계획인가를 신청하기 직전의 정비구역 변경지정·고시가 있는 날(정비구역 변경지정이 없거나 정비구역 지정·고시 후에 정비사업을 목적으로 취득한 토지 또는 건축물에 대해서는 정비구역 지정·고시가 있는 날을 말한다)

17 토지등소유자의 동의의 철회 21회 출제

동의의 철회 또는 반대의사 표시의 시기는 다음의 기준에 따른다(영 제33조 제2항).

1) 동의의 철회 또는 반대의사의 표시는 해당 동의에 따른 인·허가 등을 신청하기 전까지 할 수 있다.

2) 정비구역의 해제에 대한 동의 및 조합설립에 대한 동의는 최초로 동의한 날부터 30일까지만 철회할 수 있다. 다만, 조합설립에 대한 동의는 최초로 동의한 날부터 30일이 지나지 아니한 경우에도 조합설립을 위한 창립총회 후에는 철회할 수 없다.

18 토지등소유자의 동의서 재사용의 특례

(1) 토지등소유자의 동의서 재사용

조합설립인가(변경인가를 포함한다)를 받은 후에 동의서 위조, 동의 철회, 동의율 미달 또는 동의자 수 산정방법에 관한 하자 등으로 다툼이 있는 경우로서 다음의 어느 하나에 해당하는 때에는 동의서의 유효성에 다툼이 없는 토지등소유자의 동의서를 다시 사용할 수 있다(법 제37조 제1항).

1) 조합설립인가의 무효 또는 취소소송 중에 일부 동의서를 추가 또는 보완하여 조합설립변경인가를 신청하는 때

2) 법원의 판결로 조합설립인가의 무효 또는 취소가 확정되어 조합설립인가를 다시 신청하는 때

(2) 동의서 재사용의 요건

조합(조합설립인가를 다시 신청하는 경우에는 추진위원회를 말한다)이 토지등소유자의 동의서를 다시 사용하려면 다음의 요건을 충족하여야 한다(법 제37조 제2항).

1) 토지등소유자에게 기존 동의서를 다시 사용할 수 있다는 취지와 반대 의사표시의 절차 및 방법을 설명·고지할 것

2) 법원의 판결로 조합설립인가의 무효 또는 취소가 확정되어 조합설립인가를 다시 신청하는 경우에는 다음의 요건
   ① 조합설립인가의 무효 또는 취소가 확정된 조합과 새롭게 설립하려는 조합이 추진하려는 정비사업의 목적과 방식이 동일할 것
   ② 조합설립인가의 무효 또는 취소가 확정된 날부터 3년의 범위에서 대통령령으로 정하는 기간 내에 새로운 조합을 설립하기 위한 창립총회를 개최할 것

19 조합의 법인격 등

조합은 법인으로 한다(법 제38조 제1항).
조합은 조합설립인가를 받은 날부터 30일 이내에 주된 사무소의 소재지에서 대통령령으로 정하는 사항을 등기하는 때에 성립한다(법 제38조 제2항).
조합은 명칭에 "정비사업조합"이라는 문자를 사용하여야 한다(법 제38조 제3항).

20 조합원의 자격 등★ 추가15·20·25회 출제

(1) 조합원의 자격

정비사업의 조합원(사업시행자가 신탁업자인 경우에는 위탁자를 말한다)은 토지등소유자(재건축사업의 경우에는 재건축사업에 동의한 자만 해당한다)로 하되, 다음의 어느 하나에 해당하는 때에는 그 여러 명을 대표하는 1명을 조합원으로 본다. 다만, 「지방자치분권 및 지역균형발전에 관한 특별법」에 따른 공공기관지방이전 및 혁신도시 활성화를 위한 시책 등에 따라 이전하는 공공기관이 소유한 토지 또는 건축물을 양수한 경우 양수한 자(공유의 경우 대표자 1명을 말한다)를 조합원으로 본다(법 제39조 제1항).

1) 토지 또는 건축물의 소유권과 지상권이 여러 명의 공유에 속하는 때

2) 여러 명의 토지등소유자가 1세대에 속하는 때. 이 경우 동일한 세대별 주민등록표 상에 등재되어 있지 아니한 배우자 및 미혼인 19세 미만의 직계비속은 1세대로 보며, 1세대로 구성된 여러 명의 토지등소유자가 조합설립인가 후 세대를 분리하여 동일한 세대에 속하지 아니하는 때에도 이혼 및 19세 이상 자녀의 분가(세대별 주민등록을 달리하고, 실거주지를 분가한 경우로 한정한다)를 제외하고는 1세대로 본다.

3) 조합설립인가(조합설립인가 전에 신탁업자를 사업시행자로 지정한 경우에는 사업시행자의 지정을 말한다) 후 1명의 토지등소유자로부터 토지 또는 건축물의 소유권이나 지상권을 양수하여 여러 명이 소유하게 된 때

▼ 조합의 설립절차

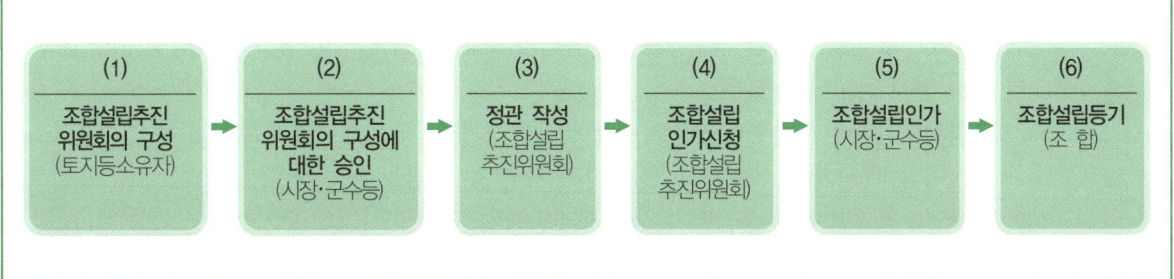

(2) 투기과열지구에서 재건축사업·재개발사업의 조합원 자격 특례 15회 출제

「주택법」에 따른 투기과열지구로 지정된 지역에서 재건축사업을 시행하는 경우에는 조합설립인가 후, 재개발사업을 시행하는 경우에는 관리처분계획의 인가 후 해당 정비사업의 건축물 또는 토지를 양수(매매·증여, 그 밖의 권리의 변동을 수반하는 모든 행위를 포함하되, 상속·이혼으로 인한 양도·양수의 경우는 제외한다)한 자는 조합원이 될 수 없다. 다만, 양도인이 다음의 어느 하나에 해당하는 경우 그 양도인으로부터 그 건축물 또는 토지를 양수한 자는 그러하지 아니하다(법 제39조 제2항, 영 제37조 제1·2·3항).

1) 세대원(세대주가 포함된 세대의 구성원을 말한다)의 근무상 또는 생업상의 사정이나 질병치료(「의료법」에 따른 의료기관의 장이 1년 이상의 치료나 요양이 필요하다고 인정하는 경우로 한정한다)·취학·결혼으로 세대원이 모두 해당 사업구역에 위치하지 아니한 특별시·광역시·특별자치시·특별자치도·시 또는 군으로 이전하는 경우

2) 상속으로 취득한 주택으로 세대원 모두 이전하는 경우

3) 세대원 모두 해외로 이주하거나 세대원 모두 2년 이상 해외에 체류하려는 경우

4) 1세대 1주택자로서 양도하는 주택에 대한 소유기간 및 거주기간이 다음의 구분에 따른 기간 이상인 경우. 이 경우 소유자가 피상속인으로부터 주택을 상속받아 소유권을 취득한 경우에는 피상속인의 주택의 소유기간 및 거주기간을 합산한다.
   ① **소유기간** : 10년
   ② **거주기간**(「주민등록법」에 따른 주민등록표를 기준으로 하며, 소유자가 거주하지 아니하고 소유자의 배우자나 직계존비속이 해당 주택에 거주한 경우에는 그 기간을 합산한다) : 5년

5) 지분형주택을 공급받기 위하여 건축물 또는 토지를 토지주택공사등과 공유하려는 경우

6) 공공임대주택, 「공공주택 특별법」에 따른 공공분양주택의 공급 및 공공재개발사업 시행자가 상가를 임대하는 사업을 목적으로 건축물 또는 토지를 양수하려는 공공재개발사업 시행자에게 양도하려는 경우

7) 그 밖에 불가피한 사정으로 양도하는 경우로서 다음의 어느 하나에 해당하는 경우
   ① 조합설립인가일부터 3년 이상 사업시행계획인가 신청이 없는 재건축사업의 건축물을 3년 이상 계속하여 소유하고 있는 자(소유기간을 산정할 때 소유자가 피상속인으로부터 상속받아 소유권을 취득한 경우에는 피상속인의 소유기간을 합산한다)가 사업시행계획인가 신청 전에 양도하는 경우
   ② 사업시행계획인가일부터 3년 이내에 착공하지 못한 재건축사업의 토지 또는 건축물을 3년 이상 계속하여 소유하고 있는 자가 착공 전에 양도하는 경우
   ③ 착공일부터 3년 이상 준공되지 않은 재개발사업·재건축사업의 토지를 3년 이상 계속하여 소유하고 있는 경우

④ 2003년 12월 31일 전에 조합설립인가를 받은 정비사업의 토지등소유자로부터 상속·이혼으로 인하여 토지 또는 건축물을 소유한 자
⑤ 국가·지방자치단체 및 금융기관에 대한 채무를 이행하지 못하여 재개발사업·재건축사업의 토지 또는 건축물이 경매 또는 공매되는 경우
⑥ 「주택법」에 따른 투기과열지구로 지정되기 전에 건축물 또는 토지를 양도하기 위한 계약(계약금 지급 내역 등으로 계약일을 확인할 수 있는 경우로 한정한다)을 체결하고, 투기과열지구로 지정된 날부터 60일 이내에 「부동산거래신고 등에 관한 법률」에 따라 부동산 거래의 신고를 한 경우

(3) 조합원 자격을 취득할 수 없는 경우의 손실보상

사업시행자는 조합원의 자격을 취득할 수 없는 경우 정비사업의 토지, 건축물 또는 그 밖의 권리를 취득한 자에게 법 제73조(분양신청을 하지 아니한 자 등에 대한 조치)를 준용하여 손실보상을 하여야 한다(법 제39조 제3항).

21 정관의 기재사항 등 25·28·30회 출제

(1) 조합정관에 정할 사항

조합의 정관에는 다음의 사항이 포함되어야 한다(법 제40조 제1항).

1) 조합의 명칭 및 사무소의 소재지
2) 조합원의 자격
3) 조합원의 제명·탈퇴 및 교체
4) 정비구역의 위치 및 면적
5) 조합임원의 수 및 업무의 범위
6) 조합임원의 권리·의무·보수·선임방법·변경 및 해임
7) 대의원의 수, 선임방법, 선임절차 및 대의원회의 의결방법
8) 조합의 비용부담 및 조합의 회계
9) 정비사업의 시행연도 및 시행방법
10) 총회의 소집절차·시기 및 의결방법
11) 총회의 개최 및 조합원의 총회소집요구
12) 지연일수(遲延日數)에 따른 이자지급
13) 정비사업비의 부담시기 및 절차
14) 정비사업이 종결된 때의 청산절차
15) 청산금의 징수·지급의 방법 및 절차
16) 시공자·설계자의 선정 및 계약서에 포함될 내용

17) 정관의 변경절차
18) 그 밖에 정비사업의 추진 및 조합의 운영을 위하여 필요한 사항으로서 대통령령으로 정하는 사항

(2) 표준정관의 보급
국토교통부장관은 조합의 정관사항이 포함된 표준정관을 작성하여 보급할 수 있다(법 제40조 제2항).

(3) 조합 정관의 변경 26회 출제
조합이 정관을 변경하려는 경우에는 총회를 개최하여 조합원 과반수의 찬성으로 시장·군수등의 인가를 받아야 한다. 다만, 위의 2)·3)·4)·8)·13) 또는 16)의 경우에는 조합원 2/3 이상의 찬성으로 한다(법 제40조 제3항).

(4) 정관의 경미한 변경사항
다음의 경미한 사항을 변경하려는 때에는 이 법 또는 정관으로 정하는 방법에 따라 변경하고 시장·군수등에게 신고하여야 한다. 이 경우 시장·군수등은 신고를 받은 날부터 20일 이내에 신고수리 여부를 신고인에게 통지하여야 한다(법 제40조 제4·5항, 영 제39조).

1) 조합의 명칭 및 사무소의 소재지에 관한 사항
2) 조합임원의 수 및 업무의 범위에 관한 사항
3) 총회의 소집절차·시기 및 의결방법에 관한 사항
4) 임원의 임기, 업무의 분담 및 대행 등에 관한 사항
5) 대의원회의 구성, 개회와 기능, 의결권의 행사방법, 그 밖에 회의의 운영에 관한 사항
6) 정비사업전문관리업자에 관한 사항
7) 공고·공람 및 통지의 방법에 관한 사항
8) 임대주택의 건설 및 처분에 관한 사항
9) 총회의 의결을 거쳐야 할 사항의 범위에 관한 사항
10) 조합직원의 채용 및 임원 중 상근임원의 지정에 관한 사항과 직원 및 상근임원의 보수에 관한 사항
11) 착오·오기 또는 누락임이 명백한 사항
12) 정비구역 또는 정비계획의 변경에 따라 변경되어야 하는 사항
13) 그 밖에 시·도조례로 정하는 사항

(5) 시장·군수등의 신고수리 간주

시장·군수등이 신고를 받은 날부터 20일 이내에 신고수리 여부 또는 민원 처리 관련 법령에 따른 처리기간의 연장을 신고인에게 통지하지 아니하면 그 기간(민원 처리 관련 법령에 따라 처리기간이 연장 또는 재연장된 경우에는 해당 처리기간을 말한다)이 끝난 날의 다음 날에 신고를 수리한 것으로 본다(법 제40조 제6항).

22 조합의 임원 　33·34회 출제

(1) 조합임원의 구성

조합은 조합원으로서 정비구역에 위치한 건축물 또는 토지(재건축사업의 경우에는 건축물과 그 부속토지를 말한다)를 소유한 자[하나의 건축물 또는 토지의 소유권을 다른 사람과 공유한 경우에는 가장 많은 지분을 소유(2인 이상의 공유자가 가장 많은 지분을 소유한 경우를 포함한다)한 경우로 한정한다] 중 다음의 어느 하나의 요건을 갖춘 조합장 1명과 이사, 감사를 임원으로 둔다. 이 경우 조합장은 선임일부터 관리처분계획인가를 받을 때까지는 해당 정비구역에서 거주(영업을 하는 자의 경우 영업을 말한다)하여야 한다(법 제41조 제1항).

1) 정비구역에 위치한 건축물 또는 토지를 5년 이상 소유할 것

2) 정비구역에서 거주하고 있는 자로서 선임일 직전 3년 동안 정비구역에서 1년 이상 거주할 것

(2) 조합임원의 수

조합에 두는 이사의 수는 3명 이상으로 하고, 감사의 수는 1명 이상 3명 이하로 한다. 다만, 토지등소유자의 수가 100명을 초과하는 경우에는 이사의 수를 5명 이상으로 한다(영 제40조).

(3) 선거관리위원회에 위탁

조합은 총회의결을 거쳐 조합임원의 선출에 관한 선거관리를 「선거관리위원회법」에 따라 선거관리위원회에 위탁할 수 있다(법 제41조 제3항).

(4) 조합임원의 임기

조합임원의 임기는 3년 이하의 범위에서 정관으로 정하되, 연임할 수 있다(법 제41조 제4항).

(5) 조합임원의 선출방법

조합임원의 선출방법 등은 정관으로 정한다. 다만, 시장·군수등은 다음의 어느 하나에 해당하는 경우 시·도조례로 정하는 바에 따라 변호사·회계사·기술사 등으로서 대통령령으로 정하는 요건을 갖춘 자를 전문조합관리인으로 선정하여 조합임원의 업무를 대행하게 할 수 있다(법 제41조 제5항).

1) 조합임원이 사임, 해임, 임기만료, 그 밖에 불가피한 사유 등으로 직무를 수행할 수 없는 때부터 6개월 이상 선임되지 아니한 경우
2) 총회에서 조합원 과반수의 출석과 출석 조합원 과반수의 동의로 전문조합관리인의 선정을 요청하는 경우

23 조합임원의 직무 등

조합장은 조합을 대표하고, 그 사무를 총괄하며, 총회 또는 대의원회의 의장이 된다(법 제42조 제1항).

조합장이 대의원회의 의장이 되는 경우에는 대의원으로 본다(법 제42조 제2항).

조합장 또는 이사가 자기를 위하여 조합과 계약이나 소송을 할 때에는 감사가 조합을 대표한다(법 제42조 제3항).

조합임원은 같은 목적의 정비사업을 하는 다른 조합의 임원 또는 직원을 겸할 수 없다(법 제42조 제4항).

24 조합임원 등의 결격사유 및 해임

(1) 조합임원 등의 결격사유 20회 출제

다음의 어느 하나에 해당하는 자는 조합임원 또는 전문조합관리인이 될 수 없다(법 제43조 제1항).

1) 미성년자·피성년후견인 또는 피한정후견인
2) 파산선고를 받고 복권되지 아니한 자
3) 금고 이상의 실형을 선고받고 그 집행이 종료(종료된 것으로 보는 경우를 포함한다)되거나 집행이 면제된 날부터 2년이 지나지 아니한 자
4) 금고 이상의 형의 집행유예를 받고 그 유예기간 중에 있는 자
5) 이 법을 위반하여 벌금 100만원 이상의 형을 선고받고 10년이 지나지 아니한 자
6) 조합설립 인가권자에 해당하는 지방자치단체의 장, 지방의회의원 또는 그 배우자·직계존속·직계비속

(2) 조합임원의 퇴임

조합임원이 다음의 어느 하나에 해당하는 경우에는 당연 퇴임한다. 퇴임된 임원이 퇴임 전에 관여한 행위는 그 효력을 잃지 아니한다(법 제43조 제2·3항).

1) 조합임원의 결격사유에 해당하게 되거나 선임 당시 그에 해당하는 자이었음이 판명된 경우
2) 조합임원이 자격요건을 갖추지 못한 경우

(3) 조합임원의 해임

조합임원은 조합원 1/10 이상의 요구로 소집된 총회에서 조합원 과반수의 출석과 출석 조합원 과반수의 동의를 받아 해임할 수 있다. 이 경우 요구자 대표로 선출된 자가 해임 총회의 소집 및 진행을 할 때에는 조합장의 권한을 대행한다(법 제43조 제4항).

(4) 전문조합관리인을 선정한 경우

시장·군수등이 전문조합관리인을 선정한 경우 전문조합관리인이 업무를 대행할 임원은 당연 퇴임한다(법 제43조 제5항).

25 총회의 소집 30회 출제

조합에는 조합원으로 구성되는 총회를 둔다(법 제44조 제1항).

총회는 조합장이 직권으로 소집하거나 조합원 1/5 이상(정관의 기재사항 중 조합임원의 권리·의무·보수·선임방법·변경 및 해임에 관한 사항을 변경하기 위한 총회의 경우는 1/10 이상으로 한다) 또는 대의원 2/3 이상의 요구로 조합장이 소집하며, 조합원 또는 대의원의 요구로 총회를 소집하는 경우 조합은 소집을 요구하는 자가 본인인지 여부를 대통령령으로 정하는 기준에 따라 정관으로 정하는 방법으로 확인하여야 한다(법 제44조 제2항).

조합임원의 사임, 해임 또는 임기만료 후 6개월 이상 조합임원이 선임되지 아니한 경우에는 시장·군수등이 조합임원 선출을 위한 총회를 소집할 수 있다(법 제44조 제3항).

총회를 소집하려는 자는 총회가 개최되기 7일 전까지 회의 목적·안건·일시 및 장소와 의결권의 행사기간 및 장소 등 의결권 행사에 필요한 사항을 정하여 조합원에게 통지하여야 한다(법 제44조 제4항).

총회의 소집절차·시기 등에 필요한 사항은 정관으로 정한다(법 제44조 제5항).

26 온라인총회

(1) 온라인총회의 개최

조합은 총회의 의결을 거쳐 총회와 병행하여 「정보통신망 이용촉진 및 정보보호 등에 관한 법률」에 따른 정보통신망을 이용한 총회(이하 "온라인총회"라 한다)를 개최하여 조합원이 참석하게 할 수 있다. 다만, 「재난 및 안전관리 기본법」에 따른 재난의 발생 등 대통령령으로 정하는 사유가 발생하여 시장·군수등이 조합원의 직접 출석이 어렵다고 인정하는 경우에는 온라인총회를 단독으로 개최할 수 있다(법 제44조의2 제1항).

(2) 온라인총회의 개최 요건

온라인총회는 다음의 요건을 모두 갖추어 개최하여야 한다. 이 경우 정족수를 산정할 때에는 직접 출석한 것으로 본다(법 제44조의2 제2항).

1) 온라인총회에 참석한 조합원이 본인인지 여부를 확인할 수 있을 것
2) 온라인총회에 참석한 조합원의 접속 기록 등이 보관되어 실제 참석 여부를 확인·관리할 수 있을 것
3) 그 밖에 원활한 의견의 청취·제시 등을 위하여 대통령령으로 정하는 기준에 부합할 것

27 총회의 의결

(1) 총회의 의결사항

다음의 사항은 총회의 의결을 거쳐야 한다(법 제45조 제1항).

1) 정관의 변경(경미한 사항의 변경은 이 법 또는 정관에서 총회의결사항으로 정한 경우로 한정한다)
2) 자금의 차입과 그 방법·이자율 및 상환방법
3) 정비사업비의 세부 항목별 사용계획이 포함된 예산안 및 예산의 사용내역
4) 예산으로 정한 사항 외에 조합원에게 부담이 되는 계약
5) 시공자·설계자 또는 감정평가법인등(시장·군수등이 선정·계약하는 감정평가법인등은 제외한다)의 선정 및 변경. 다만, 감정평가법인등 선정 및 변경은 총회의 의결을 거쳐 시장·군수등에게 위탁할 수 있다.
6) 정비사업전문관리업자의 선정 및 변경
7) 조합임원의 선임 및 해임
8) 정비사업비의 조합원별 분담내역
9) 사업시행계획서의 작성 및 변경(정비사업의 중지 또는 폐지에 관한 사항을 포함하며, 경미한 변경은 제외한다)
10) 관리처분계획의 수립 및 변경(경미한 변경은 제외)
11) 조합의 해산과 조합 해산 시의 회계보고
12) 청산금의 징수·지급(분할징수·분할지급을 포함한다)
13) 비용의 금액 및 징수방법
14) 그 밖에 조합원에게 경제적 부담을 주는 사항 등 주요한 사항을 결정하기 위하여 대통령령 또는 정관으로 정하는 사항

(2) 총회의결사항의 상정

총회의 의결사항 중 이 법 또는 정관에 따라 조합원의 동의가 필요한 사항은 총회에 상정하여야 한다(법 제45조 제2항).

(3) 총회의 의결 정족수

총회의 의결은 이 법 또는 정관에 다른 규정이 없으면 조합원 과반수의 출석과 출석 조합원의 과반수 찬성으로 한다(법 제45조 제3항).

(4) 조합원 과반수의 찬성 의결

사업시행계획서의 작성·변경 및 관리처분계획의 수립·변경의 경우에는 조합원 과반수의 찬성으로 의결한다. 다만, 정비사업비가 10/100(생산자물가상승률분, 손실보상금액은 제외한다) 이상 늘어나는 경우에는 조합원 2/3 이상의 찬성으로 의결하여야 한다(법 제45조 제4항).

(5) 대리인의 의결권 행사

조합원은 서면으로 의결권을 행사하거나 다음의 어느 하나에 해당하는 경우에는 대리인을 통하여 의결권을 행사할 수 있다. 서면으로 의결권을 행사하는 경우에는 정족수를 산정할 때에 출석한 것으로 본다(법 제45조 제5항).

1) 조합원이 권한을 행사할 수 없어 배우자, 직계존비속 또는 형제자매 중에서 성년자를 대리인으로 정하여 위임장을 제출하는 경우
2) 해외에 거주하는 조합원이 대리인을 지정하는 경우
3) 법인인 토지등소유자가 대리인을 지정하는 경우. 이 경우 법인의 대리인은 조합임원 또는 대의원으로 선임될 수 있다.

(6) 전자적 방법의 의결권 행사

조합원은 다음의 요건을 모두 충족한 경우에는 전자적 방법으로 의결권을 행사할 수 있다. 이 경우 정족수를 산정할 때에 출석한 것으로 본다. 조합은 조합원의 참여를 확대하기 위하여 조합원이 전자적 방법을 우선적으로 이용하도록 노력하여야 한다(법 제45조 제6항 제7항).

1) 조합원이 전자적 방법 외에 서면이나 대리인을 통한 방법으로도 의결권을 행사할 수 있게 할 것
2) 의결권의 행사 방법에 따른 결과가 각각 구분되어 확인·관리할 수 있을 것
3) 그 밖에 전자적 방법을 통한 의결권의 투명한 행사 등을 위하여 대통령령으로 정하는 기준에 부합할 것

(7) 총회의결의 출석수

총회의 의결은 조합원의 10/100 이상이 직접 출석하여야 한다. 다만, 시공자의 선정을 의결하는 총회의 경우에는 조합원의 과반수가 직접 출석하여야 하고, 창립총회, 시공자 선정 취소를 위한 총회, 사업시행계획서의 작성 및 변경, 관리처분계획의 수립 및 변경, 정비사업비의 사용 및 변경을 의결하는 총회의 경우에는 조합원의 20/100 이상이 직접 출석하여야 한다(법 제45조 제10항, 영 제42조 제2항).

(8) 정관 사항

총회의 의결방법, 서면 또는 전자적 방법에 따른 의결권 행사 및 본인확인방법 등에 필요한 사항은 정관으로 정한다(법 제45조 제11항).

28 대의원회 23·27회 출제

조합원의 수가 100명 이상인 조합은 대의원회를 두어야 한다(법 제46조 제1항).

대의원회는 조합원의 1/10 이상으로 구성한다. 다만, 조합원의 1/10이 100명을 넘는 경우에는 조합원의 1/10의 범위에서 100명 이상으로 구성할 수 있다(법 제46조 제2항).

조합장이 아닌 조합임원은 대의원이 될 수 없다(법 제46조 제3항).

대의원회는 총회의 의결사항 중 다음의 사항 외에는 총회의 권한을 대행할 수 있다(법 제46조 제4항, 영 제43조).

1) 정관의 변경에 관한 사항
2) 자금의 차입과 그 방법·이자율 및 상환방법에 관한 사항
3) 예산으로 정한 사항 외에 조합원에게 부담이 되는 계약에 관한 사항
4) 시공자·설계자 또는 감정평가법인등의 선정 및 변경에 관한 사항
5) 정비사업전문관리업자의 선정 및 변경에 관한 사항
6) 조합임원과 대의원의 선임 및 해임에 관한 사항. 다만, 정관이 정하는 바에 따라 임기 중 궐위된 자(조합장은 제외한다)를 보궐선임하는 경우를 제외한다.
7) 사업시행계획서의 작성 및 변경에 관한 사항
8) 관리처분계획의 수립 및 변경에 관한 사항
9) 총회에 상정하여야 하는 사항
10) 조합의 합병 또는 해산에 관한 사항. 다만, 사업완료로 인한 해산의 경우는 제외한다.
11) 건설되는 건축물의 설계 개요의 변경에 관한 사항
12) 정비사업비의 변경에 관한 사항

대의원의 수, 선임방법, 선임절차 및 대의원회의 의결방법 등은 대통령령으로 정하는 범위에서 정관으로 정한다(법 제46조 제5항).

29 민법의 준용

조합에 관하여는 이 법에 규정된 사항을 제외하고는 「민법」 중 사단법인에 관한 규정을 준용한다(법 제49조).

단락문제 Q11
제33회 기출

도시 및 주거환경정비법령상 조합의 임원에 관한 설명으로 틀린 것은?

① 토지등소유자의 수가 100인을 초과하는 경우 조합에 두는 이사의 수는 5명 이상으로 한다.
② 조합임원의 임기는 3년 이하의 범위에서 정관으로 정하되, 연임할 수 있다.
③ 조합장이 아닌 조합임원은 대의원이 될 수 있다.
④ 조합임원은 같은 목적의 정비사업을 하는 다른 조합의 임원 또는 직원을 겸할 수 없다.
⑤ 시장·군수등이 전문조합관리인을 선정한 경우 전문조합관리인이 업무를 대행할 임원은 당연 퇴임한다.

해설 조합의 임원
조합장이 아닌 조합임원은 대의원이 될 수 없다.

정답 ③

08 주민대표회의 ★

1 주민대표회의의 구성의무

토지등소유자가 시장·군수등 또는 토지주택공사등의 사업시행을 원하는 경우에는 정비구역 지정·고시 후 주민대표기구(이하 "주민대표회의"라 한다)를 구성하여야 한다. 다만, 협약등이 체결된 경우에는 정비구역 지정·고시 이전에 주민대표회의를 구성할 수 있다(법 제47조 제1항).

2 주민대표회의의 구성수

주민대표회의는 위원장을 포함하여 5명 이상 25명 이하로 구성한다(법 제47조 제2항).

3 주민대표회의의 임원

주민대표회의에는 위원장과 부위원장 각 1명과 1명 이상 3명 이하의 감사를 둔다(영 제45조 제1항).

4 시장·군수등의 승인

주민대표회의는 토지등소유자의 과반수의 동의를 받아 구성하며, 국토교통부령으로 정하는 방법 및 절차에 따라 시장·군수등의 승인을 받아야 한다(법 제47조 제3항).

5 사업시행자지정의 동의 간주

주민대표회의의 구성에 동의한 자는 사업시행자의 지정에 동의한 것으로 본다. 다만, 사업시행자의 지정 요청 전에 시장·군수등 및 주민대표회의에 사업시행자의 지정에 대한 반대의 의사표시를 한 토지등소유자의 경우에는 그러하지 아니하다(법 제47조 제4항).

6 주민대표회의 또는 세입자의 의견 제시사항

주민대표회의 또는 세입자(상가세입자를 포함한다)는 사업시행자가 다음의 사항에 관하여 시행규정을 정하는 때에 의견을 제시할 수 있다. 이 경우 사업시행자는 주민대표회의 또는 세입자의 의견을 반영하기 위하여 노력하여야 한다(법 제47조 제5항).

1) 건축물의 철거
2) 주민의 이주(세입자의 퇴거에 관한 사항을 포함한다)
3) 토지 및 건축물의 보상(세입자에 대한 주거이전비 등 보상에 관한 사항을 포함한다)
4) 정비사업비의 부담
5) 세입자에 대한 임대주택의 공급 및 입주자격
6) 그 밖에 정비사업의 시행을 위하여 필요한 사항으로서 대통령령으로 정하는 사항

09 토지등소유자 전체회의

1 토지등소유자 전체회의의 의결사항

사업시행자로 지정된 신탁업자는 다음의 사항에 관하여 해당 정비사업의 토지등소유자(재건축사업의 경우에는 신탁업자를 사업시행자로 지정하는 것에 동의한 토지등소유자를 말한다) 전원으로 구성되는 회의(이하 "토지등소유자 전체회의"라 한다)의 의결을 거쳐야 한다(법 제48조 제1항).

1) 시행규정의 확정 및 변경
2) 정비사업비의 사용 및 변경
3) 정비사업전문관리업자와의 계약 등 토지등소유자의 부담이 될 계약
4) 시공자의 선정 및 변경
5) 정비사업비의 토지등소유자별 분담내역
6) 자금의 차입과 그 방법·이자율 및 상환방법
7) 사업시행계획서의 작성 및 변경(정비사업의 중지 또는 폐지에 관한 사항을 포함하며, 경미한 변경은 제외한다)
8) 관리처분계획의 수립 및 변경(경미한 변경은 제외한다)
9) 청산금의 징수·지급(분할징수·분할지급을 포함한다)과 조합해산 시의 회계보고
10) 비용의 금액 및 징수방법
11) 그 밖에 토지등소유자에게 부담이 되는 것으로 시행규정으로 정하는 사항

2 토지등소유자 전체회의의 소집

토지등소유자 전체회의는 사업시행자가 직권으로 소집하거나 토지등소유자 1/5 이상의 요구로 사업시행자가 소집한다(법 제48조 제2항).

제5절 사업시행계획 등 ★★ 14·19·20회 출제

01 사업시행계획인가

1 시장·군수등의 인가 20회 출제

사업시행자(공동시행의 경우를 포함하되, 사업시행자가 시장·군수등인 경우는 제외한다)는 정비사업을 시행하려는 경우에는 사업시행계획서에 정관등과 그 밖에 국토교통부령으로 정하는 서류를 첨부하여 시장·군수등에게 제출하고 사업시행계획인가를 받아야 하고, 인가받은 사항을 변경하거나 정비사업을 중지 또는 폐지하려는 경우에도 또한 같다. 다만, 다음의 어느 하나에 해당하는 경미한 사항을 변경하려는 때에는 시장·군수등에게 신고하여야 한다. 이 경우 시장·군수등은 신고를 받은 날부터 20일 이내에 신고수리 여부를 신고인에게 통지하여야 한다(법 제50조 제1·2항, 영 제46조).

1) 정비사업비를 10%의 범위에서 변경하거나 관리처분계획의 인가에 따라 변경하는 때. 다만, 「주택법」에 따른 국민주택을 건설하는 사업인 경우에는 주택도시기금의 지원금액이 증가되지 아니하는 경우만 해당한다.
2) 건축물이 아닌 부대시설·복리시설의 설치규모를 확대하는 때(위치가 변경되는 경우를 제외한다)
3) 대지면적을 10%의 범위안에서 변경하는 때

사업시행계획인가

4) 세대수와 세대당 주거전용면적(바닥 면적에 산입되는 면적으로서 사업시행자가 공급하는 주택의 면적을 말한다)을 변경하지 아니하고 세대당 주거전용면적의 10%의 범위에서 세대 내부구조의 위치 또는 면적을 변경하는 때
5) 내장재료 또는 외장재료를 변경하는 때
6) 사업시행계획인가의 조건으로 부과된 사항의 이행에 따라 변경하는 때
7) 건축물의 설계와 용도별 위치를 변경하지 아니하는 범위안에서 건축물의 배치 및 주택단지 안의 도로선형을 변경하는 때
8) 「건축법 시행령」 제12조 제3항 각 호의 어느 하나에 해당하는 사항을 변경하는 때
9) 사업시행자의 명칭 또는 사무소 소재지를 변경하는 때
10) 정비구역 또는 정비계획의 변경에 따라 사업시행계획서를 변경하는 때
11) 조합설립변경 인가에 따라 사업시행계획서를 변경하는 때
12) 그 밖에 시·도조례로 정하는 사항을 변경하는 때

2 시장·군수등의 신고수리 간주

시장·군수등이 신고를 받은 날부터 20일 이내에 신고수리 여부 또는 민원 처리 관련 법령에 따른 처리기간의 연장을 신고인에게 통지하지 아니하면 그 기간(민원 처리 관련 법령에 따라 처리기간이 연장 또는 재연장된 경우에는 해당 처리기간을 말한다)이 끝난 날의 다음 날에 신고를 수리한 것으로 본다(법 제50조 제3항).

3 사업시행계획인가 여부의 통보기한

시장·군수등은 특별한 사유가 없으면 사업시행계획서의 제출이 있은 날부터 60일 이내에 인가 여부를 결정하여 사업시행자에게 통보하여야 한다(법 제50조 제4항).

4 사업시행계획인가 신청 전 총회의 의결

사업시행자(시장·군수등 또는 토지주택공사등은 제외한다)는 사업시행계획인가를 신청하기 전에 미리 총회의 의결을 거쳐야 하며, 인가받은 사항을 변경하거나 정비사업을 중지 또는 폐지하려는 경우에도 또한 같다. 다만, 시장·군수등의 신고 대상 경미한 사항의 변경은 총회의 의결을 필요로 하지 아니한다(법 제50조 제5항).

5 토지등소유자의 재개발사업시행 시 동의

토지등소유자가 재개발사업을 시행하려는 경우에는 사업시행계획인가를 신청하기 전에 사업시행계획서에 대하여 토지등소유자의 3/4 이상 및 토지면적의 1/2 이상의 토지소유자의 동의를 받아야 한다. 다만, 인가받은 사항을 변경하려는 경우에는 규약으로 정하는 바에 따라 토지등소유자의 과반수의 동의를 받아야 하며, 시장·군수등의 신고 대상 경미한 사항의 변경인 경우에는 토지등소유자의 동의를 필요로 하지 아니한다(법 제50조 제6항).

6 지정개발자의 정비사업시행 시 동의

지정개발자가 정비사업을 시행하려는 경우에는 사업시행계획인가를 신청하기 전에 토지등소유자의 과반수의 동의 및 토지면적의 1/2 이상의 토지소유자의 동의를 받아야 한다. 다만, 시장·군수등의 신고 대상 경미한 사항의 변경인 경우에는 토지등소유자의 동의를 필요로 하지 아니한다(법 제50조 제7항).

7 사업시행계획인가의 고시

시장·군수등은 사업시행계획인가(시장·군수등이 사업시행계획서를 작성한 경우를 포함한다)를 하거나 정비사업을 변경·중지 또는 폐지하는 경우에는 국토교통부령으로 정하는 방법 및 절차에 따라 그 내용을 해당 지방자치단체의 공보에 고시하여야 한다. 다만, 시장·군수등의 신고 대상 경미한 사항을 변경하려는 경우에는 그러하지 아니하다(법 제50조 제9항).

8 사업시행계획의 통합심의 35회 출제

(1) 사업시행계획의 통합심의 사항

정비구역의 지정권자는 사업시행계획인가와 관련된 다음 중 둘 이상의 심의가 필요한 경우에는 이를 통합하여 검토 및 심의(이하 "통합심의"라 한다)하여야 한다(법 제50조의2 제1항).

1) 「건축법」에 따른 건축물의 건축 및 특별건축구역의 지정 등에 관한 사항
2) 「경관법」에 따른 경관 심의에 관한 사항
3) 「교육환경 보호에 관한 법률」에 따른 교육환경평가
4) 「국토의 계획 및 이용에 관한 법률」에 따른 도시·군관리계획에 관한 사항
5) 「도시교통정비 촉진법」에 따른 교통영향평가에 관한 사항
6) 「환경영향평가법」에 따른 환경영향평가 등에 관한 사항
7) 그 밖에 국토교통부장관, 시·도지사 또는 시장·군수등이 필요하다고 인정하여 통합심의에 부치는 사항

(2) 사업시행자의 통합심의 신청

사업시행자가 통합심의를 신청하는 경우에는 통합심의사항과 관련된 서류를 첨부하여야 한다. 이 경우 정비구역의 지정권자는 통합심의를 효율적으로 처리하기 위하여 필요한 경우 제출기한을 정하여 제출하도록 할 수 있다(법 제50조의2 제2항).

(3) 통합심의위원회의 구성

정비구역의 지정권자가 통합심의를 하는 경우에는 다음의 어느 하나에 해당하는 위원회에 속하고 해당 위원회의 위원장의 추천을 받은 위원, 정비구역의 지정권자가 속한 지방자치단체 소속 공무원 및 사업시행계획 인가권자가 속한 지방자치단체 소속 공무원으로 소집된 통합심의위원회를 구성하여 통합심의하여야 한다. 이 경우 통합심의위원회의 구성, 통합심의의 방법 및 절차에 관한 사항은 대통령령으로 정한다(법 제50조의2 제3항).

1) 「건축법」에 따른 건축위원회
2) 「경관법」에 따른 경관위원회
3) 「교육환경 보호에 관한 법률」에 따른 교육환경보호위원회
4) 지방도시계획위원회
5) 「도시교통정비 촉진법」에 따른 교통영향평가심의위원회
6) 도시재정비위원회(정비구역이 재정비촉진지구 내에 있는 경우에 한정한다)
7) 「환경영향평가법」에 따른 환경영향평가협의회
8) 심의권한을 가진 관련 위원회

(4) 통합심의 결과의 반영 등

시장·군수등은 특별한 사유가 없으면 통합심의 결과를 반영하여 사업시행계획을 인가하여야 한다. 통합심의를 거친 경우에는 통합심의 사항에 대한 검토·심의·조사·협의·조정 또는 재정을 거친 것으로 본다(법 제50조의2 제4·5항).

(5) 통합심의의 방법과 절차

1) 통합심의를 하는 경우 정비구역지정권자는 통합심의위원회 개최 7일 전까지 회의 안건과 심의에 참여할 위원을 확정하고, 회의 일시, 장소 및 회의에 부치는 안건 등 회의 내용을 회의에 참여하는 위원에게 알려야 한다(영 제46조의4 제1항).
2) 통합심의위원회의 회의는 참여가 확정된 위원 과반수의 출석으로 개의하고, 출석위원 과반수의 찬성으로 의결한다(영 제46조의4 제2항).
3) 통합심의위원회의 회의를 개의할 때에는 위원회 위원(통합심의 안건과 직접 관련이 없는 위원회 위원은 제외한다)이 각각 1명 이상 출석해야 한다(영 제46조의4 제3항).
4) 통합심의위원회는 통합심의와 관련하여 필요하다고 인정하거나 정비구역지정권자가 요청하는 경우에는 당사자 또는 관계자를 출석하게 하여 의견을 듣거나 설명하게 할 수 있다(영 제46조의4 제4항).
5) 통합심의위원회는 사업시행계획인가와 관련된 사항, 당사자 또는 관계자의 의견 및 설명, 관계 기관의 의견 등을 종합적으로 검토하여 심의해야 한다(영 제46조의4 제5항).

9 기반시설의 기부채납 기준

(1) 정비기반시설의 기부채납

시장·군수등은 사업시행계획을 인가하는 경우 사업시행자가 제출하는 사업시행계획에 해당 정비사업과 직접적으로 관련이 없거나 과도한 정비기반시설의 기부채납을 요구하여서는 아니 된다(법 제51조 제1항).

(2) 국토교통부장관의 운영기준

국토교통부장관은 정비기반시설의 기부채납과 관련하여 다음의 사항이 포함된 운영기준을 작성하여 고시할 수 있다(법 제51조 제2항).

1) 정비기반시설의 기부채납 부담의 원칙 및 수준
2) 정비기반시설의 설치기준 등

10 사업시행계획서의 작성 16·22회 출제

사업시행자는 정비계획에 따라 다음의 사항을 포함하는 사업시행계획서를 작성하여야 한다(법 제52조 제1항).

→ 도로·상하수도·공원·공용주차장·공동구, 그 밖에 주민의 생활에 필요한 열·가스 등의 공급시설

1) 토지이용계획(건축물배치계획을 포함한다)
2) 정비기반시설 및 공동이용시설의 설치계획
   → 주민이 공동으로 사용하는 놀이터·마을회관·공동작업장 등
3) 임시거주시설을 포함한 주민이주대책
4) 세입자의 주거 및 이주대책
5) 사업시행기간 동안 정비구역 내 가로등 설치, 폐쇄회로 텔레비전 설치 등 범죄예방대책
6) 임대주택의 건설계획(재건축사업의 경우는 제외한다)
7) 국민주택규모 주택의 건설계획(주거환경개선사업의 경우는 제외한다)
8) 공공지원 민간임대주택 또는 임대관리 위탁주택의 건설계획(필요한 경우로 한정한다)
9) 건축물의 높이 및 용적률 등에 관한 건축계획
10) 정비사업의 시행과정에서 발생하는 폐기물의 처리계획
11) 교육시설의 교육환경 보호에 관한 계획(정비구역부터 200m 이내에 교육시설이 설치되어 있는 경우로 한정한다)
12) 정비사업비
13) 그 밖에 사업시행을 위한 사항으로서 대통령령으로 정하는 바에 따라 시·도조례로 정하는 사항

단락문제 Q12 제22회 기출 개작

도시 및 주거환경정비법령상 정비계획에 따른 사업시행계획서에 포함되어야 하는 사항이 <u>아닌</u> 것은?

① 정비기반시설 및 공동이용시설의 설치계획
② 정비구역부터 200m 이내에 교육시설이 설치되어 있는 경우 교육시설의 교육환경 보호에 관한 계획
③ 조합원이 아닌 일반분양대상자에 대한 입주대책
④ 임시거주시설을 포함한 주민이주대책
⑤ 건축물의 높이 및 용적률 등에 관한 건축계획

해설 사업시행계획서
조합원이 아닌 일반분양대상자에 대한 입주대책은 사업시행계획서의 내용이 아니다. **정답** ③

11 시행규정의 작성

시장·군수등, 토지주택공사등 또는 신탁업자가 단독으로 정비사업을 시행하는 경우 다음의 사항을 포함하는 시행규정을 작성하여야 한다(법 제53조).

1) 정비사업의 종류 및 명칭
2) 정비사업의 시행연도 및 시행방법
3) 비용부담 및 회계
4) 토지등소유자의 권리·의무
5) 정비기반시설 및 공동이용시설의 부담
6) 공고·공람 및 통지의 방법
7) 토지 및 건축물에 관한 권리의 평가방법
8) 관리처분계획 및 청산(분할징수 또는 납입에 관한 사항을 포함한다). 다만, 수용의 방법으로 시행하는 경우는 제외한다.
9) 시행규정의 변경
10) 사업시행계획서의 변경
11) 토지등소유자 전체회의(신탁업자가 사업시행자인 경우로 한정)
12) 그 밖에 시·도조례로 정하는 사항

02 재건축사업 등의 용적률 완화 및 국민주택규모 주택 건설비율 ★★

18회 출제

1 재건축사업 등의 법적상한용적률 완화

사업시행자는 다음의 어느 하나에 해당하는 정비사업(「도시재정비 촉진을 위한 특별법」에 따른 재정비촉진지구에서 시행되는 재개발사업 및 재건축사업은 제외한다)을 시행하는 경우 정비계획(이 법에 따라 정비계획으로 의제되는 계획을 포함한다)으로 정하여진 용적률에도 불구하고 지방도시 계획위원회의 심의를 거쳐 「국토의 계획 및 이용에 관한 법률」 및 관계법률에 따른 용적률의 상한(법적상한용적률)까지 건축할 수 있다. 사업시행자가 정비계획으로 정하여진 용적률을 초과하여 건축하려는 경우에는 「국토의 계획 및 이용에 관한 법률」에 따라 특별시·광역시·특별자치시·특별자치도·시 또는 군의 조례로 정한 용적률 제한 및 정비계획으로 정한 허용세대수의 제한을 받지 아니한다(법 제54조 제1·2항).

→ 인구와 산업이 지나치게 집중되었거나 집중될 우려가 있어 이전하거나 정비할 필요가 있는 지역

1) 「수도권정비계획법」에 따른 <u>과밀억제권역</u>에서 시행하는 재개발사업 및 재건축사업(「국토의 계획 및 이용에 관한 법률」에 따른 주거지역 및 준공업지역으로 한정한다)

2) 그 밖의 경우 시·도조례로 정하는 지역에서 시행하는 재개발사업 및 재건축사업

2 관계법률에 따른 용적률의 상한

관계법률에 따른 용적률의 상한은 다음의 어느 하나에 해당하여 건축행위가 제한되는 경우 건축이 가능한 용적률을 말한다(법 제54조 제3항).

1) 「국토의 계획 및 이용에 관한 법률」에 따른 건축물의 층수제한
2) 「건축법」에 따른 높이제한
3) 「건축법」에 따른 일조 등의 확보를 위한 건축물의 높이제한
4) 「공항시설법」에 따른 장애물 제한표면구역 내 건축물의 높이제한
5) 「군사기지 및 군사시설 보호법」에 따른 비행안전구역 내 건축물의 높이제한
6) 「문화유산의 보존 및 활용에 관한 법률」에 따른 건설공사 시 문화유산 보호를 위한 건축제한
7) 「자연유산의 보존 및 활용에 관한 법률」에 따른 건설공사 시 천연기념물등의 보호를 위한 건축제한
8) 그 밖에 시장·군수등이 건축관계법률의 건축제한으로 용적률의 완화가 불가능하다고 근거를 제시하고, 지방도시계획위원회 또는 「건축법」에 따라 시·도에 두는 건축위원회가 심의를 거쳐 용적률 완화가 불가능하다고 인정한 경우

3 재건축사업 등의 국민주택규모 주택 건설의무

사업시행자는 법적상한용적률에서 정비계획으로 정하여진 용적률을 뺀 용적률(이하 "초과용적률"이라 한다)의 다음에 따른 비율에 해당하는 면적에 국민주택규모 주택을 건설하여야 한다. 다만, 긴급한 정비사업, 천재지변, 「재난 및 안전관리 기본법」 또는 「시설물의 안전 및 유지관리에 관한 특별법」에 따른 사용제한·사용금지, 그 밖의 불가피한 사유로 긴급하게 정비사업을 시행할 필요가 있다고 인정하는 경우에는 그러하지 아니하다(법 제54조 제4항).

1) 과밀억제권역에서 시행하는 재건축사업은 초과용적률의 30/100 이상 50/100 이하로서 시·도조례로 정하는 비율

2) 과밀억제권역에서 시행하는 재개발사업은 초과용적률의 50/100 이상 75/100 이하로서 시·도조례로 정하는 비율

3) 과밀억제권역 외의 지역에서 시행하는 재건축사업은 초과용적률의 50/100 이하로서 시·도조례로 정하는 비율

4) 과밀억제권역 외의 지역에서 시행하는 재개발사업은 초과용적률의 75/100 이하로서 시·도조례로 정하는 비율

4 국민주택규모 주택의 공급

사업시행자는 초과용적률의 비율에 따라 건설한 국민주택규모 주택을 국토교통부장관, 시·도지사, 시장, 군수, 구청장 또는 토지주택공사등(인수자)에 공급하여야 한다(법 제55조 제1항).

5 국민주택규모 주택의 공급가격

국민주택규모 주택의 공급가격은 「공공주택 특별법」에 따라 국토교통부장관이 고시하는 공공건설임대주택의 표준건축비로 하며, 부속 토지는 인수자에게 기부채납한 것으로 본다(법 제55조 제2항).

※ 국가·지방자치단체 외의 자가 재산의 소유권을 무상으로 국가·지방자치단체에 이전하여 국가·지방자치단체가 이를 취득하는 것을 말함

6 국민주택규모 주택의 공급방법

(1) 국민주택규모 주택의 선정통보

사업시행자는 초과용적률의 비율에 따라 건설한 국민주택규모 주택 중 인수자에 공급해야 하는 국민주택규모 주택을 공개추첨의 방법으로 선정해야 하며, 그 선정결과를 지체없이 인수자에게 통보해야 한다(영 제48조 제1항).

(2) 국민주택규모 주택의 공급순위

사업시행자가 선정된 국민주택규모 주택을 공급하는 경우에는 시·도지사, 시장·군수·구청장 순으로 우선하여 인수할 수 있다. 다만, 시·도지사 및 시장·군수·구청장이 국민주택규모 주택을 인수할 수 없는 경우에는 시·도지사는 국토교통부장관에게 인수자 지정을 요청해야 한다(영 제48조 제2항).

(3) 국민주택규모 주택의 지정통보

국토교통부장관은 시·도지사로부터 인수자 지정 요청이 있는 경우에는 30일 이내에 인수자를 지정하여 시·도지사에게 통보해야 하며, 시·도지사는 지체없이 이를 시장·군수·구청장에게 보내어 그 인수자와 국민주택규모 주택의 공급에 관하여 협의하도록 해야 한다(영 제48조 제3항).

7 사업시행자의 인수자와 협의

사업시행자는 정비계획상 용적률을 초과하여 건축하려는 경우에는 사업시행계획인가를 신청하기 전에 미리 국민주택규모 주택에 관한 사항을 인수자와 협의하여 사업시행계획서에 반영하여야 한다(법 제55조 제3항).

8 국민주택규모 주택의 인수

국민주택규모 주택의 인수를 위한 절차와 방법 등에 필요한 사항은 대통령령으로 정할 수 있으며, 인수된 국민주택규모 주택은 「공공주택 특별법」의 공공임대주택으로서 임대의무기간이 20년 이상인 장기공공임대주택으로 활용하여야 한다. 다만, 토지등소유자의 부담 완화 등 대통령령으로 정하는 요건에 해당하는 경우에는 인수된 국민주택규모 주택을 장기공공임대주택이 아닌 임대주택으로 활용할 수 있다(법 제55조 제4항, 영 제48조 제4항).

9 임대주택 인수자의 부속 토지가격

임대주택의 인수자는 임대의무기간에 따라 감정평가액의 50/100 이하의 범위에서 다음의 구분에 따른 가격으로 부속 토지를 인수하여야 한다(법 제55조 제5항, 영 제48조 제6항).

1) 임대의무기간이 10년 이상인 경우

감정평가액(시장·군수등이 지정하는 둘 이상의 감정평가법인등이 평가한 금액을 산술평균한 금액을 말한다)의 30/100에 해당하는 가격

2) 임대의무기간이 10년 미만인 경우

감정평가액의 50/100에 해당하는 가격

단락문제 Q13 제18회 개작

도시 및 주거환경정비법령상 국민주택규모 주택의 공급에 관한 설명 중 ( )에 알맞은 숫자를 순서대로 나열한 것은?

> 「수도권정비계획법」에 따른 과밀억제권역에서 재건축사업을 시행하는 경우 사업시행자는 법적 상한용적률에서 정비계획에서 정해진 용적률을 뺀 용적률의 ( ) 이상 ( ) 이하로서 시·도 조례로 정하는 비율에 해당하는 면적에 국민주택규모 주택을 건설해야 한다. 국토교통부장관은 시·도지사로부터 인수자 지정 요청이 있는 경우에는 ( )일 이내에 인수자를 지정하여 시·도지사에게 통보해야 한다.

① 10/100, 20/100, 60
② 15/100, 30/100, 60
③ 20/100, 30/100, 30
④ 25/100, 50/100, 30
⑤ 30/100, 50/100, 30

해설 재건축 국민주택규모 주택의 공급

재건축 국민주택규모 주택은 법적 상한 용적률에서 정비계획으로 정해진 용적률을 뺀 용적률의 30/100 이상 50/100 이하로서 시·도 조례로 정하는 비율에 해당하는 면적만큼 국민주택규모 주택을 건설해야 한다. 국토교통부장관은 시·도지사로부터 인수자 지정 요청이 있는 경우에는 30일 이내에 인수자를 지정하여 시·도지사에게 통보해야 한다.

정답 ⑤

03 사업시행계획인가의 특례

1 건축물의 존치 또는 리모델링 사업시행계획인가의 특례

사업시행자는 일부 건축물의 존치 또는 리모델링(「주택법」 또는 「건축법」에 따른 리모델링을 말한다)에 관한 내용이 포함된 사업시행계획서를 작성하여 사업시행계획인가를 신청할 수 있다(법 제58조 제1항).

2 존치 또는 리모델링하는 건축물의 사업시행계획인가

시장·군수등은 존치 또는 리모델링하는 건축물 및 건축물이 있는 토지가 「주택법」 및 「건축법」에 따른 다음의 건축 관련 기준에 적합하지 아니하더라도 대통령령으로 정하는 기준에 따라 사업시행계획인가를 할 수 있다(법 제58조 제2항).

1) 「주택법」에 따른 주택단지의 범위
2) 「주택법」에 따른 부대시설 및 복리시설의 설치기준
3) 「건축법」에 따른 대지와 도로의 관계
4) 「건축법」에 따른 건축선의 지정
5) 「건축법」에 따른 일조 등의 확보를 위한 건축물의 높이제한

3 존치 또는 리모델링하는 건축물 소유자의 동의

사업시행자가 사업시행계획서를 작성하려는 경우에는 존치 또는 리모델링하는 건축물 소유자의 동의(「집합건물의 소유 및 관리에 관한 법률」에 따른 구분소유자가 있는 경우에는 구분소유자의 2/3 이상의 동의와 해당 건축물 연면적의 2/3 이상의 구분소유자의 동의로 한다)를 받아야 한다. 다만, 정비계획에서 존치 또는 리모델링하는 것으로 계획된 경우에는 그러하지 아니한다(법 제58조 제3항).

04 순환정비방식의 정비사업 등★

1 주택의 소유자 또는 세입자의 이주대책 수립

사업시행자는 정비구역의 안과 밖에 새로 건설한 주택 또는 이미 건설되어 있는 주택의 경우 그 정비사업의 시행으로 철거되는 주택의 소유자 또는 세입자(정비구역에서 실제 거주하는 자로 한정한다)를 임시로 거주하게 하는 등 그 정비구역을 순차적으로 정비하여 주택의 소유자 또는 세입자의 이주대책을 수립하여야 한다(법 제59조 제1항).

2 순환용 주택의 우선 공급요청 등

사업시행자는 순환정비방식으로 정비사업을 시행하는 경우에는 임시로 거주하는 주택(순환용 주택)을 「주택법」에도 불구하고 임시거주시설로 사용하거나 임대할 수 있으며, 대통령령으로 정하는 방법과 절차에 따라 토지주택공사등이 보유한 공공임대주택을 순환용 주택으로 우선 공급할 것을 요청할 수 있다(법 제59조 제2항).

3 순환용 주택의 분양 또는 임대

사업시행자는 순환용 주택에 거주하는 자가 정비사업이 완료된 후에도 순환용 주택에 계속 거주하기를 희망하는 때에는 다음의 기준에 따라 분양하거나 계속 임대할 수 있다. 이 경우 사업시행자가 소유하는 순환용 주택은 인가받은 관리처분계획에 따라 토지등소유자에게 처분된 것으로 본다(법 제59조 제3항, 영 제52조).

1) 순환용 주택에 거주하는 자가 해당 주택을 분양받으려는 경우 토지주택공사등은 「공공주택 특별법」에서 정한 매각요건 및 매각절차 등에 따라 해당 거주자에게 순환용 주택을 매각할 수 있다. 이 경우 「공공주택 특별법 시행령」에 따른 임대주택의 구분은 순환용 주택으로 공급할 당시의 유형에 따른다.

2) 순환용 주택에 거주하는 자가 계속 거주하기를 희망하고 「공공주택 특별법」에 따른 임대주택 입주자격을 만족하는 경우 토지주택공사등은 그 자와 우선적으로 임대차계약을 체결할 수 있다.

05 지정개발자의 정비사업비의 예치

25회 출제

1 정비사업비의 예치금액

시장·군수등은 재개발사업의 사업시행계획인가를 하는 경우 해당 정비사업의 사업시행자가 지정개발자(지정개발자가 토지등소유자인 경우로 한정한다)인 때에는 정비사업비의 20/100의 범위에서 시·도조례로 정하는 금액을 예치하게 할 수 있다(법 제60조 제1항).

2 예치금의 반환

예치금은 청산금의 지급이 완료된 때에 반환한다(법 제60조 제2항).

06 임시거주시설·임시상가의 설치 등

1 임시거주시설의 설치

사업시행자는 주거환경개선사업 및 재개발사업의 시행으로 철거되는 주택의 소유자 또는 세입자에게 해당 정비구역 안과 밖에 위치한 임대주택 등의 시설에 임시로 거주하게 하거나 주택자금의 융자를 알선하는 등 임시거주에 상응하는 조치를 하여야 한다(법 제61조 제1항).

2 임시거주시설의 일시 사용

사업시행자는 임시거주시설의 설치 등을 위하여 필요한 때에는 국가·지방자치단체, 그 밖의 공공단체 또는 개인의 시설이나 토지를 일시 사용할 수 있다(법 제61조 제2항).

3 임시거주시설의 사용료 등 면제

국가 또는 지방자치단체는 사업시행자로부터 임시거주시설에 필요한 건축물이나 토지의 사용 신청을 받은 때에는 다음의 어느 하나에 해당하는 사유가 없으면 이를 거절하지 못한다. 이 경우 사용료 또는 대부료는 면제한다(법 제61조 제3항, 영 제53조).

1) 임시거주시설의 설치를 위하여 필요한 건축물이나 토지에 대하여 제3자와 이미 매매계약을 체결한 경우
2) 사용신청 이전에 임시거주시설의 설치를 위하여 필요한 건축물이나 토지에 대한 사용계획이 확정된 경우
3) 제3자에게 이미 임시거주시설의 설치를 위하여 필요한 건축물이나 토지에 대한 사용허가를 한 경우

4 임시거주시설의 철거 및 원상회복

사업시행자는 정비사업의 공사를 완료한 때에는 완료한 날부터 30일 이내에 임시거주시설을 철거하고, 사용한 건축물이나 토지를 원상회복하여야 한다(법 제61조 제4항).

5 임시상가의 설치

재개발사업의 사업시행자는 사업시행으로 이주하는 상가세입자가 사용할 수 있도록 정비구역 또는 정비구역 인근에 임시상가를 설치할 수 있다(법 제61조 제5항).

6 임시거주시설·임시상가의 설치 등에 따른 손실보상

사업시행자는 공공단체(지방자치단체는 제외한다) 또는 개인의 시설이나 토지를 일시 사용함으로써 손실을 입은 자가 있는 경우에는 손실을 보상하여야 하며, 손실을 보상하는 경우에는 손실을 입은 자와 협의하여야 한다(법 제62조 제1항).

7 관할 토지수용위원회에 재결신청

사업시행자 또는 손실을 입은 자는 손실보상에 관한 협의가 성립되지 아니하거나 협의할 수 없는 경우에는 「공익사업을 위한 토지 등의 취득 및 보상에 관한 법률」에 따라 설치되는 관할 토지수용위원회에 재결을 신청할 수 있다(법 제62조 제2항).

8 손실보상의 준용 규정

손실보상은 이 법에 규정된 사항을 제외하고는 「공익사업을 위한 토지 등의 취득 및 보상에 관한 법률」을 준용한다(법 제62조 제3항).

단락문제 Q14 제25회 개작

도시 및 주거환경정비법령상 조합에 의한 재개발사업의 시행에 관한 설명으로 틀린 것은?

① 사업을 시행하고자 하는 경우 시장·군수등에게 사업시행계획인가를 받아야 한다.
② 사업시행계획서에는 일부 건축물의 존치 또는 리모델링에 관한 내용이 포함될 수 있다.
③ 인가받은 사업시행계획 중 건축물이 아닌 부대·복리시설의 위치를 변경하고자 하는 경우에는 변경인가를 받아야 한다.
④ 사업시행으로 철거되는 주택의 소유자 또는 세입자를 위하여 사업시행자가 지방자치단체의 건축물을 임시거주시설로 사용하는 경우 사용료 또는 대부료는 면제된다.
⑤ 조합이 시·도지사, 시장, 군수, 구청장 또는 토지주택공사등에게 재개발사업의 시행으로 건설된 재개발임대주택의 인수를 요청하는 경우 토지주택공사등이 우선하여 인수하여야 한다.

해설 재개발사업의 시행
재개발임대주택을 우선적으로 인수하여야 하는 자는 시·도지사나 시장·군수·구청장이다.

정답 ⑤

07 토지 등의 수용 또는 사용 ★★

1 사업시행자의 수용 또는 사용

사업시행자는 정비구역에서 정비사업(재건축사업의 경우에는 천재지변, 「재난 및 안전관리 기본법」 또는 「시설물의 안전 및 유지관리에 관한 특별법」에 따른 불가피한 사유로 긴급하게 정비사업을 시행할 필요가 있다고 인정하는 사업으로 한정한다)을 시행하기 위하여 「공익사업을 위한 토지 등의 취득 및 보상에 관한 법률」에 따른 토지·물건 또는 그 밖의 권리를 취득하거나 사용할 수 있다(법 제63조).

2 「공익사업을 위한 토지 등의 취득 및 보상에 관한 법률」의 준용

정비구역에서 정비사업의 시행을 위한 토지 또는 건축물의 소유권과 그 밖의 권리에 대한 수용 또는 사용은 이 법에 규정된 사항을 제외하고는 「공익사업을 위한 토지 등의 취득 및 보상에 관한 법률」을 준용한다. 다만, 정비사업의 시행에 따른 손실보상의 기준 및 절차는 대통령령으로 정할 수 있다(법 제65조 제1항).

3 「공익사업을 위한 토지 등의 취득 및 보상에 관한 법률」의 특례

(1) 사업인정 및 그 고시에 관한 특례
「공익사업을 위한 토지 등의 취득 및 보상에 관한 법률」을 준용하는 경우 사업시행계획인가 고시(시장·군수등이 직접 정비사업을 시행하는 경우에는 사업시행계획서의 고시를 말한다)가 있은 때에는 사업인정 및 그 고시가 있은 것으로 본다(법 제65조 제2항).

(2) 재결신청에 관한 특례
수용 또는 사용에 대한 재결의 신청은 「공익사업을 위한 토지 등의 취득 및 보상에 관한 법률」에도 불구하고 사업시행계획인가(사업시행계획변경인가를 포함한다)를 할 때 정한 사업시행기간 이내에 하여야 한다(법 제65조 제3항).

(3) 현금보상에 관한 특례
대지 또는 건축물을 현물보상하는 경우에는 「공익사업을 위한 토지 등의 취득 및 보상에 관한 법률」에도 불구하고 준공인가 이후에도 할 수 있다(법 제65조 제4항).

단락문제 Q15

도시 및 주거환경정비법령상 정비사업에서 토지 등의 수용에 관한 설명이다. 틀린 것은?

① 정비사업이 「공익사업을 위한 토지 등의 취득 및 보상에 관한 법률」에 따른 공익사업에 해당되는 경우에 한하여 수용을 할 수 있다.
② 사업시행계획인가의 고시가 있은 때에는 「공익사업을 위한 토지 등의 취득 및 보상에 관한 법률」에 따른 사업인정 및 그 고시가 있은 것으로 본다.
③ 「공익사업을 위한 토지 등의 취득 및 보상에 관한 법률」의 재결신청기간에 대한 예외가 인정된다.
④ 「공익사업을 위한 토지 등의 취득 및 보상에 관한 법률」의 사전보상에 대한 예외가 인정된다.
⑤ 「공익사업을 위한 토지 등의 취득 및 보상에 관한 법률」의 현금보상의 예외가 인정된다.

해설 정비사업에 있어서의 수용
정비사업이 「공익사업을 위한 토지 등의 취득 및 보상에 관한 법률」에 의한 공익사업에 해당되는지 여부에 관계없이 수용을 할 수 있다. 대지 또는 건축시설의 분양을 보상조건으로 해서 수용하는 경우 이는 사후·현물보상에 해당된다.

정답 ①

08 재건축사업에서의 매도청구

1 동의 여부의 회답촉구

재건축사업의 사업시행자는 사업시행계획인가의 고시가 있은 날부터 30일 이내에 다음의 자에게 조합설립 또는 사업시행자의 지정에 관한 동의 여부를 회답할 것을 서면으로 촉구하여야 한다(법 제64조 제1항).

1) 조합설립에 동의하지 아니한 자
2) 시장·군수등, 토지주택공사등 또는 신탁업자의 사업시행자 지정에 동의하지 아니한 자

2 동의 여부의 회답기간

동의 여부 촉구를 받은 토지등소유자는 촉구를 받은 날부터 2개월 이내에 회답하여야 한다(법 제64조 제2항).

3 부동의 회답의 간주

2개월 이내에 회답하지 아니한 경우 그 토지등소유자는 조합설립 또는 사업시행자의 지정에 동의하지 아니하겠다는 뜻을 회답한 것으로 본다(법 제64조 제3항).

4 매도청구의 기간

회답 기간이 지나면 사업시행자는 그 기간이 만료된 때부터 2개월 이내에 조합설립 또는 사업시행자 지정에 동의하지 아니하겠다는 뜻을 회답한 토지등소유자와 건축물 또는 토지만 소유한 자에게 건축물 또는 토지의 소유권과 그 밖의 권리를 매도할 것을 청구할 수 있다(법 제64조 제4항).

09 용적률에 관한 특례

1 용적률의 완화

사업시행자가 다음의 어느 하나에 해당하는 경우에는 「국토의 계획 및 이용에 관한 법률」에도 불구하고 해당 정비구역에 적용되는 용적률의 125/100 이하의 범위에서 대통령령으로 정하는 바에 따라 특별시·광역시·특별자치시·특별자치도·시 또는 군의 조례로 용적률을 완화하여 정할 수 있다(법 제66조 제1항).

1) 대통령령으로 정하는 손실보상의 기준 이상으로 세입자에게 주거이전비를 지급하거나 영업의 폐지 또는 휴업에 따른 손실을 보상하는 경우
2) 손실보상에 더하여 임대주택을 추가로 건설하거나 임대상가를 건설하는 등 추가적인 세입자 손실보상대책을 수립하여 시행하는 경우

2 사업시행자의 사전협의

사업시행자가 완화된 용적률을 적용받으려는 경우에는 사업시행계획인가 신청 전에 다음의 사항을 시장·군수등에게 제출하고 사전협의하여야 한다(영 제55조 제1항).

1) 정비구역 내 세입자 현황
2) 세입자에 대한 손실보상계획

3 시장·군수등의 결과통보

사전 협의를 요청받은 시장·군수등은 의견을 사업시행자에게 통보하여야 하며, 용적률을 완화받을 수 있다는 통보를 받은 사업시행자는 사업시행계획서를 작성할 때 세입자에 대한 손실보상계획을 포함하여야 한다(영 제55조 제2항).

4 역세권 등의 용적률 완화 특례

정비구역이 역세권 등 대통령령으로 정하는 요건에 해당하는 경우에는 이 법 및 「국토의 계획 및 이용에 관한 법률」에도 불구하고 다음의 어느 하나에 따라 용적률을 완화하여 적용할 수 있다(법 제66조 제2항).

  1) 지방도시계획위원회의 심의를 거쳐 법적상한용적률의 120/100까지 완화
  2) 용도지역의 변경을 통하여 용적률을 완화하여 정비계획을 수립한 후 변경된 용도지역의 법적상한용적률까지 완화

5 국민주택규모 주택의 인수자에게 공급

사업시행자는 역세권 등에 따라 완화된 용적률에서 정비계획으로 정하여진 용적률을 뺀 용적률(추가용적률)의 75/100 이하로서 다음의 구분에 따라 시·도조례로 정하는 비율에 해당하는 면적에 국민주택규모 주택을 건설하여 인수자에게 공급하여야 한다. 이 경우 국민주택규모 주택의 공급 및 인수방법에 관하여는 법 제55조를 준용한다(법 제66조 제3항, 영 제55조 제4항).

  1) 과밀억제권역에서 시행하는 재건축사업 : 추가용적률의 30/100 이상 75/100 이하의 범위에서 시·도조례로 정하는 비율
  2) 과밀억제권역에서 시행하는 재개발사업 : 추가용적률의 50/100 이상 75/100 이하의 범위에서 시·도조례로 정하는 비율
  3) 과밀억제권역 외의 지역에서 시행하는 재건축사업 : 추가용적률의 50/100 이하의 범위에서 시·도조례로 정하는 비율
  4) 과밀억제권역 외의 지역에서 시행하는 재개발사업 : 추가용적률의 75/100 이하의 범위에서 시·도조례로 정하는 비율

6 「공공주택 특별법」에 따른 분양

인수자는 사업시행자로부터 공급받은 주택 중 20/100 이상의 범위에서 시·도조례로 정하는 비율에 해당하는 주택에 대해서는 「공공주택 특별법」에 따라 분양할 수 있다. 이 경우 해당 주택의 공급가격은 「주택법」에 따라 국토교통부장관이 고시하는 건축비로 하며, 부속 토지의 가격은 감정평가액의 50/100에 해당하는 가격으로 부속 토지를 인수해야 하며, 해당 주택을 다음의 어느 하나에 해당하는 주택으로 분양해야 한다(법 제66조 제4항, 영 제55조 제5,6항).

  1) 「공공주택 특별법」에 따른 지분적립형 분양주택
  2) 「공공주택 특별법」에 따른 이익공유형 분양주택
  3) 「주택법」에 따른 토지임대부 분양주택(사업주체가 「공공주택 특별법」에 따른 공공주택사업자인 경우로 한정한다)

10 재건축사업의 범위에 관한 특례

1 토지분할 청구 ★

사업시행자 또는 추진위원회는 다음의 어느 하나에 해당하는 경우에는 그 주택단지 안의 일부 토지에 대하여 「건축법」의 대지의 분할제한 규정에도 불구하고 분할하려는 토지면적이 「건축법」에서 정하고 있는 대지의 분할제한면적에 미달되더라도 토지분할을 청구할 수 있다(법 제67조 제1항).

1) 「주택법」에 따라 사업계획승인을 받아 건설한 둘 이상의 건축물이 있는 주택단지에 재건축사업을 하는 경우
2) 조합설립의 동의요건을 충족시키기 위하여 필요한 경우

2 토지분할의 협의

사업시행자 또는 추진위원회는 토지분할 청구를 하는 때에는 토지분할의 대상이 되는 토지 및 그 위의 건축물과 관련된 토지등소유자와 협의하여야 한다(법 제67조 제2항).

3 법원 청구

사업시행자 또는 추진위원회는 토지분할의 협의가 성립되지 아니한 경우에는 법원에 토지분할을 청구할 수 있다(법 제67조 제3항).

4 조합설립인가와 사업시행계획인가

시장·군수등은 토지분할이 청구된 경우에 분할되어 나가는 토지 및 그 위의 건축물이 다음의 요건을 충족하는 때에는 토지분할이 완료되지 아니하여 동의요건에 미달되더라도 「건축법」에 따라 특별자치시·특별자치도·시·군·구에 설치하는 건축위원회의 심의를 거쳐 조합설립인가와 사업시행계획인가를 할 수 있다(법 제67조 제4항).

1) 해당 토지 및 건축물과 관련된 토지등소유자(건축물을 분양받을 권리의 산정 기준일의 다음 날 이후에 정비구역에 위치한 건축물 및 그 부속토지의 소유권을 취득한 자는 제외한다)의 수가 전체의 1/10 이하일 것
2) 분할되어 나가는 토지 위의 건축물이 분할선 상에 위치하지 아니할 것
3) 그 밖에 사업시행계획인가를 위하여 대통령령으로 정하는 요건에 해당할 것

11 건축규제의 완화 등에 관한 특례

1 주거환경개선사업에 관한 국민주택채권의 매입면제

주거환경개선사업에 따른 건축허가를 받은 때와 부동산등기(소유권보존등기 또는 이전등기로 한정한다)를 하는 때에는 「주택도시기금법」의 국민주택채권의 매입에 관한 규정을 적용하지 아니한다(법 제68조 제1항).

→ 국민주택사업에 필요한 자금을 조달하기 위하여 주택도시기금의 부담으로 발행하는 채권

2 주거환경개선구역에 관한 특례

주거환경개선구역에서 「국토의 계획 및 이용에 관한 법률」에 따른 도시·군계획시설의 결정·구조 및 설치의 기준 등에 필요한 사항은 국토교통부령으로 정하는 바에 따른다(법 제68조 제2항).

3 재건축사업에 관한 완화

사업시행자는 공공재건축사업을 위한 정비구역, 천재지변, 「재난 및 안전관리 기본법」 또는 「시설물의 안전 및 유지관리에 관한 특별법」에 따른 불가피한 사유로 긴급하게 정비사업을 시행할 필요가 있다고 인정하는 재건축구역(재건축사업을 시행하는 정비구역을 말한다) 또는 역세권 등에 용적률을 완화하여 적용하는 정비구역에서 다음의 어느 하나에 해당하는 사항에 대하여 대통령령으로 정하는 범위에서 「건축법」에 따른 지방건축위원회 또는 지방도시계획위원회의 심의를 거쳐 그 기준을 완화 받을 수 있다(법 제68조 제4항).

1) 「건축법」에 따른 대지의 조경기준
2) 「건축법」에 따른 건폐율의 산정기준
3) 「건축법」에 따른 대지 안의 공지 기준
4) 「건축법」에 따른 건축물의 높이제한
5) 「주택법」에 따른 부대시설 및 복리시설의 설치기준
6) 「도시공원 및 녹지 등에 관한 법률」에 따른 도시공원 또는 녹지 확보기준
7) 위의 사항 외에 공공재건축사업, 천재지변, 「재난 및 안전관리 기본법」 또는 「시설물의 안전 및 유지관리에 관한 특별법」에 따른 불가피한 사유로 긴급하게 정비사업을 시행할 필요가 있다고 인정되는 재건축사업의 원활한 시행을 위하여 대통령령으로 정하는 사항

12 다른 법령의 적용 및 배제

1 다른 법령의 적용

정비사업과 관련된 환지에 관하여는 「도시개발법」 제28조부터 제49조까지의 규정을 준용한다. 이 경우 「도시개발법」에 따른 "환지처분을 하는 때"는 "사업시행계획인가를 하는 때"로 본다(법 제69조 제2항).

2 다른 법령의 배제

주거환경개선사업의 경우에는 「공익사업을 위한 토지 등의 취득 및 보상에 관한 법률」 제78조 제4항(시장·군수등이 관리처분계획을 인가하는 때에는 그 내용을 해당 지방자치단체의 공보에 고시하여야 한다)을 적용하지 아니하며, 「주택법」을 적용할 때에는 이 법에 따른 사업시행자(토지주택공사등이 공동사업시행자인 경우에는 토지주택공사등을 말한다)는 「주택법」에 따른 사업주체로 본다(법 제69조 제3항).

3 「주택법 시행령」에 따른 감리자 지정 및 감리원 배치기준 적용

공공재개발사업 시행자 또는 공공재건축사업 시행자는 공공재개발사업 또는 공공재건축사업을 시행하는 경우 「건설기술 진흥법」 등 관계 법령에도 불구하고 다음의 어느 하나에 해당하는 경우 「주택법 시행령」에 따른 감리자 지정 및 감리원 배치기준을 적용할 수 있다(법 제69조 제4항, 영 제58조 제2항).

1) 천재지변, 「재난 및 안전관리 기본법」 또는 「시설물의 안전 및 유지관리에 관한 특별법」에 따른 사용제한·사용금지, 그 밖의 불가피한 사유로 긴급하게 정비사업을 시행하는 경우
2) 공사비가 1천억원 미만인 경우
3) 「건설기술 진흥법 시행령」에 따른 건설사업관리기술인 배치기준을 따르는 경우 사업성이 현저히 저하되어 사업을 추진하기 어려운 경우로서 국토교통부장관이 정하여 고시하는 사유에 해당된다고 시장·군수등이 인정하는 경우

13 지상권 등 계약의 해지 ★ 15회 출제

1 계약의 해지

정비사업의 시행으로 지상권·전세권 또는 임차권의 설정 목적을 달성할 수 없는 때에는 그 권리자는 계약을 해지할 수 있다(법 제70조 제1항).

2 금전의 반환청구권 행사

계약을 해지할 수 있는 자가 가지는 전세금·보증금, 그 밖의 계약상의 금전의 반환청구권은 사업시행자에게 행사할 수 있다(법 제70조 제2항).

3 사업시행자의 구상

금전의 반환청구권의 행사로 해당 금전을 지급한 사업시행자는 해당 토지등소유자에게 구상할 수 있다(법 제70조 제3항).

4 사업시행자의 압류

사업시행자는 구상이 되지 아니하는 때에는 해당 토지등소유자에게 귀속될 대지 또는 건축물을 압류할 수 있다. 이 경우 압류한 권리는 저당권과 동일한 효력을 가진다(법 제70조 제4항).

5 지상권설정계약 등의 계약기간에 관한 특례 ★

관리처분계획의 인가를 받은 경우 지상권·전세권설정계약 또는 임대차계약의 계약기간은 「민법」 제280조·제281조 및 제312조 제2항, 「주택임대차보호법」 제4조 제1항, 「상가건물 임대차보호법」 제9조 제1항을 적용하지 아니한다(법 제70조 제5항).

14 소유자의 확인이 곤란한 건축물 등에 대한 처분

1 법원에 공탁

사업시행자는 다음에서 정하는 날 현재 건축물 또는 토지의 소유자의 소재 확인이 현저히 곤란한 때에는 전국적으로 배포되는 둘 이상의 일간신문에 2회 이상 공고하고, 공고한 날부터 30일 이상이 지난 때에는 그 소유자의 해당 건축물 또는 토지의 감정평가액에 해당하는 금액을 법원에 공탁하고 정비사업을 시행할 수 있다(법 제71조 제1항).

1) 조합이 사업시행자가 되는 경우에는 조합설립인가일
2) 토지등소유자가 시행하는 재개발사업의 경우에는 사업시행계획인가일
3) 시장·군수등, 토지주택공사등이 정비사업을 시행하는 경우에는 사업시행자 지정고시일
4) 지정개발자를 사업시행자로 지정하는 경우에는 사업시행자 지정고시일

2 조합 소유로 보는 토지 또는 건축물

재건축사업을 시행하는 경우 조합설립인가일 현재 조합원 전체의 공동소유인 토지 또는 건축물은 조합 소유의 토지 또는 건축물로 본다(법 제71조 제2항).

3 관리처분계획에 명시

조합 소유로 보는 토지 또는 건축물의 처분에 관한 사항은 관리처분계획에 명시하여야 한다(법 제71조 제3항).

제6절 관리처분계획 등　32회 출제

01 분양신청 ★★　13·15·34회 출제

1 분양신청의 통지 및 분양공고　30회 출제

사업시행자는 사업시행계획인가의 고시가 있은 날(사업시행계획인가 이후 시공자를 선정한 경우에는 시공자와 계약을 체결한 날)부터 120일 이내에 분양신청기간 등 아래 1)항부터 11)항까지의 사항을 토지등소유자에게 통지하고, 분양의 대상이 되는 대지 또는 건축물의 내역 등 아래 5)항부터 13)항까지의 사항을 해당 지역에서 발간되는 일간신문에 공고하여야 한다. 다만, 토지등소유자 1인이 시행하는 재개발사업의 경우에는 그러하지 아니하다(법 제72조 제1항, 영 제59조 제1·2항).

관리처분계획

① 사업시행자는 기존의 건축물을 철거하기 전에 분양신청의 현황을 기초로 관리처분계획을 수립해서 시장·군수등의 인가를 받아야 한다.
② 사업시행자는 분양신청 기간이 종료된 때에 관리처분계획을 수립한다.

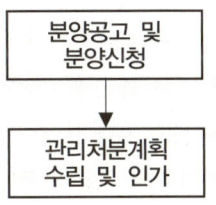

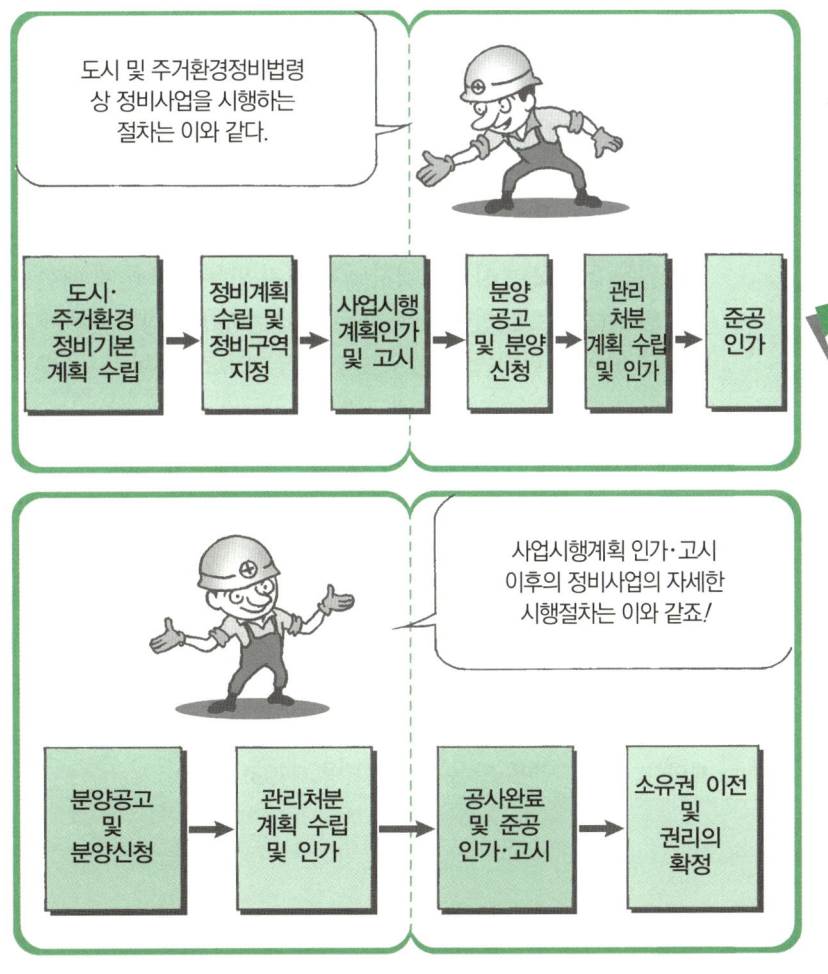

1) 분양대상자별 종전의 토지 또는 건축물의 명세 및 사업시행계획인가의 고시가 있은 날을 기준으로 한 가격(사업시행계획인가 전에 철거된 건축물은 시장·군수등에게 허가를 받은 날을 기준으로 한 가격)
2) 분양대상자별 분담금의 추산액
3) 분양신청기간
4) 분양신청서
5) 분양을 신청하지 아니한 자에 대한 조치
6) 사업시행인가의 내용
7) 정비사업의 종류·명칭 및 정비구역의 위치·면적
8) 분양신청기간 및 장소
9) 분양대상 대지 또는 건축물의 내역
10) 분양신청자격
11) 분양신청방법
12) 토지등소유자외의 권리자의 권리신고방법
13) 그 밖에 시·도조례로 정하는 사항

2 분양신청기간

분양신청기간은 분양신청기간 등을 통지한 날부터 30일 이상 60일 이내로 하여야 한다. 다만, 사업시행자는 관리처분계획의 수립에 지장이 없다고 판단하는 경우에는 분양신청기간을 20일의 범위에서 한 차례만 연장할 수 있다(법 제72조 제2항).

3 분양신청방법

대지 또는 건축물에 대한 분양을 받으려는 토지등소유자는 분양신청기간에 분양신청서에 소유권의 내역을 분명하게 적고, 그 소유의 토지 및 건축물에 관한 등기부등본 또는 환지예정지 증명원을 첨부하여 사업시행자에게 대지 또는 건축물에 대한 분양신청을 하여야 한다. 이 경우 우편의 방법으로 분양신청을 하는 때에는 분양신청기간내에 발송된 것임을 증명할 수 있는 우편으로 하여야 한다(법 제72조 제3항, 영 제59조 제3항).

4 재개발사업의 비용일부부담에 따른 분양

재개발사업의 경우 토지등소유자가 정비사업에 제공되는 종전의 토지 또는 건축물에 따라 분양받을 수 있는 것 외에 공사비 등 사업시행에 필요한 비용의 일부를 부담하고 그 대지 및 건축물(주택을 제외한다)을 분양받고자 하는 때에는 분양신청을 하는 때에 그 의사를 분명히 하고, 사업시행계획인가의 고시가 있은 날을 기준으로 한 가격의 10%에 상당하는 금액을 사업시행자에게 납입하여야 한다. 이 경우 그 금액은 납입하였으나 정하여진 비용부담액을 정하여진 시기에 납입하지 아니한 자는 그 납입한 금액의 비율에 해당하는 만큼의 대지 및 건축물(주택을 제외한다)만 분양을 받을 수 있다(영 제59조 제4항).

5 투기과열지구에서 분양신청의 제외자

투기과열지구의 정비사업에서 관리처분계획에 따라 <u>분양대상자 또는 일반 분양분의 분양대상자 및 그 세대에 속한 자는 분양대상자 선정일(조합원 분양분의 분양대상자는 최초 관리처분계획 인가일을 말한다)부터 5년 이내에는 투기과열지구에서 분양신청을 할 수 없다.</u> 다만, <u>상속, 결혼, 이혼</u>으로 조합원자격을 취득한 경우에는 분양신청을 할 수 있다(법 제72조 제6항).

6 분양신청을 하지 아니한 자 등에 대한 조치　33·35회 출제

사업시행자는 관리처분계획이 인가·고시된 다음 날부터 90일 이내에 다음에서 정하는 자와 토지, 건축물 또는 그 밖의 권리의 손실보상에 관한 협의를 하여야 한다. 다만, 사업시행자는 분양신청기간 종료일의 다음 날부터 협의를 시작할 수 있다(법 제73조 제1항).

1) <u>분양신청을 하지 아니한 자</u>
2) <u>분양신청기간 종료 이전에 분양신청을 철회한 자</u>
3) <u>투기과열지구에서 분양신청을 할 수 없는 자</u>
4) <u>인가된 관리처분계획에 따라 분양대상에서 제외된 자</u>

7 수용재결의 신청 등

사업시행자는 협의가 성립되지 아니하면 그 <u>기간의 만료일 다음 날부터 60일 이내에 수용재결을 신청하거나 매도청구소송을 제기</u>하여야 한다(법 제73조 제2항).

8 지연이자의 지급

사업시행자는 수용재결 신청 등의 기간을 넘겨서 수용재결을 신청하거나 매도청구소송을 제기한 경우에는 해당 토지등소유자에게 지연일수(遲延日數)에 따른 이자를 지급하여야 한다. 이 경우 이자는 15/100 이하의 범위에서 다음의 이율을 적용하여 산정한다(법 제73조 제3항, 영 제60조 제2항).

1) 6개월 이내의 지연일수에 따른 이자의 이율 : 5/100
2) 6개월 초과 12개월 이내의 지연일수에 따른 이자의 이율 : 10/100
3) 12개월 초과의 지연일수에 따른 이자의 이율 : 15/100

부동산공법

02 관리처분계획의 인가 등 ★★   21회 출제

1 관리처분계획의 인가   29회 출제

사업시행자는 분양신청기간이 종료된 때에는 분양신청의 현황을 기초로 관리처분계획 내용이 포함된 관리처분계획을 수립하여 시장·군수등의 인가를 받아야 하며, 관리처분계획을 변경·중지 또는 폐지하려는 경우에도 또한 같다. 다만, 다음의 어느 하나에 해당하는 경미한 사항을 변경하려는 경우에는 시장·군수등에게 신고하여야 한다. 이 경우 시장·군수등은 신고를 받은 날부터 20일 이내에 신고수리 여부를 신고인에게 통지하여야 한다(법 제74조 제1·2항, 영 제61조).

1) 계산착오·오기·누락 등에 따른 조서의 단순정정인 경우(불이익을 받는 자가 없는 경우에 한한다)
2) 정관 및 사업시행계획인가의 변경에 따라 관리처분계획을 변경하는 경우
3) 매도청구에 대한 판결에 따라 관리처분계획을 변경하는 경우
4) 권리·의무의 변동이 있는 경우로서 분양설계의 변경을 수반하지 아니하는 경우
5) 주택분양에 관한 권리를 포기하는 토지등소유자에 대한 임대주택의 공급에 따라 관리처분계획을 변경하는 경우
6) 「민간임대주택에 관한 특별법」에 따른 임대사업자의 주소(법인인 경우에는 법인의 소재지와 대표자의 성명 및 주소)를 변경하는 경우

2 시장·군수등의 신고수리 간주

시장·군수등이 신고를 받은 날부터 20일 이내에 신고수리 여부 또는 민원 처리 관련 법령에 따른 처리기간의 연장을 신고인에게 통지하지 아니하면 그 기간(민원 처리 관련 법령에 따라 처리기간이 연장 또는 재연장된 경우에는 해당 처리기간을 말한다)이 끝난 날의 다음 날에 신고를 수리한 것으로 본다(법 제74조 제3항).

3 관리처분계획의 내용   16·24회 출제

관리처분계획에는 다음의 사항이 포함되어야 한다(법 제74조 제1항, 영 제62조).

1) 분양설계
2) 분양대상자의 주소 및 성명
3) 분양대상자별 분양예정인 대지 또는 건축물의 추산액(임대관리 위탁주택에 관한 내용을 포함한다)

4) 다음에 해당하는 보류지 등의 명세와 추산액 및 처분방법. 다만, 공공지원 민간임대주택의 경우에는 선정된 임대사업자의 성명 및 주소(법인인 경우에는 법인의 명칭 및 소재지와 대표자의 성명 및 주소)를 포함한다.
   ① 일반 분양분
   ② 공공지원 민간임대주택
   ③ 임대주택
   ④ 그 밖에 부대시설·복리시설 등
5) 분양대상자별 종전의 토지 또는 건축물 명세 및 사업시행계획인가 고시가 있는 날을 기준으로 한 가격(사업시행계획인가 전에 철거된 건축물은 시장·군수등에게 허가를 받은 날을 기준으로 한 가격)
6) 정비사업비의 추산액(재건축사업의 경우에는 「재건축초과이익 환수에 관한 법률」에 따른 재건축부담금에 관한 사항을 포함한다) 및 그에 따른 조합원 분담규모 및 분담시기
7) 분양대상자의 종전 토지 또는 건축물에 관한 소유권 외의 권리명세
8) 세입자별 손실보상을 위한 권리명세 및 그 평가액
9) 현금으로 청산하여야 하는 토지등소유자별 기존의 토지·건축물 또는 그 밖의 권리의 명세와 이에 대한 청산방법
10) 정비사업의 시행으로 인하여 새로 설치되는 정비기반시설의 명세와 용도가 폐지되는 정비기반시설의 명세
11) 보류지 등의 명세와 추산가액 및 처분방법
12) 비용의 부담비율에 따른 대지 및 건축물의 분양계획과 그 비용부담의 한도·방법 및 시기. 이 경우 비용부담으로 분양받을 수 있는 한도는 정관등에서 따로 정하는 경우를 제외하고는 기존의 토지 또는 건축물의 가격의 비율에 따라 부담할 수 있는 비용의 50%를 기준으로 정한다.
13) 기존 건축물의 철거 예정시기
14) 그 밖에 시·도조례로 정하는 사항

4 재산 또는 권리의 평가방법 ★

정비사업에서 재산 또는 권리를 평가할 때에는 다음의 방법에 따른다(법 제74조 제4항).

1) 「감정평가 및 감정평가사에 관한 법률」에 따른 감정평가법인등 중 다음의 구분에 따른 감정평가법인등이 평가한 금액을 산술평균하여 산정한다. 다만, 관리처분계획을 변경·중지 또는 폐지하려는 경우 분양예정 대상인 대지 또는 건축물의 추산액과 종전의 토지 또는 건축물의 가격은 사업시행자 및 토지등소유자 전원이 합의하여 산정할 수 있다.
   ① **주거환경개선사업 또는 재개발사업**
      시장·군수등이 선정·계약한 2인 이상의 감정평가법인등
   ② **재건축사업**
      시장·군수등이 선정·계약한 1인 이상의 감정평가법인등과 조합총회의 의결로 선정·계약한 1인 이상의 감정평가법인등

2) 시장·군수등은 감정평가법인등을 선정·계약하는 경우 감정평가법인등의 업무수행능력, 소속 감정평가사의 수, 감정평가 실적, 법규 준수 여부, 평가계획의 적정성 등을 고려하여 객관적이고 투명한 절차에 따라 선정하여야 한다. 이 경우 감정평가법인등의 선정·절차 및 방법 등에 필요한 사항은 시·도조례로 정한다.

3) 사업시행자는 감정평가를 하려는 경우 시장·군수등에게 감정평가법인등의 선정·계약을 요청하고 감정평가에 필요한 비용을 미리 예치하여야 한다. 시장·군수등은 감정평가가 끝난 경우 예치된 금액에서 감정평가 비용을 직접 지급한 후 나머지 비용을 사업시행자와 정산하여야 한다.

03 사업시행계획인가 및 관리처분계획인가의 시기조정

1 특별시장·광역시장 또는 도지사의 시기조정요청

특별시장·광역시장 또는 도지사는 정비사업의 시행으로 정비구역 주변 지역에 주택이 현저하게 부족하거나 주택시장이 불안정하게 되는 등 특별시·광역시 또는 도의 조례로 정하는 사유가 발생하는 경우에는 「주거기본법」에 따른 시·도 주거정책심의위원회의 심의를 거쳐 사업시행계획인가 또는 관리처분계획인가의 시기를 조정하도록 해당 시장, 군수 또는 구청장에게 요청할 수 있다. 이 경우 요청을 받은 시장·군수 또는 구청장은 특별한 사유가 없으면 그 요청에 따라야 하며, 사업시행계획인가 또는 관리처분계획인가의 조정시기는 인가를 신청한 날부터 1년을 넘을 수 없다(법 제75조 제1항).

2 특별자치시장 및 특별자치도지사의 시기 조정

특별자치시장 및 특별자치도지사는 정비사업의 시행으로 정비구역 주변 지역에 주택이 현저하게 부족하거나 주택시장이 불안정하게 되는 등 특별자치시 및 특별자치도의 조례로 정하는 사유가 발생하는 경우에는 「주거기본법」에 따른 시·도 주거정책심의위원회의 심의를 거쳐 사업시행계획인가 또는 관리처분계획인가의 시기를 조정할 수 있다. 이 경우 사업시행계획인가 또는 관리처분계획인가의 조정 시기는 인가를 신청한 날부터 1년을 넘을 수 없다(법 제75조 제2항).

단락문제 Q16

다음은 도시 및 주거환경정비법령상 분양신청에 관한 설명이다. 틀린 것은?

① 사업시행자는 사업시행계획인가의 고시가 있는 날(사업시행계획인가 이후 시공자를 선정한 경우에는 시공자와 계약을 체결한 날)부터 120일 이내에 분양대상자별 분담금의 추산액 및 분양신청기간 그 밖에 대통령령이 정하는 사항을 토지등소유자에게 통지해야 한다.
② 투기과열지구의 정비사업에서 관리처분계획에 따라 분양대상자 또는 일반 분양분의 분양대상자 및 그 세대에 속한 자는 분양대상자 선정일부터 5년 이내에는 투기과열지구에서 분양신청을 할 수 없다.
③ 분양신청기간은 사업시행계획인가고시일부터 30일 이상 60일 이내로 해야 한다.
④ 사업시행자는 협의가 성립되지 아니하면 그 기간의 만료일 다음날부터 60일 이내에 수용재결을 신청하거나 매도청구소송을 제기하여야 한다.
⑤ 사업시행자는 관리처분계획이 인가·고시된 다음날부터 90일 이내에 분양신청기간 종료 이전에 분양신청을 철회한 자와 토지, 건축물 또는 그 밖의 권리의 손실보상에 관한 협의를 하여야 한다.

해설 분양신청
분양신청기간은 사업시행자가 분양신청기간 등을 통지한 날부터 30일 이상 60일 이내로 해야 한다. **정답 ③**

04 관리처분계획의 수립★★

10·추가15·17·22·23회 출제

1 관리처분계획의 수립기준

관리처분계획의 내용은 다음의 기준에 따른다(법 제76조 제1항).

1) 종전의 토지 또는 건축물의 면적·이용 상황·환경, 그 밖의 사항을 종합적으로 고려하여 대지 또는 건축물이 균형 있게 분양신청자에게 배분되고 합리적으로 이용되도록 한다.

2) 지나치게 좁거나 넓은 토지 또는 건축물은 넓히거나 좁혀 대지 또는 건축물이 적정 규모가 되도록 한다.

3) 너무 좁은 토지 또는 건축물을 취득한 자나 정비구역 지정 후 분할된 토지 또는 집합건물의 구분소유권을 취득한 자에게는 현금으로 청산할 수 있다.

4) 재해 또는 위생상의 위해를 방지하기 위하여 토지의 규모를 조정할 특별한 필요가 있는 때에는 너무 좁은 토지를 넓혀 토지를 갈음하여 보상을 하거나 건축물의 일부와 그 건축물이 있는 대지의 공유지분을 교부할 수 있다.

5) 분양설계에 관한 계획은 분양신청기간이 만료하는 날을 기준으로 하여 수립한다.

6) 1세대 또는 1명이 하나 이상의 주택 또는 토지를 소유한 경우 1주택을 공급하고, 같은 세대에 속하지 아니하는 2명 이상이 1주택 또는 1토지를 공유한 경우에는 1주택만 공급한다.

7) 다음의 경우에는 각 항의 방법에 따라 주택을 공급할 수 있다.
   ① 2명 이상이 1토지를 공유한 경우로서 시·도조례로 주택공급을 따로 정하고 있는 경우에는 시·도조례로 정하는 바에 따라 주택을 공급할 수 있다.
   ② 다음 어느 하나에 해당하는 토지등소유자에게는 소유한 주택 수만큼 공급할 수 있다.
      ㉠ 과밀억제권역에 위치하지 아니한 재건축사업의 토지등소유자. 다만, 투기과열지구 또는 조정대상지역에서 사업시행계획인가(최초 사업시행계획인가를 말한다)를 신청하는 재건축사업의 토지등소유자는 제외한다.
      ㉡ 근로자(공무원인 근로자를 포함한다) 숙소, 기숙사 용도로 주택을 소유하고 있는 토지등소유자
      ㉢ 국가, 지방자치단체 및 토지주택공사등
      ㉣ 「지방자치분권 및 지역균형발전에 관한 특별법」에 따른 공공기관지방이전 및 혁신도시 활성화를 위한 시책 등에 따라 이전하는 공공기관이 소유한 주택을 양수한 자
   ③ 과밀억제권역 외의 조정대상지역 또는 투기과열지구에서 조정대상지역 또는 투기과열지구로 지정되기 전에 1명의 토지등소유자로부터 토지 또는 건축물의 소유권을 양수하여 여러 명이 소유하게 된 경우에는 양도인과 양수인에게 각각 1주택을 공급할 수 있다.

④ 분양대상자별 종전의 토지 또는 건축물 명세 및 사업시행계획인가 고시가 있은 날을 기준으로 한 가격의 범위 또는 종전 주택의 주거전용면적의 범위에서 2주택을 공급할 수 있고, 이 중 1주택은 주거전용면적을 60㎡ 이하로 한다. 다만, 60㎡ 이하로 공급받은 1주택은 소유권 이전고시일 다음 날부터 3년이 지나기 전에는 주택을 전매(매매·증여나 그 밖에 권리의 변동을 수반하는 모든 행위를 포함하되 상속의 경우는 제외한다)하거나 전매를 알선할 수 없다.

⑤ <u>과밀억제권역에 위치한 재건축사업의 경우에는 토지등소유자가 소유한 주택수의 범위에서 3주택까지 공급할 수 있다.</u> 다만, 투기과열지구 또는 조정대상지역에서 사업시행계획인가(최초 사업시행계획인가를 말한다)를 신청하는 재건축사업의 경우에는 그러하지 아니하다.

2 주거환경개선사업 및 재개발사업의 관리처분방법

인가받은 관리처분계획에 따라 주택 및 부대시설·복리시설을 건설하여 공급하는 방법으로 시행하는 주거환경개선사업과 재개발사업의 경우 관리처분은 다음의 방법에 따른다(영 제63조 제1항).

1) 시·도조례로 분양주택의 규모를 제한하는 경우에는 그 규모 이하로 주택을 공급할 것
2) 1개의 건축물의 대지는 1필지의 토지가 되도록 정할 것. 다만, 주택단지의 경우에는 그러하지 아니하다.
3) 정비구역의 토지등소유자(지상권자를 제외한다)에게 분양할 것. 다만, 공동주택을 분양하는 경우 시·도조례로 정하는 금액·규모·취득시기 또는 유형에 대한 기준에 부합하지 아니하는 토지등소유자는 시·도조례로 정하는 바에 따라 분양대상에서 제외할 수 있다.
4) 1필지의 대지 및 그 대지에 건축된 건축물(보류지로 정하거나 조합원 외의 자에게 분양하는 부분을 제외한다)을 2인 이상에게 분양하는 때에는 기존의 토지 및 건축물의 가격(사업시행방식이 전환된 경우에는 환지예정지의 권리가액을 말한다)과 토지등소유자가 부담하는 비용(재개발사업의 경우에만 해당한다)의 비율에 따라 분양할 것
5) 분양대상자가 공동으로 취득하게 되는 건축물의 공용부분은 각 권리자의 공유로 하되, 해당 공용부분에 대한 각 권리자의 지분비율은 그가 취득하게 되는 부분의 위치 및 바닥면적 등의 사항을 고려하여 정할 것
6) 1필지의 대지 위에 2인 이상에게 분양될 건축물이 설치된 경우에는 건축물의 분양면적의 비율에 따라 그 대지소유권이 주어지도록 할 것(주택과 그 밖의 용도의 건축물이 함께 설치된 경우에는 건축물의 용도 및 규모 등을 고려하여 대지지분이 합리적으로 배분될 수 있도록 한다). 이 경우 토지의 소유관계는 공유로 한다.
7) 주택 및 부대시설·복리시설의 공급순위는 기존의 토지 또는 건축물의 가격을 고려하여 정할 것. 이 경우 그 구체적인 기준은 시·도조례로 정할 수 있다.

3 재건축사업의 관리처분방법

재건축사업의 경우 관리처분은 다음의 방법에 따른다. 다만, 조합이 조합원 전원의 동의를 받아 그 기준을 따로 정하는 경우에는 그에 따른다(영 제63조 제2항).

1) 분양대상자가 공동으로 취득하게 되는 건축물의 공용부분은 각 권리자의 공유로 하되, 해당 공용부분에 대한 각 권리자의 지분비율은 그가 취득하게 되는 부분의 위치 및 바닥면적 등의 사항을 고려하여 정할 것

2) 1필지의 대지 위에 2인 이상에게 분양될 건축물이 설치된 경우에는 건축물의 분양면적의 비율에 따라 그 대지소유권이 주어지도록 할 것(주택과 그 밖의 용도의 건축물이 함께 설치된 경우에는 건축물의 용도 및 규모 등을 고려하여 대지지분이 합리적으로 배분될 수 있도록 한다). 이 경우 토지의 소유관계는 공유로 한다.

3) 부대시설·복리시설(부속토지를 포함한다)의 소유자에게는 부대시설·복리시설을 공급할 것. 다만, 다음의 어느 하나에 해당하는 경우에는 1주택을 공급할 수 있다.
   ① 새로운 부대시설·복리시설을 건설하지 아니하는 경우로서 기존 부대시설·복리시설의 가액이 분양주택 중 최소분양단위규모의 추산액에 정관등으로 정하는 비율(정관등으로 정하지 아니하는 경우에는 1로 한다)을 곱한 가액보다 클 것
   ② 기존 부대시설·복리시설의 가액에서 새로 공급받는 부대시설·복리시설의 추산액을 뺀 금액이 분양주택 중 최소분양단위규모의 추산액에 정관등으로 정하는 비율을 곱한 가액보다 클 것
   ③ 새로 건설한 부대시설·복리시설 중 최소분양단위규모의 추산액이 분양주택 중 최소분양단위규모의 추산액보다 클 것

05 주택 등 건축물을 분양받을 권리의 산정 기준일

1 건축물을 분양받을 권리의 산정 기준일 23회 출제

정비사업을 통하여 분양받을 건축물이 다음의 어느 하나에 해당하는 경우에는 정비구역 지정 고시가 있은 날 또는 시·도지사가 투기를 억제하기 위하여 기본계획 수립을 위한 주민공람의 공고일 후 정비구역 지정·고시 전에 따로 정하는 날(이하 "기준일"이라 한다)의 다음 날을 기준으로 건축물을 분양받을 권리를 산정한다(법 제77조 제1항).

1) 1필지의 토지가 여러 개의 필지로 분할되는 경우
2) 집합건물의 소유 및 관리에 관한 법률」에 따른 집합건물이 아닌 건축물이 집합건물로 전환되는 경우
3) 하나의 대지 범위에 속하는 동일인 소유의 토지와 주택 등 건축물을 토지와 주택 등 건축물로 각각 분리하여 소유하는 경우
4) 나대지에 건축물을 새로 건축하거나 기존 건축물을 철거하고 다세대주택, 그 밖의 공동주택을 건축하여 토지등소유자의 수가 증가하는 경우
5) 「집합건물의 소유 및 관리에 관한 법률」에 따른 전유부분의 분할로 토지등소유자의 수가 증가하는 경우

2 시·도지사의 기준일 고시

시·도지사는 기준일을 따로 정하는 경우에는 기준일·지정사유·건축물을 분양받을 권리의 산정기준 등을 해당 지방자치단체의 공보에 고시하여야 한다(법 제77조 제2항).

06 관리처분계획의 공람 및 인가절차 등

1 공람 및 의견청취

사업시행자는 관리처분계획인가를 신청하기 전에 관계서류의 사본을 30일 이상 토지등소유자에게 공람하게 하고 의견을 들어야 한다. 다만, 대통령령으로 정하는 경미한 사항을 변경하려는 경우에는 토지등소유자의 공람 및 의견청취절차를 거치지 아니할 수 있다(법 제78조 제1항).

2 관리처분계획의 인가 여부 통보기간

시장·군수등은 사업시행자의 관리처분계획인가의 신청이 있은 날부터 30일 이내에 인가 여부를 결정하여 사업시행자에게 통보하여야 한다. 다만, 시장·군수등은 관리처분계획의 타당성 검증을 요청하는 경우에는 관리처분계획인가의 신청을 받은 날부터 60일 이내에 인가 여부를 결정하여 사업시행자에게 통지하여야 한다(법 제78조 제2항).

3 관리처분계획의 타당성 검증요청

시장·군수등은 다음의 어느 하나에 해당하는 경우에는 토지주택공사등이나 한국부동산원에 관리처분계획의 타당성 검증을 요청하여야 한다. 이 경우 시장·군수등은 타당성 검증비용을 사업시행자에게 부담하게 할 수 있다(법 제78조 제3항, 영 제64조).

1) 정비사업비가 정비사업비 기준으로 10/100 이상 늘어나는 경우
2) 조합원 분담규모가 분양대상자별 분담금의 추산액 총액 기준으로 20/100 이상 늘어나는 경우
3) 조합원 1/5 이상이 관리처분계획인가 신청이 있은 날부터 15일 이내에 시장·군수등에게 타당성 검증을 요청한 경우
4) 그 밖에 시장·군수등이 필요하다고 인정하는 경우

07 관리처분계획에 따른 처분 등

28회 출제

1 관리처분계획에 따른 처분 또는 관리

정비사업의 시행으로 조성된 대지 및 건축물은 관리처분계획에 따라 처분 또는 관리하여야 한다(법 제79조 제1항).

2 관리처분계획에 따른 공급

사업시행자는 정비사업의 시행으로 건설된 건축물을 인가받은 관리처분계획에 따라 토지등소유자에게 공급하여야 한다(법 제79조 제2항).

3 주택의 공급방법

사업시행자(대지를 공급받아 주택을 건설하는 자를 포함한다)는 정비구역에 주택을 건설하는 경우에는 입주자 모집조건·방법·절차, 입주금(계약금·중도금 및 잔금을 말한다)의 납부방법·시기·절차, 주택공급방법·절차 등에 관하여 「주택법」에도 불구하고 대통령령으로 정하는 범위에서 시장·군수등의 승인을 받아 따로 정할 수 있다(법 제79조 제3항).

제3장 도시 및 주거환경정비법

4 잔여분의 분양방법

사업시행자는 분양신청을 받은 후 잔여분이 있는 경우에는 정관등 또는 사업시행계획으로 정하는 목적을 위하여 그 잔여분을 보류지(건축물을 포함한다)로 정하거나 조합원 또는 토지등소유자 이외의 자에게 분양할 수 있다. 이 경우 분양공고와 분양신청절차 등에 필요한 사항은 대통령령으로 정한다(법 제79조 제4항).

5 재개발임대주택의 인수방법

국토교통부장관, 시·도지사, 시장·군수·구청장 또는 토지주택공사등은 조합이 요청하는 경우 재개발사업의 시행으로 건설된 임대주택을 인수하여야 한다. 이 경우 재개발임대주택의 인수를 요청하는 경우 시·도지사 또는 시장, 군수, 구청장이 우선하여 인수하여야 하며, 시·도지사 또는 시장, 군수, 구청장이 예산·관리인력의 부족 등 부득이한 사정으로 인수하기 어려운 경우에는 국토교통부장관에게 토지주택공사등을 인수자로 지정할 것을 요청할 수 있다(법 제79조 제5항, 영 제68조 제1항).

6 임대주택의 공급방법 25회 출제

사업시행자는 정비사업의 시행으로 임대주택을 건설하는 경우에는 임차인의 자격·선정방법·임대보증금·임대료 등 임대조건에 관한 기준 및 무주택 세대주에게 우선 매각하도록 하는 기준 등에 관하여 「민간임대주택에 관한 특별법」, 「공공주택 특별법」에도 불구하고 대통령령으로 정하는 범위에서 시장·군수등의 승인을 받아 따로 정할 수 있다. 다만, 재개발임대주택으로서 최초의 임차인 선정이 아닌 경우에는 대통령령으로 정하는 범위에서 인수자가 따로 정한다(법 제79조 제6항).

7 남은 주택의 공급대상

사업시행자는 공급대상자에게 주택을 공급하고 남은 주택을 공급대상자 외의 자에게 공급할 수 있다(법 제79조 제7항).

8 남은 주택의 공급방법

남은 주택의 공급 방법·절차 등은 「주택법」을 준용한다. 다만, 사업시행자가 매도청구소송을 통하여 법원의 승소판결을 받은 후 입주예정자에게 피해가 없도록 손실보상금을 공탁하고 분양예정인 건축물을 담보한 경우에는 법원의 승소판결이 확정되기 전이라도 「주택법」에도 불구하고 입주자를 모집할 수 있으나, 준공인가 신청 전까지 해당 주택건설 대지의 소유권을 확보하여야 한다(법 제79조 제8항).

08 지분형 주택 등의 공급

1 토지주택공사등의 지분형 주택공급

사업시행자가 토지주택공사등인 경우에는 분양대상자와 사업시행자가 공동 소유하는 방식으로 주택(이하 "지분형 주택"이라 한다)을 공급할 수 있다(법 제80조 제1항).

2 지분형 주택의 공급방법

지분형 주택의 규모, 공동 소유기간 및 분양대상자는 다음과 같다(영 제70조 제1항).

1) 지분형 주택의 규모는 주거전용면적 60㎡ 이하인 주택으로 한정한다.

2) 지분형 주택의 공동 소유기간은 소유권을 취득한 날부터 10년의 범위에서 사업시행자가 정하는 기간으로 한다.

3) 지분형 주택의 분양대상자는 다음의 요건을 모두 충족하는 자로 한다.
   ① 종전에 소유하였던 토지 또는 건축물의 가격이 주거전용면적 60㎡ 이하인 주택의 분양가격 이하에 해당하는 사람
   ② 세대주로서 정비계획의 공람 공고일 당시 해당 정비구역에 2년 이상 실제 거주한 사람
   ③ 정비사업의 시행으로 철거되는 주택 외 다른 주택을 소유하지 아니한 사람

3 토지임대부 분양주택의 전환 공급

국토교통부장관, 시·도지사, 시장, 군수, 구청장 또는 토지주택공사등은 정비구역에 세입자와 다음의 어느 하나에 해당하는 자의 요청이 있는 경우에는 인수한 임대주택의 일부를 「주택법」에 따른 토지임대부 분양주택으로 전환하여 공급하여야 한다(법 제80조 제2항, 영 제71조 제1항).

1) 면적이 90㎡ 미만의 토지를 소유한 자로서 건축물을 소유하지 아니한 자

2) 바닥면적이 40㎡ 미만의 사실상 주거를 위하여 사용하는 건축물을 소유한 자로서 토지를 소유하지 아니한 자

09 건축물 등의 사용·수익의 중지 및 철거 등★★ 27회 출제

1 관리처분계획인가고시의 효과

종전의 토지 또는 건축물의 소유자·지상권자·전세권자·임차권자 등 권리자는 관리처분계획인가의 고시가 있은 때에는 소유권 이전고시가 있는 날까지 종전의 토지 또는 건축물을 사용하거나 수익할 수 없다. 다만, 다음의 어느 하나에 해당하는 경우에는 그러하지 아니하다(법 제81조 제1항).

1) 사업시행자의 동의를 받은 경우
2) 「공익사업을 위한 토지 등의 취득 및 보상에 관한 법률」에 따른 손실보상이 완료되지 아니한 경우

2 기존 건축물의 철거시기

사업시행자는 관리처분계획인가를 받은 후 기존의 건축물을 철거하여야 한다(법 제81조 제2항).

3 동의 및 허가에 의한 기존 건축물의 철거

사업시행자는 다음의 어느 하나에 해당하는 경우에는 기존 건축물 소유자의 동의 및 시장·군수등의 허가를 받아 해당 건축물을 철거할 수 있다. 이 경우 건축물의 철거는 토지등소유자로서의 권리·의무에 영향을 주지 아니한다(법 제81조 제3항).

1) 「재난 및 안전관리 기본법」·「주택법」·「건축법」 등 관계법령에서 정하는 기존 건축물의 붕괴 등 안전사고의 우려가 있는 경우
2) 폐공가(廢空家)의 밀집으로 범죄발생의 우려가 있는 경우

4 기존 건축물의 철거제한

시장·군수등은 사업시행자가 기존의 건축물을 철거하거나 철거를 위하여 점유자를 퇴거시키려는 경우 다음의 어느 하나에 해당하는 시기에는 건축물을 철거하거나 점유자를 퇴거시키는 것을 제한할 수 있다(법 제81조 제4항).

1) 일출 전과 일몰 후
2) 호우, 대설, 폭풍해일, 지진해일, 태풍, 강풍, 풍랑, 한파 등으로 해당 지역에 중대한 재해 발생이 예상되어 기상청장이 「기상법」에 따라 특보를 발표한 때
3) 「재난 및 안전관리 기본법」에 따른 재난이 발생한 때
   → 국민의 생명·신체·재산과 국가에 피해를 주거나 줄 수 있는 것으로서 자연재난과 사회재난으로 구분된다.
4) 위의 규정에 준하는 시기로 시장·군수등이 인정하는 시기

부동산공법

10 시공보증

1 시공보증서의 조합 제출

조합이 정비사업의 시행을 위하여 시장·군수등 또는 토지주택공사등이 아닌 자를 시공자로 선정(공동사업시행자가 시공하는 경우를 포함한다)한 경우 그 시공자는 공사의 시공보증(시공자가 공사의 계약상 의무를 이행하지 못하거나 의무이행을 하지 아니할 경우 보증기관에서 시공자를 대신하여 계약이행의무를 부담하거나 총 공사금액의 50/100이하 30/100 이상의 범위에서 사업시행자가 정하는 금액을 납부할 것을 보증하는 것을 말한다)을 위하여 국토교통부령으로 정하는 기관의 시공보증서를 조합에 제출하여야 한다(법 제82조 제1항, 영 제73조).

2 시공보증서의 제출 여부 확인

시장·군수등은 「건축법」에 따른 착공신고를 받는 경우에는 시공보증서의 제출 여부를 확인하여야 한다(법 제82조 제2항).

단락문제 Q17 제32회 기출

도시 및 주거환경정비법령상 관리처분계획 등에 관한 설명으로 옳은 것은? (단, 조례는 고려하지 않음)
① 지분형주택의 규모는 주거전용면적 60제곱미터 이하인 주택으로 한정한다.
② 분양신청기간의 연장은 30일의 범위에서 한 차례만 할 수 있다.
③ 같은 세대에 속하지 아니하는 3명이 1토지를 공유한 경우에는 3주택을 공급하여야 한다.
④ 조합원 10분의 1 이상이 관리처분계획인가 신청이 있는 날부터 30일 이내에 관리처분계획의 타당성 검증을 요청한 경우 시장·군수는 이에 따라야 한다.
⑤ 시장·군수는 정비구역에서 면적이 100제곱미터의 토지를 소유한 자로서 건축물을 소유하지 아니한 자의 요청이 있는 경우에는 인수한 임대주택의 일부를 「주택법」에 따른 토지임대부 분양주택으로 전환하여 공급하여야 한다.

해설 관리처분계획 등
② 분양신청기간은 분양신청기간 등을 통지한 날부터 30일 이상 60일 이내로 하여야 한다. 다만, 사업시행자는 관리처분계획의 수립에 지장이 없다고 판단하는 경우에는 분양신청기간을 20일의 범위에서 한 차례만 연장할 수 있다.
③ 같은 세대에 속하지 아니하는 2명 이상이 1주택 또는 1토지를 공유한 경우에는 1주택만 공급한다.
④ 시장·군수등은 조합원 5분의 1 이상이 관리처분계획인가 신청이 있는 날부터 15일 이내에 시장·군수등에게 타당성 검증을 요청한 경우에는 토지주택공사등이나 한국부동산원에 관리처분계획의 타당성 검증을 요청하여야 한다.
⑤ 시장·군수는 정비구역에서 면적이 90제곱미터 미만의 토지를 소유한 자로서 건축물을 소유하지 아니한 자의 요청이 있는 경우에는 인수한 임대주택의 일부를 「주택법」에 따른 토지임대부 분양주택으로 전환하여 공급하여야 한다.

정답 ①

제7절 공사완료에 따른 조치 등 ★

01 정비사업의 준공인가 19회 출제

1 준공인가권자

시장·군수등이 아닌 사업시행자가 정비사업 공사를 완료한 때에는 시장·군수등의 준공인가를 받아야 한다. 다만, 사업시행자(공동시행자인 경우를 포함한다)가 한국토지주택공사인 경우로서 「한국토지주택공사법」에 따라 준공인가 처리결과를 시장·군수등에게 통보한 경우에는 그러하지 아니하다(법 제83조 제1항, 영 제74조 제1항).

2 준공검사의 실시

준공인가신청을 받은 시장·군수등은 지체없이 준공검사를 실시하여야 한다. 이 경우 시장·군수등은 효율적인 준공검사를 위하여 필요한 때에는 관계 행정기관·공공기관·연구기관, 그 밖의 전문기관 또는 단체에게 준공검사의 실시를 의뢰할 수 있다(법 제83조 제2항).

3 준공인가의 고시

시장·군수등은 준공검사를 실시한 결과 정비사업이 인가받은 사업시행계획대로 완료되었다고 인정되는 때에는 준공인가를 하고 공사의 완료를 해당 지방자치단체의 공보에 고시하여야 한다(법 제83조 제3항).

4 준공인가 전의 사용허가

시장·군수등은 준공인가를 하기 전이라도 완공된 건축물이 사용에 지장이 없는 등 다음의 기준에 적합한 경우에는 입주예정자가 완공된 건축물을 사용할 수 있도록 사업시행자에게 허가할 수 있다. 다만, 시장·군수등이 사업시행자인 경우에는 허가를 받지 아니하고 입주예정자가 완공된 건축물을 사용하게 할 수 있다. 시장·군수등은 사용허가를 하는 때에는 동별·세대별 또는 구획별로 사용허가를 할 수 있다(법 제83조 제5항, 영 제75조 제1·3항).

  1) 완공된 건축물에 전기·수도·난방 및 상·하수도 시설 등이 갖추어져 있어 해당 건축물을 사용하는데 지장이 없을 것
  2) 완공된 건축물이 인가받은 관리처분계획에 적합할 것
  3) 입주자가 공사에 따른 차량통행·소음·분진 등의 위해로부터 안전할 것

▼ 공사완료고시절차

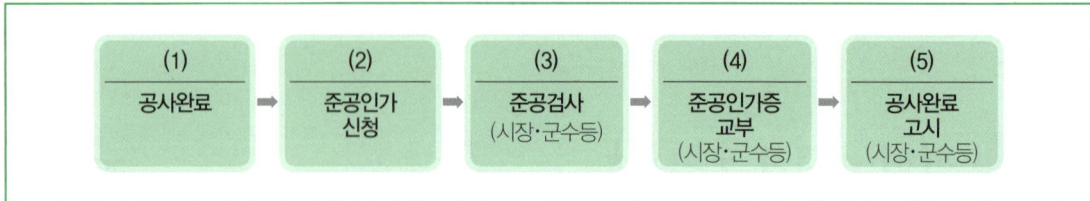

5 준공인가 등에 따른 정비구역의 해제 29회 출제

정비구역의 지정은 준공인가의 고시가 있은 날(관리처분계획을 수립하는 경우에는 이전고시가 있은 때를 말한다)의 다음 날에 해제된 것으로 본다. 이 경우 지방자치단체는 해당 지역을 「국토의 계획 및 이용에 관한 법률」에 따른 지구단위계획으로 관리하여야 한다. 정비구역의 해제는 조합의 존속에 영향을 주지 아니한다(법 제84조 제1·2항).

단락문제 Q19
제16회 기출 개작

도시 및 주거환경정비법령상 정비사업을 시행하는 절차를 시행순서에 따라 나열한 것은?

㉠ 사업시행계획인가 ㉡ 정비계획 수립 및 정비구역 지정
㉢ 도시·주거환경정비 기본계획 수립 ㉣ 준공인가
㉤ 관리처분계획인가

① ㉠ - ㉢ - ㉡ - ㉤ - ㉣   ② ㉡ - ㉢ - ㉠ - ㉤ - ㉣   ③ ㉢ - ㉡ - ㉤ - ㉠ - ㉣
④ ㉢ - ㉡ - ㉠ - ㉤ - ㉣   ⑤ ㉢ - ㉠ - ㉤ - ㉡ - ㉣

해설 정비사업시행절차
정비사업은 ㉢ 도시·주거환경정비 기본계획 수립 → ㉡ 정비계획 수립 및 정비구역 지정 → ㉠ 사업시행계획인가 → ㉤ 관리처분계획인가 → ㉣ 준공인가의 순으로 시행된다.

정답 ④

02 이전고시 등★★★

1 소유권이전고시 27회 출제

사업시행자는 공사완료 고시가 있는 때에는 지체없이 대지확정측량을 하고 토지의 분할절차를 거쳐 관리처분계획에서 정한 사항을 분양받을 자에게 통지하고 대지 또는 건축물의 소유권을 이전하여야 한다. 다만, 정비사업의 효율적인 추진을 위하여 필요한 경우에는 해당 정비사업에 관한 공사가 전부 완료되기 전이라도 완공된 부분은 준공인가를 받아 대지 또는 건축물별로 분양받을 자에게 소유권을 이전할 수 있다(법 제86조 제1항).

 소유권이전고시

사업시행자는 대지 및 건축물의 소유권을 이전하려는 때에는 이를 공보에 고시한 후 시장·군수등에게 보고해야 한다.

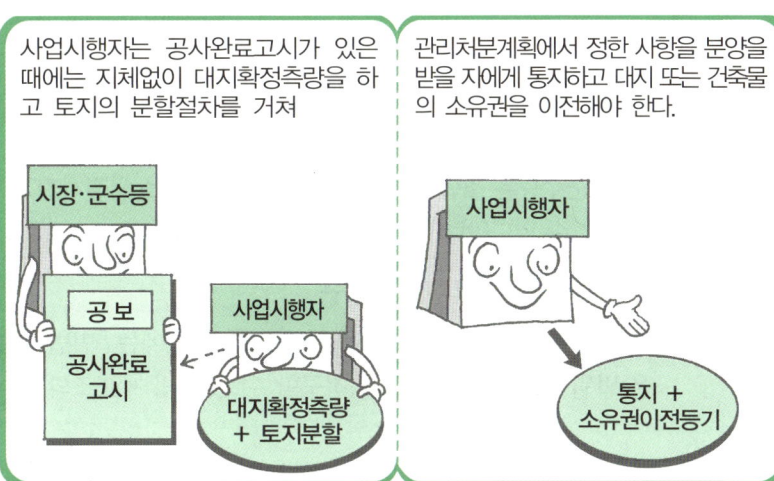

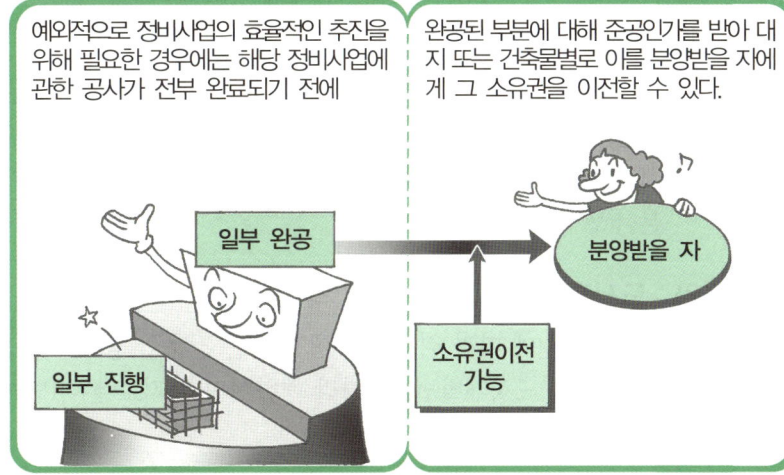

2 소유권이전고시 및 소유권 취득

사업시행자는 대지 및 건축물의 소유권을 이전하려는 때에는 그 내용을 해당 지방자치단체의 공보에 고시한 후 시장·군수등에게 보고하여야 한다. 이 경우 대지 또는 건축물을 분양받을 자는 고시가 있은 날의 다음 날에 그 대지 또는 건축물의 소유권을 취득한다(법 제86조 제2항).

3 조합의 해산

(1) 조합 해산을 위한 총회소집
조합장은 소유권이전고시가 있은 날부터 1년 이내에 조합 해산을 위한 총회를 소집하여야 한다(법 제86조의2 제1항).

(2) 총회를 소집하지 아니한 경우 해산방법
조합장이 소유권이전고시가 있은 날부터 1년 이내에 총회를 소집하지 아니한 경우 조합원 1/5 이상의 요구로 소집된 총회에서 조합원 과반수의 출석과 출석 조합원 과반수의 동의를 받아 해산을 의결할 수 있다. 이 경우 요구자 대표로 선출된 자가 조합 해산을 위한 총회의 소집 및 진행을 할 때에는 조합장의 권한을 대행한다(법 제86조의2 제2항).

(3) 조합설립인가의 취소
시장·군수등은 조합이 정당한 사유 없이 해산을 의결하지 아니하는 경우에는 조합설립인가를 취소할 수 있다(법 제86조의2 제3항).

(4) 법원에 청산인의 선임청구
해산하는 조합에 청산인이 될 자가 없는 경우에는 「민법」 제83조에도 불구하고 시장·군수등은 법원에 청산인의 선임을 청구할 수 있다(법 제86조의2 제4항).

4 대지 및 건축물에 대한 권리의 확정 13·21회 출제

(1) 소유권이전고시의 효과
대지 또는 건축물을 분양받을 자에게 소유권을 이전한 경우 종전의 토지 또는 건축물에 설정된 지상권·전세권·저당권·임차권·가등기담보권·가압류 등 등기된 권리 및 「주택임대차보호법」의 요건을 갖춘 임차권은 소유권을 이전받은 대지 또는 건축물에 설정된 것으로 본다(법 제87조 제1항).

(2) 「도시개발법」에 따른 환지의 간주
소유권이전에 따라 취득하는 대지 또는 건축물 중 토지등소유자에게 분양하는 대지 또는 건축물은 「도시개발법」에 따라 행하여진 환지로 본다(법 제87조 제2항).

(3) 「도시개발법」에 따른 보류지 또는 체비지의 간주

보류지와 일반에게 분양하는 대지 또는 건축물은 「도시개발법」에 따른 보류지 또는 <u>체비지</u>로 본다(법 제87조 제3항).

> 체비지 ← 시행자가 필요한 경비에 충당하기 위하여 환지로 정하지 아니하고 유보한 토지

5 등기절차 및 권리변동의 제한

(1) 분양 등기절차

사업시행자는 소유권이전 고시가 있은 때에는 지체없이 대지 및 건축물에 관한 등기를 지방법원지원 또는 등기소에 촉탁 또는 신청하여야 한다. 등기에 필요한 사항은 대법원규칙으로 정한다(법 제88조 제1·2항).

(2) 권리변동의 제한

정비사업에 관하여 소유권이전 고시가 있은 날부터 분양 등기가 있을 때까지는 저당권 등의 다른 등기를 하지 못한다(법 제88조 제3항).

03 청산금 등 ★★

1 청산금

대지 또는 건축물을 분양받은 자가 종전에 소유하고 있던 토지 또는 건축물의 가격과 분양받은 대지 또는 건축물의 가격 사이에 차이가 있는 경우 사업시행자는 소유권이전고시가 있은 후에 그 차액에 상당하는 금액(이하 "청산금"이라 한다)을 분양받은 자로부터 징수하거나 분양받은 자에게 지급하여야 한다(법 제89조 제1항).

2 청산금의 분할징수 및 분할지급

사업시행자는 정관등에서 분할징수 및 분할지급을 정하고 있거나 총회의 의결을 거쳐 따로 정한 경우에는 관리처분계획인가 후부터 소유권이전고시가 있는 날까지 일정 기간별로 <u>분할징수</u>하거나 <u>분할지급할 수 있다</u>(법 제89조 제2항).

3 청산금의 평가기준

사업시행자는 청산금을 적용하기 위하여 종전에 소유하고 있던 토지 또는 건축물의 가격과 분양받은 대지 또는 건축물의 가격을 평가하는 경우 그 토지 또는 건축물의 규모·위치·용도·이용 상황·정비사업비 등을 참작하여 평가하여야 한다(법 제89조 제3항).

4 청산기준가격의 평가

(1) 기존 토지 또는 건축물의 평가방법

대지 또는 건축물을 분양받은 자가 기존에 소유하고 있던 토지 또는 건축물의 가격은 다음의 구분에 따른 방법으로 평가한다(영 제76조 제1항).

1) 관리처분계획 공급 방법으로 시행하는 주거환경개선사업과 재개발사업의 경우에는 감정평가법인등 중 시장·군수등이 선정·계약한 2인 이상의 감정평가법인등이 평가한 금액을 산술평균하여 산정한다.

2) 재건축사업의 경우에는 사업시행자가 정하는 바에 따라 평가할 것. 다만, 감정평가법인등의 평가를 받으려는 경우에는 감정평가법인등 중 시장·군수등이 선정·계약한 1인 이상의 감정평가법인등과 조합총회의 의결로 선정·계약한 1인 이상의 감정평가법인등이 평가한 금액을 산술평균하여 산정한다.

(2) 분양받은 대지 또는 건축물의 평가방법

분양받은 대지 또는 건축물의 가격은 다음의 구분에 따른 방법으로 평가한다(영 제76조 제2항).

1) 관리처분계획 공급 방법으로 시행하는 주거환경개선사업과 재개발사업의 경우에는 감정평가법인등 중 시장·군수등이 선정·계약한 2인 이상의 감정평가법인등이 평가한 금액을 산술평균하여 산정한다.

2) 재건축사업의 경우에는 사업시행자가 정하는 바에 따라 평가할 것. 다만, 감정평가법인등의 평가를 받으려는 경우에는 감정평가법인등 중 시장·군수등이 선정·계약한 1인 이상의 감정평가법인등과 조합총회의 의결로 선정·계약한 1인 이상의 감정평가법인등이 평가한 금액을 산술평균하여 산정한다.

5 청산금의 징수방법 등

(1) 청산금의 강제징수★★ 18회 출제

시장·군수등인 사업시행자는 청산금을 납부할 자가 이를 납부하지 아니하는 경우 지방세 체납처분의 예에 따라 징수(분할징수를 포함한다)할 수 있으며, 시장·군수등이 아닌 사업시행자는 시장·군수등에게 청산금의 징수를 위탁할 수 있다. 이 경우 사업시행자는 징수한 금액의 4/100에 해당하는 금액을 해당 시장·군수등에게 교부하여야 한다(법 제90조 제1항).

(2) 청산금의 공탁

청산금을 지급받을 자가 받을 수 없거나 받기를 거부한 때에는 사업시행자는 그 청산금을 공탁할 수 있다(법 제90조 제2항).

(3) 청산금의 소멸시효 26회 출제

청산금을 지급(분할지급을 포함한다)받을 권리 또는 이를 징수할 권리는 <u>소유권이전고시일의 다음 날부터 5년간 행사하지 아니하면 소멸한다</u>(법 제90조 제3항).
→ 「소유권이전고시일」이 아니라 「소유권이전고시일 다음 날」임에 유의할 것

6 저당권의 물상대위

정비구역에 있는 토지 또는 건축물에 저당권을 설정한 권리자는 사업시행자가 저당권이 설정된 토지 또는 건축물의 소유자에게 청산금을 지급하기 전에 압류절차를 거쳐 저당권을 행사할 수 있다(법 제91조).

단락문제 Q18 제26회 기출 개작

도시 및 주거환경정비법령상 청산금에 관한 설명으로 틀린 것은?

① 조합총회의 의결을 거쳐 정한 경우에는 관리처분계획인가 후부터 소유권이전의 고시일까지 청산금을 분할징수할 수 있다.
② 종전에 소유하고 있던 토지의 가격과 분양받은 대지의 가격은 그 토지의 규모·위치·용도·이용상황·정비사업비 등을 참작하여 평가하여야 한다.
③ 청산금을 납부할 자가 이를 납부하지 아니하는 경우에 시장·군수등이 아닌 사업시행자는 시장·군수등에게 청산금의 징수를 위탁할 수 있다.
④ 청산금을 징수할 권리는 소유권이전의 고시일부터 5년간 이를 행사하지 아니하면 소멸한다.
⑤ 정비구역에 있는 건축물에 저당권을 설정한 권리자는 그 건축물의 소유자가 지급받을 청산금에 대하여 청산금을 지급하기 전에 압류절차를 거쳐 저당권을 행사할 수 있다.

해설 청산금
청산금을 징수할 권리는 소유권이전의 고시일 다음 날부터 5년간 이를 행사하지 아니하면 소멸한다.

정답 ④

제8절 비용의 부담 등 [32회 출제]

01 비용부담 [14회 출제]

1 비용부담의 원칙

정비사업비는 이 법 또는 다른 법령에 특별한 규정이 있는 경우를 제외하고는 사업시행자가 부담한다(법 제92조 제1항).

2 시장·군수등의 부담

시장·군수등은 시장·군수등이 아닌 사업시행자가 시행하는 정비사업의 정비계획에 따라 설치되는 다음의 시설에 대하여는 그 건설에 드는 비용의 전부 또는 일부를 부담할 수 있다(법 제92조 제2항. 영 제77조).

1) 도시·군계획시설 중 도로, 상·하수도, 공원, 공용주차장, 공동구, 녹지, 하천, 공공공지, 광장
2) 임시거주시설

3 비용의 조달

사업시행자는 토지등소유자로부터 비용과 정비사업의 시행과정에서 발생한 수입의 차액을 부과금으로 부과·징수할 수 있다(법 제93조 제1항).

사업시행자는 토지등소유자가 부과금의 납부를 태만히 한 때에는 연체료를 부과·징수할 수 있다(법 제93조 제2항).

부과금 및 연체료의 부과·징수에 필요한 사항은 정관등으로 정한다(법 제93조 제3항).

시장·군수등이 아닌 사업시행자는 부과금 또는 연체료를 체납하는 자가 있는 때에는 시장·군수등에게 그 부과·징수를 위탁할 수 있다(법 제93조 제4항).

시장·군수등은 부과금 또는 연체료 부과·징수를 위탁받은 경우에는 지방세 체납처분의 예에 따라 부과·징수할 수 있다. 이 경우 사업시행자는 징수한 금액의 4/100에 해당하는 금액을 해당 시장·군수등에게 교부하여야 한다(법 제93조 제5항).

4 정비기반시설 관리자의 비용부담

(1) 정비사업비의 협의
시장·군수등은 자신이 시행하는 정비사업으로 현저한 이익을 받는 정비기반시설의 관리자가 있는 경우에는 대통령령으로 정하는 방법 및 절차에 따라 해당 정비사업비의 일부를 그 정비기반시설의 관리자와 협의하여 그 관리자에게 부담시킬 수 있다(법 제94조 제1항).

(2) 정비기반시설 관리자의 부담비용 총액
정비기반시설 관리자가 부담하는 비용의 총액은 해당 정비사업에 소요된 비용(정비사업의 조사·측량·설계 및 감리에 소요된 비용을 제외한다)의 1/3을 초과하여서는 아니 된다. 다만, 다른 정비기반시설의 정비가 그 정비사업의 주된 내용이 되는 경우에는 그 부담비용의 총액은 해당 정비사업에 소요된 비용의 1/2까지로 할 수 있다(영 제78조 제1항).

(3) 공동구 설치의무자의 비용부담
사업시행자는 정비사업을 시행하는 지역에 전기·가스 등의 공급시설을 설치하기 위하여 공동구를 설치하는 경우에는 다른 법령에 따라 그 공동구에 수용될 시설을 설치할 의무가 있는 자에게 공동구의 설치에 드는 비용을 부담시킬 수 있다(법 제94조 제2항).

(4) 공동구의 설치비용
공동구의 설치에 드는 비용은 다음과 같다. 다만, 보조금이 있는 경우에는 설치에 드는 비용에서 해당 보조금의 금액을 빼야 한다(규칙 제16조 제1항).

1) 설치공사의 비용
2) 내부공사의 비용
3) 설치를 위한 측량·설계비용
4) 공동구의 설치로 인한 보상의 필요가 있는 경우에는 그 보상비용
5) 공동구 부대시설의 설치비용
6) 융자금이 있는 경우에는 그 이자에 해당하는 금액

(5) 공동구 설치에 드는 비용의 부담비율
공동구에 수용될 전기·가스·수도의 공급시설과 전기통신시설 등의 관리자(이하 "공동구점용예정자"라 한다)가 부담할 공동구의 설치에 드는 비용의 부담비율은 공동구의 점용예정면적비율에 따른다(규칙 제16조 제2항).

(6) 부담금의 납부
부담금의 납부통지를 받은 공동구점용예정자는 공동구의 설치공사가 착수되기 전에 부담금액의 1/3 이상을 납부하여야 하며, 그 잔액은 공사완료 고시일전까지 납부하여야 한다(규칙 제16조 제4항).

(7) 공동구의 관리

1) **공동구의 관리자**
   공동구는 시장·군수등이 관리한다(규칙 제17조 제1항).

2) **공동구 관리비용의 부담비율**
   시장·군수등은 공동구 관리비용(유지·수선비를 말하며, 조명·배수·통풍·방수·개축·재축·그 밖의 시설비 및 인건비를 포함한다)의 일부를 그 공동구를 점용하는 자에게 부담시킬 수 있으며, 그 부담비율은 점용면적비율을 고려하여 시장·군수등이 정한다. 공동구 관리비용은 연도별로 산출하여 부과한다(규칙 제17조 제2·3항).

3) **공동구 관리비용의 납입기한**
   공동구 관리비용의 납입기한은 매년 3월 31일까지로 하며, 시장·군수등은 납입기한 1개월 전까지 납입통지서를 발부하여야 한다. 다만, 필요한 경우에는 2회로 분할하여 납부하게 할 수 있으며 이 경우 분할금의 납입기한은 3월 31일과 9월 30일로 한다(규칙 제17조 제4항).

02 보조 및 융자 등

1 국가 또는 시·도의 보조 및 융자

국가 또는 시·도는 시장·군수·구청장 또는 토지주택공사등이 시행하는 정비사업에 관한 기초조사 및 정비사업의 시행에 필요한 시설로서 대통령령으로 정하는 정비기반시설, 임시거주시설 및 주거환경개선사업에 따른 공동이용시설의 건설에 드는 비용의 일부를 보조하거나 융자할 수 있다. 이 경우 국가 또는 시·도는 다음의 어느 하나에 해당하는 사업에 우선적으로 보조하거나 융자할 수 있다(법 제95조 제1항, 영 제79조 제2항).

1) 시장·군수등 또는 토지주택공사등이 다음의 어느 하나에 해당하는 지역에서 시행하는 주거환경개선사업
   ① 해제된 정비구역등
   ② 「도시재정비 촉진을 위한 특별법」에 따라 **재정비촉진지구**가 해제된 지역

   > 도시의 낙후된 지역에 대한 주거환경의 개선, 기반시설의 확충 및 도시기능의 회복을 광역적으로 계획하고 체계적·효율적으로 추진하기 위하여 지정하는 지구(地區)

2) 국가 또는 지방자치단체가 도시영세민을 이주시켜 형성된 낙후지역으로서 정비구역 지정(변경지정을 포함한다) 당시 다음의 요건에 모두 해당하는 지역에서 시장·군수등 또는 토지주택공사등이 단독으로 시행하는 재개발사업

① 「공익사업을 위한 토지 등의 취득 및 보상에 관한 법률」에 따른 공익사업의 시행으로 인하여 다른 지역으로 이주하게 된 자가 집단으로 정착한 지역으로서 이주 당시 300세대 이상의 주택을 건설하여 정착한 지역
② 정비구역 전체 건축물 중 준공 후 20년이 지난 건축물의 비율이 50/100 이상인 지역

2 시장·군수등의 보조

시장·군수등은 사업시행자가 토지주택공사등인 주거환경개선사업과 관련하여 정비기반시설 및 공동이용시설, 임시거주시설을 건설하는 경우 건설에 드는 비용의 전부 또는 일부를 토지주택공사등에게 보조하여야 한다(법 제95조 제2항).

3 국가 또는 지방자치단체의 보조 또는 융자 30회 출제

국가 또는 지방자치단체는 시장·군수등이 아닌 사업시행자가 시행하는 정비사업에 드는 비용의 일부를 보조 또는 융자하거나 융자를 알선할 수 있다(법 제95조 제3항).

4 순환정비방식의 정비사업에 우선적 지원

국가 또는 지방자치단체는 정비사업에 필요한 비용을 보조 또는 융자하는 경우 순환정비방식의 정비사업에 우선적으로 지원할 수 있다. 이 경우 순환정비방식의 정비사업의 원활한 시행을 위하여 국가 또는 지방자치단체는 다음의 비용 일부를 보조 또는 융자할 수 있다(법 제95조 제4항).

1) 순환용 주택의 건설비
2) 순환용 주택의 단열보완 및 창호교체 등 에너지 성능 향상과 효율개선을 위한 리모델링 비용
3) 공가(空家)관리비

5 국가의 보조 또는 융자

국가는 다음의 어느 하나에 해당하는 비용의 전부 또는 일부를 지방자치단체 또는 토지주택공사등에 보조 또는 융자할 수 있다(법 제95조 제5항).

1) 토지주택공사등이 보유한 공공임대주택을 순환용 주택으로 조합에게 제공하는 경우 그 건설비 및 공가관리비 등의 비용
2) 시·도지사, 시장·군수·구청장 또는 토지주택공사등이 재개발임대주택을 인수하는 경우 그 인수 비용

6 토지임대부 분양주택을 공급받는 자에게 보조 또는 융자

국가 또는 지방자치단체는 토지임대부 분양주택을 공급받는 자에게 해당 공급비용의 전부 또는 일부를 보조 또는 융자할 수 있다(법 제95조 제6항).

7 정비기반시설의 설치

사업시행자는 관할 지방자치단체의 장과의 협의를 거쳐 정비구역에 정비기반시설(주거환경개선사업의 경우에는 공동이용시설을 포함한다)을 설치하여야 한다(법 제96조).

03 정비기반시설 및 토지 등의 귀속

1 시장·군수등 또는 토지주택공사등의 귀속

시장·군수등 또는 토지주택공사등이 정비사업의 시행으로 새로 정비기반시설을 설치하거나 기존의 정비기반시설을 대체하는 정비기반시설을 설치한 경우에는 「국유재산법」 및 「공유재산 및 물품 관리법」에도 불구하고 종래의 정비기반시설은 사업시행자에게 무상으로 귀속되고, 새로 설치된 정비기반시설은 그 시설을 관리할 국가 또는 지방자치단체에 무상으로 귀속된다(법 제97조 제1항).

2 시장·군수등 또는 토지주택공사등이 아닌 사업시행자의 귀속

시장·군수등 또는 토지주택공사등이 아닌 사업시행자가 정비사업의 시행으로 새로 설치한 정비기반시설은 그 시설을 관리할 국가 또는 지방자치단체에 무상으로 귀속되고, 정비사업의 시행으로 용도가 폐지되는 국가 또는 지방자치단체 소유의 정비기반시설은 사업시행자가 새로 설치한 정비기반시설의 설치비용에 상당하는 범위에서 그에게 무상으로 양도된다(법 제97조 제2항).

3 관리청의 의견청취

시장·군수등은 정비기반시설의 귀속 및 양도에 관한 사항이 포함된 정비사업을 시행하거나 그 시행을 인가하려는 경우에는 미리 그 관리청의 의견을 들어야 한다. 인가받은 사항을 변경하려는 경우에도 또한 같다(법 제97조 제4항).

4 귀속 또는 양도시기 23회 출제

사업시행자는 관리청에 귀속될 정비기반시설과 사업시행자에게 귀속 또는 양도될 재산의 종류와 세목을 정비사업의 준공 전에 관리청에 통지하여야 하며, 해당 정비기반시설은 그 정비사업이 준공인가되어 관리청에 준공인가통지를 한 때에 국가 또는 지방자치단체에 귀속되거나 사업시행자에게 귀속 또는 양도된 것으로 본다(법 제97조 제5항).

5 정비기반시설의 등기

정비기반시설의 등기에 있어서 정비사업의 시행인가서와 준공인가서(시장·군수등이 직접 정비사업을 시행하는 경우에는 사업시행계획인가의 고시와 공사완료의 고시를 말한다)는 「부동산등기법」에 따른 등기원인을 증명하는 서류를 갈음한다(법 제97조 제6항).

6 정비기반시설의 대부료 면제

정비사업의 시행으로 용도가 폐지되는 국가 또는 지방자치단체 소유의 정비기반시설의 경우 정비사업의 시행 기간 동안 해당 시설의 대부료는 면제된다(법 제97조 제7항).

단락문제 Q19 제23회 기출 개작

도시 및 주거환경정비법령상 정비기반시설의 설치 및 귀속 등에 관한 설명으로 틀린 것은?

① 사업시행자는 관할 지방자치단체의 장과의 협의를 거쳐 정비구역에 정비기반시설(주거환경개선사업의 경우에는 공동이용시설을 포함한다)을 설치하여야 한다.
② 조합의 정비사업시행으로 인하여 용도폐지되는 국가 또는 지방자치단체 소유의 정비기반시설은 조합이 새로이 설치한 정비기반시설의 설치비용에 상당하는 범위 안에서 조합에게 무상으로 양도된다.
③ 정비사업의 시행으로 용도가 폐지되는 국가 또는 지방자치단체 소유의 정비기반시설의 경우 정비사업의 시행 기간 동안 해당 시설의 대부료는 면제된다.
④ 정비사업시행으로 용도가 폐지되어 조합에게 양도될 정비기반시설은 정비사업이 준공인가된 때에 조합에게 양도된 것으로 본다.
⑤ 사업시행자는 관리청에 귀속될 정비기반시설과 사업시행자에게 귀속 또는 양도될 재산의 종류와 세목을 정비사업의 준공전에 관리청에 통지하여야 한다.

해설 정비기반시설의 설치 및 귀속
정비사업시행으로 용도가 폐지되어 조합에게 양도될 정비기반시설은 정비사업이 준공인가되어 관리청에 준공인가통지를 한 때에 조합에게 양도된 것으로 본다.

정답 ④

04 국유·공유재산의 처분 등

1 시장·군수등의 관리청과 협의

시장·군수등은 인가하려는 사업시행계획 또는 직접 작성하는 사업시행계획서에 국유·공유재산의 처분에 관한 내용이 포함되어 있는 때에는 미리 관리청과 협의하여야 한다. 이 경우 관리청이 불분명한 재산 중 도로·구거 등은 국토교통부장관을, 하천은 환경부장관을, 그 외의 재산은 기획재정부장관을 관리청으로 본다. 협의를 받은 관리청은 20일 이내에 의견을 제시하여야 한다(법 제98조 제1·2항).

2 정비사업 외의 목적으로 매각 또는 양도 금지

정비구역의 국유·공유재산은 정비사업 외의 목적으로 매각되거나 양도될 수 없다(법 제98조 제3항).

3 「국유재산법」 또는 「공유재산 및 물품 관리법」의 특례

정비구역의 국유·공유재산은 「국유재산법」 또는 「공유재산 및 물품 관리법」에 따른 국유재산종합계획 또는 공유재산관리계획과 「국유재산법」 및 「공유재산 및 물품 관리법」에 따른 계약의 방법에도 불구하고 사업시행자 또는 점유자 및 사용자에게 다른 사람에 우선하여 수의계약으로 매각 또는 임대될 수 있다(법 제98조 제4항).

4 종전 용도의 폐지

다른 사람에 우선하여 매각 또는 임대될 수 있는 국유·공유재산은 「국유재산법」, 「공유재산 및 물품 관리법」 및 그 밖에 국·공유지의 관리와 처분에 관한 관계법령에도 불구하고 사업시행계획인가의 고시가 있은 날부터 종전의 용도가 폐지된 것으로 본다(법 제98조 제5항).

5 국·공유지의 평가금액

정비사업을 목적으로 우선하여 매각하는 국·공유지는 사업시행계획인가의 고시가 있은 날을 기준으로 평가하며, 주거환경개선사업의 경우 매각가격은 평가금액의 80/100으로 한다. 다만, 사업시행계획인가의 고시가 있은 날부터 3년 이내에 매매계약을 체결하지 아니한 국·공유지는 「국유재산법」 또는 「공유재산 및 물품 관리법」에서 정한다(법 제98조 제6항).

6 국유·공유재산의 임대

(1) 국·공유지의 임대
지방자치단체 또는 토지주택공사등은 주거환경개선구역 및 재개발구역(재개발사업을 시행하는 정비구역을 말한다)에서 임대주택을 건설하는 경우에는 「국유재산법」 또는 「공유재산 및 물품 관리법」에도 불구하고 국·공유지 관리청과 협의하여 정한 기간 동안 국·공유지를 임대할 수 있다(법 제99조 제1항).

(2) 국·공유지에 영구시설물의 축조
시장·군수등은 「국유재산법」 또는 「공유재산 및 물품 관리법」에도 불구하고 임대하는 국·공유지 위에 공동주택, 그 밖의 영구시설물을 축조하게 할 수 있다. 이 경우 해당 시설물의 임대기간이 종료되는 때에는 임대한 국·공유지 관리청에 기부 또는 원상으로 회복하여 반환하거나 국·공유지 관리청으로부터 매입하여야 한다(법 제99조 제2항).

(3) 국·공유지의 임대료
임대하는 국·공유지의 임대료는 「국유재산법」 또는 「공유재산 및 물품 관리법」에서 정한다(법 제99조 제3항).

7 공동이용시설 사용료의 면제
지방자치단체의 장은 마을공동체 활성화 등 공익 목적을 위하여 「공유재산 및 물품 관리법」에 따라 주거환경개선구역 내 공동이용시설에 대한 사용 허가를 하는 경우 사용료를 면제할 수 있다(법 제100조 제1항).

8 국·공유지의 무상양여 등

(1) 국·공유지의 용도폐지와 무상양여 → 무상으로 양도한다는 뜻이다.
다음의 어느 하나에 해당하는 구역에서 국가 또는 지방자치단체가 소유하는 토지는 사업시행계획인가의 고시가 있은 날부터 종전의 용도가 폐지된 것으로 보며, 「국유재산법」, 「공유재산 및 물품 관리법」 및 그 밖에 국·공유지의 관리 및 처분에 관하여 규정한 관계법령에도 불구하고 해당 사업시행자에게 무상으로 양여된다. 다만, 「국유재산법」에 따른 행정재산 또는 「공유재산 및 물품 관리법」에 따른 행정재산과 국가 또는 지방자치단체가 양도계약을 체결하여 정비구역지정 고시일 현재 대금의 일부를 수령한 토지에 대하여는 그러하지 아니하다(법 제101조 제1항).

1) 주거환경개선구역
2) 국가 또는 지방자치단체가 도시영세민을 이주시켜 형성된 낙후지역으로서 대통령령으로 정하는 재개발구역(무상양여 대상에서 국유지는 제외하고, 공유지는 시장·군수등 또는 토지주택공사등이 단독으로 사업시행자가 되는 경우로 한정한다)

(2) 수입금의 사용제한

무상양여된 토지의 사용수익 또는 처분으로 발생한 수입은 주거환경개선사업 또는 재개발사업 외의 용도로 사용할 수 없다(법 제101조 제3항).

05 공공재개발사업 및 공공재건축사업

1 공공재개발사업 예정구역

(1) 공공재개발사업 예정구역의 지정

정비구역의 지정권자는 비경제적인 건축행위 및 투기 수요의 유입을 방지하고, 합리적인 사업계획을 수립하기 위하여 공공재개발사업을 추진하려는 구역을 공공재개발사업 예정구역으로 지정할 수 있다. 이 경우 공공재개발사업 예정구역의 지정·고시에 관한 절차는 정비구역의 지정절차를 준용한다(법 제101조의2 제1항).

(2) 공공재개발사업 예정구역의 지정절차

지방도시계획위원회는 공공재개발사업 예정구역 지정의 신청이 있는 경우 신청일부터 30일 이내에 심의를 완료해야 한다. 다만, 30일 이내에 심의를 완료할 수 없는 정당한 사유가 있다고 판단되는 경우에는 심의기간을 30일의 범위에서 한 차례 연장할 수 있다. 정비구역지정권자는 공공재개발사업 예정구역을 지정·고시하기 전에 예정구역 지정의 내용을 14일 이상 주민에게 공람하여 의견을 들어야 하며, 제시된 의견이 타당하다고 인정되면 이를 반영하여 지정·고시해야 한다(영 제80조의2 제3·4항).

(3) 공공재개발사업 예정구역의 지정 신청

정비계획의 입안권자 또는 토지주택공사등은 정비구역의 지정권자에게 공공재개발사업 예정구역의 지정을 신청할 수 있다. 이 경우 토지주택공사등은 정비계획의 입안권자를 통하여 신청하여야 한다(법 제101조의2 제2항).

(4) 공공재개발사업 예정구역에서 시장·군수등의 허가

공공재개발사업 예정구역에서 건축물의 건축, 토지의 분할 또는 지역주택조합의 조합원 모집 행위를 하려는 자는 시장·군수등의 허가를 받아야 한다. 허가받은 사항을 변경하려는 때에도 또한 같다(법 제101조의2 제3항).

(5) 공공재개발사업 예정구역 내에 분양받을 건축물의 권리 산정 기준일

공공재개발사업 예정구역 내에 분양받을 건축물이 다음의 어느 하나에 해당하는 경우에는 공공재개발사업 예정구역 지정·고시가 있는 날 또는 시·도지사가 투기를 억제하기 위하여 공공재개발사업 예정구역 지정·고시 전에 따로 정하는 날의 다음 날을 기준으로 건축물을 분양받을 권리를 산정한다. 이 경우 시·도지사가 건축물을 분양받을 권리일을 따로 정하는 경우에는 기준일·지정사유·건축물을 분양받을 권리의 산정 기준 등을 해당 지방자치단체의 공보에 고시하여야 한다.(법 제101조의2 제4항).

1) 1필지의 토지가 여러 개의 필지로 분할되는 경우
2) 단독주택 또는 다가구주택이 다세대주택으로 전환되는 경우
3) 하나의 대지 범위에 속하는 동일인 소유의 토지와 주택 등 건축물을 토지와 주택 등 건축물로 각각 분리하여 소유하는 경우
4) 나대지에 건축물을 새로 건축하거나 기존 건축물을 철거하고 다세대주택, 그 밖의 공동주택을 건축하여 토지등소유자의 수가 증가하는 경우

(6) 공공재개발사업 예정구역 지정의 해제

정비구역의 지정권자는 공공재개발사업 예정구역이 지정·고시된 날부터 2년이 되는 날까지 공공재개발사업 예정구역이 공공재개발사업을 위한 정비구역으로 지정되지 아니하거나, 공공재개발사업 시행자가 지정되지 아니하면 그 2년이 되는 날의 다음 날에 공공재개발사업 예정구역 지정을 해제하여야 한다. 다만, 정비구역의 지정권자는 1회에 한하여 1년의 범위에서 공공재개발사업 예정구역의 지정을 연장할 수 있다(법 제101조의2 제5항).

2 공공재개발사업을 위한 정비구역

(1) 공공재개발사업을 위한 정비구역 지정

정비구역의 지정권자는 기본계획을 수립하거나 변경하지 아니하고 공공재개발사업을 위한 정비계획을 결정하여 정비구역을 지정할 수 있다(법 제101조의3 제1항).

(2) 공공재개발사업을 위한 정비구역의 지정 신청

정비계획의 입안권자는 공공재개발사업의 추진을 전제로 정비계획을 작성하여 정비구역의 지정권자에게 공공재개발사업을 위한 정비구역의 지정을 신청할 수 있다. 이 경우 공공재개발사업을 시행하려는 공공재개발사업 시행자는 정비계획의 입안권자에게 공공재개발사업을 위한 정비계획의 수립을 제안할 수 있다(법 제101조의3 제2항).

(3) 공공재개발사업을 위한 정비구역의 지정 해제

정비계획의 지정권자는 공공재개발사업을 위한 정비구역을 지정·고시한 날부터 1년이 되는 날까지 공공재개발사업 시행자가 지정되지 아니하면 그 1년이 되는 날의 다음 날에 공공재개발사업을 위한 정비구역의 지정을 해제하여야 한다. 다만, 정비구역의 지정권자는 1회에 한하여 1년의 범위에서 공공재개발사업을 위한 정비구역의 지정을 연장할 수 있다(법 제101조의3 제3항).

(4) 분과위원회의 설치

지방도시계획위원회 또는 도시재정비위원회는 공공재개발사업 예정구역 또는 공공재개발사업·공공재건축사업을 위한 정비구역의 지정에 필요한 사항을 심의하기 위하여 분과위원회를 둘 수 있다. 이 경우 분과위원회의 심의는 지방도시계획위원회 또는 도시재정비위원회의 심의로 본다(법 제101조의4 제1항).

(5) 기본계획의 수립·변경 등의 의제

정비구역의 지정권자가 공공재개발사업 또는 공공재건축사업을 위한 정비구역의 지정·변경을 고시한 때에는 기본계획의 수립·변경, 「도시재정비 촉진을 위한 특별법」에 따른 재정비촉진지구의 지정·변경 및 재정비촉진계획의 결정·변경이 고시된 것으로 본다(법 제101조의4 제2항).

3 공공재개발사업에서의 용적률 완화 및 주택 건설비율

(1) 공공재개발사업에서의 용적률 완화

공공재개발사업 시행자는 공공재개발사업(「도시재정비촉진을 위한 특별법」에 따른 재정비촉진지구에서 시행되는 공공재개발사업을 포함한다)을 시행하는 경우 「국토의 계획 및 이용에 관한 법률」 및 조례에도 불구하고 지방도시계획위원회 및 도시재정비위원회의 심의를 거쳐 법적상한용적률의 120/100(법적상한초과용적률)까지 건축할 수 있다(법 제101조의5 제1항).

(2) 공공재개발사업에서의 국민주택규모 주택의 건설비율

공공재개발사업 시행자는 법적상한초과용적률에서 정비계획으로 정하여진 용적률을 뺀 용적률의 20/100 이상 70/100 이하로서 시·도조례로 정하는 비율에 해당하는 면적에 국민주택규모 주택을 건설하여 인수자에게 공급하여야 한다. 다만, 천재지변, 「재난 및 안전관리 기본법」 또는 「시설물의 안전 및 유지관리에 관한 특별법」에 따른 사용제한·사용금지, 그 밖의 불가피한 사유로 긴급하게 정비사업을 시행할 필요가 있다고 인정하는 경우에는 그러하지 아니한다(법 제101조의5 제2항).

4 공공재건축사업에서의 용적률 완화 및 주택 건설비율

(1) 공공재건축사업에서의 용적률 완화

공공재건축사업을 위한 정비구역에 대해서는 해당 정비구역의 지정·고시가 있은 날부터 주거지역을 세분하여 정하는 지역 중 다음의 구분에 따른 용도지역으로 결정·고시된 것으로 보아 해당 지역에 적용되는 용적률 상한까지 용적률을 정할 수 있다(법 제101조의6 제1항. 영제80조의3 제1항).

1) 현행 용도지역이 제1종전용주거지역인 경우 : 제2종전용주거지역
2) 현행 용도지역이 제2종전용주거지역인 경우 : 제1종일반주거지역
3) 현행 용도지역이 제1종일반주거지역인 경우 : 제2종일반주거지역
4) 현행 용도지역이 제2종일반주거지역인 경우 : 제3종일반주거지역
5) 현행 용도지역이 제3종일반주거지역인 경우 : 준주거지역

다만, 다음의 어느 하나에 해당하는 경우에는 그러하지 아니하다.

1) 해당 정비구역이 「개발제한구역의 지정 및 관리에 관한 특별조치법」에 따라 결정된 개발제한구역인 경우
2) 시장·군수등이 공공재건축사업을 위하여 필요하다고 인정하여 해당 정비구역의 일부분을 종전 용도지역으로 그대로 유지하거나 동일면적의 범위에서 위치를 변경하는 내용으로 정비계획을 수립한 경우
3) 시장·군수등이 「국토의 계획 및 이용에 관한 법률」에 따른 주거지역을 세분 또는 변경하는 계획과 용적률에 관한 사항을 포함하는 정비계획을 수립한 경우

(2) 주거지역 중 세분 지정

정비구역지정권자는 공공재건축사업을 위한 정비구역에 대해서 주택공급의 규모, 인근 토지의 이용현황 등을 고려할 때 용도지역을 달리 정할 필요가 있다고 인정하는 경우에는 지방도시계획위원회의 심의를 거쳐 주거지역을 세분하여 정하는 지역 중 어느 하나의 지역으로 용도지역을 달리 정할 수 있다(영제80조의3 제2항).

(3) 공공재건축사업에서의 국민주택규모 주택의 건설비율

공공재건축사업 시행자는 공공재건축사업(「도시재정비 촉진을 위한 특별법」에 따른 재정비촉진지구에서 시행되는 공공재건축사업을 포함한다)을 시행하는 경우 완화된 용적률에서 정비계획으로 정하여진 용적률을 뺀 용적률의 40/100 이상 70/100 이하로서 주택증가 규모, 공공재건축사업을 위한 정비구역의 재정적 여건 등을 고려하여 시·도조례로 정하는 비율에 해당하는 면적에 국민주택규모 주택을 건설하여 인수자에게 공급하여야 한다(법 제101조의6 제2항).

(4) 공공재건축사업에 따른 주택의 공급가격

공공재건축사업에 따라 건설된 국민주택규모 주택의 공급가격은 「공공주택 특별법」에 따라 국토교통부장관이 고시하는 공공건설임대주택의 표준건축비로 하고, 분양을 목적으로 인수한 주택의 공급가격은 「주택법」에 따라 국토교통부장관이 고시하는 기본형건축비로 한다. 이 경우 부속 토지는 인수자에게 기부채납한 것으로 본다(법 제101조의6 제3항).

(5) 국민주택규모 주택의 공급 및 인수방법

국민주택규모 주택의 공급 및 인수방법에 관하여는 법 제55조를 준용한다. 다만, 인수자는 공공재건축사업 시행자로부터 공급받은 주택 중 50/100 이상의 범위에서 시·도조례로 정하는 주택에 대해서는 「공공주택 특별법」에 따라 분양할 수 있다(법 제101조의6 제4항, 영제80조의3 제3항).

(6) 분양주택의 부속 토지 인수 가격

공공재건축사업 시행자로부터 공급받은 분양주택의 인수자는 감정평가액의 50/100 가격으로 부속 토지를 인수하여야 한다(법 제101조의6 제5항, 영제80조의3 제4항).

5 정비구역 지정의 특례

(1) 정비구역 지정의 제안

토지주택공사등(사업시행자로 지정되려는 경우로 한정한다) 또는 지정개발자(신탁업자로 한정한다)는 2/3 이상의 토지등소유자의 동의를 받아 정비구역의 지정권자(특별자치시장·특별자치도지사·시장·군수인 경우로 한정한다)에게 정비구역의 지정(변경지정을 포함한다)을 제안할 수 있다. 이 경우 토지주택공사등 또는 지정개발자는 다음의 사항을 포함한 제안서를 정비구역의 지정권자에게 제출하여야 한다(법 제101조의8 제1항, 영 제80조의4 제1·2항).

1) 정비사업의 명칭
2) 정비구역의 위치, 면적 등 개요
3) 토지이용, 주택건설 및 기반시설의 설치 등에 관한 기본방향
4) 사업시행자의 명칭, 소재지 및 대표자 성명
5) 정비사업 시행 예정시기

(2) 정비계획 수립 전에 정비구역의 지정

토지주택공사등 또는 지정개발자가 정비구역의 지정을 제안한 경우 정비구역의 지정권자는 정비계획을 수립하기 전에 정비구역을 지정할 수 있다(법 제101조의8 제2항).

(3) 주민 및 지방의회의 의견청취와 지방도시계획위원회의 심의

정비구역의 지정권자는 정비구역을 지정하려면 주민 및 지방의회의 의견을 들어야 하며, 지방도시계획위원회의 심의를 거쳐야 한다. 다만, 경미한 사항을 변경하는 경우에는 그러하지 아니하다(법 제101조의8 제3항).

6 사업시행자 지정의 특례

(1) 토지주택공사등 또는 지정개발자의 사업시행자 지정

정비구역의 지정권자는 토지면적 1/2 이상의 토지소유자와 토지등소유자의 2/3 이상에 해당하는 자가 동의하는 경우에는 정비구역의 지정과 동시에 토지주택공사등 또는 지정개발자를 사업시행자로 지정할 수 있다. 이 경우 정비구역 지정제안에 동의한 토지등소유자는 토지주택공사등 또는 지정개발자의 사업시행자 지정에 동의한 것으로 본다(법 제101조의9 제1항).

(2) 지방자치단체의 공보에 고시

정비구역의 지정권자는 토지주택공사등 또는 지정개발자를 사업시행자로 지정하는 때에는 정비사업 시행구역 등 토지등소유자에게 알릴 필요가 있는 사항으로서 대통령령으로 정하는 사항을 해당 지방자치단체의 공보에 고시하여야 한다(법 제101조의9 제2항).

7 정비계획과 사업시행계획의 통합 수립

(1) 정비계획과 사업시행계획의 통합 수립

사업시행자는 정비구역이 지정된 경우에는 정비계획과 사업시행계획을 통합하여 다음의 사항이 포함된 계획(이하 "정비사업계획"이라 한다)을 수립하여야 한다(법 제101조의10 제1항).

1) 정비계획의 내용(정비사업시행 예정시기는 제외한다)
2) 사업시행계획서의 내용

(2) 정비사업계획인가

사업시행자는 정비사업을 시행하려는 경우에는 정비사업계획에 정관등과 그 밖에 국토교통부령으로 정하는 서류를 첨부하여 정비구역의 지정권자에게 제출하고 정비사업계획인가를 받아야 하고, 인가받은 사항을 변경하거나 정비사업을 중지 또는 폐지하려는 경우에도 또한 같다. 다만, 경미한 사항을 변경하려는 때에는 정비구역의 지정권자에게 신고하여야 한다(법 제101조의10 제2항).

(3) 지정개발자가 정비사업을 시행하려는 경우 동의요건

지정개발자가 정비사업을 시행하려는 경우에는 정비사업계획인가(최초 정비사업계획인가를 말한다)를 신청하기 전에 재개발사업 및 재건축사업의 조합설립을 위한 동의요건 이상의 동의를 받아야 한다. 이 경우 사업시행자 지정에 동의한 토지등소유자는 동의한 것으로 본다(법 제101조의10 제3항).

(4) 지방자치단체의 공보에 고시

정비구역의 지정권자는 비사업계획인가를 하거나 정비사업을 변경·중지 또는 폐지하는 경우에는 국토교통부령으로 정하는 방법 및 절차에 따라 그 내용을 해당 지방자치단체의 공보에 고시하여야 한다. 다만, 경미한 사항을 변경하려는 경우에는 그러하지 아니하다(법 제101조의10 제4항).

(5) 지구단위계획구역 및 지구단위계획 결정·고시 의제

정비사업계획인가의 고시가 있는 경우 해당 정비사업계획 중 「국토의 계획 및 이용에 관한 법률」에 해당하는 사항은 지구단위계획구역 및 지구단위계획으로 결정·고시된 것으로 본다(법 제101조의10 제5항).

(6) 정비계획 결정의 고시 및 사업시행계획인가의 고시 의제

정비사업계획인가의 고시는 정비계획 결정의 고시 및 사업시행계획인가의 고시로 본다(법 제101조의10 제6항).

제9절 정비사업전문관리업 등

01 정비사업전문관리업 ★
19회 출제

1 정비사업전문관리업의 등록범위

다음의 사항을 추진위원회 또는 사업시행자로부터 위탁받거나 이와 관련한 자문을 하려는 자는 대통령령으로 정하는 자본·기술인력 등의 기준을 갖춰 시·도지사에게 등록 또는 변경(대통령령으로 정하는 경미한 사항의 변경은 제외한다)등록하여야 한다. 다만, 주택의 건설 등 정비사업 관련 업무를 하는 한국토지주택공사 및 한국부동산원의 경우에는 그러하지 아니하다(법 제102조 제1항, 영 제81조 제3항).

1) 조합설립의 동의 및 정비사업의 동의에 관한 업무의 대행
2) 조합설립인가의 신청에 관한 업무의 대행
3) 사업성 검토 및 정비사업의 시행계획서의 작성
4) 설계자 및 시공자 선정에 관한 업무의 지원
5) 사업시행계획인가의 신청에 관한 업무의 대행
6) 관리처분계획의 수립에 관한 업무의 대행
7) 시장·군수등이 정비사업전문관리업자를 선정한 경우에는 추진위원회 설립에 필요한 다음의 업무
   ① 동의서 제출의 접수
   ② 운영규정 작성 지원
   ③ 그 밖에 시·도조례로 정하는 사항

2 정비사업전문관리업의 등록기준 (영 별표4)

(1) 자본금(자산총액에서 부채총액을 차감한 금액)
10억원(법인인 경우에는 5억원) 이상이어야 한다.

(2) 인력확보기준
다음의 어느 하나에 해당하는 상근인력(다른 직무를 겸하지 않는 인력을 말한다)을 5명 이상 확보하여야 한다. 다만, 정비사업전문관리업자가 관계법령에 따른 감정평가법인·회계법인 또는 법무법인·법무법인(유한)·법무조합(이하 "법무법인등"이라 한다)과 정비사업의 공동수행을 위한 업무협약을 체결하는 경우에는 협약을 체결한 법무법인등의 수가 1개인 경우에는 4명, 2개인 경우에는 3명으로 한다.

1) 건축사 또는 「국가기술자격법」에 의한 도시계획 및 건축분야 기술사와 「건설기술 진흥법 시행령」에 따라 이와 동등하다고 인정되는 특급기술인으로서 특급기술인의 자격을 갖춘 후 건축 및 도시계획 관련 업무에 3년 이상 종사한 자
2) 감정평가사·공인회계사 또는 변호사
3) 법무사 또는 세무사
4) 정비사업 관련 업무에 3년 이상 종사한 자로서 다음의 어느 하나에 해당하는 자
   ① 공인중개사·행정사
   ② 정부기관·공공기관 또는 한국토지주택공사·한국부동산원에서 근무한 자
   ③ 도시계획·건축·부동산·감정평가 등 정비사업 관련분야의 석사 이상의 학위 소지자
   ④ 2003년 7월 1일 당시 관계법률에 의하여 재개발사업 또는 재건축사업의 시행을 목적으로 하는 토지등소유자, 조합 또는 기존의 추진위원회와 민사계약을 하여 정비사업을 위탁받거나 자문을 한 업체에 근무한 자로서 업무를 수행한 실적이 국토교통부장관이 정하는 기준에 해당하는 자

3 정비사업전문관리업자의 업무제한

정비사업전문관리업자는 동일한 정비사업에 대하여 다음의 업무를 병행하여 수행할 수 없다(법 제103조, 영 제83조 제2항).

1) 건축물의 철거
2) 정비사업의 설계
3) 정비사업의 시공
4) 정비사업의 회계감사
5) 안전진단업무

4 정비사업전문관리업자와 위탁자와의 관계

정비사업전문관리업자에게 업무를 위탁하거나 자문을 요청한 자와 정비사업전문관리업자의 관계에 관하여 이 법에 규정된 사항을 제외하고는 「민법」 중 위임에 관한 규정을 준용한다(법 제104조).

02 정비사업전문관리업자의 결격사유 등

1 정비사업전문관리업자의 결격사유

다음의 어느 하나에 해당하는 자는 정비사업전문관리업의 등록을 신청할 수 없으며, 정비사업전문관리업자의 업무를 대표 또는 보조하는 임직원이 될 수 없다(법 제105조 제1항).

1) 미성년자(대표 또는 임원이 되는 경우로 한정한다)·피성년후견인 또는 피한정후견인
2) 파산선고를 받은 자로서 복권되지 아니한 자
3) 정비사업의 시행과 관련한 범죄행위로 인하여 금고 이상의 실형의 선고를 받고 그 집행이 종료(종료된 것으로 보는 경우를 포함한다)되거나 집행이 면제된 날부터 2년이 지나지 아니한 자
4) 정비사업의 시행과 관련한 범죄행위로 인하여 금고 이상의 형의 집행유예를 받고 그 유예기간 중에 있는 자
5) 이 법을 위반하여 벌금형 이상의 선고를 받고 2년이 지나지 아니한 자
6) 등록이 취소된 후 2년이 지나지 아니한 자(법인인 경우 그 대표자를 말한다)
7) 법인의 업무를 대표 또는 보조하는 임직원 중 위의 어느 하나에 해당하는 자가 있는 법인

2 정비사업전문관리업의 등록취소 등

시·도지사는 정비사업전문관리업자가 다음의 어느 하나에 해당하는 때에는 그 등록을 취소하거나 1년 이내의 기간을 정하여 업무의 전부 또는 일부의 정지를 명할 수 있다. 다만, 1)·4)·8) 및 9)에 해당하는 때에는 그 등록을 취소하여야 한다(법 제106조 제1항).

1) 거짓, 그 밖의 부정한 방법으로 등록을 한 때
2) 등록기준에 미달하게 된 때
3) 추진위원회, 사업시행자 또는 시장·군수등의 위탁이나 자문에 관한 계약없이 업무를 수행한 때
4) 업무를 직접 수행하지 아니한 때
5) 고의 또는 과실로 조합에게 계약금액(정비사업전문관리업자가 조합과 체결한 총계약금액을 말한다)의 1/3 이상의 재산상 손실을 끼친 때
6) 정비사업전문관리업자에 대한 조사 보고·자료제출을 하지 아니하거나 거짓으로 한 때 또는 조사·검사를 거부·방해 또는 기피한 때
7) 자료의 보고·자료제출을 하지 아니하거나 거짓으로 한 때 또는 조사를 거부·방해 또는 기피한 때

8) 최근 3년간 2회 이상의 업무정지처분을 받은 자로서 그 정지처분을 받은 기간이 합산하여 12개월을 초과한 때
9) 다른 사람에게 자기의 성명 또는 상호를 사용하여 이 법에서 정한 업무를 수행하게 하거나 등록증을 대여한 때
10) 이 법을 위반하여 벌금형 이상의 선고를 받은 경우(법인의 경우에는 그 소속 임직원을 포함한다)
11) 그 밖에 이 법 또는 이 법에 따른 명령이나 처분을 위반한 때

3 정비사업전문관리업자에 대한 조사

국토교통부장관 또는 시·도지사는 다음의 어느 하나에 해당하는 경우 정비사업전문관리업자에 대하여 그 업무에 관한 사항을 보고하게 하거나 자료의 제출, 그 밖의 필요한 명령을 할 수 있으며, 소속 공무원에게 영업소 등에 출입하여 장부·서류 등을 조사 또는 검사하게 할 수 있다(법 제107조 제1항).

1) 등록요건 또는 결격사유 등 이 법에서 정한 사항의 위반 여부를 확인할 필요가 있는 경우
2) 정비사업전문관리업자와 토지등소유자, 조합원, 그 밖에 정비사업과 관련한 이해관계인 사이에 분쟁이 발생한 경우
3) 그 밖에 시·도조례로 정하는 경우

4 정비사업전문관리업 정보의 종합관리

국토교통부장관은 정비사업전문관리업자의 자본금·사업실적·경영실태 등에 관한 정보를 종합적이고 체계적으로 관리하고 시·도지사, 시장, 군수, 구청장, 추진위원회 또는 사업시행자 등에게 제공하기 위하여 정비사업전문관리업 정보종합체계를 구축·운영할 수 있다(법 제108조 제1항).

03 협회의 설립 등

1 정비사업전문관리업자단체의 설립

정비사업전문관리업자는 정비사업전문관리업의 전문화와 정비사업의 건전한 발전을 도모하기 위하여 정비사업전문관리업자단체(이하 "협회"라 한다)를 설립할 수 있다(법 제109조 제1항).

2 협회의 법인격

협회는 법인으로 한다(법 제109조 제2항).
협회는 주된 사무소의 소재지에서 설립등기를 하는 때에 성립한다(법 제109조 제3항).

3 협회의 설립인가

협회를 설립하려는 때에는 회원의 자격이 있는 50명 이상을 발기인으로 하여 정관을 작성한 후 창립총회의 의결을 거쳐 국토교통부장관의 인가를 받아야 한다. 협회가 정관을 변경하려는 때에도 또한 같다(법 제109조 제4항).

4 민법의 준용

협회에 관하여 이 법에 규정된 사항을 제외하고는 「민법」 중 사단법인에 관한 규정을 준용한다(법 제109조 제7항).

5 협회의 업무

협회의 업무는 다음과 같다(법 제110조 제1항).

1) 정비사업전문관리업 및 정비사업의 건전한 발전을 위한 조사·연구
2) 회원의 상호 협력증진을 위한 업무
3) 정비사업전문관리 기술 인력과 정비사업전문관리업 종사자의 자질향상을 위한 교육 및 연수
4) 그 밖에 대통령령으로 정하는 업무

제10절 감독 및 보칙

01 자료의 제출 등

1 정비사업의 추진실적 보고

시·도지사는 국토교통부령으로 정하는 방법 및 절차에 따라 정비사업의 추진실적을 분기별로 국토교통부장관에게, 시장·군수 또는 구청장은 시·도조례로 정하는 바에 따라 정비사업의 추진실적을 특별시장·광역시장 또는 도지사에게 보고하여야 한다(법 제111조 제1항).

2 보고 또는 자료의 제출명령

국토교통부장관, 시·도지사, 시장·군수 또는 구청장은 정비사업의 원활한 시행을 위하여 감독상 필요한 경우로서 다음의 어느 하나에 해당하는 때에는 추진위원회·사업시행자·정비사업전문관리업자·설계자 및 시공자 등 이 법에 따른 업무를 하는 자에게 그 업무에 관한 사항을 보고하게 하거나 자료의 제출, 그 밖의 필요한 명령을 할 수 있으며, 소속 공무원에게 영업소 등에 출입하여 장부·서류 등을 조사 또는 검사하게 할 수 있다(법 제111조 제2항).

1) 이 법의 위반 여부를 확인할 필요가 있는 경우
2) 토지등소유자, 조합원, 그 밖에 정비사업과 관련한 이해관계인 사이에 분쟁이 발생된 경우
3) 그 밖에 시·도조례로 정하는 경우

3 자금차입 신고의 방법

자금차입의 신고는 추진위원회 또는 사업시행자(시장·군수등과 토지주택공사등은 제외한다)가 자금을 차입한 날부터 30일 이내에 자금을 대여한 상대방, 차입일, 차입액, 이자율, 상환기한 및 상환방법을 기재한 자금차입계약서의 사본을 관할 시장·군수등에게 제출하는 방법으로 한다(영 제87조의2).

02 회계감사★★

1 회계감사의 시기

시장·군수등 또는 토지주택공사등이 아닌 사업시행자 또는 추진위원회는 다음의 어느 하나에 해당하는 경우에는 다음의 구분에 따른 기간 이내에 「주식회사 등의 외부감사에 관한 법률」에 따른 감사인의 회계감사를 받기 위하여 시장·군수등에게 회계감사기관의 선정·계약을 요청하여야 하며, 그 감사결과를 회계감사가 종료된 날부터 15일 이내에 시장·군수등 및 해당 조합에 보고하고 조합원이 공람할 수 있도록 하여야 한다. 다만, 지정개발자가 사업시행자인 경우에는 아래 1)에 해당하는 경우는 제외한다(법 제112조 제1항).

1) 추진위원회에서 사업시행자로 인계되기 전까지 납부 또는 지출된 금액과 계약 등으로 지출될 것이 확정된 금액의 합이 대통령령으로 정한 금액 이상인 경우 : 추진위원회에서 사업시행자로 인계되기 전 7일 이내
2) 사업시행계획인가 고시일 전까지 납부 또는 지출된 금액이 대통령령으로 정하는 금액 이상인 경우 : 사업시행계획인가의 고시일부터 20일 이내
3) 준공인가 신청일까지 납부 또는 지출된 금액이 대통령령으로 정하는 금액 이상인 경우 : 준공인가의 신청일부터 7일 이내
4) 토지등소유자 또는 조합원 1/5 이상이 사업시행자에게 회계감사를 요청하는 경우 : 예치된 회계감사비용의 정산 절차를 고려한 상당한 기간 이내

2 회계감사의 대상

시장·군수등 또는 토지주택공사등이 아닌 사업시행자 또는 추진위원회는 다음의 어느 하나에 해당하는 경우에는 회계감사를 받아야 한다(영 제88조).

1) 추진위원회에서 사업시행자로 인계되기 전까지 납부 또는 지출된 금액과 계약 등으로 지출된 금액의 합이 3억5천만원 이상인 경우
2) 사업시행계획인가 고시일 전까지 납부 또는 지출된 금액이 7억원 이상인 경우
3) 준공인가 신청일까지 납부 또는 지출된 금액이 14억원 이상인 경우

3 회계감사기관의 선정

시장·군수등은 사업시행자 또는 추진위원회가 회계감사기관의 선정·계약 요청이 있는 경우 즉시 회계감사기관을 선정하여 회계감사가 이루어지도록 하여야 한다(법 제112조 제2항).

4 회계감사기관의 감독

회계감사기관을 선정·계약한 경우 시장·군수등은 공정한 회계감사를 위하여 선정된 회계감사기관을 감독하여야 하며, 필요한 처분이나 조치를 명할 수 있다(법 제112조 제3항).

5 회계감사 비용의 예치

사업시행자 또는 추진위원회는 회계감사기관의 선정·계약을 요청하려는 경우 시장·군수등에게 회계감사에 필요한 비용을 미리 예치하여야 한다. 시장·군수등은 회계감사가 끝난 경우 예치된 금액에서 회계감사비용을 직접 지급한 후 나머지 비용은 사업시행자와 정산하여야 한다(법 제112조 제4항).

03 시공자 선정 취소 명령 또는 과징금

1 시·도지사의 시공자 선정 취소 명령 또는 과징금 부과

시·도지사는 건설사업자 또는 등록사업자가 다음의 어느 하나에 해당하는 경우 사업시행자에게 건설사업자 또는 등록사업자의 해당 정비사업에 대한 시공자 선정을 취소할 것을 명하거나 그 건설사업자 또는 등록사업자에게 사업시행자와 시공자 사이의 계약서상 공사비의 20/100 이하에 해당하는 금액의 범위에서 과징금을 부과할 수 있다. 이 경우 시공자 선정 취소의 명을 받은 사업시행자는 시공자 선정을 취소하여야 한다(법 제113조의2 제1항).

1) 건설사업자 또는 등록사업자가 조합임원 등의 선임·선정 시 행위제한을 위반한 경우
2) 건설사업자 또는 등록사업자가 건설사업자 또는 등록사업자의 관리·감독의무를 위반하여 관리·감독 등 필요한 조치를 하지 아니한 경우로서 용역업체의 임직원(건설사업자 또는 등록사업자가 고용한 개인을 포함한다)이 조합임원 등의 선임·선정 시 행위제한을 위반한 경우

2 과징금의 강제징수

시·도지사는 과징금의 부과처분을 받은 자가 납부기한까지 과징금을 내지 아니하면 「지방행정제재·부과금의 징수 등에 관한 법률」에 따라 징수한다(법 제113조의2 제3항).

제3장 도시 및 주거환경정비법

04 건설사업자 및 등록사업자의 입찰참가제한

1 시·도지사의 건설사업자 또는 등록사업자의 입찰참가제한

시·도지사는 시공자 선정 취소 명령 또는 과징금 부과사유에 해당하는 건설사업자 또는 등록사업자에 대해서는 2년 이내의 범위에서 대통령령으로 정하는 기간 동안 정비사업의 입찰참가를 제한하여야 한다(법 제113조의3 제1항).

2 시·도지사의 통보

시·도지사는 건설사업자 또는 등록사업자에 대한 정비사업의 입찰참가를 제한하려는 경우에는 대통령령으로 정하는 바에 따라 대상, 기간, 사유, 그 밖의 입찰참가제한과 관련된 내용을 공개하고, 관할구역의 시장·군수 또는 구청장 및 사업시행자에게 통보하여야 한다. 다만, 정비사업의 입찰참가를 제한하려는 해당 건설사업자 또는 등록사업자가 입찰 참가자격을 제한받은 사실이 있는 경우에는 시·도지사가 입찰참가 제한과 관련된 내용을 전국의 시장, 군수 또는 구청장에게 통보하여야 하고, 통보를 받은 시장, 군수 또는 구청장은 관할 구역의 사업시행자에게 관련된 내용을 다시 통보하여야 한다(법 제113조의3 제2항).

3 사업시행자의 계약체결 금지

입찰자격 제한과 관련된 내용을 통보받은 사업시행자는 해당 건설사업자 또는 등록사업자의 입찰 참가자격을 제한하여야 한다. 이 경우 사업시행자는 입찰참가를 제한받은 건설사업자 또는 등록사업자와 계약(수의계약을 포함한다)을 체결해서는 아니 된다(법 제113조의3 제3항).

05 도시분쟁조정위원회

1 도시분쟁조정위원회의 설치

정비사업의 시행으로 발생한 분쟁을 조정하기 위하여 정비구역이 지정된 특별자치시, 특별자치도, 또는 시·군·구에 도시분쟁조정위원회(이하 "조정위원회"라 한다)를 둔다. 다만, 시장·군수 등을 당사자로 하여 발생한 정비사업의 시행과 관련된 분쟁 등의 조정을 위하여 필요한 경우에는 시·도에 조정위원회를 둘 수 있다(법 제116조 제1항).

2 도시분쟁조정위원회의 구성

조정위원회는 부시장·부지사·부구청장 또는 부군수를 위원장으로 한 10명 이내의 위원으로 구성한다(법 제116조 제2항).

3 도시분쟁조정위원회의 위원

조정위원회 위원은 정비사업에 대한 학식과 경험이 풍부한 사람으로서 다음의 어느 하나에 해당하는 사람 중에서 시장·군수등이 임명 또는 위촉한다. 이 경우 1), 3) 및 4)에 해당하는 사람이 각 2명 이상 포함되어야 한다(법 제116조 제3항).

1) 해당 특별자치시, 특별자치도 또는 시·군·구에서 정비사업 관련 업무에 종사하는 5급 이상 공무원
2) 대학이나 연구기관에서 부교수 이상 또는 이에 상당하는 직에 재직하고 있는 사람
3) 판사, 검사 또는 변호사의 직에 5년 이상 재직한 사람
4) 건축사, 감정평가사, 공인회계사로서 5년 이상 종사한 사람
5) 그 밖에 정비사업에 전문적 지식을 갖춘 사람으로서 시·도조례로 정하는 자

4 도시분쟁조정위원회의 조정 등

(1) 조정위원회의 조정 대상

조정위원회는 정비사업의 시행과 관련하여 다음의 어느 하나에 해당하는 분쟁사항을 심사·조정한다. 다만, 「주택법」, 「공익사업을 위한 토지 등의 취득 및 보상에 관한 법률」, 그 밖의 관계법률에 따라 설치된 위원회의 심사대상에 포함되는 사항은 제외할 수 있다(법 제117조 제1항, 영 제91조).

1) 매도청구권 행사 시 감정가액에 대한 분쟁
2) 공동주택 평형 배정방법에 대한 분쟁
3) 건축물 또는 토지 명도에 관한 분쟁
4) 손실보상 협의에서 발생하는 분쟁
5) 총회의결사항에 대한 분쟁
6) 그 밖에 시·도조례로 정하는 사항에 대한 분쟁

(2) 조정위원회의 조정절차 완료

시장·군수등은 다음의 어느 하나에 해당하는 경우 조정위원회를 개최할 수 있으며, 조정위원회는 조정신청을 받은 날부터 60일 이내에 조정절차를 마쳐야 한다. 다만, 조정기간 내에 조정절차를 마칠 수 없는 정당한 사유가 있다고 판단되는 경우에는 조정위원회의 의결로 그 기간을 한 차례만 연장할 수 있으며 그 기간은 30일 이내로 한다(법 제117조 제2항).

1) 분쟁당사자가 정비사업의 시행으로 인하여 발생한 분쟁의 조정을 신청하는 경우
2) 시장·군수등이 조정위원회의 조정이 필요하다고 인정하는 경우

(3) 조정안의 수락 여부 통보

조정위원회 또는 분과위원회는 조정절차를 마친 경우 조정안을 작성하여 지체없이 각 당사자에게 제시하여야 한다. 이 경우 조정안을 제시받은 각 당사자는 제시받은 날부터 15일 이내에 수락 여부를 조정위원회 또는 분과위원회에 통보하여야 한다(법 제117조 제4항).

06 정비사업의 공공지원

1 공공지원의 위탁

시장·군수등은 정비사업의 투명성 강화 및 효율성 제고를 위하여 시·도조례로 정하는 정비사업에 대하여 사업시행과정을 지원(이하 "공공지원"이라 한다)하거나 토지주택공사등, 신탁업자, 주택도시보증공사 또는 한국부동산원에 공공지원을 위탁할 수 있다(법 제118조 제1항).

2 공공지원자의 업무

정비사업을 공공지원하는 시장·군수등 및 공공지원을 위탁받은 자(이하 "위탁지원자"라 한다)는 다음의 업무를 수행한다(법 제118조 제2항).

1) 추진위원회 또는 주민대표회의 구성
2) 정비사업전문관리업자의 선정(위탁지원자는 선정을 위한 지원으로 한정한다)
3) 설계자 및 시공자 선정방법 등
4) 세입자의 주거 및 이주대책(이주거부에 따른 협의대책을 포함한다) 수립
5) 관리처분계획 수립
6) 그 밖에 시·도조례로 정하는 사항

3 위탁지원자의 대외적 책임

시장·군수등은 위탁지원자의 공정한 업무수행을 위하여 관련 자료의 제출 및 조사, 현장점검 등 필요한 조치를 할 수 있다. 이 경우 위탁지원자의 행위에 대한 대외적인 책임은 시장·군수등에게 있다(법 제118조 제3항).

4 공공지원에 필요한 비용의 부담

공공지원에 필요한 비용은 시장·군수등이 부담하되, 특별시장, 광역시장 또는 도지사는 관할 구역의 시장·군수 또는 구청장에게 특별시·광역시 또는 도의 조례로 정하는 바에 따라 그 비용의 일부를 지원할 수 있다(법 제118조 제4항).

5 시공자의 선정 26회 출제

다음의 어느 하나에 해당하는 경우에는 토지등소유자(조합을 설립한 경우에는 조합원을 말한다)의 과반수 동의를 받아 시공자를 선정할 수 있다. 다만, 1)의 경우에는 해당 건설사업자를 시공자로 본다(법 제118조 제7항).

1) 조합이 건설사업자와 공동으로 정비사업을 시행하는 경우로서 조합과 건설사업자 사이에 협약을 체결하는 경우
2) 사업대행자가 정비사업을 시행하는 경우

07 청문

국토교통부장관, 시·도지사, 시장·군수 또는 구청장은 다음의 어느 하나에 해당하는 처분을 하려는 경우에는 청문을 하여야 한다(법 제121조).

1) 조합설립인가의 취소
2) 정비사업전문관리업의 등록취소
3) 추진위원회 승인의 취소, 조합설립인가의 취소, 사업시행계획인가의 취소 또는 관리처분계획인가의 취소
4) 시공자 선정 취소 또는 과징금 부과
5) 건설업자 및 등록사업자의 입찰참가 제한

08 도시·주거환경정비기금의 설치 등

1 정비기금의 설치

기본계획을 수립하거나 승인하는 특별시장·광역시장·특별자치시장·도지사·특별자치도지사 또는 시장은 정비사업의 원활한 수행을 위하여 도시·주거환경정비기금(이하 "정비기금"이라 한다)을 설치하여야 한다. 다만, 기본계획을 수립하지 아니하는 시장 및 군수도 필요한 경우에는 정비기금을 설치할 수 있다(법 제126조 제1항).

2 정비기금의 재원

정비기금은 다음의 어느 하나에 해당하는 금액을 재원으로 조성한다(법 제126조 제2항, 영 제95조 제1·2항).

1) 사업시행자가 현금으로 납부한 금액
2) 시·도지사, 시장·군수 또는 구청장에게 공급된 주택의 임대보증금 및 임대료
3) 부담금 및 정비사업으로 발생한 「개발이익 환수에 관한 법률」에 따른 개발부담금 중 지방자치단체 귀속분의 일부
4) 정비구역(재건축구역은 제외한다) 안의 국·공유지 매각대금 중 국유지의 경우에는 20%, 공유지의 경우에는 30% 이상의 금액
5) 이 법에 따른 건설사업자의 과징금
6) 「재건축초과이익 환수에 관한 법률」에 따른 **재건축부담금** 중 지방자치단체 귀속분 → 재건축초과이익 중 「재건축초과이익 환수에 관한 법률」에 따라 국토교통부장관이 부과·징수하는 금액
7) 「지방세법」에 따라 부과·징수되는 지방소비세의 경우에는 3% 이상 또는 재산세의 경우에는 10% 이상의 금액
8) 그 밖에 시·도조례로 정하는 재원

3 정비기금의 사용제한

정비기금은 다음의 어느 하나의 용도 이외의 목적으로 사용하여서는 아니 된다(법 제126조 제3항).

1) 이 법에 따른 정비사업으로서 다음의 어느 하나에 해당하는 사항
   ① 기본계획의 수립
   ② 재건축진단 및 정비계획의 수립
   ③ 추진위원회의 운영자금 대여
   ④ 그 밖에 이 법과 시·도조례로 정하는 사항

2) 임대주택의 건설·관리
3) 임차인의 주거안정 지원
4) 「재건축초과이익 환수에 관한 법률」에 따른 재건축부담금의 부과·징수
5) 주택개량의 지원
6) 정비구역등이 해제된 지역에서의 정비기반시설의 설치 지원
7) 「빈집 및 소규모 주택정비에 관한 특례법」에 따른 빈집정비사업 및 소규모 주택정비사업에 대한 지원
8) 「주택법」에 따른 증축형 리모델링의 안전진단 지원
9) 신고포상금의 지급

09 보칙

1 토지등소유자의 설명의무

토지등소유자는 자신이 소유하는 정비구역 내 토지 또는 건축물에 대하여 매매·전세·임대차 또는 지상권 설정 등 부동산거래를 위한 계약을 체결하는 경우 다음의 사항을 거래상대방에게 설명·고지하고, 거래계약서에 기재 후 서명·날인하여야 한다(법 제122조 제1항, 영 제92조).

1) 해당 정비사업의 추진단계
2) 퇴거예정시기(건축물의 경우 철거예정시기를 포함한다)
3) 행위제한
4) 조합원의 자격
5) 지상권·전세권설정계약 또는 임대차계약의 계약기간
6) 주택 등 건축물을 분양받을 권리의 산정 기준일
7) 분양대상자별 분담금의 추산액
8) 정비사업비의 추산액(재건축사업의 경우에는 「재건축초과이익 환수에 관한 법률」에 따른 재건축부담금에 관한 사항을 포함한다) 및 그에 따른 조합원 분담규모 및 분담시기

2 재개발사업 등의 시행방식의 전환

(1) 사업시행방식의 전환승인
시장·군수등은 사업대행자를 지정하거나 토지등소유자의 4/5 이상의 요구가 있어 재개발사업의 시행방식의 전환이 필요하다고 인정하는 경우에는 정비사업이 완료되기 전이라도 시장·군수등은 환지로 공급하는 방법으로 실시하는 재개발사업을 위한 정비구역의 전부 또는 일부를 인가받은 관리처분계획에 따라 주택 및 부대시설·복리시설을 건설하여 공급하는 방법으로 시행방식의 전환을 승인할 수 있다(법 제123조 제1항, 영 제93조).

(2) 관리처분계획변경 시 동의
사업시행자는 시행방식을 전환하기 위하여 관리처분계획을 변경하려는 경우 토지면적의 2/3 이상의 토지소유자의 동의와 토지등소유자의 4/5 이상의 동의를 받아야 하며, 변경절차에 관하여는 관리처분계획 변경에 관한 규정을 준용한다(법 제123조 제2항).

(3) 정비구역의 일부에 대한 시행방식 전환
사업시행자는 정비구역의 일부에 대하여 시행방식을 전환하려는 경우에 재개발사업이 완료된 부분은 준공인가를 거쳐 해당 지방자치단체의 공보에 공사완료의 고시를 하여야 하며, 전환하려는 부분은 이 법에서 정하고 있는 절차에 따라 시행방식을 전환하여야 한다(법 제123조 제3항).

(4) 주거환경개선사업의 시행방식 전환
사업시행자는 정비계획이 수립된 주거환경개선사업을 인가받은 관리처분계획에 따라 주택 및 부대시설·복리시설을 건설하여 공급하는 방법으로 변경하려는 경우에는 토지등소유자의 2/3 이상의 동의를 받아야 한다(법 제123조 제5항).

3 노후·불량주거지 개선계획의 수립

국토교통부장관은 주택 또는 기반시설이 열악한 주거지의 주거환경개선을 위하여 5년마다 개선대상지역을 조사하고 연차별 재정지원계획 등을 포함한 노후·불량주거지 개선계획을 수립하여야 한다(법 제127조).

4 정비구역의 범죄예방 18회 출제

(1) 관할 경찰서장에게 통보
시장·군수등은 사업시행계획인가를 한 경우 그 사실을 관할 경찰서장 및 관할 소방서장에게 통보하여야 한다(법 제130조 제1항).

(2) 시장·군수등의 요청사항

시장·군수등은 사업시행계획인가를 한 경우 정비구역 내 주민안전 등을 위하여 다음의 사항을 관할 시·도경찰청장 또는 경찰서장에게 요청할 수 있다(법 제130조 제2항).

1) 순찰 강화
2) 순찰초소의 설치 등 범죄예방을 위하여 필요한 시설의 설치 및 관리
3) 그 밖에 주민의 안전을 위하여 필요하다고 인정하는 사항

(3) 화재예방 순찰의 강화 요청

시장·군수등은 사업시행계획인가를 한 경우 정비구역 내 주민 안전 등을 위하여 관할 시·도 소방본부장 또는 소방서장에게 화재예방 순찰을 강화하도록 요청할 수 있다(법 제130조 제3항).

5 조합임원 등의 선임·선정 및 계약 체결 시 행위제한

(1) 금지되는 행위

누구든지 추진위원, 조합임원의 선임 또는 계약 체결과 관련하여 다음의 행위를 하여서는 아니 된다(법 제132조 제1항).

1) 금품, 향응 또는 그 밖의 재산상 이익을 제공하거나 제공의사를 표시하거나 제공을 약속하는 행위
2) 금품, 향응 또는 그 밖의 재산상 이익을 제공받거나 제공의사 표시를 승낙하는 행위
3) 제3자를 통하여 위의 제1호 또는 제2호에 해당하는 행위를 하는 행위

(2) 제안이 금지되는 사항

건설업자와 등록사업자는 계약의 체결과 관련하여 시공과 관련 없는 사항으로서 다음의 어느 하나에 해당하는 사항을 제안하여서는 아니 된다(법 제132조 제2항. 영 제96조의2).

1) 이사비, 이주비, 이주촉진비 및 그 밖에 시공과 관련 없는 금전이나 재산상 이익을 무상으로 제공하는 것
2) 이사비, 이주비, 이주촉진비, 그 밖에 시공과 관련 없는 금전이나 재산상 이익을 무이자나 제안 시점에 「은행법」에 따라 설립된 은행 중 전국을 영업구역으로 하는 은행이 적용하는 대출금리 중 가장 낮은 금리보다 더 낮은 금리로 대여하는 것
3) 「재건축초과이익 환수에 관한 법률」에 따른 재건축부담금의 대납 등 이 법 또는 다른 법률을 위반하는 방법으로 정비사업을 수행하는 것

제11절 벌칙

01 형벌

1 5년 이하의 징역 또는 5천만원 이하의 벌금

다음의 어느 하나에 해당하는 자는 5년 이하의 징역 또는 5천만원 이하의 벌금에 처한다(법 제135조).

1) 토지등소유자의 서면동의서 또는 전자서명동의서를 위조한 자
2) 조합임원 등의 선임·선정 시 행위제한을 위반하여 금품, 향응 또는 그 밖의 재산상 이익을 제공하거나 제공의사를 표시하거나 제공을 약속하는 행위를 하거나 제공을 받거나 제공의사 표시를 승낙한 자

2 3년 이하의 징역 또는 3천만원 이하의 벌금

다음의 어느 하나에 해당하는 자는 3년 이하의 징역 또는 3천만원 이하의 벌금에 처한다(법 제136조).

1) 계약의 방법을 위반하여 계약을 체결한 추진위원장, 전문조합관리인 또는 조합임원(조합의 청산인 및 토지등소유자가 시행하는 재개발사업의 경우에는 그 대표자, 지정개발자가 사업시행자인 경우 그 대표자를 말한다)
2) 규정을 위반하여 시공자를 선정한 자 및 시공자로 선정된 자
3) 규정을 위반하여 시공자와 공사에 관한 계약을 체결한 자
4) 시장·군수등의 추진위원회 승인을 받지 아니하고 정비사업전문관리업자를 선정한 자
5) 계약의 방법을 위반하여 정비사업전문관리업자를 선정한 추진위원장(전문조합관리인을 포함한다)
6) 토지등소유자의 서면동의서 또는 전자서명동의서를 매도하거나 매수한 자
7) 거짓 또는 부정한 방법으로 조합원 자격을 취득한 자와 조합원 자격을 취득하게 하여준 토지등소유자 및 조합의 임직원(전문조합관리인을 포함한다)
8) 분양주택을 이전 또는 공급받을 목적으로 건축물 또는 토지의 양도·양수 사실을 은폐한 자
9) 주택을 전매하거나 전매를 알선한 자

3 2년 이하의 징역 또는 2천만원 이하의 벌금

다음의 어느 하나에 해당하는 자는 2년 이하의 징역 또는 2천만원 이하의 벌금에 처한다(법 제137조).

1) 재건축진단 결과보고서를 거짓으로 작성한 자
2) 허가 또는 변경허가를 받지 아니하거나 거짓, 그 밖의 부정한 방법으로 허가 또는 변경허가를 받아 행위를 한 자
3) 추진위원회 또는 주민대표회의의 승인을 받지 아니하고 제32조 제1항 각 호의 업무를 수행하거나 주민대표회의를 구성·운영한 자
4) 승인받은 추진위원회 또는 주민대표회의가 구성되어 있음에도 불구하고 임의로 추진위원회 또는 주민대표회의를 구성하여 이 법에 따른 정비사업을 추진한 자
5) 조합이 설립되었는데도 불구하고 추진위원회를 계속 운영한 자
6) 총회의 의결을 거치지 아니하고 사업(정관으로 정하는 사항은 제외한다)을 임의로 추진한 조합임원(전문조합관리인을 포함한다)
7) 사업시행계획인가를 받지 아니하고 정비사업을 시행한 자와 같은 사업시행계획서를 위반하여 건축물을 건축한 자
8) 관리처분계획인가를 받지 아니하고 이전을 한 자
9) 등록을 하지 아니하고 이 법에 따른 정비사업을 위탁받은 자 또는 거짓, 그 밖의 부정한 방법으로 등록을 한 정비사업전문관리업자
10) 등록이 취소되었음에도 불구하고 영업을 하는 자
11) 처분의 취소·변경 또는 정지, 그 공사의 중지 및 변경에 관한 명령을 받고도 이에 응하지 아니한 추진위원회, 사업시행자, 주민대표회의 및 정비사업전문관리업자
12) 서류 및 관련 자료를 거짓으로 공개한 추진위원장 또는 조합임원(토지등소유자가 시행하는 재개발사업의 경우 그 대표자)
13) 열람·복사 요청에 허위의 사실이 포함된 자료를 열람·복사해 준 추진위원장 또는 조합임원(토지등소유자가 시행하는 재개발사업의 경우 그 대표자)

4 1년 이하의 징역 또는 1천만원 이하의 벌금

다음의 어느 하나에 해당하는 자는 1년 이하의 징역 또는 1천만원 이하의 벌금에 처한다(법 제138조 제1항).

1) 정비구역등에서 위반하여 지역주택조합의 조합원을 모집한 자
2) 추진위원회의 회계장부 및 관계서류를 조합에 인계하지 아니한 추진위원장(전문조합관리인을 포함한다)

3) 준공인가를 받지 아니하고 건축물 등을 사용한 자와 시장·군수등의 사용허가를 받지 아니하고 건축물을 사용한 자
4) 다른 사람에게 자기의 성명 또는 상호를 사용하여 이 법에서 정한 업무를 수행하게 하거나 등록증을 대여한 정비사업전문관리업자
5) 업무를 다른 용역업체 및 그 직원에게 수행하도록 한 정비사업전문관리업자
6) 회계감사를 요청하지 아니한 추진위원장, 전문조합관리인 또는 조합임원(토지등소유자가 시행하는 재개발사업 또는 지정개발자가 시행하는 정비사업의 경우에는 그 대표자를 말한다)
7) 정비사업시행과 관련한 서류 및 자료를 인터넷과 그 밖의 방법을 병행하여 공개하지 아니하거나 조합원 또는 토지등소유자의 열람·복사 요청을 따르지 아니하는 추진위원장, 전문조합관리인 또는 조합임원(조합의 청산인 및 토지등소유자가 시행하는 재개발사업의 경우에는 그 대표자, 지정개발자가 사업시행자인 경우 그 대표자를 말한다)
8) 속기록 등을 만들지 아니하거나 관련 자료를 청산 시까지 보관하지 아니한 추진위원장, 전문조합관리인 또는 조합임원(조합의 청산인 및 토지등소유자가 시행하는 재개발사업의 경우에는 그 대표자, 지정개발자가 사업시행자인 경우 그 대표자를 말한다)

5 5천만원 이하의 벌금

건설사업자 또는 등록사업자가 관리·감독 의무 조치를 소홀히 하여 용역업체의 임직원이 조합임원 등의 선임·선정 시 행위제한 규정을 위반한 경우 그 건설사업자 또는 등록사업자는 5천만원 이하의 벌금에 처한다(법 제138조 제2항).

02 과태료

1 1천만원의 과태료

다음의 어느 하나에 해당하는 자에게는 1천만원 이하의 과태료를 부과한다(법 제140조 제1항).

1) 점검반의 현장조사를 거부·기피 또는 방해한 자
2) 계약의 체결과 관련하여 시공과 관련 없는 사항을 제안한 자
3) 사실과 다른 정보 또는 부풀려진 정보를 제공하거나, 사실을 숨기거나 축소하여 정보를 제공한 자

2 500만원 이하의 과태료

다음의 어느 하나에 해당하는 자에게는 500만원 이하의 과태료를 부과한다(법 제140조 제2항).

1) 전자조달시스템을 이용하지 아니하고 계약을 체결한 자
2) 관리처분계획인가의 내용 또는 이전고시 통지를 태만히 한 자
3) 자금차입에 관한 사항을 신고하지 아니하거나 거짓으로 신고한 자
4) 보고 또는 자료의 제출을 태만히 한 자
5) 관계서류의 인계를 태만히 한 자

단원 오답 잡기

• 경록 교재에 모든 답이 있습니다.

1	재건축사업이란 정비기반시설이 열악하고 노후·불량건축물이 밀집한 지역에서 주거환경을 개선하거나 상업지역·공업지역 등에서 도시기능의 회복 및 상권활성화 등을 위하여 도시환경을 개선하기 위한 사업을 말한다.	**01.** X 재개발사업이다.
2	도시미관을 저해하거나 노후화된 건축물로서 준공된 후 20년 이상 30년 이하의 범위에서 조례로 정하는 기간이 지난 건축물은 노후·불량건축물이다.	**02.** O
3	도시·주거환경정비 기본계획을 10년 단위로 국토교통부장관이 수립해야 하며, 5년마다 타당성을 검토해서 그 결과를 기본계획에 반영해야 한다.	**03.** X 특별시장·광역시장·특별자치시장·특별자치도지사 또는 시장이 수립한다.
4	정비구역의 지정·고시가 있는 경우 해당 정비구역 및 정비계획 중 지구단위계획의 내용에 해당하는 사항은 지구단위계획구역 및 지구단위계획으로 결정·고시된 것으로 본다.	**04.** O
5	주거환경개선구역은 정비구역지정고시가 있는 날부터 수용공급방법으로 시행되는 경우에는 제1종 일반주거지역으로 결정·고시된 것으로 본다.	**05.** X 제3종 일반주거지역으로 결정·고시된 것으로 본다.
6	정비사업의 조합원은 토지등소유자로 하되, 토지 또는 건축물의 소유권과 지상권이 여러 명의 공유에 속하는 때에는 그 각각을 조합원으로 본다.	**06.** X 그 여러 명을 대표하는 1명을 조합원으로 본다.
7	시장·군수등은 재건축진단의 결과와 도시계획 및 지역여건 등을 종합적으로 검토하여 사업시행계획인가 여부(시기 조정을 포함한다)를 결정하여야 한다.	**07.** O
8	재개발사업의 추진위원회가 조합을 설립하려면 토지등소유자의 과반수의 동의를 받아야 한다.	**08.** X 토지등소유자의 3/4 이상 및 토지면적의 1/2 이상의 토지소유자의 동의이다.

부동산공법

9 관리처분계획의 인가·고시가 있는 때에는 「공익사업을 위한 토지 등의 취득 및 보상에 관한 법률」에 따른 사업인정 및 그 고시가 있은 것으로 본다.

09. X
사업시행계획인가 고시가 있은 때이다.

10 재건축사업의 사업시행자는 사업시행계획인가의 고시가 있은 날부터 30일 이내에 조합설립에 동의하지 아니한 자에게 조합설립 또는 사업시행자의 지정에 관한 동의 여부를 회답할 것을 서면으로 촉구하여야 한다.

10. O

11 재개발사업에 따른 건축허가를 받는 때와 부동산등기(소유권보존등기 또는 이전등기에 한함)를 하는 때에는 국민주택채권의 매입에 관한 규정을 적용하지 않는다.

11. X
주거환경개선사업의 경우이다.

12 분양신청기간은 사업시행계획인가의 고시가 있은 날부터 30일 이상 60일 이내로 해야 한다.

12. X
사업시행계획인가의 고시가 있은 날이 아닌 통지한 날부터이다.

13 사업시행자는 관리처분계획이 인가·고시된 다음 날부터 60일 이내에 분양신청을 하지 아니한 자와 토지, 건축물 또는 그 밖의 권리의 손실보상에 관한 협의를 하여야 한다.

13. X
90일 이내에 분양신청을 하지 아니한 자와 토지, 건축물 또는 그 밖의 권리의 손실보상에 관한 협의를 하여야 한다.

14 1세대 또는 1명이 하나 이상의 주택 또는 토지를 소유한 경우 1주택을 공급하고, 같은 세대에 속하지 아니하는 2명 이상이 1주택 또는 1토지를 공유한 경우에는 1주택만 공급한다.

14. O

15 정비구역의 지정은 준공인가의 고시가 있는 날에 해제된 것으로 본다.

15. X
준공인가의 고시가 있은 날의 다음 날에 해제된 것으로 본다.

16 청산금을 지급받을 권리 또는 이를 징수할 권리는 소유권이전고시일부터 3년간 행사하지 아니하면 소멸한다.

16. X
소유권이전고시일 다음 날부터 5년간 행사하지 않으면 소멸한다.

17 정비구역에 있는 토지 또는 건축물에 저당권을 설정한 권리자는 사업시행자가 저당권이 설정된 토지 또는 건축물의 소유자에게 청산금을 지급하기 전에 압류절차를 거쳐 저당권을 행사할 수 있다.

17. O

CHAPTER 04 건축법

학습포인트

- 건축이 토지이용행위 중 가장 대표적인 행위이므로 토지관련법령을 제대로 이해하기 위해서는 「건축법」의 주요개념을 이해하는 것이 필수적이다.
- 「건축법」에서 가장 많이 출제되는 부분이 건축허가 또는 신고와 관련된 부분인데, 그 밖에 용도변경, 대지면적, 용적률, 도로, 건축선, 높이제한, 대지분할제한, 대지 안의 공지 등도 출제빈도가 높다.

CHAPTER 학습 & 출제되는 키워드

- ☑ 건축물의 용도
- ☑ 건축물의 높이
- ☑ 허가권자
- ☑ 건축물의 용도변경
- ☑ 건축물의 유지관리
- ☑ 도로
- ☑ 높이제한
- ☑ 건축분쟁전문위원회
- ☑ 건축 대수선 및 리모델링
- ☑ 건축물의 층수
- ☑ 건축신고
- ☑ 사용승인
- ☑ 대지의 안전
- ☑ 특별건축구역
- ☑ 건축설비
- ☑ 건축면적
- ☑ 건축법의 적용범위
- ☑ 건축허가 또는 착공의 제한
- ☑ 건축협정
- ☑ 공개공지
- ☑ 대지분할의 제한
- ☑ 이행강제금

CHAPTER 학습 & 출제되는 질문

- ☑ 건축법령상 건축물의 종류와 그 용도분류가 잘못 연결된 것은?
- ☑ 건축물의 면적·높이 등의 산정방법에 관한 설명 중 틀린 것은?
- ☑ 건축허가와 그 제한 및 취소에 관한 설명 중 틀린 것은?
- ☑ 건축물의 용도를 변경하고자 하는 경우 특별자치시장·특별자치도지사·시장·군수·구청장의 허가를 받아야 하는 것은?
- ☑ 피난층 또는 지상으로 통하는 직통계단을 2개소 이상 설치해야 하는 건축물은?
- ☑ 특별건축구역에 관한 설명으로 옳은 것은?
- ☑ 건축분쟁전문위원회에 대한 설명 중 틀린 것은?

제1절 총설

01 목적

「건축법」은 건축물의 대지·구조·설비 기준 및 용도 등을 정해 건축물의 안전·기능·환경 및 미관을 향상시킴으로써 공공복리의 증진에 이바지하는 것을 목적으로 한다(법 제1조).

Professor Comment

「건축법」은 1962년 「도시계획법」과 함께 제정되었다. 당초 「건축법」에는 용도지역 및 용도지구에서의 용도제한, 건폐율제한, 용적률제한이 규정되어 있었는데, 2000년 이 사항들이 「건축법」에서 삭제되고 「국토의 계획 및 이용에 관한 법률」에 규정되었다.

 건축법

「건축법」은 일반 건축물에 대한 규정을 하고 있으며, 「주택법」은 주택의 집단적 건축 등에 대한 규정을 하고 있다.

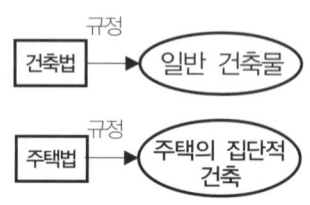

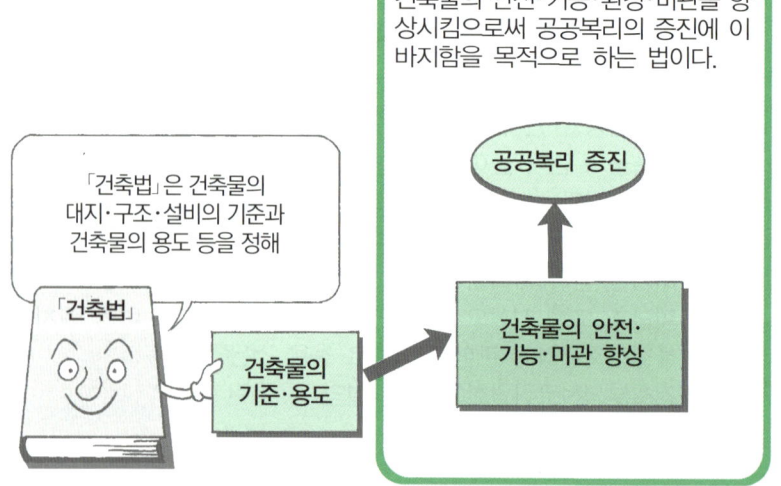

02 대지·건축물 및 건축설비 10·18회 출제

1 대지(垈地)

> 구획된 토지를 헤아리거나 지적공부에 등록하는 단위

대지는 "「공간정보의 구축 및 관리 등에 관한 법률」에 따라 각 필지(筆地)로 나눈 토지"를 말한다(법 제2조 제1항). 대지는 지목이 "대(垈)"인 토지에 한정되지 않으므로 지목이 공장용지·잡종지·임야 등으로 되어 있는 토지도 대지가 될 수 있다.

▼ 대지의 범위 ★   14회 출제

구 분		대지의 범위
1) 둘 이상의 필지를 하나의 대지로 하는 경우	하나의 건축물을 두 필지 이상에 걸쳐 건축하는 경우	그 건축물이 건축되는 각 필지의 토지를 합한 토지
	「공간정보의 구축 및 관리 등에 관한 법률」에 따라 합병이 불가능한 경우 중 다음에 해당하는 경우. 다만, 토지소유자가 서로 다르거나 소유권 외의 권리관계가 서로 다른 경우는 제외한다. ① 각 필지의 지번부여지역이 서로 다른 경우 ② 각 필지의 도면의 축척이 서로 다른 경우 ③ 상호 인접하고 있는 필지로서 각 필지의 지반이 연속되지 않은 경우	합병이 불가능한 각 필지의 토지를 합한 토지
	도시·군계획시설에 해당하는 건축물을 건축하는 경우	그 도시·군계획시설이 설치되는 일단의 토지
	「주택법」에 따른 사업계획승인을 받아 주택과 그 부대시설 및 복리시설을 건축하는 경우	주택단지
	도로의 지하에 건축물을 건축하는 경우	특별시장·광역시장·특별자치시장·특별자치도지사·시장·군수 또는 구청장이 그 건축물이 건축되는 토지로 정하는 토지
	사용승인을 신청할 때에 둘 이상의 필지를 하나의 필지로 합칠 것을 조건으로 건축허가를 하는 경우	그 필지가 합쳐지는 토지 (다만, 토지의 소유자가 서로 다른 토지는 제외한다)
2) 하나 이상 필지의 일부를 하나의 대지로 하는 경우	하나 이상의 필지의 일부에 대해 도시·군계획시설이 결정·고시된 경우	도시·군계획시설결정·고시가 된 부분의 토지
	하나 이상의 필지의 일부에 대해 농지전용허가를 받은 경우	농지전용허가를 받은 부분의 토지
	하나 이상의 필지의 일부에 대해 산지전용허가를 받은 경우	산지전용허가를 받은 부분의 토지
	하나 이상의 필지의 일부에 대해 개발행위허가를 받은 경우	개발행위허가를 받은 부분의 토지
	사용승인을 신청할 때에 필지를 나눌 것을 조건으로 건축허가를 하는 경우	그 필지가 나누어지는 토지

부동산공법

[표]의 경우에는 둘 이상의 필지를 하나의 대지로 하거나, 하나 이상의 필지의 일부를 하나의 대지로 할 수 있다(법 제2조 제1항, 영 제3조 제1·2항).

단락문제 Q1
제8회 기출 개작

다음은 「건축법」상 둘 이상의 필지를 하나의 대지로 보는 경우이다. 틀린 것은?
① 「건축법」상 각 필지의 지번부여지역이 달라 토지합병이 불가능한 경우
② 하나의 건축물을 두 필지 이상에 걸쳐 건축하는 경우
③ 도시·군계획시설이 설치되는 일단의 토지
④ 「도시 및 주거환경정비법」에 따라 주택을 건설하는 경우로서 관리처분계획으로 정하는 일단의 토지
⑤ 사용승인을 신청할 때 둘 이상의 필지를 하나의 필지로 합칠 것으로 조건으로 건축허가를 하는 경우 그 필지가 합쳐지는 토지

해설 둘 이상의 필지를 하나의 대지로 보는 경우
「주택법」에 따라 사업계획승인을 받아 주택을 건설하는 일단의 토지인 경우에는 둘 이상의 필지를 하나의 대지로 본다.

정답 ④

2 건축물★ 추가15·28회 출제

(1) 건축물의 정의

건축물은 다음의 것을 말한다(법 제2조 제1항).
1) 토지에 정착하는 공작물 중 지붕과 기둥 또는 벽이 있는 것과 이에 딸린 시설물
2) 지하 또는 고가(高架)의 공작물에 설치하는 사무소·공연장·점포·차고 및 창고

대 지

대지란 「공간정보의 구축 및 관리 등에 관한 법률」에 따라 각 필지로 구획된 토지를 말한다.

제4장 건축법

(2) 고층건축물, 다중이용건축물(多衆利用建築物) 26회 출제

「건축법」에서는 층수가 30층 이상이거나 높이가 120m 이상인 건축물은 '고층건축물'로 구분하고 있다. 층수가 50층 이상이거나 높이가 200m 이상인 건축물은 '초고층건축물', 그 밖의 고층건축물 중 초고층 건축물이 아닌 건축물은 '준초고층건축물'이라고 한다(법 제2조 제1항, 영 제2조).

1) 다음의 건축물은 '다중이용(多衆利用)건축물'이라고 한다(영 제2조). 29회 출제
   ① 문화 및 집회시설(동물원 및 식물원은 제외), 종교시설, 판매시설, 운수시설 중 여객용 시설, 의료시설 중 종합병원, 숙박시설 중 관광숙박시설의 용도로 쓰는 바닥면적합계가 5,000㎡ 이상인 건축물
   ② 16층 이상인 건축물

2) 다음의 건축물은 '준다중이용건축물'이라고 한다(영 제2조).

   다중이용 건축물 외의 건축물로서 다음의 어느 하나에 해당하는 용도로 쓰는 바닥면적의 합계가 1천㎡ 이상인 건축물
   ① **문화 및 집회시설** → 동물원 및 식물원은 제외
   ② 종교시설
   ③ 판매시설
   ④ 운수시설 중 여객용 시설
   ⑤ 의료시설 중 종합병원
   ⑥ 교육연구시설
   ⑦ 노유자시설
   ⑧ 운동시설
   ⑨ 숙박시설 중 관광숙박시설
   ⑩ 위락시설
   ⑪ 관광 휴게시설
   ⑫ 장례시설

건축물

건축물과 분리되어 축조되는 굴뚝은 건축물에 해당되지 않는다.

건축물에는 두 가지가 있는데, 첫째는 토지에 정착하는 공작물 중 지붕과 기둥 또는 벽이 있는 것과 이에 부수되는 시설(담장, 대문)이다.

둘째는 지하 또는 고가의 공작물에 설치하는 사무소·공연장·점포·차고·창고 등이다.

부동산공법

 **Q2** 제26회 기출 개작

건축법령상 다중이용 건축물에 해당하는 것은?
① 종교시설로 사용하는 바닥면적의 합계가 4천m²인 5층의 성당
② 문화 및 집회시설로 사용하는 바닥면적의 합계가 4천m²인 10층의 전시장
③ 숙박시설로 사용하는 바닥면적의 합계가 4천m²인 16층의 관광호텔
④ 교육연구시설로 사용하는 바닥면적의 합계가 5천m²인 15층의 연구소
⑤ 문화 및 집회시설로 사용하는 바닥면적의 합계가 5천m²인 2층의 동물원

해설 다중이용 건축물
1) 문화 및 집회시설(동물원 및 식물원은 제외), 종교시설, 판매시설, 운수시설 중 여객용 시설, 의료시설 중 종합병원, 숙박시설 중 관광숙박시설의 용도로 쓰는 바닥면적합계가 5,000m² 이상인 건축물
2) 16층 이상인 건축물

정답 ③

 ## 공동주택

① 공동주택의 종류에는 아파트, 연립주택, 다세대주택, 기숙사의 4종류가 있다.
② 다세대주택은 공동주택에 속하나, 다가구주택은 단독주택에 해당한다.

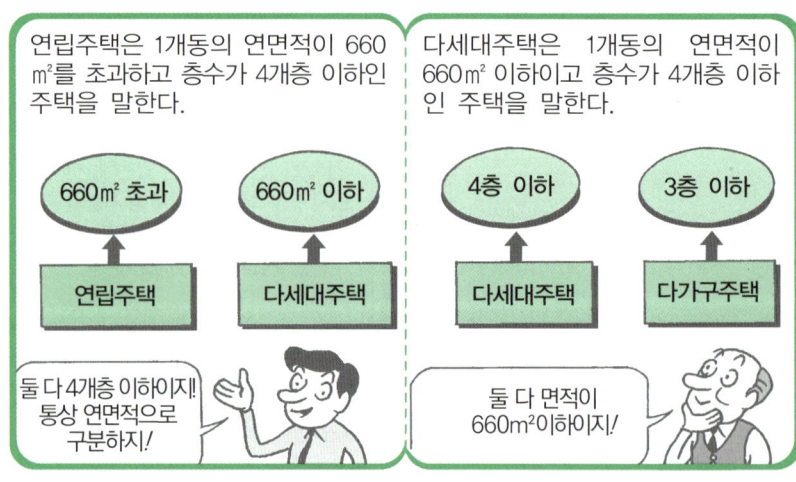

(3) 건축물의 용도★★★

건축물의 용도는 건축물의 종류를 비슷한 구조·이용목적 및 형태별로 묶어 분류한 것을 말한다(법 제2조 제1항).

건축물의 용도는 [표]와 같이 30개의 용도로 구분된다. 건축물의 용도를 구분하기 위해 바닥면적 합계를 산정하는 경우 하나의 대지에 2동(棟) 이상의 건축물이 있는 때에는 이를 동일한 건축물로 본다(법 제2조 제2항, 영 제3조의5, [별표 1]).

▼ 건축물의 용도　11·14·15·17·19·33회 출제

용 도	세 부 용 도
(1) 단독주택	다음에 해당하는 것[단독주택의 형태를 갖춘 가정어린이집·공동생활가정·지역아동센터·공동육아나눔터·작은도서관(해당 주택의 1층에 설치한 경우만 해당함) 및 노인복지시설(노인복지주택은 제외)을 포함함] 1) 단독주택 2) 다중주택 : 다음 요건을 모두 갖춘 주택 　① 학생·직장인 등 여러 사람이 장기간 거주할 수 있는 구조로 되어 있는 것 　② 독립된 주거의 형태를 갖추지 않은 것(각 실별로 욕실은 설치할 수 있으나, 취사시설은 설치하지 않은 것을 말함) 　③ 1개 동의 주택으로 쓰이는 바닥면적(부설 주차장 면적은 제외)의 합계가 660㎡ 이하이고 주택으로 쓰는 층수(지하층은 제외한다)가 3개 층 이하일 것. 다만, 1층의 전부 또는 일부를 필로티 구조로 하여 주차장으로 사용하고 나머지 부분을 주택(주거 목적으로 한정됨) 외의 용도로 쓰는 경우에는 해당 층을 주택의 층수에서 제외한다. 　④ 적정한 주거환경을 조성하기 위하여 건축조례로 정하는 실별 최소 면적, 창문의 설치 및 크기 등의 기준에 적합할 것 3) 다가구주택 : 다음 요건을 모두 갖춘 주택으로서 공동주택이 아닌 것 　① 주택으로 쓰는 층수(지하층은 제외)가 3개 층 이하일 것. 다만, 1층의 전부 또는 일부를 필로티 구조로 하여 주차장으로 사용하고 나머지 부분을 주택(주거 목적으로 한정함) 외의 용도로 쓰는 경우에는 해당 층을 주택의 층수에서 제외한다. 　② 1개 동의 주택으로 쓰는 바닥면적의 합계가 660㎡ 이하일 것 　③ 19세대(대지 내 동별 세대수를 합한 세대를 말한다) 이하가 거주할 수 있을 것 4) 공관(公館)
(2) 공동주택	다음에 해당하는 것[공동주택의 형태를 갖춘 가정어린이집·공동생활가정·지역아동센터·공동육아나눔터·작은도서관·노인복지시설(노인복지주택은 제외) 및 아파트형 주택을 포함함]. 다만, 아파트 및 연립주택의 1층 전부를 필로티 구조로 해서 주차장으로 사용하는 경우에는 필로티 부분을 층수에서 제외하고, 다세대주택의 1층의 전부 또는 일부를 필로티 구조로 해서 주차장으로 사용하고 나머지 부분을 주택(주거 목적으로 한정함) 외의 용도로 쓰는 경우에는 해당 층을 주택의 층수에서 제외하며, 공동주택에서 층수를 산정할 때 지하층을 주택의 층수에서 제외한다. 1) 아파트 : 주택으로 쓰는 층수가 5개 층 이상인 주택 2) 연립주택 : 주택으로 쓰는 1개 동의 바닥면적(2개 이상의 동을 지하주차장으로 연결하는 경우에는 각각의 동으로 본다)의 합계가 660㎡를 초과하고, 층수가 4개 층 이하인 주택

용 도	세 부 용 도
	3) **다세대주택** : 주택으로 쓰는 1개 동의 바닥면적 합계가 660㎡ 이하이고, 층수가 4개 층 이하인 주택(2개 이상의 동을 지하주차장을 연결하는 경우에는 각각의 동으로 봄) 4) **기숙사** : 다음의 어느 하나에 해당하는 건축물로서 공간의 구성과 규모 등에 관하여 국토교통부장관이 정하여 고시하는 기준에 적합한 것. 다만, 구분소유된 개별 실(室)은 제외한다. ① 일반기숙사 : 학교 또는 공장 등의 학생 또는 종업원 등을 위하여 사용하는 것으로서 해당 기숙사의 공동취사시설 이용 세대 수가 전체 세대 수(건축물의 일부를 기숙사로 사용하는 경우에는 기숙사로 사용하는 세대 수로 한다)의 50% 이상인 것(「교육기본법」에 따른 학생복지주택을 포함한다) ② 임대형기숙사 : 「공공주택 특별법」에 따른 공공주택사업자 또는 「민간임대주택에 관한 특별법」에 따른 임대사업자가 임대사업에 사용하는 것으로서 임대 목적으로 제공하는 실이 20실 이상이고 해당 기숙사의 공동취사시설 이용 세대 수가 전체 세대 수의 50% 이상인 것
(3) 제1종 근린생활 시설	1) 식품·잡화·의류·완구·서적·건축자재·의약품·의료기기 등 일용품을 판매하는 소매점으로서 같은 건축물(하나의 대지에 두 동 이상의 건축물이 있는 경우에는 이를 같은 건축물로 본다)에 해당 용도로 쓰는 바닥면적의 합계가 1천㎡ 미만인 것 2) 휴게음식점, 제과점 등 음료·차(茶)·음식·빵·떡·과자 등을 조리하거나 제조하여 판매하는 시설(제2종 근린생활시설중 제조업소, 수리점 또는 공장에 해당하는 것은 제외한다)로서 같은 건축물에 해당 용도로 쓰는 바닥면적의 합계가 300㎡ 미만인 것 3) 이용원, 미용원, 목욕장, 세탁소 등 사람의 위생관리나 의류 등을 세탁·수선하는 시설(세탁소의 경우 공장에 부설되는 것과 「대기환경보전법」, 「물환경보전법」 또는 「소음·진동관리법」에 따른 배출시설의 설치 허가 또는 신고의 대상인 것은 제외한다) 4) 의원, 치과의원, 한의원, 침술원, 접골원(接骨院), 조산원, 안마원, 산후조리원 등 주민의 진료·치료 등을 위한 시설 5) 탁구장, 체육도장으로서 같은 건축물에 해당 용도로 쓰는 바닥면적의 합계가 500㎡ 미만인 것 6) 지역자치센터, 파출소, 지구대, 소방서, 우체국, 방송국, 보건소, 공공도서관, 건강보험공단 사무소 등 공공업무시설로서 같은 건축물에 해당 용도로 쓰는 바닥면적의 합계가 1천㎡ 미만인 것 7) 마을회관, 마을공동작업소, 마을공동구판장, 공중화장실, 대피소, 지역아동센터(단독주택과 공동주택에 해당하는 것은 제외한다) 등 주민이 공동으로 이용하는 시설 8) 변전소, 도시가스배관시설, 통신용 시설(해당 용도로 쓰는 바닥면적의 합계가 1천㎡ 미만인 것에 한정한다), 정수장, 양수장 등 주민의 생활에 필요한 에너지공급·통신서비스제공이나 급수·배수와 관련된 시설 9) 금융업소, 사무소, 부동산중개사무소, 결혼상담소 등 소개업소, 출판사 등 일반업무시설로서 같은 건축물에 해당 용도로 쓰는 바닥면적의 합계가 30㎡ 미만인 것 10) 전기자동차 충전소(해당 용도로 쓰는 바닥면적의 합계가 1천㎡ 미만인 것으로 한정한다) 11) 동물병원, 동물미용실 및 「동물보호법」 따른 동물위탁관리업을 위한 시설로서 같은 건축물에 해당 용도로 쓰는 바닥면적의 합계가 300㎡ 미만인 것
(4) 제2종 근린생활 시설	1) 공연장(극장, 영화관, 연예장, 음악당, 서커스장, 비디오물감상실, 비디오물소극장, 그 밖에 이와 비슷한 것을 말한다)으로서 같은 건축물에 해당 용도로 쓰는 바닥면적의 합계가 500㎡ 미만인 것 2) 종교집회장[교회, 성당, 사찰, 기도원, 수도원, 수녀원, 제실(祭室), 사당, 그 밖에 이와 비슷한 것을 말한다]으로서 같은 건축물에 해당 용도로 쓰는 바닥면적의 합계가 500㎡ 미만인 것 3) 자동차영업소로서 같은 건축물에 해당 용도로 쓰는 바닥면적의 합계가 1천㎡ 미만인 것

용 도	세 부 용 도

	4) 서점(제1종 근린생활시설에 해당하지 않는 것)
	5) 총포판매소
	6) 사진관, 표구점
	7) 청소년게임제공업소, 복합유통게임제공업소, 인터넷컴퓨터게임시설제공업소, 가상현실체험 제공업소, 그 밖에 이와 비슷한 게임 및 체험 관련 시설로서 같은 건축물에 해당 용도로 쓰는 바닥면적의 합계가 500㎡ 미만인 것
	8) 휴게음식점, 제과점 등 음료·차(茶)·음식·빵·떡·과자 등을 조리하거나 제조하여 판매하는 시설(제조업소, 수리점 또는 공장에 해당하는 것은 제외한다)로서 같은 건축물에 해당 용도로 쓰는 바닥면적의 합계가 300㎡ 이상인 것
	9) 일반음식점
	10) 장의사, 동물병원, 동물미용실, 「동물보호법」에 따른 동물위탁관리업을 위한 시설, 그 밖에 이와 유사한 것(제1종 근린생활시설에 해당하는 것은 제외한다)
	11) 학원(자동차학원·무도학원 및 정보통신기술을 활용하여 원격으로 교습하는 것은 제외한다), 교습소(자동차교습·무도교습 및 정보통신기술을 활용하여 원격으로 교습하는 것은 제외한다), 직업훈련소(운전·정비 관련 직업훈련소는 제외한다)로서 같은 건축물에 해당 용도로 쓰는 바닥면적의 합계가 500㎡ 미만인 것
	12) 독서실, 기원
	13) 테니스장, 체력단련장, 에어로빅장, 볼링장, 당구장, 실내낚시터, 골프연습장, 놀이형시설(「관광진흥법」에 따른 기타유원시설업의 시설을 말한다) 등 주민의 체육 활동을 위한 시설(제1종 근린생활시설 중 탁구장, 체육도장은 제외한다)로서 같은 건축물에 해당 용도로 쓰는 바닥면적의 합계가 500㎡ 미만인 것
	14) 금융업소, 사무소, 부동산중개사무소, 결혼상담소 등 소개업소, 출판사 등 일반업무시설로서 같은 건축물에 해당 용도로 쓰는 바닥면적의 합계가 500㎡ 미만인 것(제1종 근린생활시설에 해당하는 것은 제외한다)
	15) 다중생활시설(「다중이용업소의 안전관리에 관한 특별법」에 따른 다중이용업 중 고시원업의 시설로서 국토교통부장관이 고시하는 기준과 그 기준에 위배되지 않는 범위에서 적정한 주거환경을 조성하기 위하여 건축조례로 정하는 실별 최소 면적, 창문의 설치 및 크기 등의 기준에 적합한 것을 말한다)로서 같은 건축물에 해당 용도로 쓰는 바닥면적의 합계가 500㎡ 미만인 것
	16) 제조업소, 수리점 등 물품의 제조·가공·수리 등을 위한 시설로서 같은 건축물에 해당 용도로 쓰는 바닥면적의 합계가 500㎡ 미만이고, 다음 요건 중 어느 하나에 해당하는 것
	   ① 「대기환경보전법」, 「물환경보전법」 또는 「소음·진동관리법」에 따른 배출시설의 설치 허가 또는 신고의 대상이 아닌 것
	   ② 「물환경보전법」에 따라 폐수배출시설의 설치 허가를 받거나 신고해야 하는 시설로서 발생되는 폐수를 전량 위탁처리하는 것
	17) 단란주점으로서 같은 건축물에 해당 용도로 쓰는 바닥면적의 합계가 150㎡ 미만인 것
	18) 안마시술소, 노래연습장
	19) 「물류시설의 개발 및 운영에 관한 법률」에 따른 주문배송시설로서 같은 건축물에 해당 용도로 쓰는 바닥면적의 합계가 500㎡ 미만인 것(물류창고업 등록을 해야 하는 시설을 말한다)

용도	세 부 용 도
(5) 문화 및 집회시설	1) 공연장으로서 제2종 근린생활시설이 아닌 것 2) 집회장(예식장·공회당·회의장·마권장외발매소·마권전화투표소 그 밖에 이와 비슷한 것)으로서 제2종 근린생활시설이 아닌 것 3) 관람장(경마장·경륜장·경정장·자동차경기장 그 밖에 이와 비슷한 것, 체육관 및 운동장으로서 관람석의 바닥면적 합계가 1,000㎡ 이상인 것) 4) 전시장(박물관·미술관·과학관·문화관·체험관·기념관·산업전시장·박람회장 그 밖에 이와 비슷한 것) 5) 동·식물원(동물원·식물원·수족관 그 밖에 이와 비슷한 것)
(6) 종교시설	1) 종교집회장으로서 제2종 근린생활시설이 아닌 것 2) 종교집회장(제2종 근린생활시설에 해당하지 않는 것)에 설치하는 봉안당(奉安堂)
(7) 판매시설	1) 도매시장(농수산물도매시장, 농수산물공판장 그 밖에 이와 비슷한 것을 말하며, 그 안에 있는 근린생활시설을 포함함) 2) 소매시장(대규모점포 그 밖에 이와 비슷한 것을 말하며, 그 안에 있는 근린생활시설을 포함함) 3) 상점(그 안에 있는 근린생활시설을 포함함) 중 다음의 요건 중 어느 하나에 해당하는 것 ① 일용품 등의 소매점(서점은 제외)으로서 제1종 근린생활시설에 해당하지 아니하는 것 ② 청소년 게임제공업·일반 게임제공업·인터넷컴퓨터 게임시설제공업 및 복합유통 게임제공업의 시설로서 제2종 근린생활시설에 해당하지 않는 것
(8) 운수시설	1) 여객자동차터미널 2) 철도시설 3) 공항시설 4) 항만시설 5) 그 밖에 위와 비슷한 시설
(9) 의료시설	1) 병원(종합병원·병원·치과병원·한방병원·정신병원 및 요양병원) 2) 격리병원(전염병원·마약진료소 그 밖에 이와 비슷한 것)
(10) 교육 연구 시설	다음에 해당하는 것으로서 제2종 근린생활시설이 아닌 것 1) 학교(유치원, 초등학교·중학교·고등학교·전문대학·대학·대학교 그 밖에 이에 준하는 각종 학교) 2) 교육원(연수원 그 밖에 이와 비슷한 것을 포함함) 3) 직업훈련소(운전 및 정비관련 직업훈련소는 제외) 4) 학원(자동차학원·무도학원 및 정보통신기술을 활용하여 원격으로 교습하는 것은 제외), 교습소(자동차교습·무도교습 및 정보통신기술을 활용하여 원격으로 교습하는 것은 제외) 5) 연구소(연구소에 준하는 시험소와 계측계량소를 포함함) 6) 도서관
(11) 노유자 시설	1) 아동 관련 시설(어린이집·아동복지시설, 그 밖에 이와 비슷한 것으로서 단독주택·공동주택 및 제1종 근린생활시설에 해당하지 않는 것) 2) 노인복지시설(단독주택 및 공동주택에 해당하지 않는 것) 3) 그 밖에 다른 용도로 분류되지 않은 사회복지시설 및 근로복지시설
(12) 수련 시설	1) 생활권 수련시설(청소년수련관, 청소년문화의 집, 청소년특화시설 그 밖에 이와 비슷한 것) 2) 자연권 수련시설(청소년수련원, 청소년야영장, 그 밖에 이와 비슷한 것) 3) 유스호스텔 4) 야영장 시설로서 제29호인 야영장 시설에 해당하지 아니하는 시설

용도	세 부 용 도
(13) 운동 시설	1) 탁구장·체육도장·테니스장·체력단련장·에어로빅장·볼링장·당구장·실내낚시터·골프연습장·놀이형시설 그 밖에 이와 비슷한 것으로서 제1종 근린생활시설 또는 제2종 근린생활시설이 아닌 것 2) 체육관(관람석이 없거나 관람석의 바닥면적이 1,000㎡ 미만인 것) 3) 운동장(육상장·구기장·볼링장·수영장·스케이트장·롤러스케이트장·승마장·사격장·궁도장·골프장 등과 이에 딸린 건축물)으로서 관람석이 없거나 관람석의 바닥면적이 1,000㎡ 미만인 것
(14) 업무 시설	1) **공공업무시설** 국가 또는 지방자치단체의 청사와 외국공관의 건축물로서 제1종 근린생활시설이 아닌 것 2) **일반업무시설** : 다음의 요건을 갖춘 업무시설 ① 금융업소, 사무소, 결혼상담소 등 소개업소, 출판사, 신문사, 그 밖에 이와 비슷한 것으로서 제1종 근린생활시설 및 제2종 근린생활시설이 아닌 것 ② 오피스텔(업무를 주로 하며, 분양하거나 임대하는 구획의 일부에서 숙식을 할 수 있도록 한 건축물로서 국토교통부장관이 고시하는 기준에 적합한 것)
(15) 숙박 시설	1) 일반숙박시설 및 생활숙박시설(「공중위생관리법」에 따라 숙박업 신고를 해야 하는 시설로서 국토교통부장관이 정하여 고시하는 요건을 갖춘 시설을 말한다) 2) 관광숙박시설(관광호텔·수상관광호텔·한국전통호텔·가족호텔, 호스텔, 소형호텔, 의료관광호텔 및 휴양 콘도미니엄) 3) 다중생활시설(제2종 근린생활시설에 해당하지 않는 것) 4) 그 밖에 위의 시설과 비슷한 것
(16) 위락 시설	1) 단란주점으로서 제2종 근린생활시설이 아닌 것 2) 유흥주점이나 그 밖에 이와 비슷한 것 3) 「관광진흥법」에 따른 유원시설업의 시설 그 밖에 이와 비슷한 것으로서 제2종 근린생활시설과 운동시설이 아닌 것 4) 무도장 및 무도학원 5) 카지노영업소
(17) 공장	물품의 제조·가공(염색·도장·표백·재봉·건조·인쇄 등을 포함함) 또는 수리에 계속적으로 이용되는 건축물로서 제1종 근린생활시설, 제2종 근린생활시설, 위험물저장 및 처리시설, 자동차 관련 시설, 자원순환관련시설등으로 따로 분류되지 않은 것
(18) 창고 시설	다음의 시설로서 제2종 근린생활시설에 해당하는 것과 위험물저장 및 처리시설 또는 그 부속용도에 해당하지 않는 것 1) 창고(물품저장시설로서 일반창고와 냉장 및 냉동창고를 포함함) 2) 하역장 3) 물류터미널 4) 집배송시설
(19) 위험물 저장 및 처리시설	「위험물안전관리법」, 「석유 및 석유대체연료 사업법」, 「도시가스사업법」, 「고압가스 안전관리법」, 「액화석유가스의 안전관리 및 사업법」, 「총포·도검·화약류 등 단속법」, 「화학물질 관리법」 등에 따라 설치 또는 영업의 허가를 받아야 하는 건축물로서 다음에 해당하는 것. 다만, 자가난방·자가발전과 그 밖에 이와 비슷한 목적에 쓰는 저장시설은 제외한다. 1) 주유소(기계식 세차설비를 포함함) 및 석유 판매소 2) 액화석유가스 충전소·판매소·저장소(기계식 세차설비를 포함함) 3) 위험물 제조소·저장소·취급소

용도	세부용도
	4) 액화가스 취급소·판매소 5) 유독물 보관·저장·판매시설 6) 고압가스 충전소·판매소·저장소 7) 도료류 판매소 8) 도시가스 제조시설 9) 화약류저장소 10) 그 밖에 위의 시설과 비슷한 것
(20) 자동차 관련 시설	다음에 해당하는 것(건설기계관련시설을 포함함) 1) 주차장　　　　　2) 세차장　　　　　3) 폐차장 4) 검사장　　　　　5) 매매장　　　　　6) 정비공장 7) 운전학원 및 정비학원(운전·정비 관련 직업훈련시설을 포함함) 8) 「여객자동차 운수사업법」·「화물자동차 운수사업법」 및 「건설기계관리법」에 따른 차고 및 주기장 9) 전기자동차 충전소로서 제1종 근린생활시설에 해당하지 않는 것
(21) 동물 및 식물관련 시설	1) 축사(양잠·양봉·양어·양돈·양계·곤충사육 시설 및 부화장 등을 포함함) 2) 가축시설(가축용 운동시설, 인공수정센터, 관리사, 가축용 창고, 가축시장, 동물검역소, 실험동물 사육시설 그 밖에 이와 비슷한 것) 3) 도축장　　　　　4) 도계장　　　　　5) 작물재배사 6) 종묘배양시설　　7) 화초 및 분재 등의 온실 8) 동물 또는 식물과 관련된 위의 시설과 비슷한 것(동·식물원은 제외)
(22) 자원순환 관련시설	1) 하수 등 처리시설　　2) 고물상　　　　　3) 폐기물재활용시설 4) 폐기물 처분시설　　5) 폐기물감량화시설
(23) 교정시설	다음에 해당하는 것으로서 제1종 근린생활시설이 아닌 것 1) 교정시설(보호감호소, 구치소 및 교도소) 2) 갱생보호시설, 그 밖에 범죄자의 갱생·보육·교육·보건 등의 용도로 쓰는 시설 3) 소년원 및 소년분류심사원
(24) 국방· 군사시설	다음에 해당하는 것으로서 제1종 근린생활시설이 아닌 것 「국방·군사시설 사업에 관한 법률」에 따른 국방·군사시설
(25) 방송 통신 시설	다음에 해당하는 것으로서 제1종 근린생활시설이 아닌 것 1) 방송국(방송프로그램 제작시설 및 송신·수신·중계시설을 포함함) 2) 전신전화국　　　3) 촬영소　　　　　4) 통신용 시설 5) 데이터센터　　　6) 그 밖에 위의 시설과 비슷한 것
(26) 발전시설	발전소(집단에너지 공급시설을 포함함)로 사용되는 건축물로서 제1종 근린생활시설이 아닌 것
(27) 묘지 관련 시설	1) 화장시설 2) 봉안당(종교시설에 해당하는 것은 제외) 3) 묘지와 자연장지에 부수되는 건축물 4) 동물화장시설, 동물건조장(乾燥葬)시설 및 동물 전용의 납골시설

용도	세 부 용 도
(28) 관광 휴게 시설	1) 야외음악당 2) 야외극장 3) 어린이회관 4) 관망탑 5) 휴게소 6) 공원·유원지 또는 관광지에 부수되는 시설
(29) 장례 시설	1) 장례식장[의료시설의 부수시설(「의료법」에 따른 의료기관의 종류에 따른 시설을 말한다)에 해당하는 것은 제외한다] 2) 동물 전용의 장례식장
(30) 야영장 시설	야영장시설로서 관리동, 화장실, 샤워실, 대피소, 취사시설 등의 용도로 쓰는 바닥면적의 합계가 300㎡ 미만인 것

단락문제 Q3 제14회 기출

다음과 같은 조건의 건축물은 어디에 속하는가?

- 지하1층 : 주차장으로 사용
- 1층 : 필로티 구조로서 전부를 주차장으로 사용
- 2층, 3층, 4층, 5층 : 주택으로 사용(단, 각층 바닥면적은 각각 200㎡ 며 세대수는 18세대임)

① 다중주택   ② 다가구주택   ③ 다세대주택
④ 연립주택   ⑤ 아파트

해설 건축물의 용도구분
1층 전체가 필로티 구조로 되어 있는 경우 1층은 층수에 산입되지 않는다. 따라서 주택용으로 사용되는 층수가 4층이고, 그 연면적이 660㎡를 초과하므로 연립주택에 해당된다. **정답** ④

(4) 건축물의 부속용도 및 부속건축물

부속용도는 건축물의 주된 용도의 기능에 필수적인 용도로서 다음에 해당하는 것을 말한다(영 제2조 제13호).

1) 건축물의 설비·대피·위생 그 밖에 이와 비슷한 시설의 용도
2) 사무·작업·집회·물품저장·주차 그 밖에 이와 비슷한 시설의 용도
3) 구내 식당·직장어린이집·구내 운동시설 등 종업원 후생복리시설, 구내 소각시설, 그 밖에 이와 비슷한 시설의 용도. 이 경우 다음의 요건을 모두 갖춘 휴게음식점은 구내식당에 포함되는 것으로 본다.
   ① 구내식당 내부에 설치할 것
   ② 설치면적이 구내식당 전체 면적의 1/3 이하로서 50㎡ 이하일 것
   ③ 다류(茶類)를 조리·판매하는 휴게음식점일 것
4) 관계법령에서 주된 용도의 부수시설로 설치할 수 있도록 정하고 있는 시설, 그 밖에 국토교통부장관이 이와 유사하다고 인정하여 고시하는 시설의 용도

같은 대지에서 주된 건축물과 분리된 부속용도의 건축물로서 주된 건축물을 이용 또는 관리하는 데에 필요한 건축물을 부속건축물이라고 한다(영 제2조 제12호). 부속용도의 건축물이더라도 주된 건축물과 분리되어 있지 않은 것은 부속건축물이 아니다.

(5) 특수구조 건축물   32회 출제

특수구조 건축물은 다음에 해당하는 건축물을 말한다(영 제2조 제18호).

1) 한쪽 끝은 고정되고 다른 끝은 지지(支持)되지 아니한 구조로 된 보·차양 등이 외벽(외벽이 없는 경우에는 외곽 기둥을 말한다)의 중심선으로부터 3m 이상 돌출된 건축물
2) 기둥과 기둥 사이의 거리(기둥의 중심선 사이의 거리를 말하며, 기둥이 없는 경우에는 내력벽과 내력벽의 중심선 사이의 거리를 말함)가 20m 이상인 건축물
3) 특수한 설계·시공·공법 등이 필요한 건축물로서 국토교통부장관이 정하여 고시하는 구조로 된 건축물

3 건축설비

건축설비는 건축물에 설치하는 다음의 설비를 말한다(법 제2조 제1항).

1) 전기·전화 설비, 초고속 정보통신 설비, 지능형 홈네트워크 설비, 가스·**급수**(給水)·**배수**(配水)·배수(排水)·환기·난방·냉방·소화(消火)·배연(排煙) 및 오물처리의 설비
   - → 물을 공급하는 것
   - → 물을 여러 군데로 보내는 것
   - → 불필요한 물을 내보내는 것
   - → 연기를 내보내는 것

2) 굴뚝, 승강기, 피뢰침, 국기 게양대, 공동시청 안테나, 유선방송 수신시설, 우편함, 저수조, 방범시설

단락문제 Q4   제17회 기출

건축법령상 건축물의 종류와 그 용도분류가 잘못 연결된 것은?

① 무도학원 – 위락시설
② 주유소 – 위험물저장 및 처리시설
③ 야외극장 – 문화 및 집회시설
④ 마을회관 – 제1종 근린생활시설
⑤ 안마시술소 – 제2종 근린생활시설

해설 건축물의 종류와 그 용도분류
야외극장은 관광휴게시설에 해당된다.   **정답** ③

제4장 건축법

03 건축·대수선 및 리모델링 ★★★　　14·추가15·25회 출제

1 건축

(1) 건축의 의의

건축은 건축물을 신축(新築)·증축(增築)·개축(改築) 또는 재축(再築)하거나 이전(移轉)하는 것을 말한다(법 제2조 제1항, 영 제2조).

1) 신축

건축물이 없는 대지나 기존 건축물이 해체 또는 멸실된 대지에 새로 건축물을 축조하는 것. 다만, 부속건축물만 있는 대지에 주된 건축물을 새로이 축조하는 것을 포함하되, 개축 또는 재축에 해당하는 경우는 제외한다.

건축
(신축, 증축, 개축, 재축, 이전)

① 「건축법」상의 건축에는 신축, 증축, 개축, 재축 및 이전이 있다.
② 신축(新築)이란 대지에 새로이 건축물을 축조하는 것을 말한다.
- 新 : 새로울 "신"
- 築 : 건축할 "축"
새로이 하는 건축

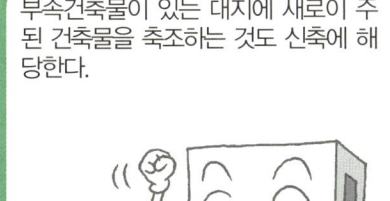
부속건축물이 있는 대지에 새로이 주된 건축물을 축조하는 것도 신축에 해당한다.

증축이란 기존 건축물이 있는 대지에서 그 건축물의 건축면적·연면적·층수·높이를 증가시키는 것을 말한다.

개축이란 기존 건축물의 전부 또는 일부를 해체하고
일부를 해체할 경우 내력벽·기둥·보·지붕틀 중 셋 이상이 포함되어야 한다.

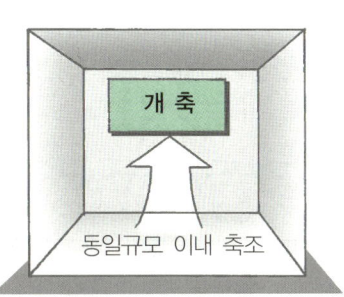
그 대지에서 종전과 동일규모의 범위에서 건축물을 다시 축조하는 것을 말한다.

2) 증축 13회 출제
기존 건축물이 있는 대지에서 그 건축물의 건축면적·연면적·층수 또는 높이를 늘리는 것

3) 개축
기존 건축물의 전부 또는 일부(내력벽·기둥·보 및 지붕틀 중 셋 이상이 포함되어야 함. 다만, 한옥의 경우에는 지붕틀의 범위에서 서까래는 제외)를 해체하고 그 대지에 종전과 같은 규모의 범위에서 건축물을 다시 축조하는 것

4) 재축
건축물이 천재지변 그 밖의 재해로 멸실된 경우 그 대지에 다음의 요건을 모두 갖추어 다시 축조하는 것
① 연면적 합계는 종전 규모 이하로 할 것
② 동(棟)수, 층수 및 높이는 다음의 어느 하나에 해당할 것
  ㉠ 동수, 층수 및 높이가 모두 종전 규모 이하일 것
  ㉡ 동수, 층수 또는 높이의 어느 하나가 종전 규모를 초과하는 경우에는 해당 동수, 층수 및 높이가 법령등에 모두 적합할 것

5) 이전
건축물의 주요구조부를 해체하지 않고 같은 대지의 다른 위치로 옮기는 것

'한옥'은 주요 구조가 기둥·보 및 한식지붕틀로 된 목구조로서 우리나라 전통양식이 반영된 건축물 및 그 부속건축물을 말한다(영 제2조 제16호).

 재축과 이전

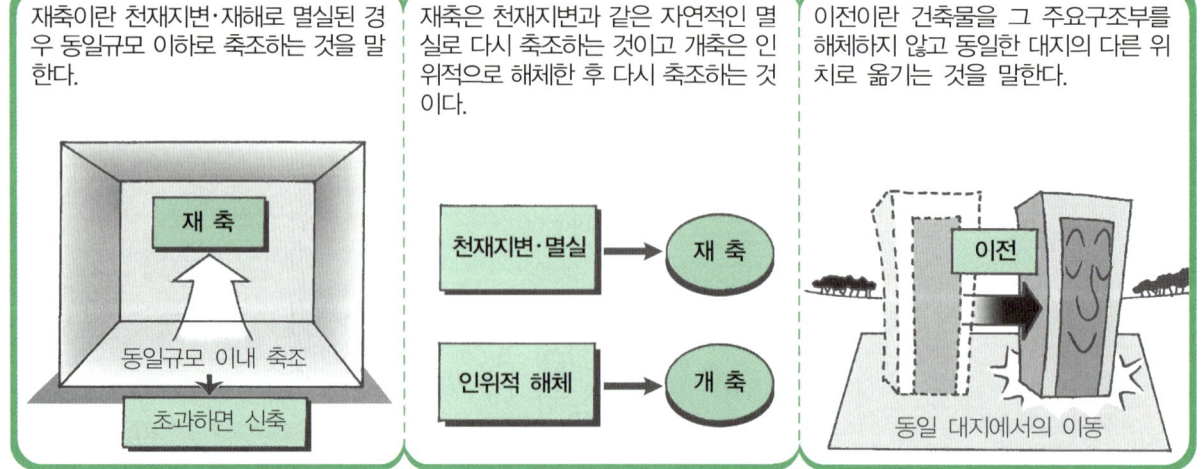

(2) 주요구조부 ★ 18·24·27회 출제

> 건축물의 칸과 칸 사이의 두 기둥 위를 건너지르는 나무, 들보

여기의 '주요구조부'는 건축물의 구조상 골격을 이루는 부분을 말하는데, **내력벽**(耐力壁)·기둥·바닥·보·지붕틀 및 주계단이 주요구조부에 해당된다(법 제2조 제1항).

→ 지붕을 형성하는 골조
→ 건축물에서 지붕의 무게나 위층 구조물의 무게를 감당하는 벽체
→ 주된 보를 보조할 뿐 건축물의 안전에는 직접적인 영향이 없는 것
→ 햇볕을 가리기 위해 처마 끝에 덧대는 조그마한 지붕

사이기둥, 최하층 바닥, 작은 보, 차양(遮陽), 옥외계단 그 밖에 이와 비슷한 것으로서 건축물의 구조상 중요하지 않은 부분은 주요구조부에 해당되지 않는다(법 제2조 제1항).

→ 건축물의 무게를 받쳐 주는 주기둥 사이에 설치되어 주기둥을 보조하는 것

단락문제 Q5   제13회 기출

다음 중 "증축"을 바르게 표현한 것은?

① 건축물을 그 주요구조부를 해체하지 않고 동일한 대지의 다른 위치로 옮기는 것
② 건물이 없는 대지에 새로이 건축물을 축조하는 것
③ 건축물이 천재지변 그 밖의 재해에 따라 멸실된 경우에 그 대지에 연면적 합계 등이 종전과 동일한 규모 이하에서 다시 축조하는 것
④ 기존 건축물이 있는 대지에서 건축물의 건축면적·연면적·층수 또는 높이를 증가시키는 것
⑤ 기존 건축물의 전부 또는 일부를 해체하고 그 대지에 종전과 동일한 규모의 범위에서 건축물을 다시 축조하는 것

해설 건축의 용어정리
①은 이전, ②는 신축, ③은 재축, ⑤는 개축이다.   **정답** ④

---

2 대수선(大修繕) 11·12·16·20·35회 출제

대수선은 건축물의 기둥·보·내력벽·주계단 등의 구조 또는 외부형태를 수선·변경 또는 증설하는 것으로서 다음에 해당하는 것을 말한다. 다만, 증축·개축 또는 재축에 해당되는 것은 제외한다(법 제2조 제1항, 영 제3조의2). 대수선에 해당하지 않는 단순한 '수선(修繕)'은 「건축법」의 규제대상이 아니다.

1) 내력벽을 증설 또는 해체하거나 그 벽면적을 30㎡ 이상 수선 또는 변경하는 것
2) 기둥을 증설 또는 해체하거나 3개 이상 수선 또는 변경하는 것
3) 보를 증설 또는 해체하거나 3개 이상 수선 또는 변경하는 것
4) 지붕틀(한옥의 경우에는 지붕틀의 범위에서 서까래는 제외)을 증설·해체하거나 지붕틀을 3개 이상 수선·변경하는 것

→ 목조 건축물에서 지붕을 이루는 가로대

5) 방화벽 또는 방화구획을 위한 바닥 또는 벽을 증설 또는 해체하거나 수선 또는 변경하는 것
6) 주계단·피난계단 또는 특별피난계단을 증설 또는 해체하거나 수선 또는 변경하는 것
7) 다가구주택의 가구 간 경계벽 또는 다세대주택의 세대 간 경계벽을 증설 또는 해체하거나 수선 또는 변경하는 것
8) 건축물의 외벽에 사용하는 마감재료(건축법 제52조 제2항에 따른 외부 난연성 마감재료를 말한다)를 증설 또는 해체하거나 벽면적 30m² 이상 수선 또는 변경하는 것

단락문제 Q6
제16회 기출

건축법령상 증축·개축 또는 재축에 해당하지 않는 것으로서 대수선행위로 볼 수 없는 것은?
① 내력벽의 벽면적을 30m² 이상 해체해서 변경하는 행위
② 건축물의 전면부 창문틀을 해체해서 변경하는 행위
③ 주계단·피난계단 또는 특별피난계단을 해체해서 변경하는 행위
④ 건축물의 방화구획을 위한 바닥 또는 벽을 해체해서 수선하는 행위
⑤ 다세대주택의 세대간 주요구조부인 경계벽을 수선하는 행위

해설 대수선행위
창문틀은 주요구조부가 아니므로 창문틀의 해체는 대수선에 해당하지 않는다.

정답 ②

 대수선

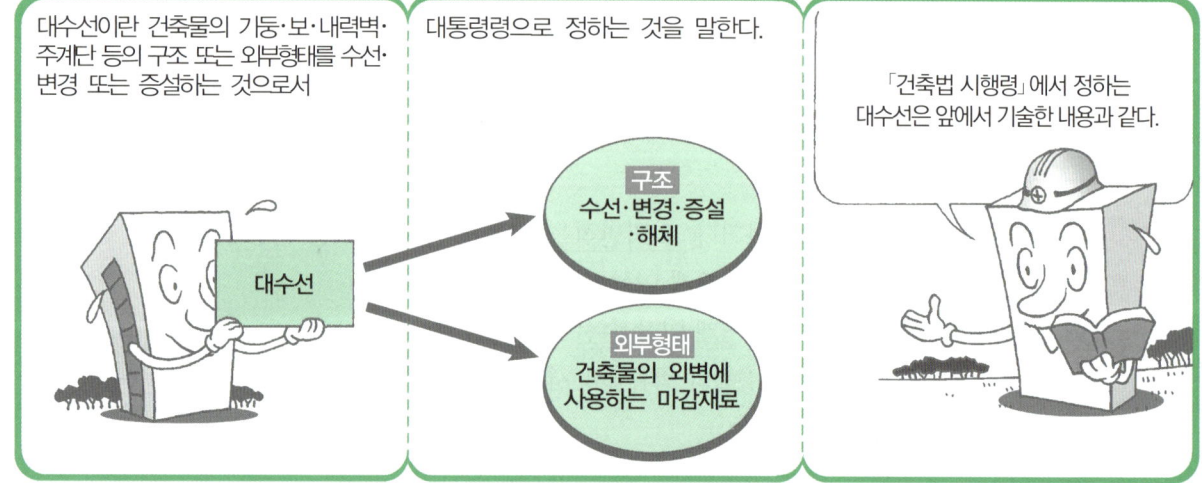

3 리모델링

리모델링은 건축물의 노후화를 억제하거나 기능향상 등을 위해 대수선하거나 건축물의 일부를 증축 또는 개축하는 행위를 말한다(법 제2조 제1항).

04 건축물의 면적·높이·층수 등
`14·20회 출제`

1 대지면적·건축면적·바닥면적 및 연면적

(1) 대지면적(垈地面積)★ `15·17·20·21회 출제`

대지면적은 대지의 수평투영면적을 말한다(영 제119조 제1항). 대개의 경우 토지대장에 기재된 면적을 대지면적으로 하고 있다.
다음의 면적은 대지면적에 산입하지 않는다(영 제119조 제1항).

1) 건축선의 후퇴로 인해 대지에 건축선이 정해진 경우 그 건축선과 도로경계선 사이의 대지면적

2) 대지에 도시·군계획시설인 도로·공원 등이 있는 경우 그 도시·군계획시설에 포함되는 대지면적. 다만, 장기미집행 도시·군계획시설 부지에 대한 매수청구가 받아 들여지지 않음에 따라 건축물 또는 공작물을 설치하는 도시·군계획시설의 부지는 제외한다.

(2) 건축면적(建築面積)★★ `33회 출제`

건축면적은 건축물의 외벽(외벽이 없는 경우에는 외곽 부분의 기둥으로 한다)의 중심선으로 둘러싸인 부분의 수평투영면적으로 한다(영 제119조 제1항).
건축면적산정에는 다음의 예외가 인정된다(영 제119조 제1항, 규칙 제43조 제1·2항).

1) 처마·차양·부연(附椽)❶ 그 밖에 이와 비슷한 것으로서 그 외벽의 중심선으로부터 수평거리 1m 이상 돌출된 부분이 있는 건축물의 건축면적은 그 돌출된 끝부분으로부터 다음의 구분에 따른 수평거리를 후퇴한 선으로 둘러싸인 부분의 수평투영면적으로 한다.

① 「전통사찰의 보존 및 지원에 관한 법률」에 따른 전통사찰 : 4m 이하의 범위에서 외벽의 중심선까지의 거리

② **사료 투여, 가축 이동 및 가축 분뇨 유출 방지 등을 위하여** 처마, 차양, 부연, 그 밖에 이와 비슷한 것이 **설치된 축사** : 3m 이하의 범위에서 외벽의 중심선까지의 거리(두 동의 축사가 하나의 차양으로 연결된 경우에는 6m 이하의 범위에서 축사 양 외벽의 중심선까지의 거리를 말한다)

> 용어사전
> ❶ 부연(附椽)
> 목조건축물에서 처마서까래 끝에 덧얹는 짧은 서까래

③ **한옥** : 2m 이하의 범위에서 외벽의 중심선까지의 거리
④ **「환경친화적자동차의 개발 및 보급 촉진에 관한 법률 시행령」에 따른 충전시설**(그에 딸린 충전 전용 주차구획을 포함한다)**의 설치를 목적으로 처마, 차양, 부연, 그 밖에 이와 비슷한 것이 설치된 공동주택**(「주택법」에 따른 사업계획승인 대상으로 한정한다) : 2m 이하의 범위에서 외벽의 중심선까지의 거리
⑤ 「신에너지 및 재생에너지 개발·이용·보급 촉진법」에 따른 신·재생에너지 설비(신·재생에너지를 생산하거나 이용하기 위한 것만 해당한다)를 설치하기 위하여 처마, 차양, 부연, 그 밖에 이와 비슷한 것이 설치된 건축물로서 「녹색건축물 조성 지원법」에 따른 제로에너지건축물 인증을 받은 건축물 : 2m 이하의 범위에서 외벽의 중심선까지의 거리
⑥ 「환경친화적 자동차의 개발 및 보급 촉진에 관한 법률」의 수소연료공급시설을 설치하기 위하여 처마, 차양, 부연 그 밖에 이와 비슷한 것이 설치된 주유소, 액화석유가스 충전소 또는 고압가스 충전소 : 2m 이하의 범위에서 외벽의 중심선까지의 거리
⑦ **그 밖의 건축물** : 1m

2) 태양열을 주된 에너지원으로 이용하는 주택과 단열재를 구조체의 외기(外氣)측에 설치하는 단열공법으로 건축된 건축물의 건축면적은 건축물의 외벽 중 내측 내력벽의 중심선을 기준으로 한다.

3) 창고 또는 공장 중 물품을 입·출고하는 부위의 상부에 설치하는 한쪽 끝은 고정되고 다른 끝은 지지되지 않는 구조로 된 돌출차양의 면적 중 건축면적에 산입하는 면적은 다음의 면적 중 작은 값으로 한다.
① 해당 돌출차양을 제외한 창고의 건축면적의 10%를 초과하는 면적
② 해당 돌출차양의 끝부분으로부터 수평거리 6m를 후퇴한 선으로 둘러싸인 부분의 수평투영면적

4) 다음의 경우에는 건축면적에 산입하지 않는다.
① 지표면으로부터 1m 이하에 있는 부분(창고 중 물품을 입·출고하기 위해 차량을 접안시키는 부분의 경우에는 지표면으로부터 1.5m 이하에 있는 부분)
② 「다중이용업소의 안전관리에 관한 특별법 시행령」에 따라 기존의 **다중이용업소**(2004. 5.29. 이전의 것만 해당)의 비상구에 연결해서 설치하는 폭 2m 이하의 옥외피난계단(기존 건축물에 옥외피난계단을 설치함으로써 건폐율의 기준에 적합하지 않게 된 경우에 한함)

> 불특정 다수인이 이용하는 영업소 중 화재 등 재난 발생 시 생명·신체·재산상의 피해가 발생할 우려가 높은 업소

③ 건축물 지상층에 일반인이나 차량이 통행할 수 있도록 설치한 보행통로나 차량통로
④ 지하주차장의 경사로
⑤ 건축물 지하층의 출입구 상부(출입구 너비에 상당하는 규모의 부분을 말함)
⑥ 생활폐기물 보관시설(음식물쓰레기·의류 등의 수거시설을 말함)

⑦ 어린이집(2005.1.29. 이전에 설치된 것만 해당)의 비상구에 연결해서 설치하는 폭 2m 이하의 영유아용 대피용 미끄럼대 또는 비상계단(기존 건축물에 영유아용 대피용 미끄럼대 또는 비상계단을 설치함으로써 건폐율 기준에 적합하지 않게 된 경우에 한함)
⑧ 장애인용 승강기, 장애인용 에스컬레이터, 휠체어리프트 또는 경사로
⑨ 소독설비를 갖추기 위하여 가축사육시설(2015.4.27. 전에 건축되거나 설치된 가축사육시설로 한정한다)에서 설치하는 시설
⑩ 현지보존 및 이전보존을 위하여 매장유산 보호 및 전시에 전용되는 부분
⑪ 「가축분뇨의 관리 및 이용에 관한 법률」에 따른 처리시설
⑫ 「영유아보육법」에 따른 설치기준에 따라 직통계단 1개소를 갈음하여 건축물의 외부에 설치하는 비상계단(어린이집이 2011.4.6. 이전에 설치된 경우로서 기존 건축물에 비상계단을 설치함으로써 건폐율 기준에 적합하지 않게 된 경우만 해당한다)

(3) 바닥면적 25·29회 출제

바닥면적은 건축물의 각 층 또는 그 일부로서 벽·기둥 그 밖에 이와 비슷한 구획의 중심선으로 둘러싸인 부분의 수평투영면적을 말한다(영 제119조 제1항).
바닥면적산정에는 다음의 예외가 인정된다(영 제119조 제1항).

1) 벽과 기둥의 구획이 없는 건축물의 경우에는 그 지붕 끝부분으로부터 수평거리 1m를 후퇴한 선으로 둘러싸인 부분의 수평투영면적으로 한다.

2) 건축물의 노대(露臺)❶등의 바닥은 난간 등의 설치 여부에 관계없이 노대등의 면적(외벽의 중심선으로부터 노대등의 끝부분까지의 면적)에서 노대등이 접한 가장 긴 외벽에 접한 길이에 1.5m를 곱한 값을 공제한 면적을 바닥면적에 산입한다. 21회 출제

3) 필로티나 그 밖에 이와 비슷한 구조(벽면적의 1/2 이상이 그 층의 바닥면에서 위층의 바닥 아래면까지 공간으로 된 것에 한함)의 부분은 그 부분이 공중의 통행이나 차량의 통행·주차에 전용되는 경우와 공동주택의 경우에는 바닥면적에 산입하지 않는다.

4) 승강기탑·계단탑·장식탑·다락[층고가 1.5m(경사진 형태의 지붕인 경우에는 1.8m) 이하인 것에 한함], 건축물의 내부에 설치하는 냉방설비 배기장치 전용 설치공간(각 세대나 실별로 외부 공기에 직접 닿는 곳에 설치하는 경우로서 1m² 이하로 한정한다), 건축물의 외부 또는 내부에 설치하는 굴뚝·더스트슈트(dust chute)❷·설비덕트(duct)❸ 그 밖에 이와 비슷한 것과 옥상·옥외 또는 지하에 설치하는 물탱크·기름탱크·냉각탑·정화조·도시가스 정압기 그 밖에 이와 비슷한 것을 설치하기 위한 구조물과 건축물 간에 화물의 이동에 이용되는 컨베이어벨트만을 설치하기 위한 구조물은 바닥면적에 산입하지 않는다.

> **용어사전**
> ❶ 노대(露臺)
> 건물의 외벽에서 돌출된 난간이나 마루 등
>
> ❷ 더스트슈트(dust chute)
> 주로 공동주택에 설치하는 쓰레기 투입구와 같이 쓰레기 등을 처리하기 위한 수직통로
>
> ❸ 덕트(duct)
> 난방이나 환기를 위해 공기를 보내는 관로와 같이 공기나 기타 유체가 흐르는 통로 및 구조물

5) 공동주택으로서 지상층에 설치한 기계실·전기실·어린이놀이터·조경시설 및 생활폐기물 보관시설의 면적은 바닥면적에 산입하지 않는다.

6) 2004.5.29. 이전에 설치된 다중이용업소의 비상구에 연결해서 설치하는 너비 1.5m 이하의 옥외피난계단(기존 건축물에 옥외피난계단을 설치함으로써 용적률에 적합하지 않게 되는 경우에 한함)은 바닥면적에 산입하지 않는다.

7) 리모델링 활성화 구역 안의 건축물 또는 사용승인을 받은 후 15년 이상이 되어 리모델링하는 경우로서 미관향상, 열손실 방지 등을 위하여 외벽에 부가하여 마감재 등을 설치하는 부분은 바닥면적에 산입하지 않는다. 24회 출제

8) 단열재를 구조체의 외기측에 설치하는 단열공법으로 건축된 건축물의 경우에는 단열재가 설치된 외벽 중 내측 내력벽의 중심선을 기준으로 산정한 면적을 바닥면적으로 한다.

9) 어린이집(2005.1.29. 이전에 설치된 것에 한함)의 비상구에 연결해서 설치하는 폭 2m 이하의 영유아용 대피용 미끄럼대 또는 비상계단의 면적은 바닥면적(기존 건축물에 영유아용 대피용 미끄럼대 또는 비상계단을 설치함으로써 용적률 기준에 적합하지 않게 된 경우에 한함)에 산입하지 않는다.

10) 「장애인·노인·임산부 등의 편의증진 보장에 관한 법률 시행령」에 따라 설치하는 장애인용 승강기, 장애인용 에스컬레이터, 휠체어리프트 또는 경사로는 바닥면적에 산입하지 아니한다.

11) 소독설비를 갖추기 위하여 가축사육시설(2015.4.27. 전에 건축되거나 설치된 가축사육시설로 한정한다)에서 설치하는 시설은 바닥면적에 산입하지 아니한다.

12) 현지보존 및 이전보존을 위하여 매장유산 보호 및 전시에 전용되는 부분은 바닥면적에 산입하지 아니한다.

13) 「영유아보육법」에 따른 설치기준에 따라 직통계단 1개소를 갈음하여 건축물의 외부에 설치하는 비상계단의 면적은 바닥면적(어린이집이 2011.4.6. 이전에 설치된 경우로서 기존 건축물에 비상계단을 설치함으로써 용적률 기준에 적합하지 않게 된 경우만 해당한다)에 산입하지 않는다.

14) 지하주차장의 경사로(지상층에서 지하 1층으로 내려가는 부분으로 한정한다)는 바닥면적에 산입하지 않는다.

15) 대피공간의 바닥면적은 건축물의 각 층 또는 그 일부로서 벽의 내부선으로 둘러싸인 부분의 수평투영면적으로 한다.

16) 발코니의 바닥에 국토교통부령으로 정하는 하향식 피난구를 설치한 경우 또는 대체시설을 갖춘 구조 또는 시설(해당 세대 밖으로 대피할 수 있는 구조 또는 시설만 해당한다)을 대피공간에 설치하는 경우 또는 대체시설을 발코니(발코니의 외부에 접하는 경우를 포함한다)에 설치하는 경우에는 해당 구조 또는 시설이 설치되는 대피공간 또는 발코니의 면적 중 다음의 구분에 따른 면적까지를 바닥면적에 산입하지 않는다.

① 인접세대와 공동으로 설치하는 경우 : 4㎡
② 각 세대별로 설치하는 경우 : 3㎡

(4) 연면적(延面積)★　　23회 출제

연면적은 하나의 건축물의 각 층의 바닥면적 합계를 말한다. 다만, 용적률을 산정할 때에는 다음의 면적은 연면적에 산입하지 않는다(영 제119조 제1항).

1) 지하층의 면적
2) 지상층의 주차용(그 건축물의 부속용도인 경우에 한함)으로 쓰는 면적
3) 초고층건축물과 준초고층건축물에 설치하는 피난안전구역의 면적
4) 건축물의 경사지붕 아래에 설치하는 대피공간의 면적

단락문제 Q7　　제33회 기출

건축법령상 건축물의 면적 등의 산정방법에 관한 설명으로 틀린 것은?(단, 건축법령상 특례는 고려하지 않음)

① 공동주택으로서 지상층에 설치한 조경시설의 면적은 바닥면적에 산입하지 않는다.
② 지하주차장의 경사로의 면적은 건축면적에 산입한다.
③ 태양열을 주된 에너지원으로 이용하는 주택의 건축면적은 건축물의 외벽중 내측 내력벽의 중심선을 기준으로 한다.
④ 용적률을 산정할 때에는 지하층의 면적은 연면적에 산입하지 않는다.
⑤ 층의 구분이 명확하지 아니한 건축물의 높이는 4미터마다 하나의 층으로 보고 그 층수를 산정한다.

해설　건축물의 면적 등의 산정방법
지하주차장의 경사로의 면적은 건축면적에 산입하지 않는다.
　　　　　　　　　　　　　　　　　　　　　　　　　　　　　　정답 ②

2 건폐율(建蔽率) 및 용적률(容積率) 14·16·18·24회 출제

건폐율은 건축면적을 대지면적으로 나눈 값을 말하며, 용적률은 연면적을 대지면적으로 나눈 값을 말한다. 건폐율 및 용적률을 계산할 때에 하나의 대지에 둘 이상의 건축물이 있는 경우에는 이들 건축물의 건축면적 또는 연면적을 합계한다(법 제55조, 제56조).

3 건축물의 높이★ 13회 출제

건축물의 높이는 지표면으로부터 그 건축물의 상단까지의 높이를 말한다(영 제119조 제1항).
건축물의 높이를 산정할 때에는 다음의 예외가 인정된다(영 제119조 제1항).

1) 건축물의 1층 전체에 필로티(건축물의 사용을 위한 경비실·계단실·승강기실 그 밖에 이와 비슷한 것을 포함함)가 설치되어 있는 경우 이 필로티의 높이는 가로구역별 높이제한과 공동주택의 일조권확보를 위한 높이제한을 적용할 때에 건축물의 높이에서 제외한다.

2) 이 법 제60조(건축물의 높이제한)를 적용할 때에는 전면도로(前面道路)의 중심선으로부터의 높이로 한다. 다만, 전면도로가 다음에 해당하는 경우에는 그에 따라 산정한다.
   ① 건축물의 대지에 접하는 전면도로의 노면에 고저차가 있는 경우에는 그 건축물이 접하는 범위의 전면도로부분의 수평거리에 따라 가중평균한 높이의 수평면을 전면도로면으로 본다.
   ② 건축물의 대지에 지표면이 전면도로보다 높은 경우에는 그 고저차의 1/2의 높이만큼 올라온 위치에 그 전면도로의 면이 있는 것으로 본다.

3) 이 법 제61조(일조 등의 확보를 위한 건축물의 높이제한)를 적용할 때에는 건축물 대지의 지표면과 인접대지의 지표면간에 고저차가 있는 경우에는 그 지표면의 평균수평면을 지표면으로 본다. 다만, 공동주택은 높이를 산정할 때 해당 대지가 인접 대지의 높이보다 낮은 경우에는 해당 대지의 지표면을 지표면으로 보고, 공동주택을 다른 용도와 복합해서 건축하는 경우에는 공동주택의 가장 낮은 부분을 그 건축물의 지표면으로 본다.

4) 건축물의 옥상에 설치되는 승강기탑·계단탑·망루·장식탑·옥탑 등으로서 그 수평투영면적의 합계가 그 건축물의 건축면적의 1/8(주택건설사업계획승인 대상인 공동주택 중 세대별 전용면적이 85m²이하인 경우에는 1/6) 이하인 경우로서 그 부분의 높이가 12m를 넘는 경우에는 그 넘는 부분만 건축물의 높이에 산입한다.

5) 지붕마루장식·굴뚝·방화벽의 옥상돌출부 그 밖에 이와 비슷한 옥상돌출물과 난간벽(그 벽면적의 1/2 이상이 공간으로 되어 있는 것에 한함)은 그 건축물의 높이에 산입하지 않는다.

4 건축물의 층수 ★★ 13·17·23회 출제

(1) 층 수
승강기탑·계단탑·망루·장식탑·옥탑 그 밖에 이와 비슷한 건축물의 옥상부분으로서 그 수평투영면적의 합계가 그 건축물의 건축면적의 1/8 이하(주택건설사업계획 승인대상인 공동주택 중 세대별 전용면적이 85m² 이하인 경우에는 1/6 이하)인 것과 지하층은 건축물의 층수에 산입하지 않고, 층의 구분이 명확하지 않은 건축물은 그 건축물의 높이 4m마다를 하나의 층으로 산정하며, 건축물의 부분에 따라 그 층수를 달리하는 경우에는 그 중 가장 많은 층수를 그 건축물의 층수로 한다(영 제119조 제1항).

(2) 지하층
지하층은 건축물의 바닥이 지표면 아래에 있는 층으로서 그 바닥으로부터 지표면까지의 평균높이가 그 층높이의 1/2 이상인 것을 말한다. 지하층의 지표면은 각 층의 주위가 접하는 각 지표면 부분의 높이를 그 지표면 부분의 수평거리에 따라 가중평균한 높이의 수평면을 지표면으로 산정한다(법 제2조 제1항).

지하층은 건축물의 층수에 산입하지 않으며, 용적률을 산정할 때에는 지하층의 바닥면적은 연면적에서 제외된다(영 제119조 제1항).

(3) 처마높이
지표면으로부터 건축물의 지붕틀 또는 이와 비슷한 수평재를 지지하는 벽·깔도리 또는 기둥의 상단까지의 높이로 한다.

(4) 반자높이
방의 바닥면으로부터 반자까지의 높이로 한다. 다만, 한 방에서 반자높이가 다른 부분이 있는 경우에는 그 각 부분의 반자면적에 따라 가중평균한 높이로 한다.

(5) 층고
방의 바닥구조체 윗면으로부터 위층 바닥구조체의 윗면까지의 높이로 한다. 다만, 한 방에서 층의 높이가 다른 부분이 있는 경우에는 그 각 부분 높이에 따른 면적에 따라 가중평균한 높이로 한다.

부동산공법

단락문제 Q8 제23회 기출

지하층이 2개층이고 지상층은 전체가 층의 구분이 명확하지 아니한 건축물로서, 건축물의 바닥면적은 600㎡ 며 바닥면적의 300㎡에 해당하는 부분은 그 높이가 12m이고 나머지 300㎡에 해당하는 부분의 높이는 16m이다. 이러한 건축물의 건축법령상 층수는?(단, 건축물의 높이는 건축법령에 의하여 산정한 것이고, 지표면의 고저차는 없으며, 건축물의 옥상에는 별도의 설치물이 없음)

① 1층   ② 3층   ③ 4층   ④ 5층   ⑤ 6층

해설 건축법령상 층수의 산정

지하층은 건축물의 층수에 산입하지 않고, 층의 구분이 명확하지 않은 건축물은 그 건축물의 높이 4m마다 하나의 층으로 보고 그 층수를 산정하며, 건축물이 부분에 따라 그 층수가 다른 경우에는 그 중 가장 많은 층수를 그 건축물의 층수로 본다. 따라서 가장 높은 16m 건축물을 4m마다 하나의 층으로 보므로 층수는 4층이다. **정답** ③

05 「건축법」의 적용범위 ★★   추가15·12·22회 출제

1 「건축법」이 적용되지 않는 건축물 26·28·30회 출제

다음의 건축물에 대해서는 이 법이 적용되지 않는다(법 제3조 제1항).

1) 「문화유산의 보존 및 활용에 관한 법률」에 따른 지정문화유산이나 임시지정문화유산 또는 「자연유산의 보존 및 활용에 관한 법률」에 따라 지정된 천연기념물등이나 임시지정천연기념물, 임시지정명승, 임시지정시·도자연유산, 임시자연유산자료

2) 철도 또는 궤도의 선로부지(線路敷地)에 있는 다음의 시설
   ① 운전보안시설
   ② 철도선로의 위나 아래를 횡단하는 보행시설
   ③ 플랫폼
   ④ 그 철도 또는 궤도사업용 급수·급탄 및 급유시설

3) <u>고속도로 통행료징수시설</u>

4) 컨테이너를 이용한 간이창고(공장의 용도로만 쓰는 건축물의 대지에 설치하는 것으로서 이동이 쉬운 것에 한함)

5) 「하천법」에 따른 하천구역 내의 수문조작실

제4장 건축법

단락문제 Q9
제26회 기출

건축법령상 건축법이 모두 적용되지 않는 건축물이 아닌 것은?
① 「문화유산의 보존 및 활용에 관한 법률」에 따른 지정문화유산인 건축물
② 철도의 선로 부지에 있는 철도 선로의 위 아래를 가로지르는 보행시설
③ 고속도로 통행료 징수시설
④ 지역자치센터
⑤ 궤도의 선로 부지에 있는 플랫폼

해설 건축법이 적용되지 않는 건축물
지역자치센터는 건축법이 적용되는 건축물이다.

정답 ④

「건축법」의 적용범위

「건축법」을 전면적으로 적용하는 지역은 이와 같다.

① 도시지역
② 동·읍의 지역(다만 섬인 경우에는 인구 500인 이상인 경우에 한함)

「건축법」의 일부 규정을 적용하지 않는 지역은 이와 같다.

① 관리지역에서
② 농림지역에서
③ 자연환경보전지역에서 지구단위계획구역 외의 지역으로서 동·읍 외의 지역
④ 인구 500명 미만인 동·읍에 속하는 섬

「건축법」의 일부 규정이 적용되지 않는 건축물 및 공작물은 이와 같다.

도시·군계획시설로 결정된 **도로예정지**에 대한 **매수청구를 받아들이지 않음**에 따라 도로예정지에 건축하는 건축물 또는 공작물

「건축법」이 적용되지 않는 건축물에는 이와 같이 5가지가 있다.

■ 「건축법」이 적용되지 않는 건축물
① 지정문화유산이나 임시지정문화유산 또는 천연기념물등이나 임시지정천연기념물, 임시지정명승, 임시지정시·도자연유산 임시자연유산자료
② 철도 또는 궤도의 선로부지에 있는 다음의 시설
 ㉠ 운전보안시설
 ㉡ 철도선로의 상하를 횡단하는 보행시설
 ㉢ 플랫폼
 ㉣ 철도 또는 궤도사업용 급수·급탄 및 급유시설
③ 고속도로 통행료 징수시설
④ 컨테이너를 이용한 간이창고(공장용도로서 이동이 용이한 것)
⑤ 하천구역 내의 수문조작실

2 「건축법」의 일부규정이 적용되지 않는 건축물 및 공작물

「국토의 계획 및 이용에 관한 법률」의 장기미집행 도시·군계획시설 부지에 대한 매수청구의 거부나 매수지연에 따른 도시·군계획시설부지의 건축물이나 공작물을 도시·군계획시설로 결정된 도로의 예정지에 건축하는 경우에는 이 법 제45조(도로의 지정·폐지 또는 변경)·제46조(건축선의 지정) 및 제47조(건축선에 따른 건축제한)를 적용하지 않는다(법 제3조 제3항).

3 「건축법」의 일부규정이 적용되지 않는 지역

다음에 해당하지 않는 지역에 대해서는 이 법 제44조(대지와 도로와의 관계), 제45조(도로의 지정·폐지 또는 변경), 제46조(건축선의 지정), 제47조(건축선에 따른 건축제한), 제51조(방화지구의 건축물) 및 제57조(대지의 분할제한)를 적용하지 않는다(법 제3조 제2항).

1) 도시지역 및 지구단위계획구역
2) 동 또는 읍의 지역(섬인 경우에는 인구가 500명 이상인 경우에 한함)

단락문제 Q10
제15회추가 기출

「건축법」은 그 적용이 배제되거나 완화되는 경우가 있다. 틀린 것은?

① 「문화유산의 보존 및 활용에 관한 법률」에 따른 지정문화유산에는 적용되지 않으나 임시지정문화유산인 건축물에는 적용된다.
② 철도 또는 궤도의 선로부지에 있는 운전보안시설 등 일정한 시설에는 적용되지 않는다.
③ 「국토의 계획 및 이용에 관한 법률」상의 일정 지역에 대해서는 이 법의 일부가 적용되지 않는다.
④ 건축주·설계자 등 건축관계자는 이 법의 적용이 매우 불합리하다고 인정되는 대지 또는 건축물로서 대통령령으로 정하는 것에 대해서는 이 법의 기준의 완화적용을 요청할 수 있다.
⑤ 위 ④의 완화요청 및 결정절차 그 밖의 필요한 사항은 당해 지방자치단체의 조례로 정한다.

해설 「건축법」의 적용이 배제되는 경우
지정문화유산은 물론 임시지정문화유산인 건축물에 대해서도 「건축법」이 적용되지 않는다. **정답** ①

4 축조신고대상의 공작물 27·30회 출제

다음의 공작물을 축조(건축물과 분리하여 축조하는 것을 말한다)하려는 자는 특별자치시장·특별자치도지사 또는 시장·군수·구청장에게 신고하여야 한다(법 제83조 제1항, 영 제118조 제1항).

1) 높이 6m를 넘는 굴뚝
2) 높이 4m를 넘는 장식탑·기념탑·첨탑·광고탑·광고판 그 밖에 이와 비슷한 것
3) 높이 8m를 넘는 고가수조 그 밖에 이와 비슷한 것
4) 높이 2m를 넘는 옹벽 또는 담장

5) 바닥면적 30m²를 넘는 지하대피호
6) 높이 6m를 넘는 골프연습장 등의 운동시설을 위한 철탑, 주거지역 또는 상업지역에 설치하는 통신용 철탑 그 밖에 이와 비슷한 것
7) 높이 8m(위험방지를 위한 난간의 높이는 제외) 이하의 기계식 또는 철골조립식 주차장(바닥면이 조립식이 아닌 것을 포함함)으로서 외벽이 없는 것
8) 건축조례로 정하는 제조시설·저장시설(시멘트사일로를 포함함)·유희시설 그 밖에 이와 비슷한 것
9) 건축물의 구조에 심대한 영향을 줄 수 있는 중량물로서 건축조례가 정하는 것
10) 높이 5m를 넘는 태양에너지를 이용하는 발전설비와 그 밖에 이와 비슷한 것

단락문제 Q11 제27회 기출

건축법령상 특별자치시장·특별자치도지사 또는 시장·군수·구청장에게 신고하고 축조하여야 하는 공작물에 해당하는 것은?(단, 건축물과 분리하여 축조하는 경우이며, 공용건축물에 대한 특례는 고려하지 않음)

① 높이 5m의 굴뚝
② 높이 7m의 고가수조(高架水槽)
③ 높이 3m의 광고탑
④ 높이 3m의 담장
⑤ 바닥면적 25m²의 지하대피호

해설 축조신고대상의 공작물
① 높이 6m를 넘는 굴뚝
② 높이 8m를 넘는 고가수조(高架水槽)
③ 높이 4m를 넘는 광고탑
④ 높이 2m를 넘는 담장
⑤ 바닥면적 30m²를 넘는 지하대피호

정답 ④

06 건축기준적용의 특례 ★

1 건축기준의 완화적용 32회 출제

(1) 완화적용절차 추가15회 출제

건축관계자는 그 업무를 수행하면서 이 법을 적용하는 것이 매우 불합리하다고 인정되는 대지 또는 건축물에 대해서는 이 법의 기준을 완화해서 적용할 것을 허가권자에게 요청할 수 있다(법 제5조 제1항).

허가권자는 건축위원회의 심의를 거쳐 건축기준의 완화 여부 및 적용범위를 결정하고 그 결과를 신청인에게 통지해야 한다(법 제5조 제2항).

건축기준완화적용의 요청 및 결정의 절차 그 밖의 필요한 사항은 건축조례(도 단위로 통일성을 유지할 필요가 있는 때에는 도의 조례)로 정한다(법 제5조 제3항, 제7조).

(2) 완화적용의 대상

건축기준을 완화해서 적용할 수 있는 대지 또는 건축물과 완화적용할 수 있는 건축기준은 [표]와 같다(영 제6조 제1항).

▼ 건축기준의 완화적용

건축기준을 완화적용할 수 있는 대지 또는 건축물	완화적용할 수 있는 건축기준
1) 수면 위에 건축하는 건축물 등 대지의 범위를 설정하기 곤란한 경우	① 이 법 제4장(건축물의 대지와 도로) ② 이 법 제55조(건폐율), 제56조(용적률), 제57조(대지의 분할제한), 제60조(건축물의 높이제한), 제61조(일조 등의 확보를 위한 높이제한)
2) 거실(→ 거주·집무·작업·집회·오락 그 밖에 이와 비슷한 목적을 위해 사용되는 방)이 없는 통신시설 및 기계·설비시설인 경우	이 법 제44조(대지와 도로와의 관계), 제45조(도로의 지정·폐지 또는 변경), 제46조(건축선의 지정)
3) 다음의 건축물인 경우 ① 31층 이상인 건축물(건축물 전부가 공동주택으로 쓰이는 경우는 제외) ② 발전소, 제철소, 산업집적활성화 및 공장설립에 관한 법령에 따른 첨단업종의 제조시설, 운동시설 등 특수용도의 건축물	① 이 법 제43조(공개공지 등의 확보) ② 이 법 제49조(건축물의 피난시설·용도제한 등), 제50조(건축물의 내화구조 및 방화벽), 제50조의2(고층건축물의 피난 및 안전관리), 제51조(방화지구의 건축물), 제52조(건축물의 내부마감재료) ③ 이 법 제62조(건축설비기준 등), 제64조(승강기), 제67조(관계전문기술자), 제68조(기술적 기준)
4) 전통사찰·전통한옥 등 전통문화의 보존을 위해 특별시·광역시·특별자치시·도 또는 특별자치도(이하 "시·도"라 함)의 건축조례로 정하는 지역의 건축물인 경우	이 법 제2조 제11호(도로), 제44조(대지와 도로와의 관계), 제46조(건축선의 지정), 제60조 제3항(전면도로의 너비에 의한 높이제한)
5) 다음의 건축물인 경우 ① 경사진 대지에 계단식으로 건축하는 공동주택으로서 지면에서 직접 각 세대가 있는 층으로의 출입이 가능하고 위층 세대가 아래층 세대의 지붕을 정원 등으로 활용하는 것이 가능한 형태의 건축물 ② 초고층건축물(층수가 50층 이상이거나 높이가 200m 이상인 건축물)	이 법 제55조(건폐율)
6) 리모델링 활성화 구역 또는 사용승인을 받은 후 15년 이상 경과되어 리모델링이 필요한 건축물 또는 기존 건축물을 건축하거나 대수선하는 경우로서 일정 요건을 모두 갖춘 건축물인 경우	① 이 법 제42조(대지의 조경) ② 이 법 제43조(공개공지 등의 확보) ③ 이 법 제46조(건축선의 지정) ④ 이 법 제55조(건폐율), 제56조(용적률), 제58조(대지 안의 공지), 제60조(건축물의 높이제한), 제61조(일조 등의 확보를 위한 높이제한) 제2항

건축기준을 완화적용할 수 있는 대지 또는 건축물	완화적용할 수 있는 건축기준
7) 기존 건축물에 「장애인·노인·임산부 등의 편의증진 보장에 관한 법률」에 따른 편의시설을 설치하면 건폐율제한 또는 용적률제한에 부적합하게 되는 경우	이 법 제55조(건폐율), 제56조(용적률)
8) 도시지역 및 지구단위계획구역 외의 지역 중 동이나 읍에 해당하는 지역에 건축하는 건축물로서 건축조례로 정하는 건축물인 경우	이 법 제2조 제1항 제11호(도로의 정의), 제44조(대지와 도로와의 관계)
9) 다음의 대지에 건축하는 건축물로서 재해예방을 위한 조치가 필요한 경우 ① 방재지구 ② 「급경사지 재해예방에 관한 법률」에 의해 지정된 붕괴위험지역	이 법 제55조(건폐율), 제56조(용적률), 제60조(건축물의 높이제한), 제61조(일조 등의 확보를 위한 높이제한)
10) 다음의 건축물인 경우 ① 조화롭고 창의적인 건축을 통해 아름다운 도시경관을 창출한다고 허가권자가 인정하는 건축물 ② 도시형 생활주택(아파트는 제외)	이 법 제60조(건축물의 높이제한) 및 제61조(일조등의 확보를 위한 높이제한)
11) 「공공주택 특별법」에 따른 공공주택인 경우	이 법 제61조(일조등의 확보를 위한 높이제한) 제2항
12) 다음의 공동주택에 주민공동시설(주택소유자가 공유하는 시설로서 영리를 목적으로 하지 않고 주택의 부속용도로 사용하는 시설만 해당함)을 설치하는 경우 ① 「주택법」의 사업계획승인을 받아 건축하는 공동주택 ② 상업지역 또는 준주거지역에서 건축허가를 받아 건축하는 200세대 이상 300세대 미만의 공동주택 ③ 건축허가를 받아 건축하는 도시형 생활주택	이 법 제56조(용적률)
13) 건축협정을 체결하여 건축물의 건축·대수선 또는 리모델링을 하려는 경우	이 법 제55조(창문 등의 차면시설) 및 제56조(건축물의 내화구조)에 따른 기준
14) 기존 주택단지에 「아동복지법」에 따른 다함께돌봄센터를 설치하는 경우	이 법 제56조(용적률)에 따른 기준

(3) 완화적용의 기준

허가권자는 건축기준의 완화 여부 및 적용범위를 결정할 때에는 다음의 기준을 준수해야 한다(영 제6조 제2항).

1) 공공의 이익을 저해하지 않고 주변의 대지 및 건축물에 지나친 불이익을 주지 않을 것

2) 도시의 미관이나 환경을 지나치게 해치지 않을 것

3) 리모델링에 따라 증축할 수 있는 규모는 다음의 기준에 따를 것
   ① **연면적의 증가**
      ㉠ **공동주택이 아닌 건축물로서 「주택법 시행령」에 따른 아파트형 주택으로의 용도변경을 위하여 증축되는 건축물 및 공동주택**
         건축위원회의 심의에서 정한 범위 이내일 것
      ㉡ **그 외의 건축물**
         기존 건축물 연면적 합계의 1/10의 범위에서 건축위원회의 심의에서 정한 범위 이내일 것. 다만, 허가권자(허가권자가 구청장인 경우에는 특별시장이나 광역시장을 말한다)가 리모델링 활성화가 필요하다고 인정하여 지정·공고한 지역은 기존 건축물의 연면적 합계의 3/10의 범위에서 건축위원회 심의에서 정한 범위 이내일 것
   ② **건축물의 층수 및 높이의 증가**
      건축위원회의 심의에서 정한 범위 이내일 것
   ③ **「주택법」에 따른 사업계획승인 대상인 공동주택 세대수의 증가**
      증축이 허용되는 연면적의 범위에서 기존 세대수의 15/100을 상한으로 건축위원회 심의에서 정한 범위 이내일 것

4) 리모델링에 따라 증축할 수 있는 범위는 다음의 구분에 의할 것
   ① **공동주택**
      승강기·계단 및 복도, 각 세대의 노대·화장실·창고 및 거실, 부대시설 및 복리시설, 기존 공동주택의 높이·층수 또는 층별 세대수
   ② **그 밖의 건축물**
      승강기·계단 및 주차시설, 노인·장애인 등을 위한 편의시설, 외부벽체, 통신시설·기계설비·화장실·정화조 및 오수처리시설, 기존 건축물의 높이 및 층수, 거실

5) 「주택법」에 따른 사업계획승인 대상인 공동주택의 리모델링은 복리시설을 분양하기 위한 것이 아닐 것

6) 방재지구의 대지에 건축하는 건축물의 경우에는 그 지역에 적용되는 건폐율, 용적률, 건축물의 높이제한, 일조 등의 확보를 위한 높이제한의 기준을 1.4배 이하의 범위에서 건축조례로 정하는 비율을 적용해야 한다.

7) 공공주택의 경우 기준이 완화되는 범위는 외벽의 중심선에서 발코니 끝부분까지의 길이 중 1.5m를 초과하는 발코니 부분에 한정되어야 한다. 이 경우 완화되는 범위는 최대 1m로 제한하며, 완화되는 부분에 창호를 설치하면 안 된다.

8) 공동주택에 주민공동시설 및 다함께돌봄센터를 설치하는 경우의 용적률 기준은 해당 지역에 적용되는 용적률에 주민공동시설에 해당하는 용적률을 가산한 범위에서 건축조례로 정하는 용적률을 적용할 것

9) 건축협정을 체결하여 건축물의 건축·대수선 또는 리모델링을 하려는 경우 건폐율 또는 용적률의 기준은 건축협정이 체결된 지역 또는 구역 안에서 연접한 둘 이상의 대지에서 건축허가를 동시에 신청하는 경우 둘 이상의 대지를 하나의 대지로 보아 적용할 것

2 기존 건축물 등에 대한 특례

(1) 특례를 인정하는 경우

허가권자는 다음의 사유로 인해 대지 또는 건축물이 이 법에 부적합하게 된 경우에는 건축조례(도 단위로 통일성을 유지할 필요가 있는 때에는 도의 조례)가 정하는 바에 따라 건축을 허가할 수 있다(법 제6조, 제7조, 영 제6조의2 제1항, 규칙 제3조).

1) 법령의 제정·개정
2) 도시·군관리계획의 결정·변경
3) 행정구역의 변경
4) 도시·군계획시설의 설치, 도시개발사업의 시행 또는 「도로법」에 따른 도로의 설치
5) 주거환경개선사업에 대한 준공인가증의 발급
6) 「공유토지분할에 관한 특례법」에 따른 분할
7) 대지의 일부 토지소유권에 대한 「민법」 제245조(취득시효에 따른 소유권취득)에 따른 소유권이전등기 완료
8) 지적재조사 사업으로 새로운 지적 공부가 작성된 경우

(2) 특례인정의 요건

이 경우 기존의 건축물 및 대지는 다음에 해당되어야 한다(영 제6조의2 제2항).

1) 기존 건축물을 재축하는 경우
2) 증축 또는 개축하고자 하는 부분이 건축법령 또는 건축조례의 규정에 적합한 경우
3) 기존 건축물의 대지가 도시·군계획시설의 설치 또는 「도로법」에 따른 도로의 설치로 인해 분할제한면적에 미달되는 경우로서 그 기존 건축물의 연면적 합계의 범위에서 증축 또는 개축하는 경우

4) 기존 건축물이 도시·군계획시설 또는 「도로법」에 따른 도로의 설치로 건폐율제한 또는 용적률제한에 부적합하게 된 경우로서 화장실·계단·승강기의 설치 등 그 건축물의 기능을 유지하기 위해 그 기존 건축물의 연면적 합계의 범위에서 증축하는 경우
5) 2006.5.9. 신설된 '대지 안의 공지'에 관한 규정을 시행하기 위한 조례가 시행되기 전에 건축된 기존 건축물이 '대지 안의 공지'에 관한 기준에 미달되는 경우로서 그 기존 건축물을 건축 당시의 법령에 위반되지 않는 범위에서 수직으로 증축하는 경우
6) 기존의 한옥을 개축하는 경우

그리고 기존의 대지 또는 건축물이 위의 사유로 건축법령 또는 건축조례의 규정에 부적합하게 된 경우에는 건축조례로 정하는 바에 따라 용도변경을 할 수 있다(영 제14조 제6항).

3 특수구조 건축물의 특례

(1) 특수구조 건축물의 강화 또는 변경적용

건축물의 구조, 재료, 형식, 공법 등이 특수한 대통령령으로 정하는 건축물(이하 "특수구조 건축물"이라 한다)은 법 제4조, 제4조의2부터 제4조의8까지, 제5조부터 제9조까지, 제11조, 제14조, 제19조, 제21조부터 제25조까지, 제40조, 제41조, 제48조, 제48조의2, 제49조, 제50조, 제50조의2, 제51조, 제52조, 제52조의2, 제52조의4, 제53조, 제62조부터 제64조까지, 제65조의2, 제67조, 제68조 및 제84조를 적용할 때 대통령령으로 정하는 바에 따라 강화 또는 변경하여 적용할 수 있다(법 제6조의2).

(2) 특수구조 건축물 구조 안전의 확인에 관한 특례

특수구조 건축물을 건축하거나 대수선하려는 건축주는 착공신고를 하기 전에 국토교통부령으로 정하는 바에 따라 허가권자에게 해당 건축물의 구조 안전에 관하여 지방건축위원회의 심의를 신청하여야 한다. 이 경우 건축주는 설계자로부터 미리 구조 안전 확인을 받아야 한다(영 제6조의3 제2항).

(3) 건축구조 분야 전문위원회 심의의 안건상정

지방건축위원회의 심의신청을 받은 허가권자는 심의 신청 접수일부터 15일 이내에 건축구조 분야 전문위원회에 심의 안건을 상정하고, 심의 결과를 심의를 신청한 자에게 통보하여야 한다(영 제6조의3 제3항).

(4) 재심의의 신청

심의 결과에 이의가 있는 자는 심의 결과를 통보받은 날부터 1개월 이내에 허가권자에게 재심의를 신청할 수 있다(영 제6조의3 제4항).

4 공동주택의 리모델링에 대비한 특례

리모델링이 쉬운 구조의 공동주택의 건축을 촉진하기 위하여 공동주택을 다음의 요건을 갖춘 구조로 해서 건축허가를 신청하는 경우에는 용적률, 건축물의 높이제한, 일조 등의 확보를 위한 높이제한의 기준을 1.2배(건축조례에서 지역별 특성 등을 고려해서 비율을 강화한 경우에는 건축조례가 정하는 기준)까지 완화해서 적용할 수 있다(법 제8조, 영 제6조의5 제1·2항). 이는 리모델링이 용이한 구조의 공동주택의 건축을 촉진하기 위한 것이다(법 제8조).

1) 각 세대는 인접한 세대와 수직 및 수평방향으로 통합하거나 분할할 수 있을 것

2) 구조체에서 건축설비, 내부마감재료 및 외부마감재료를 분리할 수 있을 것

3) 개별세대에서 구획된 실(室)의 크기·개수 또는 위치 등을 변경할 수 있을 것

07 다른 법률의 배제 ★

1 지하를 굴착하는 경우

「민법」 제244조 제1항에 따르면 우물을 파거나 용수·하수·오물 등을 저치(貯置)할 지하시설을 하는 경우에는 경계로부터 2m 이상의 거리를 두어야 하며, 저수지·구거(溝渠) 또는 지하실공사에는 경계로부터 그 깊이의 1/2 이상 거리를 두어야 한다. 그러나 건축물의 건축·대수선·용도변경, 건축설비의 설치 또는 공작물의 축조를 위해 지하를 굴착하는 경우에는 「민법」 제244조 제1항이 적용되지 않는다. 다만, 필요한 안전조치를 해서 위해를 방지해야 한다(법 제9조 제1항).

2 개인하수처리시설을 설계하는 경우

「하수도법」 제38조에 따르면 개인하수처리시설의 설계는 개인하수처리시설 설계·시공업자가 해야 한다. 그러나 건축물에 부수되는 개인하수처리시설의 설계는 개인하수처리시설 설계·시공업자가 아닌 자도 할 수 있다(법 제9조 제2항).

3 맞벽건축 및 연결복도를 설치하는 경우

다음의 경우에는 대지 안의 공지, 일조 등의 확보를 위한 높이제한에 관한 기준과 「민법」 제242조(건축물을 건축할 경우 특별한 관습이 없으면 경계로부터 0.5m 이상의 거리를 두어야 함)를 적용하지 않는다(법 제59조 제1항, 영 제81조 제1·3·4·5·6항).

부동산공법

1) **다음의 지역에서 도시미관 등을 위해 둘 이상의 건축물의 벽을 맞벽으로 해서 건축**(대지경계선으로부터 50cm 이내로 해서 건축하는 것을 말함)**하는 경우**

   이 경우 맞벽은 방화벽으로 축조해야 하며, 맞벽 대상건축물의 용도, 맞벽건축물의 수 및 층수 등 맞벽에 필요한 사항은 건축조례로 정한다.
   ① 상업지역(다중이용 건축물 및 공동주택은 스프링클러나 그 밖에 이와 비슷한 자동식 소화설비를 설치한 경우로 한정한다)
   ② 주거지역
   ③ 허가권자가 도시미관이나 한옥의 보전·진흥을 위해 건축조례로 정하는 구역
   ④ 건축협정구역

2) **다음의 기준에 따라 인근 건축물과 연결복도 또는 연결통로를 설치하는 경우**

   이 경우 연결복도 또는 연결통로는 건축사 또는 건축구조기술사로부터 안전에 관한 확인을 받아야 한다.
   ① 주요구조부가 내화구조❶일 것
   ② 마감재료는 불연재료❷일 것
   ③ 밀폐된 구조인 경우 벽면적의 10% 이상의 창문을 설치할 것(지하층으로서 환기설비를 설치하는 경우는 제외)
   ④ 너비 및 높이가 각각 5m 이하일 것. 다만, 허가권자가 건축물의 용도나 규모 등을 고려할 때 원활한 통행을 위해 필요하다고 인정하면 지방건축위원회의 심의를 거쳐 그 기준을 완화해서 적용할 수 있다.
   ⑤ 건축물과 복도 또는 통로의 연결부분에 자동방화셔터 또는 방화문을 설치할 것
   ⑥ 연결복도가 설치된 대지의 면적 합계가 「국토의 계획 및 이용에 관한 법률 시행령」에 따른 개발행위의 최대규모 이하일 것. 다만, 지구단위계획구역인 경우는 제외한다.

용어사전

❶ **내화구조**
철근콘크리트조·연와조(煉瓦造) 등 화재시 상당한 시간 동안 구조가 변형되거나 재질이 변화되지 않는 구조

❷ **불연재료**
콘크리트·석재·벽돌·기와·철강·알루미늄 등 불에 녹거나 적열되는 경우는 있으나 연소현상을 일으키지 않는 재료

08 건축위원회

1 건축위원회

(1) 건축위원회의 설치

다음 사항을 조사·심의·조정 또는 재정하기 위해 국토교통부장관, 시·도지사 및 시장·군수 또는 자치구청장은 건축위원회를 두어야 한다(법 제4조 제1항).

1) 이 법 및 조례의 제정·개정 및 시행에 관한 중요사항
2) 건축물의 건축 등과 관련된 분쟁의 조정 또는 재정에 관한 사항(시·도지사 및 시·군·구 건축위원회는 제외)
3) 건축물의 건축등과 관련된 민원에 관한 사항. 다만, 국토교통부장관이 두는 건축위원회는 제외한다.
4) 건축물의 건축 또는 대수선에 관한 사항
5) 다른 법령에서 건축위원회의 심의를 받도록 규정한 사항

(2) 건축분쟁전문위원회와 분야별 전문위원회

중앙건축위원회와 시·도 건축위원회의 심의 등을 효율적으로 수행하기 위해 필요한 경우에는 건축분쟁전문위원회, 건축민원전문위원회, 건축계획·건축구조·건축설비등 분야별 전문위원회를 두어 운영할 수 있으며, 시·군·구 건축위원회의 심의 등을 효율적으로 수행하기 위해 필요한 경우에는 분야별 전문위원회를 두어 운영할 수 있다(법 제4조 제2항, 영 제5조의6 제1·2항).

전문위원회는 건축위원회가 정하는 사항을 심의 등을 하며, 전문위원회의 심의를 거친 사항은 건축위원회의 심의를 거친 것으로 본다(법 제4조 제3·4항).

(3) 건축위원회의 건축 심의

대통령령으로 정하는 건축물을 건축하거나 대수선하려는 자는 국토교통부령으로 정하는 바에 따라 시·도지사 또는 시장·군수·구청장에게 건축위원회의 심의를 신청하여야 한다. 심의 신청을 받은 시·도지사 또는 시장·군수·구청장은 대통령령으로 정하는 바에 따라 건축위원회에 심의 안건을 상정하고, 심의 결과를 국토교통부령으로 정하는 바에 따라 심의를 신청한 자에게 통보하여야 한다. 건축위원회의 심의 결과에 이의가 있는 자는 심의 결과를 통보받은 날부터 1개월 이내에 시·도지사 또는 시장·군수·구청장에게 건축위원회의 재심의를 신청할 수 있다. 재심의 신청을 받은 시·도지사 또는 시장·군수·구청장은 그 신청을 받은 날부터 15일 이내에 대통령령으로 정하는 바에 따라 건축위원회에 재심의 안건을 상정하고, 재심의 결과를 국토교통부령으로 정하는 바에 따라 재심의를 신청한 자에게 통보하여야 한다(법 제4조의2 제1·2·3·4항).

시·도지사 또는 시장·군수·구청장은 건축물을 건축하거나 대수선하려는 자가 지방건축위원회의 심의를 신청한 경우에는 심의 신청 접수일부터 30일 이내에 해당 지방건축위원회에 심의 안건을 상정하여야 한다(영 제5조의7 제2항).

재심의 신청을 받은 시·도지사 또는 시장·군수·구청장은 지방건축위원회의 심의에 참여할 위원을 다시 확정하여 해당 지방건축위원회에 재심의 안건을 상정하여야 한다(영 제5조의7 제3항).

(4) 건축위원회 회의록의 공개

시·도지사 또는 시장·군수·구청장은 심의(재심의를 포함한다)를 신청한 자가 요청하는 경우에는 대통령령으로 정하는 바에 따라 건축위원회 심의의 일시·장소·안건·내용·결과 등이 기록된 회의록을 공개하여야 한다. 다만, 심의의 공정성을 침해할 우려가 있다고 인정되는 이름, 주민등록번호 등 대통령령으로 정하는 개인 식별 정보에 관한 부분의 경우에는 그러하지 아니하다(법 제4조의3).

시·도지사 또는 시장·군수·구청장은 심의(재심의를 포함함)를 신청한 자가 지방건축위원회의 회의록 공개를 요청하는 경우에는 지방건축위원회의 심의 결과를 통보한 날부터 6개월까지 공개를 요청한 자에게 열람 또는 사본을 제공하는 방법으로 공개하여야 한다(영 제5조의8 제1항).

(5) 건축민원전문위원회

건축민원전문위원회는 건축물의 건축등과 관련된 다음의 민원(특별시장·광역시장·특별자치시장·특별자치도지사 또는 시장·군수·구청장의 처분이 완료되기 전의 것으로 한정하며, "질의민원"이라 한다)을 심의하며, 시·도지사가 설치하는 건축민원전문위원회("광역지방건축민원전문위원회"라 한다)와 시장·군수·구청장이 설치하는 건축민원전문위원회("기초지방건축민원전문위원회"라 한다)로 구분한다(법 제4조의4 제1항).

1) 건축법령의 운영 및 집행에 관한 민원
2) 건축물의 건축등과 복합된 사항으로서 법률 규정의 운영 및 집행에 관한 민원
3) 그 밖에 대통령령으로 정하는 민원

광역지방건축민원전문위원회는 허가권자나 도지사("허가권자등"이라 한다)의 건축허가나 사전승인에 대한 질의민원을 심의하고, 기초지방건축민원전문위원회는 시장(행정시의 시장을 포함한다)·군수·구청장의 건축허가 또는 건축신고와 관련한 질의민원을 심의한다. 건축민원전문위원회의 구성·회의·운영, 건축조례의 운영 및 집행에 관한 민원, 그 밖에 관계 건축법령에 따른 처분기준 외의 사항을 요구하는 등 허가권자의 부당한 요구에 따른 민원은 해당 지방자치단체의 조례로 정한다(법 제4조의4 제2·3항, 영 제5조의9).

(6) 질의민원 심의의 신청

건축물의 건축등과 관련된 질의민원의 심의를 신청하려는 자는 관할 건축민원전문위원회에 심의 신청서를 제출하여야 한다. 심의를 신청하고자 하는 자는 다음의 사항을 기재하여 문서로 신청하여야 한다. 다만, 문서에 의할 수 없는 특별한 사정이 있는 경우에는 구술로 신청할 수 있다(법 제4조의5 제1·2항).

1) 신청인의 이름과 주소
2) 신청의 취지·이유와 민원신청의 원인이 된 사실내용
3) 그 밖에 행정기관의 명칭 등 대통령령으로 정하는 사항

건축민원전문위원회는 신청인의 질의민원을 받으면 15일 이내에 심의절차를 마쳐야 한다. 다만, 사정이 있으면 건축민원전문위원회의 의결로 15일 이내의 범위에서 기간을 연장할 수 있다(법 제4조의5 제3항).

구술로 신청한 질의민원 심의 신청을 접수한 담당 공무원은 신청인이 심의신청서를 작성할 수 있도록 협조하여야 한다(영 제5조의10 제1항).

(7) 심의를 위한 조사 및 의견청취 30회 출제

건축민원전문위원회는 심의에 필요하다고 인정하면 위원 또는 사무국의 소속 공무원에게 관계서류를 열람하게 하거나 관계 사업장에 출입하여 조사하게 할 수 있다. 건축민원전문위원회는 필요하다고 인정하면 신청인, 허가권자의 업무담당자, 이해관계자 또는 참고인을 위원회에 출석하게 하여 의견을 들을 수 있다. 민원의 심의신청을 받은 건축민원전문위원회는 심의기간 내에 심의하여 심의결정서를 작성하여야 한다(법 제4조의6 제1·2·3항).

(8) 의견의 제시

건축민원전문위원회는 질의민원에 대하여 관계법령, 관계 행정기관의 유권해석, 유사판례와 현장여건 등을 충분히 검토하여 심의의견을 제시할 수 있다(법 제4조의7 제1항).

건축민원전문위원회는 민원심의의 결정내용을 지체없이 신청인 및 해당 허가권자등에게 통지하여야 한다. 이에 따라 심의 결정내용을 통지받은 허가권자등은 이를 존중하여야 하며, 통지받은 날부터 10일 이내에 그 처리결과를 해당 건축민원전문위원회에 통보하여야 한다. 심의 결정내용을 시장·군수·구청장이 이행하지 아니하는 경우에는 해당 민원인은 시장·군수·구청장이 통보한 처리결과를 첨부하여 광역지방건축민원전문위원회에 심의를 신청할 수 있다. 처리결과를 통보받은 건축민원전문위원회는 신청인에게 그 내용을 지체없이 통보하여야 한다(법 제4조의7 제2·3·4·5항).

(9) 사무국

건축민원전문위원회의 사무를 처리하기 위하여 위원회에 사무국을 두어야 한다(법 제4조의8 제1항).

건축민원전문위원회에는 다음의 사무를 나누어 맡도록 심사관을 둔다(법 제4조의8 제2항).

1) 건축민원전문위원회의 심의·운영에 관한 사항
2) 건축물의 건축등과 관련된 민원처리에 관한 업무지원 사항
3) 그 밖에 위원장이 지정하는 사항

건축민원전문위원회의 위원장은 특정 사건에 관한 전문적인 사항을 처리하기 위하여 관계 전문가를 위촉하여 위 1)에서 3)의 사무를 하게 할 수 있다(법 제4조의8 제3항).

2 중앙건축위원회

(1) 중앙건축위원회의 기능

국토교통부에 설치되는 중앙건축위원회는 다음 사항을 조사·심의·조정 또는 재정한다(영 제5조 제1항).

1) 표준설계도서의 인정에 관한 사항
2) 건축물의 건축·대수선·용도변경, 건축설비의 설치 또는 공작물의 축조(건축물의 건축 등)와 관련된 분쟁의 조정 또는 재정에 관한 사항
3) 「건축법」 및 「건축법 시행령」의 제정·개정 및 시행에 관한 중요 사항
4) 다른 법령에서 중앙건축위원회의 심의를 받도록 한 경우 해당 법령에서 규정한 심의사항
5) 그 밖에 국토교통부장관이 중앙건축위원회의 심의가 필요하다고 인정해서 회의에 부치는 사항

(2) 중앙건축위원회의 구성 및 운영

중앙건축위원회는 위원장 및 부위원장 각 1명을 포함한 70명 이내의 위원으로 구성한다(영 제5조 제3항).

중앙건축위원회의 위원은 관계 공무원과 건축에 관한 학식 또는 경험이 풍부한 사람 중에서 국토교통부장관이 임명하거나 위촉한다(영 제5조 제4항).

그 밖에 중앙건축위원회의 운영에 관한 사항, 수당 및 여비의 지급에 관한 사항은 국토교통부령으로 정한다(영 제5조의4).

(3) 중앙건축위원회의 심의 등을 생략할 수 있는 경우

중앙건축위원회의 심의 등을 받은 건축물이 다음에 해당하는 경우에는 해당 건축물의 건축 등에 관한 중앙건축위원회의 심의 등을 생략할 수 있다(영 제5조 제2항).

1) 건축물의 규모를 변경하는 것으로서 다음의 요건을 모두 갖춘 경우
   ① 건축위원회의 심의 등의 결과에 위반되지 않을 것
   ② 건축위원회의 심의 등을 받은 건축물의 건축면적·연면적·층수 또는 높이 중 어느 하나도 1/10을 넘지 않는 범위에서 변경할 것
2) 중앙건축위원회의 심의 등의 결과를 반영하기 위해 건축물의 건축 등에 관한 사항을 변경하는 경우

3 지방건축위원회★

(1) 지방건축위원회의 설치

시·도 및 시·군·구에 설치하는 지방건축위원회는 다음 사항을 조사·심의·조정 또는 재정한다(영 제5조의5 제1항).

1) 건축선의 지정에 관한 사항
2) 「건축법」 또는 동법 시행령에 따른 조례(해당 지방자치단체의 장이 발의하는 조례에 한함)의 제정·개정 및 시행에 관한 중요 사항
3) 다중이용 건축물 및 특수구조 건축물의 구조안전에 관한 사항
4) 다른 법령에서 지방건축위원회의 심의를 받도록 한 경우 해당 법령에서 규정한 심의사항
5) 시·도지사 및 시장·군수·구청장이 도시 및 건축 환경의 체계적인 관리를 위하여 필요하다고 인정하여 지정·공고한 지역에서 건축조례로 정하는 건축물의 건축등에 관한 것으로서 시·도지사 및 시장·군수·구청장이 지방건축위원회의 심의가 필요하다고 인정한 사항. 이 경우 심의 사항은 시·도지사 및 시장·군수·구청장이 건축 계획, 구조 및 설비 등에 대해 심의 기준을 정하여 공고한 사항으로 한정한다.

(2) 지방건축위원회의 구성 및 운영

지방건축위원회는 위원장 및 부위원장 각 1명을 포함한 25명 이상 150명 이하의 위원으로 성별을 고려하여 구성한다(영 제5조의5 제3항).

지방건축위원회의 위원은 다음의 사람 중에서 시·도지사 및 시장·군수 또는 자치구청장이 임명하거나 위촉한다(영 제5조의5 제4항).

1) 도시계획 및 건축 관계 공무원
2) 도시계획 및 건축 등에서 학식과 경험이 풍부한 사람

그 밖에 지방건축위원회의 구성 및 운영에 관해 필요한 사항은 조례로 정한다(영 제5조의5 제6항).

(3) 지방건축위원회의 심의 등을 생략할 수 있는 경우

지방건축위원회의 심의 등을 받은 건축물에 대해 지방건축위원회의 심의 등을 생략할 수 있는 사항은 중앙건축위원회의 경우와 같다(영 제5조의5 제2항).

09 건축조례

건축조례는 특별한 규정이 없으면 그 지방자치단체의 조례(자치구의 경우에는 특별시 또는 광역시의 조례)로 정한다(법 제4조 제5항).

다음 사항에 관해 도 단위로 통일성을 유지할 필요가 있는 때에는 시·군 조례로 정할 사항을 도의 조례로 정할 수 있다(법 제7조).

1) 건축기준완화적용의 요청 및 결정의 절차 그 밖의 필요한 사항(법 제5조 제3항)
2) 기존 건축물 등에 대한 특례(법 제6조)
3) 건축허가수수료(법 제17조 제2항)
4) 가설건축물의 건축허가(법 제20조 제2항 제3호)
5) 현장조사·검사 및 확인업무대행수수료(법 제27조 제3항)
6) 대지의 조경에 관한 기준(법 제42조)
7) 대지분할제한면적(법 제57조 제1항)
8) 대지 안의 공지(법 제58조)
9) 일조 등의 확보를 위한 높이제한(법 제61조)

10 권한의 위임

시장은 다음 사항에 관한 권한을 자치구가 아닌 구의 구청장 또는 동장·읍장·면장(행정안전부장관이 사장·군수·구청장과 협의하여 정하는 동장·읍장·면장으로 한정함)에게 위임할 수 있다(법 제82조 제3항, 영 제117조 제3항).

1) 6층 이하로서 연면적이 2,000㎡ 이하인 건축물의 건축·대수선 및 용도변경에 관한 권한
2) 기존 건축물 연면적의 3/10 미만의 범위에서 하는 증축에 관한 권한

시장·군수 또는 자치구청장은 다음 사항에 관한 권한을 동장·읍장 또는 면장에게 위임할 수 있다(법 제82조 제3항, 영 제117조 제4항).

1) 건축신고 및 대수선에 관한 권한
2) 가설건축물 축조신고 및 가설건축물의 존치기간 연장에 관한 권한
3) 옹벽 등의 공작물축조신고에 관한 권한

국토교통부장관은 건축허가업무 등을 효율적으로 처리하기 위해 구축하는 전자정보처리시스템의 운영을 공기업이나 정부출연연구기관에 위탁할 수 있다(법 제82조 제4항, 영 제117조 제5항).

제2절 건축물의 건축·대수선 및 용도변경 10·18회 출제

01 건축 및 대수선에 대한 허가·신고 11·19·25회 출제

1 건축허가 추가15·17·19회 출제

(1) 허가권자 ★★

건축물을 건축하거나 대수선하고자 할 때에는 <u>특별자치시장·특별자치도지사·시장·군수 또는 자치구청장의 허가</u>를 받아야 한다(법 제11조 제1항).

그러나 특별시 또는 광역시에서 층수가 21층 이상이거나 연면적 합계가 10만㎡ 이상인 건축물을 건축(연면적의 30% 이상을 증축해서 층수가 21층 이상이 되거나 연면적 합계가 10만㎡ 이상으로 되는 경우를 포함함)하거나 대수선하는 경우에는 <u>특별시장 또는 광역시장의 건축허가</u>를 받아야 한다. 다만, 다음의 건축물은 제외한다(법 제11조 제1항, 영 제8조 제1항).

1) 공장, 창고
2) 지방건축위원회의 심의를 거친 건축물(특별시 또는 광역시의 건축조례로 정하는 바에 따라 해당 지방건축위원회의 심의사항으로 할 수 있는 건축물에 한정하며, 초고층 건축물은 제외)

일반적으로 건축허가는 기속행위로 구분되는데, 허가권자는 건축허가신청이 이 법이나 「국토의 계획 및 이용에 관한 법률」 등 관계법규에서 정하는 어떠한 제한에 배치되지 않는 이상 건축허가를 해야 하고, 관계법규에서 정하는 제한사유 외의 사유를 들어 건축허가를 거부할 수 없다(대판 2004.6.24. 2002두3263). 그러나 건축에 「국토의 계획 및 이용에 관한 법률」에 의한 개발행위가 수반되는 경우 그 건축허가는 예외적으로 재량행위에 속한다고 본다(대판 2005.7.14. 2004두6181).

(2) 도지사의 사전승인 21·22회 출제

시장 또는 군수는 다음 건축물의 건축을 허가하는 때에는 건축계획서와 건축물의 용도·규모 및 형태가 표시된 기본설계도서를 첨부해서 미리 도지사의 승인을 받아야 한다(법 제11조 제2항, 영 제8조 제3항).

1) 층수가 21층 이상이거나 연면적 합계가 10만㎡ 이상인 건축물. 다만, 다음의 건축물은 제외한다.
   ① 공장, 창고
   ② 지방건축위원회의 심의를 거친 건축물(초고층건축물은 제외)

2) 자연환경이나 수질을 보호하기 위해 도지사가 지정·공고한 구역에 건축하는 3층 이상이거나 연면적 합계가 1,000㎡ 이상인 공동주택, 제2종 근린생활시설 중 일반음식점, 업무시설 중 일반업무시설, 숙박시설 및 위락시설

건축(또는 대수선) 허가

1) **원칙적 허가권자**
   특별자치시장·특별자치도지사·시장·군수·구청장

2) **예외적 허가권자**
   특별시장·광역시장

3) **예외적 승인권자**
   도지사

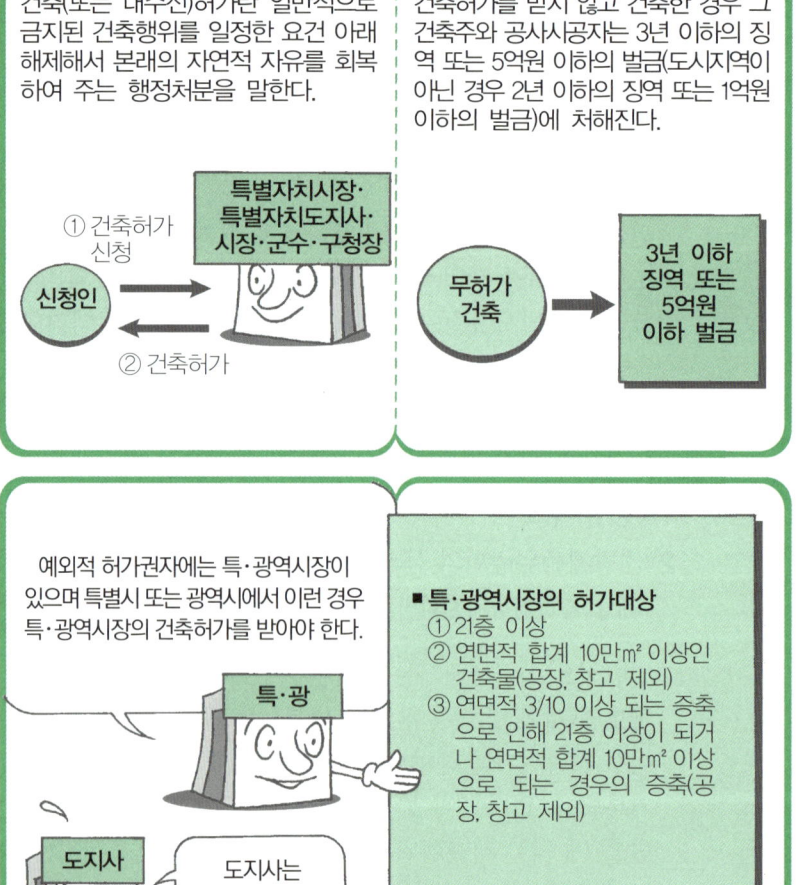

3) 주거환경·교육환경 등 주변환경을 보호하기 위해 도지사가 지정·공고한 구역에 건축하는 숙박시설 및 위락시설

2 건축신고 ★★★ 추가15·17·23·29·32회 출제

(1) 신고를 통한 건축허가의 의제 29회 출제

다음의 경우에는 미리 특별자치시장·특별자치도지사·시장·군수 또는 자치구청장에게 신고함으로써 건축허가를 받은 것으로 본다(법 제14조 제1항, 영 제11조 제1·2·3항).

1) 바닥면적 합계가 85㎡ 이내인 증축·개축 또는 재축(다만, 3층 이상 건축물인 경우에는 증축·개축 또는 재축하려는 부분의 바닥면적의 합계가 건축물 연면적의 10분의 1 이내인 경우로 한정한다)

2) 관리지역·농림지역 또는 자연환경보전지역에서 연면적이 200㎡ 미만이고 3층 미만인 건축물의 건축. 다만, 지구단위계획구역, 방재지구, 붕괴위험지역에서의 건축은 제외한다.

3) 연면적이 200㎡ 미만이고 3층 미만인 건축물의 대수선

4) 주요구조부의 해체가 없는 다음의 대수선
   ① 내력벽의 면적을 30㎡ 이상 수선하는 것
   ② 기둥을 3개 이상 수선하는 것
   ③ 보를 3개 이상 수선하는 것
   ④ 지붕틀을 3개 이상 수선하는 것
   ⑤ 방화벽 또는 방화구획을 위한 바닥 또는 벽을 수선하는 것
   ⑥ 주계단·피난계단 또는 특별피난계단을 수선하는 것

5) 연면적의 합계가 100㎡ 이하인 건축물의 건축

6) 건축물의 높이를 3m 이하의 범위에서 높이는 증축

7) 표준설계도서에 따라 건축하는 건축물로서 그 용도 및 규모가 주위환경·미관상 지장이 없다고 인정해서 건축조례로 정하는 건축물의 건축

8) 다음의 지역에 건축하는 2층 이하로서 연면적 합계가 500㎡ 이하인 공장의 건축
   ① 공업지역
   ② 지구단위계획구역(산업·유통형에 한함)
   ③ 「산업입지 및 개발에 관한 법률」에 따른 산업단지

9) 농업 또는 수산업을 경영하기 위해 읍·면지역(특별자치시장·특별자치도지사·시장 또는 군수가 지역계획 또는 도시·군계획에 지장이 있다고 지정·공고한 구역은 제외)에 건축하는 연면적이 200㎡ 이하인 창고와 연면적이 400㎡ 이하인 축사·작물재배사·종묘배양시설·화초 및 분재 등의 온실

종전에는 건축신고를 수리를 요하지 않는 행위로 보았는데, 최근 대법원은 건축신고를 수리를 요하는 행위로 보았다. 따라서 건축신고를 반려하거나 수리를 거부하는 경우에는 이의 취소 또는 무효확인을 구하는 행정소송을 제기할 수 있다(대판 2010.11.18. 2008두167).

단락문제 Q12 제17회 기출

건축법령상 신고의 대상이 되는 건축 또는 대수선의 예를 든 것 중 틀린 것은?
① 기존 건축물의 바닥면적 중 80m²의 개축(단, 3층 미만 건축물임)
② 연면적 180m²인 기존 2층 건축물의 대수선
③ 연면적의 합계가 100m²인 건축물의 신축
④ 기존 건축물의 높이에서 6m를 더 높게 하는 증축
⑤ 공업지역에서 연면적 500m²인 2층 공장의 신축

해설 허가대상이 되는 건축 또는 대수선
건축물의 높이를 3m를 초과해서 높이는 경우에는 허가를 받아야 한다.   **정답** ④

(2) 건축신고의 수리 여부 통지 기한

특별자치시장·특별자치도지사 또는 시장·군수·구청장은 건축신고(가설건축물 포함)를 받은 날부터 5일 이내에 신고수리 여부 또는 민원 처리 관련 법령에 따른 처리기간의 연장 여부를 신고인에게 통지하여야 한다. 다만, 이 법 또는 다른 법령에 따라 심의, 동의, 협의, 확인 등이 필요한 경우에는 20일 이내에 통지하여야 한다(법 제14조 제3항).

(3) 건축신고 시 확인 등이 필요한 경우의 내용 통지 기한

특별자치시장·특별자치도지사 또는 시장·군수·구청장은 건축신고(가설건축물 포함)가 심의, 동의, 협의, 확인 등이 필요한 경우에는 건축신고를 받은 날부터 5일 이내에 신고인에게 그 내용을 통지하여야 한다(법 제14조 제4항).

(4) 건축신고의 효력상실 17·24·32회 출제

건축신고를 한 자가 신고일부터 1년 이내에 공사에 착수하지 아니하면 그 신고의 효력은 없어진다. 다만, 건축주의 요청에 따라 허가권자가 정당한 사유가 있다고 인정하면 1년의 범위에서 착수기한을 연장할 수 있다(법 제14조 제5항).

3 변경허가 또는 변경신고

(1) 변경허가 또는 변경신고사항

→ 건축신고를 한 건축물을 주요구조부를 해체하지 아니하고 같은 대지의 다른 위치로 옮기는 경우에는 변경신고를 하여야 한다.

허가를 받았거나 신고한 사항을 변경하고자 하는 경우에는 다음의 구분에 따라 미리 허가권자의 허가를 받거나 특별자치시장·특별자치도지사·시장·군수 또는 자치구청장에게 신고해야 한다. 다만, 건축·대수선 또는 용도변경에 해당하지 않는 변경인 경우에는 허가를 받거나 신고하지 않아도 된다(법 제16조 제1항, 영 제12조 제1·2항).

1) 바닥면적 합계가 85㎡를 초과하는 부분에 대한 신축·증축 또는 개축에 해당하는 변경인 경우에는 허가를 받고, 그 밖의 경우에는 신고할 것. 다만, 신고로써 허가를 갈음하는 다음의 경우 변경 후의 연면적을 신고로써 허가를 갈음할 수 있는 규모에 해당되는 때에는 신고하면 된다.
   ① 관리지역·농림지역 또는 자연환경보전지역에서 연면적이 200㎡ 미만이고 3층 미만인 건축물의 건축. 다만, 지구단위계획구역, 방재지구, 붕괴위험지역인 경우는 제외한다.
   ② 연면적의 합계가 100㎡ 이하인 건축물의 건축
   ③ 건축물의 높이를 3m 이하의 범위에서 높이는 증축
   ④ 표준설계도서에 따라 건축하는 건축물로서 그 용도 및 규모가 주위환경·미관상 지장이 없다고 인정해서 건축조례로 정하는 건축물의 건축
   ⑤ 공업지역, 산업단지에 건축하는 <u>2층 이하로서 연면적 합계가 500㎡ 이하인 공장</u>의 건축
   ⑥ 농업 또는 수산업을 경영하기 위해 읍·면지역에 건축하는 연면적이 200㎡ 이하인 창고와 연면적이 400㎡ 이하인 축사·작물재배사·종묘배양시설·화초 및 분재 등의 온실

2) 건축주·설계자·공사시공자 또는 공사감리자(건축관계자)를 변경하는 경우에는 신고할 것

변경허가 또는 변경신고에 관해서는 건축허가 또는 건축신고에 따른 인·허가 의제에 관한 규정을 준용한다(법 제16조 제3·4항).

(2) 일괄신고

다음 경우에는 사용승인을 신청할 때에 허가권자에게 일괄해서 신고할 수 있다(법 제16조 제2항, 영 제12조 제3항).

1) 건축물의 동수나 층수를 변경하지 않으면서 변경되는 부분의 바닥면적 합계가 50㎡ 이하일 것
2) 건축물의 동수나 층수를 변경하지 않으면서 변경되는 부분이 연면적의 합계의 1/10 이하(연면적이 5,000㎡ 이상인 건축물은 각 층의 바닥면적이 50㎡ 이하의 범위에서 변경되는 경우에 한함)일 것
3) 건축물의 층수를 변경하지 않으면서 변경되는 부분의 높이가 1m 이하이거나 전체 높이의 1/10 이하일 것

4) 변경되는 부분의 위치가 1m 이내일 것
5) 대수선에 해당하는 경우

(3) 건축관계자변경신고

다음의 사유로 건축주를 변경하는 경우 양수인·상속인 또는 합병법인은 허가권자에게 건축관계자변경신고를 해야 한다. 이 경우 변경 전 건축주의 명의변경동의서 또는 권리관계의 변경사실을 증명할 수 있는 서류를 첨부해야 한다(영 제12조 제1항, 규칙 제11조 제1항).

1) 건축 또는 대수선중인 건축물을 양수한 경우
2) 허가를 받거나 신고를 한 건축주가 사망한 경우
3) 허가를 받거나 신고를 한 법인이 다른 법인과 합병한 경우

건축주는 공사시공자 또는 공사감리자를 변경한 때에는 변경한 날부터 7일 이내에 허가권자에게 건축관계자변경신고를 해야 한다(규칙 제11조 제2항).

02 건축허가의 거부와 건축허가 또는 착공의 제한 18·23·32회 출제

1 건축허가의 거부

허가권자는 건축허가를 하고자 하는 때에 「건축기본법」에 따른 한국건축규정의 준수 여부를 확인하여야 한다. 다만, 다음의 어느 하나에 해당하는 경우에는 건축법이나 다른 법률에 불구하고 건축위원회의 심의를 거쳐 건축허가를 하지 않을 수 있다(법 제11조 제4항. 영 제9조의2).

1) 위락시설이나 숙박시설에 해당하는 건축물의 건축을 허가하는 경우 해당 대지에 건축하려는 건축물의 용도·규모 또는 형태가 주거환경이나 교육환경 등 주변 환경을 고려할 때 부적합하다고 인정되는 경우

2) 방재지구, 「자연재해대책법」에 의한 자연재해위험개선지구 등 상습적으로 침수되거나 침수가 우려되는 다음의 어느 하나에 해당하는 지역에 건축하려는 건축물에 대하여 일부 공간에 거실을 설치하는 것이 부적합하다고 인정되는 경우

① 「국토의 계획 및 이용에 관한 법률」에 따른 방재지구
② 「자연재해대책법」에 따른 자연재해위험개선지구(상습가뭄재해지구는 제외한다)
③ 위에 준하는 지역으로서 허가권자가 상습적으로 침수되거나 침수가 우려된다고 인정하여 지정·고시하는 지역

2 건축허가 또는 착공의 제한★★ 　18·23·35회 출제

(1) 건축허가 제한 등 　21·26회 출제
국토교통부장관은 다음의 경우에는 허가권자의 건축허가나 건축허가를 받은 건축물의 착공을 제한할 수 있다(법 제18조 제1항).

1) 국토관리를 위해 특히 필요하다고 인정하는 경우

2) 주무부장관이 국방·국가유산의 보존, 환경보존 또는 국민경제를 위해 특히 필요하다고 인정하여 요청하는 경우
특별시장·광역시장 또는 도지사는 지역계획 또는 도시·군계획상 특히 필요하다고 인정하는 경우에는 시장·군수 또는 자치구청장의 건축허가나 건축허가를 받은 건축물의 착공을 제한할 수 있다(법 제18조 제2항).
국토교통부장관이나 시·도지사는 건축허가나 건축허가를 받은 건축물의 착공을 제한하려는 경우에는 주민의견을 청취한 후 건축위원회의 심의를 거쳐야 한다(법 제18조 제3항).

(2) 제한기간
건축허가 또는 건축물의 착공을 제한하는 기간은 2년 이내로 한다. 다만, 1회에 한해 1년 이내의 범위에서 제한기간을 연장할 수 있다(법 제18조 제4항).

(3) 제한의 통보 및 공고
건축허가 또는 건축물의 착공을 제한하는 경우에는 제한의 목적, 기간, 대상건축물의 용도, 대상구역의 위치·면적·구역경계 등을 상세하게 정해 허가권자에게 통보해야 하며, 허가권자는 지체없이 이를 공고해야 한다(법 제18조 제5항).

(4) 제한해제명령
특별시장·광역시장·도지사가 건축허가 또는 건축물의 착공을 제한한 경우에는 즉시 국토교통부장관에게 이를 보고해야 하며, 국토교통부장관은 제한내용이 과도하다고 인정되는 경우에는 제한의 해제를 명할 수 있다(법 제18조 제6항).

단락문제 Q13
제26회 기출

건축법령상 건축허가의 제한에 관한 설명으로 틀린 것은?
① 국방부장관이 국방을 위하여 특히 필요하다고 인정하여 요청하면 국토교통부장관은 허가권자의 건축허가를 제한할 수 있다.
② 교육감이 교육환경의 개선을 위하여 특히 필요하다고 인정하여 요청하면 국토교통부장관은 허가를 받은 건축물의 착공을 제한할 수 있다.
③ 특별시장은 지역계획에 특히 필요하다고 인정하면 관할 구청장의 건축허가를 제한할 수 있다.
④ 건축물의 착공에 제한하는 경우 제한기간은 2년 이내로 하되, 1회에 한하여 1년 이내의 범위에서 제한기간을 연장할 수 있다.
⑤ 도지사가 관할 군수의 건축허가를 제한한 경우, 국토교통부장관은 제한 내용이 지나치다고 인정하면 해제를 명할 수 있다.

해설 건축허가의 제한
교육감이 아닌 교육부장관이 교육환경의 개선을 위하여 특히 필요하다고 인정하여 요청하면 국토교통부장관은 허가를 받은 건축물의 착공을 제한할 수 있다.

정답 ②

03 건축에 관한 입지 및 규모의 사전결정
28회 출제

1 건축허가대상건축물에 대한 사전결정 ★★

건축허가 대상건축물을 건축하려는 자는 건축허가를 신청하기 전에 허가권자에게 그 건축물의 건축에 관한 다음의 사항에 대한 사전결정을 신청할 수 있다. 이 경우 신청자는 건축위원회 심의와 「도시교통정비 촉진법」에 따른 교통영향평가서의 검토를 동시에 신청할 수 있다(법 제10조 제1·2항).

1) 해당 대지에 건축하는 것이 건축법이나 관계법령에서 허용되는지 여부

2) 건축법 또는 관계법령에 따른 건축기준 및 건축제한, 그 완화에 관한 사항 등을 고려하여 해당 대지에 건축 가능한 건축물의 규모

3) 건축허가를 받기 위하여 신청자가 고려하여야 할 사항

허가권자는 사전결정 및 건축위원회 심의와 교통영향평가서의 검토 신청을 받으면 입지, 건축물의 규모, 용도 등을 사전결정한 후 사전결정서를 <u>사전결정일부터 7일 이내에 사전결정 신청자에게 알려야 한다</u>(법 제10조 제4항, 규칙 제5조).

2 건축위원회 심의와 교통영향평가서의 동시신청

사전결정신청자는 건축위원회 심의와 「도시교통정비 촉진법」에 따른 교통영향평가서의 검토를 동시에 신청할 수 있다(법 제10조 제2항).

3 환경영향평가의 협의

허가권자는 사전결정이 신청된 건축물의 대지면적이 「환경영향평가법」에 따른 소규모 환경영향평가 대상사업인 경우 환경부장관 또는 지방환경관서의 장과 소규모 환경영향평가에 관한 협의를 해야 한다(법 제10조 제3항).

4 다른 법률에 따른 인·허가의 의제 30회 출제

사전결정을 통지받은 경우에는 다음의 허가를 받거나 신고 또는 협의를 한 것으로 본다(법 제10조 제6항).

1) 개발행위허가
2) 산지전용의 허가 및 신고, 산지일시사용의 허가·신고(보전산지인 경우에는 도시지역에 한함)
3) 농지전용의 허가·신고 및 협의
4) 하천점용허가

허가권자는 위의 허가·신고 또는 협의에 관한 내용이 포함된 사전결정을 하는 경우에는 미리 관계 행정기관의 장과 협의해야 하며, 협의를 요청받은 관계 행정기관의 장은 요청받은 날부터 15일 이내에 의견을 제출해야 한다. 관계 행정기관의 장이 15일(「민원처리에 관한 법률」에 따라 회신기간을 연장한 경우에는 그 연장된 기간을 말한다) 이내에 의견을 제출하지 아니하면 협의가 이루어진 것으로 본다(법 제10조 제7·8항).

5 건축허가신청기간의 경과로 인한 사전결정의 실효 20회 출제

사전결정을 신청한 자는 사전결정을 통지받은 날부터 2년 이내에 건축허가를 신청해야 하며, 이 기간 내에 건축허가를 신청하지 않는 경우에는 사전결정의 효력이 상실된다(법 제10조 제9항).

04 건축허가 또는 신고의 절차와 기준

1 건축 또는 대수선 허가신청 또는 신고

건축 또는 대수선의 허가를 받으려는 자는 허가신청서에 국토교통부령으로 정하는 설계도서와 허가 등을 받거나 신고를 하기 위하여 관계법령에서 제출하도록 의무화하고 있는 신청서 및 구비서류를 첨부하여 허가권자에게 제출하여야 한다. 다만, 「방위사업법」에 따른 방위산업시설의 건축 또는 대수선의 허가를 받으려는 경우에는 건축 관계법령에 적합한지 여부에 관한 설계자의 확인으로 관계서류를 갈음할 수 있다. 국토교통부장관이 관계 행정기관의 장과 협의하여 국토교통부령으로 정하는 신청서 및 구비서류는 착공신고 전까지 제출할 수 있다(법 제11조 제3항, 영 제9조 제1항).

2 건축복합민원 일괄협의회의 개최

허가권자는 건축허가를 하고자 하는 경우 다음의 확인 또는 협의를 위해 건축복합민원 일괄협의회를 개최해야 한다(법 제12조 제1항, 영 제10조 제1항).

1) 그 용도·규모 또는 형태의 건축물을 그 대지에 건축하는 것이 다음의 규정에 적합한지 여부의 확인
    ① 지구단위계획구역에서의 건축 등, 개발행위허가, 용도지역·용도지구 및 용도구역에서의 행위제한
    ② 군사기지 및 군사시설 보호구역에서의 행위허가에 관한 협의 등
    ③ 자연공원에서의 점·사용허가
    ④ 수도권의 권역별 행위제한
    ⑤ 택지개발지구에서의 행위제한
    ⑥ 도시공원 및 녹지의 점용허가
    ⑦ 비행장애물의 제한 등
    ⑧ 학교환경위생정화구역에서의 행위제한
    ⑨ 보전산지에서의 구역 등의 지정·산지전용제한지역에서의 행위제한·보전산지에서의 행위제한·산지전용허가, 산지전용허가기준 등
    ⑩ 입목벌채 등의 허가 또는 신고
    ⑪ 산림보호구역에서의 행위제한
    ⑫ 도로점용허가, 접도구역에서의 행위허가
    ⑬ 부설주차장의 설치 및 용도변경제한
    ⑭ 「환경정책기본법」에 의한 특별대책지역에서의 행위제한

⑮ 생태·경관보전지역에서의 행위제한 등
⑯ 상수원보호구역에서의 행위제한
⑰ 교통영향평가
⑱ 국가유산에 관한 행위허가
⑲ 전통사찰보존구역 주변지역의 보호
⑳ 개발제한구역에서의 행위제한, 존속중인 건축물 등에 대한 특례, 다른 법률과의 관계
㉑ 농업진흥지역에서의 행위제한, 농지전용의 허가·협의
㉒ 고도(古都)의 보존육성지구 또는 특별보존지구에서의 행위제한
  → 경주·부여·공주·익산
㉓ 건축허가 등에 관한 소방관서의 동의

2) 사전결정에 따라 의제되는 인·허가에 관한 관계 행정기관의 장과의 협의

3) 건축허가에 따라 의제되는 인·허가에 관한 관계 행정기관의 장과의 협의

협의 당사자인 관계 행정기관의 장은 소속공무원을 '건축복합민원 일괄협의회'에 참석시켜야 한다(법 제12조 제2항).

3 건축허가(신고)대장

건축을 허가하는 때에는 건축허가서를, 건축 또는 대수선의 신고를 받은 때에는 신고필증을 발급하고, 건축허가(신고)대장을 건축물의 용도별 및 월별로 작성·관리해야 한다(영 제9조 제2항, 규칙 제8조 제2항, 제12조 제3·4항).

4 다른 인·허가 등의 의제   23회 출제

(1) 가설건축물 및 공작물 축조신고의 의제
건축허가를 받거나 건축신고를 한 경우에는 공사용 가설건축물의 축조신고와 공작물축조 신고를 한 것으로 본다(법 제11조 제5항).

(2) 다른 법률에 따른 인·허가 의제
건축허가를 받거나 건축신고를 한 경우에는 다음의 허가 등을 받거나 신고를 한 것으로 본다. 그리고 공장건축물의 경우에는 「산업집적활성화 및 공장설립에 관한 법률」 제13조의2 및 제14조에 따라 관련 법률의 인·허가 등도 받은 것으로 본다(법 제11조 제5항, 제14조 제2항).

1) 공사용 가설건축물의 축조신고, 공작물의 축조신고, 개발행위허가, 도시·군계획사업 시행자지정, 도시·군계획사업 실시계획인가
2) 산지전용의 허가 또는 신고, 산지일시사용의 허가 또는 신고. 다만, 보전산지인 경우에는 도시지역에 한한다.

3) 사도개설허가
4) 농지전용의 허가·신고 또는 협의
5) 비관리청 도로공사시행허가, 도로점용허가, 도로연결허가
6) 하천점용허가
7) 배수설비설치신고, 개인하수처리시설 설치신고
8) 수도사업자가 지방자치단체인 경우 그 조례에 따른 상수도공급신청
9) 자가용 전기설비 공사계획의 인가 또는 신고
10) 수질오염물질, 대기오염물질, 소음·진동 배출시설 설치의 허가 또는 신고
11) 자연공원에서의 행위허가
12) 도시공원의 점용허가
13) 특정토양 오염관리대상시설의 신고
14) 「수산자원관리법」에 따른 행위의 허가
15) 초지전용의 허가 및 신고

(3) 관계 행정기관의 장과의 협의

의제대상 인·허가가 다른 행정기관의 권한에 속하는 경우 허가권자는 미리 그 행정기관의 장과 협의해야 하며, 관계 행정기관의 장은 요청받은 날부터 15일 이내에 의견을 제출해야 한다. 이 경우 관계 행정기관의 장은 그 인·허가의 처리기준이 아닌 사유를 이유로 협의를 거부할 수 없고, 협의 요청을 받은 날부터 15일 이내에 의견을 제출하지 아니하면 협의가 이루어진 것으로 본다(법 제11조 제6항).

5 건축허가신청 처리기준의 고시

다음의 법령을 관장하는 행정기관의 장은 그 처리기준을 국토교통부장관에게 통보해야 한다. 이를 변경한 때에도 또한 같다(법 제11조 제8항).

1) 건축허가에 따라 의제되는 인·허가가 규정되어 있는 법령
2) 건축복합민원 일괄협의회를 통해서 확인해야 하는 관계법령

국토교통부장관이 처리기준을 통보받은 때에는 이를 통합해서 고시해야 한다(법 제8조 제9항).

6 건축허가의 취소 17회 출제

허가권자는 허가를 받은 자가 다음의 어느 하나에 해당하면 허가를 취소해야 한다. 다만, 제1호에 해당하는 경우로서 정당한 사유가 있다고 인정되면 1년의 범위에서 공사의 착수기간을 연장할 수 있다(법 제11조 제7항).

1) 허가를 받은 날부터 2년(「산업집적활성화 및 공장설립에 관한 법률」에 따라 공장의 신설·증설 또는 업종변경의 승인을 받은 공장은 3년) 이내에 공사에 착수하지 않은 경우
2) 위의 기간 이내에 공사에 착수했으나 공사완료가 불가능하다고 인정되는 경우
3) 착공신고 전에 경매 또는 공매 등으로 건축주가 대지의 소유권을 상실한 때부터 6개월이 지난 이후 공사의 착수가 불가능하다고 판단되는 경우

7 건축위원회심의의 효력 상실

건축위원회의 심의를 받은 자가 심의 결과를 통지 받은 날부터 2년 이내에 건축허가를 신청하지 않으면 건축위원회 심의의 효력이 상실된다(법 제11조 제10항).

8 대지의 소유권 확보 28회 출제

건축허가를 받으려는 자는 해당 대지의 소유권을 확보하여야 한다. 다만, 다음의 어느 하나에 해당하는 경우에는 그러하지 아니하다(법 제11조 제11항, 영 제9조의3 제1항).

1) 건축주가 대지의 소유권을 확보하지 못하였으나 그 대지를 사용할 수 있는 권원을 확보한 경우. 다만, 분양을 목적으로 하는 공동주택은 제외한다.
2) 건축주가 건축물의 노후화 또는 구조안전 문제 등 다음의 어느 하나에 해당하는 사유로 건축물을 신축·개축·재축 및 리모델링을 하기 위하여 건축물 및 해당 대지의 공유자 수의 80/100 이상의 동의를 얻고 동의한 공유자의 지분 합계가 전체 지분의 80/100 이상인 경우
   ① 급수·배수·오수 설비 등의 설비 또는 지붕·벽 등의 노후화나 손상으로 그 기능 유지가 곤란할 것으로 우려되는 경우
   ② 건축물의 노후화로 내구성에 영향을 주는 기능적 결함이나 구조적 결함이 있는 경우
   ③ 건축물이 훼손되거나 일부가 멸실되어 붕괴 등 그 밖의 안전사고가 우려되는 경우
   ④ 천재지변이나 그 밖의 재해로 붕괴되어 다시 신축하거나 재축하려는 경우
3) 건축주가 건축허가를 받아 주택과 주택 외의 시설을 동일 건축물로 건축하기 위하여 「주택법」을 준용한 대지 소유 등의 권리 관계를 증명한 경우. 다만, 「주택법」에 따른 사업계획승인대상 호수 이상으로 건설·공급하는 경우에 한정한다.
4) 건축하려는 대지에 포함된 국유지 또는 공유지에 대하여 허가권자가 해당 토지의 관리청이 해당 토지를 건축주에게 매각하거나 양여할 것을 확인한 경우
5) 건축주가 집합건물의 공용부분을 변경하기 위하여 「집합건물의 소유 및 관리에 관한 법률」에 따른 결의가 있었음을 증명한 경우
6) 건축주가 집합건물을 재건축하기 위하여 「집합건물의 소유 및 관리에 관한 법률」에 따른 결의가 있었음을 증명한 경우

9 매도청구 등

(1) 매도청구대상 및 공유자와 협의
공유자 80% 이상의 동의를 얻고 건축허가를 받은 건축주는 해당 건축물 또는 대지의 공유자 중 동의하지 아니한 공유자에게 그 공유지분을 시가(市價)로 매도할 것을 청구할 수 있다. 이 경우 매도청구를 하기 전에 매도청구대상이 되는 공유자와 3개월 이상 협의를 하여야 한다(법 제17조의2 제1항).

(2) 「집합건물법」의 준용
매도청구에 관하여는 「집합건물의 소유 및 관리에 관한 법률」을 준용한다. 이 경우 구분소유권 및 대지사용권은 매도청구의 대상이 되는 대지 또는 건축물의 공유지분으로 본다(법 제17조의2 제2항).

10 소유자를 확인하기 곤란한 공유지분 등에 대한 처분

(1) 공고 후 매도청구대상 간주
공유자 80% 이상의 동의를 얻고 건축허가를 받은 건축주는 해당 건축물 또는 대지의 공유자가 거주하는 곳을 확인하기가 현저히 곤란한 경우에는 전국적으로 배포되는 둘 이상의 일간신문에 두 차례 이상 공고하고, 공고한 날부터 30일 이상이 지났을 때에는 매도청구대상이 되는 건축물 또는 대지로 본다(법 제17조의3 제1항).

(2) 공탁 후 착공
건축주는 매도청구대상 공유지분의 감정평가액에 해당하는 금액을 법원에 공탁(供託)하고 착공할 수 있다(법 제17조의3 제2항).

(3) 공유지분의 감정평가액
공유지분의 감정평가액은 허가권자가 추천하는 「감정평가 및 감정평가사에 관한 법률」에 따른 감정평가법인등 2인 이상이 평가한 금액을 산술평균하여 산정한다(법 제17조의3 제3항).

05 공용건축물에 대한 건축협의

1 건축협의

국가 또는 지방자치단체가 허가를 받아야 하거나 신고를 해야 하는 건축물의 건축·대수선 또는 용도변경, 가설건축물의 건축 또는 축조나 공작물의 축조를 하고자 하는 경우에는 미리 그 건축물의 소재지를 관할하는 허가권자와 협의해야 하며, 허가권자와 미리 협의한 경우에는 이러한 허가를 받았거나 신고를 한 것으로 본다(법 제29조 제1·2항).

2 건축협의절차

건축공사를 시행하는 행정기관의 장은 건축공사에 착수하기 전에 그 공사에 관한 설계도서와 관계서류를 허가권자에게 제출해야 한다. 다만, 국가안보상 중요하거나 국가비밀에 속하는 건축물을 건축하는 경우에는 설계도서의 제출을 생략할 수 있다(영 제22조 제1항).
허가권자는 설계도서와 관계서류를 심사한 후 그 결과를 그 행정기관의 장에게 통보해야 한다(영 제22조 제2항).

3 건축공사완료통보

건축협의를 한 건축물에 대해서는 사용승인에 관한 규정을 적용하지 않는다. 다만, 건축공사가 완료된 경우에는 지체없이 허가권자에게 이를 통보해야 한다(법 제29조 제3항).

4 국·공유지 구분지상권자의 건축허가 30회 출제

국가나 지방자치단체가 소유한 대지의 지상 또는 지하 여유공간에 구분지상권을 설정하여 주민편의시설 등 다음의 시설을 설치하고자 하는 경우 허가권자는 구분지상권자를 건축주로 보고 구분지상권이 설정된 부분을 대지로 보아 건축허가를 할 수 있다. 이 경우 구분지상권 설정의 대상 및 범위, 기간 등은 「국유재산법」 및 「공유재산 및 물품 관리법」에 적합하여야 한다(법 제29조 제4항, 영 제22조 제4항).

(1) 제1종 근린생활시설

(2) 제2종 근린생활시설(총포판매소, 장의사, 다중생활시설, 제조업소, 단란주점, 안마시술소 및 노래연습장은 제외한다)

(3) 문화 및 집회시설(공연장 및 전시장으로 한정한다)

(4) 의료시설

(5) 교육연구시설

(6) 노유자시설

(7) 운동시설

(8) 업무시설(오피스텔은 제외한다)

06 가설건축물의 건축허가 및 축조신고 ★

1 도시·군계획시설 또는 그 예정지에 대한 가설건축물건축허가 21회 출제

(1) 허가기준

도시·군계획시설 또는 그 예정지에서 가설건축물을 건축하려는 자는 특별자치시장·특별자치도지사·시장·군수 또는 자치구청장의 허가를 받아야 한다(법 제20조 제1항). 특별자치시장·특별자치도지사 또는 시장·군수·구청장은 해당 가설건축물의 건축이 다음의 어느 하나에 해당하는 경우가 아니면 허가를 하여야 한다(법 제20조 제2항).

1) 「국토의 계획 및 이용에 관한 법률」 제64조에 위배되는 경우

2) 4층 이상인 경우

3) 구조, 존치기간, 설치목적 및 다른 시설 설치 필요성 등에 관하여 다음의 기준 범위에서 조례로 정하는 바에 따르지 아니한 경우(영 제15조 제1항)
   ① 철근콘크리트조 또는 철골철근콘크리트조가 아닐 것
   ② 존치기간은 3년 이내일 것. 다만, 도시·군계획사업이 시행될 때까지 그 기간을 연장할 수 있다.
   ③ 전기·수도·가스 등 새로운 간선 공급설비의 설치를 필요로 하지 아니할 것
   ④ 공동주택·판매시설·운수시설 등으로서 분양을 목적으로 건축하는 건축물이 아닐 것

4) 그 밖에 이 법 또는 다른 법령에 따른 제한규정을 위반하는 경우

단락문제 Q14
제10회 기출 개작

다음은 건축허가에 관한 설명이다. 틀린 것은?

① 도시·군계획시설 또는 그 예정지에 건축하는 가설건축물은 건축허가를 받는 대신 신고하고 건축할 수 있다.
② 건축허가를 받은 때에는 산지전용허가가 있은 것으로 본다.
③ 건축허가를 받은 자로부터 허가대상건축물을 양도받은 자는 건축주명의변경신고를 해야 한다.
④ 국토교통부장관은 국토관리상 필요한 때에는 2년 이내의 기간 동안 건축허가를 제한할 수 있다.
⑤ 건축허가를 받은 후 2년 이내에 공사에 착수하지 않으면 건축허가가 취소된다. 다만, 정당한 이유가 있는 때에는 1년의 범위에서 공사착수기간을 연장할 수 있다.

해설 건축허가
① 허가사항이다.

정답 ①

(2) 허가대상 가설건축물의 존치기간 연장

특별자치시장·특별자치도지사·시장·군수 또는 자치구청장은 존치기간 만료일 30일 전까지 가설건축물의 건축주에게 존치기간 만료일과 존치기간 연장 가능 여부를 알려야 한다. 존치기간을 연장하고자 하는 건축주는 존치기간 만료일 14일 전까지 존치기간연장허가를 신청해야 한다(영 제15조의2 제1·2항).

그러나 다음의 요건을 모두 충족하는 가설건축물로서 건축주가 존치기간연장허가신청기간까지 특별자치시장·특별자치도지사·시장·군수 또는 자치구청장에게 그 존치기간의 연장을 원하지 않는다는 사실을 통지하지 않는 경우에는 기존 가설건축물과 동일한 기간(도시·군계획시설 예정지에 설치한 가설건축물의 경우에는 도시·군계획시설사업이 시행되기 전까지의 기간으로 한정한다)으로 존치기간을 연장한 것으로 본다(영 제15조의3).

1) 다음의 어느 하나에 해당하는 가설건축물일 것

   (가) 공장에 설치한 가설건축물

   (나) 농림지역안에 설치한 농업·어업용 고정식 온실 및 간이작업장, 가축양육실인 가설건축물

   (다) 도시·군계획시설 예정지에 설치한 가설건축물

2) 존치기간 연장이 가능한 가설건축물일 것

(3) 허가대상 가설건축물에 대한 특례

도시·군계획시설 또는 그 예정지에 건축하는 가설건축물에 대해서는 건축물대장에 관한 규정를 적용하지 않는다(법 제20조 제1항, 영 제15조 제2항).

도시·군계획시설 또는 그 예정지에 건축하는 가설건축물 중 시장의 공지(空地) 또는 도로에 설치하는 차양시설(遮陽施設)에 대해서는 이 법 제46조(건축선의 지정) 및 제55조(건폐율)를 적용하지 않는다(법 제20조 제1항, 영 제15조 제3항).

도시·군계획예정도로에 건축하는 가설건축물에 대해서는 이 법 제45조(도로의 폐지 또는 변경)·제46조(건축선의 지정) 및 제47조(건축선에 따른 건축제한)를 적용하지 않는다(법 제20조 제1항, 영 제15조 제4항).

2 가설건축물축조신고 12회 출제

(1) 신고대상 가설건축물 28회 출제

재해복구·흥행·전람회·공사 등에 쓰는 다음의 가설건축물을 축조하고자 하는 때에는 특별자치시장·특별자치도지사·시장·군수 또는 자치구청장에게 신고한 후 착공해야 한다(법 제20조 제3항, 영 제15조 제5항).

1) 재해가 발생한 구역 또는 그 인접구역으로서 특별자치시장·특별자치도지사·시장·군수 또는 자치구청장이 지정하는 구역에서 일시사용을 위해 건축하는 것
2) 특별자치시장·특별자치도지사·시장·군수 또는 자치구청장이 도시미관이나 교통소통에 지장이 없다고 인정하는 가설흥행장, 가설전람회장, 농·수·축산물 직거래용 가설점포 그 밖에 이와 비슷한 것
3) 공사에 필요한 규모의 공사용 가설건축물 및 공작물
4) 전시를 위한 견본주택 그 밖에 이와 비슷한 것
5) 특별자치시장·특별자치도지사·시장·군수 또는 자치구청장이 도로변의 미관정비를 위해 지정·공고하는 구역에서 축조하는 가설점포(물건 등의 판매를 목적으로 하는 것을 말함)로서 안전·방화 및 위생에 지장이 없는 것
6) 조립식 구조로 된 경비용 가설건축물로서 연면적이 10㎡ 이하인 것
7) 조립식 경량구조로 된 외벽이 없는 임시 자동차차고
8) 컨테이너 또는 이와 비슷한 것으로 된 가설건축물로서 임시사무실·임시창고 또는 임시숙소로 사용되는 것(건축물의 옥상에 건축하는 것은 제외. 다만, 공장의 옥상에 축조하는 것은 포함)
9) 주거지역·상업지역 또는 공업지역에 설치하는 농·어업용 비닐하우스로서 연면적이 100㎡ 이상인 것
10) 간이축사용·가축분뇨처리용·가축운동용·가축의 비가림용 비닐하우스 또는 천막(벽 또는 지붕이 합성수지 재질로 된 것을 포함)구조 건축물로서 연면적이 100㎡ 이상인 것

11) 농·어업용 고정식 온실 및 간이작업장, 가축양육실
12) 물품저장용·간이포장용·간이수선작업용 등으로 쓰기 위해 공장 또는 창고시설에 설치하거나 인접 대지에 설치하는 천막(벽 또는 지붕이 합성수지 재질로 된 것을 포함) 그 밖에 이와 비슷한 것
13) 유원지·종합휴양업 사업지역 등에서 한시적인 관광·문화행사 등을 목적으로 천막 또는 경량구조로 설치하는 것
14) 야외전시시설 및 촬영시설
15) 야외흡연실 용도로 쓰는 가설건축물로서 연면적이 50m² 이하인 것
16) 그 밖에 위와 비슷한 것으로서 건축조례로 정하는 건축물

(2) 신고대상 가설건축물의 존치기간

신고대상 가설건축물의 존치기간은 3년 이내로 하며, 존치기간의 연장이 필요한 경우에는 횟수별 3년의 범위에서 가설건축물별로 건축조례로 정하는 횟수만큼 존치기간을 연장할 수 있다. 다만, 공사용 가설건축물 및 공작물의 경우에는 해당 공사의 완료일까지의 기간으로 한다. 가설건축물의 존치기간을 연장하고자 할 때에는 존치기간 만료일 7일 전까지 신고해야 한다(영 제15조 제7항, 제15조의2 제1·2항).
그 밖에 존치기간에 관한 사항은 허가대상 가설건축물의 경우와 같다(영 제15조의2 제1·2항).

(3) 가설건축물에 대한 적용배제

가설건축물을 건축하거나 축조할 때에는 다음의 규정을 적용하지 않는다(법 제20조 제5항, 영 제15조 제6항).

1) 「건축법」 중 신고대상(전시를 위한 견본주택 그 밖에 이와 비슷한 것은 제외한다)의 가설건축물을 축조하는 경우 **다음의 규정**
① 공사감리(법 제25조), 건축물대장(법 제38조), 등기촉탁(법 제39조)
② 대지의 안전 등(법 제40조), 토지 굴착 부분에 대한 조치 등(법 제41조), 대지의 조경(법 제42조), 대지와 도로와의 관계(법 제44조), 도로의 지정·폐지 또는 변경(법 제45조), 건축선의 지정(법 제46조), 건축선에 따른 건축제한(법 제47조)
③ 구조내력 등(법 제48조), 건축물 내진등급의 설정(법 제48조의2), 건축물의 내진능력 공개(법 제48조의3), 부속구조물의 설치 및 관리(법 제48조의4), 건축물의 피난시설·용도제한 등(법 제49조), 피난시설 등의 유지·관리에 대한 기술지원(법 제49조의2), 건축물의 내화구조 및 방화벽(법 제50조), 고층건축물의 피난 및 안전관리(법 제50조의2), 방화지구의 건축물(법 제51조), 건축물의 내부마감재료(법 제52조), 실내건축(제52조의2), 복합자재의 품질관리 등(제52조의3), 지하층(법 제53조), 건축물의 범죄예방(법 제53조의2)
④ 건축물의 대지가 지역·지구 또는 구역에 걸치는 경우(법 제54조), 건폐율(법 제55조), 용적률(법 제56조), 대지의 분할 제한(법 제57조), 대지 안의 공지(법 제58조), 맞벽 건축과 연결복도(법 제59조), 건축물의 높이제한(법 제60조), 일조 등의 확보를 위한 높이제한(법 제61조)

⑤ 건축설비기준 등(법 제62조), 승강기(법 제64조), 관계전문기술자(법 제67조), 기술적 기준(법 제68조)

2) 「녹색건축물 조성 지원법」 제15조(건축물에 대한 효율적인 에너지 관리와 녹색건축물 조성의 활성화)

3) 「국토의 계획 및 이용에 관한 법률」 제76조(용도지역 및 용도지구에서의 건축제한 등)

3 가설건축물대장 관리

특별자치시장·특별자치도지사 또는 시장·군수·구청장은 가설건축물의 건축을 허가하거나 축조신고를 받은 경우 국토교통부령으로 정하는 바에 따라 가설건축물대장에 이를 기재하여 관리해야 한다(법 제20조 제6항).

4 관계 행정기관의 장과 협의

가설건축물의 건축허가 신청 또는 축조신고를 받은 때에는 다른 법령에 따른 제한 규정에 대하여 확인이 필요한 경우 관계 행정기관의 장과 미리 협의하여야 하고, 협의 요청을 받은 관계 행정기관의 장은 요청을 받은 날부터 15일 이내에 의견을 제출하여야 한다. 이 경우 관계 행정기관의 장이 협의 요청을 받은 날부터 15일 이내에 의견을 제출하지 아니하면 협의가 이루어진 것으로 본다(법 제20조 제7항).

07 공작물축조신고

건축물의 일부규정이 준용되는 공작물을 축조하는 때에는 공작물축조신고서에 공작물의 배치도 및 구조도를 첨부해서 미리 특별자치시장·특별자치도지사·시장·군수 또는 자치구청장에게 신고해야 한다(법 제83조 제1항, 영 제118조 제2항, 규칙 제41조 제1항).

특별자치시장·특별자치도지사·시장·군수 또는 자치구청장은 공작물축조신고를 받은 때에는 신고필증을 발급하고 공작물관리대장에 이를 기재하고 관리해야 한다(영 제118조 제5항, 규칙 제41조 제2항). 공작물 관리대장은 전자적 처리가 불가능한 특별한 사유가 없으면 전자적 처리가 가능한 방법으로 작성하고 관리하여야 한다(영 제118조 제6항).

제4장 건축법

08 건축물의 용도변경 ★★★   12·17·20·24·29·34회 출제

1 용도변경의 원칙

건축물의 용도변경은 사용승인을 받은 건축물의 용도를 변경하는 것을 말한다. 건축물의 용도를 변경할 때에는 변경하고자 하는 용도의 건축기준에 적합해야 한다(법 제19조 제1항).

2 용도변경허가·용도변경신고 및 건축물대장 기재사항변경신청   17·20회 출제

(1) 건축물의 시설군(施設群)

이 법에서는 용도변경과 관련해서 건축물을 용도에 따라 [표]와 같이 9개의 시설군으로 구분하고 있다. 이 경우 번호가 작은 시설군을 상위군, 번호가 큰 군을 하위군으로 부른다(법 제19조 제4항, 영 제14조 제5항).

건축물의 용도변경

① 건축물의 용도란 건축물의 종류를 비슷한 구조, 이용목적 및 형태별로 묶어 분류한 것을 말한다.
② 건축물의 용도를 상위군으로 용도변경(⑨에서 ①의 방향)하고자 하는 경우는 **허가대상**이고, 하위군으로 용도변경(①에서 ⑨방향)은 **신고대상**이다.

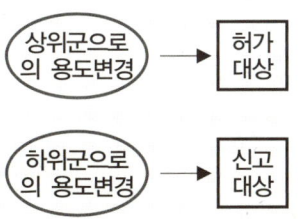

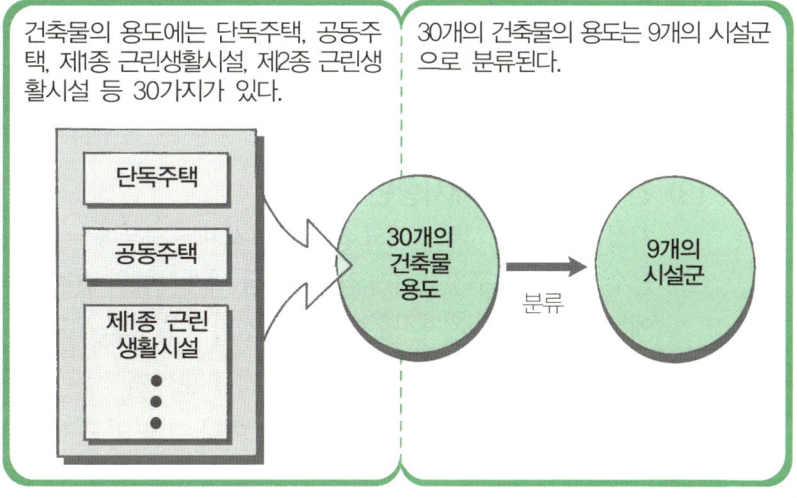

9개의 시설군은 이와 같으며, 앞글자만 따서 '자산전문 영교 근주박(밖)'이라고 외우지!

■ 9개의 시설군
① 자동차관련시설군
② 산업등 시설군
③ 전기통신시설군
④ 문화집회시설군
⑤ 영업시설군
⑥ 교육 및 복지시설군
⑦ 근린생활시설군
⑧ 주거업무시설군
⑨ 그 밖의 시설군

▼ 건축물의 시설군

시 설 군	건축물의 세부용도
1) 자동차관련시설군	자동차관련시설
2) 산업 등 시설군	운수시설, 창고시설, 공장, 위험물저장 및 처리시설, 자원순환관련시설, 묘지관련시설, 장례시설
3) 전기통신시설군	방송통신시설, 발전시설
4) 문화집회시설군	문화 및 집회시설, 종교시설, 위락시설, 관광휴게시설
5) 영업시설군	판매시설, 운동시설, 숙박시설, 제2종 근린생활시설 중 다중생활시설
6) 교육 및 복지시설군	의료시설, 교육연구시설, 노유자시설, 수련시설, 야영장시설
7) 근린생활시설군	제1종 근린생활시설, 제2종 근린생활시설(다중생활시설은 제외)
8) 주거업무시설군	단독주택, 공동주택, 업무시설, 교정시설, 국방·군사시설
9) 그 밖의 시설군	동물 및 식물관련시설

(2) 용도변경의 허가 및 신고 22·23·25회 출제

건축물의 용도를 <u>상위군의 용도로 변경하는 경우에는 특별자치시장·특별자치도지사·시장·군수 또는 자치구청장의 허가</u>를 받아야 하며, 하위군의 용도로 변경하는 경우에는 <u>특별자치시장·특별자치도지사·시장·군수 또는 자치구청장에게 신고</u>해야 한다(법 제19조 제2항).

(3) 건축물대장 기재사항변경

시설군 중 <u>같은 시설군에서 용도를 변경하는 경우에는 특별자치시장·특별자치도지사·시장·군수 또는 자치구청장에게 건축물대장 기재사항의 변경을 신청</u>해야 한다. 다만, 다음의 경우에는 건축물대장 기재사항변경을 신청하지 않아도 된다(법 제19조 제3항, 영 제14조 제4항).

1) 같은 호에 속하는 건축물 상호 간의 용도변경
2) 「국토의 계획 및 이용에 관한 법률」이나 그 밖의 관계법령에서 정하는 용도제한에 적합한 범위에서 제1종 근린생활시설과 제2종 근린생활시설 상호 간의 용도변경

단락문제 Q15 제17회 기출

건축법령상 건축물의 용도를 변경하고자 하는 경우 특별자치시장·특별자치도지사 또는 시장·군수·구청장의 허가를 받아야 하는 것은?

① 판매시설을 문화 및 집회시설로 변경시
② 숙박시설을 의료시설로 변경시
③ 종교시설을 운동시설로 변경시
④ 제1종 근린생활시설을 공동주택으로 변경시
⑤ 방송통신시설을 수련시설로 변경시

> **해설** 건축물의 용도변경시 시장·군수·구청장의 허가
> 하위군에서 상위군으로 용도변경하는 경우이고, 나머지는 상위군에서 하위군으로 용도변경하는 경우이다.
>
> 정답 ①

3 용도변경에 적용되는 건축기준의 고시

국토교통부장관은 용도변경에 적용되는 건축기준을 고시할 수 있다. 이 경우 다른 행정기관의 권한에 속하는 건축기준에 대해서는 미리 관계행정기관의 장과 협의해야 한다(영 제14조 제3항).

4 용도변경에 관해 준용되는 규정

(1) 바닥면적의 합계 100㎡ 이상인 경우의 사용승인

허가나 신고대상인 경우로서 용도변경하려는 부분의 바닥면적의 합계가 100㎡ 이상인 경우의 사용승인에 관하여는 「건축법」 제22조(건축물의 사용승인)의 규정을 준용한다. 다만, 용도변경하려는 부분의 바닥면적의 합계가 500㎡ 미만으로서 대수선에 해당되는 공사를 수반하지 아니하는 경우에는 그러하지 아니하다(법 제19조 제5항).

(2) 바닥면적의 합계 500㎡ 이상인 용도변경의 설계

허가대상인 경우로서 용도변경하려는 부분의 바닥면적의 합계가 500㎡ 이상인 용도변경의 설계에 관하여는 건축법 제23조(건축물의 설계)의 규정을 준용한다. 다만, 1층인 축사를 공장으로 용도변경하는 경우로서 증축·개축 또는 대수선이 수반되지 아니하고 구조안전이나 피난 등에 지장이 없는 경우는 제외한다(법 제19조 제6항, 영 제14조 제7항).

09 건축행정

19회 출제

1 건축허가수수료

건축물의 건축·대수선 또는 용도변경, 가설건축물의 건축 또는 축조, 공작물의 축조에 관한 허가를 신청하거나 신고하는 자는 그 면적에 따라(건축물을 대수선하거나 바닥면적을 산정할 수 없는 공작물을 축조하는 경우에는 대수선의 범위나 공작물의 높이 등을 고려해서) 건축조례로 정하는 수수료를 납부해야 한다. 그러나 재해복구를 위한 건축물의 건축 또는 대수선인 경우에는 수수료를 납부하지 않아도 된다(법 제17조 제1항, 규칙 제10조 제1·2항).

수수료는 국토교통부령으로 정하는 범위에서 건축조례(도 단위로 통일성을 유지할 필요가 있는 때에는 도의 조례)로 정한다(법 제7조, 제17조 제2항).

2 건축통계의 보고

허가권자는 건축허가현황, 건축신고 현황, 용도변경의 허가 및 신고현황, 착공신고현황과 사용승인현황에 관한 건축통계를 국토교통부장관이나 시·도지사에게 보고해야 한다(법 제30조 제1항).

3 건축행정 전산화

(1) 건축행정 전산화

국토교통부장관은 건축행정관련업무를 전산처리하기 위해 종합적인 계획을 수립·시행할 수 있다(법 제31조 제1항).

허가권자는 건축 관련 신청서·신고서·첨부서류 등을 디스켓·디스크·정보통신망 등으로 제출하게 할 수 있다(법 제31조 제2항).

(2) 건축허가 업무 등의 전산처리 등

허가권자는 건축허가 업무 등의 효율적인 처리를 위해 전자정보처리시스템을 이용해 이 법에 규정된 업무를 처리할 수 있다(법 제32조 제1항).

전자정보처리시스템에 따라 처리된 자료(전산자료)를 이용하고자 하는 자는 관계 중앙행정기관의 장의 심사를 거쳐 다음의 구분에 따라 국토교통부장관이나 지방자치단체의 장의 승인을 받아야 한다. 다만, 지방자치단체의 장이 승인을 신청하는 경우에는 관계 중앙행정기관의 장의 심사를 받지 않는다(법 제32조 제2항).

1) **전국 단위의 전산자료** : 국토교통부장관
2) **시·도 단위의 전산자료** : 시·도지사
3) **시·군 또는 자치구 단위의 전산자료** : 시장·군수 또는 자치구청장

국토교통부장관이나 지방자치단체의 장은 건축허가업무 등의 효율적인 처리에 지장이 없고, 건축주 등의 개인정보보호를 위한 다음의 기준을 위반하지 않는다고 인정되는 경우에만 승인할 수 있다. 이 경우 용도를 한정해서 승인할 수 있다(법 제32조 제3항, 영 제22조의2 제5항).

1) 신청한 전산자료는 그 자료에 포함되어 있는 성명·주민등록번호 등의 사항에 따라 특정 개인임을 알 수 있는 정보(해당 정보만으로는 특정개인을 식별할 수 없더라도 다른 정보와 쉽게 결합해서 식별할 수 있는 정보를 포함함), 그 밖에 개인의 사생활을 침해할 우려가 있는 정보가 아닐 것. 다만, 개인의 동의가 있거나 다른 법률에 근거가 있는 경우에는 이용하게 할 수 있다.
2) 개인의 동의나 다른 법률에 근거해서 개인정보가 포함된 전산자료를 이용하는 경우에는 전산자료의 이용목적 외의 사용 또는 외부로의 누출·분실·도난 등을 방지할 수 있는 안전관리대책이 마련되어 있을 것

승인을 받아 전산자료를 이용하려는 자는 사용료를 내야 한다(법 제32조 제5항).

4 건축종합민원실

특별자치시장·특별자치도지사·시장·군수 또는 자치구청장은 건축허가·건축신고사용승인 등 건축과 관련된 민원을 종합적으로 접수해서 처리할 수 있는 민원실을 설치·운영해야 한다(법 제34조).

단락문제 Q16 제19회 기출

건축법령상 건축통계 및 건축행정 전산화에 관한 설명으로 틀린 것은?
① 건축통계의 작성 등에 필요한 사항은 국토교통부령으로 정한다.
② 허가권자는 건축통계를 국토교통부장관이나 시·도지사에게 보고해야 한다.
③ 허가권자는 전국단위의 전산자료를 국토교통부장관의 승인을 받아 그것을 이용하려는 자에게 무상으로 제공해야 한다.
④ 국토교통부장관은 건축법령에 따른 건축행정 관련 업무를 전산처리하기 위해 종합적인 계획을 수립·시행할 수 있다.
⑤ 허가권자는 건축허가 업무 등의 효율적인 처리를 위해 전자정보처리 시스템을 이용하여 「건축법」에 규정된 업무를 처리할 수 있다.

해설 건축통계 및 건축행정 전산화
전산자료를 이용하려는 자는 사용료를 내야 한다.

정답 ③

제3절 건축공사

01 건축관계자와의 계약

1 건축관계자

건축주·설계자·공사시공자 및 공사감리자를 건축관계자라 한다(법 제2조 제1항, 제5조 제1항).

1) **건축주** 건축물의 건축·대수선·용도변경, 건축설비의 설치 또는 공작물의 축조에 관한 공사를 발주하거나 현장관리인을 두어 스스로 그 공사를 하는 자

2) **설계자** 자기의 책임(보조자의 도움을 받는 경우를 포함함)으로 설계도서를 작성하고 그 설계도서에서 의도하는 바를 해설하며, 지도하고 자문에 응하는 자

3) **공사시공자** 「건설산업기본법」에 따른 건설공사를 하는 자

4) **공사감리자** 자기의 책임(보조자의 도움을 받는 경우를 포함함)으로 이 법으로 정하는 바에 따라 건축물, 건축설비 또는 공작물이 설계도서의 내용대로 시공되는지를 확인하고, 품질관리·공사관리·안전관리 등에 대해 지도·감독하는 자

2 건축관계자와의 계약

(1) 성실의무 등

건축관계자는 건축물이 설계도서에 따라 건축법령 및 이에 따른 처분 그 밖의 관계법령에 맞게 건축되도록 업무를 성실하게 수행해야 하며, 서로 위법하거나 부당한 일을 하도록 강요하거나 이와 관련해서 어떠한 불이익을 주면 안 된다(법 제15조 제1항).

허가권자는 건축물의 공사와 관련해서 건축관계자 간 분쟁상담 등의 필요한 조치를 해야 한다(법 제28조 제2항).

(2) 표준계약서

건축관계자 간의 책임에 관한 내용과 그 범위는 이 법에서 규정한 것 외에는 건축관계자 간의 계약으로 정한다. 국토교통부장관은 표준계약서를 작성해서 보급·활용하게 하거나 건설사업자단체로 하여금 표준계약서를 작성해서 보급·활용하게 할 수 있다(법 제15조 제2·3항).

02 설계

1 건축사의 설계

건축허가를 받아야 하거나 건축신고를 하여야 하는 건축물 또는 「주택법」에 따른 리모델링을 하는 건축물의 건축등을 위한 설계는 건축사가 아니면 할 수 없다(법 제23조 제1·4항, 영 제18조).
그러나 다음의 경우에는 건축사가 아닌 자도 설계할 수 있다.

1) 국토교통부장관이 작성하거나 인정하는 표준설계도서나 특수한 공법을 적용한 설계도서에 따라 건축하는 경우
2) 바닥면적 합계가 85㎡ 미만인 증축·개축 또는 재축인 경우
3) 연면적이 200㎡ 미만이고 3층 미만인 건축물의 대수선인 경우
4) 읍·면지역(특별자치시장·특별자치도지사·시장 또는 군수가 지역계획 또는 도시·군계획에 지장이 있다고 인정해서 지정·공고한 구역은 제외)에서 건축하는 건축물 중 연면적이 200㎡ 이하인 창고 및 농막과 연면적 400㎡ 이하인 축사, 작물재배사, 종묘배양시설, 화초 및 분재 등의 온실
5) 신고대상 가설건축물로서 건축조례로 정하는 가설건축물

2 설계의 적정

설계자는 건축물이 건축법령이나 이에 따른 처분 그 밖의 관계법령에 맞고 안전·기능 및 미관에 지장이 없도록 설계해야 하며, 국토교통부장관이 고시하는 설계도서작성기준에 따라 설계도서를 작성해야 한다. 다만, 그 건축물의 공법 등이 특수한 경우로서 건축위원회의 심의를 거친 때에는 설계도서작성기준에 의하지 않을 수 있다(법 제23조 제2항).
설계도서를 작성한 설계자는 설계가 건축법령이나 이에 따른 처분 그 밖의 관계법령에 맞게 작성되었는지를 확인한 후 설계도서에 서명날인해야 한다(법 제23조 제3항).

건축공사의 절차

공사시공자는 설계도서에 따라 성실하게 건축물을 건축해야 한다.

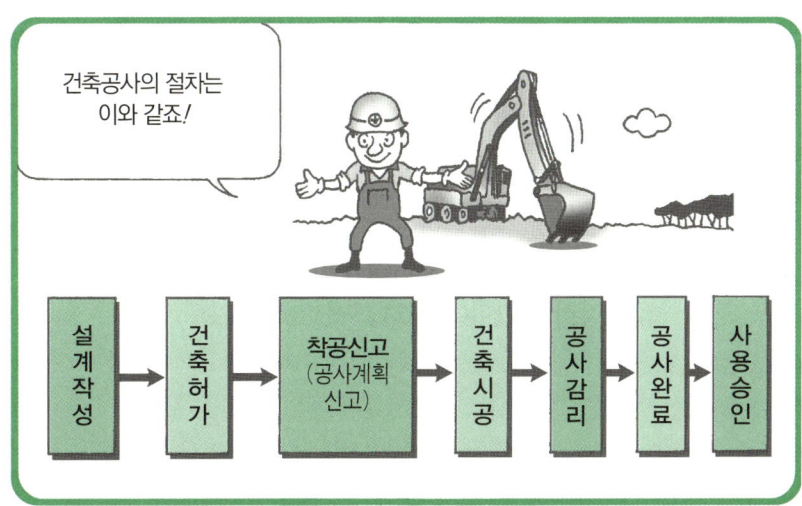

03 건축시공

1 건설사업자의 시공

「건설산업기본법」 제41조에 따르면 다음의 건설공사는 원칙적으로 건설사업자가 시공해야 한다(「건설산업기본법」 제41조 제1항, 동법 시행령 제36조).

1) 연면적이 200제곱미터를 초과하는 건축물

2) 연면적이 200제곱미터 이하인 건축물로서 다음의 어느 하나에 해당하는 경우
   ① 「건축법」에 따른 공동주택
   ② 「건축법」에 따른 단독주택 중 다중주택, 다가구주택, 공관, 단독주택의 형태를 갖춘 가정어린이집·공동생활가정·지역아동센터 및 노인복지시설(노인복지주택은 제외한다)
   ③ 주거용 외의 건축물로서 많은 사람이 이용하는 건축물 중 학교, 어린이집, 유치원, 특수교육기관 및 장애인평생교육시설, 평생교육시설, 학원, 식품접객업 중 유흥주점, 숙박시설, 병원(종합병원·한방병원 및 요양병원 포함), 관광숙박시설 또는 관광객 이용 시설 중 전문휴양시설·종합휴양시설 및 관광공연장, 다중생활시설, 업무시설

건축주는 「건설산업기본법」 제41조를 위반해서 건축물의 공사를 하거나 하게 할 수 없다(법 제21조 제5항).

2 성실시공

(1) 성실시공의무

공사시공자는 계약대로 성실하게 공사를 수행해야 하며, 건축법령 및 이에 따른 처분 그 밖의 관계법령에 맞게 건축물을 건축해서 건축주에게 인도해야 한다(법 제24조 제1항).

공사시공자는 건축허가 또는 용도변경허가를 받아야 하는 건축물의 건축공사에 착수한 경우에는 건축공사현장에 설계도서를 갖추어야 하며, 허가표지판을 설치해야 한다(법 제24조 제2·5항).

(2) 설계변경요청

공사시공자는 설계도서가 건축법령 및 이에 따른 처분 그 밖의 관계법령에 맞지 않거나 공사의 여건상 불합리하다고 인정되는 경우에는 건축주 및 공사감리자의 동의를 받아 서면으로 설계자에게 설계변경을 요청할 수 있다. 이 경우 설계자는 정당한 사유가 없으면 요청에 따라야 한다(법 제24조 제3항).

(3) 상세시공도면의 작성

공사시공자는 그 공사를 하는 데에 필요하다고 인정하거나 공사감리자로부터 상세시공도면을 작성하도록 요청받은 경우에는 상세시공도면을 작성해서 공사감리자의 확인을 받아야 하며, 이에 따라 공사를 해야 한다(법 제24조 제4항).

(4) 건축주의 현장관리인 지정

「건설산업기본법」에 따른 건설사업자가 직접 시공하여야 하는 건축물에 해당하지 아니하는 소규모 건축물의 건축주는 공사현장의 공정 및 안전을 관리하기 위하여 건설기술인 1명을 현장관리인으로 지정하여야 한다. 이 경우 현장관리인은 다음의 업무를 수행하여야 하며, 건축주의 승낙을 받지 아니하고는 정당한 사유없이 그 공사현장을 이탈하여서는 아니 된다(법 제24조 제6항. 규칙 제18조의2).

1) 건축물」 및 대지가 이 법 또는 관계 법령에 적합하도록 건축주를 지원하는 업무
2) 건축물의 위치와 규격 등이 설계도서에 따라 적정하게 시공되는 지에 대한 확인·관리
3) 시공계획 및 설계 변경에 관한 사항 검토 등 공정관리에 관한 업무
4) 안전시설의 적정 설치 및 안전기준 준수 여부의 점검·관리
5) 그 밖에 건축주와 계약으로 정하는 업무

(5) 사진 및 동영상 촬영 대상 건축물

다음의 어느 하나에 해당하는 건축물의 공사시공자는 건축주, 공사감리자 및 허가권자가 설계도서에 따라 적정하게 공사되었는지를 확인할 수 있도록 공사의 공정이 대통령령으로 정하는 진도에 다다른 때마다 사진 및 동영상을 촬영하고 보관하여야 한다. 이 경우 촬영 및 보관 등 그 밖에 필요한 사항은 국토교통부령으로 정한다(법 제24조 제7항, 영 제18조의2 제1항).

1) 공동주택
2) 종합병원
3) 관광숙박시설
4) 다중이용 건축물
5) 특수구조 건축물
6) 필로티 형식 건축물 중 3층 이상인 건축물

부동산공법

04 공사감리

1 공사감리자의 지정

건축주는 다음의 구분에 따라 공사감리자를 지정하여 공사감리를 하게 해야 한다. 이 경우 공사시공자 본인이나 계열회사를 공사감리자로 지정하면 안 된다(법 제25조 제1항, 영 제19조 제1항).

1) **다음의 경우 : 건축사**
   ① 건축허가를 받아야 하는 건축물(건축신고대상인 건축물은 제외)을 건축하는 경우
   ② 사용승인을 받은 후 15년 이상이 된 건축물을 리모델링하는 경우

2) **다중이용건축물을 건축하는 경우**
   「건설기술 진흥법」에 따른 건설엔지니어링사업자(공사시공자 본인이거나 「독점규제 및 공정거래에 관한 법률」에 따른 계열회사인 건설엔지니어링사업자는 제외한다) 또는 건축사(「건설기술 진흥법 시행령」에 따라 건설사업관리기술인을 배치하는 경우만 해당한다)

그러나 「주택법」에 따른 사업계획승인대상과 「건설기술 진흥법」에 따라 건설사업관리를 하게 하는 건축물의 공사감리에 대해서는 이 법에도 불구하고 각각 해당 법령으로 정하는 바에 따른다(법 제25조 제10항).

2 상주감리

공사감리자는 수시로 또는 필요할 때 공사현장에서 감리업무를 수행해야 하며, 다음의 건축공사를 감리하는 경우에는 건축사보 중 건축 분야의 건축사보 한 명 이상을 전체 공사기간 동안, 토목·전기 또는 기계 분야의 건축사보 한 명 이상을 각 분야별 해당 공사기간 동안 각각 공사현장에서 감리업무를 수행하게 해야 한다. 이 경우 건축사보는 해당 분야의 건축공사의 설계·시공·시험·검사·공사감독 또는 감리업무 등에 2년 이상 종사한 경력이 있는 사람이어야 한다(영 제19조 제5항).

1) 바닥면적 합계가 5,000㎡ 이상인 건축공사. 다만, 축사 또는 작물재배사의 건축공사는 제외한다.
2) 연속된 5개 층(지하층을 포함함) 이상으로서 바닥면적 합계가 3,000㎡ 이상인 건축공사
3) 아파트 건축공사
4) 준다중이용 건축물 건축공사

3 상세시공도면의 작성요청

연면적 합계가 5,000㎡ 이상인 건축공사의 공사감리자는 필요하다고 인정하는 경우에는 공사시공자에게 상세시공도면을 작성하도록 요청할 수 있다(법 제25조 제5항, 영 제19조 제4항).

4 건축사보의 공사현장에서 감리업무 수행

공사감리자는 상주감리 건축공사에 해당하지 않는 건축공사로서 깊이 10m 이상의 토지 굴착공사 또는 높이 5m 이상의 옹벽 등의 공사(「산업집적활성화 및 공장설립에 관한 법률」에 따른 산업단지에서 바닥면적 합계가 2천㎡ 이하인 공장을 건축하는 경우는 제외한다)를 감리하는 경우에는 건축사보 중 건축 또는 토목 분야의 건축사보 한 명 이상을 해당 공사기간 동안 공사현장에서 감리업무를 수행하게 해야 한다. 이 경우 건축사보는 건축공사의 시공·공사감독 또는 감리업무 등에 2년 이상 종사한 경력이 있는 사람이어야 한다(영 제19조 제6항).

5 공장 용도로 쓰는 건축물의 공사현장에서 감리업무 수행

공사감리자는 공장의 용도로 쓰는 건축물의 마감재료 설치공사를 감리하는 경우로서 국토교통부령으로 정하는 경우에는 건축 또는 안전관리 분야의 건축사보 한 명 이상이 마감재료 설치공사기간 동안 그 공사현장에서 감리업무를 수행하게 해야 한다. 이 경우 건축사보는 건축공사의 설계·시공·시험·검사·공사감독 또는 감리업무 등에 2년 이상 종사한 경력이 있는 사람이어야 한다(영 제19조 제7항).

6 공사감리자의 감리업무

공사감리자가 수행하여야 하는 감리업무는 다음과 같다(영 제19조 제9항).

1) 공사시공자가 설계도서에 따라 적합하게 시공하는지 여부의 확인
2) 공사시공자가 사용하는 건축자재가 관계 법령에 따른 기준에 적합한 건축자재인지 여부의 확인
3) 그 밖에 공사감리에 관한 사항으로서 국토교통부령으로 정하는 사항

7 건축사보의 배치현황 제출

공사현장에 건축사보를 두는 공사감리자는 다음의 구분에 따른 기간에 국토교통부령으로 정하는 바에 따라 건축사보의 배치현황을 허가권자에게 제출해야 한다. 허가권자는 공사감리자로부터 건축사보의 배치현황을 받으면 지체 없이 건축사보가 이중으로 배치되어 있는지 여부 등 국토교통부령으로 정하는 내용을 확인한 후 「전자정부법」에 따른 행정정보 공동이용센터를 통해 그 배치현황을 「건축사법」에 따른 대한건축사협회에 보내야 한다(영 제19조 제10·11항).

1) 최초로 건축사보를 배치하는 경우에는 착공 예정일부터 7일
2) 건축사보의 배치가 변경된 경우에는 변경된 날부터 7일
3) 건축사보가 철수한 경우에는 철수한 날부터 7일

8 허가권자가 공사감리자를 지정하는 건축물

「건설산업기본법」에 따른 건설사업자가 직접 시공하여야 하는 건축물에 해당하지 아니하는 소규모 건축물로서 건축주가 직접 시공하는 건축물 및 주택으로 사용하는 건축물 중 다음의 건축물의 경우에는 허가권자가 해당 건축물의 설계에 참여하지 아니한 자 중에서 공사감리자를 지정하여야 한다(법 제25조 제2항, 영 제19의2 제1항).

1) 「건설산업기본법」에 해당하지 아니하는 건축물 중 다음의 어느 하나에 해당하지 아니하는 건축물
   ① 단독주택
   ② 농업·임업·축산업 또는 어업용으로 설치하는 창고·저장고·작업장·퇴비사·축사·양어장 및 그 밖에 이와 유사한 용도의 건축물
   ③ 해당 건축물의 건설공사가 「건설산업기본법 시행령」에 해당하는 경미한 건설공사인 경우

2) 주택으로 사용하는 다음의 어느 하나에 해당하는 건축물(주택과 그 외의 건축물이 하나의 건축물로 복합된 경우를 포함한다)
   (가) 아파트
   (나) 연립주택
   (다) 다세대주택
   (라) 다중주택
   (마) 다가구주택

다만, 다음의 어느 하나에 해당하는 건축물의 건축주가 허가권자에게 신청하는 경우에는 해당 건축물을 설계한 자를 공사감리자로 지정할 수 있다(법 제25조 제2항, 영 제19의2 제6.7항).

1) 「건설기술 진흥법」에 따른 신기술 중 건축물의 주요구조부 및 주요구조부에 사용하는 마감재료에 적용하는 신기술을 보유한 자가 그 신기술을 적용하여 설계한 건축물
2) 「건축서비스산업 진흥법」에 따른 역량 있는 건축사로서 건축주가 허가권자에게 공사감리 지정을 신청한 날부터 최근 10년간 설계공모 또는 대회에서 당선되거나 최우수 건축작품으로 수상한 실적이 있는 건축사가 설계한 건축물
3) 설계공모를 통하여 설계한 건축물

9 시정 또는 재시공요청

공사감리자는 공사감리를 하면서 건축법령 및 이에 따른 처분 그 밖의 관계법령에 위반된 사항을 발견하거나 공사시공자가 설계도서대로 공사를 하지 않는 경우에는 이를 건축주에게 알린 후 공사시공자에게 시정하거나 재시공하도록 요청해야 한다. 공사시공자가 이 요청에 따르지 않는 경우에는 서면으로 그 건축공사를 중지하도록 요청할 수 있다. 이 경우 공사중지를 요청받은 공사시공자는 정당한 사유가 없으면 즉시 공사를 중지해야 한다(법 제25조 제3항).
공사감리자는 공사시공자가 시정 또는 재시공요청을 받고 이에 따르지 않거나 공사중지요청을 받고도 공사를 계속하는 경우에는 이를 허가권자에게 보고해야 한다(법 제25조 제4항).
건축주 또는 공사시공자는 위반사항에 대한 시정 또는 재시공을 요청하거나 위반사항을 보고한 공사감리자에게 이를 이유로 공사감리자의 지정을 취소하거나 보수의 지급을 거부 또는 지연시키는 등 불이익을 주면 안 된다(법 제25조 제7항).

10 감리일지 및 감리보고서

공사감리자는 감리일지를 기록·유지해야 한다. 공사의 공정이 다음의 구분에 따른 단계에 다다른 경우에는 감리중간보고서를, 공사를 완료한 경우에는 감리완료보고서를 작성해서 건축주에게 제출해야 한다. 이 경우 건축주는 감리중간보고서는 제출받은 때, 감리완료보고서는 건축물의 사용승인을 신청할 때 허가권자에게 제출하여야 한다(법 제25조 제6항, 영 제19조 제3항).

(1) 해당 건축물의 구조가 철근콘크리트조·철골철근콘크리트조·조적조 또는 보강콘크리트블럭조인 경우 : 다음의 어느 하나에 해당하는 단계

1) 기초공사 시 철근배치를 완료한 경우
2) 지붕슬래브배근을 완료한 경우
3) 지상 5개층마다 상부 슬래브배근을 완료한 경우

(2) 해당 건축물의 구조가 철골조인 경우 : 다음의 어느 하나에 해당하는 단계

　1) 기초공사 시 철근배치를 완료한 경우

　2) 지붕철골 조립을 완료한 경우

　3) 지상 3개층마다 또는 높이 20m마다 주요구조부의 조립을 완료한 경우

(3) 해당 건축물의 구조가 위 외의 구조인 경우 : 기초공사에서 거푸집 또는 주춧돌의 설치를 완료한 단계

(4) 위에 해당하는 건축물이 3층 이상의 필로티 형식 건축물인 경우 : 다음의 어느 하나에 해당하는 단계

　1) 해당 건축물의 구조에 따라 위의 어느 하나에 해당하는 경우

　2) 건축물 상층부의 하중이 상층부와 다른 구조형식의 하층부로 전달되는 기둥 또는 벽체 중 하나, 보 또는 슬래브 중 하나에 해당하는 부재(部材)의 철근배치를 완료한 경우

11 설계자의 참여

허가권자가 공사감리자를 지정하는 건축물의 건축주는 설계자의 설계의도가 구현되도록 해당 건축물의 설계자를 건축과정에 참여시켜야 한다. 이 경우 「건축서비스산업 진흥법」 제22조를 준용한다(법 제25조 제12항).

12 건축주의 서류제출

설계자를 건축과정에 참여시켜야 하는 건축주는 착공신고를 하는 때에 해당 계약서 등 대통령령으로 정하는 서류를 허가권자에게 제출하여야 한다(법 제25조 제13항).

05 건축관계자등에 대한 업무제한

1 사람을 사망하게 한 경우

허가권자는 설계자, 공사시공자, 공사감리자 및 관계전문기술자(이하 "건축관계자등"이라 한다)가 대통령령으로 정하는 주요 건축물에 대하여 착공신고 시부터 「건설산업기본법」에 따른 하자담보책임기간에 법을 위반하거나 중대한 과실로 건축물의 기초 및 주요구조부에 중대한 손괴를 일으켜 사람을 사망하게 한 경우에는 1년 이내의 기간을 정하여 이 법에 의한 업무를 수행할 수 없도록 업무정지를 명할 수 있다(법 제25조의2 제1항).

2 재산상의 피해가 발생한 경우

허가권자는 건축관계자등이 법을 위반하여 건축물의 기초 및 주요구조부에 중대한 손괴를 일으켜 대통령령으로 정하는 규모 이상의 재산상의 피해가 발생한 경우(에 해당하는 위반행위는 제외한다)에는 다음에서 정하는 기간 이내의 범위에서 다중이용건축물 등 대통령령으로 정하는 주요 건축물에 대하여 이 법에 의한 업무를 수행할 수 없도록 업무정지를 명할 수 있다(법 제25조의2 제2항).

1) 최초로 위반행위가 발생한 경우
   업무정지일부터 6개월

2) 2년 이내에 동일한 현장에서 위반행위가 다시 발생한 경우
   다시 업무정지를 받는 날부터 1년

3 시정명령에 따른 업무정지처분

허가권자는 시정명령 등에도 불구하고 특별한 이유 없이 이를 이행하지 아니한 경우에는 다음에서 정하는 기간 이내의 범위에서 이 법에 의한 업무를 수행할 수 없도록 업무정지를 명할 수 있다(법 제25조의2 제4항).

1) 최초의 위반행위가 발생하여 허가권자가 지정한 시정기간 동안 특별한 사유없이 시정하지 아니하는 경우
   업무정지일부터 3개월

2) 2년 이내에 위반행위가 동일한 현장에서 2차례 발생한 경우
   업무정지일부터 3개월

3) 2년 이내에 위반행위가 동일한 현장에서 3차례 발생한 경우
   업무정지일부터 1년

4 과징금 부과

허가권자는 업무정지처분을 갈음하여 다음의 구분에 따라 건축관계자등에게 과징금을 부과할 수 있다(법 제25조의2 제5항).

1) 업무정지 3개월에 해당하는 경우
   3억원 이하

2) 업무정지 1년에 해당하는 경우
   10억원 이하

5 건축관계자등의 업무수행

건축관계자등은 업무정지처분에도 불구하고 그 처분을 받기 전에 계약을 체결하였거나 관계 법령에 따라 허가·인가 등을 받아 착수한 업무는 사용승인을 받은 때까지 계속 수행할 수 있다(법 제25조의2 제6항).

6 청 문

건축관계자등, 소속 법인 또는 단체에 대한 업무정지처분을 하려는 경우에는 청문을 하여야 한다(법 제25조의2 제11항).

06 관계전문기술자와의 협력

다음 건축물의 설계자는 건축물의 구조안전을 확인하는 경우에는 건축구조기술사의 협력을 받아야 한다(영 제91조의3 제1항).

1) 6층 이상인 건축물
2) 특수구조 건축물
3) 다중이용건축물
4) 준다중이용 건축물
5) 3층 이상의 필로티 구조 건축물
6) 건축물의 용도 및 규모를 고려한 중요도가 높은 건축물로서 국토교통부령으로 정하는 건축물 중 국토교통부령으로 정하는 건축물

연면적 1만㎡ 이상인 건축물(창고시설은 제외) 또는 에너지를 대량으로 소비하는 건축물에 건축설비를 설치하는 경우에는 다음의 구분에 따른 관계전문기술자의 협력을 받아야 한다(영 제91조의3 제2항).

1) **전기, 승강기**(전기 분야에 한함) **및 피뢰침**
   건축전기설비기술사 또는 발송배전기술사

2) **급수·배수(配水)·배수(排水)·환기·난방·소화·배연·오물처리 설비 및 승강기**(기계 분야에 한함)
   건축기계설비기술사 또는 공조냉동기계기술사

3) 가스설비
「기술사법」에 따라 등록한 건축기계설비기술사, 공조냉동기계기술사 또는 가스기술사

깊이 10m 이상의 토지 굴착공사 또는 높이 5m 이상의 옹벽 등의 공사를 수반하는 건축물의 설계자 및 공사감리자는 토지굴착 등에 관해 토목 분야 기술사 또는 국토개발 분야의 지질 및 기반 기술사의 협력을 받아야 한다(영 제91조의3 제3항).

설계자 및 공사감리자는 안전상 필요하다고 인정하는 경우, 관계법령에서 정하는 경우 및 설계계약 또는 감리계약에 따라 건축주가 요청하는 경우에는 관계전문기술자의 협력을 받아야 한다(영 제91조의3 제4항).

특수구조 건축물 및 고층건축물의 공사감리자는 일정한 공정에 다다를 때 건축구조기술사의 협력을 받아야 한다(영 제91조의3 제5항).

설계자 또는 공사감리자에게 협력한 관계전문기술자는 공사 현장을 확인하고, 그가 작성한 설계도서 또는 감리중간보고서 및 감리완료보고서에 설계자 또는 공사감리자와 함께 서명날인해야 하며, 구조안전의 확인에 관해 설계자에게 협력한 건축구조기술사는 구조안전을 확인한 건축물의 구조도 등 구조관련서류에 설계자와 함께 서명날인해야 한다(영 제91조의3 제7·8항).

단락문제 Q17

다음은 건축물의 설계자가 구조의 안전을 확인하는 경우 건축구조기술사의 협력을 받아야 할 건축물이다. 틀린 것은?

① 6층 이상인 건축물
② 연면적이 200m² 이상인 건축물
③ 다중이용 건축물
④ 특수구조 건축물
⑤ 준다중이용 건축물

해설 건축구조기술사의 협력을 받아야 할 건축물

연면적이 200m² 이상인 건축물은 건축주가 해당 건축물의 설계자로부터 구조 안전의 확인서류를 받아 착공신고를 하는 때에 그 확인서류를 허가권자에게 제출하여야 할 건축물이다.

정답 ②

07 착공신고 등

1 착공신고

(1) 착공신고서의 제출

허가를 받거나 신고를 한 건축물의 공사를 착수하려는 건축주는 착공신고서(전자문서로 된 신고서를 포함한다)에 다음의 서류 및 도서를 첨부하여 허가권자에게 제출해야 한다 (법 제21조 제1항, 규칙 제14조 제1항).

1) 건축관계자 상호간의 계약서 사본(해당사항이 있는 경우로 한정한다)
2) 설계도서. 다만, 건축허가 또는 신고를 할 때 제출한 경우에는 제출하지 않으며, 변경사항이 있는 경우에는 변경사항을 반영한 설계도서를 제출한다.
3) 감리 계약서(해당 사항이 있는 경우로 한정한다)
4) 「건축사법 시행령」에 따라 제출받은 보험증서 또는 공제증서의 사본

(2) 착공신고의 수리 여부 통지

허가권자는 착공신고를 받은 날부터 3일 이내에 신고수리 여부 또는 민원처리 관련 법령에 따른 처리기간의 연장 여부를 신고인에게 통지하여야 한다(법 제21조 제3항).

(3) 처리기간 만료에 따른 신고수리

허가권자가 착공신고처리기간 내에 신고수리 여부 또는 민원처리 관련 법령에 따른 처리기간의 연장 여부를 신고인에게 통지하지 아니하면 그 기간이 끝난 날의 다음 날에 신고를 수리한 것으로 본다(법 제21조 제4항).

2 건축공사현장이 방치되는 경우에 대비한 조치

(1) 미관개선 및 안전관리 등의 조치 18회 출제

건축허가를 받은 건축주는 건축물의 건축공사를 중단하고 장기간 공사현장을 방치할 경우에는 공사현장의 미관개선 및 안전관리 등 필요한 조치를 해야 한다(법 제13조 제1항).

(2) 안전관리예치금의 예치 30회 출제

허가권자는 연면적이 1,000㎡ 이상으로서 조례로 정하는 건축물(주택도시보증공사가 분양보증을 한 건축물이나 「건축물의 분양에 관한 법률」에 따른 분양보증이나 신탁계약을 체결한 건축물은 제외)의 경우 착공신고를 하는 건축주(한국토지주택공사나 건축사업을 수행하기 위해 설립된 지방공사는 제외)에게 장기간 건축물의 공사현장이 방치되는 것에 대비해서 미리 미관개선 및 안전관리에 필요한 비용을 <u>건축공사비의 1%의 범위</u>에서 안전관리예치금으로 예치하게 할 수 있다(법 제13조 제2항).

허가권자가 예치된 현금을 반환하는 때에는 일정이율로 산정한 이자를 포함해서 반환해야 한다(법 제13조 제3항).

안전관리예치금의 산정·예치방법 및 반환 등에 관해 필요한 사항은 그 지방자치단체의 조례로 정한다(법 제13조 제4항).

(3) 미관 및 안전관리를 위한 개선명령

허가권자는 공사현장이 방치되어 도시미관을 저해하고 안전에 위해하다고 판단되는 경우에는 건축허가를 받은 자에게 건축물의 공사현장에 대한 미관 및 안전관리를 위한 안전울타리 설치 등 안전조치, 공사재개 또는 해체 등 정비개선을 명할 수 있다(법 제13조 제5항).

허가권자는 개선명령을 받은 자가 이를 이행하지 않는 때에는 「행정대집행법」이 정하는 바에 따라 대집행을 할 수 있다. 이 경우 안전관리예치금을 대집행비용에 사용할 수 있으며, 대집행비용이 예치금보다 많은 때에는 그 차액을 추가로 징수할 수 있다(법 제13조 제6항).

허가권자는 방치되는 공사현장의 안전관리를 위하여 긴급한 필요가 있다고 인정하는 경우에는 대통령령으로 정하는 바에 따라 건축주에게 고지한 후 건축주가 예치한 예치금을 사용하여 대통령령으로 정하는 조치를 할 수 있다(법 제13조 제7항).

3 건축물 안전영향평가 **35회 출제**

(1) 안전영향평가의 실시

허가권자는 다음의 어느 하나에 해당하는 건축물에 대하여 건축허가를 하기 전에 건축물의 구조, 지반 및 풍환경(風環境) 등이 건축물의 구조안전과 인접 대지의 안전에 미치는 영향 등을 평가하는 건축물 안전영향평가를 안전영향평가기관에 의뢰하여 실시하여야 한다(법 제13조의2 제1항, 영 제10조의3 제1항).

1) 초고층 건축물
2) 다음의 요건을 모두 충족하는 건축물
   ① 연면적(하나의 대지에 둘 이상의 건축물을 건축하는 경우에는 각각의 건축물의 연면적을 말한다)이 10만㎡ 이상일 것
   ② 16층 이상일 것

(2) 안전영향평가의 의뢰

건축물을 건축하려는 자는 건축허가를 신청하기 전에 다음의 자료를 첨부하여 허가권자에게 건축물 안전영향평가를 의뢰하여야 한다(영 제10조의3 제2항).

1) 건축계획서 및 기본설계도서 등 국토교통부령으로 정하는 도서
2) 인접 대지에 설치된 상수도·하수도 등 국토교통부장관이 정하여 고시하는 지하시설물의 현황도
3) 그 밖에 국토교통부장관이 정하여 고시하는 자료

(3) 안전영향평가의 검토

허가권자로부터 안전영향평가를 의뢰받은 기관(안전영향평가기관)은 다음의 항목을 검토하여야 한다(영 제10조의3 제3항).

1) 해당 건축물에 적용된 설계 기준 및 하중의 적정성
2) 해당 건축물의 하중저항시스템의 해석 및 설계의 적정성
3) 지반조사 방법 및 지내력(地耐力) 산정결과의 적정성
4) 굴착공사에 따른 지하수위 변화 및 지반 안전성에 관한 사항
5) 그 밖에 건축물의 안전영향평가를 위하여 국토교통부장관이 필요하다고 인정하는 사항

(4) 안전영향평가기관의 지정

안전영향평가기관은 국토교통부장관이 「공공기관의 운영에 관한 법률」에 따른 공공기관으로서 건축 관련 업무를 수행하는 기관 중에서 지정하여 고시한다(법 제13조의2 제2항).

(5) 안전영향평가 결과의 확정

안전영향평가 결과는 건축위원회의 심의를 거쳐 확정한다. 이 경우 건축위원회의 심의를 받아야 하는 건축물은 건축위원회 심의에 안전영향평가 결과를 포함하여 심의할 수 있다(법 제13조의2 제3항).

(6) 안전영향평가 결과의 제출기간

안전영향평가기관은 안전영향평가를 의뢰받은 날부터 30일 이내에 안전영향평가 결과를 허가권자에게 제출하여야 한다. 다만, 부득이한 경우에는 20일의 범위에서 그 기간을 한 차례만 연장할 수 있다(영 제10조의3 제4항).

(7) 건축주의 안전영향평가결과 반영

안전영향평가 대상 건축물의 건축주는 건축허가 신청 시 제출하여야 하는 도서에 안전영향평가 결과를 반영하여야 하며, 건축물의 계획상 반영이 곤란하다고 판단되는 경우에는 그 근거 자료를 첨부하여 허가권자에게 건축위원회의 재심의를 요청할 수 있다(법 제13조의2 제4항).

제4장 건축법

08 사용승인★★   12회 출제

1 건축물의 사용승인

(1) 사용승인신청

건축허가 또는 건축신고대상 건축물과 허가대상 가설건축물의 건축주는 건축공사를 완료(하나의 대지에 둘 이상의 건축물을 건축하는 경우 동별 건축공사를 완료한 경우를 포함함)한 후 그 건축물을 사용하려는 경우에는 허가권자에게 사용승인을 신청해야 한다(법 제22조 제1항).

사용승인신청서에는 감리완료보고서(건축신고대상 건축물의 경우에는 배치 및 평면이 표시된 현황도면) 등을 첨부하되, 액화석유가스의 사용시설에 대한 완성검사를 받아야 하는 건축물인 경우에는 액화석유가스 완성검사필증을 첨부해야 한다(법 제22조 제1항, 규칙 제16조 제1항).

(2) 사용승인절차

허가권자는 사용승인신청을 받은 날부터 7일 이내에 다음 사항에 관해 현장검사를 실시해야 하며, 현장검사에 합격된 건축물에 대해서는 사용승인서를 발급해야 한다. 다만, 건축조례로 정하는 건축물은 사용승인을 위한 검사를 실시하지 않고 사용승인서를 발급할 수 있다(법 제22조 제2항, 규칙 제16조 제2항).

1) 사용승인을 신청한 건축물이 허가 또는 신고한 설계도서대로 시공되었는지의 여부
2) 감리완료보고서·공사완료도서 등의 서류 및 도서가 적합하게 작성되었는지의 여부

특별시장 또는 광역시장이 사용승인을 한 경우 지체 없이 그 사실을 군수 또는 구청장에게 알려서 건축물대장에 적게 하여야 한다. 이 경우 건축물대장에는 설계자·다음의 어느 하나에 해당하는 주요 공사의 시공자 및 공사감리자를 적어야 한다(법 제22조 제6항, 영 제17조 제5항).
① 「건설산업기본법」에 따라 종합공사 또는 전문공사를 시공하는 업종을 등록한 자로서 발주자로부터 건설공사를 도급받은 건설사업자
② 「전기공사업법」·「소방시설공사업법」 또는 「정보통신공사업법」에 따라 공사를 수행하는 시공자

2 사용승인의 효과

(1) 건축물의 사용

사용승인을 받은 후가 아니면 건축주는 그 건축물을 사용하거나 사용하게 할 수 없다. 다만, 다음의 경우에는 사용승인을 받기 전이라도 건축물을 사용하거나 사용하게 할 수 있다(법 제22조 제3항).

1) 허가권자가 사용승인신청서를 접수한 날부터 7일 이내에 사용승인서를 발급하지 않은 경우
2) 사용승인서를 발급받기 전에 공사가 완료된 부분이 건폐율, 용적률, 설비, 피난·방화 등의 기준에 적합한 경우로서 기간을 정해 임시사용승인을 한 경우

(2) 건축물의 검사 20회 출제

사용승인을 받은 경우에는 다음의 검사 등을 받거나 등록신청을 한 것으로 보며, 공장건축물의 경우에는 「산업집적활성화 및 공장설립에 관한 법률」 제14조의2에 따라 관련 법률의 검사 등을 받은 것으로 본다(법 제22조 제4항).

1) 배수설비 및 개인하수처리시설의 준공검사
2) 지적공부 변동사항(地籍公簿 變動事項)의 등록신청
3) 승강기 설치검사
4) 보일러 설치검사
5) 전기설비의 사용전 검사
6) 정보통신공사의 사용전 검사
7) 기계설비의 사용 전 검사
8) 도로점용공사의 준공확인
9) 개발행위 및 도시·군계획시설사업의 준공검사
10) 수질오염물질 배출시설의 가동개시신고
11) 대기오염물질 배출시설의 가동개시신고

허가권자는 사용승인을 할 때에 위의 사항이 포함되어 있는 때에는 관계 행정기관의 장과 미리 협의해야 한다(법 제22조 제5항).

3 임시사용승인

(1) 임시사용승인 기준

허가권자는 공사가 완료된 부분이 다음의 기준에 적합한 경우에는 임시사용을 승인할 수 있다(법 제22조 제3항, 규칙 제17조 제2항).

1) 제4장(건축물의 대지와 도로)
2) 제5장(건축물의 구조 및 재료)
3) 제6장(지역 및 지구의 건축물). 다만, 제59조(맞벽건축 및 연결복도)는 제외한다.
4) 제7장(건축설비). 다만, 제65조의2(지능형건축물의 인증), 제68조의3(건축물의 구조 및 재료 등에 관한 기준의 관리)은 제외한다.
5) 제77조(특별건축구역의 건축물의 검사 등)

(2) 조건부 임시사용승인

허가권자는 식수 등 조경에 필요한 조치를 하기에 부적합한 시기에 건축공사가 완료된 건축물에 대해서는 허가권자가 지정하는 시기까지 식수 등 조경에 필요한 조치를 할 것을 조건으로 임시사용을 승인할 수 있다(영 제17조 제3항).

(3) 임시사용기간

임시사용기간은 2년 이내로 하되, 대형건축물이나 암반공사 등으로 인해 공사기간이 장기간인 건축물에 대해서는 그 기간을 연장할 수 있다(영 제17조 제4항).

09 허용오차 ★

이 법을 적용함에 있어서 대지를 측량(지적측량은 제외)하거나 건축물을 건축하는 과정에서 부득이하게 발생한 오차는 다음의 범위에서 허용된다(법 제26조, 규칙 제20조, [별표 5]).

1) **건축선의 후퇴거리, 인접대지 경계선과의 거리, 인접건축물과의 거리** : 3% 이내
2) **건폐율** : 0.5% 이내(건축면적 5m²를 초과할 수 없음)
3) **용적률** : 1% 이내(연면적 30m²를 초과할 수 없음)
4) **건축물의 높이** : 2% 이내(1m를 초과할 수 없음)
5) **평면길이** : 2% 이내(건축물의 전체길이는 1m, 벽으로 구획된 각 실은 10cm 초과할 수 없음)
6) **출구너비, 반자높이** : 2% 이내
7) **벽체두께, 바닥판두께** : 3% 이내

10 현장조사·검사 및 확인업무의 대행

1 건축사의 대행

허가권자는 건축조례가 정하는 건축물의 건축허가, 건축신고, 사용승인 및 임시사용승인과 관련된 현장조사·검사 및 확인업무를 건축사로 하여금 대행하게 할 수 있다. 이 경우 허가권자는 건축물의 사용승인 및 임시사용승인과 관련된 현장조사·검사 및 확인업무를 대행할 건축사를 다음의 기준에 따라 선정해야 한다(법 제27조 제1항, 영 제20조 제1항).

1) 해당 건축물의 설계자 또는 공사감리자가 아닐 것
2) 건축주의 추천을 받지 않고 직접 선정할 것

2 업무대행건축사의 명부 작성·관리

시·도지사는 현장조사·검사 및 확인업무를 대행하게 하는 건축사(업무대행건축사)의 명부를 모집공고를 거쳐 작성·관리해야 한다. 이 경우 시·도지사는 미리 관할 시장·군수·구청장과 협의해야 한다. 허가권자는 명부에서 업무대행건축사를 지정해야 한다(영 제20조 제2·3항). 허가권자는 업무대행건축사에게 업무를 대행하게 한 경우 건축조례가 정하는 수수료를 지급해야 한다(법 제27조 제3항).

3 대행업무의 수행

현장조사·검사 및 확인업무를 대행하는 건축사는 그 결과를 서면(건축허가조사 및 검사조서, 사용승인조사 및 검사조서)으로 제출해야 하며, 이를 받은 허가권자는 지체없이 건축허가서 또는 사용승인서를 발급해야 한다. 다만, 건축허가를 할 때 도지사의 승인이 필요한 건축물인 경우에는 건축허가서를 발급하기 전에 미리 도지사의 승인을 받아야 한다(법 제27조 제2항, 규칙 제21조 제1·2항).

11 기술적 기준

1 기술적 기준에 관한 국토교통부령

대지의 안전, 건축물의 구조상 안전, 건축설비 등에 관한 기술적 기준은 이 법에 특별히 규정한 경우를 제외하고는 국토교통부령(건축물의 피난·방화구조 등의 기준에 관한 규칙, 건축물의 설비기준 등에 관한 규칙, 건축물의 구조기준 등에 관한 규칙)으로 정한다(법 제68조 제1항).

2 세부기준의 제정

기술적 기준에 관한 세부기준이 필요한 경우에는 국토교통부장관이 직접 이를 정하거나 국토교통부장관이 지정하는 연구기관·학술단체 그 밖의 관련 전문기관 또는 단체가 국토교통부장관의 승인을 받아 정할 수 있다(법 제68조 제1항).

국토교통부장관은 세부기준을 정하거나 승인하고자 할 때에는 미리 건축위원회의 심의를 거쳐야 하며, 세부기준을 정하거나 승인한 경우에는 이를 고시해야 한다(법 제68조 제2·3항).

제4절 건축물의 유지·관리

01 건축지도원

1 건축지도원의 지정

특별자치시장·특별자치도지사·시장·군수 또는 자치구청장은 건축법령 및 이에 따른 처분에 위반되는 건축물의 발생을 예방하고, 건축물을 적법하게 유지·관리하도록 지도하기 위해 특별자치시·특별자치도·시·군·구에 근무하는 건축직렬의 공무원과 건축에 관한 학식이 풍부한 자로서 건축조례가 정하는 자격을 갖춘 자를 건축지도원으로 지정할 수 있다(법 제37조 제1항, 영 제24조 제1항).

2 건축지도원의 업무

건축지도원의 업무는 다음과 같다(영 제24조 제2항).

1) 건축신고를 하고 건축중에 있는 건축물의 시공지도와 위법시공 여부의 확인·지도 및 단속
2) 건축물의 대지·높이 및 형태, 구조안전 및 화재안전, 건축설비 등이 건축법령 및 건축조례에 적합하게 유지·관리되고 있는지의 확인·지도 및 단속
3) 허가를 받지 않거나 신고하지 않고 건축하거나 용도변경한 건축물의 단속

02 건축물대장

1 건축물대장의 작성   32회 출제

특별자치시장·특별자치도지사·시장·군수 또는 자치구청장은 건축물의 소유·이용 및 유지·관리상태를 확인하거나 건축정책의 기초자료로 확인하기 위해 다음의 어느 하나에 해당하면 건축물대장에 건축물과 그 대지의 현황 및 국토교통부령으로 정하는 건축물의 구조내력(構造耐力)에 관한 정보를 적어서 보관하고 이를 지속적으로 정비하여야 한다(법 제38조 제1항, 영 제25조, 「건축물대장의 기재 및 관리 등에 관한 규칙」 제3조).

1) 사용승인서를 발급한 경우
2) 건축허가 또는 건축신고 대상건축물이 아닌 건축물에 대한 공사가 완료된 후 그 건축물에 대해 기재요청이 있는 경우
3) 「집합건물의 소유 및 관리에 관한 법률」에 따른 건축물대장의 신규등록 및 변경등록의 신청이 있는 경우
4) 「건축법」 시행일 전에 법령 등에 적합하게 건축되고 유지·관리되어 온 건축물의 소유자가 종전의 건축물관리대장이나 그 밖에 이와 비슷한 공부(公簿)를 건축물대장에 옮겨 적을 것을 신청한 경우
5) 건축물의 증축·개축·재축·이전·대수선 및 용도변경에 따라 건축물의 표시에 관한 사항이 변경된 경우
6) 건축물의 소유권에 관한 사항이 변경된 경우

2 건축물대장의 작성 및 관리

건축물대장은 일반건축물대장과 집합건축물대장으로 구분되는데, 건축물대장에는 건축물의 표시에 관한 사항과 소유자 현황에 관한 사항을 기재한다(「건축물대장의 기재 및 관리 등에 관한 규칙」 제2조, 제4조).

건축물대장에는 건축물현황도가 포함된다. 건축물현황도는 배치도, 각층 평면도 또는 단위세대평면도 등 건축물 및 그 대지의 현황을 표시하는 도면을 말한다(「건축물대장의 기재 및 관리 등에 관한 규칙」 제2조, 제5조 제4항).

건축물대장은 영구히 보존해야 한다. 건축물대장이 말소 또는 폐쇄된 때에도 또한 같다(「건축물대장의 기재 및 관리 등에 관한 규칙」 제10조).

건축물의 소유자는 일반건축물대장을 집합건축물대장으로 전환하고자 하는 경우에는 건축물의 용도변경으로 동(棟) 번호·호수(戶數) 등이 변경된다는 사실을 임차인에게 통지했음을 증명하는 서류를 첨부해야 한다(「건축물대장의 기재 및 관리 등에 관한 규칙」 제15조 제1항).

특별자치시장·특별자치도지사·시장·군수 또는 자치구청장은 등기관서로부터 소유권 변동자료가 통지된 때에는 건축물대장의 소유자에 관한 사항을 정리해야 한다. 건축물소유자는 특별자치시장·특별자치도지사·시장·군수 또는 자치구청장에게 등기사항증명서를 첨부해서 건축물대장의 소유자에 관한 사항의 변경을 신청할 수 있다(「건축물대장의 기재 및 관리 등에 관한 규칙」 제19조 제1·2항).

3 건축물대장 등·초본의 발급 및 열람

건축물대장의 등·초본을 발급받거나 열람하고자 하는 자는 필요한 부분을 선택해서 특별자치시장·특별자치도지사·시장·군수 또는 자치구청장이나 읍·면·동장에게 신청해야 한다. 발급 또는 열람기관의 장은 그 사항이 비공개대상정보인 경우를 제외하고는 등·초본을 발급하거나 열람하게 해야 한다. 건축물소유자가 아닌 자에게 건축물대장 등·초본을 발급하거나 건축물대장을 열람하게 하는 경우에는 건축물대장에 기재된 주민등록번호의 일부를 표시하지 않을 수 있다(「건축물대장의 기재 및 관리 등에 관한 규칙」 제11조 제1·6항).

건축물현황도 중 평면도와 단위세대별 평면도는 건축물소유자의 동의를 받거나 다음의 자가 신청하는 경우에 한해 이를 발급하거나 열람하게 할 수 있다(「건축물대장의 기재 및 관리 등에 관한 규칙」 제11조 제3항).

1) 건축물소유자의 배우자와 직계 존비속 및 그 배우자
2) 국가 또는 지방자치단체
3) 경매·공매 중이거나 법원의 감정촉탁이 있는 경우 또는 공공사업을 위한 보상 등을 위한 감정평가를 하는 경우
4) 건축물소유자의 필요에 따라 건축물의 감정평가, 설계·시공·중개 등을 의뢰한 증빙서류가 있는 경우
5) 해당 건축물에 거주하는 임차인

4 등기촉탁 16회 출제

특별자치시장·특별자치도지사·시장·군수 또는 자치구청장은 다음의 사유로 건축물대장의 기재내용이 변경되는 경우에는 관할 등기소에 그 등기를 촉탁하여야 한다(법 제39조 제1항).

1) 지번 또는 행정구역의 명칭에 변경이 있는 경우(지방자치단체가 자기를 위해 하는 등기로 봄)
2) 사용승인의 내용에 건축물의 면적·구조·용도·층수에 변경이 있는 경우(신규등록은 제외)
3) 「건축물관리법」에 따라 건축물을 해체한 경우
4) 「건축물관리법」에 따른 건축물의 멸실 후 멸실신고를 한 경우(지방자치단체가 자기를 위해 하는 등기로 봄)

단락문제 Q18　　　　　　　　　　　　　　　　　　　　　제16회 기출 개작

건축법령상 특별자치시장·특별자치도지사·시장·군수·구청장이 등기를 촉탁하여야 하는 경우로서 틀린 것은?

① 사용승인을 받은 건축물로서 신규등록하는 경우
② 지번의 변경이 있는 경우
③ 「건축물관리법」에 따른 건축물의 멸실 후 멸실신고한 경우
④ 「건축물관리법」에 따라 건축물을 해체한 경우
⑤ 행정구역의 명칭에 변경이 있는 경우

해설 등기촉탁대상
신규등록은 등기촉탁대상에서 제외된다.　　　　　　　　　　　　　　　　　　정답 ①

제4장 건축법

제5절 건축물의 대지와 도로 `22회 출제`

01 대지 `23회 출제`

1 대지의 안전★ `23회 출제`

대지는 인접한 도로면보다 낮으면 안 된다. 다만, 대지의 배수에 지장이 없거나 건축물의 용도상 방습의 필요가 없는 경우에는 인접한 도로면보다 낮아도 된다(법 제40조 제1항).
다음의 토지에 건축물을 건축하는 경우에는 성토(盛土)·지반개량 등 그 밖의 필요한 조치를 해야 한다(법 제40조 제2항).

1) 습한 토지
2) 물이 나올 우려가 많은 토지
3) 쓰레기 그 밖에 이와 비슷한 것으로 매립된 토지

→ 옹벽의 외벽면에는 이의 지지 또는 배수를 위한 시설 외의 구조물이 밖으로 튀어나오지 않아야 한다.

손궤(損潰)의 우려가 있는 토지에 대지를 조성하는 경우에는 옹벽을 설치하거나 그 밖의 필요한 조치를 해야 한다(법 제40조 제4항).
대지에는 빗물 및 오수를 배출하거나 처리하기 위한 하수관·하수구·저수탱크 그 밖에 이와 비슷한 시설을 해야 한다(법 제40조 제3항).

대지의 안전을 위한 조치(Ⅰ)

① 인접한 도로면보다 낮으면 안 됨 (예외 있음)
② 성토·지반개량 등의 조치

대지의 안전을 위한 조치에는 4가지가 있다. 첫째, 대지는 인접하는 도로면보다 낮아서는 안 된다. 다만, 배수에 지장이 없거나 용도상 방습을 필요로 하지 않는 경우에는 그렇지 않다.

둘째, 습한 토지, 물이 나올 우려가 많은 토지, 쓰레기 등으로 매립된 토지에 건축물을 건축할 때에는 성토 또는 지반개량 그 밖의 필요한 조치를 해야 한다.

단락문제 Q19 제1회 기출

다음은 대지의 안전을 위해 「건축법」에서 규정하고 있는 사항이다. 틀린 것은?

① 건축물의 대지는 인접한 대지보다 낮으면 안 된다.
② 대지에는 빗물과 오수를 처리하기 위해 필요한 하수관·하수구 그 밖에 이와 비슷한 시설을 해야 한다.
③ 손궤의 우려가 있는 토지에 대지를 조성하고자 하는 때에는 옹벽의 설치 그 밖의 필요한 조치를 해야 한다.
④ 습한 토지나 출수의 우려가 많은 토지에는 성토 그 밖의 필요한 조치를 해야 한다.
⑤ 쓰레기 그 밖에 이와 비슷한 것으로 매립된 토지는 지반개량 그 밖의 필요한 조치를 해야 한다.

해설 대지의 안전을 위한 규정
건축물의 대지는 인접한 도로보다 낮으면 안 된다. 다만, 대지의 배수에 지장이 없거나 건축물의 용도상 방습의 필요가 없는 경우에는 인접하는 도로면보다 낮아도 된다. **정답** ①

2 토지굴착부분에 대한 조치

공사시공자는 대지를 조성하거나 건축공사를 하기 위해 토지를 굴착·절토·매립 또는 성토 등을 하는 경우 그 변경부분에 공사 중 비탈면 붕괴, 토사 유출 등 위험발생의 방지, 환경의 보존 그 밖의 필요한 조치를 한 후 그 공사현장에 그 사실을 게시해야 한다(법 제41조 제1항).
허가권자는 이를 위반한 자에게 그 의무이행에 필요한 조치를 명할 수 있다(법 제41조 제2항).

대지의 안전을 위한 조치(Ⅱ)

③ 옹벽 등 설치
④ 배수시설 설치

3 대지의 조경 `22·25·27·35회 출제`

(1) 조경의무

면적이 200㎡ 이상인 대지에 건축을 하는 건축주는 용도지역 및 건축물의 규모에 따라 조례로 정하는 바에 따라 대지에 조경 그 밖에 필요한 조치를 해야 한다(법 제42조 제1항). 그러나 조경이 필요하지 않은 다음 건축물의 경우에는 조경에 필요한 조치를 하지 않아도 된다(법 제42조 제1항, 영 제27조 제1항, 규칙 제26조의2 제1항).

1) 녹지지역에 건축하는 건축물
2) 면적이 5,000㎡ 미만인 대지에 건축하는 공장, 연면적 합계가 1,500㎡ 미만인 공장, 산업단지의 공장
3) 대지에 염분이 함유되어 있는 경우 또는 건축물용도의 특성상 조경 등의 조치를 하기가 곤란하거나 조경 등의 조치를 하는 것이 불합리한 경우로서 건축조례로 정하는 건축물
4) 축사 ▶ 도시·군 계획시설에서 건축하는 가설건축물의 경우에는 대지에 대한 조경의무가 없다.
5) <u>허가대상 가설건축물</u>
6) 연면적 합계가 1,500㎡ 미만인 물류시설(주거지역 또는 상업지역에 건축하는 것은 제외)
7) 자연환경보전지역·농림지역 또는 관리지역(지구단위계획구역으로 지정된 지역은 제외)의 건축물
8) 다음의 건축물 중 건축조례로 정하는 건축물
   ① 관광지 또는 관광단지에 설치하는 관광시설
   ② 전문휴양업 또는 종합휴양업의 시설
   ③ 관광·휴양형 지구단위계획구역에 설치하는 관광시설
   ④ 골프장

(2) 조경기준

조경기준은 조례로 정한다. 그러나 공장 등의 경우에는 다음의 기준에 의하되, 건축조례로 이 기준을 완화하는 경우에는 그에 따른다(법 제42조 제1항, 영 제27조 제2항).

1) **공장, 물류시설**(주거지역 및 상업지역에 있는 것은 제외)
   ① **연면적의 합계가 2,000㎡ 이상인 경우** : 대지면적의 10% 이상
   ② **연면적의 합계가 1,500㎡ 이상 2,000㎡ 미만인 경우** : 대지면적의 5% 이상
2) **공항시설**
   대지면적(항공기의 이·착륙시설에 사용하는 면적은 제외)의 10% 이상
3) **철도역시설**
   대지면적(철도운행에 이용되는 시설의 면적은 제외)의 10% 이상

4) 그 밖에 면적 200㎡ 이상 300㎡ 미만인 대지에 건축하는 건축물

   대지면적의 10% 이상

국토교통부장관은 식재기준, 조경시설물의 종류 및 설치방법, 옥상조경의 방법 등 조경에 필요한 사항을 정해 고시할 수 있다(법 제42조 제2항).

(3) 옥상조경

건축물의 옥상에 국토교통부장관이 고시한 기준에 따라 조경을 한 경우에는 옥상조경면적의 2/3를 대지의 조경면적으로 산정할 수 있다. 이 경우 대지의 조경면적으로 산정하는 면적은 조경의무면적의 50%를 초과할 수 없다(법 제42조 제1항, 영 제27조 제3항).

단락문제 Q20 　　　　　　　　　　　　　　　　　　　　　　제27회 기출

건축법령상 건축물의 대지에 조경을 하지 않아도 되는 건축물에 해당하는 것을 모두 고른 것은?(단, 건축협정은 고려하지 않음)

> ㄱ. 면적 5,000㎡ 미만인 대지에 건축하는 공장
> ㄴ. 연면적의 합계가 1,500㎡ 미만인 공장
> ㄷ. 「산업집적활성화 및 공장설립에 관한 법률」에 따른 산업단지의 공장

① ㄱ　　② ㄷ　　③ ㄱ, ㄴ　　④ ㄴ, ㄷ　　⑤ ㄱ, ㄴ, ㄷ

해설 대지의 조경

ㄱ, ㄴ, ㄷ 모두 조경을 하지 않아도 된다.　　　　　　　　　　　　　　**정답** ⑤

02　공개공지(公開空地) 및 공개공간(公開空間) ★★

1 설치대상　15·26·27·34·35회 출제

일반주거지역·준주거지역·상업지역 및 준공업지역과 특별자치시장·특별자치도지사·시장·군수 또는 자치구청장이 도시화의 가능성이 크거나 노후 산업단지의 정비가 필요하다고 인정해서 지정·공고하는 지역의 환경을 쾌적하게 조성하기 위해 다음의 건축물에는 일반이 사용할 수 있도록 소규모 휴식시설 등의 공개공지 또는 공개공간을 설치해야 한다. 이 경우 공개공지는 필로티의 구조로 설치할 수 있다(법 제43조 제1항, 영 제27조의2 제1항).

1) 해당 용도로 쓰이는 바닥면적의 합계가 5,000㎡ 이상인 문화 및 집회시설, 종교시설, 판매시설(농수산물유통시설은 제외), 운수시설(여객용 시설에 한함), 업무시설, 숙박시설

2) 그 밖에 다중이 이용하는 시설로서 건축조례로 정하는 건축물

2 설치기준 13·24회 출제

공개공지 또는 공개공간의 면적은 대지면적의 10% 이하의 범위에서 건축조례로 정한다. 이 경우 대지의 조경면적과「매장유산 보호 및 조사에 관한 법률」에 따른 매장유산의 현지보존 조치 면적을 공개공지 또는 공개공간의 면적으로 할 수 있다(영 제27조의2 제2항).

공개공지등을 설치할 때에는 모든 사람들이 환경친화적으로 편리하게 이용할 수 있도록 긴 의자 또는 조경시설 등 건축조례로 정하는 시설을 설치해야 한다(영 제27조의2 제3항).

3 건축기준의 완화

공개공지 또는 공개공간의 설치대상건축물(설치대상건축물과 설치대상이 아닌 건축물이 하나의 건축물로 복합된 경우를 포함함)에 공개공지 또는 공개공간을 설치하는 경우에는 다음의 범위에서 대지면적에 대한 공개공지등 면적 비율에 따라 용적률 및 가로구역에서의 높이제한의 규정을 완화하여 적용한다. 다만, 다음의 범위에서 건축조례로 정한 기준이 완화 비율보다 큰 경우에는 해당 건축조례로 정하는 바에 따른다(법 제43조 제2항, 영 제27조의2 제4항).

   1) 용적률은 해당 지역에 적용되는 용적률의 1.2배 이하
   2) 가로구역에서의 높이제한은 해당 건축물에 적용되는 높이기준의 1.2배 이하

공개공지 등의 확보 대상 건축물로서 공개공지 또는 공개공간의 설치대상이 아닌 건축물(「주택법」에 따른 사업계획 승인대상인 공동주택 중 주택 외의 시설과 주택을 동일 건축물로 건축하는 것 외의 공동주택은 제외)의 대지에 공개공지 또는 공개공간을 설치하는 경우에도 용적률과 가로구역별 높이제한을 완화해서 적용할 수 있다(영 제27조의2 제5항).

공개공지 및 공개공간

공개공지가 설치되는 지역은 ① 일반주거지역, ② 준주거지역, ③ 상업지역, ④ 준공업지역 등이다.

공개공지 및 공개공간이란 일정기준을 초과하는 대형건축물을 건축할 때 설치하는 휴식시설을 갖춘 공지를 말한다.

공개공지는 당해 대지면적의 10% 이하의 범위에서 건축조례로 정한다.

조경면적을 공개공지로 할 수 있으며, 필로티 구조로도 설치할 수 있다.

4 공개공지등의 활용

공개공지 또는 공개공간에는 연간 60일 이내의 기간 동안 건축조례로 정하는 바에 따라 주민들을 위한 문화행사를 열거나 판촉활동을 할 수 있다. 다만, 울타리를 설치하는 등 공중이 공개공지 또는 공개공간을 이용하는데 지장을 주는 행위를 하면 안 된다(영 제27조의2 제6항).

5 공개공지등의 제한행위

공개공지등에서 제한되는 행위는 다음과 같다(영 제27조의2 제7항).

1) 공개공지등의 일정 공간을 점유하여 영업을 하는 행위
2) 공개공지등의 이용에 방해가 되는 행위로서 다음의 행위
   (가) 공개공지등에 건축조례에 따른 시설 외의 시설물을 설치하는 행위
   (나) 공개공지등에 물건을 쌓아 놓는 행위
3) 울타리나 담장 등의 시설을 설치하거나 출입구를 폐쇄하는 등 공개공지등의 출입을 차단하는 행위
4) 공개공지등과 그에 설치된 편의시설을 훼손하는 행위
5) 그 밖에 위의 행위와 유사한 행위로서 건축조례로 정하는 행위

03 도로★★

10·18회 출제

1 도로의 정의 추가15회 출제

「건축법」상의 도로는 보행과 자동차 통행이 가능한 너비 4m 이상의 도로로서 다음의 어느 하나에 해당하는 도로 또는 그 예정도로를 말한다(법 제2조 제1항).

1) 「국토의 계획 및 이용에 관한 법률」·「도로법」·「사도법(私道法)」 그 밖의 관계법령에 따라 신설 또는 변경에 관한 고시가 된 도로
2) 건축허가 또는 건축신고시 시·도지사 또는 시장·군수·구청장이 위치를 지정해서 공고한 도로

2 도로의 지정·변경 및 폐지

(1) 도로의 지정

허가권자가 도로를 지정·공고하고자 하는 경우에는 그 도로에 대한 이해관계인의 동의를 받아야 한다. 다만, 다음의 경우에는 이해관계인의 동의를 받지 않고 건축위원회의 심의를 거쳐 도로를 지정할 수 있다(법 제45조 제1항).

1) 이해관계인이 해외에 거주하는 등 이해관계인의 동의를 받기 곤란하다고 허가권자가 인정하는 경우
2) 주민이 장기간 통행로로 이용하고 있는 사실상의 도로로서 건축조례로 정하는 것인 경우

(2) 도로의 폐지·변경
허가권자가 도로를 폐지 또는 변경하고자 하는 경우에도 그 도로에 대한 이해관계인의 동의를 받아야 한다. 그 도로에 편입된 토지의 소유자, 건축주 등이 허가권자에게 도로의 폐지 또는 변경을 신청하는 경우에도 이해관계인의 동의를 받아야 한다(법 제45조 제2항).

(3) 도로대장
허가권자는 도로를 지정한 경우에는 도로의 구조·연장·너비 및 위치를 기재한 도로관리대장을 작성·비치해야 한다(법 제45조 제3항).

3 도로의 구조 및 규모

「건축법」상의 도로는 보행 및 자동차통행이 가능한 구조로서 너비가 4m 이상이어야 한다. 다만, 지형적 조건으로 자동차통행이 불가능한 경우와 막다른 도로인 경우에는 [표]와 같은 예외가 인정된다(법 제2조 제1항, 영 제3조의3).

 도 로(Ⅰ)

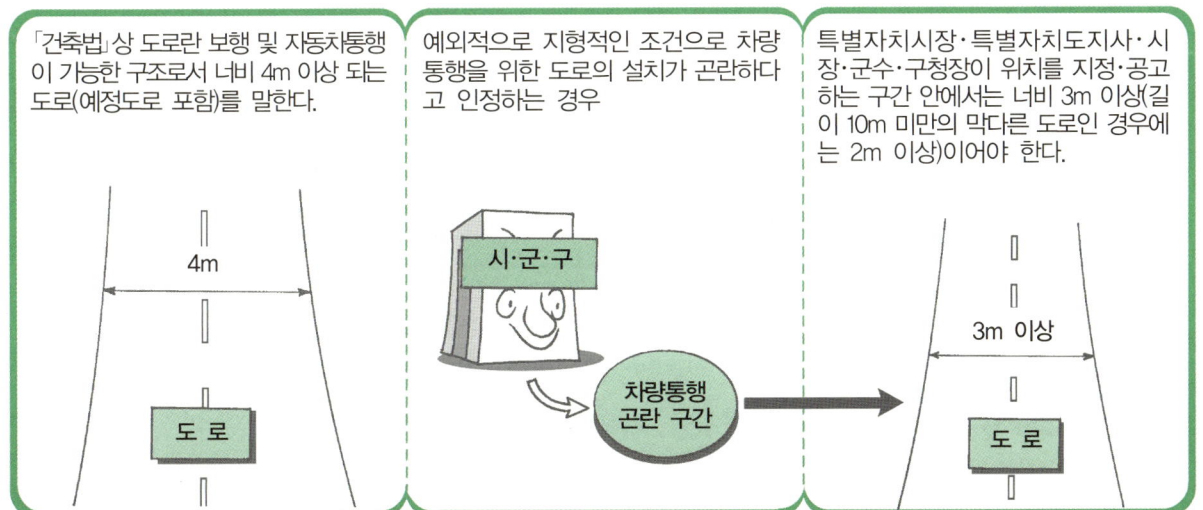

▼ 도로의 너비

구 분		도로의 너비
1) 지형적 조건으로 차량통행을 위한 도로의 설치가 곤란하다고 인정해서 특별자치시장·특별자치도지사·시장·군수 또는 자치구청장이 그 위치를 지정·공고한 구간의 도로		3m 이상(길이 10m 미만의 막다른 도로인 경우에는 2m 이상)
2) 그 밖의 막다른 도로	길이 10m 미만인 도로	2m 이상
	길이 10m 이상 35m 미만인 도로	3m 이상
	길이 35m 이상인 도로	6m(도시지역이 아닌 읍·면지역은 4m) 이상

 락문제 **Q21**

제10회 기출

다음은 「건축법」상의 도로에 관한 설명이다. 틀린 것은?

① 「국토의 계획 및 이용에 관한 법률」·「건축법」 등 관계법령에 따라 신설·변경에 관한 고시가 있은 도로는 「건축법」상의 도로에 포함된다.
② 실제로 개설되지 않은 계획상의 도로는 「건축법」상의 도로에 포함되지 않는다.
③ 허가권자가 건축허가와 관련해서 도로를 정하는 때에는 이해관계인의 동의가 있어야 한다.
④ 「건축법」상의 도로는 원칙적으로 보행 및 자동차통행이 가능한 구조여야 한다.
⑤ 「건축법」상의 도로 중 통과도로의 너비는 원칙적으로 4m 이상이어야 한다.

해설 「건축법」상의 도로
실제로 개설되지 않은 도로도 「건축법」상의 도로에 해당된다.

정답 ②

도 로(Ⅱ)

4 대지와 도로의 관계 25회 출제

건축물의 대지는 도로(자동차만의 통행에 사용되는 것은 제외)에 2m 이상 접해야 한다. 다만, 다음의 경우에는 도로에 2m 이상 접하지 않아도 된다(법 제44조 제1항, 영 제28조 제1항).

1) 그 건축물의 출입에 지장이 없다고 인정되는 경우
2) 건축물의 주위에 광장·공원·유원지 그 밖의 관계법령에 따라 건축이 금지되고 공중의 통행에 지장이 없다고 허가권자가 인정하는 공지(空地)가 있는 경우
3) 「농지법」에 따른 농막을 건축하는 경우

연면적 합계가 2,000㎡(공장인 경우에는 3,000㎡) 이상인 건축물(축사, 작물 재배사, 그 밖에 이와 비슷한 건축물로서 건축조례로 정하는 규모의 건축물은 제외)의 대지는 너비 6m 이상인 도로에 4m 이상 접해야 한다(법 제44조 제2항, 영 제28조 제2항).

대지와 도로의 관계

① 대지는 도로에 2m 이상 접해야 한다.
② 연면적 합계가 2,000㎡(공장인 경우에는 3,000㎡) 이상인 건축물의 대지는 너비 6m 이상 도로에 4m 이상 접해야 한다.

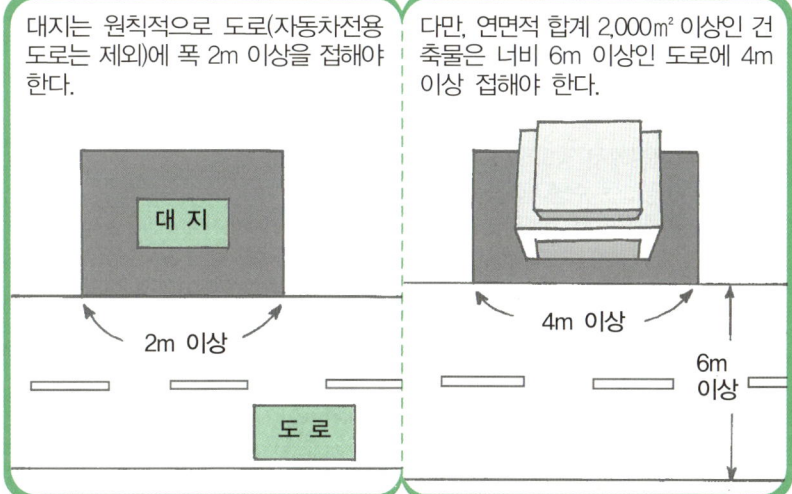

부동산공법

04 건축선

34회 출제

1 건축선의 위치

건축선은 <u>대지와 도로의 경계선</u>으로 한다. 다만, [표]와 같은 예외가 인정된다(법 제46조 제1항, 영 제31조 제1항).

▼ 건축선의 위치

구 분	건축선의 위치
소요너비에 미달되는 도로에 접한 경우	도로중심선에서 소요너비의 1/2만큼 후퇴한 선
소요너비에 미달되는 도로의 반대쪽에 경사지·하천·철도·선로부지 그 밖에 이와 비슷한 것이 있는 경우	경사지 등이 있는 쪽의 도로경계선에서 소요너비만큼 후퇴한 선
너비 8m 미만의 도로모퉁이에 비슷한 경우	도로의 교차각과 너비에 따라 도로경계선의 교차점으로부터 2m 내지 4m를 각각 후퇴한 선

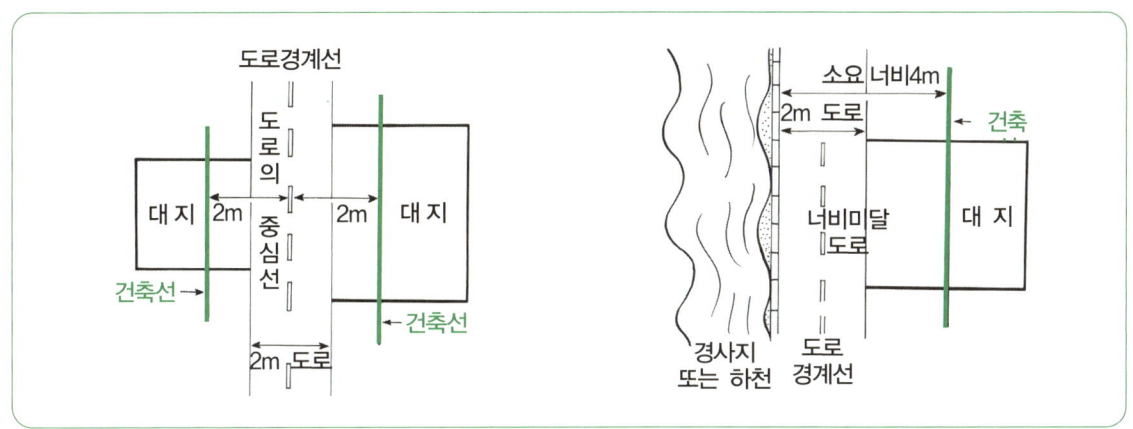

▼ 도로모퉁이에서의 건축선

도로의 교차각	당해 도로의 너비		교차되는 도로의 너비
	6m 이상 8m 미만	4m 이상 6m 미만	
1) 90° 미만	4m	3m	6m 이상 8m 미만
	3m	2m	4m 이상 6m 미만
2) 90° 이상 120° 미만	3m	2m	6m 이상 8m 미만
	2m	2m	4m 이상 6m 미만

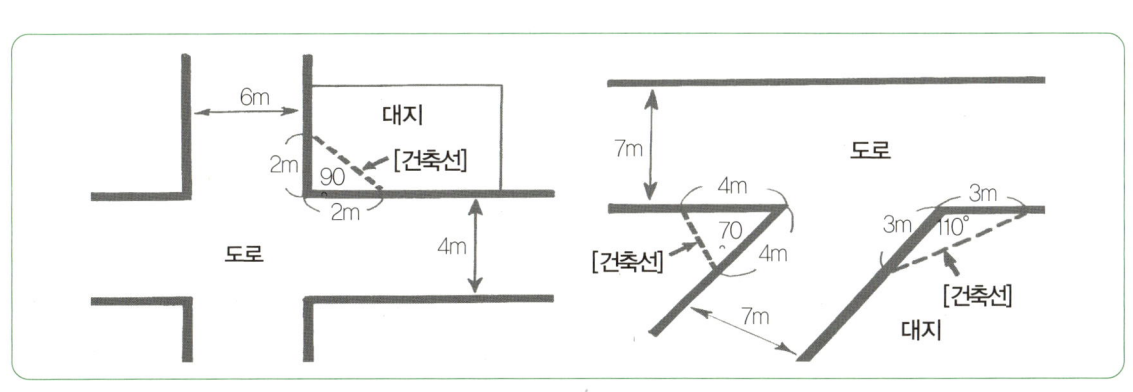

2 건축선의 지정

특별자치시장·특별자치도지사·시장·군수 또는 구청장은 시가지에서 건축물의 위치나 환경을 정비하기 위해 도시지역에서 4m 이하의 범위에서 건축선을 따로 지정할 수 있다. 건축선을 지정하는 때에는 미리 그 내용을 그 지방자치단체의 공보, 일간신문, 인터넷 홈페이지 등에 30일 이상 공고해서 의견을 들어야 하며, 건축선을 지정한 때에는 지체없이 이를 고시해야 한다(법 제46조 제2·3항, 영 제31조 제2·3항).

3 건축선에 따른 건축제한

지표(地表) 아래 부분을 제외하고는 건축물 및 담장은 건축선의 수직면을 넘으면 안 되며, 도로면으로부터 높이 4.5m 이하에 있는 출입구·창문 그 밖에 이와 비슷한 구조물은 열고 닫을 때에 건축선의 수직면을 넘지 않는 구조로 해야 한다(법 제47조 제1·2항).

단락문제 Q22

다음은 건축선에 관한 설명이다. 틀린 것은?
① 건축선은 원칙적으로 대지와 도로의 경계선으로 한다.
② 특별자치시장·특별자치도지사·시장·군수 또는 구청장은 시가지정비를 위해 건축선을 따로 지정할 수 있다.
③ 지표 하의 부분이라도 건축선을 넘어서 건축할 수 없다.
④ 도로면으로부터 높이 4.5m 이하에 있는 창문은 개폐시라도 건축선의 수직면을 넘을 수 없다.
⑤ 대지에는 건축선(특별자치시장·특별자치도지사·시장·군수 또는 구청장이 지정한 건축선은 제외)과 도로경계선의 사이부분은 대지면적에서 모두 제외된다.

해설 건축선에 따른 건축제한
지표 하에 있는 부분은 건축선의 수직면을 넘어도 된다.

정답 ③

제6절 건축물의 구조 및 재료

01 구조안전

1 구조내력

→ 1. 건축물의 주요 구조부와 이에 부착되고 고정되어 있는 비내력 부분 및 각종 시설·설비 등으로 인한 무게
2. 구조물의 바닥에 가해지는 사람이나 물품의 무게
3. 쌓인 눈이 구조물에 가하는 무게

건축물은 고정하중(固定荷重)·적재하중(積載荷重)·적설하중(積雪荷重)·풍압·지진 그 밖의 진동·충격 등에 대해 안전한 구조를 가져야 한다(법 제48조 제1항).

→ 구조물 또는 그 자재가 감당할 수 있는 최대한의 부담능력

구조내력(構造耐力)의 기준, 구조계산(構造計算)의 방법 등에 관한 사항은 국토교통부령으로 정하는데, 「건축물의 구조기준 등에 관한 규칙」이 이에 해당된다(법 제48조 제4항).

→ 고정하중·적재하중·풍압·지진 등의 외력과 재료의 팽창·수축 등에 대한 건축물의 안전성을 계산하는 것

2 구조안전의 확인★ 19회 출제

(1) 구조안전 확인서류의 제출대상 건축물 29·34·35회 출제

건축물을 건축하거나 대수선하는 경우 해당 건축물의 설계자는 국토교통부령으로 정하는 구조기준 등에 따라 그 구조의 안전을 확인해야 한다. 구조안전을 확인한 건축물 중 다음의 어느 하나에 해당하는 건축물의 건축주는 해당 건축물의 설계자로부터 구조안전의 확인서류를 받아 착공신고를 하는 때에 그 확인 서류를 허가권자에게 제출하여야 한다. 다만, 표준설계도서에 따라 건축하는 건축물은 제외한다(법 제48조 제2항, 영 제32조 제1·2항).

1) 층수가 2층(주요구조부인 기둥과 보를 설치하는 건축물로서 그 기둥과 보가 목재인 목구조 건축물의 경우에는 3층) 이상인 건축물
2) 연면적이 200㎡ (목구조 건축물의 경우에는 500㎡) 이상인 건축물. 다만, 창고·축사 및 작물재배사는 제외한다.
3) 높이가 13m 이상인 건축물
4) 처마높이가 9m 이상인 건축물
5) 기둥과 기둥 사이의 거리가 10m 이상인 건축물
6) 건축물의 용도 및 규모를 고려한 중요도가 높은 건축물로서 국토교통부령으로 정하는 건축물
7) 국가적 문화유산으로 보존할 가치가 있는 건축물로서 국토교통부령으로 정하는 건축물

8) 특수구조 건축물
① 한쪽 끝은 고정되고 다른 끝은 지지(支持)되지 아니한 구조로 된 보·차양 등이 외벽(외벽이 없는 경우에는 외곽 기둥을 말한다)의 중심선으로부터 3m 이상 돌출된 건축물
② 특수한 설계·시공·공법 등이 필요한 건축물로서 국토교통부장관이 정하여 고시하는 구조로 된 건축물

9) 단독주택 및 공동주택

단락문제 Q23 제34회 기출

건축법령상 건축허가를 받은 건축물의 착공신고 시 허가권자에 대하여 구조 안전 확인 서류의 제출이 필요한 대상 건축물의 기준으로 옳은 것을 모두 고른 것은? (단, 표준설계도서에 따라 건축하는 건축물이 아니며, 건축법령상 특례는 고려하지 않음)

> ㄱ. 건축물의 높이: 13미터 이상
> ㄴ. 건축물의 처마높이: 7미터 이상
> ㄷ. 건축물의 기둥과 기둥 사이의 거리: 10미터 이상

① ㄱ ② ㄴ ③ ㄱ, ㄷ ④ ㄴ, ㄷ ⑤ ㄱ, ㄴ, ㄷ

해설 구조안전의 확인
건축물의 처마높이가 9미터 이상인 건축물이 건축허가를 받은 건축물의 착공신고 시 허가권자에게 구조 안전 확인 서류의 제출이 필요한 대상 건축물이다.   **정답** ③

---

(2) 내진성능 확보 여부의 확인 ★
지방자치단체의 장은 구조안전 확인 대상 건축물에 대해 허가 등을 하는 경우에는 내진(耐震)성능 확보 여부를 확인해야 한다(법 제48조 제3항).

(3) 건축물 내진등급의 설정
국토교통부장관은 지진으로부터 건축물의 구조안전을 확보하기 위해 건축물의 용도·규모 및 설계구조의 중요도에 따라 내진등급(耐震等級)을 설정해야 한다(법 제48조의2 제1항).

(4) 건축물의 내진능력 공개

1) 건축물의 내진능력 공개 대상 건축물
구조안전 확인서류 제출대상 건축물을 건축하고자 하는 자는 사용승인을 받는 즉시 건축물이 지진 발생 시에 견딜 수 있는 내진능력을 공개하여야 한다. 다만, 구조안전 확인 대상 건축물이 아니거나 내진능력 산정이 곤란한 건축물로서 다음의 어느 하나에 해당하는 건축물은 공개하지 아니한다(법 제48조의3 제1항, 영 제32조의2 제1항).

① 창고, 축사, 작물 재배사 및 표준설계도서에 따라 건축하는 건축물로서 구조안전 확인서류 제출대상 건축물에도 해당하지 아니하는 건축물
② 구조기준 중 국토교통부령으로 정하는 소규모 건축구조기준을 적용한 건축물

2) 내진능력의 산정기준
내진능력의 산정기준과 공개방법 등 세부사항은 국토교통부령으로 정한다(법 제48조의3 제2항).

02 피난 및 소화

1 피난시설 및 소화설비의 설치

건축물의 용도와 규모에 따라 건축물과 그 대지에는 복도·계단·출입구 그 밖의 피난시설과 저수조, 대지의 피난과 소화(消火)에 필요한 통로를 설치해야 한다(법 제49조 제1항).

대통령령으로 정하는 용도 및 규모의 건축물에 대하여 가구·세대 등 간 소음방지를 위하여 국토교통부령으로 정하는 바에 따라 경계벽 및 바닥을 설치하여야 한다(법 제49조 제3항).

「자연재해대책법」에 따른 자연재해위험개선지구 중 침수위험지구에 국가·지방자치단체 또는 「공공기관의 운영에 관한 법률」에 따른 공공기관이 건축하는 건축물은 침수 방지 및 방수를 위하여 다음의 기준에 따라야 한다(법 제49조 제4항).

1) 건축물의 1층 전체를 필로티(건축물을 사용하기 위한 경비실, 계단실, 승강기실, 그 밖에 이와 비슷한 것을 포함한다) 구조로 할 것
2) 국토교통부령으로 정하는 침수 방지시설을 설치할 것

직통계단·피난계단·옥외피난계단·출구·회전문·난간·옥상광장 및 헬리포트에 관한 규정을 적용함에 있어서 건축물이 창문·출입구 그 밖의 개구부(開口部)가 없는 내화구조의 바닥 또는 벽으로 구획되어 있는 경우에는 그 구획된 부분을 각각 별개의 건축물로 본다(영 제44조).

2 직통계단

(1) 직통계단의 설치대상 ─→ 직접 지상으로 통하는 출입구가 있는 층과 피난안전구역

피난층이 아닌 층에는 **피난층** 또는 지상으로 통하는 직통계단(경사로를 포함함)을 설치해야 한다. 이 경우 거실의 각 부분으로부터 직통계단에 이르는 보행거리는 30m 이하가 되어야 한다. 다만, 주요구조부가 내화구조 또는 불연재료로 된 건축물(지하층에 설치하는 것으로서 바닥면적 합계가 300㎡ 이상인 공연장·집회장·관람장 및 전시장은 제외)의 경우에는 50m(층수가 16층 이상인 공동주택의 경우 16층 이상인 층에 대해서는 40m) 이하로 할 수 있다(영 제34조 제1항).

(2) 직통계단을 2개소 이상 설치해야 하는 경우 21회 출제

피난층이 아닌 층의 용도 및 규모가 다음에 해당하는 건축물에는 피난층 또는 지상으로 통하는 직통계단을 2개소 이상 설치해야 한다(영 제34조 제2항).

1) 제2종 근린생활시설 중 공연장·종교집회장, 문화 및 집회시설(전시장 및 동·식물원은 제외), 종교시설, 위락시설 중 주점영업, 장례시설로 쓰는 층으로서 그 층에서 해당 용도로 쓰는 바닥면적의 합계가 200㎡(제2종 근린생활시설 중 공연장·종교집회장은 각각 300㎡) 이상인 것

2) 단독주택 중 다중주택·다가구주택, 제1종 근린생활시설 중 정신과의원(입원실이 있는 경우로 한정한다), 제2종 근린생활시설 중 인터넷컴퓨터게임시설제공업소(해당 용도로 쓰는 바닥면적의 합계가 300㎡ 이상인 경우만 해당한다)·학원·독서실, 판매시설, 운수시설(여객용 시설에 한함), 의료시설(입원실이 없는 치과병원은 제외), 교육연구시설 중 학원, 노유자시설 중 아동관련시설·노인복지시설·장애인 거주시설, 수련시설 중 유스호스텔 또는 숙박시설로 쓰는 3층 이상의 층으로서 그 층에서 이 용도로 쓰는 거실의 바닥면적 합계가 200㎡ 이상인 것

3) 공동주택(층당 4세대 이하인 것은 제외), 업무시설 중 오피스텔로 쓰는 층으로서 그 층에서 이 용도로 쓰는 거실의 바닥면적 합계가 300㎡ 이상인 것

4) 위의 용도로 쓰지 않는 3층 이상의 층으로서 그 층에 있는 거실의 바닥면적 합계가 400㎡ 이상인 것

5) 지하층으로서 그 층에 있는 거실의 바닥면적 합계가 200㎡ 이상인 것

3 피난안전구역 27회 출제

> 건축물의 피난·안전을 위하여 건축물 중간층에 설치하는 대피공간

초고층건축물에는 피난층 또는 지상으로 통하는 직통계단과 직접 연결되는 **피난안전구역**을 지상층으로부터 최대 30개 층마다 1개소 이상 설치해야 한다(영 제34조 제3항).

준초고층건축물에는 피난층 또는 지상으로 통하는 직통계단과 직접 연결되는 피난안전구역을 해당 건축물 전체 층수의 1/2에 해당하는 층으로부터 상하 5개 층 이내에 1개소 이상 설치해야 한다(영 제34조 제4항).

단락문제 Q24
제27회 기출

건축법령상 고층건축물의 피난시설에 관한 내용으로 ( )에 들어갈 것을 옳게 연결한 것은?

층수가 63층이고 높이가 190m인 (ㄱ)건축물에는 피난층 또는 지상으로 통하는 직통계단과 직접 연결되는 피난안전구역을 지상층으로부터 최대 (ㄴ)개 층마다 (ㄷ)개소 이상 설치하여야 한다.

① ㄱ: 준고층, ㄴ: 20, ㄷ: 1
② ㄱ: 준고층, ㄴ: 30, ㄷ: 2
③ ㄱ: 초고층, ㄴ: 20, ㄷ: 1
④ ㄱ: 초고층, ㄴ: 30, ㄷ: 1
⑤ ㄱ: 초고층, ㄴ: 30, ㄷ: 2

해설 피난안전구역
초고층건축물에는 피난층 또는 지상으로 통하는 직통계단과 직접 연결되는 피난안전구역을 지상층으로부터 최대 30개 층마다 1개소 이상 설치하여야 한다.

정답 ④

4 피난계단

(1) 피난계단의 설치대상

지상 5층 이상 또는 지하 2층 이하의 층에 설치하는 직통계단은 피난계단 또는 특별피난계단으로 설치해야 한다. 다만, 건축물의 주요구조부가 내화구조 또는 불연재료로 되어 있는 경우로서 다음에 해당하는 경우에는 직통계단을 피난계단 또는 특별피난계단으로 설치하지 않아도 된다(영 제35조 제1항).

1) 5층 이상인 층의 바닥면적 합계가 200m² 이하인 경우
2) 5층 이상인 층의 바닥면적 200m² 이내마다 방화구획이 되어 있는 경우

(2) 특별피난계단을 설치해야 하는 경우

건축물(갓복도식 공동주택은 제외)의 11층(공동주택의 경우에는 16층) 이상인 층(바닥면적이 400m² 미만인 층은 제외) 또는 지하 3층 이하인 층(바닥면적이 400m² 미만인 층은 제외)의 직통계단은 특별피난계단으로 설치해야 하며, 판매시설로 쓰는 층의 직통계단은 1개소 이상을 특별피난계단으로 설치해야 한다(영 제35조 제2·3항).

(3) 직통계단 외에 특별피난계단을 추가로 설치해야 하는 경우

5층 이상인 층으로서 문화 및 집회시설 중 전시장 또는 동·식물원, 판매시설, 운수시설, 수련시설 중 생활권 수련시설, 운동시설, 위락시설, 관광휴게시설(다중이 이용하는 시설에 한함)로 쓰는 층에는 직통계단 외에 그 층에서 이 용도로 쓰는 바닥면적 합계가 2,000m²를 넘는 경우에는 그 넘는 2,000m² 이내마다 1개소의 피난계단 또는 특별피난계단(4층 이하의 층에서는 쓰지 않는 피난계단 또는 특별피난계단에 한함)을 설치해야 한다(영 제35조 제5항).

(4) 옥외피난계단을 설치해야 하는 경우

3층 이상의 층(피난층은 제외)으로서 다음에 해당하는 층에는 직통계단 외에 옥외피난계단을 따로 설치해야 한다(영 제36조).

1) 제2종 근린생활시설 중 공연장(해당 용도로 쓰는 바닥면적의 합계가 300m² 이상인 경우만 해당함), 문화 및 집회시설 중 공연장, 위락시설 중 주점영업으로 쓰는 층으로서 그 층에 있는 거실의 바닥면적 합계가 300m² 이상인 것
2) 문화 및 집회시설 중 집회장으로 쓰는 층으로서 그 층에 있는 거실의 바닥면적 합계가 1,000m² 이상인 것

5 지하층과 피난층 사이의 개방공간

바닥면적 합계가 3,000m² 이상인 공연장·집회장·관람장 또는 전시장을 지하층에 설치하는 경우에는 각 실(室)에 있는 자가 지하층 각 층에서 건축물 밖으로 피난해서 옥외계단·경사로 등을 이용해 피난층으로 대피할 수 있도록 천장이 개방된 외부공간을 설치해야 한다(영 제37조).

6 관람실 등으로부터의 출구 설치

제2종 근린생활시설 중 공연장·종교집회장(해당 용도로 쓰는 바닥면적의 합계가 각각 300m² 이상인 경우만 해당한다), 문화 및 집회시설(전시장 및 동·식물원은 제외), 종교시설, 위락시설, 장례시설로 쓰는 건축물은 관람실 또는 집회실로부터의 출구를 설치해야 한다. 관람실 또는 집회실로부터 바깥쪽으로의 출구로 쓰이는 문은 안여닫이로 해서는 안 된다(영 제38조, 「건축물의 피난·방화구조 등의 기준에 관한 규칙」 제10조 제1항).

7 건축물 바깥쪽으로의 출구 설치

제2종 근린생활시설 중 공연장·종교집회장·인터넷컴퓨터게임시설제공업소(해당 용도로 쓰는 바닥면적의 합계가 각각 300m² 이상인 경우만 해당한다), 문화 및 집회시설(전시장 및 동·식물원은 제외), 종교시설, 판매시설, 업무시설 중 국가 또는 지방자치단체의 청사, 위락시설, 연면적이 5천m² 이상인 창고시설, 교육연구시설 중 학교, 장례시설, 승강기를 설치하여야 하는 건축물은 그 건축물로부터 바깥쪽으로 나가는 출구를 설치하여야 한다. 건축물중 문화 및 집회시설(전시장 및 동·식물원을 제외), 종교시설, 장례식장 또는 위락시설의 용도에 쓰이는 건축물의 바깥쪽으로의 출구로 쓰이는 문은 안여닫이로 하여서는 아니된다(영 제39조 제1항, 「건축물의 피난·방화구조 등의 기준에 관한 규칙」 제11조 제2항).

8 난간·옥상광장 및 헬리포트

(1) 난 간
다음의 주위에는 높이 1.2m 이상의 난간을 설치해야 한다. 다만, 그 노대 등에 출입할 수 없는 구조로 된 경우에는 난간을 설치하지 않아도 된다(영 제40조 제1항).

1) 옥상광장
2) 2층 이상의 층에 있는 노대 그 밖에 이와 비슷한 것

(2) 옥상광장
5층 이상의 층이 제2종 근린생활시설 중 공연장·종교집회장·인터넷컴퓨터게임시설제공업소(해당 용도로 쓰는 바닥면적의 합계가 각각 300제곱미터 이상인 경우만 해당함), 문화 및 집회시설(전시장 및 동·식물원은 제외), 종교시설, 판매시설, 위락시설 중 주점영업, 장례시설로 쓰는 건축물에는 피난용도로 쓸 수 있는 광장을 옥상에 설치해야 한다(영 제40조 제2항).

(3) 옥상 출입문의 비상문자동개폐장치
다음의 어느 하나에 해당하는 건축물은 옥상으로 통하는 출입문에 「소방시설 설치 및 관리에 관한 법률」에 따른 성능인증 및 제품검사를 받은 비상문자동개폐장치(화재 등 비상시에 소방시스템과 연동되어 잠김 상태가 자동으로 풀리는 장치를 말한다)를 설치해야 한다(영 제40조 제2항).

1) 피난 용도로 쓸 수 있는 광장을 옥상에 설치해야 하는 건축물
2) 피난 용도로 쓸 수 있는 광장을 옥상에 설치하는 다음의 건축물
   (가) 다중이용 건축물
   (나) 연면적 1천㎡ 이상인 공동주택

(4) 헬리포트
층수가 11층 이상인 건축물로서 11층 이상인 층의 바닥면적 합계가 1만㎡이상인 건축물의 옥상에는 다음의 구분에 따른 공간을 확보해야 한다(영 제40조 제4항).

1) 건축물의 지붕을 평지붕으로 하는 경우
   헬리포트를 설치하거나 헬리콥터를 통해 인명 등을 구조할 수 있는 공간
2) 건축물의 지붕을 경사지붕으로 하는 경우
   경사지붕 아래에 설치하는 대피공간

9 대지의 피난 및 소화에 필요한 통로

건축물의 대지에는 건축물 바깥쪽으로 통하는 주된 출구와 지상으로 통하는 피난계단 및 특별피난계단으로부터 도로 또는 공지(공원·광장 그 밖에 이와 비슷한 것으로서 피난 및 소화를 위해 그 대지에 출입하는 데에 지장이 없는 것을 말함)로 통하는 통로를 다음의 기준에 따라 설치해야 한다(영 제41조 제1항).

1) 통로의 너비는 다음의 구분에 따른 기준에 따라 확보할 것
   ① **단독주택** : 유효 너비 0.9m 이상
   ② **바닥면적의 합계가 500㎡ 이상인 문화 및 집회시설, 종교시설, 의료시설, 위락시설 또는 장례시설** : 유효 너비 3m 이상
   ③ **그 밖의 용도로 쓰는 건축물** : 유효 너비 1.5m 이상
2) 필로티 내 통로의 길이가 2m 이상인 경우에는 피난 및 소화활동에 장애가 발생하지 아니하도록 자동차 진입억제용 말뚝 등 통로 보호시설을 설치하거나 통로에 단차(段差)를 둘 것

10 다중이용건축물이 건축되는 대지에 필요한 통로 설치

다중이용건축물, 준다중이용 건축물 또는 층수가 11층 이상인 건축물이 건축되는 대지에는 그 안의 모든 다중이용건축물, 준다중이용 건축물 또는 층수가 11층 이상인 건축물에 소방자동차의 접근이 가능한 통로를 설치해야 한다. 다만, 모든 다중이용 건축물, 준다중이용 건축물 또는 층수가 11층 이상인 건축물이 소방자동차의 접근이 가능한 도로 또는 공지에 직접 접해서 건축되는 경우로서 소방자동차가 도로 또는 공지에서 직접 소방활동이 가능한 경우에는 그렇지 않다(영 제41조 제2항).

03 건축물의 피난시설 및 용도제한 등 ★

1 안전·위생 및 방화에 관한 설비

건축물에는 그 용도와 규모에 따라 건축물의 안전·위생·방화 등을 위해 용도 및 구조의 제한, 방화구획, 화장실의 구조, 계단·출입구, 거실의 반자높이, 거실의 채광·환기, 배연설비와 바닥의 방습 등에 관하여 필요한 사항은 국토교통부령으로 한다. 다만, 대규모 창고시설 등 대통령령으로 정하는 용도 및 규모의 건축물에 대해서는 방화구획 등 화재 안전에 필요한 사항을 국토교통부령으로 별도로 정할 수 있다(법 제49조 제2항).

2 방화구획의 설치

주요구조부가 내화구조 또는 불연재료로 된 건축물로서 연면적이 1천m²를 넘는 건축물은 내화구조로 된 바닥·벽 및 방화문 또는 자동방화셔터로 방화구획을 해야 한다. 다만, 「원자력안전법」에 따른 원자로 및 관계시설은 같은 법에서 정하는 바에 따른다. 다음에 해당하는 건축물의 부분에는 방화구획을 적용하지 않거나 그 사용에 지장이 없는 범위에서 방화구획을 완화하여 적용할 수 있다(영 제46조 제1·2항).

1) 문화 및 집회시설(동·식물원은 제외), 종교시설, 운동시설, 장례시설로 쓰는 거실로서 시선 및 활동공간의 확보를 위해 불가피한 부분
2) 물품의 제조·가공 및 운반 등(보관은 제외한다)에 필요한 고정식 대형 기기 또는 설비의 설치를 위해 불가피한 부분. 다만, 지하층인 경우에는 지하층의 외벽 한쪽 면(지하층의 바닥면에서 지상층 바닥 아래면까지의 외벽 면적 중 1/4 이상이 되는 면을 말한다) 전체가 건물 밖으로 개방되어 보행과 자동차의 진입·출입이 가능한 경우로 한정한다.
3) 계단실·복도 또는 승강기의 승강장 및 승강로로서 그 건축물의 다른 부분과 방화구획으로 구획된 부분. 다만, 해당 부분에 위치하는 설비배관 등이 바닥을 관통하는 부분은 제외한다.
4) 건축물의 최상층 또는 피난층으로서 대규모 회의장·강당·스카이라운지·로비·피난안전구역 등으로 쓰는 부분으로서 그 용도로 사용하기 위해 불가피한 부분
5) 복층형 공동주택의 세대별 층간 바닥 부분
6) 주요구조부가 내화구조 또는 불연재료로 된 주차장
7) 단독주택, 동물 및 식물 관련 시설, 군사시설(집회·체육·창고 등의 용도로 쓰는 시설에 한함)로 쓰는 건축물

건축물 일부의 주요구조부를 내화구조로 하거나 건축물의 일부에 완화하여 적용한 경우에는 내화구조로 한 부분 또는 완화하여 적용한 부분과 그 밖의 부분을 방화구획으로 구획하여야 한다(영 제46조 제3항).

공동주택 중 아파트로서 4층 이상인 층의 각 세대가 2개 이상의 직통계단을 사용할 수 없는 경우에는 발코니(발코니의 외부에 접하는 경우를 포함한다)에 인접 세대와 공동으로 또는 각 세대별로 대피공간(대피공간의 바닥면적은 인접 세대와 공동으로 설치하는 경우에는 3m² 이상, 각 세대별로 설치하는 경우에는 2m² 이상, 대피공간으로 통하는 출입문에는 60분+ 방화문을 설치할 것)을 하나 이상 설치해야 한다. 이 경우 인접세대와 공동으로 설치하는 대피공간은 인접세대를 통해 2개 이상의 직통계단을 쓸 수 있는 위치에 우선 설치되어야 한다. 다만, 다음의 어느 하나에 해당하는 구조 또는 시설을 설치한 경우에는 대피공간을 설치하지 않을 수 있다(영 제46조 제4·5항).

1) 발코니와 인접 세대와의 경계벽이 파괴하기 쉬운 경량구조 등인 경우
2) 발코니의 경계벽에 피난구를 설치한 경우
3) 발코니 바닥에 하향식 피난구를 설치한 경우
4) 국토교통부장관이 대피공간과 동일하거나 그 이상의 성능이 있다고 인정하여 고시하는 구조 또는 시설(대체시설)을 설치한 경우. 이 경우 국토교통부장관은 대체시설의 성능에 대해 미리 한국건설기술연구원의 기술검토를 받은 후 고시해야 한다.

요양병원, 정신병원, 「노인복지법」에 따른 노인요양시설, 장애인 거주시설 및 장애인 의료재활시설의 피난층 외의 층에는 다음의 어느 하나에 해당하는 시설을 설치하여야 한다(영 제46조 제6항).

1) 각 층마다 별도로 방화구획된 대피공간
2) 거실에 접하여 설치된 노대등
3) 계단을 이용하지 아니하고 건물 외부의 지상으로 통하는 경사로 또는 인접 건물로 피난할 수 있도록 설치하는 연결복도 또는 연결통로

3 방화에 장애가 되는 용도의 제한

아래의 1)과 2)의 시설은 같은 건축물에 함께 설치할 수 없다(영 제47조 제1항).

1) 의료시설, 노유자시설(아동관련시설 및 노인복지시설에 한함), 공동주택, 장례시설 또는 제1종 근린생활시설(산후조리원만 해당한다)
2) 위락시설, 위험물저장 및 처리시설, 공장 또는 자동차관련시설(정비공장에 한함)

다만, 다음의 경우에는 같은 건축물에 함께 설치할 수 있다(영 제47조 제1항).

1) 공동주택(기숙사에 한함)과 공장이 같은 건축물에 있는 경우
2) 중심상업지역·일반상업지역 또는 근린상업지역에서 재개발사업을 시행하는 경우
3) 공동주택과 위락시설이 같은 초고층건축물에 있는 경우. 다만, 사생활을 보호하고 방범·방화 등 주거 안전을 보장하며 소음·악취 등으로부터 주거환경을 보호할 수 있도록 주택의 출입구·계단 및 승강기 등을 주택 외의 시설과 분리된 구조로 해야 한다.
4) 지식산업센터와 직장어린이집이 같은 건축물에 있는 경우

아래의 1)과 2)의 시설은 같은 건축물에 함께 설치할 수 없다(영 제47조 제2항).

1) 노유자시설(아동관련시설 및 노인복지시설에 한함), 판매시설(도매시장 및 소매시장에 한함)
2) 단독주택(다중주택 및 다가구주택에 한함), 공동주택, 제1종 근린생활시설(조산원 및 산후조리원에 한함), 제2종 근린생활시설(다중생활시설에 한함)

4 거실의 반자

건축물(공장, 창고시설, 위험물저장 및 처리시설, 동물 및 식물관련시설, 자원순환관련시설, 묘지관련시설은 제외) 거실의 반자(반자가 없는 경우에는 보 또는 바로 위층의 바닥판의 밑면)는 그 높이를 2.1m 이상(문화 및 집회시설 중 전시장 및 동·식물원이 아닌 것, 위락시설 중 주점영업, 장례시설로 쓰는 건축물의 관람실 또는 집회실로서 그 바닥면적이 200㎡ 이상인 경우에는 4m 이상)으로 해야 한다(영 제50조, 「건축물의 피난·방화구조 등의 기준에 관한 규칙」 제16조 제1·2항).

5 거실의 채광 등을 위한 설비

단독주택 및 공동주택의 거실, 교육연구시설 중 학교의 교실, 의료시설의 병실, 숙박시설의 객실에는 채광 및 환기를 위한 창문 등이나 설비를 설치해야 한다(영 제51조 제1항).

6 배연설비(排煙設備)

다음에 해당하는 건축물의 거실(피난층의 거실은 제외한다)에는 배연설비를 해야 한다(영 제51조 제2항).

1) 6층 이상인 건축물로서 다음에 해당하는 용도로 쓰는 건축물
   ① 제2종 근린생활시설 중 공연장, 종교집회장, 인터넷컴퓨터게임시설제공업소 및 다중생활시설(공연장, 종교집회장 및 인터넷컴퓨터게임시설제공업소는 해당 용도로 쓰는 바닥면적의 합계가 각각 300㎡ 이상인 경우만 해당한다)
   ② 문화 및 집회시설
   ③ 종교시설
   ④ 판매시설
   ⑤ 운수시설
   ⑥ 의료시설(요양병원 및 정신병원은 제외한다)
   ⑦ 교육연구시설 중 연구소
   ⑧ 노유자시설 중 아동 관련 시설, 노인복지시설(노인요양시설은 제외한다)
   ⑨ 수련시설 중 유스호스텔
   ⑩ 운동시설
   ⑪ 업무시설
   ⑫ 숙박시설
   ⑬ 위락시설
   ⑭ 관광휴게시설
   ⑮ 장례시설

2) 다음에 해당하는 용도로 쓰는 건축물
① 의료시설 중 요양병원 및 정신병원
② 노유자시설 중 노인요양시설·장애인 거주시설 및 장애인 의료재활시설
③ 제1종 근린생활시설 중 산후조리원

7 추락방지시설

오피스텔에 거실 바닥으로부터 높이 1.2m 이하 부분에 여닫을 수 있는 창문을 설치하는 경우에는 추락방지를 위한 안전시설을 설치해야 한다(영 제51조 제3항).

8 소방관이 진입할 수 있는 창의 설치

건축물의 11층 이하의 층에는 소방관이 진입할 수 있는 창을 설치하고, 외부에서 주야간에 식별할 수 있는 표시를 해야 한다. 다만, 다음의 어느 하나에 해당하는 아파트는 제외한다(영 제51조 제4항).

1) 대피공간 등을 설치한 아파트
2) 「주택건설기준 등에 관한 규정」에 따라 비상용승강기를 설치한 아파트

단락문제 Q25 제6회 기출

다음은 거실의 구조에 관한 설명이다. 틀린 것은?
① 거실의 천장높이는 2.1m 이상이어야 한다.
② 거실의 채광용 개구부(開口部)의 면적은 바닥면적의 10% 이상이어야 한다.
③ 거실의 환기용 개구부의 면적은 바닥면적의 5% 이상이어야 한다.
④ 최하층에 있는 거실의 바닥이 목조(木造)인 경우에는 지표면으로부터 45cm 이상으로 해야 한다.
⑤ 6층 이상인 업무시설의 거실에는 배연시설을 설치해야 한다.

해설 거실의 구조
2.1m 이상이어야 하는 것은 거실의 "천장"이 아닌 "반자"의 높이이다.

정답 ①

9 거실·욕실 및 조리실의 방습

건축물의 최하층에 있는 거실(바닥이 목조인 것에 한함)은 바닥의 높이를 지표면으로부터 45cm 이상으로 해야 한다. 다만, 지표면을 콘크리트바닥으로 하는 등 방습을 위한 조치를 하는 경우에는 예외로 한다(영 제52조, 「건축물의 피난·방화구조 등의 기준에 관한 규칙」 제18조 제1항).

다음에 해당하는 욕실 또는 조리장의 바닥과 그 바닥으로부터 높이 1m까지의 안벽은 내수재료로 마감해야 한다(영 제52조, 「건축물의 피난·방화구조 등의 기준에 관한 규칙」 제18조 제2항).

1) 제1종 근린생활시설 중 목욕장의 욕실과 휴게음식점의 조리장
2) 제2종 근린생활시설 중 일반음식점 및 휴게음식점의 조리장과 숙박시설의 욕실

10 경계벽 26회 출제

다음의 어느 하나에 해당하는 건축물의 경계벽은 내화구조로 하고, 지붕밑 또는 바로 윗층의 바닥판까지 닿게 해야 하며, 소리를 차단하는 데에 장애가 없는 구조로 해야 한다(영 제53조 제1항, 「건축물의 피난·방화구조 등의 기준에 관한 규칙」 제19조 제1·2항).

1) 단독주택 중 다가구주택의 각 가구 간 경계벽과 공동주택(기숙사는 제외)의 각 세대 간 경계벽(거실·침실 등으로 쓰지 않는 발코니부분은 제외)
2) 공동주택 중 기숙사의 침실, 의료시설의 병실, 교육연구시설 중 학교의 교실과 숙박시설의 객실 간 경계벽
3) 제1종 근린생활시설 중 산후조리원의 다음의 어느 하나에 해당하는 경계벽
   (가) 임산부실 간 경계벽
   (나) 신생아실 간 경계벽
   (다) 임산부실과 신생아실 간 경계벽
4) 제2종 근린생활시설 중 다중생활시설의 호실 간 경계벽
5) 노유자시설 중 노인복지주택의 각 세대 간 경계벽
6) 노유자시설 중 노인요양시설의 호실 간 경계벽

11 층간바닥

다음의 어느 하나에 해당하는 건축물의 층간바닥(화장실의 바닥은 제외)은 국토교통부령으로 정하는 기준에 따라 설치해야 한다(영 제53조 제2항).

1) 단독주택 중 다가구주택
2) 공동주택(「주택법」에 따른 주택건설사업계획승인 대상은 제외한다)
3) 업무시설 중 오피스텔
4) 제2종 근린생활시설 중 다중생활시설
5) 숙박시설 중 다중생활시설

12 창문 등의 차면시설(遮面施設)

인접 대지경계선으로부터 직선거리 2m 이내에 이웃 주택의 내부가 보이는 창문 등을 설치하는 경우에는 **차면시설**을 설치해야 한다(영 제55조).
→ 바깥에서 집안이 보이지 않도록 가리는 시설

04 내화구조 및 방화벽

1 내화구조 20회 출제

3층 이상인 건축물, 지하층이 있는 건축물, 제2종 근린생활시설 중 공연장·종교집회장(해당 용도로 쓰는 바닥면적의 합계가 각각 300제곱미터 이상인 경우만 해당함), 문화 및 집회시설·종교시설·판매시설·운수시설·노유자시설·수련시설·위락시설·공장·창고시설·위험물저장 및 처리시설·자동차관련시설·장례시설 등으로 쓰는 일정규모 이상의 건축물의 주요구조부와 지붕을 내화구조로 해야 한다. 다만, 연면적이 50m² 이하인 단층의 부속건축물로서 외벽 및 처마밑면을 방화구조로 한 것과 무대의 바닥은 그렇지 않다(법 제50조 제1항, 영 제56조 제1항).

2 방화벽

연면적이 1,000m² 이상인 건축물은 방화벽으로 구획하되, 각 구획의 바닥면적 합계는 1,000m² 미만이어야 한다. 다만, 다음의 건축물은 방화벽으로 구획하지 않아도 된다(법 제50조 제2항, 영 제57조 제1항).

1) 주요구조부가 내화구조이거나 불연재료인 건축물
2) 단독주택, 동물 및 식물관련시설, 교정시설 중 교도소 및 감화원, 발전시설(발전소의 부속 용도로 사용되는 시설은 제외), 묘지관련시설(화장장은 제외)로 쓰는 건축물
3) 내부설비의 구조상 방화벽으로 구획할 수 없는 창고시설

연면적이 1,000㎡ 이상인 목조의 건축물은 그 외벽 및 처마 밑의 연소할 우려가 있는 부분의 구조를 방화구조로 하되, 그 지붕은 불연재료로 해야 한다(법 제50조 제2항, 영 제57조 제3항, 「건축물의 피난·방화구조 등의 기준에 관한 규칙」 제22조 제1항).

05 고층건축물의 피난 및 안전관리

고층건축물에는 피난안전구역을 설치하거나 대피공간을 확보한 계단을 설치해야 한다(법 제50조의2 제1항).

고층건축물에 설치된 피난안전구역·피난시설 또는 대피공간에 대하여는 국토교통부령으로 정하는 바에 따라 화재 등의 경우에 피난 용도로 사용되는 것임을 표시하여야 한다(법 제50조의2 제2항).

고층건축물의 화재예방 및 피해경감을 위해 이 법 제48조(구조내력 등), 제49조(건축물의 피난시설 및 용도제한 등), 제50조(건축물의 내화구조와 방화벽)의 기준을 강화해서 적용할 수 있다(법 제50조의2 제3항).

06 방화지구의 건축물★

1 주요구조부 및 지붕·외벽

방화지구에서는 다음의 건축물을 제외하고는 건축물의 주요구조부와 지붕·외벽을 내화구조로 해야 한다(법 제51조 제1항, 영 제58조).

1) 연면적이 30㎡ 미만인 단층 부속건축물로서 외벽 및 처마면이 내화구조 또는 불연재료로 된 것
2) 도매시장으로 쓰는 건축물로서 주요구조부가 불연재료로 된 것

2 간판 및 광고탑

방화지구에서는 건축물의 지붕 위에 설치하거나 높이가 3m 이상인 간판 및 광고탑은 그 주요부를 불연재료로 해야 한다(법 제51조 제2항).

3 지붕과 외벽의 개구부

방화지구에서는 건축물의 지붕으로서 내화구조가 아닌 것은 불연재료로 해야 하며, 인접대지경계선에 접하는 외벽에 설치하는 창문출입구 그 밖의 개구부로서 연소할 우려가 있는 부분에는 방화문 그 밖의 방화설비를 해야 한다(법 제51조 제3항, 「건축물의 피난·방화구조 등의 기준에 관한 규칙」 제23조 제1·2항).

07 건축물의 마감재료 **35회 출제**

대부분의 건축물은 그 벽, 반자, 지붕(반자가 없는 경우에 한정한다) 등 내부의 마감재료(복합자재의 경우 심재를 포함한다)가 방화상 지장이 없는 재료로서 「실내공기질 관리법」에 따른 실내공기질 유지기준 및 권고기준을 고려하고 관계 중앙행정기관의 장과 협의하여 국토교통부령으로 정하는 기준에 따른 것이어야 한다(법 제52조 제1항).

다음 건축물의 외벽에 사용하는 마감재료(두 가지 이상의 재료로 제작된 자재의 경우 각 재료를 포함한다)는 방화에 지장이 없는 재료로 해야 한다(법 제52조 제2항, 영 제61조 제2항).

1) 상업지역(근린상업지역은 제외)의 건축물로서 다음의 어느 하나에 해당하는 것
    ① 제1종 근린생활시설, 제2종 근린생활시설, 문화 및 집회시설, 종교시설, 판매시설, 의료시설, 교육연구시설, 노유자시설, 운동시설 및 위락시설의 용도로 쓰는 건축물로서 그 용도로 쓰는 바닥면적의 합계가 2,000m² 이상인 건축물
    ② 공장(화재 위험이 적은 공장은 제외)의 용도로 쓰는 건축물로부터 6m 이내에 위치한 건축물
2) 의료시설, 교육연구시설, 노유자시설 및 수련시설의 용도로 쓰는 건축물
3) 3층 이상 또는 높이 9m 이상인 건축물
4) 1층의 전부 또는 일부를 필로티 구조로 설치하여 주차장으로 쓰는 건축물
5) 공장의 용도로 쓰는 건축물

욕실·화장실·목욕장 등의 바닥의 마감재료는 미끄럼을 방지할 수 있어야 한다(법 제52조 제3항).

08 실내건축

1 실내건축

실내건축은 건축물의 실내를 안전하고 쾌적하며 효율적으로 사용하기 위하여 내부 공간을 칸막이로 구획하거나 벽지, 천장재, 바닥재, 유리 등 재료 또는 장식물을 설치하는 것을 말한다(법 제2조 제1항).

다중이용 건축물, 「건축물의 분양에 관한 법률」에 따른 건축물 용도 및 규모의 건축물의 실내건축은 방화에 지장이 없고 사용자의 안전에 문제가 없는 구조 및 재료로 시공하여야 한다. 실내건축의 구조·시공방법 등에 관한 기준은 국토교통부령으로 정한다. 특별자치시장·특별자치도지사 또는 시장·군수·구청장은 실내건축이 적정하게 설치 및 시공되었는지를 검사하여야 한다. 이 경우 검사하는 대상 건축물과 주기(週期)는 건축조례로 정한다(법 제52조의2, 영 제61조의2).

2 실내건축의 구조·시공방법 등의 기준

실내건축의 구조·시공방법 등에 관한 기준은 다음의 구분에 따른 기준에 따른다(규칙 제26조의5 제1항).

(1) 다중이용 건축물 및 「건축물의 분양에 관한 법률」 제3조에 따른 건축물: 다음의 기준을 모두 충족할 것

1) 실내에 설치하는 칸막이는 피난에 지장이 없고, 구조적으로 안전할 것
2) 실내에 설치하는 벽, 천장, 바닥 및 반자틀(노출된 경우에 한정한다)은 방화에 지장이 없는 재료를 사용할 것
3) 바닥 마감재료는 미끄럼을 방지할 수 있는 재료를 사용할 것
4) 실내에 설치하는 난간, 창호 및 출입문은 방화에 지장이 없고, 구조적으로 안전할 것
5) 실내에 설치하는 전기·가스·급수·배수·환기시설은 누수·누전 등 안전사고가 없는 재료를 사용하고, 구조적으로 안전할 것
6) 실내의 돌출부 등에는 충돌, 끼임 등 안전사고를 방지할 수 있는 완충재료를 사용할 것

(2) 실내건축의 구조·시공방법 고시

실내건축의 구조·시공방법 등에 관한 세부사항은 국토교통부장관이 정하여 고시한다(규칙 제26조의5 제2항).

09 건축자재의 제조 및 유통관리

1 제조업자 및 유통업자의 건축자재 제조 및 유통관리

제조업자 및 유통업자는 건축물의 안전과 기능 등에 지장을 주지 아니하도록 건축자재를 제조·보관 및 유통하여야 한다(법 제52조의3 제1항).

2 제조업자 및 유통업자에게 자료의 제출요구

국토교통부장관, 시·도지사 및 시장·군수·구청장은 건축물의 구조 및 재료의 기준 등이 공사현장에서 준수되고 있는지를 확인하기 위하여 제조업자 및 유통업자에게 필요한 자료의 제출을 요구하거나 건축공사장, 제조업자의 제조현장 및 유통업자의 유통장소 등을 점검할 수 있으며 필요한 경우에는 시료를 채취하여 성능 확인을 위한 시험을 할 수 있다(법 제52조의3 제2항).

3 공사중단, 사용중단 등의 조치

국토교통부장관, 시·도지사 및 시장·군수·구청장은 제2항의 점검을 통하여 위법 사실을 확인한 경우 대통령령으로 정하는 바에 따라 공사 중단, 사용중단 등의 조치를 하거나 관계 기관에 대하여 관계법률에 따른 영업정지 등의 요청을 할 수 있다(법 제52조의3 제3항).

4 건축관계자 및 제조업자·유통업자의 조치계획수립

건축관계자 및 제조업자·유통업자는 위법 사실을 통보받거나 명령을 받은 경우에는 그 날부터 7일 이내에 조치계획을 수립하여 국토교통부장관, 시·도지사 및 시장·군수·구청장에게 제출하여야 한다(영 제61조의3 제2항).

10 건축자재의 품질관리

1 복합자재 품질관리서의 제출

복합자재[불연재료인 양면 철판, 석재, 콘크리트 또는 이와 유사한 재료와 불연재료가 아닌 심재(心材)로 구성된 것을 말한다]를 포함한 마감재료, 방화문 등 대통령령으로 정하는 건축자재의 제조업자, 유통업자, 공사시공자 및 공사감리자는 국토교통부령으로 정하는 사항을 기재한 품질관리서(품질관리서)를 대통령령으로 정하는 바에 따라 허가권자에게 제출하여야 한다(법 제52조의4 제1항).

2 건축자재의 성능시험 의뢰

건축자재의 제조업자, 유통업자는 「과학기술분야 정부출연연구기관 등의 설립·운영 및 육성에 관한 법률」에 따른 한국건설기술연구원 등 대통령령으로 정하는 시험기관에 건축자재의 성능시험을 의뢰하여야 한다(법 제52조의4 제2항).

3 건축자재의 성능시험 제공

성능시험을 수행하는 시험기관의 장은 성능시험 결과 등 건축자재의 품질관리에 필요한 정보를 국토교통부령으로 정하는 바에 따라 기관 또는 단체에 제공하거나 공개하여야 한다(법 제52조의4 제3항).

4 건축자재등의 품질인정

(1) 건축자재등의 품질인정

방화문, 복합자재 등 대통령령으로 정하는 건축자재와 내화구조(이하 "건축자재등"이라 한다)는 방화성능, 품질관리 등 국토교통부령으로 정하는 기준에 따라 품질이 적합하다고 인정받아야 한다(법 제52조의5 제1항).

(2) 건축자재등의 사용

건축관계자등은 품질인정을 받은 건축자재등만 사용하고, 인정받은 내용대로 제조·유통·시공하여야 한다(법 제52조의5 제2항).

5 건축자재등 품질인정기관의 지정·운영 등

(1) 건축자재등 품질인정기관의 지정

국토교통부장관은 건축 관련 업무를 수행하는 한국건설기술연구원을 품질인정 업무를 수행하는 기관(이하 "건축자재등 품질인정기관"이라 한다)으로 지정할 수 있다(법 제52조의6 제1항. 영 제63조의3).

(2) 건축자재등 품질인정기관의 업무수행

건축자재등 품질인정기관은 건축자재등에 대한 품질인정 업무를 수행하며, 품질인정을 신청한 자에 대하여 국토교통부령으로 정하는 바에 따라 수수료를 받을 수 있다(법 제52조의6 제2항).

(3) 품질인정자재등의 취소

건축자재등 품질인정기관은 품질이 적합하다고 인정받은 건축자재등(이하 "품질인정자재등"이라 한다)이 다음의 어느 하나에 해당하면 그 인정을 취소할 수 있다. 다만, 제1호에 해당하는 경우에는 그 인정을 취소하여야 한다(법 제52조의6 제3항).

1) 거짓이나 그 밖의 부정한 방법으로 인정받은 경우
2) 인정받은 내용과 다르게 제조·유통·시공하는 경우
3) 품질인정자재등이 국토교통부장관이 정하여 고시하는 품질관리기준에 적합하지 아니한 경우
4) 인정의 유효기간을 연장하기 위한 시험결과를 제출하지 아니한 경우

11 지하층

건축물에 설치하는 지하층에는 기준에 적합하게 비상탈출구, 환기통, 직통계단, 피난계단, 특별피난계단, 환기설비, 급수전을 설치해야 한다(법 제53조, 「건축물의 피난·방화구조 등의 기준에 관한 규칙」 제25조 제1항).

12 건축물의 범죄예방 [29회 출제]

국토교통부장관은 범죄를 예방하고 안전한 생활환경을 조성하기 위하여 건축물, 건축설비 및 대지에 관한 범죄예방 기준을 정하여 고시할 수 있다. 다음의 어느 하나에 해당하는 건축물은 범죄예방 기준에 따라 건축하여야 한다(법 제53조의2 제1·2항, 영 제63조의7).

1) 다가구주택, 아파트, 연립주택 및 다세대주택
2) 제1종 근린생활시설 중 일용품을 판매하는 소매점
3) 제2종 근린생활시설 중 다중생활시설
4) 문화 및 집회시설(동·식물원은 제외한다)
5) 교육연구시설(연구소 및 도서관은 제외한다)
6) 노유자시설
7) 수련시설
8) 업무시설 중 오피스텔
9) 숙박시설 중 다중생활시설

13 방화문의 구분

1 방화문의 구분

방화문은 다음과 같이 구분한다(영 제64조 제1항).

1) 60분+ 방화문 : 연기 및 불꽃을 차단할 수 있는 시간이 60분 이상이고, 열을 차단할 수 있는 시간이 30분 이상인 방화문
2) 60분 방화문 : 연기 및 불꽃을 차단할 수 있는 시간이 60분 이상인 방화문
3) 30분 방화문 : 연기 및 불꽃을 차단할 수 있는 시간이 30분 이상 60분 미만인 방화문

2 방화문 인정 기준

방화문의 구분에 따른 방화문 인정 기준은 국토교통부령으로 정한다(영 제64조 제2항).

제7절 지역 및 지구의 건축물

01 둘 이상의 지역·지구·구역에 걸치는 경우의 건축제한

10·22·26회 출제

1 일반적인 경우

대지가 이 법 또는 다른 법률에 따른 지역·지구·구역(녹지지역 및 방화지구는 제외)에 걸치는 경우에는 그 건축물 및 대지의 전부에 대해 대지의 과반이 속하는 지역·지구·구역의 건축물·대지 등에 관한 이 법의 규정을 적용한다(법 제54조 제1항).

2 방화지구에 걸치는 경우

하나의 건축물이 방화지구의 안팎에 걸치는 경우에는 그 건축물의 전부에 대해 방화지구의 건축물에 관한 이 법의 규정을 적용한다. 다만, 방화지구 안팎에 있는 부분이 방화벽으로 구획되어 있는 경우 방화지구 밖에 있는 부분에 대해서는 방화지구의 건축물에 관한 규정을 적용하지 않는다(법 제54조 제2항).

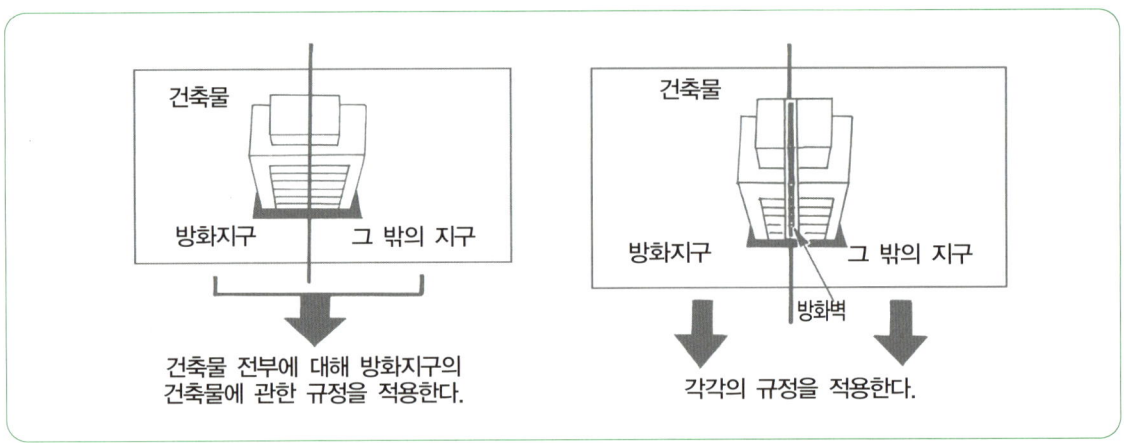

3 녹지지역에 걸치는 경우

대지가 녹지지역과 그 밖의 지역·지구 또는 구역에 걸치는 경우에는 각 지역·지구·구역의 건축물 및 대지에 관한 이 법의 규정을 적용한다. 다만, 녹지지역의 건축물이 방화지구에 걸치는 경우에는 방화지구의 건축물에 관한 이 법의 규정을 적용한다(법 제54조 제3항).

4 둘 이상의 지역·지구·구역에 걸치는 경우의 적용방법에 관한 조례

둘 이상의 지역·지구·구역에 걸치는 대지의 규모와 그 대지가 속한 지역·지구·구역의 성격 등 그 대지에 관한 주변여건상 필요하다고 인정해서 건축조례(도 단위로 통일성을 유지할 필요가 있는 경우에는 도의 조례)로 적용방법을 따로 정하는 경우에는 그에 따른다(법 제7조, 제54조 제4항).

건축물의 대지가 둘 이상의 지역·지구 또는 구역에 걸친 경우(Ⅰ)

일반적인 경우는 대지의 과반이 속하는 지역·지구·구역의 규정이 적용되나, 예외 규정이 더욱 중요하다.

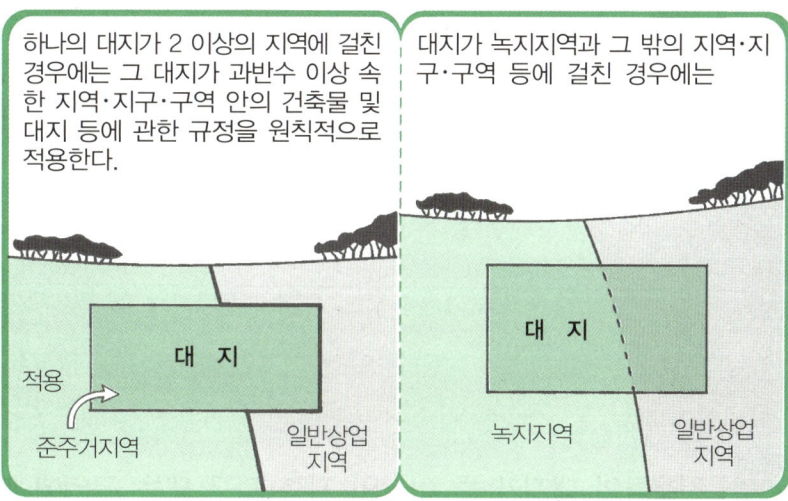

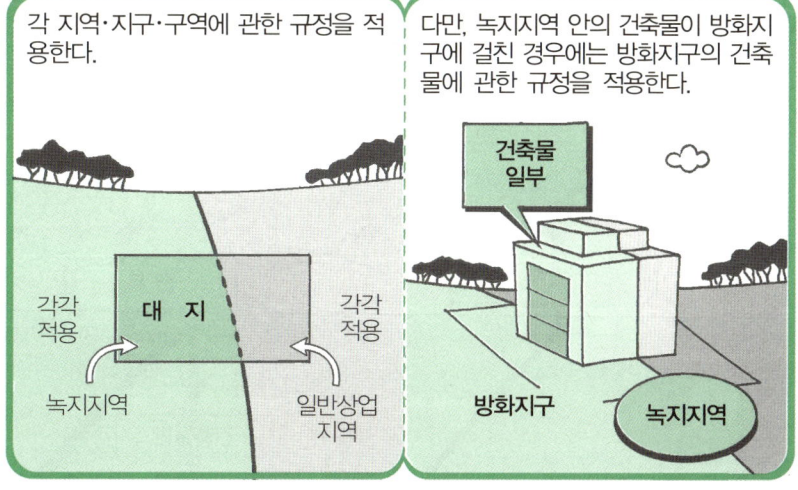

단락문제 Q26
제10회 기출 개작

다음은 건축물의 대지가 둘 이상의 지역·지구 또는 구역에 걸치는 경우의 조치에 관한 규정이다. 틀린 것은?

① 건축물 및 대지의 전부에 대해 그 대지의 과반이 속하는 지역·지구 또는 구역의 건축물 및 대지 등에 관한 규정을 적용함이 원칙이다.
② 대지가 녹지지역과 그 밖의 지역·지구 또는 구역에 걸치는 경우에는 각 지역·지구 또는 구역 안의 건축물과 대지에 관한「건축법」의 규정을 적용한다.
③ 하나의 건축물이 방화지구와 그 밖의 구역에 걸치는 경우에는 그 전부에 대해 방화지구의 건축물에 관한 규정을 적용한다.
④ 그 건축물이 방화지구와 그 밖의 구역의 경계가 방화벽으로 구획되는 경우에는 그 밖의 구역에 있는 대지 및 건축물에도 방화지구의 건축물에 관한 규정을 적용한다.
⑤ 대지의 규모와 그 대지가 속한 지역·지구 또는 구역의 성격 등 그 대지에 관한 주변여건상 필요하다고 인정해서 지방자치단체의 조례에서 적용방법을 따로 정하는 경우에는 그에 따른다.

해설 건축물의 대지가 둘 이상의 지역·지구 또는 구역에 걸치는 경우의 조치
건축물의 방화지구 안팎에 있는 부분이 방화벽으로 구분되어 있는 경우에는 방화지구 밖에 있는 부분에 대해서는 방화지구에 관한 규정을 적용하지 않는다.

정답 ④

건축물의 대지가 둘 이상의 지역·지구 또는 구역에 걸친 경우(Ⅱ)

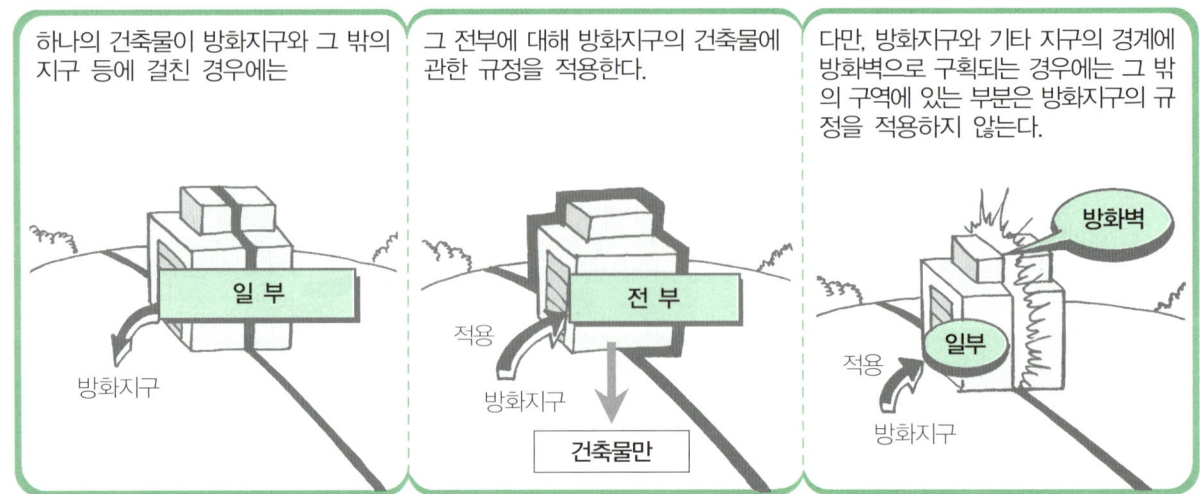

제4장 건축법

02 건폐율·용적률 및 대지분할의 제한★★

1 건폐율 추가15회 출제

건폐율의 최대한도는 「국토의 계획 및 이용에 관한 법률」에 따른 건폐율기준에 따른다. 다만, 이 법에서 그 기준을 완화 또는 강화해서 적용하도록 규정한 경우에는 그에 따른다(법 제55조).

2 용적률

용적률의 최대한도는 「국토의 계획 및 이용에 관한 법률」에 따른 용적률기준에 따른다. 다만, 이 법에서 그 기준을 완화 또는 강화해서 적용하도록 규정한 경우에는 그에 따른다(법 제56조).

건폐율과 용적률

① 건폐율이란 대지면적에 대한 건축면적의 비율을 말한다.

$$건폐율 = \frac{건축면적}{대지면적} \times 100$$

② 용적률이란 대지면적에 대한 건축물의 연면적의 비율을 말한다.

$$용적률 = \frac{연면적}{대지면적} \times 100$$

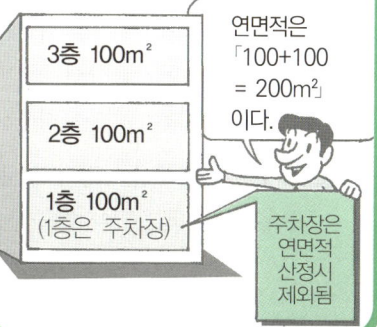

부동산공법

단락문제 Q27
제15회 추가 기출

「건축법」상 건폐율, 용적률 및 높이제한에 관련된 설명으로 틀린 것은?
① 건폐율은 대지면적에 대한 건축면적의 비율이다.
② 용적률은 대지면적에 대한 연면적의 비율이다.
③ 건폐율·용적률의 최대한도는 원칙적으로「국토의 계획 및 이용에 관한 법률」의 관련 규정에 따른다.
④ 「건축법」의 위 ③의 기준을 완화할 수는 있지만 강화할 수는 없다.
⑤ 일조권 등의 확보를 위해서 필요한 경우 건축물의 높이가 제한될 수 있다.

해설 건폐율, 용적률 및 높이제한
건폐율 및 용적률의 최대한도는「국토의 계획 및 이용에 관한 법률」의 기준에 의하되,「건축법」에서 그 기준을 완화 또는 강화해서 적용하도록 규정하는 경우에는「건축법」의 규정에 따른다. **정답** ④

3 대지의 분할제한 ★★ 13·15·24회 출제

건축물이 있는 대지는 다음의 면적 이상으로서 건축조례가 정하는 면적에 못 미치게 분할할 수 없으며, 이 법 제44조(대지와 도로와의 관계)·제55조(건폐율)·제56조(용적률)·제58조(대지 안의 공지)·제60조(높이제한) 및 제61조(일조 등의 확보를 위한 높이제한)에 따른 기준에 미달되게 분할할 수 없다(법 제57조 제1·2항, 영 제80조).

1) 주거지역 : 60m²
2) 상업지역 : 150m²
3) 공업지역 : 150m²
4) 녹지지역 : 200m²
5) 그 밖의 지역 : 60m²

다만, 건축협정이 인가된 경우 그 건축협정의 대상이 되는 대지는 분할할 수 있다(법 제57조 제3항).

단락문제 Q28
제13회 기출

다음 중 건축법령상 건축물이 있는 대지의 분할제한에 관한 내용 중 면적이 작은 것에서 큰 순으로 올바르게 나타낸 것은?
① 상업지역 → 주거지역 → 녹지지역
② 녹지지역 → 상업지역 → 주거지역
③ 공업지역 → 녹지지역 → 주거지역
④ 주거지역 → 상업지역 → 녹지지역
⑤ 주거지역 → 공업지역 → 상업지역

해설 건축물이 있는 대지의 분할제한
대지분할이 제한되는 면적은 주거지역과 지역의 지정이 없는 지역은 60m², 상업지역 및 공업지역은 150m², 녹지지역은 200m² 이다. **정답** ④

03 대지 안의 공지 ★

건축물을 건축하는 경우에는 「국토의 계획 및 이용에 관한 법률」에 따른 용도지역·용도지구, 건축물의 용도 및 규모 등에 따라 건축선 및 인접대지경계선(대지와 대지 사이에 공원·철도·하천·광장·공공공지·녹지 그 밖에 건축이 허용되지 않는 공지가 있는 경우에는 그 반대편의 경계선)으로부터 <u>6m 이내의 범위</u>에서 [표]의 기준에 따라 건축조례로 정하는 거리 이상을 띄어야 한다 (법 제58조, 영 제80조의2, [별표 2]).

대지의 분할제한

① 건축물이 있는 대지는 법정 기준면적 이상으로서 건축조례가 정하는 면적에 미달되게 분할할 수 없다.
② 대지의 분할이란 기존의 대지를 둘로 나누는 것을 말한다.

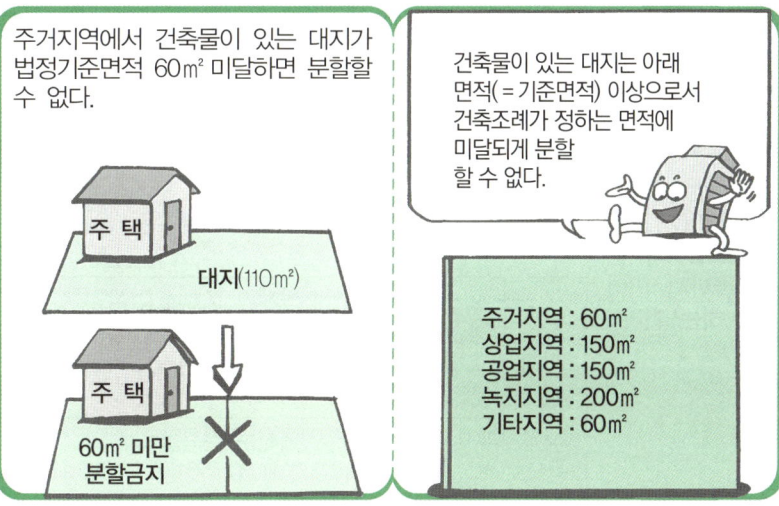

▼ 대지 안의 공지 기준

구 분	대상 건축물	건축조례에서 정하는 건축기준
건축선으로부터 건축물까지 띄어야 하는 거리	그 용도로 쓰는 바닥면적 합계가 500㎡ 이상인 공장(전용공업지역, 일반공업지역 또는 산업단지에 건축하는 공장은 제외)으로서 건축조례로 정하는 건축물	1) 준공업지역 : 1.5m 이상 6m 이하 2) 그 밖의 지역 : 3m 이상 6m 이하
	그 용도로 쓰는 바닥면적 합계가 500㎡ 이상인 창고(전용공업지역, 일반공업지역 또는 산업단지에 건축하는 창고는 제외)로서 건축조례로 정하는 건축물	1) 준공업지역 : 1.5m 이상 6m 이하 2) 그 밖의 지역 : 3m 이상 6m 이하
	그 용도로 쓰는 바닥면적 합계가 1,000㎡ 이상인 판매시설, 숙박시설(일반숙박시설은 제외), 문화 및 집회시설(전시장 및 동·식물원은 제외) 및 종교시설	3m 이상 6m 이하
	다중이 이용하는 건축물로서 건축조례로 정하는 건축물	3m 이상 6m 이하
	공동주택	1) 아파트 : 2m 이상 6m 이하 2) 연립주택 : 2m 이상 5m 이하 3) 다세대주택 : 1m 이상 4m 이하
	그 밖에 건축조례로 정하는 건축물	1m 이상 6m 이하(한옥의 경우에는 처마선 2m 이하, 외벽선 1m 이상 2m 이하)
인접대지경계선으로부터 건축물까지 띄어야 하는 거리	전용주거지역에 건축하는 건축물(공동주택은 제외)	1m 이상 6m 이하(한옥의 경우에는 처마선 2m 이하, 외벽선 1m 이상 2m 이하)
	그 용도로 쓰는 바닥면적 합계가 500㎡ 이상인 공장(전용공업지역, 일반공업지역 또는 산업단지에 건축하는 공장은 제외)으로서 건축조례로 정하는 건축물	1) 준공업지역 : 1m 이상 6m 이하 2) 그 밖의 지역 : 1.5m 이상 6m 이하
	상업지역이 아닌 지역에 건축하는 건축물로서 그 용도로 쓰는 바닥면적 합계가 1,000㎡ 이상인 판매시설, 숙박시설(일반숙박시설은 제외), 문화 및 집회시설(전시장 및 동·식물원은 제외) 및 종교시설	1.5m 이상 6m 이하
	다중이 이용하는 건축물(상업지역에 건축하는 건축물로서 스프링클러나 그 밖에 이와 비슷한 자동식 소화설비를 설치한 건축물은 제외)로서 건축조례로 정하는 건축물	1.5m 이상 6m 이하
	공동주택(상업지역에 건축하는 공동주택으로서 스프링클러나 그 밖에 이와 비슷한 자동식 소화설비를 설치한 공동주택은 제외)	1) 아파트 : 2m 이상 6m 이하 2) 연립주택 : 1.5m 이상 5m 이하 3) 다세대주택 : 0.5m 이상 4m 이하
	그 밖에 건축조례로 정하는 건축물	0.5m 이상 6m 이하(한옥의 경우에는 처마선 2m 이하, 외벽선 1m 이상 2m 이하)

04 건축물의 높이제한 ★★

11회 출제

1 가로구역별 건축물의 높이제한

> 도로로 둘러싸인 일단(一團)의 지역

허가권자는 가로구역(街路區域)을 단위로 해서 건축물의 높이를 지정·공고할 수 있다. 이 경우 건축물의 용도 및 형태에 따라 동일한 가로구역에서 건축물의 높이를 다르게 정할 수 있다(법 제60조 제1항, 영 제82조 제3항).

허가권자는 가로구역별 건축물의 높이를 지정·공고할 때에는 다음 사항을 고려해야 하며, 가로구역별 건축물의 높이를 지정하려면 지방건축위원회의 심의를 거쳐야 한다(영 제82조 제1항).

1) 도시·군관리계획 등의 토지이용계획
2) 그 가로구역이 접하는 도로의 너비
3) 그 가로구역의 상·하수도 등 간선시설의 수용능력
4) 도시미관 및 경관계획
5) 그 도시의 장래 발전계획

이 경우 주민의 의견 청취 절차 등은 「토지이용규제 기본법」 제8조에 따른다. 즉 지정안을 둘 이상의 일간신문이나 그 지방자치단체의 게시판 및 인터넷 홈페이지에 공고하고 14일 이상 주민이 열람하게 해야 하며, 의견이 있는 자는 열람기간 동안 의견서를 제출할 수 있다(영 제82조 제2항, 「토지이용규제 기본법」 제8조, 동법 시행령 제6조).

특별자치시장·특별자치도지사·시장·군수 또는 자치구청장은 가로구역별 높이를 완화해서 적용할 필요가 있다고 인정되는 대지에 대해서는 건축위원회의 심의를 거쳐 높이를 완화해서 적용할 수 있다. 구체적인 완화기준은 건축조례로 정한다(법 제60조 제1항, 영 제82조 제4항).

높이제한

① 건축물의 높이는 지표면으로부터 건축물의 상단까지의 높이로 한다.
② 대지가 둘 이상의 도로·공원·하천 등에 접하는 경우 건축물의 높이를 지방자치단체의 조례로 따로 정할 수 있다.

특별시장·광역시장은 도시관리를 위하여 필요한 경우에는 가로구역별 건축물의 높이를 조례로 정할 수 있다.

허가권자는 건축물의 용도 및 형태에 따라 건축물의 높이를 다르게 정할 수 있다.

2 특별시 또는 광역시의 조례

특별시장 또는 광역시장은 도시관리를 위해 필요하다고 인정될 경우에는 가로구역별 높이를 특별시 또는 광역시의 조례로 정할 수 있다(법 제60조 제2항).

3 가로구역의 높이완화에 관한 특례규정의 중첩적용

허가권자는 일조·통풍 등 주변 환경 및 도시미관에 미치는 영향이 크지 않다고 인정하는 경우에는 건축위원회의 심의를 거쳐 이 법 및 다른 법률에 따른 가로구역의 높이 완화에 관한 규정을 중첩하여 적용할 수 있다(법 제60조 제4항).

05 일조 등의 확보를 위한 높이제한 12회 출제

1 전용주거지역 및 일반주거지역에서 건축하는 건축물

(1) 정북방향의 인접대지경계선으로부터 띄어야 하는 거리

전용주거지역 및 일반주거지역에 건축하는 건축물은 일조 등의 확보를 위해 건축물의 각 부분을 정북방향의 인접대지경계선으로부터 다음의 범위에서 건축조례(도 단위로 통일성을 유지할 필요가 있는 때에는 도의 조례)로 정하는 거리 이상을 띄어 건축하여야 한다(법 제7조, 제61조 제1항, 영 제86조 제1항).

1) **높이 10m 이하인 부분**
   인접대지경계선으로부터 1.5m 이상

2) **높이 10m를 초과하는 부분**
   인접대지경계선으로부터 해당 건축물 각 부분 높이의 1/2 이상

(2) 정북 방향 인접대지 건축물의 이격거리 적용 제외 대상

다음의 어느 하나에 해당하는 경우에는 정북 방향 인접대지 건축물의 이격거리를 적용하지 아니한다(영 제86조 제2항).

1) 다음의 어느 하나에 해당하는 구역 안의 대지 상호간에 건축하는 건축물로서 해당 대지가 너비 20m 이상의 도로(자동차·보행자·자전거 전용도로를 포함하며, 도로에 공공공지, 녹지, 광장, 그 밖에 건축미관에 지장이 없는 도시·군계획시설이 접한 경우 해당 시설을 포함한다)에 접한 경우

① 「국토의 계획 및 이용에 관한 법률」에 따른 지구단위계획구역 및 경관지구
② 「경관법」에 따른 중점경관관리구역
③ 특별가로구역
④ 도시미관 향상을 위하여 허가권자가 지정·공고하는 구역

2) 건축협정구역 안에서 대지 상호간에 건축하는 건축물(건축협정에 일정 거리 이상을 띄어 건축하는 내용이 포함된 경우만 해당한다)의 경우
3) 건축물의 정북 방향의 인접 대지가 전용주거지역이나 일반주거지역이 아닌 용도지역에 해당하는 경우

(3) 정남방향의 인접대지경계선으로부터 띄어서 건축하는 경우
다음의 경우에는 건축물을 정남방향의 인접대지경계선으로부터 띄어서 건축할 수 있다(법 제61조 제3항).

1) 택지개발지구인 경우
2) 「주택법」에 따른 대지조성사업지구인 경우
3) 「지역개발 및 지원에 관한 법률」에 따른 지역개발사업구역인 경우
4) 산업단지인 경우
5) 도시개발구역인 경우
6) 정비구역인 경우
7) 정북방향으로 도로·공원·하천 등 건축이 금지된 공지에 접하는 대지인 경우
8) 정북방향으로 접하고 있는 대지의 소유자와 합의한 경우

이 경우 정남방향의 인접대지경계선으로부터 띄어야 하는 거리는 정북방향의 인접대지경계선으로부터 띄어야 하는 거리의 범위에서 특별자치시장·특별자치도지사·시장·군수 또는 자치구청장이 정해 고시한다(영 제86조 제4항).

특별자치시장·특별자치도지사·시장·군수 또는 자치구청장이 정남방향의 인접대지경계선으로부터 띄어야 하는 거리를 고시하고자 할 때에는 그 내용을 30일 동안 공람시켜 주민의 의견을 들어야 한다. 다만, 택지개발지구, 대지조성사업지구, 복합단지·광역개발권역 및 개발촉진지구, 산업단지, 도시개발구역, 정비구역, 그리고 정북방향으로 도로·공원·하천 등 건축이 금지된 공지에 접하고 있는 지역인 경우로서 건축위원회의 심의를 거친 경우에는 주민의견청취절차를 거치지 않아도 된다(영 제86조 제5항, 규칙 제36조).

2 일반상업지역 및 중심상업지역 외의 지역에 건축하는 공동주택 `25회 출제`

(1) 공동주택의 일조 등을 확보하기 위한 높이제한

다음의 공동주택(일반상업지역 및 중심상업지역에 건축하는 것은 제외)에 대해서는 채광 등의 확보를 위한 높이제한이 가해진다(법 제61조 제2항).

1) 인접 대지경계선 등의 방향으로 채광을 위한 창문 등을 두는 경우

2) 하나의 대지에 2동(棟) 이상을 건축하는 경우

(2) 채광창이 있는 쪽의 인접대지경계선으로부터 띄어야 하는 거리

일반상업지역 및 중심상업지역 외의 지역에 건축하는 공동주택(기숙사는 제외)의 각 부분의 높이는 그 부분으로부터 채광을 위한 창문 등이 있는 벽면에서 직각방향으로 인접대지경계선까지의 수평거리의 2배(근린상업지역 및 준주거지역의 건축물은 4배) 이하로 해야 한다. 다만, 채광을 위한 창문 등이 있는 벽면에서 직각방향으로 인접 대지경계선까지의 수평거리가 1m 이상으로서 건축조례로 정하는 거리 이상인 다세대주택은 예외로 한다(법 제61조 제2항, 영 제86조 제3항).

(3) 인동거리의 확보

일반상업지역 및 중심상업지역 외의 지역에 건축하는 공동주택의 경우 같은 대지에 2동 이상의 건축물이 마주 보고 있는 경우(1동의 건축물 각 부분이 서로 마주 보고 있는 경우를 포함함)에는 건축물의 각 부분을 다음의 거리 이상으로 띄어야 한다. 다만, 그 대지의 모든 세대가 동지를 기준으로 9시에서 15시 사이에 2시간 이상을 계속해서 일조를 확보할 수 있는 거리 이상으로 할 수 있다(법 제61조 제2항, 영 제86조 제3항).

1) 채광을 위한 창문 등이 있는 벽면으로부터 직각방향으로 건축물 각 부분 높이의 0.5배(도시형 생활주택의 경우에는 0.25배) 이상의 범위에서 건축조례로 정하는 거리 이상

2) 서로 마주보는 건축물 중 높은 건축물(높은 건축물을 중심으로 마주보는 두 동의 축이 시계방향으로 정동에서 정서 방향인 경우만 해당한다)의 주된 개구부(거실과 주된 침실이 있는 부분의 개구부를 말한다)의 방향이 낮은 건축물을 향하는 경우에는 10m 이상으로서 낮은 건축물 각 부분의 높이의 0.5배(도시형 생활주택의 경우에는 0.25배) 이상의 범위에서 건축조례로 정하는 거리 이상

3) 건축물과 부대시설 또는 복리시설이 서로 마주보고 있는 경우에는 부대시설 또는 복리시설 각 부분 높이의 1배 이상

4) 측벽과 측벽이 마주 보는 경우[마주 보는 측벽 중 하나의 측벽에 채광을 위한 창문 등이 설치되어 있지 않은 바닥면적 3m² 이하의 발코니(출입을 위한 개구부를 포함함)를 설치하는 경우를 포함함]에는 4m 이상

제4장 건축법

3 대지 사이에 공지가 있는 경우의 인접대지경계선의 위치

대지와 대지 사이에 공원(도시공원 중 지방건축위원회의 심의를 거쳐 허가권자가 공원의 일조 등을 확보할 수 있다고 인정하는 공원은 제외)·도로·철도·하천·광장·공공공지·녹지·유수지·자동차전용도로·유원지, 너비(대지경계선에서 가장 가까운 거리를 말함)가 2미터 이하인 대지(건축물이 없는 경우로 한정함), 면적(주거지역은 60제곱미터, 상업지역은 150제곱미터, 공업지역은 150제곱미터, 녹지지역은 200제곱미터, 이외의 지역은 60제곱미터)이 분할제한 기준 이하인 대지, 그 밖에 건축이 허용되지 않는 공지가 있는 경우에는 그 반대편의 대지경계선(공동주택의 경우에는 인접대지경계선과 그 반대편의 대지경계선과의 중심선)을 인접대지경계선으로 한다(영 제86조 제6항).

4 소형건축물에 대한 예외

<u>2층 이하로서 높이가 8m 이하인 건축물</u>에 대해서는 건축조례로 정하는 바에 따라 일조 등의 확보를 위한 높이제한을 적용하지 않을 수 있다(법 제61조 제4항).

단락문제 Q29 제11회 기출

다음은 건축법령상 건축물의 높이제한에 관한 설명이다. 틀린 것은?

① 전용주거지역 및 일반주거지역에서 건축하는 건축물의 높이는 일조 등의 확보를 위해 정남 방향의 인접대지경계선으로부터 거리에 따라 대통령령으로 정하는 높이 이하로 해야 한다.
② 공동주택(일반상업지역과 중심상업지역에 건축하는 것을 제외함)은 대통령령으로 정하는 높이 이하로 해야 한다.
③ 2층 이하로서 높이가 8m 이하인 건축물은 조례가 정하는 바에 따라 일조 등의 확보를 위한 높이제한에 관한 규정을 적용하지 않을 수 있다.
④ 허가권자는 가로구역을 단위로 해서 건축물의 높이를 지정·공고할 수 있다.
⑤ 도시개발구역에서는 정북방향으로의 일조권의 확보를 위한 높이제한을 정남방향의 인접대지경계선으로부터 띄어서 건축할 수 있다.

해설 건축물의 높이제한
"정남방향"이 아닌 "정북방향"이어야 한다. **정답** ①

제8절 건축설비★

01 건축설비의 설치기준

1 건축설비설치의 원칙

건축설비는 건축물의 안전·방화 및 위생과 에너지 및 정보통신의 합리적 이용에 지장이 없도록 설치해야 하고, 배관피트 및 닥트의 단면적(斷面績)과 수선구(修繕口)의 크기는 그 설비의 수선에 지장이 없도록 하는 등 설비의 유지·관리가 쉽도록 설치해야 한다(영 제87조 제1항).

건축물에 설치하는 급수·배수·냉방·난방·환기·피뢰 등 건축설비의 설치에 관한 기준은 국토교통부령(「건축물의 설비기준 등에 관한 규칙」)으로 정하되, 에너지이용합리화와 관련된 건축설비의 기술적 기준에 관해서는 산업통상자원부장관과 협의해서 정한다(영 제87조 제2항).

2 장애인관련시설 및 설비

건축물에 설치해야 하는 장애인관련시설 및 설비는 「장애인·노인·임산부 등의 편의증진 보장에 관한 법률」에 따라 작성해서 보급하는 편의시설 상세표준도에 따른다(영 제87조 제3항).

3 공동시청안테나 등

건축물에는 방송수신에 지장이 없도록 공동시청 안테나, 유선방송 수신시설, 위성방송 수신설비, 에프엠(FM)라디오방송 수신설비 또는 방송 공동수신설비를 설치할 수 있다. 다만, 다음의 건축물에는 방송 공동수신설비를 설치해야 한다(영 제87조 제4항).

 1) 공동주택
 2) 바닥면적의 합계가 5,000㎡ 이상으로서 업무시설이나 숙박시설의 용도로 쓰는 건축물

연면적이 500㎡ 이상인 건축물의 대지에는 「전기안전관리법」에 따른 전기사업자가 전기를 배전(配電)하는 데 필요한 전기설비를 설치할 수 있는 공간을 확보해야 한다(영 제87조 제6항).

4 해풍·염분 등의 방지

해풍이나 염분 등으로 인해 건축물의 재료 및 기계설비 등에 조기 부식과 같은 피해 발생이 우려되는 지역에서는 해당 지방자치단체는 이를 방지하기 위해 다음 사항을 조례로 정할 수 있다(영 제87조 제7항).

1) 해풍이나 염분 등에 대한 내구성 설계기준
2) 해풍이나 염분 등에 대한 내구성 허용기준
3) 그 밖에 해풍이나 염분 등에 따른 피해를 막기 위해 필요한 사항

5 우편수취함

건축물에 설치하여야 하는 우편수취함은 「우편법」 제37조의2의 기준에 따른다(영 제87조 제8항).

6 온돌의 설치기준

건축물에 온돌을 설치하는 경우에는 그 구조상 열에너지가 효율적으로 관리되고 화재의 위험을 방지하기 위하여 일정한 기준에 적합하여야 한다(영 제87조 제2항, 「건축물의 설비기준 등에 관한 규칙」 제12조 제1항).

7 승강기의 설치

<u>6층 이상으로서 연면적이 2,000㎡ 이상인 건축물</u>(6층인 건축물로서 각 층 거실의 바닥면적 300㎡ 이내마다 1개소 이상의 직통계단을 설치한 건축물은 제외)에는 승강기를 설치해야 한다(법 제64조 제1항, 영 제89조).

8 비상용 승강기의 설치

높이가 31m를 넘는 건축물에는 승용 승강기 외에 다음의 기준에 따라 비상용 승강기를 추가로 설치해야 한다. 다만, 승용 승강기를 비상용 승강기의 구조로 하는 경우에는 비상용 승강기를 추가로 설치하지 않아도 된다(법 제64조 제2항, 영 제90조 제1항).

1) 높이가 31m를 넘는 각 층의 바닥면적 중 최대 바닥면적이 1,500㎡ 이하인 건축물 : 1대 이상

2) 높이가 31m를 넘는 각 층의 바닥면적 중 최대 바닥면적이 1,500㎡를 넘는 건축물 : 1대에 1,500㎡를 넘는 3,000㎡ 이내마다 1대씩 더한 대수 이상

부동산공법

그러나 다음의 건축물에는 비상용 승강기를 설치하지 않아도 된다(법 제64조 제2항, 「건축물의 설비기준 등에 관한 규칙」 제9조).

1) 높이가 31m를 넘는 각 층을 거실 외의 용도로 쓰는 건축물
2) 높이가 31m를 넘는 각 층의 바닥면적 합계가 500㎡ 이하인 건축물
3) 높이가 31m를 넘는 층수가 4개 층 이하이고, 그 각 층의 바닥면적 합계 200㎡ 이내(벽 및 반자가 실내에 접하는 부분의 마감을 불연재료로 한 경우에는 500㎡ 이내)마다 방화구획으로 구획한 건축물

2대 이상의 비상용 승강기를 설치하는 경우에는 화재가 났을 때 소화에 지장이 없도록 일정한 간격을 두고 설치해야 한다(영 제90조 제2항).

9 피난용 승강기의 설치

고층건축물에는 건축물에 설치하는 승용 승강기 중 1대 이상을 다음의 기준에 맞게 피난용 승강기(피난용 승강기의 승강장 및 승강로를 포함한다)로 설치하여야 한다(법 제64조 제3항, 영 제91조).

1) 승강장의 바닥면적은 승강기 1대당 6㎡ 이상으로 할 것
2) 각 층으로부터 피난층까지 이르는 승강로를 단일구조로 연결하여 설치할 것
3) 예비전원으로 작동하는 조명설비를 설치할 것
4) 승강장의 출입구 부근의 잘 보이는 곳에 해당 승강기가 피난용 승강기임을 알리는 표지를 설치할 것
5) 그 밖에 화재예방 및 피해경감을 위하여 국토교통부령으로 정하는 구조 및 설비 등의 기준에 맞을 것

단락문제 Q30 제13회 기출

건축법령상 비상용 승강기에 관한 설명 중 틀린 것은 어느 것인가?
① 높이 31m를 넘는 각층의 바닥면적 합계가 500m² 이하인 건축물은 비상용 승강기를 설치하지 않을 수 있다.
② 비상용 승강기의 설치대상건축물은 높이 31m를 넘는 건축물이다.
③ 2대 이상의 비상용 승강기는 인접해서 설치해야 한다.
④ 비상용 승강기의 승강로는 전층을 단일구조로 연결해서 설치해야 한다.
⑤ 비상용 승강기의 승강장의 바닥면적은 비상용승강기 1대에 대해 원칙적으로 6m² 이상으로 한다.

해설 비상용 승강기의 설치기준
2대 이상의 비상용 승강기를 설치하는 경우에는 화재가 났을 때 소화에 지장이 없도록 일정한 간격을 두고 설치해야 한다.

정답 ③

02 지능형 건축물의 인증

국토교통부장관은 지능형 건축물(Intelligent Building)의 건축을 활성화하기 위해 지능형 건축물 인증제도를 실시한다(법 제65조의2 제1항).

국토교통부장관은 지능형 건축물의 인증을 위해 인증기관을 지정할 수 있다. 지능형 건축물의 인증을 받으려는 자는 인증기관에 인증을 신청해야 한다(법 제65조의2 제2·3항).

국토교통부장관은 건축물을 구성하는 설비 및 각종 기술을 최적으로 통합해서 건축물의 생산성과 설비 운영의 효율성을 극대화할 수 있도록 다음 사항을 포함한 지능형 건축물 인증기준을 고시한다(법 제65조의2 제4항).

1) 인증기준 및 절차
2) 인증표시 홍보기준
3) 유효기간
4) 수수료
5) 인증등급 및 심사기준 등

허가권자는 지능형 건축물로 인증을 받은 건축물에 대해 조경설치면적을 85/100까지 완화하여 적용할 수 있으며, 용적률 및 건축물의 높이를 115/100의 범위에서 완화해서 적용할 수 있다(법 제65조의2 제6항).

03 건축물의 구조 및 재료 기준의 관리

1 건축모니터링의 실시

국토교통부장관은 기후변화나 건축기술의 변화 등에 따라 건축물의 구조 및 재료 등에 관한 기준이 적정한 지를 검토하는 건축모니터링을 3년마다 실시하여야 한다(법 제68조의3 제1항, 영 제92조 제1항).

2 전문기관의 지정

국토교통부장관은 다음의 인력 및 조직을 갖춘 자를 건축모니터링 전문기관으로 지정하여 건축모니터링을 하게 할 수 있다(법 제68조의3 제2항, 영 제92조 제2항).

1) 인력
「국가기술자격법」에 따른 건축분야 기사 이상의 자격을 갖춘 인력 5명 이상
2) 조직
건축모니터링을 수행할 수 있는 전담조직

제9절 특별건축구역 [32회 출제]

01 특별건축구역의 지정 및 해제

1 특별건축구역의 의의

"특별건축구역"은 조화롭고 창의적인 건축물의 건축을 통해 도시경관의 창출, 건설기술 수준향상 및 건축 관련 제도개선을 도모하기 위해 이 법 또는 관계법령에 따라 일부 규정을 적용하지 않거나 완화 또는 통합해서 적용할 수 있도록 특별히 지정하는 구역을 말한다(법 제2조 제1항).

2 특별건축구역의 지정대상지역 ★

국토교통부장관 또는 시·도지사는 다음의 구분에 따라 도시나 지역의 일부가 특별건축구역으로 특례적용이 필요하다고 인정하는 경우에는 특별건축구역을 지정할 수 있다(법 제69조 제1항, 영 제105조 제1·2·3항).

1) **국토교통부장관이 지정하는 경우**
   ① 국가가 국제행사 등을 개최하는 도시 또는 지역의 사업구역
   ② 「신행정수도 후속대책을 위한 연기·공주지역 행정중심복합도시 건설을 위한 특별법」에 따른 행정중심복합도시의 사업구역
   ③ 「혁신도시 조성 및 발전에 관한 특별법」에 따른 혁신도시의 사업구역
   ④ 「경제자유구역의 지정 및 운영에 관한 특별법」에 따라 지정된 경제자유구역
   ⑤ 「택지개발촉진법」에 따른 택지개발사업구역
   ⑥ 「공공주택 특별법」에 따른 공공주택지구
   ⑦ 「도시개발법」에 따른 도시개발구역
   ⑧ 「아시아문화중심도시 조성에 관한 특별법」에 따른 국립아시아문화전당 건설사업구역
   ⑨ 「국토의 계획 및 이용에 관한 법률」에 따른 지구단위계획구역 중 현상설계 등에 따른 창의적 개발을 위한 특별계획구역

2) **시·도지사가 지정하는 경우**
   ① 지방자치단체가 국제행사 등을 개최하는 도시 또는 지역의 사업구역
   ② 「경제자유구역의 지정 및 운영에 관한 특별법」에 따라 지정된 경제자유구역
   ③ 「택지개발촉진법」에 따른 택지개발사업구역
   ④ 「도시 및 주거환경정비법」에 따른 정비구역

⑤ 「도시개발법」에 따른 도시개발구역
⑥ 「도시재정비 촉진을 위한 특별법」에 따른 재정비촉진구역
⑦ 「제주특별자치도 설치 및 국제자유도시 조성을 위한 특별법」에 따른 국제자유도시의 사업구역
⑧ 「국토의 계획 및 이용에 관한 법률」에 따른 지구단위계획구역 중 현상설계 등에 따른 창의적 개발을 위한 특별계획구역
⑨ 「관광진흥법」에 따른 관광지, 관광단지 또는 관광특구
⑩ 「지역문화진흥법」에 따른 문화지구
⑪ 그 밖에 대통령령으로 정하는 도시 또는 지역의 사업구역

그러나 개발제한구역·자연공원·접도구역·보전산지는 특별건축구역으로 지정할 수 없다(법 제69조 제2항).

국토교통부장관 또는 시·도지사는 특별건축구역으로 지정하고자 하는 지역이 「군사기지 및 군사시설 보호법」에 따른 군사기지 및 군사시설 보호구역에 해당하는 경우에는 국방부장관과 사전에 협의하여야 한다(법 제69조 제3항).

3 특별건축구역의 지정절차 등

(1) 지정신청
중앙행정기관의 장이나 특별건축구역 지정대상구역을 관할하는 지방자치단체의 장은 중앙행정기관의 장 또는 시·도지사는 국토교통부장관에게, 시장·군수·구청장은 특별시장·광역시장·도지사에게 각각 특별건축구역의 지정을 신청할 수 있다(법 제71조 제1항).

(2) 특별건축구역의 지정 제안
지정신청기관 외의 자는 자료를 갖추어 사업구역을 관할하는 시·도지사에게 특별건축구역의 지정을 제안할 수 있다(법 제71조 제2항).

(3) 특별건축구역 지정 제안자의 동의
특별건축구역 지정을 제안하려는 자는 시·도지사에게 제안하기 전에 다음에 해당하는 자의 서면 동의를 받아야 한다. 이 경우 토지소유자의 서면 동의 방법은 국토교통부령으로 정한다(영 제107조의2 제3항).
1) 대상 토지 면적(국유지·공유지의 면적은 제외한다)의 2/3 이상에 해당하는 토지소유자
2) 국유지 또는 공유지의 재산관리청(국유지 또는 공유지가 포함되어 있는 경우로 한정한다)

(4) 특별건축구역의 지정여부 결정기한
시·도지사는 제안서류를 받은 날부터 45일 이내에 특별건축구역 지정의 필요성, 타당성, 공공성 등과 피난·방재 등의 사항을 검토하여 특별건축구역 지정여부를 결정해야 한다. 이 경우 관할 시장·군수·구청장의 의견을 청취(시장·군수·구청장의 의견서를 제출받은 경우는 제외한다)한 후 시·도지사가 두는 건축위원회의 심의를 거쳐야 한다(영 제107조의2 제5항).

(5) 특별건축구역의 지정여부 결정 통보

시·도지사는 지정여부를 결정한 날부터 14일 이내에 특별건축구역 지정을 제안한 자에게 그 결과를 통보해야 한다(영 제107조의2 제6항).

(6) 지정절차

1) 국토교통부장관 또는 특별시장·광역시장·도지사는 특별건축구역 지정의 필요성·타당성·공공성 등과 피난·방재 등의 사항을 검토하고, 지정 여부를 결정하기 위해 지정신청을 받은 날부터 30일 이내에 국토교통부장관이 지정신청을 받은 경우에는 국토교통부장관이 두는 중앙건축위원회, 특별시장·광역시장·도지사가 지정신청을 받은 경우에는 각각 특별시장·광역시장·도지사가 두는 건축위원회의 심의를 거쳐야 한다. 국토교통부장관 또는 특별시장·광역시장·도지사는 각각 중앙건축위원회 또는 특별시장·광역시장·도지사가 두는 건축위원회의 심의 결과를 고려해서 필요한 경우 특별건축구역의 범위, 도시·군관리계획 등에 관한 사항을 조정할 수 있다(법 제71조 제4·5항).

2) 국토교통부장관 또는 시·도지사는 지정신청이 없더라도 필요한 경우 직권으로 특별건축구역을 지정할 수 있다. 이 경우 특별건축구역 지정의 필요성, 타당성 및 공공성 등과 피난·방재 등의 사항을 검토하고 각각 중앙건축위원회 또는 시·도지사가 두는 건축위원회의 심의를 거쳐야 한다(법 제71조 제6항).

3) 국토교통부장관 또는 시·도지사는 특별건축구역을 지정하거나 변경·해제하는 경우에는 주요내용을 관보(시·도지사는 공보)에 고시하고, 국토교통부장관 또는 특별시장·광역시장·도지사는 지정신청기관에 관계서류의 사본을 송부해야 한다. 지정신청기관은 관계서류에 도시·군관리계획의 결정사항이 포함되어 있는 경우에는 「국토의 계획 및 이용에 관한 법률」에 따른 지형도면의 승인신청 등 필요한 조치를 해야 한다(법 제71조 제7·8항, 영 제107조 제3항).

(7) 변경지정 신청

지정신청기관은 다음의 경우에는 국토교통부장관 또는 특별시장·광역시장·도지사에게 특별건축구역의 변경지정을 신청해야 한다(법 제71조 제9항, 영 제107조 제4항, 규칙 제38조의3 제4항).

1) 특별건축구역의 범위가 1/10(특별건축구역의 면적이 10만m^2 미만인 경우에는 1/20) 이상 증가 또는 감소하는 경우
2) 특별건축구역의 도시·군관리계획에 관한 사항이 변경되는 경우
3) 건축물의 설계, 공사감리 및 건축시공 등 발주방법이 변경되는 경우
4) 특별건축구역의 지정목적 및 필요성이 변경되는 경우
5) 특별건축구역의 건축물의 규모 및 용도 등이 변경되는 경우(건축물의 규모변경이 연면적 및 높이의 1/10 이내이거나, 사용승인을 신청할 때에 일괄신고를 할 수 있는 허가사항 또는 신고사항의 경미한 변경인 경우는 제외)

6) 통합적용 대상시설의 규모가 1/10이상 변경되거나 위치가 변경되는 경우

그 밖에 특별건축구역의 지정에 필요한 세부사항은 국토교통부장관이 정해 고시한다(영 제107조 제5항).

4 특별건축구역의 해제

국토교통부장관 또는 시·도지사는 다음의 경우에는 특별건축구역의 전부 또는 일부에 대해 지정을 해제할 수 있다. 이 경우 국토교통부장관 또는 특별시장·광역시장·도지사는 지정신청기관의 의견을 청취해야 하며, 해제사실을 관보에 고시해야 한다(법 제71조 제10항, 영 제107조 제3항).

1) 지정신청기관의 요청이 있는 경우
2) 거짓이나 그 밖의 부정한 방법으로 지정을 받은 경우
3) 특별건축구역 지정일부터 5년 이내에 특별건축구역 지정목적에 부합하는 건축물의 착공이 이루어지지 않은 경우
4) 특별건축구역 지정요건 등을 위반했으나 시정이 불가능한 경우

5 도시·군관리계획결정의 의제

특별건축구역을 지정하거나 변경한 경우에는 도시·군관리계획결정(용도지역·용도지구 및 용도구역의 지정 및 변경은 제외)이 있는 것으로 본다(법 제71조 제11항).

02 관계법령의 적용특례

1 「건축법」 및 「주택법」에 대한 특례 ★ 19·33회 출제

(1) 특별건축구역에 대한 적용의 특례가 인정되는 법률

특별건축구역에 건축하는 건축물에 대해서는 다음의 규정을 적용하지 않을 수 있다(법 제73조 제1항, 영 제109조 제1항).

1) 이 법 제42조(대지의 조경), 제55조(건폐율), 제56조(용적률), 제58조(대지 안의 공지), 제60조(건축물의 높이제한) 및 제61조(일조 등의 확보를 위한 높이제한)

2) 「주택건설기준 등에 관한 규정」 제10조(공동주택의 배치), 제13조(기준척도), 제35조(비상급수시설), 제37조(난방설비 등), 제50조(근린생활시설 등), 및 제52조(유치원)

특별건축구역에 건축하는 건축물이 다음의 규정에 해당하는 때에는 그 규정에서 요구하는 기준 또는 성능 등을 다른 방법으로 대신할 수 있는 것으로 지방건축위원회가 인정하는 경우에 한해 그 규정의 전부 또는 일부를 완화해서 적용할 수 있다(법 제73조 제2항).

1) 「건축법」 제49조(건축물의 피난시설 및 용도제한 등)·제50조(건축물의 내화구조 및 방화벽)·제50조의2(고층건축물의 피난 및 안전관리)·제51조(방화지구의 건축물)·제52조(건축물의 마감재료)·제52조의2(실내건축)·제52조의3(복합자재의 품질관리)·제53조(지하층)·제62조(건축설비기준 등)·제64조(승강기)

2) 「녹색건축물 조성 지원법」 제15조(건축물에 대한 효율적인 에너지 관리와 녹색건축물 조성의 활성화)

「소방시설 설치 및 관리에 관한 법률」 제9조(특정소방대상물에 설치하는 소방시설 등의 유지·관리 등)와 제11조(소방시설기준 적용의 특례)에서 요구하는 기준 또는 성능 등을 지방소방기술심의위원회의 심의를 거치거나 소방본부장 또는 소방서장과 협의해 다른 방법으로 대신할 수 있는 경우에는 그 규정의 전부 또는 일부를 완화해서 적용할 수 있다(법 제73조 제3항, 영 제109조 제2항).

(2) 특별건축구역의 특례사항 적용 대상 건축물

특별건축구역에서 건축기준 등의 특례를 적용해서 건축할 수 있는 건축물은 다음과 같다(법 제70조, 영 제106조 제1·2항, [별표 3]).

1) 국가 또는 지방자치단체가 건축하는 건축물
2) 한국토지주택공사, 한국수자원공사, 한국도로공사, 한국철도공사, 국가철도공단, 한국관광공사 또는 한국농어촌공사가 건축하는 건축물

3) 다음의 건축물로서 도시경관의 창출, 건설기술 수준향상 및 건축 관련 제도개선을 위해 특례 적용이 필요하다고 허가권자가 인정하는 건축물
   ① **문화 및 집회시설, 판매시설, 운수시설, 의료시설, 교육연구시설, 수련시설** : 2,000㎡ 이상
   ② **운동시설, 업무시설, 숙박시설, 관광휴게시설, 방송통신시설** : 3,000㎡ 이상
   ③ **종교시설**
   ④ **노유자시설** : 500㎡ 이상
   ⑤ 공동주택(주거용 외의 용도와 복합된 건축물을 포함한다) : 100세대 이상
   ⑥ **단독주택**
      ㉠ 한옥 또는 한옥건축양식의 단독주택 : 10동 이상
      ㉡ 그 밖의 단독주택 : 30동 이상
   ⑦ **그 밖의 용도** : 1,000㎡ 이상

(3) 특례를 적용한 건축물의 건축허가절차

특별건축구역에서 건축기준 등의 특례를 적용해서 건축허가를 신청하고자 하는 자는 다음 사항이 포함된 특례적용계획서를 첨부해서 건축허가를 신청해야 한다(법 제72조 제1항).

1) 기준을 완화해서 적용할 것을 요청하는 사항
2) 특별건축구역의 지정요건에 관한 사항
3) 적용배제 특례를 적용한 사유 및 예상효과 등
4) 완화적용 특례의 동등 이상의 성능에 대한 증빙내용
5) 건축물의 공사 및 유지·관리 등에 관한 계획

건축허가는 해당 건축물이 특별건축구역의 지정 목적에 적합한지의 여부와 특례적용계획서 등 해당 사항에 대해 지방건축위원회의 심의를 거쳐야 한다. 심의된 내용에 대해 다음의 변경사항이 발생한 경우에는 지방건축위원회의 변경심의를 받아야 한다(법 제72조 제2·5항, 영 제108조 제1항, 규칙 제38조의4 제3항).

1) 건축허가의 변경허가를 받아야 하는 경우
2) 용도변경허가를 받거나 용도변경신고를 해야 하는 경우
3) 건축물 외부의 디자인·형태 또는 색채를 변경하는 경우
4) 특례적용계획서의 내용 중 이 법 또는 「주택법」의 적용배제 특례사항이나 완화적용 특례사항을 변경하는 경우

허가신청자는 건축허가시 「도시교통정비 촉진법」에 따른 교통영향분석·개선대책의 검토를 동시에 진행하고자 하는 경우에는 교통영향분석·개선대책에 관한 서류를 첨부해서 허가권자에게 심의를 신청할 수 있다. 교통영향분석·개선대책에 대해 지방건축위원회에서 통합심의한 경우에는 동법에 따른 교통영향분석·개선대책의 심의를 한 것으로 본다(법 제72조 제3·4항).

국토교통부장관 또는 특별시장·광역시장·도지사는 건축제도의 개선 및 건설기술의 향상을 위해 허가권자의 의견을 청취해서 건축허가를 받은 건축물 중에서 모니터링(특례를 적용한 건축물에 대해 그 건축물의 건축시공, 공사감리, 유지·관리 등의 과정을 검토하고 실제로 건축물에 구현된 기능·미관·환경 등을 분석해서 평가하는 것을 말함) 대상 건축물을 지정할 수 있다. 허가권자는 특례적용계획서와 그 밖에 모니터링 대상 건축물을 지정하는 데 필요한 자료를 특별시장·광역시장·특별자치시장·도지사·특별자치도지사는 국토교통부장관에게, 시장·군수·구청장은 특별시장·광역시장·도지사에게 각각 제출하여야 한다(법 제72조 제6·7항).

「건설기술진흥법」에서는 건설공사 또는 건설엔지니어링을 발주하는 국가, 지방자치단체, 국가 또는 지방자치단체가 납입자본금의 1/2 이상을 출자한 기업체의 장, 국가 및 지방자치단체의 출연기관, 공기업이나 준정부기관이 위탁한 사업의 시행자, 국가·지방자치단체 또는 공기업·준정부기관이 관계법령에 따라 관리해야 하는 시설물의 사업시행자, 공유수면매립면허를 받은 자, 사회기반시설의 사업시행자 또는 사회기반시설의 사업시행자로부터 사업의 시행을 위탁받은 자, 발전사업자, 신항만건설사업시행자를 "발주청"이라 한다(「건설기술 진흥법」 제2조, 동법 시행령 제3조의2).

건축허가를 받은 발주청은 설계의도의 구현, 건축시공 및 공사감리의 모니터링, 그 밖에 발주청이 위탁하는 업무의 수행 등을 위해 필요한 경우 설계자를 건축허가 이후에도 그 건축물의 건축에 참여하게 할 수 있다(법 제72조 제8항).

2 통합적용계획의 수립 및 시행★

특별건축구역에서는 다음의 규정을 개별 건축물마다 적용하지 않고 특별건축구역의 전부 또는 일부를 대상으로 통합해서 적용할 수 있다(법 제74조 제1항).

1) 「문화예술진흥법」 제9조에 따른 건축물에 대한 미술작품의 설치
2) 「주차장법」 제19조에 따른 부설주차장의 설치
3) 「도시공원 및 녹지 등에 관한 법률」에 따른 공원의 설치

지정신청기관은 관계법령의 규정을 통합하여 적용하려는 경우에는 특별건축구역의 전부 또는 일부에 대해 미술작품·부설주차장·공원 등에 대한 수요를 개별법에서 정한 기준 이상으로 산정해서 파악하고 이용자의 편의성·쾌적성·안전 등을 고려한 통합적용계획을 수립해야 한다(법 제74조 제2항).

제4장 건축법

지정신청기관은 통합적용계획을 수립하는 때에는 허가권자와 협의해야 하며, 협의요청을 받은 허가권자는 요청받은 날부터 20일 이내에 지정신청기관에 의견을 제출해야 한다(법 제74조 제3항).

지정신청기관은 도시·군관리계획의 변경을 수반하는 통합적용계획이 수립된 때에는 관련 서류를 도시·군관리계획 결정권자에게 송부해야 하며, 이 경우 해당 도시·군관리계획 결정권자는 특별한 사유가 없으면 도시·군관리계획의 변경에 필요한 조치를 취해야 한다(법 제74조 제4항).

단락문제 Q31 제32회 기출

건축법령상 특별건축구역에 관한 설명으로 옳은 것은?

① 국토교통부장관은 지방자치단체가 국제행사 등을 개최하는 지역의 사업구역을 특별건축구역으로 지정할 수 있다.
②「도로법」에 따른 접도구역은 특별건축구역으로 지정될 수 없다.
③ 특별건축구역에서의 건축기준의 특례사항은 지방자치단체가 건축하는 건축물에는 적용되지 않는다.
④ 특별건축구역에서「주차장법」에 따른 부설주차장의 설치에 관한 규정은 개별 건축물마다 적용하여야 한다.
⑤ 특별건축구역을 지정한 경우에는「국토의 계획 및 이용에 관한 법률」에 따른 용도지역·지구·구역의 지정이 있는 것으로 본다.

해설 특별건축구역
① 국토교통부장관은 국가가 국제행사 등을 개최하는 지역의 사업구역을 특별건축구역으로 지정할 수 있다.
③ 특별건축구역에서의 건축기준의 특례사항은 지방자치단체가 건축하는 건축물에 적용된다.
④ 특별건축구역에서「주차장법」에 따른 부설주차장의 설치에 관한 규정은 개별 건축물마다 적용하지 않고 특별건축구역의 전부 1또는 일부를 대상으로 통합해서 적용할 수 있다.
⑤ 특별건축구역을 지정하거나 변경한 경우에는 도시·군관리계획결정(용도지역·용도지구 및 용도구역의 지정 및 변경은 제외한다)이 있는 것으로 본다.

정답 ②

03 특별건축구역 건축물의 유지·관리

1 건축주 등의 의무

특별건축구역에서 건축기준 등의 적용 특례사항을 적용해서 건축허가를 받은 건축물의 공사감리자·시공자·건축주 및 소유자 및 관리자는 시공 중이거나 건축물의 사용승인 이후에도 당초 허가를 받은 건축물의 형태·재료·색채 등이 원형을 유지하도록 필요한 조치를 해야 한다(법 제75조 제1항).

2 건축물의 검사 등

국토교통부장관 및 허가권자는 특별건축구역의 건축물에 대해 검사를 할 수 있으며, 필요한 경우 시정명령 등 필요한 조치를 할 수 있다(법 제77조 제1항).

국토교통부장관 및 허가권자는 모니터링을 실시하는 건축물에 대해 직접 모니터링을 하거나 분야별 전문가 또는 전문기관에 용역을 의뢰할 수 있다. 이 경우 해당 건축물의 건축주·소유자 또는 관리자는 특별한 사유가 없으면 모니터링에 필요한 사항에 대해 협조해야 한다(법 제77조 제2항).

3 허가권자 등의 의무

허가권자는 특별건축구역의 건축물에 대해 설계자의 창의성·심미성 등의 발휘와 제도개선·기술발전 등이 유도될 수 있도록 노력해야 한다(법 제76조 제1항).

허가권자는 특별건축구역 건축물의 모니터링보고서를 국토교통부장관 또는 특별시장·광역시장·도지사에게 제출해야 하며, 국토교통부장관 또는 특별시장·광역시장·도지사는 모니터링보고서와 검사 및 모니터링 결과 등을 분석해서 필요한 경우 이 법 또는 관계법령의 제도개선을 위해 노력해야 한다(법 제76조 제2항).

단락문제 Q32

다음은 특별건축구역에 관한 설명이다. 틀린 것은?

① 특별건축구역은 조화롭고 창의적인 건축물의 건축을 통해 도시경관의 창출, 건설기술 수준 향상 및 건축 관련 제도개선을 도모하기 위한 구역이다.
② 특별건축구역에서는 「건축법」 또는 관계법령에 따른 기준을 강화해서 적용한다.
③ 특별건축구역에서 건축기준 등의 특례를 적용받을 수 있는 건축물의 용도와 규모는 제한된다.
④ 건축물에 대한 미술작품, 부설주차장의 설치, 공원의 설치에 관한 관계법령의 규정을 개별 건축물마다 적용하지 않고 특별건축구역 전부 또는 일부를 대상으로 통합해서 적용할 수 있다.
⑤ 특별건축구역에서 건축기준 등의 특례를 적용해서 건축허가를 하는 때에는 지방건축위원회의 심의를 거쳐야 한다.

해설 특별건축구역
특별건축구역에서는 「건축법」 또는 관계법령의 일부 규정을 적용하지 않거나 완화 또는 통합해서 적용한다. **정답** ②

04 특별가로구역의 지정·관리

1 특별가로구역의 지정

(1) 지정구역

국토교통부장관 및 허가권자는 도로에 인접한 건축물의 건축을 통한 조화로운 도시경관의 창출을 위하여 일부 규정을 적용하지 아니하거나 완화하여 적용할 수 있도록 경관지구 또는 지구단위계획구역 중 미관유지를 위하여 필요하다고 인정하는 구역에서 다음과 같은 도로에 접한 대지의 일정 구역을 특별가로구역으로 지정할 수 있다(법 제77조의2 제1항, 영 제110조의2 제1항).

1) 건축선을 후퇴한 대지에 접한 도로로서 허가권자(허가권자가 구청장인 경우에는 특별시장이나 광역시장을 말함)가 건축조례로 정하는 도로
2) 허가권자가 리모델링 활성화가 필요하다고 인정하여 지정·공고한 지역 안의 도로
3) 보행자전용도로로서 도시미관 개선을 위하여 허가권자가 건축조례로 정하는 도로
4) 「지역문화진흥법」 제18조에 따른 문화지구 안의 도로
5) 그 밖에 조화로운 도시경관 창출을 위하여 필요하다고 인정하여 국토교통부장관이 고시하거나 허가권자가 건축조례로 정하는 도로

(2) 지정 및 변경·해제

국토교통부장관 및 허가권자는 특별가로구역을 지정하거나 변경 또는 해제하는 경우에는 이를 관보(허가권자의 경우에는 공보)에 공고하여야 한다(규칙 제38조의6 제1항).

국토교통부장관 및 허가권자는 특별가로구역을 지정, 변경 또는 해제한 경우에는 해당 내용을 관보 또는 공보에 공고한 날부터 30일 이상 일반이 열람할 수 있도록 하여야 한다. 이 경우 국토교통부장관, 특별시장 또는 광역시장은 관계서류를 특별자치시장·특별자치도 또는 시장·군수·구청장에게 송부하여 일반이 열람할 수 있도록 하여야 한다(규칙 제38조의6 제2항).

(3) 건축위원회의 심의

국토교통부장관 및 허가권자는 특별가로구역을 지정하려는 경우에는 다음의 자료를 갖추어 국토교통부장관 또는 허가권자가 두는 건축위원회의 심의를 거쳐야 한다(법 제77조의2 제2항, 영 제110조의2 제2항).

1) 특별가로구역의 위치·범위 및 면적 등에 관한 사항
2) 특별가로구역의 지정 목적 및 필요성
3) 특별가로구역 내 건축물의 규모 및 용도 등에 관한 사항
4) 그 밖에 특별가로구역의 지정에 필요한 사항으로서 다음의 사항
   ① 특별가로구역에서 이 법 또는 관계법령의 규정을 적용하지 아니하거나 완화하여 적용하는 경우에 해당 규정과 완화 등의 범위에 관한 사항
   ② 건축물의 지붕 및 외벽의 형태나 색채 등에 관한 사항
   ③ 건축물의 배치, 대지의 출입구 및 조경의 위치에 관한 사항
   ④ 건축선 후퇴 공간 및 공개공지등의 관리에 관한 사항
   ⑤ 그 밖에 특별가로구역의 지정에 필요하다고 인정하여 국토교통부장관이 고시하거나 허가권자가 건축조례로 정하는 사항

(4) 지역주민에의 통보

국토교통부장관 및 허가권자는 특별가로구역을 지정하거나 변경·해제하는 경우에는 국토교통부령으로 정하는 바에 따라 이를 지역주민에게 알려야 한다(법 제77조의2 제3항).

2 특별가로구역의 관리 및 건축물의 건축기준 적용 특례

국토교통부장관 및 허가권자는 특별가로구역을 효율적으로 관리하기 위하여 국토교통부령으로 정하는 바에 따라 지정 내용을 작성하여 관리하여야 한다(법 제77조의3 제1항).

특별가로구역의 변경절차 및 해제, 특별가로구역 내 건축물에 관한 건축기준의 적용 등에 관하여는 제71조 제7항·제8항(각 호 외의 부분 후단은 제외한다), 제72조 제1항부터 제5항까지, 제73조 제1항·제2항, 제75조 제1항 및 제77조 제1항을 준용한다. 이 경우 "특별건축구역"은 각각 "특별가로구역"으로, "지정신청기관", "국토교통부장관 또는 시·도지사" 및 "국토교통부장관, 시·도지사 및 허가권자"는 각각 "국토교통부장관 및 허가권자"로 본다(법 제77조의3 제2항).

국토교통부장관 및 허가권자는 특별가로구역의 지정 내용을 특별가로구역 관리대장에 작성하여 관리하여야 한다(규칙 제38조의7 제1항).

특별가로구역 관리대장은 전자적 처리가 불가능한 특별한 사유가 없으면 전자적 처리가 가능한 방법으로 작성하여 관리하여야 한다(규칙 제38조의7 제2항).

05 건축협정

1 건축협정의 체결 27회 출제

(1) 건축협정의 체결 지역·구역

토지 또는 건축물의 소유자, 지상권자 등(이하 "소유자등"이라 한다)은 전원의 합의로 다음의 어느 하나에 해당하는 지역 또는 구역에서 건축물의 건축·대수선 또는 리모델링에 관한 협정(이하 "건축협정"이라 한다)을 체결할 수 있다(법 제77조의4 제1항).

1) 「국토의 계획 및 이용에 관한 법률」에 따라 지정된 지구단위계획구역
2) 「도시 및 주거환경정비법」에 따른 주거환경개선사업을 시행하기 위하여 지정·고시된 정비구역
3) 「도시재정비 촉진을 위한 특별법」에 따른 존치지역
4) 「도시재생 활성화 및 지원에 관한 특별법」에 따른 도시재생활성화지역
5) 그 밖에 시·도지사 및 시장·군수·구청장(이하 "건축협정인가권자"라 한다)이 도시 및 주거환경개선이 필요하다고 인정하여 해당 지방자치단체의 조례로 정하는 구역

위의 지역 또는 구역에서 둘 이상의 토지를 소유한 자가 1인인 경우에도 그 토지소유자는 해당 토지의 구역을 건축협정대상 지역으로 하는 건축협정을 정할 수 있다. 이 경우 그 토지소유자 1인을 건축협정체결자로 본다(법 제77조의4 제2항).

(2) 인가신청서

건축협정을 체결하는 자 또는 건축협정운영회의 대표자가 건축협정의 인가를 받으려는 경우에는 건축협정인가신청서를 건축협정인가권자에게 제출하여야 한다(규칙 제38조의9 제1항).

(3) 소유자등의 준수사항

소유자등은 건축협정을 체결(토지소유자 1인이 건축협정을 정하는 경우를 포함한다. 이하 같다)하는 경우에는 다음의 사항을 준수하여야 한다(법 제77조의4 제3항).

1) 이 법 및 관계법령을 위반하지 아니할 것
2) 도시·군관리계획 및 건축물의 건축·대수선 또는 리모델링에 관한 계획을 위반하지 아니할 것

(4) 건축협정서

건축협정은 건축물의 건축·대수선 또는 리모델링에 관한 사항, 건축물의 위치·용도·형태 및 부대시설에 관하여 대통령령으로 정하는 사항을 포함하여야 한다(법 제77조의4 제4항). 소유자등이 건축협정을 체결하는 경우에는 건축협정서를 작성하여야 하며, 건축협정서에는 다음의 사항이 명시되어야 한다(법 제77조의4 제5항).

1) 건축협정의 명칭
2) 건축협정대상 지역의 위치 및 범위
3) 건축협정의 목적
4) 건축협정의 내용
5) 건축협정을 체결하는 자(이하 "협정체결자"라 한다)의 성명, 주소 및 생년월일(법인, 법인 아닌 사단이나 재단 및 외국인의 경우에는 「부동산등기법」에 따라 부여된 등록번호를 말한다)
6) 건축협정운영회가 구성되어 있는 경우에는 그 명칭, 대표자 성명, 주소 및 생년월일
7) 건축협정의 유효기간
8) 건축협정 위반 시 제재에 관한 사항
9) 그 밖에 건축협정에 필요한 사항으로서 해당 지방자치단체의 조례로 정하는 사항

2 건축협정운영회의 설립

협정체결자는 건축협정서 작성 및 건축협정관리 등을 위하여 필요한 경우 협정체결자 간의 자율적 기구로서 운영회(이하 "건축협정운영회"라 한다)를 설립할 수 있다(법 제77조의5 제1항). 건축협정운영회를 설립하려면 협정체결자 과반수의 동의를 받아 건축협정운영회의 대표자를 선임하고, 국토교통부령으로 정하는 바에 따라 건축협정인가권자에게 신고하여야 한다. 다만, 건축협정 인가 신청 시 건축협정운영회에 관한 사항을 포함한 경우에는 그러하지 아니하다(법 제77조의5 제2항).

건축협정운영회의 대표자는 건축협정운영회를 설립한 날부터 15일 이내에 건축협정인가권자에게 신고하여야 한다(규칙 제38조의8).

3 건축협정의 인가

협정체결자 또는 건축협정운영회의 대표자는 건축협정서를 작성하여 해당 건축협정인가권자의 인가를 받아야 한다. 이 경우 인가신청을 받은 건축협정인가권자는 인가를 하기 전에 건축협정인가권자가 두는 건축위원회의 심의를 거쳐야 한다(법 제77조의6 제1항).

건축협정체결대상 토지가 둘 이상의 특별자치시 또는 시·군·구에 걸치는 경우 건축협정체결대상 토지면적의 과반(過半)이 속하는 건축협정인가권자에게 인가를 신청할 수 있다. 이 경우 인가 신청을 받은 건축협정인가권자는 건축협정을 인가하기 전에 다른 특별자치시장 또는 시장·군수·구청장과 협의하여야 한다(법 제77조의6 제2항).

건축협정인가권자는 건축협정을 인가하였을 때에는 그 내용을 공고하여야 한다(법 제77조의6 제3항).

4 건축협정의 변경

협정체결자 또는 건축협정운영회의 대표자는 인가받은 사항을 변경하려면 변경인가를 받아야 한다. 다만, 경미한 사항을 변경하는 경우에는 그러하지 아니하다(법 제77조의7 제1항).

협정체결자 또는 건축협정운영회의 대표자가 건축협정을 변경하려는 경우에는 건축협정 변경인가신청서를 건축협정인가권자에게 제출하여야 한다(규칙 제38조의9 제2항).

건축협정인가권자는 건축협정을 인가하거나 변경인가한 때에는 해당 지방자치단체의 공보에 공고하여야 하며, 건축협정서 등 관계서류를 건축협정 유효기간 만료일까지 해당 특별자치시·특별자치도 또는 시·군·구에 비치하여 열람할 수 있도록 하여야 한다(규칙 제38조의9 제3항).

건축협정인가권자는 건축협정을 인가하거나 변경인가한 경우에는 건축협정관리대장에 작성하여 관리하여야 한다(규칙 제38조의10 제1항).

건축협정관리대장은 전자적 처리가 불가능한 특별한 사유가 없으면 전자적 처리가 가능한 방법으로 작성하여 관리하여야 한다(규칙 제38조의10 제2항).

5 건축협정의 관리

건축협정인가권자는 건축협정을 인가하거나 변경인가하였을 때에는 건축협정 관리대장을 작성하여 관리하여야 한다(법 제77조의8).

6 건축협정의 폐지

협정체결자 또는 건축협정운영회의 대표자는 건축협정을 폐지하려는 경우에는 협정체결자 과반수의 동의를 받아 건축협정인가권자의 인가를 받아야 한다. 다만, 건축협정에 따른 특례를 적용하여 착공신고를 한 경우에는 20년이 지난 후에 건축협정의 폐지 인가를 신청할 수 있다(법 제77조의9 제1항, 영 제110조의4).

협정체결자 또는 건축협정운영회의 대표자가 건축협정을 폐지하려는 경우에는 건축협정 폐지 인가신청서를 건축협정인가권자에게 제출하여야 한다(규칙 제38조의11 제1항).

건축협정인가권자는 건축협정의 폐지를 인가한 때에는 해당 지방자치단체의 공보에 공고하여야 한다(규칙 제38조의11 제2항).

7 건축협정의 효력 및 승계

건축협정이 체결된 지역 또는 구역(이하 "건축협정구역"이라 한다)에서 건축물의 건축·대수선 또는 리모델링을 하거나 그 밖에 대통령령으로 정하는 행위를 하려는 소유자등은 인가·변경인가된 건축협정에 따라야 한다(법 제77조의10 제1항).

건축협정이 공고된 후 건축협정구역에 있는 토지나 건축물 등에 관한 권리를 협정체결자인 소유자등으로부터 이전받거나 설정받은 자는 협정체결자로서의 지위를 승계한다. 다만, 건축협정에서 달리 정한 경우에는 그에 따른다(법 제77조의10 제2항).

8 건축협정에 관한 계획수립 및 지원

건축협정인가권자는 소유자등이 건축협정을 효율적으로 체결할 수 있도록 건축협정구역에서 건축물의 건축·대수선 또는 리모델링에 관한 계획을 수립할 수 있다(법 제77조의11 제1항).

건축협정인가권자는 도로 개설 및 정비 등 건축협정구역 안의 주거환경개선을 위한 사업비용의 일부를 지원할 수 있다(법 제77조의11 제2항).

9 경관협정과의 관계

소유자등은 건축협정을 체결할 때 경관협정을 함께 체결하려는 경우에는 건축협정인가권자에게 인가를 신청할 수 있다(법 제77조의12 제1항).

인가 신청을 받은 건축협정인가권자는 건축협정에 대한 인가를 하기 전에 건축위원회의 심의를 하는 때에 경관위원회와 공동으로 하는 심의를 거쳐야 한다(법 제77조의12 제2항).

절차를 거쳐 건축협정을 인가받은 경우에는 경관협정의 인가를 받은 것으로 본다(법 제77조의12 제3항).

10 건축협정에 따른 특례 28회 출제

건축협정을 체결하여 둘 이상의 건축물 벽을 맞벽으로 하여 건축하려는 경우 맞벽으로 건축하려는 자는 공동으로 건축허가를 신청할 수 있다(법 제77조의13 제1항).

이 경우에 제17조(건축허가 등의 수수료), 제21조(착공신고 등), 제22조(건축물의 사용승인) 및 제25조(건축물의 공사감리)에 관하여는 개별 건축물마다 적용하지 아니하고 허가를 신청한 건축물 전부 또는 일부를 대상으로 통합하여 적용할 수 있다(법 제77조의13 제2항).

건축협정의 인가를 받은 건축협정구역에서 연접한 대지에 대하여는 다음의 관계법령의 규정을 개별 건축물마다 적용하지 아니하고 건축협정구역의 전부 또는 일부를 대상으로 통합하여 적용할 수 있다(법 제77조의13 제3항).

1) 대지의 조경
2) 대지와 도로와의 관계
3) 지하층의 설치
4) 건폐율
5) 「주차장법」에 따른 부설주차장의 설치
6) 「하수도법」에 따른 개인하수처리시설의 설치

관계법령의 규정을 적용하려는 경우에는 건축협정구역 전부 또는 일부에 대하여 조경 및 부설주차장에 대한 기준을 이 법 및 「주차장법」에서 정한 기준 이상으로 산정하여 적용하여야 한다(법 제77조의13 제4항).

건축협정구역에 건축하는 건축물에 대하여는 대지의 조경, 건축물의 건폐율, 건축물의 용적률, 대지 안의 공지, 건축물의 높이 제한 및 일조 등의 확보를 위한 건축물의 높이 제한과 「주택법」 제35조(주택건설기준 등)를 완화하여 적용할 수 있다. 다만, 건축물의 용적률을 완화하여 적용하는 경우에는 건축위원회의 심의와 「국토의 계획 및 이용에 관한 법률」에 따른 지방도시계획위원회의 심의를 통합하여 거쳐야 한다(법 제77조의13 제6항).

11 건축협정 집중구역의 지정

건축협정인가권자는 건축협정의 효율적인 체결을 통한 도시의 기능 및 미관의 증진을 위하여 다음의 어느 하나에 해당하는 지역 및 구역의 전체 또는 일부를 건축협정 집중구역으로 지정할 수 있다(법 제77조의14 제1항).

1) 「국토의 계획 및 이용에 관한 법률」에 따라 지정된 지구단위계획구역
2) 「도시 및 주거환경정비법」에 따른 주거환경개선사업을 시행하기 위하여 지정·고시된 정비구역
3) 「도시재정비 촉진을 위한 특별법」에 따른 존치지역
4) 「도시재생 활성화 및 지원에 관한 특별법」에 따른 도시재생활성화지역
5) 그 밖에 시·도지사 및 시장·군수·구청장이 도시 및 주거환경개선이 필요하다고 인정하여 해당 지방자치단체의 조례로 정하는 구역

 Q33 제27회 기출

건축법령상 건축협정에 관한 설명으로 틀린 것은?

① 건축물의 소유자등은 과반수의 동의로 건축물의 리모델링에 관한 건축협정을 체결할 수 있다.
② 협정체결자 또는 건축협정운영회의 대표자는 건축협정서를 작성하여 해당 건축협정인가권자의 인가를 받아야 한다.
③ 건축협정인가권자가 건축협정을 인가하였을 때에는 해당 지방자치단체의 공보에 그 내용을 공고하여야 한다.
④ 건축협정 체결 대상 토지가 둘 이상의 특별자치시 또는 시·군·구에 걸치는 경우 건축협정 체결 대상 토지면적의 과반이 속하는 건축협정인가권자에게 인가를 신청할 수 있다.
⑤ 협정체결자 또는 건축협정운영회의 대표자는 건축협정을 폐지하려는 경우 협정체결자 과반수의 동의를 받아 건축협정인가권자의 인가를 받아야 한다.

해설 건축협정
건축물의 소유자등은 전원의 합의로 건축물의 건축·대수선 또는 리모델링에 관한 건축협정을 체결할 수 있다. **정답** ①

06 결합건축

1 결합건축의 정의 및 대상지

(1) 결합건축의 정의
결합건축이란 용적률을 개별 대지마다 적용하지 아니하고, 2개 이상의 대지를 대상으로 통합적용하여 건축물을 건축하는 것을 말한다.

(2) 2개의 대지 결합건축 대상 지역
다음의 어느 하나에 해당하는 지역에서 대지간의 최단거리가 100m 이내의 범위에서 2개의 대지 모두가 동일한 지역에 속하고 2개의 대지 모두가 너비 12m 이상인 도로로 둘러싸인 하나의 구역 안에 있는 2개의 대지의 건축주가 서로 합의한 경우 2개의 대지를 대상으로 결합건축을 할 수 있다(법 제77조의15 제1항, 영 제111조 제1·2항).

1) 상업지역
2) 역세권개발구역
3) 정비구역 중 주거환경개선사업의 시행을 위한 구역
4) 건축협정구역
5) 특별건축구역
6) 리모델링 활성화 구역
7) 도시재생활성화지역
8) 건축자산 진흥구역

(3) 3개 이상 대지 결합건축 대상
다음의 어느 하나에 해당하는 경우에는 2개의 대지 결합건축 대상 지역에서 대지 모두가 결합건축대상지역 중 같은 지역에 속하고, 모든 대지 간 최단거리가 500m 이내에 있는 3개 이상 대지의 건축주 등이 서로 합의한 경우 3개 이상의 대지를 대상으로 결합건축을 할 수 있다(법 제77조의15 제2항, 영 제111조 제3·4·5항).

1) 국가·지방자치단체 또는 「공공기관의 운영에 관한 법률」에 따른 공공기관이 소유 또는 관리하는 건축물과 결합건축하는 경우
2) 「빈집 및 소규모주택 정비에 관한 특례법」에 따른 빈집 또는 「건축물관리법」에 따른 빈 건축물을 철거하여 그 대지에 공원, 녹지, 광장, 정원, 공지, 주차장, 놀이터 등 공동이용시설을 설치하는 경우
3) 마을회관, 마을공동작업소, 마을도서관, 어린이집 등 공동이용건축물과 결합건축하는 경우
4) 공동주택 중 「민간임대주택에 관한 특별법」의 민간임대주택과 결합건축하는 경우
5) 그 밖에 건축조례로 정하는 건축물과 결합건축하는 경우

(4) 결합건축의 금지
도시경관의 형성, 기반시설 부족 등의 사유로 해당 지방자치단체의 조례로 정하는 지역 안에서는 결합건축을 할 수 없다(법 제77조의15 제3항).

(5) 1인 토지소유자의 결합건축 대상지
결합건축을 하려는 2개 이상의 대지를 소유한 자가 1명인 경우는 그 토지소유자는 해당 토지의 구역을 결합건축 대상 지역으로 하는 결합건축 대상지로 정할 수 있다. 이 경우 그 토지소유자 1명을 결합건축협정 체결자로 본다(법 제77조의15 제4항).

2 결합건축의 절차 30회 출제

(1) 결합건축협정서의 제출
결합건축을 하고자 하는 건축주는 건축허가를 신청하는 때에는 다음의 사항을 명시한 결합건축협정서를 첨부하여야 하며 국토교통부령으로 정하는 도서를 제출하여야 한다(법 제77조의16 제1항).

1) 결합건축대상 대지의 위치 및 용도지역
2) 결합건축협정서를 체결하는 자(결합건축협정체결자)의 성명, 주소 및 생년월일(법인, 법인 아닌 사단이나 재단 및 외국인의 경우에는 「부동산등기법」에 따라 부여된 등록번호를 말한다)
3) 「국토의 계획 및 이용에 관한 법률」에 따라 조례로 정한 용적률과 결합건축으로 조정되어 적용되는 대지별 용적률
4) 결합건축대상 대지별 건축계획서

(2) 결합건축의 건축허가 거부
허가권자는 「국토의 계획 및 이용에 관한 법률」에 따른 도시·군계획사업에 편입된 대지가 있는 경우에는 결합건축을 포함한 건축허가를 아니할 수 있다(법 제77조의16 제2항).

(3) 건축위원회의 심의
허가권자는 결합건축에 따른 건축허가를 하기 전에 건축위원회의 심의를 거쳐야 한다. 다만, 결합건축으로 조정되어 적용되는 대지별 용적률이 「국토의 계획 및 이용에 관한 법률」에 따라 해당 대지에 적용되는 도시계획조례의 용적률의 20/100을 초과하는 경우에는 대통령령으로 정하는 바에 따라 건축위원회 심의와 도시계획위원회 심의를 공동으로 하여 거쳐야 한다(법 제77조의16 제3항).

3 결합건축의 관리

(1) 결합건축 관리대장의 작성
허가권자는 결합건축을 포함하여 건축허가를 한 경우에는 그 내용을 30일 이내에 해당 지방자치단체의 공보에 공고하고, 결합건축 관리대장을 작성하여 관리하여야 한다(법 제77조의17 제1항. 규칙 제38조의13 제1항).

(2) 사용승인 절차
허가권자는 결합건축과 관련된 건축물의 사용승인 신청이 있는 경우 해당 결합건축협정서 상의 다른 대지에서 착공신고 또는 대통령령으로 정하는 조치가 이행되었는지를 확인한 후 사용승인을 하여야 한다(법 제77조의17 제2항).

(3) 협정체결의 유지기간
결합건축협정서에 따른 협정체결 유지기간은 최소 30년으로 한다. 다만, 결합건축협정서의 용적률 기준을 종전대로 환원하여 신축·개축·재축하는 경우에는 그러하지 아니한다(법 제77조의17 제4항).

(4) 결합건축협정서의 폐지
결합건축협정서를 폐지하려는 경우에는 결합건축협정체결자 전원이 동의하여 허가권자에게 신고하여야 하며, 허가권자는 용적률을 이전받은 건축물이 멸실된 것을 확인한 후 결합건축의 폐지를 수리하여야 한다(법 제77조의17 제5항).

제10절 보칙

01 일반적 감독

1 시정조치

국토교통부장관은 허가권자가 행한 처분이 건축법령 및 이에 따른 처분이나 건축조례에 위반되거나 부당하다고 인정되는 경우에는 그 처분의 취소·변경 그 밖의 필요한 조치를 명할 수 있으며, 허가권자는 그 시정결과를 국토교통부장관에게 지체없이 보고해야 한다(법 제78조 제1·3항). 특별시장·광역시장·도지사는 시장·군수 또는 자치구청장이 행한 처분이 건축법령 및 이에 따른 처분이나 건축조례에 위반되거나 부당한 경우에는 그 처분의 취소·변경 그 밖의 필요한 조치를 명할 수 있으며, 시장·군수 또는 자치구청장은 그 시정결과를 특별시장·광역시장·도지사에게 지체없이 보고해야 한다(법 제78조 제2·3항).

2 지도·점검계획의 수립·시행

국토교통부장관 및 시·도지사는 건축허가의 적법한 운영, 위법건축물의 관리실태 등 건축행정의 건실한 운영을 지도·점검하기 위해 매년 지도·점검계획을 수립·시행해야 한다(법 제78조 제4항).

02 위반건축물에 대한 조치

1 허가·승인의 취소 등의 조치 추가15회 출제

(1) 허가·승인의 취소 및 시정명령

허가권자는 이 법 또는 이 법에 따른 명령이나 처분에 위반되는 대지나 건축물에 대하여 이 법에 따른 허가 또는 승인을 취소하거나 그 건축물의 건축주·공사시공자·현장관리인·소유자·관리자 또는 점유자(이하 "건축주등"이라 한다)에게 공사의 중지를 명하거나 상당한 기간을 정하여 그 건축물의 해체·개축·증축·수선·용도변경·사용금지·사용제한, 그 밖에 필요한 조치를 명할 수 있다(법 제79조 제1항).

(2) 위반건축물표지의 설치 등

허가권자는 시정명령을 하는 경우에는 건축물대장에 위반내용을 기재해야 한다. 허가권자는 이 법 또는 이 법에 따른 명령이나 처분에 위반되는 대지나 건축물에 대한 실태를 파악하기 위하여 조사를 할 수 있다(법 제79조 제4·5항).

(3) 위반 건축물 등에 대한 실태조사

허가권자는 실태조사를 매년 정기적으로 하며, 위반행위의 예방 또는 확인을 위하여 수시로 실태조사를 할 수 있다. 허가권자는 실태조사를 하려는 경우에는 조사 목적·기간·대상 및 방법 등이 포함된 실태조사 계획을 수립해야 한다(영 제115조 제1.2항).

(4) 위반 건축물 등에 대한 정비계획의 수립·시행

허가권자는 실태조사를 한 경우 시정조치를 하기 위하여 정비계획을 수립·시행해야 하며, 그 결과를 시·도지사(특별자치시장 및 특별자치도지사는 제외한다)에게 보고해야 한다(영 제115조 제4항).

(5) 위반 건축물 관리대장의 작성·관리

허가권자는 위반 건축물의 체계적인 사후 관리와 정비를 위하여 국토교통부령으로 정하는 바에 따라 위반 건축물 관리대장을 작성·관리해야 한다. 이 경우 전자적 처리가 불가능한 특별한 사유가 없으면 전자정보처리 시스템을 이용하여 작성·관리해야 한다(영 제115조 제5항).

2 영업불허의 요청

허가권자는 다음의 건축물에 대해서는 다른 법령에 따른 영업 그 밖의 행위를 허가·면허·인가·등록·지정 등을 하지 않도록 요청할 수 있다. 이 경우 요청을 받은 자는 특별한 사유가 없으면 이에 따라야 한다(법 제79조 제2·3항).

1) 건축법령이나 이에 따른 처분을 위반해서 허가 또는 승인이 취소된 건축물
2) 시정명령을 받고도 이를 이행하지 않은 건축물

그러나 다음의 건축물에 대해서는 다른 법령에 따른 영업 그 밖의 행위를 허가하지 않도록 요청할 수 없다(법 제79조 제2항, 영 제114조).

1) 허가권자가 기간을 정해 건축물의 사용이나 영업 그 밖의 행위를 허용한 주택
2) 바닥면적 합계가 400㎡ 미만인 축사
3) 바닥면적 합계가 400㎡ 미만인 농·임·축·수산업용 창고

부동산공법

03 이행강제금 ★★★

10·14·16회 출제

1 이행강제금의 부과

(1) 이행강제금의 의의

허가권자는 위반건축물에 대한 시정명령을 받은 후 시정기간 내에 시정명령을 이행하지 아니한 건축주·공사시공자·현장관리인·소유자·관리자 또는 점유자에 대하여는 그 시정명령의 이행에 필요한 상당한 이행기한을 정하여 그 기한까지 시정명령을 이행하지 아니하면 이행강제금을 부과한다(법 제80조 제1항).

이행강제금

① 이행강제금은 이행시까지 1년에 2회 이내에서 계속적·반복적으로 부과·징수할 수 있다.

② 허가권자가 이행강제금을 부과하는 경우에는 "문서로서 통지"해야 한다.

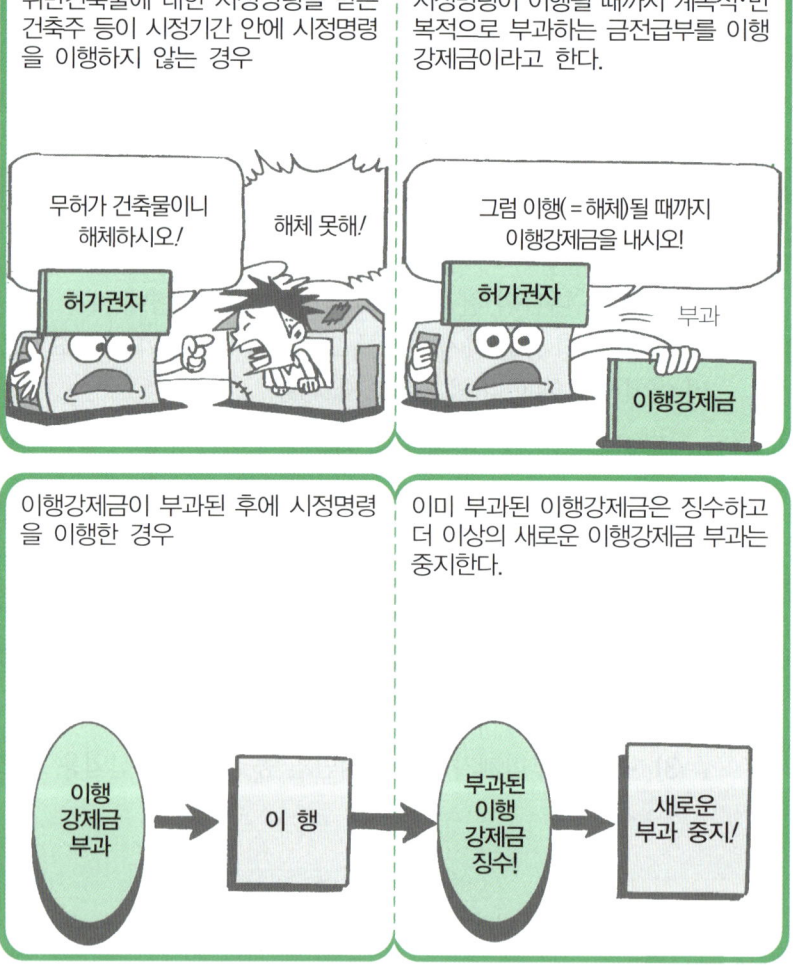

(2) 이행강제금의 감경(조례로 정한 금액)

연면적(공동주택의 경우에는 세대 면적을 기준으로 한다)이 60㎡ 이하인 주거용 건축물과 주거용 건축물로서 다음이 정하는 경우에는 부과금액(다음의 이행강제금 산정기준)의 1/2의 범위에서 해당 지방자치단체의 조례로 정하는 금액을 부과한다(법 제80조 제1항, 영 제115조의2 제1항).

1) 사용승인을 받지 아니하고 건축물을 사용한 경우
2) 대지의 조경에 관한 사항을 위반한 경우
3) 건축물의 높이제한에 위반한 경우
4) 일조 등의 확보를 위한 건축물의 높이제한에 위반한 경우
5) 그 밖에 「건축법」 또는 「건축법」에 따른 명령이나 처분을 위반한 경우로서 건축조례로 정하는 경우

2 이행강제금의 산정방법 29회 출제

(1) 건폐율·용적률등 위반 시 이행강제금의 탄력적 운영

건축물이 건폐율 또는 용적률을 초과하여 건축된 경우 또는 허가를 받지 아니하거나 신고를 하지 아니하고 건축된 경우에는 「지방세법」에 따라 해당 건축물에 적용되는 1㎡당 시가표준액의 50%에 상당하는 금액에 위반면적을 곱한 금액 이하의 범위에서 위반 내용에 따라 다음의 구분에 따른 비율을 곱한 금액. 다만, 건축조례로 다음의 비율을 낮추어 정할 수 있되, 낮추는 경우에도 그 비율은 60% 이상이어야 한다(법 제80조 제1항 제1호, 영 제115조의3 제1항).

1) 건폐율을 초과하여 건축한 경우 : 80%
2) 용적률을 초과하여 건축한 경우 : 90%
3) 허가를 받지 아니하고 건축한 경우 : 100%
4) 신고를 하지 아니하고 건축한 경우 : 70%

(2) 그 밖의 위반 시 이행강제금

건축물이 위 외의 위반건축물에 해당하는 경우에는 「지방세법」에 의하여 해당 건축물에 적용되는 시가표준액에 상당하는 금액의 10%의 범위에서 위반내용에 따라 대통령령이 정하는 금액(법 제80조 제1항 제2호)

3 이행강제금의 부과절차·방법

(1) 이행강제금의 가중

허가권자는 다음의 어느 하나에 해당하는 경우에 이행강제금액을 100분의 100의 범위에서 해당 지방자치단체의 조례로 정하는 바에 따라 가중하여야 한다. 다만, 위반행위 후 소유권이 변경된 경우는 제외한다(법 제80조 제2항, 영 제115조의3 제2항).

1) 임대 등 영리를 목적으로 용도변경 규정을 위반하여 용도변경을 한 경우(위반면적이 50㎡를 초과하는 경우로 한정한다)
2) 임대 등 영리를 목적으로 허가나 신고 없이 신축 또는 증축한 경우(위반면적이 50㎡를 초과하는 경우로 한정한다)
3) 임대 등 영리를 목적으로 허가나 신고 없이 다세대주택의 세대수 또는 다가구주택의 가구수를 증가시킨 경우(5세대 또는 5가구 이상 증가시킨 경우로 한정한다)
4) 동일인이 최근 3년 내에 2회 이상 「건축법」 또는 「건축법」에 따른 명령이나 처분을 위반한 경우
5) 위의 규정과 비슷한 경우로서 건축조례로 정하는 경우

(2) 부과 전 문서로 계고

허가권자는 이행강제금을 부과하기 전에 이행강제금을 부과·징수한다는 뜻을 미리 문서로써 계고하여야 한다(법 제80조 제3항).

(3) 문서에 의한 부과

허가권자는 이행강제금을 부과하는 경우에는 이행강제금의 금액, 이행강제금의 부과사유, 이행강제금의 납부기한 및 수납기관, 이의제기방법 및 이의제기기관 등을 구체적으로 밝힌 문서로 하여야 한다(법 제80조 제4항).

(4) 부과 및 징수의 절차

이행강제금의 부과 및 징수절차는 「국고금관리법 시행규칙」을 준용한다. 이 경우 납입고지서에는 이의신청방법 및 이의신청기간을 함께 기재하여야 한다(규칙 제40조의2).

4 이행강제금 부과횟수

허가권자는 최초의 시정명령이 있은 날을 기준으로 하여 1년에 2회 이내의 범위에서 해당 지방자치단체의 조례로 정하는 횟수만큼 그 시정명령이 이행될 때까지 반복하여 이행강제금을 부과·징수할 수 있다(법 제80조 제5항).

제4장 건축법

5 이행강제금의 부과중지와 징수

허가권자는 시정명령을 받은 자가 시정명령을 이행하는 경우에는 새로운 이행강제금의 부과를 즉시 중지하되, 이미 부과된 이행강제금은 이를 징수하여야 한다(법 제80조 제6항).

> *Professor Comment*
> 시정명령을 이행하여도 이미 부과된 것은 취소되는 것이 아니라 징수하여야 한다.

6 강제징수

허가권자는 이행강제금 부과처분을 받은 자가 이행강제금을 납부기한까지 내지 아니하면 「지방행정제재·부과금의 징수 등에 관한 법률」에 따라 징수한다(법 제80조 제7항).

7 이행강제금 부과에 관한 특례

(1) 이행강제금의 감경

허가권자는 이행강제금을 다음에서 정하는 바에 따라 감경할 수 있다. 다만, 지방자치단체의 조례로 정하는 기간까지 위반내용을 시정하지 아니한 경우는 제외한다(법 제80조의2 제1항).

1) 축사 등 농업용·어업용 시설로서 500㎡(수도권 외의 지역에서는 1천㎡) 이하인 경우는 1/5을 감경

2) 그 밖에 위반동기, 위반범위 및 위반 시기 등을 고려하여 다음의 어느 하나에 해당하는 경우에는 75%(아래 ⑦항의 경우는 건축조례로 정하는 비율)를 감경. 다만, 연면적이 60㎡ 이하인 주거용 건축물 등 이행강제금의 기준 금액의 1/2 범위에서 지방자치단체의 조례로 정하는 금액을 이행강제금으로 부과하는 경우에는 감경비율을 50%로 함(영 제115조의4 제1항, 제2항)

   ① 위반행위 후 소유권이 변경된 경우
   ② 임차인이 있어 현실적으로 임대기간 중에 위반내용을 시정하기 어려운 경우(최초의 시정명령 전에 이미 임대차계약을 체결한 경우로서 해당 계약이 종료되거나 갱신되는 경우는 제외한다) 등 상황의 특수성이 인정되는 경우
   ③ 위반면적이 30㎡ 이하인 경우([별표 1] 제1호부터 제4호까지의 규정에 따른 건축물로 한정하며, 「집합건물의 소유 및 관리에 관한 법률」의 적용을 받는 집합건축물은 제외한다)
   ④ 「집합건물의 소유 및 관리에 관한 법률」의 적용을 받는 집합건축물의 구분소유자가 위반한 면적이 5㎡ 이하인 경우([별표 1] 제2호부터 제4호까지의 규정에 따른 건축물로 한정한다)
   ⑤ 사용승인 당시 존재하던 위반사항으로서 사용승인 이후 확인된 경우
   ⑥ 「가축분뇨의 관리 및 이용에 관한 법률」에 따른 허가 또는 변경허가를 받거나 신고 또는 변경신고를 하려는 배출시설(처리시설을 포함한다)의 경우
   ⑦ 그 밖에 위반행위의 정도와 위반동기 및 공중에 미치는 영향 등을 고려하여 감경이 필요한 경우로서 건축조례로 정하는 경우

(2) 주거용 건축물의 감경

허가권자는 건축법 개정법률의 시행일(1992.6.1.을 말한다) 이전에 「건축법」 또는 「건축법」에 따른 명령이나 처분을 위반한 주거용 건축물에 관하여는 다음에 따라 이행강제금을 감경할 수 있다(법 제80조의2 제2항, 영 제115조의4 제3항).

1) 연면적 85㎡ 이하 주거용 건축물의 경우 : 80%
2) 연면적 85㎡ 초과 주거용 건축물의 경우 : 60%

단락문제 Q34 제9회 기출

다음은 이행강제금에 관한 설명이다. 틀린 것은?

① 이행강제금은 시정명령을 이행하지 않은 자에게 부과한다.
② 이행강제금은 1년에 2회씩 반복해서 부과할 수 있다.
③ 이행강제금을 부과할 때에는 청문절차를 거칠 필요가 없다.
④ 이행강제금을 부과한 후 시정명령을 이행한 경우에는 이행강제금의 부과처분을 취소해야 한다.
⑤ 이행강제금의 부과처분에 대해 불복하는 경우에는 행정심판을 청구할 수 있다.

해설 이행강제금
③ 이행강제금을 부과할 때에는 당사자에게 의견을 진술할 기회를 주어야 하지만, 청문은 실시하지 않아도 된다.
④ 일단 이행강제금을 부과한 때에는 그 후 당사자가 시정명령을 이행하더라도 이미 부과한 이행강제금은 징수해야 한다.

정답 ④

---

04 보고·검사·시험

국토교통부장관 또는 시·도지사, 시장·군수·구청장, 그 소속 공무원, 현장조사·검사 및 확인 업무를 대행하는 건축사, 그리고 건축지도원은 건축물의 건축주·공사시공자·현장관리인·공사감리자·소유자·관리자·점유자 또는 관계전문기술자에게 필요한 자료의 제출이나 보고를 요구할 수 있으며, 건축물·대지 또는 건축공사장에 출입해서 그 건축물·건축설비 그 밖에 건축공사에 관련되는 물건을 검사하거나 필요한 시험을 할 수 있다(법 제87조 제1항).

05 「행정대집행법」에 대한 특례

허가권자는 이 법 제11조(건축허가)·제14조(건축신고)·제41조(토지굴착부분에 대한 조치) 및 제79조 제1항(위반건축물에 대한 시정명령 등)에 따라 필요한 조치를 할 때 다음에 해당하는 경우로서 「행정대집행법」에 따른 사전계고와 대집행영장에 따른 통지를 하게 되면 그 목적을 달성하기 곤란한 때에는 그 절차를 거치지 않고 대집행할 수 있다(법 제85조 제1항, 영 제119조의2).

1) 재해가 발생할 위험이 절박한 경우
2) 건축물의 구조 안전상 심각한 문제가 있어 붕괴 등 손괴의 위험이 예상되는 경우
3) 허가권자의 공사중지명령을 받고도 이에 불응하고 공사를 강행하는 경우
4) 도로통행에 현저하게 지장을 주는 불법건축물인 경우
5) 대기오염물질 또는 수질오염물질을 배출하는 건축물로서 주변환경을 심각하게 오염시킬 우려가 있는 경우

이 경우 대집행은 건축물의 관리를 위해 필요한 최소한도에 그쳐야 한다(법 제85조 제2항).

06 지역건축안전센터

1 지역건축안전센터 설립

지방자치단체의 장은 다음의 업무를 수행하기 위하여 관할구역에 지역건축안전센터를 설치할 수 있다(법 제87조의2 제1항, 영 제119조의3).

1) 기술적인 사항에 대한 보고·확인·검토·심사 및 점검
2) 건축허가 또는 신고에 관한 업무
3) 공사감리에 대한 관리·감독
4) 관할구역 내 건축물의 안전에 관한 사항으로서 해당 지방자치단체의 조례로 정하는 사항

2 지역건축안전센터의 의무적 설치

다음 각 호의 어느 하나에 해당하는 지방자치단체의 장은 관할 구역에 지역건축안전센터를 설치하여야 한다(법 제87조의2 제3항).

1) 시·도
2) 인구 50만명 이상 시·군·구
3) 국토교통부령으로 정하는 바에 따라 산정한 건축허가 면적(직전 5년 동안의 연평균 건축허가 면적을 말한다) 또는 노후건축물 비율이 전국 지방자치단체 중 상위 30% 이내에 해당하는 인구 50만명 미만 시·군·구

3 전문인력의 배치

체계적이고 전문적인 업무수행을 위하여 지역건축안전센터에 「건축사법」에 따라 신고한 건축사 또는 「기술사법」에 따라 등록한 기술사 등 전문인력을 배치하여야 한다(법 제87조의2 제3항).

07 건축분쟁전문위원회★   17회 출제

1 설치 및 구성 등   16·28·32회 출제

(1) 설치

건축등과 관련된 다음의 분쟁(「건설산업기본법」에 따른 조정의 대상이 되는 분쟁은 제외한다)의 조정(調停) 및 재정(裁定)을 하기 위하여 국토교통부에 건축분쟁전문위원회를 둔다(법 제88조 제1항).

1) 건축관계자와 해당 건축물의 건축 등으로 피해를 입은 인근주민 간의 분쟁
2) 관계전문기술자와 인근주민 간의 분쟁
3) 건축관계자와 관계전문기술자 간의 분쟁
4) 건축관계자 간의 분쟁
5) 인근주민 간의 분쟁
6) 관계전문기술자 간의 분쟁

(2) 구성

분쟁위원회는 각각 위원장과 부위원장 각 1명을 포함한 15명 이내의 위원으로 구성한다(법 제89조 제1항).
위원의 제척·기피·회피 및 위원회의 운영, 조정 등의 거부와 중지 등 그 밖에 필요한 사항은 대통령령으로 정한다(법 제89조 제8항).

분쟁위원회의 위원이 다음의 어느 하나에 해당하면 그 직무의 집행에서 제외된다(영 제119조의7 제1항).

1) 위원 또는 그 배우자나 배우자였던 자가 해당 분쟁사건의 당사자가 되거나 그 사건에 관하여 당사자와 공동권리자 또는 의무자의 관계에 있는 경우
2) 위원이 해당 사건의 당사자와 친족이거나 친족이었던 경우
3) 위원이 해당 사건에 관하여 진술이나 감정을 한 경우
4) 위원이 해당 사건에 당사자의 대리인으로서 관여하였거나 관여한 경우
5) 위원이 해당 사건의 원인이 된 처분이나 부작위에 관여한 경우

(3) 위원의 제척 및 회피

분쟁위원회는 제척 원인이 있는 경우 직권이나 당사자의 신청에 따라 제척의 결정을 한다. 당사자는 위원에게 공정한 직무집행을 기대하기 어려운 사정이 있으면 분쟁위원회에 기피신청을 할 수 있으며, 분쟁위원회는 기피신청이 타당하다고 인정하면 기피의 결정을 하여야 한다. 위원은 사유에 해당하면 스스로 그 사건의 직무집행을 회피할 수 있다(영 제119조의7 제2·3·4항).

(4) 조정등의 거부

분쟁위원회는 분쟁의 성질상 분쟁위원회에서 조정등을 하는 것이 맞지 아니하다고 인정하거나 부정한 목적으로 신청하였다고 인정되면 그 조정등을 거부할 수 있다. 이 경우 조정등의 거부사유를 신청인에게 알려야 한다. 분쟁위원회는 신청된 사건의 처리절차가 진행되는 도중에 한쪽 당사자가 소(訴)를 제기한 경우에는 조정등의 처리를 중지하고 이를 당사자에게 알려야 한다(영 제119조의8 제1·2항).

(5) 기타 사항

조정위원회 또는 재정위원회는 조정등을 위한 비용을 예치할 금융기관을 지정하고 예치기간을 정하여 당사자로 하여금 비용을 예치하게 할 수 있다(영 제119조의9).
분쟁위원회의 운영 및 사무처리를 「국토안전관리원법」에 따른 국토안전관리원에 위탁한다. 위탁을 받은 국토안전관리원은 그 소속으로 분쟁위원회 사무국을 두어야 한다(영 제119조의10).

2 분쟁조정 또는 재정의 신청 14회 출제

조정신청은 사건의 당사자 중 1명 이상이 해야 하며, 재정신청은 그 사건 당사자 간의 합의로 한다. 다만, 분쟁위원회는 조정신청을 받은 경우 그 사건의 모든 당사자에게 조정신청이 접수된 사실을 통보해야 한다(법 제92조 제2항).

부동산공법

분쟁위원회는 조정신청을 받은 때에는 60일 이내에, 재정신청을 받은 때에는 120일 이내에 그 절차를 완료해야 한다. 다만, 부득이한 사정이 있는 경우에는 분쟁위원회의 의결로 그 기간을 연장할 수 있다(법 제92조 제3항).

분쟁위원회는 재정신청된 사건을 조정에 회부하는 것이 적합하다고 인정하는 때에는 직권으로 직접 조정할 수 있다(법 제101조).

3 조정 및 재정기관

조정은 3명의 위원으로 구성되는 조정위원회에서 행하고, 재정은 5명의 위원으로 구성되는 재정위원회에서 행한다(법 제94조 제1항). 조정위원 및 재정위원은 사건마다 분쟁위원회의 위원 중에서 위원장이 지명한다. 이 경우 재정위원회에는 판사·검사 또는 변호사의 직에 6년 이상 재직한 위원이 1명 이상 포함되어야 한다(법 제94조 제2항).

4 분쟁의 조정 14회 출제

분쟁의 조정신청을 받은 관할 조정위원회는 조정기간 내에 이를 심사해서 조정안을 작성해야 한다(법 제95조 제3항).

조정위원회는 조정안을 작성한 때에는 지체없이 이를 각 당사자에게 제시해야 하며, 각 당사자는 15일 이내에 수락 여부를 조정위원회에 통보해야 한다(법 제96조 제1·2항).

당사자가 조정안을 수락한 때에는 조정위원회는 즉시 조정서를 작성해야 하며, 조정위원 및 각 당사자는 이에 기명날인해야 한다. 당사자가 조정안을 수락하고 조정서에 기명날인하면 조정서의 내용은 재판상 화해와 동일한 효력을 갖는다. 다만, 당사자가 임의로 처분할 수 없는 사항에 관한 것은 그러하지 아니하다(법 제96조 제3·4항).

단락문제 Q35   제17회 기출

건축법령상 건축분쟁전문위원회에 대한 설명 중 틀린 것은?
① 건축관계자와 그 건축물의 건축 등으로 인해 피해를 입은 인근주민간의 분쟁의 조정 및 재정은 건축분쟁전문위원회의 소관사항이다.
② 조정신청은 당해 사건의 당사자 중 1명 이상이 하며, 재정신청은 당사자 간의 합의로 한다.
③ 조정은 3명의 위원으로 구성되는 조정위원회에서 행하고, 재정은 5명의 위원으로 구성되는 재정위원회에서 행한다.
④ 당사자가 조정안을 수락만 하면 당사자 간에 조정서와 동일한 내용의 합의가 성립된 것으로 본다.
⑤ 건축분쟁전문위원회의 위원이 공무원 신분을 가지지 않은 경우에도 「형법」상 수뢰죄의 적용에 있어서는 공무원으로 본다.

> **해설** 건축분쟁전문위원회
> 당사자가 조정안을 수락하고 조정서에 기명날인하면 조정서의 내용은 재판상 화해와 동일한 효력을 갖는다. 다만, 당사자가 임의로 처분할 수 없는 사항에 관한 것은 그러하지 아니하다.
> 정답 ④

5 분쟁의 재정

재정은 문서로써 행해야 하며, 재정문서에는 재정위원이 기명·날인해야 한다. 이유를 기재하는 때에는 주문내용이 정당함을 인정할 수 있는 한도에서 당사자의 주장 등을 표시해야 한다. 재정위원회는 재정을 한 때에는 지체없이 재정문서의 정본을 당사자 또는 대리인에게 송달해야 한다(법 제97조 제1·2·3항).

재정위원회가 재정을 행한 경우 재정문서의 정본이 당사자에게 송달된 날부터 60일 이내에 당사자 쌍방 또는 일방으로부터 그 재정의 대상인 건축물의 건축 등의 분쟁을 원인으로 하는 소송이 제기되지 않거나 그 소송이 철회되면 그 재정 내용은 재판상 화해와 동일한 효력을 갖는다. 다만, 당사자가 임의로 처분할 수 없는 사항에 관한 것은 그러하지 아니하다(법 제99조).

당사자가 재정에 불복해서 소송을 제기한 경우에는 시효의 중단 및 제소기간을 산정할 때에는 재정의 신청을 재판상의 청구로 본다(법 제100조).

6 조정·재정신청사실을 이유로 한 공사중지명령의 금지

시·도지사나 시장·군수 또는 자치구청장은 위해방지상 긴급하거나 그 밖에 특별한 사유가 없으면, 조정 또는 재정의 신청의 사실만을 이유로 해당 공사를 중지하게 하면 안 된다(법 제93조 제3항).

7 비용부담

분쟁의 조정 또는 재정을 위한 감정·진단·시험 등에 소요되는 비용은 당사자 간의 합의로 정하는 비율에 따라 당사자가 부담한다. 다만, 당사자 간에 합의가 되지 않는 경우에는 조정위원회 또는 재정위원회에서 부담비율을 정한다(법 제102조 제1항).

부동산공법

단락문제 Q36
제17회 기출

다음은 「건축법」상의 분쟁조정에 관한 설명이다. 옳은 것은?

① 분쟁의 조정신청을 받은 때에는 신청을 받은 날부터 3개월 이내에 그 절차를 완료해야 한다.
② 분쟁의 재정신청을 받은 때에는 신청을 받은 날부터 6개월 이내에 그 절차를 완료해야 한다.
③ 당사자가 조정안을 수락하고 조정서에 기명날인한 때에는 재판상의 화해가 성립된 것으로 본다.
④ 재정이 있은 때에는 당사자 간에 재정내용과 동일한 합의가 성립된 것으로 본다.
⑤ 당사자가 재정에 불복해서 소송을 제기한 경우에는 시효의 중단 및 제소기간을 산정할 때에는 재정의 신청을 재판상의 청구로 본다.

해설 「건축법」상의 분쟁조정

① "3개월"이 아닌 "60일"이어야 한다.
② "6개월"이 아닌 "120일"이어야 한다.
③ 당사자가 조정안을 수락하고 조정서에 기명날인한 때에는 당사자 간에 조정서와 동일한 내용의 합의가 성립된 것으로 본다.
④ 재정위원회가 재정을 행한 경우에 재정문서의 정본이 당사자에게 송달된 날부터 60일 이내에 당사자 쌍방 또는 일방으로부터 당해 재정의 대상인 건축물의 건축 등의 분쟁을 원인으로 하는 소송이 제기되지 않거나 그 소송이 철회된 때에는 당사자 간에 재정내용과 동일한 합의가 성립된 것으로 본다.

정답 ⑤

08 벌칙적용에 있어서의 공무원의제

다음에 해당하는 자로서 공무원이 아닌 사람은 「형법」 제129조 내지 제132조(뇌물죄)와 「특정범죄 가중처벌 등에 관한 법률」 제2조(뇌물죄의 가중처벌) 및 제3조(알선수재)의 적용에 있어서는 이를 공무원으로 본다(법 제105조).

1) 건축위원회의 위원
2) 안전영향평가를 하는 자
3) 건축자재를 점검하는 자
4) 현장조사·검사 및 확인업무를 대행하는 사람
5) 건축지도원
6) 전자정보처리시스템의 운영을 위탁받은 기관 또는 단체의 임·직원
7) 지역건축안전센터에 배치된 전문인력

제11절 벌칙

01 형벌

이 법 위반에 대한 처벌은 [표]와 같다(법 제106조 내지 제111조).
법인의 대표자, 법인 또는 개인의 대리인·사용인 그 밖의 종업원이 그 법인 또는 개인의 업무에 관해서 위반행위를 한 때에는 행위자를 벌하는 외에 다음의 구분에 따라 그 법인 또는 개인에 대해서도 벌금형을 과한다. 다만, 법인이나 개인이 그 위반행위를 방지하기 위해 해당 업무에 관해 상당한 주의와 감독을 게을리 하지 않은 때에는 그 법인이나 개인에 대해 벌금형을 과하지 않는다(법 제112조 제1·2·3·4항).

1) 이 법 제23조(건축물의 설계)·제24조 제1항(건축시공)·제52조의3 제1항(건축자재의 제조 및 유통관리)·제25조 제3항(건축물의 공사감리) 및 제35조(건축물의 유지·관리)의 규정에 위반해서 설계·시공·공사감리 및 유지·관리와 건축자재의 제조 및 유통을 함으로써 건축물이 부실하게 되어 착공 후「건설산업기본법」에 따른 하자담보책임기간에 건축물의 기초 및 주요구조부에 중대한 손괴를 일으켜 일반인을 위험에 처하게 하거나 이로 인해 사람을 사상에 이르게 한 경우(업무상 과실에 따른 경우는 제외) : 10억원 이하의 벌금

2) 그 밖의 경우 : 해당 조의 벌금

▼「건축법」위반에 따른 형벌

형 량	위반행위
(1) 10년 이하의 징역 등	건축물의 설계(법 제23조)·건축시공(법 제24조 제1항)·건축자재의 제조 및 유통관리(법 제52조의3 제1항)·건축물의 공사감리(법 제25조 제3항) 및 건축물의 유지·관리(법 제35조)에 위반해서 설계·시공·공사감리 및 유지·관리와 건축자재의 제조 및 유통을 함으로써 건축물이 부실하게 되어 착공 후 하자담보책임기간에 건축물의 기초와 주요구조부에 중대한 손괴를 일으켜 다음에 해당하게 된 자 1) 일반인을 위험에 처하게 한 설계자·감리자·시공자·제조업자·유통업자·관계전문기술자 및 건축주 : 10년 이하의 징역(업무상 과실에 따른 경우에는 5년 이하의 징역 또는 금고나 5억원 이하 벌금) 2) 사람을 죽거나 다치게 한 자 : 무기 또는 3년 이상의 징역(업무상 과실로 인한 경우에는 10년 이하의 징역 또는 금고나 10억원 이하 벌금)
(2) 3년 이하의 징역 또는 5억원 이하의 벌금	1) 도시지역에서 건축허가(법 제11조 제1항)·용도변경(법 제19조 제1항 및 제2항)·건축선에 따른 건축제한(법 제47조)·건폐율(법 제55조)·용적률(법 제56조)·대지 안의 공지(법 제58조)·건축물의 높이제한(법 제60조), 일조 등의 확보를 위한 높이제한(법 제61조) 또는 건축협정의 효력 및 승계(법 제77조의10)를 위반해서 건축물을 건축·대수선 또는 용도변경한 건축주 및 공사시공자 2) 방화에 지장이 없는 재료를 사용하지 아니한 공사시공자 또는 그 재료사용에 책임이 있는 설계자나 공사감리자

형 량	위반행위
	3) 건축자재의 제조 및 유통 관리규정을 위반한 건축자재의 제조업자 및 유통업자 4) 건축자재의 품질관리규정을 위반하여 품질관리서를 제출하지 아니하거나 거짓으로 제출한 제조업자, 유통업자, 공사시공자 및 공사감리자 5) 품질인정기준에 적합하지 아니함에도 품질인정을 한 자 * 징역형과 벌금형을 병과할 수 있음
(3) 2년 이하의 징역 또는 2억원 이하의 벌금	현장조사·검사 또는 확인업무를 대행한 결과를 허위로 보고한 자 또는 기술적인 사항에 대한 보고·확인·검토·심사 및 점검을 거짓으로 한 자
(4) 2년 이하의 징역 또는 1억원 이하의 벌금	1) 도시지역 밖에서 건축허가(법 제11조 제1항)·용도변경(법 제19조 제1항 및 제2항)·건축선에 따른 건축제한(법 제47조)·건폐율(법 제55조)·용적률(법 제56조)·대지 안의 공지(법 제58조)·건축물의 높이제한(법 제60조), 일조 등의 확보를 위한 높이제한(법 제61조) 또는 건축협정의 효력 및 승계(법 제77조의10)를 위반해서 건축물을 건축·대수선 또는 용도변경한 건축주 및 공사시공자 2) 건축 공사현장 안전관리 개선명령(법 제13조 제5항)을 위반한 건축주 및 공사시공자 3) 허가사항의 변경(법 제16조)·「건설산업기본법」에 따른 시공(법 제21조 제5항)·건축물의 사용(법 제22조 제3항) 또는 공사감리자에 대한 불이익처분(법 제25조 제7항)에 위반한 건축주 및 공사시공자 4) 가설건축물의 건축허가를 받지 않거나 공작물축조신고없이 가설건축물을 건축하거나 공작물을 축조한 건축주 및 공사시공자(법 제20조 제1항, 제83조) 5) 공사감리자를 지정하지 않고 공사를 하게 하거나 공사시공자 본인이나 계열회사를 공사감리자로 지정한 자(법 제25조 제1항) 6) 공사감리자로부터 시정 또는 재시공요청을 받고도 이에 따르지 않거나 공사중지요청을 받고도 공사를 계속한 공사시공자(법 제25조 제3항) 7) 정당한 사유없이 감리중간보고서 또는 감리완료보고서를 제출하지 않거나 이를 허위로 작성해서 제출한 자(법 제25조 제6항) 8) 현장조사·검사 또는 확인결과 보고 규정을 위반하여 현장조사·검사 및 확인대행업무를 한 자(법 제27조 제2항) 9) 건축물의 유지·관리의무를 위반한 건축물의 소유자 또는 관리자(법 제35조) 10) 손궤의 우려가 있는 대지에 대한 조치를 하지 않은 건축주 및 공사시공자(법 제40조 제4항) 11) 공개공지 등의 확보(법 제43조 제1항), 건축물의 피난시설 및 용도제한(법 제49조), 건축물의 내화구조와 방화벽(법 제50조), 방화지구 안의 건축물(법 제51조), 지하층(법 제53조), 대지 안의 공지(법 제58조), 일조 등의 확보를 위한 높이제한(법 제61조 제1항 및 제2항), 승강기(법 제64조) 규정을 위반한 건축주, 설계자, 공사시공자 또는 공사감리자 12) 구조의 안전에 관한 규정을 위반한 설계자·공사감리자·공사시공자 및 관계 전문기술자(법 제48조) 13) 고층건축물의 피난 및 안전관리에 관한 기준을 위반한 설계자, 공사감리자 및 공사시공자(법 제50조의2 제1항) 14) 부속구조물의 설치 및 관리(법 제48조의4)를 위반한 건축주, 설계자, 공사감리자, 공사시공자 및 관계전문기술자 15) 건축설비의 설치 및 구조에 관한 기준과 그 설계 및 공사감리에 관한 사항을 위반한 설계자·공사감리자·공사시공자 및 관계 전문기술자(법 제62조)
(5) 5,000만원 이하의 벌금	1) 건축신고(법 제14조)·허가사항의 변경(법 제16조)·가설건축물축조신고(법 제20조 제3항)·착공신고(법 제21조 제1항), 사용승인신청(법 제22조 제1항) 또는 옹벽 등의 공작물에의 준용(법 제83조 제1항)에 따른 신고 또는 신청을 하지 않거나 허위의 신고 또는 신청을 한 자

형량	위반행위
	2) 공사시공자로부터 설계변경을 요청받고도 정당한 사유없이 이에 응하지 않은 설계자(법 제24조 제3항)
	3) 공사감리자로부터 상세시공도면작성을 요청받고도 이를 작성하지 않거나 시공도면에 따라 공사를 하지 않은 자(법 제24조 제4항)
	4) 현장관리인을 지정하지 아니하거나 착공신고서에 이를 거짓으로 기재한 자(법 제24조 제6항)
	5) 공사현장의 위해를 방지하기 위한 조치를 하지 않은 공사시공자(법 제28조 제1항)
	6) 법을 위반하여 공개공지등의 활용을 저해하는 행위를 한 자(법 제43조 제4항)
	7) 실내건축 규정을 위반하여 실내건축을 한 건축주 및 공사시공자(법 제52조의2)
	8) 법을 위반하여 건축자재에 대한 정보를 표시하지 아니하거나 거짓으로 표시한 자(법 제52조의4)

단락문제 Q37

다음 중 형벌이 가장 가벼운 위반행위는?

① 건축선의 수직면을 넘어서 건축한 행위
② 높이제한을 위반한 건축행위
③ 건폐율을 위반한 건축행위
④ 건축허가 없이 건축한 행위
⑤ 사용승인서를 받지 않고 건축물을 사용하는 행위

해설 건축법상 벌칙
⑤ 2년 이하의 징역 또는 1억원 이하의 벌금에 해당된다.
①, ②, ③, ④ 도시지역인 경우에는 3년 이하의 징역 또는 5억원 이하의 벌금, 도시지역 밖인 경우에는 2년 이하의 징역 또는 1억원 이하의 벌금에 해당된다.

정답 ⑤

02 과태료

1 다음에 해당하는 자는 200만원 이하의 과태료에 처한다(법 제113조 제1항).

(1) 건축물대장 기재내용의 변경을 신청하지 아니한 자(법 제19조 제3항)

(2) 공사현장에 설계도서를 비치하지 않은 자(법 제24조 제2항)

(3) 건축허가표지판을 설치하지 않은 자(법 제24조 제5항)

(4) 건축자재 및 건축자재 시험기관의 시험장소, 제조업자의 제조현장, 유통업자의 유통장소, 건축공사장 등의 점검을 거부·방해 또는 기피한 자(법 제52조의3 제2항 및 제52조의6 제4항)

(5) 건축물의 내진능력 공개를 하지 아니한 자(법 제48조의3 제1항)

2 다음에 해당하는 자는 100만원 이하의 과태료에 처한다(법 제113조 제2항).

(1) 공사시공자가 시정 또는 재시공요청이나 공사중지요청에 불응하는 사실을 보고하지 않은 공사감리자(법 제25조 제4항)
(2) 현장조사·검사 또는 확인결과를 서면으로 보고하지 않은 자(법 제27조 제2항)
(3) 특별건축구역의 건축물에 대한 모니터링에 필요한 사항에 협조하지 않은 건축주·소유자 또는 관리자(법 제77조 제2항)
(4) 공작물의 유지·관리 상태를 보고하지 아니한 자(법 제83조 제2항)
(5) 국토교통부장관, 시·도지사, 시장·군수·자치구청장, 소속공무원, 업무대행자, 건축지도원의 자료제출 또는 보고요구에 불응하거나 자료제출 또는 보고를 허위로 한 자(법 제87조 제1항)

3 다음에 해당하는 자는 50만원 이하의 과태료에 처한다(법 제113조 제3항).

공정 및 안전관리업무를 수행하지 아니하거나 공사현장을 이탈한 현장관리인

4 과태료 부과·징수권자

과태료는 국토교통부장관, 시·도지사, 시장·군수 또는 자치구청장이 부과·징수한다(법 제113조 제4항).

단락문제 Q38

다음 중 과태료와 이행강제금을 모두 부과할 수 있는 자는?

① 국토교통부장관
② 국토교통부장관, 특별시장
③ 국토교통부장관, 시·도지사
④ 특별시장, 광역시장, 도지사
⑤ 시장·군수·구청장

해설 과태료와 이행강제금의 부과권자
과태료는 국토교통부장관, 시·도지사, 시장·군수 또는 구청장이 부과하고, 이행강제금은 허가권자가 부과한다.
정답 ⑤

건축법

단원 오답 잡기

• 경록 교재에 모든 답이 있습니다.

01 건축공사를 착공하는 때에 둘 이상의 필지를 하나의 필지로 합필할 것을 조건으로 해서 건축허가를 하는 경우 그 합필대상이 되는 토지를 하나의 대지로 할 수 있다.

01. X
사용승인을 신청하는 때

02 하나 이상의 필지의 일부에 대해 산지전용허가를 받은 경우 그 허가받은 부분의 토지 일부를 하나의 대지로 할 수 있다.

02. O

03 연립주택은 주택으로 쓰는 1개 동의 바닥면적(지하주차장 면적을 제외)의 합계가 660m²를 초과하고, 층수가 4개 층 이하인 주택을 말한다.

03. O

04 건축물의 바닥이 지표면 아래에 있는 층으로서 그 바닥으로부터 지표면까지의 평균높이가 당해 층 높이의 2/3 이상인 것은 지하층이다.

04. X
당해 층 높이의 1/2 이상인 것이 지하층이다.

05 주요구조부란 내력벽·기둥·최하층바닥·보·지붕틀 및 주계단을 말한다.

05. X
최하층바닥이 아니고 바닥이다.

06 내력벽·기둥·보·지붕틀 중 3 이상을 해체하고 그 대지에 종전과 동일한 규모의 범위에서 건축물을 다시 축조하는 것은 신축이다.

06. X
신축이 아니라 개축이다.

07 건축물의 주요구조부를 해체하지 않고 인접대지의 다른 위치로 옮기는 것은 이전이다.

07. X
동일한 대지의 다른 위치로 옮기는 것이다.

08 의원, 치과의원, 한의원은 건축물의 규모에 상관없이 제1종 근린생활시설이다.

08. O

09 대수선에는 다가구주택 및 다세대주택의 가구 및 세대간 주요 구조부인 경계벽의 수선 또는 변경하는 것도 포함된다.

09. O

10 연면적은 하나의 건축물의 각층의 바닥면적 합계로 산입한다. 다만, 지하층의 바닥면적은 제외한다.

10. X
지하층의 바닥면적도 연면적에 산입한다.

부동산공법

11 지하층은 건축물의 층수에 산입하지 않고, 층의 구분이 명확하지 않은 건축물은 그 건축물의 높이 3m마다 하나의 층으로 산정한다.

11. X
4m마다 하나의 층으로 산정한다.

12 층수가 21층 이상이거나 연면적의 합계가 10만m² 이상인 건축물의 건축은 시·도지사의 허가를 받아야 한다.

12. X
도지사는 허가권자가 아니다.

13 시장·군수는 자연환경 또는 수질보호를 위해 도지사가 지정·공고하는 구역에서 건축하는 2층으로서 연면적 합계가 660m²인 숙박시설을 건축허가하는 경우에는 미리 도지사의 승인을 받아야 한다.

13. X
3층 이상 또는 연면적 합계가 1,000m² 이상인 경우 도지사의 승인을 받아야 한다.

14 허가권자는 허가를 받은 자가 허가를 받은 날부터 5년 이내에 공사에 착수하지 않거나 공사를 착수했으나 공사의 완료가 불가능하다고 인정하는 경우에는 그 허가를 취소해야 한다.

14. X
2년 이내에 공사에 착수하지 않을 때

15 국토교통부장관이나 시·도지사는 건축허가를 제한하고자 하는 경우에 제한기간은 1회에 한해 3년 이내로 하되, 제한기간의 연장은 1회에 한해 2년 이내로 해야 한다.

15. X
제한기간은 2년 이내로 하되, 제한기간의 연장은 1회에 한해 1년 이내로 할 것

16 용도변경하고자 하는 부분의 바닥면적 합계가 200m² 이상인 용도변경의 설계에 관해서는 「건축법」 제23조(건축물의 설계)의 규정을 준용한다.

16. X
바닥면적 합계가 500m² 이상인 용도변경이어야 한다.

17 자연녹지지역에 건축하는 건축물에 대하여는 조경 등의 조치를 하여야 한다.

17. X
조경 등의 조치를 하지 아니할 수 있다.

18 허가권자는 사용승인신청을 받은 경우에는 그 신청서를 접수한 날부터 15일 이내에 건축주에게 사용승인서를 교부해야 한다.

18. X
7일 이내에 건축주에게 사용승인서를 교부해야 한다.

19 「건축법」상 도로는 보행 및 자동차 통행이 가능한 너비 4m 이상의 도로를 말하나 아직 개설되지 않은 예정도로는 포함되지 않는다.

19. X
예정도로도 「건축법」상 도로이다.

20 막다른 도로로 당해 도로의 길이가 10m 이상 35m 미만인 막다른 도로인 경우에는 너비 4m 이상이어야 도로이다.

20. X
너비 3m 이상이어야 도로이다.

제4장 건축법

21 연면적의 합계가 2,000m²(공장은 3,000m²) 이상인 건축물의 대지는 너비 4m 이상의 도로에 6m 이상 접해야 한다.

21. X
너비 6m 이상의 도로에 4m 이상 접해야 한다.

22 소요너비에 미달되는 너비의 도로인 경우에는 그 중심선으로부터 소요너비에 상당하는 수평거리를 후퇴한 선을 건축선으로 한다.

22. X
소요너비에 상당하는 수평거리 → 소요너비의 2분의 1에 상당하는 수평거리

23 지표로부터 높이 4.5m 이하에 있는 출입구와 창문은 개폐시에 건축선의 수직면을 넘는 구조로 하면 안 된다.

23. X
도로면으로부터 높이 4.5m 이하이다.

24 건축주는 6층 이상으로서 연면적이 2,000m² 이상인 건축물의 건축은 승강기를 설치해야 하며, 높이 21m를 초과하는 건축물은 승강기 외에 비상용 승강기를 추가로 설치해야 한다.

24. X
비상용 승강기는 높이 31m를 초과하는 경우에 설치한다.

25 대지가 녹지지역과 그 밖의 지역·지구 또는 구역에 걸치는 경우에는 각 지역·지구 또는 구역의 건축물 및 대지에 관한 규정을 적용한다.

25. O

26 건축물이 있는 대지는 주거지역에서 150m² 이상에서 당해 지방자치단체의 조례가 정하는 면적에 미달되게 분할할 수 없다.

26. X
주거지역에서 60m² 이상이다.

27 건축분쟁전문위원회는 당사자의 조정신청을 받은 때에는 60일 이내에, 재정신청을 받은 때에는 120일 이내에 그 절차를 완료하여야 한다.

27. O

28 준주거지역 또는 상업지역에서 건축물을 건축하는 경우에는 건축물의 각 부분을 정북방향으로의 인접대지 경계선으로부터 거리에 따라 대통령령으로 정하는 높이 이하로 해야 한다.

28. X
준주거지역 또는 상업지역에서 → 전용주거지역 또는 일반주거지역에서

29 상업지역에서 연면적 합계가 5,000m² 이상인 숙박시설은 공개공지를 대지면적의 15% 이하의 범위에서 건축조례로 정한 면적을 설치할 대상이다.

29. X
15% → 10%

30 국토교통부장관이 특별건축구역을 지정하거나 동 구역에 건축하는 건축물에 대한 건축허가를 할 때에는 중앙건축위원회의 심의를 거쳐야 한다.

30. X
국토교통부장관은 허가권자가 아니다.

CHAPTER 05 주택법

학습포인트

- 「주택법」에서는 용어의 정의, 주택의 종류, 주택조합, 사업계획승인, 사용검사, 공급질서교란행위, 전매제한, 리모델링, 투기과열지구 등에 관해 주의를 기울여야 할 것이다.
- 「주택공급에 관한 규칙」에 대해서는 예상 외로 출제빈도가 낮은데, 이 부분은 기출문제와 최근 개정사항을 중심으로 정리하는 것이 효율적일 것이다.

CHAPTER 학습 & 출제되는 키워드

- ☑ 주택의 구분
- ☑ 간선시설의 설치
- ☑ 공사의 완료
- ☑ 분양가상한제
- ☑ 리모델링
- ☑ 주택조합
- ☑ 토지 등의 확보
- ☑ 주택공급질서교란행위의 금지
- ☑ 주택의 전매행위제한
- ☑ 주택상환사채
- ☑ 사업계획승인
- ☑ 국·공유지의 우선매각 및 임대
- ☑ 주택건설대지의 처분제한
- ☑ 투기과열지구

CHAPTER 학습 & 출제되는 질문

- ☑ 주택법령상 용어에 관한 설명으로 틀린 것은?
- ☑ 주택건설사업 또는 대지조성사업의 등록에 관한 설명 중 옳은 것은?
- ☑ 양도·양수 등이 금지된 증서 또는 지위에 해당하지 않는 것은?
- ☑ 주택의 공급 및 분양가상한제에 관한 설명으로 틀린 것은?
- ☑ 투기과열지구 및 전매제한 등에 관한 설명 중 틀린 것은?
- ☑ 리모델링에 관한 설명 중 옳은 것은?

제1절 총설

01 목적

1972년 「주택건설촉진법」이 제정되었다. 2002년 「도시 및 주거환경정비법」이 제정될 때에 재건축에 관한 사항이 「주택건설촉진법」에서 분리되어 「도시 및 주거환경정비법」에 규정되었고, 2004년 「주택건설촉진법」이 전부개정되면서 법률명칭도 「주택법」으로 변경되었다. 그리고 2016년 공동주택의 체계적 관리를 위하여 「주택법」에서 분리하여 「공동주택관리법」도 제정되었다.

「주택법」은 쾌적하고 살기 좋은 주거환경 조성에 필요한 주택의 건설·공급 및 주택시장의 관리 등에 관한 사항을 정함으로써 국민의 주거안정과 주거수준의 향상에 이바지함을 목적으로 한다(법 제1조).

02 용어의 정의 (법 제2조) ★★★   10·15·27·29·32·34회 출제

1 주택

주택이란 세대(世帶)의 구성원이 장기간 독립된 주거생활을 할 수 있는 구조로 된 건축물의 전부 또는 일부 및 그 부속토지를 말하며, <u>단독주택과 공동주택으로 구분</u>한다.

2 단독주택

단독주택이란 1세대가 하나의 건축물 안에서 독립된 주거생활을 할 수 있는 구조로 된 주택을 말하며, 단독주택의 종류와 범위는 다음과 같다(영 제2조).

1) 「건축법 시행령」에 따른 단독주택
2) 「건축법 시행령」에 따른 다중주택
    다음의 요건을 모두 갖춘 주택
    ① 학생 또는 직장인 등 여러 사람이 장기간 거주할 수 있는 구조로 되어 있는 것
    ② 독립된 주거의 형태를 갖추지 아니한 것(각 실별로 욕실은 설치할 수 있으나, 취사시설은 설치하지 아니한 것을 말한다)
    ③ 1개 동의 주택으로 쓰이는 바닥면적의 합계가 330㎡ 이하이고 주택으로 쓰는 층수(지하층은 제외)가 3개층 이하일 것

3) 「건축법 시행령」에 따른 다가구주택

다음의 요건을 모두 갖춘 주택으로서 공동주택에 해당하지 아니하는 것
① 주택으로 쓰는 층수(지하층은 제외)가 3개층 이하일 것
② 1개 동의 주택으로 쓰이는 바닥면적의 합계가 660㎡ 이하일 것
③ 19세대 이하가 거주할 수 있을 것

3 공동주택

공동주택이란 건축물의 벽·복도·계단이나 그 밖의 설비 등의 전부 또는 일부를 공동으로 사용하는 각 세대가 하나의 건축물 안에서 각각 독립된 주거생활을 할 수 있는 구조로 된 주택을 말하며, 공동주택의 종류와 범위는 다음과 같다(영 제3조).

1) **「건축법 시행령」에 따른 아파트**   주택으로 쓰는 층수가 5개층 이상인 주택
2) **「건축법 시행령」에 따른 연립주택**   주택으로 쓰는 1개 동의 바닥면적 합계가 660㎡를 초과하고, 층수가 4개층 이하인 주택
3) **「건축법 시행령」에 따른 다세대주택**   주택으로 쓰는 1개 동의 바닥면적 합계가 660㎡ 이하이고, 층수가 4개층 이하인 주택

4 준주택

준주택이란 주택 외의 건축물과 그 부속토지로서 주거시설로 이용가능한 시설 등을 말하며, 준주택의 범위와 종류는 다음과 같다(영 제4조).

1) 「건축법 시행령」에 따른 기숙사
2) 「건축법 시행령」에 따른 다중생활시설
3) 「건축법 시행령」에 따른 노인복지시설 중 노인복지주택
4) 「건축법 시행령」에 따른 오피스텔

5 국민주택 29회 출제

국민주택이란 다음의 어느 하나에 해당하는 주택으로서 국민주택규모 이하인 주택을 말한다.

1) 국가·지방자치단체, 한국토지주택공사 또는 지방공사가 건설하는 주택
2) 국가·지방자치단체의 재정 또는 「주택도시기금법」에 따른 주택도시기금으로부터 자금을 지원받아 건설되거나 개량되는 주택

6 국민주택규모

국민주택규모란 주거의 용도로만 쓰이는 면적(이하 "주거전용면적"이라 한다)이 1호(戶) 또는 1세대당 85㎡ 이하인 주택(「수도권정비계획법」에 따른 수도권을 제외한 도시지역이 아닌 읍 또는 면 지역은 1호 또는 1세대당 주거전용면적이 100㎡ 이하인 주택을 말한다)을 말한다.

7 민영주택

민영주택이란 국민주택을 제외한 주택을 말한다.

8 임대주택

임대주택이란 임대를 목적으로 하는 주택으로서, 「공공주택 특별법」에 따른 공공임대주택과 「민간임대주택에 관한 특별법」에 따른 민간임대주택으로 구분한다.

9 토지임대부 분양주택

토지임대부 분양주택이란 토지의 소유권은 사업계획의 승인을 받아 토지임대부 분양주택 건설사업을 시행하는 자가 가지고, 건축물 및 복리시설(福利施設) 등에 대한 소유권[건축물의 전유부분(專有部分)에 대한 구분소유권은 이를 분양받은 자가 가지고, 건축물의 공용부분·부속건물 및 복리시설은 분양받은 자들이 공유한다]은 주택을 분양받은 자가 가지는 주택을 말한다.

10 세대구분형 공동주택 34회 출제

세대구분형 공동주택이란 공동주택의 주택 내부 공간의 일부를 세대별로 구분하여 생활이 가능한 구조로 하되, 그 구분된 공간의 일부를 구분소유 할 수 없는 주택으로서 다음의 구분에 따른 요건을 충족하는 공동주택을 말한다. 건설 또는 설치되는 주택과 관련하여 주택건설기준 등을 적용하는 경우 세대구분형 공동주택의 세대수는 그 구분된 공간의 세대수에 관계없이 하나의 세대로 산정한다(영 제9조).

> 1) 「주택법」에 따른 사업계획의 승인을 받아 건설하는 세대구분형 공동주택의 경우 : 다음의 요건을 모두 충족할 것
>   ① 세대별로 구분된 각각의 공간마다 별도의 욕실, 부엌과 현관을 설치할 것
>   ② 하나의 세대가 통합하여 사용할 수 있도록 세대 간에 연결문 또는 경량구조의 경계벽 등을 설치할 것
>   ③ 세대구분형 공동주택의 세대수가 해당 주택단지 안의 공동주택 전체 세대수의 1/3을 넘지 않을 것
>   ④ 세대별로 구분된 각각의 공간의 주거전용면적 합계가 해당 주택단지 전체 주거전용면적 합계의 1/3을 넘지 않는 등 국토교통부장관이 정하여 고시하는 주거전용면적의 비율에 관한 기준을 충족할 것

2) 「공동주택관리법」에 따른 행위의 허가를 받거나 신고를 하고 설치하는 세대구분형 공동주택의 경우 : 다음의 요건을 모두 충족할 것
① 구분된 공간의 세대수는 기존 세대를 포함하여 2세대 이하일 것
② 세대별로 구분된 각각의 공간마다 별도의 욕실, 부엌과 구분 출입문을 설치할 것
③ 세대구분형 공동주택의 세대수가 해당 주택단지 안의 공동주택 전체 세대수의 1/10과 해당 동의 전체 세대수의 1/3을 각각 넘지 않을 것. 다만, 특별자치시장, 특별자치도지사, 시장, 군수 또는 자치구의 구청장(이하 "시장·군수·구청장"이라 한다)이 부대시설의 규모 등 해당 주택단지의 여건을 고려하여 인정하는 범위에서 세대수의 기준을 넘을 수 있다.
④ 구조, 화재, 소방 및 피난안전 등 관계법령에서 정하는 안전기준을 충족할 것

단락문제 Q1 제29회 기출

주택법령상 용어의 정의에 따를 때 '주택'에 해당하지 않는 것을 모두 고른 것은?

ㄱ. 3층의 다가구주택   ㄴ. 2층의 공관   ㄷ. 4층의 다세대주택
ㄹ. 3층의 기숙사   ㅁ. 7층의 오피스텔

① ㄱ, ㄴ, ㄷ   ② ㄱ, ㄹ, ㅁ   ③ ㄴ, ㄷ, ㄹ
④ ㄴ, ㄹ, ㅁ   ⑤ ㄷ, ㄹ, ㅁ

해설 용어의 정의
(1) 주택법령상 단독주택의 종류
 1) 단독주택 2) 다중주택 3) 다가구주택
(2) 주택법령상 공동주택의 종류
 1) 아파트   2) 연립주택 3) 다세대주택

정답 ④

11 도시형 생활주택 33·35회 출제

도시형 생활주택이란 300세대 미만의 국민주택규모에 해당하는 주택으로서 도시지역에 건설하는 다음의 주택을 말한다. 이 경우 하나의 건축물에는 도시형 생활주택과 그 밖의 주택을 함께 건축할 수 없으며, 단지형 연립주택 또는 단지형 다세대주택과 아파트형 주택을 함께 건축할 수 없다. 다만, <u>도시형 생활주택과 주거전용면적이 85㎡를 초과하는 주택 1세대를 함께 건축하는 경우와 준주거지역 또는 상업지역에서 아파트형 주택과 도시형 생활주택 외의 주택을 함께 건축하는 경우는 예외로 한다</u>(영 제10조).

1) 아파트형 주택
   주택법령에 따른 아파트로서 다음의 요건을 모두 갖춘 공동주택
   ① 세대별로 독립된 주거가 가능하도록 욕실 및 부엌을 설치할 것
   ② 지하층에는 세대를 설치하지 않을 것

2) 단지형 연립주택
   주택법령에 따른 연립주택. 다만, 「건축법」에 따른 건축위원회의 심의를 받은 경우에는 <u>주택으로 쓰는 층수를 5개층까지 건축할 수 있다.</u>

3) 단지형 다세대주택
   주택법령에 따른 다세대주택. 다만, 「건축법」에 따른 건축위원회의 심의를 받은 경우에는 주택으로 쓰는 층수를 5개층까지 건축할 수 있다.

12 에너지절약형 친환경주택

에너지절약형 친환경주택이란 저에너지 건물 조성기술 등 대통령령으로 정하는 기술을 이용하여 에너지 사용량을 절감하거나 이산화탄소 배출량을 저감할 수 있도록 건설된 주택을 말하며, 그 종류와 범위는 「주택건설기준 등에 관한 규정」으로 정한다.

13 건강친화형 주택

건강친화형 주택이란 건강하고 쾌적한 실내환경의 조성을 위하여 실내공기의 오염물질 등을 최소화할 수 있도록 「주택건설기준 등에 관한 규정」으로 정하는 기준에 따라 건설된 주택을 말한다.

14 장수명 주택(長壽命 住宅)

장수명 주택이란 구조적으로 오랫동안 유지·관리될 수 있는 내구성을 갖추고, 입주자의 필요에 따라 내부구조를 쉽게 변경할 수 있는 가변성과 수리 용이성 등이 우수한 주택을 말한다.

부동산공법

단락문제 Q2
제34회 기출

주택법령상 「공동주택관리법」에 따른 행위의 허가를 받거나 신고를 하고 설치하는 세대구분형 공동주택이 충족하여야 하는 요건에 해당하는 것을 모두 고른 것은? (단, 조례는 고려하지 않음)

> ㄱ. 하나의 세대가 통합하여 사용 할 수 있도록 세대간에 연결문 또는 경량구조의 경계벽 등을 설치할 것
> ㄴ. 구분된 공간의 세대수는 기존 세대를 포함하여 2세대 이하일 것
> ㄷ. 세대별로 구분된 각각의 공간마다 별도의 욕실, 부엌과 구분 출입문을 설치할 것
> ㄹ. 구조, 화재, 소방 및 피난안전 등 관계 법령에서 정하는 안전 기준을 충족할 것

① ㄱ, ㄴ, ㄷ ② ㄱ, ㄴ, ㄹ ③ ㄱ, ㄷ, ㄹ
④ ㄴ, ㄷ, ㄹ ⑤ ㄱ, ㄴ, ㄷ, ㄹ

해설 세대구분형 공동주택의 용어정의
ㄱ. 하나의 세대가 통합하여 사용 할 수 있도록 세대간에 연결문 또는 경량구조의 경계벽 등을 설치할 것의 요건은 「주택법」에 따른 사업계획의 승인을 받아 건설하는 세대구분형 공동주택의 충족 요건에 해당한다.   **정답** ④

15 주거전용면적의 산정방법

주거전용면적의 산정방법은 다음의 기준에 따른다(규칙 제2조).

1) 단독주택의 경우
단독주택의 바닥면적에서 지하실(거실로 사용되는 면적은 제외한다), 본 건축물과 분리된 창고·차고 및 화장실의 면적을 제외한 면적. 다만, 그 주택이 다가구주택에 해당하는 경우 그 바닥면적에서 본 건축물의 지상층에 있는 부분으로서 복도, 계단, 현관 등 2세대 이상이 공동으로 사용하는 부분의 면적도 제외한다.

2) 공동주택의 경우
<u>외벽의 내부선을 기준으로 산정한 면적</u>. 다만, 2세대 이상이 공동으로 사용하는 부분으로서 다음의 어느 하나에 해당하는 공용면적은 제외하며, 이 경우 바닥면적에서 주거전용면적을 제외하고 남는 외벽면적은 공용면적에 가산한다.
① 복도·계단·현관 등 공동주택의 지상층에 있는 공용면적
② 위의 공용면적을 제외한 지하층·관리사무소 등 그 밖의 공용면적

16 사업주체

사업주체란 주택건설사업계획 또는 대지조성사업계획의 승인을 받아 그 사업을 시행하는 다음의 자를 말한다.

1) 국가·지방자치단체
2) 한국토지주택공사 또는 지방공사
3) 주택건설사업자 또는 대지조성사업자
4) 그 밖에 이 법에 따라 주택건설사업 또는 대지조성사업을 시행하는 자

17 주택조합

주택조합이란 많은 수의 구성원이 사업계획의 승인을 받아 주택을 마련하거나 리모델링하기 위하여 결성하는 다음의 조합을 말한다.

1) **지역주택조합**

다음 구분에 따른 지역에 거주하는 주민이 주택을 마련하기 위하여 설립한 조합
① 서울특별시·인천광역시 및 경기도
② 대전광역시·충청남도 및 세종특별자치시

 주택조합

1) 주택조합의 종류
   ① 지역주택조합
   ② 직장주택조합
   ③ 리모델링 주택조합

2) 설립인가 취소
   주택조합(또는 조합원)이 주택법령이나 이에 따른 처분에 위반한 때에는 시장·군수·구청장은 설립인가를 취소할 수 있으며, 이 경우 미리 청문을 실시해야 한다.

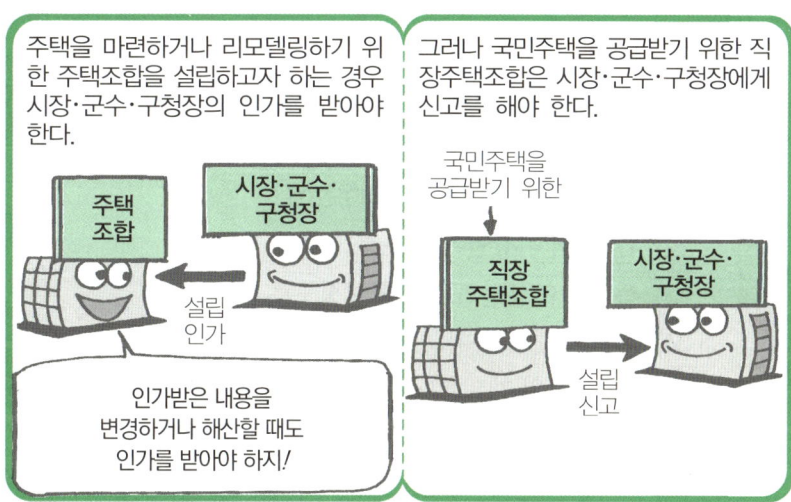

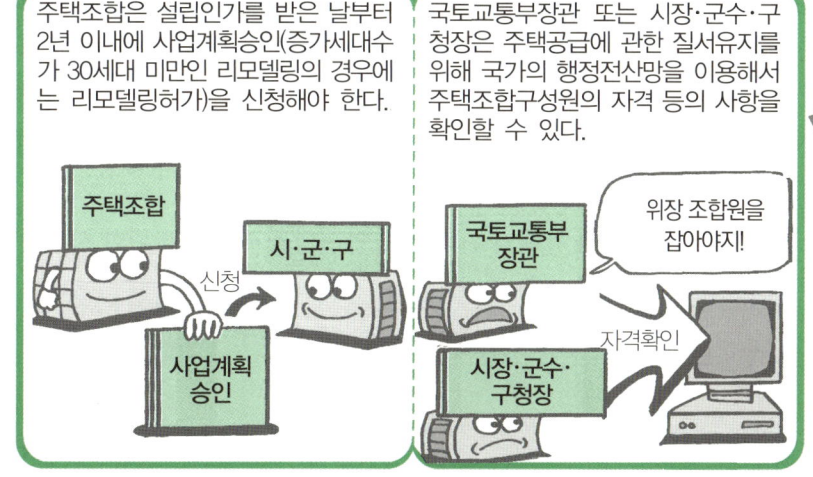

③ 충청북도
④ 광주광역시 및 전라남도
⑤ 전북특별자치도
⑥ 대구광역시 및 경상북도
⑦ 부산광역시·울산광역시 및 경상남도
⑧ 강원특별자치도
⑨ 제주특별자치도

2) **직장주택조합**
같은 직장의 근로자가 주택을 마련하기 위하여 설립한 조합

3) **리모델링 주택조합**
공동주택의 소유자가 그 주택을 리모델링하기 위하여 설립한 조합

18 주택단지 27·30·32회 출제

주택단지란 주택건설사업계획 또는 대지조성사업계획의 승인을 받아 주택과 그 부대시설 및 복리시설을 건설하거나 대지를 조성하는 데 사용되는 일단(一團)의 토지를 말한다. 다만, 다음의 시설로 분리된 토지는 각각 별개의 주택단지로 본다(영 제5조 제1항).

1) 철도·고속도로·자동차전용도로
2) 폭 20m 이상인 일반도로
3) 폭 8m 이상인 도시계획예정도로
4) 보행자 및 자동차의 통행이 가능한 도로로서 다음의 어느 하나에 해당하는 도로
   ① 「국토의 계획 및 이용에 관한 법률」에 따른 도시·군계획시설인 도로로서 주간선도로, 보조간선도로, 집산도로(集散道路) 및 폭 8m 이상인 국지도로
   ② 「도로법」에 따른 일반국도·특별시도·광역시도 또는 지방도
   ③ 그 밖에 관계법령에 따라 설치된 도로로서 위의 도로에 준하는 도로

그러나 사업계획승인권자가 다음의 요건을 모두 충족한다고 인정하여 사업계획을 승인한 도로는 주택단지의 구분기준이 되는 도로에서 제외한다(영 제5조 제2항).

1) 인근 주민의 통행권 확보 및 교통편의 제고 등을 위해 기존의 도로를 국토교통부령으로 정하는 기준에 적합하게 유지·변경할 것
2) 보행자 통행의 편리성 및 안전성을 확보하기 위한 시설을 국토교통부령으로 정하는 바에 따라 설치할 것

제5장 주택법

단락문제 Q3 제27회 기출

주택법령상 주택단지가 일정한 시설로 분리된 토지는 각각 별개의 주택단지로 본다. 그 시설에 해당하지 <u>않는</u> 것은?
① 고속도로
② 폭 20m의 도시계획예정도로
③ 폭 15m의 일반도로
④ 자동차전용도로
⑤ 보행자 및 자동차의 통행이 가능한 도로로서 「도로법」에 의한 일반국도

해설 주택단지
폭 20m 이상의 일반도로로 분리된 토지는 각각 별개의 주택단지로 본다.   **정답** ③

19 부대시설

부대시설이란 주택에 딸린 다음의 시설 또는 설비를 말한다(법 제2조 제13호, 영 제6조).

1) 주차장, 관리사무소, 담장 및 주택단지 안의 도로
2) 「건축법」에 따른 건축설비
3) 보안등, 대문, 경비실 및 자전거보관소
4) 조경시설, 옹벽 및 축대
5) 안내표지판 및 공중화장실
6) 저수시설, 지하양수시설 및 대피시설
7) 쓰레기 수거 및 처리시설, 오수처리시설, 정화조
8) 소방시설, 냉난방공급시설(지역난방공급시설은 제외한다) 및 방범설비
9) 「환경친화적 자동차의 개발 및 보급 촉진에 관한 법률」에 따른 전기자동차에 전기를 충전하여 공급하는 시설
10) 「전기통신사업법」 등 다른 법령에 따라 거주자의 편익을 위해 주택단지에 의무적으로 설치해야 하는 시설로서 사업주체 또는 입주자의 설치 및 관리의무가 없는 시설
11) 그 밖에 위의 시설 또는 설비와 비슷한 것으로서 사업계획승인권자가 주택의 사용 및 관리를 위해 필요하다고 인정하는 시설 또는 설비

20 복리시설 35회 출제

복리시설이란 주택단지의 입주자 등의 생활복리를 위한 다음의 공동시설을 말한다(법 제2조 제14호, 영 제7조).

1) 어린이놀이터, 근린생활시설, 유치원, 주민운동시설 및 경로당
2) 「건축법 시행령」에 따른 제1종 근린생활시설
3) 「건축법 시행령」에 따른 제2종 근린생활시설(총포판매소, 장의사, 다중생활시설, 단란주점 및 안마시술소는 제외한다)
4) 「건축법 시행령」에 따른 종교시설
5) 「건축법 시행령」에 따른 판매시설 중 소매시장 및 상점
6) 「건축법 시행령」에 따른 교육연구시설
7) 「건축법 시행령」에 따른 노유자시설
8) 「건축법 시행령」에 따른 수련시설
9) 「건축법 시행령」에 따른 업무시설 중 금융업소
10) 「산업집적활성화 및 공장설립에 관한 법률」에 따른 지식산업센터
11) 「사회복지사업법」에 따른 사회복지관
12) 공동작업장
13) 주민공동시설
14) 도시·군계획시설인 시장
15) 그 밖에 위의 시설과 비슷한 시설로서 국토교통부령으로 정하는 공동시설 또는 사업계획승인권자가 거주자의 생활복리 또는 편익을 위하여 필요하다고 인정하는 시설

21 기반시설

기반시설이란 「국토의 계획 및 이용에 관한 법률」에 따른 기반시설을 말한다.

22 기간시설

기간시설(基幹施設)이란 도로·상하수도·전기시설·가스시설·통신시설·지역난방시설 등을 말한다.

23 간선시설

간선시설(幹線施設)이란 도로·상하수도·전기시설·가스시설·통신시설 및 지역난방시설 등 주택단지(둘 이상의 주택단지를 동시에 개발하는 경우에는 각각의 주택단지를 말한다) 안의 기간시설을 그 주택단지 밖에 있는 같은 종류의 기간시설에 연결시키는 시설을 말한다. 다만, 가스시설·통신시설 및 지역난방시설의 경우에는 주택단지 안의 기간시설을 포함한다.

제5장 주택법

24 공구

공구란 하나의 주택단지에서 다음의 요건을 모두 충족하는 둘 이상으로 구분되는 일단의 구역으로, 착공신고 및 사용검사를 별도로 수행할 수 있는 구역을 말한다(법 제2조 제18호, 영 제8조).

1) 다음의 어느 하나에 해당하는 시설을 설치하거나 공간을 조성하여 6m 이상의 너비로 공구 간 경계를 설정할 것
   ① 「주택건설기준 등에 관한 규정」에 따른 주택단지 안의 도로
   ② 주택단지 안의 지상에 설치되는 부설주차장
   ③ 주택단지 안의 옹벽 또는 축대
   ④ 식재·조경이 된 녹지
   ⑤ 그 밖에 어린이놀이터 등 부대시설이나 복리시설로서 사업계획 승인권자가 적합하다고 인정하는 시설
2) 공구별 세대수는 300세대 이상으로 할 것

25 공공택지 28회 출제

공공택지란 다음의 어느 하나에 해당하는 공공사업에 의하여 개발·조성되는 공동주택이 건설되는 용지를 말한다(법 제2조 제24호).

1) 「주택법」에 따른 국민주택건설사업 또는 대지조성사업
2) 「택지개발촉진법」에 따른 택지개발사업. 다만, 주택건설등 사업자가 활용하는 택지는 제외
3) 「산업입지 및 개발에 관한 법률」에 따른 산업단지개발사업
4) 「공공주택 특별법」에 따른 공공주택지구조성사업
5) 「민간임대주택에 관한 특별법」에 따른 공공지원 민간임대주택 공급촉진지구 조성사업 (공공주택사업자가 수용 또는 사용의 방식으로 시행하는 사업만 해당한다)
6) 「도시개발법」에 따른 도시개발사업(공공사업시행자 또는 공공사업시행자가 50/100 비율을 초과하여 출자한 법인 등 대통령령으로 정하는 요건에 해당하는 법인이 수용 또는 사용의 방식으로 시행하는 사업과 혼용방식 중 수용 또는 사용의 방식이 적용되는 구역에서 시행하는 사업만 해당한다)
7) 「경제자유구역의 지정 및 운영에 관한 특별법」에 따른 경제자유구역개발사업(수용 또는 사용의 방식으로 시행하는 사업과 혼용방식 중 수용 또는 사용의 방식이 적용되는 구역에서 시행하는 사업만 해당한다)
8) 「혁신도시 조성 및 발전에 관한 특별법」에 따른 혁신도시개발사업
9) 「신행정수도 후속대책을 위한 연기·공주지역 행정중심복합도시 건설을 위한 특별법」에 따른 행정중심복합도시건설사업
10) 「공익사업을 위한 토지 등의 취득 및 보상에 관한 법률」에 따른 공익사업으로서 대통령령으로 정하는 사업

26 리모델링

리모델링이란 「주택법」에 따라 건축물의 노후화 억제 또는 기능 향상 등을 위한 다음의 어느 하나에 해당하는 행위를 말한다(법 제2조 제25호, 영 제13조).

1) 대수선(大修繕)

2) 「주택법」에 따른 사용검사일(주택단지 안의 공동주택 전부에 대하여 임시사용승인을 받은 경우에는 그 임시사용승인일을 말한다) 또는 「건축법」에 따른 사용승인일부터 15년(15년 이상 20년 미만의 연수 중 시·도의 조례로 정하는 경우에는 그 연수로 한다)이 지난 공동주택을 각 세대의 주거전용면적(「건축법」에 따른 건축물대장 중 집합건축물대장의 전유부분의 면적을 말한다)의 30% 이내(세대의 주거전용면적이 85㎡ 미만인 경우에는 40% 이내)에서 증축하는 행위. 이 경우 공동주택의 기능 향상 등을 위하여 공용부분에 대하여도 별도로 증축할 수 있다.

3) 증축 행위에 따른 각 세대의 증축 가능 면적을 합산한 면적의 범위에서 기존 세대수의 15% 이내에서 세대수를 증가하는 증축 행위(이하 "세대수 증가형 리모델링"이라 한다). 다만, 수직으로 증축하는 행위(이하 "수직증축형 리모델링"이라 한다)는 다음 요건을 모두 충족하는 경우로 한정한다. **35회 출제**

   ① 수직증축형 리모델링의 대상이 되는 기존 건축물의 층수가 15층 이상인 경우: 3개층 이하에서 증축할 것
   ② 수직증축형 리모델링의 대상이 되는 기존 건축물의 층수가 14층 이하인 경우: 2개층 이하에서 증축할 것
   ③ 수직증축형 리모델링의 대상이 되는 기존 건축물의 신축 당시 구조도를 보유하고 있을 것

27 리모델링 기본계획

리모델링 기본계획이란 세대수 증가형 리모델링으로 인한 도시과밀, 이주수요 집중 등을 체계적으로 관리하기 위하여 수립하는 계획을 말한다.

단락문제 Q4
제22회 기출

주택법령상 용어에 관한 설명으로 틀린 것은?
① 주택단지의 입주자 등의 생활복리를 위한 유치원은 복리시설에 해당한다.
② 주택에 딸린 관리사무소는 부대시설에 해당한다.
③ 「건축법 시행령」에 따른 숙박시설로서 제2종 근린생활시설에 해당하지 않는 다중생활시설은 준주택에 해당한다.
④ 도시형 생활주택이란 300세대 미만의 국민주택규모에 해당하는 주택으로서 대통령령으로 정하는 주택을 말한다.
⑤ 수도권에 소재한 읍 또는 면 지역의 경우 국민주택규모의 주택이란 1호(戶) 또는 1세대당 주거전용면적이 $100m^2$ 이하인 주택을 말한다.

해설 주택법령상의 용어
국민주택규모의 주택은 주거전용면적이 $85m^2$ 이하인 주택을 가리킨다. 다만, 수도권이 아닌 지역의 비도시지역인 읍·면의 경우에는 주거전용면적이 $100m^2$ 이하인 주택을 가리킨다.   **정답** ⑤

03 다른 법률과의 관계

주택의 건설 및 공급에 관하여 다른 법률에 특별한 규정이 있는 경우를 제외하고는 「주택법」에서 정하는 바에 따른다(법 제3조).

제2절 주택의 건설

01 주택건설사업자

1 주택건설사업자 등의 등록범위

연간 단독주택의 경우에는 20호 이상, 공동주택의 경우에는 20세대[도시형 생활주택(아파트형 주택과 주거전용면적이 85m²를 초과하는 주택 1세대를 함께 건축하는 경우를 포함한다)의 경우에는 30세대] 이상의 주택건설사업을 시행하려는 자 또는 연간 1만m² 이상의 대지조성사업을 시행하려는 자는 국토교통부장관에게 등록하여야 한다. 다만, 다음의 사업주체의 경우에는 그러하지 아니하다(법 제4조 제1항, 영 제14조 제1·2항).

1) 국가·지방자치단체
2) 한국토지주택공사
3) 지방공사
4) 「공익법인의 설립·운영에 관한 법률」에 따라 주택건설사업을 목적으로 설립된 공익법인
5) 주택조합(등록사업자와 공동으로 주택건설사업을 하는 주택조합만 해당한다)
6) 근로자를 고용하는 자(등록사업자와 공동으로 주택건설사업을 시행하는 고용자만 해당한다)

2 주택건설사업자 등의 등록기준

주택건설사업 또는 대지조성사업의 등록을 하려는 자는 다음의 요건을 모두 갖추어야 한다. 이 경우 하나의 사업자가 주택건설사업과 대지조성사업을 함께 할 때에는 자본금 및 사무실면적의 기준은 중복하여 적용하지 아니한다(영 제14조 제3항).

1) **자본금**   3억원(개인인 경우에는 자산평가액 6억원) 이상
2) 다음의 구분에 따른 기술인력
   ① **주택건설사업**
      「건설기술 진흥법 시행령」에 따른 건축 분야 기술인 1명 이상
   ② **대지조성사업**
      「건설기술 진흥법 시행령」에 따른 토목 분야 기술인 1명 이상
3) **사무실면적**   사업의 수행에 필요한 사무장비를 갖출 수 있는 면적

3 주택건설사업 등의 등록절차

주택건설사업 또는 대지조성사업의 등록을 하려는 자는 신청서에 국토교통부령으로 정하는 서류를 첨부하여 국토교통부장관에게 제출하여야 한다(영 제15조 제1항).

국토교통부장관은 주택건설사업 또는 대지조성사업의 등록을 한 자(이하 "등록사업자"라 한다)를 등록부에 등재하고 등록증을 발급하여야 한다(영 제15조 제2항).

등록사업자는 등록사항에 변경이 있으면 국토교통부령으로 정하는 바에 따라 변경사유가 발생한 날부터 30일 이내에 국토교통부장관에게 신고하여야 한다. 다만, 자본금, 기술자의 수 또는 사무실 면적이 증가하거나 등록기준에 미달하지 아니하는 범위에서 감소한 경우의 경미한 변경에 대해서는 그러하지 아니하다(영 제15조 제3항, 규칙 제4조 제7항).

단락문제 Q5 제18회 기출

주택법령상 주택건설사업 또는 대지조성사업의 등록에 관한 설명 중 옳은 것은?
① 지방자치단체가 주택건설사업을 시행하고자 하는 경우에는 국토교통부장관에게 등록해야 한다.
② 한국토지주택공사가 대지조성사업을 시행하고자 하는 경우에는 국토교통부장관에게 등록해야 한다.
③ 지방공사가 주택건설사업을 시행하고자 하는 경우에는 국토교통부장관에게 등록하지 않아도 된다.
④ 근로자를 고용하고 있는 고용자가 등록사업자와 공동으로 근로자의 주택을 건설하는 주택건설사업을 시행하고자 하는 경우에는 국토교통부장관에게 등록해야 한다.
⑤ 한국토지주택공사가 주택건설사업을 시행하고자 하는 경우에는 국토교통부장관에게 등록해야 한다.

해설 주택건설사업 또는 대지조성사업의 등록
지방자치단체, 한국토지주택공사, 지방공사, 등록사업자와 공동으로 주택건설사업을 하는 고용자는 등록을 하지 않고도 주택건설사업을 할 수 있다.

정답 ③

4 공동사업주체

토지소유자가 주택을 건설하는 경우에는 등록사업자와 공동으로 사업을 시행할 수 있다. 이 경우 토지소유자와 등록사업자를 공동사업주체로 본다(법 제5조 제1항).

주택조합(세대수를 증가하지 아니하는 리모델링 주택조합은 제외한다)이 그 구성원의 주택을 건설하는 경우에는 등록사업자(지방자치단체·한국토지주택공사 및 지방공사를 포함한다)와 공동으로 사업을 시행할 수 있다. 이 경우 주택조합과 등록사업자를 공동사업주체로 본다(법 제5조 제2항).

고용자가 그 근로자의 주택을 건설하는 경우에는 등록사업자와 공동으로 사업을 시행하여야 한다. 이 경우 고용자와 등록사업자를 공동사업주체로 본다(법 제5조 제3항).

5 공동사업주체의 사업시행

(1) 토지소유자와 등록사업자의 사업시행 요건
공동으로 주택을 건설하려는 토지소유자와 등록사업자는 다음의 요건을 모두 갖추어 사업계획승인을 신청하여야 한다(영 제16조 제1항).

1) 등록사업자가 다음의 어느 하나에 해당하는 자일 것
   ① 자본금이 5억원(개인인 경우에는 자산평가액 10억원) 이상이면서, 건축 분야 및 토목 분야 기술인 3명 이상(건축기사 및 토목 분야 기술인 각 1명이 포함)을 보유하고, 최근 5년간의 주택건설 실적이 100호 또는 100세대 이상의 요건을 모두 갖춘 자
   ② 「건설산업기본법」에 따른 건설업(건축공사업 또는 토목건축공사업만 해당한다)의 등록을 한 자

2) 주택건설대지가 저당권·가등기담보권·가압류·전세권·지상권 등의 목적으로 되어 있는 경우에는 그 저당권등을 말소할 것. 다만, 저당권등의 권리자로부터 해당 사업의 시행에 대한 동의를 받은 경우는 예외로 한다.

3) 토지소유자와 등록사업자 간에 다음의 사항에 대하여 법 및 이 영이 정하는 범위에서 협약이 체결되어 있을 것
   ① 대지 및 주택(부대시설 및 복리시설을 포함한다)의 사용·처분
   ② 사업비의 부담
   ③ 공사기간
   ④ 그 밖에 사업추진에 따르는 각종 책임 등 사업추진에 필요한 사항

(2) 주택조합과 등록사업자의 사업시행요건
공동으로 주택을 건설하려는 주택조합(세대수를 늘리지 아니하는 리모델링 주택조합은 제외한다)과 등록사업자, 지방자치단체, 한국토지주택공사 또는 지방공사는 다음의 요건을 모두 갖추어 사업계획승인을 신청하여야 한다(영 제16조 제2항).

1) 등록사업자와 공동으로 사업을 시행하는 경우에는 해당 등록사업자가 사업시행 요건을 갖출 것

2) 주택조합이 주택건설대지의 소유권을 확보하고 있을 것. 다만, 지역주택조합 또는 직장주택조합이 등록사업자와 공동으로 사업을 시행하는 경우로서 지구단위계획의 결정이 필요한 사업인 경우에는 95% 이상의 소유권을 확보하여야 한다.

(3) 고용자와 등록사업자의 사업시행요건
고용자가 등록사업자와 공동으로 주택을 건설하려는 경우에는 다음의 요건을 모두 갖추어 사업계획승인을 신청하여야 한다(영 제16조 제3항).

1) 등록사업자의 사업시행요건을 모두 갖추고 있을 것
2) 고용자가 해당 주택건설대지의 소유권을 확보하고 있을 것

6 등록사업자의 결격사유

다음의 어느 하나에 해당하는 자는 주택건설사업 등의 등록을 할 수 없다(법 제6조).

1) 미성년자·피성년후견인 또는 피한정후견인
2) 파산선고를 받은 자로서 복권되지 아니한 자
3) 「부정수표 단속법」 또는 이 법을 위반하여 금고 이상의 실형을 선고받고 그 집행이 끝나거나(집행이 끝난 것으로 보는 경우를 포함한다) 집행이 면제된 날부터 2년이 지나지 아니한 자
4) 「부정수표 단속법」 또는 이 법을 위반하여 금고 이상의 형의 집행유예를 선고받고 그 유예기간 중에 있는 자
5) 등록이 말소(미성년자·피성년후견인·피한정후견인 및 파산선고를 받은 자로서 복권되지 아니한 자에 해당하여 말소된 경우는 제외한다)된 후 2년이 지나지 아니한 자
6) 임원 중 위의 어느 하나에 해당하는 자가 있는 법인

7 등록사업자의 주택건설공사 시공기준

주택건설공사를 시공하려는 등록사업자는 다음의 요건을 모두 갖추어야 한다(영 제17조 제1항).

1) 자본금 5억원(개인인 경우에는 자산평가액 10억원) 이상일 것
2) 「건설기술 진흥법 시행령」에 따른 건축 분야 및 토목 분야 기술인 3명 이상을 보유하고 있을 것. 이 경우 건설기술인으로서 다음에 해당하는 건설기술인 각 1명이 포함되어야 한다.
    ① 건축시공 기술사 또는 건축기사
    ② 토목 분야 기술인
3) 최근 5년간의 주택건설 실적이 100호 또는 100세대 이상일 것

등록사업자가 건설할 수 있는 주택은 주택으로 쓰는 층수가 5개층 이하인 주택으로 한다. 다만, 각층 거실의 바닥면적 300㎡ 이내마다 1개소 이상의 직통계단을 설치한 경우에는 주택으로 쓰는 층수가 6개층인 주택을 건설할 수 있다(영 제17조 제2항).

다음의 어느 하나에 해당하는 등록사업자는 주택으로 쓰는 층수가 6개층 이상인 주택을 건설할 수 있다(영 제17조 제3항).

1) 주택으로 쓰는 층수가 6개층 이상인 아파트를 건설한 실적이 있는 자
2) 최근 3년간 300세대 이상의 공동주택을 건설한 실적이 있는 자

주택건설공사를 시공하는 등록사업자는 건설공사비(총공사비에서 대지구입비를 제외한 금액을 말한다)가 자본금과 자본준비금·이익준비금을 합한 금액의 10배(개인인 경우에는 자산평가액의 5배)를 초과하는 건설공사는 시공할 수 없다(영 제17조 제4항).

8 등록사업자의 등록말소 및 영업정지처분 기준

국토교통부장관은 등록사업자가 다음의 어느 하나에 해당하면 그 등록을 말소하거나 1년 이내의 기간을 정하여 영업의 정지를 명할 수 있다. 다만, 아래 **1) 또는 5)**에 해당하는 경우에는 그 등록을 말소하여야 한다(법 제8조 제1항).

1) 거짓이나 그 밖의 부정한 방법으로 등록한 경우(당연등록말소)
2) 등록기준에 미달하게 된 경우. 다만, 「채무자 회생 및 파산에 관한 법률」에 따라 법원이 회생절차개시의 결정을 하고 그 절차가 진행 중이거나 일시적으로 등록기준에 미달하는 등 대통령령으로 정하는 경우는 예외로 한다.
3) 고의 또는 과실로 공사를 잘못 시공하여 공중(公衆)에게 위해(危害)를 끼치거나 입주자에게 재산상 손해를 입힌 경우
4) 등록사업자의 결격사유에 해당하게 된 경우. 다만, 법인의 임원 중 결격사유에 해당하는 사람이 있는 경우 6개월 이내에 그 임원을 다른 사람으로 임명한 경우에는 그러하지 아니하다.
5) 등록증의 대여 등을 한 경우(당연등록말소)
6) 등록증을 빌리거나 허락 없이 등록사업자의 성명 또는 상호로 이 법에서 정한 사업이나 업무를 수행 또는 시공한 경우
7) 「주택법」에서 정한 사업이나 업무를 수행 또는 시공하기 위하여 등록사업자의 성명 또는 상호를 빌리는 등 금지행위를 교사하거나 방조한 경우
8) 다음의 어느 하나에 해당하는 경우
   ① 「건설기술 진흥법」에 따른 시공상세도면의 작성의무를 위반하거나 건설사업관리를 수행하는 건설기술인 또는 공사감독자의 검토·확인을 받지 아니하고 시공한 경우
   ② 「건설기술 진흥법」에 따른 시정명령을 이행하지 아니한 경우
   ③ 「건설기술 진흥법」에 따른 품질시험 및 검사를 하지 아니한 경우
   ④ 「건설기술 진흥법」에 따른 안전점검을 하지 아니한 경우
9) 「택지개발촉진법」을 위반하여 택지를 전매(轉賣)한 경우
10) 「표시·광고의 공정화에 관한 법률」에 따른 처벌을 받은 경우
11) 「약관의 규제에 관한 법률」에 따른 처분을 받은 경우
12) 그 밖에 이 법 또는 이 법에 따른 명령이나 처분을 위반한 경우

9 등록사업자에 대한 일반 행정처분 기준(영 제18조)

위반행위의 횟수에 따른 행정처분의 기준은 최근 1년간 같은 위반행위로 처분을 받은 경우에 적용한다. 이 경우 행정처분기준의 적용은 같은 위반행위에 대하여 최초로 행정처분을 한 날과 그 행정처분 후 다시 적발한 날을 기준으로 한다.

같은 등록사업자가 둘 이상의 위반행위를 한 경우로서 그에 해당하는 각각의 처분기준이 다른 경우에는 다음의 기준에 따라 처분한다.

1) 가장 무거운 위반행위에 대한 처분기준이 등록말소인 경우에는 등록말소처분을 한다.
2) 각 위반행위에 대한 처분기준이 영업정지인 경우에는 가장 중한 처분의 1/2까지 가중할 수 있되, 각 처분기준을 합산한 기간을 초과할 수 없다. 이 경우 그 합산한 영업정지기간이 1년을 초과하는 때에는 1년으로 한다.

국토교통부장관은 위반행위의 동기·내용·횟수 및 위반의 정도 등 다음에 해당하는 사유를 고려하여 행정처분을 가중하거나 감경할 수 있다. 이 경우 그 처분이 영업정지인 경우에는 그 처분기준의 1/2의 범위에서 가중(가중한 영업정지기간은 1년을 초과할 수 없다)하거나 감경할 수 있고, 등록말소인 경우(당연등록말소에 해당하는 경우는 제외한다)에는 6개월 이상의 영업정지처분으로 감경할 수 있다.

1) 가중사유
① 위반행위가 고의나 중대한 과실에 따른 것으로 인정되는 경우
② 위반의 내용과 정도가 중대하여 입주자 등 소비자에게 주는 피해가 크다고 인정되는 경우

2) 감경사유
① 위반행위가 사소한 부주의나 오류에 따른 것으로 인정되는 경우
② 위반의 내용과 정도가 경미하여 입주자 등 소비자에게 미치는 피해가 적다고 인정되는 경우
③ 위반행위자가 처음 위반행위를 한 경우로서 3년 이상 해당 사업을 모범적으로 해 온 사실이 인정되는 경우
④ 위반행위자가 그 위반행위로 검사로부터 기소유예 처분을 받거나 법원으로부터 선고유예의 판결을 받은 경우
⑤ 위반행위자가 해당 사업과 관련 지역사회의 발전 등에 기여한 사실이 인정되는 경우
⑥ 등록사업자가 청문 또는 「행정절차법」에 따른 의견제출 기한까지 등록기준을 보완하고 그 증명서류를 제출하는 경우

10 등록말소처분 등을 받은 자의 사업수행

등록말소 또는 영업정지 처분을 받은 등록사업자는 그 처분 전에 사업계획승인을 받은 사업은 계속 수행할 수 있다. 다만, 등록말소 처분을 받은 등록사업자가 그 사업을 계속 수행할 수 없는 중대하고 명백한 사유가 있을 경우에는 그러하지 아니하다(법 제9조).

11 영업실적 등의 제출

등록사업자는 국토교통부령으로 정하는 바에 따라 매년 영업실적(개인인 사업자가 해당 사업에 1년 이상 사용한 사업용 자산을 현물출자하여 법인을 설립한 경우에는 그 개인인 사업자의 영업실적을 포함한 실적을 말하며, 등록말소 후 다시 등록한 경우에는 다시 등록한 이후의 실적을 말한다)과 영업계획 및 기술인력 보유 현황을 국토교통부장관에게 제출하여야 한다(법 제10조 제1항).

등록사업자는 국토교통부령을 정하는 바에 따라 월별 주택분양계획 및 분양실적을 국토교통부장관에게 제출하여야 한다(법 제10조 제2항).

02 주택조합

1 주택조합의 종류

1) 지역주택조합	동일한 생활권 지역에 거주하는 주민이 주택을 마련하기 위하여 설립한 조합
2) 직장주택조합	같은 직장의 근로자가 주택을 마련하기 위하여 설립한 조합
3) 리모델링 주택조합	공동주택의 소유자가 그 주택을 리모델링하기 위하여 설립한 조합

2 주택조합원의 자격 (영 제21조)

구분	조합원의 수	조합원의 자격	비 고
지역주택조합	20명 이상	1) 조합설립인가 신청일(해당 주택건설대지가 투기과열지구 안에 있는 경우에는 조합설립인가 신청일 1년 전의 날을 말함)부터 해당 조합주택의 입주 가능일까지 주택을 소유하고 있지 아니한 세대의 세대주이거나 세대주를 포함한 세대원 중 1명에 한정하여 주거전용면적 85㎡ 이하의 주택 1채를 소유한 세대주일 것 2) 설립인가신청일 현재 동일한 생활권 지역에 6개월 이상 계속하여 거주하여 온 사람일 것 3) 본인 또는 본인과 같은 세대별 주민등록표에 등재되어 있지 않은 배우자가 같은 또는 다른 지역주택조합의 조합원이거나 직장주택조합의 조합원이 아닐 것 4) 주택조합의 조합원이 근무·질병치료·유학·결혼 등 부득이한 사유로 세대주 자격을 일시적으로 상실한 경우로서 시장·군수·구청장이 인정하는 경우에는 조합원자격이 있는 것으로 본다.	① 조합원의 사망으로 그 지위를 상속받는 자는 조합원이 될 수 있다. ② 상속·유증 또는 주택 소유자와의 혼인으로 인하여 주택을 취득한 때에는 사업주체로부터 부적격자 통보를 받은 날로부터 3월 이내에 해당 주택을 처분하면 주택을 소유하지 아니한 것으로 본다.
직장주택조합	20명 이상	1) 조합설립인가 신청일(해당 주택건설대지가 투기과열지구 안에 있는 경우에는 조합설립인가 신청일 1년 전의 날을 말함)부터 해당 조합주택의 입주 가능일까지 주택을 소유하고 있지 아니한 세대의 세대주이거나 세대주를 포함한 세대원 중 1명에 한정하여 주거전용면적 85㎡ 이하의 주택 1채를 소유한 세대주일 것. 다만, 국민주택을 공급받기 위한 직장주택조합의 경우에는 무주택 세대주로 한정한다. 2) 조합설립인가 신청일 현재 동일한 특별시·광역시·특별자치시·특별자치도·시 또는 군(광역시의 관할구역에 있는 군은 제외함) 안에 소재하는 동일한 국가기관·지방자치단체·법인에 근무하는 사람일 것 3) 본인 또는 본인과 같은 세대별 주민등록표에 등재되어 있지 않은 배우자가 같은 또는 다른 지역주택조합의 조합원이거나 직장주택조합의 조합원이 아닐 것 4) 주택조합의 조합원이 근무·질병치료·유학·결혼 등 부득이한 사유로 세대주 자격을 일시적으로 상실한 경우로서 시장·군수·구청장이 인정하는 경우에는 조합원자격이 있는 것으로 본다.	
리모델링주택조합		1) ① 사업계획승인을 받아 건설한 공동주택의 소유자 ② 복리시설을 함께 리모델링하는 경우에는 해당 복리시설의 소유자 ③ 건축허가를 받아 분양을 목적으로 건설한 공동주택의 소유자(해당 건축물에 공동주택 외의 시설이 있는 경우에는 해당 시설의 소유자를 포함한다) 2) 해당 공동주택, 복리시설 또는 공동주택 외의 시설의 소유권이 여러 명의 공유(共有)에 속할 때에는 그 여러 명을 대표하는 1명을 조합원으로 본다. 3) 주택조합의 조합원이 근무·질병치료·유학·결혼 등 부득이한 사유로 세대주 자격을 일시적으로 상실한 경우로서 시장·군수·구청장이 인정하는 경우에는 조합원자격이 있는 것으로 본다.	

3 주택조합의 설립인가

많은 수의 구성원이 주택을 마련하거나 리모델링하기 위하여 주택조합을 설립하려는 경우(국민주택을 공급받기 위한 직장주택조합의 경우는 제외한다)에는 관할 시장·군수·구청장의 인가를 받아야 한다. 인가받은 내용을 변경하거나 주택조합을 해산하려는 경우에도 시장·군수·구청장의 인가를 받아야 한다(법 제11조 제1항).

4 직장주택조합의 설립신고

국민주택을 공급받기 위하여 직장주택조합을 설립하려는 자는 관할 시장·군수·구청장에게 신고하여야 한다. 신고한 내용을 변경하거나 직장주택조합을 해산하려는 경우에도 시장·군수·구청장에게 신고하여야 한다(법 제11조 제5항).

5 주택조합의 설립인가 신청

(1) 주택조합설립인가의 토지사용권원 및 토지소유권 확보

주택을 마련하기 위하여 주택조합설립인가를 받으려는 자는 다음의 요건을 모두 갖추어야 한다. 다만, 인가받은 내용을 변경하거나 주택조합을 해산하려는 경우에는 그러하지 아니하다(법 제11조 제2항).

1) 해당 주택건설대지의 80% 이상에 해당하는 토지의 사용권원을 확보할 것
2) 해당 주택건설대지의 15% 이상에 해당하는 토지의 소유권을 확보할 것

(2) 리모델링 주택조합설립인가 시의 결의

주택을 리모델링하기 위하여 주택조합을 설립하려는 경우에는 다음의 구분에 따른 구분소유자(「집합건물의 소유 및 관리에 관한 법률」에 따른 구분소유자를 말한다)와 의결권(「집합건물의 소유 및 관리에 관한 법률」에 따른 의결권을 말한다)의 결의를 증명하는 서류를 첨부하여 관할 시장·군수·구청장의 인가를 받아야 한다(법 제11조 제3항).

1) 주택단지 전체를 리모델링하고자 하는 경우에는 주택단지 전체의 구분소유자와 의결권의 각 2/3 이상의 결의 및 각 동의 구분소유자와 의결권의 각 과반수의 결의
2) 동을 리모델링하고자 하는 경우에는 그 동의 구분소유자 및 의결권의 각 2/3 이상의 결의

6 주택조합의 설립인가신청 시 제출서류 30회 출제

주택조합의 설립·변경 또는 해산의 인가를 받으려는 자는 신청서에 다음의 구분에 따른 서류를 첨부하여 주택건설대지(리모델링 주택조합의 경우에는 해당 주택의 소재지를 말한다)를 관할하는 시장·군수·구청장에게 제출해야 한다(영 제20조 제1항).

1) 지역·직장주택조합설립인가의 경우
① 창립총회의 회의록
② 조합장선출동의서
③ 조합원 전원이 자필로 연명한 조합규약
④ 조합원 명부
⑤ 사업계획서
⑥ 해당 주택건설대지의 80% 이상에 해당하는 토지의 사용권원을 확보하였음을 증명하는 서류
⑦ 해당 주택건설대지의 15% 이상에 해당하는 토지의 소유권을 확보하였음을 증명하는 서류
⑧ 그 밖에 국토교통부령이 정하는 서류

2) 리모델링 주택조합설립인가의 경우
① 창립총회의 회의록
② 조합장선출동의서
③ 조합원 전원이 자필로 연명한 조합규약
④ 조합원 명부
⑤ 사업계획서
⑥ 리모델링 주택조합설립인가 시의 결의를 증명하는 서류(이 경우 결의서에는 리모델링 설계의 개요·공사비 및 조합원의 비용분담내역이 기재되어야 한다)
⑦ 「건축법」에 따라 건축기준의 완화 적용이 결정된 경우에는 그 증명서류
⑧ 해당 주택이 사용검사일부터 대수선인 리모델링은 10년[증축인 리모델링은 15년(15년 이상 20년 미만의 연수 중 시·도의 조례가 정하는 경우 그 연수)] 이상의 기간이 지났음을 증명하는 서류

7 주택조합규약의 포함사항

주택조합규약에는 다음의 사항이 포함되어야 한다(영 제20조 제2항).

1) 조합의 명칭 및 사무소의 소재지
2) 조합원의 자격에 관한 사항
3) 주택건설대지의 위치 및 면적
4) 조합원의 제명·탈퇴 및 교체에 관한 사항
5) 조합임원의 수·업무범위(권리·의무를 포함한다)·보수·선임방법·변경 및 해임에 관한 사항
6) 조합원의 비용부담 시기·절차 및 조합의 회계
7) 조합원의 제명·탈퇴에 따른 환급금의 산정방식, 지급시기 및 절차에 관한 사항
8) 사업의 시행시기 및 시행방법
9) 총회의 소집절차·소집시기 및 조합원의 총회소집요구에 관한 사항
10) 총회의 의결을 요하는 사항과 그 의결정족수 및 의결절차
11) 사업이 종결된 때의 청산절차, 청산금의 징수·지급방법 및 지급절차
12) 조합비의 사용명세와 총회의결사항의 공개 및 조합원에 대한 통지방법
13) 조합규약의 변경절차
14) 그 밖에 조합의 사업추진 및 조합 운영을 위하여 필요한 사항

8 총회 개최의 직접 출석 또는 전자적 방법 의결 29회 출제

(1) 총회의 조합원 직접 출석 의결

총회의 의결을 하는 경우에는 조합원의 100분의 10 이상이 직접 출석하여야 한다. 다만, 창립총회 또는 국토교통부령으로 정하는 사항을 의결하는 총회의 경우에는 조합원의 100분의 20 이상이 직접 출석하여야 한다(영 제20조 제4항).

(2) 전자적 방법의 총회 개최

총회의 소집시기에 해당 주택건설대지가 위치한 시·군·구에 「감염병의 예방 및 관리에 관한 법률」에 따라 여러 사람의 집합을 제한하거나 금지하는 조치가 내려진 경우에는 전자적 방법으로 총회를 개최해야 한다. 이 경우 조합원의 의결권 행사는 「전자서명법」의 전자서명 및 인증서(서명자의 실제 이름을 확인할 수 있는 것으로 한정한다)를 통해 본인 확인을 거쳐 전자적 방법으로 해야 한다(영 제20조 제5항).

단락문제 Q6 제20회 기출

주택법령상 주택조합에 관한 설명으로 틀린 것은?

① 국민주택을 공급받기 위해 직장주택조합을 설립하려는 자는 관할 시·도지사의 허가를 받아야 한다.
② 리모델링 주택조합이 아닌 주택조합은 주택건설예정세대수의 2분의 1 이상의 조합원으로 구성하되, 그 수는 20명 이상이어야 한다.
③ 주거전용면적 90㎡의 주택 1채를 소유하고 있는 세대주인 자는 국민주택을 공급받기 위하여 설립하는 직장주택조합의 조합원이 될 수 없다.
④ 지역주택조합의 경우 설립인가를 받은 날부터 2년 이내에 사업계획승인을 신청하여야 한다.
⑤ 주택조합은 등록사업자가 소유하는 공공택지를 주택건설대지로 사용해서는 아니 된다. 다만, 경매 또는 공매를 통하여 취득한 공공택지는 예외로 한다.

해설 주택조합의 설립
국민주택을 공급받기 위해 직장주택조합을 설립하려는 자는 관할 시장·군수 또는 구청장에게 신고해야 한다. 직장주택조합 또는 지역주택조합의 조합원이 되기 위해서는 무주택이거나 주거전용면적 85㎡ 이하의 주택 1채를 소유하고 있는 세대주여야 한다.   **정답** ①

9 조합원의 수 28회 출제

주택조합(리모델링 주택조합은 제외한다)은 주택조합 설립인가를 받는 날부터 사용검사를 받는 날까지 계속하여 다음의 요건을 모두 충족해야 한다(영 제20조 제7항).

1) 주택건설 예정 세대수(설립인가 당시의 사업계획서상 주택건설 예정 세대수를 말하되, 임대주택으로 건설·공급하는 세대수는 제외한다)의 50% 이상의 조합원으로 구성할 것. 다만, 사업계획승인 등의 과정에서 세대수가 변경된 경우에는 변경된 세대수를 기준으로 한다.
2) 조합원은 20명 이상일 것

10 리모델링 주택조합설립에 동의한 자

리모델링 주택조합 설립에 동의한 자로부터 건축물을 취득한 자는 리모델링 주택조합 설립에 동의한 것으로 본다(영 제20조 제8항).

11 주택조합의 설립인가여부 결정

시장·군수·구청장은 해당 주택건설대지에 대한 다음의 사항을 종합적으로 검토하여 주택조합의 설립인가 여부를 결정하여야 한다. 이 경우 그 주택건설대지가 이미 인가를 받은 다른 주택조합의 주택건설대지와 중복되지 아니하도록 하여야 한다(영 제20조 제9항).

1) 법 또는 관계법령에 따른 건축기준 및 건축제한 등을 고려하여 해당 주택건설대지에 주택건설이 가능한지 여부
2) 「국토의 계획 및 이용에 관한 법률」에 따라 수립되었거나 해당 주택건설사업기간에 수립될 예정인 도시·군계획에 부합하는지 여부
3) 이미 수립되어 있는 토지이용계획
4) 주택건설대지 중 토지 사용에 관한 권원을 확보하지 못한 토지가 있는 경우 해당 토지의 위치가 사업계획서상의 사업시행에 지장을 줄 우려가 있는지 여부

12 조합원의 탈퇴 및 비용환급

(1) 조합원의 탈퇴

조합원은 조합규약으로 정하는 바에 따라 조합에 탈퇴 의사를 알리고 탈퇴할 수 있다(법 제11조 제8항).

(2) 탈퇴한 조합원의 비용환급

탈퇴한 조합원(제명된 조합원을 포함한다)은 조합규약으로 정하는 바에 따라 부담한 비용의 환급을 청구할 수 있다(법 제11조 제9항).

13 지역·직장주택조합 조합원의 교체·신규가입 등 27·28회 출제

(1) 조합원의 교체·신규가입

지역주택조합 또는 직장주택조합은 설립인가를 받은 후에는 해당 조합원을 교체하거나 신규로 가입하게 할 수 없다. 다만, 조합원수가 주택건설예정세대수를 초과하지 아니하는 범위에서 시장·군수·구청장으로부터 조합원 추가모집의 승인을 받은 경우와 다음의 어느 하나에 해당하는 사유로 결원이 발생한 범위에서 충원하는 경우에는 예외로 한다(영 제22조 제1항).

1) 조합원의 사망
2) 사업계획의 승인 이후[지역주택조합 또는 직장주택조합이 해당 주택건설대지 전부의 소유권을 확보하지 아니하고 사업계획승인을 받은 경우에는 해당 주택건설대지 전부의 소유권(해당 주택건설대지가 저당권등의 목적으로 되어 있는 경우에는 그 저당권등의 말소를 포함한다)을 확보한 이후를 말한다]에 입주자로 선정된 지위(해당 주택에 입주할 수 있는 권리·자격 또는 지위 등을 말함)가 양도·증여 또는 판결 등으로 변경된 경우. 다만, 전매가 금지되는 경우는 제외한다.

3) 조합원의 탈퇴 등으로 조합원수가 주택건설 예정 세대수의 50% 미만이 되는 경우
4) 조합원이 무자격자로 판명되어 자격을 상실하는 경우
5) 사업계획승인 등의 과정에서 주택건설 예정 세대수가 변경되어 조합원 수가 변경된 세대수의 50% 미만이 되는 경우

(2) 조합원자격요건의 충족여부판단시기

조합원으로 추가모집되거나 충원되는 자가 조합원 자격요건을 갖추었는지를 판단할 때에는 해당 조합설립인가 신청일을 기준으로 한다(영 제22조 제2항).

(3) 조합원 추가모집승인의 기한

조합원 추가모집의 승인과 조합원 추가모집에 따른 주택조합의 변경인가신청은 사업계획승인신청일까지 하여야 한다(영 제22조 제3항).

14 주택조합의 사업계획승인신청 등

(1) 사업계획승인의 신청기한

주택조합은 설립인가를 받은 날부터 2년 이내에 사업계획승인(사업계획승인 대상이 아닌 리모델링의 경우에는 허가를 말한다)을 신청하여야 한다(영 제23조 제1항).

(2) 등록사업자 소유토지의 사용금지

주택조합은 등록사업자가 소유하는 공공택지를 주택건설대지로 사용해서는 아니 된다. 다만, 경매 또는 공매를 통하여 취득한 공공택지는 예외로 한다(영 제23조 제2항).

15 공동사업주체인 등록사업자의 책임

주택조합과 등록사업자가 공동으로 사업을 시행하면서 시공할 경우 등록사업자는 시공자로서의 책임뿐만 아니라 자신의 귀책사유로 사업추진이 불가능하게 되거나 지연됨으로 인하여 조합원에게 입힌 손해를 배상할 책임이 있다(법 제11조 제4항).

16 조합원에게 우선공급

주택조합(리모델링 주택조합은 제외함)은 그 구성원을 위하여 건설하는 주택을 그 조합원에게 우선 공급할 수 있으며, 직장주택조합에 대하여는 사업주체가 국민주택을 그 직장주택조합원에게 우선 공급할 수 있다(법 제11조 제6항).

17 주택조합업무의 대행 등

(1) 업무대행자의 범위

주택조합(리모델링 주택조합은 제외한다) 및 주택조합의 발기인은 조합원 모집 등 주택조합의 업무를 공동사업주체인 등록사업자 또는 다음의 어느 하나에 해당하는 자로서 법인인 경우는 5억원 이상의 자본금을 보유한 자, 개인인 경우는 10억원 이상의 자산평가액을 보유한 자 외의 자에게 대행하게 할 수 없다(법 제11조의2 제1항, 영 제24조2).

1) 「주택법」에 따른 등록사업자
2) 「공인중개사법」에 따른 중개업자
3) 「도시 및 주거환경정비법」에 따른 정비사업전문관리업자
4) 「부동산개발업의 관리 및 육성에 관한 법률」에 따른 등록사업자
5) 「자본시장과 금융투자업에 관한 법률」에 따른 신탁업자
6) 그 밖에 다른 법률에 따라 등록한 자로서 대통령령으로 정하는 자

(2) 업무대행자의 업무범위

업무대행자에게 대행시킬 수 있는 주택조합의 업무는 다음과 같다(법 제11조의2 제2항, 규칙 제7조의2).

1) 조합원 모집, 토지 확보, 조합설립인가 신청 등 조합설립을 위한 업무의 대행
2) 사업성 검토 및 사업계획서 작성업무의 대행
3) 설계자 및 시공자 선정에 관한 업무의 지원
4) 사업계획승인 신청 등 사업계획승인을 위한 업무의 대행
5) 계약금 등 자금의 보관과 이와 관련된 업무의 대행
6) 총회 일시·장소 및 안건의 통지 등 총회 운영업무 지원
7) 조합 임원 선거관리업무 지원

(3) 신탁업자에게 대행

주택조합 및 주택조합의 발기인은 대행업무 중 계약금 등 자금의 보관업무는 신탁업자에게 대행하도록 하여야 한다(법 제11조의2 제3항).

(4) 업무대행자의 업무 실적보고서 작성

업무대행자는 국토교통부령으로 정하는 바에 따라 사업연도별로 분기마다 해당 업무의 실적보고서를 작성하여 주택조합 또는 주택조합의 발기인에게 제출하여야 한다(법 제11조의2 제4항).

(5) 업무대행자의 손해배상책임

주택조합의 업무를 대행하는 자는 신의에 따라 성실하게 업무를 수행하여야 하고, 거짓 또는 과장 등의 방법으로 주택조합의 가입을 알선하여서는 아니 되며, 자신의 귀책사유로 조합 또는 조합원에게 손해를 입힌 경우에는 그 손해를 배상할 책임이 있다(법 제11조의2 제5항).

(6) 표준업무대행계약서의 작성·보급

국토교통부장관은 주택조합의 원활한 사업추진 및 조합원의 권리 보호를 위하여 공정거래위원회 위원장과 협의를 거쳐 표준업무대행계약서를 작성·보급할 수 있다(법 제11조의2 제6항).

18 조합원 모집 신고 및 공개모집

(1) 조합원 모집 신고

지역주택조합 또는 직장주택조합의 설립인가를 받기 위하여 조합원을 모집하려는 자는 해당 주택건설대지의 50% 이상에 해당하는 토지의 사용권원을 확보하여 관할 시장·군수·구청장에게 신고하고, 공개모집의 방법으로 조합원을 모집하여야 한다. 조합 설립인가를 받기 전에 신고한 내용을 변경하는 경우에도 또한 같다(법 제11조의3 제1항).

(2) 선착순방법의 모집

공개모집 이후 조합원의 사망·자격상실·탈퇴 등으로 인한 결원을 충원하거나 미달된 조합원을 재모집하는 경우에는 신고하지 아니하고 선착순의 방법으로 조합원을 모집할 수 있다(법 제11조의3 제2항).

(3) 조합원모집 신고의 수리 금지

시장·군수·구청장은 다음의 어느 하나에 해당하는 경우에는 조합원 모집 신고를 수리할 수 없다(법 제11조의3 제5항).

1) 이미 신고된 사업대지와 일부 또는 전부가 중복되는 경우
2) 이미 수립되었거나 수립 예정인 도시·군계획, 이미 수립된 토지이용계획 또는 이 법이나 관계법령에 따른 건축기준 및 건축제한 등에 따라 해당 주택건설대지에 조합주택을 건설할 수 없는 경우
3) 조합업무를 대행할 수 있는 자가 아닌 자와 업무대행계약을 체결한 경우 등 신고내용이 법령에 위반되는 경우
4) 신고한 내용이 사실과 다른 경우

(4) 주택조합 발기인의 주택조합 가입 의제

주택조합의 발기인은 조합원 모집 신고를 하는 날 주택조합에 가입한 것으로 본다. 이 경우 주택조합의 발기인은 그 주택조합의 가입신청자와 동일한 권리와 의무가 있다(법 제11조의3 제7항).

(5) 모집주체의 설명의무

모집주체는 주택조합 가입에 관한 계약서를 주택조합 가입신청자가 이해할 수 있도록 설명하여야 한다(법 제11조의4 제1항).

(6) 확인설명서의 보관

모집주체는 설명한 내용을 주택조합 가입신청자가 이해하였음을 국토교통부령으로 정하는 바에 따라 서면으로 확인을 받아 주택조합 가입신청자에게 교부하여야 하며, 그 사본을 5년간 보관하여야 한다(법 제11조의4 제2항).

19 조합원 모집 광고 등에 관한 준수사항

(1) 모집주체의 조합원 모집 광고 포함사항

모집주체가 주택조합의 조합원을 모집하기 위하여 광고를 하는 경우에는 다음의 내용이 포함되어야 한다(법 제11조의5 제1항. 영 제24조4 제1항).

1) "지역주택조합 또는 직장주택조합의 조합원 모집을 위한 광고"라는 문구
2) 조합원의 자격기준에 관한 내용
3) 주택건설대지의 사용권원 및 소유권을 확보한 비율
4) 조합의 명칭 및 사무소의 소재지
5) 조합원 모집 신고 수리일

(2) 모집주체의 조합원 모집 광고시 금지행위

모집주체가 조합원 가입을 권유하거나 모집 광고를 하는 경우에는 다음의 행위를 하여서는 아니 된다(법 제11조의5 제2항. 영 제24조4 제2항).

1) 조합주택의 공급방식, 조합원의 자격기준 등을 충분히 설명하지 않거나 누락하여 제한 없이 조합에 가입하거나 주택을 공급받을 수 있는 것으로 오해하게 하는 행위
2) 공동사업주체 간의 협약이나 사업계획승인을 통하여 확정될 수 있는 사항을 사전에 확정된 것처럼 오해하게 하는 행위
3) 사업추진 과정에서 조합원이 부담해야 할 비용이 추가로 발생할 수 있음에도 주택 공급가격이 확정된 것으로 오해하게 하는 행위
4) 주택건설대지의 사용권원 및 소유권을 확보한 비율을 사실과 다르거나 불명확하게 제공하는 행위

5) 조합사업의 내용을 사실과 다르게 설명하거나 그 내용의 중요한 사실을 은폐 또는 축소하는 행위
6) 시공자가 선정되지 않았음에도 선정된 것으로 오해하게 하는 행위

(3) 모집주체의 조합원 모집 광고 크기

모집주체는 조합원 모집 광고를 할 때 다음의 요건을 모두 갖춘 크기로 모집 광고 내용을 표기하여 일반인이 쉽게 인식할 수 있도록 해야 한다(영 제24조4 제3항).

1) 9포인트 이상일 것
2) 제목이 아닌 다른 내용보다 20% 이상 클 것

(4) 모집주체의 조합원 모집 광고 게재

모집주체는 해당 주택조합의 인터넷 홈페이지가 있는 경우 조합원 모집 광고를 시작한 날부터 7일 이내에 광고한 매체 및 기간을 표시하여 그 인터넷 홈페이지에 해당 광고를 게재해야 한다(영 제24조4 제4항).

20 조합 가입 철회 및 가입비 등의 반환

(1) 가입비등의 예치

모집주체는 주택조합의 가입을 신청한 자가 주택조합 가입을 신청하는 때에 납부하여야 하는 모든 금전(가입비등)을 대통령령으로 정하는 기관(예치기관)에 예치하도록 하여야 한다(법 제11조의6 제1항).

(2) 주택조합 가입에 관한 청약의 철회

주택조합의 가입을 신청한 자는 가입비등을 예치한 날부터 30일 이내에 주택조합 가입에 관한 청약을 철회할 수 있다(법 제11조의6 제2항).

(3) 청약 철회 효력 발생

청약 철회를 서면으로 하는 경우에는 청약 철회의 의사를 표시한 서면을 발송한 날에 그 효력이 발생한다(법 제11조의6 제3항).

(4) 가입비등의 반환 요청

모집주체는 주택조합의 가입을 신청한 자가 청약 철회를 한 경우 청약 철회 의사가 도달한 날부터 7일 이내에 예치기관의 장에게 가입비등의 반환을 요청하여야 한다(법 제11조의6 제4항).

(5) 가입비등의 반환

예치기관의 장은 가입비등의 반환 요청을 받은 경우 요청일부터 10일 이내에 그 가입비등을 예치한 자에게 반환하여야 한다(법 제11조의6 제5항).

(6) 위약금 또는 손해배상의 청구 금지

모집주체는 주택조합의 가입을 신청한 자에게 청약 철회를 이유로 위약금 또는 손해배상을 청구할 수 없다(법 제11조의6 제6항).

21 실적보고 및 관련 자료의 공개

(1) 주택조합의 발기인 또는 임원의 실적보고서 작성

주택조합의 발기인 또는 임원은 다음의 사항이 포함된 해당 주택조합의 실적보고서를 국토교통부령으로 정하는 바에 따라 사업연도별로 분기마다 작성하여야 한다(법 제12조 제1항).

1) 조합원(주택조합 가입신청자를 포함한다) 모집 현황
2) 해당 주택건설대지의 사용권원 및 소유권 확보 현황
3) 그 밖에 조합원이 주택조합의 사업 추진현황을 파악하기 위하여 필요한 사항으로서 국토교통부령으로 정하는 사항

(2) 주택조합의 발기인 또는 임원의 자료공개

주택조합의 발기인 또는 임원은 주택조합사업의 시행에 관한 다음의 서류 및 관련 자료가 작성되거나 변경된 후 15일 이내에 이를 조합원이 알 수 있도록 인터넷과 그 밖의 방법을 병행하여 공개하여야 한다(법 제12조 제2항).

1) 조합규약
2) 공동사업주체의 선정 및 주택조합이 공동사업주체인 등록사업자와 체결한 협약서
3) 설계자 등 용역업체 선정 계약서
4) 조합총회 및 이사회, 대의원회 등의 의사록
5) 사업시행계획서
6) 해당 주택조합사업의 시행에 관한 공문서
7) 회계감사보고서
8) 분기별 사업실적보고서
9) 업무대행자가 제출한 실적보고서
10) 그 밖에 주택조합사업 시행에 관하여 대통령령으로 정하는 서류 및 관련 자료

(3) 주택조합사업의 시행에 관한 서류와 관련 자료의 요청

주택조합사업의 시행에 관한 공개서류 및 다음을 포함하여 주택조합사업의 시행에 관한 서류와 관련 자료를 조합이 열람·복사 요청을 한 경우 주택조합의 발기인 또는 임원은 15일 이내에 그 요청에 따라야 한다. 이 경우 복사에 필요한 비용은 실비의 범위에서 청구인이 부담한다(법 제12조 제3항).

1) 조합원 명부
2) 주택건설대지의 사용권원 및 소유권확보 비율 등 토지 확보 관련 자료
3) 그 밖에 대통령령으로 정하는 서류 및 관련 자료

(4) 연간 자금운용 계획 등의 제출

주택조합의 발기인 또는 임원은 원활한 사업추진과 조합원의 권리보호를 위하여 연간 자금운용 계획 및 자금집행실적 등 국토교통부령으로 정하는 서류 및 자료를 국토교통부령으로 정하는 바에 따라 매년 정기적으로 시장·군수·구청장에게 제출하여야 한다(법 제12조 제4항).

22 조합임원의 결격사유

다음의 어느 하나에 해당하는 사람은 주택조합의 발기인 또는 조합의 임원이 될 수 없다. 지위가 상실된 발기인 또는 퇴직된 임원이 지위상실이나 퇴직 전에 관여한 행위는 그 효력을 상실하지 아니한다(법 제13조 제1·3항).

1) 미성년자·피성년후견인 또는 피한정후견인
2) 파산선고를 받은 사람으로서 복권되지 아니한 사람
3) 금고 이상의 실형을 선고받고 그 집행이 종료(종료된 것으로 보는 경우를 포함한다)되거나 집행이 면제된 날부터 2년이 지나지 아니한 사람
4) 금고 이상의 형의 집행유예를 선고받고 그 유예기간 중에 있는 사람
5) 금고 이상의 형의 선고유예를 받고 그 선고유예기간 중에 있는 사람
6) 법원의 판결 또는 다른 법률에 따라 자격이 상실 또는 정지된 사람
7) 해당 주택조합의 공동사업주체인 등록사업자 또는 업무대행사의 임직원

23 조합임원의 겸직 금지

주택조합의 임원은 다른 주택조합의 임원, 직원 또는 발기인을 겸할 수 없다(법 제13조 제4항).

24 주택조합에 대한 감독 등

국토교통부장관 또는 시장·군수·구청장은 주택공급에 관한 질서를 유지하기 위하여 특히 필요하다고 인정되는 경우에는 국가가 관리하고 있는 행정전산망 등을 이용하여 주택조합 구성원의 자격 등에 관하여 필요한 사항을 확인할 수 있다(법 제14조 제1항).

시장·군수·구청장은 주택조합 또는 주택조합의 구성원이 거짓이나 그 밖의 부정한 방법으로 설립인가를 받은 경우 또는 이 법에 따른 명령이나 처분을 위반한 경우에는 주택조합의 설립인가를 취소할 수 있다(법 제14조 제2항).

25 주택조합의 해산

(1) 주택조합의 해산 여부 결정
주택조합은 주택조합의 설립인가를 받은 날부터 3년이 되는 날까지 사업계획 승인을 받지 못하는 경우 대통령령으로 정하는 바에 따라 총회의 의결을 거쳐 해산 여부를 결정하여야 한다(법 제14조의2 제1항).

(2) 주택조합사업의 종결 여부 결정
주택조합의 발기인은 조합원 모집신고가 수리된 날부터 2년이 되는 날까지 주택조합 설립인가를 받지 못하는 경우 대통령령으로 정하는 바에 따라 주택조합 가입신청자 전원으로 구성되는 총회 의결을 거쳐 주택조합사업의 종결 여부를 결정하도록 하여야 한다(법 제14조의2 제2항).

(3) **주택조합의 해산 등의** 총회 개최
주택조합 또는 주택조합의 발기인은 주택조합의 해산 또는 주택조합 사업의 종결 여부를 결정하려는 경우에는 다음의 구분에 따른 날부터 3개월 이내에 총회를 개최해야 한다(영 제25조의2 제1항).

1) **주택조합 설립인가를 받은 날부터 3년이 되는 날까지 사업계획승인을 받지 못하는 경우**: 해당 설립인가를 받은 날부터 3년이 되는 날

2) **조합원 모집 신고가 수리된 날부터 2년이 되는 날까지 주택조합 설립인가를 받지 못하는 경우**:
해당 조합원 모집 신고가 수리된 날부터 2년이 되는 날

(4) 주택조합사업의 종결 여부 결정 총회의 요건
주택조합사업의 종결 여부 결정하는 총회는 다음의 요건을 모두 충족해야 한다(영 제25조의2 제3항).

1) 주택조합 가입 신청자의 2/3 이상의 찬성으로 의결할 것
2) 주택조합 가입 신청자의 20/100 이상이 직접 출석할 것. 다만, 전자적 방법의 총회 개최 의결에 해당하는 경우는 제외한다.
3) 전자적 방법의 총회 개최 의결에 해당하는 경우에는 전자적 방법의 총회 개최 의결에 따를 것

(5) 청산인
주택조합의 해산 또는 사업의 종결을 결의한 경우에는 주택조합의 임원 또는 발기인이 청산인이 된다. 다만, 조합규약 또는 총회의 결의로 달리 정한 경우에는 그에 따른다(영 제25조의2 제4항).

(6) 해산 또는 종결 총회의 소집 통지

해산 또는 종결 총회를 소집하려는 주택조합의 임원 또는 발기인은 총회가 개최되기 7일 전까지 회의 목적, 안건, 일시 및 장소를 정하여 조합원 또는 주택조합 가입신청자에게 통지하여야 한다(법 제14조의2 제3항).

26 주택조합의 회계감사 (법 제14조의3, 영 제26조)

주택조합은 다음의 어느 하나에 해당하는 날부터 30일 이내에 「주식회사 등의 외부감사에 관한 법률」에 따른 감사인의 회계감사를 받아야 한다.

1) 주택조합 설립인가를 받은 날부터 3개월이 지난 날
2) 사업계획승인(사업계획승인 대상이 아닌 리모델링인 경우에는 허가를 말한다)을 받은 날부터 3개월이 지난 날
3) 사용검사 또는 임시 사용승인을 신청한 날

회계감사를 한 자는 회계감사 종료일부터 15일 이내에 회계감사 결과를 관할 시장·군수·구청장에게 보고하고, 인터넷에 게재하는 등 해당 조합원이 열람할 수 있도록 하여야 한다.
시장·군수·구청장은 통보받은 회계감사 결과의 내용을 검토하여 위법 또는 부당한 사항이 있다고 인정되는 경우에는 그 내용을 해당 주택조합에 통보하고 시정을 요구할 수 있다.

27 주택조합사업의 시공보증

주택조합이 공동사업주체인 시공자를 선정한 경우 그 시공자는 공사의 시공보증(시공자가 공사의 계약상 의무를 이행하지 못하거나 의무이행을 하지 아니할 경우 보증기관에서 시공자를 대신하여 계약이행의무를 부담하거나 총공사금액의 30% 이상의 범위에서 주택조합이 정하는 금액을 납부할 것을 보증하는 것을 말한다)을 위하여 국토교통부령으로 정하는 기관의 시공보증서를 조합에 제출하여야 한다(법 제14조의4 제1항, 영 제26조의2).

단락문제 Q7 제27회 기출

주택법령상 주택조합에 관한 설명으로 옳은 것은?

① 국민주택을 공급받기 위하여 설립한 직장주택조합을 해산하려면 관할 시장·군수·구청장의 인가를 받아야 한다.
② 지역주택조합은 임대주택으로 건설·공급하여야 하는 세대수를 포함하여 주택건설예정세대수의 3분의 1 이상의 조합원으로 구성하여야 한다.
③ 리모델링 주택조합의 경우 공동주택의 소유권이 수인의 공유에 속하는 경우에는 그 수인 모두를 조합원으로 본다.
④ 지역주택조합의 설립 인가 후 조합원이 사망하였더라도 조합원수가 주택건설예정세대수의 2분의 1 이상을 유지하고 있다면 조합원을 충원할 수 없다.
⑤ 지역주택조합이 설립인가를 받은 후에 조합원을 추가모집한 경우에는 주택조합의 변경인가를 받아야 한다.

해설 주택조합
① 국민주택을 공급받기 위하여 설립한 직장주택조합을 해산하려면 관할 시장·군수·구청장에게 신고하여야 한다.
② 주택조합(리모델링 주택조합은 제외한다)은 주택건설 예정 세대수(설립인가 당시의 사업계획서상 주택건설 예정 세대수를 말하되, 임대주택으로 건설·공급하는 세대수는 제외한다)의 50% 이상의 조합원으로 구성하되, 조합원은 20명 이상이어야 한다.
③ 리모델링 주택조합의 경우 공동주택의 소유권이 수인의 공유에 속하는 경우에는 그 수인을 대표하는 1명을 조합원으로 본다.
④ 지역주택조합의 설립 인가 후 조합원이 사망하는 경우 결원이 발생한 범위에서 충원할 수 있다.

정답 ⑤

제5장 주택법

03 사업계획의 승인

28·32·35회 출제

1 사업계획승인대상

다음의 어느 하나에 해당하는 호수 이상의 주택건설사업을 시행하려는 자 또는 1만㎡ 이상의 대지조성사업을 시행하려는 자는 사업계획승인신청서에 주택과 그 부대시설 및 복리시설의 배치도, 대지조성공사 설계도서 등 대통령령으로 정하는 서류를 첨부하여 사업계획승인권자에게 제출하고 사업계획승인권자에게 사업계획승인을 받아야 한다(법 제15조 제1·2항, 영 제27조 제1·2항).

사업계획의 승인

원칙적으로 단독주택 30호(한옥의 경우 50호) 이상 또는 공동주택 30세대(단지형 연립주택 또는 단지형 다세대주택의 경우 50세대) 이상의 주택건설사업을 시행하고자 하는 자와 1만㎡ 이상의 대지조성사업을 시행하고자 하는 자는	사업승인신청서에 주택과 부대시설 및 복리시설의 배치도, 대지조성공사 설계도서 등을 첨부하여 사업계획승인권자에게 사업계획승인을 받아야 한다.	대지면적이 10만㎡ 이상은 시·도지사 또는 대도시 시장에게 제출하고 사업계획승인을 받아야 한다.

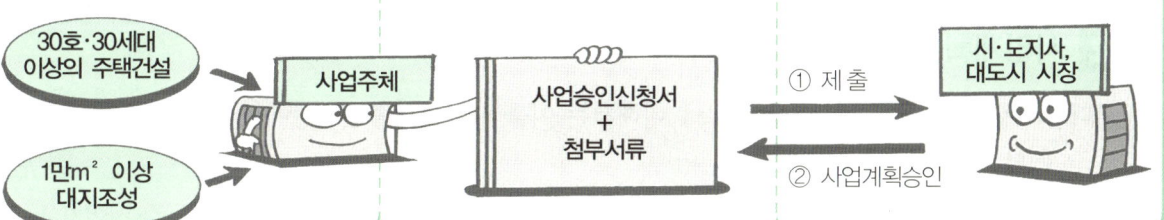

다만, 국가·한국토지주택공사가 시행하는 경우 등은 국토교통부장관의 사업계획승인을 받아야 한다.	사업계획승인권자는 신청일로부터 60일 이내에 사업주체에게 승인여부를 통보하여야 하며	사업계획을 승인한 때에는 이에 관한 사항을 고시하고 관계서류의 사본을 지체없이 관할 시장·군수·구청장에게 송부하여야 한다.

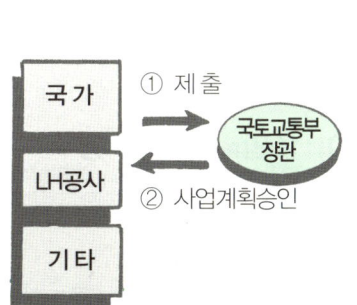 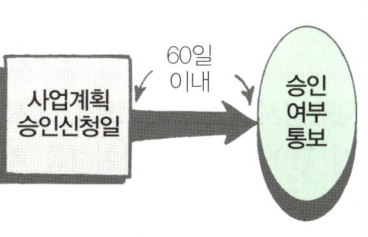 

1) **단독주택**   30호 이상. 다만, 다음의 어느 하나에 해당하는 단독주택의 경우에는 50호 이상으로 한다.
   ① 공공사업에 따라 조성된 용지를 개별 필지로 구분하지 아니하고 일단(一團)의 토지로 공급받아 해당 토지에 건설하는 단독주택
   ② 「건축법 시행령」에 따른 한옥
2) **공동주택**   30세대 이상(리모델링의 경우에는 증가하는 세대수가 30세대 이상인 경우를 말한다). 다만, 다음의 어느 하나에 해당하는 공동주택인 경우에는 50세대 이상으로 한다.
   ① 다음의 요건을 모두 갖춘 단지형 연립주택 또는 단지형 다세대주택
      ㉠ 세대별 주거전용 면적이 30㎡ 이상일 것
      ㉡ 해당 주택단지 진입도로의 폭이 6m 이상일 것. 다만, 해당 주택단지의 진입도로가 2개 이상인 경우에는 다음의 요건을 모두 갖추면 진입도로의 폭을 4m 이상 6m 미만으로 할 수 있다.
         ⓐ 2개의 진입도로 폭의 합계가 10m 이상일 것
         ⓑ 폭 4m 이상 6m 미만인 진입도로는 제5조에 따른 도로와 통행거리가 200m 이내일 것
   ② 「도시 및 주거환경정비법」에 따른 정비구역에서 주거환경개선사업을 시행하기 위하여 건설하는 공동주택. 다만, 정비기반시설의 설치계획대로 정비기반시설 설치가 이루어지지 아니한 지역으로서 시장·군수·구청장이 지정·고시하는 지역에서 건설하는 공동주택은 제외한다.

2 사업계획승인대상에서 제외

다음의 어느 하나에 해당하는 경우에 대해서는 이를 사업계획승인대상에서 제외한다(영 제27조 제4항).

1) 「국토의 계획 및 이용에 관한 법률 시행령」에 따른 준주거지역 또는 상업지역(유통상업지역은 제외한다)에서 300세대 미만의 주택과 주택 외의 시설을 동일 건축물로 건축하는 경우로서 해당 건축물의 연면적에서 주택의 연면적이 차지하는 비율이 90% 미만인 경우
2) 「농어촌정비법」에 따른 생활환경정비사업 중 「농업협동조합법」에 따른 농업협동조합중앙회가 조달하는 자금으로 시행하는 사업인 경우

3 사업계획승인권자(법 제15조 제1항, 영 제27조 제3항)

(1) 주택건설사업 또는 대지조성사업으로서 해당 대지면적이 10만㎡ 이상인 경우
시·도지사 또는 서울특별시·광역시 및 특별자치시를 제외한 인구 50만 이상의 대도시의 시장

(2) 주택건설사업 또는 대지조성사업으로서 해당 대지면적이 10만㎡ 미만인 경우
특별시장·광역시장·특별자치시장·특별자치도지사 또는 시장·군수

(3) 다음의 경우에는 국토교통부장관의 사업계획승인을 받아야 한다.
1) 국가 및 한국토지주택공사가 시행하는 경우
2) 330만㎡ 이상의 규모로 「택지개발촉진법」에 따른 택지개발사업 또는 「도시개발법」에 따른 도시개발사업을 추진하는 지역 중 국토교통부장관이 지정·고시하는 지역에서 주택건설사업을 시행하는 경우
3) 수도권 또는 광역시 지역의 긴급한 주택난 해소가 필요하거나 지역균형개발 또는 광역적 차원의 조정이 필요하여 국토교통부장관이 지정·고시하는 지역에서 주택건설사업을 시행하는 경우
4) 국가, 지방자치단체, 한국토지주택공사, 지방공사가 단독 또는 공동으로 총지분의 50%를 초과하여 출자한 위탁관리 부동산투자회사(해당 부동산투자회사의 자산관리회사가 한국토지주택공사인 경우만 해당한다)가 「공공주택 특별법」에 따른 공공주택건설사업을 시행하는 경우

4 주택건설규모의 산정방법

주택건설규모를 산정할 때 다음의 구분에 따른 동일 사업주체(「건축법」에 따른 건축주를 포함한다)가 일단의 주택단지를 여러 개의 구역으로 분할하여 주택을 건설하려는 경우에는 전체 구역의 주택건설호수 또는 세대수의 규모를 주택건설규모로 산정한다. 이 경우 주택의 건설기준, 부대시설 및 복리시설의 설치기준과 대지의 조성기준을 적용할 때에는 전체 구역을 하나의 대지로 본다(영 제27조 제5항).

1) **사업주체가 개인인 경우**
   개인인 사업주체와 그의 배우자 또는 직계존비속
2) **사업주체가 법인인 경우**
   법인인 사업주체와 그 법인의 임원

5 주택단지의 분할 건설·공급 30회 출제

주택건설사업을 시행하려는 자는 전체 세대수가 600세대 이상인 주택단지를 공구별로 분할하여 주택을 건설·공급할 수 있다. 이 경우 사업계획승인신청 서류와 함께 다음의 서류를 첨부하여 사업계획승인권자에게 제출하고 사업계획승인을 받아야 한다(법 제15조 제3항, 영 제28조 제1항).

1) 공구별 공사계획서
2) 입주자모집계획서
3) 사용검사계획서

6 사업계획의 변경승인

승인받은 사업계획을 변경하려면 사업계획승인권자로부터 변경승인을 받아야 한다. 다만, 다음의 어느 하나에 해당하는 경미한 사항(아래 제1호·제3호 및 제7호는 사업주체가 국가, 지방자치단체, 한국토지주택공사 또는 지방공사인 경우로 한정한다)을 변경하는 경우에는 그러하지 아니하다(법 제15조 제4항. 규칙 제13조 제5항).

1) 총사업비의 20%의 범위에서의 사업비 증감. 다만, 국민주택을 건설하는 경우로서 지원받는 주택도시기금이 증가되는 경우는 제외한다.
2) 건축물이 아닌 부대시설 및 복리시설의 설치기준 변경으로서 다음의 요건을 모두 갖춘 변경
   (가) 해당 부대시설 및 복리시설 설치기준 이상으로의 변경일 것
   (나) 위치변경(건축설비의 위치변경은 제외한다)이 발생하지 아니하는 변경일 것
3) 대지면적의 20%의 범위에서의 면적 증감. 다만, 지구경계의 변경을 수반하거나 토지 또는 토지에 정착된 물건 및 그 토지나 물건에 관한 소유권 외의 권리를 수용할 필요를 발생시키는 경우는 제외한다.
4) 세대수 또는 세대당 주택공급면적을 변경하지 아니하는 범위에서의 내부구조의 위치나 면적 변경(사업계획승인을 받은 면적의 10% 범위에서의 변경으로 한정한다)
5) 내장 재료 및 외장 재료의 변경(재료의 품질이 사업계획승인을 받을 당시의 재료와 같거나 그 이상인 경우로 한정한다)
6) 사업계획승인의 조건으로 부과된 사항을 이행함에 따라 발생되는 변경. 다만, 공공시설 설치계획의 변경이 필요한 경우는 제외한다.
7) 건축물의 설계와 용도별 위치를 변경하지 아니하는 범위에서의 건축물의 배치조정 및 주택단지 안 도로의 선형변경
8) 「건축법 시행령」 제12조제3항(허가·신고사항의 변경)의 어느 하나에 해당하는 사항의 변경

7 사업계획의 포함내용

사업계획은 쾌적하고 문화적인 주거생활을 하는 데에 적합하도록 수립되어야 하며, 그 사업계획에는 부대시설 및 복리시설의 설치에 관한 계획 등이 포함되어야 한다(법 제15조 제5항).

8 표본설계도서의 승인

(1) 국토교통부장관의 승인
한국토지주택공사, 지방공사 또는 등록사업자는 동일한 규모의 주택을 대량으로 건설하려는 경우에는 국토교통부령으로 정하는 바에 따라 국토교통부장관에게 주택의 형별(型別)로 표본설계도서를 작성·제출하여 승인을 받을 수 있다(영 제29조 제1항).

(2) 관계 행정기관의 장과 협의
국토교통부장관은 승인을 하려는 경우에는 관계 행정기관의 장과 협의하여야 하며, 협의 요청을 받은 기관은 정당한 사유가 없으면 요청받은 날부터 15일 이내에 국토교통부장관에게 의견을 통보하여야 한다(영 제29조 제2항).

(3) 시·도지사에게 통보
국토교통부장관은 표본설계도서의 승인을 하였을 때에는 그 내용을 시·도지사에게 통보하여야 한다(영 제29조 제3항).

9 사업계획의 승인절차 등

(1) 승인여부의 통보기한
사업계획승인권자는 사업계획승인의 신청을 받았을 때에는 정당한 사유가 없으면 <u>신청받은 날부터 60일 이내에 사업주체에게 승인 여부를 통보하여야 한다</u>(영 제30조 제1항).

(2) 사업계획승인고시
사업계획승인권자는 사업계획을 승인하였을 때에는 이에 관한 사항을 고시하여야 한다. 이 경우 국토교통부장관은 관할 시장·군수·구청장에게, 특별시장, 광역시장 또는 도지사는 관할 시장, 군수 또는 구청장에게 각각 사업계획승인서 및 관계서류의 사본을 지체없이 송부하여야 한다(법 제15조 제6항).

(3) 변경승인의 통지
사업계획승인권자는 「주택도시기금법」에 따른 주택도시기금을 지원받은 사업주체에게 사업계획의 변경승인을 하였을 때에는 그 내용을 해당 사업에 대한 융자를 취급한 기금수탁자에게 통지하여야 한다(영 제30조 제3항).

(4) 기금수탁자의 변경 동의서 첨부

주택도시기금을 지원받은 사업주체가 사업주체를 변경하기 위하여 사업계획의 변경승인을 신청하는 경우에는 기금수탁자로부터 사업주체 변경에 관한 동의서를 받아 첨부하여야 한다(영 제30조 제4항).

10 사업계획의 이행 및 취소 등

(1) 공사의 착수기간

사업주체는 승인받은 사업계획대로 사업을 시행하여야 하고, 다음의 구분에 따라 공사를 시작하여야 한다(법 제16조 제1항).

1) **사업계획 승인을 받은 경우**   승인받은 날부터 5년 이내

2) **주택건설사업을 분할 시행 승인을 받은 경우**
   ① **최초로 공사를 진행하는 공구**   승인받은 날부터 5년 이내
   ② **최초로 공사를 진행하는 공구 외의 공구**   해당 주택단지에 대한 최초 착공신고일부터 2년 이내

(2) 공사착수기간의 연장 30회 출제

사업계획승인권자는 다음의 어느 하나에 해당하는 정당한 사유가 있다고 인정하는 경우에는 사업주체의 신청을 받아 그 사유가 없어진 날부터 1년의 범위에서 공사의 착수기간을 연장할 수 있다. 다만, 분할 시행 승인을 받은 경우로서 최초로 공사를 진행하는 공구 외의 공구는 착수기간을 연장할 수 없다(법 제16조 제1항, 영 제31조).

1) 「매장유산 보호 및 조사에 관한 법률」에 따라 문화재청장의 매장유산 발굴허가를 받은 경우

2) 해당 사업시행지에 대한 소유권 분쟁(소송절차가 진행 중인 경우만 해당한다)으로 인하여 공사착수가 지연되는 경우

3) 사업계획승인의 조건으로 부과된 사항을 이행함에 따라 공사착수가 지연되는 경우

4) 천재지변 또는 사업주체에게 책임이 없는 불가항력적인 사유로 인하여 공사착수가 지연되는 경우

5) 공공택지의 개발·조성을 위한 계획에 포함된 기반시설의 설치 지연으로 공사착수가 지연되는 경우

6) 해당 지역의 미분양주택 증가 등으로 사업성이 악화될 우려가 있거나 주택건설경기가 침체되는 등 공사에 착수하지 못할 부득이한 사유가 있다고 사업계획승인권자가 인정하는 경우

11 착공신고

사업주체가 공사를 시작하려는 경우에는 국토교통부령으로 정하는 바에 따라 사업계획승인권자에게 신고하여야 한다(법 제16조 제2항).

12 착공신고의 수리 여부 기한

사업계획승인권자는 착공신고를 받은 날부터 20일 이내에 신고수리 여부를 신고인에게 통지하여야 한다(법 제16조 제3항).

13 사업계획승인의 취소   29회 출제

사업계획승인권자는 다음의 어느 하나에 해당하는 경우 그 사업계획의 승인을 취소(아래 2) 또는 3)에 해당하는 경우「주택도시기금법」에 따라 주택분양보증이 된 사업은 제외한다)할 수 있다(법 제16조 제4항).

1) 사업주체가 공사의 착수기간(분할 시행 승인을 받은 경우로서 최초로 공사를 진행하는 공구 외의 공구는 제외한다)을 위반하여 공사를 시작하지 아니한 경우
2) 사업주체가 경매·공매 등으로 인하여 대지소유권을 상실한 경우
3) 사업주체의 부도·파산 등으로 공사의 완료가 불가능한 경우

단락문제 Q8   제26회 기출

사업주체 甲은 사업계획승인권자 乙로부터 주택건설사업을 분할하여 시행하는 것을 내용으로 사업계획승인을 받았다. 주택법령상 이에 관한 설명으로 틀린 것은?

① 乙은 사업계획승인에 관한 사항을 고시하여야 한다.
② 甲은 최초로 공사를 진행하는 공구 외의 공구에서 해당 주택단지에 대한 최초 착공신고일부터 2년 이내에 공사를 시작하여야 한다.
③ 甲이 소송 진행으로 인하여 공사착수가 지연되어 연장신청을 한 경우, 乙은 그 분쟁이 종료된 날부터 2년의 범위에서 공사착수기간을 연장할 수 있다.
④ 주택분양보증을 받지 않은 甲이 파산하여 공사 완료가 불가능한 경우, 乙은 사업계획승인을 취소할 수 있다.
⑤ 甲이 최초로 공사를 진행하는 공구 외의 공구에서 해당 주택단지에 대한 최초 착공신고일부터 2년이 지났음에도 사업주체가 공사를 시작하지 아니한 경우 乙은 사업계획승인을 취소할 수 없다.

> **해설 사업계획승인**
> 사업계획승인권자는 정당한 사유가 있는 경우에는 사업주체의 신청에 따라 그 사유가 없어진 날부터 1년의 범위에서 공사의 착수기간을 연장할 수 있다.   정답 ③

04 기반시설의 기부채납

1 기반시설의 기부채납요구 금지

사업계획승인권자는 사업계획을 승인할 때 사업주체가 제출하는 사업계획에 해당 주택건설사업 또는 대지조성사업과 직접적으로 관련이 없거나 과도한 기반시설의 기부채납(寄附採納)을 요구하여서는 아니 된다(법 제17조 제1항).

2 국토교통부장관의 운영기준 작성고시

국토교통부장관은 기부채납 등과 관련하여 다음의 사항이 포함된 운영기준을 작성하여 고시할 수 있다(법 제17조 제2항).

1) 주택건설사업의 기반시설 기부채납 부담의 원칙 및 수준에 관한 사항
2) 주택건설사업의 기반시설의 설치기준 등에 관한 사항

3 사업계획승인권자의 운영

사업계획승인권자는 국토교통부장관의 운영기준의 범위에서 지역여건 및 사업의 특성 등을 고려하여 자체 실정에 맞는 별도의 기준을 마련하여 운영할 수 있으며, 이 경우 미리 국토교통부장관에게 보고하여야 한다(법 제17조 제3항).

05 사업계획의 통합심의 등

1 사업계획의 통합심의 사항

사업계획승인권자는 필요하다고 인정하는 경우에 도시계획·건축·교통 등 사업계획승인과 관련된 다음의 사항을 통합하여 검토 및 심의할 수 있다(법 제18조 제1항).

1) 「건축법」에 따른 건축심의
2) 「국토의 계획 및 이용에 관한 법률」에 따른 도시·군관리계획 및 개발행위 관련 사항
3) 「대도시권 광역교통 관리에 관한 특별법」에 따른 광역교통 개선대책
4) 「도시교통정비 촉진법」에 따른 교통영향평가
5) 「경관법」에 따른 경관심의
6) 그 밖에 사업계획승인권자가 필요하다고 인정하여 통합심의에 부치는 사항

2 통합심의의 의무

사업계획승인권자는 사업계획승인을 받으려는 자가 통합심의를 신청하는 경우 통합심의를 하여야 한다. 다만, 사업계획의 특성 및 규모 등으로 인하여 통합심의가 적절하지 않다고 인정하는 경우에는 그 사항을 제외하고 통합심의를 할 수 있다(법 제18조 제2항).

3 공동위원회의 통합심의

통합심의를 하는 지방자치단체의 장은 다음의 어느 하나에 해당하는 위원회에 속하고 해당 위원회의 위원장의 추천을 받은 위원들과 사업계획승인권자가 속한 지방자치단체 및 통합심의를 하는 지방자치단체 소속 공무원으로 소집된 공동위원회를 구성하여 통합심의를 하여야 한다. 사업계획승인권자는 통합심의를 한 경우 특별한 사유가 없으면 심의 결과를 반영하여 사업계획을 승인하여야 한다(법 제18조 제5·6항).

1) 「건축법」에 따른 중앙건축위원회 및 지방건축위원회
2) 「국토의 계획 및 이용에 관한 법률」에 따라 해당 주택단지가 속한 시·도에 설치된 지방도시계획위원회
3) 「대도시권 광역교통 관리에 관한 특별법」에 따라 광역교통 개선대책에 대하여 심의권한을 가진 국가교통위원회
4) 「도시교통정비 촉진법」에 따른 교통영향평가심의위원회
5) 「경관법」에 따른 경관위원회
6) 통합심의에 대하여 심의권한을 가진 관련 위원회

4 공동위원회의 구성

(1) 위원의 구성   공동위원회는 위원장 및 부위원장 각 1명을 포함하여 25명 이상 30명 이하의 위원으로 구성한다(영 제33조 제1항).

(2) 위원회의 위원장   공동위원회 위원장은 위원회의 위원장의 추천을 받은 위원 중에서 호선(互選)한다(영 제33조 제2항).

(3) 위원회의 부위원장   공동위원회 부위원장은 사업계획승인권자가 속한 지방자치단체 및 통합심의를 하는 지방자치단체 소속 공무원 중에서 위원장이 지명한다(영 제33조 제3항).

5 통합심의의 방법과 절차

(1) 공동위원회의 회의 통지   사업계획을 통합심의하는 경우 통합심의를 하는 지방자치단체의 장은 공동위원회를 개최하기 7일 전까지 회의 일시, 장소 및 상정 안건 등 회의 내용을 위원에게 알려야 한다(영 제35조 제1항).

(2) 공동위원회의 회의 의결   공동위원회의 회의는 재적위원 과반수의 출석으로 개의하고, 출석위원 과반수의 찬성으로 의결한다(영 제35조 제2항).

(3) 공동위원회 위원장의 의견청취   공동위원회 위원장은 통합심의와 관련하여 필요하다고 인정하거나 사업계획승인권자가 요청한 경우에는 당사자 또는 관계자를 출석하게 하여 의견을 듣거나 설명하게 할 수 있다(영 제35조 제3항).

(4) 공동위원회의 심의   공동위원회는 사업계획승인과 관련된 사항, 당사자 또는 관계자의 의견 및 설명, 관계기관의 의견 등을 종합적으로 검토하여 심의하여야 한다(영 제35조 제4항).

(5) 회의내용의 녹취   공동위원회는 회의시 회의내용을 녹취하고, 회의록으로 작성하여 「공공기록물 관리에 관한 법률」에 따라 보존하여야 한다(영 제35조 제5항).

(6) 수당 및 여비의 지급   공동위원회의 회의에 참석한 위원에게는 예산의 범위에서 수당 및 여비를 지급할 수 있다. 다만, 공무원인 위원이 소관 업무와 직접 관련되어 위원회에 출석하는 경우에는 그러하지 아니하다(영 제35조 제6항).

06 다른 법률에 따른 인가·허가 등의 의제

1 의제대상 인가·허가

사업계획승인권자가 사업계획을 승인 또는 변경 승인할 때 다음의 허가·인가·결정·승인 또는 신고 등에 관하여 관계 행정기관의 장과 협의한 사항에 대하여는 해당 인·허가등을 받은 것으로 보며, 사업계획의 승인고시가 있은 때에는 다음의 관계법률에 따른 고시가 있은 것으로 본다(법 제19조 제1항).

1) 「건축법」에 따른 건축허가, 건축신고, 허가·신고사항의 변경 및 가설건축물의 건축허가 또는 신고
2) 「공간정보의 구축 및 관리 등에 관한 법률」에 따른 지도등의 간행 심사
3) 「공유수면 관리 및 매립에 관한 법률」에 따른 공유수면의 점용·사용허가, 협의 또는 승인, 점용·사용 실시계획의 승인 또는 신고, 공유수면의 매립면허, 국가 등이 시행하는 매립의 협의 또는 승인 및 공유수면매립실시계획의 승인
4) 「광업법」에 따른 채굴계획의 인가
5) 「국토의 계획 및 이용에 관한 법률」에 따른 도시·군관리계획(지구단위계획구역 및 지구단위계획만 해당한다)의 결정, 개발행위의 허가, 도시·군계획시설사업 시행자의 지정, 실시계획의 인가 및 타인의 토지에의 출입허가
6) 「농어촌정비법」에 따른 농업생산기반시설의 사용허가
7) 「농지법」에 따른 농지전용(農地轉用)의 허가 또는 협의
8) 「도로법」에 따른 도로공사 시행의 허가, 도로점용의 허가
9) 「도시개발법」에 따른 도시개발구역의 지정, 시행자의 지정, 실시계획의 인가 및 타인의 토지에의 출입허가
10) 「사도법」에 따른 사도(私道)의 개설허가
11) 「사방사업법」에 따른 토지의 형질변경 등의 허가, 사방지(砂防地) 지정의 해제
12) 「산림보호법」에 따른 산림보호구역에서의 행위의 허가·신고. 다만, 「산림자원의 조성 및 관리에 관한 법률」에 따른 채종림 및 시험림과 「산림보호법」에 따른 산림유전자원보호구역의 경우는 제외한다.
13) 「산림자원의 조성 및 관리에 관한 법률」에 따른 입목벌채등의 허가·신고. 다만, 채종림 및 시험림과 「산림보호법」에 따른 산림유전자원보호구역의 경우는 제외한다.
14) 「산지관리법」에 따른 산지전용허가 및 산지전용신고, 산지일시사용허가·신고
15) 「소하천정비법」에 따른 소하천공사 시행의 허가, 소하천 점용 등의 허가 또는 신고

16) 「수도법」에 따른 수도사업의 인가, 전용상수도 설치의 인가
17) 「연안관리법」에 따른 연안정비사업실시계획의 승인
18) 「유통산업발전법」에 따른 대규모 점포의 등록
19) 「장사 등에 관한 법률」에 따른 무연분묘의 개장허가
20) 「지하수법」에 따른 지하수 개발·이용의 허가 또는 신고
21) 「초지법」에 따른 초지전용의 허가
22) 「택지개발촉진법」에 따른 행위의 허가
23) 「하수도법」에 따른 공공하수도에 관한 공사시행의 허가, 개인하수처리시설의 설치신고
24) 「하천법」에 따른 하천공사시행의 허가 및 하천공사실시계획의 인가, 하천의 점용허가 및 하천수의 사용허가
25) 「부동산거래신고 등에 관한 법률」에 따른 토지거래계약에 관한 허가

2 관계서류의 제출

인·허가 등의 의제를 받으려는 자는 사업계획승인을 신청할 때에 해당 법률에서 정하는 관계서류를 함께 제출하여야 한다(법 제19조 제2항).

3 관계 행정기관의 장과 협의

사업계획승인권자는 사업계획을 승인하려는 경우 그 사업계획에 인·허가 등의 의제에 해당하는 사항이 포함되어 있는 경우에는 해당 법률에서 정하는 관계서류를 미리 관계 행정기관의 장에게 제출한 후 협의하여야 한다. 이 경우 협의 요청을 받은 관계 행정기관의 장은 사업계획승인권자의 협의 요청을 받은 날부터 20일 이내에 의견을 제출하여야 하며, 그 기간 내에 의견을 제출하지 아니한 경우에는 협의가 완료된 것으로 본다(법 제19조 제3항).

4 수수료 등의 면제 기준

50% 이상의 국민주택을 건설하는 사업주체가 다른 법률에 따른 인·허가 등을 받은 것으로 보는 경우에는 관계법률에 따라 부과되는 수수료 등을 면제한다(법 제17조 제5항, 영 제36조).

07 주택건설사업 등에 의한 임대주택의 건설 등

1 임대주택등의 용적률 완화

사업주체(리모델링을 시행하는 자는 제외한다)가 다음의 사항을 포함한 사업계획승인신청서(「건축법」의 허가신청서를 포함한다)를 제출하는 경우 사업계획승인권자(건축허가권자를 포함한다)는 「국토의 계획 및 이용에 관한 법률」의 용도지역별 용적률 범위에서 특별시·광역시·특별자치시·특별자치도·시 또는 군의 조례로 정하는 기준에 따라 용적률을 완화하여 적용할 수 있다(법 제20조 제1항).

1) 사업계획승인에 따른 호수 이상의 주택과 주택 외의 시설을 동일 건축물로 건축하는 계획
2) 임대주택의 건설·공급에 관한 사항

2 임대주택의 공급의무

용적률을 완화하여 적용하는 경우 사업주체는 완화된 용적률의 30% 이상 60% 이하의 범위에서 시·도의 조례로 정하는 비율 이상에 해당하는 면적을 임대주택으로 공급하여야 한다. 이 경우 사업주체는 임대주택을 국토교통부장관, 시·도지사, 한국토지주택공사 또는 지방공사(이하 "인수자"라 한다)에 공급하여야 하며 시·도지사가 우선 인수할 수 있다. 다만, 시·도지사가 임대주택을 인수하지 아니하는 경우 다음의 구분에 따라 국토교통부장관에게 인수자 지정을 요청하여야 하며, 국토교통부장관은 시장·군수·구청장으로부터 인수자를 지정하여 줄 것을 요청받은 경우에는 30일 이내에 인수자를 지정하여 시·도지사에게 통보하여야 한다(법 제20조 제2항, 영 제37조 제1·2항).

1) **특별시장, 광역시장 또는 도지사가 인수하지 아니하는 경우**
   관할 시장, 군수 또는 구청장이 사업계획승인(건축허가를 포함한다)신청 사실을 특별시장, 광역시장 또는 도지사에게 통보한 후 국토교통부장관에게 인수자 지정 요청

2) **특별자치시장 또는 특별자치도지사가 인수하지 아니하는 경우**
   특별자치시장 또는 특별자치도지사가 직접 국토교통부장관에게 인수자 지정 요청

3 임대주택의 공급가격

임대주택의 공급가격은 「공공주택 특별법」에 따른 공공건설임대주택의 분양전환가격 산정기준에서 정하는 건축비로 하고, 그 부속토지는 인수자에게 기부채납한 것으로 본다(법 제20조 제3항).

4 사업주체의 협의

사업주체는 사업계획승인을 신청하기 전에 미리 용적률의 완화로 건설되는 임대주택의 규모 등에 관하여 인수자와 협의하여 사업계획승인신청서에 반영하여야 한다(법 제20조 제4항).

5 공급방법

사업주체는 공급되는 주택의 전부(주택조합이 설립된 경우에는 조합원에게 공급하고 남은 주택을 말한다)를 대상으로 공개추첨의 방법에 의하여 인수자에게 공급하는 임대주택을 선정하여야 하며, 그 선정 결과를 지체없이 인수자에게 통보하여야 한다(법 제20조 제5항).

6 사업주체의 등기촉탁

사업주체는 임대주택의 준공인가(「건축법」의 사용승인을 포함한다)를 받은 후 지체없이 인수자에게 등기를 촉탁 또는 신청하여야 한다. 이 경우 사업주체가 거부 또는 지체하는 경우에는 인수자가 등기를 촉탁 또는 신청할 수 있다(법 제20조 제6항).

02 대지의 소유권 확보 등

1 주택건설대지의 소유권 확보

주택건설사업계획의 승인을 받으려는 자는 해당 주택건설대지의 소유권을 확보하여야 한다. 다만, 다음의 어느 하나에 해당하는 경우에는 그러하지 아니하다(법 제21조 제1항).

1) 「국토의 계획 및 이용에 관한 법률」에 따른 지구단위계획의 결정이 필요한 주택건설사업의 해당 대지면적의 80% 이상을 사용할 수 있는 권원(權原)[등록사업자와 공동으로 사업을 시행하는 주택조합(리모델링 주택조합은 제외한다)의 경우에는 95% 이상의 소유권을 말한다]을 확보하고(공공유지가 포함된 경우에는 해당 토지의 관리청이 해당 토지를 사업주체에게 매각하거나 양여할 것을 확인한 서류를 사업계획승인권자에게 제출하는 경우에는 확보한 것으로 본다), 확보하지 못한 대지가 매도청구대상이 되는 대지에 해당하는 경우
2) 사업주체가 주택건설대지의 소유권을 확보하지 못하였으나 그 대지를 사용할 수 있는 권원을 확보한 경우
3) 국가·지방자치단체·한국토지주택공사 또는 지방공사가 주택건설사업을 하는 경우
4) 리모델링 결의를 한 리모델링 주택조합이 매도청구를 하는 경우

2 매도청구대상 대지의 착공제한

사업주체가 착공 신고한 후 공사를 시작하려는 경우 사업계획승인을 받은 해당 주택건설대지에 매도청구대상이 되는 대지가 포함되어 있으면 해당 매도청구대상 대지에 대하여는 그 대지의 소유자가 매도에 대하여 합의를 하거나 매도청구에 관한 법원의 승소판결(확정되지 아니한 판결을 포함한다)을 받은 경우에만 공사를 시작할 수 있다(법 제21조 제2항).

단락문제 Q9   제18회 기출

다음은 용적률의 완화·적용에 따른 임대주택의 건설·공급에 관한 설명이다. 틀린 것은?

① 사업계획승인에 따른 호수 이상의 주택과 주택 외의 시설을 동일 건축물로 건축하는 계획과 임대주택의 건설·공급에 관한 사항을 포함한 사업계획승인신청서를 제출하는 경우 용적률을 완화·적용할 수 있다.
② 사업주체는 완화된 용적률의 30/100 이상 60/100 이하의 범위에서 조례로 정하는 비율에 상당하는 면적을 임대주택으로 공급해야 한다.
③ 임대주택은 국토교통부장관, 시·도지사, 한국토지주택공사 또는 지방공사에 공급해야 한다.
④ 시·도지사는 임대주택을 우선 인수할 수 있다.
⑤ 임대주택의 공급가격은 「주택법」에 따라 국민주택의 매각시 적용하는 국민임대주택의 분양전환가격 산정기준에서 정하는 건축비로 한다.

해설 임대주택의 건설·공급
임대주택의 공급가격은 「공공주택 특별법」에 의해 공공건설임대주택을 매각할 때에 적용하는 분양전환가격에 산정기준에서 정하는 건축비로 하고, 그 부속토지는 인수자에게 기부채납한 것으로 본다.   **정답** ⑤

09 매도청구 등

1 매도청구의 대상

매도청구대상이 되는 대지에 해당하는 경우에 따라 사업계획승인을 받은 사업주체는 다음에 따라 해당 주택건설대지 중 사용할 수 있는 권원을 확보하지 못한 대지(건축물을 포함한다)의 소유자에게 그 대지를 시가(市價)로 매도할 것을 청구할 수 있다. 이 경우 매도청구대상이 되는 대지의 소유자와 매도청구를 하기 전에 3개월 이상 협의를 하여야 한다(법 제22조 제1항).

1) **주건설대지면적의 95% 이상의 사용권원을 확보한 경우**
사용권원을 확보하지 못한 대지의 모든 소유자에게 매도청구 가능

부동산공법

2) 위 외의 경우

사용권원을 확보하지 못한 대지의 소유자 중 지구단위계획구역 결정고시일 10년 이전에 해당 대지의 소유권을 취득하여 계속 보유하고 있는 자(대지의 소유기간을 산정할 때 대지 소유자가 직계존속·직계비속 및 배우자로부터 상속받아 소유권을 취득한 경우에는 피상속인의 소유기간을 합산한다)를 제외한 소유자에게 매도청구 가능

2 리모델링 주택조합의 매도청구

리모델링의 허가를 신청하기 위한 동의율을 확보한 경우 리모델링 결의를 한 리모델링 주택조합은 그 리모델링 결의에 찬성하지 아니하는 자의 주택 및 토지에 대하여 매도청구를 할 수 있다(법 제22조 제2항).

3 집합건물법의 준용

매도청구에 관하여는 「집합건물의 소유 및 관리에 관한 법률」을 준용한다. 이 경우 구분소유권 및 대지사용권은 주택건설사업 또는 리모델링사업의 매도청구의 대상이 되는 건축물 또는 토지의 소유권과 그 밖의 권리로 본다(법 제22조 제3항).

단락문제 Q10 제26회 기출

주택법령상 사업계획승인을 받은 사업주체에게 인정되는 매도청구권에 관한 설명으로 옳은 것은?

① 주택건설대지에 사용권원을 확보하지 못한 건축물이 있는 경우 그 건축물은 매도청구의 대상이 되지 않는다.
② 사업주체는 매도청구일 전 60일부터 매도청구대상이 되는 대지의 소유자와 협의를 진행하여야 한다.
③ 사업주체가 주택건설대지면적 중 100분의 90에 대하여 사용권원을 확보한 경우, 사용권원을 확보하지 못한 대지의 모든 소유자에게 매도청구를 할 수 있다.
④ 사업주체가 주택건설대지면적 중 100분의 80에 대하여 사용권원을 확보한 경우, 사용권원을 확보하지 못한 대지의 소유자 중 지구단위계획구역 결정고시일 10년 이전에 해당 대지의 소유권을 취득하여 계속 보유하고 있는 자에 대하여는 매도청구를 할 수 없다.
⑤ 사업주체가 리모델링 주택조합인 경우 리모델링 결의에 찬성하지 아니하는 자의 주택에 대하여는 매도청구를 할 수 없다.

해설 매도청구
① 건축물도 매도청구의 대상이 된다.
② 사업주체가 매도청구를 하기 위해서는 미리 대지소유자와 3개월 이상 협의해야 한다.
③ 사업주체가 주택건설대지면적 중 100분의 95에 대하여 사용권원을 확보한 경우, 사용권원을 확보하지 못한 대지의 모든 소유자에게 매도청구를 할 수 있다.
⑤ 매도청구를 할 수 있다.

정답 ④

10 소유자를 확인하기 곤란한 대지 등에 대한 처분

1 매도청구대상 대지의 의제

매도청구대상이 되는 대지에 해당하는 경우에 따라 사업계획승인을 받은 사업주체는 해당 주택건설대지 중 사용할 수 있는 권원을 확보하지 못한 대지의 소유자가 있는 곳을 확인하기가 현저히 곤란한 경우에는 전국적으로 배포되는 둘 이상의 일간신문에 두 차례 이상 공고하고, 공고한 날부터 30일 이상이 지났을 때에는 매도청구대상의 대지로 본다(법 제23조 제1항).

2 사업주체의 공탁

사업주체는 매도청구대상 대지의 감정평가액에 해당하는 금액을 법원에 공탁(供託)하고 주택건설사업을 시행할 수 있다(법 제23조 제2항).

3 대지의 감정평가액

대지의 감정평가액은 사업계획승인권자가 추천하는 「감정평가 및 감정평가사에 관한 법률」에 따른 감정평가법인등 2인 이상이 평가한 금액을 산술평균하여 산정한다(법 제23조 제3항).

11 사업주체의 보호

1 토지에의 출입 등

국가·지방자치단체·한국토지주택공사 및 지방공사인 사업주체가 사업계획의 수립을 위한 조사 또는 측량을 하려는 경우와 국민주택사업을 시행하기 위하여 필요한 경우에는 다음의 행위를 할 수 있다. 이 경우 「국토의 계획 및 이용에 관한 법률」의 관계규정을 준용한다(법 제24조 제1·3항).

1) 타인의 토지에 출입하는 행위
2) 특별한 용도로 이용되지 아니하고 있는 타인의 토지를 재료적치장 또는 임시도로로 일시 사용하는 행위
3) 특히 필요한 경우 죽목·토석이나 그 밖의 장애물을 변경하거나 제거하는 행위

부동산공법

2 토지에의 출입 등에 따른 손실보상

타인의 토지에 출입 등에 따른 행위로 인하여 손실을 입은 자가 있는 경우에는 그 행위를 한 사업주체가 그 손실을 보상하여야 한다(법 제25조 제1항).

손실보상에 관하여는 그 손실을 보상할 자와 손실을 입은 자가 협의하여야 한다(법 제25조 제2항). 손실을 보상할 자 또는 손실을 입은 자는 협의가 성립되지 아니하거나 협의를 할 수 없는 경우에는 「공익사업을 위한 토지 등의 취득 및 보상에 관한 법률」에 따른 관할 토지수용위원회에 재결(裁決)을 신청할 수 있다(법 제25조 제3항).

관할 토지수용위원회의 재결에 관하여는 「공익사업을 위한 토지 등의 취득 및 보상에 관한 법률」 제83조부터 제87조까지의 규정을 준용한다(법 제25조 제4항).

3 토지매수업무 등의 위탁

(1) 지방자치단체의 장에게 위탁

국가 또는 한국토지주택공사인 사업주체는 주택건설사업 또는 대지조성사업을 위한 토지매수업무와 손실보상업무를 매수할 토지 및 위탁조건을 명시하여 관할 지방자치단체의 장에게 위탁할 수 있다(법 제26조 제1항, 영 제38조 제1항).

(2) 위탁수수료

사업주체가 토지매수업무와 손실보상업무를 위탁할 때에는 그 <u>토지매수금액과 손실보상금액의 2%의 범위에서 「공익사업을 위한 토지 등의 취득 및 보상에 관한 법률 시행령」으로 정하는 요율의 위탁수수료를 해당 지방자치단체에 지급</u>하여야 한다(법 제26조 제2항, 영 제38조 제2항).

12 토지 등의 확보

1 토지 등의 수용 또는 사용

국가·지방자치단체·한국토지주택공사 및 지방공사인 사업주체가 국민주택을 건설하거나 국민주택을 건설하기 위한 대지를 조성하는 경우에는 토지나 토지에 정착한 물건 및 그 토지나 물건에 관한 소유권 외의 권리를 수용하거나 사용할 수 있다(법 제24조 제2항).

2 「공익사업을 위한 토지 등의 취득 및 보상에 관한 법률」의 준용

토지 등을 수용하거나 사용하는 경우 「주택법」에 규정된 것 외에는 「공익사업을 위한 토지 등의 취득 및 보상에 관한 법률」을 준용한다(법 제27조 제1항).

3 「공익사업을 위한 토지 등의 취득 및 보상에 관한 법률」에 관한 특례

「공익사업을 위한 토지 등의 취득 및 보상에 관한 법률」을 준용하는 경우에는 "「공익사업을 위한 토지 등의 취득 및 보상에 관한 법률」에 따른 사업인정"을 "「주택법」에 따른 사업계획승인"으로 본다. 다만, 재결신청은 「공익사업을 위한 토지 등의 취득 및 보상에 관한 법률」에도 불구하고 사업계획승인을 받은 주택건설사업기간 이내에 할 수 있다(법 제27조 제2항).

단락문제 Q11 제16회 기출

주택법령상 사업주체의 주택건설용 토지의 취득에 관한 내용 중 틀린 것은?

① 국가 또는 지방자치단체는 그가 소유하는 토지를 매각하거나 임대함에 있어서 국민주택규모의 주택을 50% 이상으로 건설하는 자에게 우선적으로 당해 토지를 매각하거나 임대할 수 있다.
② 사업주체가 국민주택용지로 사용하기 위해 체비지의 매각을 요구한 때에는 도시개발사업시행자는 체비지 총면적의 50%의 범위에서 이를 우선적으로 사업주체에게 매각할 수 있다.
③ 위 ②의 체비지 양도가격은 원칙적으로 조성원가를 기준으로 하되, 예외적으로 감정평가법인 등의 감정가격으로 한다.
④ 지방공사인 사업주체가 국민주택을 건설하기 위한 대지를 조성하는 경우에는 토지 등을 수용 또는 사용할 수 있다.
⑤ 국가인 사업주체는 주택건설사업을 위한 토지매수업무와 손실보상업무를 관할 지방자치단체의 장에게 위탁할 수 있다.

해설 사업주체의 주택건설용 토지의 취득
체비지 매각가격은 감정가격을 원칙으로 하되, 예외적으로 조성원가에 의할 수 있다.

정답 ③

13 간선시설의 설치 및 비용의 상환

1 간선시설의 설치의무자

사업주체가 단독주택인 경우 100호 이상, 공동주택인 경우 100세대(리모델링의 경우에는 늘어나는 세대수를 기준으로 한다) 이상의 주택건설사업을 시행하는 경우 또는 16,500m² 이상의 대지조성사업을 시행하는 경우 다음에 해당하는 자는 각각 해당 간선시설을 설치하여야 한다. 다만, 도로 및 상하수도시설로서 사업주체가 주택건설사업계획 또는 대지조성사업계획에 포함하여 설치하려는 경우에는 그러하지 아니하다(법 제28조 제1항, 영 제39조).

1) **지방자치단체** : 도로 및 상하수도시설
2) **해당 지역에 전기·통신·가스 또는 난방을 공급하는 자** : 전기시설·통신시설·가스시설 또는 지역난방시설
3) **국 가** : 우체통

2 간선시설의 설치완료

간선시설은 특별한 사유가 없으면 사용검사일까지 설치를 완료하여야 한다(법 제28조 제2항).

3 간선시설의 설치비용

간선시설의 설치비용은 설치의무자가 부담한다. 이 경우 <u>도로 및 상하수도시설의 설치비용은 그 비용의 50%의 범위에서 국가가 보조</u>할 수 있다(법 제28조 제3항).

4 지중선로의 설치비용 부담

전기간선시설을 지중선로(地中線路)로 설치하는 경우에는 전기를 공급하는 자와 지중에 설치할 것을 요청하는 자가 각각 50%의 비율로 그 설치비용을 부담한다. 다만, 사업지구 밖의 기간시설로부터 그 사업지구 안의 가장 가까운 주택단지(사업지구 안에 1개의 주택단지가 있는 경우에는 그 주택단지를 말한다)의 경계선까지 전기간선시설을 설치하는 경우에는 전기를 공급하는 자가 부담한다(법 제28조 제4항).

5 사업주체부담의 설치요청

지방자치단체는 사업주체가 자신의 부담으로 지방자치단체의 의무설치에 해당하지 아니하는 도로 또는 상하수도시설(해당 주택건설사업 또는 대지조성사업과 직접적으로 관련이 있는 경우로 한정한다)의 설치를 요청할 경우에는 이에 따를 수 있다(법 제28조 제5항).

6 간선시설 설치비의 상환

(1) 간선시설의 설치비용 요구
간선시설 설치의무자가 사용검사일까지 간선시설의 설치를 완료하지 못할 특별한 사유가 있는 경우에는 사업주체가 그 간선시설을 자기부담으로 설치하고 간선시설 설치의무자에게 그 비용의 상환을 요구할 수 있다(법 제28조 제7항).

(2) 설치비 상환계약의 체결
사업주체가 간선시설을 자기부담으로 설치하려는 경우 간선시설 설치의무자는 사업주체와 간선시설의 설치비 상환계약을 체결하여야 한다(영 제40조 제1항).

(3) 설치비의 상환기한
간선시설의 설치비 상환계약에서 정하는 설치비의 상환기한은 해당 사업의 사용검사일부터 3년 이내로 하여야 한다(영 제40조 제2항).

(4) 설치비의 상환금액
간선시설 설치의무자가 간선시설의 설치비 상환계약에 따라 상환하여야 하는 금액은 다음의 금액을 합산한 금액으로 한다(영 제40조 제3항).

1) 설치비용
2) 상환 완료 시까지의 설치비용에 대한 이자. 이 경우 이자율은 설치비 상환계약체결일 당시의 정기예금 금리(「은행법」에 따라 설립된 은행 중 수신고를 기준으로 한 전국 상위 6개 시중은행의 1년 만기 정기예금 금리의 산술평균을 말한다)로 하되, 상환계약에서 달리 정한 경우에는 그에 따른다.

14 국·공유지 등의 우선매각 및 임대

1 국·공유지의 우선매각 및 임대

국가 또는 지방자치단체는 그가 소유하는 토지를 매각하거나 임대하는 경우에는 다음의 어느 하나의 목적으로 그 토지의 매수 또는 임차를 원하는 자가 있으면 그에게 우선적으로 그 토지를 매각하거나 임대할 수 있다(법 제30조 제1항, 영 제41조).

1) 국민주택규모의 주택을 50% 이상으로 건설하는 주택의 건설
2) 주택조합이 건설하는 주택의 건설
3) 위의 주택을 건설하기 위한 대지의 조성

2 우선매각 및 임대 토지의 환매

국가 또는 지방자치단체는 국가 또는 지방자치단체로부터 토지를 매수하거나 임차한 자가 그 매수일 또는 임차일부터 2년 이내에 국민주택규모의 주택 또는 조합주택을 건설하지 아니하거나 그 주택을 건설하기 위한 대지조성사업을 시행하지 아니한 경우에는 환매(還買)하거나 임대계약을 취소할 수 있다(법 제30조 제2항).

국·공유지의 우선매각 및 임대

매수 또는 임차한 자가 2년 안에 사업을 시행하지 않는 때에는 국가(또는 지자체)는 환매하거나 임대계약을 취소할 수 있다.

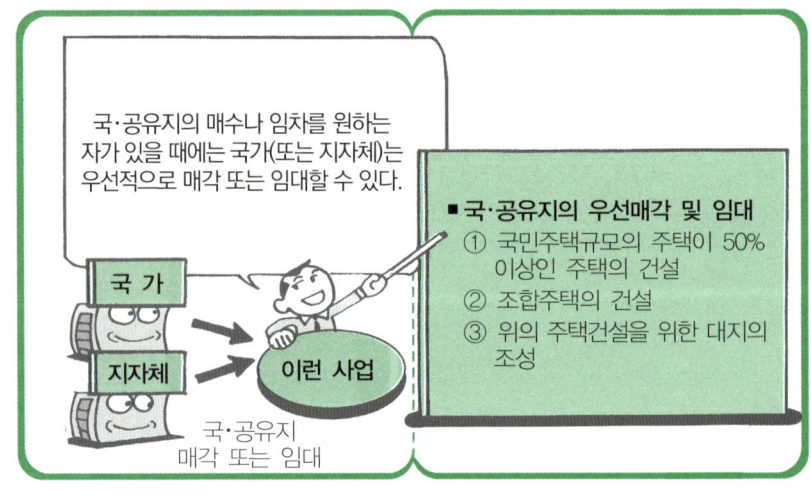

15 환지방식에 의한 도시개발사업으로 조성된 대지의 활용

1 체비지의 우선매각

사업주체가 국민주택용지로 사용하기 위하여 도시개발사업시행자(「도시개발법」에 따른 환지(換地) 방식에 의하여 사업을 시행하는 도시개발사업의 시행자를 말한다)에게 체비지(替費地)의 매각을 요구한 경우 그 도시개발사업시행자는 체비지(替費地)를 사업주체에게 국민주택용지로 매각하는 경우에는 경쟁입찰로 하여야 한다. 다만, 매각을 요구하는 사업주체가 하나일 때에는 수의계약으로 체비지의 총면적의 50%의 범위에서 이를 우선적으로 사업주체에게 매각할 수 있다 (법 제31조 제1항, 영 제42조).

도시개발사업에 의한 조성대지의 활용

① 체비지의 매각은 경쟁입찰로 하나, 매각을 요구하는 사업주체가 하나인 때에는 수의계약에 의할 수 있다.

② 국민주택용지로 매각될 체비지의 양도가격은 "감정평가법인등 둘 이상의 감정평가가격을 산술평균한 가격을 기준"으로 산정한다.

③ 다만, 체비지의 양도가격은 85㎡ 이하 임대주택 또는 60㎡ 이하 국민주택 건설시 "조성원가"로 할 수 있다.

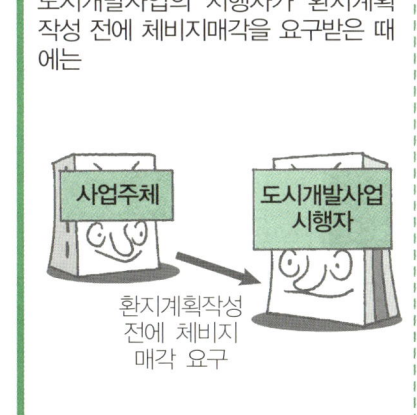

2 사업주체에게 매각할 체비지

사업주체가 「도시개발법」에 따른 환지 계획의 수립 전에 체비지의 매각을 요구하면 도시개발 사업시행자는 사업주체에게 매각할 체비지를 그 환지 계획에서 하나의 단지로 정하여야 한다(법 제31조 제2항).

3 체비지의 양도가격

체비지의 양도가격은 「감정평가 및 감정평가사에 관한 법률」에 따른 감정평가법인등 2인 이상의 감정평가가격을 산술평균한 가격을 기준으로 산정한다. 다만, 주거전용면적 85㎡ 이하의 임대주택을 건설하거나 주거전용면적 60㎡ 이하의 국민주택을 건설하는 경우에는 「택지개발촉진법 시행규칙」에 따라 산정한 조성원가를 기준으로 할 수 있다(법 제31조 제3항, 규칙 제16조 제1·2·3항).

16 주택의 설계 및 시공

1 주택의 설계 및 시공의무

사업계획승인을 받아 건설되는 주택(부대시설과 복리시설을 포함한다)을 설계하는 자는 설계도서작성기준에 맞게 설계하여야 하며, 주택을 시공하는 자와 사업주체는 설계도서에 맞게 시공하여야 한다(법 제33조 제1·2항).

2 설계도서작성기준

설계도서작성기준이라 함은 다음의 기준을 말한다(영 제43조 제1항).

1) 설계도서는 설계도·시방서(示方書)·구조계산서·수량산출서·품질관리계획서 등으로 구분하여 작성할 것
2) 설계도 및 시방서에는 건축물의 규모와 설비·재료·공사방법 등을 적을 것
3) 설계도·시방서·구조계산서는 상호 보완관계를 유지할 수 있도록 작성할 것
4) 품질관리계획서에는 설계도 및 시방서에 따른 품질 확보를 위하여 필요한 사항을 정할 것

17 주택건설공사의 시공제한 등

1 사업계획승인주택의 시공제한

사업계획승인을 받은 주택의 건설공사는 「건설산업기본법」에 따른 건설사업자로서 건축공사업 또는 토목건축공사업의 등록을 한 자 또는 「주택법」에 따라 건설사업자로 간주하는 등록사업자가 아니면 이를 시공할 수 없다(법 제34조 제1항, 영 제44조 제1항).

2 공동주택의 방수·위생 및 냉난방설비공사의 시공제한

공동주택의 방수·위생 및 냉난방 설비공사는 「건설산업기본법」에 따른 건설사업자로서 건설업의 등록을 한 다음의 자(특정열사용기자재를 설치·시공하는 경우에는 「에너지이용 합리화법」에 따른 시공업자를 말한다)가 아니면 이를 시공할 수 없다(법 제34조 제2항, 영 제44조 제2항).

1) **방수설비공사** : 도장·습식·방수·석공사업의 등록을 한 자
2) **위생설비공사** : 기계설비·가스공사업의 등록을 한 자
3) **냉·난방설비공사** : 기계설비·가스공사업 또는 가스·난방공사업[가스·난방공사업 중 난방공사(제1종·제2종 또는 제3종)를 말하며, 난방설비공사로 한정한다]의 등록을 한 자

3 설계와 시공의 분리발주

국가 또는 지방자치단체인 사업주체는 사업계획승인을 받은 주택건설공사의 설계와 시공을 분리하여 발주하여야 한다. 다만, 주택건설공사 중 대지구입비를 제외한 총공사비가 500억원 이상인 공사로서 기술관리상 설계와 시공을 분리하여 발주할 수 없는 공사의 경우에는 「국가를 당사자로 하는 계약에 관한 법률 시행령」에 따른 일괄입찰의 방법으로 시행할 수 있다(법 제34조 제3항, 영 제44조 제3·4항).

부동산공법

> **단락문제 Q12** 제16회 기출
>
> **주택법령상 사업주체의 주택건설용 토지의 취득에 관한 내용 중 틀린 것은?**
> ① 국가 또는 지방자치단체는 그가 소유하는 토지를 매각하거나 임대함에 있어서 국민주택규모의 주택을 50% 이상으로 건설하는 자에게 우선적으로 그 토지를 매각하거나 임대할 수 있다.
> ② 사업주체가 국민주택용지로 사용하기 위해 체비지의 매각을 요구한 때에는 도시개발사업시행자는 체비지 총면적의 50% 범위 안에서 이를 우선적으로 사업주체에게 매각할 수 있다.
> ③ 위 ②의 체비지 양도가격은 원칙적으로 조성원가를 기준으로 하되, 예외적으로 감정평가법인등의 감정가격으로 한다.
> ④ 지방공사인 사업주체가 국민주택을 건설하기 위한 대지를 조성하는 경우에는 토지 등을 수용 또는 사용할 수 있다.
> ⑤ 국가인 사업주체는 주택건설사업을 위한 토지매수업무와 손실보상업무를 관할 지방자치단체의 장에게 위탁할 수 있다.
>
> **해설** 주택건설용 토지의 취득
> 체비지매각가격은 감정가격을 원칙으로 하되, 예외적으로 조성원가에 의할 수 있다. **정답** ③

18 주택의 감리

1 주택의 감리자 지정

사업계획승인권자가 주택건설사업계획을 승인하였을 때와 시장·군수·구청장이 리모델링의 허가를 하였을 때에는 「건축사법」 또는 「건설기술 진흥법」에 따른 감리자격이 있는 자를 다음의 구분에 따라 해당 주택건설공사의 감리자로 지정하여야 한다. 이 경우 인접한 둘 이상의 주택단지에 대해서는 감리자를 공동으로 지정할 수 있다. 다만, 사업주체가 국가·지방자치단체·한국토지주택공사·지방공사 또는 대통령령으로 정하는 자인 경우와 「건축법」에 따라 공사감리를 하는 도시형 생활주택의 경우에는 그러하지 아니하다(법 제43조 제1항, 영 제47조 제1항).

1) **300세대 미만의 주택건설공사**   다음의 어느 하나에 해당하는 자[해당 주택건설공사를 시공하는 자의 계열회사(「독점규제 및 공정거래에 관한 법률」에 따른 계열회사를 말한다)는 제외한다]
   ① 「건축사법」에 따라 건축사사무소개설신고를 한 자
   ② 「건설기술 진흥법」에 따라 등록한 건설엔지니어링사업자

2) **300세대 이상의 주택건설공사**   「건설기술 진흥법」에 따라 등록한 건설엔지니어링사업자

2 감리자의 교체

사업계획승인권자는 감리자가 감리자의 지정에 관한 서류를 부정 또는 거짓으로 제출하거나, 업무수행 중 위반사항이 있음을 알고도 묵인하는 등 다음의 어느 하나에 해당하는 사유에 해당하는 경우에는 감리자를 교체하고, 그 감리자에 대하여는 1년의 범위에서 감리업무의 지정을 제한할 수 있다(법 제43조 제3항, 영 제48조 제1항).

1) 감리업무수행 중 발견한 위반사항을 묵인한 경우
2) 이의신청 결과 시정 통지가 3회 이상 잘못된 것으로 판정된 경우
3) 공사기간 중 공사현장에 1개월 이상 감리원을 상주시키지 아니한 경우. 이 경우 기간 계산은 감리원별로 상주시켜야 할 기간에 각 감리원이 상주하지 아니한 기간을 합산한다.
4) 감리자 지정에 관한 서류를 거짓이나 그 밖의 부정한 방법으로 작성·제출한 경우
5) 감리자 스스로 감리업무수행의 포기의사를 밝힌 경우

3 사업주체와 감리자 간의 책임 내용 및 범위

사업주체(리모델링의 허가만 받은 자도 포함한다)와 감리자 간의 책임 내용 및 범위는 이 법에서 규정한 것 외에는 당사자 간의 계약으로 정한다(법 제43조 제4항).

4 감리자의 업무

감리자는 다음의 업무를 수행하여야 한다(법 제44조 제1항, 영 제49조 제1항).

1) 시공자가 설계도서에 맞게 시공하는지 여부의 확인
2) 시공자가 사용하는 건축자재가 관계법령에 따른 기준에 맞는 건축자재인지 여부의 확인
3) 주택건설공사에 대한 「건설기술 진흥법」에 따른 품질시험을 하였는지 여부의 확인
4) 시공자가 사용하는 마감자재 및 제품이 사업주체가 시장·군수·구청장에게 제출한 마감자재 목록표 및 영상물 등과 동일한지 여부의 확인
5) 주택건설공사의 하수급인(「건설산업기본법」에 따른 하수급인을 말한다)이 「건설산업기본법」에 따른 시공자격을 갖추었는지 여부의 확인
6) 그 밖에 주택건설공사의 감리에 관한 사항으로서 다음의 업무
   ① 설계도서가 해당 지형 등에 적합한지에 대한 확인
   ② 설계변경에 관한 적정성 확인
   ③ 시공계획·예정공정표 및 시공도면 등의 검토·확인
   ④ 국토교통부령으로 정하는 주요 공정이 예정공정표대로 완료되었는지 여부의 확인
   ⑤ 예정공정표보다 공사가 지연된 경우 대책의 검토 및 이행 여부의 확인
   ⑥ 방수·방음·단열시공의 적정성 확보, 재해의 예방, 시공상의 안전관리 및 그 밖에 건축공사의 질적 향상을 위하여 국토교통부장관이 정하여 고시하는 사항에 대한 검토·확인

5 감리업무의 보고 및 위반사항의 시정통지

감리자는 업무의 수행 상황을 국토교통부령으로 정하는 바에 따라 사업계획승인권자(리모델링의 허가만 받은 경우는 허가권자를 말한다) 및 사업주체에게 보고하여야 한다(법 제44조 제2항). 감리자는 업무를 수행하면서 위반 사항을 발견하였을 때에는 지체없이 시공자 및 사업주체에게 위반사항을 시정할 것을 통지하고, 7일 이내에 사업계획승인권자에게 그 내용을 보고하여야 한다(법 제44조 제3항).

6 시공자 및 사업주체의 공사중지와 이의신청

시공자 및 사업주체는 시정 통지를 받은 경우에는 즉시 해당 공사를 중지하고 위반사항을 시정한 후 감리자의 확인을 받아야 한다. 이 경우 감리자의 시정 통지에 이의가 있을 때에는 즉시 그 공사를 중지하고 사업계획승인권자에게 서면으로 이의신청을 할 수 있다. 사업계획승인권자는 이의신청을 받은 경우에는 이의신청을 받은 날부터 10일 이내에 처리 결과를 회신하여야 한다. 이 경우 감리자에게도 그 결과를 통보하여야 한다(법 제44조 제4항, 영 제50조).

7 공사감리비의 예치

사업주체는 당사자 간의 계약에 따른 공사감리비를 국토교통부령으로 정하는 바에 따라 사업계획승인권자에게 예치하여야 한다(법 제44조 제6항).

8 공사감리비의 지급

사업계획승인권자는 예치받은 공사감리비를 감리자에게 국토교통부령으로 정하는 절차 등에 따라 지급하여야 한다. 다만, 감리자가 감리업무를 소홀히 하여 사업계획승인권자로부터 시정명령을 받은 경우 사업계획승인권자는 감리자가 시정명령을 이행완료 할 때까지 감리비 지급을 유예할 수 있다(법 제44조 제7항).

9 감리자의 업무협조

감리자는 「전력기술관리법」, 「정보통신공사업법」, 「소방시설공사업법」에 따라 감리업무를 수행하는 자와 서로 협력하여 감리업무를 수행하여야 한다(법 제45조 제1항).
다른 법률에 따른 감리자는 공정별 감리계획서, 공정보고서 및 공사분야별로 필요한 부분에 대한 상세시공도면을 감리자에게 제출하여야 하며, 감리자는 제출된 자료를 근거로 다른 법률에 따른 감리자와 협의하여 전체 주택건설공사에 대한 감리계획서를 작성하여 감리업무를 착수하기 전에 사업계획승인권자에게 보고하여야 한다(법 제45조 제2항, 영 제51조).
감리자는 주택건설공사의 품질·안전관리 및 원활한 공사진행을 위하여 다른 법률에 따른 감리자에게 공정 보고 및 시정을 요구할 수 있으며, 다른 법률에 따른 감리자는 요청에 따라야 한다(법 제45조 제3항).

10 건축구조기술사와의 협력

(1) 건축구조기술사와의 협력 사항

수직증축형 리모델링(세대수가 증가되지 아니하는 리모델링을 포함한다)의 감리자는 감리업무수행 중에 다음의 어느 하나에 해당하는 사항이 확인된 경우에는 「국가기술자격법」에 따른 건축구조기술사(해당 건축물의 리모델링 구조설계를 담당한 자를 말한다)의 협력을 받아야 한다. 다만, 구조설계를 담당한 건축구조기술사가 사망하는 등 대통령령으로 정하는 사유로 감리자가 협력을 받을 수 없는 경우에는 리모델링 주택조합 등 리모델링을 하는 자가 추천하는 건축구조기술사의 협력을 받아야 한다(법 제46조 제1항, 영 제52조 제2항).

1) 수직증축형 리모델링 허가 시 제출한 구조도 또는 구조계산서와 다르게 시공하고자 하는 경우
2) 내력벽, 기둥, 바닥, 보 등 건축물의 주요 구조부에 대하여 수직증축형 리모델링 허가 시 제출한 도면보다 상세한 도면 작성이 필요한 경우
3) 내력벽, 기둥, 바닥, 보 등 건축물의 주요 구조부의 해체 또는 보강공사를 하는 경우로서 국토교통부령으로 정하는 경우
4) 그 밖에 건축물의 구조에 영향을 미치는 사항으로서 국토교통부령으로 정하는 경우

(2) 건축구조기술사와 감리자의 서명날인

감리자에게 협력한 건축구조기술사는 분기별 감리보고서 및 최종 감리보고서에 감리자와 함께 서명날인하여야 한다(법 제46조 제2항).

(3) 건축구조기술사의 대가

수직증축형 리모델링을 하려는 자는 감리자에게 협력한 건축구조기술사에게 적정한 대가를 지급하여야 한다(법 제46조 제4항).

11 부실감리자 등에 대한 조치

사업계획승인권자는 지정·배치된 감리자 또는 감리원(다른 법률에 따른 감리자 또는 그에게 소속된 감리원을 포함한다)이 그 업무를 수행할 때 고의 또는 중대한 과실로 감리를 부실하게 하거나 관계법령을 위반하여 감리를 함으로써 해당 사업주체 또는 입주자 등에게 피해를 입히는 등 주택건설공사가 부실하게 된 경우에는 그 감리자의 등록 또는 감리원의 면허나 그 밖의 자격인정 등을 한 행정기관의 장에게 등록말소·면허취소·자격정지·영업정지나 그 밖에 필요한 조치를 하도록 요청할 수 있다(법 제47조).

12 감리자에 대한 실태점검 등

(1) 실태점검의 실시
사업계획승인권자는 주택건설공사의 부실방지, 품질 및 안전 확보를 위하여 해당 주택건설공사의 감리자를 대상으로 각종 시험 및 자재확인 업무에 대한 이행 실태 등 다음의 사항에 대하여 실태점검을 실시할 수 있다(법 제48조 제1항, 영 제53조).

1) 감리원의 적정자격 보유 여부 및 상주이행 상태 등 감리원 구성 및 운영에 관한 사항
2) 시공상태 확인 등 시공관리에 관한 사항
3) 각종 시험 및 자재품질 확인 등 품질관리에 관한 사항
4) 안전관리 등 현장관리에 관한 사항
5) 그 밖에 사업계획승인권자가 실태점검이 필요하다고 인정하는 사항

(2) 감리자의 교체
사업계획승인권자는 실태점검 결과 감리업무의 소홀이 확인된 경우에는 시정명령을 하거나, 감리자 교체를 하여야 한다(법 제48조 제2항).

(3) 감리자에 대한 시정명령 및 교체지시의 보고
사업계획승인권자는 실태점검에 따른 감리자에 대한 시정명령 또는 교체지시를 한 경우에는 시정명령 또는 교체지시를 한 날부터 7일 이내에 국토교통부장관에게 보고하여야 하며, 국토교통부장관은 해당 내용을 종합관리하여 감리자 지정에 관한 기준에 반영할 수 있다(법 제48조 제3항, 규칙 제20조).

13 사전방문 등 35회 출제

(1) 사전방문
사업주체는 사용검사를 받기 전에 입주예정자가 해당 주택을 방문하여 공사 상태를 미리 점검(사전방문)할 수 있게 하여야 한다(법 제48조의2 제1항).

(2) 사전방문의 절차 및 방법

1) 사업주체는 사전방문을 주택공급계약에 따라 정한 입주지정기간 시작일 45일 전까지 2일 이상 실시해야 한다(규칙 제20조의2 제1항).

2) 사업주체가 사전방문을 실시하려는 경우에는 사전방문기간 및 방법 등 사전방문에 필요한 사항을 포함한 사전방문계획을 수립하여 사용검사권자에게 제출하고, 입주예정자에게 그 내용을 서면(전자문서를 포함한다)으로 알려야 한다. 이 경우 사전방문계획의 제출 및 통보는 사전방문기간 시작일 1개월 전까지 해야 한다(규칙 제20조의2 제2항).

3) 사업주체는 전유부분 및 공용부분(계단, 복도, 승강기 및 현관만 해당한다)이 설계도서에 맞게 시공되었음을 감리자로부터 확인받은 후에 사전방문을 실시해야 한다(규칙 제20조의2 제3항).
4) 사업주체는 사용검사권자에게 사전방문계획을 제출한 후에 공사 여건상 자재, 장비 또는 인력 등의 수급이 곤란한 경우 또는 그 밖에 천재지변이나 부득이한 사유가 발생한 경우에는 사전방문기간 시작일을 15일의 범위에서 연기할 수 있다(규칙 제20조의2 제4항).
5) 사업주체는 사전방문기간 시작일을 연기하려는 경우에는 사전방문기간 시작일 10일 전까지 다음의 자료를 사용검사권자에게 제출하고 확인을 받아야 한다. 이 경우 확인을 받은 사업주체는 즉시 그 내용을 입주예정자에게 서면(전자문서를 포함한다)으로 알려야 한다(규칙 제20조의2 제5항).
   (가) 연기된 사전방문기간 시작일이 포함된 사전방문계획
   (나) 연기 사유를 객관적으로 증명할 수 있는 자료
6) 사업주체는 표준양식을 참고하여 입주예정자에게 사전방문에 필요한 점검표를 제공해야 한다(규칙 제20조의2 제6항).

(3) 하자 보수공사의 요청

입주예정자는 사전방문 결과 하자(공사상 잘못으로 인하여 균열·침하·파손·들뜸·누수 등이 발생하여 안전상·기능상 또는 미관상의 지장을 초래할 정도의 결함을 말한다)가 있다고 판단하는 경우 사업주체에게 보수공사 등 적절한 조치를 해줄 것을 요청할 수 있다(법 제48조의2 제2항).

(4) 하자 보수공사의 조치 완료

입주예정자의 사전방문 결과 하자(사용검사권자가 하자가 아니라고 확인한 사항은 제외한다)에 대한 조치 요청을 받은 사업주체는 대통령령으로 정하는 바에 따라 보수공사 등 적절한 조치를 하여야 한다. 이 경우 입주예정자가 조치를 요청한 하자 중 대통령령으로 정하는 중대한 하자는 대통령령으로 정하는 특별한 사유가 없으면 사용검사를 받기 전까지 조치를 완료하여야 한다(법 제48조의2 제3항).

(5) 사전방문 결과에 대한 조치계획수립

입주예정자의 사전방문 결과 하자(사용검사권자가 하자가 아니라고 확인한 사항은 제외한다)에 대한 조치 요청을 받은 사업주체는 다음의 구분에 따른 시기까지 보수공사 등의 조치를 완료하기 위한 조치계획을 국토교통부령으로 정하는 바에 따라 수립하고, 해당 계획에 따라 보수공사 등의 조치를 완료해야 한다(영 제53조의2 제2항).

1) **중대한 하자인 경우**: 사용검사를 받기 전. 다만, 특별한 사유가 있는 경우에는 입주예정자와 협의(공용부분의 경우에는 입주예정자 2/3 이상의 동의를 받아야 한다)하여 정하는 날로 하되, 사용검사를 받은 날부터 90일 이내에 조치를 완료하도록 노력해야 한다.

2) **그 밖의 하자인 경우** : 다음의 구분에 따른 시기. 다만, 특별한 사유가 있거나 입주예정자와 협의(공용부분의 경우에는 입주예정자 2/3 이상의 동의를 받아야 한다)한 경우에는 입주예정자와 협의하여 정하는 날로 하되, 전유부분은 입주예정자에게 인도한 날부터, 공용부분은 사용검사를 받은 날부터 각각 180일 이내에 조치를 완료하도록 노력해야 한다.
  - (가) 전유부분 : 입주예정자에게 인도하기 전
  - (나) 공용부분 : 사용검사를 받기 전

(6) 조치계획의 제출기한
조치계획을 수립한 사업주체는 사전방문 기간의 종료일부터 7일 이내에 사용검사권자에게 해당 조치계획을 제출해야 한다(영제53조의2 제3항).

(7) 사용검사권자의 하자여부 확인
입주예정자가 요청한 사항이 하자가 아니라고 판단하는 사업주체는 대통령령으로 정하는 바에 따라 사용검사를 하는 시장·군수·구청장(이하 "사용검사권자"라 한다)에게 하자 여부를 확인해줄 것을 요청할 수 있다. 이 경우 사용검사권자는 공동주택 품질점검단의 자문을 받는 등 대통령령으로 정하는 바에 따라 하자 여부를 확인할 수 있다(법 제48조의2 제4항).

(8) 입주예정자 및 사용검사권자에게 통지
사업주체는 하자 보수공사의 조치한 내용 및 하자가 아니라고 확인받은 사실 등을 조치계획에 따라 조치를 모두 완료한 때에는 입주예정자 및 사용검사권자에게 알려야 한다(법 제48조의2 제5항. 영제53조의3 제5항).

14 품질점검단의 설치 및 운영 등

(1) 품질점검단의 설치
시·도지사는 사전방문을 실시하고 사용검사를 신청하기 전에 공동주택의 품질을 점검하여 사업계획의 내용에 적합한 공동주택이 건설되도록 할 목적으로 주택 관련 분야 등의 전문가로 구성된 공동주택 품질점검단(이하 "품질점검단"이라 한다)을 설치·운영할 수 있다. 이 경우 시·도지사는 품질점검단의 설치·운영에 관한 사항을 조례로 정하는 바에 따라 대도시 시장에게 위임할 수 있다(법 제48조의3 제1항).

(2) 품질점검단의 구성
품질점검단의 위원은 다음의 어느 하나에 해당하는 사람 중에서 시·도지사(권한을 위임받은 대도시 시장을 포함한다)가 임명하거나 위촉한다. 공무원이 아닌 위원의 임기는 2년으로 하며, 두 차례만 연임할 수 있다(영제53조의4 제1·2항).

1) 「건축사법」의 건축사
2) 「국가기술자격법」에 따른 건축 분야 기술사 자격을 취득한 사람

3) 「공동주택관리법」에 따른 주택관리사 자격을 취득한 사람
4) 「건설기술 진흥법 시행령」에 따른 특급건설기술인
5) 「고등교육법」의 학교 또는 연구기관에서 주택 관련 분야의 조교수 이상 또는 이에 상당하는 직에 있거나 있었던 사람
6) 건축물이나 시설물의 설계·시공 관련 분야의 박사학위를 취득한 사람
7) 건축물이나 시설물의 설계·시공 관련 분야의 석사학위를 취득한 후 이와 관련된 분야에서 5년 이상 종사한 사람
8) 공무원으로서 공동주택 관련 지도·감독 및 인·허가 업무 등에 종사한 경력이 5년 이상인 사람
9) 공공기관 또는 지방공기업의 임직원으로서 건축물 및 시설물의 설계·시공 및 하자보수와 관련된 업무에 5년 이상 재직한 사람

(3) 품질점검단의 점검대상 공동주택

품질점검단의 점검대상은 민간 사업주체가 건설하는 300세대 이상인 공동주택을 말한다. 다만, 시·도지사가 필요하다고 인정하는 경우에는 조례로 정하는 바에 따라 300세대 미만인 공동주택으로 정할 수 있다(영제53조의5 제1항).

(4) 품질점검단의 점검방법

품질점검단은 공동주택 관련 법령, 입주자모집공고, 설계도서 및 마감자재 목록표 등 관련 자료를 토대로 다음의 사항을 점검해야 한다(영제53조의5 제2항).

1) 공동주택의 공용부분
2) 공동주택 일부 세대의 전유부분
3) 사용검사권자가 하자 여부를 판단하기 위해 품질점검단에 자문을 요청한 사항 중 현장조사가 필요한 사항

(5) 품질점검단의 점검절차

1) 품질점검단의 점검 요청

사업주체로부터 사전방문계획을 제출받은 사용검사권자는 해당 공동주택이 품질점검단의 점검대상 공동주택에 해당하는 경우 지체 없이 시·도지사(권한을 위임받은 경우에는 대도시 시장을 말한다)에게 공동주택 품질점검단의 점검을 요청해야 한다(규칙 제20조의4 제1항).

2) 품질점검단의 점검 기한

품질점검을 요청받은 시·도지사는 사전방문기간 종료일부터 10일 이내에 품질점검단이 해당 공동주택의 품질을 점검하도록 해야 한다(규칙 제20조의4 제2항).

3) 점검계획의 통보

시·도지사는 품질점검단의 점검 시작일 7일 전까지 사용검사권자 및 사업주체에게 점검 일시, 점검내용 및 품질점검단 구성 등이 포함된 점검계획을 통보해야 한다(규칙 제20조의4 제3항).

4) 점검결과의 제출

품질점검단은 품질점검을 실시한 후 점검 종료일부터 5일 이내에 점검결과를 시·도지사와 사용검사권자에게 제출해야 한다(규칙 제20조의4 제5항).

(6) 사업주체의 협조

사업주체는 품질점검단의 점검에 협조하여야 하며 이에 따르지 아니하거나 기피 또는 방해해서는 아니 된다(법 제48조의3 제3항).

(7) 사용검사권자의 자료제출 요청

사용검사권자는 품질점검단의 시공품질 점검을 위하여 필요한 경우에는 사업주체, 감리자 등 관계자에게 공동주택의 공사현황 등 국토교통부령으로 정하는 서류 및 관련 자료의 제출을 요청할 수 있다. 이 경우 자료제출을 요청받은 자는 정당한 사유가 없으면 이에 따라야 한다(법 제48조의3 제4항).

(8) 자료의 공개

사용검사권자는 제출받은 점검결과를 사용검사가 있은 날부터 2년 이상 보관하여야 하며, 입주자(입주예정자를 포함한다)가 관련 자료의 공개를 요구하는 경우에는 이를 공개하여야 한다(법 제48조의3 제5항).

(9) 사용검사권자의 조치명령

사용검사권자는 대통령령으로 정하는 바에 따라 품질점검단의 점검결과에 대한 사업주체의 의견을 청취한 후 하자가 있다고 판단하는 경우 보수·보강 등 필요한 조치를 명하여야 한다. 이 경우 대통령령으로 정하는 중대한 하자는 대통령령으로 정하는 특별한 사유가 없으면 사용검사를 받기 전까지 조치하도록 명하여야 한다(법 제48조의3 제6항).

(10) 점검결과에 대한 조치

사업주체는 품질점검단으로부터 통보받은 점검결과에 대하여 이견(異見)이 있는 경우 통보받은 날부터 5일 이내에 관련 자료를 첨부하여 사용검사권자에게 의견을 제출할 수 있다. 사용검사권자는 품질점검단 점검결과 및 제출받은 의견을 검토한 결과 하자에 해당한다고 판단하는 때에는 의견 제출일부터 5일 이내에 보수·보강 등의 조치를 명해야 한다(영 제53조의6 제2·3항).

(11) 조치결과의 보고

보수·보강 등의 조치명령을 받은 사업주체는 대통령령으로 정하는 바에 따라 조치를 하고, 그 결과를 사용검사권자에게 보고하여야 한다. 다만, 조치명령에 이의가 있는 사업주체는 사용검사권자에게 이의신청을 할 수 있다(법 제48조의3 제7항).

19 공사의 완료

1 사용검사 등

(1) 사용검사권자

사업주체는 사업계획승인을 받아 시행하는 주택건설사업 또는 대지조성사업을 완료한 경우에는 주택 또는 대지에 대하여 국토교통부령으로 정하는 바에 따라 시장·군수·구청장(국가 또는 한국토지주택공사가 사업주체인 경우와 국토교통부장관으로부터 사업계획의 승인을 받은 경우에는 국토교통부장관을 말한다)의 사용검사를 받아야 한다. 다만, 주택건설사업의 분할 시행 사업계획을 승인받은 경우에는 완공된 주택에 대하여 공구별로 분할 사용검사를 받을 수 있고, 사업계획승인 조건의 미이행 등 다음의 어느 하나에 해당하는 경우에는 공사가 완료된 주택에 대하여 동별 사용검사를 받을 수 있다(법 제49조 제1항, 영 제54조 제1·2항).

1) 사업계획승인의 조건으로 부과된 사항의 미이행
2) 하나의 주택단지의 입주자를 분할 모집하여 전체 단지의 사용검사를 마치기 전에 입주가 필요한 경우
3) 그 밖에 사업계획승인권자가 동별로 사용검사를 받을 필요가 있다고 인정하는 경우

(2) 사용검사권자의 확인 사항

사용검사권자는 사용검사를 할 때 다음의 사항을 확인해야 한다(영 제54조 제3항).

1) 주택 또는 대지가 사업계획의 내용에 적합한지 여부
2) 사용검사를 받기 전까지 조치해야 하는 하자를 조치 완료했는지 여부

(3) 사용검사의 기한

사용검사는 신청일부터 15일 이내에 하여야 한다(영 제54조 제4항).

2 다른 법률에 따른 준공검사 등의 의제

사업주체가 사용검사를 받았을 때에는 사업계획승인의 의제 규정에 따라 의제되는 인·허가등에 따른 해당 사업의 사용승인·준공검사 또는 준공인가 등을 받은 것으로 본다. 이 경우 사용검사권자는 미리 관계 행정기관의 장과 협의하여야 한다. 협의 요청을 받은 관계 행정기관의 장은 정당한 사유가 없으면 그 요청을 받은 날부터 10일 이내에 의견을 제시하여야 한다(법 제49조 제2항, 영 제54조 제5항).

3 사용검사권자의 사용검사 거부·지연 금지

다음의 구분에 따라 해당 주택의 시공을 보증한 자, 해당 주택의 시공자 또는 입주예정자는 대통령령으로 정하는 바에 따라 사용검사를 받을 수 있다(법 제49조 제3항).

1) 사업주체가 파산 등으로 사용검사를 받을 수 없는 경우에는 해당 주택의 시공을 보증한 자 또는 입주예정자
2) 사업주체가 정당한 이유 없이 사용검사를 위한 절차를 이행하지 아니하는 경우에는 해당 주택의 시공을 보증한 자, 해당 주택의 시공자 또는 입주예정자. 이 경우 사용검사권자는 사업주체가 사용검사를 받지 아니하는 정당한 이유를 밝히지 못하면 사용검사를 거부하거나 지연할 수 없다.

4 시공보증자 등의 사용검사

(1) 입주예정자대표회의의 사용검사

사업주체가 파산 등으로 주택건설사업을 계속할 수 없는 경우에는 시공보증자가 잔여공사를 시공하고 사용검사를 받아야 한다. 다만, 시공보증자가 없거나 파산 등으로 시공을 할 수 없는 경우에는 입주예정자대표회의가 시공자를 정하여 잔여공사를 시공하고 사용검사를 받아야 한다(영 제55조 제1항).

(2) 입주예정자대표회의의 구성

사용검사권자는 입주예정자대표회의가 사용검사를 받아야 하는 경우에는 입주예정자로 구성된 대책회의를 소집하여 그 내용을 통보하고, 건축공사현장에 10일 이상 그 사실을 공고하여야 한다. 이 경우 입주예정자는 그 과반수의 동의로 10명 이내의 입주예정자로 구성된 입주예정자대표회의를 구성하여야 한다(규칙 제22조).

(3) 건축물관리대장 등재 및 소유권보존등기

시공보증자 또는 입주예정자대표회의가 사용검사를 받은 경우에는 사용검사를 받은 자의 구분에 따라 시공보증자 또는 세대별 입주자의 명의로 건축물관리대장 등재 및 소유권보존등기를 할 수 있다(영 제55조 제2항).

(4) 사용검사권자의 요청

시공보증자, 해당 주택의 시공자 또는 입주예정자가 사용검사를 신청하는 경우 사용검사권자는 사업주체에게 사용검사를 받지 아니하는 정당한 이유를 제출할 것을 요청하여야 한다. 이 경우 사업주체는 요청을 받은 날부터 7일 이내에 의견을 통지하여야 한다(영 제55조 제4항).

5 임시사용승인

사업주체 또는 입주예정자는 사용검사를 받은 후가 아니면 주택 또는 대지를 사용하게 하거나 이를 사용할 수 없다. 다만, 주택건설사업의 경우에는 건축물의 동별로 공사가 완료된 경우, 대지조성사업의 경우에는 구획별로 공사가 완료된 경우 사용검사권자의 임시사용승인을 받은 경우에는 그러하지 아니하다(법 제49조 제4항, 영 제56조 제1항).

사용검사권자는 임시사용승인신청을 받은 때에는 임시사용승인대상인 주택 또는 대지가 사업계획의 내용에 적합하고 사용에 지장이 없는 경우에만 임시사용을 승인할 수 있다. 이 경우 임시사용승인의 대상이 공동주택인 경우에는 세대별로 임시사용승인을 할 수 있다(영 제56조 제3항).

6 사용검사 등의 특례에 따른 하자보수보증금 면제

(1) 입주예정자대표회의의 하자보수보증금 예치

사업주체의 파산 등으로 입주예정자가 사용검사를 받을 때에는 「공동주택관리법」에도 불구하고 입주예정자대표회의가 사용검사권자에게 사용검사를 신청할 때 하자보수보증금을 예치하여야 한다(법 제50조 제1항).

(2) 하자보수보증금의 면제

입주예정자대표회의가 하자보수보증금을 예치할 경우 2015.12.31. 당시 사업계획승인을 받아 사실상 완공된 주택에 사업주체의 파산 등으로 사용검사를 받지 아니하고 무단으로 점유하여 거주하는 입주예정자가 2016.12.31.까지 사용검사권자에게 사용검사를 신청할 때에는 다음의 구분에 따라 「공동주택관리법」에 따른 하자보수보증금을 면제하여야 한다(법 제50조 제2항).

1) 무단거주한 날부터 1년이 지난 때   10%
2) 무단거주한 날부터 2년이 지난 때   35%
3) 무단거주한 날부터 3년이 지난 때   55%
4) 무단거주한 날부터 4년이 지난 때   70%
5) 무단거주한 날부터 5년이 지난 때   85%
6) 무단거주한 날부터 10년이 지난 때   100%

부동산공법

단락문제 Q13 제34회 기출

주택법령상 주택의 사용검사 등에 관한 설명으로 틀린 것은?

① 하나의 주택단지의 입주자를 분할 모집하여 전체 단지의 사용검사를 마치기 전에 입주가 필요한 경우에는 공사가 완료된 주택에 대하여 동별로 사용검사를 받을 수 있다.
② 사용검사는 사용검사 신청일부터 15일 이내에 하여야 한다.
③ 사업주체는 건축물의 동별로 공사가 완료된 경우로서 사용검사권자의 임시 사용승인을 받은 경우에는 사용감사를 받기 전에 주택을 사용하게 할 수 있다.
④ 사업주체가 파산 등으로 사용검사를 받을 수 없는 경우에는 해당 주택의 시공을 보증한 자, 해당 주택의 시공자 또는 입주예정자는 사용검사를 받을 수 있다.
⑤ 무단거주가 아닌 입주예정자가 사업주체의 파산 등으로 사용검사를 받을 때에는 입주예정자의 대표회의가 사용검사권자에게 사용검사를 신청할 때 하자보수보증금을 예치하여야 한다.

해설 주택의 사용검사
사업주체가 파산 등으로 사용검사를 받을 수 없는 경우에는 시공보증자가 잔여 공사를 시공하고 사용검사를 받아야 한다.

정답 ④

20 공업화주택의 인정 등

1 공업화주택의 인정

국토교통부장관은 다음의 어느 하나에 해당하는 부분을 국토교통부령으로 정하는 성능기준 및 생산기준에 따라 맞춤식 등 공업화공법으로 건설하는 주택을 공업화주택으로 인정할 수 있다(법 제51조 제1항).

1) 주요 구조부의 전부 또는 일부
2) 세대별 주거 공간의 전부 또는 일부(거실·화장실·욕조 등 일부로서의 기능이 가능한 단위공간을 말한다)

2 공업화주택의 건설

국토교통부장관, 시·도지사 또는 시장·군수는 다음의 구분에 따라 주택을 건설하려는 자에 대하여 「건설산업기본법」에도 불구하고 대통령령으로 정하는 바에 따라 해당 주택을 건설하게 할 수 있다(법 제51조 제2항).

1) **국토교통부장관** 「건설기술 진흥법」에 따라 국토교통부장관이 고시한 새로운 건설기술을 적용하여 건설하는 공업화주택

2) **시·도지사 또는 시장·군수** 공업화주택

3 공업화주택 인정의 유효기간

공업화주택 인정의 유효기간은 공업화주택인정서공고일부터 5년으로 한다(규정 제61조의2 제5항).

4 공업화주택의 인정취소

국토교통부장관은 공업화주택을 인정받은 자가 다음의 어느 하나에 해당하는 경우에는 공업화주택의 인정을 취소할 수 있다. 다만, 1)에 해당하는 경우에는 그 인정을 취소하여야 한다(법 제52조).

1) 거짓이나 그 밖의 부정한 방법으로 인정을 받은 경우(당연취소)
2) 인정을 받은 기준보다 낮은 성능으로 공업화주택을 건설한 경우

5 공업화주택의 건설 촉진

국토교통부장관, 시·도지사 또는 시장·군수는 사업주체가 건설할 주택을 공업화주택으로 건설하도록 사업주체에게 권고할 수 있다(법 제53조 제1항).

공업화주택의 건설 및 품질향상과 관련하여 국토교통부령으로 정하는 기술능력을 갖추고 있는 자가 공업화주택을 건설하는 경우에는 「주택법」 제33조(주택의 설계 및 시공)·「주택법」 제43조(주택의 감리자 지정)·「주택법」 제44조(감리자의 업무) 및 「건축사법」 제4조(설계·공사감리)의 규정을 적용하지 아니한다(법 제53조 제2항).

제3절 주택의 건설기준

01 주택건설기준의 적용

사업주체가 건설·공급하는 주택의 건설기준 등은 대통령령인 「주택건설기준 등에 관한 규정」으로 정한다. 사업주체는 주택건설기준 등에 관한 규정의 기준에 따라 주택건설사업 또는 대지조성사업을 시행하여야 한다(법 제35조).

02 용어의 정의 (규정 제2조)

1 주민공동시설

주민공동시설이란 해당 공동주택의 거주자가 공동으로 사용하거나 거주자의 생활을 지원하는 시설로서 다음의 시설을 말한다.

1) 경로당
2) 어린이놀이터
3) 어린이집
4) 주민운동시설
5) 도서실(정보문화시설과 도서관법에 따른 작은 도서관을 포함한다)
6) 주민교육시설(영리를 목적으로 하지 아니하고 공동주택의 거주자를 위한 교육장소를 말한다)
7) 청소년 수련시설
8) 주민휴게시설
9) 독서실
10) 입주자집회소
11) 공용취사장
12) 공용세탁실
13) 「공공주택 특별법」에 따른 공공주택의 단지 내에 설치하는 사회복지시설
14) 「아동복지법」의 다함께돌봄센터
15) 「아이돌봄 지원법」의 공동육아나눔터
16) 그 밖에 사업계획승인권자가 인정하는 시설

2 의료시설

의료시설이라 함은 의원·치과의원·한의원·조산소·보건소지소·병원(전염병원 등 격리병원을 제외함)·한방병원 및 약국을 말한다.

3 주민운동시설

주민운동시설이라 함은 거주자의 체육활동을 위하여 설치하는 옥외·옥내운동시설(「체육시설의 설치·이용에 관한 법률」에 따른 신고체육시설업에 해당하는 시설을 포함함)·생활체육시설 기타 이와 유사한 시설을 말한다.

4 기간도로

기간도로란 보행자 및 자동차의 통행이 가능한 도로로서 다음의 하나에 해당하는 도로를 말한다.

1) 「국토의 계획 및 이용에 관한 법률」에 따른 도시·군계획시설인 도로로서 국토교통부령이 정하는 도로
2) 「도로법」에 따른 일반국도·특별시도·광역시도 또는 지방도
3) 그 밖에 관계법령에 의하여 설치된 도로로서 위에 준하는 도로

5 진입도로

진입도로라 함은 보행자 및 자동차의 통행이 가능한 도로로서 기간도로로부터 주택단지의 출입구에 이르는 도로를 말한다.

03 주택단지 안의 시설

1 단지 안의 시설설치제한

주택단지에는 관계법령에 따른 지역 또는 지구에 불구하고 다음의 시설에 한하여 이를 건설하거나 설치할 수 있다(규정 제6조 제1항).

1) 부대시설
2) 복리시설. 이 경우 지식산업센터·사회복지관·공동작업장은 해당 주택단지에 세대당 전용면적이 50㎡ 이하인 공동주택을 300세대 이상 건설하거나 해당 주택단지 총세대수의 1/2 이상을 건설하는 경우만 해당한다.
3) 간선시설
4) 「국토의 계획 및 이용에 관한 법률」에 따른 도시·군계획시설

2 주상복합건축물의 시설설치완화

다음의 어느 하나에 해당하는 경우에는 제한시설 외에 관계법령에 따라 해당 건축물이 속하는 지역 또는 지구에서 제한되지 아니하는 시설을 건설하거나 설치할 수 있다(규정 제6조 제2항).

1) 「국토의 계획 및 이용에 관한 법률」에 따른 상업지역에 주택을 건설하는 경우
2) 폭 12m 이상인 일반도로(주택단지 안의 도로는 제외한다)에 연접하여 주택을 주택 외의 시설과 복합건축물로 건설하는 경우
3) 「국토의 계획 및 이용에 관한 법률 시행령」에 따른 준주거지역 또는 준공업지역에 주택과 「관광숙박시설 확충을 위한 특별법」에 따른 호텔시설을 복합건축물로 건설하는 경우

04 도시형 생활주택의 건설기준

1 도시형 생활주택의 건설기준

사업주체(「건축법」에 따른 건축주를 포함한다)가 도시형 생활주택을 건설하려는 경우에는 도시지역에 대통령령으로 정하는 유형과 규모 등에 적합하게 건설하여야 한다(법 제36조 제1항).

2 복합건축의 금지

하나의 건축물에는 도시형 생활주택과 그 밖의 주택을 복합하여 건축할 수 없다. 다만, 대통령령으로 정하는 요건을 갖춘 경우에는 그러하지 아니하다(법 제36조 제2항).

05 에너지절약형 친환경주택

1 에너지절약형 친환경주택의 건설기준

사업주체가 사업계획승인을 받아 주택을 건설하려는 경우에는 에너지 고효율 설비기술 및 자재 적용 등 다음의 어느 하나 이상의 기술을 이용하여 주택의 총에너지사용량 또는 총이산화탄소배출량을 절감할 수 있는 에너지절약형 친환경주택으로 건설하여야 한다. 이 경우 사업주체는 사업계획승인 서류에 에너지절약형 친환경주택 건설기준 적용 현황 등 대통령령으로 정하는 서류를 첨부하여야 한다(법 제37조 제1항, 규정 제64조 제1항).

1) 고단열·고기능 외피구조, 기밀설계, 일조확보 및 친환경자재 사용 등 저에너지 건물 조성기술
2) 고효율 열원설비, 제어설비 및 고효율 환기설비 등 에너지 고효율 설비기술
3) 태양열, 태양광, 지열 및 풍력 등 신·재생에너지 이용기술
4) 자연지반의 보존, 생태면적율의 확보 및 빗물의 순환 등 생태적 순환기능 확보를 위한 외부환경 조성기술
5) 건물에너지 정보화 기술, 자동제어장치 및 「지능형 전력망의 구축 및 이용촉진에 관한 법률」에 따른 지능형 전력망 등 에너지 이용효율을 극대화하는 기술

2 에너지절약형 친환경주택 성능평가서의 첨부

에너지절약형 친환경주택을 건설하려는 자가 사업계획승인을 신청하는 경우에는 친환경주택 에너지 절약계획을 제출하여야 한다(규정 제64조 제2항).

3 국토교통부장관의 고시

에너지절약형 친환경 주택의 건설기준 및 에너지 절약계획에 관하여 필요한 세부적인 사항은 국토교통부장관이 정하여 고시한다(규정 제64조 제3항).

06 건강친화형 주택

1 건강친화형 주택의 건설기준

사업주체가 500세대 이상의 공동주택을 건설하는 경우에는 친환경 건축자재 사용 등 다음의 사항을 고려하여 세대 내의 실내공기 오염물질 등을 최소화할 수 있는 건강친화형 주택으로 건설하여야 한다(법 제37조 제2항, 규정 제65조 제1항).

1) 오염물질을 적게 방출하거나 오염물질의 발생을 억제 또는 저감시키는 건축자재(붙박이 가구 및 붙박이 가전제품을 포함한다)의 사용에 관한 사항
2) 청정한 실내환경 확보를 위한 마감공사의 시공관리에 관한 사항
3) 실내공기의 원활한 환기를 위한 환기설비의 설치, 성능검증 및 유지관리에 관한 사항
4) 환기설비 등을 이용하여 신선한 바깥의 공기를 실내에 공급하는 환기의 시행에 관한 사항

2 국토교통부장관의 고시

건강친화형 주택의 건설기준 등에 관하여 필요한 세부적인 사항은 국토교통부장관이 정하여 고시한다(규정 제65조 제2항).

07 장수명 주택의 건설기준 및 인증제도 등

1 장수명 주택 건설기준의 고시

국토교통부장관은 장수명 주택의 건설기준을 정하여 고시할 수 있다(법 제38조 제1항).

2 국토교통부장관의 장수명 주택 인증제도 시행

국토교통부장관은 장수명 주택의 공급 활성화를 유도하기 위하여 장수명 주택 건설기준에 따라 장수명 주택 인증제도를 시행할 수 있다(법 제38조 제2항).

3 장수명 주택의 등급구분

장수명 주택 인증제도로 장수명 주택에 대하여 부여하는 등급은 다음과 같이 구분한다(규정 제65조의2 제1항).

1) 최우수 등급
2) 우수 등급
3) 양호 등급
4) 일반 등급

4 장수명 주택의 등급기준

사업주체가 1,000세대 이상의 주택을 공급하고자 하는 때에는 장수명 주택 인증제도에 따라 일반 등급 이상의 등급을 인정받아야 한다(법 제38조 제3항, 규정 제65조의2 제2·3항).

5 장수명 주택 인증제도에 따른 완화

장수명 주택 인증제도에 따라 우수 등급 이상의 등급을 인정받은 경우 「국토의 계획 및 이용에 관한 법률」에도 불구하고 장수명 주택의 건폐율·용적률은 다음의 구분에 따라 조례로 그 제한을 완화할 수 있다(법 제38조 제7항, 규정 제65조의2 제5항).

1) **건폐율**　「국토의 계획 및 이용에 관한 법률 시행령」에 따라 조례로 정한 건폐율의 100분의 115를 초과하지 아니하는 범위에서 완화. 다만, 「국토의 계획 및 이용에 관한 법률」에 따른 건폐율의 최대한도를 초과할 수 없다.

2) **용적률**　「국토의 계획 및 이용에 관한 법률 시행령」에 따라 조례로 정한 용적률의 100분의 115를 초과하지 아니하는 범위에서 완화. 다만, 「국토의 계획 및 이용에 관한 법률」에 따른 용적률의 최대한도를 초과할 수 없다.

08 공동주택성능등급의 표시

사업주체가 500세대 이상의 공동주택을 공급할 때에는 주택의 성능 및 품질을 입주자가 알 수 있도록 「녹색건축물 조성 지원법」에 따라 다음의 공동주택성능에 대한 등급을 발급받아 입주자 모집공고에 표시하여야 한다(법 제39조, 규정 제58조).

1) 경량충격음·중량충격음·화장실소음·경계소음 등 소음 관련 등급
2) 리모델링 등에 대비한 가변성 및 수리 용이성 등 구조 관련 등급
3) 조경·일조확보율·실내공기질·에너지절약 등 환경 관련 등급
4) 커뮤니티시설, 사회적 약자 배려, 홈네트워크, 방범안전 등 생활환경 관련 등급
5) 화재·소방·피난안전 등 화재·소방 관련 등급

09 바닥충격음 성능등급 인정 등

1 바닥충격음 성능등급 인정기관의 지정

국토교통부장관은 주택건설기준 중 공동주택 바닥충격음 차단구조의 성능등급을 대통령령으로 정하는 기준에 따라 인정하는 기관(이하 "바닥충격음 성능등급 인정기관"이라 한다)을 지정할 수 있다(법 제41조 제1항).

2 바닥충격음 성능등급 인정기관의 인정제품 취소

바닥충격음 성능등급 인정기관은 성능등급을 인정받은 인정제품이 다음의 어느 하나에 해당하면 그 인정을 취소할 수 있다. 다만, 아래 1)에 해당하는 경우에는 그 인정을 취소하여야 한다(법 제41조 제2항).

1) 거짓이나 그 밖의 부정한 방법으로 인정받은 경우(당연취소)
2) 인정받은 내용과 다르게 판매·시공한 경우
3) 인정제품이 국토교통부령으로 정한 품질관리기준을 준수하지 아니한 경우
4) 인정의 유효기간을 연장하기 위한 시험결과를 제출하지 아니한 경우

3 공동주택 바닥충격음 차단구조의 성능등급 인정의 유효기간

공동주택 바닥충격음 차단구조의 성능등급 인정의 유효기간은 그 성능등급 인정을 받은 날부터 5년으로 한다. 공동주택 바닥충격음 차단구조의 성능등급 인정을 받은 자는 유효기간이 끝나기 전에 유효기간을 연장할 수 있다. 이 경우 연장되는 유효기간은 연장될 때마다 3년을 초과할 수 없다(규정 제60조의7 제1·2항).

4 바닥충격음 성능등급 인정기관의 지정 취소

국토교통부장관은 바닥충격음 성능등급 인정기관이 다음의 어느 하나에 해당하는 경우 그 지정을 취소할 수 있다. 다만, 1)에 해당하는 경우에는 그 지정을 취소하여야 한다(법 제41조 제5항).

1) 거짓이나 그 밖의 부정한 방법으로 바닥충격음 성능등급 인정기관으로 지정을 받은 경우 (당연인정취소)
2) 바닥충격음 차단구조의 성능등급의 인정기준을 위반하여 업무를 수행한 경우
3) 바닥충격음 성능등급 인정기관의 지정요건에 맞지 아니한 경우
4) 정당한 사유없이 2년 이상 계속하여 인정업무를 수행하지 아니한 경우

5 건축물 높이의 최고한도 완화

사업주체가 대통령령으로 정하는 두께 이상으로 바닥구조를 시공하는 경우 사업계획승인권자는 지구단위계획으로 정한 건축물 높이의 최고한도의 100분의 115를 초과하지 아니하는 범위에서 조례로 정하는 기준에 따라 건축물 높이의 최고한도를 완화하여 적용할 수 있다(법 제41조 제8항).

10 바닥충격음 성능검사 등

1 국토교통부장관의 성능검사기준

국토교통부장관은 바닥충격음 차단구조의 성능을 검사하기 위하여 성능검사의 기준(이하 이 조에서 "성능검사기준"이라 한다)을 마련하여야 한다(법 제41조의2 제1항).

2 바닥충격음 성능검사기관의 지정

국토교통부장관은 성능검사를 전문적으로 수행하기 위하여 성능을 검사하는 기관(이하 "바닥충격음 성능검사기관"이라 한다)을 대통령령으로 정하는 지정 요건 및 절차에 따라 지정할 수 있다(법 제41조의2 제2항).

3 비용의 지원

국토교통부장관은 바닥충격음 성능검사기관의 업무를 수행하는 데에 필요한 비용을 지원할 수 있다(법 제41조의2 제4항).

4 성능검사결과의 제출

사업주체는 사업계획승인을 받아 시행하는 주택건설사업의 경우 사용검사를 받기 전에 바닥충격음 성능검사기관으로부터 성능검사기준에 따라 바닥충격음 차단구조의 성능을 검사(이하 이 조에서 "성능검사"라 한다)받아 그 결과를 사용검사권자에게 제출하여야 한다(법 제41조의2 제5항).

5 사용검사권자의 권고

사용검사권자는 성능검사 결과가 성능검사기준에 미달하는 경우 대통령령으로 정하는 바에 따라 사업주체에게 보완 시공, 손해배상 등의 조치를 권고할 수 있다(법 제41조의2 제6항).

6 조치결과의 제출

보완 시공, 손해배상 등의 조치를 권고받은 사업주체는 조치기한이 지난 날부터 5일 이내에 권고사항에 대한 조치결과를 사용검사권자에게 제출하여야 한다(법 제41조의2 제7항. 규정 제60조의11 제3항).

11 소음방지대책의 수립

1 소음방지대책의 수립

사업계획승인권자는 주택의 건설에 따른 소음의 피해를 방지하고 주택건설 지역 주민의 평온한 생활을 유지하기 위하여 주택건설사업을 시행하려는 사업주체에게 대통령령으로 정하는 바에 따라 소음방지대책을 수립하도록 하여야 한다(법 제42조 제1항).

2 도로의 관리청 협의

사업계획승인권자는 대통령령으로 정하는 주택건설 지역이 도로와 인접한 경우에는 해당 도로의 관리청과 소음방지대책을 미리 협의하여야 한다. 이 경우 해당 도로의 관리청은 소음 관계법률에서 정하는 소음기준 범위에서 필요한 의견을 제시할 수 있다(법 제42조 제2항).

3 실외소음도 측정기관의 지정 취소

국토교통부장관은 실외소음도 측정기관이 다음의 어느 하나에 해당하는 경우에는 그 지정을 취소할 수 있다. 다만, 아래 1)에 해당하는 경우 그 지정을 취소하여야 한다(법 제42조 제5항).

1) 거짓이나 그 밖의 부정한 방법으로 실외소음도 측정기관으로 지정을 받은 경우(당연지정 취소)
2) 실외소음도 측정기준을 위반하여 업무를 수행한 경우
3) 실외소음도 측정기관의 지정 요건에 미달하게 된 경우

 **Q14** 제16회 기출

「주택건설기준 등에 관한 규정」에 의하면 주택단지에는 일정한 시설에 한하여 이를 건설하거나 설치할 수 있다. 원칙적으로 주택단지에 설치할 수 <u>없는</u> 것은?

① 부대시설
② 복리시설
③ 간선시설
④ 사회복지관
⑤ 「국토의 계획 및 이용에 관한 법률」에 따른 도시·군계획시설

해설 주택단지의 시설설치 제한
지식산업센터·사회복지관·공동작업장은 당해 주택단지에 세대당 전용면적이 50㎡ 이하인 공동주택을 300세대 이상 건설하거나 당해 주택단지 총 세대수의 1/2 이상을 건설하는 경우에 한하여 설치할 수 있다. **정답** ④

제4절 주택의 공급

01 주택의 공급

1 사업주체의 주택건설·공급

사업주체(「건축법」에 따른 건축허가를 받아 주택 외의 시설과 주택을 동일 건축물로 하여 사업계획승인대상 호수 이상으로 건설·공급하는 건축주와 사용검사를 받은 주택을 사업주체로부터 일괄하여 양수받은 자를 포함한다)는 다음에서 정하는 바에 따라 주택을 건설·공급하여야 한다. 이 경우 국가유공자, 보훈보상대상자, 장애인, 철거주택의 소유자 그 밖에 국토교통부령으로 정하는 대상자에 대하여는 입주자 모집조건 등을 달리 정하여 별도로 공급할 수 있다(법 제54조 제1항).

1) **사업주체**(공공주택사업자는 제외한다)**가 입주자를 모집하려는 경우**

    「주택공급에 관한 규칙」이 정하는 바에 따라 시장·군수·구청장의 승인(복리시설의 경우에는 신고를 말한다)을 받을 것

2) **사업주체가 건설하는 주택을 공급하려는 경우**
    ① 「주택공급에 관한 규칙」이 정하는 입주자모집의 시기·조건·방법·절차, 입주금(입주예정자가 사업주체에게 납입하는 주택가격을 말한다)의 납부방법·시기·절차, 주택공급계약의 방법·절차 등에 적합할 것
    ② 국토교통부령으로 정하는 바에 따라 벽지·바닥재·주방용구·조명기구 등을 제외한 부분의 가격을 따로 제시하고, 이를 입주자가 선택할 수 있도록 할 것

2 「주택공급에 관한 규칙」에 따른 공급   35회 출제

주택을 공급받으려는 자는 「주택공급에 관한 규칙」이 정하는 입주자자격·재당첨 제한 및 공급순위 등에 맞게 주택을 공급받아야 한다. 이 경우 투기과열지구 및 조정대상지역에서 건설·공급되는 주택을 공급받으려는 자의 입주자자격, 재당첨 제한 및 공급순위 등은 주택의 수급상황 및 투기우려 등을 고려하여 국토교통부령으로 지역별로 달리 정할 수 있다(법 제54조 제2항).

3 마감자재 목록표의 제출

사업주체가 시장·군수·구청장의 승인을 받으려는 경우(사업주체가 국가·지방자치단체·한국토지주택공사 및 지방공사인 경우에는 견본주택을 건설하는 경우를 말한다)에는 견본주택에 사용되는 마감자재의 규격·성능 및 재질을 적은 마감자재 목록표와 견본주택의 각 실의 내부를 촬영한 영상물 등을 제작하여 승인권자에게 제출하여야 한다(법 제54조 제3항).

4 마감자재 목록표의 제공

사업주체는 주택공급계약을 체결할 때 입주예정자에게 다음의 자료 또는 정보를 제공하여야 한다. 다만, 입주자 모집공고에 이를 표시(인터넷에 게재하는 경우를 포함한다)한 경우에는 그러하지 아니하다(법 제54조 제4항).

1) 견본주택에 사용된 마감자재 목록표
2) 공동주택 발코니의 세대 간 경계벽에 피난구를 설치하거나 경계벽을 경량구조로 건설한 경우 그에 관한 정보

5 마감자재 목록표의 보관기간

시장·군수·구청장은 제출받은 마감자재 목록표와 영상물 등을 사용검사가 있은 날부터 2년 이상 보관하여야 하며, 입주자가 열람을 요구하는 경우에는 이를 공개하여야 한다(법 제54조 제5항).

6 동질 이상의 마감자재 설치 28회 출제

사업주체가 마감자재 생산업체의 부도 등으로 인한 제품의 품귀 등 부득이한 사유로 인하여 사업계획승인 또는 마감자재 목록표의 마감자재와 다르게 마감자재를 시공·설치하려는 경우에는 당초의 마감자재와 같은 질 이상으로 설치하여야 한다. 마감자재 목록표의 자재와 다른 마감자재를 시공·설치하려는 경우에는 그 사실을 입주예정자에게 알려야 한다(법 제54조 제6·7항).

7 표시 또는 광고 사본의 제출

사업주체는 공급하려는 주택에 대하여 기반시설의 설치·정비 또는 개량에 관한 사항이 포함된 표시 및 광고(「표시·광고의 공정화에 관한 법률」에 다른 표시 또는 광고를 말한다)를 한 경우 사본을 주택공급계약 체결기간의 시작일부터 30일 이내에 시장·군수·구청장에게 제출하여야 한다. 이 경우 시장·군수·구청장은 제출받은 표시 또는 광고의 사본을 사용검사가 있은 날부터 2년 이상 보관하여야 하며, 입주자가 열람을 요구하는 경우 이를 공개하여야 한다(법 제54조 제8항, 영 제58조 제1·2항).

부동산공법

8 주택의 공급업무의 대행

사업주체는 주택을 효율적으로 공급하기 위하여 필요하다고 인정하는 경우 주택의 공급업무의 일부를 제3자로 하여금 대행하게 할 수 있다(법 제54조의2 제1항).

9 분양대행자의 대행

사업주체가 입주자자격, 공급순위 등을 증명하는 서류의 확인 등 국토교통부령으로 정하는 업무를 대행하게 하는 경우 국토교통부령으로 정하는 바에 따라 다음의 어느 하나에 해당하는 분양대행자에게 대행하게 하여야 한다(법 제54조의2 제2항, 영 제58조의2).

1) 「주택법」에 따른 등록사업자
2) 「건설산업기본법 시행령」에 따른 건축공사업 또는 토목건축공사업의 등록을 한 자
3) 「도시 및 주거환경정비법」에 따른 정비사업전문관리업자
4) 「부동산개발업의 관리 및 육성에 관한 법률」에 따른 등록사업자
5) 다른 법률에 따라 등록하거나 인가 또는 허가를 받은 자로서 국토교통부령으로 정하는 자

02 견본주택의 건축기준

1 견본주택의 건설

사업주체가 주택의 판매·촉진을 위하여 견본주택을 건설하려는 경우 견본주택의 내부에 사용하는 마감자재 및 가구는 사업계획승인의 내용과 같은 것으로 시공·설치하여야 한다(법 제60조 제1항).

2 마감자재의 공급가격 표지

사업주체는 견본주택의 내부에 사용하는 마감자재를 사업계획승인 또는 마감자재 목록표와 다른 마감자재로 설치하는 경우로서 다음의 어느 하나에 해당하는 경우에는 일반인이 그 해당 사항을 알 수 있도록 마감자재의 공급가격을 표시하는 경우에는 해당 자재 등에 공급가격 및 가격표시 사유를 기재한 가로 25cm 세로 15cm 이상의 표지를 설치하여야 한다(법 제60조 제2항, 규칙 제22조 제1항).

1) 분양가격에 포함되지 아니하는 품목을 견본주택에 전시하는 경우
2) 마감자재 생산업체의 부도 등으로 인한 제품의 품귀 등 부득이한 경우

3 마감자재 목록표 등의 비치

견본주택에는 마감자재 목록표와 사업계획승인을 받은 서류 중 평면도와 시방서(示方書)를 갖춰 두어야 하며, 견본주택의 배치·구조 및 유지관리 등은 국토교통부령으로 정하는 기준에 맞아야 한다(법 제60조 제3항).

4 견본주택의 이격 건축

가설건축물인 견본주택은 인접 대지의 경계선으로부터 3m 이상 떨어진 곳에 건축하여야 한다. 다만, 다음의 어느 하나에 해당하는 경우에는 1.5m 이상 떨어진 곳에 건축할 수 있다(규칙 제22조 제2항).

1) 견본주택의 외벽(外壁)과 처마가 내화구조 및 불연재료로 설치되는 경우
2) 인접 대지가 도로, 공원, 광장 그 밖에 건축이 허용되지 아니하는 공지인 경우

03 입주자저축

35회 출제

1 입주자저축

국토교통부장관은 주택을 공급받으려는 자에게 미리 입주금의 전부 또는 일부를 저축(이하 "입주자저축"이라 한다)하게 할 수 있다(법 제56조 제1항).

2 입주자저축의 정의

입주자저축이란 국민주택과 민영주택을 공급받기 위하여 가입하는 주택청약종합저축을 말한다(법 제56조 제2항).

3 기획재정부장관과 사전 협의

국토교통부장관은 입주자저축에 관한 국토교통부령을 제정하거나 개정할 때에는 기획재정부장관과 미리 협의해야 한다(영 제58조의3).

4 입주자저축 취급기관

입주자저축계좌를 취급하는 기관(입주자저축 취급기관)은 「은행법」에 따른 은행 중 국토교통부장관이 지정한다. 입주자저축은 한 사람이 한 계좌만 가입할 수 있다(법 제56조 제3·4항).

5 입주자저축정보의 제공

입주자저축정보의 제공 요청을 받은 입주자저축취급기관의 장은 「금융실명거래 및 비밀보장에 관한 법률」에도 불구하고 입주자저축정보를 제공하여야 한다(법 제56조 제6항).

6 입주자저축정보의 제공사실 통보

입주자저축정보를 제공한 입주자저축취급기관의 장은 「금융실명거래 및 비밀보장에 관한 법률」에도 불구하고 입주자저축정보의 제공사실을 명의인에게 통보하지 아니할 수 있다. 다만, 입주자저축정보를 제공하는 입주자저축취급기관의 장은 입주자저축정보의 명의인이 요구할 때에는 입주자저축정보의 제공사실을 통보하여야 한다(법 제56조 제7항).

7 주택청약업무 수행기관의 지정·고시

국토교통부장관은 입주자자격, 공급순위 등의 확인과 입주자저축의 관리 등 주택공급과 관련하여 국토교통부령으로 정하는 업무를 효율적으로 수행하기 위하여 주택청약업무 수행기관을 지정·고시할 있다(법 제56조의2).

8 입주자자격 정보제공

국토교통부장관은 주택을 공급받으려는 자가 요청하는 경우 주택공급 신청 전에 입주자자격, 주택의 소유 여부, 재당첨 제한 여부, 공급 순위 등에 관한 정보를 제공할 수 있다(법 제56조의3 제1항).

9 개인정보의 수집·제공시 동의

정보를 제공하기 위하여 필요한 경우 국토교통부장관은 정보제공을 요청하는 자 및 배우자, 정보제공을 요청하는 자 또는 배우자와 세대를 같이하는 세대원에게 개인정보의 수집·제공 동의를 받아야 한다(법 제56조의3 제2항).

단락문제 Q15   제16회 기출

주택법령상 주택의 공급에 관한 규정내용으로 틀린 것은?

① 주택을 공급받고자 하는 자는 국토교통부령으로 정하는 입주자자격·재당첨제한 및 공급순위 등에 적합하게 주택을 공급받아야 한다.
② 사업주체가 일반에게 공급하는 공동주택 분양가격의 구체적인 내역, 산정방식, 감정평가기관 선정방법 등은 국토교통부령으로 정한다.
③ 사업주체는 마감자재 목록표와 영상물 등을 사용검사가 있은 날부터 1년 이상 보관하여야 한다.
④ 사업주체가 주택을 공급하려는 경우에는 국토교통부령으로 정하는 바에 따라 벽지·바닥재·주방용구 조명기구 등을 제외한 부분의 가격을 별도로 제시하고, 이를 입주자가 선택할 수 있도록 해야 한다.
⑤ 사업주체가 부득이한 사유로 인하여 마감자재 목록표의 자재와 다른 마감자재를 시공·설치하려는 경우에는 그 사실을 입주예정자에게 통지하여야 한다.

해설 주택의 공급
시장·군수 또는 구청장은 제출받은 마감자재 목록표와 영상물 등을 사용검사가 있은 날부터 2년 이상 보관하여야 하며, 입주자가 열람을 요구하는 때에는 이를 공개하여야 한다.   **정답** ③

04 주택의 분양가격 제한

1 분양가상한제 적용주택 33회 출제

사업주체가 「주택법」 제54조(주택의 공급)에 따라 일반인에게 공급하는 공동주택 중 다음의 어느 하나에 해당하는 지역에서 공급하는 주택의 경우에는 이 조에서 정하는 기준에 따라 산정되는 분양가격 이하로 공급(이에 따라 공급되는 주택을 "분양가상한제 적용주택"이라 한다)하여야 한다(법 제57조 제1항).

1) 공공택지
2) 공공택지 외의 택지에서 주택가격 상승 우려가 있어 국토교통부장관이 「주거기본법」에 따른 주거정책심의위원회의 심의를 거쳐 지정하는 지역

2 분양가상한제의 적용 제외 주택

다음의 어느 하나에 해당하는 경우에는 분양가상한제 적용주택을 적용하지 아니한다(법 제57조 제2항, 영 제58조의4 제1·2항).

1) 도시형 생활주택
2) 「경제자유구역의 지정 및 운영에 관한 특별법」에 따라 지정·고시된 경제자유구역에서 건설·공급하는 공동주택으로서 경제자유구역위원회에서 외자유치 촉진과 관련이 있다고 인정하여 분양가격 제한을 적용하지 아니하기로 심의·의결한 경우

분양가상한제 적용주택

공공택지 또는 공공택지 외의 택지에서 주택가격 상승 우려가 있어서 국토교통부장관이 주거정책심의위원회 심의를 거쳐 지정하는 지역에서 공급하는 공동주택은 분양가격 이하로 공급하여야 한다.

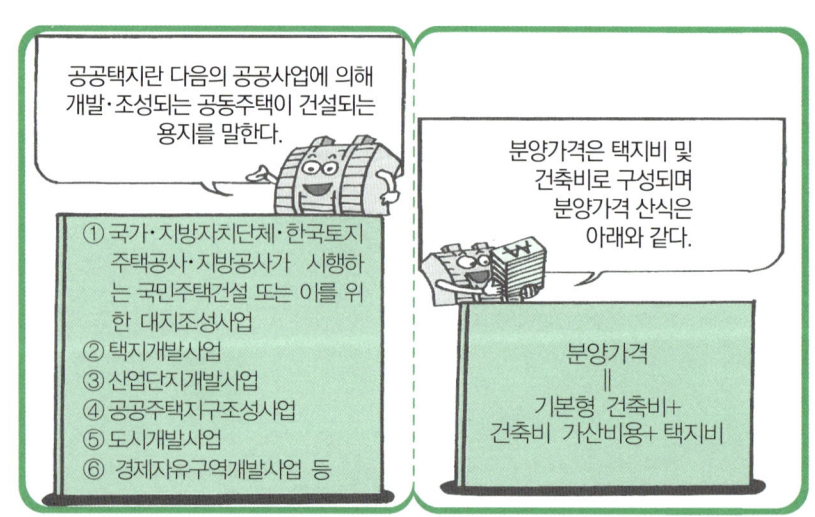

3) 「관광진흥법」에 따라 지정된 관광특구에서 건설·공급하는 공동주택으로서 해당 건축물의 층수가 50층 이상이거나 높이가 150m 이상인 경우

4) 한국토지주택공사 또는 지방공사가 다음의 정비사업의 시행자로 참여하고, 주택의 전체 세대수의 10% 이상을 임대주택으로 건설·공급하는 주택

　(가) 「도시 및 주거환경정비법」에 따른 정비사업으로서 정비구역 면적이 2만㎡ 미만인 사업 또는 해당 정비사업에서 건설·공급하는 주택의 전체 세대수가 200세대 미만인 사업

　(나) 「빈집 및 소규모주택 정비에 관한 특례법」에 따른 소규모주택정비사업

5) 「도시 및 주거환경정비법」에 따른 주거환경개선사업 및 공공재개발사업에서 건설·공급하는 주택

6) 「도시재생 활성화 및 지원에 관한 특별법」에 따른 주거재생혁신지구에서 시행하는 혁신지구재생사업에서 건설·공급하는 주택

7) 「공공주택 특별법」에 따른 도심 공공주택 복합사업에서 건설·공급하는 주택

3 분양가상한제 적용주택의 택지비

분양가격은 택지비와 건축비로 구성(토지임대부 분양주택의 경우에는 건축비만 해당한다)되며, 구체적인 명세, 산정방식, 감정평가기관 선정방법 등은 국토교통부령으로 정한다. 이 경우 택지비는 다음에 따라 산정한 금액으로 한다(법 제57조 제3항, 영 제59조 제1·4항).

1) 공공택지에서 주택을 공급하는 경우에는 해당 택지의 공급가격에 국토교통부령으로 정하는 택지와 관련된 비용을 가산한 금액

2) 공공택지 외의 택지에서 분양가상한제 적용주택을 공급하는 경우에는 「감정평가 및 감정평가사에 관한 법률」에 따라 감정평가한 가액에 국토교통부령으로 정하는 택지와 관련된 비용을 가산한 금액. 다만, 택지 매입가격이 다음의 어느 하나에 해당하는 경우에는 해당 매입가격(감정평가한 가액의 120%에 상당하는 금액 또는 「부동산 가격공시에 관한 법률」에 따른 개별공시지가의 150%에 상당하는 금액 이내에 한한다)에 국토교통부령으로 정하는 택지와 관련된 비용을 가산한 금액을 택지비로 볼 수 있다. 이 경우 택지비는 주택단지 전체에 동일하게 적용하여야 한다.

① 「민사집행법」, 「국세징수법」 또는 「지방세징수법」에 따른 경·공매 낙찰가격

② 국가·지방자치단체 등 공공기관으로부터 매입한 가격

③ 그 밖에 실제 매매가격을 확인할 수 있는 경우로서 「부동산등기법」에 따른 부동산등기부 또는 「지방세법 시행령」에 따른 법인장부에 해당 택지의 거래가액이 기록되어 있는 경우

4 분양가상한제 적용주택의 건축비

분양가격 구성항목 중 건축비는 국토교통부장관이 정하여 고시하는 건축비(이하 "기본형 건축비"라고 한다)에 국토교통부령으로 정하는 금액을 더한 금액으로 한다. 이 경우 기본형 건축비는 시장·군수·구청장이 해당 지역의 특성을 고려하여 국토교통부령으로 정하는 범위에서 따로 정하여 고시할 수 있다(법 제57조 제4항).

5 사업주체의 공공택지에서 분양가격공시

사업주체는 분양가상한제 적용주택으로서 공공택지에서 공급하는 주택에 대하여 입주자모집승인을 받았을 때에는 입주자 모집공고에 다음에 대하여 분양가격을 공시하여야 한다(법 제57조 제5항).

1) 택지비
2) 공사비
3) 간접비
4) 그 밖에 국토교통부령으로 정하는 비용

6 시장·군수·구청장의 공공택지 외의 택지에서 분양가격공시

시장·군수·구청장이 공공택지 외의 택지에서 공급되는 분양가상한제 적용주택 중 분양가 상승 우려가 큰 지역으로서 수도권 안의 투기과열지구, 국토교통부장관이 지정하는 지역에서 공급되는 주택의 입주자모집 승인을 하는 경우에는 다음의 구분에 따라 분양가격을 공시하여야 한다. 이 경우 2)부터 6)까지의 금액은 기본형 건축비(시·군·구별 기본형 건축비가 따로 있는 경우에는 시·군·구별 기본형 건축비)의 항목별 가액으로 한다(법 제57조 제6항, 영 제59조 제5항).

1) 택지비
2) 직접공사비
3) 간접공사비
4) 설계비
5) 감리비
6) 부대비
7) 그 밖에 국토교통부령으로 정하는 비용

7 택지비 및 건축비의 가산비용

분양가격 공시를 할 때 국토교통부령으로 정하는 택지비 및 건축비에 가산되는 비용의 공시에는 분양가심사위원회 심사를 받은 내용과 산출근거를 포함하여야 한다(법 제57조 제7항).

8 분양가상한제 적용주택 등의 입주자의 거주의무 등

(1) 거주의무자의 거주의무기간

다음의 어느 하나에 해당하는 주택의 입주자(상속받은 자는 제외한다. 거주의무자)는 해당 주택의 최초 입주가능일부터 3년 이내(토지임대부 분양주택의 경우에는 최초 입주가능일을 말한다)에 입주하여야 하고, 해당 주택의 분양가격과 국토교통부장관이 고시한 방법으로 결정된 인근지역 주택매매가격의 비율에 따라 5년 이내의 범위에서 대통령령으로 정하는 기간(거주의무기간) 동안 계속하여 해당 주택에 거주하여야 한다. 다만, 해외 체류 등 대통령령으로 정하는 부득이한 사유가 있는 경우 그 기간은 해당 주택에 거주한 것으로 본다(법 제57조의2 제1항).

1) 사업주체가 수도권에서 건설·공급하는 분양가상한제 적용주택

2) 토지임대부 분양주택

(2) 분양가상한제 적용주택 등의 입주자의 거주의무기간(영 제60조의2 제1항)

1) 사업주체가 수도권에서 건설·공급하는 분양가상한제 적용주택 입주자의 거주의무기간

구 분	분 양 가 격	거주의무기간
공공택지에서 건설·공급되는 주택의 경우	인근지역주택매매가격의 80% 미만인 주택	5년
	인근지역주택매매가격의 80% 이상 100% 미만인 주택	3년
공공택지 외의 택지에서 건설·공급되는 주택의 경우	인근지역주택매매가격의 80% 미만인 주택	3년
	인근지역주택매매가격의 80% 이상 100% 미만인 주택	2년

(3) 분양가상한제 적용주택 입주자의 거주의무 예외사유

다음의 어느 하나에 해당하는 부득이한 사유가 있는 경우 그 기간은 해당 주택에 거주한 것으로 본다. 이 경우 아래 제2호부터 제8호까지의 규정에 해당하는지는 한국토지주택공사(사업주체가 「공공주택 특별법」에 따른 공공주택사업자인 경우에는 공공주택사업자를 말한다)의 확인을 받아야 한다(법 제57조의2 제1항. 영 제60조의2 제2항).

1) 해당 주택에 입주하기 위하여 준비기간이 필요한 경우. 이 경우 해당 주택에 거주한 것으로 보는 기간은 최초 입주가능일 이후 3년이 되는 날부터 90일까지(최초 입주가능일부터 3년이 되는 날 전에 입주하는 경우에는 입주일 전날부터 역산하여 최초 입주가능일까지의 기간으로 하되, 90일을 한도로 한다)로 한다.

2) 토지임대부 분양주택에 입주하기 위해 준비기간이 필요한 경우. 이 경우 해당 주택에 거주한 것으로 보는 기간은 최초 입주가능일부터 90일까지로 한다.

3) 거주의무자가 거주의무기간 중 세대원(거주의무자가 포함된 세대의 구성원을 말한다)의 근무·생업·취학 또는 질병치료를 위하여 해외에 체류하는 경우

4) 거주의무자가 주택의 특별공급을 받은 군인으로서 인사발령에 따라 거주의무기간 중 해당 주택건설지역(주택을 건설하는 특별시·광역시·특별자치시·특별자치도 또는 시·군의 행정구역을 말한다)이 아닌 지역에 거주하는 경우

5) 거주의무자가 거주의무기간 중 세대원의 근무·생업·취학 또는 질병치료를 위하여 세대원 전원이 다른 주택건설지역에 거주하는 경우. 다만, 수도권 안에서 거주를 이전하는 경우는 제외한다.

6) 거주의무자가 거주의무기간 중 혼인 또는 이혼으로 입주한 주택에서 퇴거하고 해당 주택에 계속 거주하려는 거주의무자의 직계존속·비속, 배우자(종전 배우자를 포함한다) 또는 형제자매가 자신으로 세대주를 변경한 후 거주의무기간 중 남은 기간을 승계하여 거주하는 경우

7) 「영유아보육법」에 따른 가정어린이집을 설치·운영하려는 자가 해당 주택에 가정어린이집의 설치를 목적으로 인가를 받은 경우. 이 경우 해당 주택에 거주한 것으로 보는 기간은 가정어린이집을 설치·운영하는 기간으로 한정한다.

8) 주택의 전매제한이 적용되지 않는 경우. 다만, 입주자로 선정된 지위 또는 주택의 일부를 배우자에게 증여하는 경우와 실직·파산 또는 신용불량으로 경제적 어려움이 발생한 경우는 제외한다.

9) 거주의무자의 직계비속이 「초·중등교육법」에 따른 학교에 재학 중인 학생으로서 주택의 최초 입주가능일 현재 해당 학기가 끝나지 않은 경우. 이 경우 해당 주택에 거주한 것으로 보는 기간은 학기가 끝난 후 90일까지로 한정한다.

(4) 한국토지주택공사에 매입신청

거주의무자는 거주의무를 이행하지 아니한 경우 해당 주택을 양도(매매·증여나 그 밖에 권리 변동을 수반하는 모든 행위를 포함하되, 상속의 경우는 제외한다)할 수 없다. 다만, 거주의무자가 해외 체류 등 대통령령으로 정하는 부득이한 사유 이외의 사유로 거주의무기간 이내에 거주를 이전하려는 경우 거주의무자는 대통령령으로 정하는 바에 따라 한국토지주택공사(사업주체가 「공공주택 특별법」에 따른 공공주택사업자인 경우에는 공공주택사업자를 말한다)에 해당 주택의 매입을 신청하여야 한다(법 제57조의2 제2항).

(5) 한국토지주택공사의 매입 절차

한국토지주택공사는 매입신청을 받거나 거주의무자 및 주택을 재공급받은 사람(이하 "거주의무자등"이라 한다)이 거주의무기간을 위반하였다는 사실을 알게 된 경우 해당 주택을 매입하려면 14일 이상의 기간을 정하여 거주의무자에게 의견을 제출할 수 있는 기회를 줘야 하며, 의견을 제출받은 한국토지주택공사는 제출 의견의 처리 결과를 거주의무자에게 통보해야 한다. 다음의 특별한 사유가 없으면 해당 주택을 매입하여야 한다(법 제57조의2 제3항. 영 제60조의2 제4·5·6항).

1) 한국토지주택공사의 부도·파산
2) 한국토지주택공사가 해당 주택을 매입하는 것이 어렵다고 국토교통부장관이 인정하는 사유

(6) 한국토지주택공사의 취득
한국토지주택공사가 주택을 매입하는 경우 거주의무자등에게 그가 납부한 입주금과 그 입주금에 「은행법」에 따른 은행의 1년 만기 정기예금의 평균이자율을 적용한 이자를 합산한 금액(매입비용)을 지급한 때에는 그 지급한 날에 한국토지주택공사가 해당 주택을 취득한 것으로 본다(법 제57조의2 제4항).

(7) 사업주체의 부기등기
사업주체는 주택을 공급하는 경우에는 거주의무자가 거주의무기간을 거주하여야 해당 주택을 양도할 수 있음을 소유권에 관한 등기에 부기등기하여야 한다. 이 경우 부기등기는 주택의 소유권보존등기와 동시에 하여야 하며, 부기등기에는 "이 주택은 「주택법」 제57조의2 제1항에 따른 거주의무자가 거주의무기간 동안 계속하여 거주해야 하며, 이를 위반할 경우 한국토지주택공사가 해당 주택을 매입함"이라는 내용을 표기해야 한다(법 제57조의2 제5항, 영 제60조의2 제7항).

(8) 한국토지주택공사의 재공급
한국토지주택공사는 취득한 주택을 국토교통부령으로 정하는 바에 따라 재공급하여야 하며, 주택을 재공급 받은 사람은 거주의무기간 중 잔여기간을 계속하여 거주하지 아니하고 그 주택을 양도할 수 없다. 다만, 거주의무 예외사유에 해당하는 경우 그 기간은 해당 주택에 거주한 것으로 본다(법 제57조의2 제7항).

(9) 한국토지주택공사의 전매행위 제한규정 배제
한국토지주택공사가 주택을 취득하거나 주택을 공급하는 경우에는 전매행위 제한규정을 적용하지 아니한다(법 제57조의2 제9항).

9 분양가상한제 적용주택 등의 거주실태 조사 등

(1) 국토교통부장관 또는 지방자치단체장의 거주실태 조사
국토교통부장관 또는 지방자치단체의 장은 거주의무자등의 실제 거주 여부를 확인하기 위하여 거주의무자등에게 필요한 서류 등의 제출을 요구할 수 있으며, 소속 공무원으로 하여금 해당 주택에 출입하여 조사하게 하거나 관계인에게 필요한 질문을 하게 할 수 있다. 이 경우 서류 등의 제출을 요구받거나 해당 주택의 출입·조사 또는 필요한 질문을 받은 거주의무자등은 모든 세대원의 해외출장 등 특별한 사유가 없으면 이에 따라야 한다(법 제57조의3 제1항).

(2) 국토교통부장관 또는 지방자치단체장의 실제 거주 여부 확인

국토교통부장관 또는 지방자치단체의 장은 거주실태 조사를 위하여 필요한 경우 주민등록 전산정보(주민등록번호·외국인등록번호 등 고유식별번호를 포함한다), 가족관계 등록사항 등 실제 거주 여부를 확인하기 위하여 필요한 자료 또는 정보의 제공을 관계 기관의 장에게 요청할 수 있다. 이 경우 자료의 제공을 요청받은 관계 기관의 장은 특별한 사유가 없으면 이에 따라야 한다(법 제57조의3 제2항).

10 분양가상한제 적용지역의 지정 및 해제

(1) 분양가상한제 적용지역의 지정

국토교통부장관은 주택가격상승률이 물가상승률보다 현저히 높은 지역으로서 그 지역의 주택가격·주택거래 등과 지역 주택시장 여건 등을 고려하였을 때 주택가격이 급등하거나 급등할 우려가 있는 지역 중 다음의 어느 하나에 해당하는 기준을 충족하는 지역에 대하여는 주거정책심의위원회 심의를 거쳐 분양가상한제 적용지역으로 지정할 수 있다(법 제58조 제1항, 영 제61조 제1항).

1) 분양가상한제 적용 지역으로 지정하는 날이 속하는 달의 바로 전달(이하 "분양가상한제 적용직전월"이라 한다)부터 소급하여 12개월간의 아파트 분양가격상승률이 물가상승률(해당 지역이 포함된 시·도 소비자물가상승률을 말한다)의 2배를 초과한 지역. 이 경우 해당 지역의 아파트 분양가격상승률을 산정할 수 없는 경우에는 해당 지역이 포함된 특별시·광역시·특별자치시·특별자치도 또는 시·군의 아파트 분양가격상승률을 적용한다.

2) 분양가상한제적용직전월부터 소급하여 3개월간의 주택매매거래량이 전년 동기 대비 20% 이상 증가한 지역

3) 분양가상한제적용직전월부터 소급하여 주택공급이 있었던 2개월 동안 해당 지역에서 공급되는 주택의 월평균 청약경쟁률이 모두 5대 1을 초과하였거나 해당 지역에서 공급되는 국민주택규모 주택의 월평균 청약경쟁률이 모두 10대 1을 초과한 지역

(2) 주택의 분양가격 제한 등의 적용

국토교통부장관이 분양가상한제 적용지역의 지정기준을 충족하는 지역 중에서 분양가상한제 적용지역을 지정하는 경우 해당 지역에서 공급되는 주택의 분양가격제한 등에 관한 규정은 분양가상한제 적용지역의 공고일 이후 최초로 입주자모집승인을 신청하는 분부터 적용한다(영 제61조 제2항).

(3) 시·도지사의 의견청취

국토교통부장관이 분양가상한제 적용지역을 지정하는 경우에는 미리 시·도지사의 의견을 들어야 한다(법 제58조 제2항).

(4) 분양가상한제 적용지역의 공고

국토교통부장관은 분양가상한제 적용지역을 지정하였을 때에는 지체없이 이를 공고하고, 그 지정지역을 관할하는 시장·군수·구청장에게 공고 내용을 통보하여야 한다. 이 경우 시장·군수·구청장은 사업주체로 하여금 입주자 모집공고 시 해당 지역에서 공급하는 주택이 분양가상한제 적용주택이라는 사실을 공고하게 하여야 한다(법 제58조 제3항).

(5) 분양가상한제 적용지역의 해제

국토교통부장관은 분양가상한제 적용지역으로 계속 지정할 필요가 없다고 인정하는 경우에는 주거정책심의위원회 심의를 거쳐 분양가상한제 적용지역의 지정을 해제하여야 한다(법 제58조 제4항).

(6) 분양가상한제 적용지역의 해제요청

분양가상한제 적용지역으로 지정된 지역의 시·도지사, 시장, 군수 또는 구청장은 분양가상한제 적용지역의 지정 후 해당 지역의 주택가격이 안정되는 등 분양가상한제 적용지역으로 계속 지정할 필요가 없다고 인정하는 경우에는 국토교통부장관에게 그 지정의 해제를 요청할 수 있다(법 제58조 제6항).

(7) 분양가상한제 적용지역의 해제 여부 결정

국토교통부장관은 분양가상한제 적용지역 지정의 해제를 요청받은 경우에는 주거정책심의위원회의 심의를 거쳐 요청받은 날부터 40일 이내에 해제 여부를 결정하고, 그 결과를 시·도지사, 시장·군수 또는 구청장에게 통보하여야 한다(영 제61조 제3항).

단락문제 Q16 *제22회 기출*

주택법령상 주택의 공급 및 분양가상한제에 관한 설명으로 틀린 것은?

① 지방공사가 사업주체가 되어 입주자를 모집하려는 경우 시장·군수·구청장의 승인을 받아야 한다.
② 사업주체가 주택을 공급하려는 경우에는 국토교통부령으로 정하는 바에 따라 벽지·바닥재·주방용구·조명기구 등을 제외한 부분의 가격을 따로 제시하여야 한다.
③ 도시형 생활주택은 분양가상한제의 적용을 받지 않는다.
④ 「관광진흥법」에 따라 지정된 관광특구에서 건설·공급하는 50층 이상의 공동주택은 분양가상한제의 적용을 받지 않는다.
⑤ 공공택지에서 주택을 공급하는 경우 분양가상한제 적용 주택의 택지비는 해당 택지의 공급가격에 국토교통부령이 정하는 택지와 관련된 비용을 가산한 금액으로 한다.

> **해설** 주택의 공급 및 분양가상한제
> 지방공사 등 공공주택사업자는 입주자를 모집하려는 경우 시장·군수·구청장의 승인을 받지 않아도 된다.
>
> **정답** ①

05 분양가심사위원회

1 분양가심사위원회의 설치·운영

시장·군수·구청장은 분양가상한제 적용주택의 분양가격에 관한 사항을 심의하기 위하여 사업계획승인 신청(「도시 및 주거환경정비법」에 따른 사업시행계획인가 및 「건축법」에 따른 건축허가를 포함한다)이 있는 날부터 20일 이내에 분양가심사위원회를 설치·운영하여야 한다(법 제59조 제1항, 영 제62조 제1항).

2 분양가심사위원회의 승인여부결정

시장·군수·구청장은 입주자모집 승인을 할 때에는 분양가심사위원회의 심사결과에 따라 승인여부를 결정하여야 한다(법 제59조 제2항).

3 분양가심사위원회의 기능

분양가심사위원회는 다음의 사항을 심의한다(영 제63조).

1) 분양가상한제 적용주택의 분양가격 및 발코니 확장비용 산정의 적정성 여부
2) 분양가상한제 적용주택의 시·군·구별 기본형건축비 산정의 적정성 여부
3) 분양가상한제 적용주택의 분양가격 공시내용(택지비 및 건축비의 가산비용에 따라 공시에 포함해야 하는 내용을 포함한다)의 적정성 여부
4) 분양가상한제 적용주택과 관련된 제2종 국민주택채권 매입예정상한액 산정의 적정성 여부
5) 분양가상한제 적용주택의 전매행위 제한과 관련된 인근지역 주택매매가격 산정의 적정성 여부

4 분양가심사위원회의 구성

분양가심사위원회는 주택 관련 분야 교수, 주택건설 또는 주택관리 분야 전문직 종사자, 관계공무원 또는 변호사·회계사·감정평가사 등 관련 전문가 10명 이내로 구성하되, 구성절차 및 운영에 관한 사항은 대통령령으로 정한다(법 제59조 제3항).

5 분양가심사위원회의 위원

시장·군수·구청장은 주택건설 또는 주택관리 분야에 관한 학식과 경험이 풍부한 사람으로서 다음의 어느 하나에 해당하는 사람 6명을 위원회 위원으로 위촉해야 한다. 이 경우 다음에 해당하는 위원을 각각 1명 이상 위촉하되, 등록사업자의 임직원과 임직원이었던 사람으로서 3년이 지나지 않은 사람은 위촉해서는 안 된다(영 제64조 제1항).

1) 법학·경제학·부동산학·건축학·건축공학 등 주택분야와 관련된 학문을 전공하고 「고등교육법」에 따른 대학에서 조교수 이상으로 1년 이상 재직한 사람
2) 변호사·회계사·감정평가사 또는 세무사의 자격을 취득 한 후 해당 직(職)에 1년 이상 근무한 사람
3) 토목·건축·전기·기계 또는 주택 분야 업무에 5년 이상 종사한 사람
4) 주택관리사 자격을 취득한 후 공동주택 관리사무소장의 직에 5년 이상 근무한 사람
5) 건설공사비 관련 연구 실적이 있거나 공사비 산정업무에 3년 이상 종사한 사람

6 분양가심사위원회의 운영

민간위원의 임기는 2년으로 하며, 두 차례만 연임할 수 있다(영 제64조 제3항).
분양가심사위원회의 위원장은 시장·군수·구청장이 민간위원 중에서 지명하는 자가 된다(영 제64조 제4항).

7 분양가심사위원회의 회의

분양가심사위원회의 회의는 시장·군수·구청장이나 위원장이 필요하다고 인정하는 경우에 시장·군수·구청장이 소집한다(영 제65조 제1항).
시장·군수·구청장은 회의 개최일 7일 전까지 회의와 관련된 사항을 위원에게 알려야 한다(영 제65조 제2항).
분양가심사위원회의 회의는 재적위원 과반수의 출석으로 개의하고 출석위원 과반수의 찬성으로 의결한다(영 제65조 제4항).

06 저당권설정 등의 제한

1 주택 및 대지의 처분제한

사업주체는 주택건설사업에 의하여 건설된 주택 및 대지에 대하여는 입주자 모집공고승인 신청일(주택조합의 경우는 사업계획승인 신청일을 말한다) 이후부터 입주예정자가 그 주택 및 대지의 소유권이전등기를 신청할 수 있는 날(입주가능일) 이후 60일까지의 기간 동안 입주예정자의 동의없이 다음의 어느 하나에 해당하는 행위를 하여서는 아니 된다(법 제61조 제1항).

1) 해당 주택 및 대지에 저당권 또는 가등기담보권 등 담보물권을 설정하는 행위
2) 해당 주택 및 대지에 전세권·지상권 또는 등기되는 부동산임차권을 설정하는 행위
3) 해당 주택 및 대지를 매매 또는 증여 등의 방법으로 처분하는 행위

2 입주자의 동의없이 저당권 설정 등을 할 수 있는 경우(영 제71조)

(1) 해당 주택의 입주자에게 주택구입자금의 일부를 융자해 줄 목적으로 주택도시기금이나 금융기관으로부터 주택건설자금의 융자를 받는 경우
(2) 해당 주택의 입주자에게 주택구입자금의 일부를 융자해 줄 목적으로 금융기관으로부터 주택구입자금의 융자를 받는 경우
(3) 사업주체가 파산(「채무자 회생 및 파산에 관한 법률」 등에 따른 법원의 결정·인가를 포함한다), 합병, 분할, 등록말소 또는 영업정지 등의 사유로 사업을 시행할 수 없게 되어 사업주체가 변경되는 경우

3 처분제한에 대한 부기등기

저당권설정 등의 제한을 할 때 사업주체는 해당 주택 또는 대지가 입주예정자의 동의없이는 양도하거나 제한물권을 설정하거나 압류·가압류·가처분 등의 목적물이 될 수 없는 재산임을 소유권등기에 부기등기하여야 한다. 다만, 사업주체가 국가·지방자치단체 및 한국토지주택공사 등 공공기관이거나 해당 대지가 사업주체의 소유가 아닌 경우 등 대통령령으로 정하는 경우에는 그러하지 아니하다(법 제61조 제3항).

4 부기등기의 시기

부기등기는 주택건설대지에 대하여는 입주자 모집공고 승인 신청(주택건설대지 중 주택조합이 사업계획승인 신청일까지 소유권을 확보하지 못한 부분이 있는 경우에는 그 부분에 대한 소유권이전등기를 말한다)과 동시에 하여야 하고, 건설된 주택에 대하여는 소유권보존등기와 동시에 하여야 한다(법 제61조 제4항).

5 부기등기를 위반한 처분의 효력

부기등기일 이후에 해당 대지 또는 주택을 양수하거나 제한물권을 설정받은 경우 또는 압류·가압류·가처분 등의 목적물로 한 경우에는 그 효력을 무효로 한다. 다만, 사업주체의 경영부실로 입주예정자가 그 대지를 양수받는 경우 등 대통령령으로 정하는 경우에는 그러하지 아니하다(법 제61조 제5항).

6 주택도시보증공사의 신탁

사업주체의 재무 상황 및 금융거래 상황이 극히 불량한 경우 등 다음의 어느 하나에 해당되어 「주택도시기금법」에 따른 주택도시보증공사가 분양보증을 하면서 주택건설대지를 주택도시보증공사에 신탁하게 할 경우에는 사업주체는 그 주택건설대지를 신탁할 수 있다(법 제61조 제6항, 영 제72조 제5항).

1) 최근 2년간 연속된 경상손실로 인하여 자기자본이 잠식된 경우
2) 자산에 대한 부채의 비율이 500%를 초과하는 경우
3) 사업주체가 부기등기를 하지 않고 주택도시보증공사에 해당 대지를 신탁하려는 경우

7 신탁에 대한 신탁등기

사업주체가 주택건설대지를 신탁하는 경우 신탁등기일 이후부터 입주예정자가 해당 주택건설대지의 소유권이전등기를 신청할 수 있는 날 이후 60일까지의 기간 동안 해당 신탁의 종료를 원인으로 하는 사업주체의 소유권이전등기청구권에 대한 압류·가압류·가처분 등은 효력이 없음을 신탁계약조항에 포함하여야 한다(법 제61조 제7항).

8 신탁등기일 이후의 효력

신탁등기일 이후부터 입주예정자가 해당 주택건설대지의 소유권이전등기를 신청할 수 있는 날 이후 60일까지의 기간 동안 해당 신탁의 종료를 원인으로 하는 사업주체의 소유권이전등기청구권을 압류·가압류·가처분 등의 목적물로 한 경우에는 그 효력을 무효로 한다(법 제61조 제8항).

단락문제 Q17
제19회 기출

주택법령상 사업주체는 사업의 대상이 된 주택 및 대지에 대해서는 '일정 기간' 동안 입주예정자의 동의 없이 저당권 설정 등을 할 수 없는바, 이에 관한 설명으로 옳은 것은?

① '일정 기간'이란, 입주자모집공고승인 신청일 이후부터 입주예정자가 소유권이전등기를 신청할 수 있는 날 이후 90일까지의 기간을 말한다.
② 위 ①에서 '소유권이전등기를 신청할 수 있는 날'이란 사업주체가 입주예정자에게 통보한 잔금지급일을 말한다.
③ 사업주체가 저당권 설정제한의 부기등기를 하는 경우, 주택건설대지에 대하여는 입주자모집공고승인 신청과 동시에, 건설된 주택에 대해서는 소유권보존등기와 동시에 해야 한다.
④ 주택도시보증공사의 신탁의 인수에 관하여는 「자본시장과 금융투자업에 관한 법률」을 적용한다.
⑤ 주택도시보증공사가 분양보증을 하면서 주택건설대지를 자신에게 신탁하게 할 경우 사업주체는 이를 신탁해야 한다.

해설 주택건설대지의 처분제한
① "90일"이 아닌 "60일"이어야 한다.
② "소유권이전등기를 신청할 수 있는 날"이란 사업주체가 입주예정자에게 통보한 입주가능일을 말한다.
④ 주택도시보증공사의 신탁의 인수에 관해서는 「자본시장과 금융투자업에 관한 법률」을 적용하지 않는다.
⑤ 주택도시보증공사가 분양보증을 행하면서 주택건설대지를 주택도시보증공사에 신탁하게 할 경우에는 사업주체는 그 주택건설대지를 신탁할 수 있다.

정답 ③

07 사용검사 후 매도청구
29·30회

1 매도청구
주택(복리시설을 포함한다)의 소유자들은 주택단지 전체 대지에 속하는 일부의 토지에 대한 소유권이전등기 말소소송 등에 따라 사용검사(동별 사용검사를 포함한다)를 받은 이후에 해당 토지의 소유권을 회복한 자(실소유자)에게 해당 토지를 시가(市價)로 매도할 것을 청구할 수 있다(법 제62조 제1항).

2 소송 제기
주택의 소유자들은 대표자를 선정하여 매도청구에 관한 소송을 제기할 수 있다. 이 경우 대표자는 주택의 소유자 전체의 3/4 이상의 동의를 얻어 선정한다(법 제62조 제2항).

3 판결 효력

매도청구에 관한 소송에 대한 판결은 주택의 소유자 전체에 대하여 효력이 있다(법 제62조 제3항).

4 매도청구의 토지 면적 27회 출제

매도청구를 하려는 경우에는 해당 토지의 면적이 주택단지 전체 대지 면적의 5% 미만이어야 한다(법 제62조 제4항).

5 매도청구의 의사표시

매도청구의 의사표시는 실소유자가 해당 토지소유권을 회복한 날부터 2년 이내에 해당 실소유자에게 송달되어야 한다(법 제62조 제5항).

6 매도청구의 비용

주택의 소유자들은 매도청구로 인하여 발생한 비용의 전부를 사업주체에게 구상(求償)할 수 있다(법 제62조 제6항).

08 투기과열지구 30회 출제

1 투기과열지구의 지정 및 지정권자

국토교통부장관 또는 시·도지사는 주택가격의 안정을 위하여 필요한 경우에는 주거정책심의위원회(시·도지사의 경우에는 시·도 주거정책심의위원회를 말한다)의 심의를 거쳐 일정한 지역을 투기과열지구로 지정하거나 이를 해제할 수 있다. 이 경우 투기과열지구는 그 지정 목적을 달성할 수 있는 최소한의 범위에서 시·군·구 또는 읍·면·동의 지역 단위로 지정하되, 택지개발지구 등 해당 지역 여건을 고려하여 지정 단위를 조정할 수 있다(법 제63조 제1항).

2 투기과열지구의 지정기준 28회 출제

투기과열지구는 해당 지역의 주택가격상승률이 물가상승률보다 현저히 높은 지역으로서 그 지역의 청약경쟁률·주택가격·주택보급률 및 주택공급계획 등과 지역 주택시장 여건 등을 고려하였을 때 주택에 대한 투기가 성행하고 있거나 성행할 우려가 있는 지역 중 다음의 어느 하나에 해당하는 기준을 충족하는 곳이어야 한다(법 제63조 제2항, 영 제72조의2 제1항. 규칙 제25조).

1) 투기과열지구로 지정하는 날이 속하는 달의 바로 전달(이하 "투기과열지구지정직전월"이라 한다)부터 소급하여 주택공급이 있었던 2개월 동안 해당 지역에서 공급되는 주택의 월별 평균 청약경쟁률이 모두 5대 1을 초과하였거나 국민주택규모 주택의 월별 평균 청약경쟁률이 모두 10대 1을 초과한 곳
2) 다음에 해당하는 곳으로서 주택공급이 위축될 우려가 있는 곳
   ① 투기과열지구지정직전월의 주택분양실적이 전달보다 30% 이상 감소한 곳
   ② 사업계획승인 건수나 건축허가 건수(투기과열지구지정직전월부터 소급하여 6개월간의 건수를 말한다)가 직전 연도보다 급격하게 감소한 곳
3) 신도시 개발이나 주택의 전매행위 성행 등으로 투기 및 주거불안의 우려가 있는 곳으로서 다음에 해당하는 곳
   ① 해당 지역이 속하는 시·도의 주택보급률이 전국 평균 이하인 곳
   ② 해당 지역이 속하는 시·도의 자가주택비율이 전국 평균 이하인 곳
   ③ 해당 지역의 분양주택(투기과열지구로 지정하는 날이 속하는 연도의 직전 연도에 분양된 주택을 말한다)의 수가 입주자저축에 가입한 사람으로서 주택청약 제1순위자의 수보다 현저히 적은 곳

3 투기과열지구의 지정절차

국토교통부장관이 투기과열지구를 지정하거나 해제할 경우에는 미리 시·도지사의 의견을 듣고 그 의견에 대한 검토의견을 회신하여야 하며, 시·도지사가 투기과열지구를 지정하거나 해제할 경우에는 국토교통부장관과 협의하여야 한다(법 제63조 제5항).

4 투기과열지구 지정의 공고

국토교통부장관 또는 시·도지사는 투기과열지구를 지정하였을 때에는 지체없이 이를 공고하고, 국토교통부장관은 그 투기과열지구를 관할하는 시장·군수·구청장에게, 특별시장, 광역시장 또는 도지사는 그 투기과열지구를 관할하는 시장·군수 또는 구청장에게 각각 공고 내용을 통보하여야 한다. 이 경우 시장·군수·구청장은 사업주체로 하여금 입주자 모집공고 시 해당 주택건설 지역이 투기과열지구에 포함된 사실을 공고하게 하여야 한다.
투기과열지구 지정을 해제하는 경우에도 또한 같다(법 제63조 제3항).

5 투기과열지구 지정의 해제

국토교통부장관 또는 시·도지사는 투기과열지구에서 지정사유가 없어졌다고 인정하는 경우에는 지체없이 투기과열지구 지정을 해제하여야 한다(법 제63조 제4항).

제5장 주택법

6 투기과열지구의 재검토

국토교통부장관은 반기마다 주거정책심의위원회의 회의를 소집하여 투기과열지구로 지정된 지역별로 해당 지역의 주택가격 안정 여건의 변화 등을 고려하여 투기과열지구 지정의 계속 여부를 재검토 하여야 한다. 재검토 결과 투기과열지구 지정의 해제가 필요하다고 인정되는 경우에는 지체없이 투기과열지구 지정을 해제하고 이를 공고하여야 한다(법 제63조 제6항).

7 투기과열지구 지정의 해제 요청

투기과열지구로 지정된 지역의 시·도지사, 시장·군수 또는 구청장은 투기과열지구 지정 후 해당 지역의 주택가격이 안정되는 등 지정사유가 없어졌다고 인정되는 경우에는 국토교통부장관 또는 시·도지사에게 투기과열지구 지정의 해제를 요청할 수 있다(법 제63조 제7항).

투기과열지구의 지정 및 해제

① 투기과열지구 지정대상 지역은 주택가격의 상승률이 물가상승률보다 현저히 높은 지역으로서 주택에 대한 투기가 우려되는 지역이다.

주택가격 상승률 > 물가 상승률

② 투기과열지구와 분양가상한제 적용주택 등은 전매가 제한된다.

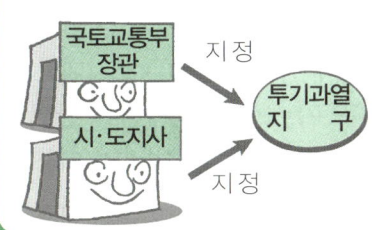

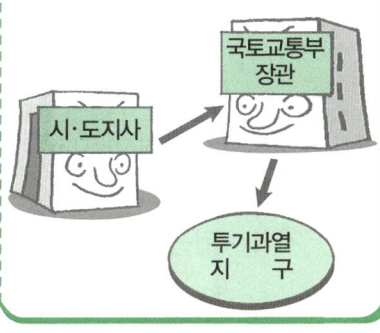

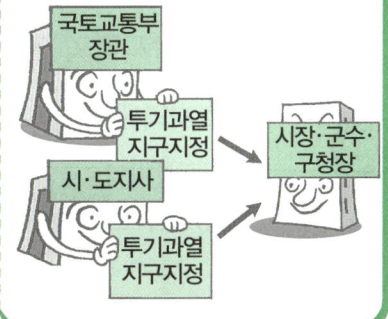

8 투기과열지구 지정의 해제 여부 결정

투기과열지구 지정의 해제를 요청받은 국토교통부장관 또는 시·도지사는 요청받은 날부터 40일 이내에 주거정책심의위원회의 심의를 거쳐 투기과열지구 지정의 해제 여부를 결정하여 그 투기과열지구를 관할하는 지방자치단체의 장에게 심의결과를 통보하여야 한다(법 제63조 제8항).

9 투기과열지구 지정해제의 공고

국토교통부장관 또는 시·도지사는 투기과열지구 지정의 해제 여부의 심의결과 투기과열지구에서 그 지정사유가 없어졌다고 인정될 때에는 지체없이 투기과열지구 지정을 해제하고 이를 공고하여야 한다(법 제63조 제9항).

09 조정대상지역

1 조정대상지역의 지정

국토교통부장관은 다음의 어느 하나에 해당하는 지역으로서 대통령령으로 정하는 기준을 충족하는 지역을 주거정책심의위원회의 심의를 거쳐 조정대상지역(이하 "조정대상지역"이라 한다)으로 지정할 수 있다. 이 경우 아래 1)에 해당하는 조정대상지역은 그 지정 목적을 달성할 수 있는 최소한의 범위에서 시·군·구 또는 읍·면·동의 지역 단위로 지정하되, 택지개발지구 등 해당 지역 여건을 고려하여 지정 단위를 조정할 수 있다(법 제63조의2 제1항).

1) 주택가격, 청약경쟁률, 분양권 전매량 및 주택보급률 등을 고려하였을 때 주택분양 등이 과열되어 있거나 과열될 우려가 있는 지역(과열지역)
2) 주택가격, 주택거래량, 미분양주택의 수 및 주택보급률 등을 고려하여 주택의 분양·매매 등 거래가 위축되어 있거나 위축될 우려가 있는 지역(위축지역)

2 조정대상지역의 지정기준(영 제72조의3 제1항)

(1) 과열지역에 해당하는 지역의 경우

조정대상지역으로 지정하는 날이 속하는 달의 바로 전달(이하 "조정대상지역지정직전월"이라 한다)부터 소급하여 3개월간의 해당 지역 주택가격상승률이 그 지역이 속하는 시·도 소비자물가상승률의 1.3배를 초과한 지역으로서 다음에 해당하는 지역

1) 조정대상지역지정직전월부터 소급하여 주택공급이 있었던 2개월 동안 해당 지역에서 공급되는 주택의 월평균 청약경쟁률이 모두 5대 1을 초과했거나 국민주택규모 주택의 월별 평균 청약경쟁률이 모두 10대 1을 초과한 지역
2) 조정대상지역지정직전월부터 소급하여 3개월간의 분양권(주택의 입주자로 선정된 지위를 말한다) 전매거래량이 전년 동기 대비 30% 이상 증가한 지역
3) 해당 지역이 속하는 시·도의 주택보급률 또는 자가주택비율이 전국 평균 이하인 지역

(2) 위축지역에 해당하는 지역의 경우

조정대상지역지정직전월부터 소급하여 6개월간의 평균 주택가격상승률이 마이너스 1% 이하인 지역으로서 다음에 해당하는 지역

1) 조정대상지역지정직전월부터 소급하여 3개월 연속 주택매매거래량이 직전 연도의 같은 기간보다 20% 이상 감소한 지역
2) 조정대상지역지정직전월부터 소급하여 3개월간의 평균 미분양주택(사업계획승인을 받아 입주자를 모집했으나 입주자가 선정되지 않은 주택을 말한다)의 수가 직전 연도의 같은 기간보다 2배 이상인 지역
3) 해당 지역이 속하는 시·도의 주택보급률 또는 자가주택비율이 전국 평균을 초과하는 지역

3 관계 기관과 협의사항

국토교통부장관은 조정대상지역을 지정하는 경우 다음의 사항을 미리 관계 기관과 협의할 수 있다(법 제63조의2 제2항).

1) 「주택도시기금법」에 따른 주택도시보증공사의 보증업무 및 주택도시기금의 지원 등에 관한 사항
2) 주택분양 및 거래 등과 관련된 금융·세제 조치 등에 관한 사항
3) 그 밖에 주택시장의 안정 또는 실수요자의 주택거래 활성화를 위하여 대통령령으로 정하는 사항

4 시·도지사의 의견청취

국토교통부장관은 조정대상지역을 지정하는 경우에는 미리 시·도지사의 의견을 들어야 한다(법 제63조의2 제3항).

5 조정대상지역의 지정공고

국토교통부장관은 조정대상지역을 지정하였을 때에는 지체없이 이를 공고하고, 그 조정대상지역을 관할하는 시장·군수·구청장에게 공고 내용을 통보하여야 한다. 이 경우 시장·군수·구청장은 사업주체로 하여금 입주자 모집공고 시 해당 주택건설 지역이 조정대상지역에 포함된 사실을 공고하게 하여야 한다(법 제63조의2 제4항).

6 조정대상지역의 해제

국토교통부장관은 조정대상지역으로 유지할 필요가 없다고 판단되는 경우에는 주거정책심의위원회의 심의를 거쳐 조정대상지역의 지정을 해제하여야 한다(법 제63조의2 제5항).

7 조정대상지역의 재검토

국토교통부장관은 반기마다 주거정책심의위원회의 회의를 소집하여 조정대상지역으로 지정된 지역별로 해당 지역의 주택가격 안정 여건의 변화 등을 고려하여 조정대상지역 지정의 유지 여부를 재검토하여야 한다. 이 경우 재검토 결과 조정대상지역 지정의 해제가 필요하다고 인정되는 경우에는 지체 없이 조정대상지역 지정을 해제하고 이를 공고하여야 한다(법 제63조의2 제7항).

8 조정대상지역의 해제요청 29회 출제

조정대상지역으로 지정된 지역의 시·도지사 또는 시장·군수·구청장은 조정대상지역 지정 후 해당 지역의 주택가격이 안정되는 등 조정대상지역으로 유지할 필요가 없다고 판단되는 경우에는 국토교통부장관에게 그 지정의 해제를 요청할 수 있다(법 제63조의2 제8항).

9 조정대상지역 지정의 해제절차

국토교통부장관은 조정대상지역 지정의 해제를 요청받은 경우에는 「주거기본법」에 따른 주거정책심의위원회의 심의를 거쳐 요청받은 날부터 40일 이내에 해제 여부를 결정하고, 그 결과를 해당 지역을 관할하는 시·도지사 또는 시장·군수·구청장에게 통보하여야 한다(규칙 제25조의4 제1항).

10 주택의 전매행위 제한

1 주택의 전매행위 제한대상

사업주체가 건설·공급하는 주택[해당 주택의 입주자로 선정된 지위(입주자로 선정되어 그 주택에 입주할 수 있는 권리·자격·지위 등을 말한다)를 포함한다]으로서 다음의 어느 하나에 해당하는 경우에는 10년 이내의 범위에서 대통령령으로 정하는 기간(이하 "전매제한기간"이라 한다)이 지나기 전에는 그 주택을 전매(매매·증여나 그 밖에 권리의 변동을 수반하는 모든 행위를 포함하되, 상속의 경우는 제외한다)하거나 이의 전매를 알선할 수 없다. 이 경우 전매제한기간은 주택의 수급 상황 및 투기 우려 등을 고려하여 대통령령으로 지역별로 달리 정할 수 있다(법 제64조 제1항, 영 제73조 제2·3항).

1) 투기과열지구에서 건설·공급되는 주택
2) 조정대상지역에서 건설·공급되는 주택. 다만, 주택가격, 주택거래량, 미분양주택의 수 및 주택보급률 등을 고려하여 주택의 분양·매매 등 거래가 위축되어 있거나 위축될 우려가 있는 지역에 해당하는 조정대상지역 중 주택의 수급 상황 등을 고려하여 공공택지 외의 택지에서 건설·공급되는 주택은 제외한다.
3) 분양가상한제 적용주택. 다만, 수도권 외의 지역 중 주택의 수급상황 및 투기우려 등을 고려하여 광역시가 아닌 지역과 광역시 중 도시지역이 아닌 지역으로서 투기과열지구가 지정되지 아니하거나 해제된 지역 중 공공택지 외의 택지에서 건설·공급되는 분양가상한제 적용주택은 제외한다.
4) 공공택지 외의 택지에서 건설·공급되는 주택. 다만, 분양가상한제의 적용 제외 주택 및 수도권 외의 지역 중 주택의 수급상황 및 투기우려 등을 고려하여 광역시가 아닌 지역과 광역시 중 도시지역이 아닌 지역으로서 공공택지 외의 택지에서 건설·공급되는 주택은 제외한다.
5) 「도시 및 주거환경정비법」에 따른 공공재개발사업(분양가상한제 적용지역에 한정한다)에서 건설·공급하는 주택
6) 토지임대부 분양주택

2 전매제한기간(영 제73조 제1항)

(1) 공통 사항

1) 전매제한기간은 해당 주택의 입주자로 선정된 날부터 기산한다.
2) 주택에 대한 소유권이전등기에는 대지를 제외한 건축물에 대해서만 소유권이전등기를 하는 경우를 포함한다.
3) 주택에 대한 전매제한기간이 2 이상일 경우에는 그 중 가장 긴 전매제한기간을 적용한다. 다만, 조정대상지역 중 위축지역에서 건설·공급되는 주택의 경우에는 가장 짧은 전매제한기간을 적용한다.

4) 주택에 대한 전매제한기간이 3년을 초과하는 경우로서 3년 이내에 해당 주택에 대한 소유권이전등기를 완료한 경우 소유권이전등기를 완료한 때에 3년이 지난 것으로 본다.

(2) 투기과열지구에서 건설·공급되는 주택

해당 주택(분양가상한제 적용주택은 제외한다)에 대한 소유권이전등기일까지의 기간. 다만, 그 기간이 5년을 초과하는 경우에는 5년으로 한다.

(3) 조정대상지역에서 건설·공급되는 주택

다음의 구분에 따른 기간

1) **과열지역**(주택가격, 청약경쟁률, 분양권 전매량 및 주택보급률 등을 고려하였을 때 주택분양 등이 과열되어 있거나 과열될 우려가 있는 지역) : 해당 주택에 대한 소유권이전등기일까지. 다만, 그 기간이 3년을 초과하는 경우에는 3년으로 한다.

2) **위축지역**(주택가격, 주택거래량, 미분양주택의 수 및 주택보급률 등을 고려하여 주택의 분양·매매 등 거래가 위축되어 있거나 위축될 우려가 있는 지역)

공공택지에서 건설·공급되는 주택	공공택지 외의 택지에서 건설·공급되는 주택
6개월	–

(4) 분양가상한제 적용주택

다음의 구분에 따른 기간. 다만, 전매제한기간이 3년 이내인 경우로서 그 기간이 지나기 전에 해당 주택에 대한 소유권이전등기를 완료한 경우 소유권이전등기를 완료한 때 그 기간에 도달한 것으로 본다.

1) **수도권**

구 분		투기과열지구	투기과열지구 외의 지역
공공택지에서 건설·공급되는 주택	① 분양가격이 인근지역주택매매가격의 100% 이상인 경우	5년	3년
	② 분양가격이 인근지역주택매매가격의 80% 이상 100% 미만인 경우	8년	6년
	③ 분양가격이 인근지역주택매매가격의 80% 미만인 경우	10년	8년
공공택지 외의 택지에서 건설·공급되는 주택	① 분양가격이 인근지역주택매매가격의 100% 이상인 경우	5년	–
	② 분양가격이 인근지역주택매매가격의 80% 이상 100% 미만인 경우	8년	–
	③ 분양가격이 인근지역주택매매가격의 80% 미만인 경우	10년	–

2) 수도권 외의 지역

① 투기과열지구에서 건설·공급되는 주택으로서 장애인, 신혼부부 등 국토교통부령으로 정하는 사람에게 특별공급하는 주택 : 5년. 다만, 행정중심복합도시로 이전하거나 신설되는 기관 등에 종사하는 사람에게 특별공급하는 주택의 경우에는 8년으로 한다.

② 그 밖의 경우

구분	투기과열지구	투기과열지구 외의 지역
공공택지에서 건설·공급되는 주택	4년	3년. 다만, 행정중심복합도시로 이전하거나 신설되는 기관 등에 종사하는 사람에게 특별공급하는 주택의 경우에는 5년으로 한다.
공공택지 외의 택지에서 건설·공급되는 주택	3년	—

(5) 공공택지 외의 택지에서 건설·공급되는 주택

다음의 구분에 따른 기간

1) **투기과열지구**(수도권과 수도권 외의 지역 중 광역시로 한정)에서 건설·공급되는 주택으로서 장애인, 신혼부부 등 국토교통부령으로 정하는 사람에게 특별공급하는 주택 : 5년

2) 위 1)에 해당하는 주택 외의 주택

구분			전매행위 제한기간
수도권	① 과밀억제권역 및 성장관리권역		소유권이전등기일까지. 다만, 그 기간이 3년을 초과하는 경우에는 3년으로 한다.
	② 자연보전권역		6개월
수도권 외의 지역	① 광역시	(가) 도시지역	소유권이전등기일까지. 다만, 그 기간이 3년을 초과하는 경우에는 3년으로 한다.
		(나) 도시지역 외의 지역	6개월
	② 그 밖의 지역		—

(6) 공공재개발사업(분양가상한제 적용지역에 한정한다)에서 건설·공급하는 주택

분양가상한제 적용주택의 구분에 따른 기간. 다만, 전매제한기간이 3년인 경우로서 그 기간이 지나기 전에 해당 주택에 대한 소유권이전등기를 완료한 경우에는 소유권이전등기를 완료한 때 그 기간에 도달한 것으로 본다.

3 전매행위 제한주택의 예외 27회 출제

전매행위 제한주택(토지임대부 분양주택은 제외한다)을 공급받은 자의 생업상의 사정 등으로 전매가 불가피하다고 인정되는 경우로서 사업주체의 동의를 받은 다음의 어느 하나에 해당하는 경우에는 전매제한의 규정을 적용하지 아니한다. 다만, 분양가상한제 적용주택을 공급받은 자가 전매하는 경우에는 한국토지주택공사가 그 주택을 우선 매입할 수 있다(법 제64조 제2항, 영 제73조 제4항).

1) 세대원(전매행위 제한주택을 공급받은 사람이 포함된 세대의 구성원을 말한다)이 근무 또는 생업상의 사정이나 질병치료·취학·결혼으로 인하여 세대원 전원이 다른 광역시, 특별자치시, 특별자치도, 시 또는 군(광역시의 관할구역에 있는 군은 제외한다)으로 이전하는 경우. 다만, 수도권 안에서 이전하는 경우는 제외한다.
2) 상속에 따라 취득한 주택으로 세대원 전원이 이전하는 경우
3) 세대원 전원이 해외로 이주하거나 2년 이상의 기간 동안 해외에 체류하려는 경우
4) 이혼으로 인하여 입주자로 선정된 지위 또는 주택을 배우자에게 이전하는 경우
5) 「공익사업을 위한 토지 등의 취득 및 보상에 관한 법률」에 따라 공익사업의 시행으로 주거용 건축물을 제공한 자가 사업시행자로부터 이주대책용 주택을 공급받은 경우(사업시행자의 알선으로 공급받은 경우를 포함한다)로서 시장·군수·구청장이 확인하는 경우
6) 분양가상한제 적용주택과 공공택지 외의 택지에서 건설·공급되는 주택 및 공공재개발사업(분양가상한제 적용지역에 한정한다)에서 건설·공급하는 주택의 소유자가 국가·지방자치단체 및 금융기관에 대한 채무를 이행하지 못하여 경매 또는 공매가 시행되는 경우
7) 입주자로 선정된 지위 또는 주택의 일부를 그 배우자에게 증여하는 경우
8) 실직·파산 또는 신용불량으로 경제적 어려움이 발생한 경우

4 전매행위 제한 위반에 대한 조치

전매행위 제한(토지임대부 분양주택은 제외한다)규정을 위반하여 주택의 입주자로 선정된 지위의 전매가 이루어진 경우, 사업주체가 매입비용을 그 매수인에게 지급한 경우에는 그 지급한 날에 사업주체가 해당 입주자로 선정된 지위를 취득한 것으로 보며, 한국토지주택공사가 분양가상한제 적용주택을 우선 매입하는 경우에도 매입비용을 준용하되, 해당 주택의 분양가격과 인근지역 주택매매가격의 비율 및 해당 주택의 보유기간 등을 고려하여 대통령령으로 정하는 바에 따라 매입금액을 달리 정할 수 있다(법 제64조 제3항).

5 분양가상한제 적용주택의 매입금액(영 제73조의2 관련)

(1) 공통 사항
분양가상한제 적용주택의 보유기간은 해당 주택의 최초 입주가능일부터 계산한다.

(2) 공공택지에서 건설·공급되는 주택의 매입금액

구 분	보유기간	매입금액
가. 분양가격이 인근지역주택매매가격의 100% 이상인 경우	–	매입비용의 100%에 해당하는 금액
나. 분양가격이 인근지역주택매매가격의 80% 이상 100% 미만인 경우	3년 미만	매입비용의 100%에 해당하는 금액
	3년 이상 4년 미만	매입비용의 50%에 인근지역주택매매가격의 50%를 더한 금액
	4년 이상	인근지역주택매매가격의 100%에 해당하는 금액
다. 분양가격이 인근지역주택매매가격의 80% 미만인 경우	5년 미만	매입비용의 100%에 해당하는 금액
	5년 이상 6년 미만	매입비용의 50%에 인근지역주택매매가격의 50%를 더한 금액
	6년 이상	인근지역주택매매가격의 100%에 해당하는 금액

(3) 공공택지 외의 택지에서 건설·공급되는 주택의 매입금액

구분	보유기간	매입금액
가. 분양가격이 인근지역주택매매가격의 100% 이상인 경우	–	매입비용의 100%에 해당하는 금액
나. 분양가격이 인근지역주택매매가격의 80% 이상 100% 미만인 경우	2년 미만	매입비용의 100%에 해당하는 금액
	2년 이상 3년 미만	매입비용의 50%에 인근지역주택매매가격의 50%를 더한 금액
	3년 이상 4년 미만	매입비용의 25%에 인근지역주택매매가격의 75%를 더한 금액
	4년 이상	인근지역주택매매가격의 100%에 해당하는 금액
다. 분양가격이 인근지역주택매매가격의 80% 미만인 경우	3년 미만	매입비용의 100%에 해당하는 금액
	3년 이상 4년 미만	매입비용의 75%에 인근지역주택매매가격의 25%를 더한 금액
	4년 이상 5년 미만	매입비용의 50%에 인근지역주택매매가격의 50%를 더한 금액
	5년 이상 6년 미만	매입비용의 25%에 인근지역주택매매가격의 75%를 더한 금액
	6년 이상	인근지역주택매매가격의 100%에 해당하는 금액

6 전매제한의 부기등기

사업주체가 분양가상한제 적용주택, 공공택지 외의 택지에서 건설·공급되는 주택 및 토지임대부 분양주택을 공급하는 경우(한국주택토지공사가 매입한 주택을 재공급하는 경우도 포함한다)에는 그 주택의 소유권을 제3자에게 이전할 수 없음을 소유권에 관한 등기에 부기등기하여야 한다(법 제64조 제4항).

부기등기는 주택의 소유권보존등기와 동시에 하여야 하며, 부기등기에는 "이 주택은 최초로 소유권이전등기가 된 후에는 「주택법」에서 정한 기간이 지나기 전에 한국토지주택공사(한국토지주택공사가 매입한 주택을 공급받는 자를 포함한다) 외의 자에게 소유권을 이전하는 어떠한 행위도 할 수 없음"을 명시하여야 한다(법 제64조 제5항).

한국토지주택공사는 매입한 주택을 국토교통부령으로 정하는 바에 따라 재공급하여야 하며, 해당 주택을 공급받은 자는 전매제한기간 중 잔여기간 동안 그 주택을 전매할 수 없다. 이 경우 토지임대부 분양주택의 공공매입에 따라 매입한 주택은 토지임대부 분양주택으로 재공급하여야 한다(법 제64조 제6항).

7 입주자자격의 제한

국토교통부장관은 전매행위 제한규정을 위반한 자에 대하여 10년의 범위에서 국토교통부령으로 정하는 바에 따라 주택의 입주자자격을 제한할 수 있다(법 제64조 제7항).

단락문제 Q18 제27회 기출

주택법령상 주택의 전매행위 제한에 관한 설명으로 틀린 것은?(단, 수도권은 「수도권정비계획법」에 의한 것임)

① 전매제한기간은 주택의 수급상황 및 투기우려 등을 고려하여 지역별로 달리 정할 수 있다.
② 사업주체가 수도권의 지역으로서 공공택지 외의 택지에서 건설·공급하는 주택을 공급하는 경우에는 그 주택의 소유권을 제3자에게 이전할 수 없음을 소유권에 관한 등기에 부기등기하여야 한다.
③ 세대원 전원이 2년 이상의 기간 해외에 체류하고자 하는 경우로서 사업주체의 동의를 받은 경우에는 전매제한 주택을 전매할 수 있다.
④ 상속에 의하여 취득한 주택으로 세대원 전원이 이전하는 경우로서 사업주체의 동의를 받은 경우에는 전매제한 주택을 전매할 수 있다.
⑤ 수도권의 지역으로서 공공택지 외의 택지에서 건설·공급되는 주택의 소유자가 국가에 대한 채무를 이행하지 못하여 공매가 시행되는 경우에는 사업주체의 동의 없이도 전매를 할 수 있다.

해설 주택의 전매행위 제한
분양가상한제 적용주택 및 그 주택의 입주자로 선정된 지위의 소유자가 국가·지방자치단체 및 금융기관에 대한 채무를 이행하지 못하여 경매 또는 공매가 시행되는 경우 사업주체의 동의를 받은 경우에 전매를 할 수 있다. **정답** ⑤

11 공급질서 교란 금지

1 주택공급질서 교란 행위의 금지　32회 출제

누구든지 「주택법」에 따라 건설·공급되는 주택을 공급받거나 공급받게 하기 위하여 다음의 어느 하나에 해당하는 증서 또는 지위를 양도·양수(매매·증여나 그 밖에 권리변동을 수반하는 모든 행위를 포함하되, 상속·저당의 경우는 제외한다) 또는 이를 알선하거나 양도·양수 또는 이를 알선할 목적으로 하는 광고(각종 간행물·인쇄물·전화·인터넷, 그 밖의 매체를 통한 행위를 포함한다)를 하여서는 아니 되며, 누구든지 거짓이나 그 밖의 부정한 방법으로 이 법에 따라 건설·공급되는 증서나 지위 또는 주택을 공급받거나 공급받게 하여서는 아니 된다(법 제65조 제1항, 영 제74조 제1항).

1) 조합주택을 공급받을 수 있는 지위
2) 입주자저축 증서
3) 주택상환사채
4) 시장·군수·구청장이 발행한 무허가건물확인서, 건물철거예정증명서 또는 건물철거확인서
5) 공공사업의 시행으로 인한 이주대책에 의하여 주택을 공급받을 수 있는 지위 또는 이주대책대상자확인서

2 주택공급을 신청할 수 있는 지위의 무효와 공급계약의 취소

국토교통부장관 또는 사업주체는 다음의 어느 하나에 해당하는 자에 대하여는 그 주택공급을 신청할 수 있는 지위를 무효로 하거나 이미 체결된 주택의 공급계약을 취소하여야 한다(법 제65조 제2항).

1) 주택공급질서를 위반하여 증서 또는 지위를 양도하거나 양수한 자
2) 주택공급질서를 위반하여 거짓이나 그 밖의 부정한 방법으로 증서나 지위 또는 주택을 공급받은 자

3 주택의 취득

사업주체가 주택공급질서를 위반한 자에게 주택가격에 해당하는 금액을 지급한 경우에는 그 지급한 날에 그 주택을 취득한 것으로 본다(법 제65조 제3항).

4 퇴거명령 사유

사업주체가 매수인에게 주택가격을 지급하거나 매수인을 알 수 없어 주택가격의 수령통지를 할 수 없는 경우 등 다음의 어느 하나에 해당하는 경우로서 주택가격을 그 주택이 있는 지역을 관할하는 법원에 공탁한 경우에는 그 주택에 입주한 자에 대하여 기간을 정하여 퇴거를 명할 수 있다(법 제65조 제4항, 영 제74조 제3항).

1) 매수인을 알 수 없어 주택가격의 수령 통지를 할 수 없는 경우
2) 매수인에게 주택가격의 수령을 3회 이상 통지하였으나 매수인이 수령을 거부한 경우. 이 경우 각 통지일 간에는 1개월 이상의 간격이 있어야 한다.
3) 매수인이 주소지에 3개월 이상 살지 아니하여 주택가격의 수령이 불가능한 경우
4) 주택의 압류 또는 가압류로 인하여 매수인에게 주택가격을 지급할 수 없는 경우

5 주택의 입주자자격 제한

국토교통부장관은 공급질서 교란 금지규정을 위반한 자에 대하여 10년 이내의 범위에서 국토교통부령으로 정하는 바에 따라 주택의 입주자자격을 제한할 수 있다(법 제65조 제5항).

주택공급질서교란행위의 금지와 양도·양수·양도알선이 금지되는 증서 또는 지위

1) **주택공급질서교란행위의 금지**
「주택법」에 따라 건설·공급되는 주택을 공급받거나 공급받게 하기 위한 증서 또는 지위를 양도 또는 양수하거나 이를 알선하면 안 된다.

2) **양도·양수·양도알선이 금지되는 증서 또는 지위**
   ① 조합주택을 공급받을 수 있는 지위
   ② 주택상환사채
   ③ 입주자저축증서
   ④ 무허가건물확인서·건물철거예정증명서·건물철거확인서
   ⑤ 이주대책에 의해 주택을 공급받을 수 있는 지위 또는 이주대책 대상확인서

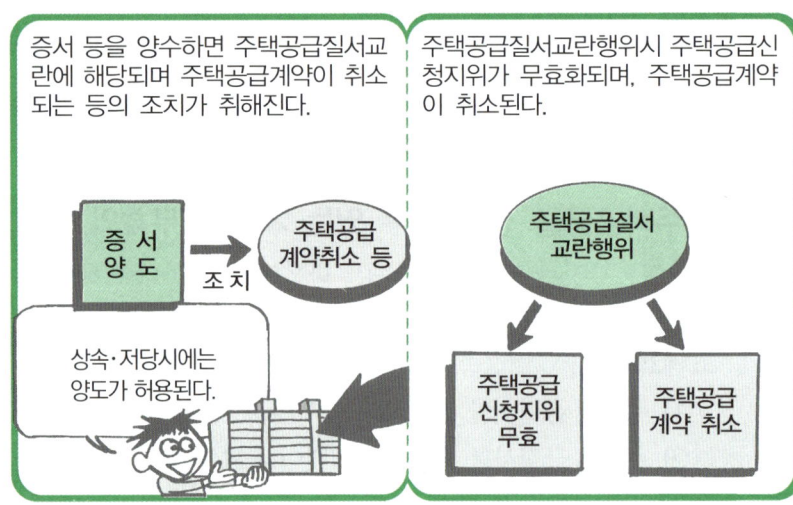

제5장 주택법

6 공급질서 교란 행위로 인한 주택 공급계약 취소제한

국토교통부장관 또는 사업주체는 주택공급질서를 위반한 공급질서 교란 행위가 있었다는 사실을 알지 못하고 주택 또는 주택의 입주자로 선정된 지위를 취득한 매수인이 해당 공급질서 교란 행위와 관련이 없음을 시장·군수·구청장으로부터 확인받은 경우에는 이미 체결된 주택의 공급계약을 취소하여서는 아니 된다(법 제65조 제6항, 영 제74조의2 제1항).

7 주택공급계약의 취소 통지

사업주체는 이미 체결된 주택의 공급계약을 취소하려는 경우 국토교통부장관 및 주택 또는 주택의 입주자로 선정된 지위를 보유하고 있는 자에게 대통령령으로 정하는 절차 및 방법에 따라 그 사실을 미리 알려야 한다(법 제65조 제7항).

단락문제 Q19 제32회 기출

주택법령상 주택공급과 관련하여 금지되는 공급질서 교란행위에 해당하는 것을 모두 고른 것은?

> ㉠ 주택을 공급받을 수 있는 조합원 지위의 상속
> ㉡ 입주자저축 증서의 저당
> ㉢ 공공사업의 시행으로 인한 이주대책에 따라 주택을 공급받을 수 있는 지위의 매매
> ㉣ 주택을 공급받을 수 있는 증서로서 시장·군수·구청장이 발행한 무허가건물 확인서의 증여

① ㉠, ㉡ ② ㉠, ㉣ ③ ㉢, ㉣
④ ㉠, ㉡, ㉣ ⑤ ㉡, ㉢, ㉣

해설 공급질서 교란 금지행위

누구든지 「주택법」에 따라 건설·공급되는 주택을 공급받거나 공급받게 하기 위하여 다음의 어느 하나에 해당하는 증서 또는 지위를 양도·양수(매매·증여나 그 밖에 권리변동을 수반하는 모든 행위를 포함하되, 상속·저당의 경우는 제외한다)하는 행위
(1) 조합주택을 공급받을 수 있는 지위
(2) 입주자저축 증서
(3) 주택상환사채
(4) 시장·군수·구청장이 발행한 무허가건물확인서, 건물철거예정증명서 또는 건물철거확인서
(5) 공공사업의 시행으로 인한 이주대책에 의하여 주택을 공급받을 수 있는 지위 또는 이주대책대상자확인서

정답 ③

제5절 리모델링 `33·34회 출제`

01 리모델링의 허가 등

1 리모델링의 허가권자

공동주택(부대시설과 복리시설을 포함한다)의 입주자·사용자 또는 관리주체가 공동주택을 리모델링하려고 하는 경우에는 허가와 관련된 면적, 세대수 또는 입주자 등의 동의 비율에 관하여 대통령령으로 정하는 기준 및 절차 등에 따라 시장·군수·구청장의 허가를 받아야 한다(법 제66조 제1항).

 공동주택 리모델링의 허가기준(영 제75조 제1항 관련)

구 분	세부기준
1. 동의 비율	가. 입주자·사용자 또는 관리주체의 경우 　공사기간, 공사방법 등이 적혀 있는 동의서에 입주자 전체의 동의를 받아야 한다. 나. 리모델링 주택조합의 경우 　다음의 사항이 적혀 있는 결의서에 주택단지 전체를 리모델링하는 경우에는 주택단지 전체 구분소유자 및 의결권의 각 75% 이상의 동의와 각 동별 구분소유자 및 의결권의 각 50% 이상의 동의를 받아야 하며(리모델링을 하지 않는 별동의 건축물로 입주자 공유가 아닌 복리시설 등의 소유자는 권리변동이 없는 경우에 한정하여 동의비율 산정에서 제외한다), 동을 리모델링하는 경우에는 그 동의 구분소유자 및 의결권의 각 75% 이상의 동의를 받아야 한다. 　1) 리모델링 설계의 개요 　2) 공사비 　3) 조합원의 비용분담 명세 다. 입주자대표회의 경우 　다음의 사항이 적혀 있는 결의서에 주택단지의 소유자 전원의 동의를 받아야 한다. 　1) 리모델링 설계의 개요 　2) 공사비 　3) 소유자의 비용분담 명세
2. 허용 행위	가. 공동주택 　1) 리모델링은 주택단지별 또는 동별로 한다. 　2) 복리시설을 분양하기 위한 것이 아니어야 한다. 다만, 1층을 필로티 구조로 전용하여 세대의 일부 또는 전부를 부대시설 및 복리시설 등으로 이용하는 경우에는 그렇지 않다. 　3) 1층을 필로티 구조로 전용하는 경우 수직증축 허용범위를 초과하여 증축하는 것이 아니어야 한다. 　4) 내력벽의 철거에 의하여 세대를 합치는 행위가 아니어야 한다. 나. 입주자 공유가 아닌 복리시설 등 　1) 사용검사를 받은 후 10년 이상 지난 복리시설로서 공동주택과 동시에 리모델링하는 경우로서 시장·군수·구청장이 구조안전에 지장이 없다고 인정하는 경우로 한정한다. 　2) 증축은 기존건축물 연면적 합계의 1/10 이내여야 하고, 증축 범위는 「건축법 시행령」에 따른다. 다만, 주택과 주택 외의 시설이 동일 건축물로 건축된 경우는 주택의 증축 면적비율의 범위 안에서 증축할 수 있다.

2 리모델링의 허가 특례 28회 출제

리모델링을 하기로 결의를 한 리모델링 주택조합이나 소유자 전원의 동의를 받은 입주자대표회의가 시장·군수·구청장의 허가를 받아 리모델링을 할 수 있다. 리모델링에 동의한 소유자는 리모델링 주택조합 또는 입주자대표회의가 시장·군수·구청장에게 허가신청서를 제출하기 전까지 서면으로 동의를 철회할 수 있다(법 제66조 제2항, 영 제75조 제3항).

3 리모델링의 시공자 선정

리모델링을 하는 경우 설립인가를 받은 리모델링 주택조합의 총회 또는 소유자 전원의 동의를 받은 입주자대표회의에서 「건설산업기본법」에 따른 건설사업자 또는 「주택법」에 따라 건설사업자로 보는 등록사업자를 시공자로 선정하여야 한다(법 제66조 제3항).

4 리모델링의 시공자 선정방법

시공자를 선정하는 경우에는 국토교통부장관이 정하는 경쟁입찰의 방법으로 하여야 한다. 다만, 시공자 선정을 위하여 국토교통부장관이 정하는 경쟁입찰의 방법으로 2회 이상 경쟁입찰을 하였으나 입찰자의 수가 해당 경쟁입찰의 방법에서 정하는 최저 입찰자 수에 미달하여 경쟁입찰의 방법으로 시공자를 선정할 수 없게 된 경우에는 그러하지 아니하다(법 제66조 제4항, 영 제76조 제1항).

5 도시계획위원회의 심의

시장·군수·구청장이 세대수 증가형 리모델링(50세대 이상으로 세대수가 증가하는 경우로 한정한다)을 허가하려는 경우에는 기반시설에의 영향이나 도시·군관리계획과의 부합 여부 등에 대하여 시·군·구도시계획위원회의 심의를 거쳐야 한다(법 제66조 제6항, 영 제76조 제2항).

공동주택 리모델링의 허가기준

1) 주택단지 전체 리모델링
주택단지 전체 구분소유자 및 의결권의 각 75% 이상의 동의와 각 동별 구분소유자 및 의결권의 각 50% 이상의 동의

2) 동을 리모델링
그 동의 구분소유자 및 의결권의 각 75% 이상의 동의

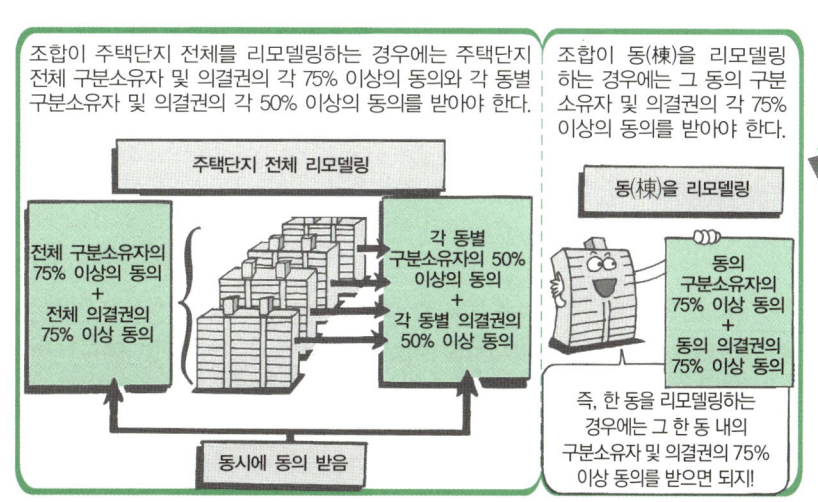

6 공사완료에 따른 사용검사

공동주택의 입주자·사용자·관리주체·입주자대표회의 또는 리모델링 주택조합이 리모델링에 관하여 시장·군수·구청장의 허가를 받은 후 그 공사를 완료하였을 때에는 시장·군수·구청장의 사용검사를 받아야 한다(법 제66조 제7항).

7 행위허가의 취소

시장·군수·구청장은 공동주택의 입주자·사용자·관리주체·입주자대표회의 또는 리모델링 주택조합에 해당하는 자가 거짓이나 그 밖의 부정한 방법으로 허가를 받은 경우에는 행위허가를 취소할 수 있다(법 제66조 제8항).

8 리모델링 기본계획에 부합

리모델링 기본계획수립 대상지역에서 세대수 증가형 리모델링을 허가하려는 시장·군수·구청장은 해당 리모델링 기본계획에 부합하는 범위에서 허가하여야 한다(법 제66조 제9항).

9 권리변동계획의 수립

세대수가 증가되는 리모델링을 하는 경우에는 다음의 사항에 대한 권리변동계획을 수립하여 사업계획승인 또는 행위허가를 받아야 한다(법 제67조, 영 제77조 제1항).

1) 리모델링 전후의 대지 및 건축물의 권리변동 명세
2) 조합원의 비용분담
3) 사업비
4) 조합원 외의 자에 대한 분양계획
5) 그 밖에 리모델링과 관련된 권리 등에 대하여 해당 시·도 또는 시·군의 조례로 정하는 사항

제5장 주택법

단락문제 Q20   제27회 기출

주택법령상 다음은 공동주택의 리모델링에 관한 설명이다. 틀린 것은?

① 리모델링의 시공자는 「건설산업기본법」에 의한 건설사업자이거나 「주택법」에 따라 건설사업자로 간주되는 등록사업자이어야 한다.
② 리모델링 주택조합이 리모델링사업을 하는 경우에는 총회에서 시공자를 선정하여야 한다.
③ 국토교통부장관이 50세대 이상 세대수 증가형 리모델링을 허가하려는 경우에는 기반시설에의 영향이나 도시·군관리계획과의 부합 여부 등에 대하여 주거정책심의위원회의 심의를 거쳐야 한다.
④ 시공자 선정을 위하여 국토교통부장관이 정하는 경쟁입찰의 방법으로 2회 이상 경쟁입찰을 하였으나 입찰자의 수가 해당 경쟁입찰의 방법에서 정하는 최저 입찰자 수에 미달하여 경쟁입찰의 방법으로 시공자를 선정할 수 없게 된 경우에는 수의계약으로 시공자를 선정할 수 있다.
⑤ 시장·군수·구청장이 안전진단으로 건축물 구조의 안전에 위험이 있다고 평가하여 재건축사업 및 소규모재건축사업의 시행이 필요하다고 결정한 건축물은 증축형 리모델링을 하여서는 아니 된다.

해설 공동주택의 리모델링
시장·군수·구청장이 50세대 이상 세대수 증가형 리모델링을 허가하려는 경우에는 기반시설에의 영향이나 도시·군관리계획과의 부합 여부 등에 대하여 시·군·구도시계획위원회의 심의를 거쳐야 한다.   **정답** ③

02 증축형 리모델링의 안전진단

1 시장·군수·구청장의 안전진단 실시

증축형 리모델링을 하려는 자는 시장·군수·구청장에게 안전진단을 요청하여야 하며, 안전진단을 요청받은 시장·군수·구청장은 해당 건축물의 증축 가능 여부의 확인 등을 위하여 안전진단을 실시하여야 한다(법 제68조 제1항).

2 안전진단의 의뢰 기관

시장·군수·구청장은 안전진단을 실시하는 경우에는 다음의 어느 하나에 해당하는 기관에 안전진단을 의뢰하여야 하며, 안전진단을 의뢰받은 기관은 리모델링을 하려는 자가 추천한 건축구조기술사(구조설계를 담당할 자를 말한다)와 함께 안전진단을 실시하여야 한다(법 제68조 제2항, 영 제78조 제1항).

1) 안전진단전문기관
2) 국토안전관리원
3) 한국건설기술연구원

3 증축형 리모델링의 제한

시장·군수·구청장이 안전진단으로 건축물 구조의 안전에 위험이 있다고 평가하여 「도시 및 주거환경정비법」에 따른 재건축사업 및 「빈집 및 소규모 주택정비에 관한 특례법」에 따른 소규모재건축사업의 시행이 필요하다고 결정한 건축물은 증축형 리모델링을 하여서는 아니 된다(법 제68조 제3항).

4 수직증축형 리모델링허가 후 안전진단 실시

시장·군수·구청장은 수직증축형 리모델링을 허가한 후에 해당 건축물의 구조안전성 등에 대한 상세 확인을 위하여 안전진단을 실시하여야 한다. 이 경우 안전진단을 의뢰받은 기관은 건축구조기술사와 함께 안전진단을 실시하여야 하며, 리모델링을 하려는 자는 안전진단 후 구조설계의 변경 등이 필요한 경우에는 건축구조기술사로 하여금 이를 보완하도록 하여야 한다(법 제68조 제4항).

5 안전진단 결과보고서의 제출

안전진단을 의뢰받은 기관은 국토교통부장관이 정하여 고시하는 기준에 따라 안전진단을 실시하고, 국토교통부령으로 정하는 방법 및 절차에 따라 안전진단 결과보고서를 작성하여 안전진단을 요청한 자와 시장·군수·구청장에게 제출하여야 한다(법 제68조 제5항).

6 안전진단 실시비용의 부담

시장·군수·구청장은 안전진단을 실시하는 비용의 전부 또는 일부를 리모델링을 하려는 자에게 부담하게 할 수 있다(법 제68조 제6항).

제5장 주택법

단락문제 Q21 제33회 기출

주택법령상 리모델링에 관한 설명으로 옳은 것은?(단, 조례는 고려하지 않음)
① 대수선은 리모델링에 포함되지 않는다.
② 공동주택의 리모델링은 동별로 할 수 있다.
③ 주택단지 전체를 리모델링하고자 주택조합을 설립하기 위해서는 주택단지 전체의 구분소유자와 의결권의 각 과반수의 결의가 필요하다.
④ 공동주택 리모델링의 허가는 시·도지사가 한다.
⑤ 리모델링주택조합 설립에 동의한 자로부터 건축물을 취득하였더라도 리모델링주택조합 설립에 동의한 것으로 보지 않는다.

해설 리모델링
① 대수선은 리모델링에 포함된다.
③ 주택단지 전체를 리모델링하고자 하는 경우에는 주택단지 전체의 구분소유자와 의결권의 각 3분의 2 이상의 결의 및 각 동의 구분소유자와 의결권의 각 과반수의 결의가 필요하다.
④ 공동주택 리모델링의 허가는 시장·군수·구청장이 한다.
⑤ 리모델링주택조합 설립에 동의한 자로부터 건축물을 취득하였더라도 리모델링주택조합 설립에 동의한 것으로 본다.

정답 ②

03 전문기관의 안전성 검토 등

1 전문기관의 안전성 검토 의뢰

시장·군수·구청장은 수직증축형 리모델링을 하려는 자가 「건축법」에 따른 건축위원회의 심의를 요청하는 경우 구조계획상 증축범위의 적정성 등에 대하여 국토안전관리원 또는 한국건설기술연구원에 안전성 검토를 의뢰하여야 한다(법 제69조 제1항, 영 제79조 제1항).

2 수행한 전문기관에 안전성 검토 의뢰

시장·군수·구청장은 수직증축형 리모델링을 하려는 자의 허가 신청이 있거나 안전진단 결과 국토교통부장관이 정하여 고시하는 설계도서의 변경이 있는 경우 제출된 설계도서상 구조안전의 적정성 여부 등에 대하여 안전성 검토를 수행한 전문기관에 안전성 검토를 의뢰하여야 한다(법 제69조 제2항).

3 안전성 검토결과의 반영

안전성 검토의뢰를 받은 전문기관은 국토교통부장관이 정하여 고시하는 검토기준에 따라 검토한 결과를 안전성 검토를 의뢰받은 날부터 30일[다만, 검토의뢰를 받은 전문기관이 부득이하게 검토기간의 연장이 필요하다고 인정하여 20일의 범위에서 그 기간을 연장(한 차례로 한정한다)한 경우에는 그 연장된 기간을 포함한 기간을 말하며, 공휴일 및 토요일은 산정대상에서 제외한다] 이내에 시장·군수·구청장에게 제출하여야 하며, 시장·군수·구청장은 특별한 사유가 없는 경우 이 법 및 관계법률에 따른 위원회의 심의 또는 허가 시 제출받은 안전성 검토결과를 반영하여야 한다(법 제69조 제3항, 영 제79조 제2·4항).

4 안전성 검토비용의 부담

시장·군수·구청장은 전문기관의 안전성 검토비용의 전부 또는 일부를 리모델링을 하려는 자에게 부담하게 할 수 있다(법 제69조 제4항).

5 중앙건축위원회의 심의 요청

국토교통부장관은 시장·군수·구청장에게 제출받은 자료의 제출을 요청할 수 있으며, 필요한 경우 시장·군수·구청장으로 하여금 안전성 검토결과의 적정성 여부에 대하여 「건축법」에 따른 중앙건축위원회의 심의를 받도록 요청할 수 있다(법 제69조 제5항).

04 리모델링 기본계획

1 리모델링 기본계획의 수립권자 및 대상지역

특별시장·광역시장 및 대도시의 시장은 관할구역에 대하여 다음의 사항을 포함한 리모델링 기본계획을 10년 단위로 수립하여야 한다. 다만, 세대수 증가형 리모델링에 따른 도시과밀의 우려가 적은 경우 등 대통령령으로 정하는 경우에는 리모델링 기본계획을 수립하지 아니할 수 있다(법 제71조 제1항, 영 제80조 제2항).

1) 계획의 목표 및 기본방향
2) 도시기본계획 등 관련 계획 검토
3) 리모델링 대상 공동주택 현황 및 세대수 증가형 리모델링 수요 예측
4) 세대수 증가에 따른 기반시설의 영향 검토
5) 일시집중 방지 등을 위한 단계별 리모델링 시행방안
6) 도시과밀 방지 등을 위한 계획적 관리와 리모델링의 원활한 추진을 지원하기 위한 사항으로서 특별시·광역시 또는 대도시의 조례로 정하는 사항

2 대도시가 아닌 시장의 리모델링 기본계획 수립

대도시가 아닌 시의 시장은 세대수 증가형 리모델링에 따른 도시과밀이나 일시집중 등이 우려되어 도지사가 리모델링 기본계획의 수립이 필요하다고 인정한 경우 리모델링 기본계획을 수립하여야 한다(법 제71조 제2항).

3 리모델링 기본계획의 작성기준

리모델링 기본계획의 작성기준 및 작성방법 등은 국토교통부장관이 정한다(법 제71조 제3항).

4 리모델링 기본계획 수립절차 27회 출제

특별시장·광역시장 및 대도시의 시장(수립이 필요한 대도시가 아닌 시의 시장을 포함한다)은 리모델링 기본계획을 수립하거나 변경하려면 14일 이상 주민에게 공람하고, 지방의회의 의견을 들어야 한다. 이 경우 지방의회는 의견제시를 요청받은 날부터 30일 이내에 의견을 제시하여야 하며, 30일 이내에 의견을 제시하지 아니하는 경우에는 이의가 없는 것으로 본다. 다만, 대통령령으로 정하는 경미한 변경인 경우에는 주민공람 및 지방의회 의견청취 절차를 거치지 아니할 수 있다(법 제72조 제1항).

5 도시계획위원회의 심의

특별시장·광역시장 및 대도시의 시장은 리모델링 기본계획을 수립하거나 변경하려면 관계 행정기관의 장과 협의한 후 「국토의 계획 및 이용에 관한 법률」에 따라 설치된 시·도도시계획위원회 또는 시·군·구도시계획위원회의 심의를 거쳐야 한다. 협의를 요청받은 관계 행정기관의 장은 특별한 사유가 없으면 그 요청을 받은 날부터 30일 이내에 의견을 제시하여야 한다(법 제72조 제2·3항).

6 도지사의 승인

대도시의 시장은 리모델링 기본계획을 수립하거나 변경하려면 도지사의 승인을 받아야 하며, 도지사는 리모델링 기본계획을 승인하려면 시·도도시계획위원회의 심의를 거쳐야 한다(법 제72조 제4항).

7 리모델링 기본계획의 고시

특별시장·광역시장 및 대도시의 시장은 리모델링 기본계획을 수립하거나 변경한 때에는 이를 지체없이 해당 지방자치단체의 공보에 고시하여야 한다(법 제73조 제1항).

8 타당성 여부의 검토

특별시장·광역시장 및 대도시의 시장은 5년마다 리모델링 기본계획의 타당성을 검토하여 그 결과를 리모델링 기본계획에 반영하여야 한다(법 제73조 제2항).

단락문제 Q22 제27회 기출

주택법령상 리모델링 기본계획 수립절차에 관한 조문의 일부이다. ( )에 들어갈 숫자를 옳게 연결한 것은?

> 리모델링 기본계획을 수립하거나 변경하려면 (ㄱ)일 이상 주민에게 공람하고, 지방의회의 의견을 들어야 한다. 이 경우 지방의회는 의견제시를 요청받은 날부터 (ㄴ)일 이내에 의견을 제시하여야 한다.

① ㄱ: 7, ㄴ: 14   ② ㄱ: 10, ㄴ: 15   ③ ㄱ: 14, ㄴ: 15
④ ㄱ: 14, ㄴ: 30   ⑤ ㄱ: 15, ㄴ: 30

해설 리모델링 기본계획 수립절차
리모델링 기본계획을 수립하거나 변경하려면 14일 이상 주민에게 공람하고, 지방의회의 의견을 들어야 한다. 이 경우 지방의회는 의견제시를 요청받은 날부터 30일 이내에 의견을 제시하여야 한다.   **정답** ④

---

05 세대수 증가형 리모델링의 시기조정

1 국토교통부장관의 시기조정 요청

국토교통부장관은 세대수 증가형 리모델링의 시행으로 주변 지역에 현저한 주택부족이나 주택시장의 불안정 등이 발생될 우려가 있는 때에는 주거정책심의위원회의 심의를 거쳐 특별시장, 광역시장, 대도시의 시장에게 리모델링 기본계획을 변경하도록 요청하거나, 시장·군수·구청장에게 세대수 증가형 리모델링의 사업계획 승인 또는 허가의 시기를 조정하도록 요청할 수 있으며, 요청을 받은 특별시장, 광역시장, 대도시의 시장 또는 시장·군수·구청장은 특별한 사유가 없으면 그 요청에 따라야 한다(법 제74조 제1항).

2 시·도지사의 시기조정 요청

시·도지사는 세대수 증가형 리모델링의 시행으로 주변 지역에 현저한 주택부족이나 주택시장의 불안정 등이 발생될 우려가 있는 때에는 시·도 주거정책심의위원회의 심의를 거쳐 대도시의 시장에게 리모델링 기본계획을 변경하도록 요청하거나, 시장·군수·구청장에게 세대수 증가형 리모델링의 사업계획 승인 또는 허가의 시기를 조정하도록 요청할 수 있으며, 요청을 받은 대도시의 시장 또는 시장·군수·구청장은 특별한 사유가 없으면 그 요청에 따라야 한다(법 제74조 제2항).

06 리모델링 지원센터의 설치·운영

1 리모델링 지원센터의 설치

시장·군수·구청장은 리모델링의 원활한 추진을 지원하기 위하여 리모델링 지원센터를 설치하여 운영할 수 있다(법 제75조 제1항).

2 리모델링 지원센터의 업무

리모델링 지원센터는 다음의 업무를 수행할 수 있다(법 제75조 제2항).

1) 리모델링 주택조합 설립을 위한 업무 지원
2) 설계자 및 시공자 선정 등에 대한 지원
3) 권리변동계획 수립에 관한 지원
4) 그 밖에 지방자치단체의 조례로 정하는 사항

07 공동주택 리모델링에 따른 특례

1 대지사용권의 특례

공동주택의 소유자가 리모델링에 의하여 전유부분(「집합건물의 소유 및 관리에 관한 법률」에 따른 전유부분을 말한다)의 면적이 늘거나 줄어드는 경우에는 「집합건물의 소유 및 관리에 관한 법률」에도 불구하고 대지사용권은 변하지 아니하는 것으로 본다. 다만, 세대수 증가를 수반하는 리모델링의 경우에는 권리변동계획에 따른다(법 제76조 제1항).

2 공용부분 면적의 특례

공동주택의 소유자가 리모델링에 의하여 일부 공용부분(「집합건물의 소유 및 관리에 관한 법률」에 따른 공용부분을 말한다)의 면적을 전유부분의 면적으로 변경한 경우에는 「집합건물의 소유 및 관리에 관한 법률」에도 불구하고 그 소유자의 나머지 공용부분의 면적은 변하지 아니하는 것으로 본다(법 제76조 제2항).

3 「집합건물의 소유 및 관리에 관한 법률」에 따른 규약

대지사용권 및 공용부분의 면적에 관하여는 소유자가 「집합건물의 소유 및 관리에 관한 법률」에 따른 규약으로 달리 정한 경우에는 그 규약에 따른다(법 제76조 제3항).

4 임대차계약의 특례

임대차계약 당시 다음의 어느 하나에 해당하여 그 사실을 임차인에게 고지한 경우로서 리모델링 허가를 받은 경우에는 해당 리모델링 건축물에 관한 임대차계약에 대하여 「주택임대차보호법」 제4조 제1항 및 「상가건물 임대차보호법」 제9조 제1항을 적용하지 아니한다(법 제76조 제4항).

1) 임대차계약 당시 해당 건축물의 소유자들(입주자대표회의를 포함한다)이 리모델링 주택조합 설립인가를 받은 경우
2) 임대차계약 당시 해당 건축물의 입주자대표회의가 직접 리모델링을 실시하기 위하여 관할 시장·군수·구청장에게 안전진단을 요청한 경우

5 리모델링 주택조합의 법인격 준용

리모델링 주택조합의 법인격에 관하여는 「도시 및 주거환경정비법」 제38조를 준용한다. 이 경우 "정비사업조합"은 "리모델링 주택조합"으로 본다(법 제76조 제5항).

6 권리변동계획의 준용

권리변동계획에 따라 소유권이 이전되는 토지 또는 건축물에 대한 권리의 확정 등에 관하여는 「도시 및 주거환경정비법」 제87조를 준용한다. 이 경우 "토지등소유자에게 분양하는 대지 또는 건축물"은 "권리변동계획에 따라 구분소유자에게 소유권이 이전되는 토지 또는 건축물"로, "일반에게 분양하는 대지 또는 건축물"은 "권리변동계획에 따라 구분소유자외의 자에게 소유권이 이전되는 토지 또는 건축물"로 본다(법 제76조 제6항).

제6절 보칙

01 토지임대부 분양주택 [33회 출제]

1 토지임대부 분양주택의 토지에 대한 임대차기간

토지임대부 분양주택의 토지에 대한 임대차기간은 40년 이내로 한다. 이 경우 토지임대부 분양주택 소유자의 75% 이상이 계약갱신을 청구하는 경우 40년의 범위에서 이를 갱신할 수 있다(법 제78조 제1항).

2 지상권의 설정

토지임대부 분양주택을 공급받은 자가 토지소유자와 임대차계약을 체결한 경우 해당 주택의 구분소유권을 목적으로 그 토지 위에 임대차기간 동안 지상권이 설정된 것으로 본다(법 제78조 제2항).

3 표준임대차계약서의 사용의무

토지임대부 분양주택의 토지에 대한 임대차계약을 체결하고자 하는 자는 표준임대차계약서를 사용하여야 한다(법 제78조 제3항).

4 임대차계약의 승계

토지임대부 분양주택을 양수한 자 또는 상속받은 자는 임대차계약을 승계한다(법 제78조 제4항).

5 월별 토지임대료

(1) 토지임대료의 산정 기준

토지임대부 분양주택의 토지임대료는 해당 토지의 조성원가 또는 감정가격 등을 기준으로 산정하되, 월별 토지임대료는 다음의 구분에 따라 산정한 금액을 12개월로 분할한 금액 이하로 한다(법 제78조 제5항, 영 제81조 제1항).

1) 공공택지에 토지임대주택을 건설하는 경우

해당 공공택지의 조성원가에 입주자모집공고일이 속하는 달의 전전달의 「은행법」에 따른 은행의 3년 만기 정기예금 평균이자율을 적용하여 산정한 금액

2) 공공택지 외의 택지에 토지임대주택을 건설하는 경우

「감정평가 및 감정평가사에 관한 법률」에 따라 감정평가한 가액에 입주자모집공고일이 속하는 달의 전전달의 「은행법」에 따른 은행의 3년 만기 정기예금 평균이자율을 적용하여 산정한 금액. 이 경우 감정평가액의 산정시기와 산정방법 등은 국토교통부령으로 정한다.

(2) 사업주체가 지방자치단체 또는 지방공사인 경우의 토지임대료 산정기준

사업주체가 지방자치단체 또는 지방공사인 경우에는 다음의 금액 사이의 범위에서 지방자치단체의 장(사업주체가 지방공사인 경우에는 해당 지방공사를 설립한 지방자치단체의 장을 말한다)이 지역별 여건을 고려하여 정하는 금액을 12개월로 분할한 금액 이하로 할 수 있다(영 제81조 제2항).

1) 해당 택지의 조성원가에 입주자모집공고일이 속하는 달의 전전달의 「은행법」에 따른 은행의 3년 만기 정기예금 평균이자율을 적용하여 산정한 금액

2) 「감정평가 및 감정평가사에 관한 법률」에 따라 감정평가한 가액에 입주자모집공고일이 속하는 달의 전전달의 「은행법」에 따른 은행의 3년 만기 정기예금 평균이자율을 적용하여 산정한 금액

(3) 감정평가한 가액의 산정 시기 및 산정 방법

1) 감정평가한 가액의 산정 시기

감정평가는 「부동산 가격공시에 관한 법률」에 따른 공시지가로서 평가 의뢰일 당시 해당 토지의 공시지가 중 평가 의뢰일에 가장 가까운 시점에 공시된 공시지가를 기준으로 하여 평가한다(규칙 제32조 제1항).

2) 감정평가한 가액의 산정 방법

감정평가 가액을 산정하는 경우에는 감정평가법인등 2인 이상이 감정평가한 가액을 산술평균한 가액으로 산정해야 한다(규칙 제32조 제2항).

3) 감정평가한 가액의 산정 기준

감정평가법인등이 감정평가를 할 때에는 택지조성이 완료되지 않은 토지는 택지조성이 완료된 상태를 상정하고 그 이용 상황은 대지를 기준으로 하여 평가해야 한다(규칙 제32조 제3항).

6 토지임대료의 증액 청구 제한

(1) 증액 청구 제한기간

토지소유자는 토지임대주택을 분양받은 자와 토지임대료에 관한 약정(토지임대료약정)을 체결한 후 2년이 지나기 전에는 토지임대료의 증액을 청구할 수 없다(영 제81조 제3항).

(2) 증액률의 산정

토지소유자는 토지임대료약정 체결 후 2년이 지나 토지임대료의 증액을 청구하는 경우에는 시·군·구의 평균지가상승률을 고려하여 증액률을 산정하되, 「주택임대차보호법 시행령」 제8조 제1항에 따른 차임 등의 증액청구 한도 비율을 초과해서는 아니 된다(영 제81조 제4항).

7 토지임대료의 보증금 전환

(1) 월별 임대료의 원칙

토지임대료는 월별 임대료를 원칙으로 하되, 토지소유자와 주택을 공급받은 자가 합의한 경우 임대료를 선납하거나 보증금으로 전환하여 납부할 수 있다(법 제78조 제6항).

(2) 선납 및 보증금의 전환

토지임대료를 선납하거나 보증금으로 전환하려는 경우 그 선납 토지임대료 또는 보증금을 산정할 때 적용되는 이자율은 「은행법」에 따른 은행의 3년 만기 정기예금 평균이자율 이상이어야 한다(영 제82조).

8 다른 법률과의 관계

토지임대부 분양주택에 관하여 「주택법」에서 정하지 아니한 사항은 「집합건물의 소유 및 관리에 관한 법률」, 「민법」 순으로 적용한다(법 제78조 제8항).

9 토지임대부 분양주택의 공공매입

(1) 토지임대부 분양주택의 공공매입 신청

토지임대부 분양주택을 공급받은 자는 전매제한기간이 지나기 전에 대통령령으로 정하는 바에 따라 한국토지주택공사에 해당 주택의 매입을 신청할 수 있다(법 제78조의2 제1항).

(2) 한국토지주택공사의 매입의무

한국토지주택공사는 토지임대부 분양주택의 매입신청을 받거나 주택의 전매행위 제한규정을 위반하여 토지임대부 분양주택의 전매가 이루어진 경우 한국토지주택공사의 부도·파산 등 특별한 사유가 없으면 매입신청서를 제출받은 날부터 14일 이내에 해당 주택의 매입 여부를 신청인에게 통보하고 해당 주택을 매입하여야 한다. 한국토지주택공사가 주택을 매입하는 경우에는 전매행위 제한규정을 적용하지 아니한다(법 제78조의2 제2·4항, 영 제82조의2 제2·3항).

(3) 한국토지주택공사의 취득간주

한국토지주택공사가 토지임대부 분양주택을 매입하는 경우 다음의 구분에 따른 금액을 그 주택을 양도하는 자에게 지급한 때에는 그 지급한 날에 한국토지주택공사가 해당 주택을 취득한 것으로 본다(법 제78조의2 제3항).

1) 공공매입신청을 받은 경우 : 해당 주택의 매입비용과 보유기간 등을 고려하여 대통령령으로 정하는 금액
2) 전매행위 제한규정을 위반하여 전매가 이루어진 경우 : 해당 주택의 매입비용

02 토지임대부 분양주택의 재건축

1 토지임대부 분양주택의 재건축

토지임대부 분양주택의 소유자가 임대차기간이 만료되기 전에 「도시 및 주거환경정비법」 등 도시개발 관련 법률에 따라 해당 주택을 철거하고 재건축을 하고자 하는 경우 「집합건물의 소유 및 관리에 관한 법률」에 따라 토지소유자의 동의를 받아 재건축할 수 있다. 이 경우 토지소유자는 정당한 사유없이 이를 거부할 수 없다(법 제79조 제1항).

2 주택소유자의 범위

토지임대부 분양주택을 재건축하는 경우 해당 주택의 소유자를 「도시 및 주거환경정비법」에 따른 재건축사업의 토지등소유자로 본다(법 제79조 제2항).

3 토지임대차기간에 관한 계약 성립

(1) **재건축 주택의 임대차기간** 재건축한 주택은 토지임대부 분양주택으로 한다. 이 경우 재건축한 주택의 준공인가일부터 토지임대부 분양주택의 임대차기간 동안 토지소유자와 재건축한 주택의 조합원 사이에 토지의 임대차기간에 관한 계약이 성립된 것으로 본다(법 제79조 제3항).

(2) **일반 주택으로의 전환** 토지소유자와 주택소유자가 합의한 경우에는 토지임대부 분양주택이 아닌 주택으로 전환할 수 있다(법 제79조 제4항).

제5장 주택법

단락문제 Q23
제27회 기출

주택법령상 토지임대부 분양주택에 관한 설명으로 옳은 것은?

① 토지임대부 분양주택의 토지에 대한 임대차기간이 40년인 경우 토지임대부 분양주택 소유자의 75퍼센트 이상이 계약갱신을 청구하면 40년이 넘는 기간을 임대차기간으로 하여 이를 갱신할 수 있다.
② 토지임대부 분양주택을 공급받은 자가 토지소유자가 임대차계약을 체결한 경우 해당 주택의 구분소유권을 목적으로 그 토지 위에 임대차기간 동안 전세권이 설정된 것으로 본다.
③ 토지소유자와 토지임대주택을 분양받은 자가 주택법령이 정하는 기준에 따라 토지임대료에 관한 약정을 체결한 경우 토지소유자는 약정 체결 후 2년이 지나기 전에는 토지임대료의 증액을 청구할 수 없다.
④ 주택을 공급받은 자는 토지소유자와 합의하여 토지임대료를 보증금으로 전환하여 납부할 수 없다.
⑤ 토지임대부 분양주택에 관하여 「주택법」에서 정하지 아니한 사항에 대하여는 「민법」을 「집합건물의 소유 및 관리에 관한 법률」에 우선하여 적용한다.

해설 토지임대부 분양주택
① 토지임대부 분양주택 소유자의 75퍼센트 이상이 계약갱신을 청구하면 40년의 범위에서 이를 갱신할 수 있다.
② 토지임대부 분양주택을 공급받은 자가 토지소유자가 임대차계약을 체결한 경우 해당 주택의 구분소유권을 목적으로 그 토지 위에 임대차기간 동안 지상권이 설정된 것으로 본다.
④ 토지임대료는 월별 임대료를 원칙으로 하되, 토지소유자와 주택을 공급받은 자가 합의한 경우 임대료를 보증금으로 전환하여 납부할 수 있다.
⑤ 토지임대부 분양주택에 관하여 「주택법」에서 정하지 아니한 사항은 「집합건물의 소유 및 관리에 관한 법률」, 「민법」 순으로 적용한다.

정답 ③

03 주택상환사채

33회 출제

1 주택상환사채의 발행

한국토지주택공사와 등록사업자는 액면 또는 할인의 방법으로 주택으로 상환하는 사채(주택상환사채)를 발행할 수 있다. 이 경우 등록사업자는 자본금·자산평가액 및 기술인력 등이 대통령령으로 정하는 기준에 맞고 금융기관 또는 주택도시보증공사의 보증을 받은 경우에만 주택상환사채를 발행할 수 있다. 이 경우 등록사업자가 발행할 수 있는 주택상환사채의 규모는 최근 3년간의 연평균 주택건설 호수 이내로 한다(법 제80조 제1항, 영 제83조 제1항, 영 제84조 제2항).

2 등록사업자의 주택상환사채 발행 기준(영 제84조 제1항)

1) 법인으로서 자본금이 5억원 이상일 것
2) 「건설산업기본법」에 따라 건설업등록을 한 자일 것
3) 최근 3년간 연평균 주택건설 실적이 300호 이상일 것

3 주택상환사채의 승인

(1) 주택상환사채발행계획의 승인권자   주택상환사채를 발행하려는 자는 주택상환사채발행계획을 수립하여 국토교통부장관의 승인을 받아야 한다(법 제80조 제2항).

(2) 주택상환사채의 승인요건   주택상환사채발행계획의 승인을 받으려는 자는 주택상환사채발행계획서에 다음의 서류를 첨부하여 국토교통부장관에게 제출하여야 한다. 다만, 금융기관과의 발행대행계약서 및 납입금 관리계약서는 주택상환사채 모집공고 전까지 제출할 수 있다(영 제85조 제1항).

1) 주택상환사채 상환용 주택의 건설을 위한 택지에 대한 소유권 또는 그 밖에 사용할 수 있는 권리를 증명할 수 있는 서류
2) 주택상환사채에 대한 금융기관 또는 주택도시보증공사의 보증서
3) 금융기관과의 발행대행계약서 및 납입금 관리계약서

(3) 발행승인의 통보
국토교통부장관은 주택상환사채발행계획을 승인하였을 때에는 주택상환사채발행 대상지역을 관할하는 시·도지사에게 그 내용을 통보하여야 한다(영 제85조 제3항).

(4) 모집공고안의 제출
주택상환사채발행계획을 승인받은 자는 주택상환사채를 모집하기 전에 국토교통부령으로 정하는 바에 따라 주택상환사채 모집공고안을 작성하여 국토교통부장관에게 제출하여야 한다(영 제85조 제4항).

4 주택상환사채의 상환 및 양도금지

(1) 상환기간
주택상환사채의 상환기간은 3년을 초과할 수 없다. 이 경우 상환기간은 주택상환사채 발행일부터 주택의 공급계약체결일까지의 기간으로 한다(영 제86조 제1·2항).

(2) 양도 등의 제한
주택상환사채는 양도하거나 중도에 해약할 수 없다. 다만, 다음의 어느 하나에 해당하는 부득이한 사유가 있는 경우는 예외로 한다(영 제86조 제3항, 규칙 제35조 제1항).

1) 세대원(세대주가 포함된 세대의 구성원을 말한다)의 근무 또는 생업상의 사정이나 질병치료, 취학 또는 결혼으로 세대원 전원이 다른 행정구역으로 이전하는 경우
2) 세대원 전원이 상속으로 취득한 주택으로 이전하는 경우
3) 세대원 전원이 해외로 이주하거나 2년 이상 해외에 체류하려는 경우

(3) 양도 등의 절차

주택상환사채를 양도 또는 중도해약하거나 상속받으려는 자는 양도 등을 증명하는 서류 또는 상속인임을 증명하는 서류를 주택상환사채 발행자에게 제출하여야 한다. 이 경우 주택상환사채 발행자는 지체없이 주택상환사채권자의 명의를 변경하고, 주택상환사채원부 및 주택상환사채권에 적어야 한다(규칙 제35조 제2항).

5 주택상환사채의 발행책임과 조건

(1) 발행한 자의 상환책임

주택상환사채를 발행한 자는 발행조건에 따라 주택을 건설하여 사채권자에게 상환하여야 한다(법 제81조 제1항).

(2) 발행방법

주택상환사채는 기명증권으로 하고, 사채권자의 명의변경은 취득자의 성명과 주소를 사채원부에 기록하는 방법으로 하며, 취득자의 성명을 채권에 기록하지 아니하면 사채발행자 및 제3자에게 대항할 수 없다(법 제81조 제2항).

6 납입금의 사용

주택상환사채의 납입금은 다음의 용도로만 사용할 수 있다(영 제87조 제1항).

1) 택지의 구입 및 조성
2) 주택건설자재의 구입
3) 건설공사비에의 충당
4) 그 밖에 주택상환을 위하여 필요한 비용으로서 국토교통부장관의 승인을 받은 비용에의 충당

7 주택상환사채의 효력 27회 출제

등록사업자의 등록이 말소된 경우에도 등록사업자가 발행한 주택상환사채의 효력에는 영향을 미치지 아니한다(법 제82조).

부동산공법

8 「상법」의 적용

주택상환사채의 발행에 관하여 이 법에서 규정한 것 외에는 「상법」중 사채발행에 관한 규정을 적용한다. 다만, 한국토지주택공사가 발행하는 경우와 금융기관 등이 상환을 보증하여 등록사업자가 발행하는 경우에는 「상법」을 적용하지 아니한다(법 제83조).

단락문제 Q24
제27회 기출

주택법령상 주택상환사채에 관한 설명으로 틀린 것은?
① 등록사업자가 주택상환사채를 발행하려면 금융기관 또는 주택도시보증공사의 보증을 받아야 한다.
② 주택상환사채는 취득자의 성명을 채권에 기록하지 아니하면 사채발행자 및 제3자에게 대항할 수 없다.
③ 등록사업자의 등록이 말소된 경우에는 등록사업자가 발행한 주택상환사채의 효력은 상실된다.
④ 주택상환사채의 발행자는 주택상환사채대장을 비치하고, 주택상환사채권의 발행 및 상환에 관한 사항을 기재하여야 한다.
⑤ 주택상환사채를 발행하려는 자는 주택상환사채발행계획을 수립하여 국토교통부장관의 승인을 받아야 한다.

해설 주택상환사채
등록사업자의 등록이 말소된 경우에도 등록사업자가 발행한 주택상환사채의 효력에는 영향을 미치지 않는다. **정답** ③

04 국민주택사업특별회계

1 국민주택사업특별회계의 설치

지방자치단체는 국민주택사업을 시행하기 위하여 국민주택사업특별회계를 설치·운용하여야 한다(법 제84조 제1항).

2 국민주택사업특별회계의 재원

국민주택사업특별회계의 자금은 다음의 재원으로 조성한다(법 제84조 제2항).
1) 자체 부담금
2) 주택도시기금으로부터의 차입금
3) 정부로부터의 보조금

4) 농협은행으로부터의 차입금
5) 외국으로부터의 차입금
6) 국민주택사업특별회계에 속하는 재산의 매각대금
7) 국민주택사업특별회계자금의 회수금·이자수입금 및 그 밖의 수익
8) 「재건축초과이익 환수에 관한 법률」에 따른 재건축부담금 중 지방자치단체 귀속분

3 국민주택사업특별회계의 편성·운용

(1) 편성·운용

지방자치단체에 설치하는 국민주택사업특별회계의 편성 및 운용에 관하여 필요한 사항은 해당 지방자치단체의 조례로 정할 수 있다(영 제88조 제1항).

(2) 국토교통부장관에게 보고

국민주택을 건설·공급하는 지방자치단체의 장은 국민주택사업특별회계의 분기별 운용 상황을 그 분기가 끝나는 달의 다음 달 20일까지 국토교통부장관에게 보고하여야 한다. 이 경우 시장·군수·구청장의 경우에는 시·도지사를 거쳐(특별자치시장 또는 특별자치도지사가 보고하는 경우는 제외한다) 보고하여야 한다(영 제88조 제2항).

05 협회

1 협회의 설립 등

(1) **주택사업자단체의 설립** : 등록사업자는 주택건설사업 및 대지조성사업의 전문화와 주택산업의 건전한 발전을 도모하기 위하여 주택사업자단체를 설립할 수 있다(법 제85조 제1항).

(2) **협회의 법인화** : 협회는 각각 법인으로 한다(법 제85조 제2항).

(3) **설립등기** : 협회는 그 주된 사무소의 소재지에서 설립등기를 함으로써 성립한다(법 제85조 제3항).

(4) **회원자격의 정지·상실**   「주택법」에 따라 국토교통부장관, 시·도지사 또는 대도시의 시장으로부터 영업의 정지처분을 받은 협회 회원의 권리·의무는 그 영업의 정지기간 중에는 정지되며, 등록사업자의 등록이 말소되거나 취소된 때에는 협회의 회원자격을 상실한다(법 제85조 제4항).

2 협회의 설립인가

협회를 설립하려면 회원자격을 가진 자 50인 이상을 발기인으로 하여 정관을 마련한 후 창립총회의 의결을 거쳐 국토교통부장관의 인가를 받아야 한다. 협회가 정관을 변경하려는 경우에도 또한 같다(법 제86조 제1항).

3 「민법」의 준용

협회에 관하여 「주택법」에서 규정한 것 외에는 「민법」 중 사단법인에 관한 규정을 준용한다(법 제87조).

06 주택정책 관련 자료 등의 종합관리

1 주택정책 관련 자료의 종합관리

국토교통부장관 또는 시·도지사는 적절한 주택정책의 수립 및 시행을 위하여 주택(준주택을 포함한다)의 건설·공급·관리 및 이와 관련된 자금의 조달, 주택가격 동향 등 이 법에 규정된 주택과 관련된 사항에 관한 정보를 종합적으로 관리하고 이를 관련 기관·단체 등에 제공할 수 있다(법 제88조 제1항).

2 주택행정정보화 및 자료의 관리

사업주체 또는 관리주체는 주택을 건설·공급·관리할 때 이 법과 이 법에 따른 명령에 따라 필요한 다음의 사항에 대하여 관련 기관·단체 등에 자료제공 또는 확인을 요청할 수 있다(법 제88조 제3항, 영 제89조 제2항).

1) 주택의 소유 여부 확인
2) 입주자의 자격 확인
3) 지방자치단체·한국토지주택공사 등 공공기관이 법, 「택지개발촉진법」 및 그 밖의 법률에 따라 개발·공급하는 택지의 현황, 공급계획 및 공급일정
4) 주택이 건설되는 해당 지역과 인근지역에 대한 입주자저축의 가입자현황
5) 주택이 건설되는 해당 지역과 인근지역에 대한 주택건설사업계획승인현황
6) 주택관리업자 등록현황

07 체납된 분양대금 등의 강제징수

1 강제징수
국가 또는 지방자치단체인 사업주체가 건설한 국민주택의 분양대금·임대보증금 및 임대료가 체납된 경우에는 국가 또는 지방자치단체가 국세 또는 지방세 체납처분의 예에 따라 강제징수할 수 있다. 다만, 입주자가 장기간의 질병이나 그 밖의 부득이한 사유로 분양대금·임대보증금 및 임대료를 체납한 경우에는 강제징수하지 아니할 수 있다(법 제91조 제1항).

2 징수위탁
한국토지주택공사 또는 지방공사는 그가 건설한 국민주택의 분양대금·임대보증금 및 임대료가 체납된 경우에는 주택의 소재지를 관할하는 시장·군수·구청장에게 그 징수를 위탁할 수 있다(법 제91조 제2항).

3 위탁수수료
징수를 위탁받은 시장·군수·구청장은 지방세 체납처분의 예에 따라 이를 징수하여야 한다. 이 경우 한국토지주택공사 또는 지방공사는 시장·군수·구청장이 징수한 금액의 2%에 해당하는 금액을 해당 시·군·구에 위탁수수료로 지급하여야 한다(법 제91조 제3항).

08 분양권 전매 등에 대한 신고포상금

1 포상금 지급
시·도지사는 주택의 전매행위 제한을 위반하여 분양권 등을 전매하거나 알선하는 자를 주무관청에 신고한 자에게 대통령령으로 정하는 바에 따라 포상금을 지급할 수 있다(법 제92조).

2 시·도지사에게 신고
주택의 전매행위 제한을 위반하여 분양권 등을 전매하거나 알선하는 부정행위를 하는 자를 신고하려는 자는 신고서에 부정행위를 입증할 수 있는 자료를 첨부하여 시·도지사에게 신고하여야 한다(영 제92조 제1항).

3 시·도지사에게 통보

시·도지사는 신고를 받은 경우에는 관할 수사기관에 수사를 의뢰하여야 하며, 수사기관은 해당 수사결과(벌칙 부과 등 확정판결의 결과를 포함한다)를 시·도지사에게 통보하여야 한다(영 제92조 제2항).

4 포상금 지급의 신청

수사결과 통지를 받은 신고자는 신청서에 수사결과통지서 사본 1부 및 통장 사본 1부를 첨부하여 시·도지사에게 포상금 지급을 신청할 수 있다. 이 경우 시·도지사는 신청일부터 30일 이내에 국토교통부령으로 정하는 지급기준에 따라 포상금을 지급하여야 한다(영 제92조 제4항).

09 청문 등

1 청문 30회 출제

국토교통부장관 또는 지방자치단체의 장은 다음의 어느 하나에 해당하는 처분을 하려면 청문을 하여야 한다(법 제96조).

1) 주택건설사업 등의 등록말소
2) 주택조합의 설립인가취소
3) 사업계획승인의 취소
4) 리모델링허가의 취소

2 벌칙 적용에서 공무원 의제

다음의 어느 하나에 해당하는 자는 「형법」의 규정을 적용할 때에는 공무원으로 본다(법 제97조).

1) 감리업무를 수행하는 자
2) 품질점검단의 위원 중 공무원이 아닌 자
3) 분양가심사위원회의 위원 중 공무원이 아닌 자

3 권한의 위임

국토교통부장관은 다음의 권한을 시·도지사에게 위임한다(영 제90조).

(1) 주택건설사업자 및 대지조성사업자의 등록말소 및 영업의 정지

(2) 사업계획의 승인·변경승인·승인취소 및 착공신고의 접수. 다만, 다음의 어느 하나에 해당하는 경우는 제외한다.
　1) 택지개발사업을 추진하는 지역 안에서 주택건설사업을 시행하는 경우
　2) 주택건설사업을 시행하는 경우. 다만, 착공신고의 접수는 시·도지사에게 위임한다.

(3) 사용검사 및 임시 사용승인

(4) 새로운 건설기술을 적용하여 건설하는 공업화주택에 관한 권한

(5) 인가·승인 또는 등록을 한 자에게 필요한 보고·검사

(6) 주택건설사업 등의 등록말소 및 주택조합의 설립인가취소에 따른 청문

4 업무의 위탁

(1) 협회에 위탁

국토교통부장관은 다음의 업무를 주택사업자단체(협회)에 위탁한다(영 제91조 제1항).

　1) 주택건설사업 및 대지조성사업의 등록
　2) 등록사업자의 영업실적 등의 접수

(2) 한국부동산원에 위탁

국토교통부장관은 주택관련 정보의 종합관리에 관한 다음의 업무를 한국부동산원에 위탁한다(영 제91조 제2항).

　1) 주택거래 관련 정보체계의 구축·운용
　2) 주택공급 관련 정보체계의 구축·운용
　3) 주택가격의 동향 조사 및 주택시장 분석

제7절 벌칙

01 형벌

1 10년 이하의 징역 등(법 제98조 제1·2항)

설계·시공 또는 감리를 함으로써「공동주택관리법」에 따른 담보책임기간에 공동주택의 내력구조부에 중대한 하자를 발생시켜 일반인을 위험에 처하게 한 설계자·시공자·감리자·건축구조기술사 또는 사업주체는 10년 이하의 징역에 처한다.

위의 죄를 범하여 사람을 죽음에 이르게 하거나 다치게 한 자는 무기징역 또는 3년 이상의 징역에 처한다.

2 5년 이하의 징역이나 금고 또는 5천만원 이하의 벌금 등(법 제99조 제1·2항)

업무상 과실로 위의 10년 이하의 징역에 해당하는 죄를 범한 자는 5년 이하의 징역이나 금고 또는 5천만원 이하의 벌금에 처한다.

업무상 과실로 위의 무기 또는 3년 이상의 징역에 해당하는 죄를 범한 자는 10년 이하의 징역이나 금고 또는 1억원 이하의 벌금에 처한다.

3 5년 이하의 징역 또는 5천만원 이하의 벌금(법 제100조)

국토교통부 소속 공무원 또는 소속 공무원이었던 사람과 사업주체의 소속 임직원이 얻은 정보와 자료 및 입주자저축정보를 이 법에서 정한 목적 외의 다른 용도로 사용하거나 다른 사람 또는 기관에 제공하거나 누설한 자는 5년 이하의 징역 또는 5천만원 이하의 벌금에 처한다.

4 3년 이하의 징역 또는 3천만원 이하의 벌금(법 제101조)

다음의 어느 하나에 해당하는 자는 3년 이하의 징역 또는 3천만원 이하의 벌금에 처한다. 다만, 3) 또는 4)에 해당하는 자로서 그 위반행위로 얻은 이익의 3배에 해당하는 금액이 3천만원을 초과하는 자는 3년 이하의 징역 또는 그 이익의 3배에 해당하는 금액 이하의 벌금에 처한다.

1) 조합업무를 대행하게 한 주택조합, 주택조합의 구성원 및 조합업무를 대행한 자
2) 고의로 법을 위반하여 설계하거나 시공함으로써 사업주체 또는 입주자에게 손해를 입힌 자
3) 거주의무를 이행하지 아니하고 해당 주택을 양도한 자
4) 입주자로 선정된 지위 또는 주택을 전매하거나 이의 전매를 알선한 자
5) 공급질서 교란 금지규정을 위반한 자
6) 리모델링 주택조합이 설립인가를 받기 전에 또는 입주자대표회의가 소유자 전원의 동의를 받기 전에 시공자를 선정한 자 및 시공자로 선정된 자

7) 리모델링 시공자의 선정규정을 위반하여 경쟁입찰의 방법에 의하지 아니하고 시공자를 선정한 자 및 시공자로 선정된 자

5 2년 이하의 징역 또는 2천만원 이하의 벌금(법 제102조)

다음의 어느 하나에 해당하는 자는 2년 이하의 징역 또는 2천만원 이하의 벌금에 처한다. 다만, 8) 또는 22)에 해당하는 자로서 그 위반행위로 얻은 이익의 50%에 해당하는 금액이 2천만원을 초과하는 자는 2년 이하의 징역 또는 그 이익의 2배에 해당하는 금액 이하의 벌금에 처한다.

1) 주택건설사업 등록을 하지 아니하거나, 거짓이나 그 밖의 부정한 방법으로 등록을 하고 사업을 한 자
2) 조합원 모집신고를 하지 아니하고 조합원을 모집하거나 조합원을 공개로 모집하지 아니한 자
3) 법을 위반하여 조합원 가입을 권유하거나 조합원을 모집하는 광고를 한 자
4) 법을 위반하여 가입비등을 예치하도록 하지 아니한 자
5) 위반하여 가입비등의 반환을 요청하지 아니한 자
6) 서류 및 관련 자료를 거짓으로 공개한 주택조합의 발기인 또는 임원
7) 열람·복사 요청에 대하여 거짓의 사실이 포함된 자료를 열람·복사하여 준 주택조합의 발기인 또는 임원
8) 사업계획의 승인 또는 변경승인을 받지 아니하고 사업을 시행하는 자
9) 과실로 법을 위반하여 설계하거나 시공함으로써 사업주체 또는 입주자에게 손해를 입힌 자
10) 주택건설공사의 시공 제한규정을 위반하여 주택건설공사를 시행하거나 시행하게 한 자
11) 주택건설기준등을 위반하여 사업을 시행한 자
12) 공동주택성능에 대한 등급을 표시하지 아니하거나 거짓으로 표시한 자
13) 환기시설을 설치하지 아니한 자
14) 고의로 감리업무를 게을리 하여 위법한 주택건설공사를 시공함으로써 사업주체 또는 입주자에게 손해를 입힌 자
15) 사용검사규정을 위반하여 주택 또는 대지를 사용하게 하거나 사용한 자
16) 주택의 공급규정을 위반하여 주택을 건설·공급한 자(주택의 공급업무를 대행한 자를 포함한다)
17) 마감자재 목록표와 견본주택의 각 실의 내부를 촬영한 영상물 등 제출을 위반하여 건축물을 건설·공급한 자
18) 분양대행자규정을 위반하여 주택의 공급업무를 대행하게 한 자
19) 주택의 분양가격 제한규정을 위반하여 주택을 공급한 자
20) 견본주택의 건축기준을 위반하여 견본주택을 건설하거나 유지관리한 자
21) 저당권설정 등의 제한규정을 위반하여 행위를 한 자
22) 부정하게 재물 또는 재산상의 이익을 취득하거나 제공한 자
23) 주택상환사채의 발행자에 따른 조치를 위반한 자

6 2년 이하의 징역 또는 2천만원 이하의 벌금(법 제103조)

분양가심사위원회의 위원이 심사업무를 수행함에 있어서 고의로 잘못된 심사를 한 자는 2년 이하의 징역 또는 2천만원 이하의 벌금에 처한다.

7 1년 이하의 징역 또는 1천만원 이하의 벌금(법 제104조)

1) 등록사업자가 영업정지기간에 영업을 한 자
2) 실적보고서를 주택조합에 제출하지 아니한 업무대행자
3) 실적보고서를 작성하지 아니하거나 실적보고서의 사항을 포함하지 않고 작성한 주택조합의 발기인 또는 임원
4) 주택조합의 발기인 또는 임원이 주택조합사업의 시행에 관련한 서류 및 자료를 공개하지 아니한 주택조합의 발기인 또는 임원
5) 주택조합의 발기인 또는 임원이 조합 구성원의 열람·복사 요청을 따르지 아니한 주택조합의 발기인 또는 임원
6) 모집주체가 이 법을 위반하여 시정요구 등의 명령을 위반한 자
7) 총회의 개최를 통지하지 아니한 자
8) 회계감사를 받지 아니한 자
9) 장부 및 증빙서류를 작성 또는 보관하지 아니하거나 거짓으로 작성한 자
10) 과실로 감리업무를 게을리 하여 위법한 주택건설공사를 시공함으로써 사업주체 또는 입주자에게 손해를 입힌 자
11) 시공자 및 사업주체가 시정 통지를 받고도 계속하여 주택건설공사를 시공한 시공자 및 사업주체
12) 건축구조기술사의 협력, 안전진단기준, 검토기준 또는 구조기준을 위반하여 사업주체, 입주자 또는 사용자에게 손해를 입힌 자
13) 시정명령에도 불구하고 필요한 조치를 하지 아니하고 감리를 한 자
14) 분양가상한제 적용주택의 입주자의 거주의무규정을 위반하여 거주의무기간 중에 실제로 거주하지 아니하고 거주한 것으로 속인 자
15) 리모델링의 허가규정을 위반한 자
16) 등록사업자가 등록증의 대여 등을 한 자
17) 등록사업자의 성명이나 상호를 빌리거나 허락 없이 등록사업자의 성명이나 상호로 이 법에서 정한 사업이나 업무를 수행 또는 시공하거나 등록증을 빌린 자
18) 등록증의 대여 등을 알선한 자
19) 등록증의 대여 등을 교사하거나 방조한 자
20) 국토교통부장관 또는 지방자치단체의 장의 검사 등을 거부·방해 또는 기피한 자
21) 국토교통부장관 또는 지방자치단체의 장의 공사중지 등의 명령을 위반한 자

02 과태료

1 2천만원 이하의 과태료 부과 대상(법 제106조 제1항)

1) 사업주체가 사전방문을 실시하게 하지 아니한 자
2) 사업주체가 품질점검단의 점검에 따르지 아니하거나 기피 또는 방해한 자
3) 표준임대차계약서를 사용하지 아니하거나 표준임대차계약서의 내용을 이행하지 아니한 자
4) 토지임대부 분양주택의 토지임대료에 관한 기준을 위반하여 토지를 임대한 자

2 1천만원 이하의 과태료 부과 대상(법 제106조 제2항)

1) 주택조합의 업무를 대행하는 자가 자금의 보관업무를 대행하도록 하지 아니한 자
2) 주택조합가입에 관한 계약서 작성 의무를 위반한 자
3) 모집주체가 설명의무 또는 확인 및 교부, 보관의무를 위반한 자
4) 주택조합의 임원이 다른 주택조합의 임원, 직원 또는 발기인을 겸직한 자
5) 건축구조기술사의 협력을 받지 아니한 자
6) 사업주체가 업무를 대행하게 하는 경우 분양대행자에 대한 관리·감독 조치를 하지 아니한 자

3 5백만원 이하의 과태료 부과 대상(법 제106조 제3항)

1) 연간 자금운용 계획 등 공개 서류 및 관련 자료를 제출하지 아니한 주택조합의 발기인 또는 임원
2) 사업계획승인을 받은 사업주체가 공사착수신고를 하지 아니한 자
3) 성능검사 결과 또는 조치결과를 입주예정자에게 알리지 아니하거나 거짓으로 알린 자
4) 시공자격 여부의 확인을 하지 아니한 감리자
5) 감리자가 감리업무수행사항을 보고하지 아니하거나 거짓으로 보고를 한 감리자
6) 감리자가 감리업무를 수행하면서 위반 사항을 발견하였을 때 보고를 하지 아니하거나 거짓으로 보고를 한 감리자
7) 감리자가 감리계획서를 보고하지 아니하거나 거짓으로 보고를 한 감리자
8) 사전방문 결과 하자요청 시 보수공사 등의 조치를 하지 아니한 자
9) 사전방문 결과 하자요청 조치결과 등을 입주예정자 및 사용검사권자에게 알리지 아니한 자
10) 하자 여부 확인 자료제출요구에 따르지 아니하거나 거짓으로 자료를 제출한 자
11) 품질점검단의 점검결과 조치명령을 이행하지 아니한 자
12) 주택공급의 규정을 위반하여 주택을 공급받은 자
13) 사업주체가 주택공급 표시 또는 광고 사본을 제출하지 아니하거나 거짓으로 제출한 자
14) 국토교통부장관 또는 지방자치단체장의 보고 또는 검사의 명령을 위반한 자

4 3백만원 이하의 과태료 부과 대상(법 제106조 제4항)

1) 거주의무자가 거주의무기간 이내에 거주를 이전하려는 경우 한국토지주택공사에게 해당 주택의 매입을 신청하지 아니한 자
2) 국토교통부장관 또는 지방자치단체의 장이 거주의무자등의 실제 거주 여부를 확인하기 위하여 거주의무자등에게 필요한 서류 등의 제출 요구를 거부하거나 해당 주택의 출입·조사 또는 질문을 방해하거나 기피한 자

주택법

단원 오답 잡기

• 경록 교재에 모든 답이 있습니다.

01 "도시형 생활주택"이란 300세대 이상의 국민주택규모에 해당하는 주택을 말한다.

01. X
300세대 미만의 국민주택규모에 해당하는 주택으로서 도시지역에 건설하는 주택을 말한다.

02 임대주택의 건설·공급 및 관리에 관하여 「민간임대주택에 관한 특별법」 및 「공공주택 특별법」에서 정하지 아니한 사항에 대하여는 「건축법」을 적용한다.

02. X
「주택법」을 적용한다.

03 공동주택의 주거전용면적의 산정은 외벽의 중심선을 기준으로 산정하되, 2세대 이상이 공동으로 사용하는 공용면적을 제외한다.

03. X
외벽의 내부선을 기준으로 산정한다.

04 국민주택이란 1호 또는 1세대 당 85m² 이하인 주택을 말한다.

04. X
국민주택은 주택도시기금에 의한 자금을 지원받아 건설되거나 개량되는 85m² 이하의 주택을 말한다.

05 어린이놀이터·근린생활시설·유치원·주민운동시설·경로당은 주택의 부대시설이다.

05. X
복리시설이다.

06 주택건설사업 또는 대지조성사업의 등록을 하려는 자가 개인인 경우에는 자산평가액 6억원 이상이 되어야 한다.

06. O

07 인가를 받아 설립된 리모델링 주택조합은 그 리모델링 결의에 찬성하지 않는 자의 주택 및 토지에 대해 「집합건물의 소유 및 관리에 관한 법률」을 준용해서 매도청구를 할 수 있다.

07. O

08 국민주택을 공급받기 위해 직장주택조합을 설립하는 때에는 주택건설대지를 관할하는 시장·군수·구청장에게 인가를 받아야 한다.

08. X
시장·군수·구청장에게 신고해야 한다.

09 주택조합은 사업계획승인일부터 2개월이 지난 날부터 20일 이내에 회계법인이나 공인회계사로 구성된 감사인의 회계감사를 받아야 한다.

09. X
사업계획승인일부터 3개월이 지난 날부터 30일 이내이다.

부동산공법

10 사업계획승인을 받은 사업주체는 그 주택건설대지 중 사용할 수 있는 권원을 확보하지 못한 대지의 소유자에게 그 대지를 시가에 따라 매도할 것을 청구할 수 있다.

10. O

11 주택건설사업에 의해 건설하는 주택 또는 대지에 저당권설정이 제한되는 기간은 입주자 모집공고일부터 그 주택에 대한 소유권이전등기를 신청할 수 있는 날 이후 60일이 되는 날까지이다.

11. X
입주자모집공고 승인신청일 후부터이다.

12 국토교통부장관은 분양가상한제 적용지역으로 계속 지정할 필요가 없다고 인정하는 경우에는 주거정책심의위원회 심의를 거쳐 분양가상한제 적용지역의 지정을 해제하여야 한다.

12. O

13 전매제한을 위반한 때에는 2년 이하의 징역 또는 2,000만원 이하의 벌금에 처해진다.

13. X
3년 이하의 징역 또는 3,000만원 이하의 벌금에 처해진다.

14 국토교통부장관은 반기마다 주거정책심의위원회의 회의를 소집하여 투기과열지구로 지정된 지역별로 해당 지역의 주택가격 안정 여건의 변화 등을 고려하여 투기과열지구 지정의 유지 여부를 재검토 하여야 한다.

14. O

15 시장·군수·구청장은 분양가상한제 적용주택의 분양가격에 관한 사항을 심의하기 위하여 분양가심사위원회를 설치·운영하여야 한다.

15. O

16 사업주체가 주택공급질서를 위반한 자에게 주택가격에 해당하는 금액을 지급한 경우에는 그 지급한 다음 날에 그 주택을 취득한 것으로 본다.

16. X
그 지급한 날에 그 주택을 취득한 것으로 본다.

17 주택상환사채는 무기명증권으로 하며, 액면 또는 할인의 방법으로 발행한다.

17. X
기명증권으로 발행한다.

18 주택상환사채의 상환기간은 3년을 초과할 수 없다.

18. O

19 입주자저축이란 국민주택과 민영주택을 공급받기 위하여 가입하는 주택청약종합저축을 말한다.

19. O

CHAPTER 06 농지법

학습포인트

- 「농지법」에서는 매년 2문제 정도 출제되고 있다. 「농지법」이 제정되기 전에는 1문제는 농지의 전용제한에서 출제되고, 나머지는 대리경작제·절대농지 등의 순으로 출제되었는데, 「농지법」이 제정된 후에는 대체로 농지의 소유제한과 농지의 전용제한에서 1문제씩 출제되고 있다.

CHAPTER 학습 & 출제되는 키워드

- ☑ 농지
- ☑ 소유상한
- ☑ 소유제한을 위반한 농지의 처분
- ☑ 농지의 임대차
- ☑ 농업진흥구역
- ☑ 농지전용신고대상
- ☑ 농업인
- ☑ 농지취득자격증명
- ☑ 농지이용증진사업의 시행
- ☑ 농업진흥구역에서의 행위제한
- ☑ 농지의 전용제한
- ☑ 농지보전부담금
- ☑ 농지의 소유제한
- ☑ 농지의 위탁경영
- ☑ 대리경작자의 지정
- ☑ 농업보호구역에서의 행위제한
- ☑ 농지전용허가

CHAPTER 학습 & 출제되는 질문

- ☑ 농업진흥지역에 관한 설명으로 옳은 것은?
- ☑ (벌칙에 관한 조문자료) 빈칸에 알맞은 것을 순서대로 나열한 것은?
- ☑ 농지의 대리경작 및 임대차에 관한 설명으로 틀린 것은?
- ☑ 농지소유상한에 관한 다음 내용 중 괄호 안에 들어갈 내용은?

제1절 총설

01 목적

「농지법」은 1994년 종전의 「농지개혁법」·「농지의 보전 및 이용에 관한 법률」·「농지임대차관리법」과 「지력증진법」을 통합해서 제정되었는데, 이때에 「농어촌발전특별조치법」의 농업진흥지역에 관한 부분을 분리해 「농지법」에 함께 규정했다.

「농지법」은 농지의 소유·이용·보전 등에 관해 필요한 사항을 정함으로써 농지를 효율적으로 이용·관리해서 농업인의 경영안정과 농업 생산성 향상을 바탕으로 농업의 경쟁력 강화와 국민경제의 균형 있는 발전과 국토 환경 보전에 이바지하는 것을 목적으로 한다(법 제1조).

농지법

「농지법」은 '농지의 소유·이용·보전에 관한 사항'을 규정하고 있다.

02 농지에 관한 기본이념

1 농지에 관한 기본이념

농지는 국민에게 식량을 공급하고 국토환경을 보전하는 데에 필요한 기반이며, 농업과 국민경제의 조화로운 발전에 영향을 미치는 한정된 귀중한 자원이므로 소중히 보전되어야 하고 공공복리에 적합하게 관리되어야 하며, 농지에 관한 권리의 행사에는 필요한 제한과 의무가 따른다(법 제3조 제1항).
농지는 농업생산성을 높이는 방향으로 소유·이용되어야 하며 투기의 대상이 되면 안 된다(법 제3조 제2항).

2 국가·지방자치단체 및 국민의 의무

국가와 지방자치단체는 농지에 관한 기본이념이 구현되도록 농지에 관한 시책을 수립하고 이를 시행해야 한다. 국가와 지방자치단체는 농지에 관한 시책을 수립할 때 필요한 규제와 조정을 통해 농지를 보전하고 합리적으로 이용할 수 있도록 함으로써 농업을 육성하고 국민경제를 균형 있게 발전시키는 데에 이바지하도록 해야 한다(법 제4조 제1·2항).
모든 국민은 농지에 관한 기본이념을 존중해야 하며, 국가와 지방자치단체가 시행하는 농지에 관한 시책에 협력해야 한다(법 제5조).

03 농지·농업인·농업경영 ★★

1 농지(農地)　15·27·30회 출제

농지는 다음의 농작물 경작지 및 다년생식물 재배지와 농지개량시설 및 농축산물 생산시설의 부지를 말한다(법 제2조, 영 제2조 제2·3항, 규칙 제2조, 제3조의2).

1) 농작물 경작지와 다년생식물 재배지 → 지적공부상의 지목

전·답·과수원 그 밖에 법적 지목(法的 地目)을 불문하고 실제로 농작물 경작지 또는 대통령으로 정하는 다년생식물 재배지로 이용되는 토지. 다만, 다음의 토지를 제외한다.
① 지목이 전·답 또는 과수원이 아닌 토지(지목이 임야인 토지는 제외한다)로서 농작물 경작지나 다년생식물 재배지로 계속해서 이용되는 기간이 3년 미만인 토지

부동산공법

② 지목이 임야인 토지로서 「산지관리법」에 따른 산지전용허가(다른 법률에 따라 산지전용허가가 의제되는 인가·허가·승인 등을 포함)를 거치지 아니하고 농작물의 경작 또는 다년생식물의 재배에 이용되는 토지
③ 「초지법」에 따라 조성된 초지(草地)

2) 농작물 경작지와 다년생식물 재배지의 개량시설로서 다음에 해당하는 시설의 부지
① 유지(溜池), 양수·배수시설(揚水·排水施設), 수로, 농로, 제방
   └→ 웅덩이
② 그 밖에 농지의 보전이나 이용에 필요한 시설(토양의 침식이나 재해로 인한 농작물의 피해를 방지하기 위해 설치한 계단·흙막이·방풍림과 그 밖에 이에 준하는 시설)

3) 농작물 경작지와 다년생식물 재배지에 설치하는 농축산물생산시설로서 다음에 해당하는 시설의 부지
① 고정식 온실·버섯재배사 및 비닐하우스와 그 부속시설
② 축사 및 곤충사육사와 그 부속시설
③ 간이퇴비장
   └→ 짚·풀 따위를 썩혀서 만든 거름
④ 농막(연면적이 20m² 이하이고 주거 목적이 아닌 것)·간이저온저장고(연면적이 33m² 이하인 것) 및 간이액비(液肥)저장조(저장 용량이 200톤 이하인 것)
   └→ 액체비료

여기의 다년생식물은 다음의 식물을 말한다(영 제2조 제1항).

1) 목초·종묘(種苗)·인삼·약초·잔디 및 조림용 묘목
   └→ 농산물의 번식에 쓰이는 종자·과실·뿌리·묘·묘목 등
2) 과수·뽕나무·유실수(有實樹) 그 밖에 생육기간이 2년 이상인 식물
3) 조경 또는 관상용(觀賞用) 수목과 그 묘목(조경목적으로 식재한 것은 제외)

단락문제 Q1
제15회 기출

「농지법」의 적용대상이 되는 농지의 범위로 옳지 않은 것은?
① 농작물의 경작에 이용되고 있는 토지의 개량시설인 양수시설·수로·제방의 부지
② 농작물의 경작에 이용되고 있는 토지에 설치한 고정식 온실 및 비닐하우스와 그 부속시설의 부지
③ 농작물의 경작에 이용되고 있는 토지에 설치한 농막과 「초지법」에 따라 조성된 초지
④ 판매할 목적으로 조경 또는 관상용 수목과 그 묘목을 재배하고 있는 「공간정보의 구축 및 관리 등에 관한 법률」에 따른 지목이 답인 토지
⑤ 1996년 이후 계속해서 벼를 경작해 온 「공간정보의 구축 및 관리 등에 관한 법률」에 따른 지목이 잡종지인 토지

> **해설** 농지의 범위
> ③ 「초지법」에 따라 조성된 초지는 농지에 포함되지 않는다.
> ④ 다년생식물 재배지에 해당된다.
> ⑤ 3년 이상 농작물의 경작지로 이용된 토지에 해당된다.
>
> **정답** ③

2 농업인(農業人) 20·28회 출제

농업인은 농업에 종사하는 다음의 개인을 말한다(법 제2조, 영 제3조).

1) 1,000㎡ 이상의 농지에서 농작물 또는 다년생식물을 경작 또는 재배하거나 <u>1년 중 90일 이상 농업에 종사하는 자</u>
2) 농지에 330㎡ 이상의 고정식 온실·버섯재배사 또는 비닐하우스를 설치해서 농작물을 경작하거나 다년생식물을 재배하는 자
3) 대가축 2두(頭), 중가축 10두, 소가축 100두, <u>가금</u>(家禽) 1,000수(首) 또는 꿀벌 10군(群) 이상을 사육하거나 <u>1년 중 120일 이상을 축산업에 종사하는 자</u>

→ 닭·오리 등 집에서 기르는 날짐승

4) 농업경영을 통한 농산물의 연간 판매액이 120만원 이상인 자

3 농업법인(農業法人)

농업법인은 다음의 법인을 말한다(법 제2조).

1) 영농조합법인(營農組合法人)
2) 업무집행권을 갖는 자의 1/3 이상이 농업인인 농업회사법인(農業會社法人)

4 농업경영

농업경영은 농업인 또는 농업법인이 자기의 계산과 책임으로 농업을 영위하는 것을 말한다. 농업경영에는 자경(自耕) 및 위탁경영(委託經營)의 2가지 형태가 있다(법 제2조).

1) **자경**
   ① 농업인이 그 소유농지에서 농작물 경작 또는 다년생식물 재배에 상시 종사하거나 농작업의 1/2 이상을 자기의 노동력으로 경작 또는 재배하는 것
   ② 농업법인이 그 소유농지에서 농작물을 경작하거나 다년생식물을 재배하는 것

2) **위탁경영**
   농지의 소유자가 타인에게 일정한 보수를 지급하기로 약정하고 농작업의 전부 또는 일부를 위탁해서 행하는 농업경영

5 농지개량

농지의 생산성을 높이기 위하여 농지의 형질을 변경하는 다음의 어느 하나에 해당하는 행위를 말한다(법 제2조).

   1) 농지의 이용가치를 높이기 위하여 농지의 구획을 정리하거나 개량시설을 설치하는 행위
   2) 농지의 토양개량이나 관개, 배수, 농업기계 이용의 개선을 위하여 해당 농지에서 객토·성토 또는 절토하거나 암석을 채굴하는 행위

6 농지의 전용

농지를 농작물의 경작이나 다년생식물의 재배 등 농업생산 또는 농지개량 외의 용도로 사용하는 것을 말한다. 다만, 농지의 개량시설과 농지에 설치하는 농축산물 생산시설의 부지로 사용하는 경우에는 전용(轉用)으로 보지 아니한다(법 제2조).

7 주말·체험영농

농업인이 아닌 개인이 주말 등을 이용하여 취미생활이나 여가활동으로 농작물을 경작하거나 다년생식물을 재배하는 것을 말한다(법 제2조).

단락문제 Q2 제27회 기출

농지법령상 용어에 관한 설명으로 틀린 것은?

① 실제로 농작물 경작지로 이용되는 토지이더라도 법적지목이 과수원인 경우는 '농지'에 해당하지 않는다.
② 소가축 80두를 사육하면서 1년 중 150일을 축산업에 종사하는 개인은 '농업인'에 해당한다.
③ 3,000㎡의 농지에서 농작물을 경작하면서 1년 중 80일을 농업에 종사하는 개인은 '농업인'에 해당한다.
④ 인삼의 재배지로 계속하여 이용되는 기간이 4년인 지목이 전(田)인 토지는 '농지'에 해당한다.
⑤ 농지 소유자가 타인에게 일정한 보수를 지급하기로 약정하고 농작업의 일부만을 위탁하여 행하는 농업경영도 '위탁경영'에 해당한다.

해설 용어의 정의
농지는 전·답·과수원 그 밖에 그 법적 지목을 불문하고 실제로 농작물 경작지 또는 대통령령으로 정하는 다년생식물 재배지로 이용되는 토지를 말한다.

정답 ①

제2절 농지의 소유

01 농지의 소유제한 ★★★   10·12회 출제

1 농지의 소유제한 17회 출제

(1) 농지소유제한과 그 예외 33회 출제

농지는 자기의 농업경영에 이용하거나 이용할 자가 아니면 소유하지 못한다. 다만, 다음의 어느 하나에 해당하는 경우에는 농지를 소유할 수 있다. 다만, 소유 농지는 농업경영에 이용되도록 하여야 한다(제2호 및 제3호는 제외한다)(법 제6조 제1·2항, 영 제4조, 제5조 제1·2항, 제5조의2, 규칙 제6조 제1항).

1) 국가 또는 지방자치단체가 농지를 소유하는 경우
2) 학교, 공공단체, 농업연구기관, 농업생산자단체 또는 종묘나 농업기자재를 생산하는 자가 소관 중앙행정기관의 장의 추천을 거쳐 시·도지사의 농지취득인정을 받아 그 목적사업을 수행하기 위해 필요한 시험지·연구지·실습지·종묘생산지 또는 과수 인공수분용 꽃가루 생산지로 쓰기 위해 농지를 취득하여 소유하는 경우
3) <u>주말·체험영농</u>을 하려고 농업진흥지역 외의 농지를 소유하는 경우
   → 농업인이 아닌 개인이 주말 등을 이용하여 취미생활이나 여가활동으로 농작물을 경작하거나 다년생식물을 재배하는 것

 농지의 소유

농지는 농업경영에 이용하거나 이용할 자가 소유해야 한다.

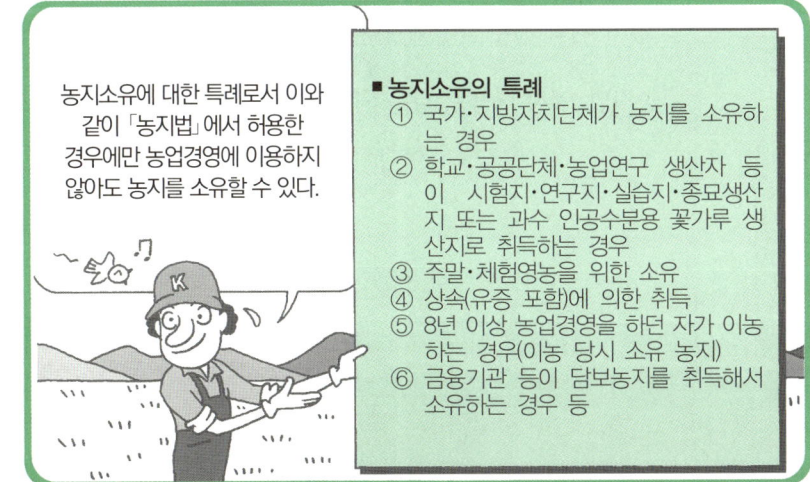

농지소유에 대한 특례로서 이와 같이 「농지법」에서 허용한 경우에만 농업경영에 이용하지 않아도 농지를 소유할 수 있다.

■ 농지소유의 특례
① 국가·지방자치단체가 농지를 소유하는 경우
② 학교·공공단체·농업연구 생산자 등이 시험지·연구지·실습지·종묘생산지 또는 과수 인공수분용 꽃가루 생산지로 취득하는 경우
③ 주말·체험영농을 위한 소유
④ 상속(유증 포함)에 의한 취득
⑤ 8년 이상 농업경영을 하던 자가 이농하는 경우(이농 당시 소유 농지)
⑥ 금융기관 등이 담보농지를 취득해서 소유하는 경우 등

4) 상속(상속인에게 한 유증을 포함함)에 의해 농지를 취득해서 소유하는 경우
5) <u>8년 이상 농업경영을 하던 사람이 이농(離農)하는 경우</u> 이농 당시 소유하고 있던 농지를 계속 소유하는 경우
6) <u>농지저당권자인 금융기관 등이 경매에서 유찰된 그 담보농지를 취득해서 소유하는 경우</u>
7) 농지전용허가(다른 법률에 의해 농지전용허가가 의제되는 인가·허가·승인 등을 포함함)를 받거나 농지전용신고를 한 자가 그 농지를 소유하는 경우
8) 주무부장관이나 지방자치단체의 장이 <u>농지전용협의를 완료한 농지를 소유하는 경우</u>
9) 농지개발사업지구에 소재하는 농지로서 한국농어촌공사가 개발해서 매도하는 다음의 농지를 취득해서 소유하는 경우(개인의 경우에는 세대원 전부가 소유하는 총면적으로 함)
   ① 도·농(都·農) 간의 교류촉진을 위한 1,500㎡ 미만의 농원부지
   ② 농어촌관광휴양지에 포함된 1,500㎡ 미만의 농지
10) 농업진흥지역 밖의 농지 중 최상단부부터 최하단부까지의 평균경사율이 15% 이상인 농지로서 시장·군수가 고시한 영농여건불리농지(營農與件不利農地)를 소유하는 경우
11) 한국농어촌공사가 농지를 취득해서 소유하는 경우
12) 「농어촌정비법」에 따른 농업기반시설의 인수, 농업기반정비사업 및 생활환경정비사업에 따른 환지, 농지의 교환·분합(分合), 농어촌휴양지의 개발, "한계농지 등 정비사업"의 시행자에 의한 한계농지의 매입 등에 의해 농지를 취득해서 소유하는 경우
13) 「공유수면 관리 및 매립에 관한 법률」에 따라 매립농지를 취득하여 소유하는 경우
14) <u>토지수용으로 농지를 취득하여 소유하는 경우</u>
15) 농림축산식품부장관과 협의를 마치고 「공익사업을 위한 토지 등의 취득 및 보상에 관한 법률」에 따라 농지를 취득하여 소유하는 경우
16) 「공공토지의 비축에 관한 법률」에 따른 공공토지비축심의위원회가 비축이 필요하다고 인정하는 토지로서 계획관리지역과 자연녹지지역 안의 농지를 한국토지주택공사가 취득하여 소유하는 경우. 이 경우 그 취득한 농지를 전용하기 전까지는 한국농어촌공사에 지체 없이 위탁하여 임대하거나 무상사용하게 하여야 한다.

「농지법」에서 허용된 경우 외에는 농지 소유에 관한 특례를 정할 수 없다(법 제6조 제4항).

단락문제 Q3 제33회 기출

농지법령상 농지는 자기의 농업경영에 이용하거나 이용할 자가 아니면 소유하지 못함이 원칙이다. 그 예외에 해당하지 <u>않는</u> 것은?

① 8년 이상 농업경영을 하던 사람이 이농한 후에도 이농 당시 소유 농지 중 1만제곱미터를 계속 소유하면서 농업경영에 이용되도록 하는 경우
② 농림축산식품부장관과 협의를 마치고 「공익사업을 위한 토지 등의 취득 및 보상에 관한 법률」에 따라 농지를 취득하여 소유하면서 농업경영에 이용되도록 하는 경우
③ 「공유수면 관리 및 매립에 관한 법률」에 따라 매립농지를 취득하여 소유하면서 농업경영에 이용되도록 하는 경우
④ 주말·체험영농을 하려고 농업진흥지역 내의 농지를 소유하는 경우
⑤ 「초·중등교육법」 및 「고등교육법」에 따른 학교가 그 목적사업을 수행하기 위하여 필요한 연구지·실습지로 쓰기 위하여 농림축산식품부령으로 정하는 바에 따라 농지를 취득하여 소유하는 경우

해설 농지의 소유제한
주말·체험영농을 하려고 농업진흥지역 외의 농지를 소유할 수 있다. **정답** ④

(2) 농지의 계속 소유

「농지법」에 따라 적법하게 농지를 임대하거나 무상사용하게 하는 경우에는 임대하거나 무상사용하게 하는 기간 동안 농지를 계속 소유할 수 있다(법 제6조 제3항).

(3) 담보농지의 취득

농지를 저당한 금융기관 등은 저당권실행을 위한 경매기일을 2회 이상 진행해도 경락인이 없을 때에는 그 후의 경매에 참가해서 그 담보농지를 취득할 수 있다(법 제13조 제1항, 영 제11조).

담보농지를 취득한 금융기관 등은 한국농어촌공사에 그 농지의 처분을 위임할 수 있으며, 한국농어촌공사는 그 농지를 공매(公賣)의 방법으로 처분해야 한다(법 제13조 제2항, 영 제12조 제2항).

2 소유상한 12·15·19회 출제

다음의 경우에는 농지의 소유상한이 적용된다(법 제7조 제1·2·3·4항, 영 제4조).

1) 농업경영을 하지 않는 상속인

상속에 의해 농지를 취득한 사람으로서 농업경영을 하지 않는 사람은 <u>상속농지 중에서 1만㎡에 한해 소유할 수 있다.</u> 다만, 한국농어촌공사에 위탁해서 농지를 임대하거나 무상사용하게 하는 경우에는 임대하거나 무상사용하게 하는 기간 동안 소유상한을 초과하는 농지를 계속 소유할 수 있다.

2) 8년 이상 농업경영 후 이농한 자

8년 이상 농업경영을 한 후 이농한 사람은 <u>이농 당시 소유농지 중 1만㎡에 한해 소유할 수 있다.</u> 다만, 한국농어촌공사에 위탁해서 농지를 임대하거나 무상사용하게 하는 경우에는 임대하거나 무상사용하게 하는 기간 동안 소유상한을 초과하는 농지를 계속 소유할 수 있다.

3) 주말·체험영농자

주말·체험영농을 하려는 사람은 <u>1,000㎡ 미만에 한해 농지를 소유할 수 있다.</u> 이 경우 면적의 계산은 그 세대원 전부가 소유하는 총면적으로 한다.

3 금지 행위

누구든지 다음의 어느 하나에 해당하는 행위를 하여서는 아니 된다. 금지 행위를 위반한 자는 3년 이하의 징역 또는 3천만원 이하의 벌금에 처한다(법 제7조2).

1) 농지 소유 제한이나 농지 소유 상한에 대한 위반 사실을 알고도 농지를 소유하도록 권유하거나 중개하는 행위
2) 농지의 위탁경영 제한에 대한 위반 사실을 알고도 농지를 위탁경영하도록 권유하거나 중개하는 행위
3) 농지의 임대차 또는 사용대차 제한에 대한 위반 사실을 알고도 농지 임대차나 사용대차하도록 권유하거나 중개하는 행위
4) 위 제1호부터 제3호까지의 행위와 그 행위가 행하여지는 업소에 대한 광고 행위

소유상한

02 농지취득자격증명★★★ 19회 출제

1 농지취득자격증명의 발급대상 11회 출제

(1) 농지취득자격증명(農地取得資格證明)의 발급

농지를 취득하려는 자는 농지 소재지를 관할하는 시·구·읍·면장에게서 농지취득자격증명을 발급받아야 한다. 소유제한 또는 소유상한에 위반해서 농지를 소유할 목적으로 거짓이나 부정한 방법으로 농지취득자격증명을 발급받은 경우에는 5년 이하의 징역 또는 5천만원 이하의 벌금에 처해진다(법 제8조 제1항, 제58조).

농지취득자격증명을 발급받아 농지를 취득하는 자가 그 소유권에 관한 등기를 신청하는 때에는 농지취득자격증명을 첨부해야 한다(법 제8조 제6항).

(2) 농지취득자격증명 발급대상의 예외 추가15·16·26·32회 출제

다음의 어느 하나에 해당하면 농지취득자격증명을 발급받지 아니하고 농지를 취득할 수 있다(법 제8조 제1항, 영 제6조).

1) 국가 또는 지방자치단체가 농지를 취득하는 경우
2) 상속(상속인에게 한 유증을 포함)에 의해 농지를 취득하는 경우
3) 농지저당권자인 금융기관 등이 경매에서 유찰된 담보농지를 취득하는 경우
4) 주무부장관이나 지방자치단체의 장이 농지전용협의를 마친 농지를 취득하는 경우
5) 한국농어촌공사가 농지를 취득하는 경우
6) 「농어촌정비법」에 따른 농업기반시설의 인수, 농업기반정비사업 및 생활환경정비사업에 의한 환지, 농지의 교환·분합, 농어촌관광휴양지의 개발, 한계농지 등 정비사업의 시행자에 의한 한계농지의 매입 등에 의해 농지를 취득하는 경우
7) 「공유수면 관리 및 매립에 관한 법률」에 따라 매립농지를 취득하는 경우
8) 토지수용으로 농지를 취득하는 경우
9) 농림축산식품부장관과 협의를 마치고 「공익사업을 위한 토지 등의 취득 및 보상에 관한 법률」에 따라 농지를 취득하는 경우
10) 농업법인의 합병으로 농지를 취득하는 경우
11) 공유농지(共有農地)의 분할로 농지를 취득하는 경우
12) 시효의 완성으로 농지를 취득하는 경우
13) 「징발재산정리에 관한 특별조치법」, 「공익사업을 위한 토지 등의 취득 및 보상에 관한 법률」에 따른 환매권자가 환매권에 따라 농지를 취득하는 경우

14) 「국가보위에 관한 특별조치법 제5조 제4항에 따른 동원대상지역 내의 토지의 수용·사용에 관한 특별조치령에 따라 수용·사용된 토지의 정리에 관한 특별조치법」에 따른 환매권자 등이 환매권 등에 따라 농지를 취득하는 경우
15) 농지이용증진사업 시행계획에 따라 농지를 취득하는 경우

2 농업경영계획서 또는 주말·체험영농계획서

(1) 농업경영계획서 또는 주말·체험영농계획서의 작성 발급신청

농지취득자격증명을 발급받으려는 자는 농업경영계획서 또는 주말·체험영농계획서를 작성하고 농림축산식품부령으로 정하는 서류를 첨부하여 농지 소재지를 관할하는 시·구·읍·면장에게 발급신청을 하여야 한다. 다만, 다음의 어느 하나에 해당하여 농지를 취득하는 자는 농업경영계획서 또는 주말·체험영농계획서를 작성하지 아니하고 농림축산식품부령으로 정하는 서류를 첨부하지 아니하여도 발급신청을 할 수 있다(법 제8조 제2항).

1) 학교, 공공단체, 농업연구기관, 농업생산자단체, 종묘를 생산하는 자, 그리고 농업기자재를 생산하는 자가 시험지·연구지·실습지·종묘생산지 또는 과수 인공수분용 꽃가루 생산지로 쓰기 위하여 농지를 취득하여 소유하는 경우
2) <u>농지전용허가</u>(다른 법률에 의해 농지전용허가가 의제되는 인가·허가·승인 등을 포함함)를 받거나 <u>농지전용신고</u>를 한 자가 그 농지를 소유하는 경우

 농지취득자격증명

'농지취득자격증명'은 농지를 취득하기 위해 시·구·읍·면장으로부터 발급받아야 하는 서류를 말한다.

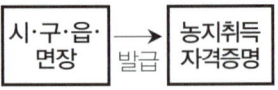

농지취득자격증명을 발급받고자 하는 자는 농업경영계획서 또는 주말·체험영농계획서를 작성해서 농지소재지 관할 시·구·읍·면장에게 신청해야 한다.

시·구·읍·면장은 신청한 날부터 7일 이내에 신청인에게 농지취득자격증명을 발급하여야 한다.

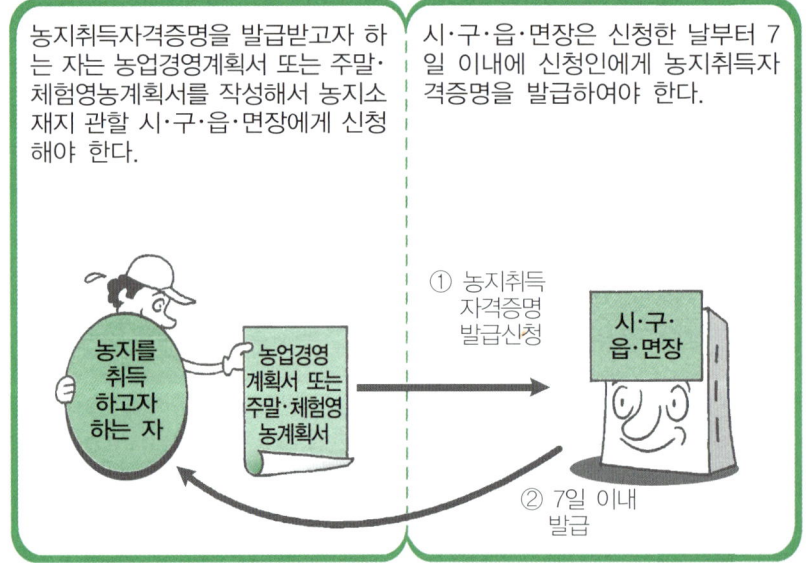

3) 농지개발사업지구에 소재하는 농지로서 한국농어촌공사가 개발해서 매도하는 다음의 농지를 취득해서 소유하는 경우
   ① 도·농(都·農) 간의 교류촉진을 위한 1,500㎡ 미만의 농원(農園)부지
   ② 농어촌관광휴양지에 포함된 1,500㎡ 미만의 농지
4) 농업진흥지역 밖의 농지 중 최상단부부터 최하단부까지의 평균경사율이 15% 이상인 농지로서 시장·군수가 고시한 영농여건불리농지를 소유하는 경우
5) 「공공토지의 비축에 관한 법률」에 따른 공공토지비축심의위원회가 비축이 필요하다고 인정하는 토지로서 계획관리지역과 자연녹지지역 안의 농지를 한국토지주택공사가 취득해서 소유하는 경우

(2) 농업경영계획서 또는 주말·체험영농계획서의 내용 〔13·14회 출제〕

농업경영계획서 또는 주말·체험영농계획서에는 다음 사항이 모두 포함되어야 한다(법 제8조 제2항).

1) 취득대상농지의 면적(공유로 취득하려는 경우 공유 지분의 비율 및 각자가 취득하려는 농지의 위치도 함께 표시한다)
2) 취득대상농지의 농업경영을 하는 데에 필요한 노동력 및 농업기계·장비·시설의 확보방안
3) 소유 농지의 이용 실태(농지 소유자에게만 해당한다)
4) 농지취득자격증명을 발급받으려는 자의 직업·영농경력·영농거리

(3) 농지취득자격증명의 발급요건

시·구·읍·면의 장은 농지취득자격증명의 발급신청을 받은 때에는 다음의 요건에 적합한지의 여부를 확인하여 이에 적합한 경우에는 신청인에게 농지취득자격증명을 발급해야 한다(영 제7조 제2항).

1) 농지 소유에 따른 취득요건에 적합할 것
2) 농업인이 아닌 개인이 주말·체험영농에 이용하고자 농지를 취득하는 경우에는 신청 당시 소유하고 있는 농지의 면적에 취득하려는 농지의 면적을 합한 면적이 농지의 소유상한 이내일 것
3) 농업경영계획서 또는 주말·체험영농계획서를 제출해야 하는 경우에는 그 계획서에 각 사항이 포함되어야 하고, 그 내용이 신청인의 농업경영능력 등을 참작할 때 실현가능하다고 인정될 것
4) 신청인이 소유농지의 전부를 타인에게 임대 또는 무상사용하게 하거나 농작업의 전부를 위탁하여 경영하고 있지 않을 것. 다만, 농지의 개발사업지구에 있는 농지로서 1,500㎡ 미만의 농지를 취득하는 경우는 제외한다.
5) 신청 당시 농업경영을 하지 아니하는 자가 자기의 농업경영에 이용하고자 하여 농지를 취득하는 경우에는 해당 농지의 취득 후 농업경영에 이용하려는 농지의 총면적이 다음의 어느 하나에 해당할 것

① 고정식온실·버섯재배사·비닐하우스·축사 그 밖의 농업생산에 필요한 시설로서 농림축산식품부령으로 정하는 시설이 설치되어 있거나 설치하려는 농지의 경우 : 330㎡ 이상

② 곤충사육사가 설치되어 있거나 곤충사육사를 설치하려는 농지의 경우 : 165㎡ 이상

③ 위 ① 및 ② 외의 농지의 경우 : 1,000㎡ 이상

(4) 농지위원회의 심의대상

시·구·읍·면의 장은 농지 투기가 성행하거나 성행할 우려가 있는 지역의 농지를 취득하려는 다음의 자가 농지취득자격증명 발급을 신청한 경우 농지위원회의 심의를 거쳐야 한다(법 제8조 제3항. 규칙 제7조 제3항).

1) 「부동산 거래신고 등에 관한 법률」에 따라 지정된 허가구역에 있는 농지를 취득하려는 자
2) 취득대상 농지 소재지 관할 시·군·자치구 또는 연접한 시·군·자치구에 거주하지 않으면서 그 관할 시·군·자치구에 소재한 농지를 2022년 8월 18일 이후 처음으로 취득하려는 자
3) 1필지의 농지를 3인 이상이 공유로 취득하려는 경우 해당 공유자
4) 농업법인
5) 「출입국관리법」에 따라 등록한 외국인
6) 「재외동포의 출입국과 법적 지위에 관한 법률」에 따라 국내거소신고를 한 외국국적동포
7) 그 밖에 농업경영능력 등을 심사할 필요가 있다고 인정하여 시·군·자치구의 조례로 정하는 자

3 농지취득자격증명의 발급기간

시·구·읍·면의 장은 농지취득자격증명의 발급 신청을 받은 때에는 그 신청을 받은 날부터 7일(농업경영계획서 또는 주말·체험영농계획서를 작성하지 아니하고 농지취득자격증명의 발급신청을 할 수 있는 경우에는 4일, 농지위원회의 심의 대상의 경우에는 14일) 이내에 신청인에게 농지취득자격증명을 발급하여야 한다(법 제8조 제4항).

제6장 농지법

4 농업경영계획서 등의 보존기간

(1) 농업경영계획서 또는 주말·체험영농계획서의 보존기간
시·구·읍·면의 장은 제출되는 농업경영계획서 또는 주말·체험영농계획서를 10년간 보존하여야 한다(법 제8조의2 제1항).

(2) 농업경영계획서 또는 주말·체험영농계획서 외의 신청서류 보존기간
농업경영계획서 또는 주말·체험영농계획서 외의 농지취득자격증명 신청서류의 보존기간은 10년으로 한다(법 제8조의2 제2항. 영 제7조의2).

5 농지취득자격증명의 발급제한

(1) 농지취득자격증명의 발급금지
시·구·읍·면의 장은 농지취득자격증명을 발급받으려는 자가 농업경영계획서 또는 주말·체험영농계획서에 포함하여야 할 사항을 기재하지 아니하거나 첨부하여야 할 서류를 제출하지 아니한 경우 농지취득자격증명을 발급하여서는 아니 된다(법 제8조의3 제1항).

(2) 1필지를 공유로 취득하려는 자의 발급제한
시·구·읍·면의 장은 1필지를 공유로 취득하려는 자가 최대인원수를 7인 이하의 범위에서 시·군·구의 조례로 정한 수를 초과한 경우에는 농지취득자격증명을 발급하지 아니할 수 있다(법 제8조의3 제2항).

(3) 영농조합법인 또는 농업회사법인의 발급제한
시·구·읍·면의 장은 「농어업경영체 육성 및 지원에 관한 법률」에 따른 실태조사 등에 따라 영농조합법인 또는 농업회사법인이 해산명령 청구 요건에 해당하는 것으로 인정하는 경우에는 농지취득자격증명을 발급하지 아니할 수 있다(법 제8조의3 제3항).

단락문제 Q4 제26회 기출

농지법령상 농지취득자격증명을 발급받지 아니하고 농지를 취득할 수 있는 경우에 해당하지 않는 것은?
① 농업법인의 합병으로 농지를 취득하는 경우
② 농지를 농업인 주택의 부지로 전용하려고 농지전용신고를 한 자가 그 농지를 취득하는 경우
③ 공유농지의 분할로 농지를 취득하는 경우
④ 상속으로 농지를 취득하는 경우
⑤ 시효의 완성으로 농지를 취득하는 경우

> **해설** 농지취득자격증명
> 농지전용허가를 받거나 농지전용신고를 한 자가 그 농지를 소유하는 경우에는 농업경영계획서 또는 주말·체험영농계획서를 작성하지 않고 농지취득자격증명을 발급신청할 수 있는 경우이다.
>
> **정답** ②

03 농지의 위탁경영   25·29·30회 출제

농지의 소유자는 다음의 경우를 제외하고는 소유농지를 위탁경영할 수 없다. 불법으로 농지를 위탁경영한 경우에는 1,000만원 이하의 벌금에 처해진다(법 제9조, 제60조, 영 제8조 제1·2항).

1) 「병역법」에 의해 징집 또는 소집된 경우
2) 3개월 이상 국외여행 중인 경우
3) 농업법인이 청산 중인 경우
4) 질병, 취학, 선거에 따른 공직취임으로 인해 자경할 수 없는 경우
5) 부상으로 인해 3개월 이상 치료를 받아야 하는 경우
6) 교도소·구치소 또는 보호감호시설에 수용(收容)중인 경우
7) 임신 중이거나 분만 후 6개월 미만인 경우
8) 농지이용증진사업시행계획에 따라 위탁경영하는 경우
9) 농업인이 자기노동력이 부족해서 다음의 어느 하나에 해당하는 경우로서 통상적인 농업경영 관행에 따라 농업경영을 함에 있어서 자기 또는 세대원의 노동력으로는 해당 농지의 농업경영에 관련된 농작업의 전부를 행할 수 없는 경우로서 농작업의 일부를 위탁하는 경우

   ① 다음의 어느 하나에 해당하는 재배작물의 종류별 주요 농작업의 1/3 이상을 자기 또는 세대원의 노동력에 의하는 경우
      ㉠ 벼 : 이식 또는 파종, 재배관리 및 수확
      ㉡ 과수 : 가지치기 또는 열매솎기, 재배관리 및 수확
      ㉢ 그 밖의 농작물 또는 다년생식물 : 파종 또는 육묘, 이식, 재배관리 및 수확
   ② 자기의 농업경영에 관련된 다음의 어느 하나에 해당하는 농작업에 1년 중 30일 이상 직접 종사하는 경우
      ㉠ 벼 : 이식 또는 파종, 재배관리 및 수확
      ㉡ 과수 : 가지치기 또는 열매솎기, 재배관리 및 수확
      ㉢ 그 밖의 농작물 또는 다년생식물 : 파종 또는 육묘, 이식, 재배관리 및 수확

04 소유제한을 위반한 농지의 처분★★

1 농지처분의무 25·26회 출제

농지 소유자는 다음의 어느 하나에 해당하게 되면 그 사유가 발생한 날부터 1년 이내에 해당 농지(소유상한을 초과하는 경우에는 초과면적에 해당하는 농지)를 그 사유가 발생한 날 당시 세대를 같이 하는 세대원이 아닌 자, 그 밖에 농림축산식품부령으로 정하는 자에게 처분해야 한다(법 제10조 제1항, 영 제9조 제1·2항).

1) 소유농지를 자연재해·농지개량·질병 등 다음의 어느 하나에 해당하는 정당한 사유없이 자기의 농업경영에 이용하지 않거나 이용하지 않게 되었다고 시장·군수 또는 구청장이 인정한 경우
   ① 소유농지를 임대 또는 무상사용하게 하는 경우
   ② 임대인의 지위를 승계한 양수인이 그 임대차 잔여기간 동안 계속하여 임대하는 경우
   ③ 자연재해 등으로 인하여 영농이 불가능하게 되어 휴경(休耕)하는 경우
   ④ 농지개량 또는 영농준비를 위하여 휴경하는 경우
   ⑤ 「병역법」에 따라 징집 또는 소집되어 휴경하는 경우
   ⑥ 질병 또는 취학으로 인하여 휴경하는 경우
   ⑦ 선거에 따른 공직취임으로 휴경하는 경우
   ⑧ 농지의 임대차 또는 사용대차에 해당하는 사유로 휴경하는 경우
   ⑨ 농산물의 생산조정 또는 출하조절을 위하여 휴경하는 경우
   ⑩ 연작으로 인한 피해가 예상되는 재배작물의 경작이나 재배 전후에 피해예방을 위하여 필요한 기간 동안 휴경하는 경우
   ⑪ 「가축전염병예방법」에 따라 가축사육시설이 폐쇄되거나 가축의 사육이 제한되어 해당 축사에서 가축을 사육하지 못하게 된 경우
   ⑫ 「곤충산업의 육성 및 지원에 관한 법률」에 따라 곤충의 사육 및 유통이 제한되거나 폐기명령을 받은 경우
   ⑬ 소유농지가 「자연공원법」에 따른 공원자연보존지구로 지정된 경우

2) 농지를 소유하고 있는 농업회사법인이 농업법인의 요건에 맞지 아니하게 된 후 3개월이 지난 경우

3) 시험지·연구지·실습지 또는 종묘생산지 또는 과수 인공수분용 꽃가루 생산지로 쓰기 위하여 농지를 취득한 학교·공공단체 등이 그 농지를 해당 목적사업에 이용하지 않게 되었다고 시장·군수 또는 구청장이 인정한 경우

4) 주말·체험영농을 하기 위해 농지를 취득한 자가 자연재해·농지개량·질병 등의 정당한 사유없이 그 농지를 주말·체험영농에 이용하지 않게 되었다고 시장·군수 또는 구청장이 인정한 경우

5) 상속으로 농지를 취득하여 소유한 자가 농지를 임대하거나 한국농어촌공사에 위탁하여 임대하는 등 대통령령으로 정하는 정당한 사유 없이 자기의 농업경영에 이용하지 아니하거나 이용하지 아니하게 되었다고 시장·군수 또는 구청장이 인정한 경우

6) 8년 이상 농업경영을 하던 사람이 이농하는 경우 이농 당시 소유하고 있던 농지를 소유한 자가 농지를 임대하거나 한국농어촌공사에 위탁하여 임대하는 등 대통령령으로 정하는 정당한 사유 없이 자기의 농업경영에 이용하지 아니하거나, 이용하지 아니하게 되었다고 시장·군수 또는 구청장이 인정한 경우

7) 농지전용허가를 받거나 농지전용신고를 하고 농지를 취득한 자가 취득일부터 2년 이내에 목적사업에 착수하지 아니한 경우

8) 농림축산식품부장관과 협의를 마치지 않고 「공익사업을 위한 토지 등의 취득 및 보상에 관한 법률」에 따라 농지를 취득해서 소유하는 경우

9) 「공공토지의 비축에 관한 법률」에 따른 공익사업에 필요한 공공토지를 한국토지주택공사가 취득한 후 그 농지를 한국농어촌공사에 지체없이 위탁하지 않은 경우

10) 소유상한을 초과해서 농지를 소유한 것이 판명된 경우

11) 자연재해·농지개량·질병 등의 정당한 사유 없이 농업경영계획서 또는 주말·체험영농계획서 내용을 이행하지 않았다고 시장·군수 또는 구청장이 인정한 경우

2 처분명령

(1) 처분통지

시장·군수 또는 구청장은 농지의 처분의무가 생긴 농지의 소유자에게 처분대상농지·처분의무기간 등을 구체적으로 밝혀 그 농지를 처분하여야 함을 알려야 한다. 이 경우 미리 청문을 실시해야 한다(법 제10조 제2항, 제55조).

(2) 농지처분명령

시장·군수 또는 구청장은 다음의 어느 하나에 해당하는 농지소유자에게 6개월 이내에 그 농지를 처분할 것을 명할 수 있다(법 제11조 제1항).

1) 거짓이나 그 밖의 부정한 방법으로 농지취득자격증명을 발급받아 농지를 소유한 것으로 시장·군수 또는 구청장이 인정한 경우

2) 처분의무 기간에 처분 대상 농지를 처분하지 아니한 경우

3) 농업법인이 「농어업경영체 육성 및 지원에 관한 법률」을 위반하여 부동산업을 영위한 것으로 시장·군수 또는 구청장이 인정한 경우

시장·군수 또는 구청장은 처분의무 기간에 처분 대상 농지를 처분하지 아니한 농지 소유자가 다음의 어느 하나에 해당하면 처분의무 기간이 지난 날부터 <u>3년간 처분명령을 직권으로 유예할 수 있다</u>(법 제12조 제1항).

1) 해당 농지를 자기의 농업경영에 이용하는 경우
2) 한국농어촌공사나 그 밖에 대통령령으로 정하는 자와 해당 농지의 매도위탁계약을 체결한 경우

시장·군수 또는 구청장은 유예기간 중에 유예요건에 해당하지 않게 된 경우에는 지체없이 유예한 처분명령을 해야 한다. 농지의 소유자가 처분명령을 유예받은 후에 이 처분명령을 받지 않고 그 유예기간이 지난 때에는 처분명령이 유예된 농지의 그 처분의무만 없어진 것으로 본다(법 제12조 제2·3항).

(3) 매수청구

농지의 소유자는 처분명령을 받은 때에는 한국농어촌공사에 그 농지의 매수를 청구할 수 있다(법 제11조 제2항).

한국농어촌공사는 매수청구가 있는 때에는 공시지가(공시지가가 없는 경우에는 비준표에 의해 산정한 개별토지가격)를 기준으로 그 농지를 매수할 수 있다. 이 경우 인근지역의 실제거래가격이 공시지가보다 낮은 때에는 실제거래가격을 기준으로 매수할 수 있다(법 제11조 제3항).

3 이행강제금 22회 출제

(1) 부과처분

시장(구를 두지 않은 시의 시장을 말함)·군수 또는 구청장은 다음의 어느 하나에 해당하는 자에게 해당 농지의 「감정평가 및 감정평가사에 관한 법률」에 따른 감정평가법인등이 감정평가한 감정가격 또는 「부동산 가격공시에 관한 법률」에 따른 개별공시지가(해당 토지의 개별공시지가가 없는 경우에는 표준지공시지가를 기준으로 산정한 금액을 말한다) 중 더 높은 가액의 100분의 25에 해당하는 이행강제금을 부과한다(법 제63조 제1항, 영 제75조 제3항).

1) 처분명령을 받은 후 매수를 청구하여 한국농어촌공사에 매수를 청구하여 협의 중인 경우와 법률 또는 법원의 판결 등에 따라 처분이 제한되는 경우에 정당한 사유 없이 지정기간까지 그 처분명령을 이행하지 아니한 자
2) 원상회복 명령을 받은 후 그 기간 내에 원상회복 명령을 이행하지 아니하여 시장·군수·구청장이 그 원상회복 명령의 이행에 필요한 상당한 기간을 정하였음에도 그 기한까지 원상회복을 아니한 자

3) 시정명령을 받은 후 그 기간 내에 시정명령을 이행하지 아니하여 시장·군수·구청장이 그 시정명령의 이행에 필요한 상당한 기간을 정하였음에도 그 기한까지 시정을 아니한 자

시장·군수 또는 구청장은 처분명령·원상회복 명령 또는 시정명령 이행기간이 만료한 다음 날을 기준으로 하여 그 처분명령·원상회복 명령 또는 시정명령이 이행될 때까지 이행강제금을 매년 1회 부과·징수할 수 있다(법 제63조 제4항).

(2) 부과·징수절차

시장·군수 또는 구청장은 이행강제금을 부과하기 전에 이행강제금을 부과·징수한다는 뜻을 미리 문서로 알려야 하며, 이행강제금을 부과하는 경우에는 10일 이상의 기간을 정해 처분대상자에게 의견제출의 기회를 주어야 한다(법 제63조 제2항, 영 제75조 제1항).

시장·군수 또는 구청장은 이행강제금을 부과하는 경우 이행강제금의 금액, 부과사유, 납부기한 및 수납기관, 이의제기방법, 이의제기기관 등을 명시한 문서로 해야 한다(법 제63조 제3항).

시장·군수 또는 구청장은 처분명령·원상회복 명령 또는 시정명령을 받은 자가 처분명령·원상회복 명령 또는 시정명령을 이행하면 새로운 이행강제금의 부과는 즉시 중지하되, 이미 부과된 이행강제금은 징수해야 한다(법 제63조 제5항).

이행강제금의 징수절차에 대해서는 「국고금관리법 시행규칙」을 준용한다(규칙 제64조).

(3) 부과처분에 대한 불복

이행강제금 부과처분에 불복하는 자는 그 처분을 고지받은 날부터 30일 이내에 시장·군수 또는 구청장에게 이의를 제기할 수 있다. 이행강제금 부과처분을 받은 자가 이의를 제기하면 시장·군수 또는 구청장은 지체 없이 관할 법원에 그 사실을 통보하여야 하며, 그 통보를 받은 관할 법원은 「비송사건절차법」에 따른 과태료 재판에 준하여 재판을 한다(법 제63조 제6·7항).

(4) 강제징수

이의신청기간 내에 이의를 제기하지 않고 이행강제금을 납부기한까지 내지 아니하면 「지방행정제재·부과금의 징수 등에 관한 법률」에 따라 징수한다(법 제63조 제8항).

단락문제 Q5   제26회 기출

다음은 농지의 처분의무 및 처분명령에 관한 설명이다. 틀린 것은?

① 소유농지를 정당한 이유 없이 자기의 농업경영에 이용하지 않고 있는 농지소유자는 그 농지를 처분할 의무가 있다.
② 농지의 처분의무기간은 1년이다.
③ 시장·군수 또는 구청장은 처분의무가 생긴 농지소유자에게 처분대상, 처분의무기간 등을 통지해야 한다.
④ 농지소유자가 농지를 처분하지 않는 경우 시장·군수 또는 구청장은 그 농지를 한국농어촌공사에 처분할 것을 명할 수 있다.
⑤ 한국농어촌공사는 공시지가를 기준으로 처분대상농지를 매수할 수 있다.

해설 농지의 처분의무 및 처분명령
농지소유자가 농지를 처분하지 않는 경우 시장·군수 또는 구청장은 농지소유자에게 그 농지를 처분할 것을 명할 수 있다(처분상대방을 한국농어촌공사로 한정하는 것은 아님). 처분명령을 받은 농지소유자는 한국농어촌공사에 그 농지의 매수를 청구할 수 있다.   **정답** ④

제3절 농지의 이용

01 농지이용증진사업의 시행 ★

1 농지이용증진사업(農地利用增進事業)

농지이용증진사업은 농지의 이용을 증진하기 위한 다음의 사업을 말한다(법 제15조).

1) 농지의 매매·교환·분합 등에 의한 농지의 소유권이전을 촉진하는 사업
2) 농지의 장기임대차·장기사용대차에 의한 농지의 임차권설정을 촉진하는 사업. 여기의 임차권에는 사용대에 의한 권리가 포함된다.
3) 위탁경영을 촉진하는 사업
4) 농업인 또는 농업법인이 농지를 공동으로 이용하거나 집단으로 이용해서 농업경영을 개선하는 농업경영체 육성사업(農業經營體 育成事業)

국가와 지방자치단체는 농지이용증진사업을 원활히 시행하기 위해 필요한 지도와 주선을 하며, 예산의 범위 안에서 사업에 드는 자금의 일부를 지원할 수 있다(법 제19조).

2 농지이용증진사업의 시행자

농지이용증진사업은 다음의 자가 시행한다(법 제15조, 영 제16조).

1) 시장·군수 또는 자치구청장
2) 한국농어촌공사
3) 농업협동조합, 엽연초생산협동조합
4) 농지의 공동이용 또는 집단이용을 목적으로 구성된 단체로서 농지의 공동이용 또는 집단이용에 관한 사항이 규약으로 정해지고 그 구성원인 농업인 또는 농업법인의 수가 10 이상인 단체

3 농지이용증진사업 시행계획

(1) 농지이용증진사업 시행계획의 수립

시장·군수 또는 자치구청장은 농지이용증진사업을 시행하고자 하는 때에는 농지이용증진사업 시행계획을 수립해서 '시·군·구 농업·농촌 및 식품산업정책심의회'의 심의를 거쳐 이를 확정해야 한다. 그 밖의 사업시행자는 농지이용증진사업 시행계획을 수립해서 시장·군수 또는 자치구청장에게 제출해야 한다(법 제17조 제1·2항).

시장·군수 또는 자치구청장은 농지이용증진사업 시행계획을 확정하거나 제출받은 때에는 지체없이 이를 고시하고, 관련 서류를 읍·면·동에 송부해서 관계인이 열람할 수 있도록 해야 한다(법 제18조 제1항, 규칙 제15조 제1·2항).

(2) 등기의 촉탁

사업시행자는 농지이용증진사업 시행계획이 고시된 때에는 농지의 소유권 또는 임차권을 가진 자, 임차권을 설정받을 자, 소유권을 이전받을 자 및 농업경영을 위탁·수탁할 자의 동의를 받아 그 농지에 관한 등기를 촉탁해야 한다(법 제18조 제2항).

이 경우 다음 서류를 등기원인을 증명하는 서면으로 보며, 「부동산등기특별조치법」에 의한 검인(檢印)은 받지 않아도 된다(법 제18조 제3·4항).

1) 농지이용증진사업 시행계획을 확정한 문서 또는 농지이용증진사업 시행계획이 고시된 문서
2) 농지의 소유권 또는 임차권을 가진 자, 임차권을 설정받을 자, 소유권을 이전받을 자 및 농업경영을 위탁·수탁할 자의 동의서

02 대리경작자의 지정 ★   10·32회 출제

1 대리경작자(代理耕作者)의 지정

(1) 지정대상
> 농작물 경작이나 다년생식물 재배에 이용하지 않는 농지

시장(구를 두지 않는 시의 시장을 말함)·군수 또는 구청장은 유휴농지(遊休農地)에 대해 그 농지의 소유권자 또는 임차권자를 대신해서 농작물을 경작할 자(대리경작자)를 지정할 수 있다(법 제20조 제1항). 대리경작자의 지정은 직권에 의하거나, 유휴농지를 경작하려는 자의 신청에 의한다.

(2) 대리경작자의 자격
대리경작자를 직권으로 지정하려는 경우 대리경작자는 다음에 해당하지 않는 농업인 또는 농업법인으로서 대리경작을 하려는 자 중에서 지정한다. 다만, 이것이 곤란한 경우에는 인근지역의 농업생산자단체·학교 그 밖에 그 농지를 경작하고자 하는 자를 대리경작자로 지정할 수 있다(영 제19조 제1·2항).

1) 농지처분의무를 통지받고 그 처분 대상 농지를 처분하지 않은 자
2) 농지처분명령을 받고 그 처분명령 대상 농지를 처분하지 않은 자
3) 「농지법」을 위반해서 징역형의 실형을 선고받고 그 집행이 끝나거나 집행이 면제된 날부터 1년이 지나지 않은 자
4) 「농지법」을 위반해서 징역형의 집행유예 또는 선고유예를 받고 그 유예기간 중에 있는 자
5) 「농지법」을 위반해서 벌금형을 선고받고 1년이 지나지 않은 자

(3) 대리경작자의 지정절차
시장·군수 또는 구청장은 대리경작자를 지정하는 때에는 그 농지의 소유자 또는 임차권자에게 예고해야 하며, 대리경작자를 지정한 때에는 그 농지의 대리경작자와 소유자 또는 임차권자에게 지정통지서를 송부해야 한다(법 제20조 제2항).

농지의 소유자 또는 임차권자는 대리경작자 지정예고에 대해 이의가 있는 때에는 지정예고를 받은 날부터 10일 이내에 이의신청을 할 수 있다. 시장·군수 또는 구청장은 이의신청을 받은 날부터 7일 이내에 이를 심사해서 그 결과를 신청인에게 통지해야 한다(영 제20조 제1·2항).

2 대리경작기간 및 토지사용료

(1) 대리경작기간
대리경작기간은 따로 정하지 않으면 3년으로 한다(법 제20조 제3항).

(2) 토지사용료 28회 출제
대리경작자는 그 농지의 소유자 또는 임차권자에게 수확량의 10%를 토지사용료로 지급해야 한다. 이 경우 수령을 거부하거나 지급이 곤란한 때에는 토지사용료를 공탁할 수 있다(법 제20조 제4항).

토지사용료는 농작물의 수확일부터 2개월 이내에 지급하되, 대리경작자가 특별한 사유없이 이 기간 안에 토지사용료를 지급하지 않는 때에는 토지사용료에 그 기간 만료일의 다음 날부터 토지사용료를 지급하는 날까지의 기간에 연리 12%로 계산한 금액을 가산해서 지급해야 한다(규칙 제18조 제1·2항).

단락문제 Q6   제32회 기출

농지법령상 유휴농지에 대한 대리경작자의 지정에 관한 설명으로 옳은 것은?
① 지력의 증진이나 토양의 개량·보전을 위하여 필요한 기간 동안 휴경하는 농지에 대하여도 대리경작자를 지정할 수 있다.
② 대리경작자 지정은 유휴농지를 경작하려는 농업인 또는 농업법인의 신청이 있을 때에만 할 수 있고, 직권으로는 할 수 없다.
③ 대리경작자가 경작을 게을리 하는 경우에는 대리경작 기간이 끝나기 전이라도 대리경작자 지정을 해지할 수 있다.
④ 대리경작 기간은 3년이고, 이와 다른 기간을 따로 정할 수 없다.
⑤ 농지 소유권자를 대신할 대리경작자만 지정할 수 있고, 농지 임차권자를 대신할 대리경작자를 지정할 수는 없다.

해설 대리경작자의 지정
① 지력의 증진이나 토양의 개량·보전을 위하여 필요한 기간 동안 휴경하는 농지에 대하여는 대리경작자를 지정할 수 없다.
② 대리경작자 지정은 유휴농지를 경작하려는 농업인 또는 농업법인의 신청에 의하거나, 직권으로 지정할 수 있다.
④ 대리경작기간은 따로 정하지 않으면 3년으로 한다.
⑤ 농지 소유권자 또는 농지 임차권자를 대신할 대리경작자를 지정할 수는 있다.

정답 ③

3 대리경작자지정의 중지 및 해지

(1) 대리경작자지정의 중지
대리경작농지의 소유자 또는 임차권자가 그 농지를 스스로 경작하고자 하는 때에는 대리경작기간이 끝나기 3개월 전까지 대리경작자지정의 중지를 시장·군수 또는 구청장에게 신청해야 한다. 시장·군수 또는 구청장은 신청일부터 1개월 이내에 대리경작자의 지정중지를 대리경작자와 그 농지의 소유자 또는 임차권자에게 통지해야 한다(법 제20조 제5항).

(2) 대리경작자지정의 해지
시장·군수 또는 구청장은 다음의 사유가 있는 경우에는 대리경작기간이 끝나기 전이라도 대리경작자 지정을 해지할 수 있다(법 제20조 제6항, 영 제21조).

1) 대리경작농지의 소유자 또는 임차권자가 정당한 사유를 밝히고 지정해지를 신청하는 경우
2) 대리경작자가 경작을 게을리 하는 경우
3) 대리경작자가 토지사용료를 지급 또는 공탁하지 않는 경우
4) 대리경작자가 지정해지를 신청하는 경우

03 토양의 개량·보전

국가와 지방자치단체는 농업인 또는 농업법인이 환경보전적인 농업경영을 지속적으로 할 수 있도록 하기 위해 토양의 개량·보전에 관한 사업을 시행해야 하고, 토양의 개량·보전에 관한 시험·연구·조사 등에 관한 시책을 마련해야 한다(법 제21조 제1항).

시장·군수 또는 자치구청장은 토양을 개량·보전하는 사업을 시행할 필요가 있는 지역을 토양개량·보전사업 시행지역(土壤改良·保全事業 施行地域)으로 지정할 수 있다(영 제22조 제2항).

04 농지소유의 세분화 방지 ★

1 일괄 상속·증여 및 양도에 대한 지원

국가와 지방자치단체는 농업인 또는 농업법인의 농지소유가 세분화되는 것을 방지하기 위해 농지가 한 농업인 또는 하나의 농업법인에게 일괄해서 상속·증여 또는 양도되도록 필요한 지원을 할 수 있다(법 제22조 제1항).

2 농지의 분할제한

「농어촌정비법」에 따른 농업생산기반정비사업이 시행된 농지는 다음의 경우를 제외하고는 분할할 수 없다(법 제22조 제2항, 영 제23조).

1) 주거지역·상업지역 또는 공업지역의 농지를 분할하는 경우
2) 도시지역의 도시·군계획시설예정지에 포함되어 있는 농지를 분할하는 경우
3) 농지전용허가(다른 법률에 의해 농지전용허가가 의제되는 인가·허가·승인 등을 포함함)를 받거나 농지전용신고를 하고 전용한 농지를 분할하는 경우
4) 각 필지의 면적이 2,000㎡를 초과하도록 분할하는 경우
5) 농지개량을 하는 경우
6) 인접 농지와 분합하는 경우
7) 농지의 효율적인 이용을 저해하는 인접 토지와의 불합리한 경계를 시정하는 경우
8) 농업생산기반 정비사업을 시행하는 경우
9) 「농어촌정비법」에 따라 농지의 교환·분합을 시행하는 경우
10) 농지이용증진사업을 시행하는 경우

3 농지 1필지의 공유 소유제한

시장·군수 또는 구청장은 농지를 효율적으로 이용하고 농업생산성을 높이기 위하여 통상적인 영농 관행 등을 감안하여 농지 1필지를 공유로 소유(상속으로 농지를 취득하여 소유하는 경우는 제외한다)하려는 자의 최대인원수를 7인 이하의 범위에서 시·군·구의 조례로 정하는 바에 따라 제한할 수 있다(법 제22조 제3항).

05 농지의 임대차 또는 사용대차 ★★   34회 출제

1 의 의

농지는 다음의 경우를 제외하고는 <u>임대하거나 무상사용하게 할 수 없다.</u>
다만, 농지를 임차하거나 무상사용하게 한 임차인 또는 무상사용인이 그 농지를 정당한 사유없이 농업경영에 사용하지 아니할 때에는 시장·군수·구청장이 농림축산식품부령으로 정하는 바에 따라 임대차 또는 무상사용의 종료를 명할 수 있다. 불법으로 농지를 임대하거나 무상사용한 경우에는 1,000만원 이하의 벌금에 처해진다(법 제23조 제1·2항, 제60조, 영 제4조, 제24조 제1·2항).

1) 국가나 지방자치단체가 농지를 소유하는 경우
2) 상속으로 농지를 취득해서 소유하는 경우
3) 8년 이상 농업경영을 하던 사람이 이농한 후에도 이농 당시 소유하고 있던 농지를 계속 소유하는 경우
4) 농지저당권자인 금융기관 등이 담보농지를 취득해서 소유하는 경우
5) 농지전용허가(다른 법률에 따라 농지전용허가가 의제되는 인·허가 등을 포함함)를 받거나 농지전용신고를 한 자가 그 농지를 소유하는 경우
6) 농지전용협의를 마친 농지를 소유하는 경우
7) 농지개발사업지구에 있는 농지로서 한국농어촌공사가 개발해서 매도하는 다음의 농지를 취득해서 소유하는 경우
   ① 도·농(都·農) 간의 교류촉진을 위한 1,500m² 미만의 농원부지
   ② 농어촌관광휴양지에 포함된 1,500m² 미만의 농지
8) 농업진흥지역 밖의 농지 중 최상단부부터 최하단부까지의 평균경사율이 15% 이상인 농지로서 시장·군수가 고시한 영농여건불리농지를 소유하는 경우
9) 한국농어촌공사가 농지를 취득해서 소유하는 경우
10) 「농어촌정비법」에 따른 농업기반시설의 인수, 농업기반정비사업 및 생활환경정비사업에 의한 환지, 농지의 교환·분합(分合), 농어촌휴양지의 개발, "한계농지 등 정비사업"의 시행자에 의한 한계농지의 매입 등에 의해 농지를 취득해서 소유하는 경우
11) 공유수면을 매립한 농지를 취득해서 소유하는 경우
12) <u>토지수용</u>(收用)으로 농지를 취득해서 소유하는 경우
13) 농림축산식품부장관과 협의를 마치고 「공익사업을 위한 토지 등의 취득 및 보상에 관한 법률」에 따라 농지를 취득해서 소유하는 경우
14) 농지이용증진사업 시행계획에 따라 농지를 임대하거나 무상사용하게 하는 경우

15) 질병·징집·취학, 선거에 따른 공직취임, 그 밖에 다음의 어느 하나에 해당하는 부득이한 사유로 인해 일시적으로 농업경영에 종사하지 않게 된 자가 소유하고 있는 농지를 임대하거나 무상사용하게 하는 경우
   ① 부상으로 3월 이상의 치료가 필요한 경우
   ② 교도소·구치소 또는 보호감호시설에 수용 중인 경우
   ③ 3월 이상 국외여행을 하는 경우
   ④ 농업법인이 청산 중인 경우
   ⑤ 임신 중이거나 분만 후 6개월 미만인 경우

16) 60세 이상인 사람으로서 농업경영에 더 이상 종사하지 않게 된 사람 또는 농업인이 거주하는 특별시·광역시·시·군이나 이에 연접한 특별시·광역시·시·군에 있는 소유 농지 중에서 <u>자기의 농업경영에 이용한 기간이 5년이 넘은 농지를 임대하거나 무상사용하게 하는 경우</u>

17) 개인이 소유하고 있는 농지 중 3년 이상 소유한 농지를 주말·체험영농을 하려는 자에게 임대하거나 무상사용하게 하는 경우, 또는 주말·체험영농을 하려는 자에게 임대하는 것을 업(業)으로 하는 자에게 임대하거나 무상사용하게 하는 경우

18) 농업법인이 소유하고 있는 농지를 주말·체험영농을 하려는 자에게 임대하거나 무상사용하게 하는 경우

19) 개인이 소유하고 있는 농지 중 3년 이상 소유한 농지를 한국농어촌공사나 그 밖에 대통령령으로 정하는 자에게 위탁하여 임대하거나 무상사용하게 하는 경우

20) 한국농어촌공사에 위탁해서 다음의 농지를 임대하거나 무상사용하게 하는 경우
   ① <u>상속에 의해 농지를 취득한 사람으로서 농업경영을 하지 않는 사람이 그 소유상한(1만㎡)을 초과해서 소유하고 있는 농지</u>
   ② <u>8년 이상 농업경영을 한 후 이농한 사람이 그 소유상한(1만㎡)을 초과해서 소유하고 있는 농지</u>

21) 자경 농지를 농림축산식품부장관이 정하는 이모작을 위하여 8개월 이내로 임대하거나 무상사용하게 하는 경우

22) 대통령령으로 정하는 농지 규모화, 농작물 수급 안정 등을 목적으로 한 사업을 추진하기 위하여 필요한 자경 농지를 임대하거나 무상사용하게 하는 경우

2 임대차 또는 사용대차계약

(1) 계약방법과 확인

임대차계약(농업경영을 하려는 자에게 임대하는 경우만 해당한다)과 사용대차계약(농업경영을 하려는 자에게 무상사용하게 하는 경우만 해당한다)은 서면계약을 원칙으로 한다(법 제24조 제1항).

임대차계약은 그 등기가 없는 경우에도 임차인이 농지소재지를 관할하는 시·구·읍·면의 장의 확인을 받고, 해당 농지를 인도(引渡)받은 경우에는 그 다음 날부터 제삼자에 대하여 효력이 생긴다(법 제24조 제2항).

시·구·읍·면의 장은 농지임대차계약 확인대장을 갖추어 두고, 임대차계약증서를 소지한 임대인 또는 임차인의 확인 신청이 있는 때에는 농림축산식품부령으로 정하는 바에 따라 임대차계약을 확인한 후 대장에 그 내용을 기록하여야 한다(법 제24조 제3항).

(2) 임대차기간 24·27회 출제

자경 농지를 농림축산식품부장관이 정하는 이모작을 위하여 8개월 이내로 임대하거나 무상사용하게 하는 경우를 제외한 임대차기간은 3년 이상으로 해야 한다. 다만, 농지의 임차인이 다년생식물 재배지로 이용하는 농지, 농지의 임차인이 농작물의 재배시설로서 고정식온실 또는 비닐하우스를 설치한 농지의 임대차기간은 5년 이상으로 하여야 한다(법 제24조의2 제1항, 영 제24조의2 제1항).

임대차기간을 정하지 아니하거나 위의 제1항에 따른 기간 미만으로 정한 경우에는 위의 제1항에 따른 기간으로 약정된 것으로 본다. 다만, 임차인은 위의 제1항에 따른 기간 미만으로 정한 임대차기간이 유효함을 주장할 수 있다(법 제24조의2 제2항).

그러나 질병·징집 등 다음의 어느 하나에 해당하는 불가피한 사유가 있는 경우에는 임대인은 임대차기간을 위의 제1항에 따른 기간 미만으로 정할 수 있다(법 제24조의2 제3항, 영 제24조의2 제2항).

1) 질병, 징집, 취학의 경우
2) 선거에 의한 공직에 취임하는 경우
3) 부상으로 3개월 이상의 치료가 필요한 경우
4) 교도소·구치소 또는 보호감호시설에 수용 중인 경우
5) 농업법인이 청산 중인 경우
6) 농지전용허가(다른 법률에 따라 농지전용허가가 의제되는 인가·허가·승인 등을 포함함)를 받았거나 농지전용신고를 하였으나 농지전용목적사업에 착수하지 않은 경우
   임대차기간에 관한 규정에 따른 임대차기간은 임대차계약을 연장 또는 재계약을 체결하는 경우에도 동일하게 적용한다(법 제24조의2 제4항).

(3) 임대차계약에 관한 조정 등

임대차계약의 당사자는 임대차기간, 임차료 등 임대차계약에 관하여 서로 협의가 이루어지지 않은 경우에는 농지소재지를 관할하는 시장·군수 또는 자치구청장에게 조정을 신청할 수 있다. 시장·군수 또는 자치구청장은 조정신청이 있으면 지체없이 농지임대차조정위원회를 구성해서 조정절차를 개시해야 한다(법 제24조의3 제1·2항).

농지임대차조정위원회에서 작성한 조정안을 임대차계약 당사자가 수락한 때에는 이를 해당 임대차의 당사자 간에 체결된 계약의 내용으로 본다(법 제24조의3 제3항).

(4) 임대차계약의 묵시의 갱신

임대인이 임대차기간이 끝나기 3개월 전까지 임차인에게 임대차계약을 갱신하지 않는다는 뜻이나 임대차계약 조건을 변경한다는 뜻을 통지하지 않으면 그 기간이 끝난 때에 이전의 임대차계약과 동일한 조건으로 다시 임대차계약을 체결한 것으로 본다(법 제25조).

(5) 임대인의 지위승계

임대농지의 양수인은 임대인의 지위를 승계한 것으로 본다(법 제26조).

(6) 강행규정

「농지법」에 위반된 약정으로서 임차인에게 불리한 것은 그 효력이 없다(법 제26조의2).

(7) 국·공유 농지에 대한 특례

국·공유재산인 농지에 대해서는 농지의 임대차계약 및 사용대차계약에 관한 「농지법」 제24조(임대차·사용대차 계약 방법과 확인)·제24조의2(임대차기간)·제24조의3(임대차계약에 관한 조정 등)·제25조(묵시의 갱신)·제26조(임대인의 지위승계) 및 제26조의2(강행규정)를 적용하지 않는다(법 제27조).

단락문제 Q7 제27회 기출

농지법령상 국·공유재산이 아닌 A농지와 국유재산인 B농지를 농업경영을 하려는 자에게 임대차하는 경우에 관한 설명으로 옳은 것은?

① A농지의 임대차계약은 등기가 있어야만 제3자에게 효력이 생긴다.
② 임대인이 취학을 이유로 A농지를 임대하는 경우 임대차기간은 3년 이상으로 하여야 한다.
③ 임대인이 질병을 이유로 A농지를 임대하였다가 같은 이유로 임대차계약을 갱신하는 경우 임대차기간은 3년 이상으로 하여야 한다.
④ A농지의 임차인이 그 농지를 정당한 사유없이 농업경영에 사용하지 아니할 경우 농지소재지 읍·면장은 임대차의 종료를 명할 수 있다.
⑤ B농지의 임대차기간은 3년 미만으로 할 수 있다.

해설 농지의 임대차
① 임대차계약은 임대차등기가 없는 경우에도 임차인이 농지소재지를 관할하는 시·구·읍·면장의 확인을 받고, 해당 농지를 인도받은 경우에는 그 다음 날부터 제3자에 대해 효력이 생긴다.
② 임대인이 취학을 이유로 A농지를 임대하는 경우 임대차기간을 3년 또는 5년 미만으로 정할 수 있다.
③ 임대인이 질병을 이유로 A농지를 임대하였다가 같은 이유로 임대차계약을 갱신하는 경우 임대차기간을 3년 또는 5년 미만으로 정할 수 있다.
④ A농지의 임차인이 그 농지를 정당한 사유없이 농업경영에 사용하지 아니할 때에는 시장·군수·구청장이 임대차 또는 사용대차의 종료를 명할 수 있다.

정답 ⑤

제4절 농지의 보전

01 농업진흥지역 ★★　18·22회 출제

1 농업진흥지역의 지정

(1) 지정목적 및 지정권자

특별시장·광역시장·특별자치시장·도지사 또는 특별자치도지사(이하 "시·도지사"라 한다)는 농지를 효율적으로 이용·보전하기 위해 농업진흥지역을 지정한다. 농업진흥지역은 농업진흥구역 및 농업보호구역의 2개 용도구역으로 구분해서 지정할 수 있다(법 제28조 제1·2항).

1) **농업진흥구역**

농업의 진흥을 도모해야 하는 다음의 지역으로서 농업목적으로 이용하는 것이 필요한 지역
① 농지조성사업 또는 농업기반정비사업이 시행되었거나 시행중인 지역으로서 농업용으로 이용하고 있거나 이용할 토지가 집단화되어 있는 지역
② 그 밖의 지역으로서 농업용으로 이용하고 있는 토지가 집단화되어 있는 지역

2) **농업보호구역**

농업진흥구역의 용수원확보, 수질보전 등 농업환경을 보호하기 위해 필요한 지역

(2) 지정대상지역

농업진흥지역은 녹지지역(특별시의 녹지지역은 제외)·관리지역·농림지역 및 자연환경보전지역을 대상으로 지정한다(법 제29조).

 농업진흥지역

농업진흥지역은 농업진흥구역과 농업보호구역으로 분류된다.

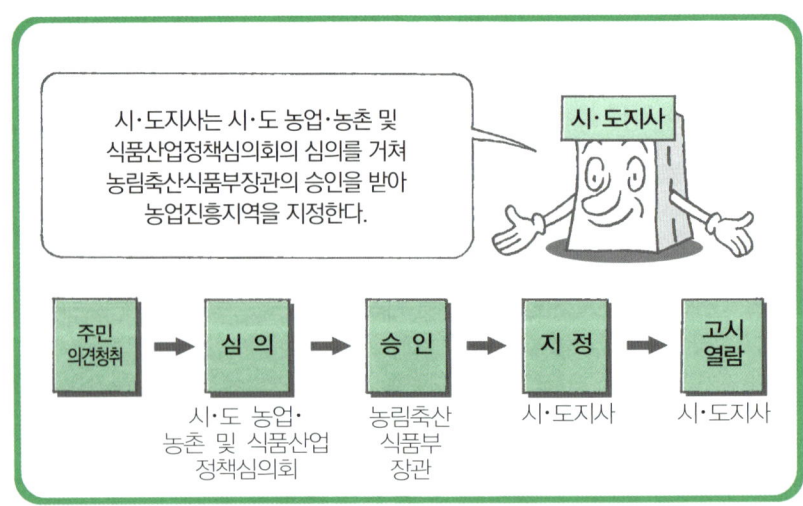

(3) 지정절차

농업진흥지역은 시·도지사가 해당 '시·도 농업·농촌 및 식품산업정책심의회'의 심의를 거쳐 농림축산식품부장관의 승인을 받아 지정한다(법 제30조 제1항).

시·도지사는 농업진흥지역을 지정하려는 때에는 시장·군수 또는 자치구청장으로 하여금 미리 관할구역의 농지를 조사해서 농업진흥지역지정계획안과 이를 보조하는 농업진흥지역지정계획도를 작성하도록 해야 한다(영 제25조 제1항).

시·도지사는 농업진흥지역을 지정하려는 때에는 미리 해당 토지의 소유자에게 그 내용을 개별통지하고 해당 지역주민의 의견을 청취해야 한다. 다만, 다음의 경우에는 개별통지를 하지 않아도 된다(법 제31조의2).

1) 다른 법률에 따라 토지소유자에게 개별 통지한 경우
2) 통지를 받을 자를 알 수 없거나 그 주소·거소 그 밖에 통지할 장소를 알 수 없는 경우

농림축산식품부장관은 녹지지역 또는 계획관리지역이 농업진흥지역에 포함되는 경우에는 농업진흥지역의 지정을 승인하기 전에 국토교통부장관과 협의해야 한다(법 제30조 제3항).

시·도지사는 농업진흥지역을 지정한 때에는 지체없이 이를 고시하고 관계 기관에 통보해야 하며, 시장·군수 또는 자치구청장으로 하여금 읍·면·동별로 용도구역별 토지조서와 함께 고시내용을 일반인이 열람할 수 있게 해야 한다(법 제30조 제2항, 영 제27조 제3항).

(4) 농업진흥지역의 변경 또는 해제

시·도지사는 다음의 사유가 있는 때에는 농업진흥지역 또는 용도구역을 변경하거나 해제할 수 있다. 다만, 그 사유가 없어진 경우에는 원래의 농업진흥지역 또는 용도구역으로 환원하여야 한다(법 제31조 제1항, 영 제28조 제1항).

1) 다음의 사유로 농업진흥지역을 해제하는 경우
   ① 「국토의 계획 및 이용에 관한 법률」에 따른 용도지역을 변경하는 경우(농지전용을 수반하는 경우에 한함)
   ② 농지를 주거지역·상업지역 또는 공업지역으로 지정하거나 도시·군계획시설결정을 하기 위해 미리 농지전용협의를 하는 경우
   ③ 해당 지역의 여건변화로 농업진흥지역의 지정요건에 적합하지 않게 된 경우(농업진흥지역 안의 토지의 면적이 3만㎡ 이하인 경우에 한함)
2) 해당 지역의 여건변화로 농업진흥지역 밖의 지역을 농업진흥지역으로 편입하는 경우
3) 다음의 어느 하나에 해당하는 경우로서 용도구역을 변경하는 경우
   ① 해당 지역의 여건변화로 농업보호구역의 전부 또는 일부를 농업진흥구역으로 변경하는 경우
   ② 해당 지역의 여건변화로 농업진흥구역 안의 3만㎡ 이하의 토지를 농업보호구역으로 변경하는 경우

③ 다음의 어느 하나에 해당하는 농업진흥구역 안의 토지를 농업보호구역으로 변경하는 경우
  ㉠ 저수지의 계획홍수위선으로부터 상류 반경 500m 이내의 지역으로서 「농어촌정비법」에 따른 농업생산기반 정비사업이 시행되지 않은 지역
  ㉡ 저수지 부지

(5) 농업진흥지역의 해제 또는 변경시 면적 제한 특례

시·도지사는 농림축산식품부장관이 해당 지역의 여건변화로 농업진흥지역을 해제하거나 농업진흥구역을 농업보호구역으로 변경할 특별한 필요가 있다고 인정하여 농업진흥지역의 해제 또는 변경기간을 고시한 경우에는 면적제한을 적용하지 아니하고 농업진흥지역을 해제하거나 농업진흥구역을 농업보호구역으로 변경할 수 있다(영 제28조 제2항).

농업진흥지역 또는 용도구역의 변경절차, 해제절차 또는 환원절차 등에 관해서는 농업진흥지역의 지정에 관한 규정을 준용한다. 다만, 원래의 농업진흥지역 또는 용도구역으로 환원하거나 농업보호구역을 농업진흥구역으로 변경하는 경우 등 다음의 경우에는 '시·도 농업·농촌 및 식품산업정책심의회'의 심의나 농림축산식품부장관의 승인 없이 할 수 있다. 시·도지사는 농림축산식품부장관의 승인 없이 농업진흥지역 또는 용도구역을 변경한 경우에는 그 결과를 농림축산식품부장관에게 보고해야 한다(법 제31조 제2항, 영 제28조 제3·4항).

1) 시·도 농업·농촌및식품산업정책심의회의 심의 없이 할 수 있는 경우 : 용도구역 변경에 따라 농업보호구역을 농업진흥구역으로 변경하거나 농업진흥구역 안의 3만㎡ 이하의 토지를 농업보호구역으로 변경하는 경우

2) 농림축산식품부장관의 승인 없이 할 수 있는 경우

(가) 농업진흥지역 해제에 따라 1만㎡ 이하의 농업진흥지역을 해제하는 경우. 다만, 농지전용을 수반하는 용도지역 변경에 따라 농업진흥지역을 해제하는 경우로서 농림축산식품부장관과의 협의를 거쳐 지정되거나 결정된 지역·지구·구역·단지·특구 등 안에서 농업진흥지역을 해제하는 경우와 농업진흥지역을 해제하는 경우로서 미리 농림축산식품부장관과 전용협의를 거친 지역에서 농업진흥지역을 해제하는 경우에는 면적에 제한이 없는 것으로 한다.

(나) 용도구역 변경에따라 농업보호구역을 농업진흥구역으로 변경하거나 농업진흥구역 안의 1만㎡ 이하의 토지를 농업보호구역으로 변경하는 경우

(6) 농림축산식품부장관의 실태조사

1) 실태조사의 실시
농림축산식품부장관은 효율적인 농지 관리를 위하여 매년 다음의 조사를 하여야 한다(법 제31조의3 제1항).

(가) 유휴농지 조사
(나) 농업진흥지역의 실태조사
(다) 정보시스템에 등록된 농지의 현황에 대한 조사
(라) 그 밖의 농림축산식품부령으로 정하는 사항에 대한 조사

2) 실태조사의 결과
농림축산식품부장관이 농업진흥지역 실태조사 결과 농업진흥지역 등의 변경 및 해제 사유가 발생했다고 인정하는 경우 시·도지사는 해당 농업진흥지역 또는 용도구역을 변경하거나 해제할 수 있다(법 제31조의3 제2항).

(7) 농업진흥지역에 대한 개발투자의 확대 및 우선지원
국가 및 지방자치단체는 농업진흥지역에 대해 농지 및 농업시설의 개량·정비, 농어촌도로·농산물유통시설의 확충, 그 밖에 농업의 발전을 위한 사업에 우선적으로 투자해야 한다(법 제33조 제1항).

국가 및 지방자치단체는 농업진흥지역의 농지에 농작물을 경작하거나 다년생식물을 재배하는 농업인 또는 농업법인에게 자금의 지원, 조세의 경감 등 필요한 지원을 우선 실시해야 한다(법 제33조 제2항).

단락문제 Q8

다음은 농업진흥지역에 관한 설명이다. 틀린 것은?
① 농업진흥지역은 농지를 효율적으로 이용·보전해서 농업생산성을 높이기 위해 지정한다.
② 농업진흥지역은 농림축산식품부장관이 지정한다.
③ 농업진흥지역은 농업진흥구역과 농업보호구역으로 구분된다.
④ 농업진흥구역은 상당한 규모로 농지가 집단화되어 농업목적으로 이용할 필요가 있는 지역을 말한다.
⑤ 농업진흥지역의 지정은 시·도 농업·농촌 및 식품산업정책심의회의 심의를 거쳐야 한다.

해설 농업진흥지역
농업진흥지역은 시·도지사가 시·도 농업·농촌 및 식품산업정책심의회의 심의를 거쳐 농림축산식품부장관의 승인을 받아 지정한다.

정답 ②

2 농업진흥구역에서의 행위제한 ★★

(1) 농업진흥구역에서의 행위제한 35회 출제

농업진흥구역에서는 농업생산 또는 농지개량과 직접 관련되지 않는 토지이용행위를 할 수 없다. 이를 위반한 경우에는 5년 이하의 징역 또는 5,000만원 이하의 벌금에 처해진다(법 제32조 제1항, 제58조).

여기의 "농업생산 또는 농지개량과 직접 관련되는 토지이용행위"는 다음의 행위를 말한다(영 제29조 제1항, 규칙 제3조의2).

1) 농작물의 경작
2) 다년생식물의 재배
3) 고정식 온실·버섯재배사 및 비닐하우스와 그 부속시설의 설치
4) 축사 및 곤충사육사와 그 부속시설의 설치
5) 간이퇴비장의 설치
6) 농막(연면적이 20㎡ 이하이고 주거 목적이 아닌 것)·간이저온저장고(연면적이 33㎡ 이하인 것) 및 간이액비저장조(저장용량이 200톤 이하인 것)
7) 농지개량사업 또는 농업용수개발사업의 시행

(2) 예외적으로 농업진흥구역에서 허용되는 행위

그러나 다음의 토지이용행위는 농업생산 또는 농지개량과 직접 관련되는 행위는 아니지만 농업진흥구역에서 행할 수 있다(법 제32조 제1항, 영 제29조 제2·3·5·6·7항, 규칙 제24조, 제25조).

1) 농·임·축·수산물의 가공·처리시설과 농수산업 관련 시험·연구시설의 설치

① 다음의 요건을 모두 갖춘 농수산물의 가공·처리시설(제조업소 또는 공장에 해당하는 시설을 말하며, 그 시설에서 생산된 제품을 판매하는 시설을 포함한다)
  ㉠ 국내에서 생산된 농수산물 및 농수산가공품을 주된 원료로 하여 가공하거나 건조·절단 등 처리를 거쳐 식품을 생산하기 위한 시설일 것
  ㉡ 농업진흥구역 안의 부지 면적이 1만5천㎡(미곡종합처리장의 경우에는 3만㎡) 미만인 시설(판매시설이 포함된 시설의 경우에는 그 판매시설의 면적이 전체 시설 면적의 100분의 20 미만인 시설에 한정한다)일 것
② 「양곡관리법」에 따른 양곡가공업자가 농림축산식품부장관 또는 지방자치단체의 장과 계약을 체결해 정부관리양곡을 가공·처리하는 시설로서 그 부지 면적이 1만5천㎡ 미만인 시설

→ 좋은 품종을 기르거나 품종을 개량하는 일

③ 농수산업 관련 시험·연구시설
육종(育種)연구를 위한 농수산업에 관한 시험·연구시설로서 그 부지의 총면적이 3,000㎡ 미만인 시설

2) 농업인의 공동생활에 필요한 다음의 편의시설 및 이용시설의 설치
① 어린이놀이터, 마을회관
② 농업인이 공동으로 운영하고 사용하는 창고·작업장·농기계수리시설·퇴비장
③ 경로당·어린이집·유치원, 정자, 보건지소 및 보건진료소, 응급의료 목적에 이용되는 항공기의 이착륙장 및 비상대피시설
④ 농업인이 공동으로 운영하고 사용하는 일반목욕장·화장실·구판장·운동시설·마을공동주차장·마을공동 취수장(取水場)
⑤ 국가·지방자치단체 또는 농업생산자단체가 농업인으로 하여금 사용하게 할 목적으로 설치하는 일반목욕장, 화장실, 운동시설, 구판장, 농기계 보관시설 및 농업인 복지회관

3) 농·어업인주택과 다음의 농·축산·어업용 시설의 설치
① 농업인 또는 농업법인이 자기가 생산한 농산물을 건조·보관하기 위해 설치하는 시설
② 야생동물의 인공사육시설. 다만, 포획 등이 금지된 야생동물이나 수입 등이 금지된 생태계교란 생물의 인공사육시설은 제외한다.
③ 건축허가 또는 건축신고의 대상 시설이 아닌 간이양축시설
④ 농업인 또는 농업법인이 농업 또는 축산업을 영위하거나 자기가 생산한 농산물을 처리하는데 필요한 농·축산업용 시설
⑤ 부지의 총면적이 3만㎡ 미만인 양어장·양식장, 수산종묘 배양시설, 어업인이 자기가 생산한 수산물을 건조·보관하기 위해 설치하는 시설 등 어업용 시설
⑥ 가축분뇨를 자원화하거나 정화하는 가축분뇨처리시설
⑦ 시·도지사, 시장·군수·구청장 또는 「농업협동조합법」에 따른 조합이 설치하는 가축 방역을 위한 소독시설

4) 국방·군사시설의 설치

5) 하천·제방 그 밖에 이에 준하는 국토보존시설의 설치

6) 「국가유산기본법」에 따른 국가유산의 보수·복원·이전, 매장유산의 발굴, 비석·기념탑 그 밖에 이와 유사한 공작물의 설치

7) 다음의 공공시설의 설치
① 도로, 철도
② 상하수도(하수종말처리시설 및 정수시설을 포함함), 운하, 공동구(共同溝), 가스공급설비, 전주(유·무선송신탑을 포함함), 통신선로, 전선로(電線路), 변전소, 소수력(小水力)·풍력발전설비, 송유설비, 방수설비, 유수지(遊水池)시설, 하천부속물, 무인(無人) 기상관측시설
③ 「사도법」(私道法)에 의한 사도

8) 지하자원의 개발을 위한 탐사 또는 지하광물의 채광과 광석의 선별 및 적치를 위한 장소로 사용하는 행위

9) 농어촌소득원의 개발 등 농어촌발전을 위해 필요한 다음 시설의 설치

① 국내에서 생산되는 농수산물을 집하·예냉·저장·선별 또는 포장하는 산지(産地)유통시설(농수산물을 저장만 하는 시설은 제외)로서 그 부지의 총면적이 3만㎡ 미만인 시설
② 부지의 총면적이 3,000㎡ 미만인 농업기계수리시설
③ 부지의 총면적이 3,000㎡ (지방자치단체 또는 농업생산자단체가 설치하는 경우에는 1만㎡) 미만인 남은 음식물이나 농수산물의 부산물을 이용한 유기질비료의 제조시설
④ 부지의 총면적이 3천㎡ (지방자치단체 또는 농업생산자단체가 설치하는 경우에는 3만㎡) 미만인 사료 제조시설(해당 시설에서 생산된 제품을 유통·판매하는 시설로서 그 유통·판매시설의 면적이 전체 시설 면적의 20/100 미만인 시설을 포함한다)
⑤ 농지의 타용도 일시사용 및 이에 필요한 시설
⑥ 국내에서 생산된 농산물·임산물·축산물·수산물과 가공품을 판매하는 시설로서 농업생산자단체가 설치해서 운영하는 시설 중 그 부지의 총면적이 1만㎡ 미만인 시설
⑦ 전기사업을 영위하기 위한 목적으로 설치하는 태양에너지 발전설비로서 다음의 어느 하나에 해당하는 발전설비
　㉠ 건축물(건축허가를 받거나 건축신고를 한 건축물만 해당한다) 지붕에 설치하는 태양에너지 발전설비(해당 설비에서 생산한 전기를 처리하기 위하여 인근 부지에 설치하는 부속설비를 포함)
　㉡ 국가, 지방자치단체 또는 공공기관이 소유한 건축물 지붕 또는 시설물에 설치하는 태양에너지 발전설비
⑧ 다음의 어느 하나에 해당하는 농산어촌 체험시설
　㉠ 「도시와 농어촌 간의 교류촉진에 관한 법률」에 따른 농어촌체험·휴양마을사업의 시설로서 다음 요건에 모두 적합하고 그 부지의 총면적이 1만㎡ 미만인 시설
　　ⓐ 숙박서비스시설을 운영하는 경우에는 「도시와 농어촌 간의 교류촉진에 관한 법률」 제8조에 따른 규모 이하일 것
　　ⓑ 승마장을 운영하는 경우에는 「도시와 농어촌 간의 교류촉진에 관한 법률」 제9조에 따른 규모 이하일 것
　　ⓒ 음식을 제공하거나 즉석식품을 제조·판매·가공하는 경우에는 「도시와 농어촌 간의 교류촉진에 관한 법률」 제10조에 따른 영업시설기준을 준수한 시설일 것
　㉡ 농업인·어업인 또는 농업법인·어업법인이 자기가 경영하는 농지·산림·축사·어장 또는 농수산물 가공·처리시설을 체험하려는 자를 대상으로 설치하는 교육·홍보시설 또는 자기가 생산한 농수산물과 그 가공품을 판매하는 시설로서 그 부지의 총면적이 1천㎡ 미만인 시설
⑨ 농기자재 제조시설로서 영 제44조 제1항, 제2항의 시설에 해당하지 아니하는 시설(2006.6.30. 이전에 지목이 공장용지로 변경된 부지에 설치하는 경우에 한정)

⑩ 토지이용행위와 정보통신기술을 결합한 농업을 육성하기 위한 시설로서 다음의 요건을 모두 갖춘 시설
  ㉠ 농림축산식품부장관이 고시한 지역에 설치하는 시설일 것
  ㉡ 시·도지사가 농림축산식품부장관과 협의한 사업계획에 따라 설치하는 시설일 것
  ㉢ 영 제44조 제3항 제1호에 해당하는 시설이 아닐 것

3 농업보호구역에서의 행위제한★★

농업보호구역에서는 다음의 행위 외의 토지이용행위를 할 수 없다. 이를 위반한 경우에는 5년 이하의 징역 또는 5,000만원 이하의 벌금에 처해진다(법 제32조 제2항, 제58조, 영 제30조 제1·2항).

1) 농업진흥구역에서 할 수 있는 토지이용행위

2) 농업인의 소득증대를 위해 필요한 다음 시설의 설치
  ① 관광농원사업으로 설치하는 시설로서 농업보호구역 안의 부지 면적이 2만㎡ 미만인 것
  ② 주말농원사업으로 설치하는 시설로서 농업보호구역 안의 부지 면적이 3,000㎡ 미만인 것
  ③ 태양에너지 발전설비로서 농업보호구역 안의 부지 면적이 1만㎡ 미만인 것
  ④ 그 밖에 농촌지역 경제활성화를 통하여 농업인 소득증대에 기여하는 농수산업 관련 시설로서 농림축산식품부령으로 정하는 시설

3) 농업인의 생활여건 개선을 위해 필요한 다음 시설의 설치 **17회 출제**
  ① 단독주택으로서 농업보호구역 안의 부지 면적이 1,000㎡ 미만인 것
  ② 제1종 근린생활시설 중 일용품 소매점, 의원, 치과의원, 한의원, 침술원, 접골원, 조산원, 안마원, 산후조리원, 탁구장, 체육도장, 지역자치센터, 파출소, 지구대, 소방서, 우체국, 방송국, 보건소, 공공도서관, 건강보험공단 사무소, 마을회관, 마을공동작업소, 마을공동구판장, 지역아동센터 등(공중화장실 및 대피소는 제외), 금융업소, 사무소, 부동산중개사무소, 결혼상담소 등으로서 농업보호구역 안의 부지 면적이 1,000㎡ 미만인 것
  ③ 제2종 근린생활시설 중 기원, 서점, 테니스장, 에어로빅장, 종교집회장, 공연장, 비디오물감상실, 소개업소, 총포판매소, 청소년게임제공업소, 복합유통게임제공업소, 인터넷컴퓨터게임시설제공업소, 장의사, 동물병원, 동물미용실, 금융업소, 사무소, 부동산중개사무소, 결혼상담소, 사진관, 학원, 직업훈련소, 독서실 등(골프연습장은 제외)으로서 농업보호구역 안의 부지 면적이 1,000㎡ 미만인 것
  ④ 제1종 근린생활시설 중 공중화장실, 대피소, 통신용 시설, 정수장, 양수장 등으로서 농업보호구역 안의 부지 면적이 3,000㎡ 미만인 것

4 농업진흥구역과 농업보호구역에 걸치는 한 필지의 토지 등에 대한 행위 제한의 특례★★

한 필지의 토지가 농업진흥구역과 농업보호구역에 걸쳐 있으면서 농업진흥구역에 속하는 토지 부분이 330㎡ 이하이면 그 토지 부분에 대하여는 행위 제한을 적용할 때 농업보호구역에 관한 규정을 적용한다. 한 필지의 토지 일부가 농업진흥지역에 걸쳐 있으면서 농업진흥지역에 속하는 토지 부분의 면적이 330㎡ 이하이면 그 토지 부분에 대하여는 행위 제한 규정을 적용하지 않는다(법 제53조 제1·2항, 영 제73조).

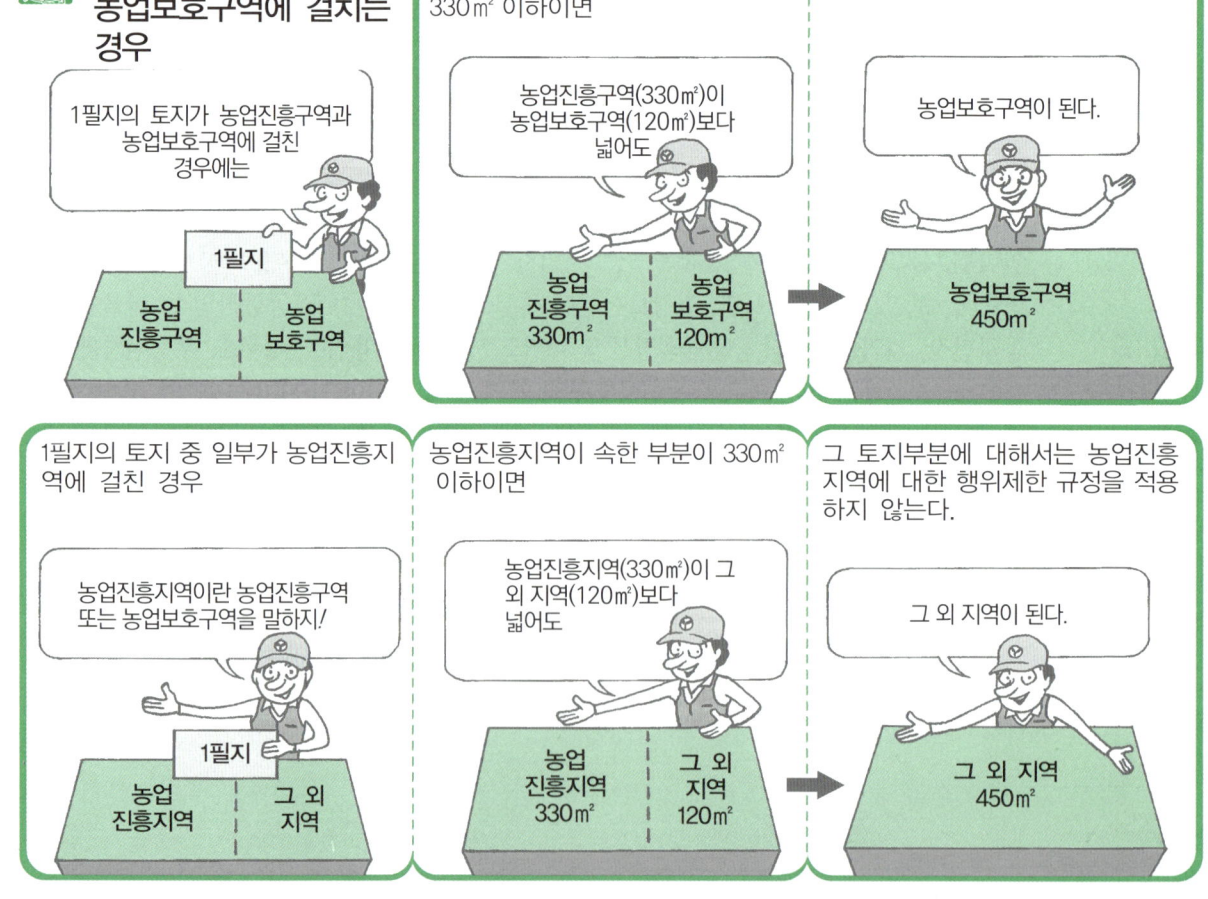

제6장 농지법

단락문제 Q9 제22회 기출

다음은 농지법령상 농업진흥지역에 관한 설명이다. 옳은 것은?

① 농업보호구역의 용수원 확보, 수질보전 등 농업 환경을 보호하기 위하여 필요한 지역을 농업진흥구역으로 지정할 수 있다.
② 광역시의 녹지지역은 농업진흥지역의 지정 대상이 아니다.
③ 농업보호구역에서는 매장유산의 발굴행위를 할 수 없다.
④ 육종연구를 위한 농수산업에 관한 시험·연구시설로서 그 부지의 총면적이 3,000㎡ 미만인 시설은 농업진흥구역 내에 설치할 수 있다.
⑤ 녹지지역을 포함하는 농업진흥지역을 지정하는 경우 국토교통부장관의 승인을 요한다.

해설 농업진흥지역
① 농업진흥구역의 용수원 확보, 수질보전 등 농업 환경을 보호하기 위하여 필요한 지역을 농업보호구역으로 지정할 수 있다.
② 특별시의 녹지지역은 농업진흥지역의 지정 대상이 아니다.
③ 매장유산의 발굴행위는 농업진흥구역과 농업보호구역 모두에서 허용된다.
⑤ 녹지지역을 포함하는 농업진흥지역을 지정하는 경우에는 국토교통부장관과 협의해야 한다.

정답 ④

5 시행중인 공사 또는 사업에 대한 특례

농업진흥지역의 지정 당시 관계법령에 따라 인가·허가·승인 등을 받거나 신고하고 설치한 기존의 건축물·공작물 등의 시설에 대해서는 행위제한에 관한 규정을 적용하지 않는다(법 제32조 제3항). 농업진흥지역 지정 당시 관계법령에 따라 건축물의 건축, 공작물 등 시설의 설치나 토지의 형질변경 그 밖에 이에 준하는 행위에 대한 인가·허가·승인 등을 받거나 신고하고 사업을 시행중에 있는 자의 경우에는 그 공사 또는 사업에 한해 행위제한에 관한 규정을 적용하지 않는다(법 제32조 제4항).

6 농지매수청구

농업진흥지역의 농지를 소유하고 있는 농업인 또는 농업법인은 한국농어촌공사에 그 농지의 매수를 청구할 수 있다(법 제33조의2 제1항).
한국농어촌공사는 매수청구를 받으면 감정평가법인등이 평가한 금액을 기준으로 해당 농지를 매수할 수 있다. 한국농어촌공사가 농지를 매수하는 데에 필요한 자금은 농지관리기금에서 융자한다(법 제33조의2 제2·3항).

02 농지의 전용제한★★★　　　12·14·16회 출제

1 농지전용허가 29회 출제

(1) 농지의 전용(轉用)

'농지의 전용'은 농지를 농작물의 경작이나 다년생식물의 재배 등 농업생산 또는 농지개량 외의 용도로 사용하는 것을 말한다. 다만, 농지개량시설의 부지와 농축산물생산시설의 부지로 사용하는 경우에는 전용으로 보지 않는다(법 제2조).

여기의 '농지개량'은 농지의 생산성을 높이기 위해 농지의 형질을 변경하는 다음의 행위로서 인근 농지의 관개·배수·통풍 및 농작업에 영향을 미치지 않는 것을 말한다(영 제3조의2).

1) 농지의 이용가치를 높이기 위해 농지의 구획을 정리하거나 개량시설을 설치하는 행위
2) 해당 농지의 토양개량이나 관개·배수·농업기계이용의 개선을 위해 농지에서 다음의 기준에 따라 객토·성토·절토하거나 암석을 채굴하는 행위

(2) 농지의 전용허가 13회 출제

농지를 전용하고자 하는 때에는 <u>농림축산식품부장관의 허가</u>(다른 법률에 따라 농지전용허가가 의제되는 협의를 포함한다)를 받아야 한다. 농지전용허가를 받지 않고 농지를 전용하거나 거짓이나 그 밖의 부정한 방법으로 농지전용허가를 받은 경우 농업진흥지역 안의 농지인 때에는 5년 이하의 징역 또는 해당 토지의 개별공시지가에 따른 토지가액에 해당하는 금액 이하의 벌금에, 농업진흥지역 바깥의 농지인 때에는 3년 이하의 징역 또는 해당 토지의 개별공시지가에 따른 토지가액의 50%에 해당하는 금액 이하의 벌금에 처해진다. 이 경우 징역형과 벌금형을 병과할 수 있다(법 제34조 제1항, 제57조).

 농지전용(農地轉用)

농지전용은 '농지의 용도를 바꾸는 것'을 말한다.
① 農 : 농사 「농」
② 地 : 땅　 「지」
③ 轉 : 옮길 「전」
④ 用 : 쓸　 「용」

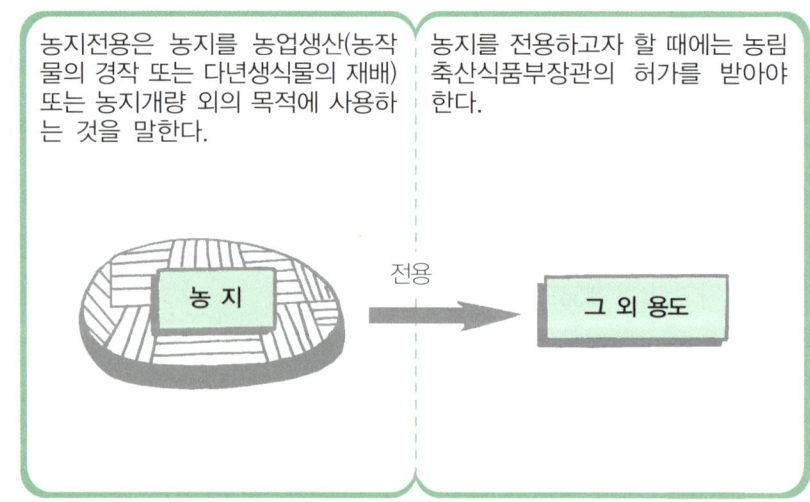

농지전용허가사항 중 다음 사항을 변경하고자 하는 때에는 변경허가를 받아야 한다(법 제34조 제1항, 영 제32조 제5항).

1) 전용허가를 받은 농지의 면적 또는 경계
2) 전용허가를 받은 농지의 위치(동일 필지 안에서 위치를 변경하는 경우에 한함)
3) 전용허가를 받은 자의 명의
4) 설치하고자 하는 시설의 용도 및 전용목적사업. 다만, 다음에 해당하는 경우에 한한다.
   ① 「대기환경보전법 시행령」 또는 「물환경보전법 시행령」에 따른 사업장의 규모별 구분을 달리하는 정도로 시설을 변경하는 경우
   ② 농업의 진흥이나 농지의 보전을 저해할 우려가 있어서 농지전용허가가 제한되는 시설 상호간의 구분이 변경되는 경우
   ③ 농지보전부담금 또는 전용부담금이 감면되는 시설에서 감면되지 않거나 감면비율이 낮은 시설로 변경하는 경우

(3) 농지전용허가를 받지 않아도 되는 경우

다음의 어느 하나에 해당하는 경우에는 농지전용허가를 받지 않고도 농지를 전용할 수 있다(법 제34조 제1항).

1) 도시지역 또는 계획관리지역에 있는 농지로서 농지전용협의를 거친 농지나 협의 대상에서 제외되는 농지를 전용하는 경우
2) 농지전용신고를 하고 농지를 전용하는 경우
3) 「산지관리법」에 따른 산지전용허가를 받지 아니하거나 산지전용신고를 하지 아니하고 불법으로 개간된 농지를 산림으로 복구하는 경우

2 농지전용 허가의 절차 및 기준

(1) 심사기준

시장·군수 또는 자치구청장은 다음의 심사기준에 따라 심사한 후 신청서에 심사의견서를 첨부해서 신청서를 받은 날부터 10일 이내에 시·도지사에게 보내야 하며, 시·도지사는 10일 이내에 종합적인 심사의견서를 첨부해서 농림축산식품부장관에게 제출해야 한다(영 제33조 제1항).

1) 「농지법」 제32조(농업진흥구역에서의 행위제한) 및 제37조(농지전용허가 등에의 제한)에 위배되지 않을 것
2) 전용하고자 하는 농지가 전용목적사업에 적합하게 이용될 수 있을 것으로 인정될 것
3) 전용하고자 하는 농지의 면적이 전용목적사업의 실현을 위해 적정한 면적일 것
4) 전용하고자 하는 농지를 계속해서 보전할 필요성이 크지 않을 것

5) 농지의 전용이 인근 농지의 농업경영과 농어촌생활환경의 유지에 피해가 없을 것. 다만, 도로의 폐지 및 변경, 토사의 유출, 폐수의 배출, 악취의 발생 등의 피해가 예상되는 경우에는 이에 대한 피해방지계획이 타당하게 수립되어 있을 것

6) 농지의 전용이 용수의 취수를 수반하는 경우에는 그 시기·방법·수량 등이 농수산업 또는 농어촌생활환경 유지에 피해가 없을 것. 다만, 그 피해가 예상되는 경우에는 이에 대한 피해방지계획이 타당하게 수립되어 있을 것

7) 사업계획 및 자금조달계획이 전용목적사업의 실현에 적합하도록 수립되어 있을 것

8) 농지를 전용하려는 자가 그 전용목적사업을 수행하는 것이 「농어업경영체 육성 및 지원에 관한 법률」 등 관련 법령에 저촉되지 않을 것

9) 농지를 전용하려는 자가 농지 소유자로부터 사용권을 제공받은 경우에는 그 사용권 제공이 「농어업경영체 육성 및 지원에 관한 법률」 등 관련 법령에 저촉되지 않을 것

농림축산식품부장관은 농지전용허가신청이 심사기준에 적합하지 않은 경우에는 농지의 전용허가를 하면 안 된다(영 제33조 제2항).

(2) 농지전용이 허가되지 않는 경우

도시지역·계획관리지역 및 개발진흥지구가 아닌 지역에서 농지를 다음의 시설의 부지로 사용하는 경우에는 농지전용을 허가할 수 없다(법 제37조 제1항, 영 제44조 제3항).

1) 대기오염물질배출시설
2) 폐수배출시설
3) 단독주택, 휴게음식점, 제조업소, 단란주점, 문화 및 집회시설, 운수시설, 학원, 도서관, 업무시설, 숙박시설, 위락시설 등 농업진흥이나 농지보전을 저해할 우려가 있는 시설

농지전용허가기준을 적용함에 있어서 동시 또는 수차에 걸쳐 그 시설이나 그 시설과 같은 종류의 시설의 부지로 사용하기 위해 연접해서 농지를 전용하는 때에는 그 전용하고자 하는 농지의 면적과 그 농지전용허가신청일 이전 5년간 연접해서 전용한 농지면적을 합산한 면적을 그 시설의 부지면적으로 본다(영 제44조 제5항).

3 농지의 전용협의

주무부장관 또는 지방자치단체의 장은 다음의 경우에는 농림축산식품부장관과 미리 농지전용에 관해 협의해야 한다(법 제34조 제2항).

1) 도시지역에 주거지역·상업지역·공업지역을 지정하거나 도시지역에 도시·군계획시설결정을 할 때에 그 예정지에 농지가 포함되어 있는 경우(기존의 주거지역·상업지역 또는 공업지역을 다른 지역으로 변경하거나 그 안에 도시·군계획시설을 결정하는 경우는 제외)
2) 계획관리지역에 지구단위계획구역을 지정할 때에 해당 구역 예정지에 농지가 포함되어 있는 경우
3) 도시지역의 녹지지역이나 개발제한구역의 농지에 대해「국토의 계획 및 이용에 관한 법률」에 따라 개발행위허가를 하거나「개발제한구역의 지정 및 관리에 관한 특별조치법」에 따라 토지형질변경허가를 하는 경우

농림축산식품부장관은 농지전용에 관한 심사기준에 따른 심사를 한 후 농지전용협의에 대해 동의 여부를 결정해야 한다. 농림축산식품부장관은 농지전용협의요청이 심사기준에 적합하지 않은 경우에는 농지의 전용협의에 동의하면 안 된다(영 제34조 제2·3항).

4 농지의 전용신고 11회 출제

(1) 농지전용신고대상★★ 15·18회 출제

농지를 다음 시설의 부지로 전용하고자 하는 자는 시장·군수 또는 자치구청장에게 신고해야 한다. 신고한 사항을 변경하고자 하는 경우에도 같다. 이를 위반하면 3년 이하의 징역 또는 3,000만원 이하의 벌금에 처해진다(법 제35조 제1항, 제59조, 영 제36조, [별표 1]).

1) **농업진흥지역 밖에 설치하는 농·어업인주택** : 세대당 660㎡ 이하
2) **농업용시설** : 농업인은 세대당 1,500㎡ 이하, 농업법인은 법인당 7,000㎡ (농업진흥지역 안인 경우에는 3,300㎡) 이하
3) **농업진흥지역 밖에 설치하는 축산업용 시설** : 농업인은 세대당 1,500㎡ 이하, 농업법인은 법인당 7,000㎡ 이하
4) 자기가 생산한 농수산물을 처리하기 위해 농업진흥지역 밖에 설치하는 집하장·선과장·판매장 또는 가공공장 등 농수산물 유통·가공시설 : 세대당 3,300㎡ 이하
5) 구성원(조합원)이 생산한 농수산물을 처리하기 위해 농업진흥지역 밖에 설치하는 집하장·선과장·판매장·창고 또는 가공공장 등 농수산물 유통·가공시설 : 단체당 7,000㎡ 이하

6) **농업진흥지역 밖에 설치하는 농업인의 공동생활에 필요한 편의시설 및 이용시설**(어린이놀이터·마을회관, 창고·작업장·농기계수리시설·퇴비장, 경로당·어린이집·유치원 등 노유자시설, 정자 및 보건진료소, 일반목욕장·구판장·운동시설·마을공동주차장·마을공동취수장·마을공동농산어촌체험장) : 규모 제한 없음

7) **농수산 관련 시험·연구시설** : 법인당 7,000㎡ (농업진흥지역 안인 경우에는 3,000㎡) 이하

8) **농업진흥지역 밖에 설치하는 양어장·양식장** : 세대당 또는 법인당 10,000㎡ 이하

9) **농업진흥지역 밖에 설치하는 어업용시설**(양어장 및 양식장은 제외) : 세대당 또는 법인당 1,500㎡ 이하

단락문제 Q10

제15회추가 기출 개작

농지법령상 농지전용신고를 통해 설치가 가능한 시설은?

① 농업진흥지역 밖에 설치하는 세대당 990㎡ 이하의 농업인 주택
② 농업진흥지역 밖에 설치하는 세대당 33,000㎡ 이하의 야생동물의 인공사육시설
③ 자기가 생산한 농수산물을 처리하기 위해 농업진흥지역 밖에 설치하는 세대당 6,600㎡ 이하의 농수산물유통·가공시설
④ 농업진흥지역 밖에 설치하는 마을회관·어린이놀이터·구판장
⑤ 농업진흥지역 밖에 설치하는 660㎡ 이하의 근린생활시설

해설 농지전용신고를 통해 설치가 가능한 시설
① '세대당 660㎡ 이하'이어야 한다.
② '세대당 1,500㎡ 이하'이어야 한다.
③ '세대당 3,300㎡ 이하'이어야 한다.
⑤ 근린생활시설은 신고대상시설이 아니다.

정답 ④

(2) 신고필증의 교부 또는 제출서류의 반려

시장·군수 또는 자치구청장은 신고내용이 다음의 기준에 적합하다고 인정되는 경우에는 농지전용신고증을 내주어야 하며, 적합하지 않다고 인정되는 경우에는 그 사유를 구체적으로 밝혀 제출받은 서류를 반려해야 한다(영 제35조 제4항).

1) 농지의 전용이 인근 농지의 농업경영과 농어촌생활환경의 유지에 피해가 없을 것. 다만, 도로의 폐지 및 변경, 토사의 유출, 폐수의 배출, 악취의 발생 등의 피해가 예상되는 경우에는 이에 대한 피해방지계획이 타당하게 수립되어 있을 것
2) 농지의 전용이 용수의 취수를 수반하는 경우에는 그 시기·방법·수량 등이 농수산업 또는 농어촌생활환경 유지에 피해가 없을 것. 다만, 그 피해가 예상되는 경우에는 이에 대한 피해방지계획이 타당하게 수립되어 있을 것
3) 전용대상시설의 범위·규모와 설치자의 범위가 이 영에 적합할 것

(3) 영농여건불리농지에 대한 특례로서의 농지전용신고

농지전용허가를 받아야 하는 자가 농업진흥지역 밖의 농지 중 최상단부부터 최하단부까지의 평균경사율이 15% 이상인 영농여건불리농지를 전용하려면「농지법」제34조 제1항(농지전용허가) 및 제37조 제1항(농지전용허가를 할 수 없는 경우)에 불구하고 시장·군수 또는 자치구청장에게 신고하고 농지를 전용할 수 있다. 이를 위반한 경우에는 3년 이하의 징역 또는 3,000만원 이하의 벌금에 처해진다(법 제43조, 제59조).

5 농지의 타용도 일시사용의 허가 또는 협의

(1) 농지의 타용도 일시사용에 관한 허가 또는 협의 35회 출제

농지를 다음의 용도로 일시사용하고자 하는 자는 일정기간 사용한 후 농지로 복구하는 조건으로 시장·군수 또는 자치구청장의 허가를 받아야 한다. 허가받은 사항을 변경하고자 하는 경우에도 허가를 받아야 한다. 국가 또는 지방자치단체의 경우에는 시장·군수 또는 자치구청장과 협의해야 한다(법 제36조 제1항, 영 제38조 제3항).

1) 건축허가 또는 건축신고 대상시설이 아닌 간이 농수축산업용시설(농지개량시설과 농축산물생산시설은 제외)과 농수산물의 간이처리시설을 설치하는 경우
2) 주목적사업(그 농지에서 허용되는 사업에 한함)을 위해 현장사무소 또는 부대시설 그 밖에 이에 준하는 시설을 설치하거나 물건을 적치·매설하는 경우
3) 골재 또는 광물을 채굴하는 경우
4) 적조방제·농지개량 또는 토목공사용으로 사용하거나 공업용 원료로 사용하기 위해 토석을 채굴하는 경우

5) 「전기안전관리법」의 전기사업을 영위하기 위한 목적으로 설치하는 「신에너지 및 재생에너지 개발·이용·보급 촉진법」에 따른 태양에너지 발전설비로서 다음의 요건을 모두 갖춘 경우

① 「공유수면 관리 및 매립에 관한 법률」에 따른 공유수면매립을 통하여 조성한 토지 중 토양염도가 일정 수준 이상인 지역 등 농림축산식품부령으로 정하는 지역에 설치하는 시설일 것
② 설치 규모, 염도 측정방법 등 농림축산식품부장관이 별도로 정한 요건에 적합하게 설치하는 시설일 것

6) 「건축법」에 따른 건축허가 또는 건축신고 대상시설이 아닌 작물재배사(고정식온실·버섯재배사 및 비닐하우스는 제외한다) 중 농업생산성 제고를 위하여 정보통신기술을 결합한 시설로서 대통령령으로 정하는 요건을 모두 갖춘 시설을 설치하는 경우

타용도 일시사용허가를 위반한 경우에는 5년 이하의 징역 또는 5,000만원 이하의 벌금에 처해진다(법 제58조).

(2) 타용도 일시사용허가 또는 협의절차

타용도 일시사용허가신청을 받은 시장·군수 또는 자치구청장은 심사기준에 따라 심사한 후 신청받은 날부터 10일 이내에 그 결과를 신청인에게 문서로 알려야 한다. 타용도 일시사용협의를 요청받은 시장·군수 또는 자치구청장은 심사기준에 따라 심사를 한 후 그 동의 여부를 결정해야 한다(영 제37조 제2항, 제39조 제2항).

(3) 심사기준

농지의 타용도 일시사용허가 및 협의의 심사기준은 다음과 같다. 이 경우 요청내용이 심사기준에 적합하지 않는 경우에는 허가를 하거나 동의를 하면 안 된다(영 제39조 제2·3항).

1) 그 농지의 타용도 일시사용이 일조·통풍·통작에 매우 크게 지장을 주거나 농지개량시설의 폐지를 수반해서 인근 농지의 농업경영에 매우 큰 영향을 미치는 경우에 해당하는지의 여부
2) 그 농지의 타용도 일시사용에 따르는 토사의 유출 등으로 인근 농지 또는 농지개량시설을 손괴할 우려가 있는 경우에 해당하는지의 여부
3) 설치하고자 하는 시설이나 농지를 일시사용하고자 하는 사업의 규모·종류·지역여건 등을 참작할 때 그 농지가 그 목적사업에 적합하게 이용될 수 있는지 여부
4) 그 농지의 면적 또는 사용기간이 그 목적사업의 실현을 위해 적정한 면적 또는 기간인지 여부
5) 그 농지가 경지정리·수리시설 등 농업생산기반이 정비되어 있어 농지로서의 보전가치가 있는지 여부((1)의 2)~4)의 경우에만 해당됨)
6) 그 농지의 타용도 일시사용이 농지개량시설 또는 도로의 폐지·변경이나 토사의 유출, 폐수의 배출, 악취의 발생 등을 수반해서 인근 농지의 농업경영이나 농어촌생활환경의 유지에 피해가 예상되는 경우에는 그 피해방지계획이 타당하게 수립되어 있는지 여부
7) 복구계획서 및 복구비용명세서의 내용이 타당한지 여부

(4) 농지의 타용도 일시사용기간

농지의 타용도 일시사용기간은 다음과 같다(영 제38조 제1항).

1) 건축허가 또는 건축신고 대상시설이 아닌 간이농수축산업용시설과 농수산물의 간이처리시설 및 건축허가 또는 건축신고 대상시설이 아닌 작물재배사(고정식온실·버섯재배사 및 비닐하우스는 제외) 중 농업생산성 제고를 위하여 정보통신기술을 결합한 시설의 용도로 일시사용하는 경우 : 7년 이내

2) 주목적사업을 위해 현장사무소 또는 부대시설 그 밖에 이에 준하는 시설을 설치하거나 물건을 적치·매설의 용도로 일시사용 하는 경우 : 주목적사업의 시행에 필요한 기간 이내

3) 농지의 타용도 일시사용신고 및 협의의 경우 : 6개월 이내

4) 그 밖의 경우 : 5년 이내

시장·군수 또는 자치구구청장은 농지의 타용도 일시사용기간이 만료되기 전에(6개월 이내의 경우는 제외)하여 다음의 기간을 초과하지 않는 범위에서 연장할 수 있다(영 제38조 제2항).

1) 건축허가 또는 건축신고 대상시설이 아닌 간이농수축산업용시설과 농수산물의 간이처리시설을 설치하는 경우 : 5년

2) 적조방제·농지개량 또는 토목공사용으로 사용하거나 공업용 원료로 사용하기 위해 토석을 채굴하는 경우의 용도로 일시사용하는 경우 : 18년. 이 경우 1회 연장기간은 3년을 초과할 수 없다.

3) 건축허가 또는 건축신고 대상시설이 아닌 작물재배사(고정식온실·버섯재배사 및 비닐하우스는 제외) 중 농업생산성 제고를 위하여 정보통신기술을 결합한 시설의 용도로 일시사용하는 경우 : 9년. 이 경우 1회 연장기간은 3년을 초과할 수 없다.

4) 도시·군계획시설 설치예정지 안의 농지에 대하여 타용도 일시사용허가를 한 경우 : 그 도시·군계획시설의 설치시기 등을 고려해서 필요한 기간

5) 그 밖의 경우 : 3년

(5) 복구계획서의 제출과 복구비용의 예치

시장·군수 또는 자치구청장은 농지의 타용도 일시사용허가를 하거나 농지의 타용도 일시사용협의를 할 때에는 해당 사업을 시행하려는 자에게 농지로의 복구계획을 제출하게 하고 복구비용을 예치하게 할 수 있다. 이 경우 예치된 복구비용은 사업시행자가 사업이 종료된 후 농지로의 복구계획을 이행하지 않는 경우 복구대행비로 사용할 수 있다. 다만, 건축허가 또는 건축신고대상이 아닌 간이 농수축산업용시설과 농수산물 간이처리시설을 설치하는 경우에는 복구계획과 복구비용명세서를 제출하지 않아도 된다(법 제36조 제3항, 영 제40조 제1항).

시장·군수 또는 자치구청장은 농지의 타용도 일시사용에 관한 협의를 하고자 하는 때에는 복구계획 및 복구비용명세서를 제출하게 하고 복구비용을 예치하게 하는 조건으로 주무부장관 또는 지방자치단체의 장과 협의해야 한다(법 제36조 제2항, 영 제40조 제2항).

시장·군수 또는 자치구청장이나 주무부장관 또는 지방자치단체의 장은 농지의 타용도 일시사용허가를 받거나 타용도 일시사용신고를 한 자(농지의 타용도 일시사용에 관한 협의를 거친 다른 법률에 의한 인가·허가·승인 등을 포함함)가 복구계획에 따라 농지로 복구하지 아니하면 복구의무자를 대신하여 해당 토지를 농지로 복구하거나 복구의무자로 하여금 복구하게 할 수 있다. 이 경우 예치된 복구비용을 복구대행비로 충당하고, 잔액이 있는 경우에는 이를 반환해야 한다(영 제42조 제1·2항).

6 농지의 타용도 일시사용신고 등

(1) 농지의 타용도 일시사용신고 및 협의

농지를 다음의 어느 하나에 해당하는 용도로 일시사용하려는 자는 대통령령으로 정하는 바에 따라 지력을 훼손하지 아니하는 범위에서 일정 기간 사용한 후 농지로 원상복구한다는 조건으로 시장·군수 또는 자치구구청장에게 신고하여야 한다. 신고한 사항을 변경하려는 경우에도 또한 같다. 다만, 국가나 지방자치단체의 경우에는 시장·군수 또는 자치구구청장과 협의하여야 한다(법 제36조의2 제1항).

1) 썰매장, 지역축제장 등으로 일시적으로 사용하는 경우
2) 건축허가 또는 건축신고 대상시설이 아닌 간이농수축산업용 시설과 농수산물의 간이처리시설 또는 주(主)목적사업(해당 농지에서 허용되는 사업만 해당한다)을 위하여 현장사무소나 부대시설, 그 밖에 이에 준하는 시설을 설치하거나 물건을 적치(積置)하거나 매설(埋設)하는 시설을 일시적으로 설치하는 경우

(2) 농지복구 조건 전제로 협의

시장·군수 또는 자치구구청장은 주무부장관이나 지방자치단체의 장이 다른 법률에 따른 사업 또는 사업계획 등의 인가·허가 또는 승인 등과 관련하여 농지의 타용도 일시사용 협의를 요청하면, 그 인가·허가 또는 승인 등을 할 때에 해당 사업을 시행하려는 자에게 일정 기간 그 농지를 사용한 후 농지로 복구한다는 조건을 붙일 것을 전제로 협의할 수 있다(법 제36조의2 제2항).

(3) 복구비용의 예치

시장·군수 또는 자치구구청장은 신고를 수리하거나 협의를 할 때에는 대통령령으로 정하는 바에 따라 사업을 시행하려는 자에게 농지로의 복구계획을 제출하게 하고 복구비용을 예치하게 할 수 있다. 이 경우 예치된 복구비용은 사업시행자가 사업이 종료된 후 농지로의 복구계획을 이행하지 않는 경우 복구대행비로 사용할 수 있다(법 제36조의2 제3항).

(4) 신고수리 여부의 통지기간

시장·군수 또는 자치구구청장은 신고를 받은 날부터 10일 이내에 신고수리 여부를 신고인에게 통지하여야 한다(법 제36조의2 제4항).

(5) 신고의 수리 간주

시장·군수 또는 자치구구청장이 신고를 받은 날부터 10일 이내에 신고수리 여부 또는 민원 처리 관련 법령에 따른 처리기간의 연장을 신고인에게 통지하지 아니하면 그 기간(민원 처리 관련 법령에 따라 처리기간이 연장 또는 재연장된 경우에는 해당 처리기간을 말한다)이 끝난 날의 다음 날에 신고를 수리한 것으로 본다(법 제36조의2 제5항).

7 농지전용허가 등의 제한

(1) 농지전용허가의 금지

농림축산식품부장관은 농지전용허가를 결정할 경우 다음의 어느 하나에 해당하는 시설의 부지로 사용하려는 농지는 전용을 허가할 수 없다. 다만, 「국토의 계획 및 이용에 관한 법률」에 따른 도시지역·계획관리지역 및 개발진흥지구에 있는 농지는 다음의 어느 하나에 해당하는 시설의 부지로 사용하더라도 전용을 허가할 수 있다(법 제37조 제1항).

1) 「대기환경보전법」에 따른 대기오염배출시설로서 대통령령으로 정하는 시설
2) 「물환경보전법」에 따른 폐수배출시설로서 대통령령으로 정하는 시설
3) 농업의 진흥이나 농지의 보전을 해칠 우려가 있는 시설로서 대통령령으로 정하는 시설

(2) 농지전용허가 및 타용도 일시사용의 제한

농림축산식품부장관이나 시장·군수 또는 자치구청장은 농지전용허가 및 협의를 하거나 농지의 타용도 일시사용허가 및 협의를 할 때 그 농지가 다음의 어느 하나에 해당하면 전용을 제한하거나 타용도 일시사용을 제한할 수 있다(법 제37조 제2항).

1) 전용하려는 농지가 농업생산기반이 정비되어 있거나 농업생산기반정비사업의 시행예정지역으로 편입되어 우량농지로 보전할 필요가 있는 경우
2) 해당 농지를 전용하거나 다른 용도로 일시사용하면 일조·통풍·통작에 매우 크게 지장을 주거나 농지개량시설의 폐지를 수반해서 인근 농지의 농업경영에 매우 큰 영향을 미치는 경우
3) 해당 농지를 전용하거나 타용도로 일시 사용하면 토사가 유출되는 등 인근 농지 또는 농지개량시설을 훼손할 우려가 있는 경우
4) 전용목적의 실현을 위한 사업계획 및 자금조달계획이 불확실한 경우
5) 전용하려는 농지의 면적이 전용 목적 실현에 필요한 면적보다 지나치게 넓은 경우

8 둘 이상의 용도지역·용도지구에 걸치는 농지에 대한 전용허가 시 적용기준

한 필지의 농지에 「국토의 계획 및 이용에 관한 법률」에 따른 도시지역·계획관리지역 및 개발진흥지구와 그 외의 용도지역 또는 용도지구가 걸치는 경우로서 해당 농지 면적에서 차지하는 비율이 가장 작은 용도지역 또는 용도지구가 330㎡ 이하인 경우에는 해당 농지 면적에서 차지하는 비율이 가장 큰 용도지역 또는 용도지구를 기준으로 법 제37조 제1항(농지전용허가 등의 제한)을 적용한다(법 제37조의2, 영 제44조의2).

9 농지전용제한의 위반에 대한 조치

(1) 농지전용허가의 취소 등 24회 출제

농림축산식품부장관이나 시장·군수 또는 자치구청장은 농지전용허가 또는 농지의 타용도 일시사용허가를 받았거나 농지전용신고, 농지의 타용도 일시사용신고 또는 농지개량행위의 신고를 한 자가 다음에 해당하는 경우에는 허가를 취소하거나 관계공사의 중지, 조업의 정지, 사업규모의 축소 또는 사업계획의 변경 등 필요한 조치를 명할 수 있다(법 제39조 제1항, 영 제57조).

1) 거짓이나 그 밖의 부정한 방법으로 허가를 받거나 신고를 한 것이 판명된 경우
2) 허가의 목적 또는 조건을 위반하거나 허가 또는 신고없이 사업계획 또는 사업규모를 변경하는 경우
3) 허가를 받거나 신고를 한 후 농지전용 목적사업과 관련된 사업계획의 변경 등 대통령령으로 정하는 정당한 사유 없이 최초로 허가를 받거나 신고를 한 날부터 2년 이상 대지의 조성, 시설물의 설치 등 전용목적사업에 착수하지 않거나 전용목적사업에 착수한 후 1년 이상 공사를 중단한 경우
4) 농지보전부담금을 납입하지 않는 경우
5) 허가를 받은 자 또는 신고를 한 자가 허가의 취소를 신청하거나 신고를 철회하는 경우
6) 허가를 받은 자가 공사중지 등의 조치명령을 위반한 경우(반드시 허가를 취소해야 함)

농지전용허가를 취소하는 경우에는 미리 청문을 실시해야 한다(법 제55조).

(2) 승인·허가 등의 취소요청

농림축산식품부장관은 다른 법률에 따라 농지의 전용이 의제되는 협의를 거쳐 농지를 전용하려는 자가 농지보전부담금 부과 후 농지보전부담금을 납부하지 아니하고 2년 이내에 농지전용의 원인이 된 목적사업에 착수하지 아니하는 경우 관계 기관의 장에게 그 목적사업에 관련된 승인·허가 등의 취소를 요청할 수 있다. 이 경우 취소를 요청받은 관계 기관의 장은 특별한 사유가 없으면 이에 따라야 한다(법 제39조 제2항).

(3) 불법전용농지 등의 조사

농림축산식품부장관이나 시장·군수 또는 자치구청장은 관계공무원으로 하여금 다음의 사항을 조사하게 해야 한다(영 제58조 제1항).

1) 관할구역 안의 농지가 불법으로 전용되었는지 여부
2) 농지전용허가 또는 농지의 타용도 일시사용허가를 받았거나 농지전용신고 또는 농지의 타용도 일시사용신고를 한 자가 허가취소 등의 사유에 해당하는지 여부

(4) 원상회복

농림축산식품부장관이나 시장·군수 또는 자치구청장은 다음의 어느 하나에 해당하면 그 행위를 한 자, 해당 농지의 소유자·점유자 또는 관리자에게 기간을 정하여 원상회복을 명할 수 있다(법 제42조 제1항).

1) 농지의 전용 또는 타용도 일시사용에 관한 허가를 받지 않고 농지를 전용하거나 타용도로 사용한 경우
2) 농지전용신고 또는 농지의 타용도 일시사용신고를 하지 아니하고 농지를 전용하거나 다른 용도로 사용한 경우
3) 농지의 전용허가가 취소된 경우
4) 농지전용신고를 한 자가 공사중지 등의 조치명령을 위반한 경우
5) 농지개량 기준을 준수하지 아니하고 농지를 개량한 경우
6) 농지개량행위의 신고 또는 변경신고를 하지 아니하고 농지를 성토 또는 절토한 경우

농림축산식품부장관이나 시장·군수 또는 자치구청장은 원상회복명령에 위반해서 원상회복을 하지 않는 때에는 「행정대집행법」에 따른 대집행(代執行)에 의해 원상회복을 할 수 있다(법 제42조 제2·3항).

(5) 시정명령

시장·군수 또는 자치구구청장은 농업진흥지역에서의 행위 제한규정을 위반한 자, 해당 토지의 소유자·점유자 또는 관리자에게 기간을 정하여 시정을 명할 수 있다(법 제42조의2 제1항).

10 용도변경의 승인★

(1) 용도변경승인

농지전용허가를 받거나 농지전용협의 또는 농지전용신고를 하고 전용목적사업에 사용되고 있거나 사용된 토지를 <u>5년 이내에 다른 목적으로 사용하고자 하는 경우에는 농림축산식품부령으로 정하는 바에 따라 시장·군수 또는 자치구청장의 승인을 받아야 한다.</u> 이를 위반한 경우에는 5년 이하의 징역 또는 5,000만원 이하의 벌금에 처해진다(법 제40조 제1항, 제58조, 영 제59조 제1항).

농지의 용도변경이 제한되는 기간은 시설물의 준공검사필증을 교부한 날, 건축물대장에 등재된 날, 그 밖에 농지의 전용목적이 완료된 날부터 기산한다(영 제59조 제2항).

(2) 용도변경승인대상

'다른 목적으로 사용하고자 하는 경우'는 그 시설의 용도를 변경하거나 농지전용목적사업의 업종을 변경하는 경우로서 다음에 해당하는 경우를 말한다(영 제59조 제3항).

1) 「대기환경보전법 시행령」 또는 「물환경보전법 시행령」에 따른 사업장의 규모별 구분을 달리하는 정도로 시설을 변경하는 경우
2) 농업의 진흥이나 농지의 보전을 저해할 우려가 있어서 농지전용허가가 제한되는 시설 상호 간의 구분을 달리하게 되는 경우
3) 농지보전부담금 또는 전용부담금이 감면되는 시설에서 농지보전부담금 또는 전용부담금이 감면되지 않거나 감면비율이 낮은 시설로 변경하는 경우(도시지역·계획관리지역 및 개발진흥지구에 있는 토지에 한정한다)

(3) 농지보전부담금의 납부

용도변경의 승인을 받아야 하는 자 중 농지보전부담금이 감면되는 시설의 부지로 전용된 토지를 농지보전부담금의 감면비율이 다른 시설의 부지로 사용하고자 하는 자는 그에 해당하는 농지보전부담금을 납입해야 한다(법 제40조 제2항).

03 농지의 지목변경제한★

1 농지의 지목변경제한

농지는 원칙적으로 전·답 또는 과수원 외의 지목으로 변경하지 못한다(법 제41조).

2 농지의 지목변경제한의 예외

다음의 경우에는 농지를 전·답 또는 과수원 외의 지목으로 변경할 수 있다(법 제41조 제1항).

1) 농지전용허가를 받거나 농지전용협의에 따라 농지를 전용한 경우
2) 「산지관리법」에 따른 산지전용허가를 받지 아니하거나 산지전용신고를 하지 아니하고 불법으로 개간한 농지를 산림으로 복구하는 목적으로 농지를 전용한 경우
3) 농지전용신고를 하고 농지를 전용한 경우
4) 농어촌용수개발사업이나 농업생산기반개량사업의 시행으로 농지개량시설의 부지로 변경되는 경우
5) 시장·군수 또는 자치구청장이 천재지변 그 밖의 불가항력의 사유로 그 농지의 형질이 현저하게 변경되어 거의 원상회복이 불가능하다고 인정하는 경우

3 지목변경의 신청

토지소유자는 농지의 지목변경 사유로 토지의 형질변경 등이 완료·준공되어 토지의 용도가 변경된 경우 그 사유가 발생한 날부터 60일 이내에 「공간정보의 구축 및 관리 등에 관한 법률」에 따른 지적소관청에 지목변경을 신청하여야 한다(법 제41조 제2항).

4 농지개량 기준의 준수

농지를 개량하려는 자는 농지의 생산성 향상 등 농지개량의 목적을 달성하고 농지개량 행위로 인해 주변 농업환경(인근 농지의 관개·배수·통풍 및 농작업을 포함한다)에 부정적인 영향을 미치지 않도록 농지개량의 기준을 준수하여야 한다(법 제41조의2 제1항).

5 농지개량행위의 신고

농지를 개량하려는 자 중 성토 또는 절토를 하려는 자는 농림축산식품부령으로 정하는 바에 따라 시장·군수 또는 자치구구청장에게 신고하여야 하며, 신고한 사항을 변경하려는 경우에도 또한 같다. 다만, 다음의 어느 하나에 해당하는 경우에는 그러하지 아니하다(법 제41조의3 제1항).

1) 「국토의 계획 및 이용에 관한 법률」에 따라 개발행위의 허가를 받은 경우
2) 국가 또는 지방자치단체가 공익상의 필요에 따라 직접 시행하는 사업을 위하여 성토 또는 절토하는 경우
3) 재해복구나 재난수습을 위한 응급조치를 위한 경우
4) 대통령령으로 정하는 경미한 행위인 경우

04 농지관리위원회의 설치·운영

1 농지관리위원회의 설치

농림축산식품부장관의 다음의 사항에 대한 자문에 응하게 하기 위하여 농림축산식품부에 농지관리위원회(이하 "위원회"라 한다)를 둔다(법 제37조의3 제1항. 영 제44조의3 제1항).

1) 농지의 이용, 보전 등의 정책 수립에 관한 사항
2) 농지전용허가 및 협의 또는 농지전용신고 사항 중 다음의 농지전용에 관한 사항
   ① 100만㎡(농업진흥지역의 경우 30만㎡) 이상의 농지전용
   ② 농지관리위원회의 자문을 거친 후 추가적으로 농지전용 면적을 증가시키려는 경우에는 그 증가되는 면적이 50만㎡(농업진흥지역의 경우 15만㎡) 이상인 농지전용
3) 그 밖에 농림축산식품부장관이 필요하다고 인정하여 위원회에 부치는 사항

1 농지관리위원회의 구성 등

(1) 농지관리위원회의 구성
위원회는 위원장 1명을 포함한 20명 이내의 위원으로 구성한다(법 제37조의3 제2항).

(2) 농지관리위원회의 위원
위원회의 위원은 관계 행정기관의 공무원, 농업·농촌·토지이용·공간정보·환경 등과 관련된 분야에 관한 학식과 경험이 풍부한 사람 중에서 농림축산식품부장관이 위촉하며, 위원장은 위원 중에서 호선한다(법 제37조의3 제3항).

(3) 위원장 및 위원의 임기
위원장 및 위원의 임기는 2년으로 한다(법 제37조의3 제4항).

05 농지보전부담금 ★★
10·11회 출제

1 농지보전부담금의 납부

(1) 농지보전부담금의 납부의무자
다음에 해당하는 자는 농지의 보전·관리 및 조성을 위한 부담금(농지보전부담금)을 농지관리기금을 운용·관리하는 자에게 납부해야 한다(법 제38조 제1항).

1) 농지전용허가를 받는 자
2) 농지전용협의를 거친 지역예정지 또는 시설예정지에 있는 농지(협의 대상에서 제외되는 농지를 포함한다)를 전용하려는 자

농지보전부담금

농지보전부담금은 농지의 보전·관리·조성을 위해 납부하는 부담금을 말한다.

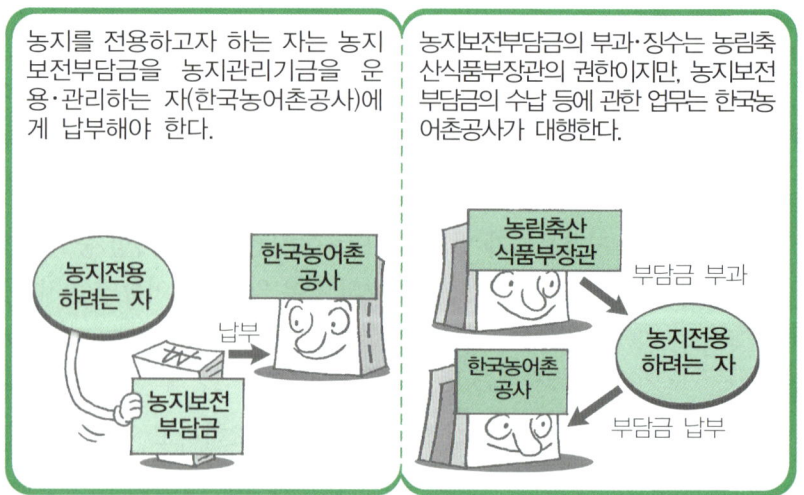

농지를 전용하고자 하는 자는 농지보전부담금을 농지관리기금을 운용·관리하는 자(한국농어촌공사)에게 납부해야 한다.

농지보전부담금의 부과·징수는 농림축산식품부장관의 권한이지만, 농지보전부담금의 수납 등에 관한 업무는 한국농어촌공사가 대행한다.

3) 계획관리지역에 지구단위계획구역을 지정할 때에 농지전용에 관한 협의를 거친 구역예정지에 있는 농지를 전용하려는 자
4) 녹지지역 안의 농지에 대한 개발행위허가 또는 개발제한구역 안의 농지에 대한 토지형질변경허가와 관련해서 농지전용협의를 거친 농지를 전용하고자 하는 자
5) 농지전용신고를 하고 농지를 전용하려는 자

(2) 농지보전부담금의 납부기한

농지를 전용하려는 자는 농지보전부담금의 전부 또는 일부를 농지전용허가·농지전용신고(다른 법률에 따라 농지전용허가 또는 농지전용신고가 의제되는 인가·허가·승인 등을 포함한다) 전까지 납부하여야 한다(법 제38조 제4항).

(3) 농지보전부담금의 선납 또는 납부조건

농림축산식품부장관이나 시장·군수 또는 자치구청장이 농지전용의 허가 또는 농지전용신고를 수리하려는 때에는 농지보전부담금의 전부 또는 일부를 미리 납부하게 해야 한다(영 제45조 제1항). 관계 행정기관의 장이 농지보전부담금의 납부대상이 되는 농지전용이 수반되는 인가·허가·승인·신고수리 등을 하려는 때에는 농지보전부담금이 납부되었는지 확인한 후 인가등을 해야 한다(영 제45조 제2항).

2 농지보전부담금의 부과·징수

(1) 수납업무의 대행
농지보전부담금의 부과·징수는 농림축산식품부장관의 권한이지만, 농지보전부담금의 수납 등에 관한 업무는 농지관리기금의 운용·관리를 위탁받고 있는 한국농어촌공사가 대행한다(영 제48조 제1항).

(2) 농지보전부담금의 금액
농지보전부담금의 ㎡당 금액은 부과기준일 현재 가장 최근에 공시된 해당 농지의 개별공시지가에 농업진흥지역의 농지는 100분의 30, 농업진흥지역 밖의 농지는 100분의 20을 곱한 금액으로 한다. 농지보전부담금의 ㎡당 금액이 5만원을 초과하는 경우에는 5만원을 농지보전부담금의 ㎡당 금액으로 한다(영 제53조 제1·2항, 규칙 제47조의2).

(3) 납부기한 독촉장의 발부
농림축산식품부장관은 농지보전부담금을 내야 하는 자가 납부기한까지 내지 아니하면 납부기한이 지난 후 10일 이내에 납부기한으로부터 30일 이내의 기간을 정한 독촉장을 발급하여야 한다(법 제38조 제8항).

(4) 농지보전부담금의 가산금 22회 출제
농림축산식품부장관은 농지보전부담금을 내야 하는 자가 납부기한까지 부담금을 내지 아니한 경우에는 납부기한이 지난날부터 체납된 농지보전부담금의 3/100에 상당하는 금액을 가산금으로 부과한다(법 제38조 제9항).

(5) 농지보전부담금의 중가산금
농림축산식품부장관은 농지보전부담금을 체납한 자가 체납된 농지보전부담금을 납부하지 아니한 때에는 납부기한이 지난날부터 1개월이 지날 때마다 체납된 농지보전부담금의 1천분의 12에 상당하는 중가산금을 가산금에 더하여 부과하되, 체납된 농지보전부담금의 금액이 100만원 미만인 경우는 중가산금을 부과하지 아니한다. 이 경우 중가산금을 가산하여 징수하는 기간은 60개월을 초과하지 못한다(법 제38조 제10항).

(6) 농지보전부담금의 강제징수
농림축산식품부장관은 농지보전부담금을 내야 하는 자가 독촉장을 받고 지정된 기한까지 부담금과 가산금 및 중가산금을 내지 아니하면 국세 또는 지방세 체납처분의 예에 따라 징수할 수 있다(법 제38조 제11항).

(7) 농지보전부담금의 결손처분

농림축산식품부장관은 다음의 어느 하나에 해당하는 사유가 있으면 해당 농지보전부담금에 관하여 결손처분을 할 수 있다. 다만, 1)·3) 및 4)의 경우 결손처분을 한 후에 압류할 수 있는 재산을 발견하면 지체없이 결손처분을 취소하고 체납처분을 하여야 한다(법 제38조 제12항).

1) 체납처분이 종결되고 체납액에 충당된 배분금액이 그 체납액에 미치지 못한 경우
2) 농지보전부담금을 받을 권리에 대한 소멸시효가 완성된 경우
3) 체납처분의 목적물인 총재산의 추산가액(推算價額)이 체납처분비에 충당하고 남을 여지가 없는 경우
4) 체납자가 사망하거나 행방불명되는 등 대통령령으로 정하는 사유로 인하여 징수할 가능성이 없다고 인정되는 경우

3 농지보전부담금의 분할납부

농림축산식품부장관은 다음의 어느 하나에 해당하는 사유로 농지보전부담금을 분할납부하려는 경우에는 납부하여야 할 농지보전부담금의 100분의 30을 해당 농지전용허가 또는 농지전용신고(다른 법률에 따라 농지전용허가 또는 농지전용신고가 의제되는 인가·허가·승인 등을 포함한다) 전에 납부하고, 그 잔액은 4년의 범위에서 농림축산식품부령으로 정하는 바에 따라 분할하여 납부하되, 최종납부일은 해당 목적사업의 준공일 이전이어야 한다. 다만, 농림축산식품부장관은 국가 또는 지방자치단체가 농지를 전용하는 경우로서 농지보전부담금 분할 잔액을 납부기한에 납부하기 어려운 사유가 있다고 인정되면 해당 목적사업의 준공일까지의 범위에서 그 납부기한을 연장할 수 있다. 농림축산식품부장관은 농지보전부담금을 나누어 내게 하려면 대통령령으로 정하는 바에 따라 농지보전부담금을 나누어 내려는 자에게 나누어 낼 농지보전부담금에 대한 납입보증보험증서 등을 미리 예치하게 하여야 한다. 다만, 농지보전부담금을 나누어 내려는 자가 국가, 지방자치단체 또는 공기업인 경우에는 그러하지 아니하다(법 제38조 제2·3항, 영 제50조 제2항).

1) 「공공기관의 운영에 관한 법률」에 따른 공공기관과 「지방공기업법」에 따른 지방공기업이 산업단지의 시설용지로 농지를 전용하는 경우 등 대통령령으로 정하는 농지의 전용
2) 농지보전부담금이 농림축산식품부령으로 정하는 금액 이상인 경우

4 농지보전부담금의 환급

농지관리기금을 운용·관리하는 자는 다음의 어느 하나에 해당하는 경우에는 농지보전부담금을 환급하여야 한다(법 제38조 제5항).

1) 농지보전부담금을 낸 자의 허가가 취소된 경우
2) 농지보전부담금을 낸 자의 사업계획이 변경된 경우
3) 농지보전부담금을 납부하고 허가를 받지 못한 경우
4) 그 밖에 이에 준하는 사유로 전용하려는 농지의 면적이 당초보다 줄어든 경우

5 농지보전부담금의 감면

농림축산식품부장관은 다음의 어느 하나에 해당하면 농지보전부담금을 감면할 수 있다(법 제38조 제6항).

1) 국가나 지방자치단체가 공용 목적이나 공공용 목적으로 농지를 전용하는 경우
2) 중요 산업 시설을 설치하기 위하여 농지를 전용하는 경우
3) 농지전용 신고대상이 되는 시설 등을 설치하기 위하여 농지를 전용하는 경우

단락문제 Q11

다음은 농지보전부담금에 관한 설명이다. 틀린 것은?

① 농지전용허가를 받아 농지를 전용하는 자는 농지보전부담금을 납부해야 한다.
② 농지를 전용하려는 자는 농지보전부담금의 전부 또는 일부를 농지전용허가·농지전용신고 전까지 납부하여야 한다.
③ 농지보전부담금은 농지관리기금을 운영·관리하는 자에게 납부한다.
④ 농지보전부담금을 납부하지 않으면 농지전용허가를 취소할 수 있다.
⑤ 농지보전부담금의 ㎡당 금액은 해당 농지의 공시지가의 50%로 한다.

해설 농지보전부담금
농지보전부담금의 ㎡당 금액은 부과기준일 현재 가장 최근에 공시된 해당 농지의 개별공시지가의 30%로 한다. 농지보전부담금의 ㎡당 금액이 5만원을 초과하는 경우에는 5만원을 농지보전부담금의 ㎡당 금액으로 한다. **정답** ⑤

06 농지위원회

1 농지위원회의 설치

농지의 취득 및 이용의 효율적인 관리를 위해 시·구·읍·면에 각각 농지위원회를 둔다. 다만, 해당 지역 내의 농지가 650만㎡ 이하이거나, 농지위원회의 효율적 운영을 위하여 필요한 경우 시·군의 조례로 정하는 바에 따라 그 행정구역 안에 권역별로 설치할 수 있다(법 제44조. 규칙 제54조).

2 농지위원회의 구성 등

(1) 농지위원회의 구성

농지위원회는 위원장 1명을 포함한 10명 이상 20명 이하의 위원으로 구성하며 위원장은 위원 중에서 호선한다(법 제45조 제1항).

(2) 농지위원회의 위원

농지위원회의 위원은 다음의 어느 하나에 해당하는 사람으로 구성한다(법 제45조 제2항. 영 제61조 제4항).

1) 위촉일 현재 3년 이상 계속하여 해당 시·군·구에서 농업경영을 하고 있는 사람
2) 해당 지역에 소재하는 농업 관련 기관 또는 단체의 추천을 받은 사람
3) 「비영리민간단체 지원법」에 따른 비영리민간단체의 추천을 받은 사람
4) 농업 및 농지정책에 대하여 학식과 경험이 풍부한 사람

(3) 농지위원회의 위원 선임 및 임기

농지위원회의 위원은 법 제45조제2항 각 호의 사람 중에서 시장·군수 또는 구청장이 임명하거나 위촉한다. 위촉되는 위원의 임기는 2년으로 한다(영 제61조 제1·2항).

(4) 농지위원회의 운영

1) 농지위원회의 위원장은 농지위원회를 대표하고, 농지위원회의 업무를 총괄한다(영 제62조 제1항).
2) 농지위원회의 위원장이 부득이한 사유로 직무를 수행할 수 없을 때에는 위원장이 미리 지명한 위원이 그 직무를 대행한다(영 제62조 제2항).
3) 농지위원회의 위원장은 농지위원회의 회의를 소집하고 그 의장이 된다(영 제62조 제3항).
4) 농지위원회의 회의는 재적위원 과반수의 출석으로 개의하고, 출석위원 과반수의 찬성으로 의결한다(영 제62조 제4항).

(5) 분과위원회

농지위원회의 효율적 운영을 위하여 필요한 경우에는 각 10명 이내의 위원으로 구성되는 분과위원회를 둘 수 있다. 분과위원회의 심의는 농지위원회의 심의로 본다(법 제45조 제3·4항).

(6) 분과위원회의 위원 선임

농지위원회에 두는 분과위원회는 위원장 1명을 포함하여 6명 이상 10명 이내의 위원으로 구성한다. 분과위원회 위원은 농지위원회 위원 중에서 농지위원회의 위원장이 지명한다. 이 경우 한 명의 위원을 2개 이상의 분과위원회 위원으로 지명할 수 없다(영 제63조 제1·2항).

3 농지위원회의 기능

농지위원회는 다음의 기능을 수행한다(법 제46조).

1) 농지취득자격증명 심사에 관한 사항
2) 농지전용허가를 받은 농지의 목적사업 추진상황에 관한 확인
3) 농지의 소유 등에 관한 조사 참여
4) 그 밖에 농지 관리에 관하여 농림축산식품부령으로 정하는 사항

07 농지 관리 기본방침

1 농지 관리 기본방침의 수립

(1) 농지 관리 기본방침의 수립자

농림축산식품부장관은 10년마다 농지의 관리에 관한 기본방침(이하 "기본방침"이라 한다)을 수립·시행하여야 하며, 필요한 경우 5년마다 그 내용을 재검토하여 정비할 수 있다(법 제47조 제1항).

(2) 기본방침의 내용

기본방침에는 다음의 사항이 포함되어야 한다(법 제47조 제2항).

1) 농지 관리에 관한 시책의 방향
2) 농지 면적의 현황 및 장래예측
3) 관리하여야 하는 농지의 목표 면적
4) 특별시·광역시·특별자치시·도 또는 특별자치도에서 관리하여야 하는 농지의 목표 면적 설정 기준

5) 농업진흥지역의 지정 기준
6) 농지의 전용 등으로 인한 농지 면적 감소의 방지에 관한 사항
7) 그 밖에 농지의 관리를 위하여 필요한 사항으로서 대통령령으로 정하는 사항

(3) 기본방침의 수립절차

농림축산식품부장관은 기본방침을 수립하거나 변경하려면 미리 지방자치단체의 장의 의견을 수렴하고 관계 중앙행정기관의 장과 협의한 후 위원회의 심의를 거쳐야 한다. 다만, 대통령령으로 정하는 경미한 사항을 변경하는 경우에는 그러하지 아니하다(법 제47조 제3항).

2 농지 관리 기본계획 및 실천계획의 수립

(1) 농지 관리 기본계획의 수립자

시·도지사는 기본방침에 따라 관할구역의 농지의 관리에 관한 기본계획(이하 "기본계획"이라 한다)을 10년마다 수립하여 농림축산식품부장관의 승인을 받아 시행하고, 필요한 경우 5년마다 그 내용을 재검토하여 정비할 수 있다. 기본계획 중 대통령령으로 정하는 중요한 사항을 변경할 때에도 또한 같다(법 제48조 제1항).

(2) 농지 관리 실천계획의 수립자

시장·군수 또는 자치구구청장(그 관할구역에 농지가 없는 자치구구청장은 제외한다)은 기본계획에 따라 관할구역의 농지의 관리에 관한 세부 실천계획(이하 "실천계획"이라 한다)을 5년마다 수립하여 시·도지사의 승인을 받아 시행하여야 한다. 실천계획 중 대통령령으로 정하는 중요한 사항을 변경할 때에도 또한 같다(법 제48조 제2항).

(3) 기본계획 및 실천계획의 내용

기본계획 및 실천계획에는 다음 각 호의 사항이 포함되어야 한다(법 제48조 제3항).

1) 관할구역의 농지 관리에 관한 시책의 방향
2) 관할구역의 농지 면적 현황 및 장래예측
3) 관할구역별로 관리하여야 하는 농지의 목표 면적
4) 관할구역 내 농업진흥지역 지정 및 관리
5) 관할구역 내 농업진흥지역으로 지정하는 것이 타당한 지역의 위치 및 규모
6) 관할구역의 농지의 전용 등으로 인한 농지 면적 감소의 방지에 관한 사항
7) 그 밖에 관할구역의 농지 관리를 위하여 필요한 사항으로서 대통령령으로 정하는 사항

(4) 기본계획의 수립절차

시·도지사가 기본계획을 수립 또는 변경하려면 미리 관계 시장·군수 또는 자치구구청장과 전문가 등의 의견을 수렴하고 해당 지방의회의 의견을 들어야 한다. 다만, 대통령령으로 정하는 경미한 사항을 변경하는 경우에는 그러하지 아니하다(법 제48조 제4항).

(5) 실천계획의 수립절차

시장·군수 또는 자치구구청장이 실천계획을 수립 또는 변경하거나 기본계획에 대한 의견을 제시하려면 대통령령으로 정하는 바에 따라 미리 주민과 관계 전문가 등의 의견을 수렴하고 해당 지방의회의 의견을 들어야 한다. 다만, 대통령령으로 정하는 경미한 사항을 변경하는 경우에는 그러하지 아니하다(법 제48조 제26).

(6) 기본계획 및 실천계획의 공고 열람

시·도지사, 시장·군수 또는 자치구구청장은 기본계획 또는 실천계획의 수립 또는 변경에 대한 승인을 받으면 대통령령으로 정하는 바에 따라 그 내용을 공고한 후 일반인이 열람할 수 있도록 하여야 한다(법 제48조 제7항).

08 농지대장 33회 출제

1 농지대장의 작성과 비치

(1) 농지대장의 작성

농지 소재지를 관할하는 시·구·읍·면의 장은 농지 소유 실태와 농지 이용 실태를 파악하여 이를 효율적으로 이용하고 관리하기 위하여 모든 농지에 대해 필지별로 농지대장(農地臺帳)을 작성하여 갖추어 두어야 한다(법 제49조 제1항 영제70조).

(2) 농지대장의 포함내용

농지대장에는 농지의 소재지·지번·지목·면적·소유자·임대차 정보·농업진흥지역 여부 등을 포함한다(법 제49조 제2항).

(3) 보고 및 조사

시·구·읍·면의 장은 농지대장을 작성·정리하거나 농지 이용 실태를 파악하기 위하여 필요하면 해당 농지 소유자에게 필요한 사항을 보고하게 하거나 관계 공무원에게 그 상황을 조사하게 할 수 있다(법 제49조 제3항).

(4) 농지대장 파일의 농지대장 간주

농지대장에 적을 사항을 전산정보처리조직으로 처리하는 경우 그 농지대장 파일(자기디스크나 자기테이프, 그 밖에 이와 비슷한 방법으로 기록하여 보관하는 농지대장을 말한다)은 농지대장으로 본다(법 제49조 제5항).

(5) 농지대장의 보존 기간 특례

시·구·읍·면장은 관할구역 안에 있는 농지가 농지전용허가 등의 사유로 농지에 해당하지 않게 된 경우에는 그 농지대장을 따로 편철하여 10년간 보존해야 한다. 이 경우 전산정보처리조직을 이용할 수 있다(규칙 제56조 제4항).

2 농지이용 정보 등 변경신청

농지소유자 또는 임차인은 다음의 사유가 발생하는 경우 그 변경사유가 발생한 날부터 60일 이내에 시·구·읍·면의 장에게 농지대장의 변경을 신청하여야 한다(법 제49조의2).

1) 농지의 임대차계약과 사용대차계약이 체결·변경 또는 해제되는 경우
2) 토지의 개량시설과 농축산물 생산시설을 설치하는 경우
3) 그 밖에 농림축산식품부령으로 정하는 사유에 해당하는 경우

3 농지대장의 열람 또는 등본 등의 교부

(1) 농지대장의 열람 또는 등본의 교부

시·구·읍·면의 장은 농지대장의 열람신청 또는 등본 교부신청을 받으면 농림축산식품부령으로 정하는 바에 따라 농지대장을 열람하게 하거나 그 등본을 내주어야 한다. 농지대장의 열람은 해당 시·구·읍·면의 사무소 안에서 관계공무원의 참여 하에 해야 한다(법 제50조 제1항. 규칙 제58조 제2항).

(2) 자경증명의 발급

시·구·읍·면의 장은 자경(自耕)하고 있는 농업인 또는 농업법인이 신청하면 신청인의 농업경영상황을 조사한 후 자경하는 사실이 명백한 경우에는 신청일부터 7일 이내에 자경증명을 발급하여야 한다(법 제50조 제2항. 규칙 제59조 제2항).

단락문제 Q12
제33회 기출

농지법령상 농지대장에 관한 설명으로 틀린 것은?

① 농지대장은 모든 농지에 대해 필지별로 작성하는 것은 아니다.
② 농지대장에 적을 사항을 전산정보처리조직으로 처리하는 경우 그 농지대장 파일은 농지대장으로 본다.
③ 시·구·읍·면의 장은 관할구역 안에 있는 농지가 농지전용허가로 농지에 해당하지 않게 된 경우에는 그 농지대장을 따로 편철하여 10년간 보존해야 한다.
④ 농지소유자 또는 임차인은 농지의 임대차계약이 체결된 경우 그 날부터 60일 이내에 시·구·읍·면의 장에게 농지대장의 변경을 신청하여야 한다.
⑤ 농지대장의 열람은 해당 시·구·읍·면의 사무소 안에서 관계공무원의 참여 하에 해야 한다.

해설 농지대장
농지 소재지를 관할하는 시·구·읍·면의 장은 농지 소유 실태와 농지 이용 실태를 파악하여 이를 효율적으로 이용하고 관리하기 위하여 모든 농지에 대해 필지별로 농지대장을 작성하여 갖추어 두어야 한다.

정답 ①

농지법

CHAPTER 06

• 경록 교재에 모든 답이 있습니다.

01 지목이 전·답·과수원인 토지로서 농작물 경작에 계속해서 이용되는 기간이 3년 미만인 토지는 농지에서 제외된다.

01. X
전·답·과수원이 아닌 토지

02 5년 이상 농업경영을 하던 사람이 이농하면서 이농 당시 소유해 왔던 농지를 계속 소유하는 경우 자기의 농업경영에 이용하지 않아도 소유할 수 있다.

02. X
8년 이상 농업경영을 하던 사람이 이농하는 경우

03 상속에 의해 농지를 취득한 사람으로서 농업경영을 하지 않는 사람은 그 상속농지 중에서 10,000m² 이내만 소유할 수 있다.

03. O

04 농지전용허가를 받거나 농지전용신고를 한 자가 그 농지를 취득하는 경우 농지취득자격증명을 발급받지 않고 농지를 취득할 수 있다.

04. X
농업경영계획서를 작성하지 않고 발급신청을 하는 경우이다.

05 주말·체험영농을 하기 위해 농지를 취득한 자가 자연재해·농지개량·질병 등의 정당한 사유없이 그 농지를 주말·체험영농에 이용하지 않게 되었다고 시·구·읍·면장이 인정한 때는 2년 이내에 그 농지를 그 사유가 발생한 날 당시 세대를 같이하는 세대원이 아닌 자에게 처분해야 한다.

05. X
시장·군수·구청장이 인정한 때는 1년 이내에 그 농지를 처분해야 한다.

06 시장·군수·구청장은 처분의무 기간 내에 처분대상농지를 처분하지 않은 농지소유자에게 3개월 이내에 그 농지를 처분할 것을 명할 수 있다.

06. X
6개월 이내에 그 농지를 처분할 것을 명할 수 있다.

07 대리경작농지에서 경작한 농작물의 수확일부터 2개월 안에 수확량의 10%를 소유권자 또는 임차권자에게 토지사용료를 지급한다.

07. O

08 농림축산식품부장관은 보전관리지역·생산관리지역이 농업진흥지역에 포함되는 경우 지정을 승인하기 전에 국토교통부장관과 협의해야 한다.

08. X
녹지지역·계획관리지역이 농업진흥지역에 포함되는 경우

09 농지전용신고를 하고 농지를 전용하고자 하는 자는 농지관리기금을 운용·관리하는 자에게 농지보전부담금을 납부해야 한다.

09. O

10 농지전용신고를 하고 농지전용목적사업에 사용되고 있거나 사용된 토지를 8년 이내에 다른 목적으로 사용하고자 하는 경우에는 시장·군수 또는 구청장의 승인을 받아야 한다.

10. X
5년 이내에 다른 목적으로 사용하고자 하는 경우

한방에 합격은 경록이다

제1회 시험부터 수많은 합격자를 배출한 전문성 - 경록

부록

제35회
공인중개사
기출문제

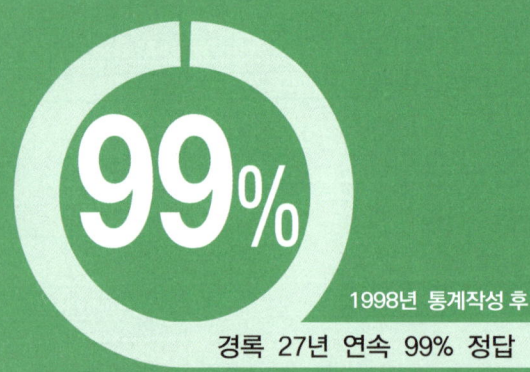

공인중개사 2차
제35회 기출문제
2024. 10. 26. 시행

부동산공법

01
경록 '25 기본서
16쪽 출제

국토의 계획 및 이용에 관한 법령상 용어에 관한 설명으로 옳은 것은?
① 행정청이 설치하는 공동묘지는 "공공시설"에 해당한다.
② 성장관리계획구역에서의 난개발을 방지하고 계획적인 개발을 유도하기 위하여 수립하는 계획은 "공간재구조화계획"이다.
③ 자전거전용도로는 "기반시설"에 해당하지 않는다.
④ 지구단위계획구역의 지정에 관한 계획은 "도시·군기본계획"에 해당한다.
⑤ "기반시설부담구역"은 기반시설을 설치하기 곤란한 지역을 대상으로 지정한다.

해설 용어의 정의
② 성장관리계획구역에서의 난개발을 방지하고 계획적인 개발을 유도하기 위하여 수립하는 계획은 "성장관리계획"이다.
③ 자전거전용도로는 "기반시설"에 해당한다.
④ 지구단위계획구역의 지정에 관한 계획은 "도시·군관리계획"에 해당한다.
⑤ 개발밀도관리구역이 기반시설을 설치하기 곤란한 지역을 대상으로 지정한다.

02
경록 '25 기본서
87쪽 출제

국토의 계획 및 이용에 관한 법령상 지방자치단체의장이 다른 법률에 따른 토지 이용에 관한 구역을 지정하는 경우에 관한 설명으로 틀린 것은?
① 지정하려는 구역의 면적이 1제곱킬로미터 미만인 경우 승인을 받지 않아도 된다.
② 농림지역에서「수도법」에 따른 상수원보호구역을 지정하는 경우 국토교통부장관의 승인을 받아야 한다.
③ 지정하려는 구역이 도시·군기본계획에 반영된 경우에는 승인 없이 구역을 지정할 수 있다.
④ 승인을 받아 지정한 구역의 면적의 10퍼센트의 범위안에서 면적을 증감시키는 경우에는 따로 승인을 받지 않아도 된다.
⑤ 지정된 구역을 변경하거나 해제하려면 도시·군관리계획의 입안권자의 의견을 들어야 한다.

정답 01. ① 02. ②

해설 다른 법률에 따른 구역등의 제한

농림지역에서 「수도법」에 따른 상수원보호구역을 지정하는 경우 국토교통부장관의 승인을 받지 않는다.

03

'25 기본서
39쪽 출제

국토의 계획 및 이용에 관한 법령상 도시·군계획에 관한 설명으로 옳은 것은?

① 도시·군기본계획의 내용이 광역도시계획의 내용과 다를 때에는 도시·군기본계획의 내용이 우선한다.
② 도시·군기본계획의 수립권자가 생활권계획을 따로 수립한 때에는 해당 계획이 수립된 생활권에 대해서는 도시·군관리계획이 수립된 것으로 본다.
③ 시장·군수가 미리 지방의회의 의견을 들어 수립한 도시·군기본계획의 경우 도지사는 지방도시계획위원회의 심의를 거치지 않고 해당 계획을 승인할 수 있다.
④ 주민은 공공청사의 설치에 관한 사항에 대하여 도시·군관리계획의 입안권자에게 그 계획의 입안을 제안할 수 있다.
⑤ 광역도시계획이나 도시·군기본계획을 수립할 때 도시·군관리계획을 함께 입안할 수 없다.

해설 도시·군계획

① 도시·군기본계획의 내용이 광역도시계획의 내용과 다를 때에는 광역도시계획의 내용이 우선한다.
② 도시·군기본계획의 수립권자가 생활권계획을 따로 수립한 때에는 해당 계획이 수립된 생활권에 대해서는 도시·군기본계획이 수립된 것으로 본다.
③ 시장·군수가 미리 지방의회의 의견을 들어 수립한 도시·군기본계획의 경우 도지사는 지방도시계획위원회의 심의를 거쳐 해당 계획을 승인할 수 있다.
⑤ 광역도시계획이나 도시·군기본계획을 수립할 때 도시·군관리계획을 함께 입안할 수 있다.

04

'25 기본서
7쪽 출제

국토의 계획 및 이용에 관한 법령상 도시·군관리계획의 결정에 관한 설명으로 옳은 것은?

① 도시·군관리계획 결정의 효력은 지형도면을 고시한 날의 다음 날부터 발생한다.
② 시가화조정구역의 지정에 관한 도시·군관리계획 결정 당시 이미 사업에 착수한 자는 그 결정에도 불구하고 신고 없이 그 사업을 계속할 수 있다.
③ 국토교통부장관이 도시·군관리계획을 직접 입안한 경우에는 시·도지사가 지형도면을 작성하여야 한다.
④ 시장·군수가 입안한 지구단위계획의 수립에 관한 도시·군관리계획은 시장·군수의 신청에 따라 도지사가 결정한다.
⑤ 시·도지사는 국가계획과 관련되어 국토교통부장관이 입안하여 결정한 도시·군관리계획을 변경하려면 미리 국토교통부장관과 협의하여야 한다.

정답 03. ④ 04. ⑤

해설 도시·군관리계획의 결정
① 도시·군관리계획 결정의 효력은 지형도면을 고시한 날부터 발생한다.
② 시가화조정구역 또는 수산자원보호구역의 지정에 관한 도시·군관리계획결정이 있는 경우에는 그 고시가 있는 날부터 3개월 이내에 그 사업이나 공사의 내용을 관할 특별시장·광역시장·특별자치시장·특별자치도지사·시장 또는 군수에게 신고하고 그 사업이나 공사를 계속할 수 있다.
③ 국토교통부장관이 도시·군관리계획을 직접 입안한 경우에는 국토교통부장관이 직접 지형도면을 작성할 수 있다.
④ 시장·군수가 입안한 지구단위계획의 수립에 관한 도시·군관리계획은 시장·군수가 직접 결정한다.

05

경록 '25 기본서 211쪽 출제

국토의 계획 및 이용에 관한 법령상 해당 구역으로 지정되면 「건축법」 제69조에 따른 특별건축구역으로 지정된 것으로 보는 구역을 모두 고른 것은?

ㄱ. 도시혁신구역   ㄴ. 복합용도구역   ㄷ. 시가화조정구역   ㄹ. 도시자연공원구역

① ㄱ   ② ㄱ, ㄴ   ③ ㄷ, ㄹ   ④ ㄴ, ㄷ, ㄹ   ⑤ ㄱ, ㄴ, ㄷ, ㄹ

해설 용도구역에서의 행위제한
도시혁신구역과 복합용도구역으로 지정되면 건축법 제69조에 따른 특별건축구역으로 지정된 것으로 본다.

06

경록 '25 기본서 98쪽 출제

국토의 계획 및 이용에 관한 법령상 도시·군계획시설(이하 '시설'이라 함)에 관한 설명으로 옳은 것은?

① 시설결정의 고시일부터 10년 이내에 실시계획의 인가만 있고 시설사업이 진행되지 아니하는 경우 그 부지의 소유자는 그 토지의 매수를 청구할 수 있다.
② 공동구가 설치된 경우 쓰레기수송관은 공동구협의회의 심의를 거쳐야 공동구에 수용할 수 있다.
③ 「택지개발촉진법」에 따른 택지개발지구가 200만제곱미터를 초과하는 경우에는 공동구를 설치하여야 한다.
④ 시설결정의 고시일부터 20년이 지날 때까지 시설사업이 시행되지 아니하는 경우 그 시설결정은 20년이 되는 날에 효력을 잃는다.
⑤ 시설결정의 고시일부터 10년 이내에 시설사업이 시행되지 아니하는 경우 그 부지 내에 건물만을 소유한 자도 시설결정 해제를 위한 도시·군관리계획 입안을 신청할 수 있다.

정답   05. ②   06. ③

해설 도시·군계획시설

① 시설결정의 고시일부터 10년 이내에 실시계획의 인가만 있고 시설사업이 진행되지 아니하는 경우 그 부지의 소유자는 그 토지의 매수를 청구할 수 없다.
② 공동구가 설치된 경우 쓰레기수송관은 공동구협의회의 심의없이 공동구에 수용해야 한다.
④ 시설결정의 고시일부터 20년이 지날 때까지 시설사업이 시행되지 아니하는 경우 그 시설결정은 20년이 되는 다음 날에 효력을 잃는다.
⑤ 시설결정의 고시일부터 10년 이내에 시설사업이 시행되지 아니하는 경우 그 시설 부지로 되어 있는 토지의 소유자는 해당 시설에 대한 도시·군관리계획 입안권자에게 그 토지의 도시·군계획시설결정 해제를 위한 도시·군관리계획 입안을 신청할 수 있다.

07

'25 기본서 22쪽 출제

국토의 계획 및 이용에 관한 법령상 개발행위허가(이하 '허가'라 함)에 관한 설명으로 옳은 것은?

① 도시·군계획사업에 의하여 10층 이상의 건축물을 건축하려는 경우에는 허가를 받아야 한다.
② 건축물의 건축에 대한 허가를 받은 자가 그 건축을 완료하고「건축법」에 따른 건축물의 사용승인을 받은 경우 허가권자의 준공검사를 받지 않아도 된다.
③ 허가를 받은 건축물의 연면적을 5퍼센트 범위에서 축소하려는 경우에는 허가권자에게 미리 신고하여야 한다.
④ 허가의 신청이 있는 경우 특별한 사유가 없으면 도시계획위원회의 심의 또는 기타 협의 기간을 포함하여 15일 이내에 허가 또는 불허가의 처분을 하여야 한다.
⑤ 국토교통부장관이 지구단위계획구역으로 지구단위계획구역으로 지정된 지역에 대하여 허가의 제한을 연장하려면 중앙도시계획위원회의 심의를 거쳐야 한다.

해설 개발행위허가

① 도시·군계획사업에 의하지 않고 10층 이상의 건축물을 건축하려는 경우에는 허가를 받아야 한다.
③ 허가를 받은 건축물의 연면적을 5퍼센트 범위에서 축소하려는 경우에는 경미한 변경으로 허가를 받지 않아도 된다.
④ 허가의 신청이 있는 경우 특별한 사유가 없으면 도시계획위원회의 심의 또는 기타 협의 기간을 제외하고 15일 이내에 허가 또는 불허가의 처분을 하여야 한다.
⑤ 국토교통부장관이 지구단위계획구역으로 지정된 지역에 대하여 허가의 제한을 연장하려면 중앙도시계획위원회의 심의를 거치지 아니하고 연장할 수 있다.

정답 07. ②

08

경록 '25 기본서 74쪽 출제

국토의 계획 및 이용에 관한 법령상 용도지역에 관한 설명으로 옳은 것은?

① 용도지역은 토지를 경제적·효율적으로 이용하기 위하여 필요한 경우 서로 중복되게 지정할 수 있다.
② 용도지역은 필요한 경우 도시·군기본계획으로 결정할 수 있다.
③ 주민은 상업지역에 산업·유통개발진흥지구를 지정하여 줄 것을 내용으로 하는 도시·군관리계획의 입안을 제안할 수 있다.
④ 바다인 공유수면의 매립구역이 둘 이상의 용도지역과 이웃하고 있는 경우 그 매립구역은 이웃하고 있는 가장 큰 용도지역으로 지정된 것으로 본다.
⑤ 관리지역에서 「농지법」에 따른 농업진흥지역으로 지정·고시된 지역은 「국토의 계획 및 이용에 관한 법률」에 따른 농림지역으로 결정·고시된 것으로 본다.

해설 용도지역
① 용도지역은 토지를 경제적·효율적으로 이용하기 위하여 필요한 경우 서로 중복되지 않게 지정할 수 있다.
② 용도지역은 필요한 경우 도시·군관리계획으로 결정할 수 있다.
③ 주민은 개발진흥지구 중 공업기능 또는 유통물류기능 등을 집중적으로 개발·정비하기 위한 산업·유통개발진흥지구를 지정하여 줄 것을 내용으로 하는 도시·군관리계획의 입안을 제안할 수 있다.
④ 바다인 공유수면의 매립구역이 둘 이상의 용도지역과 이웃하고 있는 경우 그 매립구역은 도시·군관리계획결정으로 지정해야 한다.

09

경록 '25 기본서 150쪽 출제

국토의 계획 및 이용에 관한 법령상 기반시설부담구역에 관한 설명으로 옳은 것은?

① 공원의 이용을 위하여 필요한 편의시설은 기반시설부담구역에 설치가 필요한 기반시설에 해당하지 않는다.
② 기반시설부담구역에서 기존 건축물을 철거하고 신축하는 경우에는 기존 건축물의 건축연면적을 포함하는 건축행위를 기반시설설치비용의 부과대상으로 한다.
③ 지구단위계획을 수립한 경우에는 기반시설설치계획을 수립한 것으로 본다.
④ 기반시설부담구역 내에서 신축된 「건축법 시행령」상의 종교집회장은 기반시설설치비용의 부과대상이다.
⑤ 기반시설부담구역으로 지정된 지역에 대해서는 개발행위허가의 제한을 연장할 수 없다.

정답 08. ⑤ 09. ③

> **해설** 기반시설부담구역
① 공원의 이용을 위하여 필요한 편의시설은 기반시설부담구역에 설치가 필요한 기반시설에 해당한다.
② 기반시설부담구역에서 기존 건축물을 철거하고 신축하는 경우에는 기존 건축물의 건축연면적을 초과하는 건축행위만 기반시설설치비용의 부과대상으로 한다.
④ 기반시설부담구역 내에서 신축된『건축법 시행령』상의 종교집회장은 기반시설설치비용의 부과대상이 아니다.
⑤ 기반시설부담구역으로 지정된 지역에 대해서는 개발행위허가의 제한을 연장할 수 있다.

10

'25 기본서 7쪽 출제

국토의 계획 및 이용에 관한 법령상 개발진흥지구를 세분하여 지정할 수 있는 지구에 해당하지 <u>않는</u> 것은? (단, 조례는 고려하지 않음)

① 주거개발진흥지구
② 중요시설물개발진흥지구
③ 복합개발진흥지구
④ 특정개발진흥지구
⑤ 관광·휴양개발진흥지구

> **해설** 개발진흥지구의 세분
① 주거개발진흥지구
② 산업·유통개발진흥지구
③ 복합개발진흥지구
④ 특정개발진흥지구
⑤ 관광·휴양개발진흥지구

11

'25 기본서 7쪽 출제

국토의 계획 및 이용에 관한 법령상 개발밀도관리구역에 관한 설명으로 틀린 것은?

① 개발밀도관리구역의 변경고시는 당해 지방자치단체의 공보에 게재하는 방법에 의한다.
② 개발밀도관리구역으로 지정될 수 있는 지역에 농림지역은 포함되지 않는다.
③ 개발밀도관리구역의 지정은 해당 지방자치단체에 설치된 지방도시계획위원회의 심의대상이다.
④ 개발밀도관리구역에서는 해당 용도지역에 적용되는 건폐율의 최대한도의 50퍼센트 범위에서 건폐율을 강화하여 적용한다.
⑤ 개발밀도관리구역은 기반시설부담구역으로 지정될 수 없다.

> **해설** 개발밀도관리구역
개발밀도관리구역에서는 해당 용도지역에 적용되는 용적률의 최대한도의 50퍼센트 범위에서 용적률을 강화하여 적용한다.

정답 10. ② 11. ④

12

국토의 계획 및 이용에 관한 법령상 성장관리계획구역에서 30퍼센트 이하의 범위에서 성장관리계획으로 정하는 바에 따라 건폐율을 완화하여 적용할 수 있는 지역이 아닌 것은? (단, 조례는 고려하지 않음)

① 생산관리지역 ② 생산녹지지역 ③ 보전녹지지역
④ 자연녹지지역 ⑤ 농림지역

해설 성장관리계획구역
보전녹지지역에서는 성장관리계획으로 건폐율을 완화하여 적용할 수 없다.

13

도시개발법령상 환지 방식의 도시개발사업에 대한 개발계획 수립에 필요한 동의자의 수를 산정하는 방법으로 옳은 것은?

① 도시개발구역의 토지면적을 산정하는 경우: 국공유지를 제외하고 산정할 것
② 1인이 둘 이상 필지의 토지를 단독으로 소유한 경우: 필지의 수에 관계없이 토지 소유자를 1인으로 볼 것
③ 둘 이상 필지의 토지를 소유한 공유자가 동일한 경우: 공유자 각각을 토지 소유자 1인으로 볼 것
④ 1필지의 토지 소유권을 여럿이 공유하는 경우: 「집합건물의 소유 및 관리에 관한 법률」에 따른 구분소유자인지 여부와 관계없이 다른 공유자의 동의를 받은 대표 공유자 1인을 해당 토지 소유자로 볼 것
⑤ 도시개발구역의 지정이 제안된 후부터 개발계획이 수립되기 전까지의 사이에 토지 소유자가 변경된 경우: 변경된 토지 소유자의 동의서를 기준으로 할 것

해설 개발계획 동의자 수의 산정방법
① 도시개발구역의 토지면적을 산정하는 경우: 국공유지를 포함해서 산정할 것
③ 둘 이상 필지의 토지를 소유한 공유자가 동일한 경우: 공유자 여럿을 대표하는 1인을 토지 소유자로 볼 것
④ 1필지의 토지 소유권을 여럿이 공유하는 경우: 「집합건물의 소유 및 관리에 관한 법률」에 따른 집합건물의 구분소유자는 각각을 토지소유자 1인으로 볼 것
⑤ 도시개발구역의 지정이 제안된 후부터 개발계획이 수립되기 전까지의 사이에 토지 소유자가 변경된 경우: 기존 토지소유자의 동의서를 기준으로 할 것

정답 12. ③ 13. ②

14

도시개발법령상 수용 또는 사용 방식으로 시행하는 도시개발사업의 시행자로 지정될 수 없는 자는?

① 「한국철도공사법」에 따른 한국철도공사
② 지방자치단체
③ 「지방공기업법」에 따라 설립된 지방공사
④ 도시개발구역의 국공유지를 제외한 토지면적의 3분의 2 이상을 소유한 자
⑤ 도시개발구역의 토지 소유자가 도시개발을 위하여 설립한 조합

해설 도시개발사업의 시행자
도시개발구역의 토지 소유자가 도시개발을 위하여 설립한 조합은 도시개발사업의 전부를 환지 방식으로 시행하는 경우에 한한다.

15

도시개발법령상 한국토지주택공사가 발행하려는 토지상환채권의 발행계획에 포함되어야 하는 사항이 아닌 것은?

① 보증기관 및 보증의 내용
② 토지가격의 추산방법
③ 상환대상지역 또는 상환대상토지의 용도
④ 토지상환채권의 발행가액 및 발행시기
⑤ 토지상환채권의 발행총액

해설 토지상환채권
보증기관 및 보증의 내용은 한국토지주택공사가 발행하려는 토지상환채권의 발행계획에 포함되지 않는다.

16

도시개발법령상 환지 방식에 의한 사업 시행에 관한 설명으로 틀린 것은?

① 행정청이 아닌 시행자가 환지 계획을 작성하여 인가를 신청하려는 경우 토지 소유자와 임차권자등에게 환지 계획의 기준 및 내용 등을 알려야 한다.
② 「집합건물의 소유 및 관리에 관한 법률」에 따른 대지사용권에 해당하는 토지지분은 분할환지할 수 없다.
③ 환지 예정지가 지정되면 종전의 토지의 소유자는 환지예정지 지정의 효력발생일부터 환지처분이 공고되는 날까지 종전의 토지를 사용할 수 없다.
④ 도시개발사업으로 임차권의 목적인 토지의 이용이 방해를 받아 종전의 임대료가 불합리하게 된 경우라도, 환지처분이 공고된 날의 다음 날부터는 임대료 감액을 청구할 수 없다.
⑤ 도시개발사업의 시행으로 행사할 이익이 없어진 지역권은 환지처분이 공고된 날이 끝나는 때에 소멸한다.

정답 14. ⑤ 15. ① 16. ④

해설 환지 방식에 의한 사업시행

환지처분이 공고된 날의 다음 날부터는 임대료 감액을 청구할 수 있다.

17

도시개발법령상 도시개발사업 조합에 관한 설명으로 옳은 것은?

① 조합을 설립하려면 도시개발구역의 토지 소유자 10명 이상이 정관을 작성하여 지정권자에게 조합 설립의 인가를 받아야 한다.
② 조합이 설립인가를 받은 사항 중 청산에 관한 사항을 변경하려는 경우에는 지정권자에게 신고하여야 한다.
③ 다른 조합원으로부터 해당 도시개발구역에 그가 가지고 있는 토지 소유권 전부를 이전 받은 조합원은 정관으로 정하는 바에 따라 본래의 의결권과는 별도로 그 토지 소유권을 이전한 조합원의 의결권을 승계할 수 있다.
④ 조합은 총회의 권한을 대행하게 하기 위하여 대의원회를 두어야 한다.
⑤ 조합의 임원으로 선임된 자가 금고 이상의 형을 선고받으면 그 날부터 임원의 자격을 상실한다.

해설 도시개발사업 조합

① 조합을 설립하려면 도시개발구역의 토지 소유자 7명 이상이 정관을 작성하여 지정권자에게 조합 설립의 인가를 받아야 한다.
② 조합이 설립인가를 받은 사항 중 청산에 관한 사항을 변경하려는 경우에는 지정권자에게 인가를 받아야 한다.
④ 조합원의 수가 50명 이상인 조합은 총회의 권한을 대행하게 하기 위하여 대의원회를 둘 수 있다.
⑤ 조합의 임원으로 선임된 자가 금고 이상의 형을 선고 그 집행이 끝나거나 집행을 받지 않기로 확정된 후 2년이 지나지 않은 자는 그 다음 날부터 임원의 자격을 상실한다.

18

도시개발법령상 도시개발구역지정 이후 지정권자가 도시개발사업의 시행방식을 변경할 수 있는 경우를 모두 고른 것은? (단, 시행자는 국가이며, 시행방식 변경을 위한 다른 요건은 모두 충족됨)

ㄱ. 수용 또는 사용방식에서 전부 환지 방식으로의 변경
ㄴ. 수용 또는 사용방식에서 혼용방식으로의 변경
ㄷ. 혼용방식에서 전부 환지 방식으로의 변경
ㄹ. 전부 환지 방식에서 혼용방식으로의 변경

① ㄱ, ㄷ   ② ㄱ, ㄹ   ③ ㄴ, ㄹ   ④ ㄱ, ㄴ, ㄷ   ⑤ ㄴ, ㄷ, ㄹ

정답 17. ③ 18. ④

해설 도시개발사업의 시행방식
ㄹ. 전부 환지 방식에서 혼용방식으로의 변경은 할 수 없다.

19

도시 및 주거환경정비법령상 "토지등소유자"에 해당하지 않는 자는?
① 주거환경개선사업 정비구역에 위치한 건축물의 소유자
② 재개발사업 정비구역에 위치한 토지의 지상권자
③ 재개발사업 정비구역에 위치한 건축물의 소유자
④ 재건축사업 정비구역에 위치한 건축물 및 그 부속토지의 소유자
⑤ 재건축사업 정비구역에 위치한 건축물 부속토지의 지상권자

해설 토지등소유자의 정의
재건축사업 정비구역에 위치한 건축물 부속토지의 지상권자는 토지등소유자에 해당하지 않는다.

20

도시 및 주거환경정비법령상 임대주택 및 주택규모별 건설비율에 관한 규정의 일부이다. (   )에 들어갈 숫자로 옳은 것은?

> 정비계획의 입안권자는 주택수급의 안정과 저소득 주민의 입주기회 확대를 위하여 정비사업으로 건설하는 주택에 대하여 다음 각 호의 구분에 따른 범위에서 국토교통부장관이 정하여 고시하는 임대주택 및 주택규모별 건설비율 등을 정비계획에 반영하여야 한다.
> 1. 「주택법」에 따른 국민주택규모의 주택이 전체 세대수의 100분의 (ㄱ) 이하에서 대통령령으로 정하는 범위
> 2. 공공임대주택 및 「민간임대주택에 관한 특별법」에 따른 민간임대주택이 전체 세대수 또는 전체 연면적의 100분의 (ㄴ) 이하에서 대통령령으로 정하는 범위

① ㄱ: 80, ㄴ: 20
② ㄱ: 80, ㄴ: 30
③ ㄱ: 80, ㄴ: 50
④ ㄱ: 90, ㄴ: 30
⑤ ㄱ: 90, ㄴ: 50

해설 임대주택 및 주택규모별 건설비율
1. 「주택법」에 따른 국민주택규모의 주택이 전체 세대수의 100분의 90 이하에서 대통령령으로 정하는 범위
2. 공공임대주택 및 「민간임대주택에 관한 특별법」에 따른 민간임대주택이 전체 세대수 또는 전체 연면적의 100분의 30 이하에서 대통령령으로 정하는 범위

정답 19. ⑤   20. ④

21

경록 '25 기본서
416쪽 출제

도시 및 주거환경정비법령상 정비사업의 시행방법으로 허용되지 않는 것은?

① 주거환경개선사업: 환지로 공급하는 방법
② 주거환경개선사업: 인가받은 관리처분계획에 따라 주택 및 부대시설·복리시설을 건설하여 공급하는 방법
③ 재개발사업: 인가받은 관리처분계획에 따라 건축물을 건설하여 공급하는 방법
④ 재개발사업: 환지로 공급하는 방법
⑤ 재건축사업:「국토의 계획 및 이용에 관한 법률」에 따른 일반주거지역인 정비구역에서 인가받은 관리처분계획에 따라 「건축법」에 따른 오피스텔을 건설하여 공급하는 방법

해설 정비사업의 시행방법
재건축사업:「국토의 계획 및 이용에 관한 법률」에 따른 준주거지역 및 상업지역인 정비구역에서 인가받은 관리처분계획에 따라 「건축법」에 따른 오피스텔을 건설하여 공급하는 방법

22

경록 '25 기본서
428쪽 출제

도시 및 주거환경정비법령상 조합설립 등에 관한 설명으로 옳은 것은?

① 재개발조합이 조합설립인가를 받은 날부터 3년 이내에 사업시행계획인가를 신청하지 아니한 때에는 시장·군수등은 직접 정비사업을 시행할 수 있다.
② 재개발사업의 추진위원회가 조합을 설립하려면 토지등 소유자의 3분의 2 이상 및 토지면적의 2분의 1 이상의 토지소유자의 동의를 받아야 한다.
③ 토지등소유자가 30인 미만인 경우 토지등소유자는 조합을 설립하지 아니하고 재개발사업을 시행할 수 있다.
④ 조합은 재개발조합설립인가를 받은 때에도 토지등소유자에게 그 내용을 통지하지 아니한다.
⑤ 추진위원회는 조합설립인가 후 지체 없이 추정분담금에 관한 정보를 토지등소유자에게 제공하여야 한다.

해설 조합설립추진위원회 및 조합설립 등
② 재개발사업의 추진위원회가 조합을 설립하려면 토지등 소유자의 4분의 3 이상 및 토지면적의 2분의 1 이상의 토지소유자의 동의를 받아야 한다.
③ 토지등소유자가 20인 미만인 경우 토지등소유자는 조합을 설립하지 아니하고 재개발사업을 시행할 수 있다.
④ 조합은 재개발조합설립인가를 받은 때에도 토지등소유자에게 그 내용을 통지하여야 한다.
⑤ 추진위원회는 조합설립에 필요한 동의를 받기 전에 추정분담금에 관한 정보를 토지등소유자에게 제공하여야 한다.

정답   21. ⑤   22. ①

23

도시 및 주거환경정비법령상 사업시행계획의 통합심의에 관한 설명으로 옳은 것은?

① 「경관법」에 따른 경관 심의는 통합심의 대상이 아니다.
② 시장·군수등은 특별한 사유가 없으면 통합심의 결과를 반영하여 사업시행계획을 인가하여야 한다.
③ 통합심의를 거친 경우 해당 사항에 대한 조정 또는 재정을 거친 것으로 보지 아니한다.
④ 통합심의위원회 위원장은 위원 중에서 호선한다.
⑤ 사업시행자는 통합심의를 신청할 수 없다.

해설 사업시행계획의 통합심의
① 「경관법」에 따른 경관 심의는 통합심의 대상이다.
③ 통합심의를 거친 경우 해당 사항에 대한 조정 또는 재정을 거친 것으로 본다.
④ 통합심의위원회 위원장과 부위원장은 통합심의위원회의 위원 중에서 정비구역지정권자가 임명하거나 위촉한다.
⑤ 사업시행자는 통합심의를 신청할 수 있다.

24

도시 및 주거환경정비법령상 사업시행자가 관리처분계획이 인가·고시된 다음 날부터 90일 이내에 손실보상 협의를 하여야 하는 토지등소유자를 모두 고른 것은? (단, 분양신청기간 종료일의 다음 날부터 협의를 시작할 수 있음)

> ㄱ. 분양신청기간 내에 분양신청을 하지 아니한 자
> ㄴ. 인가된 관리처분계획에 따라 분양대상에서 제외된 자
> ㄷ. 분양신청기간 종료 후에 분양신청을 철회한 자

① ㄱ ② ㄱ, ㄴ ③ ㄱ, ㄷ ④ ㄴ, ㄷ ⑤ ㄱ, ㄴ, ㄷ

해설 분양신청을 하지 아니한 자 등에 대한 조치
ㄷ. 분양신청기간 종료 이전에 분양신청을 철회한 자와 손실보상 협의를 하여야 한다.

25

주택법령상 "기간시설"에 해당하지 않는 것은?

① 전기시설
② 통신시설
③ 상하수도
④ 어린이놀이터
⑤ 지역난방시설

해설 용어의 정의
어린이놀이터는 복리시설이다.

정답 23. ② 24. ② 25. ④

26

주택법령상 사업계획의 승인 등에 관한 설명으로 틀린 것은?

① 승인받은 사업계획 중 공공시설 설치계획의 변경이 필요한 경우에는 사업계획승인권자로부터 변경승인을 받지 않아도 된다.
② 주택건설사업계획에는 부대시설 및 복리시설의 설치에 관한 계획 등이 포함되어야 한다.
③ 주택건설사업을 시행하려는 자는 전체 세대수가 600세대 이상인 주택단지를 공구별로 분할하여 주택을 건설·공급할 수 있다.
④ 주택건설사업계획의 승인을 받으려는 한국토지주택공사는 해당 주택건설대지의 소유권을 확보하지 않아도 된다.
⑤ 사업주체는 입주자 모집공고를 한 후 사업계획변경승인을 받은 경우에는 14일 이내에 문서로 입주예정자에게 그 내용을 통보하여야 한다.

해설 사업계획의 승인
승인받은 사업계획 중 공공시설 설치계획의 변경이 필요한 경우에는 사업계획승인권자로부터 변경승인을 받아야 한다.

27

주택법령상 수직증축형 리모델링의 허용 요건에 관한 규정의 일부이다. ( )에 들어갈 숫자로 옳은 것은?

> 시행령 제13조 ① 법 제2조제25호다목1)에서 "대통령령으로 정하는 범위"란 다음 각 호의 구분에 따른 범위를 말한다.
> 1. 수직으로 증축하는 행위(이하 "수직증축형 리모델링"이라 한다)의 대상이 되는 기존 건축물의 층수가 (ㄱ)층 이상인 경우: (ㄴ)개층
> 2. 수직증축형 리모델링의 대상이 되는 기존 건축물의 층수가 (ㄷ)층 이하인 경우: (ㄹ)개층

① ㄱ: 10, ㄴ: 3, ㄷ: 9, ㄹ: 2
② ㄱ: 10, ㄴ: 4, ㄷ: 9, ㄹ: 3
③ ㄱ: 15, ㄴ: 3, ㄷ: 14, ㄹ: 2
④ ㄱ: 15, ㄴ: 4, ㄷ: 14, ㄹ: 3
⑤ ㄱ: 20, ㄴ: 5, ㄷ: 19, ㄹ: 4

해설 수직증축형 리모델링
1. 수직으로 증축하는 행위(이하 "수직증축형 리모델링"이라 한다)의 대상이 되는 기존 건축물의 층수가 15층 이상인 경우: 3개층
2. 수직증축형 리모델링의 대상이 되는 기존 건축물의 층수가 14층 이하인 경우: 2개층

정답 26. ① 27. ③

28

주택법령상 주택의 건설에 관한 설명으로 옳은 것은? (단, 조례는 고려하지 않음)

① 하나의 건축물에는 단지형 연립주택 또는 단지형 다세대주택과 소형 주택을 함께 건축할 수 없다.
② 국토교통부장관이 적정한 주택수급을 위하여 필요하다고 인정하는 경우, 고용자가 건설하는 주택에 대하여 국민주택규모로 건설하게 할 수 있는 비율은 주택의 75퍼센트 이하이다.
③ 「주택법」에 따라 건설사업자로 간주하는 등록사업자는 주택건설사업계획승인을 받은 주택의 건설공사를 시공할 수 없다.
④ 장수명 주택의 인증기준·인증절차 및 수수료 등은 「주택공급에 관한 규칙」으로 정한다.
⑤ 국토교통부장관은 바닥충격음 성능등급을 인정받은 제품이 인정받은 내용과 다르게 판매·시공한 경우에 해당하면 그 인정을 취소하여야 한다.

해설 주택의 건설

② 국토교통부장관이 적정한 주택수급을 위하여 필요하다고 인정하는 경우, 고용자가 건설하는 주택에 대하여 국민주택규모로 건설하게 할 수 있는 비율은 주택의 100퍼센트 이하이다.
③ 「주택법」에 따라 건설사업자로 간주하는 등록사업자는 주택건설사업계획승인을 받은 주택의 건설공사를 시공할 수 있다.
④ 장수명 주택의 인증기준·인증절차 및 수수료 등은 「주택건설기준 등에 관한 규칙」으로 정한다.
⑤ 국토교통부장관은 바닥충격음 성능등급을 인정받은 제품이 인정받은 내용과 다르게 판매·시공한 경우에 해당하면 그 인정을 취소할 수 있다.

29

주택법령상 사전방문 등에 관한 설명으로 틀린 것은?

① 사전방문한 입주예정자가 보수공사 등 적절한 조치를 요청한 사항이 하자가 아니라고 판단하는 사업주체는 사용 검사권자에게 하자 여부를 확인해줄 것을 요청할 수 있다.
② 사업주체는 사전방문을 주택공급계약에 따라 정한 입주지정기간 시작일 60일 전까지 1일 이상 실시해야 한다.
③ 사업주체가 사전방문을 실시하려는 경우, 사용검사권자에 대한 사전방문계획의 제출은 사전방문기간 시작일 1개월 전까지 해야 한다.
④ 사용검사권자는 사업주체로부터 하자 여부의 확인 요청을 받은 날부터 7일 이내에 하자 여부를 확인하여 해당 사업주체에게 통보해야 한다.
⑤ 보수공사 등의 조치계획을 수립한 사업주체는 사전방문기간의 종료일부터 7일 이내에 사용검사권자에게 해당 조치계획을 제출해야 한다.

정답 28. ① 29. ②

해설 사전방문 등
사업주체는 사전방문을 주택공급계약에 따라 정한 입주지정기간 시작일 45일 전까지 2일 이상 실시해야 한다.

30

경록 '25 기본서 801쪽 출제

주택법령상 입주자저축에 관한 설명으로 틀린 것은?

① 입주자저축정보를 제공하는 입주자저축취급기관의 장은 입주자저축정보의 명의인이 요구하더라도 입주자저축정보의 제공사실을 통보하지 아니할 수 있다.
② 국토교통부장관으로부터 「주택법」에 따라 입주자저축정보의 제공 요청을 받은 입주자저축취급기관의 장은 「금융실명거래 및 비밀보장에 관한 법률」에도 불구하고 입주자저축정보를 제공하여야 한다.
③ "입주자저축"이란 국민주택과 민영주택을 공급받기 위하여 가입하는 주택청약종합저축을 말한다.
④ 국토교통부장관은 입주자저축의 납입방식·금액 및 조건 등에 필요한 사항에 관한 국토교통부령을 제정하거나 개정할 때에는 기획재정부장관과 미리 협의해야 한다.
⑤ 입주자저축은 한 사람이 한 계좌만 가입할 수 있다.

해설 입주자저축
입주자저축정보를 제공하는 입주자저축취급기관의 장은 입주자저축정보의 명의인이 요구할 때에는 입주자저축정보의 제공사실을 통보하여야 한다.

31

경록 '25 기본서 798쪽 출제

주택법령상 「주택공급에 관한 규칙」으로 정하는 사항을 모두 고른 것은?

ㄱ. 법 제54조에 따른 주택의 공급
ㄴ. 법 제57조에 따른 분양가격 산정방식
ㄷ. 법 제60조에 따른 견본주택의 건축기준
ㄹ. 법 제65조제5항에 따른 입주자자격 제한

① ㄱ, ㄴ, ㄷ   ② ㄱ, ㄴ, ㄹ   ③ ㄱ, ㄷ, ㄹ
④ ㄴ, ㄷ, ㄹ   ⑤ ㄱ, ㄴ, ㄷ, ㄹ

해설 주택공급에 관한 규칙
ㄴ. 법 제57조에 따른 분양가격 산정방식은 「공동주택 분양가격의 산정 등에 관한 규칙」으로 정한다.

정답 30. ① 31. ③

32

건축법령상 건축물의 "대수선"에 해당하지 않는 것은? (단, 건축물의 증축·개축 또는 재축에 해당하지 않음)

① 보를 두 개 변경하는 것
② 기둥을 세 개 수선하는 것
③ 내력벽의 벽면적을 30제곱미터 수선하는 것
④ 특별피난계단을 변경하는 것
⑤ 다세대주택의 세대 간 경계벽을 증설하는 것

해설 대수선의 정의
보를 3개 이상 수선 또는 변경하는 것이 대수선이다.

33

건축법령상 대지의 조경 등의 조치를 하지 아니할 수 있는 건축물이 아닌 것은? (단, 가설건축물은 제외하고, 건축법령상 특례, 기타 강화·완화조건 및 조례는 고려하지 않음)

① 녹지지역에 건축하는 건축물
② 면적 4천 제곱미터인 대지에 건축하는 공장
③ 연면적의 합계가 1천 제곱미터인 공장
④ 「국토의 계획 및 이용에 관한 법률」에 따라 지정된 관리지역(지구단위계획구역으로 지정된 지역이 아님)의 건축물
⑤ 주거지역에 건축하는 연면적의 합계가 1천500제곱미터인 물류시설

해설 대지의 조경 등의 조치
주거지역 또는 상업지역에 건축하는 연면적의 합계가 1천500제곱미터인 물류시설은 조경 등의 조치를 하여야 한다.

34

건축법령상 공개공지등에 관한 설명으로 옳은 것은? (단, 건축법령상 특례, 기타 강화·완화조건은 고려하지 않음)

① 노후 산업단지의 정비가 필요하다고 인정되어 지정·공고된 지역에는 공개공지등을 설치할 수 없다.
② 공개 공지는 필로티의 구조로 설치할 수 없다.
③ 공개공지등을 설치할 때에는 모든 사람들이 환경친화적으로 편리하게 이용할 수 있도록 긴 의자 또는 조경시설 등 건축조례로 정하는 시설을 설치해야 한다.
④ 공개공지등에는 건축조례로 정하는 바에 따라 연간 최장 90일의 기간 동안 주민들을 위한 문화행사를 열거나 판촉 활동을 할 수 있다.
⑤ 울타리나 담장 등 시설의 설치 또는 출입구의 폐쇄 등을 통하여 공개공지등의 출입을 제한한 경우 지체 없이 관할 시장·군수·구청장에게 신고하여야 한다.

정답 32. ① 33. ⑤ 34. ③

해설 공개공지등

① 노후 산업단지의 정비가 필요하다고 인정되어 지정·공고된 지역에는 공개공지등을 설치하여야 한다.
② 공개 공지는 필로티의 구조로 설치할 수 있다.
④ 공개공지등에는 건축조례로 정하는 바에 따라 연간 최장 60일의 기간 동안 주민들을 위한 문화행사를 열거나 판촉 활동을 할 수 있다.
⑤ 울타리나 담장 등 시설의 설치 또는 출입구의 폐쇄 등을 통하여 공개공지등의 출입을 제한한 경우 행위자는 5천만원 이하의 벌금에 처한다.

35

경록 '25 기본서
613쪽 출제

건축법령상 건축물 안전영향평가에 관한 설명으로 옳은 것은?

① 초고층 건축물에 대하여는 건축허가 이후 지체 없이 건축물 안전영향평가를 실시하여야 한다.
② 안전영향평가기관은 안전영향평가를 의뢰받은 날부터 30일 이내에 안전영향평가 결과를 허가권자에게 제출하여야 하며, 이 기간은 연장될 수 없다.
③ 건축물 안전영향평가 결과는 도시계획위원회의 심의를 거쳐 확정된다.
④ 허가권자는 안전영향평가에 대한 심의 결과 및 안전영향평가 내용을 일간신문에 게재하는 방법으로 공개하여야 한다.
⑤ 안전영향평가를 실시하여야 하는 건축물이 다른 법률에 따라 구조안전과 인접 대지의 안전에 미치는 영향 등을 평가 받은 경우에는 안전영향평가의 해당 항목을 평가받은 것으로 본다.

해설 건축물 안전영향평가

① 초고층 건축물에 대하여는 건축허가를 하기 전에 건축물 안전영향평가를 실시하여야 한다.
② 안전영향평가기관은 안전영향평가를 의뢰받은 날부터 30일 이내에 안전영향평가 결과를 허가권자에게 제출하여야 하며, 20일의 범위에서 그 기간을 한 차례만 연장할 수 있다.
③ 건축물 안전영향평가 결과는 건축위원회의 심의를 거쳐 확정된다.
④ 허가권자는 안전영향평가에 대한 심의 결과 및 안전영향평가 내용을 지방자치단체의 공보에 게시하는 방법으로 공개하여야 한다.

정답 35. ⑤

36

건축법령상 건축허가 제한 등에 관한 설명으로 옳은 것은?

① 도지사는 지역계획에 특히 필요하다고 인정하더라도 허가 받은 건축물의 착공을 제한할 수 없다.
② 시장·군수·구청장이 건축허가를 제한하려는 경우에는 주민의견을 청취한 후 도시계획위원회의 심의를 거쳐야 한다.
③ 건축허가를 제한하는 경우 제한기간은 2년 이내로 하며, 1회에 한하여 1년 이내의 범위에서 제한기간을 연장할 수 있다.
④ 건축허가를 제한하는 경우 국토교통부장관은 제한 목적·기간 등을 상세하게 정하여 지체 없이 공고하여야 한다.
⑤ 건축허가를 제한한 경우 허가권자는 즉시 국토교통부장관에게 보고하여야 하며, 보고를 받은 국토교통부장관은 제한 내용이 지나치다고 인정하면 직권으로 이를 해제하여야 한다.

해설 건축허가 제한 등
① 도지사는 지역계획에 특히 필요하다고 인정하는 경우에는 허가 받은 건축물의 착공을 제한할 수 있다.
② 국토교통부장관, 특별시장·광역시장·도지사가 건축허가를 제한하려는 경우에는 주민의견을 청취한 후 건축위원회의 심의를 거쳐야 한다.
④ 건축허가를 제한하는 경우 제한의 목적, 기간, 대상건축물의 용도, 대상구역의 위치·면적·구역경계 등을 상세하게 정해 허가권자에게 통보해야 하며, 허가권자는 지체 없이 이를 공고해야 한다.
⑤ 건축허가를 제한한 경우 특별시장·광역시장·도지사는 즉시 국토교통부장관에게 보고하여야 하며, 보고를 받은 국토교통부장관은 제한 내용이 지나치다고 인정하면 제한의 해제를 명할 수 있다.

37

건축법령상 건축물의 마감재료 등에 관한 규정의 일부이다. (　)에 들어갈 내용으로 옳은 것은?

> 대통령령으로 정하는 용도 및 규모의 건축물의 벽, 반자, 지붕(반자가 없는 경우에 한정한다) 등 내부의 (ㄱ)는 (ㄴ)에 지장이 없는 재료로 하되, 「실내공기질 관리법」 제5조 및 제6조에 따른 (ㄷ) 유지기준 및 권고기준을 고려하고 관계 중앙행정기관의 장과 협의하여 국토교통부령으로 정하는 기준에 따른 것이어야 한다.

① ㄱ: 난연재료,　ㄴ: 방화,　ㄷ: 공기청정
② ㄱ: 완충재료,　ㄴ: 내진,　ㄷ: 실내공기질
③ ㄱ: 완충재료,　ㄴ: 내진,　ㄷ: 공기청정
④ ㄱ: 마감재료,　ㄴ: 방화,　ㄷ: 실내공기질
⑤ ㄱ: 마감재료,　ㄴ: 내진,　ㄷ: 실내공기질

정답 36. ③　37. ④

해설 건축물의 마감재료 등
대통령령으로 정하는 용도 및 규모의 건축물의 벽, 반자, 지붕(반자가 없는 경우에 한정한다) 등 내부의 마감재료는 방화에 지장이 없는 재료로 하되, 「실내공기질 관리법」 제5조 및 제6조에 따른 실내공기질 유지기준 및 권고기준을 고려하고 관계 중앙행정기관의 장과 협의하여 국토교통부령으로 정하는 기준에 따른 것이어야 한다.

38

경록 '25 기본서 635쪽 출제

건축법령상 건축허가 대상 건축물로서 내진능력을 공개하여야 하는 건축물에 해당하지 않는 것은? (단, 소규모건축구조기준을 적용한 건축물이 아님)

① 높이가 13미터인 건축물
② 처마높이가 9미터인 건축물
③ 기둥과 기둥 사이의 거리가 10미터인 건축물
④ 건축물의 용도 및 규모를 고려한 중요도가 높은 건축물로서 국토교통부령으로 정하는 건축물
⑤ 국가적 문화유산으로 보존할 가치가 있는 것으로 문화체육관광부령으로 정하는 건축물

해설 구조안전의 확인
국가적 문화유산으로 보존할 가치가 있는 것으로 국토교통부령으로 정하는 건축물

39

경록 '25 기본서 909쪽 출제

농지법령상 농지의 타용도 일시사용신고를 할 수 있는 용도에 해당하지 않는 것은? (단, 일시사용기간은 6개월 이내이며, 신고의 다른 요건은 충족한 것으로 봄)

① 썰매장으로 사용하는 경우
② 지역축제장으로 사용하는 경우
③ 해당 농지에서 허용되는 주목적사업을 위하여 물건을 매설하는 경우
④ 해당 농지에서 허용되는 주목적사업을 위하여 현장 사무소를 설치하는 경우
⑤ 「전기사업법」상 전기사업을 영위하기 위한 목적으로 「신에너지 및 재생에너지 개발·이용·보급 촉진법」에 따른 태양에너지 발전설비를 설치하는 경우

해설 농지의 타용도 일시사용신고
「전기사업법」상 전기사업을 영위하기 위한 목적으로 「신에너지 및 재생에너지 개발·이용·보급 촉진법」에 따른 태양에너지 발전설비를 설치하는 경우는 타용도 일시사용의 허가사항이다.

정답 38. ⑤ 39. ⑤

40 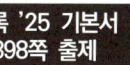 농지법령상 농지를 농축산물 생산시설의 부지로 사용할 경우 "농지의 전용"으로 보지 않는 것을 모두 고른 것은?

> ㄱ. 연면적 33제곱미터인 농막
> ㄴ. 연면적 33제곱미터인 간이저온저장고
> ㄷ. 저장 용량이 200톤인 간이액비저장조

① ㄱ ② ㄱ, ㄴ ③ ㄱ, ㄷ ④ ㄴ, ㄷ ⑤ ㄱ, ㄴ, ㄷ

해설 농지의 전용
ㄱ. 연면적이 20제곱미터 이하인 농막이 농지의 전용으로 보지 않는다.

정답 40. ④

알고 보니 경록이다

우리나라 부동산전문교육의 본산 경록 1957

한방에 합격은 경록이다

제1회 시험부터 수많은 합격자를 배출한 전문성 - 경록

시험장에서 눈을 의심할 만큼, 진가를 합격으로 확인하세요

정가 42,000원

1회 시험부터 수많은 합격자를 배출한 독보적 교재
공인중개사 기본서
2차 ④ 부동산공법

27년연속99% 독보적 정답률

대한민국 1등 교재
optimization test
시험최적화 대한민국 1등 교재
(100인의 부동산학 대학교수진, 2021)
최초로 부동산학을 정립한 부동산학의
모태(원조)로서 부동산전문교육
1위 인증(한국부동산학회)
대한민국 부동산교육 공헌대상(한국부동산학회)
4차산업혁명대상(대한민국 국회)
고객만족대상(교육부)
고객감동 1위(중앙일보)
고객만족 1위(조선일보)
고객감동경영 1위(한국경제)
한국소비자만족도 1위(동아일보) 등 석권

발 행	2025년 1월 10일
인 쇄	2024년 11월 18일
연 대	최초 부동산학 연구논문에서부터 현재까지 (1957년 원전 ~ 현재)
편 저	경록 공인중개사 교재편찬위원회, 신한부동산연구소 편
발 행 자	이 성 태 / 李 星 兌
발 행 처	경록 / 景鹿
주 소	서울시 강남구 영동대로 114길 7 (삼성동 91-24) 경록메인홀
문 의	02)3453-3993 / 02)3453-3546
홈페이지	www.kyungrok.com
팩 스	02)556-7008
등 록	제16-496호
ISBN	979-11-93559-85-7 14320

대표전화 1544-3589

이 책의 무단전재·복제를 금함

이 책은 저작권법에 의해 저작권이 보호됩니다. 무단전재 및 복제행위는 이 법 제136조에 의해 5년 이하의 징역 또는 5,000만원 이하의 벌금에 처하거나 병과(倂科)할 수 있습니다.

부동산전문교육 68년 전통과 노하우

개정법령 및 정오사항 등은 경록 홈페이지에서 서비스됩니다.